辽学丛书

辽宁省重点主题出版物专项资金扶持项目

辽河古代文化史

徐伟浩　鄢钢城 著

辽宁大学出版社｜沈阳

图书在版编目（CIP）数据

辽河古代文化史/徐伟浩，鄢钢城著. --沈阳：辽宁大学出版社，2023.6

ISBN 978-7-5698-0901-5

Ⅰ.①辽… Ⅱ.①徐…②鄢… Ⅲ.①文化史—辽宁—古代 Ⅳ.①K293.1

中国版本图书馆 CIP 数据核字（2022）第 193314 号

辽河古代文化史

LIAOHE GUDAI WENHUASHI

出 版 者：辽宁大学出版社有限责任公司

（地址：沈阳市皇姑区崇山中路 66 号　邮政编码：110036）

印 刷 者：辽宁一诺广告印务有限公司

发 行 者：辽宁大学出版社有限责任公司

幅面尺寸：175mm×255mm

印　　张：72.25

插　　页：4

字　　数：1050 千字

出版时间：2023 年 6 月第 1 版

印刷时间：2023 年 6 月第 1 次印刷

责任编辑：徐振利　祝恩民　陈晓东

封面设计：韩　实　苑晓东

责任校对：张　蕊　张宛初

书　　号：ISBN 978-7-5698-0901-5

定　　价：198.00 元

联系电话：024-86864613

邮购热线：024-86830665

网　　址：http://press.lnu.edu.cn

凡　例

一、本书是一部文化断代史。以考古学证据和文献史料明确记载为依据，探讨辽河古代文化之历史发展景象。

二、断限。上限起于庙后山人、金牛山人时期，下限止于清代中晚期，即上起史前，下至1840年。

三、地域范围。本书名“辽河古代文化史”，着重讨论的是辽河干流两岸地区即今辽宁境内之古代文化兴起与发展的历史。

四、纪年。鉴于清代及以前朝代及年号甚繁，且有朝代共存，以朝代年号纪年须括注公元，十分繁复，故本书原则上采用公元纪年。

五、结构。本书结构原则上设篇、章、节、目4个层次。先秦时期为第一篇，主要以考古学证据为依据，事以类从，展开讨论；秦汉以降，按秦汉时期、魏晋至隋唐时期、辽朝时期、金朝时期、元朝时期、明朝时期、清朝时期分别设置7篇，以文献史料明确记载为据进行讨论。

六、注释。本书采用页下注释，分别用①②……标示。

七、数字。本书中使用数字，除有特殊要求必须用汉字数字的外，原则上使用阿拉伯数字。

概　述

本书之所以命名为《辽河古代文化史》，是因为辽河是辽宁境内最大的河流，其北南流向将辽宁境地一分为二，右岸称辽西，左岸称辽东。在东北地区，辽河干流最长，流域面积最大，滋养人户最多。自古以来，辽河是辽宁人民的母亲河，辽河两岸是辽宁人民的故乡。辽宁因辽河而名。因此，辽河对于辽宁而言最具代表性。

辽宁地区河流纵横，百川竞流，水系发达，在14.57万平方公里的土地上，流域面积在100平方公里以上的河流多达390余条，由此形成了辽河、鸭绿江、大凌河三大水系，其中，鸭绿江水系包括浑江、瑷河、蒲石河，在辽宁境内流域面积为16600平方公里；大凌河水系包括第二牤牛河、牤牛河、老虎山河、细河，在辽宁境内流域面积为19998平方公里；辽河水系包括浑河、太子河、大辽河，在辽宁境内流域面积为69200平方公里。可见三大水系中，辽河流域面积最大。

辽河是辽宁境内第一大河，古时称大辽水、辽水，亦称骊河、杨柳河。发源于河北七老图山脉的光头山，其上源为老哈河及西拉木伦河，汇流后称西辽河。西辽河流经河北、内蒙古、吉林3省（区），在康平县山东屯三眼井村进入辽宁省境内，并在昌图县福德店附近与发源于吉林辽源市萨哈岭、从昌图县三江口镇大力村南进入辽宁省境内的东辽河汇合。其汇合处至入海口河段，称辽河干流，全长523公里。

辽河水系在辽宁省境内，水流由东北向西南，蜿蜒曲折，流经铁岭市、沈阳市、鞍山市、盘锦市、本溪市、抚顺市、辽阳市、营口市、阜新市、锦州市、朝阳市等 11 个市的 36 个县（市、区）。辽河北南流向，天然地将辽宁境地分为两岸。辽河两岸山川秀美，土地肥沃，人杰地灵，独特的自然地理环境，使其历史上既是多民族汇集错居之地，又是中原文化与东北文化交流的重要孔道和枢纽，孕育了灿烂的辽河文化。

辽河文化有如辽河水系一样丰沛渊深，源远流长。在历史发展的长河中，辽河文化从萌生、成长到壮大，既保持地域文化特征，又不断学习借鉴域外先进文化，逐渐融汇成浩瀚深厚的辽河文化，始终保持与时俱进的品格，与我国大一统多民族国家的发展同呼吸、共命运，为形成光辉灿烂的中华民族文化做出了贡献。

辽河文化萌生于旧石器时代，经历了新石器时代、青铜时代的成长、发展、壮大，在这一过程中，辽河文化展现了一幅历尽沧桑，生生不息，繁衍发展，瑰丽多姿的历史画卷。

考古发现，先秦时期辽河文化遗存数量多、种类丰富、底蕴深厚，证明辽河流域是中华文明发源地之一，辽河文化是中华文化的重要组成部分。在已发现的辽河流域旧石器时代早、中、晚不同年代的 19 处遗存和地点中①，以本溪庙后山遗址、营口金牛山遗址、喀左鸽子洞遗址的发现最为重要。其中，金牛山遗址出土的石制品，如打片方法、加工方式和石器类型与北京周口店遗址出土相关器物相似，表明两者之间可能存在一定文化联系。庙后山遗址出土石器多为大中型工具，砍斫器在石器类型中占重要地位，加工方式以复向加工为主，说明辽河流域旧石器时代早期文化的多样性；大量用火遗迹被发现，说明金牛山人和庙后山人具有一定掌控和利用火的能力，开始进入熟食的社会发展阶段，

① 国家文物局. 中国文物地图集・辽宁分册（上）[M]. 西安：西安地图出版社，2009：77.

表现出一定的先进性；喀左鸽子洞人创造了较为丰富的文化堆积，用火遗址丰富，石器种类较多，石器制作原料选择和加工技术与同时代早期其他文化相比，有明显进步，反映了当时物质文化的先进性。至旧石器时代晚期，辽河文化的进步性主要体现在，当时的人类已经能够制作和使用复合工具如弓箭等。这一时期，辽河文化先进性还表现在人们已经有了审美观念，如海城小孤山遗址出土发现有装饰品，是用不同质料制作成的串链的组成部分，其有穿孔的兽牙、刻纹蚌片等。从考古文化已发现的器物形态和类型、形制与工艺上看，已确认的辽河史前考古文化，具有鲜明的时代和地域特性，在经济生活上，表现为森林和暖湿草原地区固有的采集渔猎经济与农耕、畜牧业经济共生和交流的文化形态，在此背景下，创造了不同类型的物质形态。

辽河流域新石器时代文化遗存已发现 400 余处①，在辽河两岸的分布呈群星闪烁状态，以阜新查海—兴隆洼遗址、朝阳市建平县牛河梁遗址、沈阳市新乐遗址和长海小珠山遗址为代表。其中，查海—兴隆洼遗址出土的陶器最具特色的是器物表面饰有压印的之形纹。虽说这种纹饰在其他地区的新石器文化中普遍存在，但在年代上，其他地区和其他考古文化发现的之形饰纹陶器俱晚于查海—兴隆洼文化所出。查海遗址最引人注目的是石摆龙和玉器，这是迄今为止国内发现年代最早的玉器和龙象的实物摆形。说明早在 8000 年前或更早的时候，在辽河流域广袤的土地上，创造了比较先进的文化形态。建平牛河梁遗址以大型祭祀坛、积石冢和女神庙等宗教性建筑的发现为代表，说明当时辽河宗教与祭祀文化已经发展到相当高的社会文化阶段，无论形式还是内容，都已经发展到较高层次。积石冢以祖先亡灵为祭祀对象，女神庙以女神为祭祀对象，且围绕主神分层次祭祀祖先偶像群，说明红

① 辽宁省地方志编纂委员会办公室. 辽宁省志·文物志［M］. 沈阳：辽宁人民出版社，2001：11.

山人“一人至上”的观念已经在宗教形态上固化，表明红山文化更高层次的祭祖文化。红山文化以发达的宗教与祭祀及坛、庙、冢融合的宗教建筑群，龙、凤等形态玉器，以及人体雕塑为标志，其所创造的辉煌的物质文化成就，对后世其他文化产生了重要影响。沈阳新乐遗址出土了大量的细石器、煤精制品和以夹砂红褐陶器为主的陶器，发现有建筑房址，从遗址遗物的情况看，新乐人仍然从事渔猎生产活动，但已经有了原始农业文化的萌芽，有较长期而稳定的定居生活。小珠山遗址分下、中、上三种考古遗存，出土有手制的彩陶器、石器、玉器、骨器，器物饰纹有压印之形纹、刻纹、斜线三角纹、席纹等，其陶器、石器从类型到形制，从制作方法到工艺，都足以说明新石器时代辽河两岸古人类创造了丰富的物质文化。

考古发现，大约在距今 4000 年前，辽河文化进入青铜时代，其发展进程与黄河流域大体同步。辽河流域青铜时代文化遗存已发现 3467 处①，广泛分布在辽河两岸广大地区，呈现出丰富多彩的形态与类型。从文化角度看，辽河两岸之辽东与辽西地区发展存在差异性，辽西先是以青铜时代早期之夏家店下层文化为中心，并影响辽河右岸辽西地区，至商周时期，形成多元文化的共存交融；辽东则由青铜时代早期的多元文化共存交汇，到逐渐趋向一统并向西移动。在这样的文化背景下，辽河流域青铜时代文化呈现出丰富多彩的景观。考古文化发现，出土有大量青铜时代的器物，证明了当时辽河两岸物质文化之繁荣景象。这一时期，辽河文化遗存主要以赤峰市夏家店下层文化、新民高台山文化、沈阳新乐上层文化、本溪庙后山文化、大连双砣子遗址三层（上、中、下）文化等为代表。考古文化发现和确认，夏家店下层文化是在红山文化的基础上，经过小河沿文化的过渡而发展起来的一种先

① 国家文物局．中国文物地图集·辽宁分册（上）[M]．西安：西安地图出版社，2009：807.

进的青铜文化，出土以石城堡群、发达的三足器、彩绘陶器为主要考古文化特征，相当于中原龙山文化的晚期，该文化分布中心在西辽河流域，大凌河流域为其波及地区。与夏家店上层文化同时存在的，还有辽宁式曲刃青铜剑文化等；与夏家店下层文化有密切关系的高台山文化，主要分布在下辽河右岸地区，该文化出土以素面红陶壶和钵为主要考古文化特征；新乐上层文化分布在下辽河左岸地区，其出土以素面红褐陶鬲为主要考古文化特征；庙后山文化出土以洞穴墓地和素面灰褐陶壶、钵等为主要考古文化特征，其与高台山文化——东邻的西团山文化关系密切；双砣子下层文化出土以夹砂黑陶壶、罐、豆与单耳环杯等近于龙山文化因素为主要考古文化特征，墓葬为积石冢性质，其中层文化出土以夹砂黑陶器为主要考古文化特征，多具山东岳石文化特点，其上层文化出土以素面和饰刻画纹的钵、盆、壶、罐为主要考古文化特征，墓葬为积石冢。以上各遗址文化堆积，从物质文化发展来看，已经达到了相当高的水平。

辽河史前文化之龙文化、玉文化，坛庙冢及祭祖文化，古代萨满教文化，均具有辽河古代精神文化发展的一般特征。龙是中华民族的精神图腾，也是中华民族传统文化的文化符号。辽河古代龙文化的起源、发展和衍化，是中华民族传统文化发展的一个缩影。辽河史前龙文化，从距今8000年前的查海—兴隆洼遗址发现起，延续至赵宝沟文化、红山文化、夏家店下层文化，在4000多年的发展过程中，龙的形态和类型与时变化，形制越来越成熟，文化内涵日益丰富，实现了从物质图腾向精神图腾，最终成为中华民族文化符号的演变，成为中华民族传统文化最具特质的组成部分之一。

考古发现，查海—兴隆洼遗址的地上摆塑龙与陶器上浮雕式龙纹，说明查海人祭祀崇拜已经达到了较高水平；赵宝沟遗址出土的龙纹陶尊，以动物神化为龙作为主要题材，是在写实基础上的神化，通过增加造型的层次感和透视感，达到提高龙形象的神秘感效果，使龙形象更加成熟，说明这件龙纹陶尊已非日常生活用品，而是与祭祀有关的一件神器，是赵宝沟人以动物作为通神工具进行通神活动时使用的祭祀用品，是赵宝沟人宗教与祭祀已达到相当高度的反映；红山文化之龙文化进入发达期，无论器物形制、形态和类型，还是设计与制作，均表现出多样性特征，说明此时期龙文化发展到一个新的高度，龙崇拜已经是十分普遍的现象。夏家店下层文化出土彩绘龙，龙的类型不断增多，造型越来越多样，主要包括单首双身龙纹、夔龙纹，说明龙纹趋于成熟和定型。以上，无论是查海人的摆塑龙，新乐人的木雕龙，赵宝沟人的刻画龙纹，还是红山人的陶塑龙形、泥塑龙形和玉雕龙形，夏家店人的彩绘龙形，都说明龙起辽河源，且龙的形象在辽河两岸漫长的衍化过程中日益成熟与发展。在此期间，古代辽河人根据不同文化需求，选取不同材质，采用不同工艺，塑造了不同形象与风格的龙。如考古文化发现的查海遗址出土陶器上堆塑的类龙纹，赵宝沟文化的“四灵”龙纹陶尊的龙，红山文化出土的彩陶龙纹和龙形玉雕，夏家店下层文化的彩绘龙纹等。辽河龙文化及其演变，不断地影响到周边，如考古文化公认的商代卷体玉龙源于红山文化玉雕龙，红山文化乃至赵宝沟文化时期的龙鳞纹也多见于商代青铜器和玉器上。总之，龙出辽河源，辽河流域龙文化具有起源早、类型多、成系列的特性，其演变序列不断影响周边地区乃至整个中华民族。这也是辽河流域文化在中华文明起源过程中先走一步的表现。这都是被各方面考古学证据证实了的事实。

中国史前玉文化发展曾经出现两座高峰，进而形成了中华传统文化中独具特色的玉文化之两个中心：一个是以凌家滩文化和良渚文化为代表的东南沿海地区；另一个是以查海—兴隆洼文化和红山文化为代表的辽河右岸之辽西地区。史前玉文化在辽河文化史上占有重要地位，其在辽河两岸地区均有分布，可以说，玉文化是史前辽河两岸文化发展的共同特征。查海—兴隆洼遗址出土有玉器40余件①，主要为工具和装饰品，同时发现有玉玦和玉匕形器的组合，还有制作精良的玉管。查海—兴隆洼遗址出土的玉器，无论是选料还是制作工艺，都已经具有一定的先进性，尤其是出土的玉管和玉玦，是最具代表性的玉器。玉管是迄今中国所见最早的真玉玉器，也被认为是世界上已经发现的最早的真玉玉器；玉玦是一种耳饰品，被认为是迄今文化含义最丰富的一类玉器。红山玉文化是辽河史前玉文化的一座高峰，其在文化创造上的成就是多方面的，如礼仪性建筑文化，以积石与唯玉为葬为特征的葬式文化，及玉石雕与泥塑雕塑工艺等，玉文化是其精华。迄今，红山文化玉器出土以动物形制玉器、斜口筒形玉器、勾云形玉器及玉璧为最多，是红山文化玉器中最具代表性的玉器。从玉器的具体出土位置到玉器的组合明确，牛河梁遗址的红山文化墓葬的随葬品大多是玉器，表现为红山文化唯玉为葬的习俗文化已成型，且是具有一定普遍性的文化现象。红山文化玉器和玉文化的高度发达，史前即有对辽河两岸其他地区以及域外地区的传播。如小河沿文化和夏家店下层文化出土玉器，形制显然具有对红山文化玉器特有形制、某些造型和加工制作特点的继承；红山文化玉器在域外的流传和影响，主要见于新石器晚期和商周时期的中原和北方地区，如山西陶寺墓地出土有玉璧、河南安阳殷墟妇好墓出土简化型勾云形玉器和钩形器、北京琉璃河西周燕国墓地出土勾云形玉器、山东大汶口文化出土有双联玉璧和四联玉璧、平阴周河大汶口文化出土有三联玉璧、江苏海安青墩崧泽文化出土的双联玉璧、安徽凌家滩墓地出土有双联玉璧和方圆形玉璧、湖北黄梅县塞东薛家岗出土有三联玉璧等，以上出土具有红山文化玉器的典型特征，考古文化研究证明是红山文化玉器的传播与影响。在辽河东岸地区也多有玉器出土，如沈阳新乐遗址，小珠

① 郭大顺．辽宁文化通史·先秦卷［M］．大连：大连理工大学出版社，2009：57．

山下、中、上层文化，郭村遗址下层文化，偏堡遗址下层文化，四平山积石冢等；辽南地区出土的史前玉器中，玉牙璧是最具辽河玉文化代表性的玉器，说明该地区是史前玉文化较为发达的地区之一。

辽河史前文化是文字出现之前处于蒙昧野蛮状态的古代辽河人所创造的粗糙简陋的物质文化以及原始的风俗、习惯、宗教、艺术等精神文化，包括历史遗留下来的史前辽河古人类不发达的蒙昧状态的各种文化遗存。查海文化虽极少见与农耕有关的遗迹，但狩猎与采集的经济形态比较深厚；而赵宝沟文化和红山文化考古发现有石质生产工具，如石耜等大型起土工具，表明这个时期辽河古人类已经有农耕，但主要经济形态是畜牧、狩猎活动。红山文化以发达的宗教文化、龙文化、玉文化及祭祖建筑物为特质，在中华历史上率先步入文明社会。红山文化所包含的文化创造，不仅在当时中华大地处于领先地位，而且很多文化因素一直影响着中华传统文化。所以，红山文化是辽河古代文化第一座高峰，在辽河文化史乃至中华文化史上影响深远。考古文化发现，红山人在学习模仿中创新，在创造中发展与前行，在雕塑艺术与宗教建筑艺术方面均有创新，为辽河古代文化发展作出了重要贡献。夏家店下层文化的物质文化形态表现为聚落文化的兴起，其址在分布的中心地区十分密集，局部区域的密度甚至超过近代村落，其分布呈立体式，有低台地、高岗和山顶；已经具有较为发达的青铜冶铸业，出现铜石并用的文化面貌，表现为以农业为主要经济活动的文化形态。在夏家店下层文化出土中发现农耕工具比较发达，说明开荒、掘土和收割已经成为农耕之常事，表明当时农业已具备一定精耕细作的工序。随着农耕文化的发展，城堡文化随之兴起，说明夏家店下层文化之创新与发展。从夏家店人葬式及随葬品看，至夏家店下层文化时期，辽河文化祭祖文化基本形成，考古文化发现其随葬品主要为陶器，还见有漆、骨、玉器等。其中，漆木器是东北地区出现最早的实例，表明夏家店下层文化时期，漆木器已经在社会生活中得到较为广泛的应用，人们掌握了漆木工艺。夏家店下层文化发现随葬品陶器口沿和漆器上镶嵌着蚌壳和绿松石等，墓内还有散布的绿松石和蚌、螺等，这些都是漆木器一类的镶嵌物，表明当时的先民已经掌握了镶嵌工艺且使用比较普遍。夏家店下层文化出土较为多的是装饰品，无论质料还是品种都丰富多彩，如质料有绿松石、红玛瑙、玉石、蚌壳等，品种有头饰、耳饰、项饰类等。说明夏家店下层文化人，不仅在物质文化上已经很发达，而且精神生活和思维观念也相当丰富。

辽河古代文化在形成与发展过程中，受到商周文化的浸润。考古文化发现，辽河右岸之辽西地区的咕噜沟、马厂沟、山湾子、北洞、小波汰沟，先后出土商周时期的窖藏和墓葬青铜器。其中，1941 年，咕噜沟发现大铜鼎，是辽西地区商周青铜器出土最早的一例，也是辽西地区已经出土的商周青铜器中个体较大且体型较厚重的一例。1955 年，马厂沟出土鼎、甗、簋、盂、鸭形尊等青铜器共 20 件①，其中燕侯盂系燕侯所做盛食器最为重要，鸭形尊为商周青铜器中所仅见。北洞两个铜器窖藏坑出土罍、瓿鼎等青铜器共 12 件，其中方鼎铸 24 字铭文，是辽西出土商周青铜器中铭文最长的一例，山湾子窖藏坑出土西周早期的青铜器共 22 种②，其中有 13 件铸有铭文，是出土数量最多也是带铭文器物最多的一个地点，且不乏造型特殊的器物，如直耳鬲、附耳弧腹鼎、牛首罍等。小波汰沟出土商到周初青铜器共 11 件③，其中铸铭文

① 热河省博物馆筹备处. 热河凌源县海岛营子村发现的古代青铜器[J]. 文物参考资料，1955 (8).

② 辽宁省地方志编纂委员会办公室. 辽宁省志・文物志 [M]. 沈阳：辽宁人民出版社，2001：44.

③ 辽宁省地方志编纂委员会办公室. 辽宁省志・文物志 [M]. 沈阳：辽宁人民出版社，2001：46.

青铜器中有一件“圉”簋，簋内底铸14字铭文，是辽西地区出土青铜器中唯一记有周王与王都的器物，表明这件“圉”簋不仅与燕侯有关，还与周王室有关，考古学价值十分重要。花儿楼出土5件青铜器，除鼎、甗、簋以外，以一件俎形铜器最为重要，此器物以四宽足支撑长方盘面，平雕的饕餮纹具商代特点，内底悬双铃则是北方风格，这在商周青铜器中是罕见的。

考古学证据证明，辽西地区所发现的以窖藏为主的商周青铜器，属当时埋藏，反映的是商周时期北方地区的历史与文化。考古发现，每一群窖藏坑内的青铜器时代并不单一，既有较早的商代铜器，也有周初的，表明辽西地区窖藏青铜器的埋葬年代不仅为西周初年，而且可能是商代晚期甚至还早。其所包含的历史文化内容不仅包括周初封燕之后的燕文化和周文化，而且包括了周初封燕之前的商文化。说明商周文化在周初封燕之后对辽河文化的浸润，并产生了一些具有北方风格的青铜器，如铃首匙、悬铃方座簋、器盖等。从青铜器制作工艺上看，可以肯定地说，辽河两岸既是青铜文化发达地区，作为古代文化交汇地，也是商周文化浸润的重要地区。同时，辽河两岸作为我国青铜器文化开始较早的地区，也在不断地吸收相邻地区先进文化因素发展自己的文化。就青铜器制作工艺来说，早在红山文化晚期，就有考古学证据发现红铜装饰品等，还有大量动物题材，其已高度抽象化的饕餮纹和夏家店下层文化彩绘陶器在母题和图案上的布局，均开商代青铜器花纹图案之先河。因此可以认为，辽河青铜文化也有通过燕向中原传输。

商周之际，商周文化的输入与辽河的输出，造成了辽河流域青铜文化的转型发展。由于北方草原游牧文化不断注入新的活力，形成了辽河流域北方式青铜器文化。北方式青铜器基本以工具和武器为主，兽首弧背青铜刀为代表性器类，其造型与中原青铜器不同，是北方游牧民族所独创的一种青铜文化，体现了狩猎经济与尚武精神相适应的青铜文化特质。辽河青铜文化在其发展过程中，与北方草原地区青铜文化交流，这些具浓厚草原气息的北方式青铜器，与窖藏商周青铜一起，为辽河流域青铜文化发展增添了新的活力。北方式青铜器在与辽河流域青铜文化交融过程中丰富了自己，并以新的姿态积极面向整个东北地区青铜文化和中原地区商周文化。

辽河文化与燕蓟文化的陶融，形成了以大石棚和曲刃青铜短剑、弦纹壶为主要内容的巨石文化，即辽宁式曲刃短剑文化，主要分布在辽东半岛南部。在今大连市普兰店双房、盖州市九寨伙家窝棚的石棚式墓葬，出土了包括曲刃青铜短剑和弦纹壶等在内的随葬品，可知距今两三千年前辽东半岛巨石文化的基本特质。青铜时代活动于辽东半岛的人们，根据自然地理环境和资源，择地立石作为祭祀场所，是当时巨石崇拜的文化习俗，这些裸露立于旷野的石棚，是辽东半岛巨石文化的一种特质。辽东半岛青铜时代之巨石文化典型特质应是积石墓葬，属于辽宁式曲刃青铜短剑文化。辽宁式曲刃青铜短剑文化最具代表性的文化特质是一种形制独特的曲刃青铜短剑，与曲刃短剑共存的还有多纽铜镜、弦纹壶和铸铜石范，这些文化特质与大石棚一起，构成了辽东半岛青铜时代具有强烈地域特色的文化面貌。这一文化在两三千年里，因在辽宁境内分布最为密集，所以定义为“辽宁式曲刃青铜短剑文化”。其年代的延续较大石棚要长，分布范围较大石棚要广，其文化面貌在不同时间和不同地点变化较大。考古文化明确，辽东半岛是辽宁式青铜短剑文化分布的中心地带，该地区曲刃短剑文化的墓葬以积石墓为主要形制。这是辽东半岛积石为墓的传统文化习俗的承继与发展。早在新石器时代晚期至青铜时代早期，辽东半岛就有积石为葬的习俗，以老铁山积石冢和四平山积石冢为特质。辽宁式曲刃青铜短剑文化地域特征明确，不仅分布广，而且延续时间长、影响也大，是辽东半岛青铜时代较有规律的文化现象。考古学证据证明，辽东半岛南端的羊头洼文化是辽东半岛巨石文化的起源。羊头洼文化石器发达，不仅出土数量多，而且种类也多，具有一定进步性。特别是经常可见属于兵器类的石器即石兵器，如穿孔的石钺、石剑、石矛以及石制的戈。石矛体形规整，矛身与柄的区分明显，是相当进步的形制。羊头洼文化遗址发现栽培作物遗存，经鉴定为稻谷和黍，稻谷经鉴定为粳稻，应是当时农作物产品。羊头洼文化常见各式陶网坠、石网坠和鱼骨卡，表明羊头洼人仍以渔捞为主要生活来源，捕鱼业在经济生活中占有重要地位。此外，大嘴子遗址还发现有马鹿、斑鹿、獐、麝等野生动物骨骼和羊、狗、猪骨骼，证明羊头洼人的经济形态是农业与家畜饲养业、狩猎与捕鱼共存。辽东半岛巨石文化的先进性体现为地域文化先后衍化关系的连续性。地域文化特色浓厚的羊头洼文化早于辽东半岛巨石文化和曲刃青铜短剑文化，是巨石文化和曲刃青铜短剑文化的前身。其衍化关系表现在积石墓、陶器、石剑及石兵礼器、冶铜技术等方面。

辽东半岛巨石文化西渐，进入辽河平原后文化面貌有所变化，对沈阳郑家洼子文化产生影响。考古文化发现，郑家洼子文化出土随葬器物多达 42 种共 797 件①，十分丰富，从墓室形制可以看出，郑家洼子墓葬文化已由辽东半岛“高贵于富”的墓葬习俗转变为“既重高又显贵”。郑家洼子墓地的年代在春秋时期前后，墓葬规模、随葬器物所反映的青铜文化已经相当进步，青铜铸造技术水平已至发达程度，代表当时沈阳地区青铜文化发展的最高水平。

辽东半岛青铜文化向辽西地区传输早在青铜时代早期已开始，到辽宁式曲刃青铜短剑文化时代，扩展的速度和范围都在增加，渡辽河而西渐，辽西地区曲刃青铜短剑文化与其他文化交汇融合，特别是与燕文化的交汇，产生了新的飞跃，出现了新的青铜类型，铸造技术复杂化，造型与工艺更加多元化。

---

① 郭大顺．辽宁文化通史·先秦卷［M］．大连：大连理工大学出版社，2009：215.

战国晚期，辽河文化发展呈现新的格局，多民族文化错居杂汇、交流融合、兼容共荣，农耕文化、渔猎文化、畜牧文化、采集文化等多种经济文化形态并存，辽河文化的地域性、民族性、多元化特色已经形成。

自秦汉以降，辽河文化发展受国家政体文化影响明显。由于各朝代政体文化的差异和对辽河两岸的治理方式不同，特别是地方建制文化的频繁变化，辽河文化的发展不稳定性明显增加。

辽河文化属于地域文化，其形成、发展与衍化，与国家政体文化的发展与变化息息相关，伴随着这片沃土上所发生的历史事件以及所产生的历史人物而不断变化与进步，既具有很强的原生性特征，又不断吸纳域外先进文化。至清代晚期，辽河文化基本成型，农业文化形成了辽东山地粮食、经济作物区，辽西山地丘陵杂粮、经济作物区，辽中部平原粮豆作物区，辽南沿海丘陵油料作物区，农业、畜牧业、渔业、采集业等文化形态和类型发达；手工业文化包括采矿业、冶铸业、制瓷业、制盐业、纺织业等文化形态繁荣；城镇文化、交通文化、商业文化兴旺；教育与科举文化、民俗与宗教文化发展；文学艺术兴盛。

据文献记载，辽宁行政建制文化最早起源于春秋战国时期①。从燕国在燕北筑长城，置5郡，今辽宁属右北平、辽西、辽东郡3郡范围，辽宁建制文化进入了有史可考的时代。辽河流域经济文化形态主要有农牧业文化和鱼盐业文化，医巫闾山地区是主要农业区。秦汉时期，3郡延续下来，东汉时，又增置玄菟郡和辽东属国，郡国下设县级机构，东汉时期，今辽宁地区设3郡、1属国、24个县。随着郡县制文化的推行和中原文化的迅速传入，秦汉王朝在辽东地区戍兵屯田，铁制农具的普遍使用，基本适应了精耕细作的需要，初步形成了传统农业栽培技术的格局，有力地

① 辽宁省地方志编纂委员会办公室. 辽宁省志·地理志·建置志[M]. 沈阳：辽宁人民出版社，2002：191.

促进了辽河流域经济开发与社会经济文化发展。东汉末年，公孙氏割据辽东，建立以襄平（今辽阳市）为中心的割据政权；5世纪初，玄菟、辽东郡为高句丽部族所占控。当时，襄平农业、采矿业、手工业文化已有发展，商业文化随之繁盛，沈州已有商品交换集市，锦州与各地有贸易往来，海城开始采矿冶铁，商贸活动已有相当规模。

魏晋南北朝时期，鲜卑慕容氏以龙城（今朝阳市）为中心，先后建立前燕、后燕、北燕政权，今辽宁地区地方政权更迭频繁，行政建制文化变化复杂，但基本上仍为州郡县三级行政建制文化体系，州郡县数量越来越多，地区区划越来越小，至北齐时期，今辽宁地区除高句丽部族所设30城外①，北齐在此共设置了1州、2郡、7县②。魏晋南北朝时期，由于中原地区战乱不息，很多汉族农人相率逃往辽东地区安家落户，促进了辽河两岸地区农业文化发展，引进江南种桑技术，桑蚕业文化兴起，高句丽族与汉族农人利用辽东地区环境，发展农业文化，以晒盐和冶铁为特点的手工业文化发展较快，平郭是重要冶铁和产盐区。以龙城为中心的商业文化发达。

隋唐时期，今辽宁地区行政建制文化随中央建制文化变化而变化，基本是以道和路为主，隋代前期为州县二级制，隋代后期为郡县2级制，设有柳城郡、辽西郡、辽东郡，郡下置县。唐代始行道、州、县三级制，当时，道下置营州上都督府、安东都护府，府下置州县；属河北道管辖，后置平卢节度使，专理契丹等民族事务。安史之乱后，粟末靺鞨于松花江流域建立渤海国，当时，在辽东地区置长岭、夫馀、鸭绿等府。由于当时气候温暖温

① 辽宁省地方志编纂委员会办公室. 辽宁省志·地理志·建置志[M]. 沈阳：辽宁人民出版社，2002：207.

② 辽宁省地方志编纂委员会办公室. 辽宁省志·地理志·建置志[M]. 沈阳：辽宁人民出版社，2002：209.

润，辽河两岸植被生态环境良好，无论是辽东低山丘陵区，还是辽西的努鲁儿虎山、松岭或医巫闾山，不仅木林葱郁，各种野生动植物资源非常丰富，因而当时狩猎业文化、畜牧业文化、农业文化及采集业文化很是发达，辽东山地的人参、松子等，都是享誉中原的特产。商业文化相当殷实，辽南之旅顺湾、大连湾和大东沟等口岸与山东、闽浙等海上交通十分发达，商品贸易活动频繁。

辽金时期，沿袭中原道、路建制文化，辽代，在辽东地区置上京道、中京道、东京道，道下置州县；金代，辽东地区置上京路、咸平路、东京路、北京路等，路下置州县。辽金时期，地方建制文化复杂多变，是州县制文化在此地区普遍设置和广泛推行时期，州县数量大，隶属关系繁杂。至金代，涉及辽东地区的建制有四路，二十二个属路、州、府，并下辖三十五个州及八个县①。辽国建立后，为改变辽东地旷人稀的状况，诏徙东丹之民户于梁水（今太子河），迁晴州之民户置嫔州（今辽宁省海城市向阳寨），生民渐集，在汉族、渤海、契丹各族人民共同努力下，引进稻谷，养蚕缫丝，施用肥料，农业生产文化得到恢复与发展。辽代，畜牧业文化发达，养猪、养牛遍布各地，手工业文化发展较快，冶铁、丝织、制瓷也较发达。金朝建立后，辽东地区农牧业、手工业文化在辽代基础上继续发展。金朝统治者曾将具有经验和技术的中原人掳徙至辽东地区从事手工业，大量生产犁、铧、镐铲、锄等铁制农具，促进了农业生产技术和精耕细作，推动了农业生产文化的繁荣，同时也带动了商业文化的发展。辽河两岸广大地区成为较富庶的农业区，特别是辽北周围地区农垦欣欣向荣，耕地面积扩大，农业文化也获得较大发展。辽金时期，辽东地区商业文化发展。鞍山设有铁榷，交易活跃；抚顺大官屯设有

① 辽宁省地方志编纂委员会办公室. 辽宁省志・地理志・建置志[M]. 沈阳：辽宁人民出版社，2002：219—222.

陶瓷窑，并将产品销往东北各地；抚顺大官屯商业店铺林立，城市手工业文化发展很快，已进入小商品生产阶段。

元明时期，中国由分裂走向大一统，随着中央王朝对辽东地区的统一与地方行政建制文化的推行，辽东文化与中原文化的联系、交流更为密切，从而使辽东地区经济文化发展与各族社会文化发展有了明显进步。元代，辽东地区属辽阳等处行中书省（辽阳行省），行省下置辽阳路、沈阳路、广宁路、咸平府，以及州县机构。明代，辽东地区属辽东都指挥使司（辽东都司），都司下置二十五卫、二州①。都司卫所制文化是军政合一制文化，都司兼理民政，其职能类似元代行省，可以视作元代行省制文化的继续。元代初期，采取掳杀政策，将田地变为牧场，致农业文化出现衰退。忽必烈即位后，采取一系列恢复农业生产的措施，农业文化成为元时期辽东经济文化发展的重点，也是辽河流域农业经济文化区形成与稳定的重要时期，特别是行省制和屯田制文化的推行，有力促进了农业生产文化的繁荣。当时，辽阳、沈阳乃至辽西绥中等，已成为农业文化开发的重要基地，朝阳、阜新为中心的辽西北地区，至元代晚期，农业文化开发进入了极盛时期。明代，中央政府强化对辽东都司及卫所的统治，大力推行屯田制，军屯、民屯发达，推进了辽东地区土地开发，发展农业生产文化，农作物品种有高粱、稻谷、大豆、麦子等10余种，经济作物棉花等引进栽培；其他特产如人参、沙参、五味子、细辛等药材也有相当的产量，农产品十分丰富，辽阳地区附近是富庶发达的农业区。明朝时期是辽东地区农业文化发展的重要时期，冶铁、制瓷等手工业文化也较发达。元朝政府大力发展辽东地区交通文化，遍设驿路、驿站，为繁荣商业文化创造了条件；明代，中央政府在阜新地区设置商品交易场所，在辽阳地区设置木市、铁市、米市、

① 辽宁省地方志编纂委员会办公室．辽宁省志·地理志·建置志[M]．沈阳：辽宁人民出版社，2002：223—225.

猪市、牛市、果品市、鱼市、茶市等，置鞍山驿，城内有烧锅、饭店、杂货店、大车店、当铺等，先后在广宁、开原、抚顺、清河、叆阳、宽甸、义州设置马市、木市，促进了辽东地区商业文化繁荣与发展。

明末，女真族崛起，努尔哈赤建立后金国，初以赫图阿拉城为都；后迁至今辽阳太子河东，新建都城东京；再迁至沈阳中卫，皇太极即位后，改沈阳为盛京，1636 年，皇太极称帝，改国号为清。清代，辽东地区实行旗民分治政体文化，以盛京（奉天）将军制辖治旗人，以府州县管理民户，盛京将军所辖的奉天、锦州 2 府，相当于今辽宁大部分地区。1906 年，改盛京为奉天行省，省下置道、县。1928 年，张学良易帜后，取辽河两岸永远安宁之意，改称辽宁省。中华人民共和国建立初期，辽宁地区划为辽东、辽西 2 省和沈阳、旅大、鞍山、抚顺、本溪 5 个直辖市，属东北人民政府管辖；1954 年，复并为辽宁省；次年，撤销热河省，朝阳、阜新 6 县划入辽宁省；1969 年，内蒙古自治区昭乌达盟（今赤峰市）及其 3 县、7 旗划入辽宁省，10 年后，复归内蒙古自治区。至 20 世纪 80 年代末，辽宁省设置 13 个地级市，44 个县（市）、56 个市辖行政区①。清代初年，由于明清之际的战乱，加上大批满汉人丁从龙入关，对龙兴之地盛京地区实施封禁政策，予以保护，造成辽东地区出现荒城废堡，败瓦颓垣，沃野千里有土无人的残破局面，随着全国政权统一和稳固，清朝政体文化逐渐形成并在全国推行，特别是采取招募开垦，辽河右岸之辽西的锦州、广宁、宁远从关内迁来大批流民，原来为躲避战乱而逃离的民户也纷纷返回，致生齿日繁，农业劳动力得到恢复与发展，农牧业文化和手工业文化迅速发展起来，一时间，辽河流域成为东北重要的经济开发区。除东南部山区外，其余川原交错，农业

---

① 辽宁省地方志编纂委员会办公室. 辽宁省志·地理志·建置志[M]. 沈阳：辽宁人民出版社，2002：275.

经济文化很发达，盛产大豆、高粱、粟米等。此外，辽南地区还种有棉花等大量经济作物。手工业文化也明显进步，在辽阳、盛京、海城、熊岳、兴京、凤凰城、锦州、宁远、广宁、朝阳等地分别有陶瓷、纺织、印染、造船、造车、兵器、皮革、制帽等各种手工业文化形态存在，在农村很多地方出现油坊、磨坊、烧锅等作坊文化。这些手工业文化发达的地区，同时也是农副产品集散地，逐步成长为当地经济开发的中心与城镇。清代，辽河流域商业文化进一步发展，沈阳、锦州等城镇手工业和商业文化较为兴旺，南北货物集散于此，塔子沟（凌源）、三座塔（朝阳）成为商业文化重要城镇。由于中央政府在盛京内务府之旗、水师营及沈阳、开原、辽阳等 13 城设置官铺，极大地促进了商业文化的发展，沟营（今营口）和锦州西海口商业文化踵起，商民倍增，交易频繁，沈阳城内外大小店铺星罗棋布，商业文化相当繁荣。

根据文献史料明确记载，在不同朝代国家政体文化背景下，辽河文化的发展景象十分丰富。由于特殊的地理环境，民族迁移与汇聚，社会组织结构变化与调整，经济形态与类型多元并存与发展，民族杂处融合，相互学习借鉴，文化交流发展，形成了具有鲜明地域特色和时代特征的多元民族文化以及复合型民族性格。

目　录

第二篇　秦汉时期辽河文化

第三篇 魏晋至隋唐时期辽河文化

第四篇　辽朝时期辽河文化

第五篇　金朝时期辽河文化

第六编　元朝时期辽河文化

第七篇　明朝时期辽河文化

第八篇　清朝时期辽河文化

第一篇　先秦时期辽河文化

辽河之名始见于《辽史·地理志》，东、西辽河在辽北昌图地区汇流成辽河后，由北向南注入渤海。辽河水系流域位于中国东北地区南部，处在东经116°54′～125°32′和北纬40°30′～45°17′之间。辽河两岸山川秀美，平原辽阔，四季分明，气候适宜，是一片适合人类居住与生活的富饶土地。在古代民族形成以前，辽河两岸广大地区已经有了远古人类的活动。大量考古学证据表明，早在旧石器时代，这里就遍布了古人类庙后山人、金牛山人、鸽子洞人活动的足迹。辽河流域的旧石器时代早、中、晚期遗存发现，在辽东、辽西地区均有分布。从考古出土的遗物可以推定，当时的人类已然注重衣着与装饰，表明审美观念开始出现。由于远古人类分布密度较低，生产力水平低下，生产和生活内容较为单一，尚未形成大而固定有序的聚落。这一时期，辽河文化尚处于萌芽、形成阶段。进入新石器时代，辽河流域随着农业文化和家畜饲养业文化的兴起和形成，包括采集业文化、渔猎业文化的发展，经济文化日渐繁荣，由此带来人口的增长，人类的生产方式和生活方式逐渐发生一系列重大转变，原始聚落逐步形成且趋于稳定，奠定了辽河文化发展的社会基础。人群固定化，出现相对稳定的社会阶层，进而使原始族群内部的社会结构层次化，不同人群间和阶层间，自身单元的文化特征逐渐凸显，相互间的文化交流日渐增多。因此，在考古学上直接表现为不同形态和类型的考古文化形成，查海人创造的龙玉文化、红山人创造的坛庙冢三位一体的宗教礼仪以及女神像、玉器群文化等，诸考古文化和考古文化所在地区文化特征基本确立，开启了中华文明起源的光辉历程。各地区文化的多元化也促进了区域间诸考古文化的交流与陶融，最终促进了辽河文化的形成与发展，以红山文化为代表的考古文化发现，将中华文明起源的历史向远古推进了上千年。随着青铜器时代的到来，辽河流域文化也随之不断产生突变，不时出现亮点。辽西地区出现了夏家店下层文化相对发达的局面，辽东地区形成了多文化多类型共存的格局。辽河两岸之辽东与辽西地区文化互动，共同推动了辽河先秦时期文化的繁荣和发展。

第一章　辽河古代文化生态环境

从已有考古学资料看，辽河流域古人类最迟在 30 万年前，就生活在辽河两岸广袤的土地上了。在漫长的原始社会历史时期，他们含辛茹苦，与自然界斗争，繁衍后代，创造了辉煌灿烂的远古文化，为中华民族多元文化的形成做出了重要贡献。

文化因人类而发生和发展，因人类创造而繁荣，因人类的进步而沉淀和积累。人类总是在一定的历史环境中活动的。不同历史时期、不同自然环境条件，人类活动的形态不同，人与环境交互作用，形成了不同的文化景观。文化是人类在一定历史环境中创造的物质财富与精神财富的总和。人类生存环境的改变，深刻地影响着文化的变化。一般而言，早期人类活动受自然环境制约严重，当然，人类活动也影响自然环境。人和环境，在一定时空条件下，是通过技术工具和社会组织这两个方面发生联系的。技术工具主要是针对人与自然环境的关系而言，它是人类进步的标志；社会组织则主要针对人与社会的关系而言，它是人类生存发展的基础。人和环境通过技术工具和社会组织发生联系，便创造了物质财富和精神财富，也创造了文化。人与环境的关系，其本质是文化与环境的关系，表现为文化景观，文化是随时空而变化的，影响文化发展变化的环境条件可以称之为文化生态环境，主要包括自然生态环境和社会生态环境两个方面。地域文化生态环境是制约该地域文化景观形成的重要因素，甚至影响和决定该地域文化发展的方向。

辽河文化生态环境主要包括这一流域自然生态及变化和社会生态及变化。

第一节　辽河古代文化自然生态环境及变化

辽河两岸自然资源比较丰富。从气候条件看，地处中纬度，光能资源丰富，日照充足，湿度适中，雨热同季，四季分明；从地貌条件看，地势自北向南由东西向中部倾斜，东西两厢为丘陵山地，中部为广阔的辽河平原，临海洋，陆地包括辽河平原、辽西低山和辽东半岛丘陵、辽东山地及辽西北低丘，适于发展农牧业和采集业经济文化；从生物资源看，地处华北区系与长白区系交汇处，植物资源多种多样，具有开发价值的植物大约有 600 种。辽河文化自然生态环境及变化，主要包括历史时期气候、植被、水系、海岸线、沙漠变化。

辽河文化在萌芽、形成和发展时期，表现为对于自然环境的高度依赖性。自然条件和地理位置的特殊性，影响和决定了辽河流域境内新石器文化的不同形态和类型。考古文化发现，旧石器时代，东北大平原属于泰加针叶森林和暖湿草原环境。距今 8000 年至距今 4000 年这一时期，辽河流域人类活动如星芒灿烂，一直光耀着新石器时代。在新石器时代，辽河流域古人类的生产与生活活动既受当时技术工具条件和社会组织水平的影响，也受自然生态环境的制约。在自然生态环境方面，主要受到不同地貌、水文和土壤条件的影响。考古文化发现的旧石器时代到新石器时代遗址，许多分布在辽河、大小凌河、太子河和浑河流域沿河皋地漫滩之上，就是最好的证明。

从距今约 3000 年前后，由于全球气候转向寒冷与干旱，致使森林覆盖面积减少和无树旷原增多，导致辽河流域生态环境由复杂生态系统向简单生态系统转变，生产文化形态也相应发生变化，即由农牧文化向游牧狩猎文化过渡，这从考古发现的夏家店物质文化遗存可以得到证明。由于辽河流域古人类对自然的高度依赖和对淡水的需要，遗址多数分布在河流两岸的皋地，或台地或山坡，或靠近河流的岩洞。如辽西地区地势相对较高，平均气温低，降雨量相对集中在七八月份因而遗址多分布在河流两岸的扇形高台地；辽南地区受海洋气候影响较大，气候温润，适宜居住，遗址多分布在沿海地带。

对辽河流域而言，自然环境变化影响最大的是辽河平原。在第四纪冰后期海侵后，滨海部分被淹没，未被淹没的近海部分，因排水不良形成大片沼泽。西汉时期，辽东郡所属各县，今辽宁黑山以南、台安以西、北宁以东的近海地区，空无城邑，其时应为一大片沼泽化滩涂。这一状况在晋末、五代十国时往返辽东、辽西间人们的记载中有所反映。《晋书·慕容皝》记载，西晋末，慕容皝征辽东慕容仁，趁沼泽结冰，践凌而进①。五代十国时期，南唐使臣公乘镕在《全唐文·使契丹进玄宗蜡书》中描述："辽河下游，辽泽泥淖，车马不通，辽东以西，水潦坏道，数百里车马不通。"② 在《大金国志》中，也有类似记载③。12世纪，北宋使臣许亢宗使金，途经辽河地区，留下记载："地势卑下，尽皆萑苻，沮洳积水。是日凡三十八次渡水，多被溺，名曰辽河，濒河南北千余里，东西二百里，北辽河居其中，其地如此。隋唐征高丽路皆由此。"④ 显然，此记录的情况与现今的下辽河地貌比较大相径庭。

辽河与海相连，但隋唐时期的海岸线确切位置已不可考。地

① 房玄龄，等．晋书：卷一百九［M］．长春：吉林人民出版社，1995：1706．

② 全唐文·使契丹进玄宗蜡书［M］．北京：中华书局，1983．

③ 宇文懋昭，等．大金国志［M］．北京：中华书局，1987．

④ 宇文懋昭，等．大金国志［M］．北京：中华书局，1987．

理工作者通过微地貌分析发现，自盖州、大石桥西北，经牛庄达沙岭一线的东南、西北的地面坡降有所差异，而钻孔资料也反映此线东南和西北的沉积物性质不同；线北为河口或河流相沉积物，线南在现代河口沉积物20米以下为浅海相沉积物。这说明此线为公元前形成的海岸线，它在很长时期内无明显延伸。

大约到10世纪，契丹族在西拉木伦河流域和老哈河流域使用俘虏来的渤海人、汉人进行耕垦，使得草原变成农田，这使辽河含沙量逐渐增加、海岸线延伸明显。明代，辽河河口在梁房关，即今营口白庙子附近，岸线由此向西，经沙岭以南约25公里至吴家坟附近。营口在明末清初为辽河口外一沙岛，以后泥沙淤积，至19世纪二三十年代才与大陆相连，辽河口才延至营口之外。

辽河流域沙漠的变化，主要在其上游的科尔沁沙地。科尔沁沙地又称科尔沁草原，位于西辽河上游的西拉木伦河和老哈河流域。古代科尔沁地区自然条件十分优越，生长有茂密的森林和各种植物，是一片水草丰美的地方。近几十年考古文化发掘，在细石器、红山文化、富河文化遗址中，发现不少石制农具，说明在这片肥沃的土地上早就有了原始农业。同时，还发现汉代鲜卑人和辽代人墓葬被埋在沙丘之下，当时的地面是黑土层，说明与西拉木伦河、西辽河及其支流的冲积作用和植被茂盛有关，沙丘是后代出现的。据《辽史·地理志》记载，西拉木伦河两岸，“地沃宜耕种，水草便畜牧”①，10世纪前，长期为游牧民族活动的重要场所。10世纪时，辽朝将从战场俘虏来的汉人和被迫迁来的渤海人约数十万人，安置在西拉木伦河和老哈河流域建立州县，开垦农田，致使草原和植被遭破坏，表土裸露，风吹即起沙，为了防止农作物被“吹沙所壅”，人们便在垄上种植。元朝时期，没有更大规模开垦，草原植被有所恢复。清朝时期，在此广设牧场，孳

① 脱脱，等．辽史：卷三十七［M］．长春：吉林人民出版社，1995：250.

息大批马驼牛羊，特别是19世纪以后，清政府为了增加财源，招民开垦大片草原，关内大批流民蜂拥而至，大批草场被垦，因土地贫瘠，开垦二三年即因沙害而放弃，继而开垦新的草地。在无植被覆盖的撂荒地上，干旱风季时沙层被风吹扬而起，形成了流动沙丘。这些沙丘先以点状出现，后逐渐连作一片，使草原退化为沙漠，长久影响巨大，严重影响辽河流域经济社会文化生态。

第二节　辽河古代文化社会生态环境及变化

社会生态环境主要是指人为带来变化，诸如行政区划调整、重大工程、重要事件（战争等）、民族迁徙及人口增减等造成社会生态的变化。参阅有关史料不难发现，青铜时代晚期以前，辽河流域社会生态环境相对稳定，这是辽河史前文化发展的黄金时期，很多方面走在了时代的前列。自战国末年以来，辽河流域社会生态环境一直处在剧烈的变化之中，辽河文化发展跌宕起伏，文化的星芒时暗时明。

就社会组织形态变化而言，考古文化发现，查海—兴隆洼文化时期，辽河流域稀疏分布定居村落，到红山文化时期，辽河流域古代社会在分化出以环壕聚落为特征的中心村落的基础上，出现了规模相对较大的聚落群体。这表明当时的社会组织应该开始了由血缘关系向地缘关系转变的进程，分别簇拥着各自中心聚落的聚落群体，初步形成了辽河流域社会组织的古国形态。就社会观念形态变化而言，考古文化发现，查海—兴隆洼玉器文化的出现，表明中国传统礼制文化的萌芽，到红山文化时期，牛河梁大型祭坛、神庙和积石冢的出现，表明辽河流域继龙神崇拜后兴起的天地崇拜和祖先崇拜，意味着具有多层次结构、规模较大的社会政治实体的出现，因而推断辽河流域在5000年前出现红山古国之后，出现了具有邦国（方国）联盟性质的早期的国家形态。由此亦可以推定，辽河流域不仅是中国传统原始农业文化起源地之一，也是后起的北方游牧业文化重要的发源地。从红山文化晚期出现早期国家形态到春秋战国出现的续生型国家，和红山文化之坛、庙、冢遗址以及玉文化、龙文化形成和发展，表明辽河流域社会组织和社会观念的形成和发展都走在了其他地区的前面。

据《左传》记载，春秋初年，中原地区有 120 多个大小国家，中国处于分裂状态①。早在殷商时代，即公元前 16 世纪至前 11 世纪，肃慎、孤竹就是附属商朝的部落国家（方国）之一。武王伐纣，商灭周兴，周王朝的封国燕国的疆土已至今辽宁喀左、朝阳一带。肃慎、孤竹依旧是周的部落国家（方国）。西周末年，燕国的北地疆界到了今河北北部和辽宁西部的大凌河流域。战国初年，诸侯兼并战争，其中秦、韩、赵、魏、齐、楚、燕七雄，国势强盛，开疆拓土，置郡县，修长城，疆界至燕国原有河北北部和辽南一带。燕昭王时期即公元前 311 至前 279 年，燕国曾派将军秦开挥师东进，击败东胡，却地千余里，并在北边设置上谷、渔阳、右北平、辽西、辽东 5 郡，筑长城西起造阳（今河北张家口附近），东经辽东，又东至满潘汗（今朝鲜清江川一带），与朝鲜分界。另据《史记・匈奴列传》记载，战国时期（东周时期），燕国进行了一系列改革以加强国力，并于公元前 278 年修筑了防御东胡的燕国长城，蜿蜒于今天的内蒙古自治区赤峰市、辽宁省朝阳市建平县、辽宁省朝阳市北票市、辽宁省阜新市等地，并跨越辽河②。长城的修筑，巩固了燕国在辽河流域的统治，为当地人民生产和生活提供了安全环境，也改善了辽河流域的文化生态。

《史记・秦始皇本纪》记载，公元前 221 年，秦统一六国后，将秦、赵、燕所筑长城重加修缮和连接，形成“起临洮（今甘肃

① 李梦生．左传译注［M］．上海：上海古籍出版社，2016．

② 司马迁．史记・列传：匈奴列传第五十［M］．北京：中华书局，2013：6528．

省岷县）至辽东（今辽宁省丹东市），延袤万余里”的秦代长城，统治疆域，“东至海暨朝鲜，西至临洮、羌中，南至北向户（北回归线以南），北据河为塞，并阴山至辽东”①。从此，辽河流域成为边疆，辽东地区成为边陲。作为边地，辽河流域饱受战乱，行政区划变动无居，辽河文化景观及文化发展方向因而发生历史性改变。汉武帝时期，在东北设乐浪、玄菟、真番、临屯 4 郡，将东北疆界推至朝鲜半岛中、北部，东至日本海，南抵汉城以北一带。后，由于濊貊族叛乱，公元前 82 年，撤销了真番、临屯 2 郡，将其尚可控的地区并入乐浪、玄菟 2 郡；后，玄菟郡内迁至今辽宁新宾附近。东汉末年，高句骊建国，都国内城（今吉林省集安市），以后逐渐强盛，向东西扩张，公元前 30 年，单单大岭以东（今朝鲜境内狼林山、阿虎飞岭以东）7 县领地全归高句骊所有。玄菟郡治被迫内徙至沈阳、抚顺间，鸭绿江上游地亦入高句骊部族政权管辖②。

秦汉时期，中原王朝周边民族中以匈奴最为强大。匈奴是游牧民族，大约在公元前 3 世纪，兴起于大漠南北。其东与西拉木伦河以北的东胡为邻，至匈奴冒顿单于时期，东击东胡，其势力范围包有东尽辽河，以漠北鄂尔浑河为中心，建立了强大的民族政权。至汉武帝以后，匈奴退出河套及其迤西一带，其势益衰。其后丁零乘匈奴渐衰之机，攻其北部，乌桓入其东，乌孙击其西，南面受汉朝多次袭击，匈奴人畜大量死亡，更加虚弱，于公元 48 年匈奴分为南北两部，南匈奴归附汉朝。北匈奴自南部附汉以后更加势单力薄，其时又四面遭多方攻击，“南部击其前，丁零寇其

---

① 司马迁. 史记·本纪：秦始皇本纪第六［M］. 北京：中华书局，2013：480.

② 陈寿. 三国志·东夷传：第三十［M］. 长春：吉林人民出版社，1995：616.

后，鲜卑击其左，西域侵其右”①，故难立足漠北，其部民或西迁或南下，分崩离析。特别是公元89—91年，连续三年遭东汉大规模军事打击，匈奴单于领一部分人户西徙乌孙，后转迁康居，其故地为鲜卑所居，留下的10余万落（由若干帐户组成的帐落）并入鲜卑。至此，在大漠南北活跃了300多年的匈奴政权退出了历史舞台。乌桓属东胡，最初分布在蒙古高原的东南和东北，被匈奴击败后，迁至西拉木伦河以北，公元前3世纪末，乌桓役属匈奴。公元前119年，汉将霍去病击败匈奴，徙乌桓于沿边的上谷、渔阳、右北平、辽东、辽西5郡塞外，即今老哈河流域、滦河一带。东汉初年，乌桓入居辽东属国、辽西等10郡障塞之内，约当今辽宁大凌河下游、河北北部、山西北部和中部，向西抵内蒙古伊克昭盟（今内蒙古自治区鄂尔多斯市）一带。

鲜卑属东胡，按其起源地，分为东部鲜卑和拓跋鲜卑两部。东部鲜卑原居鲜卑山，在乌桓之北，匈奴冒顿单于击败东胡后，迁至辽东塞外。汉武帝时，乌桓归附，迁居老哈河流域，鲜卑也迁徙至西拉木伦河流域。拓跋鲜卑原居于大鲜卑山，东汉初年，东部鲜卑与乌桓、匈奴联合犯边。东汉中叶，乘匈奴衰弱，联合丁零、南匈奴和西域诸国攻击北匈奴，后北匈奴西迁中亚，鲜卑遂占有匈奴故地，其时拓跋鲜卑也向西南迁至呼伦贝尔草原。公元2世纪中，东部鲜卑首领檀石槐统一了鲜卑各部，成立了草原部落大联盟，其势力范围包括了整个内蒙古草原，分为东（从右北平以东至辽东）、中、西3部。东部大人即后来宇文鲜卑的先世，中部大人即后来慕容鲜卑的先世，西部大人即后来拓跋鲜卑的先世。181年，檀石槐死，鲜卑一分为三，一为檀石槐后裔，一为轲比能集团，一为渔阳、右北平、辽西等郡塞外分散小集团。

夫馀、高句骊、濊貊和沃沮系濊貊语族，主要活动在黑龙江、

① 司马迁．史记·列传：匈奴列传第五十［M］．北京：中华书局，2013：6528．

松花江、鸭绿江流域。其中，夫馀活动在松嫩平原，建立过政权，与中原两汉王朝保持友好关系；古高句骊活动在今辽宁新宾一带，后为卫氏朝鲜所并；沃沮主要活动在今朝鲜咸兴一带，汉武帝灭卫氏朝鲜后其地设玄菟郡；濊貊主要活动在朝鲜单单大岭以东，西至乐浪，东穷大海，南与辰韩接，汉武帝时，曾一度在其地设置沧海、临屯两郡①。东汉时，高句骊部族政权实力强大，先后兼并濊貊诸部，鸭绿江两岸、浑江流域尽归高句骊部族政权所有，东汉后，濊地亦役属高句骊②；肃慎主要活动在夫馀东北、沃沮北，后称挹娄分布于黑龙江、乌苏里江一带，东濒大海，曾长期臣属于夫馀。

在众多民族中，高句骊对辽河流域乃至东北地区疆域变化影响最大。190—193 年间，公孙度割据辽东，自称平州牧。196—219 年，度之子康分乐浪郡屯有县（今朝鲜黄州）以南荒地置带方郡，并向南扩张，使韩濊役属带方郡。238 年，公孙氏为曹魏所灭。此时，高句骊统治区已有今浑河流域以东、盖马大山以西，北至松花江上游、南至朝鲜清川江一带，国都丸都城（今吉林省集安市北山城子），其后国势日强，不断向外扩张。313 年，向南占有乐浪郡，至 404 年，辽东、玄菟两郡为其所有，后燕势力退出辽东，东北边境以辽河为界。其时，高句骊部族政权已迁都平壤。辽东地区自公元前 3 世纪左右燕国破东胡置辽东郡始，之后，汉代又置乐浪 4 郡，南界至朝鲜汉城以北，一直是中原王朝的直属领地，前后达 7 个世纪之久。其间，辽东地区行政建制文化处于变化之中，曹魏时期，置 4 郡、18 县；西晋，置 3 郡、18 县；东晋十六国时，后赵，置 1 郡、1 县；前秦，置 5 郡、22 县；前

① 班固．汉书·帝纪第六·武帝：卷六［M］．长春：吉林人民出版社，1995：100.

② 金富轼．三国史记·高句丽本纪：卷十三～十五［M］．长春：吉林大学出版社，2015.

燕，置9郡、20县；后燕，置3州、5郡、27县；北燕，置3州、10郡、12县，以加强对辽东地区的统治①。自404年始，为高句骊所占，高句骊置城30座②。这是辽河流域乃至东北疆界最大的变化，对辽河地域文化影响重大。北魏时，辽东置6郡、12县；北齐时，置1州、2郡、7县③。隋代至唐初，高句骊、百济、新罗割据、对峙朝鲜半岛。高句骊据北、百济在西南、新罗居东南。隋代，为消除高句骊的威胁，隋朝曾四征高句骊，均以失败告终。唐代，亦多次征高句骊，645年，唐军进攻高句骊，因天气寒冷而班师还；660年，再攻高句骊灭西南部百济；667年，唐军再攻高句骊，次年，攻下平壤，灭高句骊，于其地置都督府州县，并置安东都护府于平壤，统理高句骊及靺鞨诸部州，辖区西起辽河、东与北抵海。后因高句骊人反抗，670年，安东都护府被迫内迁至辽东；676年，移治辽东城（今辽宁省辽阳市）；次年，移治新城（今辽宁省抚顺市北高尔山）；742年以后，移至辽西，安东都护府废，辽东遂空，唐辖境辽东南部进一步缩小。唐朝一度放弃了对辽东的控制，粟末靺鞨乘势兴起。698年，粟末靺鞨人大祚荣在忽汗河（今牡丹江市）上游东牟山筑城建震国；713年，唐封大祚荣为渤海郡王，加授忽汗州都督，遂改称渤海国；755年，渤海国迁都上京龙泉府（今黑龙江省宁安市东京城镇）。在唐朝和高骊双方势力削弱时，渤海起而代之，不断扩张，开拓疆土，其盛时，南以泥河与新罗分界，东北至黑龙江下游与黑水靺鞨为邻，北隔那河与室韦为界，西与契丹接壤、西南抵辽东地区与唐为邻，

---

① 辽宁省地方志编纂委员会办公室. 辽宁省志·地理志·建置志[M]. 沈阳：辽宁人民出版社，2002：201—209.

② 辽宁省地方志编纂委员会办公室. 辽宁省志·地理志·建置志[M]. 沈阳：辽宁人民出版社，2002：201—209.

③ 辽宁省地方志编纂委员会办公室. 辽宁省志·地理志·建置志[M]. 沈阳：辽宁人民出版社，2002：201—209.

东至于海，称“海东盛国”。

安史之乱（755 年 12 月 16 日至 763 年 2 月 17 日）后，居于西拉木伦河和老哈河的契丹和奚脱离唐朝控制，日益强盛，10 世纪初，契丹首领耶律阿保机统一各部，916 年建立契丹国，926 年灭渤海国，建东丹国；952 年，又被辽所并；其时，辽国疆域东至于海、西通西域；923—936 年间，占有营、平两州（今河北滦河下游和辽宁大凌河流域）；936 年，占有幽云十六州（相当于今北京市和河北、山西两省的北部地区）；947 年，契丹国改国号为辽，都上京临潢府（后迁都中京大定府），形成与中原北宋王朝长期对峙的局面。辽朝疆域，南以山西雁门山、河北大茂山和白沟与北宋分界；北界在今蒙古国和俄国之边界以北，至克鲁伦河、鄂尔浑河、色楞格河；东循外兴安岭至海（926 年占有渤海国）；东南跨越鸭绿江、图们江，占有今朝鲜新义州、咸兴一线以北地区；西境有阿尔泰山区地区的粘八葛部。东北黑龙江下游的室韦诸部和松花江流域的女真诸部均为其统治之下。

辽朝时期，辽东地区行政建制文化表现为道府州形式，辽在辽东地区置 3 道、56 府州①。

1007 年，辽属女真完颜部起兵反辽，1115 年，建国号金，其后迅速壮大，1125 年，金国灭辽国，次年，灭北宋。1142 年，金国与南宋罢兵议和，成为北方一大强国。金国初都上京会宁，1153 年，迁都燕京，建号中都大兴府（今北京城西南隅）。1214 年，迁都开封府（今开封市）。次年，金朝派往辽东的宣抚使蒲鲜万奴公开叛金，在辽东东部独立，建立大真国。1233 年，大真国为蒙古部族所灭；次年，金国被蒙古部族所灭。1279 年，蒙古帝国统一中国。金朝地方行政建制文化表现为 5 京下的路、府、州、

① 辽宁省地方志编纂委员会办公室. 辽宁省志·地理志·建置志[M]. 沈阳：辽宁人民出版社，2002：213.

县形式，辽东地区行政建制文化形态更为复杂①。

1264 年，元世祖即位，其统治时期建立地方行政制度，全国划分为 11 个行政区，即中书省直辖、10 行省及吐蕃宣政院地。元朝疆域辽阔，四周辖区以岭北行省为最大。1312 年，置岭北行省，辖区东至哈喇温山（今大兴安岭），接辽阳行省；西至也儿的石河（今额尔齐斯河），接铁察汗国和察合台汗国；北至北海（今西伯利亚北部）之地；南隔大漠与中书省和甘肃行省接界。至 1271—1285 年间，元朝在东北地区置北京行省，后改为辽阳等处行省，治所在辽阳路（今辽宁省辽阳市）。辽阳行省下辖 7 路、1 府、12 州②。

1368 年，明朝建立，都大都（今北京市）。在中原消灭元朝势力后，明朝着手解决辽东的元朝残余势力，顺利控制辽东地区，置辽东都司（治在今辽宁省辽阳市），下辖 25 卫、2 州③，进一步经营东北，并招抚女真各部。1426—1449 年间，原居于西拉木伦河流域的兀良哈三卫南迁至辽河以西，内蒙古昭盟和河北北部地区；原居于绥芬河一带的建州女真也逐渐南迁至浑河一带。其后不断相交侵犯辽东的耕地。1469 年，明朝在今辽宁省境内修了一道跨辽河东西的辽东边墙。

16 世纪末至 17 世纪初，居于今辽河水系之浑河、苏子河流域的建州女真崛起。1583 年，建州女真人努尔哈赤起兵，仅用 10 年，至 1594 年，先后统一了女真各部，明朝设在女真各部的羁縻卫所遂归消亡，其地为女真势力控制。1616 年，努尔哈赤称帝，

① 辽宁省地方志编纂委员会办公室．辽宁省志·地理志·建置志［M］．沈阳：辽宁人民出版社，2002：219．

② 辽宁省地方志编纂委员会办公室．辽宁省志·地理志·建置志［M］．沈阳：辽宁人民出版社，2002：223．

③ 辽宁省地方志编纂委员会办公室．辽宁省志·地理志·建置志［M］．沈阳：辽宁人民出版社，2002：225．

国号为金（史称后金），都赫图阿拉（今辽宁省新宾满族自治县西老城）；1619年，迁都抚顺萨尔浒城；1621年，迁都辽阳（今辽阳市太子河东新城村），名东京；1625年，迁都沈阳中卫；1634年，尊沈阳为盛京；1644年，清朝迁都北京，盛京为留都，置盛京将军管辖。

综上，从先秦至清代，辽河文化之社会生态环境错综复杂，一直处于流变之中。这给辽河文化的发展带来深刻影响。

文化因人类而衍生，人类因文化而成长。一定的思想文化总是植根于一定的历史地理环境，其发生、成长，发展、变化，也总是与其所处的历史地理环境息息相关。辽河文化也不例外，自然根系辽宁乃至辽河流域的沃土，辽河文化的始生与成长、发展与衍化，无不因应这片热土沃壤上所发生的重大历史事件以及所产生的历史人物而不断变化与进步。在漫长的历史发展进程中，无论自然环境、社会环境怎样变化，辽河文化一直没有间断，始终因应重大历史事件发展变化，伴随、滋殖和激励古代辽河人类前行。多民族文化相容并蓄，不断衍化成长，为辽河儿女提供精神食粮和灵魂依托。

第二章　辽河古代文化深厚底蕴与历史积淀

辽河是辽宁人民的母亲河，滋殖了灿烂的辽河文化。由于特殊的地理环境，千百年以来，辽河两岸是多民族汇聚的地区，在这里，社会组织结构、经济类型多元并存，多民族融合，多元文化交流，相互学习借鉴，形成了具有鲜明地域特色的多元的民族文化和复合型的民族性格。考古学证据证明，辽河古代文化蕴含博大精深，历史积淀深厚，具有很强的原生性和地域性特色。考古学证据已经证明，西辽河流域是中华文明发源地之一，辽河文化是中华文化的重要组成部分。

第一节　考古文化视角下辽河古代文化

任何一种文化都会经历从始生和萌芽到形成与发展的过程。从考古学证据看，辽河文化萌生大约在数十万年前的旧石器时期，以考古发现的本溪庙后山、营口金牛山和喀左鸽子洞遗址为代表，其形成和发展，经历了新石器时期、青铜时期。

一　旧石器时代辽河文化

辽河流域远古人类的分布及其活动，无文献可资稽考，只能依靠考古学所提供的资料来考察其地理分布及其活动。20 世纪中期以来，辽河流域考古连续发现的旧石器时代文化遗址，早、中、晚各个时期都有，且不同程度地表现出一些进步性特点。

大量考古学证据表明，本溪庙后山洞穴遗址距今约 40 万年，该遗址出土有旧石器、带人工打制痕迹的骨片和较厚的灰烬层，伴有大批古脊椎动物化石。该遗址相当于周口店第一地点的中晚期，其延续时间较长，是远古人群长期居住和生存的地方，以庙后山人制作和使用大石器为特点，出土的 71 件石器，器形以刮削器和砍砸器为主，多数是石片石器，打制方法基本为锤击法。考古文化发现，庙后山人当时的生存环境，野生资源相对丰富，过着渔猎和采集的原始群居生活，借助原始的打制石器和骨器向大自然索取生活资源①。

稍晚，距今约 28 万年的营口金牛山遗址，考古发掘出土大量的古哺乳动物化石、石器、骨器，最引人注目的是 54 件人骨化石的发现。研究表明，这 54 件人骨属同一男性个体，其头骨总的特征与北京猿人的头骨相似。金牛山遗址出土石器 37 件、骨器 104 件。石器以脉石英为原料，系锤击法和砸制法制作，器型主要是石片和石核，石片有刮削器、尖状器和雕刻器等，石核均为宽体。石器器型较小，类型简单。遗址下层发现了灰堆、火烬层和活动面，说明金牛山人已经掌握了使用火和保存火种的方法。总之，从人类体质特征和对火的控制能力上看，金牛山人均表现出较多的先进性②。

考古发现和确认，本溪庙后山遗址和营口金牛山遗址是辽河流域境内旧石器时代早期遗址，均为洞穴遗址，除出土了大批打

① 辽宁省地方志编纂委员会办公室．辽宁省志・文物志［M］．沈阳：辽宁人民出版社，2001：16—17；朱诚如．辽宁通史：第 1 卷［M］．沈阳：辽宁人民出版社，2009：1—3.

② 朱诚如．辽宁通史：第 1 卷［M］．沈阳：辽宁人民出版社，2009：3—5.

制方法制成的砍砸器、刮削器等旧石器生产工具外，还出土了大量的动物和人类化石，研究表明，这两处遗址的时代与北京猿人大体相同，处于直立人向早期智人过渡的阶段①。

生活于旧石器时期中、晚期（距今约10万—5万年）的朝阳喀左鸽子洞人，创造了较为丰富的文化堆积。喀左鸽子洞遗址是辽西地区旧石器时代中期遗址，这一文化遗址最突出的特点：一是用火遗迹丰富；二是石器种类较多。据《辽宁省志·文物志》记载，其“用锤击法打片，石片石器占主导，器型有刮削器，可分直刃、凹刃、凸刃和复刃类型，制作比较精制”，说明当时人类智力已经有了很大程度的发展。鸽子洞人制作石器的原料为质地细腻而脆硬的燧石，说明其对岩石的性质已有一定了解，学会了选采石料；使用锤击法和砸制法，出现人工修理台面，加工技术采用错向加工和两面打制的方法，制作相当精细，出土发现有修理精细的复刃式刮削器和单凹刃式刮削器，与旧石器时代早期相比，明显有了一定的进步，也在一定程度上反映了当时人类的物质文化水平②。

辽河流域旧石器时期早期文化遗存虽然发现地点甚少，也较为单一，推定当时的人类尚处于体质和社会同时发展期，但已具有自身文化特征。辽河流域旧石器时代晚期的遗址，已发现多处，重要的如营口金牛山洞穴遗址上层、鞍山千山小孤山洞穴遗址、本溪庙后山遗址上层、丹东鸭绿江口的前阳洞穴遗址、朝阳凌源西八间房遗址、建平南地沟遗址、大连瓦房店古龙洞遗址、锦州凌海沈家台遗址等，其中鞍山千山小孤山遗址发现的石器骨器和

① 辽宁省地方志编纂委员会办公室．辽宁省志·文物志［M］．沈阳：辽宁人民出版社，2001：18—19．

② 辽宁省地方志编纂委员会办公室．辽宁省志·文物志［M］．沈阳：辽宁人民出版社，2001：17—18；朱诚如．辽宁通史：第1卷［M］．沈阳：辽宁人民出版社，2009：6—8．

装饰品都是当时社会生产和文化较为先进的重要实证。出土的文物以细石器为主，同时出土了大量的骨制品，如骨针、风锥和钻孔兽牙饰品及贝壳制品，说明了人类制作工具的进步和原始审美意识的萌发。

从考古文化已发现的辽东地区旧石器时代的大量遗物和化石推断，当时，辽东地区古人类过着原始群居生活，实行血缘群婚制度；生产和生活主要依赖大自然的恩赐，通过群体采集和狩猎获取生活必需品，生产过程中已经出现了简单的自然分工与协作，群体共同劳动，一同分享劳动得来的成果，过着穴居野处、茹毛饮血的原始生活，条件艰苦，生活艰辛。

二　新石器时代辽河文化

人类社会从旧石器时代进入新石器时代，最主要的标志有五个方面：一是工具制作方法由使用打制石器时代进入主要使用磨制石器时代；二是生活方式改变，居住场所和条件发生了明显变化，即开始修盖房屋，逐渐由天然洞穴走向江河湖泊等水源地台地上定居；三是生产方式改变，渔猎和采集经济形态虽然占有较大的比重，但已经有了原始的畜牧业和农业文化的兴起，开始驯养家禽、家畜和种植谷物；四是能够使用泥土制作和烧制陶器等生活日用品等；五是社会组织形态出现了氏族组织，在居住布局上，出现了原始聚落，并有了氏族公共的墓地。

考古文化虽尚未发现新石器时代早期文化，但就新石器时代中、晚期来说，辽河流域境内已经发现数百处遗址，说明新石器时代人类的足迹已经遍及辽河流域。

考古文化发现，新石器中、晚期，辽河流域文化分布呈群星闪烁状态，各地随处可见其光芒。辽中部地区有沈阳新乐遗址、新民偏堡遗址、新民东高台山遗址；辽南地区有长海小珠山遗址（上、中、下三层）、长海广鹿岛等遗址；辽北地区有康平沙金遗址、北坨子遗址、马架子山遗址、敖力营子遗址、后岗遗址，法库叶茂台遗址、李贝堡遗址、一统沟遗址；辽东地区有东沟后洼遗址（上、下两层）、岫岩北沟遗址、本溪东崴子遗址、谢家崴子水洞遗址；辽西地区有建平牛河梁遗址、喀左东山嘴遗址、阜新胡头沟墓地、阜新查海—兴隆洼遗址、绥中大台山遗址、兴城黄山遗址、凌海山神庙遗址。

沈阳新乐遗址是辽河流域新石器时代文化的代表，出土了大量的细石器、煤精制品和以夹砂红褐陶器为主的陶器，从遗址遗物的情况看，新乐人仍然从事渔猎生产活动，但已经有了原始农业文化的萌芽，有较长期而稳定的定居生活。大连市长海县小珠山遗址，其下层文化出土遗物中，陶器俱为手制，不仅发现了磨盘、磨棒、纺轮等工具，还发现了泥质磨光的蛋壳陶和黑陶，其年代与沈阳新乐遗址下层文化年代相当；其中层文化遗址有建筑房址，为圆角方形半地穴式，有柱洞和炉址，陶器多含云母片，以夹砂红褐陶为最多，陶器仍为泥条盘筑法手制，纹饰以刻纹为最多，陶器以刻画纹筒形罐为主，石器有打制和磨制两种，磨制居多，其年代大体与山东大汶口文化年代相当；其上层文化，陶质大部分为夹砂陶，以夹砂黑褐陶为主，其次是红褐陶，出现了快轮制法，纹饰主要是附加堆纹，其次是细线刻划纹、弦纹和网纹，石器以磨制为主，其年代大体与山东龙山文化年代相当。朝阳建平牛河梁遗址即红山文化出土了一批陶制的“女神”像和小型妇女像，大多为裸体孕妇形象，体现了当时人们对女性生殖能力的崇拜①。

根据新石器时代出土的文物考古学证据，可以推断，这一时期辽河流域社会组织形态由原始群居过渡到了母系氏族社会，在经历了繁荣期后，向父系氏族社会转变。随着社会生产力的发展，男子劳动由狩猎逐渐转向农耕，体力优势使其在农耕生产中占据

① 辽宁省地方志编纂委员会办公室．辽宁省志·文物志［M］．沈阳：辽宁人民出版社，2001：24—25．

主体地位，女子渐居次要地位。

考古文化已经发现和确认，辽河流域上述源于旧石器时代和新石器时代的考古文化，都具有鲜明的时代特性和独特的地域特征，具体表现在三个方面：一是庙后的山人和金牛山人的文化与中国猿人的文化联系十分密切，出土的石器，从打制技术、加工方法和器型上都与北京猿人相似，显示出文化上的亲密联系，庙后山和金牛山文化与北京周口店文化有较多的相似性；二是在物质文化上，表现为石器制作技术与加工方法进步，器物种类与器型相对丰富，生产活动与生活方式表现为采集渔猎经济与原始农耕畜牧业经济交集，房屋建筑和原始聚落形成；三是在精神文化上，率先创造了龙文化、玉文化和早期的萨满宗教文化，精神文化的发展走在了时代前面。可以毫不夸张地说，在距今5000年前的红山文化晚期达到高峰，以此为契机，跨入文明时期，走在中华文化勃兴的前列。以红山文化为代表的辽河流域诸文化，不仅为此后辽河流域历史文化的发展奠定了深厚基础，而且以辽河龙玉文化为代表，成为中华文化重要的标志性内容之一。大型祭祀坛、积石冢和女神庙的发现，说明当时辽河流域的宗教、祭祀文化已经发展到相当高的社会文化阶段，这里已经初露人类文明的曙光。

三　青铜时代辽河文化

考古文化发现和确认，青铜时代辽河文化呈现出丰富多彩的形态与类型，其以赤峰市夏家店下层文化、沈阳新民高台山文化、沈阳新乐上层文化、本溪庙后山文化、大连双砣子遗址三层（上、中、下）文化等为主要代表。

（一）辽河流域青铜时代考古文化

根据迄今考古文化发现，辽河流域青铜时代的文化可以分为两个不同时期，即早期青铜文化，大体相当于我国的夏商时期，有以夏家店下层文化为代表的早期遗存；其后，为西周和春秋战国之际的文化遗存。在分布地区上，各地文化面貌不尽一致，如辽中部地区，有沈阳新乐遗址上层、郑家洼子墓葬，辽阳接官厅墓葬、二道河子墓葬；辽南地区有旅顺于家遗址下层、于家遗址上层，长海上马石遗址上层，新金石棚沟石棚，新金乔屯石盖墓；辽东地区有抚顺望花遗址、施家东山遗址、小青岛遗址及其他青铜时代遗址，本溪庙后山遗址及洞穴、梁家村青铜短剑墓，丹东小娘娘山遗址；辽北地区有康平顺山屯遗址，法库大山屯遗址、湾柳街遗址；辽西地区有北票丰下遗址、建平喀喇沁遗址、朝阳木头城铜鼎、朝阳魏营子遗址及墓葬，喀左小转山遗址、青铜器窖藏，义县花尔楼青铜器窖藏、彰武平安堡遗址、朝阳十二台营子青铜短剑墓、锦西（今葫芦岛市）乌金塘青铜器短剑墓。

沈阳新乐遗址上层出土的石器都是磨制的，所见主要有弧刃和弧背直刃穿孔石刀与长身梯形石斧以及磨棒和棍棒头等，陶器较下层文化更粗，系片接而成，器形主要为鼎、鬲、甗三足器，也有碗、豆、罐等器形，反映了今辽宁中部地区西周至春秋时期的文化面貌。旅顺于家遗址下层，房址为圆角方形半地穴式，屋内有红烧土硬地面、灶址，特别值得说明的是，有的房屋四面用木柱围成木栅式墙壁，其上抹草拌泥，地面上也铺有木棍，亦抹草拌泥，这类建筑结构可能是一种防寒防潮措施，陶器以夹砂黑褐陶为主，手制，器多素面磨光，局部有弦纹、弦纹乳点，器类有壶、罐、豆、碗、杯等，石器主要有斧、双孔石刀、石矛、石镞和网坠等，骨器有针、锥、凿、铲等，属于这种类型的遗址在辽南地区分布广泛，有旅顺口大台山下层、甘井子双坨子下层、金州望海埚、新金单坨子、庄河盐坨子、长海高丽城山、朱家村下层等，这类文化的年代许多地点经碳十四测定，距今均为4000年左右，从出土的青铜片推定，这一类文化当已进入青铜时代，为青铜时代早期文化遗存。

朝阳北票丰下遗址中房址较多，分布密集，均为半地穴式，平面有圆形、方形、长方形，并有单间与双间区别，石制工具多为打制，陶器比较发达，掌握了快轮制陶技术，装饰品有玉牌、石璧及骨、石、玛瑙和绿松石珠、贝饰等，还出土有炭化稷、粟等谷物与猪、羊骨等。这说明丰下当时人们经过长期定居，已有较为发达的农业文化，其经济活动包括农业种植和家畜饲养，狩猎是辅助经济文化形态，制陶业已成为主要手工业文化，建筑文化已很进步，使用石块和土坯砌墙，火烘地面或抹白灰，有形如院落似的围墙建筑。丰下遗址与夏家店下层文化相一致，是早期青铜文化遗址，其时间相当于我国的夏商时期。

沈阳郑家洼子墓葬出土大批珍贵遗物，是一处以青铜短剑为主要特征的墓地，出土铜、陶、石、骨器 42 种、790 余件，青铜短剑尤为完整，有各式铜镜、马具以及葬式等，特征明显。类似的遗址，还有抚顺前甸乡大甲帮出土了宽叶大弧曲刃青铜短剑的石棺墓、清源门脸村出土同式的青铜短剑与铜斧的石棺墓、李家堡出土同式青铜短剑及铜矛和椭圆形状钺的石棺墓、小错草沟出土仿短剑式的石棺墓等，朝阳十二台营子青铜短剑墓、锦西乌金塘青铜短剑墓、义县花尔楼青铜器窑藏、喀左青铜器窑藏，出土遗物以青铜器和青铜短剑为主，说明以青铜短剑为特点的文化在辽河流域各地普遍存在；而短剑形制不尽相同，存在明显差别，这种形制不同的青铜短剑，当是由于时代或地域、族属不同所致。

总之，旧石器时期、新石器时期和青铜时代考古文化的发现，充分揭示了辽河文化深厚的底蕴，其始生、萌芽带有明显的文化原创性，其成长、发展，凸显出历史的先进性。

（二）辽河流域青铜时期行政文化

夏商及西周时期，辽河流域处于奴隶制社会，随着奴隶制国家的建立，辽河流域先后成为中原奴隶制王朝的领地。据史料记载，辽东地区在夏商时代分别属幽州和营州所辖。《史记·五帝本纪》集解曰："舜以冀州之北广大，分置并州。燕、齐辽远，分燕置幽州；分齐置营州。”① 幽州即广宁（今辽宁省北镇市）以西之地，营州即广宁以东之地。商代对边地部落、氏族实行分封制。分封在辽东地区的是有竹侯，建有孤竹国。商代已经进入了青铜器时代。考古文化发现，出土的商代青铜器有30多件，主要分布在辽西地区，特别是朝阳喀左。西周统治时期，辽东属燕国辖治范围。据《汉书·地理志》记载，武王伐纣，灭商建立西周政权，将纣王之子武庚分封于邶（今河南省淇县以北，汤阴县以东地区），后武庚发动叛乱，周平王平定武庚叛乱后，将邶地封给了燕侯。燕侯国辖治范围扩大，西延至河南淇县、汤阴地区。当时，辽东仍属燕国统治②。1995年，朝阳喀左地区考古文化发现了西周时期的青铜器燕侯盂，证明辽西地区在西周时期已经成为燕国的重镇。东周时期，是奴隶制向封建制急剧转型、变革的重要时期。燕国辖治下的辽东地区，是关内走向关外的门户，地理位置特殊，在文化史上，堪称东北亚古代文明的中坚和前沿阵地带，便宜与中原地区密切联系。因此，辽东地区成为东北地区最早确立郡县制和最早出现封建生产关系的地区，也是辽河经济文化发展的重要开端。

第二节　辽河古代文化初创历史

辽河古代文化之初创，大体经历了萌芽、形成与发展3个阶段，其成长过程跨越了旧石器时代、新石器时代和青铜时代三四千年的历史。由于受到当时的技术工具条件、社会组织水平及自

① 司马迁．史记·本纪：五帝本纪第一［M］．北京：中华书局，2013：24.

② 班固．汉书·志第八·地理：卷二十八［M］．长春：吉林人民出版社，1995：1208.

然生态条件等因素的影响和制约，不同的历史时期，创造了不同的物质文化和精神文化，形成了以红山文化为代表的十分丰富的文化景观。

一　辽河古代文化初创的物质文化

辽河文化的萌芽始于旧石器时代，考古学证据主要有营口大石桥市金牛山遗址、朝阳喀左鸽子洞遗址和鞍山海城小孤山遗址，其物质文化表现为用火的控制、骨器、石器，以及装饰品的制造、器物形制工艺等形态和类型。

（一）用火的控制与文化

火与人类文化创造、发展关系密切。人类发展历史告诉我们，用火是继石器制作之后，又一件划时代的大事，它开创了人类进一步征服自然的新纪元。考古学证据表明，辽河流域旧石器时代遗址中，考古文化多有古人类用火遗迹的发现，其中，明确且重要的以营口大石桥金牛山遗址、本溪庙后山遗址和朝阳喀左鸽子洞遗址为代表。

金牛山遗址最重要的遗存之一，就是用火遗迹及其所反映的对火的控制。金牛山文化堆积的第 8 层，发现这一时期人类活动层的用火遗迹为有一定分布规律之火堆，位于洞穴的西、西北和北部，同一层位上共发现了 9 处灰堆，最小的 3 号灰堆直径约 45 厘米，最大的 9 号灰堆直径为 77～119 厘米，灰烬的厚度一般在 1～10 厘米。其中一处由 3 个直径约 50～60 厘米的圆形灰堆连在一起。灰堆中有烧土和炭屑以及烧过的动物骨骼。在两处灰堆之间约 7 平方米的范围内发现大量动物骨骼碎片，大都为烧骨。烧骨中既有大型动物的骨骼，也有小型动物如兔、鸟和小啮齿类动物的骨骼。经鉴定，绝大多数骨片是鹿类的长骨。有些长骨有明显的人工敲砸痕迹，当是敲骨吸髓后遗留下来的。考古文化发现，金牛山洞穴遗址灰堆中类似于“灶”的出现，以及周围灰堆散布的大量骨片，说明早在距今几十万年前，金牛山人在掌控火的能力上已经很进步，表明这一时期金牛山人在文化形态上，走在了前面①。

庙后山遗址是古人类长期生存和居住的场所，从旧石器早期到旧石器时代晚期，这里一直有古人类活动。考古文化发现，庙后山遗址中有很厚的灰烬层、用火烧过的兽骨和小碳粒，说明庙后山人已经学会了使用火和保存火种。火的使用和火种的保存，表明庙后山人克服自然困难能力的增强。火不仅可以帮助古人类抵御寒冷，驱除野兽，而且能够帮助古人类改善饮食方式，在促进古人类生活方式转变的同时，也可促进人脑的发育进化。

考古发现，朝阳喀左鸽子洞遗址文化堆积十分丰富。该遗址由 5 个洞组成的鸽子洞洞群，开口向阳、光线充足，进深浅且较干燥，紧临大凌河，水源充足，洞外河两岸有开阔的台地，十分适宜于原始人群栖息。考古文化发现有鸽子洞人长期用火留下的遗迹。在旧石器时代堆积中，第 3 层为灰烬层，几乎全是由人类遗留的一道道烧土灰烬构成，它是一堆厚度达 100 厘米且可分出层次的灰烬层，可分出数道烧土灰烬堆积，各道灰烬各自成层，厚度一般在 5～10 厘米。发现有烧骨、木炭、烧土块，以及少量的打制石器和哺乳动物化石②。根据考古学证据，可以作如下推断：一是鸽子洞灰烬并非一次形成，是多次篝火燃烧所致，说明鸽子洞人使用火已经十分普遍；二是灰烬层是燃烧有间断而形成的，表明鸽子洞人掌握了人工生火的基本技能；三是鸽子洞人能够控制火的使用。火与文化的关系密切。古人类学会使用和控制火以后，极大地提高了适应和利用自然的能力，也极大地提升了古人类的生活质量。古人类不断扩大火的用途，从而使火在人类

---

① 郭大顺．辽宁文化通史・先秦卷［M］．大连：大连理工大学出版社，2009：18—25.

② 郭大顺．辽宁文化通史・先秦卷［M］．大连：大连理工大学出版社，2009：18—25.

征服自然界中发挥出巨大的作用。

总之，火的使用与掌控，对于改善辽河流域古人类生产活动与生活方式，具有重要作用，其促进了辽河古代文化的繁荣与发展。首先，用火来加工食物，改善食物结构，熟食有利于消化，并能增加营养，有利于古人类体质进化；其次，用火来加工狩猎工具，提高狩猎水平，发展生产力；第三，借助火的能量，古人类可以在复杂气候条件下生活，有利于提高生存能力，扩大古人类活动的地域范围。总之，火的使用与控制，方便了古人类生产与生活，火不仅带给古人类以温暖和光明，也为人类文化的创造与发展提供了有利条件。

（二）石骨器工艺与文化

人类文化的发展进步是以工具为标志的。旧石器时代晚期辽河文化比较旧石器中期文化有明显进步，这主要体现为当时的古人类已经能够制作和使用复合工具，如弓箭。复合工具的使用，标志辽河古代文化产生巨大进步。它可以帮助古人类提高狩猎等活动的效率，进而使生活水平得以提高。在石器制作中普遍有修理台面，能用间接打击法生产出细石器，如细长石片；石器的种类更加多样化，如刮削器、尖状器、雕刻器、锥或钻等，甚至还有箭头。这些石器技术的进步和类型的分化，反映了狩猎经济的进一步发展。在石器工艺发生明显进步的同时，骨角器也大大发展起来。旧石器时代晚期遗存在辽河流域的发现较多，如辽宁凌源西八间房、锦县（今凌海市）沈家台、海城小孤山等。

20 世纪 80 年代初，海城小孤山遗址考古文化不仅出土了大批动物化石，还发掘出人工打制、使用的石器 1 万多件。还发现了骨器、角器，器物种类包括锥、针、鱼叉、刀、铲等，是采用锯、切、削、磨、钻等一系列工艺制作出来的。这表明当时小孤山人已经掌握骨、角材料的特性，使用了不同的制造工艺。小孤山的石器以小型为主，打片采用锤击和砸击两种方法。石制品类型有石核、石片、刮削器、尖状器、石钻、雕刻器、砍斫器、手斧和石球等。小孤山人制作石器几乎全部采用脉石英砾石做原料，虽其加工难度大，但小孤山人仍能做出体型较小、类型分化清晰、适用于不同用途的各种石器，表现出较高的制石工艺水平。同时，也说明小孤山人使用的工具已更加多样化了。复合工具、细石器镶嵌技术、磨制和穿孔技术等是小孤山人制骨工艺和文化先进性的重要标志。小孤山洞穴遗址发现的一批骨角制品，包括 1 件鱼镖、1 件标枪头和 3 枚骨针，非常具有代表性①。尤其是鱼镖，残长为 18.02 厘米，最宽处在尾部，为 1.82 厘米，两侧倒钩展幅为 2.42 厘米，其材质为鹿角。鹿角骨质坚硬且富有韧性，小孤山人选择鹿角做原料制作鱼镖，说明这个时期小孤山人已经相当进步。镖的制作十分复杂，其前部两侧有倒钩，倒钩两排，中部一侧突起如“阑”，后部一侧有正钩，根部作一定修理，有如利刃，以便装柄和固定。制作这样一个骨鱼镖，采用了锯、切、削、刮等多种加工方法和技术，说明小孤山人已经能够按一定工序进行骨器制作。

此外，骨针是小孤山洞穴遗址一项非常重要的发现。3 枚骨针，标本 1 长为 6.58 厘米，针孔外孔径为 0.3～0.34 厘米、内孔径为 0.21 厘米，针眼圆滑，针身顺直，通体以纵向刮痕为主，近针尖有磨制痕迹，且琢磨光亮，针尖有崩损，是经过使用后留下的痕迹。标本 2 长为 6.05 厘米，针身中部弯曲，布满纵向刮痕和横向磨痕，针眼未钻通，是一件半成品，在针眼上方有一小圆坑，圆坑径为 0.075 厘米，可以推断，钻孔工具十分细而尖锐。标本 3 长 7.74 厘米，针眼对钻而成，孔径为 0.32～0.35 厘米，内孔径为 0.16 厘米②，针体纵向刮痕清晰，近针眼处可见纵向刮痕上覆

① 郭大顺．辽宁文化通史·先秦卷［M］．大连：大连理工大学出版社，2009：26—28．

② 郭大顺．辽宁文化通史·先秦卷［M］．大连：大连理工大学出版社，2009：28—32．

有横向磨痕，针尾采用两面细磨的方法加工，体形较薄，然后钻孔。研究表明，小孤山洞穴遗址发现的这 3 枚骨针，材质都是选择动物肢骨截取骨料，然后采取刮、磨、钻孔等加工方法和技术制作而成的。小孤山遗址发现的 3 枚骨针，是在中国境内发现标本中最古老的。据考古学研究，北京山顶洞的骨针采用刮挖的方法制作针眼，其制作针眼的效率和效果，显然不如小孤山人的钻孔，而山顶洞人文化年代比小孤山人文化年代要晚，这说明小孤山人在文化上所具有的先进性。有了骨针的制作与使用，小孤山人就可以兽皮缝制衣物，既可大大增强防寒能力，使人类有可能在寒冷地区拓展生活空间，同时，也是古人类生活方式和服饰文化的一次改进。所以说，骨针的发明及其所反映的衣物的制作，在古人类发展史上具有里程碑意义，也是小孤山文化乃至辽河文化发展水平先进性的一个重要标志。

（三）装饰品与文化

旧石器时代晚期，辽河文化先进性的又一表现，是海城小孤山发现的装饰品，其是用不同质料制作成的串链的组成部分，有穿孔的兽牙、刻纹蚌片等。这些佩饰、项饰、坠饰等装饰品的发现，说明当时人们已经有了审美观念，并设法用美的饰品来打扮。

骨制装饰品之穿孔兽牙，小孤山遗址共发现 4 例。标本 1 为貉之上犬齿，有椭圆形单孔，是将齿根磨薄后由两面挖孔而成，孔的轮廓成不规则的浅坑；标本 2 为野猪的上犬齿，是将齿根磨薄后，由两面对钻而成的单孔，孔小而圆，孔内径为 0.17 厘米，外径一面为 0.34 厘米，另一面为 0.40 厘米；标本 3 为鹿的上犬齿，将齿根磨薄后，由两面对钻而成单孔，孔小而圆，孔内径为 0.18 厘米，外径一面为 0.40 厘米，另一面为 0.35 厘米；标本 4 为肉食动物犬齿，此件做工较为精细，截取动物牙齿齿根，磨制成近端粗、远端为一个笛嘴状的物体，最后在器体中部穿一孔，孔的轮廓为椭圆形，孔壁内缘参差不齐，推测是既两面对钻又加以剔挖而成的，孔内径为 0.20～0.30 厘米，外径一面为 0.30～

0.46厘米，另一面为0.30～0.43厘米。从选料上看，都是肉食类动物的牙齿和鹿的犬齿，其穿孔既有剔挖也有钻孔，还有挖钻结合的，穿孔前先将齿根磨薄，可见加工工序的复杂化①。

在小孤山人装饰串链中，较为重要的是发现了一件用一种较厚的蚌壳制成的装饰品。这件蚌制品形状为一个轮廓呈圆形的扁片，已残缺。该蚌制装饰品经磨制，两面都较光滑，边缘磨制尤为光滑，一面微凸，呈象牙白色，另一面微凹，凹面近边缘处刻短线，短线围绕中心呈放射状，蚌壳中心对钻单孔，孔壁因使用而光滑。可见，这是一件较为复杂因而是需思想活动较多的蚌壳装饰工艺品，不仅技法进步，而且已懂在饰品上进行装饰。

装饰品的出现，反映小孤山人乃至辽河流域古人类已经有了一定的审美观念。这是人类文化史上的一件大事。小孤山遗址出土的穿孔兽牙和穿孔蚌壳饰品的制作技法，在当时是较为先进的。装饰品制作技术的进步，体现了小孤山人审美观念的提升，表现出辽河古代文化在萌芽时期就已经走在了前面，具有相当的进步性。

（四）器物形制工艺与文化

辽河史前文化遗存体现为考古文化发现的器物形态和类型、形制与工艺。已经发现和确认的辽河史前考古文化，具有鲜明的时代和地域特性。在经济生活上，表现为森林和暖湿草原地区固有的采集、渔猎经济与农耕、畜牧业经济共生和交流的文化形态。在此背景下，创造了不同类型的物质形态，反映了当时辽河文化的发展与进步。

1. 旧石器时代文化遗存

20世纪中、后期以来，考古文化发现的辽河流域旧石器时代文化遗存，早、中、晚期俱全，不同形制和类型的石器、骨器等，

① 郭大顺. 辽宁文化通史·先秦卷［M］. 大连：大连理工大学出版社，2009：28—32.

在辽河两岸之辽西与辽东地区均有分布，其制作方法和技术，不同程度地表现出一定的先进性，说明旧石器时期辽河文化的进步性。

（1）金牛山文化

考古文化研究确认，金牛山人头骨总的特征与北京猿人的头骨相似，眉骨嵴不如北京猿人粗壮，头骨较薄，表现出比北京猿人有一定的进步性；从体质人类学的角度分析，认为金牛山人接近早期智人。金牛山遗址其下层文化，出土有明显加工迹象的骨制品 104 件，按形制和用途可分为尖刃类、侧刃类和雕刻器刃类 3 种。骨器均采用锤击法打制，修理方法采用向内、向外和复向加工。出土打制石器 13 件，其中有打击痕迹的石器 4 件，砸击石器 2 件，砸击石片石器和半边石片石器各 1 件，刮削器 4 件，雕刻器 1 件。考古学研究表明，这些石器从打制技术上、石器类型上和加工方法上，都与北京猿人相似①。

金牛山人的骨器和石器制作虽然属于较原始的打制阶段，但它已经说明在旧石器早期，辽河流域古人类就已经学会了使用骨器和石器。骨器、打制石器与棍棒，是当时原始人与自然环境发生联系的重要技术工具。

（2）庙后山文化

庙后山遗址下出土石器共 71 件，其材质为灰绿色石英砂岩、脉石英砂岩和矽质灰岩；器形以刮削器和砍砸器为主，多数为石片石器，制作基本使用锤击法，没有使用修理台面技术，缺少两次加工的痕迹。总体上看，庙后山人虽然石器制作方法还比较原始和粗糙，技术水平相对低下，但是这已经证明，其不仅能够制

① 金牛山联合发掘队. 辽宁营口金牛山旧石器文化的研究 [J]. 古脊椎动物与古人类，1978 (02).

作和使用工具，而且掌握了选择石器制作材料的本领①。

（3）鸽子洞文化

鸽子洞人制作石器，原料主要以燧石为主，燧石质地细腻而脆硬；也有少量的石英石、火成岩和石灰岩等，石英岩主要制作石核和石片石器，这在一定程度上说明了当时人类的物质文化水平。鸽子洞人选用燧石制作石器，说明其对岩石的性质已有一定的了解，学会了用质地坚硬的石料制作石器，显然是一种进步；石器的制作基本上是锤击法和砸击法，同时出现了人工修理的台面；在加工技术上，采用了错向加工和两面打制的方法，不少石器相当精致，如刮削器，用小块燧石两面加工制成，侧面经精工打磨，刃口锐利。还出土有修理精细的复刃式刮削器和单凹刃式刮削器，与旧石器早期相比，明显有了一定的进步②。

（4）小孤山文化

小孤山遗址出土有石器约 1 万件、骨器 5 件和装饰品 2 件。石片石器制作方法采用锤击法和砸击法，还有少量的雕刻器及大型砍斫器、手斧和石球。小型石器修理得非常精细，个别采用指垫法修理，说明石器制作方法比旧石器中期先进。骨器也是人类历史上工具制作方面的重大发明和突破。金牛山遗址出土的百余件骨器中，磨制的仅有 2 件。小孤山遗址出土有 5 件，其中骨针 3 件、鱼镖和标枪头各 1 件。3 件骨针磨制十分精致，针眼采用对穿孔技术制成，明显比北京山顶洞人刮挖针眼的方法进步，其形制比欧洲旧石器时代晚期马格德林文化中出土的捕鱼工具先进。小孤山遗址出土有装饰品 5 件，其中穿孔兽牙装饰品 4 件，穿孔蚌壳装饰品 1 件，经热释光法测定，年代约为距今 4 万年，比北京

---

① 庙后山联合发掘队．本溪山城子庙后山旧石器早期文化遗址 1978—1980 年发掘的综合研究．

② 鸽子洞发掘队．辽宁鸽子洞旧石器遗址发掘报告［J］．古脊椎动物与古人类，1975（02）．

山顶洞人制作的装饰品早了2万余年。这说明小孤山人已经有了一定的审美观念，也说明辽河流域旧石器时代晚期的古人类在文化和生产工具制作方面，不但不比华北的古人落后，在某些方面还显示了一定的进步性①。

此外，在辽西地区的八间房、沈家台遗址，出土有大量石器，其中八间房遗址出土打制石器51件，沈家台出土打制石器6件。在辽东地区的古龙洞出土4件石器，其中石片和石核石器各1件、平端刃刮器和复刃刮削器各1件，其制作方法和形制与小孤山遗址出土的同类器物极为相似。古龙洞遗址出土骨器共计332件，其中，初级品39件，片状骨制品129件，管状骨制品164件。管状骨器又分为尖状、铲状、单边型和端刃型，片状骨器中也以尖状居多。前阳洞出土石器2件，小型砍砸器和砸击石片各1件。这些考古文化发现，说明了旧石器时期辽河流域古人类创造物质文化的丰富性。

2. 新石器时代文化遗存

考古文化发现和证明，在世界范围内，大约从距今约1.2万～1万年，人类社会开始从旧石器时代步入新石器时代。迄今为止，在中国境内，考古文化共发现新石器时代的文化遗址1万余处，其中在辽东地区（指今辽宁省境内）发现数百处，说明新石器时代人类的足迹已经遍及辽东地区，创造了丰富的物质文化。

（1）查海文化

查海遗址出土陶、石、玉等器物几千件。经碳十四测定，查海文化距今约7360年，经树轮校正，超过8000年，是迄今为止在辽河流域，同时也是整个东北地区发现的年代最早的新石器时代考古文化。查海遗址出土的陶器最具特色的是器物表面饰有压印的之形纹。虽说这种纹饰在其他地区的新石器文化中普遍存在，

---

① 朱诚如．辽宁通史：第1卷［M］．沈阳：辽宁人民出版社，2009：10.

如赵宝沟文化、红山文化、新乐文化、富河文化、后洼文化、小珠山下层文化、左家山文化（在今黑龙江省）、裴里岗文化（在今河南省）、磁山文化（在今河北省）都发现有之形饰纹，但从年代上说，其他地区和其他考古文化发现的之形饰纹陶器俱晚于查海文化所出。查海文化最引人注目的是摆塑龙和玉器，这是迄今为止我国境内发现年代最早的玉器和龙的实物形象，说明辽河古人类早在8000年前或更早，就在辽河流域广袤的土地上创造了比较先进的文化①。

（2）赵宝沟文化

赵宝沟遗址出土有饰刻勾连“回”形纹的磨光黑陶尊、饰压之形饰纹的灰陶筒形罐，这是其主要考古文化特征；还有成行排列的房址组成古人聚落，有玉玦等玉器和刻有鹿、鹰、野猪等动物图案的陶器纹饰。

另外，小河沿文化出土有筒形罐、彩陶钵、镂孔豆、高领壶、彩陶尊、彩陶器座、折腹盆、敛口罐、高足杯等器物和在山洞及高山上的筑墓，以饰绳纹的筒形罐、彩陶钵、镂孔豆、高领壶为主要考古文化特征；考古文化发现，小河沿文化之建筑文化以房址和墓室为代表，房址为半地穴式，有圆形双室和圆形单室两种，在已经发现的82座墓中，墓室多为单人葬，也有少数合葬墓室。小河沿文化出土的生产工具以磨光石器为主，包括斧、锛、凿、刀、磨盘、纺轮、穿孔石铲、石球以及刮削器、尖状器、石片和石核，表现为小型打制石器（细石器）与磨制石器共存，值得一提的是，小河沿出土有一种将条形石器镶嵌在骨、木柄凹槽内制成的复合工具。

以上，说明赵宝沟文化和小河沿文化的社会组织（聚落）水

① 辽宁查海遗址发掘简报（辽宁考古文集）[M]. 沈阳：辽宁人民出版社，2003：12—43.

平和手工制作之技术工具等物质文化之进步，达到了一定的高度①。

（3）红山文化

红山遗址考古学证据丰富，出土器物以饰压印之形纹筒形陶罐和彩陶，打制、磨制石器和细石器并出为主要考古文化特征，玉器和龙、凤及祖先崇拜发达，坛、冢、庙三位一体的原始宗教建筑群，女神头像及其他人体雕像是红山文化最具特征的考古文化成果②。红山文化出土器物的雕塑工艺达到了同年代出土器物的最高水平。考古文化发现，红山文化在工艺方面的成就，以雕塑艺术方面的考古学证据最为充分。其表现为，泥塑与玉、石雕塑并出，如女神庙出土人体全部为泥塑，但女神头像上的眼球为玉琢，积石冢的随葬品绝大多数为玉雕，也有陶塑的中小型人像；平雕、浮雕、高浮雕和圆雕等技术并用，如动物头部多用圆雕、人体和动物塑像圆雕和高浮雕并用、玉器多用平雕；在表现手法上，无论人体还是动物塑像，依雕塑对象的功能，采取写实与抽象或写实与抽象相交集的艺术手法，如泥塑神像为崇拜的偶像，全部采用写实手法，而玉器、陶器饰纹，则采用抽象手法。雕塑造型艺术主要体现在女神庙出土人体雕像上，如对大型人体的塑造，女神庙出土有真人2～3倍大小的特大型雕像，且为全身雕像；在塑型艺术上，采用了写实与夸张相结合的手法，女神庙出土的人体雕塑写实性很强，又在写实的基础上予以适度夸张处理，使雕塑更具有神化效果，如女神头像的塑造，在写实基础上，适当夸大，把传神、表情、动态融为一体，以玉为睛。在斜立的大眼眶内嵌入玉眼球，炯炯发光，增添神灵感；头像的嘴部塑造，

① 李恭笃．辽宁敖汉旗小河沿三种原始文化的发现［J］．文物，1977（12）：1—2、81、13—22．

② 辽宁文物考古研究所．辽宁牛河梁红山文化“女神庙”与积石冢群发掘简报［J］．文物，1986（8）：1—17、97—101．

上唇外龇，富于动感，嘴角圆而上翘，唇缘肌肉似掀动欲语，流露出一种神秘感；面颊的塑造与嘴部紧紧相连，以面颊起伏曲线配合嘴部掀动欲语，增加了女神像面相变化，表现出一种神秘和节奏感。

总之，红山文化以发达的宗教祭祀和坛、庙、冢融合的宗教建筑群，龙、凤等形态玉器以及人体雕塑为标志，在中华文明勃兴时期走在了前列。红山人创造的辉煌的物质文化成就，对后世其他文化产生了重要影响。

（4）新乐文化

新乐遗址出土器物以饰压印纹筒形罐为主要考古文化特征，制作和使用细石器和煤精制品，有成行排列的房址组成的聚落，亦出土有玉器和龙形象。据碳十四测定，新乐文化年代距今约在7200—6800年间，是迄今为止下辽河流域发现年代最早的新石器时期文化遗存①。

另外，在下辽河流域，偏堡子文化出土有大量器物，陶器以红褐陶为主，其次是灰褐陶、黑褐陶、红陶和黑陶，陶质以夹砂为最多，内掺有滑石粉和云母，少见泥质陶和红衣陶；器类有罐、壶、钵、碗、盆、三足钵等，以深腹罐和高领壶最具特色；多为平底器，少见耳、圈足和三足器。石器以磨制石器为主，亦有少数打制石器和细石器，器型有刀、矛、凿、镞、网坠、磨石、磨盘、磨棒、球、环刃器、砍砸器和石片等。同时出土有磨制的骨器，形制有锥、鱼卡、镞、梭、匕和纹骨器等。

以上，说明生活在下辽河流域的新乐人及后来的偏堡子人，物质文化水平已达相当的高度。

① 沈阳市文物管理办公室．沈阳新乐遗址试掘报告［J］．考古学报，1978（4）；沈阳市文物管理办公室，沈阳故宫博物馆．沈阳新乐遗址第二次发掘报告［J］．考古学报，1985（2）．

（5）小珠山文化

小珠山遗址分下、中、上3种考古遗存，据碳14测定，其年代在距今7000年至距今4000年之间。考古文化发现，小珠山下层出土器物有手制的陶器，器型简单，主要是一种直口的筒形罐，烧制火候低，陶胎较厚，以掺有滑石粉末的红褐陶和黑褐陶为主，亦有少量的平砂红褐陶；纹饰主要是压印的竖之形纹，也有少量横之形纹，还有刻纹和斜线三角纹、席纹等。石器以打制为主，有刮削器、盘状器、石球等，磨制石器有磨盘、磨棒、斧、网坠等。还出土有玉器、骨器，包括玉斧、玉凿、玉锛、骨针等。小珠山中层出土器物陶器，以平砂红褐陶为主，约占出土陶器的60%，其次是平砂黑褐陶，还有少量的夹砂红陶、泥质红陶、含滑石粉末陶，器物表面以刻画纹为主，约占80%，另有少量彩陶，彩陶为红地黑彩，彩绘图案有弧线三角涡纹和几何形平行斜线纹，陶器由手泥条盘筑而成，陶胎较薄，烧制火候相对较高，器型主要有直口或侈口筒形罐，还有少量的壶、钵、盆形鼎、三足觚形器。石器制作方法有打制和磨制，磨制的数量较多。打制的有铲、刀、镞、网坠等，磨制的有斧、锛、镞、杵、磨盘、磨棒等。小珠山上层文化出土器物有陶器、石器和玉器等。陶器多夹砂黑褐陶，其次为红褐陶，还有少量的泥质磨光黑陶和蛋壳黑陶，多手制，有的器物经慢轮修整，磨光黑陶和蛋壳黑陶为轮制，器型有折沿和叠唇筒形罐、折沿鼓腹罐、盘形扁凿鼎、三环足盘、镂孔豆、细柄豆、盂、碗、杯、壶、器盖等，玉器有牙璧、斧、笄等，有少量彩陶，均为红地红彩，石器为磨制，以半月形石刀、有户石斧、有段石锛最具特点。

另外，与小珠山文化大体年代相当的是后洼下、上层文化①。后洼下层文化出土器物有陶器和石器，陶器以夹砂红褐陶和黑褐

① 许玉林，等. 辽宁东沟县后洼遗址发掘概要［J］. 文物，1989（12）.

陶为主，夹砂陶掺有滑石粉，陶器为手制，胎厚，质地差，器型以深腹筒形罐为主，约占九成，还有壶、碗、钵、盘、杯、舟形器等，流行双耳装饰，器表以压印纹占多数，刻画纹少见，纹饰以席纹最多，之形纹次之，还有平行线纹、网格纹、人字纹、叶脉纹、斜线纹、水波纹等。石器分打制和磨制两种，以磨制为主，器型有斧、刀、凿、网坠、镞、矛、磨盘、磨棒等。后洼上层文化出土陶器与下层文化相似，但夹砂红陶数量增多，器型仍以深腹罐为主，在形制上，上层的陶器器身略高，腹略鼓，腹内收成小高台底，纹饰主要有网格纹、横线纹、人字形纹、席纹、竖条纹、三角纹和几何纹等。石器以磨制为主。

小珠山文化、后洼文化所出的陶器、石器，从类型到形制，从制作方法到技术工艺，都足以说明新石器时代辽东地区古人类创造了丰富的物质文化。

3. 青铜时代文化遗存

考古文化发现，大约在距今4000年前，辽河流域进入青铜时代，发展进程与黄河流域大体同步。从文化角度看，辽河流域之辽西与辽东地区发展存在差异性，辽西先是以青铜早期之夏家店下层文化为中心，并影响辽东地区，到商周时期，形成多元文化的共存交融；辽东则由青铜早期的多元文化共存交汇，到逐渐趋向一统，并向西移动。在这样的文化背景下，青铜时代辽河文化呈现出丰富多彩的景观。考古文化发现，出土有大量青铜时代的器物，证明当时辽河流域物质文化之繁荣景象。

（1）夏家店下层、上层文化

考古文化发现和确认，夏家店下层文化是在红山文化的基础上，经过小河沿文化的过渡面发展起来的一种先进的青铜文化。其分布范围西起桑干河上游，东抵辽河右岸医巫闾山，北达西拉木伦河，南到海河流域，其覆盖面大体上与红山文化相重合，典型遗址包括赤峰夏家店、蜘蛛山遗址，宁城南山根遗址，敖汉旗大甸子遗址，北京昌平和房山遗址，天津蓟州和围坊遗址，唐山大厂遗址，河北蔚县遗址，辽宁北票丰下遗址、建平水泉遗址等。夏家店下层文化出土以石城堡群、发达的三足器、彩绘陶器为主要考古文化特征，经碳—14 测定，其年代距今约 4200 年，相当于中原龙山文化的晚期。夏家店下层文化最早应该起源于西辽河流域，是由北向南逐渐发展形成的。敖汉旗和北票丰下遗址出土有鬶、爵之类的礼器，其造型与黄河流域的二里头文化同类器物具有极大相似性，彩绘陶器上彩绘图案中有云雷纹、饕餮纹，与商代铜器上流行的纹饰也极其相似。夏家店下层文化发现石城堡群，说明其社会组织结构形态已经达到方国程度。夏家店文化出土有陶器如甗、筒形鬲、鼎、瓮、平底盆、宽足盆等，玉器如玉龙、玉璧，石器等。另外，辽西地区还有魏营子文化和夏家店上层文化出土，以饰绳纹又抹平、口沿饰附加堆纹花边的夹砂红陶鬲为主要的考古文化特征，是夏家店下层文化的后续，有随葬青铜礼器的墓葬，主要分布在小凌河流域。夏家店上层文化出土，以附横鋬耳、有外叠唇的素面夹砂红陶鬲为主要考古文化特征，该文化中心在西辽河流域，大凌河流域为其波及地区。与夏家店上层文化同时存在的，还有辽宁式曲刃青铜剑文化等。

（2）高台山文化

高台山文化与夏家店下层文化有密切关系，主要分布在下辽河流域以西地区。该文化出土，以素面红陶壶和钵为主要考古文化特征。另外，分布在下辽河流域以东地区的新乐上层文化，其出土，以素面红褐陶的鬲为主要考古文化特征。

（3）庙后山文化

该文化出土，以洞穴墓地和素面灰褐陶壶、钵等为主要考古文化特征，其与高台山文化—东邻的西团山文化关系密切。

（4）双砣子文化

双砣子下层文化出土，以夹砂黑陶壶、罐、豆与单耳环杯等近于龙山文化因素为主要考古文化特征，墓葬为积石冢性质；双砣子中层文化出土，以夹砂黑陶器为主要考古文化特征，多具山东岳石文化特点；双砣子上层文化出土，以素面和饰刻画纹的钵、盆、壶、罐为主要考古文化特征，墓葬为积石冢。

以上各遗址文化堆积，从物质文化发展来看，已经达到了较高的水平。

二　辽河古代文化初创的精神文化

精神文化是指一定社会的人们的社会心理和社会意识形态，包括价值理念、审美情趣、思维方式等，以及由此产生的精神成果。考古文化发现，史前辽河文化之龙文化、玉文化，坛庙冢与祭祖文化，古代萨满宗教文化，具有古代辽河精神文化的一般特征。

（一）史前龙文化的兴起与衍化

龙是中华民族的精神图腾，也是中华民族传统文化的符号。龙文化的起源、发展和衍化，是中华民族传统文化发展的一个缩影。辽河流域史前的龙文化，从距今8000年前的查海—兴隆洼遗址发现起，延续发展至赵宝沟文化、红山文化、夏家店下层文化，在4000多年的发展过程中，龙的形态和类型与时变化，形制越来越成熟，文化内涵日益丰富，形成了从物质图腾向精神图腾，最终成为中华民族文化符号的演变，成为中华民族传统文化最具特质的组成部分之一。

1. 辽河龙文化的兴起

辽河龙文化的起源、发展和衍化，代表着史前辽河文化乃至中华传统文化发展的一个方向。辽河古代龙文化的形成期大约在距今七八千年前的新石器时代中期，这个时期的考古文化以查海遗址为重要代表。

查海遗址的考古文化发掘，发现其有布局有序且较完整的聚落，出土遗物的时代、地区特点都很鲜明。特别是龙形象—龙形堆石和陶器上浮雕龙形装饰的出现，是查海遗址最为重要的考古文化特征。

查海遗址位于今辽宁省阜新市东北约20公里的丘陵地带，属阜新蒙古族自治县沙拉乡。这里地处辽西丘陵山地最东缘，与辽河下游平原接壤。该遗址坐落在一个漫岗南坡，是北边略高的平坦台地，东北方向有查海作屏障，四周为起伏的丘陵地，但比较平缓开阔，向南低缓，并濒临一条名叫“泉水沟”的小河沟，这条小河沟向东流入辽河的支流绕阳河，沿河向西，可通大凌河，向北则与内蒙古自治区东南部草原相连。可见，查海遗址所处的地理位置，既有利于古人类生产与生活活动，便于排水防洪和进行防御，又有利于同周围其他人群进行沟通交流。

查海遗址的主体部分大约南北、东西各有100米，面积约1万平方米。据碳十四测定，该遗址年代距今约8000年前。

考古文化发现，龙形堆石位于遗址的中央部位，是在遗址中部穿过的一条西南至东北走向的裸露的红褐色花岗岩石脉上，用与该石脉色彩相近的石块摆塑而成的。龙身长19.7米，身宽1.8～2米，龙头向西南，龙尾朝东北，与房址的方向大体一致。龙头、龙身处石块的堆塑比较厚密，尾部石块堆塑较为松散，龙呈昂首张口、弯身弓背状态，龙的尾部轮廓不够清晰，若隐若现，总体看，给人一种巨龙腾飞之感。龙尾端紧邻遗址中最大的一座房址（此房址编号为F46，南北长为12米，东西宽为11米），龙头附近（即遗址南侧）有10多座土坑墓葬及祭祀坑分布，整条龙摆塑于遗址正中，周围有50多座房址围绕，凸显龙在当时的至尊地位①。考古文化发现，用摆塑手法成龙，在河南省濮阳和湖北省黄梅都有发现，时代都在距今6000年前②。可见，摆塑成龙，是早期龙的一种普遍形态和类型，查海龙作摆塑形，当属龙文化

① 辽宁省文物考古研究所．辽宁查海遗址发掘简报［M］//辽宁考古文集．沈阳：辽宁人民出版社，2003：12－13.

② 濮阳文物管理委员会，濮阳市博物馆．河南濮阳西水坡遗址发掘简报［J］．文物，1988（3）.

最早之形态。

查海遗址还发现，查海人制作的陶器上以浮雕式龙纹作装饰多例。此类装饰在查海遗址常见的筒形陶罐的外表，但龙的形象不够完整和明确；陶器上浮雕龙纹也见于房址内，似并未从生活中分化出来，因此，考古文化称其为“类龙纹”。

总之，查海遗址的地上摆塑龙与陶器上浮雕式龙纹，说明查海人祭祀崇拜已经到了较高水平。

2. 史前龙的衍化

考古文化发现，辽河流域上古龙文化现象并非只有距今8000年的查海遗址一处，在距今7000多年前的新乐遗址也有龙形象的发现。新乐遗址出土1件木雕发笄，笄顶端雕以龙形纹。这件笄雕器形制为前部扁平后部尖的长条形，通长为40厘米、头部残宽为4.5厘米，尾部趋向于尖锐，靠近头端的本体，似可分辨出嘴、头、眼、鼻、尾和几何菱形纹的龙鳞纹体等，皆为浮雕，两面纹饰基本相同，部分镂空，从雕有鳞纹的身体可以考证，此木雕属于龙形类雕塑器物①。从民族学资料考证，这件木雕应是一件发笄。

发笄在古代是一种象征等级地位的礼器，特殊纹饰和特大型发笄，只有身份地位等级高的人，即首领一级人物才有资格佩戴。显然，龙纹是用以显示新乐人头人身份的。高等级的发笄，只有在行重大仪式时才能使用。新乐遗址的房址中出土有骨质发笄共18件，表明新乐人有佩戴骨质发笄的习俗。上述木雕发笄所在的第2号房址，是新乐遗址最大的1座房址，房址内还出土有大量器物，包括细石器、玉器和煤精制品，这件饰有龙纹的大型木雕发笄，与房址的规格和共出的器物相符，说明这座房址是新乐头人经常活动的地方，这件以龙为题材的木雕发笄，是表明头人身

① 沈阳市文物管理办公室，沈阳市故宫博物馆. 沈阳新乐遗址第二次发掘报告[J]. 考古学报，1985(2).

份的专用器物，说明龙题材和龙文化已在新乐人心中占有较高地位。

此外，在距今6000年前的赵宝沟文化也有龙形象的出现，龙纹陶尊是这座遗址中发现的最大一件陶器，口径为25.5厘米、底径为16厘米、通高为25.5厘米。陶尊为泥质、稍加砂，外表打磨漆黑光亮，形制为鼓肩、圆腹，上下腹间有明显的分界，表面用阴线压划而成龙纹，有鹿龙和猪龙等形态。其中鹿龙长约8.5厘米，头部位置偏于画带的中上部，长颈、细目、立耳、长角，以前伸的腿和蹄足显示奔跑状；猪龙形体显露部分较小，通长为17.5厘米，头部长约7.5厘米，猪的头部较鹿龙偏上，其他部分为以龙麟纹表现的体躯所遮盖，成游龙状态①。考古文化发现，赵宝沟遗址出土的龙纹陶尊，是以动物神化为龙作为主要题材的。这说明这件龙纹陶尊已非日常生活用品，而是与祭祀有关的一件神器，是赵宝沟人以动物作为通神工具进行通神活动时使用的祭祀用品，龙的形状更为精致和成熟，是赵宝沟人宗教祭祀已达到相当高度的反映。

赵宝沟文化的刻画龙纹，在敖汉旗南台地遗址也有出土。南台地遗址共出土14件陶尊和2件陶器盖，其上绘有龙纹，全部都是鹿头龙，单鹿、双鹿形均有，刻划纹的绘画和风格都与小山遗址“四灵”龙纹陶尊极其相似，也有龙体饰龙鳞纹的②。赵宝沟文化龙形象的艺术造型，以动物为原形，在写实基础上神化，通过增加造型的层次感和透视感，达到提高龙形象的神秘感效果，使龙形象更加成熟，为红山文化时期龙文化的发达进一步奠定了基础。

---

① 中国社会科学院考古研究所内蒙古工作队．内蒙古敖汉旗小山遗址［J］．考古，1987（6）．

② 敖汉博物馆．敖汉旗南台地赵宝沟文化遗址调查［J］．内蒙古文物考古，1991（1）．

3. 红山文化时期的龙崇拜

到了距今五六千年的红山文化时期，在先红山文化时期龙文化形成和发展的基础上，红山文化之龙文化进入发达期，无论器物形制、形态和类型，都表现出多样性特征。红山文化时期，龙文化发展到一个新的高度，龙崇拜已经是十分普遍的现象。其主要表现为：一是红山文化时期，龙形象呈现多种形态和类型，如彩陶龙形、泥塑龙形和玉雕龙形等。二是红山文化时期，龙形象的设计与制作呈多样性，如彩色陶器上的龙形，有亚型Ⅰ为饰鳞纹龙体、亚型Ⅱ为无龙体而只有放大的龙鳞纹；又如，泥塑龙形以动物为原型、以写实为主；再如，牛河梁遗址中玉雕龙形，有亚型Ⅰ三星他拉玉龙、亚型Ⅱ玉雕龙，形象设计都别具风格。三是红山文化时期，制作龙形象工艺的复杂性，考古文化发现，红山文化彩陶龙纹的鳞纹为连续重环纹、玉雕龙龙体为环形卷曲状、亚型Ⅰ玉雕龙颚下有细实密集的网格纹等，表明红山文化龙的设计与制作工艺都较为复杂，如夏家店下层文化的彩绘单首双身龙和夔龙纹，工艺水平达到了相当高的程度。

以上说明，在红山文化时期前后，辽河古人类制作龙形的工艺已达到相当高的水平。

距今4000年前后的夏家店下层文化出土的彩绘龙，龙的类型多，造型多样，主要包括单首双身龙纹、夔龙纹。至夏家店下层文化，龙纹趋于成熟和定型。有学者认为，夏家店下层文化的彩绘龙纹，可能是商代青铜器花纹的祖型。

4. 龙文化的成熟与发展

以上，无论是查海人的堆塑龙、新乐人的木雕龙、赵宝沟人的刻画龙纹，还是红山人的陶塑龙形、泥塑龙形和玉雕龙形以及夏家店人的彩绘龙形，都说明龙起辽河源，且龙的形象在辽河流域经历了漫长的衍化过程，逐渐成熟与发展。

在此期间，辽河古人类根据不同需要，选取不同材质，运用不同工艺，塑造了形象多姿，风格多样的龙。考古文化发现，查海遗址出土陶器上堆塑的类龙纹，所具有的卷体和体上压印鳞形纹饰，后来的赵宝沟文化的“四灵”龙纹陶尊的龙体与之有较强的相似性，都为卷体且体上有鳞纹，故可推定赵宝沟文化“四灵”龙纹陶尊及其内涵，是查海文化龙的发展，在形制上显得更为精致和成熟。到了红山文化时期，彩陶龙纹和龙形玉雕都与赵宝沟文化“四灵”龙纹陶尊的龙形有更多的相近风格，彩陶龙纹的鳞纹为连续重环纹，较赵宝沟文化的龙鳞纹更为规范而定型。又如红山文化的玉雕龙，龙体为环形，都为卷曲状，尤其是以猪首为龙首的基本形态，或许就是从赵宝沟文化的猪首龙直接承袭下来的。

青铜时代早期的夏家店下层文化，其文化是从红山文化经后红山文化承袭而来，这种承袭关系在龙纹图案上有明显体现。如夏家店下层文化的彩绘龙纹，同红山文化彩陶龙纹一样，都有卷曲体和体上有鳞纹饰，说明它们具有相承关系。夏家店下层文化彩绘陶以陶器黑光表面作地的做法，又与赵宝沟文化在黑皮陶上作刻画纹的风格有较多相似之处，表现在龙纹方面，赵宝沟文化陶尊上所饰的“四灵”龙纹，就是以黑皮作地的，风格与夏家店下层文化彩绘龙纹以黑陶表面作地相同。夏家店下层文化以色彩表现的彩绘龙形，比赵宝沟文化刻画龙纹更加醒目，其表现张力更强。

辽河流域龙文化及其演变序列不断地影响到周边。如商代卷体玉龙源于红山文化玉雕龙，是考古文化明确的史实。龙鳞纹虽多见于商代青铜器和玉器上，但在红山文化乃至赵宝沟文化时期，这种龙鳞纹都已近于成熟。

总之，龙出辽河源，辽河流域龙文化具有起源早、类型多、成系列的特点，其演变序列不断影响周边地区乃至整个中华民族。这也是辽河流域文化在中华文明起源过程中先走一步的表现。

（二）史前辽河玉文化的兴起

玉文化在中国传统文化中占有重要地位，玉文化包含内容最为丰富，延续时间也最长。《周礼·大宗伯》曰：“以玉作六器，以礼天地四方。以苍璧礼天，以黄琮礼地。”玉文化起源可以追溯到2万年以前。考古文化发现，中国史前时期，玉文化发展曾经出现两座高峰，由此形成了中华传统文化中独具特色的玉文化之两个中心，一个是以凌家滩文化和良渚文化为代表的东南沿海地区，一个是以查海—兴隆洼文化和红山文化为代表的辽河流域之辽西地区。

1. 史前辽西地区玉文化

史前玉文化在辽河文化史上占有重要地位。其分布十分广泛，基本覆盖全部辽河流域。查海—兴隆洼遗址发现了迄今所知最早的玉器。由于查海—兴隆洼遗址年代早于红山文化约2000年，且二者同在大凌河流域，考古文化有一脉相承的脉络可寻，因而可以说查海—兴隆洼玉文化是红山文化及辽西地区玉文化之祖源。

查海—兴隆洼遗址出土有玉器40余件，按用途可分为两类：一类为工具，以小型锛形器为主，另发现有较大的形体规整磨制精细的玉斧；另一类为装饰品，主要发现有玉玦和玉匕形器的组合，还有制作精良的玉管。查海—兴隆洼遗址出土的玉器，无论是选料还是制作工艺，都已经具有一定的先进性，尤其是出土的玉管和玉玦，是最具代表性的玉器①。玉管是迄今中国所见最早的真玉玉器，也被认为是世界上发现的最早的真玉玉器；玉玦是一种耳饰品，被认为是迄今文化含义最丰富的一类玉器。考古文化发现，查海—兴隆洼玉器的社会功能已经超越一般装饰品，玉器从一般实用器物到代表特定观念形态的体现物，已经被赋予了更多的社会意识，具有区分人们身份地位、社会等级，乃至昭示礼制规范的功能。

玉玦除了辽河流域有较多出土外，在华北平原的天津市蓟州

① 郭大顺．辽宁文化通史·先秦卷［M］．大连：大连理工大学出版社，2009：57—61.

牛道口和河北省涞源北福地遗址都有出土，在山东半岛，山东省小荆山遗址也有出土，在江浙地区，河姆渡文化、马家浜文化和崧泽文化所见的玉玦较多，但以查海－兴隆洼文化出土的年代最早。由于玉玦所具有的通神功能的特定内涵，由环状玉玦与柱状玉玦共出、玉玦与玉匕形器共出的特定考古关系，推定玦的起源不具多元性，而是一元的，即由辽河流域向华北、山东半岛以及江浙地区传播。

红山文化玉器和玉文化的高度发达，史前即有对辽河流域其他地区以及域外地区的传播。如红山文化玉器向辽河流域其他地区的传播，主要见于属于后红山文化的小河沿文化和夏家店下层文化。小河沿文化以大南沟遗址为代表，出土有环、璧、镯等随葬玉器，形制规整，内外缘薄似刃、中部微鼓，显然具有对红山文化玉器特有形制的继承；夏家店下层文化出土玉器有30余件，这些玉器具有红山文化到早商时期的时代特征，有明显继承红山文化玉器的某些造型和加工制作特点。出土的勾云形玉器、斜口筒形玉器、饰瓦沟纹的臂饰、方圆形玉器、玉鸟等，大部分是由红山文化直接流传下来的，也不排除对红山文化玉器的模仿。红山文化玉器在域外的流传和影响，主要见于新石器晚期和商周时期的中原和北方地区。如山西陶寺墓地出土有红山文化式玉璧、河南安阳殷墟妇好墓出土简化型勾云形玉器和钩形器、北京琉璃河西周燕国墓地出土勾云形玉器、山东大汶口文化出土有双联玉璧和四联玉璧、山东平阴周河大汶口文化出土有三联玉璧、江苏海安青墩崧泽文化出土有双联玉璧、安徽凌家滩墓地出土有双联玉璧和方圆形玉璧、湖北黄梅县塞东薛家岗出土有三联玉璧等，以上出土，均具有红山文化玉器的典型特征，研究证明是红山文化玉器的传播与影响。

2. 史前辽东地区玉文化

考古文化发现，史前玉文化在辽河流域分布广泛，覆盖今日辽宁之全境。因此，玉文化是史前辽河流域文化发展的共同特征。

辽东地区多有玉器出土。如沈阳新乐遗址出土有玉工具和玉装饰品，共4件，形制规整，磨制精细，依形制和用途分作斧式雕刻器、圆凿式雕刻器、双刃斧式雕刻器、双刃凿式雕刻器；还出土有玉珠，玉珠为黑色玉质，个体较大，磨制精致①。辽东半岛南端的小珠山下层文化出土有玉工具；小珠山中层文化出土有玉牙璧，形制外缘薄如刃，璧面凸起，接近红山文化玉璧特点，可看作是同一时期器物；同时期的郭村遗址下层文化出土有陶牙璧，直径1.4厘米，体形虽小但齿牙外突明确，造型标致，且为陶制，可见这种璧缘形制在当地较为流行。偏堡遗址下层出土有玉牙璧；小珠山上层文化出土有较为复杂的玉器，共9件；四平山积石冢中出土有种类较多的玉牙璧，共9件，形制除2件具璧面平、璧缘直的特点外，其余为周边磨制薄似刃；庄河北吴屯出土有玉鸟等②。又如，黄海沿岸的史前文化出土中，除玉工具较多见外，也有玉装饰品，在后洼下层文化中，出土有动物形制玉器，到后洼文化上层时，动物形制玉器较为多见。

在以上辽东地区出土的史前玉器中，玉牙璧是最具辽河玉文化代表性的玉器。一般认为，辽东半岛玉牙璧是受山东半岛玉牙璧影响的产物。迄今所知，山东半岛史前文化出土较早的玉牙璧，源自大汶口文化晚期的胶县三里河第273、113、259号墓，年代晚于辽东半岛的吴家村和三堂等处遗址所出。山东半岛被认为年代更早的玉牙璧，有山东邹县野店M31大汶口文化中期所出一例，但此例玉牙璧形制很不标准。而辽东半岛所出玉牙璧，包括年代较早的玉牙璧，形制都十分标准。在加工方法与技术上，如吴家村玉牙璧，内外缘皆磨制薄似刃，与山东半岛及其他地区璧

① 郭大顺. 辽宁文化通史·先秦卷［M］. 大连：大连理工大学出版社，2009：64.

② 辽宁省文物考古研究所. 辽海记忆——辽宁考古六十年重要发现［M］. 沈阳：辽宁人民出版社，2014：60—62.

面平直或只外缘薄的玉牙璧有所不同，带有明显的辽东地区玉牙璧特征①。此外，还有岫岩北沟和大连文家屯出有用钻孔所遗玉芯，文家屯遗址出有玉钻头等。

近年来，在辽东半岛新石器遗址中，陆续出土有时代较早的玉牙璧。这些被发现的玉牙璧，不仅年代早、出土数量多，而且显示辽河流域特点，说明辽河流域之辽南地区是史前玉文化较发达的地区之一；从而推断，商周时期所常见的玉牙璧，可能最早起源于辽东半岛；说明至晚在新石器时代，辽河流域玉文化传到关内，并对华北、华中、山东半岛、江南沿海地区的玉文化产生影响。

（三）史前玉文化的第一个高峰——红山文化玉器

红山文化玉器是史前玉文化的一个高峰。红山文化在文化创造上的成就是多方面的。如礼仪性建筑文化，以积石与唯玉为葬为特征的墓葬习俗文化，玉石雕与泥塑雕塑工艺等，玉文化是其中的精华部分之一。迄今，红山文化牛河梁遗址出土约 200 件，大体可分 10 类，以动物形制玉器、斜口筒形玉器、勾云形玉器及玉璧为最多，是红山文化玉器中最具代表性的 4 大类玉器。此 4 类玉器的特质负载形态与类型主要有：

1. 玉猪龙玉熊龙与鹿形玉龙文化

红山文化玉器中最具代表性的是玉雕龙，主要有玦形龙和附脊卷体龙两种形态。学界前称附脊卷体龙为“C”字形龙，视为玦形龙的变体，认为它们取材都是猪，故称玉猪龙。后学界研究认为，玦形龙和附脊卷体龙存在众多差别并非先后演变关系，而是两个不同系统，造型取材应是有不同原型，玦形龙的原型可能取材于熊，故称玉熊龙，而附脊卷体龙的原型可能取材于鹿，故称鹿形玉龙。暂且不论这些玉雕龙取材来源和称谓，单就其形态变

① 栾丰实．牙璧研究［J］．文物，2005（7）；周晓晶．辽东半岛地区新石器时代玉器的初步研究［J］．北方文物，1999（1）．

化来说，玉雕龙形体和制作工艺都达到了很高层次。

龙是中华传统文化的象征，研究龙文化的起源有助于深入探讨中华传统文化的起源。辽河流域作为龙文化祖源地，无论是玉熊龙还是玉鹿龙或玉猪龙，反映的是玉龙文化多元一体的特征。熊和鹿是森林野生动物，是古人类狩猎的主要对象，也是古人类食物的重要来源之一。猪是人类最早驯养的家畜，人类食物的重要来源之一。红山文化的玉雕龙，将玉与龙融为一体，并借助家畜和野生动物形体，赋予了玉和龙全新的含义，既体现了史前辽河流域人类的精神追求，也表达了人们感恩于那些为人类生存提供滋养的众多生灵的价值观念。因此，龙与玉结合成一体，被视作为中华传统文化的结晶，是当之无愧的。

2. 玉蚕与玉帛文化

红山文化玉器中有以昆虫为题材制作的玉器，如蝗虫和蝈蝈，还有蚕。玉蚕类出土发现有多件，以内蒙古巴林右旗那斯台遗址采集的4件玉蚕蛹为代表，其形制上有触角、翅翼，造型生动，加工方法和琢磨工艺具有较高水平①。

蚕与人类生活息息相关。从物质层面看，蚕以植物叶为食，吐出来的是丝，这是人类制作衣物的重要原料；从精神层面看，蚕从静态的卵、蛹的形体变化，到蠕动的幼虫、飞翔的蛾，在生命的衍化过程中，所体现的循环张力充满神秘色彩。古人从育蚕缫丝到雕琢玉蚕，反映了古人从物质追求到精神追求的文化观念的转化和升华。

近年，考古文化发现，河姆渡文化和良渚文化有蚕的形象，说明最晚于新石器时期中期起，中国就对蚕有所认识并开始育化进而产生缫丝纺织文化。

红山文化考古出土玉蚕，将史前育蚕文化扩大到燕山以北的

---

① 巴林右旗博物馆. 内蒙古巴林右旗那斯台遗址调查［J］. 考古，1987（6）.

辽河流域。

学界研究认为，史前育蚕的初意是用在人与天神沟通有关的占卜上。因此，育蚕文化的起源与巫术有关。辽河流域原始宗教——萨满教，以自然、动植物及火为崇拜对象。蚕既与人类生活息息相关，又充满神秘性，成为崇拜的对象，实属必然。

育蚕起源的背景及其神化，在史前考古文化中有诸多发现。仰韶文化出土有半割状蚕茧，说明蚕茧尚未用于缫丝，而是作其他用途，如占卜仿蚕形制作的陶俑，以及用蚕形作特殊器物的装饰花纹，都是对蚕的神秘性的发挥。红山文化的玉蚕蛹，则为育蚕神话提供了有力的证据。红山文化出土的玉蚕蛹，其触角、眼睛和嘴巴，与现实生活中真蚕蛹的原形并不完全相同，而是在写实的基础上，对蚕蛹某些部位加以突出或刻意夸大，如蚕蛹的眼睛与嘴巴；或简化抽象，如触角与排气孔；或变形创作，如羽翼。经过上述加工，蚕被神化，被赋予新的含义。

红山文化玉蚕更为特殊的含义在于玉与帛的紧密联系。学界研究认为，玉与帛是礼制文化的特质，可作为崇高与和谐的象征物。红山文化以玉为蚕，将玉与帛合体，其具有“通神为礼”的功能更为明确，其文化含义更为深刻。

3. 斜口筒形玉器与勾云形玉器文化

斜口筒形玉器与勾云形玉器是红山文化玉器较为神秘的两类玉器：

（1）斜口筒形玉器文化

作为红山文化玉器中最为多见的一类玉器，所见出土斜口筒形玉器达 30 余件。仅与牛河梁遗址有正式出土关系的，就多达 18 件，分别出土于 15 座墓葬中，其中，下层积石冢所出有 3 件玉器，均为斜口筒形玉器。这些玉器虽然出土关系十分明确，但对其原型与功能仍没有得出具有说服力的结论。这对于讲究物体造型加以高度抽象化的红山文化玉器来说，仍是需要认真研究和探讨的历史文化课题①。

（2）勾云形玉器文化

这是红山文化玉器中特征较为明显、较易辨认，最具代表性的一类玉器，学界称之为红山文化玉器中的第一重玉。目前，已发现 20 余件，其造型具有共同特点，即在板状体上成型，以中心卷勾为主体，与四周角的卷勾相互联结为基本组合，长边的一侧多齿突，以在器面磨出顺卷勾走向的瓦沟式隐槽为饰纹，属减地阳纹。中心卷勾的间隔则形成镂孔，使器体平面富于变化又增强了各部位的整体感，边薄似刃，有正面和背面之分。有的背面钻出成组鼻穿式孔，有的边缘钻单或双孔。这类勾云形玉器的基本要素是卷勾，由中心部位盘卷的勾型勾云与四周卷勾结合而形成。以此可以将勾云形玉器分为勾型、双勾型、简化型和异化型四种类型，其中以单勾型与双勾型为勾云形玉器的主要类型。从审美观念上看，比较红山文化鸟形玉器和兽形玉器的造型，虽都具有不同程度的抽象性，但其基本特征仍以写实手法表现，并已显示出一定规律性，勾云形玉器既追求对称，又多变化，似鸟非鸟，似兽非兽，神秘性较强，所以其造型功能所包含的文化背景相对神秘，至今仍是学界研究的重点②。

有关勾云形玉器的功能，学界至今尚无统一结论。有作佩饰器物说，亦有作通神工具说。起始于佩饰，最终演化成通神工具，应该是红山勾云形玉器文化发展的历史。研究表明，史前玉器多为通神的工具。从文化角度看，玉器具有灵气，故可以作为装饰

---

① 郭大顺．辽宁文化通史·先秦卷［M］．大连：大连理工大学出版社，2009：75.

② 陆思贤．勾云形玉佩的形状结构及寓意的思想内容［M］//内蒙古东部区考古学文化研究文集．北京：海洋出版社，1991：24—32；杜金鹏．红山文化“勾云形”类玉器探讨［J］．考古，1998（5）；刘国祥．红山文化勾云形玉器研究［J］．考古，1998（5）.

品佩戴，一方面，借此保佑人生平安；另一方面，借以表明佩戴者身份地位。

红山文化勾云形玉器多在大墓中出土，从制作选料、形制大小、造型的复杂和加工的精细程度等方面比较，都堪与动物形制玉器相媲美。如牛河梁遗址第五地点1号中心大墓出土的勾云形玉器，长28.6厘米、宽9.5厘米、厚0.4厘米，玉器呈深绿色，两面都饰有相同的饰纹，十分精美。作为陪葬玉器，应该具有佩饰功能和通神工具的作用。

4. 玉璧文化

玉璧是中国古代玉器中最为普遍的一类玉器。红山文化出土的玉器中，玉璧较为多见，大多见于墓葬的随葬品。红山文化的玉璧最突出的文化成就是玉璧造型特质。史前诸文化中玉璧造型最为单一，一般为正圆形，红山文化的玉璧造型则为方圆形（个别也有正圆形的），即玉璧的内孔缘近圆形，而玉璧外形呈方圆形，甚至接近于正方形。在制作工艺上，红山文化玉璧内外缘加工成薄刃形状，玉面中间稍显凸起，而不是一般所见平面形玉璧，多穿一孔或双孔，个别亦有穿三孔的。此外，还有一种多璧相连的形制，如牛河梁遗址所出“二联璧”、胡头沟墓址所出“三联璧”①，其突出了玉璧的艺术性，代表了红山人制作玉璧追求美学价值的习俗文化日渐成熟。

5. “唯玉为葬”习俗

以上所述红山文化玉器，无论是玉猪龙、玉熊龙和鹿形玉龙，还是玉蚕、斜口筒形玉器与勾云形玉器、玉璧，大都是墓葬中的随葬品，特别是从牛河梁遗址发现后，经正式发掘出土的红山文化玉器数量大为增加。从玉器的具体出土位置到玉器的组合明确，牛河梁遗址的红山文化墓葬的随葬品大多是玉器，表现为红山文

---

① 方殿春，刘葆华．辽宁阜新县胡头沟红山文化玉器墓的发现［J］．文物，1984（5）．

化“唯玉为葬”的习俗文化已成型。在已经发掘发现有随葬品的48座墓葬中，有43座墓为只随葬玉器，只随葬玉器的墓占到有随葬品墓葬的89.6%。而且墓葬等级越高，“唯玉为葬”的现象越明显。由此可以肯定地说，“唯玉为葬”在红山文化中是具有一定普遍性的文化现象，进而也可以说，“唯玉为葬”是红山文化发展到鼎盛期的文化表征①。

红山文化玉器的使用出现在史前期，随着史前玉器类型所具有的典型性及其高等级、多组合的实例不断增加，玉器所反映的社会文化特质也渐趋明确，玉礼器性质凸显，以玉为通神之物渐成社会共识，逐渐形成“唯玉通神为礼”的礼制文化。这在良渚文化墓葬、大汶口文化墓葬得到证实。因此，可以说这是红山文化玉文化第一次质的飞跃。红山人将玉视为神物，在发达的祭祀文化中，唯玉为葬，说明玉器不仅是一般的工艺品，而应有着特殊含义，即玉器已由具实物转变为象征物，作为随葬品，已经不同于与生产和生活有关的石器和陶器，主要不是财富的体现，而是认为其具有通神的功能，是一种精神寄托。

红山文化发达的祭祀文化，不仅选择玉器特别是具代表性的玉器，如斜口筒形玉器、勾云形玉器和动物形玉器，赋予礼器特质，作为通神标志物，而且因为玉为自然生成之物，又具有光泽、圆润、温和等特性而赋予玉器人性即德性。从“唯玉为礼”到“以玉比德”，可以视为红山文化玉文化第二次质的飞跃。

从“玉亦神物”“唯玉为葬”到“唯玉通神为礼”再到“以玉比德”，红山人对玉器特质的认识，一次比一次深入，在形成“通神为礼”的礼制文化时，将玉石从自然一般实物转化为社会特殊神物，从生产和生活的实用工具转化为对祖先和神灵的祭祀礼器，充分表达了“以玉通神”而形成的礼制，最初作为一种思维观念

① 郭大顺．红山文化的“唯玉为葬”与辽河文明起源特征再认识[J]．文物，1997（8）．

而出现，体现了红山人的追求和创造精神，是红山人视精神高于物质的价值观念的体现。“唯玉为葬”的红山文化体现了红山人希望灵魂不朽的价值取向，“唯玉通神为礼”体现了红山人礼制文化的形成，“以玉比德”体现了红山人的理性思维和价值观念。红山人赋予玉器的是一种有生命力的、人格化了的社会功能。所以，牛河梁出土的各类典型玉器，既是红山玉文化的代表特质，也是红山文化的代表特质，更是红山人的精神特质。

（四）史前坛庙冢与祭祖文化

考古发现的红山文化的坛冢庙等宗教性的建筑，表明至公元前三四千年之交，辽河流域宗教文化无论形式还是内容，都已经发展到较高层次。

史前社会人类认为世界上有“神秘力量”存在于事物与现象之中，人们一时无法掌握这种神秘力量的法则或密码，于是出现了宗教崇拜。史前社会宗教崇拜大体经历了从自然崇拜到图腾崇拜、力量和权力崇拜到祖先崇拜。在这个过程中，史前辽河流域古人类的精神文化不断被创造与发展。自然崇拜是史前古人类最早的文化心态，以对自然现象和动植物的崇拜为最早；图腾崇拜以动物为主要对象，特别是被神化的动物——龙，与自然崇拜和图腾崇拜有关。查海文化和赵宝沟文化时期，先后有石雕人像出现，说明当时已有以人的偶像作为崇拜对象方面，从以自然现象和动植物为崇拜对象，发展到以人的偶像作为崇拜对象，是原始宗教观念上的重大变化，为力量和权力崇拜发展到祖先崇拜作了观念上的准备。红山文化以牛河梁坛庙冢及女神塑像群为标志，已经进入祖先崇拜的高级阶段。对祖先的崇拜，表明原始宗教观念进入相对理性时期，宗教具有感恩的实用性功能。祖先崇拜还表明史前辽河古人类的宗教行为已与辽河文明起源相联系了。

对于祖先的重视和对于子嗣的关注，是中国极为重要的传统理念，甚至成为思想方面在价值判断上的一个重要来源。墓葬、宗庙、祠堂、祭祀等庄严场合，是体现生物生命的延续和文化传承的延续“合二为一”认同的基础，墓葬、宗庙、祠堂、祭祀活动就是通过对已逝的祖先和亲人追忆和纪念，来强化人们意识中远近亲疏差别，进而实现宗族或亲族联络、血缘凝聚与文化认同。辽河流域史前祖先崇拜文化集中表现于红山文化时期，其文化特质体现为坛、庙、冢和女神像。

1. 考古文化发现的史前祭坛

红山文化的祭祀遗迹，最早发现于东山嘴遗址①。该遗址坐落在大凌河西岸一山梁的顶部，隔开阔的河川正对一大山的山口，地质极具神圣感。祭祀址呈北方南圆的布局。考古文化发现，明确南部两处圆形建筑为坛形，在坛形建筑附近，发现了陶塑人像，有小型孕妇雕像和较大盘腿坐像，从盘腿坐像叉手正坐姿态推断为崇拜的偶像；北部方形建筑址范围较大，内有立石，有小件玉器出土，考古推断，可能最早为冢墓，后向祭祀转变。这种北冢南坛、有崇拜偶像，明确为祖先神崇拜。祭祀坛建筑的发现，表明史前辽河流域社会的宗教崇拜，已经由自然崇拜、图腾崇拜形式演化到祖先崇拜的形式，人的偶像作为祭祀对象出现，在文化上，可以看作是中国天与人相统一（天人合一）思想的最早萌芽。

2. 考古文化发现的史前女神庙

女神庙与祭坛和积石冢群是构成牛河梁遗址的三大核心遗址。女神庙遗址是牛河梁遗址群的中心建筑，坐落在海拔 671.3 米的牛河梁主梁上，由主体和附属两部分组成。主体部分除女神庙以外，还有位于庙北的一个大型山台和山台北侧的另一处神庙遗址。附属部分有主体周围的窖穴多处。山台南距女神庙北墙仅 8 米，它主要由南部东西并列的 2 座台址和北部的 1 座台址组成，呈“品”字形分布。遗址范围为南北、东西各 200 米，总面积约 4 万

① 郭大顺，张克举. 辽宁喀左县东山嘴红山文化建筑群址发掘简报[J]. 文物，1984 (11).

平方米。女神庙遗址为半地穴式建筑，现保存的地下部分平面呈窄长的“亞”字形，范围为南北最长处有 25 米，东西窄处约 2 米、最宽处约 9 米，深约 0.8～1 米。庙分主体和单体两个单元，主体部分为多室相连，主室为圆形，左右各一圆形侧室，北部为一长方形室，南部从俯视图看似为 2 个圆形室与一东西横置的长方形室相连接。主体部分为 7 室相连的布局，南北总长 18.4 米，主体部分以南横置一单室，横长 6 米、最宽 2.65 米，主体与南单室间隔 2.05 米。庙为土木结构，全不用石料，墙体有壁画，是目前国内所见最早的壁画之一。女神庙半地穴室内堆满遗物，主要有人物塑像、动物塑像和陶祭器。泥塑动物主要是熊龙和鹰一类的凤鸟形残件；陶器主要有镂孔彩陶“祖”形器和熏炉器盖。附属部分指分布在主体周围的窖坑，窖坑出土了一批与祭祀有关的遗物，包括出土了大型陶盆、镂孔瓶形器、各种类型的陶方器、筒形陶器。特异性陶器的发现，说明这些窖坑已非一般生活居所，而是与祭祀有关的遗迹。特别是筒形陶器形制具有介于早晚期积石冢筒形器之间的特征，说明女神庙和山台的始建时间应在早期积石冢之后晚期积石冢之前的一段时间内①。

女神庙遗址的发现，说明红山文化已经有发达的祖先崇拜和宗庙雏形。考古文化发现，史前时期人物塑像有半坡、马家窑等遗址发现有与红山文化大约同期的人物塑像，不过半坡、马家窑等遗址的人物塑像，尚有一定的原始性，多是以器物附件形式出现的，这与牛河梁遗址女神像的个体大、成组合，人体各部位比例讲究协调，面部形象与神态追求逼真的情况完全不是一个层次，说明红山文化具有先进性。

3. 考古文化发现的史前积石冢

红山文化的积石冢，主要分布在牛河梁女神庙周围的各个山

① 辽宁省文物考古研究所. 辽宁牛河梁红山文化“女神庙”与积石冢群发掘简报［J］. 文物，1986（8）.

冈上，迄今发现了13个地点，正式发掘的有牛河梁第二地点、第三地点、第五地点、第六地点和胡头沟墓地①。积石冢建筑过程，一般是先平整山头并垫土，然后用石块砌筑冢的四周，冢内挖有墓圹，圹底砌成石棺。主墓安葬后，在墓顶先封土，后积石，层层叠起，形成半圆形或复斗形高大坟丘，有的在冢上的石台阶上成排放置陶筒形器。积石冢内部结构也不尽相同，有的1座山冈上只有1冢，如牛河梁第三地点和胡头沟墓地；有的为1冈双冢，如牛河梁第五地点；有的1冈多冢，如牛河梁第二地点，为东西6个冢单元，其中3个是积石冢，积石冢有1个中心大墓，位于冢群中央，以石块砌成石棺，随葬的玉器数量和种类较多，而且精美。以牛河梁第五地点1号冢中心墓为例，圆形冢界直径为25米，外围环壕直径达35米，中心大墓口长3.8米、深2.25米，为男性墓，随葬玉器有7件，其中勾云形玉佩、玉箍形器（又称马蹄形器）、玉镯各1件，玉璧和玉龟各1对。积石冢除中心大墓外，还环有中小型墓，形成一冢多墓的布局。如牛河梁第二地点1号冢，考古发掘出27座墓，有单人1次葬、单人或多人2次葬等形式。多数积石冢并非一次形成的，而是经过一个相当长的过程形成的。冢坛结合，是积石冢的一个明显特征，如牛河梁第二地点和胡头沟墓地。积石冢还有一个特点是墓葬内一般只随葬玉器，充分体现“唯玉为葬”的观念，极少随葬陶器和石器。

考古文化发现，红山文化的积石，一种是在祭坛的北部冢墓；一种是围绕女神庙设置积石冢群，呈冢墓与祭坛北南布局和积石冢群围绕女神庙设置的特点，这说明对祖先的安葬具有原始宗教文化性质。

---

① 辽宁省文物考古研究所. 辽宁牛河梁红山文化“女神庙”与积石冢群发掘简报［J］. 文物，1986（8）.

4. 考古文化发现的史前女神群像①

以人物塑像作为崇拜偶像是女神庙内的主要文化形态和类型。在庙内主室、东西侧室和南单室，考古发现规模较大的人像残件，经辨认，大约分属于6个不同女性个体。依规模大小可分为3类：一类为主室中央发现的一残鼻头和一大耳，大小相当于真人的3倍；一类为西侧室清理出的手臂和腿部，大小相当于真人的2倍；以上两类发现，属于同一个个体。一类为主室发现的相当于真人大小的人物塑像残件，有右肩部、上臂部、乳房和左手，分属于不同个体。这说明，超大型塑像在神庙内只有1尊，而相当于真人大小的塑像是一个群体。

女神庙内出土一尊较为完整的女性头像，其写实性造型，为判定其性别乃至人种提供了第一手资料。经观察研究，这尊头像的额部明显隆起，颌面陡直，耳较小而纤细，面部表面圆润，眉弓不显，面颊丰满，下颏尖圆，具有明显的女性特征。塑像头顶塑出圆箍的装饰，鬓角塑出系带，似与某种发式有关，当属女性装束。结合头像近旁伴出的人体肩、臂塑件，女性特征也很明显，由此可以推定，这尊头像为女性塑像的头部。再从头像头部特征看，脸为方圆形扁脸，颧骨突起十分明显，眼斜立，为吊眼，上眼皮特别是眼内角有较发达的赘皮，眉弓不显，眼窝浅，鼻梁低而短，鼻尖和鼻翼呈圆头形状，鼻底平，鼻孔稍上翘，无鼻沟，嘴上唇较长而薄。这些都属蒙古人种的脸部特征。

女神群像的发现，说明红山人崇拜女祖神，并围绕主神分层次祭祖文化已经形成。红山人宗教祭祀遗存，都是以人物塑像为主，人物塑像依规模大小可以分为不同类型，神居之所，也可以相应分出不同层次，其内容既十分丰富又非常复杂。红山文化祭

① 华玉冰. 牛河梁女神庙平台东坡筒形器群遗存发掘简报［J］. 文物，1994（5）；孙守道，郭大顺. 牛河梁红山文化女神头像的发现与研究［J］. 文物，1986（8）.

祀对象为人的偶像，但人的偶像可以是生育之神、女祖神，进而引申为自然山川之神、土地神、农神，特别是考古明确，女神庙6个女性个体有主次之分，一尊为主神，是整座神庙突出的主要对象，因此，红山人具有多神崇拜的现象。红山文化女神庙具有祖先崇拜的性质，说明女神庙已经具备了宗庙的功能和规格或者说具有了宗庙的雏形。红山文化女神庙既有明确的崇拜偶像——神像群体，又有神居之所——庙址，且在庙的周围规则分布积石冢群，以庙为中心，庙冢结合。

积石冢以祖先亡灵为祭祀对象，女神庙以女神为祭祀对象，且围绕主神分层次祭祀祖先偶像群，说明红山人一人至上的观念已经在宗教上固定化，表明了红山文化更高层次的祭祖文化。

（五）史前辽河流域萨满宗教文化

中国史前宗教文化无疑起源于氏族社会，由于没有文字记载流传下来，如今无法具体了解当时人们的宗教信仰文化情况。据现存的文献《礼记》《尚书》记载，殷人是非常崇拜神的。《礼记·表记》曰："殷人尊神，率民以事神"，《尚书》和卜辞对此提供了充分证据，由此可以看出，殷商时代与原始社会比较，宗教文化已经有了很大发展。从卜辞记载来看，殷商时人观念中，帝是最高的神。即依据"天人合一"的观念，将天帝（上帝）与人间帝王同一化或同质化，借助天帝地位至上性、具有权威绝对性，将人间帝王塑造成人间一切事物的保护神和象征绝对权威帝（官方神）。至晚在殷商时中国创造了自己的神，但同时殷商人还盛行祖先崇拜，中国的宗教信仰一开始便具有多神崇拜的特点即非典型性宗教特质。

史前辽河流域宗教文化形态以原始萨满宗教为主。史前萨满宗教的文化特质也具有非典型性特点，即原始萨满宗教的多神崇拜。

自然崇拜是原始人类视自然界一切事物均为有生命、意志以及超凡能力的对象而加以崇拜的观念意识，原始萨满教最突出的崇拜对象是与原始初民生产和生活息息相关的自然物质，诸如天、地、日、月、风、雪、雷、电、山、河、湖、泊、动植物及火等等。祖先崇拜是原始萨满宗教多神崇拜的重要内容，它是从原始萨满宗教的自然崇拜、动植物崇拜及图腾崇拜衍化而来的，它表明史前人们开始意识到人是会死的，死后的人是在另一个世界的“形神二元”“生死异路”观念的萌芽。在祖先崇拜祭祀仪式中，从礼节、做供献、随葬品等方面，可以反映人们意识中血缘氏族的文化价值观念。特别查海文化和红山文化东山咀、牛河梁遗址的考古发现，证明史前时期辽河文化已有原始萨满宗教女神或生育崇拜的证据①。

查海文化出土玉器中有一类为装饰品，种类为玉玦和玉匕形器。其中玉玦通体磨制精良，表面光泽而圆润，玉玦以切割法制作玦口，玉玦玦体较细玦孔较大，有正式出土关系的实例，为玦置于人耳部两侧，玦口朝下。史前“唯玉通神”，从这个角度看，玉玦的功能就不止于对人耳部的装饰有助于交往了，而是在表明，耳在通神过程中有特殊作用，在耳部装饰玉玦，可以达到与神沟通的效果。在原始萨满宗教文化中，耳的作用要大于眼和口的作用，牛河梁遗址发现的玉人在作法时目嘴微闭也是一个旁证。在查海文化等遗址发现的戴玉玦的墓主人，可作巫者身份的推断，原始萨满宗教通神的是巫者，巫者两耳装饰玉玦，以此引起神更多关注，达到与神沟通的目的。这表明查海人原始萨满宗教文化的兴起。

2002 年 10 月，牛河梁遗址考古新发现一件玉人。这是红山文化玉器中单独的人形象第一件正式发掘品。该玉人个体较大，极具特征，被视为进一步了解红山文化“唯玉通神”功能、方式以

① 富育光. 萨满教与神话 [M]. 沈阳：辽宁大学出版社，1990：28—66；庄吉发. 萨满信仰的历史考察 [M]. 台北：文史哲出版社，1996：51—65.

及所具有的“萨满式文明”的第一手材料①。出土玉人的墓葬位于牛河梁遗址群最西部一片海拔550米的山冈上，东距女神庙遗址5000米，处在晚期积石冢中心位置，是整座积石冢墓葬中最大的一座。从墓穴所在、墓穴设计与构造、墓主人及其随葬玉器等看，能否作红山人“圣巫”推断，尚难明确。在墓葬随葬的玉人、玉凤、斜口筒形玉器、玉镯、玉环、绿松石坠饰品——耳坠共8件玉器中，玉人与玉凤是最具原始萨满宗教文化特质的。

1. 玉人文化

其为淡绿色软玉制作而成，通高18.5厘米，体型圆厚，半裸体状，瘦身，身体两侧的外轮廓线较为平直，平卧式，双足斜置，身体紧缩，五官上提，做深呼吸状，尤为明显的是肚脐成外凸状，额间的菱形洞孔是在人的脸部五官之外加饰的。作这样的工艺夸张，所要表达的是凸显人在深呼吸时，身体上下贯通的神态。学界研究认为，以气作法，是萨满宗教的文化特质。玉人造型所要表达的正是这种以气作法的神态。可以说，这件被神化的玉人应是原始萨满宗教“圣巫”作法的形象。

2. 玉凤文化

玉凤为选取淡绿色软玉制作而成，长为19.5厘米，造型自然大方，栩栩如生。卧姿、回首、弯颈、高冠、圆睛、疣鼻、扁喙弯钩状、喙前端埋于翅内、羽翅作三分状上扬。考古学证据明确，玉凤非一般的佩饰，可能与代替斧钺的权杖一类有关，更可能是表示神权的器物。将玉凤与玉人这两种具有通神功能的法器一同随葬墓主人，说明墓主人身份非同一般，结合考古发现的墓葬所在中心位置、墓穴设计与制造规模和随葬的玉器规格等，可作该墓的墓主人为红山人“圣巫”的推断。

史前，在人类出现压迫、剥削和阶级这类现象的社会之前，

① 辽宁省文物考古研究所．牛河梁遗址第十六地点红山文化积石冢中心大墓发掘简报[J]．文物，2008（10）．

已经创造了超人类自身及自然而受到人类崇拜的神。为了获得神的保佑，便侍奉神，具体表现为祭祀神的行为。与神沟通成为某些人的专门活动，乃至出现了半人半神的巫师，成为沟通人与天地诸神的桥梁。巫师施巫术的中心任务，是对于天地宇宙的四极八荒的把握。象征天地的器物与解释宇宙的知识，不仅是一种神秘力量，而且是一种技术。而拥有这些器物、掌握这些技能的是那些拥有“特殊”权利与“神性”知识的人，即少数巫者或圣巫，只有具备“特殊”“神性”的巫者或圣巫，才能真正使思想从实用的、个别的、具体的、一般的宗教活动中分离出来，提升成为具有普遍性的、指导性的宗教观念，具体化为宗教礼制性的、可操作的知识。

牛河梁遗址考古新发现玉人和玉凤，表明红山文化史前萨满式文明已经形成。

第三章　史前辽河文化发展

史前辽河文化是文字出现之前，处于蒙昧野蛮状态的辽河流域古人类所创造的粗糙简陋的物质文化以及原始的风俗、习惯、宗教、工艺等精神文化，包括现代保留下来的史前民族不发达的蒙昧状态的各种文化。查海文化极少见与农耕有关的遗迹，狩猎与采集的经济形态比较深厚；而赵宝沟文化和红山文化考古发现有石质生产工具，如石耜等大型起土工具，表明这个时期辽人已经有农耕，但主要经济形态是畜牧、狩猎活动。

第一节　查海文化—古代辽河文化的萌生

1982 年，考古文化发现查海遗址，1987－1999 年，先后进行过 5 次发掘，取得的发掘资料可以比较全面地反映距今 8000 年前辽河流域一个聚落的历史概貌。查海人选择聚落地址时，推定首先考虑生产与生活方便。查海遗址坐落在一个漫岗南坡，地势是北边略高的平坦台地，东北方向有查海山做屏障，遗址四周为起伏丘陵地，平缓开阔，向南低缓，濒临泉水沟，北接内蒙古东南部草原。可见，查海人所处的地理位置，十分有利于生产与生活活动。其次是便于交通和交流。泉水沟不仅是水源地，而且向东流入辽河支流绕阳河，向西流直通大凌河，地缘北接内蒙古东南部草原，水陆交通十分便利。第三是聚落布局的规则性。查海遗址聚落址主要由房址组成，已发掘出的56座房址，除个别房址互相间存在叠压打破现象外，绝大多数房址排列有序，大致由北向南可分为六排，房址内或房址附近有窖坑，遗址北部是有多座窖藏坑的集中分布区。房址内居住面的中央有灶坑，灶四周的居住面上散布有大量的陶器和石器。可以推断，查海人的房屋建设理念已经较先进。

综上，查海人在这样一个理想的中心聚落从事生产、生活和繁衍，创造了查海文化。这是辽河文化萌生的典型特质。

第二节　红山文化—古代辽河文化的第一座高峰

红山文化以发达的宗教文化、龙文化、玉文化及古代祭祖建筑物为特质，在中华历史上率先步入文明社会。红山文化所包含的文化创造，不仅在当时中华大地处于领先地位，而且很多文化因素一直影响着中华传统文化。所以，红山文化是古代辽河文化第一座高峰，在辽河文化史乃至中华文化史上影响深远。

考古学证据明确，红山文化在学习模仿中创新，在创造发展中前行。

一　雕塑艺术的创新

红山文化在艺术上的创新是多方面的，如彩陶制作技术，是对仰韶文化先进制陶文化因素的学习借鉴，模仿用仰韶文化的彩陶技法，创造出具本文化特质的彩陶图案，特别是龙鳞纹，是使用多种主题相结合的彩陶技法；再如彩陶器的造型设计工艺，在仿制仰韶文化的钵、盆类器形基础上，创造出独具特色的筒形器。红山文化在艺术上的成就，集中体现在雕塑工艺方面，出土有泥塑与玉、石雕，如女神庙全部为泥塑，积石冢墓随葬品绝大多数为玉雕，同时积石冢也发现有陶塑的人像。在雕刻技法上，红山人掌握平雕、浮雕（高浮雕）和圆雕共用雕刻技法。圆雕技法属难度较大的技术工艺，女神庙发现有用圆雕技法制作的动物和人的塑像，显示红山人较高的雕塑水平。在艺术手法上，表现为对动物和人依雕塑对象的功能，采用写实与抽象或写实、抽象相结合等规范中求变化的艺术手法。如泥塑雕像是崇拜的偶像，所以全部采用写实为主，又在写实基础上加以神化的艺术手法，玉雕器是通神的礼器，则以抽象的神化为主，“玉人”是红山人“圣巫”偶像，制作采用写实与抽象相结合的艺术手法，玉人雕塑工艺水平最高，堪称红山文化艺术水平的最高境界。

二　建筑艺术的创新

红山文化之牛河梁遗址发现有祭坛、女神庙和积石冢群三位一体的组合，整个建筑群设计，依山势按轴线分主次的规划布局，采用土石混用结构，庙堂多室一体，坛冢圆方结合，建筑起三台，等等，都具有创新性建筑理念，开后世建筑规划布局、组合和结构之先河。

三　人与自然的融合

红山文化以牛河梁遗址为代表的文化景观，是红山人创造的文化奇迹。红山人将人文景观与自然景观巧妙结合，将人文景观非常巧妙地融入自然环境，从而使红山人创造的文化景观具有非常奇特的效果，已经超出建筑群所反映的以一人独尊为主的人与人的等级关系，而具有人与自然的协调关系的深刻含义。红山人选择辽西山区的牛河梁地区作为宗教祭祖中心，首先应是看中了牛河梁地区的自然环境，能够最佳发挥宗教祭祀所要达到的神秘而神圣的效果。牛河梁遗址面积约 50 平方公里，东西长，南北窄，地形起伏多变。山脊多有较宽脊背，又多岗丘，梁有主次，主梁海拔 670 多米。因此，是一块既可自成一体，又有延伸余地、能合能张的建筑规划区域。红山人精心选择了这块风水宝地，十分巧妙地顺山势、定方向，将起伏多变的山梁、丘岗，按高低、上下进行合理规划布置，使诸多遗址点间既有主次之分，又有相互联系、彼此照应，以三组建筑为主，即整个遗址由女神庙、祭坛和积石冢群组成，女神庙是遗址的中心建筑，积石冢群围绕女神庙分布，形成一个统一建筑群址。考古学证据证明，在考察牛河梁遗址群的整体布局时，明确牛河梁整个遗址确是以一条南北轴线作为规划布局的设计，庙台经坛冢到“熊山”之间，整条轴线把各个遗址点相互连接到一起，形成了一个有机的完整的整体——牛河梁遗址。牛河梁遗址群的严格布局，是以与当地的自然地理环境自然协调一致而实现的，充分体现了红山人追求人与自然融合的文化理念。甚至可以说，红山人已经有了天、地及与人关系的观念。追求环境与建筑协调，将环境特点纳入建筑规划设计考量范围，并使其成为建筑的重要特质，红山人走在了中国古代建筑文化的前列。

第三节　夏家店下层文化—古代辽河城堡文化的兴起

夏家店下层文化是距今4000－3500年前，分布在辽河流域的一支早期青铜器文化，其进入青铜时代早且发展水平与中原大体同步。考古发现，夏家店下层文化的物质文化形态，表现为聚落址在它分布的中心地区十分密集，局部区域的密度甚至超过近代村落，其分布呈立体式，有低台地、高岗和山顶；已经具有较为发达的青铜冶铸业，出现铜、石并用文化面貌，表现为以农业为主要经济活动的文化形态。在夏家店下层文化磨制、打制石器和细石器中，以磨制石器为主，特别是石铲、三棱式石刀等农耕工具比较发达，表明开荒、掘土和收割都已经成为农耕之常事，农业已具备一定精耕细作的工序。在农耕文化发展的基础上，夏家店下层文化时期又出现一次文化创造高峰——城堡文化的兴起。夏家店下层文化城堡文化特质主要表现为：石城堡群的建筑技术及强烈的防御意识，居住的连续性与“固守老屋”的习俗，三袋足器的发达及蒸食为主的传统，神秘的陶器彩绘工艺，从埋葬、占卜、乐器、衣着装束反映的祭祀礼仪、文化的高度统一性与多样性。

一 石城堡群建筑技术及防御意识

夏家店下层文化的聚落非常密集地分布在大凌河、老哈河及其支流两岸许多地段，表现为既普遍位于河川平地，又在山冈上有密集分布。从目前考古证据看，夏家店下层文化的聚落分布情况可分为5种类型，即低台地型、高台地型、山坡型、高岗型和高山型。低台地型一般临大河河川，遗址多坐落在自然形成的低石地上，这类低台遗址一般规模较大，文化堆积较为丰富，聚落围墙以土筑或土石结构为主，周围地势开阔，是夏家店下层文化最早期的居民点，也是主要的居住地；高地台型是在原有自然台地上形成的，所处地势较低台型高，规模较小，文化堆积一般不如低台型地丰厚；高岗型位于第二阶地以上的山冈或山梁上，一般距河川较远，是对原有山头进行平整，以石筑聚落围墙形成这一类型遗址特有的形状，这是夏家店下层文化具有代表性的遗址地貌；山坡型所处位置与高岗型同，只是地形利用了山坡的向阳面和背后山体遮挡的形势，遗址两侧有很深的沟壑，这类山坡型遗址虽地势由北向南有一定的坡度，但适于取暖和防御；高山型位于距河川较远的高山顶部，这类遗址堆积较薄，仅表面有陶片散布或有石墙基，并非经常性居住所，应该属于“哨所”一类遗址。考古发现，在夏家店下层文化石城址，平面形状一般不规整，城墙随山势建造，形状有略呈方形、圆形、椭圆形三角形的。城墙结构有两类：一是利用地形自然落差，全用石块垒砌而成的；二是中间筑土，内外两侧垒砌石块的。许多石城城墙外侧有用石块垒砌的突出的半圆状的建筑，这类半圆形石建筑，除了可以加固城墙外，更重要的是它突出于城墙之外，可使攻城者三面受敌，增强了城堡的防御功能①。以上种类遗址是呈有规则分布的城堡群，在一个小区域内，依规模大小、位置高低、相互呼应，有两两相对、高低相望、多城堡相互连接、中心和外围组合、沿河川沟口成群分布等形式。这是夏家店下层文化的城堡文化十分重要的文化特质。

二　居住连续性与固守老屋习俗

在众多夏家店下层文化遗址、北票丰下遗址、建平喀喇沁河东遗址中，都发现了很厚的文化堆积，浅则两三米，较厚的有5米左右，最厚则达10米，说明同一房址有连续居住形成的多层居住面，或不同房址间的相互叠摞，表现出一种居民聚族在原地连续居住的“固守老屋”的习俗，这是夏家店下层文化最为突出的聚落形态，也是当时居住文化的重要特质。

三　三袋足器之发达及蒸食为主的传统

夏家店下层文化的陶器以灰黑陶为主，器型有鼎、鬲、甗、鬶、爵等三足器，盂、盆、罐等平底器，还有圈足的豆、簋。三袋足器有鬲有甗。盂形鬲是夏家店下层文化中最具特质的一类三袋足器，上部形制与盂形器一致，且都为泥质黑陶，表面磨光，火候较高。考古学证据三袋足器既见于居住址也见于墓葬，尤其是在墓葬的随葬陶器中，证明盂形鬲始作为炊器，在夏家店下层文化时期，已经较早且较为彻底地脱离生活用具范畴，而具有了礼器性质。陶甗在夏家店下层文化三袋足器中比较发达，遗址中随处可见，但在墓葬中极少见，在许多遗址中，发现袋足上部有

① 辽宁省文物考古研究所，日本中国考古学研究会．东北亚考古学研究——中日合作研究报告书［M］．北京：文物出版社，1997．

烟灰或器内附食物残迹的实例，说明陶甗是一种完全生活化的实用器皿。考古学证据证明，夏家店下层文化三袋足器被认为是三袋足器的发源地。与墓葬中发现的盂形鬲形成明显对比，陶甗功能是生活日用器具文化，盂形鬲是祭祀礼器文化。三袋足器功能分工显示了辽河流域制陶文化的先进性。

四　神秘陶器彩绘文化

彩绘陶品是夏家店下层文化最为显著的文化特质。在大甸子墓地发现的 1683 件随葬陶器中，彩绘陶器有 420 件，约占 1/3。这些彩绘陶器花纹与新石器时代彩绘陶器多为单色（双色较少）相比，是以朱、白两种色彩配合使用，在黑色陶器表面着红、白两色绘画，形成以陶器表面光亮的黑色为底，红、白两色彩绘，黑、红、白 3 种色彩相配的彩绘图案，十分复杂，彩绘花纹式样超过百种。图案设计，主次分明、讲究对称与 3 分面、依器形面分上下段、有界框与段框、且多方连续，绘画技法采用多彩相间、线条流畅、花纹多变，绘画依陶器曲面展开，绘画有专门工具。如大甸子彩绘陶罍、兽面纹陶鬲、夔龙纹瓿。从以上的部分彩绘陶器进行分析，无论是图案设计还是彩绘技法，都已经达到相当高水平，没有相当长时间经验积累和当时社会发展需要是难以达到这种水平的。这批彩绘陶器又一重要历史文化价值，在于以饕餮纹和各种云雷纹为主要的花纹图案，罍、瓿等器物造型 3 分面的彩绘部位，都酷似商代青铜器的风格，以至于有的学者认为，繁褥而成熟的商周青铜器纹饰，最早可能就源于这种陶器上的彩绘图案。因此，辽河文化再次表现出先行一步的文化特质。

五　辽河古代祭祖文化的形成

辽河古代祭祀文化主要体现在埋葬、占卜、乐器、衣着装束等形态上。夏家店下层文化大甸子共发现墓葬 802 座，墓地有分区，区内成行排列。在各大区之中根据随葬陶器又可分为若干小区，每个小区都有一些较大型墓葬内随葬一组以上陶器，每一组陶器分别代表依次渐小的社会组织，表明当时社会组织既相当复杂又有严密的层次，既遵循共同制度又各有群体特点的埋葬习俗和文化，如都是土坑竖穴墓，葬式基本为一般所见的直肢式、单人，有木质葬具，随葬器物放置在墓主人脚下的壁龛，随葬品主要为陶器及漆、骨、玉器等。其中，漆木器是东北地区出现最早的实例，有38座墓中发现了漆木器痕迹，表明夏家店下层文化时期，漆木器已经在社会生活中得到较为广泛的应用，人们已掌握了漆木工艺。夏家店下层文化发现随葬品陶器口沿和漆器上镶嵌着蚌壳和绿松石等，墓内还有散布的绿松石和蚌、螺等，考古认为这些都是漆木器一类的镶嵌物，表明当时已经掌握了镶嵌工艺且使用比较普遍。大甸子墓地考古发现，从墓葬葬式与随葬器物看，明显有男女的性别差别，男性随葬品多于女性，也有等级之间的差别，地位高的随葬品多于地位低的，还有不同部族之间的差别，大的宗（氏）族随葬品一般较多。等级分别是大甸子墓地最为重要的特点。在木椁的使用，壁龛的有无、大小，猪狗随葬的种类、数量、形式，随葬陶、石、玉、漆等器物的多寡、精陋，彩绘陶器以及某些特殊彩绘母题的使用等，都有对应表现。夏家店下层文化时期，在北票丰下、康家屯，建平水泉遗址等多处遗址中，普遍发现有卜骨。占卜是中国史前文化祭祀礼仪的重要内容。考古学证据证明，从目前发现最早的卜骨，可知辽河流域是占卜文化出现较早的地区之一。装饰品在夏家店下层文化中也较为多见，无论质料还是品种，都丰富多彩，如质料有绿松石、红玛瑙、玉石、蚌壳等，品种有头饰、耳饰、项饰类等，说明夏家店下层文化时人不仅在物质文化上已经有了很大进步，而且随着社会分工社会分化加强，当时人们的精神生活和思维观念也日益丰富了。

六　辽河古代方国文化的兴起

考古学特征显示，夏家店下层文化时期是中原夏王朝建立的时期，夏家店下层文化因其年代在夏的纪年之内，而被视为是“与夏为伍”的北方一支强大方国的文化，也是对夏商文化的形成和发展起过重要作用的文化。夏家店下层文化遗址点分布范围很广，堆积最为丰厚，表现为多类型、多层次、统一性与多样性并存的特点，聚落间分化程度也相对较高，已经出现像大甸子那样包括城址与大型墓地在内的中心聚落，因而可以作应有高层次的超中心邑落存在的推断。可以说，夏家店下层文化时期是史前辽河文化最为繁荣昌盛的一个时期。

研究表明，夏家店下层文化年代相当于中原地区的龙山文化时代晚期至商代早期。它的分布范围北至西拉木伦河一带，东以辽河以西的医巫闾山为界，西部包括北京在内，南部达到拒马河一带。这支文化分布中心在辽宁特别是大凌河与老哈河的中上游，遗址分布十分密集，居住址堆积丰厚。夏家店下层文化与中原二里头文化、东方岳石文化并称为先商时代三大考古文化，该文化具有商文化早期特征。

第四节 商周窖藏青铜器—商周文化北渐浸润的结晶

辽河流域主要是喀左境内的咕噜沟、马厂沟、北洞、山湾子、小波汰沟、义县花儿楼，先后出土商周时期的窖藏和墓葬青铜器6起共69件，成为国内在一个小区域内出土这一时期青铜器较多的地区。其中，咕噜沟发现大铜鼎，是辽西地区商周青铜器出土最早的，也是辽西地区已经出土的商周青铜器中个体较大且体型较厚重的。马厂沟系夏家店下层文化高台型遗址，遗址内发现一座窖藏铜器坑，出土鼎、甗、簋、盂、罍、卣、壶、盘方彝和鸭形尊等青铜器共20件，其中燕侯盂系燕侯所做盛食器最为重要，鸭形尊为商周青铜器中所仅见。北洞2个铜器窖藏坑共出土罍、瓿鼎等青铜器 8 件，其中方鼎高为 52 厘米，重达 31 公斤，器体端庄匀称，腹内长壁铸有 24 字铭文，是辽西出土商周青铜器中铭文最长的一例。龙凤罍风格与典型的商周青铜器不同，属地方制作的产品。山湾子窖藏坑出土西周早期的鼎、鬲、甗、簋、盂、尊、罍、卣等青铜器共 22 种，其中 13 件铸有铭文，是出土数量最多也是带铭文器物最多的一个地点，且不乏造型特殊的器物，如直耳鬲、附耳弧腹鼎、牛首罍等。小波汰沟出土商到周初青铜器共 11 件，与以前诸坑所出之不同：一是出土了高达 86 厘米的大鼎，高立耳内有槽、深腹较直、三空足、腹有饕餮纹带、足饿兽面纹、纹为细线型，属典型的商代早期风格，系辽西地区已经出土青铜器中年代最早且个体最大的一件器物；二是出土具有北方草原风格的青铜器，如铃首匙、方座簋内底悬铃、饰粟点纹覆钵式器盖；三是在铸铭文青铜器中有一件“圉”簋，簋内底铸有 14 字铭文，是辽西地区出土青铜器中唯一记有周王与王都的器物，表明这件“圉”簋不仅与燕侯有关，还与周王室有关，考古学价值大。花儿楼出土 5 件青铜器，除鼎、甗、簋以外，以一件俎形铜器最为重要，此器物以四宽足支撑长方盘面，形似俎而起沿，可称为俎型盘，平雕的饕餮纹具商代特点，内底悬双铃则是北方风格，是商周青铜器罕见的①。

考古学证据证明，辽西地区所发现的以窖藏为主的商周青铜器，属当时埋藏，反映的是商周时期北方地区的历史与文化。考古发现，每一群窖藏坑内的青铜器时代并不单一，既有较早的商代铜器，也有周初的，表明辽西地区窖藏青铜器的埋葬年代不仅为西周初年，而且可以提前到商代晚期甚至还早。其所包含的历史文化内容，不仅包括周初封燕之后的燕文化和周文化，而且包括了周初封燕之前的商文化，总体上看，以周初封燕之后的历史

---

① 辽宁省地方志编纂委员会办公室．辽宁省志·文物志［M］．沈阳：辽宁人民出版社，2001：43－46．

文化为主，说明商周文化北渐东移，并产生了一些具有北方风格的青铜器如铃首匙、悬铃方座簋、器盖等。上述几批青铜器中，有铸铭文的铜器，记载了作器者和有关事迹，特别是这几批商周青铜器铭文，有相当大的一部分代表为商代族征，如北洞一号坑出有“孤竹”铭文的青铜器，文献记载，商代确有分封同姓的侯国——孤竹国，其领地包括辽西地区。又如北洞窖藏青铜器铸铭中出现“□侯”等，这些青铜器的制作者或是商代人或是商代人的后裔，反映周初封燕以后商族后裔的势力在其原居住地仍得以保持，这些商族后裔服侍燕侯，却依然保留着商族组织并继续活动在这一地区，也说明商族文化在燕北方地区的影响。这几批青铜器多数是从燕国乃至中原地区舶来的，也有相当数量可以确定是当地制作或与当地有关的青铜器。从青铜器制作工艺上看，可以肯定地说，辽河流域既是青铜文化发达地区，作为南北文化交汇地，也是商周文化北渐浸润的重要地区。同时，辽河流域作为我国青铜器文化兴起较早的地区，也在不断地吸收相邻地区先进文化因素发展自己的文化。就青铜器制作工艺来说，早在红山文化晚期，就有考古学证据发现红铜装饰品等，还有大量动物题材，且已有高度抽象化的饕餮纹、夏家店下层文化彩绘陶器，在母题和图案布局上开商代青铜器花纹图案之先河。因此可以说，辽河青铜文化也有通过燕向中原传输。

商周之际，辽河青铜文化处于转型发展期。由于北方草原游牧文化中不断注入新的活力，形成了辽河流域的“北方式青铜器”文化①。“北方式青铜器”基本不见青铜容器，而是以工具和武器为主，以兽首弧背青铜刀为代表性器类，其造型与中原青铜器迥然有别，是北方游牧民族所独创的一种青铜文化，体现了狩猎经济与尚武精神相适应的青铜文化特质。辽河青铜文化在其发展过

---

①　郭大顺．赤峰地区早期冶铜考古随想［M］//内蒙古文物考古论集第一辑．北京：中国大百科全书出版社，1994.

程中，与北方草原地区青铜文化交流，具浓厚草原气息的北方式青铜器与窖藏商周青铜一起，为辽河青铜文化发展增添了新的活力。“北方式青铜器”在与辽河青铜文化交融过程中丰富了自己，并以新的姿态积极面向整个东北地区青铜文化和中原地区商周文化。

第五节　辽东半岛巨石文化—辽河文化与燕蓟文化的陶融

以大石棚和曲刃青铜短剑、弦纹壶为主要内容的巨石文化，又称辽宁式曲刃短剑文化，分布在辽东半岛南部。相关学者对辽东半岛巨石文化考古学研究始于20世纪20年代，至今已有近百年历史。近20年考古调查，特别是对辽南地区的普兰店双房、盖州九寨伙家窝棚的石棚式墓葬进行考古发掘，出土了包括曲刃青铜短剑和弦纹壶等文物在内的随葬品，可知距今约2500—3000年间辽东半岛巨石文化的基本特质。

一　辽东半岛巨石文化的考古文化分布①

辽东半岛已发现的巨石文化遗存有海城析木城、营口石棚峪、盖州二台子、连云寨、瓦房店台子、普兰店石棚沟、金州小关屯、岫岩兴隆、庄河白店子、大荒地等。根据大石棚主要依地上石棚自身的结构及其组合情况，可分为单独存在的大石棚和大石棚与其他小大石棚或石棚式墓葬的组合二类：一是单独存在的大石棚，以盖州二台子石棚山石棚为典型代表。考古调查认为，这座石棚选用石料质地较细腻，属花岗岩一类，加工也较为精致，表面似

① 乌居龙藏．中国石棚之研究［J］．燕京学报，1946（31）；辽宁省文物考古研究所．辽东半岛石棚［M］．沈阳：辽宁科学技术出版社，1994．

经磨制甚为平整光滑，立石和顶盖边缘也都较规整。石棚山石棚不仅是辽宁境内规模最大的石棚，也是最为规整和保存最好的一座大型石棚，堪称巨石文化中的精华；二是大石棚与小石棚或石棚式墓葬的组合，海城析木城石棚可谓典型代表。该石棚坐落在辽东山地与辽河平原交界处，山上石棚顶盖近方形，且与山下小石棚成组对应，石料加工较为精致，是规格仅次于石棚山石棚的辽东半岛第二座大石棚。大石棚与多座小石棚组合的典型代表为普兰店安波镇石棚沟石棚群，石棚沟的大石棚虽不够规整，支石较短，整体不显高耸，但顶盖较大，外伸较长，且最厚处达 0.63 米，是所见大石棚顶盖最厚的一处，所处地势开阔，远视亦可见雄姿。考古调查判断，其为一处青铜时代遗址。石棚所代表的文化特质或为墓葬或为祭祀纪念物。青铜时代，活动于辽东半岛的人类，根据自然地理环境和资源，择地立石作为祭祀场所，是当时巨石崇拜的文化习俗，这些裸露立于旷野且逾数千年而不朽的石棚，是辽东半岛巨石文化的一种特质，被建筑界誉为中国保存最早的地上建筑是当之无愧的。此外，还有立石遗迹，当地人称“石柱子”。考古调查发现，辽东半岛石棚分布区内尚存石柱 6 处，分别是岫岩石湖、盖州城关双立石、宽甸下露河与柏林川、凤城宝山、大连金州亮甲店的单立石。立石多数是未经加工或有稍许加工的自然立石，是巨石文化中较为常见的文化特质，不仅结构独特，而且分布也有固定范围，以辽东半岛南部的千山山地分布较多，集中分布在半岛南部辽东山地面对海洋的西麓和南麓，或成群分布或单独存在。考古学明确，这是一种以巨石为崇拜物或祭祀纪念物的文化形态。

辽东半岛青铜时代巨石文化还有一个比较典型的文化特质即积石墓葬，其属于辽宁式曲刃青铜短剑文化。辽宁式曲刃青铜短剑文化，是一种形制独特的曲刃青铜短剑最具代表性的文化特质，与曲刃短剑共存的还有多纽铜镜、弦纹壶和铸铜石范。这些文化特质与大石棚一起，构成了辽东半岛青铜时代具有鲜明地域特色的文化面貌。这一文化的年代跨度在距今3000—2200年，以在辽宁境内分布最为密集，所以学界称其为“辽宁式曲刃青铜短剑文化”。其年代延续较大石棚要长，分布范围较大石棚要广，文化面貌在不同时间和不同地点变化较大。

考古文化明确，辽东半岛是辽宁式青铜短剑文化分布的中心地带。该地区曲刃短剑文化的墓葬以积石墓为主要形制，其为辽东半岛积石为墓的传统文化习俗的承继与发展。早在距今4000年前后的新石器时代晚期至青铜时代早期，辽东半岛就有积石为葬的习俗，以著名的新石器时代晚期的老铁山积石冢和四平山积石冢、青铜时代早期的于家砣头墓地和庙山积石冢为其代表特质。曲刃青铜短剑文化不仅分布广，而且延长时间长，影响也大，是辽东半岛青铜时代较有规律的文化现象。

辽东半岛青铜时代与大石棚文化有关的积石墓，有的与大石棚处在同一地点，围绕大石棚展开分布；有的积石墓为单独存在的积石墓地，且形式多样，既有积石冢、大石盖墓，也有顶盖在地上、石棺在地下的石棚式墓葬，即便是同一墓地的积石墓，也有不同形制，如普兰店邵屯和双房石棚式石棺墓葬均具有这样的特点。曲刃青铜短剑是积石墓葬中随葬品最具地域风格的文化特质，其在造型、结构、铸造工艺以及使用方式等方面都表现出独特的风格，是一种内涵较为丰富的青铜文化。如曲刃青铜短剑分别由剑身、剑柄和石枕首3个独立构件组成，是与通常所见的连铸短剑完全不同的形制，曲刃也非一般所见铜剑的直刃，而是有较大弧度且在剑身中部有突起的柱状脊，中部的刃部有曲弧较大的变化，并在剑刃上形成突尖，剑柄柄首横长，与剑把形成十字交叉呈“丁”字形，剑身插入剑柄的喇叭形口内。横长的剑柄首内空，空腔内嵌研制枕首，石枕选料考究，为比重较大的铁矿石类，通体磨制，漆黑光亮，制作也很有特点，两端圆而鼓，中腰凹进，有多道齐整的棱脊，其形如枕。曲刃青铜短剑还富于变化，表现为随着时间迁变曲刃衍化为直刃，柱脊变短、剑锋变长，

“丁”字形柄首由无到有，由木质到铜铸，横长首盘由亚腰型变为椭圆形、石枕首由枕形变为海参形等。以上曲刃青铜短剑较共存的其他文化因素富于变化，有较强的思想观念的文化因素。这也表明，辽东青铜文化丰富而多变，独具地域特色。

辽东半岛与曲刃青铜短剑共存的有一种铜镜，形制特殊，与中原地区所出铜镜不同，其饰花纹不同于中原地区鸟兽蟠螭一类，而是一种简单的斜平行线组成的几何形花纹，其镜纽也不是通常所见的位于正中的单纽，而是位于镜的一侧，且为双纽，个别有三纽。与同时代即春秋战国时代中原式铜镜相比，与辽宁式曲刃青铜短剑共出铜镜的器体较大且厚重，制作工艺更为精湛。考古学证据表明，目前关内所出年代最早的铜镜见于西北地区的齐家文化，中原地区所出铜镜最早见于商代安阳妇好墓。从延续时间上看，妇好墓文化时代要晚于西北的齐家文化；从制作工艺上看，妇好墓所出铜镜饰纹为平行三角纹一类的几何图形，与商代饕餮纹为主的花纹风格明显不同，而与齐家文化铜镜上的几何纹装饰相近，所以说中原铜镜最早可能受到周边地区青铜文化的影响①。而辽河流域目前所知时代最早的铜镜，见于喀左县道虎沟遗址，年代相当于商周之际，饰放射形花纹属几何纹类。到了辽宁式曲刃青铜短剑文化时代，仍以几何纹为铜镜的主要饰纹题材，与西北齐家文化铜镜相近，二者关系密切，表明以铜镜为主要代表的文化在春秋战国时期的中原文化中有相当的普及。因此，辽宁式曲刃青铜短剑文化所出的铜镜，较同时代的中原式铜镜有先进性。

辽宁式曲刃青铜文化集中分布辽东半岛，以大连普兰店安波乡双房墓地文化为特质②。该墓葬群共 6 座墓葬，考古发现其有两种形态、各三座：一是大石盖石棺墓，这类墓葬是将地面稍加

① 孔祥星，刘一曼．中国古代铜镜［M］．北京：文物出版社，1984.

② 许明纲，许玉林．辽宁新宾县双房石盖石棺墓［J］．考古，1983(4).

平整或向下挖一地槽，垫上几块支石，然后以大石覆盖。考古发现，其石盖边缘较为整齐，系经过加工而成，石盖重量有数吨，这类石盖墓没有设置陈放随葬品的副棺；二是石棚式石棺墓，这类墓葬结构与大石盖石棺墓葬无大区别，不同的是石棚式石棺墓葬的石棺大部分在地上，大石盖墓葬的石棺在地下，地上只有大石盖。

双房墓地中以第6号墓葬为代表，形制为石盖石室墓葬，四壁以石板砌成，头尾两端各立一块大石板为显著特质。该墓葬随葬品有5件，但不同材质的器物共出，铜器、石器、陶器俱全，包括曲刃青铜短剑1把、石斧范1套、陶器3件，这些器物共存关系多，所能反映的文化面貌也较为全面。尤其是这些器物的形制与以往所出的器物有所不同，能更好地反映辽东半岛青铜文化的地域和时代特征①。

在辽东半岛已有早于辽宁工曲刃青铜短剑文化的青铜文化发现，地域特征明确，主要有辽河平原的高台山文化、辽东山地的马城子文化和辽东半岛南端的羊头洼文化。羊头洼文化被认为是辽东半岛巨石文化的起源。

羊头洼文化的典型遗址除羊头洼遗址外，还有双砣子上层、大嘴子上层、旅顺于家村上层和于家砣头墓地文化。羊头洼文化的陶器是多灰褐色的细砂陶，多为手工制作，表面均有磨光，纹饰以划纹为常见，多见于罐和簋的颈、腹部，以刻画平行线纹、刺点纹及纵向条形堆纹所组成的复合纹饰最具特色。

羊头洼文化石器发达，不仅出土数量多而且种类也多，有一定进步性，以扁平的石斧和半月形双孔石刀最为多见，仅大嘴子遗址就发现穿孔石刀60余件。特别是多见属于兵器类的石器，即石兵器，如穿孔的石钺、石剑、石矛以及石制的戈。石矛不仅体

① 金关文夫，三宅宗悦．羊头洼［J］．东方考古学丛刊，（乙种第3册），1942.

形规整，而且矛身与柄的分化十分明显，是相当进步的形制。

羊头洼文化遗址发现栽培作物，经鉴定为稻谷和黍，稻谷经鉴定为粳稻，可能为当地农作物产品。羊头洼文化常见各式陶网坠、石网坠和鱼骨卡，表明羊头洼人仍以渔捞为主要生活来源，捕鱼业在经济生活中占有重要地位。此外，大嘴子遗址还发现有马鹿、斑鹿、獐、麝、狍、貉、猫、羊等野生动物骨骼和狗、猪骨骼，证明羊头洼人的经济文化形态是农业文化和家畜饲养业文化、狩猎与捕鱼业文化共存。

经碳十四测定，羊头洼文化的年代与夏家店下层文化晚期大体相当，属于早期青铜时代。羊头洼文化的墓地已发现多处，墓葬都建在山坡或山的顶部，为积石冢，墓葬习俗很具区域文化特色。

二　辽东半岛巨石文化的先进性

辽东半岛巨石文化的先进性体现为地域文化先后衍化关系的连续性。地域文化特色浓厚的羊头洼文化，早于辽东半岛巨石文化和曲刃青铜短剑文化，是巨石文化和曲刃青铜短剑文化的前身，其衍化关系表现在从积石墓、陶器、石剑及石兵礼器、冶铜技术等四个方面：一是积石墓，以于家砣头墓地为典型特质。于家砣头墓地以积石和石室为墓葬结构，与双房类型有相同之处，其积石冢的结构与形式可视为岗上积石冢的前身；二是陶器，以于家砣头积石冢及随葬品——弦纹壶与双房类型的附耳弦纹壶之间有先后衍化关系为主要例证；三是石剑和其他石兵礼器，羊头洼文化石兵礼器特别是石剑的发达及具体形制特点，与双房类型的青铜短剑关系具有承继性，即石剑由羊头洼文化延续下来。在双房类型某些遗存中，与曲刃青铜短剑或其共存器物共同出土有石剑；四是冶铜技术，青铜冶铸在辽东半岛较早出现，这是曲刃青铜短剑在辽宁半岛起源的必备条件。曲刃青铜短剑的诸多特点，如剑身曲刃起节尖、剑身与柄不连铸而另安“丁”字形剑柄并附石枕首、喜用几何形花纹等，与夏家店上层文化的矛式剑、玉皇庙文化的连柄直刃剑及以兽纹为主的花纹装饰，属不同系统，为辽东地区所独创。因此可以说，双房类型的起源仍以当地羊头洼文化为主。

在西周早期以后，辽东半岛巨石文化仍有曲刃青铜短剑遗存出现，其文化特质表现为积石冢群，以大连市甘井子岗上积石冢群为典型文化特质①。岗上积石冢群结构较为复杂，四周砌有石墙，墙内诸多墓葬以一座墓葬为中心分区布置，石墙内外再砌放射型石墙，分布 20 多个小区域，主体部分的四墙内外又形成两个附属部分，分布在这些小区域和附属部分的 23 座墓葬，都为南北向建造，不同的是墓葬底部结构，有石板底墓、石板壁墓、烧土块底墓和砾石底墓、土坑墓，较大的墓葬都以石板铺底。岗上积石冢群盛行火葬和合并墓葬，即每个墓葬合葬人数最少有 2 人、最多达 18 人。该积石冢群出土有以饰刻画纹的陶壶为主的陶器以及曲刃青铜短剑、铜斧、石范、磨制石镞、铜镯、骨串珠、石串珠、石佩饰等。岗上积石冢是辽宁式曲刃青铜短剑文化中发现的一座保存较好的积石冢群墓地，其文化特质表现为三个方面：一是完整的社会组织形态。完整的积石冢结构代表一个单独的社会组织，积石冢群盛行合葬，是其基本单元内若干小单元间也具有相对独立性的表现；二是积石冢群中心墓葬处于积石冢群中央部位，无论是结构还是规制，都很特别，以显示墓葬规格和墓主人地位之特殊；三是积石冢群内以放射型石墙彼此联系，以及区分冢内主体与附属部分，体现无论多少独立单元，并不削弱总体社会组织观念的紧密性，体现以中心墓葬为轴心的极强的凝聚力。

综上，岗上积石冢群以在墓地中心位置和巨大的石质葬具来体现墓主人的身份地位，是一种高贵于富观念的体现。

---

① 中国社会科学院考古研究所. 双砣子与岗上——辽东史前文化的发展和研究 [M]. 北京：科学出版社，1996.

三　辽东半岛巨石文化的西渐

辽东半岛巨石文化西渐，进入辽河平原后文化面貌有所变化，主要表现在沈阳郑家洼子墓地①。该墓葬群有 14 座墓葬，墓制都为长方形土圹竖穴，是目前这类文化所发现的众多墓葬中规模最大、随葬器物最为丰富的一处墓葬群。这座墓葬群虽然也属辽宁式曲刃青铜短剑文化，但与辽东半岛的有关积石冢群相比，已经发生了很多变化。主要表现为：墓室由积石变为土坑；墓的形制为不规则长方形，墓口略大于墓底；墓棺由石板砌棺变为木棺，且棺外有木椁，已是中原式棺椁形制文化；椁室以方木排列；椁与墓壁间填土夯实；木棺置于椁室内偏北；棺底铺席，属当地墓葬习俗；墓葬随葬器丰富，随葬器物包括铜、陶、石、骨器，多达 42 种共 797 件，曲刃青铜短剑 3 把、铜镜 7 面（其中 1 面置于剑椟中，为双纽饰几何三角勾连纹），墓主人头上脚下各置 1 面较大铜镜，身体以上等距离放置 4 面小铜镜，还有其他随葬器物包括工具和武器类，马具、装饰品类，陶器类及祭肉等。

综上，不难看出，郑家洼子墓葬文化已由辽东半岛高贵于富的墓葬习俗转变为既重高贵又显富。郑家洼子墓地的年代在春秋时期前后，其规模、随葬器物所反映的青铜文化已经相当进步，青铜铸造技术水平已达发达程度，是当时沈阳地区青铜文化发展的最高水平。

辽东半岛青铜文化向辽西地区传输早在青铜时代早期就已开始。到辽宁式曲刃青铜短剑文化时代，扩展的速度和范围都在增加。到达辽西地区的曲刃青铜短剑文化，与多元文化交汇融合，特别是在与燕文化的交汇中产生了新的飞跃，出现了新的青铜类型，铸造技术复杂化，造型与工艺更加多元化，突出表现在四个

① 沈阳故宫博物馆，沈阳市文物管理办公室．沈阳郑家洼子的两座青铜时代墓葬［J］．考古，1975（1）．

方面：一是制作工艺更为先进，使用陶铸范铸出各种精细几何形花纹；二是饰图选材以动物为母题，如沈阳郑家洼子的虾饰、蛇饰件，喀左南洞沟的鳐鱼形当卢、节约，三官甸子的蛇衔蛙、虎噬兔，文化内容十分丰富；三是青铜铸造技术及设计观念，吸收先进文化观念，特别是在与燕文化和夏家店上层文化密切交融中，学习借鉴了燕文化和夏家店上层文化的先进理念；四是辽东半岛巨石文化濒临渤海海湾和黄海，无疑是环太平洋文化链的一个组成部分。

因此，可以肯定地说，辽东半岛巨石文化本身拥有的先进性，对东北亚文化发展也会产生积极影响。

第四章　先秦时期辽河文化多元化特色形成

战国晚期，辽河文化已呈新的格局，表现了多元结构形态。多元历史渊源，多民族文化错居杂汇、交流融合、兼容共荣，农耕文化、渔猎文化、畜牧文化、采集文化等多种经济文化形态并存，辽河文化的地域性、民族性、多元化特色已经形成。

第一节　先秦时期辽河流域经济文化多元化特点

考古文化表明，辽河流域因其得天独厚的地理位置，自古就多种经济文化形态并存。从物质文化方面看，辽河流域发现有多处农耕文化、渔猎文化遗址，也有分布在辽西北一带的游牧文化新石器时代遗址，具体文化特质表现有新石器时代以定居农耕文化为主要特质的新乐文化遗址，史前以狩猎文化为代表特质的金牛山文化遗址、鸽子洞文化遗址，以及以农耕、渔猎混合型经济文化为特质的长海小珠山文化遗址，等等。如沈阳新乐下、中、上 3 层文化出土的各类遗物有 3000 余件，其中房址是农业文化新乐人定居生活的标志；新乐人打磨制的石器有圆刃石斧、石凿、磨石、磨盘、磨棒；数量较多的有尖状器、刮削器、石镞和打制的网坠；出土有炭化谷物、炭化果核等，说明新乐人农业、渔业、采集业等经济文化之发展。小珠山下、中、上三层文化出土的石器，包括砍砸的盘状器、石球，磨制的石斧、磨盘、磨棒、锛、镞、蚌刀，还有陶纺轮和骨锥等。小珠山遗址三个层次的遗存，既相互联系又各具特点，其下层文化年代与新乐下层文化年代相当，距今约7000年，应属当地一种原始文化形态；中层文化距今约6000年，上层文化距今约4000年，其中，上层文化形态与山东大汶口文化和龙山文化相似性较强，说明小珠山文化受到大汶口和龙山文化的影响及小珠山人与外地的经济文化交流。

第二节 先秦时期辽河流域民族文化兼容共荣

先秦时期，不同民族的融合，不同文化的交流、交锋、交融，是辽河文化不断发展的动力之一。辽河古代文化以农牧、渔猎和采集文化为主形态，具有善于接受和吸收邻近地区文化先进因素发展自身的优势，文化兼容共荣在推动辽河文化发展中的作用十分明显。文化交流的历史原因和导向不同，文化交流形式也多种多样。从地域文化方面看，大体可以分为域内诸文化之间的交流陶融、与域外文化交汇聚融等。

一 先秦时期辽河流域诸文化交流陶融

史前辽河流域诸文化主要包括新石器时代的查海—兴隆洼文化、红山文化、赵宝沟文化、富河文化、小河沿文化，青铜时代的夏家店下层文化及辽东半岛巨石文化等。辽河流域内诸文化相互交流、借鉴陶融，是促进辽河文化发展的重要力量。

（一）新石器时代域内诸文化的交流

新石器时代考古文化，在红山文化分布范围内陆续发现一些与红山文化有密切关系的新石器时代文化类型，有早于红山文化的查海—兴隆洼文化，有晚于红山文化的赵宝沟文化、富河文化、小河沿文化。从考古文化特征上分析，查海—兴隆洼文化可以视作红山文化的来源，小河沿文化则可视作红山文化的后续，而赵宝沟文化、富河文化与红山文化在考古文化的时代相近或有交错，可视作与红山文化并行发展、互有影响关系的文化。

1. 查海—兴隆洼文化与红山文化

从考古文化迄今的发现看，查海—兴隆洼文化的分布范围基本与红山文化重合，甚至更广阔①。查海—兴隆洼文化的主要特质是一种夹砂褐陶饰压印纹的筒形罐，是现今所知最早的筒形罐。此外，查海遗址陶器纹饰中压印之字形纹和压印短斜线纹特别发达，兴隆洼遗址陶器纹饰中以刻画纹和压印窝纹较为发达，与红山文化积石冢发现陶器压印之字形纹属相同类型，表明查海—兴隆洼文化与红山文化有更为直接的渊源关系。查海—兴隆洼文化发现有以成排分布的房址群组成的大型聚落，有较为发达的制陶业，特别是已经出现以玉玦为代表的玉文化和以摆塑龙形堆石为代表的龙文化，表明辽河文化形成时起步较高。可以说，查海—兴隆洼文化为红山文化打下了深厚的历史文化基础。

2. 红山文化与小河沿文化

这两种文化是同时发现的考古文化。从考古学证据看，小河沿文化既有红山文化向夏家店下层文化过渡的性质，又有自身的时代特点②。小河沿文化早期，泥质红陶和彩陶仍占有较大比重，饰带状垂鳞纹图案的彩陶钵、夹砂陶筒形罐等，与红山文化有先后衔接关系，但灰黑陶已明显增多，有豆、壶类，饰纹中以绳纹

① 中国社会科学院考古研究所内蒙古工作队．内蒙古敖汉旗兴隆洼遗址发掘简报［J］．考古，1985（10）；中国社会科学院考古研究所内蒙古工作队．内蒙古敖汉旗兴隆洼聚落遗址1992年发掘简报［J］．考古，1997（1）；辽宁省文物考古研究所．辽宁阜新县查海遗址1987—1990年三次发掘［J］．考古，1994（11）．

② 辽宁省博物馆，昭乌达盟文物工作站，敖汉旗文化馆．辽宁敖汉旗小河沿三种原始文化的发现［J］．文物，1997（12）．

替代了压印之字形纹，出现了回字形纹和雷纹等；到小河沿文化中晚期时，已大部分为灰黑陶，出现高足杯、折腹盆和盂形器等新的器形物，石纹出现方格纹等，其在文化上的成就表现为新的进步文化因素，如出现涂朱和彩绘陶，一些形制复杂的如豆、高足杯、壶等新器形也出现在该文化中。小河沿文化分布范围较红山文化广阔，在这一广阔范围内，小河沿文化由于处在文化的过渡期，遗址点虽较红山文化少，但其活跃的文化交流和大量新文化因素的出现，表明当时正在酝酿一个新的文化高潮，即为早期青铜时代的夏家店下层文化的兴起准备了条件。

3. 红山文化与赵宝沟文化

考古学证据证明，红山文化与赵宝沟文化分布地域有重合、年代有交错①。赵宝沟文化是新确立的史前文化，仅就已发现器物看，其文化成果突出表现在陶器上，以夹细砂表面磨光的黑褐色陶筒形罐、椭圆形底罐、尊、圈足钵为主要器形。陶器讲究外表装饰是赵宝沟文化的典型特质。从陶器纹饰工艺看，赵宝沟文化在文化发展的某些方面具有和红山文化相当或超过红山文化的水平。碳－14 测定年代，赵宝沟文化约与红山文化早期相当。红山文化与赵宝沟文化有不少相同或相近的文化因素，如红顶碗，形制、饰纹相近的饰压印之字形纹的夹砂筒形陶罐以及石磨盘、石磨棒和石犁耜组成的石器群，证明赵宝沟文化与红山文化年代上交错共存，赵宝沟文化是在红山文化形成和发展过程中产生过影响的一支考古文化。

4. 红山文化与富河文化

红山文化与富河文化这两种文化虽是有同时共存关系的一种

① 中国社会科学院考古研究所．敖汉赵宝沟—新石器时代聚落［M］．北京：大百科全书出版社，1997．

新石器文化，但具体情况又有很大不同①。富河文化以饰压印篦点式之字形纹筒形陶罐、圈足钵为主要考古文化特质。已有材料表明，富河文化在文化上的成就主要表现在石器方面，即拥有发达的石器文化，以石器制作特别是细石器和打制石器的高超制作技术而著名。经碳十四测定和考古文化发现证明，富河文化与红山文化为同时的两支不同经济类型的考古文化，两种文化交错共存，相互吸收影响，因而说富河文化是红山文化发展过程中起过重要作用的史前文化。

（二）青铜时代域内诸文化之交流

辽河流域新石器时代域内诸文化交流促进辽河文化发展的趋势，至青铜时代仍在持续，这集中表现为域内文化东西双向交流。

1. 夏家店下层文化与高台山文化

青铜时代，辽河文化以辽西地区夏家店下层文化最为发达，并对东部的高台山文化产生影响。高台山文化及东北地区其他青铜文化出现的三袋足器鬲和甗，都应是夏家店下层文化发达的三袋足器直接或间接影响的结果。考古文化有在夏家店下层文化遗址和墓地中发现有高台山文化因素②，如磨光黑陶彩绘陶鬲与具高台山文化特点的素面红陶附盲耳的壶、高圈足的钵共出，而且高圈足钵扣于壶上，这是高台山文化墓葬随葬陶器的基本组合，也是该文化墓葬随葬陶器的基本出土状态，这在墓葬习俗上表现出对辽西文化的影响和辽西古文化对辽西青铜文化的吸收。其促进了辽西与辽东青铜文化在互相不断更新中得到更快发展。

2. 辽东半岛巨石文化与郑家洼子墓地文化

辽东半岛巨石文化以大石棚、曲刃青铜短剑和弦纹壶为典型

① 中国社会科学院考古研究所，徐光翼. 内蒙古巴林左旗富河沟门遗址发掘简报［J］. 考古，1964（1）.

② 中国社会科学院考古研究所. 大甸子一夏家店下层文化墓地发掘报告［M］. 北京：科学出版社，1998.

特质属辽东半岛当地自行发展的文化形态。辽东半岛巨石文化形成后向西传播，进入辽河平原，影响郑家洼子墓葬文化。考古文化发现，郑家洼子墓葬文化，属辽东曲刃青铜短剑文化，但与辽东半岛的有关墓葬文化比较，已出现很多自己的特征。其实，辽东半岛曲刃青铜文化向辽西的扩展，早在青铜时代早期就已开始，如在夏家店下层文化墓地中多次出现高台山文化因素。在阜新平顶山遗址中，也出现与高台山文化墓葬共处同一墓的情况。

二　先秦时期辽河文化与域外文化交汇聚融

在距今约4100年，夏代建立起奴隶制的国家政权，大约也是从此开始，中原地区进入青铜时代，奴隶制文化兴起并蓬勃发展。夏商周时期，中华祖先创造了灿烂的青铜文化。中原文化实现了由母系氏族公社文化向父系氏族公社文化的转变，形成了十分丰富的礼制文化，并不断向四邻传播辐射。辽河流域基本上和中原地区同时进入青铜时代，其时夏朝建立。从此，辽河文化与中原文化的交流交融一直存续。

（一）史料记载辽河文化与域外文化交流始于夏朝

《史记·五帝本纪》集解云："舜以冀州之北广大，分置并州。燕、齐辽远，分燕置幽州，分齐置营州。"① 幽州即广宁（今辽宁省北镇市）以西地区，营州即广宁以东地区。《尚书·舜典》云"肇十有二州"②，舜将国土疆域划分为冀州、兖州、青州、徐州、荆州、扬州、豫州、梁州、雍州、并州、幽州、营州十二行政州，其中幽州、营州辖下有今辽宁之地。《尚书·夏书》云："禹别九

① 司马迁．史记·本纪：五帝本纪第一［M］．北京：中华书局，2013：24.

② 孔国安．尚书正义［M］．上海：上海古籍出版社，2007：71.

州，随山浚川，任土作贡”①；《汉书·地理志》曰：“尧遭洪水，怀山襄陵，天下分绝，为十二州，使禹治之。水土既平，更制九州。”② 九州即冀州、兖州、青州、徐州、荆州、扬州、豫州、梁州、雍州，青州辖渤海和泰山之间地域，其中包含今辽宁部分地区。《汉书·地理志》云：“殷因于夏，亡所改变。周既克殷，监于二代而损益之，定官分职，改禹徐、梁二州合之于幽、青，分冀州之地为幽、并。东北曰幽州，其山曰医无闾。”③《史记·夏本纪》集解云：“舜分青州为营州，辽西及辽东。”④ 医无闾即今辽宁北镇境内的医巫闾山。由此可知，在尧时代，辽西属冀州所辖，到了舜时代，辽西、辽东又属营州管辖。《荀子·成相篇》记：“契玄王，生昭明，居于砥石，迁于商。”⑤ 砥石即今辽河流域发源地白岔山（光头山），说明商朝人的早期活动与辽河流域有关。通过以上文献史料记载不难看出，辽河文化与夏商文化之间的交流早在夏代就已开始。

考古文化表明，早在新石器中期，辽河流域的查海—兴隆洼文化就已越过燕山，向华北平原太行山东麓传播。考古学证据证明，北京平谷上宅遗址、河北涞源县北福地遗址、更远的磁山—裴李岗文化，显示有查海—兴隆洼文化的某些特质，如玉器组合——玉玦与匕形器、筒形陶罐饰压印之字形纹。到新石器时代晚期，辽河文化与中原文化也有加速交流的证据，如赵宝沟文化和红山文化早期出现的“红项碗”就与分布在华北

---

① 孔国安．尚书正义［M］．上海：上海古籍出版社，2007：189．

② 班固．汉书·志第八·地理：卷二十八［M］．长春：吉林人民出版社，1995：1123．

③ 班固．汉书·志第八·地理：卷二十八［M］．长春：吉林人民出版社，1995：1133．

④ 司马迁．史记·本纪：夏本纪第二［M］．北京：中华书局，2013：92．

⑤ 王天海．荀子校释［M］．上海：上海古籍出版社，2011：976．

平原的北京房山镇江营一期和后冈一期文化有关，辽西新石器文化对仰韶文化庙底光线类型先进文化因素有吸收，最终创造了红山文化。

辽河文化与北方草原游牧文化的互动交流，未被大兴安岭山脉及其河谷阻断。如在红山文化中较多出现的饰三角形和方格式几何纹彩陶，既见于内蒙古中南部的新石器文化中，如海生波浪类型，更可能来自中亚或西亚地区，极有可能是西亚史前文化的彩陶文化，通过北方草原游牧文化载体，经古代彩陶之路传入辽河文化。到了后红山文化时期，辽河文化之小河沿文化则与内蒙古中南部的庙子沟文化关系更为密切，如饰绳纹的筒形罐在庙子沟文化常见。进入青铜时期，辽河文化与北方草原游牧文化交流进一步增强，如北方式青铜器传播到了辽东半岛，发源于内蒙古河套地区及冀西北地区的三袋足器，对辽河文化之夏家店下层文化之三袋足器文化的形成有推动作用。而且，辽河流域乃至东北地区渔猎文化与西部草原游牧文化的交汇融合，使得燕山南北地区从早期青铜文化起，就出现了多种青铜文化交汇陶融的态势。

考古学证据证明，辽东半岛与山东半岛文化交流始于距今六七千年前的新石器时代中期，到新石器时代晚期，交流逐渐频繁，并以文化发达的山东半岛对辽东半岛的影响为主。在小珠山中层文化中出现具有山东大汶口文化特质的器物，如实足鬶、罐形鼎、盉、三足觚形器，以及红地黑彩双勾涡纹彩陶等，小珠山上层文化出土的三足盆形鼎、三环足器、袋足鬶、镂孔豆、盉，尤其是蛋壳黑陶和有段石锛，均极具山东龙山文化特点的典型特质。小珠山下层文化和中层文化压印之字形纹筒形罐和刻画平行线纹、叶脉纹、网格纹的直口筒形罐，在山东半岛的大黑山岛北庄、蓬莱紫荆山、烟台白石村等遗址中均有发现。不过，辽东半岛新石器时代文化对山东半岛的影响，从目前考古发现的陶器来看，只限于山东胶东地区的沿海沿岸，而山东半岛的文化对辽东半岛的影响则要大得多。由于自然地理环境与交通等一系列因素影响，两个半岛的文化交流曾有断裂现象。

总之，南北文化的交汇交融是辽河文化与周边乃至中原文化关系的主流。到了青铜时代，南北交汇交融双向互动更加明显，以夏家店文化为代表的辽河文化南下和以燕文化为代表的中原文化北上，为促进统一多民族国家的形成和中华民族多元统一文化的发展做出了贡献。

（二）商代文化特别是礼乐文化开始传入辽河文化

商族人先祖创造的神话传说在古代辽河流域各民族间产生广泛影响，如《诗经·商颂·玄鸟》的“天命玄鸟，降而生商，宅殷土芒芒”① 和《诗经·商颂·长发》的“相土烈烈，海外有截”②，均是证明。据史学家翦伯赞先生考察，“有截”是氏族之称，有截即在海外，即今渤海之外；经丁山先生进一步考证，有截在渤海北岸，并认为相土所都的商丘也在东北。《淮南子·地形训》的“东北薄州曰隐土”③，薄州即亳州，传说曾是颛顼、帝喾、契居住的地方，隐土即殷土。故或说，商族起源于东北，与古代辽河流域有关，后向南发展，或说商族先祖契的早期活动在东北地区。

商代对边地部落、氏族实行分封制。商代初期，汤王孤竹君。关于孤竹国国王的族属，史料记载比较清楚。《史记》索隐：“《地理志》孤竹城在辽西令支县，应邵云伯夷之国也，其君姓墨胎氏。”由此可知，孤竹国国君是商朝王族的同姓贵族。商代孤竹国的封地在辽河流域（今喀喇沁左翼蒙古族自治县大城子街道），或说辽河流域属竹侯所属的孤竹国管辖，是古孤竹国的势力范围，

① 唐莫尧. 诗经新注全译［M］. 成都：巴蜀书社，1998：865.

② 唐莫尧. 诗经新注全译［M］. 成都：巴蜀书社，1998：868.

③ 刘安. 淮南子［M］. 上海：上海古籍出版社，2016：80.

在先商时期与商人有着密切关系。据崔鸿《十六国春秋》记，"昔高辛氏游于海滨，留少子厌越以居北夷，邑于紫蒙之野。"① 高辛氏即商族始祖帝喾，海滨即渤海之滨，少子厌越即应是契，紫蒙即紫蒙川（古营州西北），今西拉木伦河之支流老哈河，可见商代文化与辽河文化的融会。考古文化有喀左出土商代"亚微罍"，铭文"父丁孤竹亚微"。父丁是商代孤竹国最后一位诸侯，孤竹即孤竹国，治所在辽西喀左境内，疆域包括从兴城到北票一带，亚微即铸铜罍之人。"亚微罍"铭文记载的是亚微为孤竹国君父丁铸铜罍史事。古籍记载，唯商人有册有典，"亚微罍"属礼器。此外，夏家店上层文化遗址发现了大型的玉钺与石钺。考古文化确定，从实物形制与重量来看，是作为一种权力象征的礼器存在的。以上这些考古文化说明，夏家店文化乃至辽河文化已经吸收了中原礼乐文化的某些因素。夏家店上层文化的青铜器种类形式多样，按其形制和风格的文化属性和特质，大体可分为三群：一群是典型的中原式礼器、兵器和车马器具；一群是北方游牧民族草原式兵器和工具，如匕首式短剑、环首刀、兽首刀、管銎式战斧、鹤嘴镐、三翼镞，以及来自东南的短茎式曲刃短剑和扇形斧；一群是独具地域特色的青铜器，如銎柄式和匕首式曲刃短剑、扇面勾刃直銎斧、柳叶式镞，还有各种动物造型的马具和装饰品。从青铜器的这些特征来看，辽河文化吸收了中原传统文化因素和北方草原地区游牧文化因素，并在某些方面有创新。夏家店上层文化的青铜器文化已经明显超过了夏家店下层文化，青铜器的制造技术在辽河流域乃至全东北地区同时期的诸部文化中应属较高水平。

---

① 崔鸿．十六国春秋·太平御览·前燕（第121卷）[M]．北京：中华书局，1960：583.

三　中原礼制文化东渐与辽河文化发展

周代是我国礼乐文化形成的重要时期。据《礼记·明堂位》记载，“周公相武王以伐纣。武王崩，成王幼弱，周公践天子之位以治天下，六年，朝诸侯于明堂，制礼作乐，颁度量，而天下大服，七年，致政于成王”①；《尚书大传》记载，“六年制礼乐作乐”。由此可知，周王朝建立后，为进一步巩固周王朝的政权，团结统治阶级和便于统治的被统治阶级，以周公旦为代表的一批政治家，着手建设礼乐文化，形成了一整套以社会治理规范为主要内容的制度文化或礼乐典制文化。上古民族迷信鬼神，非用尊天、事鬼、敬神之说，不足以服从，非用尊尊、亲亲、长长之说，不足以合群。周公旦等政治家深谙其理，为了搞好贵族间的团结和统治民众，从过去流行的礼俗、习俗中选取适合于周初政治需要的，改制成一些新的条款，有意识地规定各种仪式礼制，以示尊卑有别，便于社会遵循。这些礼乐制度集中于西周后形成的《周礼》《仪礼》《礼记》等历史文献。其主要包括：完善分封制，以拱卫周代王室；建立嫡长子继承制，以巩固君主王权；制礼作乐，以解决贵族之间、上下阶级之间的矛盾；制定治理措施，以缓解社会矛盾和敌对情绪；等等。这些典制礼乐文化，不仅对周朝，乃至对中国几千年封建社会影响巨大，也可以说，周朝建立的封建制度文化（礼制文化）是中国封建统治的基础，无论朝代怎样更替、皇权归谁掌控，封建礼制文化的核心内容没有改变，且不断地加以丰富和完善。封建礼制文化是封建文化的核心内容之一，只要这个核心内容不丢，封建社会就会延续不断，至于朝代更替，也只是你方唱罢我登场，是封建文化内部这一派取代那一派，将皇权宝座上坐的人换了而已，并没有改变封建文化的本质。

---

① 许嘉璐，梅季．（文白对照）十三经·礼记（上）[M]．广州：广东教育出版社，2005：997.

从舜帝时起，辽东地区属于中国的侯国、州郡，是中国北方边陲的重要组成部分。据《尚书·夏书》记载，夏朝建立后，分华夏为九州，辽河流域属幽州，从此受中原政体文化直接影响，辽河文化与中原文化交流不断。到商代，分封竹侯，辽西地区属竹侯所辖范围。西周政权建立后，西周统治者也采取分封的办法对辽河流域乃至东北地区进行统治。根据《尚书》记载，武王灭商纣王后，封商纣王之子武庚禄父于邶以领殷遗民，同时置管叔、蔡叔、霍叔史称“三监”以监视武庚及商之遗族。邶即燕地。武王去世后，成王诵继位，因成王年幼，周公旦（武王之弟）摄政监国。管叔、蔡叔、霍叔不满周公旦摄政监国，勾结武庚发动叛乱，周公旦率军亲征平定“三监”及武庚叛乱，成王诵遂封召公之子奭于燕，其为燕的第一代国君。从公元前 11 世纪到公元前 3 世纪，燕国统治辽东地区有 8 个世纪之久。

春秋晚期，中原地区开始出现冶铸的铁器。中原铁器文化传输到燕国，由于铁器的广泛使用和普及，大大提高了社会生产力，也促进了燕文化的发展。辽河流域约在战国早期进入铁器时代。战国末年，燕国势力东扩，在辽河流域乃至东北地区北却东胡，东逐朝鲜，筑长城，设郡县，有力推动了辽河文化的繁荣与发展。

夏商以及西周统治时期，辽河两岸地区处于原始社会，并随着中原奴隶制国家文化的形成并东渐，辽河流域成为中原奴隶制王朝的领地，从此，辽河地区经济政治社会文化等方面与中原文化紧密连接在一起，体现在制度文化上，辽河文化形态应属封建君主制政体文化。

四 燕蓟文化东输与辽河文化发展

春秋时代，燕为北方大国，战国时代，燕为七雄之一。据史料介绍，燕国初设时，国势尚弱，面对来自北方游牧民族部落山戎、东胡和来自东部箕子朝鲜的压力，常遭受山戎、东胡的侵扰。特别是强大的东胡，成为燕国最大的威胁。由于燕国在当时列国中改革进行较晚，且又不够彻底，尤其是燕王哙搞禅让制酿成内乱，国势衰退。东胡乘机占领燕国大片土地，燕国只好将秦开为人质寄于东胡。燕昭王即位后，敢于正视问题，迎接挑战，发愤图强。大胆进行改革，修明法令；“吊死问孤，与百姓同甘苦”；招贤纳士，“卑身厚币以抬贤士”，广泛延揽列国人才。于是，出现了“士争趋燕”的局面，“乐毅自魏往，邹衍自齐往，剧辛自赵往”，燕昭王得到各方汇聚的人才的辅佐，燕国大治，国势渐强，开始向北、向东扩张，却东胡，逐朝鲜，以展现燕国的影响力①。《史记·匈奴传》记载，燕国名将秦开打败东胡，修筑燕长城，设郡治以拒东胡。辽河流域虽然遭受战争，但中原先进文化的传播得以保护，辽河文化也因此获得发展。

1. 秦开却东胡与辽东置郡

公元前300年，燕昭王派大将秦开率军东进，击败经常犯扰辽东地区的东胡族部落，占领辽东地区后设立五郡进行管理。《史记·匈奴列传》记载：“燕有贤将秦开，为质于胡，胡甚信之。归而袭破走东胡，东胡却千余里。……燕亦筑长城，自造阳至襄平。置上谷、渔阳、右北平、辽西、辽东郡以拒胡。”② 秦开曾在东胡为人质，深受东胡人的信任，所以对东胡境内各方面情况非常熟悉，故燕昭王以秦开为将率军击东胡，取得了军事上的重大胜利，东胡势力退却千余里，为防止东胡侵犯，燕国组织力量修筑长城，并设立地方行政机构，加强对所占领地区的管理。五郡中包括辽西、辽东二郡。辽东郡治所在襄平县，即今辽宁省辽阳市，辽西郡治所在阳乐县，即今锦州市之西小凌河上游一带，靠近朝阳。

---

① 司马迁．史记·世家：燕召公世家第四［M］．北京：中华书局，2013：2718．

② 司马迁．史记·列传：匈奴列传第十五［M］．北京：中华书局，2013：6541．

2. 秦开逐朝鲜与燕国统治

《三国志·东夷传》引鱼豢《魏略》曰："昔箕子之后朝鲜侯，见周衰，燕自称为王，欲东略地，朝鲜侯亦自称为王，欲兴兵逆击燕以尊周室，其大夫礼谏之，乃止。使礼西说燕，燕止之不攻。后子孙稍骄虐，燕乃遣将秦开攻其西方，取地二千余里，至满番汗为界，朝鲜遂弱。"① 箕子的后代朝鲜侯，见周王室势力日渐式微，燕国自称为王，意欲东向拓疆略地，朝鲜侯也自称为王，打算兴兵进攻燕国，以尊周王室，大夫礼全力谏阻，朝鲜王乃止兵息戈。派礼大夫出使燕国游说，燕王也放弃了东向拓疆掠地的打算。后来，由于朝鲜王室子孙逞骄暴虐，所以，派遣大将秦开东逐朝鲜，取地2000余里，至满番汗（古沛水，距鸭绿江入海口不远处）为界。

以上，秦开拓疆东北，却东胡，逐朝鲜，巩固了燕在辽河流域乃至东北地区的统治，进一步推进了中原的生产方式和典制文化的不断输入，为辽河文化发展提供了稳定的经济政治社会环境。

---

① 陈寿. 三国志·东夷传：卷三十［M］. 长春：吉林人民出版社，1995：621.

第二篇　秦汉时期辽河文化

秦汉时期，是从公元前221年秦王朝建立开始，到220年东汉王朝灭亡为止，经历秦朝、西汉、新朝、东汉4代，共440余年的历史。

公元前475年，中国历史进入战国时代。齐、楚、燕、韩、赵、魏、秦7个国家，各雄踞一方，争霸立盟，争权夺利，以空前惨烈的割据战争，给这个时代烙上了十分鲜明的印记。这一时期，封建生产关系已经确立并逐步发展，农业、手工业和商业空前繁荣。殷商周代以来的世卿、世禄、宗法制度逐渐瓦解，封建专制主义中央集权的行政体制逐步在各国确立。为了促进封建经济基础的巩固与发展，七国相继进行了实质上是封建化的变法运动。

秦国从商鞅变法逐步强大起来，经过100多年，先后兼并韩、赵、燕、魏、齐、楚六国，终于在公元前221年，建立起一个空前统一的封建大帝国，确立了以皇帝制度、郡县制度和官僚制度为核心内容的专制主义中央集权的政体文化。这是中国乃至东亚大陆历史上发生的最重要的事件。在中国历史上，第一次建立了幅员辽阔的统一的多民族国家，使整个中国从礼崩乐坏、诸侯割据的混战局面中摆脱出来，从此，中国历史开启了一个统一、繁荣、强盛的新时期。

大秦帝国的建立，不仅符合历史发展的要求，也符合各族人民的共同愿望，对中国经济、政治、社会、文化的发展，产生了深远的影响。汉武帝是中国历史上鲜见的具有雄才大略的皇帝，在他执政的半个世纪中，“外事四夷，内兴功利”，国家版图进一步扩大，发展和巩固了国家的统一。在中国发展史上，秦皇汉武，成为大一统的象征。

秦汉的统一，是全国性多民族的统一。秦的统一，消除了中国历史长期政治割据状态，推动了社会政治、经济、文化的发展，给华夏族注入了新的血液，为华夏族向汉族的转化创造了条件；至汉代，华夏族获得了发展，实现了向汉族的转化，与此同时，汉族周围的其他民族也获得发展，汉族和其他民族相互联系、相互依存，形成中华民族，共同创造了秦汉大一统中华文化。

秦汉时期，是中国历史上特别重要的时代。它完成了由君主专制文化、军事专制文化和宗法封建专制文化向皇帝专制文化、封建专制郡县文化和专制主义中央集权文化的过渡，皇帝制度以及行政、军事、监察三大体系鼎立的中央政治制度、官僚制度、中央集权制和地方郡县制等政体文化的产生、定型，特别是拥有神秘性、宗法性及排他性特征的以皇帝为核心的集权专制文化，对此后2000多年的中国历史产生了深远影响，对中国传统政体文化之纵向的延续和横向的传播，起到了关键性的重要作用。历史文化历来如此，总是在世代依次交替之中，文化形态与类型不断衍化，如川流一般，生生不息。

第五章　秦汉时期辽河文化转型发展

秦汉时期，中国社会的文化形态发生重要转变，主要表现为由方国（邦国）文化向国家多民族多元化统一体文化转变，由封建主义礼制文化向专制主义政体文化转变；由封建君主专制文化向封建帝国皇帝专制文化转变、由封建宗法、分封制文化向专制主义郡县制文化转变，由贵族分封、等级制、世袭、世禄等封建宗法邦国共和制文化向各级官员实行任命的官僚制度等封建专制主义中央集权下的地方行政制度文化转变；由奴隶制土地国有制文化向封建土地私有制文化转变、由封建邦国朝贡赋制文化向专制主义郡县赋税制文化转变、由封建邦国独立货币向专制主义国家统一货币转变；社会组织文化由封建封国和属国制以及服制文化向专制主义郡、县、乡、里制文化转变，由封建宗法邦国典制文化向专制主义国家统一度量衡等典制文化转变，由封建邦国以德治国、克己复礼思想文化向专制主义国家以法治国、强本弱末思想文化转变。

秦王朝所建立的是以中央集权专制主义为特质的政体文化。中央集权专制主义是以皇帝为核心的政治制度，皇帝拥有至高无上的权力，并通过郡县制、官制、法制、军制等，把地方权力集中到中央，以巩固国家的统一。统一、集权、专制三者高度契合，强化了封建国家的职能。这样的政体文化形态，不仅对整个中国古代历史文化，乃至对周围国家，特别是对中亚、东南亚、东北亚等地区的古代文化的发展产生了巨大的影响。如萌芽于战国、确立于秦代的郡县制，一直沿用至近代，几乎成为历代行政区划的基本范式；汉代政治、经济的更加统一，必然要求思想文化的统一。自秦始皇至汉武帝，封建统治阶级对思想文化统一进行了许多探索。秦以法家思想为指导，汉初崇尚黄老思想。汉武帝时，采纳董仲舒建议，罢黜百家，独尊儒术，将儒学思想确立为封建统治思想。从此，儒学成为官学，逐渐影响和支配了中国思想文化领域，并成为中国封建思想文化的主流。政治上的大一统，带给华夏文化繁荣昌盛的局面，必然对地域文化进行浸润。受华夏文化的影响和浸润，辽河文化逐渐进入转型发展的时期。

秦汉多民族统一国家的形成，带来了中华文化的繁荣昌盛。不同地域、不同民族以及不同文化的相互吸收和融合，为中华文化注入活力和生机，进而造就了恢宏、开阔、包容、大气的时代精神，推进了文化、教育的发展，开创了秦汉文化繁荣的新局面。在这样的社会文化背景下，辽河文化实现了转型发展。

第一节　秦汉时期辽东地区行政建制文化

秦代政体文化代表性特征之一是地方行政机构设立郡、县、乡、里四级行政组织，与此相适应建立了一套官吏制度。

据《史记·秦始皇本纪》记载，秦统一六国时，分天下为三十六郡，后又随着边境的开发和郡治的调整，总数达 46 个。其中，故燕境内置六郡，即：公元前 226 年，设广阳郡，治所在蓟（今北京市西），辖河北境内。公元前 225 年，重设右北平郡，治所在无终（今天津蓟州东北一带），辖河北东部地区和辽西大凌河上游以南；重设辽西郡，治所在阳乐（今辽宁锦州西北），辖辽宁大凌河以西、河北迁西以东。公元前 224 年，重设渔阳郡，治所在渔阳（今北京市密云西南），辖内蒙古赤峰以南、北京怀柔以东。公元前 222 年，重设辽东郡，治所在襄平（今辽宁辽阳），辖辽宁大凌河以东；重设上谷郡，治所在沮阳（今河北怀来东南），辖河北张家口以东、北京昌平以北。从此，辽河流域进入封建专制主义中央集权统治的时代，开启辽河文化转型发展的新时期。

从公元前3世纪秦朝立国，到2世纪末东汉灭亡，大约400年间，是辽河文化转型发展的重要时期。转型发展的推动力，源自辽河文化的原生型扩张力和燕秦文化的北渐、浸润与辽河文化的吸纳、兼蓄。特别是燕秦文化的强劲东进，在推动辽河地域文化的转型中，或起到决定性作用。“辽东负阻之国，势便形固，带以辽海”①，辽东地区战略地位重要，备受秦汉统治集团重视。

早在秦统一六国之前，公元前663年，“齐桓公伐山戎至于孤竹”，燕齐文化就已深入到渤海湾北部的辽西广大地区。在齐桓公伐山戎、斩孤竹之后，后起的燕文化便越过七老头山进入辽东地区。公元前300年，燕将秦开却胡千里，设5郡而定辽土，开启了辽河流域向封建礼制文化转型发展的时代。公元前226年，秦灭燕，秦承燕制而经营辽东地区。燕秦早期形成的邦国礼制文化真正进入辽河流域，并与当地土著部族文化交流与交融，带来一系列变化。

一　秦朝统一辽东地区及行政建制文化

秦朝并吞六国，建立了中国历史上第一个封建专制集权统治的帝国。从此，开辟了在辽东地区依靠国家法制手段，强制推行中原政体文化的历史。秦王朝建立以后，当时分全国为三十六郡，其中辽西郡、辽东郡和右北平郡三郡与辽东地区有直接关系。

据《水经注》记载，在公元前225年燕国灭亡之前，秦国就占领了辽河右岸之辽西地区，置辽西郡、右北平郡，辽西郡郡治

① 欧阳询，等. 艺文类聚［M］//吴均集校注. 杭州：浙江古籍出版社，2005；傅亚庶. 三曹诗文全集译注・谏伐辽东表［M］. 长春：吉林文史出版社，1997：916.

在阳乐（今辽宁省义县西部），右北平郡郡治在无终（今天津市蓟州）；公元前222年，虏燕王喜，燕国被灭，秦朝置辽东郡，郡治在襄平（今辽宁省辽阳市）。以上三郡所辖县的具体情况，史料缺失。

秦朝在辽东地区所设郡县，虽然多沿用燕国旧名，但并非简单承袭，而是有所发展。如战国时期，燕国所设的辽东五郡，考虑到当时拒胡的需要，郡政实行的是军政合一的政体文化，郡守均由武官担任。秦朝则不然，郡一级实行军政分治的政体文化，即分别设有郡守、郡尉、郡监3名地方高级官员，其中，郡守负责民政事务，郡尉负责军事，郡监负责监督官员和百姓。地方3名高级官员分工明确，职权清晰，共同管理地方上的所有事务。县一级地方政府，设县令1人，县尉1人，分别负责民政和治安。县以下，设乡，乡设有三老；乡以下，设亭，亭设亭长。可见，秦王朝实行的是封建专制主义政体文化，是一个高度中央集权的专制国家，其地方行政建制较战国时期更加完备，统治体制和机制更加严密，政权更加稳固。秦王朝实行一套更加严密的地方行政管理制度，这样的政体文化对巩固秦王朝的统治起到了很大作用，也对后代产生了深远的影响。

二　两汉时期辽东地区行政建制文化

两汉时期，沿袭了自战国到秦朝以来的行政建制文化，在辽东地区设置郡县。公元前108年，汉武帝派兵消灭卫氏朝鲜，把郡县制行政文化传播到了朝鲜半岛的北部地区。整个辽东地区，当时设置有辽西郡、辽东郡、玄菟郡、右北平郡和辽东属国。两汉400年间，辽东地区所设郡县、各郡所辖范围、行政归属及郡县治所，前后期均有变化。

（一）两汉时期辽东地区郡国设置沿革

秦末农民大起义爆发后，中原动荡，天下大乱。义军首领陈胜攻下陈县后自立为王，同时派遣几支队伍分头出击，秦王朝处于风雨飘摇之中，包括辽河流域在内的整个东北地区也陷入地方割据势力的控制之下。当时义军将领武臣奉命统率一支军队挥师北上，攻略赵地。在占领赵地后，武臣自号武安君。陈胜所率领的主力直逼咸阳，就在此时，武臣背叛了陈胜，自立为赵王，并北徇燕代，南收河内之地，以扩张其势力。公元前 209 年年底，武臣的部将韩广占领燕地，自立为燕王，都无终（今河北境内），脱离了武臣的控制。辽东地区原属燕国旧地，自然成为韩广控制的势力范围。公元前 206 年，项羽攻占咸阳，自立为西楚霸王，并分封 22 人为诸侯，其中，臧荼被封为燕王，同时“徙燕王韩广为辽东王”①，韩广拒不让出燕王之位，被臧荼所杀，从此，辽东地区纳入臧荼的势力范围。公元前 202 年项羽覆灭，燕王臧荼据燕地称兵反汉，刘邦亲率大军进剿，臧荼覆灭后，刘邦将燕地收归中央直接管理，并封卢绾为燕王，统治燕国旧地，辽东地区在汉初又纳入卢绾的控制范围。卢绾仗着自己与刘邦的同乡关系，加上刘邦特别宠信，不断发展自己势力，羽翼渐丰，特别是在看到韩信、彭越等人下场后，欲求自保，暗中做好对抗中央的准备。

公元前 196 年，列侯陈豨叛汉，卢绾与陈豨暗通款曲，陈豨被灭，卢绾阴谋暴露，树旗反汉②。刘邦命樊哙、周勃统兵北上击燕。卢绾被击败后率兵逃往匈奴，汉军收复右北平 16 县，辽西、辽东 29 县，刘邦封皇子刘建为燕王，遥领其地。公元前 128 年，燕王刘泽畏罪自杀，燕国不复存在，旧地分归郡县。右北平郡、辽西郡、辽东郡此后改由中央政府直接管辖。在卢绾反汉时，

① 司马迁．史记·本纪：项羽本纪第七［M］．北京：中华书局，2013：721.

② 司马迁．史记·列传：韩信卢绾列传第三十三［M］．北京：中华书局，2013：5850.

卫满趁乱“聚党徒千余人，椎髻、蛮夷服而东走出塞”①，渡过清川江投奔了箕氏朝鲜。深得朝鲜王箕准赏识和信任的卫满，竟然背叛箕准，并取而代之王朝鲜，史称卫氏朝鲜。至汉武帝时，卫满之孙右渠当政，与汉朝关系开始逐渐紧张起来，卫氏朝鲜以兵威，不断侵扰辽东边陲。公元前 108 年，汉武帝遣楼船将军扬仆和左将军荀彘统军，水陆并进，攻击卫氏朝鲜，卫氏朝鲜发生内讧，其部下杀右渠以降。汉朝灭卫氏朝鲜，于其旧地分设真番、临屯、乐浪、玄菟 4 郡②，将朝鲜半岛的北部地区正式纳入大汉王朝之版图。至汉昭帝时，将上述 4 郡归并为 2 郡，即乐浪郡和玄菟郡。《后汉书·东夷传》记载：“昭帝始元五年，罢临屯、真番以并乐浪、玄菟，玄菟复徙居高句骊。”③

公元前 82 年，玄菟郡郡治迁往句骊县（今辽宁省新宾满族自治县境内）；公元 107 年，玄菟郡郡治迁往抚顺（今抚顺市劳动公园古城），同时将候城、高显、辽阳 3 县划归玄菟郡管辖。

王莽执政时，许多地名、部族名称都做了改动，造成了一些混乱。东汉政权建立后，多数地名恢复了原来称谓。

东汉安帝时，为了安置内迁辽西的乌桓人，在辽西地区设置了辽东属国，亦属于郡一级行政建制。

辽东地区设置的郡级行政机构，辽西郡、辽东郡、玄菟郡和辽东属国，均属于幽州刺史统辖。

（二）两汉时期辽东郡建制文化

两汉时期，沿袭燕秦旧制，仍设置有辽东郡。西汉时，《汉书·

① 司马光．资治通鉴：卷二十一［M］．长沙：岳麓书社，1990：230.

② 范晔．后汉书·东夷：列传第七十五［M］．长春：吉林人民出版社，1995：1607.

③ 范晔．后汉书·东夷：列传第七十五［M］．长春：吉林人民出版社，1995：1607.

地理志》记载："辽东郡，秦置，属幽州，县十八。"① 至西汉时，辽东郡下辖18个县，包括襄平县、新昌县、无虑县、望平县、房县、候城县、辽队（遂）县、辽阳县、险渎县、居就县、高显县、安市县、武次县、平郭县、西安平县、文县、沓氏县、番（盘）汗县。西汉时期，辽东郡所辖地域范围北起今辽宁铁岭市以南，南至辽东半岛南端的旅顺口，西止今锦州医巫闾山，东抵今朝鲜境内的清川江，其18县县治绝大多数在今辽宁境内。当时，辽东郡领户55972，人口272539人。境内又置有东、中、西3个都尉官。东部都尉治武次，中部都尉治候城，西部都尉治无虑。都尉系武职，统领军队驻防，以安地方。

与西汉相比，东汉时期，辽东地区行政建制发生了很大变化。《后汉书·郡国志》记载，东汉的辽东郡仅辖11县，即襄平县、新昌县、无虑县、望平县、候城县、安市县、平郭县、西安平县、汶县、沓氏县、番（盘）汗县。原西汉时东部都尉、中部都尉、西部都尉建制已撤。后又将辽阳县、候城县、高显县一起划归玄菟郡，无虑县、险渎县、房县一起划归辽东属国，故东汉时期，辽东郡实际只辖9县，即襄平县、新昌县、望平县、安市县、平郭县、西安平县、汶县、沓氏县、番（盘）汗县。据《后汉书·郡国志》记载，公元104年时，曾复置西部都尉官。其时，辽东郡领户64158，人口81714人②。

（三）两汉时期辽西郡建制文化

两汉时期，沿袭燕秦旧制，仍设置有辽西郡。西汉时，《汉书·

① 班固．汉书·志第八·地理：卷二十八下［M］．长春：吉林人民出版社，1995：1188.

② 范晔．后汉书·郡国：卷一百一十三，志第二十三［M］．长春：吉林人民出版社，1995：1979.

地理志》记载："辽西郡，秦置"①。所辖有14县，包括且虑县、海阳县、新安平县、柳城县、令支县、肥如县、宾徒县、交黎县、阳乐县、狐苏县、徒河县、文成县、临渝县，絫县。其中海阳县、令支县、肥如县、絫县位于今河北省境内，新安平县位于今内蒙古自治区境内，其余9县位于今辽宁省境内。当时，辽西郡领户72654，人口352325人。境内分设2个都尉，即西部都尉，治柳城，东部都尉，治交黎。

据《后汉书·郡国志》记载，到东汉时，辽西郡只辖阳乐县、海阳县、令支县、肥如县、临渝县5县，领户14150，人口81714人。其统辖区域比西汉时明显缩小，一个较大变化是郡治改在阳乐县（今辽宁省义县境内）②。

另外，右北平郡与辽西、辽东郡，俱置于战国末期，秦开却胡拓疆东北之后。西汉时，右北平郡下辖16个县，其中有5个县置于辽东地区，即石城县（今辽宁省喀左蒙古族自治县境内）、赉县（今辽宁省建平县境内）、字县（今辽宁省凌源市境内）、白狼县（今辽宁省喀左蒙古族自治县境内）、广成县（今辽宁省建昌县境内）。

（四）两汉时期玄菟郡建制文化

西汉之玄菟郡，是汉武帝灭卫氏朝鲜后所置4郡之一。初置时，郡治在今朝鲜半岛北部之沃沮城。公元前82年，将原置4郡合并为2郡，即乐浪郡、玄菟郡，将玄菟迁徙至句骊县（今辽宁省新宾满族自治县境内），其管辖范围比前期缩小，包括沃沮县在内的盖马大山以东之地改属乐浪郡管辖。据《汉书·地理志》记载，玄菟郡下辖句骊县、上殷台县（今辽宁省开原市与抚顺市之

① 班固. 汉书·志第八·地理：卷二十八下［M］. 长春：吉林人民出版社，1995：1187.

② 范晔. 后汉书·郡国：卷113，志第二十三［M］. 长春：吉林人民出版社，1995：1979.

间或在吉林省通化境内）、西盖马县（在今浑江与鸭绿江合流处，或沈阳市与抚顺市之间上柏官屯古城）①。当时3县共领户45600，人口221845人。

据《后汉书·郡国志》记载，东汉时期，玄菟郡郡治迁至今抚顺劳动公园古城后，其下辖增至6个县②，即句骊县、上殷台县、西盖马县、高显县、候城县、辽阳县，其中高显县、候城县、辽阳县3县乃从辽东郡划拨过来。

（五）东汉时期辽东属国建制文化

辽东属国是东汉安帝时为安置迁于辽西塞内的乌桓人所设立的地方行政机构。按照汉制，属国"置都尉、丞、侯、千人、属官九译令"。属国都尉和主要官吏，由朝廷派人充任。

关于辽东属国的地理位置，古之辽东和辽西分界，有以医巫闾山为地理坐标，以医巫闾山以西之地称辽西，以医巫闾山以东之地称辽东。故，西汉时，辽东郡统辖的范围西部达医巫闾山。辽东属国的性质，《汉书·武帝纪》颜师古注"凡言属国之俗而属于汉，故言'属国'也"。辽东属国就是已内属于汉朝，而保留旧俗的乌桓国之意。

辽东属国下辖六个县，即昌辽县、宾徒县、徒河县、无虑县、险渎县、房县。其中昌辽县、宾徒县、徒河县原属西汉辽西郡，无虑县、险渎县、房县原属西汉辽东郡。属国都尉治所设在昌辽县，即西汉辽西郡之交黎县（今辽宁省凌海市境内）。

---

① 班固．汉书·志第八·地理：卷二十八下［M］．长春：吉林人民出版社，1995：1188．

② 范晔．后汉书·郡国：卷一百一十三，志第二十三［M］．长春：吉林人民出版社，1995：1980．

第二节　燕秦文化东渐与辽河文化衍化

公元前3世纪，燕国派著名将领秦开却东胡，置郡定辽以后，燕秦文化北渐东进，其与同时代辽河文化日益交融，促进了辽河文化的转型发展。

一　燕蓟文化东渐与辽河文化

从考古文化反映的辽河流域晚期青铜文化看，继夏家店下层文化之后的夏家店上层文化，在被称为凌河类型的辽西大凌河流域晚期青铜文化中，发现已有东胡或山戎等北方草原游牧民族文化与中原燕蓟文化结合的特征。如夏家店文化之青铜文化中的铜礼器和铸造技术复杂的容器，明显带有中原冶铸技术痕迹。从夏家店下层文化中考古文化发现的尊式鬲，被视为早期辽河流域青铜文化与黄河流域青铜文化趋同、交互影响的结晶和典范；从葫芦岛东大杖子遗址发现的战国燕式铜豆，被视为燕蓟文化与燕山以北的山戎文化的结合体。因此可以说，辽河文化与燕蓟文化交互影响，晚期青铜文化在秦汉之际由渐变达到趋同。如上举辽西建昌东大杖子晚期青铜文化遗址所发现器物，明显具有战国晚期的燕蓟文化的典型特征，无论是遗址的构造结构，还是器物类型、陶器胎质、制作工艺，以及大量的具有燕蓟文化特征的青铜礼器的发现，都具有战国燕蓟文化与当时辽河文化结合的特征。

燕蓟文化北渐东进，及其与同时代辽东半岛文化渐变趋同，始于公元前3世纪，燕国派大将秦开却胡，设郡定辽以后。古代辽东半岛文化明显与燕蓟文化趋同。考古文化发现，辽东半岛的燕长城文化以及在燕长城沿线文化遗址中出土的包括燕刀币、始皇廿六年刻款的陶器、带铭文的燕王职戈、燕王喜矛、相邦吕不韦铜矛、李斯戈等一系列标志燕秦文化特质的重要器物，都是对燕秦文化与辽东半岛文化趋同的证实，说明辽河文化转型发展的开始。

二　燕秦文化与辽河文化融合

在《汉书·地理志》中，有关于辽东郡平郭之盐、铁官营的记录，证明在西汉时期，辽东郡与中原郡国一样，有专营盐、铁的官营机构，并纳入国家行政体制。秦初，在边郡推行统一货币、度量衡和总一盐铁制度，至汉武帝以后才真正完成。因此，燕秦文化已经植根辽河流域，成为辽河文化的重要因素。

伴随经济发展，辽河流域郡县城市及其文化兴起，汉儒官学和典章礼制也深入浸润辽河文化，形成了包括郡、国、县、邑制度下的政体文化，也包括与郡县政体文化相联系的礼制文化、郡县城市文化、民族民俗文化以及宗教、信仰文化等非物质文化形态和社会文化类型，实现了由辽河流域多民族创造的原生性文化向多民族、多元性文化形态和文化类型的转变。

秦汉时期，辽河文化在时代特征、载体内涵上具有封建文化的多元要素，其表征反映在典章制度上以封建专制集权、郡国官制为代表的政体文化；反映在经济文化形态上，秦汉时期，中央政府实施包括统一货币、度量衡和总一盐铁制度、休养生息，推行土地私有制和保护土地私有权以及奖励农耕，实行文字统一等一系列经济文化制度；反映在民族民俗文化上，是依托自然经济的饮食居行文化、宗教文化及民俗娱乐文化等传统民俗民风文化；反映在宗教信仰文化上，则是家庭“立宗庙”和社会“独尊儒术”为特征的信仰文化。因此可以说，秦汉时期辽河文化受中原封建专制主义郡县文化的传播影响，本质上是包括多元文化内涵的封建专制主义政体文化，以其独特的地域特色和丰富内涵，成为中华文化的重要组成部分。

《史记》记载：“三十二年（公元前 215 年），始皇之碣石，使燕人卢生求羡门、高誓。刻碣石门，其辞曰：遂兴师旅，诛戮无道，为逆灭息。武殄暴逆，文复无罪，庶心咸服。惠论功劳，赏及牛马，因肥土域。皇帝奋威，德并诸侯，初一泰平。堕坏城郭，决通川防，夷去险阻。地势既定，黎庶无繇，天下咸抚。男乐其畴，女修其业，事各有序。惠被诸产，久并来田，莫不安所。群臣诵烈，请刻此石，垂著仪矩。”“二世皇帝元年（公元前209年）……二世与赵高谋曰：‘朕年少，初即位，黔首未附集。先帝巡行郡县，以示强，威服海内。今晏然不巡行，即见弱，毋以臣畜天下。’春，二世东行郡县，李斯从。到碣石，并海，南至会稽，而尽刻始皇所立刻石，石旁著大臣从者名……遂至辽东而还。”① 可见，在10余年间，秦始皇父子两代先后东巡郡县，并临辽西、辽东，且亲临碣石刻石记功。

“以示强，威服海内”，是秦始皇父子两代东巡郡县的目的，主要是为巩固新生的封建专制主义郡县制度，具有开拓性意义。其不仅有利于度、量、衡等封建专制主义典制文化向燕以东推行，为辽东地区送来封建专制主义制度文化，而且有助于以华夏文化为主体内涵的燕秦文化与辽河流域的土著文化相陶融，形成辽河流域新的文化类型，即环黄渤海北岸的早期铁器文化。

继秦始皇之后，胸怀雄才大略、锐意开拓疆土的汉武帝也东巡郡县，继续强化封建专制主义制度文化对辽河文化的浸润。《史记·孝武本纪》记载：“元封元年（公元前110年），‘（上）乃遂去，并海上，北至碣石，巡自辽西，历北边至九原’”②。其志在“俯观嬴政，几欲齐衡”。汉武帝循秦始皇的足迹，继续东巡郡县，并巡至辽西，历北边而至九原，纵横万里，其传播文化的作用不可小觑。

① 司马迁．史记·本纪：秦始皇本纪第六［M］．北京：中华书局，2013：546—547、589—590．

② 司马迁．史记·本纪：孝武本纪第十二［M］．北京：中华书局，2013：1135．

总之，秦皇汉武，巡狩辽东，不仅具有政治象征意义，更加速了燕秦文化与辽河文化的融合，极大地推动了辽河流域部族聚落形态与中原城邑制度的结合，“金石并用”与早期铁器文化的结合，渔猎、采集、牧猎与农耕文化的结合，也推动了辽河文化从“方国文化”向“郡县文化”历史性转变，表现出明显的地域文化特征。

第三节　秦汉时期辽河文化演变与发展

秦汉时期，燕秦文化与辽河文化的深度融合，尤其是秦汉文化的深度浸润，促进了辽河文化快速演变与发展。

一　从方国文化向郡县文化转变

从封建宗法方国文化向封建专制主义郡县制文化转变，是辽河文化转型发展的重要标志，其文化形态和类型也产生相应变化与发展。

（一）经济文化形态多样性

秦汉时期，辽河文化转型发展，从社会经济形态和文化类型上看，反映出来的是从单一型向复合型的转变。所谓单一型，是反映辽河流域乃至东北地区所固有的经济形态和文化类型。复合型转变则是指辽河文化从新石器时代起，已表现出采集经济与渔猎经济相结合的文化类型，经青铜时代，与北方草原游牧文化及东渐的燕蓟文化相融合，吸纳其先进的文化因素，促成了由辽河流域传统单一经济形态和文化类型向复合型经济形态和文化类型转变的多民族、多类型文化的嬗变，最终呈现为农耕、渔猎、狩猎、畜牧及采集等多种经济形态共存的复合型经济形态和文化类型。这种复合型经济形态和文化类型具有明显地域特点①。其地域分布大致为：

1. 辽北以农耕、畜牧为主之文化形态

地域大体为辽东山区的西部、辽西山区的东部、辽河三角洲的北部、辽河中游冲积平原，同与之北部相接的松花江平原合而成为松辽平原，自古即是农耕文化发达的地区。

2. 辽南农耕、渔猎、采集为主之文化形态

地域位置在辽宁南部，由千山山脉向西南延伸到海洋所构成，即由辽东半岛南端老铁山隔渤海海峡和山东半岛遥相接应，形成渤海和黄海分界，北部以鸭绿江口和大清河口连线为界，包括沈丹线以西到浑河、大辽河地区一带。

3. 辽西狩猎、畜牧为主之文化形态

地域大致包括沿渤海辽宁海岸由西南向东北的山海关外至锦州之间的狭长平原地带，即“河西走廊”地带。

4. 辽东狩猎、渔猎、采集为主之文化形态

地域大体为长白山支脉的辽东山区，即由大黑山、哈达岭、龙岗山以及老岭等山岭合而构成的辽东山区一带。

（二）聚落文化形态之迁化

秦汉时期，辽河文化吸纳中原文化转型发展，具有典型性特质的是聚落文化形态向城邑文化形态之迁化，即从各部族分散的聚落形态向郡县城邑的转化。这个转化是伴随着封建专制主义郡县制文化在辽河流域的广泛传播和耕植来实现的。据《史记》记载，秦吞灭燕，秦承燕制，设郡县以经营辽东。至汉初，辽东地区共有二十九县。汉武帝时，重开辽东边郡、复修辽东故塞后，郡县制文化成为辽东半岛的主要文化形态。郡县制文化在辽东地区的传播耕植，以各郡县治所所在地为中心，形成了许多地方城

① 辽宁省地方志编纂委员会办公室. 辽宁省志·农业志［M］. 沈阳：辽宁民族出版社，2003：21—24.

邑，进而推动了辽河流域城邑文化的兴起、繁荣与发展。

考古文化发现，早在夏家店下层文化时（青铜早期），辽河流域便出现了颇具规模的石城，这类石城属于部落聚居的带有防御性质的聚邑。进入青铜晚期，辽河流域真正进入部族聚邑与燕秦汉郡之城邑的发展相结合的时代。考古文化发现，辽西台集屯小荒地北山城和女儿河畔之汉城址、北山城城址为典型的青铜时期至战国时期的聚邑，明显地具有古山戎、徒河部族邑落中心的性质；台集屯古城则具有典型的汉代早期郡县城邑的性质。这说明辽西地区部族聚邑与汉郡城邑趋同，辽河流域聚邑文化向汉郡城邑文化转化发展。

（三）社会组织形态之转变

秦汉时期，伴随着封建专制主义郡县制文化在辽河流域的广泛传播和实践，辽河文化之政体文化逐步实现了由边郡部族方国酋长制文化向封建专制主义郡县制文化转变，即由燕蓟文化时期的部族酋长和邑长制文化伴生的属国政体文化向郡县制文化转变，这一过程是与由聚落文化向城邑文化的转变同步发生的。辽河流域政体文化的转变，必然会带来社会组织形态及文化类型的转变。从文献记载看，汉初，边郡部族方国、侯国、属国官制文化，从郡县制文化兴起时就已开始。西汉初期，汉武帝在东北边郡设立部族属国，由朝廷直接任命并颁发部族属官印，如考古文化发现的“汉乌桓率善佰长”印、“魏乌丸率义众长”印等。“率善”“率义”属汉魏官秩。在率善、率义前冠以汉魏年号的做法，凸显了秦汉以来，辽东边郡部族方国、侯国、属国对秦汉文化的认同，说明辽东部族方国、侯国、属国文化已经逐步向中原郡县制文化转变。秦汉时期，这种从部族“酋长”制文化向“率善”“率义”制文化的发展，并逐步形成部族羁縻制文化，在中国边郡民族政体文化发展史上具有深远影响。由秦汉开始的这种部族属国或侯国官制文化，同部族属国和侯国在边郡地区的最早设立一样，从根本上反映了由郡县制文化衍化而来的封建制度文化，在包括辽河流域在内的秦汉时期的各边郡民族政体文化中，不断趋同演进的历史过程。这一历史过程，也是中华民族从多元、分散向多元、一体衍化的文化表征之一。

二 趋同汉制的辽河流域政体文化

秦汉时期，郡县制文化在辽河流域生根繁殖，是辽河文化转型发展的突出标志。若以辽河文化的视角来观察和检视，秦汉时期辽河文化转型发展体现出许多文化进步的因素和特征。

秦汉时期，辽河文化以部族“方国”和“聚邑”形式出现的社会组织文化，向中原郡县制文化趋同。据《史记》记载，秦在灭燕以后，秦承燕制，在辽东置郡县以经营辽东。汉代初期，辽东地区置有二十九县。至汉武帝时，在重开辽东边郡、复修辽东故塞后，辽东半岛政体文化的主要形态是郡县制文化。

实行盐铁官营、统一度量衡和币制是辽河文化趋同中原政体文化的重要特征。在边郡推行总一盐铁和统一币制与度量衡制度文化，早在秦统一六国的过程中即已逐步实施。而盐铁官营和统一文字、货币、度量衡等制度文化在辽河流域生根结果，则是在汉武帝以后。这与汉武帝时代前后，修复辽东故塞和开拓“朝鲜四郡”有直接关系。建立度量衡典制文化，考古文化中有各地出土的秦汉刻铭器物得以证明。据《汉书·地理志》记载，辽东郡平郭县有铁官和盐官，是总一盐铁推行辽东的重要史料。《汉书·地理志》平郭县条中的“辽东郡……平郭，有铁官、盐官”①，说明在西汉时，辽东郡就有专营盐铁的机构，并已纳入国家行政体制。

考古文化发现，平郭县故城址在今辽宁省盖州市。位于营口大石桥东北的英守沟汉城，出土的西汉时代的遗物和遗址明确，

① 班固. 汉书·志第八·地理：卷二十八下［M］. 长春：吉林人民出版社，1995：1188.

其属汉代小型古城，应属西汉辽东郡平郭县之铁官城。盐官城则应在营口盖州熊岳温泉疗养院内之汉城。由此可见，《汉书·地理志》中关于辽东郡平郭之盐铁官营的记载可征信。

《汉书·地理志》记载，在西汉早期，辽东郡有房县，辽西郡有柳城县，考古文化发现明确，柳城县在今辽西大凌河上游的朝阳市南十二台营子古城；其在战国晚期到西汉早期的墓葬中，已出土有在肩腹部印有“酉城都”陶铭的陶罐，经考证，此“酉城”应为《汉书》中记载之“柳城”。结合其他地名文化渊源看，《汉书》中记载的“房县”和“柳城”，有其更深的文化内涵。如《史记·历书》中记载，“战国并争，在于强国禽敌，救危解纷而已。岂遑念斯哉。是时独有邹衍明于五德之传”，至汉初“乃以太初之元，改正朔、易服色、封太山、定宗庙百官之仪以为常典”。而在《史记·律书》中记载，“房者，言万物门户也”，“酉者，万物之老也”①。以汉律五行之说，辽河流域之“房县”应有郡国“门户”之义，而“酉城（柳城）”古义应为“老城”。上述两个县的命名，具有深厚的中原文化蕴含，可以反映中原文化浸润辽河文化之深厚。《史记》记述夏商周三代以来的“律书”“乐书”“三礼”等礼制文化，直至秦汉之际，依然是国家礼制文化的主要特质，《史记》记述秦皇汉武“改正朔、易服色”，正是秦汉封建专制主义典制文化的反映。而地处辽河流域的“房县”“酉城”，取“律书”中“房”“酉”古义之中原天象文化等“五行”之说，说明秦汉时期中原文化之礼制文化对辽河文化的影响。

总之，秦汉时期，中原文化特别是中原行政建制文化在辽河流域流播，与辽河文化融合，起到了推进辽河流域礼俗文化渐变的作用。史料记载，在西汉时期，辽河流域的夫馀、高句骊等边郡部族中，已传入有明显的中原官方礼制文化，如西汉王朝分布

① 司马迁. 史记·书：律书第三［M］. 北京：中华书局，2013：1995、2000.

赐玉衣、典册，与颁领的朝服、印绶一样，具有鲜明的中原政体文化因素。

秦皇汉武开拓边郡以后，辽河流域封建专制主义郡县制文化不断发展与完善，并由此进一步奠定了早期郡县制文化在辽河流域传播的历史基础。在郡县制文化代替部族方国制度文化后不断衍生变化下，辽河文化在社会生活、时代特征、文化内涵、民族交融及典制礼俗等社会人文制度方方面面，表现出更加明显的多民族、多元化的社会文化功能。秦国统一六国后，秦王朝在辽河流域设置郡县，秦始皇与秦二世先后巡狩辽东，中原文化深入辽河流域开始大规模北渐和强劲东传。至汉武帝时期，已促进辽河文化发生了划时代的质的嬗变。

从秦始皇东巡郡县、汉初修复辽东故塞至汉武帝开拓“朝鲜四郡”。100多年间，中原文化的持续传播，促进辽河地域文化和民族文化发生了深刻变化。早期辽河文化因承燕蓟文化形成的宗法封国制文化，与秦汉时期东渐的郡县制文化，经历了反复较量后，最终，汉武帝以其政治韬略和文化战略，大刀阔斧地“改正朔、易服色”，独尊一统，“定宗庙百官之仪以为典常”。如果说秦始皇东巡辽东具有“开启国门”“威服海内”的政治意义。那么，汉武帝东巡辽东，则更具有“百蛮率服”的文化意义。汉武帝东巡辽东郡县后的政治决策是在设置郡县的基础上，即在修复辽东故塞基础上，又开拓“朝鲜四郡”，使郡县制文化进一步覆盖东北亚地区，恩威并举，大力推进文化认同，促使“海外肃慎、北发、渠搜、氐羌来服”。《汉书·夏侯胜传》记载，“孝武皇帝躬仁谊，历威武，北征匈奴……东定濊、貉、朝鲜，廓地斥境，立郡县，百蛮率服。”由此可见，秦皇汉武的巡狩文化，由政治上的“威服海内”到民族心理上的“文化认同”，“日月所照，风雨所至，莫不从服”，直接影响辽河文化趋同中原文化的进程，并在辽河流域形成了以郡县制文化为主的多民族的多元化的文化形态和类型，最终使辽东地区统归华夏，辽河儿女成为中华民族的一员。这就是文化的力量。

在辽河文化转型发展的历史过程中，辽河流域郡县制文化为主的多民族、多元性文化形态和类型的形成，与中华民族多元性、多民族统一的文化形态和类型的形成具有同时性。秦汉时期，郡县制文化虽先行于中原地区，但在其北渐东扩过程中，浸润与耕植辽河流域，经秦始皇扫六合而御宇内、西汉初平藩止乱、特别是汉武帝拓疆定郡，最终促成了辽河文化政体文化历史性转型。中华历史文化的历史性转型中，始终包括辽河文化的转型发展。在秦王朝所置三十六郡（后增至四十六郡）中，辽河流域设有辽西、辽东二郡；汉初，重开边郡、修复辽东故塞，汉王朝在辽东地区设有二十九县。总之，自秦始皇统一中国后，辽河文化形态和类型始终与中原文化的发展变化同步。从考古文化来看，辽东半岛乃至整个东北亚地区，包括成熟的铁器文化、金属铸币、统一文字度量衡和封建专制主义典制文化以及民俗礼俗、葬俗文化等，与中原地区文化发展一直进步。

同时，也应该看到，辽河文化在转型发展的过程中，并没有完全被中原文化所取代或同化，而是吸纳了适合本地区发展的中原文化的先进因素，对旧有的辽河文化加以改造，最终形成了适应时代发展的新的辽河文化形态和类型，这也是辽河文化至今不衰的关键因素。

第六章　秦汉时期辽东地区城市文化

秦汉时期，辽河文化的重要载体之一，是在封建自然经济基础上，郡县城市的兴起及其承载的城市文化。辽河流域城市文化的兴起首先与燕秦郡县创立有关。在燕国统治时期，燕国在辽东设郡之前，辽东腹地仍属于方国形式，辽西的孤竹、徒河，辽东的高夷、青丘等，都属于部族聚落性质。当时的社会经济尚不发达，社会还没有发展到以地域为基本行政单位，以经济和社会管理职能为主要社会功能的郡国城邑的文化形态。秦汉时期，封建专制主义政体文化的推行，郡县制文化的广泛传播，辽河流域城市文化始兴，郡县城市群的兴起及其带来的汉郡文化的广泛传播，促使辽河流域城市文化迅速发展，日渐繁荣。据《汉书·地理志》记载，辽河流域的汉代郡县分布为：右北平郡，户 66689，口 320780；县 16，即平刚，无终，石成，廷陵，俊靡，賨，徐无，字，土垠，白狼，夕阳，昌城，骊成，广成，聚阳，平明。辽西郡，户 72654，口 352325；县 14，即且虑，海阳，新平安，柳城，令支，肥如，宾从（徒），交黎，阳乐，狐苏，徒河，临渝，文成，絫。辽东郡，户 55972，口 272539；县 18，即襄平，新昌，无虑，望平，房，候城，辽队，辽阳，险渎，居就，高显，安市，武次，平郭，西平安，文，番汗，沓氏（沓县）。玄菟郡，户 45600，口 221845。县 3，即句骊，上殷台，西盖马。乐浪郡，户 62812，口 406748；县 25，即朝鲜，讲邯，浿水，含资，黏蝉，遂成，增地，带方，驷望，海冥，列口，长岑，屯有，昭明，镂方，提奚，浑弥，吞列，东暆，不而，蚕台，华丽，邪头昧，前莫，夫租①。

这表明了郡县制文化在辽河流域的确立和完善，进而形成了以郡县治所为依托的早期城邑（城市），以及在郡、国以上方可设“社祀”的社祀文化，其推动了辽河流域城市文化的兴起、繁荣与发展。

第一节　秦汉时期辽东郡县城市文化兴起

秦汉时期，城邑的兴起是同郡县制为主的政体文化形态的确立和封建经济的发展相同步的。辽河地域城邑的兴起，是指燕蓟和秦汉时期设郡县开始形成的具有封建郡县制文化以来的城邑制度的发展。经历了秦王朝的大力推行以郡县制为主的典制文化，西汉初，休养生息，劝课农桑，发展经济，汉武帝重开辽东边郡、重修辽东故塞、开拓“朝鲜四郡”，设置郡县，以郡县治所为依托建设城邑，这是中国早期城邑兴起的过程。由于秦汉时期在辽东设置的郡县数量多、分布广，故辽河流域的城邑呈成群兴起状态。

一　辽东郡县城市文化兴起的背景

一般认为，集管理、聚邑、礼法、防御并重的郡县城市文化，在辽河流域兴起于燕昭王以后。记述辽河流域郡县设置始于司马迁的《史记》，较为详细记述辽河流域郡县城邑设置分布情况的是班固《汉书·地理志》，如表6—1所示。

---

① 班固. 汉书·志第八·地理：卷二十八下［M］. 长春：吉林人民出版社，1995：1187—1189.

表 6—1 汉代辽河流域郡县设置分布情况表

郡　名	户口数量	人口数量	辖县数	具体县名
右北平	66689	320780	16	平刚，无终，石成，廷陵，俊靡，薋，徐无，字，土垠，白狼，夕阳，昌城，骊成，广成，聚阳，平明
辽西郡	72654	352325	14	且虑，海阳，新平安，柳城，令支，肥如，宾从（徒），交黎，阳乐，狐苏，徒河，临渝，文成，絫
辽东郡	55972	272539	18	襄平，新昌，无虑，望平，房，候城，辽队，辽阳，险渎，居就，高显，安市，武次，平郭，西平安，文，番汗，沓氏（沓县）
玄菟郡	45600	221845	3	高句骊，上殷台，西盖马

注：此表根据《汉书》记述整理

二 辽东郡县城市文化发展的状况

考古文化发现，从东起鸭绿江左岸的大同江流域，西至燕山以北的上辽河流域，北至燕秦长城沿线的松辽分水岭以南，发现了数以百计的汉代古城遗址。这些汉代古城遗址，有的沿袭自战国燕秦时代，有的则兴起于西汉文景和武帝“修复辽东故塞”之后。诸多汉代古城遗址与以辽河流域为中心的“右北平、辽西、辽东、玄菟”4郡的相关记述，印证了辽河流域内郡县治所之具体所在。

（一）辽东郡及辖属18县治所

考古学证据表明，襄平即今辽宁省辽阳故城，自燕秦以来，素为辽东郡治所；新昌在平郭、襄平之间，即今辽宁省鞍山市南杨柳河北岸旧堡乡古城；无虑在今辽宁省锦州北镇市境的医巫闾山附近；望平在今辽宁省沈阳北与铁岭南新台子镇“邱台遗址”或新城子区“尹家村汉城遗址”；房县在今辽宁省盘锦市大洼县境内；候城在今辽宁省沈阳市老城区地下古城遗址；辽队在襄平西南新昌县之西，即今辽宁省鞍山市海城西北温香乡高坨子；辽阳在今辽宁省沈阳市辽中县茨榆坨乡浑河北岸的偏堡子村；险渎在今辽宁省鞍山台安县孙城子古城；居就在今辽宁省辽阳市东南汤河东岸的亮甲山；高显在今辽宁省沈阳市苏家屯区魏家楼子古城址；安市即今辽宁省鞍山市海城东南析木城；武次在今辽宁省丹东凤城市东北大堡古城；平郭在今辽宁省营口市东南盖州镇；西平安在今辽宁省丹东市东北叆河尖古城；文又称汶县，在今辽宁省营口市大石桥南永安村；番汗在今辽宁省铁岭市昌图县境内；沓氏（沓县）在今辽宁省大连市新金县花儿山张店汉城址。

（二）辽西郡及辖属14县治所

考古学证据表明，且虑在今辽宁省朝阳市西北召都巴和大庙乡汉城遗址；海阳在今滦河以西和沙河以东的滦县西南境；新平安在今内蒙古自治区奈曼旗南湾子乡沙巴营子村；柳城在今辽宁省朝阳市南营子乡袁台子一带；令支在今河北省卢县西北和迁安市西南一带；肥如在今河北省迁安市东南彭店子一带；宾从（徒）在今辽宁省锦州市境内高山子汉代古城遗址；交黎在今辽宁省锦州市境内大业堡乡汉魏古遗址；阳乐在辽宁省葫芦岛市绥中县北高台堡乡汉代古城遗址；狐苏在今辽宁省朝阳市境内松树嘴子古城；徒河在今辽宁省锦州市境内；临渝在今辽宁省锦州市义县复兴堡古城；文成在今辽宁省葫芦岛市建昌县巴什罕古城；絫县在今河北省秦皇岛市抚宁区的古城子村汉代古城遗址。

（三）右北平郡及辖属16县治所

考古学证据表明，平刚又称平冈，在今辽宁省朝阳凌源市西实验室杖子古城；无终在今河北省唐山市玉田县与天津市蓟州交界的凤凰顶一带；石成在今辽宁省朝阳市喀左蒙古族自治县山嘴子乡黄家店土城子遗址；廷陵在今内蒙古自治区赤峰市南三眼井古城；俊靡在今河北省唐山遵化市以东黎河上游一带；赘县在今辽宁省朝阳市建平县西胡素台古城；字县在今辽宁省朝阳市大凌河流域的凌源、喀左一带；白狼在今辽宁省朝阳市境内喀左、建昌一带。徐无、土垠、夕阳、昌城、骊成、广成、聚阳、平明等县治所不属辽河流域，故不作记述。

（四）玄菟郡及辖属3县治所

考古文化表明，玄菟初设于公元前108年时，在朝鲜半岛西北的狼林山脉之东的沃沮部族之地。其所辖三县：高句骊在今辽宁省抚顺市新宾满族自治县境内苏子河南岸汉城遗址；上殷台在今吉林省通化市快大茂子乡赤柏松古城；西盖马在今吉林省集安市汉代古城。

从史料记载和考古文化发现可以看出，秦汉时期，所置辽东四郡共设五十一县，其中，有四十多个县的治所分布在今辽宁境内或辽河流域内，足见秦汉时期辽河流域设郡置县数量之多分布之广，其致辽河流域城市大规模兴起。这对于推动辽河流域，特别是今辽宁地区古代城市文化兴起和发展具有重要作用。

第二节　秦汉时期辽东地区城市文化特征

城市文化总是以城市的存在和发展为载体，以城市文化功能的现实和潜在要素为底蕴，是一座城市社会功能的综合反映。城市的产生同历史上涌现出的各种重大事项一样，不是偶然发生的奇迹，都有一个孕育、萌生和发展的历史过程。作为地区经济政治社会文化等综合体的城市，其诞生更是如此。

秦汉时期，辽河流域城市大规模兴起，为辽河流域古代市文化、城市精神的发展提供了重要的载体。辽河古代城市的文化功能，从辽河古代城市的产生开始，就伴随城市的建筑载体和管理功能，存在于辽河文化发展的漫长历史长河中。

一　城市是郡县制文化的载体

秦汉时期，辽河流域大批城市（城邑）的出现，是当时社会政治、经济、文化发展的必然。作为中国重要边郡地区，辽河古代城市文化社会功能主要体现在城市社会功能的多种文化属性上。社会管理乃至社会治理，以及由此衍生的典制文化和城市文化，都以城市为重要载体。一定时期的城市文化，集中体现一定社会的组织结构、社会文化体系以及人文意识、人文精神等。辽河流域古代城市文化的形成，是自春秋战国以后，中原文化强力东扩，特别是秦汉时期，中原政体文化浸润、耕植的结果，具有历史的必然性。新石器时代或青铜时代，辽河流域各民族的社会生活形态是原始形态的氏族、部族或聚落联盟的文化形态和类型。这种部族文化或聚落文化，其特质是部族血缘宗亲文化或宗族文化。到青铜时代晚期，殷商和周代，形成了依宗法制度文化封建的邦国、郡邑或采邑等奴隶制国家体制文化，中国由此真正进入了封建国家形态的城市管理体制文化时代，辽河流域也随之步入这个时代。先后经历燕将秦开却胡、逐朝鲜，拓疆置郡以定辽东和秦始皇砥定乾坤、力推郡县制文化及汉武帝修复辽东故塞、设郡置县等一系列强化边郡辽东治理的重大举措，加速了辽河古代城市化进程。

从文化史上看，辽河古代城市文化的兴起，首先与中国社会历史发展密切相关。秦汉时期，中国已经进入封建专制主义文化时代，奴隶制文化形态下的“氏族社会文化”“部族社会文化”，显然已经无法适应封建专制主义文化发展的需要了。社会进步，人们的需求增加，满足社会不断增长的需求，最有效的办法是服务专门化，因而社会阶级分化、专门管理组织机构分化出来，城市文化亦应运而生、而长，繁荣和发展。所以，才有了《汉书·

地理志》记载的辽东4郡51县的史实，才有50多个郡县治所在辽河流域广阔土地上星罗棋布。这些古代城市不是现代的城市结构和地理分布，而是古代的城市结构与地理布局，具有特殊的文化内涵。辽河古代城市因郡县设置而兴起，城市文化也随之勃兴。辽河古代城市文化以完善社会管理职能和文化功能为主，体现辽东地区人文意识和人文精神，其核心功能是满足当时政体文化的传播，服务于当时国家治理的需要，是秦汉郡县制文化的传播载体。

二　古代城市之多元文化特色

辽河古代城市文化之多元性特色，体现了秦汉时期封建专制主义政体文化在城市文化形态上的表现，主要反映在以下几个方面：

（一）以地缘为主体之城市文化

秦汉时期，以辽河流域地缘为主体的城市文化取代了辽河流域原始氏族文化、部族文化或聚落文化，即以地缘政治文化代替血缘政治文化。秦汉时期，郡县城市群文化与燕蓟早期部族聚落文化的本质区别在于，城市文化是以封建专制主义的郡县制文化为主体建立起来的地域城市文化形态，而氏族文化、部族文化或聚落文化则是以封建宗法制度文化为主形成的原始文化形态。因此，二者的功能完全不同。氏族文化、部族文化或聚落文化以传播封建宗法制度文化为宗旨，而城邑文化则以传播封建专制主义郡县制文化为使命，服务于秦汉时期国家治理的需要，是传播秦汉郡县制度文化的主要载体。

（二）以管理与服务为主要功能的城市文化

秦汉时期，基于城市兴起的政治背景与社会原因，管理与服务功能成为城市文化的主体。如前所述，从秦始皇东巡郡县、汉初修复辽东故塞至汉武帝开拓“朝鲜四郡”。100多年间，早期辽河政体文化从因承燕蓟文化形成的宗法封国制文化，转型发展为秦汉时期的郡县制文化，发生了实质性的深刻变化。在这个变化过程中，既有像秦始皇东巡辽东开启国门、汉武帝东巡辽东“威服海内”“百蛮率服”的政治举措；又有像秦汉时期修复辽东故塞、开拓“朝鲜四郡”，设郡置县，恩威并举，大力推进对封建专制主义郡县制文化的认同。从政治上的威服海内，到民族心理上的文化认同，直接影响辽河文化趋同中原文化的进程，并使辽古代城市文化形成了以郡县制文化为主的文化形态和类型，即以管理与服务功能为主体，服从并服务于秦汉中央政权，积极推进并极力维护郡县制文化在辽河流域的传播与实施。秦汉以来，辽河古代城市文化是在夏、商、周封国和采邑等原始城市的基础上发展起来的，旧有的氏族、部族、宗法及世袭世禄文化并未因为郡县制文化的兴起而很快消失。封建郡县城市是稳定帝国封域社会结构的基础。故秦汉王朝极力推进城市的国家化、政体化和文化功能的社会化。郡县城市文化是封建专制主义文化的重要载体和传播基地，因此，要求郡县城市文化必须担负起行政管理的使命，强化社会对郡县制文化的认同。

（三）交通文化与军事文化相融合的城市文化

秦汉郡县城邑（城市）除了经济、政治、社会及服务、管理功能外，从古代城市文化的视角看，其交通与军事功能有着特殊的人文意义。

1. 交通文化的政治特征

在秦统一六国后，交通不仅是为了沟通人际和民族关系，更重要的是推广国家政体文化、保持政令畅通。因此，交通文化具有了政治文化属性。如果说在依封建宗法制度文化建立邦国文化的时代，交通文化的政治性还不那么明显的话，那么，秦始皇建立全国多民族统一的王朝，交通文化的政治性就特别明显了。

胸怀雄才大略的秦始皇，为方便“挥长策而御宇内”，在一统天下后，首先在中原地区修建了以咸阳为中心的，东穷齐、燕，南极吴、楚的车马大道——驰道；修建了从咸阳以北的云阳直达九原的直道；修建了从今四川宜宾至云南昭通的五尺道；修建了今湘赣与两广之间的新道。这些驰道、直道、五尺道和新道的修建，既极大便利了全国各地的经济文化联系，同时，也为秦朝迅速调动军队、运送物质提供了有利条件，更为国家政体文化的传播与推广提供了便利。据史料记载，秦始皇帝曾利用这些四通八达的道路，5 次出巡，足迹遍布黄河、长江中下游及辽河流域的许多地方，既传播了自己的文治武功，也推广了秦朝建立起来的封建专制主义文化。

古代城市是一个地区经济文化中心，也是交通文化中心。秦汉时期，郡县城市在辽河流域的蓬勃兴起，为改善辽河流域的交通和华夏文化东渐、耕植创造了条件，对于推动辽河文化之交通文化繁荣与进步具有重要作用。

2. 城市文化凸显军事文化功能

一个地区中心城市的形成，必然带动该地区经济社会文化发展，而经济社会发展反过来又提升城市的地位与影响力；在阶级或等级社会中，必然成为势力集团关注和争夺的重点乃至焦点。秦汉时期，辽东边郡城市虽然大都止于县级城市，但其军事地位不能小视，由于军事地位重要，必然成为兵家必争之地。如沈阳，最早见载史籍的是侯城，是燕国大将秦开却胡后为拒胡于公元前300 年创建的城市，经过近四个世纪的沧桑岁月，虽屡屡易主，但始终作为军事重镇存在。城市文化因军事需要而获得更多的投入，从而加快了城市发展，使得城市文化日益繁荣。古代城市文化的繁荣总是带有军事文化形态和类型。在秦汉时期，无论是秦王朝承燕制而置辽东故郡，还是汉武帝修复辽东故塞而设郡置县，都有仿当年燕国派贤将秦开将东胡驱逐千里之外后，“置上谷、渔阳、右北平、辽西、辽东五郡以拒胡”①，即置郡设县以却敌的政

① 司马迁. 史记·列传：匈奴列传第五十［M］. 北京：中华书局，2013：6541.

治考量。因此，秦汉时期，辽东边郡古代城市一般也是古代军事重镇。这样的军事文化充分体现了辽东边郡城市文化的社会功能。在文化意义上，军事文化具有与辽东边郡郡县制政体文化互为表里的意义。

（四）封建典制文化与宗庙文化相结合的城市文化

秦汉时期，城市不仅是经济政治社会文化中心，更是文化学术思想传播与发展的中心。据史料记载，秦汉时期，以秦汉儒学和殷周礼学为中心的文化体系，以城市文化为主体在辽河流域已形成。封建统治者明白，“礼由人起。人生有欲，欲而不得则不能无忿，忿而无度则争，争则乱。先王恶其乱，故制礼义以养人之欲，给人之求，使欲不穷于物，物不屈于欲，二者相待而长，是礼之所起也”①。秦始皇深知虽马上得天下，但不可马上治天下。因此在建立秦王朝后，一方面，积极创造了以郡县制文化为特质的完整的封建专制主义典制文化；另一方面，“悉纳六国礼仪”，对“尊君抑臣”等有利于立国的典制文化，“采择其善”而从之，因而形成了符合时代要求的礼制文化。至于汉代，汉高祖时，“大抵皆袭秦故”。至汉武帝，初，“招致儒术之士，令共定仪，十余年不就”后，闻坊间议论，欲致天下太平、百姓和洽快乐，须采集各地风俗以制定礼仪制度。于是，命令御史着手制定礼仪制度，终于在太初元年颁布实施。据《史记·礼书》记载：“至秦有天下，悉内六国礼仪，采择其善，虽不合圣制，其尊君抑臣，朝廷济济，依古以来。至于高祖，光有四海，叔孙通颇有所增益减损，大抵皆袭秦故。”② 也就是说，秦始皇立国后，广泛搜集六国礼仪，对其中具有符合时代发展的好的礼仪制度加以采纳，用于当

① 司马迁．史记·书：礼书第一［M］．北京：中华书局，2013：1863．

② 司马迁．史记·书：礼书第一［M］．北京：中华书局，2013：1857．

时。汉高祖时，由叔孙通对当代礼仪制度稍作增减，基本沿用秦朝旧制。直至汉武帝时，“今上即位，招致儒术之士，令共定仪，十余年不就。或言古者太平，万民和喜，瑞应辨至，乃采风俗，定制作。上闻之，制诏御史曰：‘盖受命而王，各有所兴，殊路而同归，谓因民而作，追俗为制也。议者咸称太古，百姓何望？汉亦一家之事，典法不传，为子孙何？化隆者闳博，治浅者褊狭，可不勉与？’乃以太初之元改正朔，易服色，封太山，定宗庙百官之仪，以为典常，垂之于后云。”① 礼制文化，不仅具有道德调节作用，可对人的欲望进行调节，培养社会自律精神，而且还具有政治教化作用。特别是礼仪制度文化，是治理国家、辨明名分的最高准则，是使国家富强巩固的根本文化制度。礼乃“上事天，下事地，尊先祖而隆君师”，“治辨之极也，强固之本也，威行之道也，功名之总也”，“王公由之，所以一天下，臣诸侯也；弗由之，所以损社稷也”②。

综上，秦汉时期，国家正统礼仪文化是在继承殷商礼仪文化合理因素的基础上，以封建专制主义政体文化为核心创造而成的。

秦汉时期，城市是秦汉国家礼制文化的重要载体。与礼制文化并重的儒家文化，在汉武帝“罢黜百家，独尊儒术”文化背景下，也成为辽河流域中心城市的重要文化体系。秦汉时期，封建专制文化的核心是以儒家文化为主体的文化形态。秦汉以来的礼制文化是通过郡县制文化传播至全国的。当时，在郡、国一级的重镇设“高庙”“太学”以奉社稷先祖，在县邑一级设“三老”“举孝廉”、选“啬夫”等，以掌教化和推行礼制，这是秦汉城市的重要文化功能。《汉书·地理志》记载，秦汉时期，辽西郡治

---

① 司马迁. 史记·书：礼书第一［M］. 北京：中华书局，2013：1860.

② 司马迁. 史记·书：礼书第一［M］. 北京：中华书局，2013：1860、1867、1872.

“且虑，有高庙”①；公元前138年，辽东郡郡治襄平的“高庙”曾发生过火患，说明襄平置有高庙。这都说明秦汉城市之礼制文化和祭祀文化已是辽河流域城市文化的主体，辽西郡治且虑、辽东郡治襄平均设有“高庙”，符合秦汉国家礼制文化要求。考古文化发现，在东汉时代的辽东郡治襄平（今辽宁省辽阳市）的汉魏壁画中，有与中原如河南“打虎亭汉墓”等近似的“仪仗出行图”等文化因素，显示辽东边郡一同汉制、盛行统一的郡国宗庙制度文化和儒家规范的礼制文化。在辽阳新城战国墓葬遗址中，发现有与中原汉制礼仪相同的棺椁制度、木桶和随葬的车马模型等文化因素，说明从秦汉以前的战国时代起，在辽东的郡县城市已经开始了“趋同汉制”的文化发展过程。

（五）城市建筑文化凸显地域文化特色

辽河古代城市与城市文化的兴起与发展，受到当时社会环境的影响是多方面的、长期的、深刻的，其中最为突出的是军事文化的影响，古代战争对城市文化的影响直接而深刻。

综观辽河流域古代城市文化发展历史，可以说，辽河流域古代城市是因应战争而兴起的，许多城市也因战争而毁灭。公元前300年，燕国大将秦开“却胡千里”“置五郡以拒胡”，其郡治襄平应是辽东城市兴起的较早形态。在此之前，或有原始人群聚族而居形成的原始城市——邑镇等。史料记载，辽河流域大规模早期形态的城市兴起时代，应在秦汉初期。前文已有转述，在此不予赘言。辽河流域城市文化在中国古代，经历了发生、发展和波澜起伏的漫长曲折历史过程；从春秋战国的诸侯割据封建邦国文化形态，到建立中华民族统一国家文化形态，从秦汉之初大力推行封建专制主义郡县制文化，到汉武帝时代德治与法治并举的政体文化，辽河流域的城市也经历了由小到大、由简到繁，即由单

① 班固．汉书·志第八·地理：卷二十八下［M］．长春：吉林人民出版社，1995：1187．

一的防御性质的军事城堡文化形态，向多功能社会化城市文化形态的转型发展。在这一过程中，辽河流域城市文化孕育出独具特色的建筑文化和市井文化。从考古文化发现来看，在城市规划布局、城市建筑设计、城市社会功能等方面，明显表现出辽河流域城市文化的特色。

1. 城市文化功能趋同汉制

如前所述，辽河古代城市文化是在夏商周以及春秋战国基础上发展而来的，到了秦汉时期，已经形成较为成熟的文化形态和类型。秦汉初期，由于受到国家政治、军事影响，辽河古代城市文化的发展与军事战争文化有直接关系，这就给这个地域的城市文化功能作了定位。

文史资料记载，秦汉时期，辽西故郡郡治“且虑，有高庙”，辽东故郡郡治襄平有“高庙”，可谓古代辽河流域城市文化社会功能趋同汉制的典型代表。另外，考古文化发现了辽河流域古代城市建筑文化与中原古代建筑文化趋同的例证。如在今大连地区的汉墓中出土了楼高 3 层、具有出檐深远，呈双坡脊和庑殿式等高等级结构的精美陶楼模型，这一发现与辽阳汉墓壁画的挑檐式楼阁图相印证，说明中原建筑文化在东北边郡特别是辽河流域得到体现。此外，在辽东苏子河上游的永陵南二道河子汉城遗址，即西汉时期玄菟郡郡治所在，发掘出土的大型础石建筑遗址、高等级的千秋万岁瓦当和云瓦当及五铢钱等，都体现了秦汉时期郡县城邑文化在辽东边郡和辽河流域达到了趋同汉制的程度。可以认为，这以郡县制为主体的中原城市文化在辽河流域城市文化发展中已进入成熟阶段的标志之一。

史料记载与考古文化发现，古代城市是建筑、宗庙、礼制中心，郡县举孝廉、设官制中心，立太学、开学庠等，在辽河流域早期城市和城市文化发展中，这些都与中原城市与城市文化同步，具有了秦汉时期城市社会文化的典型意义。

2. 城市规划文化凸显防御性

史料记载，秦汉时期中央政府在辽东边地或辽河流域置郡设县，以加强辽东边郡防卫。早在燕国统治辽东边郡时代，就置上谷、渔阳、右北平、辽西、辽东 5 郡，其中辽东有襄平、新昌、无虑、望平、候城等 18 个属县。秦汉时期，承燕制，置郡设县，最多时郡属县超过 50 个。依郡县治所兴起的古代城市和城市文化，不可谓不丰富。由于史料匮乏，今天人们无法了解当时城市与城市文化发展的全部面貌，但从考古文化和文献有关记载综合分析，还是可以窥见一斑的。如候城（今沈阳市），始建时间约在公元前 300 年，从建城伊始，候城就不是一般的“斥堠”或“亭障”等军事哨所，而是辽东边郡三大郡治所之一，即中部都尉治，也就是说，候城是当时辽东边郡的军事重镇。因史料欠缺，今天无法了解候城的最初形制，但从候城北面的八虎山城遗址，石砬子大、小古城遗址及候城西南的高显县城遗址的考古文化发现中，可以大体了解一些当时与防御性有关的侯城的形制。

（1）八虎山城遗址

八虎山城遗址位于八虎山上，地势险要，利于监视四周广阔地域。考古文化发现，八虎山城遗址是一座省力实用的防御性山城。《法库县志》记载，山城城墙“紧绕主、次两峰环为一周”，“全长 3430 米”。可见，八虎山城的防御性特征十分明显。考古文化发现，该山城充分利用自然条件筑成，面向可能的来犯者方向，建筑一定高度的墙体，而背靠的山崖陡峭之处则“凭壁为墙”，不再另外砌墙。从严格意义上说，八虎山城遗址虽然还不够完整意义上的城池，但作为防御性军事城堡是无可置疑的。

（2）石砬子古城遗址

石砬子大、小古城遗址位于大孤家子镇方石砬子村一带两座山丘上。两座古城遗址相距约 700 米，形制相似。考古文化发现，小古城遗址山顶部较为平坦，城的边缘为泥土与大块岩石混筑而成，城址平面为不规则椭圆形，山城顶部正中偏北有一土丘，半山腰有一环绕城顶的平台，路面比较平坦，该古城遗址有一门，门址两侧有脊状门垛伸出城外，城址东南侧环城平台下，筑有一道山腰壕沟，自东南转向西北，呈半环状沿山脚环绕，至西北陡坡处消失；大古城遗址山顶部不算平坦，与小古城遗址形制相近，呈椭圆形，山顶中间有一长条状土台南北向盘踞山顶，山顶平台边缘部分有人工垒砌遗迹，大部分则为山坡土夯筑，平顶下的山腰处也有环城平台，平台因山势起伏显得不很规整。两座古城遗址形制相似，都是椭圆形，面积大体相近，都构筑山丘顶上，且距离较近。从布局上看，它们是典型的犄角形防御城堡，两座古城似唇齿相依，便于策应和协防。从两座古城遗址筑城的位置、面积和结构等方面看，应是用于伺候望敌的“斥堠”“亭障”类军事哨所。

（3）高显县城遗址

《汉书·地理志》记载，高显是与候城同时设立的县治。侯城是中部都尉治，居于中心城市。高显作为重要的城市，是同侯城相伴时间久、规模较大且颇具特色的县治。高显古城位于沈阳市苏家屯区魏家楼子古城遗址，坐落在地势较高的沙河南岸的山冈上，古城略呈方形，南北长为105米，东西宽为101米；城垣为夯土建造，从城址西南角断面看，表层为黄褐色土与黄黏土夯筑层，夯层比较明显，夯土层厚约10厘米，城垣东、西、北三面保存较好；南面有一城门，城内地势比较平坦；周围丘陵起伏，东邻坡地，西接故邑道，北面沙河自东向西流过。考古文化表明，高显城是座较为典型的军事重镇。

另外，位于辽东郡中部沈阳老城区的侯城，为辽东郡3大治所之一，是中部都尉治，西接无虑、东连武次，除担负“拒胡”任务外，还兼负辽东郡中部地区的防御，环卫郡治襄平。因此，可以想见，候城城市规划设计和建筑布局受当时政治、军事文化的影响很深。考古文化发现，早期侯城由北城墙、西城墙、南城墙、东城墙围建而成，城墙总长约1000米，东及东北依山，南临水，其形制具有典型军事重镇特征。

考古文化发现，战国晚期至秦汉初期，辽东、辽西两郡所建的城郭一应体现军事防御特色，规模一般不大。辽东半岛南端发现的古城主要有牧羊、黄家亮子和张店 3 座古城，其中最大的为张店，南北长为 340 米，东西宽为 240 米；最小的是黄家亮子，东西长为 100 米，南北宽为 50 米。辽西地区发现的几座古城中，最大的为达拉甲古城，东西长为 340 米，南北宽为 170 米；最小的为安杖子古城，方形，边长约 100 米。

总之，在战国晚期和秦汉初期，辽东、辽西以郡县治所为基础所建的古代城市，因辽东为边郡，且东胡、山戎、濊、貊、朝鲜居其北、东北与东，出于战略防御的需要，城市与城市文化凸显防御性特征。

3. 城市建筑文化之叠加性

影响城市文化起源和发展的因素是多元的，最基础的力量是经济。但在辽河古代城市文化发展进程中，特别是早期城市与城市文化发展过程中，最为直接、最有效的影响因素是政治和军事。如前所述，辽河古代城市大规模兴起始于战国晚期至秦汉初期，城市与城市文化的首要功能是满足政治和军事文化的需要，特别是为了保护和防御的目的而置郡设县，立治所并建城。辽河古代城市因政治与军事而兴，也因政治与军事而衰，许多古城呈现“兵乱而废”“坏城废堞”“止戈再造”“功能叠加”的特征。如辽东郡候城（今沈阳市），始建于公元前 300 年，公元 121 年，被高句骊焚毁后①，长达 7 个世纪“久而未复”。整个辽东边郡地区，城市与城市文化的发展受政治与军事因素的影响兴衰起伏。旧的势力消退了，新的行政机构建立了，城市与城市文化就会重新建设，但边郡城市的地位不会改变，其满足政治和军事需要的功能

① 范晔. 后汉书·东夷：列传第七十五［M］. 长春：吉林人民出版社，1995：1605.

不会改变。所以，辽河古代城市与城市文化虽然保持着建筑的连续性，但其发展是曲折的。城市建筑文化凸显满足城市文化应有的经济功能、政治功能、军事功能、社会功能的逐步叠加性。也就是说，在城市的规划设计、形制布局等方面，首先满足政治功能、军事功能的需要，如叠加城墙、瓮圈、炮房、角楼、关厢等。之后，再考虑如何完善城市的经济功能与社会功能，如举办学庠、宗庙等。如秦汉时期，辽西故郡郡治且虑县有高庙，辽东故郡郡治襄平有高庙，由早期的军事防御文化到社会祭祀文化的发展，表明古代辽河流域是城市文化社会功能叠加性的代表。需要指出的是，辽河古代城市建筑文化的叠加性是受当时政治文化和军事文化影响的。这也是辽河流域和辽东边郡地区的城市（襄平即今辽阳市除外），始终未能成为在东北乃至全国有较大影响力的古代中心城市的原因所在。

第七章 秦汉时期辽东地区民族分布及其文化

辽河流域地理位置独特，东南临大海，西北接大草原，西连中原，东向东北，自古以来，就是多民族汇聚、人文荟萃的地方，逐渐形成独特的文化形态和类型。秦汉时期即从秦至两汉四五百年间，辽河流域民族及民族文化继承先秦青铜时代文化因素，文化源流与脉系持续传承与衍化，民族分布及其文化表征独特。从文献记载和考古文化看，秦汉时期辽河流域分布有众多民族，表现为多元文化形态和类型。

第一节 秦汉早期辽东民族分布及其文化

秦汉早期，辽河流域的民族分布以秽貊部族为主，分布有青丘、北发、诸貊部族、东胡、山戎及乌桓与鲜卑。

一 秦汉早期辽东地区民族分布及其文化

秦汉早期，辽东地区的民族分布以秽貊部族为主，主要包括青丘、北发及诸貊部族。

（一）辽东半岛青丘部族

从自然地理上看，在辽河左岸之千山和龙岗山脉之间的腹地，主要分布有横向的太子河、浑河，纵向的浑江、富尔江、叆河，形成了辽东地区独特的地理、地貌和独具特色的文化形态和类型，是从先秦辽东青铜文化到秦汉早期诸貊部族文化的主体分布区。其文化区系从大的分区和秦汉时期的文化系谱看，主要区别于辽河右岸之辽西地区的东胡部族文化，以及龙岗山脉以北的北秽（夫馀）部族文化区。从文献记载看，主要分布诸貊部族之青丘部族文化。

青丘之名史料记载比较清晰。“青丘”见载历史文献，如《尚书·禹贡》的“海，岱惟青州”①；《山海经》之海外东经和大荒东经的“青丘国在其（汤谷）北，其狐四足九尾”和“有青丘之国，有狐，九尾”②；《逸周书·王会解》的“周公旦主东方……青丘狐九尾”③；《史记》引司马相如《子虚赋》的“秋田乎青丘，彷徨乎海外”④；《新唐书》的 644 年，唐太宗征辽东⑤，任命薛万彻为青丘道行军大总管，率甲士 3 万自莱州泛海参加伐高丽，入鸭绿水百里至泊汋城，即到达今辽宁省丹东虎山山城。从以上记载可见，青丘部族早居辽东半岛。从民族考古文化类型看，在辽东半岛，广泛发现有青铜时代、战国晚期乃至秦汉初期的墓葬文化，如“双砣子三期”“大嘴子上层”，秦汉的“贝壳墓”以及旅顺“大城子”“后牧城驿”“岗上”“楼上”等墓葬遗址，均发现有后期青铜短剑，晚期直到战国燕、秦时的积石冢、石棺墓和“贝

---

① 孔安国. 尚书正义［M］. 上海：上海古籍出版社，2007：202.

② 郭郛. 山海经注证［M］. 北京：中国社会科学出版社，2004：649、773.

③ 黄怀信. 逸周书汇校集注（修订本）［M］. 上海：上海古籍出版社，2006：819、829。

④ 司马迁. 史记［M］. 北京：中华书局，2013：3015；司马相如·子虚赋［M］//费振刚，等. 全汉赋校注（上册）. 广州：广东教育出版社，2005：72.

⑤ 欧阳修，等. 新唐书·太宗皇帝：卷二本纪第二［M］. 长春：吉林人民出版社，1995：23.

壳墓”文化因素，表明是先秦至秦汉早期的辽东青丘部族文化及其分布。

（二）辽东腹地诸貊部族

考古文化发现，在鸭绿江、浑江和太子河、苏子河流域的青铜文化，存在具有土著文化内涵显著特色的单一性和结构的稳定性。如从早期青铜时代的洞穴积石墓到石棚、石盖墓，再到战国至秦汉早期石棺墓发展的延续性；又如从素面夹砂（含滑石粉）的褐陶工艺，“积石火葬”等的继承发展；直到从诸貊部族到高句骊文化的发展，一直呈现土著民族文化发展的连续性。从文献记载看，辽东腹地的民族文化，在秦汉早期，分布在千山以北的鸭绿江、浑江和太子河、苏子河流域的被称为“大水貊”“小水貊”和“染貊”者，后来汇合为辽东高句骊的早期“五部”文化，如《尚书大传》的“古者十税一，多于十税一，谓之大舛、小舛；少于十税一，谓之大貉、小貉”（貉即貊）①；《周礼·秋官·司寇》的“夷隶，百有二十人；貉隶，百有二十人”②；《管子·小匡》的桓公“九合诸侯，一匡天下，北至于孤竹、山戎、濊貉”③；《孟子·告子》的“夫貉，五谷不生，惟黍生之，无城郭、宫室宗庙、祭祀之礼”④；《山海经·海内西经》的“貊国，在汉水东北。地近于燕，灭之”⑤；《汉书·高帝纪》的公元前 203 年 8 月（高

---

① 张元济，等. 尚书大传（影印本）[M]. 上海：上海古籍出版社，1929.

② 许嘉璐，等. 十三经·周礼·秋官司寇第五（文白对照）[M]. 广州：广东教育出版社，2005：584.

③ 黎翔凤. 管子校注：小匡第二十 [M]. 北京：中华书局，2004：425.

④ 许嘉璐，等. 十三经·孟子·告子（文白对照）[M]. 广州：广东教育出版社，2005：2423.

⑤ 郭郛. 山海经注证 [M]. 北京：中国社会科学出版社，2004：692.

祖四年八月)“北貉、燕人来致枭骑助汉”①;《汉书·食货志》的“彭吴穿濊貊、朝鲜,置沧海郡”②;应劭《风俗通义》的“貊者,谨按《春秋传》,大貊、小貊也”③。从以上记载看,辽东腹地从先秦到两汉之际,诸貊部族(高夷)文化分布延续了近千年。至汉高祖时,鸭绿江流域有大水貊部族(高句骊部族先民),浑江、富尔江有小水貊部族(高句骊部族先民),在太子河(梁貊)上游亦有一支辽东貊族活生。

辽东貊族北系之北发部族早有史料记载:秦汉初期,辽东半岛的龙岗和哈达岭之间,诸貊部族之北系即北发部族存有活动文化,如《孟子·告子》的“夫貉,五谷不生,惟黍生之,无城郭、宫室宗庙、祭祀之礼”;《山海经·海内西经》的“貊国,在汉水东北。地近于燕,灭之”;《汉书·高帝纪》的公元前 203 年 8 月,“北貉、燕人来致枭骑助汉”。先秦之貉即《汉书》之貊,是辽东诸貊部族的北支,是对应于辽东地区之高夷和秽人的部族先人。从《汉书·高帝纪》记载看,北支貊族即对应北貉,活动应是辽东之大、小水貊,即相对南部地区,大体在龙岗山脉南部。考古文化发现,辽东北地的大清河、浑河上游、辉发河、柳河一带青铜文化遗存,证明了直到秦汉早期,在辽东北部的龙岗山脉南北地区,分布着《汉书》中记载的北貉部族文化。已发现的在辽东地区北部的青铜文化晚期之凉泉类型、吉林省辽源市东丰县大石盖墓及抚顺望花类型等,以及与石盖墓葬共存的环山聚落遗址等,应是从先秦到秦汉早期一脉相承的北发部族文化遗存。

① 班固. 汉书·帝纪第一·高祖上:卷一 [M]. 长春:吉林人民出版社,1995:31.

② 班固. 汉书·志第四·食货下:卷二 [M]. 长春:吉林人民出版社,1995:892.

③ 王利器. 风俗通义校注 [M]. 北京:中华书局,2005.

二　秦汉早期辽西地区民族分布及其文化

在辽河流域和滦河以北的大凌河流域广阔地区，是东胡部族文化在进入战国以后秦汉时期的主要分布地区。秦汉以后，东胡部族文化崛起，以草原部族山戎与东胡两系发展为代表，秦汉时，其后续的发展属于乌桓和鲜卑文化形态类型。

（一）东胡与早期乌桓部族

据《史记正义》记载，“营州之境，即东胡乌丸之地”。古营州辖区即今以辽西朝阳为中心的西辽河和老哈河、大凌河流域。考古文化发现，夏家店上层文化之南山根类型和龙头山类型属于东胡部族文化的分布类型，且一直延续到秦汉时期。进入西汉以后，东胡部族发展为“乌桓”和“鲜卑”两大部族文化。据《后汉书》记载：“乌桓者，本东胡也。汉初，匈奴冒顿灭其国，馀类保乌桓山，因以为号焉。”① 可见，乌桓部族与鲜卑部族是同族源并地域相邻的草原民族。乌桓最初登上历史舞台即在匈奴灭东胡时。在匈奴尽驱东胡占领了汉初的东胡故地后，东胡余部逃至辽河流域的辽西地区，后融入乌桓部族与鲜卑部族。史载，公元前119年，汉置辽东四郡前，派霍去病击败匈奴后，迁东胡后裔辽西乌桓至上谷、渔阳、右北平、辽西、辽东五郡，置其塞外游牧，为汉“侦察动静”。乌桓首领每年入朝觐见汉朝皇帝1次，以示内属。西汉初，在幽州设“护乌桓校尉”，持汉节兼领乌桓与早期鲜卑。西汉中后期，乌桓逐渐强大，东汉以后，辽西“三郡乌桓”成为发展的基础，直到曹魏时被击败。

---

① 范晔. 后汉书·乌桓鲜卑：列传第八十［M］. 长春：吉林人民出版社，1995：1697.

（二）早期鲜卑部族

据《后汉书》记载："鲜卑者，亦东胡之支也，别依鲜卑山，故因号焉。"① 作为东胡部族后裔，到两汉时期，鲜卑部族成为东北西部地区草原地带与乌桓并肩的最强的鲜卑文化。鲜卑部族文化以草原民族的质朴和宽博为特色，具体体现在生活居行中，与乌桓相同，少宫室而多穹庐、毡帐；在衣食服饰上，少细纱巧作，而多衣纻麻、禽兽之皮。最具民族特色的是其佩戴一种以马纹和鹿纹为特征的"郭罗带"，头佩以一种称为"步摇冠"的头饰，"金步摇"为最佳，成为西汉早期鲜卑部族文化的典型代表，直至两晋时期。其在金银铸造工艺和造型设计艺术上，独具草原文化特色。

汉代，早期鲜卑部族文化和乌桓部族文化，作为东胡部族的后裔，在东汉以后至魏晋时代，除了受到汉文化影响外，一直保留着本民族的文化传统。考古文化发现，汉魏时期，鲜卑早期文化主要分布在东北西部地区和大兴安岭山麓。曹操大破三郡乌桓后，辽西地区出现了乌桓败落的空白，使鲜卑各部代乌桓而兴；东汉后期，鲜卑部族著名首领檀石槐，早在东汉桓帝时，即以"勇健有智略，……由是部落畏服"著称②。史载，檀石槐"施法禁，平曲直，无敢犯者，遂推以为大人"③。从此，西部鲜卑部族兵马甚盛，东西部大人皆归焉。因南操缘边，北拒丁零，东却夫馀，西击乌孙，尽据匈奴故地，东西 14000 里，南北 7000 余里，

① 范晔．后汉书·乌桓鲜卑：列传第八十［M］．长春：吉林人民出版社，1995：1700.

② 范晔．后汉书·乌桓鲜卑：列传第七十五［M］．长春：吉林人民出版社，1995：1703.

③ 范晔．后汉书·乌桓鲜卑：列传第七十五［M］．长春：吉林人民出版社，1995：1703.

网罗山川水泽盐池①。东汉时，檀石槐成就了鲜卑山兴起的汉代鲜卑的“尽据匈奴（东胡）故地”的中兴时代，也成就了辽西草原文化中最有代表性的地域文化。檀石槐死后，尽管其子孙没有达到他的成就，但另一个鲜卑骄子慕容廆，在两晋时期，创业于辽西大棘城，进入鲜卑历史上的强盛期，其为鲜卑部族文化最繁荣的时期。

三　西汉时期辽东夫馀部族及其文化

关于辽东夫馀部族之先世，汉代以前的文献资料记载很少，《史记》只有“燕北邻乌桓、夫馀，东绾濊貊、朝鲜、真番之利”几句话，因而只能说，夫馀是与乌桓、高句骊并重的重要部族，知夫馀系濊貊族系。

（一）汉代以前北濊的夫馀部族

关于夫馀部族，《史记》记载，“燕北邻乌桓、夫馀，东绾濊貊、朝鲜、真番之利。”② 由于汉以前正史中没有夫馀部族的记载，引证者唯东汉王充《论衡》讲的传奇故事，即“北夷橐离国王侍婢有娠，王欲杀之”。“后产子……名东明，令牧牛马。东明善射，王恐其夺国也，欲杀之。东明走，南至掩淲水，以弓击水，鱼鳖浮为桥，东明得渡，鱼鳖解散，追兵不得渡。因都王夫馀，故北夷有夫馀国焉”③。由此可推知，夫馀国是北夷橐离国的后续，南渡掩淲水，在濊貊建立。《三国志》记载：“夫馀在长城之北，去玄菟千里。”“其（国）印文言濊王之印，国有故城名濊城，

① 范晔．后汉书·乌桓鲜卑列传第七十五［M］．长春：吉林人民出版社，1995：1703．

② 司马迁．史记·列传：货殖列传第六十九［M］．北京：中华书局，2013：7590．

③ 张宗祥．论衡校注·吉验篇［M］．上海：上海古籍出版社，2010：43．

盖本濊貊之地”①。《三国志》中记载的夫馀四周，主要是两汉时期夫馀部族文化分布的范围，南邻高句骊、东邻挹娄、西邻鲜卑和北有弱水，这就是两汉时期夫馀部族文化分布的大体范围。根据这个势力范围可以看出，在汉代200多年间，在保持和汉廷关系良好的同时，夫馀“其国殷富，自先世以来，未尝破坏”②。故燕北之肃慎、挹娄等，皆属夫馀所辖。可见夫馀势力之强大。濊城作为夫馀国中心城市，其经济文化相对发达，城市规模宏大，与中原文化交流密切，发展了夫馀部族特色的文化形态。后来，夫馀西迁近燕，旧地被勿吉、高句骊所占据。其文化形态也有变化。

（二）汉代夫馀部族及其文化

考古文化发现，濊貊系之北濊文化为夫馀族宗文化，进入两汉以后，在吸取中原文化因素的基础上，形成夫馀文化特质。故青铜时代的松花江流域之西团山文化，是汉代夫馀文化的源头。

关于古代夫馀部族及其先世文化的考古文化，主要以辽河流域北缘松花江为中心的西团山文化遗址展开。从西团山文化遗址中发现早期农业生产工具以磨制为主，陶器以手制素面夹砂褐陶为主，其特点与汉代及以前的夫馀部族文化之“东夷最平敞”，又与“宜生五谷”和“饮食用俎豆”等相符，这种文化形态延至西汉。西团山文化墓葬群文化包括南缘的辽宁西丰县肇兴村遗址和清原满族自治县土口子乡门脸村、开原市李家台等地，均普遍发现以石板立砌和板石垒砌的石室墓墓葬文化，这是濊貊诸系中北貊部族石墓火葬葬俗文化在夫馀南部地区的遗迹，且具有中原墓葬文化的某些因素。西团山文化其典型的遗址为早期几何形篦纹

---

① 陈寿．三国志・东夷传：卷三十［M］．长春：吉林人民出版社，1995：615－616.

② 陈寿．三国志・东夷传：卷三十［M］．长春：吉林人民出版社，1995：616.

泥质黄褐陶，晚期以绳纹泥质灰陶与红衣陶为主，具有汉和汉以前濊系夫馀系文化的典型特征。在西汉时期，夫馀部族的南部文化分布，已经达到龙岗和哈达岭南北的辽东北境浑江以北的清原、开原、西丰县境及通化以北，尤其是辽宁省铁岭市西丰县西岔沟古墓墓葬文化发现的四乳四螭纹铜镜及具有民族特色的串珠式铜柄铁剑、独具土著民族特色的铜牌饰等，是两汉时期夫馀部族文化在辽河流域民族文化的典型特质，其形制和工艺表明与同时期的中原文化趋同，具有典型意义。

四　秦汉早期辽东高句骊部族及其文化

汉代，辽东半岛土著高句骊部族文化形态源于辽东古高夷和诸貊族文化。自公元前 37 年，由始祖朱蒙在浑江立国后，即以浑江右岸的纥升骨城（今辽宁省本溪桓仁五女山城）为中心，分布高句骊文化。

（一）高句骊部族早期卒本文化

考古文化发现于 20 世纪晚期的望江楼积石冢①，位于浑江右岸的今辽宁省本溪市桓仁满族自治县城西南的山冈上，是一处积石冢群，沿浑江西岸山坡呈南北布列。如墓葬外部圜丘状积石，最大的一座位于冢群东部，长有 10 余米，宽约 9 米，西南侧残石高约 1.5 米，南侧墓边缘较直，考古文化认为，墓葬平面应是长方形布列。墓葬形制及结构和出土遗物特点，体现早期卒本夫馀文化的地理优势。如该冢群地处浑江右岸台地上，北邻下古城子，东北临近五女山山城，西靠青铜时代晚期南哈达遗址，与《好太王碑》等史料记载的建都于卒本川上的高句骊第一城的关系密切；该冢群为典型的地上式积石冢冢群形制，与距约千米的五女山山城对面高力墓子等地的高句骊部族早期圜丘式积石冢形制相似，

① 梁志龙，王俊辉．辽宁桓仁出土青铜时代墓葬及相关问题［J］．博物馆研究，1994（2）．

从出土的器物看，时代应在西汉中晚期，与高句骊始祖朱蒙南下浑江的高句骊立国时代相吻合；从望江楼积石冢之葬式、葬具和葬俗文化看，具有浑江流域貊系（沸流部）到高句骊早期积石冢"积石为封"与火葬相结合的特征，且从出土器物看，该积石冢火葬习俗特征明显，具有土著貊族和高句骊早期积石火葬文化因素；积石冢随葬物品具有北系夫馀（北濊）的特征，如采集和出土的直柄长刃铁剑、车饰、石串珠等，多与"西岔沟类型"相同，具有较多的北系夫馀文化与早期高句骊文化结合的特征。综观桓仁望江楼积石冢群及其西邻上哈达遗址的考古发现，从地理位置、冢群墓制结构及随葬品特点看，考古文化明确认证与高句骊起源有关。

（二）高句骊早期部族文化形成

西汉时期，浑江、富尔江流域高句骊考古文化，因史料记载少，无法分辨出高句骊部族早期五部文化。最新考古文化发现的五女山山城和下古城子望江楼积石冢及上哈达、王义沟遗址等，结合西汉夫馀部族文化存在的相对年代和地域范围，可以认证卒本夫馀文化出现的时间上限为始祖朱蒙在卒本川立国的西汉晚期，其为西汉时代辽东浑江地区多民族文化趋同发展的代表。高句骊部族早期文化分布应在以五女山山城和下古城子为中心的浑江中游和富尔江流域，该地域也是辽东高句骊五部文化的初始中心，即涓奴部族文化和沸流部族文化的中心。前举的望江楼积石冢考古文化认证，其墓葬结构和随葬器物，兼有高句骊部族早期文化和夫馀部族文化的共同特征。在遍及浑江、富尔江流域大量的积石冢和石盖墓中，除一些随葬器物受夫馀部族文化影响外，总体具有高句骊地上积石、火葬习俗和灵石崇拜传统。尽管朱蒙南下建立以浑江右岸的纥升骨城为中心，分布卒本夫馀部族文化冠以夫馀二字，但在文化内涵上明显有别于北夫馀（松花江流域）部族文化的地域特征，其文化内涵主体仍表现为以貊系为主的高句骊早期文化传统。

（三）高句骊部族早期文化的内涵

考古文化认为，除浑江、富尔江流域卒本夫馀部族文化以貊系为主的文化特征及与北夫馀部族文化的某些联系外，浑江流域相当于战国末至西汉中、晚期地域文化即高句骊部族文化，其具有汉郡文化的因素。如望江楼积石冢和龙头山石盖墓等墓葬文化，主要呈现的是汉式铜器、金属铸币和以灰褐陶为特质的优质陶器以及装饰品等。又如在四道河子、二户来等遗址中发现相当高句骊部族建国前的战国晚期至西汉时代的铁工具和燕刀币、汉五铢钱等，证明早在高句骊部族建国前，即有汉郡文化传播至浑江流域中游。故朱蒙时代以望江楼积石冢为代表的高句骊早期卒本夫馀部族文化，从文化结构上看，应以浑江、富尔江流域的貊系部族石构墓葬和灵石崇拜为主体，兼有北夫馀部族文化和汉郡文化的因素，进而形成高句骊部族早期五部文化的基本内涵。这一民族地域文化，在进入东汉后，由于琉璃明王迁都国内，进一步融合了大水貊、盖马部和沃沮等民族文化，使处于鼎盛时期的高句骊早期五部文化内涵更加丰富。但在本质上，辽东地区一直保留高句骊部族早期以高夷、貊系和卒本夫馀等诸部族文化为主的特征，并在民俗文化中更加充分地体现出来。

第二节　秦汉时期辽东地区民族分布及其民俗文化

秦汉时期，辽河流域民俗文化是辽河文化中最具社会人文意义和民族标志意义的传统文化。

一　夫馀部族及其民俗文化

濊貊北支的汉代夫馀部族民俗文化，仍属东夷族系的北濊部族文化，具有世居山林草泽中的原始民族文化特征。《后汉书》记载："夫馀国，在玄菟北千里。南与高句骊、东与挹娄、西与鲜卑接，北有弱水。地方二千里，本濊地也。"① 由此可知夫馀部族早期文化分布地域的大致范围。西汉初，由于其部族兴起早于高句丽部族，所以夫馀部族早期分布所及已经到达今浑河以北辽东长城塞外的西丰、开原、通化、柳河县境。由于其"南与高句骊、东与挹娄、西与鲜卑接，北有弱水。地方二千里"，所以夫馀部族文化之民俗文化，应兼有高句骊部族及挹娄、鲜卑部族文化因素，而又以其濊地为中心的北濊部族文化为主。考古文化发现，夫馀部族居地北近挹娄，地处高山、林泽之间，世居东北腹地的高寒地区，早期聚落多为围栅式城寨。另古代文献有"以员栅为城，有宫室、仓库、牢狱"② 的记载，聚落以木栅为主，且宫室、仓库、牢狱之设，应是古代王城一类的早期城市的建筑文化。汉代夫馀文化遗址，少有如汉郡古城的夯筑城墙和高句骊部族的高大石城的形态，而多以堆筑土垣与扎制的木栅形式。以土垣结壕的聚落形态，与汉魏时代三江平原和丘陵上的挹娄（肃慎）部族聚落形态相同，应有相似的原始居住民族民俗文化因素；"以员栅为城"，具有"半地穴式"的居室特征，则是夫馀部族独特的聚落之民俗文化形态，可称为夫馀部族式的民俗文化形态。据《后汉书》《三国志》记载，夫馀部族世居东夷，地域辽阔，土地生五谷，饮食器用俎、豆，说明地处辽东山林川泽谷地的夫馀部族早期文化形态和类型，以采集、狩猎为主，同时具有农业定居生活的文化形态和类型；亦说明北濊族系之夫馀部族文化，在接受北部挹娄文化等穴居、圆城的同时，最早接受汉郡文化的鼎、豆、鬲等民俗文化因素，显示其至汉代以后，辽东地区夫馀、肃慎等部族民

---

① 范晔. 后汉书·东夷：列传第七十五［M］. 长春：吉林人民出版社，1995：1602.

② 范晔. 后汉书·东夷：列传第七十五［M］. 长春：吉林人民出版社，1995：1603.

俗文化进入了主体多元的发展阶段。如尚白的服饰文化，质朴强悍的民风，居行山谷林泽，出产名马、貂皮、赤玉，婚嫁与丧葬民俗文化，继承自然崇拜的多元崇拜文化，等等。

二　高句骊部族及其民俗文化

秦汉时期，辽东地区的高句骊部族民俗文化，除了与濊貊族系共有的灵石崇拜外，从构成高句骊部族族源主体的辽东高夷、夫馀王族和辽东地区鸭绿江、浑江、太子河、苏子河流域诸貊部族的族系渊源看，其表现为居住特征、饮食用器、服饰文化、信念观念、婚姻丧葬习俗文化和社会文化艺术等方面，高句骊部族文化都具有由早期东夷民族文化，向不断趋同汉制的文化发展特征。如高句骊部族居行民俗，主要表现为世居高山深谷和从结庐而居到石筑山城和长于山川林泽趋行的文化传统。世居高山深谷是高句骊部族继承高夷部族的文化传统，可以说是一种与生俱来的文化传统。

《后汉书》记载："高句骊，在辽东之东千里。南与朝鲜、濊貊，北与夫馀接。地方二千里，多大山深谷，人随而为居。"① 与此山地建筑相并存的高句丽部族，其居行民俗文化的另一面，是趋行于高山曲谷间攀山越岭和以马代步的骑术及骑射传统民俗文化，体现为崇尚剽悍迅猛的山居部族的民俗文化特征。在宗教文化和丧葬民俗文化上，高句骊部族宗教文化崇尚灵石崇拜，丧葬民俗文化以火葬为主、积石为封。在婚姻与生育民俗文化方面，既有婚姻部族对偶婚制度的自由择婚的风俗，也有必从父母之命和傍顿钱帛的汉郡父母之言及礼聘钱帛的习俗文化。在服饰与发

① 范晔．后汉书·东夷：列传第七十五［M］．长春：吉林人民出版社，1995：1604．

式习俗文化方面，《三国志》记载，高句丽服饰皆锦绣金银以自饰①，应是三国时代以前两汉高句骊部族社会上层服饰文化的典型特征。唐《翰苑》引梁元帝《职贡图》追记其后期民俗："高骊妇人衣白，而男子衣结锦，饰以金银。贵者冠帻，而无后以金银为鹿耳，加之帻上；贱者冠折风，穿耳以金环。上白衣衫，下白长袴，腰有银带。"高句骊部族男子贵者戴帻且有区分等级，"唯王五彩，以白罗为冠。"，"官之贵者，则青罗为冠，次以绯罗，插二鸟羽，及金银为饰"。高句骊部族女子的发饰与巾帼装束，更是多样化。发饰分为高髻和垂髻两种。而高髻和垂髻这两种发饰与中原发饰文化趋同。可见，辽东地区高句骊部族民俗文化受到中原服饰和发饰文化影响。辽东地区高句骊民间文化艺术文化方面，《三国志》记载，高句骊部族是一个"其民喜歌舞，国中邑落，暮夜男女群聚，相就歌戏"② 的民族。纵歌善舞和朴素民风，形成高句骊部族丰富的民间艺术和世俗文化。

三　乌桓鲜卑部族及其民俗文化

秦汉时期，辽西乌桓部族与鲜卑部族的民族文化，在本质上，属于草原民族的草原文化形态和类型。《后汉书》记载，"鲜卑者，亦属东胡之支也"，"其言语习俗与乌桓同。"③ 因此，乌桓与鲜卑，其族系相同，风俗文化相类。其民俗文化集中体现在聚落文化形态和类型，包括饮食、服饰、婚嫁、丧葬、社会文化、朝贺、祭祀、骑射等传统文化形态和类型。

---

① 陈寿. 三国志·东夷传：卷三十［M］. 长春：吉林人民出版社，1995：617.

② 陈寿. 三国志·东夷传：卷三十［M］. 长春：吉林人民出版社，1995：617.

③ 范晔. 后汉书·乌桓鲜卑：列传第八十［M］. 长春：吉林人民出版社，1995：1700.

乌桓与鲜卑都属于草原民族的东胡族系，民俗相通。草原部族民俗，根源于北方民族及狩猎文化向草原游牧文化的过渡和发展。居行特征和聚落形态，首先与民族的社会生活方式和社会文化发展程度相关。文献资料记载较为清晰，如《后汉书》记载的乌桓“俗善骑射、弋猎禽兽为事”，“若相贼杀者，令部落自相报，不止，诣大人告之，听出马牛羊以赎死”①；《三国志》记载的“耕种常用布谷鸣为候”，“米常仰中国”，“数百千落自为一部，大人有所召，刻木为信，邑落传行，无文字，而部众莫敢违犯。氏姓无常，以大人健者名字为姓。”② 乌桓与鲜卑作为东胡系的草原部族，其婚嫁风俗保留北方部族的质朴特征。《后汉书》记载，“其嫁娶则先略女通情，或半岁百日，然后送牛马羊畜，以为娉币”③，鲜卑“其言语习俗与乌桓同。唯婚姻先髡头，以季春月大会于饶乐水上，饮宴毕，然后配合”④。从上述记载可以看出，乌桓与鲜卑的婚俗，具有原始民族先“略女通情”和“季水春水欢”等原始婚姻文化的时令特征；有父兄死“妻后母，报寡嫂”的习俗。其丧葬习俗文化亦有北方草原部族的民族文化因素，《后汉书》记载，丧俗中“俗贵兵死，敛尸以棺，有丧泣之哀，至葬则歌舞送之”⑤。辽西乌桓和鲜卑部族，有推崇勇腱和尚武精神的强

① 范晔. 后汉书·乌桓鲜卑：列传第八十［M］. 长春：吉林人民出版社，1995：1697－1698.

② 陈寿. 三国志·乌桓传：卷三十［M］. 长春：吉林人民出版社，1995：609.

③ 范晔. 后汉书·乌桓鲜卑：列传第八十［M］. 长春：吉林人民出版社，1995：1697－1700.

④ 范晔. 后汉书·乌桓鲜卑：列传第八十［M］. 长春：吉林人民出版社，1995：1697－1700.

⑤ 范晔. 后汉书·乌桓鲜卑：列传第八十［M］. 长春：吉林人民出版社，1995：1697－1700.

悍风俗。如“贵少而贱老，其性悍塞。怒则杀父兄”①。“有勇健能理决斗讼者，推为大人。无世业相继。”② 可见乌桓与鲜卑部族民俗文化，以勇健和处理事务公道者为王，是原始部族文化的高级阶段。其饮食、服饰、发饰民俗文化，同样具有草原民族的传统习俗文化特征。《后汉书》记载，乌桓“随水草放牧，居无常处。以穹庐为舍，东开向日。食肉饮酪，以毛毳为衣”③，表明辽西地区早期乌桓与鲜卑部族一直保持着依托水草自然的“草原民族”原始文化特征。《后汉书》记载，至汉代时，乌桓与鲜卑部族“妇人至嫁乃养发，分为髻，著句决，饰以金碧，犹中国有簂步摇，妇人能刺韦作绣”，“男子能作弓矢鞍勒。锻金铁为兵器”。可见，到了汉代，辽西乌桓与鲜卑部族已经有做女红织绣和男子作弓矢鞍勒、铸金为兵器的文化形态，明显与中原文化趋同。考古文化也发现，从汉魏至两晋时期，辽西乌桓与鲜卑部族墓葬文化中，出土的丝织品痕迹和精铸锤炼的青铜器及精美铁工具、弓矢鞍勒等，反映了在与中原汉郡文化交融中，达到了民俗文化和社会文化的升华。两汉时期辽西乌桓与鲜卑部族在宗教信仰与祭祀文化方面，“敬鬼神，祠天地日月星辰山川用先大人有健名者”。崇拜自然、敬祠鬼神、崇拜祖先，两汉时期，辽西乌桓与鲜卑部族宗教文化表现出多神崇拜文化特征。在文化形态和类型上，辽西乌桓与鲜卑部族继承山林、草原民族文化传统，其族系生活方式的衍化经历了从山林狩猎方式、采集方式、渔猎方式，向步出山林走向草原的游牧生产方式的过渡，其文化形态凸显乌桓与鲜

---

① 范晔. 后汉书·乌桓鲜卑：列传第八十［M］. 长春：吉林人民出版社，1995：1697—1700.

② 范晔. 后汉书·乌桓鲜卑：列传第八十［M］. 长春：吉林人民出版社，1995：1697—1700.

③ 范晔. 后汉书·乌桓鲜卑：列传第八十［M］. 长春：吉林人民出版社，1995：1697—1700.

卑部族与生俱来的尚弋猎、善骑射的民俗文化传统。

四　秦汉时期辽河民俗文化特征

先秦时期，辽河流域民俗文化是辽河文化中最具社会意义和民族标志意义的传统文化形态，凸显地域文化之特性。

（一）民俗文化形态和类型多样性

秦汉时期，辽河流域民俗文化呈现文化形态和类型的多样性特点。如辽东夫馀部族及民俗文化、高句骊部族及民俗文化、辽西乌桓与鲜卑部族及民俗文化，等等。不同部族民俗文化在本质上，反映着一定时期部族的特质与精神文化的总和，而又以各部族特有的民风习俗、宗教信仰等不同形式表现出来，具有与一般的生活、生产方式等物质文化形态和政治典章制度文化不同的特殊性。在辽河两岸地区，民俗文化形态和类型不同。辽东地区反映出濊貊族系的山林、川谷、草泽文化和辽西地区反映出乌桓与鲜卑丘陵、草原文化的形态和类型。

（二）民俗文化具有独特的渗透能力

民俗文化一旦形成，其触角几乎渗透到社会各个领域，体现出世俗性特征。从内涵看，包括民生民俗文化，如婚、丧、嫁、娶、衣、食、住、行等；时令民俗文化，如天、地、时、令、节、候等；宗教信仰民俗文化，如祭祀典礼仪式、宗教仪式、崇拜风俗等。如前所述，辽河流域存在诸多部族，其民俗文化形态和类型也呈多样性。民俗文化独特的渗透力，不仅直接影响当时人们的行为和价值取向，而且对整个部族文化也会产生深刻影响。

（三）诸部族民俗文化继承性

无论是辽东夫馀部族及民俗文化、高句骊部族及民俗文化，还是辽西乌桓与鲜卑部族及民俗文化，其族系渊源关系清楚，民俗文化底蕴深厚，除对本族民俗文化的继承外，还有与本地区其他部族文化交流。如早期辽东夫馀部族服饰文化之尚白文化传统，与高句骊部族服饰文化之尚白文化传统相同；更有与中原文化趋同的特点如祖先崇拜、宗教崇拜的多元性等。辽河流域民俗文化的继承性和对其他民族文化的兼容性，是推动辽河民俗文化发展的重要因素。

第八章　秦汉时期辽河长城文化

长城是世界文化遗产之中华文化的典型特质之一。长城文化在中国延续了 2000 多年。

古代辽东是中国重要的边郡重镇，也是燕秦汉时代长城文化的重要分布地区。在公元前 3 世纪至公元 2 世纪四五百年的时间里，从燕秦时代开始，到汉武帝重修辽东故塞以后，形成了燕、秦、汉时辽河流域长城文化。辽河流域早期长城文化的出现和形成，与整个中国北方长城文化的历史发展同步。

中国长城文化的出现与西周晚期礼崩乐坏、诸侯割据自固、列国争霸混战的背景有关。辽河流域长城文化兴起的直接原因，是由于东北边地的东胡与匈奴部族的崛起对辽河流域的侵扰。燕、秦、汉为消除东胡和匈奴对辽东边郡地区的侵扰，先后派兵，驱逐东胡和匈奴后，构筑长城以拒东胡和匈奴，遂产生和发展起来长城文化。

据《史记》记载："燕有贤将秦开，为质于胡，胡甚信之。归而袭破走东胡，东胡却千余里。""燕亦筑长城，自造阳至襄平，置上谷、渔阳、右北平、辽西、辽东郡以拒胡。"① 这是史料记载的辽河流域长城文化兴起的原因。而且，辽河流域修筑长城，确实与却胡千里和拓置五郡同时进行，这是燕北长城文化与中原其

① 司马迁. 史记·列传：匈奴列传第五十［M］. 北京：中华书局，2013：6541.

他六国长城文化缘起的重大差别。

燕国长城文化分为燕南长城文化和燕北长城文化。燕南长城文化，在今河北易县境内的太行山东缘，亦称易水长城，主防齐、秦、晋；而燕北长城，主要横亘在燕北草原、山地，主防东胡与匈奴。秦统一六国以后，秦及汉继承了燕国长城文化，继续加固燕北长城。《史记》记载："秦已并天下，乃使蒙恬将三十万众北逐戎狄，收河南，筑长城。""起临洮，至辽东。"① 考古文化明确，自蒙恬以来，秦汉北方长城文化形态，基本沿秦代郡县分布走向的北边，为据险之塞。自西北甘肃之居延至陕西榆林，沿黄河至阴山长城，在连接战国秦、赵、魏、燕等长城基础上，北起商阙，经狼山和贺兰山，过云阳（今陕西省咸阳市淳化县）至九原（今内蒙古自治区包头市），直跨晋北和冀北的燕、赵长城，东至造阳（今河北省张家口市怀来县），最后连接辽河两岸之辽西、辽东等五郡长城。所以，至秦汉时期，中国北方长城文化最终形成。这是燕、秦、汉驱逐东胡与匈奴，开拓并巩固北方郡县政体文化的直接结果，辽河流域长城文化的形态也因此而定型。

第一节　秦汉时期辽河古长城文化兴起

与郡县制文化并行和并存的秦汉长城文化，从一开始就具有开拓并巩固郡县制文化，担负固本安邦的文化社会功能。封建专制主义郡县制文化是对封建宗法分封制文化的否定，郡县制文化形态的出现，是中国历史发展过程中最伟大的事件，直接促进了中华统一的多民族的国家形成，从而形成中华多元文化形态和类型。封建国家中央高度集权的政体文化，影响中国历史几千年。

① 司马迁．史记·列传：蒙恬列传第二十八［M］．北京：中华书局，2013：5609.

从这一点看，长城文化可谓中华政体文化在物质形态上的直接体现。

一　辽河古长城文化兴起的背景

长城文化形成的社会历史深层次的背景，即长城文化的形成和发展，在中国历史转型发展的过程中，具有标志性意义。据史料记载，长城文化早期兴于春秋、战国之交，长城文化形态形成于秦汉时期。

秦汉时期，是中国社会转型发展的关键时期，社会文化形态和类型发生深刻变化，即由先秦时代的血缘政治文化形态，向秦汉之际的地缘政治文化形态转变，由封建宗法分封制政体文化形态，向封建专制主义郡县制政体文化形态转变，是古代中国社会转型和民族文化形态、类型发生历史嬗变的重要时期。这是长城文化形成和发展的社会历史背景。

司马迁说："天则有列宿，地则有州域。"① 而"地则有州域"与秦始皇建立统一帝国有直接关系。秦统一六国后，统一文字、货币，统一度量衡和发展道路交通。特别是在全国大力推行郡县制，至秦汉时代，全国普遍确立郡县制文化。

在辽东边郡地区，始兴于燕秦时代的长城文化，与燕秦置郡设县以拒东胡，特别是秦汉开拓辽东故塞，却胡守边，巩固郡县制文化有直接关系。因此可以说，在秦汉时期，长城文化的社会功能，主要是推动实施以郡县制文化为主体的封建专制主义政体文化，保护北方广大地区社会稳定和政治安定。具体来说，在西北地区，主要是保护河西 4 郡社会安全稳定和横贯黄河腹地、西域、中亚的丝绸之路这条文化走廊的交流畅通；在东北地区，则主要是保护复修辽东故塞后，在辽东边郡推行郡县制文化，巩固

① 司马迁．史记·书：天官书第五［M］．北京：中华书局，2013：2139.

在燕秦时期却胡、逐匈奴后出现的社会稳定的成果。

考古文化证明，从公元前 300 年燕国派遣大将秦开驱逐东胡后，长城文化便在辽河流域勃然兴起。到秦汉时期，随着郡县制文化勃兴，辽河流域郡县城市文化发展相对较快，以铁器农具为标志的封建自然经济文化兴起、以金属铸币为标志的汉郡地区经济文化形态乃至趋同汉制文化形态，更加快了长城文化形态和类型的发展。考察相关史迹，在西起大凌河以北的努鲁儿虎山和医巫闾山北麓，东至辽河与松花江分水岭的龙岗山脉和哈达岭以南的鸭绿江、浑江、浑河、太子河流域，几乎遍布汉代郡县城市文化遗址，广泛分布着长城文化形态和类型。

据史料记载，早在燕国统治辽东边郡时代，置“上谷、渔阳、右北平、辽西、辽东”5 郡，其中，辽东有 18 个属县；秦汉时期，承燕制，置郡设县，最多时郡属县超过 50 个，其中 2/3 以上的县治在辽河两岸之广大地区。可以说，从秦汉当时的经济地理、文化地理看，辽河流域的郡县城市文化都是沿燕、秦、汉长城文化形态在长城沿线的分布。这明显反映了秦汉时期，长城文化具有当时郡县制文化的本质。作为物质文化形态存在的长城，并非阻止诸民族文化交流与传播的藩篱。相反，以长城为纽带，通过长城文化的传播，推动形成了北方多元文化的交冲地带。

从史料记载看，秦汉时期，辽河流域长城修筑经历了燕、秦、汉 3 个不同时代，大约四五百年的历史，长城文化的形成与发展一直持续未断。据《史记》记载，秦开却东胡和筑长城在公元前 3 世纪初，燕北长城东端在襄平，后秦开又率军逐朝鲜，故长城的东端继续东延至辽东郡之番汗县与古朝鲜的分界线。《史记》记载：“自始全燕时，尝略属真番、朝鲜，为置吏，筑鄣塞。”① 鄣塞即古长城。继燕以后，秦、汉两代所筑长城有明确记载。《史

① 司马迁. 史记·列传：朝鲜列传第五十五［M］. 北京：中华书局，2013：6842.

记》记载："秦已并天下，乃使蒙恬将三十万众北逐戎狄，收河南，筑长城，因地形，用制险塞，起临洮至辽东，延袤万余里。"① 同书还记载："后秦灭六国，而始皇帝使蒙恬将十万之众北击胡，悉收河南地。因河为塞，筑四十四县城临河，徙謫戍以充之。而通直道，自九原至云阳，因边山险堑溪谷可缮者治之，起临洮至辽东万余里"②；"汉兴，为其远难守，复修辽东故塞，至浿水为界，属燕。"③ 浿水即清川江，古番汗县境内，属燕的"燕"是汉初的封建属国。故汉代"复修辽东故塞"，应与秦代筑辽东长城有相同的基础。所以，辽河流域长城文化与关内北方长城文化具有同样悠久的历史背景。

二　辽河古长城文化的定型

如果说早期长城文化，主要表现为单纯军事上社会现实功能的话，那么，在长城文化形成后长城内外南北民族文化区系中，长城则成为不同经济或文化互相渗透、碰撞，最终融汇发展的文化纽带，体现为长城文化带内外历代民族文化形态转型发展，即由外夷狄部族文化向内诸夏民族文化形态转型，不断趋同发展的过程，最终在整个社会文化意义上，表现出伟大的历史功能，即长城文化成为中华民族精神源泉的重要因素。

自战国至秦汉以来，经过历代长城的修筑，使长城文化成为中华民族文化共融和汇聚的重要地带。从最初为保护汉郡文化免受北方游牧部族文化的侵扰，到最终变成了促进多民族聚集、交

① 司马迁．史记·列传：蒙恬列传第二十八［M］．北京：中华书局，2013：5609.

② 司马迁．史记·列传：匈奴列传第五十［M］．北京：中华书局，2013：6545.

③ 司马迁．史记·列传：朝鲜列传第五十五［M］．北京：中华书局，2013：6842.

流、融合、发展的一条宽阔的长城文化带；从南北民族之间军事冲突，到长城内外诸多民族自觉与不自觉的经济、政治、文化、社会交流；从北南不同民族文化形态分裂、冲突、对抗，到聚集、兼蓄、包容、融合，体现出中华多民族多元文化的不断趋同内聚的强大人文精神。

中华多民族传统文化正是首先在这个历史熔炉淬炼中，经过交流、交锋、交融，形成你中有我、我中有你的民族文化形态和类型，最终上升为多元一体的新型文化形态——中华民族传统文化形态。长城文化地带，一直是历练、熔冶、陶融长城内外诸民族文化的文化公园，伴随着中华民族传统文化的凝聚与传承，2千多年来几乎没有中断过。这便是长城文化的深厚蕴涵和博大人文精神的特殊之处。晚清文化名人康有为诗赞道：“秦时楼堞汉时营，匹马高秋抚旧城。鞭石千峰上云汉，连天万里压幽并。东穷碧海群山立，西带黄河落日明。且勿却胡论功绩，英雄造事令人惊。”可见，在诗人眼里，长城不唯独是为了却胡，更重要的是英雄造事的历史文化功绩。从这个意义上说，长城文化地带同黄河流域、西辽河流域一样，是中华文脉的历史根系之一。

第二节　秦汉时期辽河古长城文化多元体系与人文精神

长城文化从兴起缘由看，可以看做是一种军事障塞或藩篱，但最终发展成为一条文化纽带，成为以长城为依托，南北诸民族经济、政治、文化、社会交流的乐园，蕴藏了丰富的中华民族传统文化内涵。

一　辽河古长城文化遗存

20世纪40年代至70年代中期以后，考古文化发现，燕秦古长城文化遗址在不同时期的不同形态和类型。

（一）燕秦北线长城文化遗存

考古学证据明确，燕秦北线长城文化，因其遗迹东段主要发现于今赤峰以北的英金河流域，故又称赤北长城。北线长城文化的西部发端于燕秦故“上谷郡”即今河北省承德市、张家口市，沿张北坝上草原的东南边缘分布，向东延伸，在河北省围场满族蒙古族自治县境内有190公里左右。考古工作者称起于河北省北部张北坝上草原的这段燕秦最北的古长城为“第一道长城”①。考古调查认为，“第一道长城和赤峰北的一道长城（赤北长城）相衔接，是秦始皇统一六国时蒙恬所筑”。“这道长城，由内蒙古昭乌达盟赤峰县（今赤峰市）之二龙库，进入河北省围场县北部的山湾子乡半壁店前梁、殷家店后山，西行至新拔，又南行到岱尹梁、十八号、十五号、棋盘山水泉”②。这段古长城文化分布在今河北围场县境内，主要是沿阴河上游而西南行至伊逊河上游，横穿坝上草原地带。该古长城文化分布的具体走向为由西向东，“由赤峰县二龙库进入围场县三义永公社（乡），向西延伸，经山湾子、殷家店、新拔、王道川、横盘山、大唤起、龙头山、道坝子、塔镇、燕格柏、碾子沟、牌楼、城子、桃山、老窝铺、西龙头等17个公社（乡）和卡伦后沟牧场，在桃山公社（乡）又分为两道，一道向西进入内蒙古自治区多伦县，一道向西南延伸到丰宁县境”③。考古调查发现，这段起始于张北地区坝上草原东延行至小滦河、伊逊河和阴河上游的北线长城文化，经河北围场县山湾子乡和三

① 郑绍忠. 河北省战国·秦汉时期古长城和城障遗址［M］//中国长城遗迹调查报告集. 北京：文物出版社，1981：35.

② 李庆发，张克举. 辽西地区燕秦汉长城调查报告［J］. 辽海文物学刊，1991（2）.

③ 文物出版社. 中国长城遗迹调查报告［M］. 北京：文物出版社，1981.

义永乡的阴河南进入内蒙古赤峰市境内后，主线沿西路嘎河、英金河北岸的丘陵和高山顶上向东延伸，留下了很多山城文化遗址和烽燧遗址文化。如在赤峰市敖汉旗敖吉乡东罗城村和丰水山村，均发现有战国时期的夯筑土城的文化遗址。北线长城文化继续东行，经由敖汉旗丰水山向东进入内蒙古自治区通辽市奈曼旗土城子，东经桃园及南湾子乡的沙巴营子以北，向东进入辽宁阜新的喇嘛寺乡套尺营子、陈家梁、下官营子，再折向大五家子乡北部。从上述北线长城文化分布的走向经由区域及考古调查发现的文化遗迹看，以战国陶器和刻有秦始皇统一六国后颁发的诏版文字陶量和铁权最具特质。这说明此北线长城文化主要成长于秦统一六国后，系遣蒙恬率 30 万众所开创的北方长城文化之辽西长城文化。考古调查发现长城文化分布沿线出土的一些战国器物，说明在秦代长城文化发展的某些地域，继承了燕昭王时期的燕北长城文化的一些因素。

（二）燕秦南线长城文化遗存

分布在内蒙古自治区赤峰地区和辽宁省辽西地区的燕秦南线长城文化，由河北张家口进入今内蒙古自治区赤峰境内，再从黑山头东崖下渡过老哈河进入辽宁建平县北部的连绵山区。“在建平县境，从老哈河东岸的种畜场马家（架）子湾村东山，沿山脊经三道沟南梁，又东经嘎岔沟北当众、老头沟梁东，经黄花山到老官地乡南部的羊草沟北山岗。”① 建平县境长城文化继续东行，“从羊草沟北梁往东，经中羊草沟西山，折向村南的金洞子山、架子山、架树沟，至铁匠营子南的花果山，至平顶山的王八石，直奔向石马腚山梁、大碾子沟、衙役沟北梁至漏缝毛山顶，再由东

① 李庆发，张克举．辽西地区燕秦汉长城调查报告［J］．辽海文物学刊，1991（2）．

山坡下进入黑水乡”①。这一地带长城文化形态保存较好、遗迹清晰。

燕秦南线长城文化，在辽西地区之北票、阜新县境，其大致经由北塔子乡、黑城子乡北的六合成、四合成，向东过牤牛河进入阜新县的化石戈乡胡头沟南渠，一直向东鸡冠山，东鸡冠山坡下东侧为紫都台乡；过牤牛河后进入阜新境内，由牤牛河向东到鸡冠山的一段，长约10公里的古长城文化连续不断，遗址异常清晰，蜿蜒迂回，气势雄伟地分布在牤牛河东岸②。考古调查认为，横亘在西起七老图山以东的锡伯河，东至牤牛河的三四百里古长城文化形态，为燕秦时代长城文化。从这段长城文化沿线考古发现的兽面纹、山形纹等半瓦当以及大量的燕国“明”刀币看，辽河流域发现的长城文化遗迹应是战国燕北的北线长城文化形态遗存，即《史记》记载的“自造阳至襄平”的燕北长城文化形态的重要组成部分。考古调查发现，燕秦古长城文化分布地带沿线的山头上或半山腰，有不少小规模的石城，有的虽无城，但有用石头砌成的圆形居址。城内及居址内有夹砂红陶片，胎质粗疏，器型有鬲、甗、直领罐及棒形石斧、半月形石刀、石镞等，一般认为属夏家店上层文化之遗存。

在燕秦南线长城文化分布稍北的赤北长城文化分布地带沿线，发现有秦始皇统一六国后刻有统一度量衡诏文的陶量和铁权，主要是秦灭六国后，承继燕赵长城文化而又有所拓展的北线秦长城文化形态。赤北长城文化分布地带沿线出土的刻有秦诏版的大陶量，一般每器可盛谷物50余斤。从陶量的诏版文字和规范化形制看，这种统一的陶量和铁权，在燕秦长城文化分布地带沿线出土，

---

① 李庆发，张克举．辽西地区燕秦汉长城调查报告［J］．辽海文物学刊，1991（2）．

② 李庆发，张克举．辽西地区燕秦汉长城调查报告［J］．辽海文物学刊，1991（2）．

应当是向戍边兵士供给军粮的量器和衡器。这表明，秦汉郡县制文化形态在辽河流域古长城文化形态上有明确体现，说明长城文化分布的广阔地域内中原汉郡文化与北方边郡地区诸民族文化的交流、融合发展。

（三）汉代辽西长城文化遗存

西汉统一后的数十年间，是以武力经略和开拓边郡时期。至汉武帝以后，国力强盛，政令通达，四夷威服。辽东边郡如同燕秦时期却胡逐朝鲜置郡设县一样，始有修复燕秦故塞、进一步拓疆展境之举。汉初至武帝时，修筑的北方长城文化，分布在辽东广袤地域。如《史记》记载："汉兴，为其远守难，复修辽东故塞，至浿水为界，属燕。"《汉书·匈奴传》记载："周秦以来，匈奴暴桀，寇侵边境。汉兴……至孝武帝世，出师征伐，斥夺此地，攘之于幕北，建塞徼，起亭隧，筑外城，设屯戍以守之，然后边境得用少安。"① 同书《贾捐之传》记载："至孝武皇帝元狩六年……西连诸国，至于安息，东过碣石以玄菟、乐浪为郡。北却匈奴万里，更起营塞。"② 后汉王符著《潜夫论》说："武皇帝攘夷柝境，面数千里，东开乐浪，西置敦煌，南逾交趾，北筑朔方。"③ 史迹众多，说明汉武帝时期确实曾有守边图强、筑构长城文化的举措。

考古调查发现，在汉武帝时期构筑的汉长城文化形态，由于汉代早期长城文化大多分布在农业区，经 2000 多年的耕植开垦，致很多遗迹分布比较分散和漫漶。此外，由于汉代古长城文化的

---

① 班固．汉书·匈奴：卷九十四，列传第六十四［M］．长春：吉林人民出版社，1995：2542.

② 班固．汉书·贾捐之：卷六十四下，列传第三十四［M］．长春：吉林人民出版社，1995：1933.

③ 许嘉璐，等．（文白对照）诸子集成·潜夫论·救边第二十二（下）［M］．广州：广东教育出版社，2005：3359.

许多形态多因山险或以木、石为之，受溪流冲击，难以寻迹。考古调查证明，大部分燕秦长城文化形态，在汉代仍有保留使用。进入两汉后，辽河流域古长城文化形态应有遗迹可寻。如河北北部至宁城一线上辽河流域的汉代长城文化遗存，西起河北承德地区经内蒙古宁城一线及西辽河和老哈河一带，东行与辽西建平境内汉长城文化遗迹相衔接，均有零星可见。再如辽西地区汉代长城文化遗迹，考古调查发现，进入辽西建平境内的汉代长城文化，主要分布于老虎山河上游的建平、朝阳县一带，建平县境以墩台连线为主，是汉代长城文化形态的特质。以墩台线为主的汉代长城文化形态，在建平县境共发现有 50 处①。辽河汉代长城文化分布，从建平县喀喇沁乡东行，进入北票市向东北行，延向牤牛河西岸，汉代长城文化墩台线渐近与燕秦长城文化相衔接重合，再向东北推移，穿过柳河西支北大河东岸，进入辽北阜新蒙古族自治县北境和彰武县西北。考古调查发现，在辽西建平四家乡老虎山村出土有较完整的燕“明刀”和秦“半两”等钱币，证明秦汉时期汉郡文化在辽西南、北长城文化分布区域有传播。

（四）汉代辽东长城文化遗存

据《汉书·地理志》记载，汉代辽东长城文化是自造阳至襄平一带分布的，即从辽西东渡辽河谷地后进入辽东郡境内，“辽东故塞”的东段，越过鸭绿江至“浿水为界”②。汉代浿水即今朝鲜境内的清川江。据晋代《太康地记》中记载，乐浪遂城县有碣石山，系长城所起。考古学证据发现，燕秦汉早期长城文化，“东端起朝鲜平安南道龙岗，渡清川江、西北绕鸭绿江、佟佳江（浑江）……辗转至独石口”。以文献记载并结合考古调查，可知汉代

---

① 冯永谦，何蒲莹. 辽宁古长城［M］. 沈阳：辽宁人民出版社，1984：52—54.

② 司马迁. 史记·列传：朝鲜列传第五十五［M］. 北京：中华书局，2013：6842.

辽东古长城文化分布地域，在辽东鸭绿江右岸，从宽甸县到长甸北部山区秋果壁的腰岭子，经大西岔乡临江村时家街屯的东山坡、大西岔子乡白菜地村陈家沟止，基本成一线分布。辽东宽甸县境内的秋果壁长城文化遗址与鸭绿江左岸的朝鲜半岛东仓郡境内古长城文化隔江相望。朝鲜半岛亦有若干战国至汉代古城遗址发现，证明《史记》《汉书》中记载的汉代继秦以后，“复修辽东故塞，至浿水为界”的有关辽东半岛古长城文化的分布准确不虚。

此外，考古调查还发现，辽东境内有与燕秦汉古长城文化分布地带有关的遗迹和遗物，如凤城市刘家堡子汉城西南沙里寨乡蔡家堡子后山，出土了1方鎏金龟钮铜印“关内侯印”，其显然与汉代辽东长城文化之军事文化形态有关。又如辽东宽甸县太平哨乡桂房村东部一山冈下，出土了2件战国时期铜戈和刀币，这些遗物在宽甸县境古长城文化分布线附近出土，与曾发现的战国和汉代货币与陶器等遗物相联系，确定浑江支流南北股河流域的太平哨一带，是燕秦汉辽东边郡古长城文化分布的重要地区之一。再如本溪县威宁营子出土有汉代绳纹陶片、陶豆座和铁工具等，说明秦汉时期汉郡文化在辽东的传播；在本溪清河城以北沿社河流域进入抚顺境内，也有汉代古长城文化分布的遗迹可寻。

根据文献资料记载和考古调查发现，汉代辽东古长城文化形态分布地域，大体由东而西，从鸭绿江左岸的清川江畔，经昌城江和大宁江上游的东仓郡一线，然后由平安北道的昌城郡北沿昌城江在昌州界过鸭绿江，在鸭绿江右岸古长城文化分布线，与宽甸秋果壁连接，西行经太平哨、红石砬子、宽甸北灌水、双山子一线，西北经本溪赛马集、本溪县山城子，进入太子河上游南入塞，在本溪县境内，古长城文化由威宁营北去，穿过太子河后，沿浑河支流社河进入抚顺境内，在抚顺东洲北一线折沿浑河北岸平行西行，由抚顺高尔山一带，西北行沿汎河进入铁岭县境，在汎河北、铁岭市境内穿过大辽河进入法库县境，然后西行进入彰武和阜新“高林台”一线北缘。可见，汉代辽东故郡广袤地域内广泛分布有燕秦汉古长城文化形态①。

二　辽河古长城文化的人文精神

长城文化不仅是中国历史上的伟大奇迹，也是世界史上的伟大奇迹，全世界没有其他任何文化形态和类型分布如此广阔，影响如此深远。从自然地理和区域地理学上看，长城文化和类型分布地带是一个非常广阔而又复杂的地理概念。根据相关文史资料记载，中国古代长城文化形态分布在西起甘肃嘉峪关，东至古代辽东乐浪郡遂城县碣石山的广袤地带，这个广袤地带，横跨祁连山、阴山、燕山、医巫闾山、长白山南麓，是北方游牧经济与农耕经济文化形态和类型交汇的综合性经济文化形态和类型地带。这一特殊的经济文化形态和类型，孕育了长城文化分布地域内诸民族文化，造就了独具特色的长城文化。

据《史记·五帝本纪》记载介绍，炎黄始祖黄帝与炎帝曾交战于“阪泉之野”，而颛顼高阳氏又祭祀“北至于幽陵”②。学界基本认同“阪泉之野”“幽陵”俱在燕山南北和长城文化分布地带南缘之汉代渔阳和上谷郡境内。可以说，中国早期文明和人文始祖的发源地，在黄河以北地区和长城地带之间的北方。这两大重要文化地区，代表了中国早期文明发生的原生型粟作农业区与“次生型”的农牧渔猎经济，在北方地区衔接互渗的典型生态特征，这两大基本的文化形态区，正构成了中国早期文明的基础。考古学证据表明，燕山以北的夏家店下层文化代表燕亳文化，与燕山、太行以南的二里头文化，长城以南山西东下冯类型等“夏墟”与“先商”文化，正是在长城地带南北最早交融和互渗，成

① 萧景全. 辽东地区燕秦汉长城障塞的考古学考察研究［J］. 北方文物（三），2000（3）.

② 司马迁. 史记·五帝本纪第一［M］. 北京：中华书局，2013：5、16.

为中国早期文明国家形成的民族文化前廊①，其体现由四周各族向中原汇聚发展的特征，是北方农牧和渔猎结合最早的混合民族文化形态，是跨越燕山、阴山，向黄河流域的农业文明不断汇聚，趋同发展的前沿地带。这一发展地带，从春秋战国开始到明清，伴随着整个辽河长城文化不断发展与兴衰起伏长达 2500 余年。它蕴涵了最具历史动感和人文活力的长城和长城地带历史文化渊源，诠释了长城文化形态和类型形成、发展的深刻地理、地缘和民族文化根源。

从依托自然地理的北方地区文化的文化角度看，辽河长城文化形态和类型分布地带，是以辽河文化为中心的东北亚核心地区的经济政治文化社会的冲要地带，从经济地理和文化地理学的角度看，辽河长城文化形态分布地带同黄河流域一样，是中华民族的文化寻根之源。

三　辽河古长城文化的时代特征

从考古文化上看，始兴于古代军事文化形态的长城和长城文化形态、类型分布地区，实际上是中国南北诸民族迁徙和交融的文化乐园。正是由于长城文化形态的分布，为中国统一的多民族国家形成提供了历史条件，从所谓外族侵略与反侵略，到最终的渗透、融汇、交融发展，没有长城文化形态和类型的广泛分布，没有这样的文化乐园，是很难想象的。长城文化形成以来，从秦汉以来，山戎、北狄、东胡、鲜卑、契丹、室韦、女真、蒙古等北方各民族以及中原各民族，相继集结长城和长城地带，向中原挺进或向北防御，形成南北文化从冲突、对抗，走向交流、交融，不断趋同发展。每一个兴起于北方的民族向长城以南发展，或者说每一个中原人，要到长城以北去寻求发展，若没有经过长城地

① 王绵厚. 燕亳、北戎与东胡［M］//面向 21 世纪的中国考古学. 北京：文物出版社，2006.

带的文化洗礼和文化认同，都不可能获得成功。

长城文化形态和类型广泛分布形成的历史平台，是诸多民族文化融合发展的平台。尤其是北方诸民族，在问鼎中原以前，都曾经自觉不自觉地在这个文化地带经受汉郡文化的熔炼和陶冶，使其土著文化和生产方式在此渐渐融入汉郡文化，或与汉郡文化相容发展，形成新的文化形态。在这一点上说，长城和长城地带，是催生中华民族文化交融发展的熔炉。考古文化发现，诸多民族的文化都是在这里经过反复交流、交锋和熔炼，上升和融合为中华民族多元一体的新文化形态和类型。长城文化的兴起、发展和经久不衰的深刻历史背景，主要是因为长城文化始终是因应时代发展需要而发展衍化的。从长城文化形成的早期社会环境看，是从以宗法分封制的奴隶制社会向以郡县制为特征的封建专制社会过渡，是社会制度的转型时期，诸侯国之间利益冲突以及力图解决冲突关系而采取一种方式。从中原农耕民族文化与北方游牧部族文化的关系看，秦以后的长城文化，主要反映长城以南（内）中原地区的郡县制文化与长城以北（外）的部族方国文化的冲突、消长和相互依存的关系。从这个意义上说，长城和长城文化形态分布的广阔地带，是中国古代历史上民族关系中最为传奇和最富发展空间，同时也是最活跃和充满机遇、挑战的文化乐园。在这个文化乐园里，既有民族文化冲突，也有冲突甚至战争后的相互学习、深度融合发展，这便是长城文化发展的时代特征。辽河古代长城文化的兴起、发展更是如此。从燕秦开却胡筑长城起，秦汉时期，中原文化与辽东部族文化之间的矛盾和冲突就没有停止过，此起彼伏，一直存在。如公元前 221 年，秦置辽东、辽西郡；公元前 214 年，燕秦长城修至辽东；公元前 202 年，臧荼反汉；公元前 162 年，匈奴犯辽东；公元前 128 年，匈奴犯辽西；公元前 127 年，汉武帝废燕国；公元前 119 年，卫青、霍去病击匈奴；公元前 109 年，朝鲜王攻辽东；公元前 108 年，汉武帝发兵灭朝鲜王，置乐浪等“朝鲜四郡”，等等。辽东诸部族文化与汉郡文化的冲突异常激烈。辽东边郡地区长城文化就是在不断地冲突甚至战争中形成和发展的。

四　辽河古长城文化的多元体系

以军事防御为目的的构筑的长城文化，首先体现出其文化形态和类型的多元体系。长城文化分布在西起甘肃嘉峪关，东至辽东古乐浪郡碣石山，绵延万里的广袤地带，以其特有的文化形态和类型，将百座雄关、隘口和万千座烟墩、燧台依自然地理巧妙联筑，不论是地理与建筑勘测、布局，还是建筑设计与建造工艺，都堪称人类古代建筑史上的伟大奇迹。

古代长城文化多元体系，主要表现为以军事障塞文化为主体，以关城、驰道、障堠、墩堡、亭燧等为要素，共同构成了长城文化形态的多元性；其是以土、石、砖等构筑文化为主体，以城墙、戍堡、卫城、关隘、烽燧、亭障、木栅屏障等为构架，互相配套的综合性防卫性构筑多元化体系，既有依自然地理设计构筑的相对独立的烽燧亭台，又有整体上翻山越岭逶迤起伏绵延不绝的宏伟形态。长城文化集关城、亭堠、烽燧、堞楼、堑壕、驰道等各种建筑文化形态于一体，成为中国和世界东方除宫城建筑文化外古代最高等级的文化形态和类型，世无堪比。长城文化的伟大力量，穿越了时空，成为一种标志和凝聚民族精神的永恒价值。今天，长城文化已经成为中华民族文化、民族传统，其所蕴涵的精神品质已经成为中华民族精神的象征。

回顾历史，早期战国和秦代逐渐兴起的长城文化，与其说是军事障塞，毋宁说它首先是一种古代方国文化形态的政治标志。最早兴起的列国长城文化是相对独立的文化形态，各邦国间并不衔接和统一，直到公元前 222 年，秦始皇统一六国后，将列国构筑的长城文化融为一体，形成真正意义上的广布万里的长城文化形态，厥功甚伟。《史记·秦始皇本纪》记载："秦初并天下……北据河为塞，并阴山至辽东。"秦始皇构筑长城文化的目的，是构建军政合一的新文化，为其构建以郡县制文化为主体的封建专制主义政体文化服务。秦王朝将修长城与修直道、拓郡县，推行车同轨、书同文，统一度量衡等并举，作为巩固统一封建专制主义国家的基本国策。秦始皇时期完成长城文化形态和类型的定型，奠定了秦代全国一统的封建帝国的政体文化基础，将六国分散的长城文化形态复建和链接，对于中国早期封建专制主义政体文化的确立和文化开发，具有划时代的意义。

第九章　秦汉时期辽河交通文化

辽河流域早期（夏、商、周及春秋、战国时期）部族方国间的交通文化处于自然交通形态。秦汉时期，伴随郡县制文化和长城文化发展，辽河流域各郡国、县邑间和部族邦国间的交通地理和交通制度发展、完善，并衍生出了交通文化，成为辽河古代文化的重要组成部分。

第一节　秦汉早期辽东交通文化的兴起

据《汉书》记载，秦代初期，大力推行封建专制政体文化，为实现“车同轨”，高度重视交通驰道建设，驰道“东穷燕齐，南极吴楚，江湖之上，濒海之观毕至”①，已达辽东边郡。《史记》记述秦代交通之制：“吾适北边，自直道归，行观蒙恬所为筑长城亭障，堑山堙谷，通直道”②。就是说，至汉武帝时期，秦将蒙恬所修的“亭障，堑山堙谷，通直道”的遗迹依然可见。唐《通典》亦说：“秦制，大率十里一亭，亭有长；十亭一乡，乡有三老，有

① 班固．汉书·贾山传：卷五十一，列传第二十一［M］．长春：吉林人民出版社，1995：1617.

② 司马迁．史记·蒙恬列传第二十八［M］．长春：吉林人民出版社，1995：5628.

佚、啬夫、游徼。”① 秦代郡县之下乡、亭、里等基层行政机构与交通障、亭制度一体，主要服务于政令民治和军事目的，且将修驰道、设亭障上升到国家制度层面，在秦代《行书律》有明确记载，可见秦代发展交通文化已纳入法制规范。

据相关史料记载，辽河流域驰道的开设可通行中原。《汉书》记载，西汉末年王莽改治理“四夷”边略，改玄菟郡为玄菟亭②，可见交通亭、障制度在辽东的施行。《后汉书》记载，在边城出现了“列邮置于要害之路，驰命走驿，不绝于时月”③ 的交通盛况，亦通行于辽东边郡地区。考古文化发现辽东古襄平战国木椁墓出土了木车模型，为战国晚期燕秦旧制的交通工具；古玄菟郡治“新宾二道河子”古城、沈阳上伯官屯古城等地遗址出土和传世的汉代“玄菟太守”铜虎符印证，以及辽阳、大连（旅顺）等地汉魏古墓群中发现的大量“车骑出行”的壁画，其车骑装束、乘驾形式、车舆种类，与中原郡、国之制无异，可见秦汉时期辽东边郡交通制度和交通设施及交通工具的完备，已趋同中原交通文化形态。

第二节　秦汉时期辽河交通文化的形态

秦汉时期辽河流域交通文化形态遗址的发现，是与郡县城市文化遗址和长城文化遗址并重的考古发现。交通文化的分布，从

① 杜佑. 通典·职官：卷三十三［M］. 北京：中华书局，1984：191.

② 班固. 汉书·地理下：卷二十八下，志第八下［M］. 长春：吉林人民出版社，1995：1188.

③ 范晔. 后汉书·西域传：卷八十八，列传第七十八［M］. 长春：吉林人民出版社，1995：1672.

整个辽河流域交通地理的分布看，其在东至鸭绿江两岸的古郡乐浪、玄菟，西至燕山以北的古郡右北平、渔阳，南通滨海而望齐鲁，北接朔漠而达夫馀、肃慎，地域辽阔。主要交通文化形态和类型十分复杂。

一　中原通往辽东诸通道

秦汉时期，与辽东边郡接壤的燕山南北、长城地带，进入塞外草原和上谷、右北平、辽西、辽东诸郡的交通古道，大都经过燕山北麓的张北草原、青龙河谷和西辽河、大凌河上游。据《太平寰宇记》引古《冀州图》中记载，秦汉由中州出塞北行的陆路有三道："中道，正北发太原，经雁门、马邑、云中，出五原塞，直向龙城，即匈奴单于十月大会祭天之所也"；"一道东北发，向中山，经北平、渔阳，向白檀、辽西，历平刚，出卢龙塞，直向匈奴左地，即左贤王所理之处"；"一道西北发，自陇西，经武威、张掖、酒泉、敦煌，历伊吾塞，匈奴右地，即右贤王所理之处"①。其中，东北道发自中山，经渔阳出今古北口经辽西历平刚，直向匈奴左地之道，是经大凌河和辽河上游西拉木伦河与老哈河等流域的出边塞之道。这条东北出边塞向汉代匈奴左地之道，在汉、魏以后成为北通鲜卑、契丹和蒙兀、室韦的草原之道。不仅在当时，乃至在汉、魏以后2千多年里，成为东北地区特别是西部草原丘陵地带通往中原的重要通道。

二　玄菟郡境内的陆路通道

据《汉书》记载，汉代由当时燕地东出的交通：一是正东出

① 纪昀，等. 四库全书·太平寰宇记（卷49）·河东道［M］. 上海：上海古籍出版社，1987：421—469.

玄菟、乐浪郡；一是东北出夫馀、高句骊故地①。古襄平是辽东重要郡治，根据文献记载和考古调查，由襄平重镇通往各地的陆路主要包括襄平郡南行平郭县、沓氏县道，襄平郡西行辽队县、险渎县道，襄平郡东行武次县、西安平县至乐浪郡道②。

三　玄菟郡北行的夫馀肃慎道

据史料记载，除辽东、辽西、右北平、乐浪的郡际交通外，北行干线，以玄菟郡通往夫馀、肃慎的交通地理最为重要。《史记》记载：“夫燕亦勃碣之间一都会也。南通齐、赵，东北边胡……北邻乌桓、夫馀，东绾濊貉、朝鲜、直番之利。”③《汉书》记载：“其东出者，至玄菟、乐浪、高句骊、夫馀。”④《后汉书》记载：“夫馀国，在玄菟北千里，南与高句骊、东与挹娄、西与鲜卑接，北有弱水，北方二千里，本濊地也。……建武二十五年，夫馀王遣使奉贡，义武厚答报之，于是使命岁通。”⑤《三国志》《晋书》记载略同：“夫馀在长城之北，去玄菟千里，南与高句骊、东与挹娄、西与鲜卑接，北有弱水，方可二千里。”⑥

---

①　班固．汉书・王莽传：卷九十九中，列传第五十九中［M］．长春：吉林人民出版社，1995：2732—2733.

②　王绵厚．中国东北与东北亚古代交通史［M］．沈阳：辽宁人民出版社，2016：95.

③　司马迁．史记・货殖列传第六十九［M］．长春：吉林人民出版社，1995：7590.

④　班固．汉书・王莽传：卷九十九中，列传第六十九中［M］．长春：吉林人民出版社，1995：2732—2733.

⑤　范晔．后汉书・东夷传：卷八十五，列传第七十五［M］．长春：吉林人民出版社，1995：1602—1603.

⑥　陈寿．三国志・乌桓鲜卑东夷传：卷三十［M］．长春：吉林人民出版社，1995：615.

四　辽东与玄菟郡的戍边道

根据文献记载和考古调查，汉魏时期的辽东陆路，除前面介绍的由襄平至郡县路线外，从辽东郡城出发，主要有三个方向：一是从襄平东北行经高显、侯城趋玄菟之道，由玄菟郡东北行趋高句骊故都之道，由襄平西北行辽阳、望平出塞之道；二是从襄平东北行经高显、侯城趋玄菟之道，是汉际由辽东襄平通往玄菟的主要戍边之通道，干线所经除襄平、玄菟两郡外，主要有高显和侯城二县；三是从玄菟郡东北行趋高句骊故都之道，汉魏之际，由高显侯城东行玄菟的戍边之道，沿浑河谷道东行，往汉代高句骊部族的重要边道。据《三国志》记载，244 年，毌丘俭“督诸军步骑万人出玄菟，从诸道伐之”，时高句骊王宫率骑 2 万，与俭“战于沸流水上……毌丘俭遂攻拔丸都”①。当时毌丘俭率军经过的就是今苏子河上游新宾满族自治县二道河子玄菟郡城。据《汉书・地理志》记载，由襄平西北行辽阳、望平出塞之道，是辽东郡北境的重要戍边之道。

第三节　秦汉时期辽西右北平郡陆路交通文化

秦汉时期，东北南部的陆路交通，东部以辽东郡治襄平为中心东通濊貊、朝鲜、高句骊，北接玄菟、夫馀、挹娄，成为汉魏时期东北陆路交通的重要地区；西部以辽西郡和右北平郡治为中心，成为沟通幽州腹地诸郡与塞外各部族王城的重要枢纽。主要交通文化形态和类型发达。

---

①　陈寿．三国志・毌丘俭传：卷二十八，魏书二十八［M］．长春：吉林人民出版社，1995：557.

一　北出卢龙向右北平郡治平刚之道

汉魏时，由辽西北出卢龙塞通向右北平郡治平刚之道，是战国以来开辟的出入塞北通向匈奴左部之道。《太平寰宇记》引《冀州图》记载："自周秦汉魏以来，前后出师北伐，唯有三道。""一道东北发，向中山，经北平、渔阳，向白檀、辽西，历平刚，出卢龙塞，直向匈奴左地"。《史记》记载的公元前 107 年，李广等出右北平北击匈奴之道①，即是上述周秦汉魏出塞三道中，经过今东北西部地区的主要北行干道之一。这条辽西和右北平郡北上的重要古道交通，堑山堙谷，经久不衰。

二　汉代大凌河南北的古道交通

辽西大凌河古道，是东北地区古代与中原文化交流和民族迁徙的重要交通要道。考古学证明，公元前 3 世纪的燕、秦以后，东北地区郡县制文化和交通文化臻于完善，大凌河古道交通文化，以柳城为辐集点，向三个方向发展：一是由柳城东南过松岭山脉，经大凌河曲折南流的下游西岸今义县七里河一带，即汉代辽西郡昌黎县境，是燕秦至两汉从辽西郡腹地通往辽东郡首府的陆路通道；二是由朝阳南袁台子汉柳城正南，过大柏山隘口，沿大凌河右岸南行，这是重要交通要途；三是由袁台子汉柳城西南行，溯大凌河干流两岸交通，考古遗址依次有大凌河东岸朝阳周杖子、召山嘴遗址，西南有胜利乡汉魏古遗址、从胜利乡缘大凌河东岸至喀左蒙古族自治县东北羊角沟的汉代遗址（城址）、小黄杖子村战国至汉代古城、卧虎沟乡后城子古城址。这些古城遗址连接着

① 司马迁. 史记·卫将军骠骑列传第五十一［M］. 长春：吉林人民出版社，1995：6663.

大凌河古道交通线①。

第四节　汉代末年辽河交通文化

辽河流域汉魏之际的交通文化发展最具影响的事件，是东汉末年，魏武帝曹操率军，策马辽西，征劋三郡乌桓得胜后，从柳城旋师经辽西碣石，以观沧海，所经历的地理交通和由此形成新的交通文化形态。乌桓部族系东胡后裔，主要分布在右北平、辽西、辽东三郡，史称三郡乌桓，其对汉廷时降时叛。袁绍曾有恩于乌桓，官渡之战后，袁绍之子袁尚等逃往辽东，希望依靠乌桓力量重新发展自己的势力，不断南下侵扰。曹操为安定后方，审时度势，依谋士郭嘉建议，亲自率大军北征乌桓。曹军出师和回师之道，成为辽河古代交通文化的重要形态。

一　曹操北征时辽西的交通

汉末，曹操北征乌桓是一次大规模军事行动，因而在汉魏辽河流域军事交通地理上占有特殊地位。据《三国志》记载：武帝“将北征三郡乌桓……今深入征之，刘备必说刘表以袭许……惟郭嘉策表必不能任备，劝公行。夏五月，至无终。秋七月，大水，傍海道不通，田畴请为乡导，公从之。引军出卢龙塞，塞外道绝不通，乃堑山堙谷五百馀里，经白檀，历平刚，涉鲜卑庭，东指柳城。未至二百里，虏乃知之……八月，登白狼山，卒与虏遇……公登高，望虏陈不整，乃纵兵击之，使张辽为先锋，虏众大

① 王绵厚．中国东北与东北亚古代交通史［M］．沈阳：辽宁人民出版社，2016：151－159．

崩……九月，公引军自柳城还”①。考古文化发现，曹操出师之道为辽西古道，即白檀、徐无山、卢龙口、平刚和白狼山一带。考古学发现，在凌源市北营子汉代遗址头道河子汉魏古城，由此东行，进入大凌河支流渗津河谷道（古称古城川），渗津河下游与大凌河交汇处，即达古白狼山（今喀左蒙古族自治县境内大阳山），阵斩乌桓蹋顿后，又沿大凌河古道东北行，最后到达柳城。

二　曹操回师时辽西的交通

据史料记载，曹操在白狼山阵斩乌桓蹋顿后，屯军柳城，先后历时百余日，后引军自柳城还。回师路线始发于柳城，从曹操自己记述“东临碣石，以观沧海”看，大军经碣石（今辽宁省绥中县万家镇）道。这是一条沿海交通线。考古调查发现，其始行于朝阳南袁台子，沿十二台子河，进入小凌河上游和六股河上游的巴什罕古城，顺六股河而下，经绥中古城寨村后，西南到达万家乡金丝屯古城和美女坟（碣石），过碣石后，经今河北古“临渝县城”。考古文化发现，在这条古交通线上诸古城遗址连续不断，从年代上，上启战国，中经汉魏，下至隋唐，反映辽西古代交通文化形态，具有承汉魏古道，开契丹、奚、室韦等草原之道的意义。

第五节　秦汉时期辽河交通文化的意义

交通文化是一个地区经济、政治、文化、社会等文化发展水平最直接的体现。秦汉辽河流域早期交通文化的进一步发展，推动辽河流域早期部族方国间自然交通向封建国家社会交通文化转

① 陈寿. 三国志·武帝纪第一：卷一［M］. 长春：吉林人民出版社，1995：20—21.

变，具有社会文化意义。

自秦始皇、汉武帝到魏武帝，从巡狩辽东、复修辽东故塞，到曹操率兵征三郡乌桓，极大地促进了辽河流域交通地理、交通文化和民族关系融合发展。

如秦汉时期，东北南部的陆路交通，东部以辽东郡治襄平为中心东通濊貊、朝鲜、高句骊，北接玄菟、夫馀、挹娄，成为汉魏时期东北陆路交通的重要地区；西部以辽西郡和右北平郡治为中心，成为沟通幽州腹地诸郡与塞外各部族王城的重要枢纽。交通文化的发展，不仅对于巩固秦汉郡县制政体文化有重要作用，而且对于巩固边郡，稳定边陲，安定社会，发展经济、民生，都具有积极作用。

秦始皇在统一六国后，修长城与修直道、拓郡县，推行车同轨、书同文、统一度量衡等并举，是巩固统一封建专制主义国家的重要举措。秦始皇时期，大力推进长城文化、交通文化及以郡县制为主体的政体文化建设，奠定了秦代全国一统的封建帝国的社会文化基础。秦汉以来，交通地理和交通文化形态的构建和连接，不仅对于中国早期封建专制主义政体文化的确立具有历史的意义，而且对于抵御外来侵扰辽东边郡和平定辽东边郡发生的叛乱，保证军事行动及时有效具有重要意义。

秦汉以来，辽河流域交通文化的发展，对于促进中原文化的传播和辽河流域文化开发具有重要意义。辽河流域文化由趋同汉制到汉郡文化最终形成，是秦汉时期辽河流域文化发展的重要历史。在这一发展过程中，交通文化起到了非常重要的作用。交通地理和交通文化的发展，为促进内地与辽东边郡人员往来、经济文化交流提供了便利。同时，辽东边郡地区的许多题材被纳入文学创作，留下许多传世佳作，为推动更多内地民族了解辽东边郡发挥了作用。

如建安文学之代表人物曹操和曹植父子，就有关于辽东题材的佳作《碣石篇》《请封田畴表》《请伐辽东表》传世，影响深远。

魏武帝曹操在完成北征乌桓的军事行动后，还师途中经碣石时，写下的《观沧海》更是建安文学在辽东咏传千古的名篇。其“东临碣石，以观沧海”，已经成为千古遗篇。辽东不仅具有“负阻之国，势便形固，带以辽海”的历史地理文化，而且有“碣石”这样美丽动人的自然景观文化，这些对于促进辽河文化向内地传播具有重要作用。

第十章　秦汉时期辽河文化繁荣

秦王朝在历史上虽然只统治了短短的16年，但因其建立了中国有史以来第一个空前统一的大帝国，其以封建专制主义集权统治为核心的政体文化，对后世产生了深远影响，在中国文化史上占有极其重要的地位。

辽河流域是在战国末年燕秦战争结束后才被秦国统一的。秦汉的政治、经济制度，基于封建专制主义郡县制汉的郡文化，是秦汉四五百年间辽河文化的基本内涵。秦汉时期，辽河文化从结构要素看，具有深厚的历史积淀、显著的地域民族特征和多元的文化内涵。综观秦汉时期之发展，辽河文化的本质要素是趋同汉制。这种趋同汉制的具有多元民族传统的辽河文化，从宏观的历史定位和与中原传统文化关系的角度看，都是具有独特形态与类型的地域文化。

第一节　秦汉时期汉郡文化东渐

考古文化发现，辽河流域存在代表旧石器时代、新石器时代、青铜时代及商周时期的不同考古遗址，证明辽河流域先秦时期历史链条在时间上的延续，在文化内涵上的丰富与发展。辽河先秦文化不仅博大精深，而且源远流长。秦汉以后，辽河文化发生了历史性转变，即由部族邦国或方国文化向统一国家文化形态转变，文化的基本内涵由封建宗法分封制文化形态向以封建专制主义郡县制文化为主体的文化形态转变。

在秦统一六国以前，中原文化向辽河流域的传播，总体上看，尚处于自然传播状态，辽河流域各部族虽有吸收接纳中原文化，但处于自觉或不自觉地模仿或借鉴状态。

秦汉时期，设立郡县的辽河流域，郡县官吏皆由朝廷直接委派，其中以文人居多。这些文人官吏大都精通学问，特别是精通中原传统的儒学文化。郡守一级的官员中有的即为孝廉出身，本身就是了不起的学问家。据《三国志》记载，辽西令支人公孙瓒，是东汉学者卢植的弟子，举孝廉，任郎宦，除辽东属国长史①。同书还记载，襄平人公孙度，得玄菟太守公孙域帮助，“遣就师学，为取妻，后举有道，除尚书郎”，后任辽东太守②。他们在辽西和辽东为官的同时，也把中原文化、学术思想直接带到辽河流域，成为中原传统儒家思想文化的传播者和教授者。他们中有人著书立说，以促进当地教育事业的发展。据《汉书》记载，苏季在西汉时曾任辽东郡太守，有赋一篇传于世③；《后汉书》介绍，东汉巴郡汉人陈禅，曾举孝廉，后任辽东太守，匈奴人“惮其威疆，退还数百里，惮不加兵，但使吏卒往晓慰之，单于随使还郡。禅于学行礼，为说道义以感化之”④，收到较好效果；《后汉书》记载，桥玄出身显宦世家兼书香门第，其七世祖著有《礼记章句》

① 陈寿．三国志·公孙瓒传：卷八，魏书第八［M］．长春：吉林人民出版社，1995：178.

② 陈寿．三国志·公孙度传：卷八，魏书第八［M］．长春：吉林人民出版社，1995：188.

③ 班固．汉书·艺文志：卷三十，志第十［M］．长春：吉林人民出版社，1995：1263.

④ 范晔．后汉书·陈禅传：卷五十一，列传第四十一［M］．长春：吉林人民出版社，1995：955.

49篇，时称“桥君学”。桥玄承家学之风，举孝廉，值桓帝时，“鲜卑、南匈奴及高句骊嗣子伯固并畔，为寇钞，四府举玄为度辽将军，假黄钺。玄至镇，休兵养士，然后督诸将守讨击胡虏及伯固，皆破散退走。在职三年，边境安静”①。同书还记载，公沙穆“长习《韩诗》《公羊春秋》，尤锐意思《河洛》推步之术”②，是胶东闻名遐迩的大学者。后举孝廉，“迁辽东属国都尉，甚得吏人欢心”，其以学问及人格魅力赢得了当地吏人的尊重。

总之，随着秦汉开疆拓土，置郡设县，统一文字、度量衡、货币，推行车同轨、修驰道等一系列行政举措，辽河文化由趋同汉制变为实行汉制，即秦汉封建政体文化占统治地位，汉郡文化成为主流文化形态。

第二节　秦汉时期汉郡文化耕植辽东地区

据《汉书·武帝纪》记载，公元前135年，在辽东郡郡治襄平城，曾经发生过高庙失火事件。《汉书·地理志》中也有关于辽西郡郡治且虑设有高庙的记载。高庙是封建政体文化的重要内容之一。秦汉时期，辽东、辽西郡郡治均设有高庙，表明汉郡文化之高堂建筑文化已经分布在郡国之治的辽东历史名城。而且，这一汉郡文化形态的影响，也传布至辽东高句骊等部族侯国地区。如《三国史记》记载，公元20年，高句骊部族第三代王大武神王，仿汉制，为始祖朱蒙“立始祖庙”即“立东明王庙”，说明汉郡文化直接传布辽东四夷属国。

---

① 范晔. 后汉书·桥玄传：卷五十一，列传第四十一［M］. 长春：吉林人民出版社，1995：961—962.

② 范晔. 后汉书·公沙穆传：卷八十二下，列传第七十二下［M］. 长春：吉林人民出版社，1995：1556.

西汉时期，汉武帝把推行在郡国遍立高庙、建太学与举贤良，定为国策，这是汉代政体文化的一大特色。因此，“高庙”文化在辽东边郡地区的传布，是秦汉时期辽河流域汉郡文化发展成熟的重要标志。秦汉时期的宗庙制度，形式上是对三代宗庙文化的继续，但本质上却有区别。三代宗庙文化主要在大宗、小宗的采邑封国中，按照等级和宗族推行，重在尊尊、亲亲之别。秦汉时期，特别是在汉武帝大力推行“三位一体”的政体文化以后，宗庙制度文化与“兴太学”“举贤良”一同推行，辽东边郡的政体文化趋同汉制。可见，三代的宗庙制度文化，归根到底是附属于封建宗法制度文化政体文化的，秦汉以后，郡国高庙制度文化是与封建专制主义文化之郡县制文化并行的文化形态，本质上属于汉郡文化范畴。辽东边郡各地设高庙，这是汉武帝时代大力推行遍设高庙、立太学、举贤良三位一体国策重要实践成果。考古文化发现，在辽东郡郡治襄平不仅设有高庙，还曾立东汉耿夔碑，在东汉壁画墓中保留大量具有汉郡文化标志的写实内容，不难看出，汉郡文化在辽东边郡地区的传播及产生的影响。辽东高句丽部族不仅为始祖朱蒙立始祖庙，而且在高句骊王登基时，照例循汉制，要由玄菟郡向其赐朝服衣帻与印绶。可见汉郡文化在辽东边郡地区的传布和影响。

西汉时代，符节制度与驿传制度等传统典制文化也随秦汉政体文化传布至辽东边郡。在汉代，符节与颁印绶、赐朝服一样，具有封建正统文化标志意义。据《史记·孝文本纪》记载，“九月，初与郡国守相为铜虎符、竹使符”。东汉应劭释曰，“国家当必兵，遣使者至郡合符”，又曰“皆以竹箭五枚，长五寸，镌刻篆书”；张晏释曰，“符以代古之珪璋”。可见，符节在秦汉时期，更具有节制郡国的军事文化意义。汉代驿传制度的形成，以及由此衍生的交通文化，从具有的政体文化意义上看，包括驿传制度、交通工具、封泥制度和传檄制度等多种文化内容。其中驿传文化与封泥文化，即邮驿制度文化，如符节制度文化一样，在秦汉时代首先服务于军政需要。考古文化发现，辽西凌源安杖子汉城出土的西汉泥封和锦西台集屯出土的“临屯太守”泥封、大连市旅顺口区张店汉城出土的“临濊丞”印等，说明汉代驿传制度文化已经传布辽东边郡各县。

第三节　汉魏时期流人与辽河文化

汉魏时期，辽河流域流人文化的形成与发展，对当时辽河文化发展具有积极意义。据文史资料记载，汉魏时期流人有两次较大规模迁居辽东的现象。一是汉初大乱，燕、齐、赵人往避地者数万口；二是东汉末年，齐鲁流人两次入辽地，并由此带来汉末辽河流域文化的一度中兴，其影响所及，超过了汉初。据《三国志》《后汉书》记载，汉代，中原进入辽东边郡地区的贤达流人，或祖籍辽东，还居乡土者，主要代表人物有王烈、邴原、管宁、国渊、王景、蓬萌、刘政、李敏等。这些代表人物，一是具有良好的德行、操节。《三国志》记载，王烈“以义行称”“会董卓作乱，避地辽东，躬秉农器，编于四民，布衣蔬食，不改其乐，东域之人，奉之若君”，公孙度因其盛名，请他任长史，王烈不为利禄所动，婉拒，曹操欲征辽东贤达，闻王烈高名，多次派人往辽东征招，王烈以节操不干政事，未从，78 岁而终老辽东①；邴原“勇略雄气”“性刚直，清议以格物”，以在辽东地区传播汉学、汉礼为己任，深得辽东士族和民人尊崇，其来“辽东，一年中，往归原居者数百家。游学之士、教授之声不绝”，其在辽河文化史上

① 陈寿. 三国志・王烈传：卷十一，魏书第十一［M］. 长春：吉林人民出版社，1995：265.

可以独书一笔①；管宁“庐于山谷……示无迁志”“因山为庐，凿坏为室”“讲《诗》《书》，陈俎豆，饰威仪，明礼让，非学者无见也”“（公孙）度安其贤，民化其德”，曹操闻其高名，辟宁，度子康坚决不让管宁走②；国渊多坚守清贫名节之道，不委身于公孙氏而居一官之职，潜心于世俗、民间讲学、授业③；王景，家学深厚，聪慧天成，博览群书，尤好天文、术数、伎艺之学，人称辽东“全才骄子”。二是博学、重礼。《后汉书》《三国志》记载，王烈“省师事陈寔”，学识过人，学行辽东先贤行状；邴原在辽东以传播汉学、汉礼为己业，深得士族和边民尊崇，管宁“讲《诗》《书》，陈俎豆，饰威仪，明礼让，非学者无见也”；国渊曾量事东汉国学大师郑玄，有济世鸿儒之才，进入辽东仍以居山间讲学为生，潜心于世俗、民间讲学、授业；王景“家学深厚，聪慧天成”“好道术，明天文”“少学《易》，遂广窥众书，又好天文之事，沉深多伎艺”④。

汉魏之际，以流人学士为主的知识分子和企慕者群体性迁移辽东，对于推进汉儒文化和汉郡文化在辽东边郡的传播，无疑产生积极作用。如邴原来“辽东，一年中，往归原居者数百家。游学之士、教授之声不绝”。辽东流民文化传入边郡的客观影响，使得原树之“国门”“太学”和郡、国庙堂之上的传统汉学经典，能够较好地与辽东乡土文化结合。据《三国志》记载，国渊“笃学好古，在辽东，常讲学于山岩，士人多推恭之”；管宁则落户深山

① 陈寿. 三国志·邴原传：卷十一，魏书第十一［M］. 长春：吉林人民出版社，1995：262.

② 陈寿. 三国志·管宁传：卷十一，魏书第十一［M］. 长春：吉林人民出版社，1995：265.

③ 陈寿. 三国志·国渊传：卷十一，魏书第十一［M］. 长春：吉林人民出版社，1995：253－254.

④ 范晔. 后汉书·王景传：卷七十六，列传第六十六［M］. 长春：吉林人民出版社，1995：1403.

草巷，“因山为庐，凿坏为室”。这些饱学鸿儒，笃学好古，专心从事传统学艺的民间传播，无疑是汉末辽东文化史上的幸事。正是由于有这样一批流人的鼎力推动，辽河文化在转型发展中才能达到新的高度。

第四节　秦汉时期辽河文化多元性

秦汉时期，辽河文化以汉郡文化为基础的社会人文、艺术和政体文化，是社会文化的重要组成部分。其中以度量衡和币制为标志的封建典制文化，以统一文字、诗赋绘画为基础的文学艺术和民间美术，以及农业、手工业、商业文化，构成了这一时期辽河文化的多元内涵。

一　秦汉政体文化流布辽东地区

秦汉时期，统一货币与度量衡的举措与实施郡县制一样，都是为巩固封建专制主义集权统治而施行的重大政策，也是封建专制主义政体文化的副产物，是对封建宗法分封制文化的扬弃。据《史记》记载，秦始皇一统天下，颁布新法令：“一法度衡石丈尺，车同轨，书同文字。”① 秦汉币制改革，创制的金属称量货币与秦以前铸钛镁合金相比，在形制和流通中有两大进步：一是以明确金属标量“半两”和“五铢”，使货币本身具有标志性物化价值，可以充当等价交换物；二是方孔圆钱的定式，使货币作为等价物的流通工具，具有便捷性和储备性。

与此同时，度量衡制度文化在辽东地区迅速传布，并得到社会广泛认同；同郡县、郡国制度一样，在纷繁复杂的中华多民族

---

① 司马迁．史记·秦始皇本纪第六［M］．长春：吉林人民出版社，1995：520.

政权的多元一体的历史发展进程中，一直发挥着典制文化的凝聚力和维系作用。

二　秦朝统一文字与辽河文学艺术

秦汉时期，汉字从先秦甲骨文、金文和秦籀文，发展到秦篆和汉隶的定型，无疑是社会人文领域和社会文化中的重大历史进步。文字统一定型是推进文学艺术发展的重要因素之一。

中原地区最重要的文化成就，是在战国以前《易》《诗》《书》《礼》《春秋》《论语》《楚辞》等基础上，产生了《史记》等文史名著。辽河流域的许多题材，如碣石等自然景物被纳入文学作品创作。如曹操的《碣石篇》《请封田畴表》和曹植的《请伐辽东表》及司马相如的《上林赋》《子虚赋》等作品，尤其是魏武帝曹操完成北征乌桓的军事行动后，还师途中经碣石写下的《观沧海》，成为影响深远的名篇。

迄今能够以实物证明汉代文字流传辽东地区的，有存藏于辽宁省博物馆的东汉灵帝熹平四年（175 年）官定经典“熹平石经”之残石和东汉元初四年（117 年）所立袁尚碑。另外，考古文化发现，辽东边郡地区出土的两汉文化遗物，如辽西古柳城故址出土的带柳字的汉瓦陶片、大连东汉墓出土的铭文砖等。由此可见，秦汉时期汉郡文化在辽东边郡的传播与分布。

三　丧葬礼俗文化

秦汉时期，辽河流域的丧葬制度与礼俗文化，与典制文化和其他社会文化一样，源于汉武帝后汉郡文化的确立和传布。

考古发现，辽东盖州等地汉墓铭文砖中，有“魂归棺椁”字样，大连营城子汉墓壁画《墓主人升天图》中，有着丧服礼拜的跪姿者，这是两汉时期丧礼和丧服制度文化的体现。

墓祀制度文化是不同历史时期、不同社会层面普遍流行的制度和礼俗文化。宗庙中的祭祀，是有等级限制的，在汉代，明确规定只有郡、国以上方可设高庙。而墓祀则是不同等级身份、从士大夫到普通庶民，皆可享祭的祭祀文化。辽阳汉墓和大连汉墓等拜祭图像，是汉代墓祀的体现。

另外，辽宁西丰西岔沟古墓群以其殉马和出土的铁制武器、各类装饰品和铜牌饰最具特色，其中铜牌饰凸显了辽东半岛渔猎文化特色。辽宁桓仁满族自治县望江楼积石墓出土的典型高句骊部族陶器，特殊的积石石圹墓和火葬习俗，反映了西汉当时早期高句骊部族文化传统和社会习俗文化；出土的车马饰件、五铢钱、铁器和装饰品等，说明在辽东半岛浑江流域的汉代高句骊部族早期文化中，汉郡文化的影响和传播，已经浸润玄菟郡境内社会生活之中。

以上内容说明，墓祀制度文化作为礼俗文化在辽东边郡地区传布广泛。

四　民间艺术文化

秦汉时期，辽河流域人文艺术与典制文化，反映在民间艺术和手工技艺文化方面，既具有辽东边郡文化的土著特色，又具有趋同汉制的多元内涵。其在文化特质层面主要体现为日用生活器具和服饰制作中反映出来的工艺文化，以及服务于社会礼俗文化的婚丧礼仪等专用器具和相关的装饰文化。前者，日用器具和服饰文化，考古发现有辽阳汉魏壁画墓和大连营城子汉代壁画墓出土的铜镜、奁盒、带扣、耳环和漆器等，反映辽东汉郡地区在手工制作技艺文化方面堪比中原；后者，专用葬俗和礼俗文化，则在辽东郡县地区异彩纷呈，主要表现在考古发现的古墓壁画中的东汉壁画。

大连营城子汉墓，墓室构筑形式与河南密县打虎亭基本相同，主题壁画与长沙马王堆 1 号汉墓、山东临沂银雀山 9 号汉墓壁画的主题大致相同，壁画具有写实风格，又有时代性，如筑墓的花纹砖中的几何纹、菱纹、同心圆等多种图案，是基本相同的主题特征，反映汉代辽东地区的丧俗、民间葬礼以及依托这一礼仪文化的民间艺术与工艺文化的时代特色和多元内涵。特别是墓室的多室结构和穹隆券顶式形制，完全是受汉郡文化的影响而形成的东汉时期辽东汉郡贵族墓葬的礼俗文化形态，陵寝中的美术壁画反映东汉辽东地区礼俗规范和世风民俗的时代性。此外，在大连金州区花儿山乡的张店、驿城堡、西北山等地，共发现贝墓30余座，这些墓葬文化遗址除独具特色的土圹贝墓、贝石墓、贝砖墓等贝冢结构和葬俗礼俗外，其随葬器物的地域性特征也十分突出。花儿山驿城堡乔家屯7号贝墓，是迄今最大的也最具典型特征的夫妻合葬墓，文化年代划归西汉中期以前。出土主要随葬品为陶制鼎、壶、豆、薰炉、耳杯、樽、案等组合，均同于中原汉墓的明器规制；夫妻合葬的木棺、木椁，保留着双重棺椁丧俗的汉文化传统，说明葬俗基本与中原相同。该贝墓出土有汉武帝时的五铢钱，是最重要的考古文化发现，尤其是出土有随葬的车马饰件、鎏金柿蒂形饰件、鎏金铜贝鹿形镇子，说明辽东地区具有其他早期汉墓罕见的文化特色，特别是鎏金铜贝鹿形镇子的发现，其将贝与鹿两种不同性质的动物组合成型，构思非常巧妙，造型十分奇特，其采取西汉金属工艺成型、镂刻、冶铸、鎏金等制作方法与技术，工艺十分精湛，制作非常精良，可以从工艺美术学上反映辽东地区民间艺术多元地区文化特征，也反映了辽东地区特别是辽东半岛地区居民将渔猎文化和狩猎文化相结合的审美观念。

五　农业文化

西汉初年，因经过数年的战乱，人口锐减，土地荒芜，农业生产难以为继，经济凋敝，物价昂贵，民不聊生。因此，统治者采取了休养生息之策，如复员军人、召集因战乱逃离者返乡、将因饥饿自卖为奴婢者名为庶民、免除生育子女者2年劳役以鼓励人口生育、轻徭薄赋等等，使农业生产很快得到恢复和发展。辽东地区也不例外。汉代，辽东地区农业文化发展主要表现在生产工具与耕植技术、种植品种与施肥技术、粮食加工技术等文化形态方面。

（一）铁制农具之广泛使用

考古文化发现，在辽西、辽东的秦汉长城沿线地区，出土了许多铁制农具，包括锸、掐刀、镰刀、梯形锄、钁、六角方形锄、镐等；在辽阳北郊的三道壕发现了西汉时期的村落，出土有铁器275件，其中铁制农具148件，占全部出土铁器的60%左右。铁制农具在汉代墓葬中也有发现，如辽阳三道壕汉墓出土有铁钁和铁锸；在辽阳亮甲山汉代城址中发现有铁钁；在辽东半岛南部的高丽寨、大岭屯、牧羊城、南山里、营城子等地的汉代遗址和墓葬中，发现铁器的多数是铁农具。

（二）牛耕技术之普遍推行

考古文化发现，在辽西的喀左羊角沟发现了1件秦代的铁犁铧，说明当时该地区已经使用牛耕技术。汉武帝确立农业为天下之本的基本国策以后，命赵过为搜粟尉，赵过推行代田法，用耦犁，二牛三人，一岁之收常过缦田每亩一斛以上。牛耕技术在当时已经得到普及。考古文化发现，西汉辽西地区已经广泛使用牛马耕田技术，其主要依据是大型铁犁铧的出现。如在丹东的叆河尖汉代古城址发现铁犁铧；在辽东地区北部的长城沿线发现秦代铁犁铧，但与汉代铁犁铧相比，显得小而轻薄；在辽阳三道壕西汉村落遗址，出土有长40.2厘米、宽40.6厘米、高13厘米、面厚1厘米的大型铁犁铧，最大的重9公斤，考古发现，辽阳三道壕发现的铁犁铧经久耐用，破土较深，牛耕技术的广泛运用，提高了农作物的产量。此外，三道壕还有铁楼车的出土。铁楼车是一种较为先进的农具，主要用途是松土和开沟。

（三）施肥种田之广泛推广

在辽阳三道壕汉代村落遗址里，发现方圆形畜圈，系用林柱围成，并与厕所相连，其洼坑式畜圈内既有粪便又有乱草垃圾，说明是农家肥堆积场所，畜圈与厕所相连，很可能是人畜粪便掺和在一起的积肥方式。考古文化确认，至晚从西汉起，辽东地区人们已经掌握了积肥与施肥技术，对于农业文化的发展意义重大。

（四）粮食加工技术的不断改进

新石器时期和青铜早期，人们多用石磨盘和石磨棒来加工粮食；到了青铜晚期，发明了杵臼，加工粮食的效率明显提高。考古文化发现，在辽阳三道壕西汉村落遗址发现了旋转式陶磨，可见到西汉时，辽东地区的居民已经使用陶磨来加工粮食了，这显然是粮食加工技术的一大进步。

（五）农作物品种的多样化

在辽阳三道壕1号房址中，发现了炭化的高粱，说明这种农作物在当时已经普遍种植；在大连市大嘴子青铜遗址上层出土炭化的粮食，经鉴定，有一种可能是高粱（秫）；在朝阳西南十二台营子乡袁台子西汉柳城遗址发现1个大型圆形粮仓，其直径为5米、存粮高为1.75米。经计算，这个粮仓可储存粮食1.5万公斤以上。由此可以看出，辽东地区当时粮食产量是相当可观的。

六 手工业文化

秦汉时期，辽东地区手工业文化比较发达，冶铸业文化、制盐业文化、制陶业文化、制砖瓦业文化均有发展。

（一）冶铸业文化

西汉时期，中央政府实行盐铁专卖制文化，即由国家统一管理和经营冶铁、铁器铸造、制盐等行业；私自铸造铁器和贩卖盐者，钳左趾，没收其器物。中央设有专门管理机构负责管理冶铁，地方郡国共设49个铁官。在辽东地区，设有2处铁官，一处在右北平郡境内，一处在辽东郡境内的平郭县（今辽宁省盖州市境内）。诸铁官的职责是负责管理开采矿山、冶铸铜铁。铁官不单负责管理冶铁业，其他诸如金、银、铜等金属采冶，均归铁官负责管理。金属官营制文化是适应当时社会发展情势而确立与发展的。汉武帝时确立的金属官营制文化，实行了数百年，至东汉和帝时才被废除，允许民间开矿采治，国家收取矿业税。从此，民间采矿冶铸业文化获得发展。

考古文化发现，在辽河流域之凌源安杖子古城址内，有一处汉代冶铁遗址，出有炼炉、坩埚、鼓风管道等冶铁遗迹和遗物；在营口市附近也曾发现一座汉代古城和一处冶铁的联合手工场，在汉代古城附近的山上，发现有采矿遗迹和遗物，如当时采矿的矿洞内，有采矿打的钎孔、矿渣，还有铁锤、铁钎等采矿工具；鼓风管道，是用于炼铁时助燃的设备，可以升高炼炉内的温度，进而提高炼铁质量。辽阳三道壕出土有大量铁器，有学者应用现代科学检测方法，对其进行金相学分析，结果证明，辽阳三道壕出土的铁器金相组织较好，有高碳钢、中碳钢和锻铁金属类型，质量相当高。

考古文化发现，汉代辽东地区铁器形态和类型繁多，除前面所述农具外，还有兵器，如刀、矛、剑、镞、甲片、胄等；生产工具，如锤、钎、镐、斧、凿、锛、钻等；车马具，如车辖、车带弓、车弓帽、马镳、马衔等；日常生活用具，如锥、钉、锅、链、带钩等。从出土铁器数量和种类分析，可知当时铁器已经普及到社会生活的各个领域之中。

另外，考古文化发现，两汉时期的铜制品有出土。如大连地区的营城子、董家沟、普兰店，辽阳、鞍山、辽西等地的汉墓，先后发掘出土遗物中有精美铜制品，如提梁壶、鼎、簋、盉、博山炉、铜镜、货币、带钩、盆、铜洗、铜剑镡、镞、指环、扣、笄、盖弓帽、车马饰品等。在辽阳三道壕 1 号大型壁画墓中，发现女性头部戴银钗 1 枝，左手腕戴银镯 1 只，指骨处有 4 个金指环、2 个银指环，右手指骨处有 1 枚顶针、6 个金指环。在铁岭市西丰县西岔沟汉代墓葬中，发现有镀金的铜牌饰和铜泡，还有用银丝扭成的环形饰品；在大连市普兰店区花儿山乡张店古城附近发现 2 件西汉时期的马蹄金。以上说明秦汉时期辽东地区金银器手工制作文化之发达状况。

（二）制盐业文化

辽东地区自古就盛产鱼盐。《逸周书·职方解》记载："东北曰幽州，其镇山曰医巫闾山……其利鱼盐。"① 秦汉时期，辽东地区制盐业文化主要兴盛于辽东郡之沿海一带。考古文化发现，在大连甘井子区大嘴子青铜遗址中的上层房址内，出土的陶器中装有整齐的鱼骨，考古文化确定，陶器中所遗存的鱼骨，应该是用盐腌制的咸鱼鱼骨。大嘴子遗址上层文化距今约3000年，若是考古文化确认成立，那么，辽东郡境内居民用海盐的历史可提早到商周时期甚至更早。早在燕国统治辽东时，辽东地区就以煮盐而闻名于世。《管子·地数篇》记载："楚有汝、汉之金，而齐有渠展之盐，燕有辽东之煮。此三者亦可当武王之数。"② 所谓"辽东之煮"，是指辽东地区用煮海水制作海盐。用锅煮海水制作海盐，比天然晒海水制作海盐进步。可见，当时制盐业文化在辽东郡境内之兴盛。《汉书·地理志下》记载，汉代，在辽西郡之海阳县和辽东郡之平郭县分别置有盐官，专理治盐事务③。平郭县即今辽宁省盖州市境内。当时平郭县不仅设有盐官，也设有铁官。

辽东地区三面临海，有着漫长的海岸线和许多滩涂，自古是盛产鱼盐的好地方。辽东半岛南端的大连地区金州、复州等地，海岸曲折，滩涂平坦，拥有丰富的海盐资源和盐场作业优势，自古就是辽东海盐的主产区。到秦汉时期，制盐业文化发达，也属正常。

---

① 黄怀信．逸周书汇校集注·职方解第六十二：卷八［M］．上海：上海古籍出版社，2007：987.

② 黎翔凤．管子校注·地数第七十七（下）［M］．北京：中华书局，2004：1364.

③ 班固．汉书·地理志（下）：卷二十八下，志第八下［M］．长春：吉林人民出版社，1995：1188.

（三）制陶业文化

秦汉时期，辽东地区制陶业文化较战国时期又有新的发展。考古文化发现，秦汉时期出土的陶器，其陶质明显进步，陶器多为泥质灰陶，质地细腻，烧造的火候较高，陶器均匀而坚硬，其制作工艺多为轮制，器型规整，外形透出光泽，美观大方。如在大连英城子汉墓中，出土的陶器有灶、节颈壶、盆、洗、罐、杯、钵、鼎、盖罐、水井、水斗、器座、博山炉、陶楼、粮仓等，其中陶鼎和陶盉是依照战国时期青铜礼器制作的，器型精美大方，陶制博山炉与中原汉墓出土的青铜博山炉极其相似，灶、水井、水斗、陶楼、粮仓是用以装粮的为殉葬而特制的冥器；在大连市旅顺口区李家沟和大连市普兰店区花儿山乡的汉墓中，出土有彩绘陶壶，彩绘用红、白两种颜色，花绘图案有锯齿纹、云纹、菱形几何纹等，器物形制十分精美，同址还出土有鸱鸮造型的陶壶和彩绘陶鼎、陶盆，其构图与河北省满城 2 号墓出土的彩陶盆很相似，形象生动逼真；大连营城子一座东汉晚期石室墓中出土有 1 件彩绘陶楼，陶楼高为 54 厘米，共分为 3 层，用朱红线条绘于陶楼的 4 边及门和窗，楼上斗拱也施朱红色，底部阴刻“高楼”2 字，形制十分精美。以上说明这个时期辽东地区制陶业文化的进步。

（四）制砖瓦业文化

砖瓦是重要的建筑材料。考古文化发现，辽东地区发现的汉代墓葬多为砖室墓，这反映了当时制砖业文化的发展。大连营城子、董家沟砖室汉墓均用长方体形花纹砖垒砌。这些花纹砖烧制质量很高，砖体规整，砖面平整，砖质坚硬，砖面雕刻有方格、菱形及钱币花纹图案，十分精美。有的墓用砖砌成墓室后用贝壳填充，形成砖贝墓。凌海市发现的汉墓（东汉初期）中，墓砖形制有长方形和梯形两种，砖上饰绳纹。盖州市九垄地发现一座东汉墓葬群，其中一座墓葬出土有铭文砖，砖长为 36.5 厘米、宽为 32 厘米、厚为 8.5 厘米，一侧铭“永和五年造作，竭力无余，用庸数千，士夫莫不相助，生死之义备矣”，共 26 字；另一侧铭“叹曰，死者魂归棺椁，无妄飞扬，行无忧，万岁之后，乃复会”，共 22 字。永和年号为东汉顺帝年号，年代为 140 年。这些铭文砖显然是专门为丧葬烧制的，与中原地区的东汉葬俗极其相近。辽阳三道壕村落遗址共发现 7 座砖窑，一般的窑高为 3 米，根据窑室容积计算，每窑 1 次可烧制砖约 1800 块。遗址中及汉墓中的灰色绳纹砖，应该是出自这种窑。

考古文化发现，在辽东地区汉代城址出土有绳纹灰色板瓦和筒瓦，辽阳三道壕村落遗址出土有绳纹瓦，包括铭有“千秋万岁”和卷云纹圆形瓦当；叆河尖西汉安平县旧址出土有铭文“安平乐未央”的圆形瓦当。这些出土，说明汉代许多建筑上都附有瓦当作为建筑装饰构件。总之，考古文化发现，汉代使用砖瓦作为建筑构件，在辽东地区是较为普遍的现象，说明当时制砖瓦业文化之发展。

七　商业文化

两汉时期，辽东地区的商业文化达到空前繁荣，其重要标志是金属货币的大量发现。货币作为一般等价交换物，在辽东地区汉代古城址中及墓葬、遗址中均有出土，说明当时社会商品交换已经很普遍，民间商品贸易活动十分频繁，商业文化很发达。

考古文化发现，辽阳三道壕村落遗址出土有刀币、小半两、五铢、大半两钱币；在今辽宁省与内蒙古自治区接壤的宁城县黑城古城，即战国至秦汉时期右北平郡郡治，发现有西汉末年王莽时期的一处铸钱作坊，出土有大泉五十、小泉直一货币的陶范；在今辽宁省大连市营城子、董家沟、普兰店的汉墓中，出土有汉代的货币。这些充分说明当时人们日常生活中使用货币的普遍性。汉代货币，不但流通于汉族人为主的郡县地区，在其他民族地区也广泛流行。如在今辽宁省西丰县之西岔沟墓地，出土有半两和五铢钱币，同时还出有“除凶玄央辟兵莫当”铭文的钱形铜佩；在辽东地区桓仁满族自治县高句骊部族早期遗址和墓葬中，出土有汉代货币，说明当时辽东地区汉族与其他民族有经济和文化交往，统一使用汉朝铸造的钱币作为等价交换物；在辽西地区之绥中县大官帽村发现的3处汉代货币窖藏，共出土货币700多公斤，出土时，尚可见穿币的麻绳痕迹，平均每串约300枚，这批钱币有少量的一七钱、西汉的半两钱币、武帝五铢钱币、宣帝五铢钱币以及王莽时期的大泉五十、布泉、货泉等钱币，还有东汉的四出五铢、剪轮五铢、綖环五铢等钱币。这批钱币应是东汉时期埋藏的，说明汉代商品经济的发展和商业文化的繁荣。

汉代货币除铜币外，还有一种特别引人注目，它就是金币。在辽宁大连新金县花儿山乡张店古城附近发现有2件马蹄金，经考古文化研究确认，系汉代辽东郡境内曾流行的金币实物。马蹄金属上等货币，一般不作常态流通，只用作大额支付、赏赐、馈赠、朝贡及收藏之用。普兰店出土马蹄金，说明当时辽东郡境内商业文化之发达。

两汉时期，辽东地区与周边地区民间贸易十分活跃。双方在适当地方建立榷场进行互市，交易的商品包括牛马羊驼及皮毛、皮革制品、铁器农具及日用品、粮食、布帛及其他生产和生活用品。如《后汉书》记载，东汉年间，祭彤为辽东太守时，边境地区社会稳定，民间交往频繁①。此外，边地朝贡，领回赏赐，这是传统商品贸易的特殊形式，通过这种方式，互通有无，有力地促进了边境贸易的发展。《三国志》记载，汉献帝建安年间，鲜卑轲比能通过乌桓校尉阎柔向朝廷进贡，222年，轲比能率部众3000余人，驱牛马7万余头，到边境到市②，可见当时辽东地区边境贸易规模之大。

---

① 范晔. 后汉书·祭肜传：卷二十，列传第十［M］. 长春：吉林人民出版社，1995：409.

② 陈寿. 三国志·鲜卑传：卷三十，魏书第三十［M］. 长春：吉林人民出版社，1995：614.

第三篇　魏晋至隋唐时期辽河文化

魏晋至隋唐时期，是指自220年曹魏立国至907年唐朝灭亡的长达687年历史时期。这一时期，在自然经济占绝对统治地位的历史背景下，中国历史文化的发展经历了民族大融合的过程。我国自古以来就是一个多民族国家。魏晋南北朝隋唐时期，南匈奴、羯、氐、羌、鲜卑等各部族已经融合到中华民族的主体——汉族之中了。此外，构成中华民族的其他部族，如东北地区的夫馀、沃沮、勿吉、室韦、库莫奚、契丹各部族，也开始融入汉族，中华多民族多元性文化基本形成。辽河文化深受这一时期社会影响，在动荡中艰难发展，为中华多元性文化的形成作出了重要贡献。

魏晋南北朝时期，是中国历史上历时最长的政治大分裂、社会大动荡时期。这一时期，王朝走马灯式地更迭，皇权从一个家族转向另一个家族，从一个民族转移到另一个民族，州郡牧守各树一帜，割据政权林立，皇族争权不止，军阀残酷厮杀，名都空而不居，百里绝而无民，白骨纵横万里，生灵惨遭涂炭。虽然民众遭受巨大的痛苦，国家遭到了空前灾难，文化传统受到了最严重的挑战，但在长达近400年的冲突、灾祸和战争等灾难面前，中华文化经受住了长期的严峻考验，中华文化之源流没有中断，中华文化之火焰没有熄灭，一直在艰困中前行并发展，多民族不断融合，多元文化不断发展，构成中华文化波澜壮阔之景象和曲折前行之历史。辽河文化也随之艰难曲折前行。

魏晋时期（220—420年），由于上层门阀（世族）统治集团的政治腐化和宫廷文化的腐败，皇帝荒淫无度，门阀官僚贪鄙残暴、豪奢成性，酿成八王之乱，导致国家政权更替频繁。神学与经学的统治地位发生了变化，儒家纲常名教日渐式微，思想混乱与政治动荡交互影响。在这种情况下，政治思想领域、历史文化形态呈多元发展趋势。名实之争和才性之辩，带来各种思潮不断涌现。无论是经学思想、哲学思想、宗教思想、史学著作、地理学著作，还是文学创作、文学批评，绘画、书法、雕塑、音乐、舞蹈、杂技等，以及科学技术方面，都有重大成就。魏晋时期文化上的成就，为后来唐宋时期文化繁荣和发展准备了充分的条件。

十六国时期（304—439 年），是中国一段政治大分裂的历史时期，同时也是民族大激荡的历史时期。除西晋曾短暂统一外，国家一直处于皇权交替，各王朝鼎立、对峙，群雄割据的历史局面。自 304 年李雄建成汉、刘渊建前赵始，在汉地北部和西南部先后建立了 20 多个国家，其中成汉、前赵、后赵、前凉、北凉、西凉、后凉、前燕、后燕、南燕、北燕、夏、前秦、西秦、后秦十六国实力强劲，史称“十六国”。在近 140 年的时间里，十六国混战，致中国中部、东部、西南部、西部乃至漠北及西域广大地区，社会动荡不安，经济发展几近停滞。

439 年，北魏拓跋焘（太武帝）灭北凉，统一北方，与南朝宋、梁形成对峙之势，中国历史进入南北朝时期。为了巩固政权、对中原地区进行有效统治，自道武帝拓跋珪始，北魏统治者大规模招揽士大夫和汉族士人，努力推行儒学教育，提倡以儒道治国，促进了中国传统文化的传承与发展。420 年，东晋大将军刘裕废东晋皇帝自立，国号宋，至 589 年，在这 160 多年间，南方先后经历了宋、齐、梁、陈 4 个朝代，史称南朝。战争造成百姓流离失所，却为民族融合创造了条件，在全国范围内，民族大迁徙、大混杂、大交流、大同化。如 317—581 年，匈奴、羯、氐、羌、卢水胡、鲜卑人先后入主中原，建立政权，各部族大批人民与中原各民族混居杂糅，相互融合，形成新的文化形态和类型，推动中华文化朝着以汉文化为中心的多民族、多元性统一的方向发展前进。

隋唐时期（581—907 年），中国经历了由统一到分裂，到再统一、再分裂的痛苦历史。581 年，北周静帝禅位于杨坚，建隋国，都大兴城（今陕西省西安市），589 年，隋军灭南朝末代陈朝，统一中国，结束了自西晋以来长达近 300 年的分裂局面。隋朝在政治、经济、文化等方面进行改革，经济政治社会文化全面发展，出现“万国来朝”的局面。可惜好景不长，隋文帝励精图治，开创了“开皇之治”的繁荣局面，很快被其子杨广败祸殆尽。604 年，杨广继位，是为隋炀帝，政体文化腐化，造成民怨沸腾，社会陷入战争、动荡局面。618 年，隋炀帝被宇文化及等杀害。李渊乘天下大乱，逼隋恭帝杨侑禅让，建立唐朝。从 581 年立国到 618 年隋朝灭亡，短短 37 年，中国历史文化繁荣发展的曙光乍现，却再度陷入了黑暗，教训极为深刻。唐朝针对隋末社会经济受战争破坏严重情况，以隋为鉴，顺民之欲，采取一系列改革举措，稳定社会，发展经济。唐代早期，出现了最稳定的政治景象——“贞观之治”。经唐高宗、武周至玄宗，形成“开元盛世”，中国社会多元文化交流、交锋与交融，多元性民族文化和复合型民族性格基本形成。安史之乱，导致唐朝政治局势每况愈下，虽有唐顺宗之“永贞革新”，但因政治腐败、朋党之争接连不断，终未能挽救唐朝的灭亡。从“贞观之治”至“开元盛世”，唐朝创造的历史文化成就是空前的。

中原历史文化的演变情势，对辽东边郡地区的影响深刻而深远。

就辽东地区而言，先是公孙氏政权割据辽东 50 年，之后，曹魏和西晋的短暂统一，随之进入南下鲜卑人建立的政权统治之下；5 世纪，高句骊部族政权掌控辽河以东地区，而辽河以西则先后处于北燕及北朝各割据政权的统治之下。直至唐代灭高句骊部族政权之后，才彻底结束辽东地区分割的局面。辽河文化在这一社会背景下艰难发展，为中华多元性文化的形成做出了重要贡献。

这一时期，辽河文化发展表现为以农业文化、畜牧业文化、狩猎业文化为主要形态和类型的农牧狩猎业文化和以制陶业文化、冶铸业文化、纺织业文化、皮革业文化为主要形态和类型的手工业文化相对发达，其分布亦具有地区特色。在汉族居住相对集中的地区农业文化和手工业文化发展水平相对较高；在契丹族、库莫奚族居住较集中的地区以游牧业文化为主要形态和类型；辽西地区制陶业文化比较发达，辽东地区冶铸业文化和纺织业文化发展较快。此外，教育与史学、音乐与诗歌以及民众与宗教、工艺与技术、建筑与雕塑、山城与房屋等社会文化形态和类型，随着政治、经济与社会的发展而发展，具有多元性和多样性特点。

第十一章　魏晋时期辽东地区军政文化

魏晋南北朝时期，战乱频仍，社会板荡，民众流离失所，却是中国北方民族大融合的历史时期。辽河流域先有公孙度拥兵割据，称霸辽东50年，之后有魏晋短暂统一。同时，原住长城之外的鲜卑部族先后分批南下，进入辽东、辽西地区，并控制辽东边郡的行政权。5世纪初，高句骊部族政权势力大张，完全掌控辽东地区。辽西地区则先后处于北燕及北朝各割据政权的统治下。结束军阀割据，维护国家一统，成为中央政府的头等大事，魏晋、隋唐政权用兵辽东，成为无可避免。从文化角度看，魏晋南北朝隋唐时期，辽河流域的文化形态和类型主要是军政文化形态和类型。

西晋统一全国后，置平州，治所在襄平，统辖26县。平州刺史兼任护东夷校尉，负责管理辽东事务。慕容鲜卑部族的崛起，为建立北燕政权奠定了基础。南北朝时期，辽河流域政治文化形态，表现为前燕的建立与灭亡、前秦的建立与灭亡、后燕的建立与灭亡、北燕的建立与灭亡、北魏的建立与灭亡、北齐的建立与灭亡，异彩纷呈。隋唐时期，辽河流域政治文化主体是隋唐时期的行政建置文化。古代营州，民族融合文化发展，安史之乱后，朝廷无力再恢复营州，辽西地区为库莫奚族所据。综观魏晋南北朝隋唐时期，辽河文化获得多方面发展，无论是辽西地区还是辽东地区，文化形态和类型呈多元格局获得较快发展。

第一节　魏晋时期辽东地区军事文化

魏晋时期，辽河流域文化形态和类型以军事文化为主，表现为辽东三大战役，即曹操亲征辽东三郡乌桓、司马懿征讨公孙渊和毌丘俭征讨高句骊。

一　曹操亲征三郡乌桓

乌桓是一个逐水草而迁徙，居住无常的游牧民族，族源出自山戎和东胡。山戎是早期北方游牧民族，山戎之名早在春秋时齐桓公北伐之后便从史籍上消失，战国时燕国北部主要的东胡族源出山戎。《三国志》引《魏书》记载："乌丸（桓）者，东胡也。汉初，匈奴冒顿灭其国，余类保乌丸山，因以为号焉。"① 乌桓是北方游牧民族，逐水草而居，其经济文化形态以放牧牲畜为主，同时也有原始农业文化存在，社会组织文化是以家庭为主的帐落组成的邑落，再由邑落组成部落，习俗文化流行以大人健者名字为姓，祀天地等自然神、敬鬼神，崇信万物有灵，贵壮贱老，以及隶役婚、收继婚等。公元前 200 年，乌桓被匈奴冒顿所破，之后，乌桓开始南迁至长城外近塞处的乌丸山居住约 80 年时间。《后汉书》记载，至汉武帝时，骠骑将军霍去病击破匈奴左地，"因徙乌桓于上谷、渔阳、右北平、辽西、辽东五郡塞外"②，处于汉朝与匈奴之间地带，担负为汉王朝侦察匈奴动静责任，乌桓因此逐渐强大起来。汉昭帝时，强大起来的乌桓为报当年冒顿破

---

① 陈寿．三国志·乌桓传：卷三十，魏书第三十［M］．长春：吉林人民出版社，1995：609.

② 范晔．后汉书·乌桓传：卷九十，列传第八十［M］．长春：吉林人民出版社，1995：1698.

东胡之仇，开始攻击匈奴，并掘了匈奴单于之墓，匈奴人被激怒，乃发兵东击乌桓，大将军霍光命度辽将军范明友率 2 万大军救援乌桓，匈奴闻风而逃，不料范明友擅作主张，乘乌桓新败，进击乌桓，斩首 6000 余级，获乌桓三王首级而回。乌桓本来已经臣服汉王朝，范明友的错误行动，导致乌桓与朝廷关系恶化，“怒则杀其父兄”。乌桓，从此寇扰幽州各郡边地，掠夺民户，直至汉宣帝时，才再次款塞降附。西汉政府为了管控长城近塞的乌桓人，汉武帝迁乌桓于辽西等五郡塞外，在幽州设置了护乌桓校尉，秩 2000 石，负责各部的封爵、朝贡、互市，保证乌桓不与匈奴交通。乌桓人始终未能进入长城以内的郡县居住。王莽末年，天下大乱，长城以外民族多数叛汉，乌桓人也在其中。东汉政权建立，乌桓人开始大批迁入长城塞内，正式进入辽西地区。《三国志》记载，公元 49 年，乌桓大人郝且等 9000 余人，率众归顺东汉王朝，东汉光武帝封其渠帅为侯王者 80 余人，使其到塞内居住，布列辽东属国、辽西、右北平、渔阳、广阳、上谷、代郡、雁门、太原、朔方诸郡界，招徕种人，给其衣食，置校尉以领护之，遂为汉侦备，击匈奴、鲜卑①。东汉安帝时，从辽西郡、辽东郡各划出三县，在二郡之间置辽东属国，安置内附的乌桓人，并设辽东属国都尉负责管理乌桓事务。因此，入居塞内的乌桓势力有了很大发展。到东汉末年，经董卓之乱后，朝廷逐渐失去了对乌桓人的控制，中原军阀混战，称王称霸，乌桓人亦仿效之，称王于辽左。据《三国志·乌桓传》记载，辽西乌桓大人丘力居，众 5000 余落；上谷乌桓大人难楼，众 9000 余落；各自称王。辽东属国乌桓大人苏仆延，众千余落，自称峭王；右北平乌桓大人乌延，众 8 百余落，自称汉鲁王。其中，以辽西乌桓大人丘力居实力最强。后来，辽东属国、辽西郡、辽东郡之乌桓人结成军事联盟，共推

① 陈寿. 三国志·乌桓传：卷三十，魏书第三十［M］. 长春：吉林人民出版社，1995：610.

辽西乌桓大白天力居之侄子蹋顿为盟主，在辽西地区形成了一股强大的割据势力，这便是史称之三郡乌桓①。三郡乌桓乘中原群雄割据、天下大乱之际，屡屡侵扰沿边郡县，劫掠幽州民户；且成为袁绍争取利用的势力，袁绍曾极力笼络乌桓上层，立乌桓酋豪为单于，颁下为辽东属国率众王，蹋顿为辽西率众王，汗卢维为右北平率众王，并以家人之女为己女，嫁给乌桓王。这两股势力相勾结，对中原地区构成很大威胁。

196年，汉献帝从洛阳迁都许昌，曹操挟天子以令诸侯，进入三国鼎立状态。200年春，官渡之战曹操战胜袁绍，统一北方，204年（建安九年），曹操挥师占领冀、青、幽、并四州，斩袁谭，袁尚、袁熙逃往辽西柳城，投奔三郡乌桓。其时，辽东地区形势十分复杂，辽西以柳城为中心是三郡乌桓势力范围，辽东太守公孙度占据辽东、玄菟二郡，居主导地位，夫馀、高句骊二部居于玄菟、辽东2郡外围。三郡乌桓乘中原群雄割据之际，发展壮大，官渡之战前一直为袁绍所笼络利用。在袁绍被灭后，袁尚、袁熙兄弟2人逃往辽西，以求三郡乌桓保护。

207年春，曹操为解除后顾之忧，决意消灭三郡乌桓，亲率大军征辽西三郡乌桓。是年五月，至无终，采纳谋士郭嘉“兵贵神速”建议，“轻兵兼道以出，掩其不意”，奔袭辽西。时值盛夏，阴雨连绵，道路泥泞不通，加上三郡乌桓已于要塞加强防守，魏军不得顺利前进。右北平无终人田畴因为愤恨乌桓昔日杀害很多无终人，愿意给魏军做向导。曹操采纳田畴建议，一方面，佯装撤军，立大木板于路旁，告诉敌方因雨水造成道路不通而撤军，以之迷惑敌军，三郡乌桓见魏军已撤，信以为真，放松了警戒；一方面，在向导田畴的引领下，走小道绕开无终，越白檀，历平冈，涉鲜卑城，直奔柳城。三郡乌桓见突如其来的魏军，仓促应

① 陈寿. 三国志·乌桓传：卷三十，魏书第三十［M］. 长春：吉林人民出版社，1995：610.

战，曹操亲自督军，三郡乌桓军队很快便溃败，辽西乌桓率众王蹋顿等伏诛，降者20余万。辽东乌桓单于速仆丸及辽西、右北平诸豪，弃其种人，与袁尚、袁熙率残部逃往辽东，投奔公孙康。不久，公孙康慑于曹操威势，斩袁尚、袁熙和辽东乌桓单于速仆丸，并将其首级献于曹操，袁氏残余势力彻底被消灭。同年九月，曹操从柳城班师，途经碣石时作《观沧海》诗。征服辽西三郡乌桓，彻底消灭了袁氏残余势力，使曹操后方更为稳固，既解除了南下与刘备孙权相争的后顾之忧，实现对辽东边郡地区的统一，消灭了割据势力，又给辽东边郡地区带来了相对稳定的社会环境，辽东边郡文化形态和类型也因此发生改变。

二　司马懿征讨公孙渊

公孙渊系公孙康之子、公孙度之孙，初，胁夺叔父公孙恭辽东太守之位，于237年自立为燕王。

190年，公孙度出任辽东太守。公孙度辽东襄平人，出身于玄菟小吏，曾任冀州刺史，因谣言被免。由董卓所部中郎将徐荣（辽东人）推荐，公孙度被任命为辽东太守。公孙度因出身小吏，故不为郡中名豪大姓所重。其出任辽东太守后，即将公孙昭笞杀于襄平市，田韶等宿遇无恩，皆以法诛，所夷灭100余家，辽东郡无不震慑。因此，很快巩固了其在辽东郡的统治地位。公孙度虽偏居辽东襄平，但其有图王之志。其先将辽东郡分出辽西、中辽两郡，又越海占领山东半岛东莱诸县，置营州刺史，自立为辽东侯、平州徼，追封其父公孙延为建义侯。早年，曹操欲笼络公孙度为己用，请皇帝任命公孙度为武威将军，封永宁乡侯，然公孙度对此不屑一顾："我王辽东，何永宁也！"① 遂将印绶丢进了库房。公孙度在辽东郡打击豪强，北结夫馀、东伐高句丽、西击

① 陈寿. 三国志·魏书·公孙度传：卷六，魏书第八［M］. 长春：吉林人民出版社，1995：188.

乌桓，一时间威行海外。其保境、安民的措施深得民心，促进了辽东边郡地方经济文化的繁荣和发展。

204年，公孙度死，其子康继位，康死，其弟恭继位，恭"劣弱不能治国"，228年，被其侄渊（康之子）"胁夺"。公孙渊不仅无所作为，"且贪货物"①，一面接受曹魏封赐，一面与东吴、三郡乌桓暗通款曲。如派使臣韩忠出使辽西柳城，授予乌桓峭王单于印绶，欲使三郡乌桓为其利用，曹魏政权对公孙渊"挟两端""恃阻险""敢跋扈，恣睢海外"的行为早已心知肚明，欲除之而后快。在韩忠出使柳城时，正值曹操欲剿袁谭，曹操派牵招（曾任乌桓校尉）前往柳城，挫败公孙渊阴谋，并说服三郡乌桓不助袁谭。袁谭被灭后，曹操便着手准备征讨辽东公孙渊。曹魏政权特将荆州刺史毌丘俭从湖北调往北方，出任幽州刺史，加度辽将军、拜乌桓校尉，督幽州诸军以讨辽东。237年，毌丘俭为元帅，持玺书征公孙渊。时值农历七月，辽东连降大雨10数日，辽河水暴涨，魏军失利。毌丘俭只好引军撤退，回军右北平。毌丘俭撤军后，公孙渊自立为燕王，改元绍汉，公开与曹魏政权对抗，并诱使鲜卑侵扰曹魏北方②。因此，曹魏剿灭公孙渊刻不容缓。

238年春，司马懿督4万大军征讨辽东公孙渊。是年6月，司马懿率军出辽西，陆路抵达辽东；7月，值大雨不止，辽河水暴涨，魏军乘船从辽河入海口直至襄平城下。司马懿知襄平城中粮食紧缺，必不能持久，故围襄平而不攻。城内粮尽，死者甚多，民心瓦解。公孙渊派相国王建出城向司马懿求和，司马懿不允，并杀了王建。一次求和不成，再派侍中卫演出城请求退兵，表示愿以己为质。司马懿坚持要公孙渊出城投降，不降即死，别无选

---

① 陈寿．三国志·魏书·公孙度传：卷六，魏书第八，长春：吉林人民出版社，1995：189.

② 陈寿．三国志·公孙度传：卷六，魏书第八［M］．长春：吉林人民出版社，1995：192.

择。随即命攻城，城破，公孙渊与子公孙修率数百骑突围东逃，被魏军追斩于梁水上。司马懿入襄平城，“既入城，诛其公卿以下及兵民七千余人，筑为京观”。司马懿“又潜军浮海，收乐浪、带方之郡，而后海表谧然，东夷屈服”，可谓大获成功，辽东、玄菟、乐浪、带方 4 郡，皆归魏所有①。

公孙渊被司马懿讨灭，曹魏政权在辽东置东夷校尉于襄平，将昌黎、辽东、玄菟、带方、乐浪五郡从幽州析出，置平州，亦治襄平。后来，再归幽州所辖。自此以后，辽东地区鲜受战乱破坏，社会安稳，经济文化发展。为避中原战乱，像管宁、邴原、国渊、王烈等纷纷逃往辽东，他们兴办学校，“讲诗书，陈俎豆，饰威仪，明礼让”，辽东社会风貌为之一变，“辽东强不凌弱，众不暴寡，商贾之人，市不二价。”一时间，辽东地区成为东北地区传承华夏文化的中心，辽河文化发展呈现出新的局面。东晋初，慕容鲜卑占据辽东，华夏文化在辽东地区得到继续传播，推动了辽河文化发展。

三　毌丘俭征讨高句骊

三国时期，高句骊部族居辽东之东千里。南与朝鲜、濊貊，东与沃沮，北与夫馀相接。此时的高句骊部族已发展到地方约 2000 里、户 3 万的规模，治所丸都②。高句骊部族先受玄菟郡节制，后改属辽东郡，叛服无常，数寇辽东。建安中，公孙康率军攻破高句骊国，焚烧邑落，给其很大打击。234 年，东吴遣使访高句骊，高句骊王位宫因受幽州刺史“不得与孙吴来往”的警告，未敢让东吴使者入丸都，派主簿等人赴安平口见东吴使者，被东

① 陈寿. 三国志·公孙度传：卷六，魏书第八［M］. 长春：吉林人民出版社，1995：192.

② 陈寿. 三国志·高句丽传：卷三十，魏书第三十［M］. 长春：吉林人民出版社，1995：616.

吴使者扣为人质，高句骊王位宫被迫献礼谢罪，风波才得以平息。238 年，高句骊曾派兵参与司马懿征讨公孙渊①。辽东公孙氏政权灭亡后，高句骊成为主要势力，沃沮、濊貊归其所用。曹魏政权本来对高句骊暗通东吴就心存不满，加之其将沃沮、濊貊收归所属，又常扰辽东各郡县，所以决定以武力讨伐高句骊。242 年，高句骊王位宫寇辽东郡西安平县，终于引发双方战争。

244 年，毌丘俭第一次率军征高句骊。据《三国志》记载："正始中，俭以高句骊数侵叛，督诸军步骑万人出玄菟，从诸道讨之。句骊王宫将步骑二万人，进军沸流水上，大战梁口，宫连破走。俭遂束马刺悬车，以登丸都，屠句丽所都，斩获首虏以千数……宫单将妻子逃窜，俭引军还"②。《三国史记》记载："秋八月，魏遣幽州刺史毌丘俭将万人，出玄菟来侵。王将步骑二万人，逆战于沸流水上，败之，斩首三千余级。又引兵再战于梁貊之俗，又败之，斩获三千余人。王谓诸将曰：'魏之大兵，反不如我之小兵。毌丘俭者，魏之名将，今日命在我掌握之中乎！'乃领铁骑五千，进而击之。俭为方阵，决死而战，我军大溃，死者一万八千余人。王以一千余骑，奔鸭绿原。"③ 第一次征讨，虽然两个文献记录有出入，尽管战争进行得很残酷，经过双方反复较量，死伤惨重，但毌丘俭获得最后胜利是双方一致承认的结果。魏军进军沸流水上，大战于梁口，高句骊兵败，毌丘俭"遂束马悬车，以登丸都，屠句骊所都，斩获首虏以千数"。次年，毌丘俭再征高句骊，大破高句骊，高句骊王位宫逃奔买沟，对其残部，命玄菟太

① 陈寿．三国志・高句丽传：卷三十，魏书第三十［M］．长春：吉林人民出版社，1995：618．

② 陈寿．三国志・毌丘俭传：卷二十八，魏书二十八［M］．长春：吉林人民出版社，1995：557．

③ 金富轼．三国史记・高句丽本纪：卷十三一十五［M］．长春：吉林大学出版社，2003．

守王颀令兵穷追，并派乐浪太守刘茂、带方太守弓遵等统兵伐高句骊控制的东濊部族。此次征讨追敌，“过沃沮千有余里，至肃慎氏界，刻石记功，刊丸都之山，铭不耐之城”①。

毌丘俭两次征讨高句骊，实现了曹魏对辽东地区的统一。毌丘俭特别注重对高句骊部族辖区的文治教化与改善生计，使华夏文化在原高句骊部族辖区得以传播，他还大力兴修水利，积极发展农业，推进了中原与辽东边郡地区各民族间文化交流与融合的进程。

第二节　魏晋时期辽东地区行政建制与民族文化

曹魏灭掉了公孙氏割据政权后，辽东、辽西，也包括朝鲜半岛的北部地区，重新回到了中原王朝正式统辖范围，特别是经过魏两次征讨高句骊后，基本上完成了对辽东乃至整个东北地区的统一。265 年，司马氏终于下决心废掉了曹魏政权，建立晋朝，史称西晋。279 年，西晋灭吴，结束了东汉末年以来 3 国分裂的局面，完成了统一国家的大业。西晋政权建立后，辽东边郡地区归幽州管辖，辽西置辽西、昌黎二郡，辽东置辽东、玄菟二郡，朝鲜半岛北部置带方、乐浪二郡。行政上设有平州刺史和护东夷校尉，驻辽东郡治襄平。

一　西晋时辽东地区行政建制文化

东汉末年，辽东地区设有平州。《晋书》记载：“魏置东夷校尉，居襄平，而分辽东、昌黎、玄菟、带方、乐浪五郡为平州，

① 陈寿. 三国志・毌丘俭传：卷二十八，魏书二十八［M］. 长春：吉林人民出版社，1995：557.

后还归幽州”①。其中，辽东郡郡治在襄平，辖有6县，即襄平县、西平安县、东沓县、汶县、北丰县、辽队县；玄菟郡郡治在高句骊，辖有6县，即高句骊县、西盖马县、上殷台县、高显县、侯城县、辽阳县；昌黎郡郡治在昌黎，辖有2县，即昌黎县、宾徒县；辽东属国治在昌黎，辖有4县，即徒河县、无虑县、险渎县、房县。至西晋时，辽东地区行政建制仍旧为平州，设有平州刺史和东夷校尉。西晋初年，辽东、辽西乃至朝鲜半岛北部地区统归幽州刺史管辖。据《晋书》记载，274年，时任幽州刺史、都督幽州诸军事、护乌桓校尉卫瓘向朝廷上表，建议在东北设平州②。朝廷采纳其建议，于276年10月，晋武帝命分幽州东部，昌黎、辽东、玄菟、带方、乐浪5郡从幽州析出置平州，统26县，16100户。平州刺史主要管理设立州县的地区，护夷东校尉则负责管理东北少数民族。一般情况下，平州刺史兼领护夷东校尉。平州刺史治所设在辽东郡治襄平。5世纪，辽东诸郡被高句骊占领③，平州治所改设辽西龙城。各郡行政建制分布是，昌黎郡辖有昌黎、宾徒2县，郡治昌黎；辽西郡辖有阳乐、肥如、海阳3县，郡治阳乐；辽东郡辖有襄平、汶、居就、乐就、安市、西平安、新昌、力城、平郭9县，郡治襄平；玄菟郡辖有高句骊、望平、高显3县，郡治高句骊。

西晋初年，辽西有乌桓、鲜卑诸部，辽东郡治襄平一带以汉人为主，辽东郡东部和北部为高句骊和夫馀部族所据。朝鲜半岛南部有马韩、辰韩、弁韩三韩部族，北部有肃慎、裨离、养云、

① 房玄龄，等．晋书·地理志上：卷十四，志第四［M］．长春：吉林人民出版社，1995：240．

② 房玄龄，等．晋书·卫瓘传：卷三十六，列传第六［M］．长春：吉林人民出版社，1995：608．

③ 司马光．资治通鉴·晋纪二十八：册二，卷一百零六［M］．长沙：岳麓书社，1990：358．

寇莫汗等部族。诸部族间相互侵扰，时常发生战争，也对西晋辽东边郡安全构成威胁。因此，采取得当的政策与策略，是维护边郡稳定的前提。对此，西晋政权采取远交近攻、恩威并施的策略，即对于归顺者加封赐爵，对侵扰者予以征讨；对于远离郡县的部族予以安抚通好，承认其部族首领地位等。历任幽州刺史特别重视边务，如卫瓘、张华等都是西晋名臣。其见居幽、并 2 州北部的乌桓、拓跋鲜卑经常联合并为边害，卫瓘出任幽州刺史、都督幽州诸军事、护乌桓校尉后，“表立平州”，朝廷采纳其建议，立平州，并命其兼平州刺史，加强管控。卫瓘采取分化瓦解的办法，致乌桓与拓跋鲜卑“遂致嫌隙，于是乌桓降而力微以忧死”①，边境得以安宁。据《晋书》记载，张华为使持节、都督幽州诸军事、领护乌桓校尉、安北将军时，“抚纳新旧，戎夏怀之。东夷马刺韩、新弥诸国，依山带海，去州四千余里，历世未附者二十余国，并遣使朝献。于是远夷宾服，四境无虞，频岁丰稔，士马强盛”②；同书记载，唐彬为使持节、都督幽州诸军事、领护乌桓校尉时，鲜卑为害较甚。唐彬“训卒利兵，广农重稼，震威耀武，宣喻国命，示以恩信。于是鲜卑二部大莫廆、擿何等并遣侍子入贡。兼修学校，诲诱无倦，仁惠广被。遂开拓旧境，却地千里。复秦长城塞，自温城洎于碣石，绵亘山谷且千里，分军屯守，烽堠相望。由是边地获安，无犬吠之警，自汉魏征镇莫之比焉”③。由于西晋采取宁边政策措施得当，使“远夷宾服，四境无虞”，“边境获安”。辽东边郡也因此获得安定环境，出现民族交流、文

---

① 房玄龄，等. 晋书·卫瓘传：卷三十六，列传第六［M］. 长春：吉林人民出版社，1995：608.

② 房玄龄，等. 晋书·张华传：卷三十六，列传第六［M］. 长春：吉林人民出版社，1995：618.

③ 房玄龄，等. 晋书·唐彬传：卷四十二，列传第十二［M］. 长春：吉林人民出版社，1995：708.

化融洽的局面。据《晋书》之《马韩传》和《裨离国传》记载①，278年，马韩遣使请内附，以后在280—281年、286—287年、289年，都遣使进贡献方物。290年，马韩遣使之襄平拜见东夷校尉何龛，并献方物。太熙初，牟奴国、模卢国、于离末利国、蒲都国、绳余国、沙楼国，各遣正副使到辽东襄平东夷校尉何龛处请求归化。这都有利于辽东地区与其他各部族、邦国的民族文化交流，促进多元文化融合发展。

二 慕容鲜卑部族的崛起

辽河流域是东北、华北、北方草原三大自然地理区域的交汇地带。大凌河、老哈河流域土地肥沃，资源丰富，宜牧宜农，多民族错居杂处，农耕、渔猎、畜牧多种经济形态共存。魏晋南北朝时期，辽河流域除来自关内以汉族为主的不同种族移民和土著以辽东高句骊和辽北的夫馀为主体族群外，从北方草原南下的乌桓、鲜卑诸部、匈奴、库莫奚、契丹以及突厥和来自白山黑水之间的粟末靺鞨，甚至中亚地区的胡人，都曾在这里留下了生活的足迹。

慕容鲜卑出自古之东胡。东胡是东北古老的土著部族，其早期活动的紫蒙之野即在今天的辽西地区。曹魏时期，由于辽西乌桓部族大部迁往中原内地，北部的鲜卑部族开始南迁入塞内辽西地区。鲜卑诸部主要有宇文鲜卑、段氏鲜卑、慕容鲜卑三个部族，其中，宇文鲜卑系匈奴种。《魏书》记载，宇文鲜卑“出于辽东塞外，其先南单于远属也，世为东部大人，其语与鲜卑颇异”②，也就是说，宇文部的先祖并非鲜卑族人，至西晋时，宇文鲜卑较为

---

① 房玄龄，等．晋书·马韩·裨离国传：卷九十七，列传第六十七[M]．长春：吉林人民出版社，1995：1530—1532.

② 魏收．魏书·匈奴宇文莫槐：卷一百零三，列传第九十一[M]．长春：吉林人民出版社，1995：1407.

强盛，分布在辽西老哈河一带，南邻段氏鲜卑，东南毗慕容鲜卑。段氏鲜卑，世为大人，分布在今河北省东北部与辽西西部一带，有较强军事实力，与都督幽州诸军事王濬关系密切，受王濬支持和利用①；慕容鲜卑部族是曹魏初年由首领莫护跋率领从北方草原南下迁居辽西的，初到辽西时，居无定所，游牧于大凌河中下游一带，慕容鲜卑的首领莫护跋一直依附曹魏政权。

莫护跋曾于 238 年协助司马懿征伐辽东公孙渊，有功于魏，被封为率义王，定居大棘城之北（今辽宁省阜新市一带）。莫护跋之子木延，于（244—245）年间追随毌丘俭东征高句骊，因功得赐鲜卑大都督、左贤王。木延之子涉归“以全柳城之功，进拜鲜卑单于，迁邑于辽东北，于是渐慕诸夏之风采”。慕容涉归死，其家族内部发生权力之争。慕容涉归之弟慕容耐自立为首领，欲杀慕容涉归之子慕容廆，慕容廆逃亡辽东，隐匿汉人徐郁家避祸。284 年，慕容鲜卑族人杀慕容耐，迎慕容廆回以继父位。次年，慕容廆被众部迎回，立为慕容鲜卑单于②。

晋朝对东北诸部族实行怀柔政策，设东夷校尉署理各部朝贡、封赏、贸易等事宜，给予各部族充分自治权。慕容廆主理慕容鲜卑部族，仍接受晋朝册封。因辽西鲜卑宇文与廆之父有仇，慕容廆决意替父报仇，讨伐鲜卑宇文部，掠昌黎，攻略郡县。后又东伐夫馀部族，破夫馀都城，逼夫馀王依虑自尽，掠夫馀部族众万余人而归③。晋朝东夷校尉何龛为了遏制慕容廆势力扩张，派兵迎立依虑之子回国，重建夫馀，并以武力击败慕容廆，慕容廆遂

① 房玄龄，等．晋书・王浚传：卷三十九，列传第九［M］．长春：吉林人民出版社，1995：662．

② 司马光．资治通鉴・晋纪三：册二，卷八十一［M］．长沙：岳麓书社，1990：39—40．

③ 司马光．资治通鉴・晋纪三：册二，卷八十一［M］．长沙：岳麓书社，1990：39—40．

诣东夷校尉府请降。朝廷优容之，封为鲜卑都督。

289 年，慕容廆将其统治中心从辽东迁至徒河之青山①，又因大棘城是传说中颛顼大帝之旧墟，故于 294 年迁都大棘城，并逐步在辽西站稳脚跟。慕容廆曾请教于晋朝安北将军、幽州刺史张华，受到张华赏识。张华认为慕容廆“必为命世之器，匡难济时者也”②。慕容廆果然是一位智勇双全的人物。对宇文鲜卑、段氏鲜卑采取妥协的韬光养晦之策，以安宁辽东，使慕容鲜卑得以休养生息，在与宇文、段氏、高句骊等部的角逐中崛起，发展成“雄踞海朔，跨总一方”的政治势力。他采取尊崇晋室、远交近攻的策略，势力迅速扩张，致慕容鲜卑部族成为鲜卑部族中一个杰出的部族，也是中国历史上非常有影响的部族之一。

慕容鲜卑的崛起，使慕容廆成为各方争取的重要人物。幽州刺史王浚阴谋称帝，千方百计拉拢慕容廆，许以高官，慕容廆知王濬难成大事拒绝了；晋愍帝也遣使加封慕容廆为镇军将军，昌黎、辽东二国公；琅邪王司马睿也拜慕容廆为假节、散骑常侍、都督辽左杂夷流人诸军事、龙骧将军、大单于、昌黎公。慕容廆最终采纳谋士鲁昌的建议，与琅邪王司马睿合作，支持司马睿即皇帝位。司马睿即皇帝位后，马上派使者到棘城，加封慕容廆为将军、单于。慕容廆得到东晋政权的认可，在中原流民特别是士大夫的支持与合作下，势力日益强大。慕容廆政事修明，爱重人才，举其英俊，随才授用。因此，吸引了一大批人才，如河江裴嶷、代郡鲁昌、北平阳耽、广江黄泓、北海逄羡、广平游邃、渤海封弈、河西宋奭、封帛、裴开、安定皇甫岌、皇甫真、兰陵缪恺、封裕、会稽朱左车、泰山胡母翼、鲁国孔纂、平原宋，该等

① 房玄龄，等．晋书·慕容廆：卷一百零八，载记第八［M］．长春：吉林人民出版社，1995：1698.

② 房玄龄，等．晋书·慕容廆：卷一百零八，载记第八［M］．长春：吉林人民出版社，1995：1697.

宿德隐士聚集到慕容廆的旗帜下，或为谋士、或为枢要之职、或为宾客、或为股肱之臣。因中原各地流民大多是以当地的世家大族为首流寓辽西，慕容廆在这些流民和士大夫的支持与帮助下，为来自不同地区的流民分设郡予以安置，即为冀州人立冀阳郡、豫州人立成周郡、青州人立营丘郡、并州人立唐国郡，以发挥各地世族大族在稳定地方上的作用。这一举措深得流民拥护，从而吸引更多流民到辽西定居，进而促进了民族融合和文化交流。大批流民的到来，为慕容鲜卑部族增加了劳动生产力和兵源，带来了先进的生产技术和中原传统思想文化。尤其是那些世家大族、士人，积极参与慕容鲜卑的军政要务，制定典章制度、创办学校、发展教育，使慕容鲜卑的政治更加成熟，经济更加富庶，军事更加强大，迅速改变了其落后的生产生活方式。慕容廆虚心纳谏，集思广益，修行仁义，丰国安民，大力发展经济，变游牧业为农业，劝课农桑，积极发展农业生产。这些有力促进了辽西地区经济、政治、文化、社会的发展，对加快慕容鲜卑部族文化的汉化进程具有重要推动作用。

慕容鲜卑崛起辽西，成为地区局势的主导力量，营州的棘城、龙城相继成为辽西地区政治、经济、文化中心，以华夏政体文化为主导，多元文化因素并存，辽河文化在封建典制文化的内部冲突和调节中不断发展前行，华夏典章制度、文化教育、伦理道德观念、宗教及文字书法、绘画、艺术等广泛应用与传播。321 年，棘城正式设立学校，慕容廆本人在听政之余，抽时间听课，以增学识。拜汉儒刘讃为东庠祭酒，负责传授华夏文化中普通礼仪、生产和生活常识等内容。342 年，前燕迁都龙城，教育较棘城有较大发展。慕容皝当政之后，继承乃父重视教育的国策、勤奋好学的良好政风，“立东庠于旧馆，以行乡射之礼，每月临观，考试优劣”；亲自编写《太上章》15 篇及《典诫》作为教材，用来教授贵族子弟，慕容皝常亲自授课。龙城时期教育生源广、数量多，学生多达千余名。

由此可见，由于慕容鲜卑的崛起，带来了辽河流域传统文化的快速发展；反过来，学术思想的繁荣，为慕容鲜卑的强大提供了思想源泉。

316 年，西晋灭亡。自东晋至南北朝时期，由慕容鲜卑部族建立的政权有前燕、后燕、西燕、南燕、吐谷浑等。其中，前燕、后燕和冯氏北燕之统治中心都曾建在今辽宁省朝阳市。辽西龙城（柳城）成为古代历史文化中心，是中原文化与辽河文化交融的重要地区。

第十二章 南北朝时期辽东地区政体文化演变

慕容鲜卑部族经慕容廆和慕容皝俩父子的经营，在与中原流民及士大夫的接触、交流中，深受中原传统思想文化的影响，至东晋初年，慕容鲜卑部族的生产与生活方式及社会组织都已发生很大变化，走上了封建化的道路，已经具备了国家的雏形。348年，慕容皝去世，其子慕容儁继燕王，是东晋的封国。352年，慕容儁脱离东晋，正式独立建国，自己登极做了皇帝，国号大燕，年号元玺，史称前燕。前燕统治仅20年。370年，就被前秦所灭。前秦统治辽东时间也很短，只有10多年。383年，淝水之战，前秦失败灭国，后燕立国。407年，后燕末帝慕容熙荒淫无道，最后被高云和冯氏夺权，409年，后燕灭亡，冯氏建立北燕。436年，北燕被北魏所灭。近百年来，辽河流域政治文化风云诡谲，多民族融合进一步加快，辽河文化形态呈多元化发展。

第一节 前燕政权的兴亡

前燕的建立经历了一个非常艰难的过程。333年，慕容廆去世，其子慕容皝继位，被东晋授予平北将军、行平州刺史，统领慕容鲜卑①。慕容皝是慕容廆的第三子，慕容皝的庶长兄慕容翰（建盛将军）与弟弟慕容仁（征虏将军）、慕容昭（广武将军）等与慕容皝不睦。慕容皝即位后，“用法严峻，国人多不自安”，兄弟间矛盾激化，形同水火。慕容翰与其子投奔鲜卑辽西段部，慕容仁与慕容昭欲害慕容皝败露后，则在辽东自称平州刺史、辽东公，不服节制，并公然截留慕容皝与东晋之间的互派使者。慕容鲜卑贵族内部的权力之争，被宇文鲜卑、鲜卑段部及其他鲜卑诸部所利用，对慕容皝执政构成最大威胁。为了巩固自己的政治地位，慕容皝开启了武力征服。次年冬季，慕容皝出兵辽东，克襄平，徙辽东大姓于棘城②。336 年正月，慕容皝再次出兵亲自征讨慕容仁，大军从昌黎东践冰渡海至历林口，轻兵直趋辽东的平郭。慕容仁毫无准备，仓促应战，大败被擒。此役慕容皝擒杀了慕容仁，收复了辽东，大获全胜，巩固了在慕容鲜卑部族的统治地位。次年 10 月，慕容皝在大棘城称燕王，继续尊东晋为正统，东晋封其为使持节、大将军、都督河北诸军事、幽州牧、大单于、燕王，承认其在辽东地区的主导地位。当时辽东地区还有实力比较强大的宇文鲜卑、段氏鲜卑、高句丽及夫馀诸部族，与慕容鲜卑相对立，尤其是辽西段氏鲜卑对前燕威胁最大。慕容皝称王后首先要消灭的就是段氏鲜卑。342 年，慕容皝联络后赵石虎，一举灭段氏鲜卑；同年，亲自征讨高句丽，直捣高句丽丸都城，高句丽臣服③；345 年，消灭宇文鲜卑；次年，东袭夫馀，掳夫馀王玄及部

① 房玄龄，等．晋书·慕容皝：卷一百零九，载记第九［M］．长春：吉林人民出版社，1995：1705.

② 房玄龄，等．晋书·慕容皝：卷一百零九，载记第九［M］．长春：吉林人民出版社，1995：1706.

③ 房玄龄，等．晋书·慕容皝：卷一百零九，载记第九［M］．长春：吉林人民出版社，1995：1709.

族5万余口而还。342—346年，短短的四五年间，慕容皝“南摧强赵，东兼高句丽，北取宇文，拓地三千里，增民十万”，令宇文鲜卑、段氏鲜卑、高句丽、夫馀等部族俯首称臣、纳贡，慕容鲜卑前燕政权的势力范围扩大到全辽地区。

慕容鲜卑政权巩固，势力范围广大，又有东晋朝廷的正式册封，全辽地区被征服的诸部族的大批人口成为其属民，因人口猛增，认为棘城作为政治中心已不合适，于是迁都龙城①。自此，龙城取代了辽东襄平自战国设郡以来在辽东地区的政治、经济、文化中心地位，历数百年而不衰。慕容皝继承乃父遗志，鼓励生产、劝课农桑，举办学校、培养人才，倡导教育、选拔贤良，稳定局势、招徕人口，促进了全辽地区经济、政治、文化、社会发展，促进民族融合，加速鲜卑部族文化的汉化进程，为前燕政权的进一步壮大奠定了基础。

348年9月，慕容皝去世，其第三子慕容儁继位。东晋政权依惯例，派使臣册封慕容儁为使持节、侍中、大都督、都督河北诸军事、幽冀并平四州牧、大单于、燕王。次年，慕容儁接受朝封，不用东晋朝年号，改为将军元年。慕容儁“博览群书，有文武干略”。继承父位后，雄心勃勃。此时已经拥有精兵20余万，实力相当雄厚。因此，他积极谋划“九五”之位，然后逐鹿中原，进而统一天下。350年，慕容儁亲统三军南伐后赵，攻陷蓟城，并迁都于此；次年，进攻中山，幽、冀之地几乎全部为燕军占领；352年，攻克后赵昌城，斩首7000余级，势力已扩展到了黄河流域。此时的慕容儁再也不把东晋政权放在眼里了。同年11月，在前燕群臣的拥戴下，慕容儁在蓟城登上皇帝的宝座，自称大燕皇帝，设百官、立皇后、册太子，追尊慕容廆为高祖武宣皇帝，慕容皝为太祖文明皇帝，改年号为元玺元年，357年，迁都邺城，

① 司马光. 资治通鉴·晋纪十九：册二，卷九十七［M］. 长沙：岳麓书社，1990：232.

至此前燕国势达到极盛，共领有北方及中原 12 州、157 郡、1579 县之地，有户 2458969 户，人口达 9987935 人。

慕容皝和慕容儁统治时期，继续在辽河两岸地区推行郡县制文化。前燕时期，设置幽州、平州，幽州所辖辽西郡治所在阳乐县（今辽宁义县西南、小凌河之北），平州治所与辽东郡治所同在襄平，领有辽东、玄菟、乐浪、昌黎、冀阳、成周、营丘、唐国、带方九郡。辽东郡领有襄平、新昌、居就、平郭、西安平、安市、汶、乐就、力城、和阳、武次、西乐共十二县。郡县制是中原政体文化的主要特征，前燕在全辽地区遍设郡县，可见中原传统文化对前燕政权乃至全辽地区各民族的影响之广泛。

慕容儁继承祖、父基业，南征北讨，东战西伐，前燕势力扩展到了黄河流域。大有兼并东晋、前秦，一统华夏之势。可惜，天不与寿。360 年，年仅 42 岁的慕容儁带着满腹遗憾离开了人世。其子慕容暐继位。11 岁的慕容暐只能依靠叔父（慕容皝的第四子）慕容恪辅佐。慕容恪文武兼备，早年深受慕容皝和慕容儁的器重，慕容儁临终时托付他辅佐幼主慕容暐。但慕容恪因病早逝，由太傅慕容评辅政。由于慕容评“贪昧无厌，货赂上流，官非才举，群下怨愤”①，致朝政混乱。370 年，前秦苻坚、王猛率大军攻陷邺城。慕容暐（同炜）率文武百官降，前燕灭亡②。

从文化视角来看，慕容鲜卑由一个弱小的民族部落，迁入辽西以后，在群雄角逐中迅速崛起，建立称霸一方的基业，与其清肃的政体文化有直接关系。慕容鲜卑贵族统治集团能够执行正确的策略，特别是慕容廆慕容皝父子，对外能够审时度势，准确研判时局变化，打着尊晋勤王的旗号，逐渐巩固自己的统治。对内

① 司马光．资治通鉴·晋纪二十四：册二，卷一百零二［M］．长沙：岳麓书社，1990：307.

② 房玄龄，等．晋书·慕容廆：卷一百一十一，载记第十一［M］．长春：吉林人民出版社，1995：1732.

修明政事，虚心纳谏，集思广益，每临大事，多与部下商议，择善而从；始终把人才视为立国之本，选贤任能，优礼士大夫，爱重人物，举其英俊，随才授用，聚集来自五湖四海的智能之士；创办学校，发展教育文化，培养人才；大力发展农业文化，安抚流民，劝课农业，发展生产，致“九州之人，塞表殊类，襁负万里，若赤子之归慈父，流人之多旧土十倍有余”。可是，慕容鲜卑贵族进入中原后，开始追求骄奢淫逸的生活方式，生活上腐化堕落，导致了政体文化的腐化。据《晋书》记载，慕容暐继位时只有 11 岁，“后宫四千有余，同侍厮养兼十倍，日费之重，价盈万金”①。下边的地方官吏们也“迭以侈丽相尚，风靡之化，积习成俗”②。身为托孤老臣的太傅慕容评贪鄙成性，嗜钱如命，“卖樵粥水，积钱绢如丘陵”③。主幼疑臣，母后干政，等等。有如此政体文化环境，慕容鲜卑创立的前燕必然灭亡。文化堕落了，政权必定丧失存在的根基。这是历史规律，也是历史教训。

第二节　前秦政权的兴亡

前秦是苻氏建立的王朝。351 年，苻健占据关中，称秦王，翌年，改称帝，定都长安，国号秦，史称前秦④。355 年，苻健去

---

① 房玄龄，等. 晋书·慕容暐：卷一百一十一，载记第十一［M］. 长春：吉林人民出版社，1995：1731.

② 房玄龄，等. 晋书·慕容暐：卷一百一十一，载记第十一［M］. 长春：吉林人民出版社，1995：1731.

③ 房玄龄，等. 晋书·慕容暐：卷一百一十一，载记第十一［M］. 长春：吉林人民出版社，1995：1732.

④ 房玄龄，等. 晋书·苻健：卷一百一十二，载记第十二［M］. 长春：吉林人民出版社，1995：1739.

世，其子苻生继位①。由于苻生淫杀过度，激起怨愤，357 年，苻健之弟苻雄之子苻坚谋杀苻生，自立为帝②。苻坚登极后，不顾氐族部族贵族、宗室近戚、勋旧重臣的反对，大胆使用出生寒素、贩畚之人王猛③。王猛“疾恶纠案，无所顾忌。数旬之间，权豪贵戚，杀戮刑免者二十余人，朝廷震栗，奸猾屏气，路不拾遗。”“猛宰政公平，流放尸素，拔幽滞，显贤才，外修兵革，内崇儒学，劝课农桑，教以廉耻，无罪而不刑，无才而不任，庶绩咸熙，百揆时叙。于是兵强国富，垂及升平。”前秦出现了国内政治相对安定，社会稳定的局面。苻坚在这个基础上，集中力量统一了黄河流域。

370 年，前秦苻坚、王猛率大军攻陷邺城，前燕覆灭，辽东边郡随之也变成了前秦的属地。前秦撤销了前燕平州建置，将辽东边郡之北平郡、昌黎郡、辽西郡、辽东郡、玄菟郡重新置于幽州的管辖范围，以“郭平为使持节、都督幽州诸军事、扬武将军、幽州刺史、镇蓟”。郭平之后，苻洛出任幽州刺史，镇蓟城。苻洛乃苻健之子苻坚之侄。此人雄勇多力，猛气绝人。时幽州跨据全燕，地尽东海，北总乌桓、鲜卑，东引高句丽、百济，控弦之士不下 50 余万。可见苻洛对苻坚构成很大威胁。376 年，苻洛因征伐拓跋鲜卑的代国有功，要求开府仪同三司，苻坚未准，苻洛因此心生怨恨，意欲谋反。380 年，苻坚为削弱苻洛的势力，采取明升暗降的办法，以苻洛为散骑常侍、使持节、都督益宁西南夷诸军事、征南大将军、益州牧、领护西夷校尉、镇成都，调离幽

① 房玄龄，等. 晋书・苻生：卷一百一十二，载记第十二［M］. 长春：吉林人民出版社，1995：1740.

② 房玄龄，等. 晋书・苻坚上：卷一百一十三，载记第十三［M］. 长春：吉林人民出版社，1995：1748.

③ 房玄龄，等. 晋书・苻坚上：卷一百一十二，载记第十二［M］. 长春：吉林人民出版社，1995：1749.

州，且明令苻洛从东北幽州直接去西南益州赴任，不得经过长安。苻洛遂起兵造反，史称“苻洛之乱”①。“苻洛之乱”虽然很快被平息，但它对辽东边郡的影响，尤其是郡县制文化的影响较大。于是，苻坚顾虑幽州、平州合二为一，力量太强，朝廷难以掌控，故将幽州之北平、辽西、昌黎、辽东、玄菟郡析出，重设平州，治龙城，以石越为平州刺史、领护鲜卑中郎将。

苻坚在统一中原后，宫廷文化日渐腐化，大兴土木，营建宫室，器玩也都饰以金银，极为精巧。生活腐化，导致政体文化腐化。383 年，在廷臣多数反对的情况下，苻坚执意发动“淝水之战”。东晋以谢石为征讨大都督、谢玄为前锋都督，将军谢琰（谢安之子）、桓伊等率众 8 万，抗击前秦，将军胡彬率水军 5000 援淮南重镇寿阳。苻坚虽号称有近百万军队，结果惨败，逃回长安。之前投降前秦的慕容鲜卑贵族乘机反苻坚，慕容垂、慕容泓、慕容冲先后起兵反前秦。385 年，前秦的昌黎太守宋敞烧毁和龙宫及蓟城宫殿，率众 3 万奔壶关，至此，前秦的势力退出东北地区。394 年，前秦亡国。

前秦统治辽东边郡长达 16 年，辽河两岸地区战乱不止，社会处于动荡之中。前秦撤平州，将其并入幽州，削弱辽东郡县制文化，在“苻洛之乱”后再次设置平州，行政机构反复变化，无疑会致经济、政治、文化、社会发展受到影响，文化生态特别是郡县制文化遭到破坏。

第三节　后燕政权的兴亡

前秦灭前燕时，不但没有将俘虏的慕容鲜卑贵族杀掉，反而

---

① 司马光. 资治通鉴·晋纪二十六：册二，卷一百零四［M］. 长沙：岳麓书社，1990：335－336.

把他们迁移到经济相对发达的关中地区，而且还委以官职。淝水战役苻坚败于东晋，失去了对北方的控制能力，那些表面依附于苻坚的鲜卑贵族们乘机起兵复国。386 年，慕容垂在中山即皇帝位，建立后燕。慕容垂是慕容皝的第五子，能征惯战，颇有谋略，屡建战功，深得慕容皝的宠爱，慕容儁即位后封慕容垂为吴王，慕容垂屡建战功，颇有名望。慕容恪立，慕容垂败晋桓温之师于枋头，威名大振。慕容恪死后，慕容评执政，慕容垂受到慕容评的猜忌和排挤，被迫出奔前秦。前秦苻坚对慕容垂的人品早有所闻，给予礼遇，封为冠军将军、宾徙侯。王猛深知慕容垂不会真心降服，留则必有后患，多次劝说苻坚除掉慕容垂等鲜卑贵族，但苻坚没有采纳。淝水之战后，前秦各路人马全被击溃，唯独慕容垂所领 3 万人马没有损失，保存了实力，苻坚失败，失掉了几十万大军，只领千余人投奔慕容垂，慕容垂的儿子慕容宝、弟慕容德都主张杀掉苻坚，恢复燕国。慕容垂考虑到时机尚未成熟，不但没有采纳，反而把自己率领的 3 万军队交给了苻坚。苻坚领军至渑池时，慕容垂借机离开，去安阳密谋寻机起事复国的事情。此时丁零翟斌叛秦，苻坚命慕容垂前去征讨。慕容垂乘机招兵买马，并除掉了前来监视他的苻飞龙，留在邺城的慕容农、慕容楷、慕容绍得知慕容垂起事后，亦逃离邺城起兵响应①。

384 年，慕容垂被丁零翟斌奉为盟主，荥阳太守、夫馀王余蔚及其他鲜卑旧部前来归附。关东 6 郡县多送质请降，散在各地的乌桓、夫馀、鲜卑等地的慕容鲜卑人也纷纷前来归附。慕容垂的势力迅速壮大，部众扩大到 20 余万，于是公开反秦。随后，在荥阳称大将军、大都督、燕王，至邺城称燕元年，“立世子宝为太子，封从弟拔等十七人及甥宇文输、舅子兰审皆为王；其余宗族

---

① 房玄龄，等. 晋书·慕容垂：卷一百二十三，载记第二十三 [M]. 长春：吉林人民出版社，1995：1866.

及功臣封公者三十七人，侯、伯、子、男者八十九人”①。与此同时，北地长史慕容泓在华阴、平阳太守慕容冲在平阳亦先后起兵反秦，带方王慕容佐与宁朔将军平规北上攻下蓟城，昌黎太守宋敞烧毁和龙宫及蓟城宫殿，率众3万奔壶关，前秦势力撤出东北，慕容垂率慕容鲜卑重返龙城②。

慕容垂重新回到龙城后，立即进行军政调整，以辽西王慕容农为合持节，都督幽平二州、北狄诸军事、幽州牧，镇龙城，总揽全辽地区军政事务。徙平州于辽东，以慕容佐为平州刺史，镇平郭。慕容农至龙城后，很快收复了前秦撤出后被高句骊部族占领的辽东、玄菟二郡。龙城乃慕容氏龙兴之地，后燕政权十分重视这块老根据地。慕容农镇守龙城5年，《资治通鉴》记载，慕容农“创立法制，事从宽简，清刑狱，省赋税，劝课农桑，居民富赡，四方流民前后至者数万口。先是幽、冀流民多入高句骊，农以骠骑司马范阳庞渊为辽东太守，招抚之”③。389年，慕容农被调到京师担任侍中、司隶校尉，慕容垂以高阳王慕容隆接替慕容农出会镇龙城，同时建留台于龙城，慕容隆为都督幽平2州诸军事、征北大将军、幽州牧、录留台尚书事。慕容隆“因农旧规，修而广之，辽、碣由是遂安”④。在慕容氏兄弟2人的经营下，辽东地区局势相对安定，农业生产文化得到发展，民户安居，龙城之庙也成为慕容氏祭祀场所，慕容垂打了胜仗，亦“告捷于龙城之庙”。

① 司马光. 资治通鉴·晋纪二十七：册二，卷一百零五［M］. 长沙：岳麓书社，1990：346、348.

② 司马光. 资治通鉴·晋纪二十八：册二，卷一百零六［M］. 长沙：岳麓书社，1990：355.

③ 司马光. 资治通鉴·晋纪二十八：册二，卷一百零六［M］. 长沙：岳麓书社，1990：362.

④ 司马光. 资治通鉴·晋纪二十九：册二，卷一百零七［M］. 长沙：岳麓书社，1990：374.

后燕政权建立后，先与前秦争夺，又击西燕、攻北魏，战事连年不断。387年，慕容垂亲率大军西击拓跋魏，拓跋魏远遁，燕军占领了平城。回师途中慕容垂病逝，其子慕容宝继位。395年，慕容宝不顾姻亲关系，率主力攻北魏，大败于参合陂，10万之众，逃回者仅有数千人而已；次年，慕容宝为报参合陂惨败之仇，将镇守龙城的劲旅调往前线，使辽东地区兵力空虚。北魏拓跋珪知慕容垂已死，率40万大军攻后燕，慕容宝领兵迎战，为拓跋魏所败。397年，弃中山退守龙城；次年，邺城失守。此时，燕外部有强大的拓跋魏为敌，内部又频生讧乱，国力大减。《晋书·慕容宝》记载，慕容宝登极后，“法峻政严，上下离德，百姓思乱者十室而九焉”。在有北魏大军压境的形势下，后燕内乱不断。尚书慕容皓欲杀慕容宝另立慕容麟，事泄，慕容隆收慕容皓，而慕容麟出奔丁零。慕容宝调驻守辽西慕容会出兵救中山，慕容会迎慕容宝于蓟，而慕容宝却夺了慕容会的兵权，将慕容会所领的军队一分为二，分别交与慕容农和慕容隆统领，因此激反慕容会，慕容会杀了慕容隆，重伤慕容农，率众攻慕容宝。慕容宝背信弃义，众叛亲离，领着几百人逃回龙城。慕容会率众围攻龙城，被侍御史高云所败，单骑逃回中山，被慕容详杀死。慕容宝从中山出逃后，守中山的慕容详僭帝号，继之被慕容麟杀死，慕容麟后投慕容德，谋反被诛①。

中山被北魏攻陷后，后燕被分割为南北两部分，南部之众拥慕容垂之弟慕容德于滑台（今河南省境内），建立南燕政权，这激怒慕容宝。慕容宝不顾臣下反对，执意兴兵讨伐慕容德。397年2月，以慕容腾为前军、慕容农为中军，自为后军，兵发龙城。后军到乙连城（在今大凌河上游地区），慕容隆旧部段速骨等发动兵变，慕容宝率10余人侥幸逃脱，到中军与慕容农会合以讨叛军，

① 房玄龄，等．晋书·慕容宝：卷一百二十四，载记第二十四［M］．长春：吉林人民出版社，1995：1877．

此时慕容农所率中军，“亦厌征役，皆弃仗走”，慕容宝与慕容农欲回龙城，龙城守将鲜卑贵族兰汗暗中与段速骨通谋诱杀慕容宝和慕容农。慕容宝带着自己的庶长子慕容盛从乙连城先逃往蓟城，又从蓟城逃往黎阳，兰汗派人前去迎慕容宝回龙城。兰汗是慕容垂的季舅，又是慕容盛的岳父，当亲家公迎请慕容宝还龙城时，此时有如丧家之犬的慕容宝和慕容盛自然深信不疑。398 年，从黎阳返回龙城的慕容宝，被兰汗所杀，时年 44 岁。兰汗又杀太子慕容策及龙城内王公卿士 100 余人。据龙城，自称大都督、大单于、大将军、昌黎王。是年七月，被慕容宝庶长子慕容盛所杀。慕容盛，少沉敏多有谋略①，因庶出不为慕容宝所用。慕容盛利用与兰汗的翁婿关系，于父亲被害后返回龙城，利用兰汗集团内部矛盾，夺回政权。即位后，先后除掉兰汗余党及慕容豪、张通、张顺等叛乱者。慕容盛主政初，谦恭自卑，不称尊号。然其政权外困于北魏，内则叛乱相继，已是穷途末路。慕容盛求治心切，矫枉过正。惩其父宝以懦弱失国，务峻威刑，又自矜聪察，多所猜忌。群臣有纤介之嫌，皆先事诛之。由是宗亲勋旧，人不自保②。国内尚没安定，又向辽东高句丽及北部的库莫奚部族用兵。由于慕容盛威严驭下，骄暴少亲，刚愎自用，不信部下，致使人不自安，众叛亲离，在位 4 年为部下所杀。其叔慕容熙继位。

慕容熙是慕容垂的小儿子，即位时，后燕国力已衰。慕容熙不仅不与民休息、富国强兵，反而内宠苻氏、大兴土木，外则穷兵黩武。其穷奢极欲，荒淫无道，为中国历史所罕见。慕容熙登极后，纳苻谟二女为新宠，长为贵人、次为贵嫔。丁太后欲与丁信合力废慕容熙再立新君，事败，被慕容熙诛。于是，慕容熙立

① 房玄龄，等. 晋书·慕容盛：卷一百二十四，载记第二十四［M］. 长春：吉林人民出版社，1995：1878.

② 房玄龄，等. 晋书·慕容盛：卷一百二十四，载记第二十四［M］. 长春：吉林人民出版社，1995：1883.

苻贵嫔为后，封苻贵人为昭仪。为了讨苻氏姐妹的欢心，慕容熙在城北大筑龙腾苑，广袤10余里，苑内筑景云山、逍遥宫、甘露殿，连房数百，观阁交错，开凿天河渠引水入宫，极尽奢华之能事。为其宠爱的苻氏姐妹在龙腾池内开凿曲光海、清凉池，在城内建承华殿，负土于北门，致使土与谷价同。苻氏姐妹奢侈无度，凡其所欲，慕容熙切责有司予以满足，“不得，加以大辟”；昭仪有恙，王温称能治，未治愈，慕容熙竟令将王温肢解而焚其尸。如此大兴土木，消耗了大量的人力物力财力，给百姓带来极大灾难。苻氏死，慕容熙“悲号擗踊，如丧考妣”，“僵仆气绝，久之乃苏。”命百官临哭，有泪者为忠孝，无泪者罪之，费殚府藏，为其修建陵墓，并以其嫂张氏殉葬。出殡“丧车高大，毁北门而出，熙被发徒跣，步行二十余里”①。

后燕势力日渐衰弱，高句骊、契丹等部族乘机扩张势力。慕容熙多次亲率大军攻打高句骊、契丹，均以失败告终。连年用兵、内乱，赋役繁苦，民不堪命。统治集团内部矛盾不断激化。逃亡在外的中卫将军冯跋、左将军张兴乘慕容熙出葬苻氏之机，潜回龙城，与高云合谋起事。慕容熙闻讯赶回龙城，攻北门不克，遁入龙腾苑，被捉住杀掉。后燕就此灭亡②。

后燕时期，辽河流域的军政文化占主体。从慕容垂反前秦，到慕容熙穷兵黩武，可谓战事连年，先是与前秦争夺，又击西燕，攻北魏，几乎没有消停过；加之，政治文化腐败，尤其是宫廷文化腐败，导致最终亡国，可谓教训极深。此时期，辽河历史文化明显受到中原腐败宫廷文化的影响。

① 房玄龄，等. 晋书·慕容熙：卷一百二十四，载记第二十四［M］. 长春：吉林人民出版社，1995：1883—1884.

② 房玄龄，等. 晋书·慕容云：卷一百二十四，载记第二十四［M］. 长春：吉林人民出版社，1995：1885.

第四节　北燕政权的兴亡

北燕政权的建立很是离奇。407 年，逃亡在外的中卫将军冯跋、左将军张兴乘慕容熙出葬苻氏之机，潜回龙城，高云与其合谋杀慕容熙而自立。

后燕最后一个君王高云，字子雨，是慕容宝的养子，其祖上乃高句丽王族。高云在慕容宝为太子时，以武艺高强为太子侍御郎；慕容会之乱，在慕容会围攻龙城时，大败慕容会；以军功被慕容宝收为义子，即慕容云。中卫将军冯跋与其弟侍御郎冯素弗原是鲜卑化汉人，因事得罪慕容熙出逃山泽避祸。此时潜回龙城，借慕容熙出葬苻氏之机，与高云联手发动政变。冯氏兄弟占领龙城后，拥高云为王，复姓高氏，国号仍称大燕，改元正始①。

高云登极后，仍以冯跋从侍中，都督中外诸军事、征北大将军、开府仪同三司、录尚书事、武邑公。由此可见，后燕政权的大权实际掌控于冯氏兄弟。这便是中国历代军政文化与宫廷文化相结合的政治文化的典型特征。有如此文化氛围，高云的皇帝做得很尴尬，“自以为无功德而为豪杰所推，常怀内惧”。其寻求破解的办法，“故宠养壮士以为心腹。离班、桃仁等并专典禁卫，委之以爪牙之任，赏赐月至数千万，衣食卧起皆与之同。”结果招来杀身之祸。

409 年，离班、桃仁发动政变，杀死了高云，后燕政权也宣告灭亡。高云被杀，冯跋被众人推举为王。冯跋乃于昌黎即位，

① 房玄龄，等. 晋书·冯跋：卷一百二十五，载记第二十五［M］. 长春：吉林人民出版社，1995：1896.

下诏："陈氏伐姜，不改齐国。宜即国号曰燕。"建元太平，史称北燕①。

冯跋是东晋十六国时期一位颇有作为的统治者，他努力革除前朝弊政，使后燕慕容熙时期"赋役繁苦，百姓困穷"的局面大为改观。在位20多年，政绩颇有值得称道之处。在冯跋之后，北燕也灭亡于腐败的宫廷文化的染缸里。

冯跋初立，首先面临的大考是因权利之争引发的内乱。时封其从兄冯万泥为骠骑大将军、幽平二州牧；侄冯乳陈为征西大将军，并、青二州牧。二人以为轻，属近亲，又有大功，应入朝为公辅。但冯跋考虑到二人出任都是重镇，不便更换其官职，所以没能满足二人的要求，二人因此怨恨在心。410年，冯万泥与冯乳陈联合发动叛乱。冯跋很快平息了这场本不该发生的叛乱。平叛之后，北燕国内局势基本稳定下来了，辽东地区获得了相对稳定的发展局面。冯跋统治的20多年里，政体文化生态有所改善②。主要表现在：第一，营造人才成长的文化环境。冯跋一方面重视发展教育、培养人才，一方面重视人才选拔和使用。他懂得人才的重要性，因而在龙城营建太学，以长乐刘轩、营丘张炽、成周翟崇为博士郎中，录取2000石以下、年龄在15岁以上的官宦子弟为官学生，入太学接受正规的传统礼制文化教育。在选拔简任地方州郡官吏时，坚持以清廉之士充任，"吏治乃立国之本"，"守宰当垂仁惠，无得侵害百姓"，每次派任地方官员，他都要亲自接见、谈话，"问为政之要，令极言无隐，以观其志"。他特别重视人才的选拔，如昌黎郝越、营丘张买成、周刁、温建德、何纂等，皆以贤良而被选用。第二，营造发展社会经济的制度文化。

---

① 房玄龄，等．晋书·冯跋：卷一百二十五，载记第二十五［M］．长春：吉林人民出版社，1995：1897．

② 房玄龄，等．晋书·冯跋：卷一百二十五，载记第二十五［M］．长春：吉林人民出版社，1995：1901．

一方面，轻徭薄赋，冯跋“励意农桑，勤心政事”，为了减轻赋税以养民，“乃下书省徭薄赋，堕农者戮之，力田者褒赏，命尚书纪达为之条例。”一方面，“劝课农桑”，注意发展农业生产。为了发展桑蚕纺织业，他曾下令燕地百姓每人植桑树 100 棵、柘树 20 棵。第三，营造民族融合的文化环境，倡导改善民俗文化。他慎重处理各部族民族关系，不轻易诉诸武力。如北方草原上柔然部族兴起，冯跋用和亲的办法搞好关系，“嫁女蝚蠕”，安抚契丹、库莫奚等，加封契丹、库莫奚首领为归善王；库莫奚部族请求互市，冯跋即准其请；后勇斛律被其弟所逐，冯跋辟地辽东予以安置。针对民间盛行厚葬之习俗，提倡厚养薄葬，民间习俗亦有所改变。第四，营造改善民生的社会文化。冯跋关心民间疾苦，赈济贫弱。他派遣使者巡行境内郡县，访求孤老贫弱不能自存者，发放谷帛以赈济之。孝悌力田而家庭和睦者，予以褒奖。

总之，冯跋统治时期，北燕相对稳定，民众能够安居乐业，从事农业生产，发展经济，出现了民族融合、经济发展、文化生态恢复的局面。

冯跋之后，北燕境内天灾人祸接连不断。干旱连年，且有地震发生，宫廷也因皇位继承问题发生内乱。冯跋病死后，其弟冯弘杀太子冯翼，自立为王，北燕开始走下坡路，北魏强势用兵攻击北燕，致北燕大批人口被北魏掳走。冯弘无奈，向南朝及高句丽求助，勉强维持危局。

436 年，北魏大将古弼、鹅青率军来攻，攻克白狼，兵围龙城。尚书令郭生开城招引魏军，时高句骊部族派来的援军亦到达龙城，冯弘及龙城民户均随高句骊部族军队迁往辽东。高句骊部族军队将龙城府库抢劫一空，并纵火焚毁了龙城宫殿，大火一旬不灭。可惜，三燕古都毁于战火，古城的历史文化破坏殆尽。冯弘逃到辽东后，被安置在平郭，两年后为高句骊人所杀，北燕正式灭亡①。

辽西地区自战国燕昭王却胡，设辽西、辽东等郡以来，经济、文化发展水平一直走在东北其他地区的前面。东汉起，乌桓、鲜卑诸部族先后南下，在这个地区逐渐形成以汉文化为主体的多民族杂糅错居的文化形态。东晋初，慕容鲜卑崛起，平州废弛，辽西的龙城成为该地区政治、经济、文化中心。前燕时期，迁都蓟城和邺城，龙城的军队和人口也随之南迁，前燕对辽西地区的控制力逐渐削弱。后燕势力退回辽西地区后，由于慕容鲜卑贵族内部因为皇位继承问题发生争斗和宫廷文化的腐败，严重影响了辽西地区的政治生态和经济、文化的发展；尤其是北燕后期，在北魏的连年攻击下，辽西地区人户被掳掠到平城，加之北燕的灭亡，辽西地区人口锐减，土地荒芜，经济严重停滞，文化形态也受到破坏。

第五节　高句骊部族政权的兴亡

高句骊部族当年遭到慕容皝毁灭性打击之后，一直臣附于慕容鲜卑建立的政权，不敢轻易进犯辽东地区。在慕容儁时代，高句骊王钊曾质母于前燕②，献贡品，以示真诚降服。355 年，慕容氏政权才准许为质前燕的高句骊王钊之母还国，并封钊为征东大

① 房玄龄，等. 晋书·冯跋：卷一百二十五，载记第二十五［M］. 长春：吉林人民出版社，1995：1900.

② 司马光. 资治通鉴·晋纪十九：册二，卷九十七［M］. 长沙：岳麓书社，1990：233.

将军、营州刺使、乐浪公、高句骊王①。370 年，前燕灭于前秦，燕太傅慕容评逃往高句骊，高句骊王将其执献于前秦，以表示对前秦政权的臣附。

385 年，后燕建国之初，边防空虚，高句骊故国壤王伊连见有机可乘，于是派兵 4 万偷袭辽东。时慕容垂命带方王慕容佐镇龙城，慕容佐令司马郝景领兵救之，为高句骊所败，辽东、玄菟两郡遂被高句丽占领。同年 11 月，慕容农平定余岩在辽西地区起义后，率军征讨高句骊，收复辽东、玄菟二郡。燕王慕容垂考虑辽西地区乃燕龙兴之地，慕容氏宗庙所在，故命慕容农为使持节，都督幽、平两州北狄诸军事，幽州牧，镇守龙城，徙平州刺史带方王慕容佐出镇辽南的平郭县，以加强辽东、辽西地区防备，防高句骊渗透辽中西部地区。“先是幽、翼流民多入高句骊，农以骠骑司马范阳庞渊为辽东太守，招抚之”。此后，因高句骊忙于在南部地区与百济争夺领地，相当长的一段时间，高句骊未再骚扰辽东，与后燕一直保持着臣附关系。

400 年 2 月，后燕慕容盛以高句骊“事燕礼慢”为由，亲率兵 3 万征讨高句骊②。以骠骑大将军慕容熙为先锋，拔新城、南苏 2 城，开境 7 百里，徙 5 千余户而还，从此，高句骊与北燕关系日渐紧张。402 年，高句骊王遣将领兵渡过辽河，进攻后燕宿军城，北燕不敌，平州刺史慕容归弃城而逃，2 年后，高句骊 2 次出兵攻后燕③。405 年，后燕主慕容熙欲夺回辽东失地，亲率大军攻辽东城，“城且陷，熙命将士：‘毋得先登，俟铲平其城，朕与皇后乘

① 司马光．资治通鉴・晋纪二十二：册二，卷一百［M］．长沙：岳麓书社，1990：274.

② 司马光．资治通鉴・晋纪三十三：册二，卷一百一十一［M］．长沙：岳麓书社，1990：428.

③ 金富轼．三国史记・高句丽本纪第六：卷十八［M］．长春：吉林大学出版社，2003.

辇而入’，由是城中严备，卒不克而还”①。次年，慕容熙领兵北讨契丹，畏契丹势众，欲还师，随军而行的苻皇后不听，慕容熙乃弃辎重粮草，从辽西北地区率轻兵东行3千余里，进攻高句骊部族的木底城②，“士马疲冻，死者属路”，未能克城，狼狈而还③。此后，辽河以东的领地被高句骊占领。668年，唐朝出兵消灭高句骊国④，才恢复中原政权对辽东的郡县统治。高句骊部族占领时期，辽河以东地区的文化形态和类型，都有所变化和发展。

第六节　北魏政权的兴亡

北魏是拓跋鲜卑建立的国家。据《魏书》记载，拓跋鲜卑“统幽都之北，广漠之野，畜牧迁徙，射猎为业，淳朴为俗，简易为化，不为文字，刻木纪契而已。”⑤ 东汉初年，在首领推寅的带领下，“南迁大泽，方千余里，厥土昏冥沮洳，谋更南徙，未行而崩”。推寅七传到邻，又因“此土荒遐，未足以建邑，宜复徙居。”时邻已年老，乃传位于子诘汾。诘汾继续率部南迁，“山谷高深，九难八阻，于是欲止。有神兽，其形似马，其声类牛，先行引导，历年乃出，始居匈奴之故地。”220年，诘汾传位于子力微。拓跋

① 司马光．资治通鉴·晋纪三十六：册二，卷一百一十四［M］．长沙：岳麓书社，1990：460．

② 司马光．资治通鉴·晋纪三十六：册二，卷一百一十四［M］．长沙：岳麓书社，1990：466．

③ 司马光．资治通鉴·晋纪三十六：册二，卷一百一十四［M］．长沙：岳麓书社，1990：466．

④ 司马光．资治通鉴·唐纪十七：册三，卷一百一［M］．长沙：岳麓书社，1990：640．

⑤ 魏收．魏书·帝纪第一·序纪：卷一［M］．长春：吉林人民出版社，1995：1．

鲜卑部族在力微的带领下，逐渐发展强盛，诸旧部民咸来归附。诸部大人，悉皆款服，控弦士马 20 多万。258 年，迁于汉定襄郡的盛乐城。借西晋“八王之乱”，北方部族乘机南下。西晋曾借力拓跋鲜卑对抗匈奴刘渊和羯人石勒，晋愍帝司马邺封拓跋鲜卑首领猗卢为代王。经过百余年的部族兼并，接受汉文化的影响和对汉文化的吸收，拓跋鲜卑的政治、经济、文化都发生了显著变化，实力日渐强大。公元 338 年，拓跋什翼犍即代王位，称建国元年，“始置百官，分掌众职”，“命燕凤为右长史，许谦为郎中令。余官杂号，多同于晋朝”①。

376 年，拓跋鲜卑为前秦所灭。什翼犍和其孙拓跋珪都成为俘虏。什翼犍之子拓跋寔之妻是慕容皝的女儿，因此，什翼犍死后，拓跋珪投奔在前秦的舅慕容垂。383 年，淝水之战，苻坚失败，前秦被灭。拓跋珪随慕容垂逃到中山，后来，拓跋珪回到代北。386 年，拓跋鲜卑在牛川召开部族联盟大会，年仅 16 岁的拓跋珪被拥立为代王，称登国元年②。拓跋珪在代国被前秦所灭后，随苻坚徙蜀地，迁长安，淝水之战后，到中山。据《宋书·索虏传》记载，拓跋珪从小接受汉文化教育，“颇有学问，晓天文”③。398 年，议定国号为魏，是年 7 月，迁都平城。次年 1 月，拓跋珪称帝，改元天兴。409 年，拓跋珪被其庶子拓跋绍所杀，流亡在外的太子拓跋嗣在群臣的支持下，回国杀掉了拓跋绍，即皇帝位，

① 魏收. 魏书·志第一九·官氏：卷一百一十三［M］. 长春：吉林人民出版社，1995：1729.

② 萧子显. 南齐书·魏虏：卷五十七，列传第三十八［M］. 长春：吉林人民出版社，1995：530.

③ 沈约. 宋书·索虏：卷四十九，列传第五十五［M］. 长春：吉林人民出版社，1995：1341.

是为明元帝，改元永兴①。423年，拓跋嗣去世，太子拓跋焘即位，翌年改元始光②。拓跋焘北征高车、柔然，西击赫连昌。436年，灭北燕；439年，灭北凉。至此，拓跋鲜卑建立的北魏统一北方，辽东地区纳入北魏统治之下③。

北魏建立后，首先在龙城置镇，437年，拓跋焘以南平王拓跋浑为“假节、都督平州军事、领护东夷校尉、镇东大将军、仪同三司、平州刺史，镇和龙”。因龙城新定，故以平州刺史兼管辽西地区。444年，始置营州，领昌黎郡，治龙城。后又置建德、辽东、乐浪、冀阳、营丘5郡11县，均隶属于营州。鉴于辽东、乐浪二郡已先后被高句骊部族占领，故侨置于辽西地区。营州实际控制地区是辽河以西的大凌河、小凌河流域。当时营州是管理辽东乃至整个东北地区的最高地方行政机构所在地，北魏政府多简重臣出任营州刺史，坐镇龙城，龙城也是当时辽东地区乃至整个东北的统治中心和军事重镇。

拓跋鲜卑部族原系居于北方草原地区，以“畜牧迁徙，射猎为业”的游牧部族，之所以能够入主中原，建立强大的封建国家，是由于拓跋鲜卑部族善于学习，吸取中原先进传统文化，其部族文化实现了由传统的游牧迁徙转变为定居农业，社会组织形态由血缘部族邦国转变为地缘国家。据《魏书》记载，拓跋鲜卑部族建国后，拓跋珪即“离散诸部，分土定居，不听迁徙，其君长大人皆同编户”④。拓跋珪还命拓跋仪在河套地区实行屯田，从事农

① 沈约. 宋书·索虏：卷四十九，列传第五十五［M］. 长春：吉林人民出版社，1995：1342.

② 沈约. 宋书·索虏：卷四十九，列传第五十五［M］. 长春：吉林人民出版社，1995：1347.

③ 魏收. 魏书·帝纪第四·世祖太武帝：卷四上［M］. 长春：吉林人民出版社，1995：45.

④ 魏收. 魏书·列传第七一·外戚上：卷八十三上［M］. 长春：吉林人民出版社，1995：1115.

业生产。这些措施，推进了拓跋鲜卑部族文化迅速向封建文化形态转变。拓跋珪打败后燕占领中山后，又“分徙吏民及徒何种人，工、伎、巧十万余家以充京都，各给耕牛，计口授田……劝课农耕……躬耕籍田，率先百姓”①。同时，大量启用精通汉儒文化的士人，让他们参与军国要务，“初拓中原，留心慰纳，诸士大夫诣军门者，无少长，皆引入赐见，存问周悉，人得自尽，苟有微能，咸蒙叙用”②。明元帝拓跋嗣也十分重视农业生产，使西晋末年以来遭受严重破坏的北方地区农业经济有所恢复。太武帝拓跋焘统一北方后，以“五方之民各有其性，故修其教，不改其俗；齐其政，不易其宜；纳其方贡，以充仓廪；收其货物，以实库藏。”针对“禁网疏阔，民多逃隐。天兴中，诏采诸漏户，令输纶绵，自后诸逃户占为细茧罗谷者甚众。于是杂营户帅遍于天下，不隶守宰，赋役不周，户口错乱。始光三年，诏一切罢之，以属郡县。”清理豪强大族的荫户，增加了郡县户口。此外，拓跋焘还注重吏治，“令天下吏民得举告守令不如法者”③。

总之，北魏前期的政体文化形态主要体现在推动农业经济发展和民族融合。如其计口授田、减轻赋税、劝课农桑、均田、惩治地方官吏腐败等措施，为农业经济的恢复、发展创造了较好的文化生态环境。多部族民众错居杂处的营州地区，人口增加，边境安宁。地方官吏多数比较勤政清廉。对此，《魏书》均有记载。

① 魏收. 魏书·志第一五·食货：卷一百一十［M］. 长春：吉林人民出版社，1995：1661.

② 魏收. 魏书·帝纪第二·太祖道武帝：卷一［M］. 长春：吉林人民出版社，1995：19.

③ 魏收. 魏书·帝纪第二·太祖道武帝：卷一［M］. 长春：吉林人民出版社，1995：23.

如北魏占领龙城后第一任长官南平王拓跋浑，“绥导有方，民夷悦之”①；平东将军、营州刺史张伟，“在州郡以仁德为先，不任刑罚，清身率下，宰守不敢为非”②；于洛拔任营州刺史时，“以治有能名，进号安东将军”③；孝文帝初年，库莫奚冠边，安定王拓跋休为使持节、侍中、都督诸军事、征东大将军、领护东夷校尉、仪同三司、和龙镇将，“休抚防有方，赋乃款附”④；安丰王拓跋猛出任和龙镇都大将军、营州刺史时，“宽仁雄毅，甚有威略，戎夷畏爱之”⑤。等等。拓跋焘灭赫连夏和北凉后，将被俘获的人口辗转迁徙到辽西地区，从事生产和戍守，使辽西地区经济得到较快恢复发展。

① 魏收．魏书·列传第四·道武七王·拓跋浑：卷十六［M］．长春：吉林人民出版社，1995：250.

② 魏收．魏书·列传第七二·儒林·张伟：卷八十四［M］．长春：吉林人民出版社，1995：1132.

③ 魏收．魏书·列传第一九·于栗磾：卷三十一［M］．长春：吉林人民出版社，1995：450.

④ 魏收．魏书·列传第七下·景穆十二王下·安定王休：卷十九下［M］．长春：吉林人民出版社，1995：321.

⑤ 魏收．魏书·列传第七下·景穆十二王下·安丰王猛：卷二十［M］．长春：吉林人民出版社，1995：327.

第十三章　隋唐时期辽河文化发展

隋唐时期，即指隋朝（581－618 年）和唐朝（618－907 年）两个王朝统治时期，共 326 年。隋唐两朝先后几次用兵辽东，其重要的战事均发生在今辽宁境内，直至最后消灭高句丽部族政权，恢复汉魏时期的全国疆域。唐朝灭高句丽部族政权后，不但恢复了辽东地区的郡县制文化，而且与东北边远地区的边地部族密切往来。民族交流与融合，促进了辽河文化之多元化发展。

第一节　隋唐时期辽东地区行政建制文化

隋、唐王朝初期，以军事手段收复辽东，稳定边地安宁，发展农业生产，恢复辽东地区郡县制文化，促进边郡各部族间民族融合。

一　隋炀帝三征辽东无功而返

589 年，隋文帝灭掉了南朝最后一个政权——陈，结束了中国近 400 年分裂割据的混乱局面，实现了南北统一。这是一个非常伟大的历史事件。此时，辽东之地仍在高句丽部族政权统治之下。高句丽虽然臣附隋朝，但其和中原王朝在辽东设置的其他郡县毕竟有着本质的区别；且高句丽王对隋朝采取阳奉阴违的态度，虽表面上称臣，但未倾心归附，不恪守臣节，暗地里阻遏东北其他部族向隋朝进贡，还经常制造事端，杀害边民，隋朝辽东地缘政治文化受到破坏。因此，出兵收复辽东，势在必行。

598年，高句丽王"元率靺鞨之众万余骑寇辽西，营州总管韦冲击走之"①，终于引发了双方的战争。隋文帝听闻高句丽进犯辽西的消息，十分震怒，以其子汉王杨谅和王世积为行军元帅，尚书左仆射高颎为汉王长史，周罗睺为水军总管，统30万大军，兵分二路，水陆并进伐高句丽。不巧的是，时天降大雨，辽河下游洪水暴涨，交通阻断，隋军粮草不继，加之辽西地区瘟疫流行，隋军将士多为中原人，水土不服，死伤十之八九。周罗睺率水军从山东半岛的登莱渡海直奔平壤，中途遇风浪，死伤惨重。隋军已然失去战斗力，杨谅引残师而还，隋朝第一次征讨高句丽失败②。

隋炀帝曾3次率军亲征，均无功而返。隋炀帝杨广即位，隋朝的国势空前强盛，四境宾服，天下一统，"青丘之表，咸修职贡。碧海之滨，同禀正朔"。唯独辽东高句丽不服。为收复辽东，隋朝做了积极的战争准备。至611年，隋炀帝亲率113万大军水陆并进，征讨高句丽。次年正月，大败高句丽于辽水东岸，兵围辽东城，久攻不下。水师统帅来护儿在平壤先小胜后大败，4万隋军几乎全军覆没③。水师惨败，陆军又久攻不下，且军中出现将帅不和，最终导致战役失败。613年，隋炀帝再次征天下之兵，亲率出征。命宇文述与杨仪臣领军东征平壤，命王仁慕领军出夫馀道。王仁慕在新城击垮高句丽数万人，高句丽战败后退缩辽东

---

① 司马光. 资治通鉴·隋纪二：册三，卷一百七十八［M］. 长沙：岳麓书社，1990：318.

② 魏徵，等. 隋书·列传第四十六·东夷·高丽：卷八十一［M］. 长春：吉林人民出版社，1995：1196.

③ 魏徵，等. 隋书·列传第四十六·东夷·高丽：卷八十一［M］. 长春：吉林人民出版社，1995：1197.

城。隋炀帝命诸将围攻辽东城，战争十分惨烈。正当战争进入胶着状态时，闻黎阳督运粮草的杨玄感发动叛乱，且与兵部尚书斛斯政通谋，进逼东都洛阳。隋炀帝担心东都有失，不得不放弃即将攻陷的辽东城，班师还国，平定内乱。在平定了杨玄感的叛乱后，次年 7 月，隋炀帝第 3 次亲征高句丽，车驾次怀远镇。水军总管来护儿统领水师击败抵抗之敌后直趣平壤。隋炀帝鉴于国内"盗贼"蜂起，已成燎原之势，遂同意高句丽王降，撤军还国①。

隋朝在辽东恢复郡县制文化的军事行动，均告失败，其失败的原因是多方面的。若是从文化角度来看，主要是隋朝的军事行动没有社会基础，大规模的战争破坏了社会安宁，更是破坏了社会生产，经济发展停滞，民众生产和生活都会受到严重影响，相反，高句丽统治下的辽东地区，民众团结一心共同抗敌，形成了一个难以攻克的堡垒。另外，隋军从上至下，受到宫廷文化影响至深，什么"御驾亲征""将在外，君命有所不受"，等等，特别是杨玄感叛乱，是根深蒂固的宫廷文化熏染成长起来的野心，导致隋朝征讨高句丽战争的失败。

二 唐太宗亲征收复辽东

唐初对高句丽的战争，是隋朝恢复辽东郡县制文化战争的继续。经过唐太宗和唐高宗父子两代的努力，多次出兵辽东，最后灭掉了高句丽在辽东的统治政权，统一辽东为大唐版图，在辽东地区恢复实行郡县制文化。

唐朝初年，高句丽王高建武主动向唐朝表示恭顺、臣服。唐高祖李渊下诏册封高建武为上柱国、辽东郡公、高句丽王，并命中原道士送去天尊像及道法，为高句丽王讲授《老子》，以弘扬道教。高句丽王还主动请求遣使到长安学习佛、道经义，双方互送

① 司马光. 资治通鉴·隋纪五、六·隋炀帝：册三，卷一百八十一—一百八十二［M］. 长沙：岳麓书社，1990：356—376.

流民，气氛还算融洽，但高句丽是面和心不和，《新唐书》记载，“新罗、百济上书，言建武闭道，使不得朝。且救侵入”。可见，辽东地区实际未纳入唐朝郡县制文化体系①。

唐太宗李世民登极后，开始准备收复辽东。他深刻汲取隋代征讨辽东失利的经验教训，首先派员到辽东了解高句丽内部情况，遣使至高句丽收埋隋征辽东时战殁者骨骸；“毁高句丽所立京观”（京观是用隋征辽东战殁者骨骸堆筑的象征其抗隋胜利的纪念物）；职方郎陈大德出使高句丽做搜集情报工作。在做好兵力部署和物质准备的同时，开展舆论宣传，在国内做好争取民众支持的工作。高句丽东部大人泉盖苏文弑高建武，另立新王、自为莫离支、专擅国政、勾结百济攻新罗，唐太宗遣使玺责之。盖苏文拒不奉诏。唐太宗又颁诏天下，进行广泛宣传。

645 年，唐太宗率军亲征高句丽②。此次战役，唐太宗调集 20 万大军，以刑部尚书张亮为平壤道行军大总管，率战船 500 艘、水军 4 万，从东莱渡海趣平壤；以李勣为辽东道行军大总管，江夏王李道宗为副大总管，统领步骑 6 万及部分北方部族军队，由营州出发趣辽东，并令新罗、百济、契丹等亦出兵相助，合击高句丽。唐兵与高句丽交战地点多在辽东境内。唐军在营州怀远镇、通定镇、玄菟城、建安城、盖牟城、沙卑城、辽东城的广阔战线，全面进攻，节节胜利。李勣攻辽东城，高句丽发新城、国内城 4 万精兵驰援。时唐太宗也驾幸辽东城下。经过 12 天激战，唐军终于攻克辽东城，获男女 4 万口，粮 50 万石，以其地为辽州。随后进攻白岩城，高句丽守将孙伐音开城降，将其地为岩州。同年 6 月，唐太宗率军从辽东城南下，进攻安市城，高句丽大将高延寿

---

① 欧阳修，宋祁. 新唐书·列传第一四五·东夷·高丽：卷二百二十［M］. 长春：吉林人民出版社，1995：4466.

② 欧阳修，宋祁. 新唐书·列传第一四五·东夷·高丽：卷二百二十［M］. 长春：吉林人民出版社，1995：4468.

与高惠真率 15 万大军前来救安市城，被唐太宗所率 3 万唐军打败。高延寿、高惠真“膝行”而降。唐军击败救援安市城的援军，对高句丽震慑很大，但安市城内尚有 10 万余军民，坚守不出，唐军屡攻不下。至 9 月，太宗“以辽左早寒，草枯水冻，士马刺难久留，且粮食将尽”，乃舍安市而下令班师①。此役虽然没有达到收复辽东的预期目的，但先后拔高句丽“玄菟、横山、盖牟、磨米、辽东、白岩、沙卑、麦谷、银山、后黄十城，徙辽、盖、岩三州户口入中国者七万人”，极大削弱了高句丽的势力。

647 年，唐太宗再议“辽东之役”，改变进攻策略，改派小股唐军攻扰高句丽，使其荒于耕种，穷于应战；次年，又诏右武卫大将军薛万彻为青丘道大总管，右卫将军裴行方副之，领兵 3 万自海道攻高句丽，唐军渡鸭绿江至泊灼城，斩大酋所夫孙、破高句丽援兵、下泊灼城而还②。

唐高宗即位后，仍然采取轻兵频繁袭扰的策略。655－661 年，唐军频繁打击高句丽，使其疲于奔命，无暇农事，粮谷不收，“连年饥馑，妖异屡降，人心危骇”③。666 年，唐高宗以右骁卫大将军契苾何力为辽东道安抚大使，以右金吾卫将军庞同善、营州都督高侃为行军总管，一同出兵征讨高句丽，攻下新城、南苏、木底、苍岩等城。668 年，薛仁贵破高句丽于金山，其他城请服。是年 9 月，唐军占领平壤，高句丽悉平。唐朝“分高丽五部、百七十六城、六十九万户，为九都督府、四十二州、百县，置安东都护府于平壤以统之。擢其酋帅有功者为都督、刺史、县令，与

① 司马光. 资治通鉴·唐纪十四：册三，卷 198 [M]. 长沙：岳麓书社，1990：589.

② 欧阳修，宋祁. 新唐书·列传第一四五·东夷·高丽：卷二百二十 [M]. 长春：吉林人民出版社，1995：4471.

③ 司马光. 资治通鉴·唐纪十五、十六：册三，卷一百九十九一二百 [M]. 长沙：岳麓书社，1990：615－629.

华人参理。以右威卫大将军薛仁贵检校安东都护，总兵二万以镇抚之。”

唐朝收复辽东，恢复了中央政权对辽东地区的统治，郡县制文化重新获得生机，也给辽东带来相对安定的环境，加强了中原和辽东各民族间的经济和文化联系，高句丽部族遗民大批内迁和中原人迁居辽东地区，客观上促进了民族融合。特别是来自不同地区的各民族在辽东地区错居杂处，不同的生产、生活方式，宗教信仰、风俗习惯，互通有无，交流整合，促进了辽东地区的互市贸易的繁荣，也促进了商业文化的繁荣。如宋庆礼从渔阳、幽州及青州等地迁来大批人口，并“招辑商胡”在柳城为中外商贾设立店肆，供其营业，从而促进了这一地区经济的繁荣和发展，辽东营州境内一度“仓廪充实，市里浸繁”“安农互商，金帛山积”。

这一时期，以华夏政体文化、典制文化与边地割据文化的冲突与调和为辽河文化发展的特点。

三　唐朝初年辽东地区行政建制文化

安东都护府是唐朝灭高句丽收复辽东后为管理高句丽遗民所设立的地方行政机构。668 年，唐朝灭高句丽，接收高句丽全部共 176 城，得 69 万户。为了治理高句丽遗民，当年设立安东都护府，治所平壤。以薛仁贵为都护，总兵镇之。都护府下设都督府、州、县。据《新唐书》记载，669 年，高句丽遗民多叛离，“敕徙高丽户三万八千二百于江、淮之南，留其贫弱者，使守安东”①。此次迁往江南之地的高丽人，多为富豪之户，是一次政府组织的大规模移民行动。次年，因西北吐蕃人造反，唐高宗调薛仁贵为

① 司马光．资治通鉴·唐纪十七：册三，卷二百零一［M］．长沙：岳麓书社，1990：642；欧阳修，宋祁．新唐书·列传第一四五·东夷·高丽：卷二百二十［M］．长春：吉林人民出版社，1995：4473.

逻娑道行军大总管，统兵西讨吐蕃。安东失去震慑人物，高丽酋长钳牟岑乘机造反，立高藏的外孙安舜为王。唐高宗命高侃、李谨行率兵平乱，用了大概四年时间平定叛乱。叛乱平定后，平壤已残破不堪，故安东都护府于676年迁往辽东故郡城（今辽宁省辽阳市），翌年，又徙置新城。安东都护府西迁后，同时取消州县长官由华官参治的办法，改由土著高句丽人担任。封已废高句丽王高藏为朝鲜王、辽东都督。高藏回辽东后即勾结靺鞨部族叛唐，朝廷将其流放蜀地。又派降将泉男生回高丽故地，“安抚辽东、诏流民，平赋敛、罢力役”。泉男生回辽东后，安东都护府治所在新城（今辽宁省抚顺市高尔山山城），后迁徙至辽西营州附近。696年，李尽忠起兵反唐，兵困安东都护府。698年，武则天采纳狄仁杰的建议，撤销安东都护府，罢薛仁贵之子薛讷，改设安东都督府，任命原高句丽王高藏之子高德武为安东都督，出抚高句丽遗民①。705年，唐中宗复置安东都护府，其治所侨置于幽州。714年，迁徙于平州（今河北省秦皇岛市卢龙县）。723年，安东都护府又徙置旧燕郡城（今辽宁省锦州市义县）。743年，又迁至“辽西故郡城”（今辽宁省朝阳市旧城）②。

据《新唐书》记载，安东都护府下领9个都督府、42个州，后来仅存14州。其中，9个都督府依次为新城州、辽城州、哥勿州、卫乐州、舍利州、居素州、越喜州、去旦州、建安州都督府③。考古文化证明，新城州旧址在今辽宁省抚顺市高尔山山城、辽城州旧址在今辽宁省辽阳市、哥勿州旧址在今辽宁省抚顺市新

---

① 司马光. 资治通鉴·唐纪二十二：册三，卷二百零六［M］. 长沙：岳麓书社，1990：711.

② 孙进己，等. 东北历史地理（下）［M］. 哈尔滨：黑龙江人民出版社，1989：273.

③ 欧阳修，宋祁. 新唐书·志第二九·地理三：卷三十九［M］. 长春：吉林人民出版社，1995：599.

宾满族自治县红庙子乡黑沟古城、卫乐州旧址在今吉林省辉南县辉发城、舍利州旧址在今辽宁省大连市金州区、居素州旧址不详、越喜州未确实、去旦州旧址不详、建安州旧址在今辽宁省营口市盖州市青石关高句丽古城。14 州，依次为南苏州、盖牟州、代那州、仓岩州、积利州、磨米州、黎山州、延津州、木底州、安市州、识利州、佛涅州、拜汉州、诸北州。考古文化证明，南苏州旧址在今辽宁省抚顺市铁背山（清代界凡城）高句丽山城、盖牟州即高句丽盖牟城旧址在今辽宁省沈阳市苏家屯区陈相屯塔山古城或抚顺劳动公园古城、代那州旧址在今辽宁清河上源一带、仓岩州旧址或在今辽宁省抚顺市新宾满族自治县南山城子山城（或在头道磊子山城）、积利州旧址在今辽宁省大连市瓦房店市龙潭山山城、磨米州旧址在今辽宁省本溪市边牛村古城、黎山州旧址在今辽宁省本溪市连山关古城、延津州旧址在今辽宁省铁岭市柴河堡山城、木底州旧址在今辽宁省抚顺市新宾满族自治县西木奇镇古城、安市州旧址在今辽宁省营口市海龙川古城、识利州旧址不详、佛涅州旧址在今黑龙江省依兰县附近、拜汉州旧址在今辽宁省铁岭市昌图八面城、诸北州旧址不详。

都护府的设置始于汉代班超在西域所置的安西都护府，当时的都护府是主要为了管理西域各部族的一种监督机构，并不直接管理百姓。魏晋时期曾设都护府，主要是武职，掌管边地征讨事宜。唐代都护府正式成为行政机构，这是一大转变和特色。燕秦至魏晋时期，辽东地区主要是汉人居住，封建经济、文化比较发达，在这里先后设辽东、玄菟等郡。后来，高句丽据有其地，到处设城池，原来不少居住在这里的汉人成为高句丽的下户，这些汉人同高句丽人很可能经历较长时期的融合，特别是中原战乱，不少汉人流离到此。因此，安东都护府具有非常复杂的社会背景，既不同于纯粹的羁縻州县，也不同于一般的行政建置，是一种适合辽东地区民族特点的地方行政机构。其设立体现了因地制宜的政体文化特点，对于促进民族融合和文化交流具有积极作用。

四　隋唐时期辽西营州的建制文化

隋唐时期，古代营州是辽西地区政治、经济、文化中心，中央政权许多管理东北的军政机构或组织都设在营州。营州是隋唐政权管理东北的统治中心和军事重镇。同时，因其地理位置特殊，其又是隋唐政权联系东北的纽带，也是中原联系关外的前沿和枢纽。583 年，隋文帝派兵讨营州北齐遗臣高宝宁，平辽西，置营州总管府于龙城；598 年，改龙山县为柳城县；605 年，废营州总管府改置辽西郡，郡治柳城；607 年，隋炀帝下诏改州为郡，取消营州总管府建置，改营州为辽西郡，因其依郭县，故又称柳城郡①。612 年，隋炀帝征高句丽，于辽河西岸置辽东郡②；次年，隋炀帝征高句丽还至柳城，于怀远置燕郡，以薛世雄为行燕郡太守，镇怀远③。时靺鞨酋长度地稽内附，为置辽西郡，以度地稽为辽西太守。隋末时，罗艺占据幽州，自任总管，柳城、怀远投罗艺。罗艺废黜辽西太守杨林甫，改辽西郡为营州，任命襄平太守邓暠为营州总管④。

618 年，唐高祖建极。襄平太守邓暠以柳城、北平二郡降唐，辽西为唐所有，唐仍置营州于柳城，以邓暠为营州总管。624 年，唐高祖下诏，升营州府总管为营州都督府。营州都督府除领有营、辽二州之外，还兼领契丹、库莫奚、室韦、靺鞨部族设立的羁縻

---

① 魏徵，等．隋书・志第二十五・地理中・辽西郡：卷三十［M］．长春：吉林人民出版社，1995：552．

② 魏徵，等．隋书・列传第四六・东夷・高丽：卷八十一［M］．长春：吉林人民出版社，1995：1197．

③ 魏徵，等．隋书・列传第三十・薛世雄：卷六十五［M］．长春：吉林人民出版社，1995：1018．

④ 司马光．资治通鉴・隋纪七：册三，卷一百八十三［M］．长沙：岳麓书社，1990：383．

州府，数量超过10州，属上都督府。

唐代在边地置羁縻府州，以加强对边地部族管理。武德至贞观年间，置于营州境内的羁縻州有辽、昌、带、师、崇、顺、瑞、慎等州。据《新唐书》记载，营州都督府境内有内附突厥羁縻州二：顺州，顺义郡，县一，宾义；瑞州，县一，来远。内附奚羁縻州四：鲜州，县一，宾从；崇州，县一，昌黎；顺化州，县一，怀远；归义州，归德郡，县一，归义。内附契丹羁縻州九：玄州，县一，静蕃；威州，县一，威化；昌州，县一，龙山；师州，县一，阳师；带州，县一，孤竹；归顺州，归化郡，县一，怀柔；沃州，县一，滨海；信州，县一，黄龙；青山州，县一，青山。内附靺鞨羁縻州三：慎州，县一，逢龙；夷宾州，县一，来苏；黎州，县一，新黎。隶属于营州都督府的羁縻府有：奚羁縻府一，奉诚都督府，领州五，弱水州、祁黎州、洛瓌州、太鲁州、渴野州；契丹羁縻府一：松漠都督府，领州九，峭落州、无逢州、羽陵州、白连州、徒何州、万丹州、疋黎州、赤山州、归诚州①。羁縻州是针对边地部族设置的管理机构，有利于促进部族文化交流与发展。

696年，契丹孙万荣、李尽忠叛唐，杀营州都督赵文翙，陷营州，迁治于幽州渔阳。717年，契丹请内附，将营州都督府从渔阳迁回柳城，以宋庆礼出任营州都督。据《旧唐书》记载，宋庆礼是唐代最出色的一位都督，在任期间，积极推行恢复生产、发展经济的措施，“开屯田八十余所，追拔幽州及渔阳、淄青等户，并招辑商胡，为立店肆。数年间，营州仓廪颇实，居人渐殷”②。720年，契丹内乱波及营州，营州都督府再迁渔阳。723

① 欧阳修，宋祁. 新唐书·志第三三下·地理七下：卷四十三下［M］. 长春：吉林人民出版社，1995：662—664.

② 刘昫，等. 旧唐书·列传第一三五下·良吏下·宋庆礼：卷一百八十五下［M］. 长春：吉林人民出版社，1995：3072.

年，辽西局势平定，营州都督府迁回柳城。742 年，营州改为柳城郡；758 年，复为营州。

综上，古代营州作为隋唐政权管理东北的统治中心和军事重镇，因为历史政治、文化的变化，始终处于动荡不安的状态。因其地理位置特殊，其又是隋唐政权联系东北的纽带，也是中原联系关外的前沿和枢纽，在这里不同部族错居杂处、不同部族文化交融一直没有间断，保持了该地区多元文化发展的连续性。

第二节　东魏北齐时期营州及周边民族分布

北魏末年，由于连年用兵，致下层民众不堪忍受，阶级矛盾与民族矛盾激化，最终导致北方各民族大起义。523 年，柔然部族点燃了北魏末年农民起义的导火索，怀荒镇民杀死镇将于景，起兵反北魏，拉开了六镇起义的序幕，接着，沃野镇响应，杀死了镇将，营州及其他州镇也都相继起兵反对北魏①。北魏宗室元泛任营州刺史时，极其贪婪残暴，致使民众不堪其命，群起而逐之，元泛从营州逃往平州。六镇起义涉及营州，营州的刘安定、就德兴等积极策划响应。时李仲遵被任命为营州刺史，对营州民众安抚利诱，暂时稳定了局面。但朝廷欲派来卢同替换李仲遵，暂时平息的矛盾又被激化，刘安定、就德兴杀死李仲遵及其二子，公然起兵反北魏。刘安定被部下杀死，起义军随就德兴撤出营州，就德兴自称燕王，大力扩大队伍，不久又重新占领营州。卢同被派来安抚就德兴，多次派人进城劝降，均被就德兴杀死，就德兴坚持不降，后卢同派 30 多名被俘起义军亲属进城劝降，就德兴表示归降，撤出营州，卢同回朝廷复命，就德兴再次起兵反北魏。

① 魏收. 魏书·列传第一九·于栗磾：卷三十一 [M]. 长春：吉林人民出版社，1995：449.

527年，攻陷平州，杀死平州刺史。529年，就德兴归降。营州起义坚持5年之久。

一　东魏北齐时期营州的文化

在各地起义军打击下，北魏政权瓦解。出身镇兵的高欢，攫取了北魏的大权，历史进入东魏时代。高欢字贺六浑，渤海蓨人，六世祖高隐曾为玄菟郡太守，五世祖高庆、高祖高泰、曾祖高湖三世都是慕容鲜卑政权的高官。后燕时期，其曾祖高湖为散骑常侍、燕郡太守；慕容盛统治时，归降北魏，为右将军。祖父高谧为侍御史，因事被徙往怀朔镇，为镇兵。高欢生于边镇，自幼与鲜卑杂处“故习其俗，遂同鲜卑”①。其做过涵使，深入了解社会，结交朋友。六镇起义，高欢参加玄镇起义，投尔朱荣后得到赏识而发迹。尔朱荣被杀后，高欢得六镇降户为统帅，由此羽翼渐丰，最后大败尔朱氏集团。531年，高欢入洛阳，废节闵帝元恭，立元修为孝武帝，自任丞相，掌握了北魏大权。534年，魏孝武帝惧高欢所害，从洛阳出走，投奔长安宇文泰。高欢另立元善见为帝，即孝静帝，将都迁往邺城②。宇文泰杀魏孝武帝，立元宝炬为帝。自此，北魏分为以邺城为都的东魏和以长安为都的西魏。辽西重镇营州属东魏。

550年，高欢之子高洋废孝静帝，自立为帝，史称北齐。东魏、北齐的建立，并没有解决北魏末年的政治腐败，因为执掌东魏、北齐的高氏家族，是依靠六镇鲜卑起家发迹的，他们身上深深浸润着北魏末年腐败的政体文化，执掌东魏、北齐大权后，宫廷文化更加腐败，政治更加黑暗，导致阶级矛盾和民族矛盾更加

① 李百药. 北齐书·帝纪第一·神武上：卷一［M］. 长春：吉林人民出版社，1995：1.

② 李百药. 北齐书·帝纪第二·神武下：卷二［M］. 长春：吉林人民出版社，1995：10.

激化。北齐末年，“卖官鬻爵，聚敛无厌”，“各引党朋，超居非次，官由财进，狱以贿成”。北齐病入膏肓。

自刘安定、就德兴起义后，辽西地区就脱离了北魏，营州被迁治于英雄城。就德兴请降后，营州建置也没能马上恢复，直至东魏初，营州才从英雄城迁回龙城。东魏时，营州社会动荡不安，民失其业，多为贼盗，劫掠乡里，数为民患，直接影响到当地的社会稳定和经济发展。营州地处边地，局势不稳，正常边境贸易秩序被打乱，周边部族利益受到影响，甚至出现营州刺史陆士懋诱杀来营州贸易的室韦800多人。从此朝贡中断，并伺机复仇。

北齐初，王峻任营州刺史，采取措施稳定局势，“远设斥候，广置疑兵，每有贼发，常出其不意而击之。贼不敢发，合境获安”。恩威并用，致“室韦遂献诚款，朝贡不绝”。555年，契丹侵犯营州边塞，高洋亲自率军北讨契丹，从西道经白狼城、昌黎城，渡阳师水，背道兼行，掩袭契丹。于大青山大破契丹别部。此次战役，是北齐对营州一次最大规模用兵，大败契丹，获10万余口，杂畜数10万头。从此，契丹莫敢犯境。次年，高洋亲征茹茹，大败之，茹茹主庵罗辰率其余部徙至营州。营州刺史设伏大败之。王峻治营州有方，稳定了辽西乃至东北局势。北齐末年的营州刺史高保宁，在营州政声也不错，有威望，深得营州各部族民众拥戴。在北周军队进攻邺城时，高保宁组织营州契丹、靺鞨部族万余人从龙城出发驰援邺城。途中知邺城失守，返回营州，拒绝北周招抚，并与突厥部族联合起来对抗北周。582年，高保宁被部下杀害，营州被隋朝军队占领。

二　北朝时期营州周边的民族分布

北朝时期，东北地区居住的有高句丽、百济、勿吉、室韦、库莫奚、契丹、乌洛侯等部族。北魏时，设有护东夷校尉，负责管理东北地区各部族事务。诸部族互不统属，因受中原文化的影响和所居位置远近不同，与北魏的关系及各自的社会发展阶段也不尽相同。从地理位置来看，高句骊部族居辽河之东，契丹部族居营州之北；库莫奚部族居营州西北，与营州关系最为密切，对营州局势安稳影响较大。

（一）高句骊部族的分布

高句骊部族早在汉代就已经建立政权，通过辽东郡、乐浪郡、玄菟郡与中原政权发生联系。魏晋以来，因多次受到曹魏、前燕的打击，向辽西地区发展的势头受到遏制。后燕时期，高句骊开始向西发展，占领辽河以东广大地域。北燕时期，高句骊继续占领辽东地域，与北魏因有北燕居中，直到拓跋焘即位后才有联系。435 年，高句骊王琏遣使出平城，奉表贡方物，并请国讳①。拓跋焘则遣员外散骑侍郎李敖回访高句骊，并封高句骊王琏为都督辽海诸军事、征东将军、领护东夷中郎将、辽东郡开国公、高句骊王②。次年，北魏灭北燕，此时，辽东尚未属北魏领地，北魏封高句骊王琏都督辽海诸军事，是一种笼络政策。李敖此次出访高句丽，使北魏对高句骊有了较全面了解③。

北燕的灭亡，为高句骊的发展提供了契机，同时也把北魏与高句骊变成具有利害关系的邻国，地缘政治文化得以发展。当北燕王冯弘面临北魏强大军事压力时，同高句骊民户一直逃往辽东，北魏与高句骊的关系因为北燕王冯弘流亡高句骊而顿时紧张。北魏态度强硬，太武帝拓跋焘在占领龙城后，即派遣使者封拨出使不买，找高句骊要冯弘。高句骊王琏不但没有屈服北魏的强大压力将北燕王冯弘交出，而且还上书表示愿与冯弘俱奉王化。高句

① 魏收. 魏书·列传第八十八·高句丽：卷一百［M］. 长春：吉林人民出版社，1995：1356.

② 魏收. 魏书·列传第八十八·高句丽：卷一百［M］. 长春：吉林人民出版社，1995：1356.

③ 魏收. 魏书·列传第八十八·高句丽：卷一百［M］. 长春：吉林人民出版社，1995：1356.

骊的婉拒，激怒了拓跋焘，提出马上要征讨高句骊，被臣下谏阻，才避免了北魏与高句骊的军事冲突。冯弘至辽东后，“高丽乃处之于郭平，寻徙北丰。文通素侮高丽，政刑赏罚，犹如其国。高丽乃夺其侍人，质任王仁。文通忿怨之，谋将南奔。世祖又征文通于高丽，高丽乃杀之于北丰，子孙同时死者十余人”①。两年后，高句骊杀冯弘，化解了北魏与高句骊的矛盾。冯弘事件的妥善处理，为北魏处理与高句骊关系开了一个先例。此后，北魏与高句骊之间互聘使不断，没有发生军事冲突，一直保持比较稳定的关系。491年，高句骊王琏去世，北魏派使节前往，赠车骑大将军、太傅、辽东郡开国公、高句骊王，谥康；拜琏之孙云使持节、都督辽海诸军事、征东将军、领护东夷中郎将、辽东郡开国公、高句骊王，赐衣冠服物车旗之饰②。519年，高句骊王云去世，北魏遣使策赠车骑大将军、领护东夷校尉、辽东郡开国公、高句骊王，拜其世子安为安东将军、领护东夷校尉、辽东郡开国公、高句骊王③。此后，每逢高句骊新主继位，北魏均封其为领护夷校尉、辽东郡开国公、高句骊王，直到北齐，成为定例④。

（二）库莫奚部族的分布

库莫奚部族为宇文鲜卑后裔。前燕时，被慕容皝所破，遗落者窜匿松漠之间。388年，道武帝拓跋珪出征库莫奚部族，经过数十年争斗，直到北魏灭北燕时，库莫奚部族才臣服。后来，库

① 魏收．魏书·列传第八五·海夷冯跋：卷九十七［M］．长春：吉林人民出版社，1995：1304．

② 魏收．魏书·列传第八八·高句丽：卷一百［M］．长春：吉林人民出版社，1995：1357．

③ 魏收．魏书·列传第八八·高句丽：卷一百［M］．长春：吉林人民出版社，1995：1357．

④ 李百药．北齐书·帝纪第四·文宣：卷四［M］．长春：吉林人民出版社，1995：27．

莫奚部族南下，与安、营二州边民杂居，“岁致名马文皮”，交易往来，和睦相处，相安无事。从498年起，库莫奚部族开始入塞侵扰，要求与内地边民进行商贸交易。库莫奚部族的边贸要求如得不到满足，势必生成伤害，而且这种互市交易，也有利于边民的生活与生产，对稳定边疆、发展经济都是有益的。于是，宣武帝拓跋恪下诏，同意在边境上设立市场，允许库莫奚部族定期与边民进行贸易，满足其互市要求，同时责成地方官员加强管理，“不容依先任其交易，事宜限节，交市之日，州遣上佐监之”①。此后，库莫奚部族遂不再为害边地，直到东魏末年，朝献不绝。《魏书》记载，崔敬邕为营州刺吏时，主动与库莫奚部族建立友好关系，“库莫奚国有马百匹因风入境，敬邕悉令送还，于是夷人感附”。

（三）契丹族的分布

契丹部族与库莫奚部族异种同类，俱生活在松漠之间，过着随水草迁徙的游牧生活，又都善于狩猎，也从事一些农业生产。契丹部族经数十年的恢复和发展，逐渐兴盛，分为八部，各部一般独立活动，自行处理内部事务，战时军事结盟。直到北魏时，契丹部族始终处于父权制发展阶段，没有形成稳固的统一的部族同盟。北魏初年，其居于和龙之北数百里。太平真君年间，臣服北魏，要求向北魏朝贡。据《魏书》记载，献文帝时，契丹部族莫弗纥何辰入朝，“得班飨于诸国之末。归而相谓，言国家之美，心皆忻慕，于是东北群狄闻之，莫不思服。悉万丹部、何大何部、伏弗郁部、羽陵部、日连部、匹絜部、黎部、吐六于部等，各以其名马文皮入献天府，遂求为常。皆得交市于和龙、密云之间，

① 魏收. 魏书·列传第八十八·库莫奚：卷一百［M］. 长春：吉林人民出版社，1995：1362.

贡献不绝”①。因受到高句丽和蠕蠕的威胁，479 年，契丹部族要求内附，南迁至营州境内的白狼河东，并允许其参与边市贸易。

（四）勿吉部族的分布

勿吉部族居在高句丽之北，肃慎部族后裔。史料介绍说，出和龙北 200 余里有善玉山，再北行 13 日至祁黎山；又北行 7 日至如洛环水，水广里余；又北行 15 日至太鲁水；又东北行 18 日即至勿吉地。汉魏时，勿吉部族在夫馀部族东北千余里。其地多山险，社会发展缓慢，人们过着农业兼畜牧生活。有五谷、牛、马、麻布，好养猪，吃其肉、穿其皮，出赤玉、好貂，人善射，处于山林之间，常居穴、以深为好。南北朝时期，农业生产有了进一步发展，畜牧和狩猎业占有重要地位。社会处于原始社会末期的父系家长制阶段。部落酋长世袭。勿吉部族性格勇猛强悍，在东夷中最强。471—476 年，勿吉部族派使者乙力支到平城朝献。太和初年，又贡献马 500 匹。乙力支从其国出发，乘船溯滩河西上，至太沵河，沉船于水，南出陆行，渡洛孤水，从契丹西界到和龙，最后到达北魏的首都平城。据《魏书》记载，乙力支自称其国先破高句丽十落，欲与百济部族谋从水道共同攻打高句丽，“奉使大国，请其可否”。北魏以“三国同是藩附，宜共和顺，勿相侵扰”为由，反对勿吉部族与百济部族联合攻打高句丽部族，挑起事端。485 年，勿吉部族又派遣使者侯尼支到北魏朝献，488 年，贡献楛矢。这种朝贡关系一直保持到北齐末年②。

（五）室韦部族的分布

室韦部族在勿吉北千里。史料介绍说，出和龙北千余里，入契丹国；又北行 10 日到啜水；又北行 3 日，有盖水；又北行 3

① 魏收．魏书·列传第八八·契丹国：卷一百［M］．长春：吉林人民出版社，1995：1362.

② 魏收．魏书·列传第八八·勿吉：卷一百［M］．长春：吉林人民出版社，1995：1359—1360.

日，有犊了山，其山高大，周回 300 余里；又北行 3 日，有大水名屈利；又北行 3 日，至刃水；又北行 5 日，到室韦国①。室韦部族活动地区气候多寒，所以农业收成很低。畜牧业中，以猪、牛为多，马较少，没有羊，狩猎中以貂为多。没有铁，靠高句丽部族供给。随着人口增加，逐渐分成二十五部，每部有酋长，酋长死由其子弟继位，如绝嗣则另选贤豪而立。据《北齐书》记载，室韦部族与营州之间虽有契丹部族相隔，相距悬远，但是也到营州互市，其与北魏的朝贡关系一直保持到北齐时。

（六）乌落侯国的分布

乌落侯国也是营州周边之侯国。据《魏书》记载，“在地豆于之北，去代都四千五百余里。其地下湿，多雾气而寒，民冬则穿地为室，夏则随原阜畜牧。多豕，有谷麦。无大君长，部落莫弗皆世为之。其俗绳发，皮服，以珠为饰。民尚勇，不为奸窃，故慢藏野积而无寇盗。好猎射。乐有箜篌，木槽革面而施九弦。其国西北有完水，东北流合于难水，其地小水皆注于难，东入于海”②。443 年，乌洛侯国遣使来朝，称其国内有魏祖先旧墟石室，而且颇为灵验，当地之民多去祈祷请福。当年，太武帝即派中书侍郎李敞前去告祭，然后将祝文刻于石室之壁而还。

综上，营州周边各部族与营州保持良好的关系，互市贸易，交通有无，商业文化氛围十分浓厚。营州早期的边民互市贸易，既满足了周边部族对内地生产和生活资料的需求，也丰富了营州市场的物资供应，又方便了各部族之间的民族文化的交流与融合，促进了营州乃至周边部族邦国的经济、文化的恢复与发展，对保证营州及周边郡县的安定，起到了积极的推动作用。

① 魏收．魏书・列传第八八・室韦国：卷一百［M］．长春：吉林人民出版社，1995：1360.

② 魏收．魏书・列传第八八・勿吉：卷一百［M］．长春：吉林人民出版社，1995：1362—1363.

第三节　唐朝前期李尽忠叛唐与安史之乱

唐朝武则天执政时，契丹部族首领李尽忠和孙万荣在辽西发动反唐叛乱，攻占营州。唐玄宗时发生安史之乱，发动者安禄山、史思明是营州胡人。这两次叛乱的主要人物，均与当时营州有密切关系。

一　唐朝前期契丹部族与营州

契丹部族与营州关系十分密切，其早期为营州周边最为活跃的部族。北魏时期，契丹部族由于不堪忍受北方草原地区柔然部族的压迫，南迁到营州白狼水（今大凌河）以东安脚，即在今辽宁阜新和彰武一带居住。北齐时，契丹部族遭到北齐军队的打击，部族离散，一部分被北齐迁到沿边居住，一部分北投突厥，一部分东逃高句丽部族。隋朝一统，契丹部族先后分批归附隋王朝，离散契丹部族民众纷纷迁回故地——营州白狼水以东一带。据《隋书》记载，585年，契丹部族“悉其众款塞，高祖纳之，听居其故地。”次年，东投高句丽部族的部分契丹部族人，也归附隋朝，被安置在属营州的“渴奚那吉之北”。599年，北投突厥的契丹部族人4000余户举部内附，隋文帝下诏，将其安置在营州西北之老哈河流域。《隋书》记载，契丹“部落渐众，遂北徙逐水草，当辽西正北二百里，依讬纥臣水（老哈河）而居。东西亘五百里，南北三百里，分为十部。兵多者三千，少者千余，逐寒暑，随水草畜牧”①。

至唐代，契丹部族空前强大。唐初，部分契丹人内附，唐朝

---

①　魏徵，等．隋书·列传第四九·北狄·契丹：卷八十四［M］．长春：吉林人民出版社，1995：1235．

政府在营州设羁縻州以处之。645 年，唐太宗征辽东高句丽时，契丹和库莫奚二部族协助唐军攻打高句丽。唐太宗在营州特地召见了窟哥及其他契丹部族长老，“差赐缯采，以窟哥为左武卫将军。”648 年，契丹部族主体内附，唐太宗设松漠都督府以统之，以首长窟哥为松漠都督，赐姓李。窟哥的牙帐设在今老哈河与西拉木伦河合流处附近，亦即松漠都督府的治所。《旧唐书・契丹传》记载，“契丹居黄水（西拉木伦河）之南，黄龙（黄龙城、龙城）之北，鲜卑之故地，在京师东北五千三百里。东与高丽邻，西与奚国接，南至营州，北至室韦。”由此可见，营州北 50 里即契丹部族之境。契丹部族在北魏时就分为 8 部，即悉万丹、何大何、伏弗郁、羽陵、日连、匹絜、黎、吐六于。到了唐代，其主体部分仍分为 8 部，但名称有异。窟哥担任松漠都督，下统 10 个州，即峭落州、弹汗州、无逢州、羽陵州、日连州、徒何州、万丹州、匹黎州、赤山州、大贺氏州。从州的名称上看，契丹部族历史文化是前后承继的。

二　李尽忠叛唐与营州

李尽忠是契丹部族松漠都督窟哥之孙，也是契丹部族大贺氏家庭的重要成员之一。在窟哥去世后，阿不固为松漠都督，阿不固与库莫奚人联合叛唐，唐行军总管阿史德枢宾平之。唐朝封李尽忠为武卫大将军、松漠都督。当时，营州地区各部族间关系十分复杂，错居有突厥、契丹、库莫奚诸部族，还有唐朝灭高句丽政权后，强行迁徙来的高句丽部族及靺鞨部族上层分子及其家属，也有一定数量的汉族人。

多民族杂居，常常发生民族间矛盾与纠纷，一旦处理不当，就会酿成大乱。营州都督赵文翙由于没能处理好营州附近复杂的民族关系，引发了松漠都督李尽忠与其妻兄孙万荣反唐。696 年 5 月，契丹部族发生饥荒，营州都督赵文翙不恤民情，不放粮赈济，刚愎自用，待李尽忠等如奴仆。激起李尽忠等愤怒，杀赵文翙，占领营州，导致辽西地区陷入劫难。李尽忠叛唐，得到了契丹、库莫奚等诸部族的积极响应，“不旬日，众数万，”声势很大。李尽忠自称无上可汗，以孙万荣为先锋，四处略地，所向披靡。

武则天知李尽忠反后，立即遣左鹰扬将军曹仁师、右金吾卫大将军张玄遇、左威卫大将军李多祚、司农少卿麻仁节等28名将领统兵讨逆。随之，又任命武三思为榆关道安抚使、姚琦为副使，以备契丹。696年8月，曹仁师、张玄遇等与李尽忠在硖石谷展开战斗。李尽忠施诱敌深入、各个击破的计策，生擒张玄遇、麻仁节等，官军惨败，举朝震惊。武则天又命同州刺史建安王武攸宜为清边道行军大总管，并下诏发天下囚徒、募士庶家奴充军，以讨契丹。同年10月，李尽忠死，孙万荣代领其众，突厥部族的默啜可汗不服，趁火打劫，袭松漠都督府，俘李尽忠、孙万荣家眷。翌年3月，唐清边道总管王孝杰、苏宏晖等率兵17万，与孙万荣大战于东硖石谷，官军大败，王孝杰战死。孙万荣在柳城筑新城将契丹部族老弱妇女及武器集中于城中，命其妹守之。武攸思闻王孝杰死，驻军渔阳不敢东进，孙万荣乘胜攻取幽州，陷城掠地，官军不敌。是年4月，武则天又命右金吾卫大将军武懿宗为神兵道行军大总管，与将军何迦密统兵讨孙万荣；5月，又以娄师德、沙陀忠义为帅，将兵20万助武懿宗击契丹。武懿宗节节败退。正当此时，突厥部族默啜可汗偷袭了柳城新城，围3日而陷之，俘其老弱妇女，抢夺武器，消息传到前线，军心惶惶，将士失去斗志，孙万荣大败而走，6月，被其家奴杀死，献首级于朝廷，其部从绝大多数降突厥。

李尽忠等带领契丹部族的反叛，虽时间不长，但对唐朝的冲击很大。对营州地区的破坏十分严重，致营州地区民族关系更加复杂。如库莫奚、突厥诸部族乘机造反，导致长期动乱，战祸连年，生灵涂炭，民生凋敝，民族分裂，经济受到极大破坏，民族文化遭到浩劫。

三　安史之乱与营州

安史之乱，不仅是唐代历史也是中国历史上的重大事件其折射出唐代由盛向衰的历史。安史之乱前，唐朝的政体文化已经腐败不堪。均田制破坏、府兵制崩溃；唐玄宗晚年，穷兵黩武，耗费巨大，财政经济恐慌，一方面蚕食府库、侵害吏民、竭泽而渔，一方面“视金帛如粪壤，赏赐贵宠之家，无有极限”；宫廷腐化，滋生裙带，任人唯亲，杨氏五家，势倾天下，四方赂遗，辐辏其门，竟以进食相尚，每日“水陆珍馐数千盘，一盘费中人十家之产”；当时关中地区连年水旱灾害，米价腾贵，连长安街头也饿殍见地。总之，唐朝政体文化的腐败是导致安史之乱的根本原因。

据《新唐书》记载，安禄山，“营州柳城胡也”。本姓康，生于突厥部落，其母是突厥巫师，改嫁安延偃，从小随母生活在突厥部落中，后跟继父随突厥南下，于开元初迁移到营州，定居辽西①。史思明与安禄山同乡。《新唐书》记载，“史思明，宁夷州突厥种，初名窣于，玄宗赐名。……与安禄山共乡里，生先禄山一日，故长相善”②。安禄山童年、少年在营州突厥部落中度过。史料记载，其“忮忍多智，善臆测人情”，可见，安禄山童少时很是聪明伶俐。安禄山从小生活在营州诸部族错居杂处的环境，精通 6 种不同部族的语言，为互市郎，即在当时营州贸易市场充任不同部族商品交易时的语言翻译。稍长，从军。张守珪任营州都督时，招安禄山和史思明为捉生将（类似今侦察兵），见安禄山对辽西营州山川地形非常熟悉，又能领少数兵士胜契丹，遂拔为偏将。后随张守珪，因有功升任平卢军兵马使、幽州节度副使，收

① 欧阳修，宋祁．新唐书·列传第一五〇·逆臣·安禄山：卷二百二十五上［M］．长春：吉林人民出版社，1995：4610．

② 欧阳修，宋祁．新唐书·列传第一五〇·逆臣·史思明：卷二百二十五上［M］．长春：吉林人民出版社，1995：4620．

为义子。张守珪因足智多谋，胆略过人，治军有方，战功卓越，累迁辅国大将军、御史大夫、右羽林大将军、幽州节度使，册封南阳郡公。安禄山不仅自己会钻营，而且又有张守珪荫庇和推荐，遂步步高升，如御史中丞张利贞到河北道考察地方官吏，安禄山就很会讨巧张利贞，并以重金贿赂其左右。张利贞回朝，盛赞安禄山贤能，朝廷很快任命安禄山为营州都督、平卢军使、顺化州刺史。

742年，唐玄宗又拜安禄山为平卢节度使、柳城郡太守，押两番、渤海、黑水四府经略使，成为唐玄宗十分宠爱的封疆大吏、名副其实的“东北王”。次年，进阶骠骑大将军；又次年，代裴宽为范阳节度使、河北采访使。其办公衙门虽移至范阳，但仍兼领平卢节度使及驻扎在营州的平卢军，因营州是其多年经营的根据地，所以不肯轻易交他人之手。安禄山从长安回范阳后，野心膨胀，故意纵容库莫奚、契丹部族入侵营州，以此向朝廷索要军械、钱粮，养同罗、奚、契丹诸部族壮士8000余人为假子，视为心腹，诱杀契丹豪酋千余人，向朝廷邀功。唐玄宗先后封他为柳城郡公和东平郡王，752年，又兼领河东节度使、云中太守，成为身兼平卢、范阳、河东三镇节度使的大员，下统军队达20余万。3年后，即755年，安禄山野心极度膨胀，终于于范阳起兵叛唐，史称安史之乱。

史思明与安禄山一样，从小在营州长大。“少事特进乌知义。”“通六蕃译，亦为互市郎。”与安禄山同时为捉生将，后以军功，授将军，知平卢军事，又晋大将军、北平太守。曾随安禄山讨契丹。安禄山叛唐，史思明任平卢兵马使，率本部人马略河北，后贾循死，史思明留守范阳。

安史之乱，历时7年才被平定。这是唐王朝乃至整个中国历史的一个转折点。这次叛乱，延续时间长，涉及地域广，民众深受其祸，致使河南一带“人烟断绝，千里萧条”，锋镝余生者“以纸为衣”。营州地区更是惨不堪睹。在这场战乱中，营州既是安禄山反唐的重要后方，也是唐王朝与安禄山叛军争夺的重要据点。因此，营州的政权几易其主，营州兵民尝尽苦头，使唐代贞观、开元时期以来开创的营州地区政治稳定、经济发展、文化繁荣的局面遭受严重破坏。安史之乱后，唐王朝无力再恢复营州，平卢节度使亦内迁青州，营州乃至整个辽西地区为库莫奚部族所据，契丹、库莫奚两蕃事务，改由幽州节度使负责。

第十四章　魏晋南北朝隋唐时期辽河文化景象

魏晋以来，中原文化形态和类型发生了转型。儒家纲常名教日渐式微，以经学为载体的孝治难以为继，思想混乱和政治动荡交互影响，政治思想和文化形态呈多元发展的趋势。从魏晋时期出现的名理思潮、名法思潮、玄学思潮，到宗教文化之儒、释、道 3 教的争衡与兼摄，再到隋唐诸帝君道理论的形成，中国古代社会政治思想文化达到了成熟阶段。政治制度是体现社会文明的最重要标志之一，制度设置不仅关系到国家的治乱兴衰，而且也反映整个社会阶级关系、民族关系和经济文化的变迁。隋唐时期，隋唐诸帝主导完成了王权具体运作的君道理论的创成与完备，其对于北魏北齐、南朝、北周等 3 个时期制度文化的合理因素加以吸收创革，互相融汇，取精用宏，终于建成封建体制详备的政治制度。历代名儒长期潜心思考的统治社会的政治制度与思想文化，到隋唐时期，作为官方学说的政治哲学思想文化有了重大发展，在理论上逐步达到高峰，终于名副其实地登上意识形态领域的主导地位。基于这样的历史文化背景，魏晋南北朝隋唐时期，辽河文化的发展，总体趋势是在国家政治动荡和地区军事纷争的艰困环境下艰难前行。

第一节　隋唐时期辽东地区的经济文化形态

隋唐时期，辽东地区经济文化形态呈多样性，表现为农业文化、畜牧业文化、狩猎业文化、手工业文化等类型共存，但发展不平衡。从民族分布上看，在汉族人居住较为集中的地区，经济发展水平相对较高，其他地区相对落后一些；契丹、库莫奚族居住较为集中的地区，游牧经济较为发达，农业经济相对薄弱。从经济形态和类型上看，辽西东南、辽东南部、辽河平原地区以农业经济文化为主要形态，辽西北部、辽东北部地区以游牧经济文化为主要形态。制陶业文化在辽西地区较为发达，冶铸业文化、纺织业文化则辽东地区相对发展较快。隋唐时期，辽东地区经济文化与中原经济文化的联系越来越紧密。

一　农牧狩猎业文化

隋唐时期，在辽西、辽东地区居住的汉族和高句部丽族，农业文化相对发达；契丹和库莫奚族人则主要以游牧业文化为主要类型。

（一）农业文化

隋唐时期，在汉人和高句部族人居住较为集中的辽西、辽东地区，农业文化发展水平相对较高。汉人世代以从事农业生产文化活动为主。高句丽部族人早在汉魏之际就已广泛使用铁器农具，从事农业生产文化活动。当时，高句丽部族社会已经形成了在农业生产领域的封建租佃制文化，《三国志·东夷传》记载，高句丽部族“国中大家不佃作，坐食者万余户，下户远担米粮鱼盐供给之”，说明当时租佃制文化十分普遍。到了隋唐时期，受中原先进的农业文化的浸润，高句丽部族居住的辽东地区，农业文化有了很大进步。考古文化发现，在辽东地区魏晋隋唐时期的高句丽部族遗址中，出土有大量的铁制农具，包括犁铧、镰刀、锸、镬等，这些铁制农具与中原同期的铁制农具极其相似，说明当时高句丽部族农业生产文化的发达，特别是铁犁铧的发现，说明在高句丽部族生活的地区，已经进入牛耕时代，可见其农业文化之繁荣。高句丽部族政权规定，农民必须缴纳租税，“人税布五匹，谷五石。游人则三年一税，十人共细布一匹，租户一石，次七斗，下五斗”。这样的租税政策，从侧面证明了高句丽部族农业生产文化的普遍发展。后来，由于受战乱影响，农业生产文化遭到严重破坏，以致“户亡耗，田岁不收”。

契丹和库莫奚人，虽然主要以游牧经济为主要文化形态，但也有一定农业文化的发展。《新唐书·库莫奚传》记载，库莫奚人“稼多穄”。穄是一种粮食作物，比较适宜于干旱地区种植。库莫奚人种植穄以为食。文献史料记载，到唐代时，契丹人才开始种植庄稼，从事农业生产文化活动。《辽史·太祖纪下》记载，约在806—820年间（唐宪宗元和年间），辽玄祖匀德实任契丹联盟长时，“始教民稼穑，善养畜牧，因以殷富”。

（二）畜牧业文化

隋唐时期，契丹、库莫奚、高句丽等民族，畜牧业文化较为发达。契丹和库莫奚是游牧民族，故畜牧业文化是其传统生产文化。他们饲养的牲畜主要有牛、马、羊和骆驼等，以养马文化最为盛行，经常以马匹和中原地区进行贸易。当时在幽州之营州和密云设有榷场，马匹是榷场交易的大宗商品。马匹也是契丹和库莫奚人朝贡的重要贡品之一。据《新唐书》记载，847年，库莫奚人叛唐，卢龙节度使张仲武出兵讨之，1次就获得牛羊7万头，可见库莫奚畜牧业文化之发达。辽东的高句丽部族，家庭畜牧业文化也很发达，大量饲养马、牛、猪等牲畜①。据《魏书·高句

① 欧阳修，宋祁．新唐书·列传第一四四·北狄·奚：卷二百一十九［M］．长春：吉林人民出版社，1995：4456．

丽传》记载，高句丽部族饲养的一种“果下马”是当时的名马，“出三尺马，云本朱蒙所乘，马种即果下也”；国家规定“杀牛马者没为奴婢”，足见高句丽人对大牲畜的特别重视。《隋书》记载，高句丽人婚姻，“取男女相悦，然即为之，男家送猪酒而已，无财聘之礼。或有受财者，人共耻之”①。民俗文化中既有以猪酒为礼，说明当时高句丽人养猪业文化十分普遍。当时生活在辽东地区的汉人，也普遍饲养各种家畜。如在朝阳地区发现的朝阳西大营子一座唐墓中，发现墓主随葬品有鸡、犬、牛等禽畜；在朝阳蔡须达墓中，出土有鸡、犬、马、牛、骆驼等动物造型的瓷俑，亦可看出当时汉人饲养家畜文化之普遍。

（三）狩猎业文化

隋唐时期，契丹、库莫奚及高句丽人的狩猎业文化也很兴旺。一方面，他们通过狩猎来的野兽作为食物之补充；另一方面，通过狩猎活动传承民族习俗文化，同时达到习射强身的目的。据《新唐书》记载，契丹人自古就有狩猎的文化传统，射猎居处无常；库莫奚人也善射猎，好为寇钞，以射猎为赀。由于契丹和库莫奚人生活的地区山林茂密，野生资源较为丰富，所以，狩猎业文化兴旺发达，通过狩猎活动可以获得较好的经济收益。在契丹和库莫奚人向朝廷晋贡的物品中，除了名马外，还有“文皮”，即野生动物的皮毛产品，如虎皮、豹皮、貂皮等，是中原皇帝贵族们眼中的上等贡品。高句丽人也从事狩猎活动，相传，高句丽的始祖朱蒙就是猎人。《魏书·高句丽传》记载，朱蒙因打猎矢少而殪兽甚多遭人嫉妒。《隋书·高丽传》记载，当时高句丽部族的最高统治者也参加狩猎活动，“每逢秋狩猎，王亲临之”。《三国史记》也有类似记载，高句丽王经常离京到各处从事狩猎活动。考古文化发现，在高句丽墓壁画中，有反映射猎活动的画面，说明

① 魏徵，等. 隋书·列传第四九·东夷·高丽：卷八十一［M］. 长春：吉林人民出版社，1995：1195.

高句丽人狩猎文化普遍发展。

二　手工业文化

隋唐时期，辽东地区手工业文化发展主要体现为制陶业文化、冶铸业文化、纺织业文化、皮革业文化等形态和类型。

（一）制陶业文化

隋唐时期，陶器制造业文化十分发达，制陶工艺水平达到前所未有的高度。南方越窑的青瓷器和三彩陶器至今还享誉世界。考古文化发现，这一时期，辽东地区汉人居住的地方，普遍使用陶器，陶器的制作也较为精细。如在朝阳附近发现的隋唐墓葬中，出土有许多制作精细的陶瓷制品，有的即使在制陶业发达的中原地区也不多见。在今朝阳市西北于家窝堡附近唐韩贞墓，出土有2件三彩陶器，1件是3足小罐，另1件是只小狗。考古文化发现，三彩小罐“口微侈，圆唇短颈，鼓腹，小平底，下有三足，肩部堆塑叶形图案花三朵，腹部饰弘纹三道，并堆塑龙纹三条，与图案花上下错落相间，龙昂首翘尾。……粉色陶胎，挂釉以绿为主，堆塑纹饰则施黄、白、蓝三彩”；三彩小狗，“体态肥健，肌肉突出，长毛披拂，颈系圆铃，回首翘尾，张口怒目，作狂吠状，形象生动逼真”①。另外，在辽宁省微生物研究所院内发现的唐墓中，出土有1件三彩三足罐，形制与唐韩贞墓出土的三足小罐极其相似，只是该三彩三足罐下三足为兽形，肩部贴塑3只变形蝉纹，肩腹间有一道凸弦纹，又贴有3只变形蝴蝶纹，釉为黄、白、绿、蓝4色②。考古文化发现，在唐韩贞墓中，还出土有彩绘灰陶盖罐6件、双青釉瓷罐1个。双青釉瓷罐为粉白瓷胎，青釉中闪透黄色。

---

① 朝阳博物馆．辽宁朝阳唐韩贞墓［J］．考古，1973（6）．

② 朝阳博物馆．朝阳的历史与文物［M］．沈阳：辽宁大学出版社，1996：191．

另外，在朝阳地区发现的其他唐墓中，也有许多陶器出土。如狼山唐墓出土有1件三彩陶杯，其造型精致，制作精良，颈部系有一环，腹部向后曲展，尾端作椭圆形杯口，双翅上曲，呈半圆形，陶杯体施黄、绿、白3种釉色①；中山营子左才墓出土有彩绘泥俑48件，包括男女侍俑、仪仗俑、武士俑、胡人俑、镇墓兽和各种动物俑；唐鲁善都墓中出土几件陶俑，其中一件是彩绘骑马俑，通高37.5厘米、长为39厘米，马体肥壮高大，四肢直立，目视前方，知尾上翘，马背上骑一仕女，气质典雅，神态端庄，目视马左下侧，高髻圆脸，身穿红色上衣，左手扶马鞍，造型自然、生动，美观、大方；另一件，为胡人骆驼俑，通高46厘米、长为44厘米，骆驼昂首直立，蹄极大，双峰间搭一盛物的大袋，垂于驼身两侧，袋上以绳扎成十字结，一胡人装束的男人侧身向右坐在驼背上，头戴黑巾，满脸络腮胡子，身着圆领窄袖红衣，足登黑靴，左臂执辔，右臂高举，若扬鞭状。同时出土的还有2件仕女俑，均高为28厘米，高髻丰面，身穿黄绿色敞领窄袖衫，披一帛端束于左侧胸带之中，另一端绕过后背从右肩垂下，遮住右膊，绿色襦裙高束至胸，长垂曳地，造型栩栩如生。在“大唐故人孙君墓”出土有成队的陶俑放置在墓主人尸床周围，其中舞女陶俑置于床前、男女侍俑置于床后、左侧罗列马俑和骑俑；在“朝散大夫墓”中，出土有陶镇墓兽、人物俑和陶马；在蔡须达墓中，出土有四系青瓷罐、红褐釉长颈瓶、折瓷俑等②。

综上，在朝阳地区唐墓中，考古文化发现的唐三彩、彩陶俑和瓷器，是否就是辽东地区烧制的产品，尚待继续研究。但所出土的这些器物，说明当时陶文化在辽东地区很发达。考古文化发

① 朝阳博物馆．朝阳的历史与文物［M］．沈阳：辽宁大学出版社，1996：191.

② 朝阳博物馆．朝阳的历史与文物［M］．沈阳：辽宁大学出版社，1996：192—193.

现，出土的这些唐三彩、彩陶俑和瓷器，与中原地区流行的同类器物极其相似，从烧制水平和工艺技术来看，几乎没有什么差别。这说明当时辽东地区流行的陶器文化已经具有很高水平。

此外，考古文化发现，生活在辽东地区的高句丽人，其制陶业文化也相当进步。从已经发现的高句丽墓、遗址和城址中出土的罐、壶、碗、杯、盆、瓶之类的陶器，考古文化确定，这些都是高句丽人制作的生活用具。辽东各地博物馆馆藏的高句丽墓葬、城址出土的四系青瓷罐和碗之类的器物，与中原魏晋隋唐时期同类器物极其相似，这些器物，虽无考古证据证明是辽东地区烧制，但至少可以确定，当时辽东地区社会流行的陶器文化与中原同期是相同的。

（二）冶铸业文化

隋唐时期，辽东地区冶铸业文化同中原地区一样发达。考古文化发现，在辽东地区的隋唐墓葬中出土有冶铸制品。如朝阳韩贞墓出土有 10 件金属器具，其中 3 足铜盘 4 件，均用胎质精薄的青铜制作而成，最大的 1 件高为 9.7 厘米、口径为 33 厘米；铜镜 1 件，圆纽八花式，背面铸瑞花 6 朵；3 足铁鼎 1 件，折沿直腹立耳平底，高为 22.6 厘米、口径为 27 厘米；凫首铁鐎斗 1 件，高为 11.9 厘米、口径为 11 厘米。另外，还有提梁壶、铜勺、铁铲、铜帽钉、铜带具等①。这些铜、铁制品，制作非常精致，与中原唐墓出土的同期同类器物极其相似。此外，在朝阳中山营子唐墓中出土有铜镰、透雕铜饰片、铜带扣、铜铃、铁锹、铁锄、铁锯、铁斧、铁环、铁箍、铁钉等铜铁器具；在朝阳中山营子唐左才墓中，出土有铜钵、铜盘、铜鐎斗、铜壶等。这说明当时辽西地区冶铸业文化比较兴旺。

在辽东地区，高句丽人的金属制造业文化也较发达，他们用

① 朝阳博物馆. 辽宁朝阳唐韩贞墓 [J]. 考古，1973 (6).

铁冶铸农业生产工具、手工业生产工具、生活用具以及武器等，也有用金、银、铜做原料制作生活用具和装饰品的。史料记载，高句丽国有金银矿冶业，其金银饰品无疑是自行制作的。银山是高句丽重要矿山，在安市东北100余里，有数百家，采矿以供国用。《齐书·东夷传》记载："银山，在国西北，高丽采以为货"。安市即今辽宁省营口市周家乡海龙古城，安市东北100余里与国西北之交汇处应是今凤城青城子铜矿。高句丽黄金的产量也十分可观，其向中原王朝进贡的贡品应有黄金。《魏书》记载，北魏时，高句丽"岁致黄金200斤，白银400斤"①。考古文化发现，高句丽墓葬遗址中，出土有手镯、钗、发簪、指环、耳环、带饰等，另外还有铜器等，说明当时高句丽人不但掌握了金银的冶炼、切割、锻造、拉丝、镶嵌、钻刻工艺，而且会鎏金技术。高句丽墓葬和遗址出土的铁器有铧、镰、锸、锹、耙、铲等农具，锅、盆、盘、刀、钉、剪、锁、香炉等生活用具，还有斧、锤、锯、凿、锛等加工工具，枪、矛、剑、镞、铠甲、头盔等兵器，以及鱼钩、车马器等。这些可以说明当时高句丽国社会广泛使用铁器，冶铸业文化十分兴旺。

（三）纺织业文化

隋唐时期，辽东地区纺织业文化形态可以划分为丝织业文化、毛织业文化和麻织文化等3种类型。丝织业主要原料是蚕丝，有桑蚕丝和柞蚕丝，桑蚕是慕容廆从江南引进，柞蚕是当地种。在朝阳唐墓中出土的仕女俑肩披帛带，考古文化确定是丝织品，说明当时丝织业文化水平较高。辽东地区的高句丽人，纺织业文化也相当发达，既有丝织业文化，又有毛纺业文化、麻纺业文化。考古文化确定，高句丽贵族所戴的紫罗冠、白罗冠，实际都是以丝织品制作而成的。王服五彩，即五彩绫罗绸缎，皆以丝织品为

① 魏收. 魏书·列传第八八·高句丽：卷一百［M］. 长春：吉林人民出版社，1995：1356.

之。唐陈大德《高丽记》记载，当时高句丽人能够织造锦，即丝织品，“以紫地缬文者为上，次有五邑锦、次有云布锦，又造白叠布，青布而尤佳，又造障目、华言接篱，其毛则靺鞨猪鬃也”。紫地缬文者即是紫色精美花纹丝织品，说明高句丽人的织造工艺及技术已经具备很高水平；白叠布即棉布，唐代时从西域引进棉花，高句丽人能织造白叠布，说明高句丽人不仅种植棉花，且会纺棉织布。织造有青布，说明高句丽人已经掌握了印染技术。障目，华言接篱，即今日之屏风、帐幔及挂毡之类的装饰物，且以猪鬃做原料，说明当时高句丽毛纺业之发达。

（四）皮革业文化

隋唐时期，高句丽人流行皮革业文化。《隋书》记载，高句丽贵族的装束是素皮带、黄革履，一般官员皆皮冠①。考古文化发现，高句丽贵族一般都用金、鎏金或铜带饰，还有车马器具，都离不开皮革，皮带、皮鞋和车马器具使用的皮革，都是以牲畜皮经过加工后使用的，说明高句丽人早就掌握了鞣皮技术和皮革器具制作技术。此外，契丹人、库莫奚人虽然制革技术不如高句丽人，但从其居住的毡房可以看出，他们已经掌握了基本鞣皮技术。他们居住的地区比较寒冷，所以应季穿戴皮革制品，如皮衣、皮帽、皮靴等，这也说明其皮革业文化的繁荣。

由于辽东地区畜牧业文化的发达，畜牧产品丰富，也为皮革业文化的发展提供了条件。

第二节　魏晋至隋唐时期辽西地区的文化形态

在统一的国家形态下，地区的经济、政治、文化、社会的发

① 魏徵，等. 隋书·列传第四九·东夷·高丽：卷八十一［M］. 长春：吉林人民出版社，1995：1195.

展，总是与国家的命运休戚与共、息息相关。东汉末年，曹操领兵征服辽东三郡乌桓后，慕容鲜卑部族迁入辽西地区。西晋的“八王之乱”，造成大批中原流民，特别是很多华北地区的世家大族逃往辽西避乱。慕容鲜卑部族与中原流民的文化融合，促进慕容鲜卑部族势力迅速发展壮大，在中原流民的支持下，慕容鲜卑部族建立了自己的政权，致代表中原政权镇守辽东的平州刺史兼护东夷校尉崔毖逃往高句丽，慕容鲜卑部族完全掌控了辽东地区，成为主宰辽东地区局势的重要势力。棘城、龙城相继成为辽东地区政治、经济、文化中心。安史之乱根本上改变了辽东地区的文化生态。以汉文化为主导，多元文化因素共存和多民族杂糅错处及相互影响、交流、融合、发展的局面受到严重破坏。深受国家政治动荡与地区军事纷争影响，辽河文化在艰困中发展，主要体现在中原文化之典章制度、文化教育、思想道德、宗教观念以及文字书法、绘画艺术等在全辽地区广泛应用与传播。多元文化融合发展形成了以三燕文化为代表的辽河文化，对北朝、隋唐时期的东北亚地区，特别是对朝鲜半岛和日本列岛古坟时代的文化都产生了重要影响。

一　教育史学音乐诗歌等文化

教育是应人类进化逐步发展起来的社会活动。人类创造的生产与生活知识、技能、经验的继承、传播与发展，都依赖教育。教育是培养人才最有效的途径。汉武帝时“罢黜百家，独尊儒术”，确立了儒家纲常名教的统治地位。为了选拔培养人才，汉武帝在中央设立“太学”，在地方郡县乡聚，设郡学、县校、乡庠、聚序，形成了从中央到地方的多级教育体系。辽东边郡地区正规官学教育亦始于此时。编撰史书，以史为鉴，吸取历史经验教训，可资治兴国，所以设置史官修史，成为历代王朝的大事。十六国之北朝时期，辽西地区便开始修史。北朝、隋唐时期，营州地区多民族杂处，因而音乐与诗歌呈以慕容鲜卑部族的民歌和“三燕”

音乐为主体的多元形态。

（一）教育文化

据《晋书》记载，慕容廆设东庠，以平原刘讚为祭酒，命世子皝“束脩受业，”据《资治通鉴》记载，慕容廆“作东横（东庠）”于 321 年 12 月，“廆立子皝为世子。作东横，以平原刘讚为祭酒，使皝与诸生同受业，廆得暇，亦亲临听之。”可见，辽西地区官学的设立，应在 321 年之前。慕容鲜卑为北方草原游牧部族，南迁辽西地区，由逐水草游牧转为农耕定居后，接受中原文化影响，渐慕中原学习风气，特别是随着社会文化的发展，教育则成为需求。棘城当时是慕容鲜卑政权的政治中心，首设学校在棘城，主要是培养慕容鲜卑部族贵族子弟。平原刘讚精通儒学，成为为慕容鲜卑政权培养懂得儒家思想文化、伦理观念、诗书礼仪等人才的在所必需。慕容鲜卑政权奉晋正朔，故棘城教育的教学内容，即当时采用的教材当以西汉时期用于启蒙识字的课本和儒家经典为主。慕容廆曾拜见西晋大文学家张华，受到张华赞许，慕容廆汉文化修养可见一斑。他是辽西地区兴办教育的首倡者和力行者，亲自编写数千言的《家令》作为教材，教育后人懂得用刑惩戒、劝农稼穑、贤人君子、酒色乱德与治理国家之间的关系，旨在将贵族子弟培养成为“博观群书、有文武干略”“雅好文籍”“文武兼优”的人才①。

342 年，前燕迁都龙城。前燕政权的建立标志着慕容鲜卑部族已经完成从氏族部落向封建国家的转变。人口的大量增加，经济、军事实力进一步增强，以及政治、经济、文化制度的确立并逐渐趋于成熟和完备，为教育的进一步发展提供了条件，同时也要求教育尽快发展，培养出更多的人才，以适应前燕政权对外扩张和人口不断增加的需要。慕容皝“雄毅多权略，尚经学，善天

① 房玄龄，等．晋书·载记第八·慕容廆：卷一百零八［M］．长春：吉林人民出版社，1995：1697—1702.

文”，不仅其本身具有良好的汉文化修养，而且特别爱重人物，注意招揽贤才，重视教育，大批人才随之聚集到龙城，使龙城时期的教育比棘城时期又有很大的发展。慕容皝在迁都龙城后不久，便将旧宫辟为学校，以行乡射之礼，每月都去巡查，考查学生优劣。慕容皝学习乃父，编著《太上章》和《典诫》15 篇，作为贵族子弟教科书，还经常亲自给学生授课，学徒多达 5000 余人①。在慕容皝的身体力行、大力倡导下，龙城的教育得到空前的发展，不仅教学规模扩大了，而且在学生身份等级的确定、招收学生数量，对学生的考核、任用、除名等方面也都有了相应的规定。如，随着人口的增加和国家发展的需要，龙城时期接受教育的生源发生了变化，学生不再限于慕容鲜卑贵族子弟，而是扩大到普通家庭子弟。生源数量增加，良莠不齐。为保证国家培养出合格人才，根据记室参军封裕的建议，学校根据国家需要和财力来确定招生数量、培养人才，对于那些入学学习 3 年之后无所成就者，予以劝退，还之于农，不予重用；不听训教者，予以除名；对于那些不能入学而归之于农者，也要教之战法。

总之，慕容鲜卑政权先后在棘城、龙城兴办教育，虽然只有 50 多年，但其影响深远。慕容鲜卑政权在棘城、龙城建立学校、兴办教育、提倡儒学，不仅提高了慕容鲜卑部族的素质，加速了慕容鲜卑部族封建化进程，也缩短了汉族与慕容鲜卑部族的情感距离，对于增进民族交流、促进民族融合，具有积极作用。前燕龙城时期的教育，在学生入学、考核、任用等方面逐渐规范化、制度化，学校规模扩大、生源增加、受教育范围扩大，为慕容鲜卑部族的扩张提供了人才保障。棘城、龙城时期兴办教育的传统被慕容鲜卑政权带到了中原地区，在慕容儁迁都邺城后，“立小学于显贤里以教胄子”；慕容德南迁广固建立南燕，“建立学官，简

---

① 房玄龄，等．晋书·载记第九·慕容皝：卷一百零九［M］．长春：吉林人民出版社，1995：1705—1712.

公卿以下子弟及二品士门二百人为太学生”；还有北燕冯跋在龙城营建太学，都是慕容鲜卑在棘城、龙城办教育的余绪。

北燕承后燕，冯跋励精图治，省徭薄赋，革除苛政，整饬吏治，拔擢贤良，使龙城形成“朝野竟劝”之风。为“穆章风化，崇阐斯文”，冯跋下诏在龙城“营建太学，以长乐刘轩、营丘张炽、成周翟崇为博士郎中，简二千石以下弟子，年十五以上教之。”教学内容除儒家学说经典外，冯跋的施政方针、吏治诏令等都是学生必学内容。北燕偏居辽西，国力有限，且有强敌压境的情况下兴办教育，真是难能可贵。

北魏时期，拓跋珪也特别重视教育，建国初年，即诏命建立太学，设五经博士，有生员千余人。据《魏书》记载，献文帝天安初年，命各地设立乡学，明确规定郡立博士 2 人，助教 2 人，学生 60 人。随后又将郡分为大、次、中、下 4 等，大郡立博士 2 人，助教 4 人，学生 100 人；次郡立博士 2 人，助教 2 人，学生 80 人；中郡立博士 1 人，助教 2 人，学生 60 人；下郡立博士 1 人，助教 1 人，学生 40 人。北魏时期，私学也得到发展，呈现出“燕、齐、赵、魏之间，横经著录，不可胜数。大者千余人，小者犹数百。州举茂异，郡贡孝廉，对扬王庭，每年逾众”的局面。太原人张伟，精通儒家经典，设馆讲学于乡里，从其学者常有数百人。张伟后来出任营州刺史，更是推动了营州地区教育发展。

北魏末与北齐，社会动荡不安，学校徒有虚名，教育停滞不前。

隋唐时期，教育普及程度较高，中央有官学，地方有州县学，甚至在乡、里，也鼓励创办学校。众多的私学和家学，成为国家教育的补充，共同承担人才培养和文化传播的责任。唐朝政府提出“治国以学为先”，从京师至于州县，皆置生员，立小学以教育宗室子孙及功臣子弟；命诸州明经、秀才、俊士、进士，将明于事理为乡里称道者，经过县考、州复核后，每年随方物入贡一起举荐给朝廷。唐朝政府还根据州县面积大小和人口多少，明确规定了各个州县学校教师和学生人数，使得学校的建立和分布有了制度保证。州、县、乡、里皆设有不同类型的学校。积极推行教育政策，以儒学作为统一的中央集权国家的指导思想，相应采取尊孔措施，国学立庙，春秋祭祀，且令州县亦皆立庙祭祀；以德行学识为标准，选用儒生为各级官吏；以儒家经典为科举考试和学校教育的主要内容，读经成为知识分子的基本功课；兴办儒学，首先是扩大中央官学，使之成为全国的文化教育中心，州县也仿效办理；统一经学，命令考定五经文字，撰写五经正义，以适应政治上统一进而思想文化上统一。为了鼓励和劝进社会向学，唐朝政府在选拔人才方面有特殊政策，即选拔人才分三类，对正规学校生徒通过考试选拔录用和由地方州县推荐乡贡选拔，科目有秀才、明经、俊士、进士、明法、明字、明算、一史、三史、开元礼、道举、童子等。唐代在京城的学校有 6 类，即国子学、太学、四门学、律学、书学、算学。地方州县亦设有学校。京都所在地学校学生为 80 人，大都督府府学、中都督府府学、上州州学学生为 60 人，下都督府府学、中州州学学生为 50 人，下州州学学生 40 人，隶属于京城的县学学生为 50 人，上县县学学生为 40 人，中县、中下县县学学生各为 35 人，下县县学学生为 20 人。各地的府州县学均由官办，乡、里学校则归私办。629 年，唐王朝令地方州县设医学，在中国历史上属首创。唐朝当时有 328 个府州，1573 个县。府学可收经学生 50～80 人、医学生 12～20 人，州学可收经学生40～60人、医学生 10～15 人，县学可收经学生20～40人。这样的规模在当时世界上是独一无二的。唐代经济发展，政令畅通，地方教育机构设置及员数以中央政府之规定为准。

因此，从整个唐代教育背景上看，辽东特别是营州地区的教育很兴旺，对于传播儒家纲常名教，促进辽河文化发展必有帮助。

（二）史学文化

编撰史书，以资国政，是中国历史文化传统。据《史通》记载，前燕时期已经有起居注，杜辅全根据前燕的起居注整理为

《燕纪》。慕容暐时的著作郎清河崔逞撰有《燕记》一书。慕容垂时的董统编撰的《后书》，包括本纪和佐命功臣、王公列传，共30卷。后来申秀、范亨将杜辅全的《燕纪》、崔逞的《燕记》、董统的《后书》合编为一书。申秀撰的前、后燕史没有保存下来，范亨的《燕书》也已散佚。据《太平御览》和《通鉴考异》引，范亨的《燕书》采用纪传体例，有属前燕的《高祖武宣皇帝纪》《太祖文明皇帝纪》《烈祖景昭皇帝纪》《少帝纪》，属后燕的《世祖武成皇帝纪》《献庄皇帝纪》《烈宗惠愍皇帝纪》《中宗昭武皇帝纪》。还有《征虏（慕容）仁传》《慕容翰传》等。后燕时，有太傅长史田融的《赵书》、平恒的《帝王略注》（杂史）百篇；北魏时韩显宗撰《燕志》、封懿撰《燕书》、崔鸿撰《十六国春秋》，有《前燕录》《后燕录》《南燕录》，专记慕容熙之事。

这些官修或私著的史书，皆由汉族士大夫为慕容鲜卑政权编撰，是辽河流域最早的史书，对于总结慕容鲜卑部族成败得失的经验教训、传承历史文化，具有重要意义。

（三）音乐文化

北朝、隋唐时期，营州地区多民族杂居错处，当时的音乐舞蹈是多元的。早期由于辽东边郡诸部族没有文字，故音乐等没有文字记载。慕容鲜卑部族建国后，音乐是经过融合而形成的宫廷音乐，其是在继承传统部族民间音乐的基础上，吸收中原王朝的传统音乐，经过糅合改造创成的一种新型的宫廷音乐。据《晋书》记载，“永嘉之乱，海内分崩，伶官乐器，皆没于刘、石”①。可见，北方匈奴部族的刘氏王朝和羯族的石氏王朝所得到的音乐，是在西晋永嘉之乱时流出的宫廷音乐。冉闵推翻石氏建立冉魏王朝，宫廷音乐传承下来，后来慕容鲜卑氏推翻冉魏政权，建立前燕，宫廷音乐自然随之承接过来了。慕容鲜卑氏对冉魏宫廷音乐

① 房玄龄，等. 晋书·志第一三·乐下：卷二十二［M］. 长春：吉林人民出版社，1995：391.

加以改造，形成《燕颂》。《燕颂》是由汉族官僚文士用汉文写成用汉语演唱的音乐。在继承冉魏传统宫廷音乐同时，注入了很多慕容鲜卑部族的音乐形式和文化元素，特别是注入了歌颂慕容鲜卑部族开疆拓土的历史和功绩的内容，更加符合政治文化的要求。

前燕音乐在冉魏音乐基础上发展而成，它继承了汉魏传统音乐，后来被苻坚带入汉中，再被慕容永等鲜卑贵族带出关外，先后成为西燕、后燕、南燕的宫廷音乐。

据《魏书》记载，北魏拓跋氏攻克后燕都城中山，获得后燕的乐器等，慕容鲜卑氏国家音乐遂传入北魏，北魏政权“诏尚书吏部郎邓渊定律吕，协音乐”，邓渊将北魏所得四方音乐与汉族传统音乐相结合，创作、改编了一系列适用于北魏王朝使用的宫廷音乐，“正月上日，群臣，宣布政教，备列宫悬正乐，兼奏燕、赵、秦、吴之音，五方殊俗之曲。四时飨会亦用焉”①。与此同时，北魏又在“掖庭中歌《真人代歌》，上叙祖宗开基所由，下及君臣废兴之迹，凡一百五十章，昏晨歌之，时与丝竹合奏。郊庙宴飨亦用之。”《真人代歌》包含慕容鲜卑音乐在内，其内容是歌颂慕容鲜卑“祖宗开基所由”以及“君臣兴废之迹”的。可见，北魏政权自己视为与慕容鲜卑同宗，把慕容鲜卑的开基、兴废事迹加以歌颂。

北魏政权还将慕容鲜卑音乐加以搜集、翻译并编撰成书。据《隋书》记载，北魏孝文帝改革旧俗之后，由于慕容鲜卑部族学说汉语，因而对于本部族语言“多有不通”，于是“录其本言”，相传学习，谓之“国语”。其编撰的“国语”读物中有《国语真歌》10 卷、《国语御歌》11 卷等。这不仅促进了语言文化的交流融汇，

① 魏收．魏书·志第一四·乐：卷一百零九［M］．长春：吉林人民出版社，1995：1648．

也有助于慕容鲜卑音乐的传播与发展①。

隋朝建立后，使分散流播于南北朝的各民族国家宫廷音乐归于一统，恢复了中国传统音乐为主、其他部族音乐为辅的宫廷音乐。

到了唐朝，慕容鲜卑音乐仍然是宫廷音乐中的组成部分之一。据《旧唐书·音乐志》记载，“《北狄乐》，其可知者鲜卑、吐谷浑、部落稽三国，皆马上乐也。”北魏以后的鲜卑乐，实际上是包括慕容鲜卑音乐、拓跋音乐等鲜卑各支族音乐在内的泛鲜卑音乐②。

隋唐时期，营州的音乐和舞蹈分为两种形式：一种是边地部族自己的传统舞蹈；一种是吸收、融合、改编其他地区或民族的乐舞。营州的乐舞也有向四周各地传播。如奚琴，即二胡（胡琴），是我国最早出现的拉弦乐器，出自隋唐时期北方库莫奚部族，故称奚琴。奚库莫人用竹片夹在两弦之间摩擦发音，声音铿锵。在民间流传的过程中，其形制不断被改进，至晚在元代出现了用马尾作弓弦拉奏的“胡琴”。又如，唐代，营州地区各部族民众都比较擅长胡旋舞，据说安禄山“作胡旋舞，疾如风焉”。胡旋舞传入中原历久未衰，作为舞蹈本身，已经被带入中华艺术之中，为中华民族舞蹈艺术增添了养料，促进了中华音乐舞蹈的发展。

（四）诗歌文化

据《三国志》记载，乌桓人的丧葬习俗是“始死则哭，葬则歌舞相送”。鲜卑与乌桓同出于东胡部族，“其言语习俗与乌丸同”，“贵兵死，敛尸有棺，始死则哭，葬则以歌舞相送”，“至葬

---

①　魏徵等．隋书·志第二十七·经籍一：卷三十二［M］．长春：吉林人民出版社，1995：615.

②　刘昫，等．旧唐书·志第九·音乐二：卷二十九［M］．长春：吉林人民出版社，1995：677.

日，夜聚亲旧员坐，牵犬马历位，或歌哭者，掷肉与之，使二人口诵咒文”①。可见，鲜卑与乌桓丧葬习俗方面的特别之处，在于葬礼时以歌舞表达哀思。这种在丧葬仪式上表现出来的质朴粗犷的原始歌舞，源自人们思想感情的真实流露。但是，鲜卑与乌桓部族人丧葬时的歌词和舞曲并没有文字史载。

最早以辽西地区景观为创作题材的诗歌，是三国时期曹操创作的《步出夏门行》和《观沧海》等，是曹操率兵征讨乌桓班师还朝时途经碣石时创作的。历史文献记录中，只有移居辽西的慕容鲜卑部族的民歌。

慕容鲜卑部族的民歌是在长期流传于民间的歌谣基础上逐渐形成的口头文学作品。这种源于民间的文学，能够真实地反映社会生产和生活的情形及人们的喜怒哀乐等心理情绪。流传至今的慕容鲜卑的民歌数量不多。由于慕容鲜卑族没有自己的文字，其民歌散见于汉文献资料记载。从其民歌的内容看，主题鲜明，颇具特色，具有很高的艺术价值，某些作品的艺术特色是南朝民歌难以企及的。

慕容鲜卑从鲜卑部族中分化出来，南迁居于辽西，与汉民族融合，入主中原，慕容鲜卑的音乐歌舞才见诸汉文字记载。慕容鲜卑早期的民歌以《阿干之歌》为代表。关于《阿干之歌》，虽在《十六国春秋》《晋书》《魏书》《宋书》《北史》等史籍中均记载有其名，但具体歌词内容却缺失。慕容鲜卑氏与其他鲜卑部族的民歌主要保存在《梁鼓角横吹曲》中。宋人郭茂倩《乐府诗集》收录66首不同时期从北方传至江南的，包括慕容鲜卑在内的北方诸部族鼓角横吹音乐；其在《乐府诗集》序言中说：“《古今乐录》有《梁鼓角横吹曲》，多叙慕容垂及姚泓时战阵之事，其曲有《企喻》等歌三十六曲。乐府胡吹旧曲又有《隔谷》等歌三十曲，总

① 陈寿. 三国志·乌桓传：卷三十［M］. 长春：吉林人民出版社，1995：609.

六十六曲。”《梁鼓角横吹曲》中以慕容为题的有《慕容垂》和《慕容家自鲁企由谷》两首，《慕容垂》列在《古今乐录》36曲中，其歌词为：“慕容攀墙视，吴军无边岸。我身分自当，枉杀墙外汉。慕容愁愤愤，烧香作佛会。愿作墙里燕，高飞出墙外。慕容出墙望，吴军无边岸。咄我臣诸佐，此事可惋叹!”《慕容家自鲁企由谷》列在《梁乐府》胡吹旧曲30曲中，其歌词为：“郎在十重楼，女在九重阁。郎非黄鹞子，那得云中雀。”

“梁鼓角横吹曲”是十六国时期北方民族马上演奏的军乐，这些早期的民歌，是反映慕容鲜卑逐鹿中原活动事迹的乐章。慕容鲜卑部族歌咏生活，不仅内容丰富，在艺术上也多有独创性。比兴与赋相结合、强化的语言风格、率直袒露的措辞特色，表现了鲜卑部族民歌浓郁的生活气息、鲜明的民族个性。这种豪放刚健、直率袒露的文化精神，与隋唐诗人及其所表现出的豪放刚健、积极进取、任侠尚武的人文精神，一脉相承，且为后世文化不断发扬光大。

唐诗是中国文化史上的一座高峰。由于隋唐时期辽东边郡战事频繁，所以，辽东边郡的很多素材成为唐代诗人创作题材。在众多的诗人笔下，营州、龙城、辽阳、辽西、辽水、白狼河等，成为边塞诗派诗人描写的重点。正是通过这些作品，辽西乃至全辽地区，在中国历史文化天空中闪耀，辽河历史文化也因此更加光彩夺目。如诗仙李白，虽未曾到过营州，可他的诗“白马谁家子，黄龙边塞儿”，把营州战场的情形刻画得生动具体；高適的《营州歌》，“营州少年厌原野，狐裘蒙茸猎城下。虏酒千钟不醉人，胡儿十岁能骑马”，把营州描绘得因战乱连少年都要跨马横刀，这是粗犷豪迈的盛唐精神，还是民不聊生的感慨悲歌？张籍的《关山月》“秋月朗朗关山上，山中行人马蹄响。关山秋来雨雪多，行人见月唱边歌。海边茫茫天气白，胡儿夜度黄龙碛……”中的关山、朗月、秋雪、行人、边歌，这些元素构成一幅令人向往而又惧怕的境象，要不是“胡儿夜度”、战争形势紧迫，何至于星夜兼程，连边塞奇异迷人的风景都顾不上仔细欣赏；张谓的《同孙构免官后登蓟楼》，“东走到营州，投身似边将。一朝去乡国，十载履亭障。”，是发泄内心郁闷之作，依稀可见营州战事之惨烈；欧阳詹的《塞上行》，“闻说胡兵欲利秋，昨夜投笔到营州。骁雄已许将军用，边塞无劳天子忧”，灾难兴国呀，要不是因为战事急迫、形势紧张，哪来这么一股慷慨赴战场、为国立功的英雄主义气概呢；崔国辅的《从军行》，“塞北胡霜下，营州索兵救。夜里偷道行，将军马亦瘦。刀光照塞月，阵色明如昼。传闻贼满山，已共前锋斗”，若不是前线告急，将军怎能寒夜偷道驰救，连马都累瘦了，而战场又是一番景象，“刀光照塞月，阵色明如昼”，何等悲壮沉郁；崔颢《辽西作》，“寒衣已着尽，春服与谁成”，描写战场上的兵士征战之苦，拼命打仗的人连遮体的衣服都没有；王昌龄的《出塞》，“秦时明月汉时关，万里长征人未还。但使龙城飞将在，不教胡马度阴山”，边关将士多么企盼有一将能够令敌知惧而退，战争早日结束，回到万里之外的故乡；沈佺期的《杂诗三首》，“妾家临渭北，春梦著辽西。何苦朝鲜郡，年年事鼓鼙”；“闻道黄龙戍，频年不解兵。可怜闺里月，长在汉家营。少妇今春意，良人昨夜情。谁能将旗鼓，一为取龙城”，反对战争的情绪、盼望和平安宁的生活，是民众的心声；还有王昌龄的《塞下曲》及常建的《塞下曲》等。

最具代表性的诗歌还数高适的《燕歌行》：“汉家烟尘在东北，汉将辞家破残贼。男儿本自重横行，天子非常赐颜色。摐金伐鼓下榆关，旌旆逶迤碣石间。校尉羽书飞瀚海，单于猎火照狼山。山川萧条极边土，胡骑凭陵杂风雨。战士军前半死生，美人帐下犹歌舞。大漠穷秋塞草腓，孤城落日斗兵稀。身当恩遇恒轻敌，力尽关山未解围。铁衣远戍辛勤久，玉箸应啼别离后。少妇城南欲断肠，征人蓟北空回首。边庭飘飖那可度，绝域苍茫更何有。杀气三时作阵云，寒声一夜传刁斗。相看白刃血纷纷，死节从来岂顾勋。君不见沙场征战苦，至今犹忆李将军。”诗人谴责了将军的骄傲轻敌，荒淫失职，致士兵饱受战争之苦。“战士军前半死生，美人帐下犹歌舞。”一方面是战士们在阵前拼死战斗，另一方面是将军在帐中轻歌曼舞，深刻揭露了边关军营中将军的腐化堕落和士兵的悲惨遭遇，讽刺了昏庸的边关将帅，更讽刺了朝廷的政治腐化。

二　民俗宗教工艺技术等文化

魏晋南北朝隋唐时期，辽西地区作为联结关内外的桥头堡，杂糅错居着诸多部族，有中原流民、戍边军人，有北方南下迁移来的属东胡部族后裔的乌桓、鲜卑、库莫奚、契丹以及鲜卑化的匈奴，秽貊部族后裔的夫馀、高句丽，肃慎部族后裔的靺鞨，突厥和中亚地区的昭武九姓等。各民族的风俗文化皆有渊源。长期的错处杂居，相互影响、交流，从而形成了丰富多彩的新的风俗习惯。随着民族融合和文化交流，民族宗教文化也因佛教的传入而发生了宗教观念的转变。随着辽西地区生产力的提高，生产工艺技术日渐成熟。

（一）民俗文化

在曹魏征服柳城、三郡乌桓将大批乌桓人迁往中原后，辽西地区主要居住着鲜卑部族三部，即慕容鲜卑、段氏鲜卑和宇文鲜卑。乌桓和鲜卑本属东胡后裔，故语言习俗相同。

婚嫁习俗。据文献记载，夫馀部族传统的婚俗有“兄死妻嫂”。鲜卑部族每年 4 月大会于饶乐水上，青年男女在饮宴过程中相亲，然后成婚。乌桓人与此相同。乌桓部族嫁娶方式是，男子看中女子后，先将女子掠回家，与女子同居，经过半年或百日以后，再给女子娘家送去牛马羊畜作为聘礼；男子到女子家后，除女子的父母外，无论尊卑，都要跪拜；然后，男子在女子家充当仆役，时限一到两年；仆役期满，女子家为女子准备好所需的居处财物，送女子随男子回家，两人正式结为夫妻。乌桓部族有父兄殁，儿子娶后母、弟娶寡嫂为妻，后母、寡嫂殁，葬则归属其故夫的习俗。这种近似抢婚的蛮蒙方式及妻后母、娶寡嫂的习俗，是与当时乌桓部族所处的社会经济形态相适应的，保留古老部族的遗风。乌桓女子亦髡发，到出嫁时才养发。契丹和库莫奚部族风俗近于突厥，只是婚丧嫁娶与突厥不同。突厥部族的婚俗是，给死者送葬时，“男女咸盛服饰，会于葬所，男有悦爱于女者，归即遣人聘问，其父母多不违也。父、兄、伯、叔殁，子、弟及侄等妻其后母、世叔母、嫂，唯尊者不得下淫”。突厥部族允许再婚。契丹部族的婚俗只知“嫁娶之际，以青毡为上服”。

曹魏时期，生活在辽西地区的鲜卑各部族及鲜卑化的匈奴部族、乌桓余部的婚姻习俗应与上述乌桓部族习俗相同。部族间可以通婚。民间部族通婚，没有史料记载。贵族与相邻部族通婚的情况，文献有记载。如慕容鲜卑家庭有与段氏、拓跋氏、兰氏、可足浑氏、苏氏、苻氏、高氏、公孙氏、丁氏、张氏、李氏通婚的史实。甚至与相邻部族通婚，成为慕容鲜卑部族贵族政治外交的一种策略。慕容鲜卑虽在鲜卑各部中受汉文化影响最深，势力发展得最快，在与各部的角逐中虽然占据上风，但要实现扩张，称霸一方或中原，没有相邻部族的支持是不行的。和亲联姻，在当时注重宗亲血缘关系社会背景下，是增进与相邻部族团结的最好选择。因此，慕容鲜卑家族中，慕容廆娶段部鲜卑单于之女为妻，及慕容皝之子慕容垂、慕容德，慕容垂之子慕容宝，都娶段部鲜卑女为妻，使慕容鲜卑与段部鲜卑成为世代联姻之邦国。慕容皝曾娶拓跋鲜卑女为妻，还有娶鲜卑兰氏（生子慕容垂）、出自辽东的高句丽的高氏（生子慕容恪）、出自辽东公孙氏为妻（生子慕容德）。慕容儁即位后立可足浑氏为皇后（可足浑为鲜卑贵族）。慕容宝时尚书慕容皓之妻兄名苏泥。兰汗为慕容垂之季舅，慕容盛又为兰汗之婿。慕容盛即位后，封丁氏为献庄皇后，丁氏为慕容盛之伯父慕容全之妃。慕容熙即位后封苻氏二姐妹一个为皇后，一个为昭仪。慕容云称帝后立妻李氏为天王后。慕容鲜卑家族的女子嫁与的男子有拓跋氏、段氏、夫馀及北燕冯氏。慕容皝之妹嫁拓跋鲜卑什翼犍、妹殁又以女儿妻之；慕容皝将家族之女嫁夫馀王玄为妻；慕容德将女儿平原公主嫁段部后裔段丰，段丰殁，将女儿改嫁夫馀后裔余炽；冯弘妻慕容氏，冯弘称王后废元氏立慕容氏为王后。上述与慕容鲜卑家族通婚的无疑都是鲜卑部族人。慕容鲜卑家族除娶邻国之女为妻外，也娶本部和其他鲜卑、汉族妇女为妻，慕容鲜卑家族之女除嫁与邻国外，也下嫁归降的他国属民。

丧葬习俗。据《三国志》记载，鲜卑部族的丧葬习俗为使用木棺，葬时头朝西北，随葬衣物服饰、陶器、兵器、马具等日常生产生活实用器物，殉牲，并有火葬痕迹等①。鲜卑的墓葬成群分布，排列有序。墓葬形制很独特，均为土坑竖穴，墓圹呈前高宽后低窄的梯形，有的还附有壁龛，无封土。木棺亦为前高宽后低窄，体量较大的两侧安有下葬时用的吊环。

西晋时，辽西地区的汉人分别来自中原和辽东，所以他们的葬俗也有区别。来自中原的汉人多用砖筑墓室，有的还刻有包括墓主人的姓名、籍贯、入葬时间的墓表；来自辽东的汉人则保持了辽东地区的传统做法，以石板搭墓室，规模较大的墓室内还绘有反映墓主人家居、出行等内容的壁画，并有土封。随着岁月的流逝，各民族之间的相互影响、交流日益深化，丧葬习俗也逐渐趋于一致。从后燕时起，所有的墓葬都开始采用鲜卑的前大后小梯形木棺作为葬具。北朝时期，葬俗仍然流行前大后小的梯形木棺，但带有斜坡墓道的石块垒砌迭涩顶石室墓和有斜坡墓道的券顶砖室墓为新流行的形制，前者受北魏平城一带葬俗的影响，后者受中原地区葬俗的影响。

据《北史》记载，突厥部族的葬俗是将死者“停尸于帐，子孙及亲属男女各杀羊、马，陈于帐前，绕帐走马七匝，诣帐门以刀剺面且哭，血泪俱流，如此者七度乃止。择日，取亡者所乘马

① 陈寿．三国志·乌桓传：卷三十［M］长春：吉林人民出版社，1995：609．

及服用之物，并尸俱焚之，收其余灰，待时而葬。春夏死者，候草木黄落；秋冬死者，候华茂，然后坎而瘗之。葬日，亲属设祭及走马、剺面如初死之仪。表为茔，立屋，中图画死者形仪，及其生时所战阵状，尝杀一人，则立一石，有致千百者。又以祭羊、马头，尽悬之于标上”①。

据《隋书》记载，契丹部族的葬俗是“父母死而悲哭者，以为不壮，但以其尸置于山树之上，经三年之后，乃收其骨而焚之。因酹而祝曰：‘冬月时，向阳食。若我射猎时，使我多得猪鹿’”，“死者不得作冢墓，以马驾车送入大山，置之树上，亦无服纪。子孙死，父母晨夕哭之；父母死，子孙不哭。”库莫奚部族与契丹部族葬俗相似，也是将尸体悬于树上，“死者以苇薄裹尸，悬于树上”②。

据《旧唐书》记载，从东北南下的靺鞨部族葬俗与上述突厥、契丹部族稍有不同，“死者穿衣埋之，以身衬土，无棺殓之具，杀所乘马于尸前设祭”③。

隋唐时期，辽西地区发现的墓葬集中于朝阳市郊，都是中原传统的砖室墓，没有明确的其他民族的墓葬。从朝阳市郊发现的隋唐时期的墓志看，“卜地”即选择墓地是当时丧葬的重要环节，因夫妻合葬，所以迁葬的较多。

（二）宗教文化

辽西地区早期原始宗教是萨满教。魏晋南北朝时期，汇集到辽西地区的诸部族，都将本民族所信奉的宗教带到了这里。故辽西地区的宗教形态复杂多元。如契丹部族最早信奉的是原始的萨

---

① 李延寿. 北史·列传第八七·突厥：卷九十九［M］. 长春：吉林人民出版社，1995：1798.

② 魏徵，等. 隋书·列传第四九·北狄·契丹：卷一百九十九下［M］. 长春：吉林人民出版社，1995：1235.

③ 刘昫，等. 旧唐书·列传第一四九·北狄·靺鞨：卷一百九十九下［M］. 长春：吉林人民出版社，1995：3417.

满教，佛教、道教传入后，契丹部族既信奉萨满教，又信奉佛教与道教。

两晋时期，随着大批中原流民的到来，佛教也随之从中原传入辽西地区，慕容诸燕国家在都城和统治区域广泛兴建佛寺，东北地区的佛教因此传播开来，至隋唐时期，佛教进一步发展，对营州周边诸部族如契丹、库莫奚等产生很大影响。

佛教创成于公元前 6 世纪的古印度，1 世纪末传入中国。魏晋南北朝时期，是中国封建政体文化最腐化、社会最黑暗的时期。西晋灭亡后，东晋王朝风雨飘摇，内迁的匈奴、羯、鲜卑、氐、羌诸部族统治集团，经过混乱，相继成立了许多割据政权（史称“十六国”），封建王公贵族朝不保夕，平民百姓饱受苦难，社会机体病入膏肓。人们纷纷到佛堂去拜求，企图让心灵得到慰藉，让人生有所寄托。统治阶级也利用佛教来作为巩固统治的工具。到了东晋十六国，佛教在中国南北都获得迅速发展。后赵时石勒、石虎倡导民众信佛，下令不论华夷贵贱，都可以出家。州郡兴立佛寺 890 多所。后赵末年，佛图澄的法术、释道安的传教、鸠摩罗什的译经，为十六国时期佛教的发展奠定了基础。

前燕时期，佛教传入辽西大概有两个途径：一是中原政权对辽西用兵，传播中原文化时佛教顺势传入；二是因中原大乱，大批中原流民涌入辽西地区，其中不乏佛教信徒。由于统治者的大力提倡，佛教传入辽西地区后，逐渐在社会广为传播。佛教打着“普度众生”的旗帜，倡导人们明“四圣谛”、加持“八正道”、辨“十二因缘”，破我执、破法执，息意去欲、专务清静，心无所住、无所牵累，省欲去奢、好生恶杀，断绝苦因、获得解脱，这些对于饱受战争之苦的社会大众来说，无疑具有巨大吸引力。所以，无论官僚贵族还是平民百姓，都争相信仰。很快佛教渗透到慕容燕国的政治、军事、经济、社会生活的各个领域之中，形成具有辽西地域特色的宗教文化。前燕时期，在都城龙城之东的龙山建立的辽西最早佛寺，是辽西宗教文化的典型特质。此后，佛教从辽西向辽东高句丽等部族传布，从这个意义上说，燕都龙城是北方佛法三宝兴隆之地，也是北方佛教的重要策源地。

佛教传入辽西，由于慕容鲜卑的大力提倡，佛教信仰渗透到社会各个领域之中，佛教僧侣成为慕容鲜卑统治者的谋士，参与军国大事。如来自西域的僧人沙门支昙，曾在后燕军中参与军事活动，甚至还能干预军事决策。在后燕社会下层，信奉佛教的人也很多，如 390 年，后燕北平人吴柱聚众起义，立沙门法长为天子，攻下北平郡，占领白狼城。考古文化发现，三燕时期的文物中，有许多佛教题材的器物。如北票喇嘛洞墓地出土的铜鎏金鞍桥包片上錾刻有内饰龙、凤的六方连续纹，下缘饰连续忍冬纹。另外，有镂孔圆形饰件、銮铃、箭箙饰件等，分别有忍冬、莲花、六方连续纹饰。又如朝阳袁台子壁画墓出土的鎏金镂孔圆形铜饰和铜銮铃，都饰有莲瓣纹①；北票市西官营子发现的北燕冯素弗墓出土的一件金珰，中间是一尊佛像，后有火焰纹背光，左右一立侍，金珰的周边刻连续的忍冬纹，正面缀满圆形小金片②，是目前东北地区发现的年代最早的佛像资料。从朝阳袁台子前燕壁画墓的墓主人像及形制特点可以看出，辽西地区的佛教文化深受两晋时期佛教思想和佛教绘画的影响。

北魏时期，营州佛教在北燕基础上继续得到发展。北魏营州佛教文化的典型特质，以朝阳北塔思燕佛图基址和义县万佛堂石窟寺为代表。其中，思燕佛图，为北魏文成文明皇后冯氏所立。文成文明皇后冯氏系北燕王冯弘子冯朗之女，崇信佛教甚笃；临朝听政时，广建佛寺，于 480 年前后，为了祭祀先祖，宣弘佛法，“立思燕佛图于龙城，皆刊石立碑”。考古文化发现，这是一座规模宏大的方形结构楼阁式堂塔。万佛堂石窟，位于辽宁义县西北

① 辽宁省博物馆文物队，等．朝阳袁台子东晋壁画墓［J］．文物，1984（6）．

② 黎瑶渤．辽宁北票县西官营子北燕冯素弗墓［J］．文物，1973（3）．

的大凌河北岸的悬崖上，分东、西二区，共16窟。据两区的摩崖题记记载，西区建于499年，是营州刺史元景为孝文帝及自身并家属禳灾祈福而建，东区建于502年，是慰喻契丹使韩贞等人为修德祈福而建①。北魏辽西地区佛教文化在中国佛教史上占有重要位置。

隋唐时期，结束了南北朝分裂局面后，隋唐王朝政治、经济、文化获得空前发展并进入鼎盛时期，佛教文化获得发展。隋文帝笃崇佛教，修塔立寺，造像写经，使隋朝佛教快速发展。如隋文帝曾3次派高僧分送舍利于全国各州，诏令建塔安葬。这是中国佛教史上的一件大事。辽西营州是奉诏建塔的五十三州之一。释宝安法师“奉敕置塔于营州梵幢寺，即黄龙城。”梵幢寺塔是利用了思燕佛图旧基而建。唐代在隋梵幢寺塔基础上又建砖塔，即今朝阳北塔。唐代营州佛教盛行，信徒甚众。

推动佛教在辽西地区传播的还有高僧，如释僧诠、昙无竭、昙顺、昙无成、昙弘、释慧豫、释法度等人，他们或译经文，或负笈云游，传播佛教，为辽西地区宗教文化的发展做出了贡献。

（三）工艺技术文化

游牧于北方的乌桓、鲜卑部族早在汉代就掌握了弓矢鞍勒、锻金铁为兵器、刺韦作文绣等技术，迁徙到辽西后，工艺技术更加成熟。

马具和甲骑具装制作的鎏金、贴金、錾刻、镂空、铆接技术比较成熟。如考古文化发现，较早时期的马镫为单镫，且都置于马的左侧，说明是专为上下马而设，在使用过程中，又发展为双镫。组合完整的三燕文化马具由三部分构成，即控制马头的部分包括衔、镳、带扣、缰绳，骑乘部分包括鞍、镫，装饰和固定部分包括前后鞦带銮铃、杏叶、寄生、摇叶、带扣、节约等。保存

---

① 阎文儒. 义县万佛堂石窟调查及研究［J］. 文物参考资料，1951，2（9）.

下来的衔、镳、銮铃、杏叶都是金属材质，除马衔是铁质的外，其他多是铜鎏金的，马镳例外。马鞍都是木质的，外表髹漆，有的还在外面加一铜鎏金包片，甚至雕镂出各种精美的纹样。双马镫的使用，表明马具发展到成熟阶段。三燕文化最早的双马镫在喇嘛洞西区有考古发现。甲骑具装是最能表明冷兵器时代军事技术的典型装备。前燕时期的甲骑具装在冯素弗墓上和朝阳砖厂88M1都有出土器物，喇嘛洞三燕文化出土也有甲骑具装。马镫和甲骑具装的应用，表明慕容鲜卑时期的军队已经掌握了比较先进的骑乘设备技术。

魏晋南北朝时期，由于铜矿开采量小，铜制器皿的发展受到影响，但三燕地区的青铜器制造业并未停滞不前。从考古文化发现北燕冯素弗墓和北票喇嘛洞墓地出土的器物看，三燕时期，营州地区青铜器和铁器制作技术得到广泛应用。金器制作如镶嵌、锤揲、金珠焊接等工艺技术也达到较为成熟水平。

自前燕时起，江南的桑种传入辽西地区，种桑、养蚕、织布业获得发展。文献记载，三燕时期，对于臣下的赏赐已经大量使用布匹。另外，考古文化发现，前燕时期慕容鲜卑墓中，死者有穿丝织类衣裤的存在，说明鲜卑人已经习惯穿着丝织类衣物。可见，当时桑麻丝织布帛的生产能力和丝织品制造技术水平不低。

三燕时期，陶器文化在学习借鉴中原制陶技术、吸收来自朝鲜半岛青瓷制作技术中，有所创新和发展。考古文化发现。三燕文化遗址中，出土的釉陶器，多为小壶、平底碗、罐等，这些釉陶融合了本土陶器和中原晋代陶器两种风格，并有可能吸取了间接来自朝鲜半岛的东晋青瓷因素。朝阳袁台子壁画墓中出土的灰陶碗、壶等与釉陶器相同，均在底部有支钉痕，和中原魏晋时期流行的小罐不同，应是辽西地区当地烧制的陶器。在冯素弗墓中出土的一件黄绿色釉浅盘口细颈球腹罐，颇有特色，在中原和南方少见，可能是中原文化与辽西三燕文化结合的产物。

隋唐时期，营州地区居住的有中原汉族和其他诸部族，商贸活动活跃，考古发现反映出当时营州的制陶、烧制砖、瓦等，都与中原文化有关系，一般重要的生活用品都来自中原地区。营州地区也有商品为主的创造，如“奚车”。据《旧唐书》记载：“奚车，契丹塞外用之，开元、天宝中渐至京城。”① 奚车是营州库莫奚人发明制造的，故称“奚车”。奚车以马、牛、骆驼挽之。沈括记载其所见契丹车：“其辎车之制如中国，后广前杀而无股，材敛易取，不能任重而利于行山。长股广轮，轮之牙其厚不能四寸，而轸之材不能五寸。其乘车驾之以驼”。据《图经》记载，“奚人善伐山，陆种，瘠车；契丹之车，皆资于奚，车工所聚，曰打造馆。”可见奚车不仅自用，而且传到了辽东契丹部族，连制造技术也一并输送给契丹部族了。

奚车在长安等地的广泛使用，说明辽河文化兼蓄并存与创新发展，既能吸收其他地区先进文化因素，也具有向外输送文化产品的能力。

三　建筑绘画雕塑文化

三燕文化时期，慕容鲜卑移居大棘城后，积极学习中原文化，推行汉化政策，加速了营州地区封建化进程，实现了从游牧经济转变为农业经济，由逐水草而居转变为农业定居，积极推行中原政体文化，开始建筑城池和宫殿寺庙及居址。这促进了辽河流域城市功能实现重要转型，由部族邦国城邑转化为国家城市，以军事防御功能为主的城市文化，转向了政治、经济、文化等多功能综合的城市文化，由此带来了建筑文化的发展。三燕城市文化的发展，带来了教育及文字书法、绘画等艺术的发展。

（一）建筑文化

慕容鲜卑是三燕政权的开创者和建设者。考古文化发现表明，

① 刘昫，等．旧唐书・志第二五・舆服：卷一百九十九下［M］．长春：吉林人民出版社，1995：1199.

营州地区与慕容鲜卑活动有关的遗迹发现最多、最集中和最具特色。从棘城到龙城，慕容鲜卑在推动营州地区城市文化发展方面做出了历史性贡献。考古文化明确，棘城遗址在今辽宁省朝阳北票三官营子战国汉代遗址。慕容廆之子慕容皝于337年称燕王时建都城于此，后由于经济发展、人口增多，特别是慕容鲜卑对外扩张的需要，342年，慕容皝决定将都城由棘城迁往龙城。自此，龙城取代了辽东襄平自战国晚期设郡以来在辽东边郡地区的政治、经济、文化中心地位，历数百年而不衰。三燕时期至隋唐，辽西地区城市建筑文化形态，可以从存在的朝阳北塔及北朝隋唐时期墓葬中略见一斑。龙城是慕容鲜卑政权建立的第二座都城，342年春，慕容皝派阳裕、唐柱于柳城之北、龙山之西筑龙城，大规模构筑宫室。据《资治通鉴》记载："春正月，燕王皝使唐国内史阳裕等筑城于柳城之北，龙山之西，立宗庙、宫阙，命曰龙城。"第二年迁都龙城。文献和考古发掘成果证明，今朝阳市老城区即龙城遗址。龙城东临大凌河，南北轴线呈南偏西30度，整体北宽南窄，城墙夯筑，宫城位于西北角。考古已经探明确定外城的西北角、东北角、北门、东门，宫城的南门，西门、南门大体位置也可确定，外城北侧东西宽为840米，南北长1400多米。龙城宫城南门设有3个门道，历经前燕、后燕、北魏、隋唐，长期使用。据《晋书》记载，慕容熙时，曾为其宠爱的苻氏姐妹在龙城北部（今朝阳市城北木营子一带）筑有龙腾苑，"大筑龙腾苑，广袤十余里，役徒二万人，起景云山于苑内，基广五百步，峰高十七丈。又起逍遥宫、甘露殿，连房数百，观阁相交，凿天河渠，引水入宫，又为其昭仪苻氏凿曲光海、清凉池，季夏盛夏，士卒不得休息，渴死者大半"①。考古文化发现，位于北票市大板镇金岭寺村西北的大凌河右岸的金岭寺魏晋建筑群遗址，东面的一组建筑布

① 房玄龄，等. 晋书·载记第二四·慕容熙：卷一百二十四［M］. 长春：吉林人民出版社，1995：1883.

局完整，由5个院落组成，各院落南墙中部均设有一门，中部偏北都有一较大的正文形夯土台，边长约6米，存高为0.5米，四角均有一个长宽为0.7米的方形夯土磉墩，原应是亭式建筑。在夯土台四周和院门的南北两侧均见有瓦砾、烧土和炭灰堆积。西面的一组建筑残存两座院落，余皆被大凌河水冲毁，东侧建筑由两个院落组成。以上，对当时城市建筑文化发展形态可见一斑。

魏晋三燕时期的建筑文化形态还体现在墓葬形制具有多样性上。魏晋三燕时期墓葬形制的多样性，主要有梯形土坑竖穴木棺墓、矩形土坑竖穴木椁墓、砖室墓、石板搭盖石室墓、石块垒砌石椁墓、石板搭盖石椁墓、石块垒砌石室墓、石块垒砌券顶石室墓。其中，石板搭盖石室墓属辽东的墓葬形制，应是随着辽东大姓被迁到棘城，才开始在辽西地区流行的墓葬形制。这类墓仿地上建筑，用大石板搭盖而成，有耳室、壁龛、墓门、墓道。墓壁用大石板立支，壁上顺置长石条，石条上搭横梁，梁下中间立石柱，既支撑横梁，又起分隔空间的作用，梁上再顺置石板封顶，有的绘有壁画。

墓葬壁画中所见的建筑，如朝阳袁台子壁画墓中“墓主人图”，反映了当时居室内的环境，室内帷幕高悬，帷帐挽结，下垂朱带，左右有屏障，墓主人坐于帐下的方榻之上，砖墙院落内，有过墙的高树，院内停放车马；又如北燕冯素弗墓石椁的西壁上，绘有人物、建筑，瓦、檐，清晰可见，上有淡墨色的纵行短线表示瓦栊，可以看出有两层檐，下层左端可见檐角，檐缘以红色的线、点表示望板与椽头。两层檐下均有栱。下层角檐的斜脊之上有一动物，可看出一个类似兽爪的足，左面似有敛垂的翼，蹲在脊上，面向外，檐下左右两端各立两个侍女，两个侍女之间，可见4只黑狗腾跃于门柱之前，檐下亦见4只长尾的黑马。

隋唐时期，辽西地区的建筑文化主要体现在墓葬和塔两种形态上。考古文化发现，隋唐时期的墓葬仅在朝阳有发现，以砖室墓为主，也有土坑墓和砖石混筑墓。墓室多以细绳纹砖砌成，以单室墓居多，最多有5室。单室墓有方形、弧方形、圆形、椭圆形、梯形、方舟、刀形等。土坑墓皆属长方形。其中，砖筑圆形墓是营州地区的特点，如朝阳市黄河路唐墓，由墓道、墓门、甬道、墓室、渗水槽几部分组成。朝阳北塔是唐代在北魏思燕佛图旧址上建造的佛塔。这座砖筑方形15级密檐空筒式佛塔，由夯土台基、砖台座、须弥座、塔身、塔檐、刹顶组成。

（二）绘画文化

三燕时代的绘画主要是宫殿建筑绘画、墓室壁画及装饰绘画等。考古文化发现，三燕时代的壁画墓都分布在辽西古代营州附近，如朝阳袁台子壁画墓、北票西官营子北燕冯素弗及妻属墓①、朝阳大平房村1号墓②、朝阳北庙村1号墓。③ 其中，朝阳袁台子壁画墓为前燕文化遗存，墓室以绿砂石板、石条构筑，由墓道、墓门、主室、耳室组成，在墓壁的白灰壁面上，用红、黄、赭、黑等颜色绘制壁画，壁画内容有执矛的门吏，端杯执麈尾坐于帐下的墓主，侍女，奉食人物，白虎、朱雀、玄武、青龙四神兽，庭院，屠宰，膳食，牛耕，墓主夫妇宴饮，狩猎，牛车出行，流云日月及墨书题记等，妇女拘高髻，贯朱笄，发式高贵华丽，狩猎的武士头戴黪帻，弯弓追射群鹿。整幅壁画内容广泛，场面生动，形象鲜明。北票西官营子北燕冯素弗及妻属墓为同冢异穴，椁室四壁及顶部抹石灰，灰白壁面上绘制壁画，色彩有朱红、橙色、绿、黑等。主墓即冯素弗墓壁画大部脱落，四壁的画面只残存一只黑狗的形象和一个男子的头像。在椁顶9块盖石上绘有星象，其中有金乌、玉兔、星、云、鸟形回纹构成的银河。其妻属墓葬，椁室四壁和顶部残存有彩画，绘有楼宇、侍女、黑狗、长

---

① 黎瑶渤．辽宁北票县西官营子北燕冯素弗墓［J］．文物，1973（3）．

② 朝阳博物馆．辽宁朝阳发现北燕、北魏墓［J］．考古，1995（10）．

③ 朝阳博物馆．辽宁朝阳发现北燕、北魏墓［J］．考古，1995（10）．

尾黑鸟、出行、墓主人家居图等。朝阳大平房村1号墓椁室壁面及室顶用朱红与黑两色绘壁画，其北壁有墓主像，东壁绘侍女、庖厨和牛，耳室绘画破损不清。

考古文化发现，古代营州地区遗存的三燕壁画具有多种文化因素影响融合的特征。

（三）雕塑文化

古代营州地区的文字书法、雕刻、雕塑技术也达到较高的水平。

考古发现，魏晋时期，三燕文字书法主要体现为印章、陶瓦文、铜器铭刻、砖石墓表、壁画题记等，且均为汉字。这一时期的辽西地区保持以汉字书法、雕刻多样性的历史文化传统，印章有“殿中都尉”铜印、“奉车都尉”银印、“范阳公章”金印等，陶瓦文有陶罐底部隶书“甫车”刻字、陶瓮上行书“太平十三年孙龙造匠潘愿”刻字等，还有北魏刘贤墓志，义县万佛堂石窟元景造像拓片等。隋唐时期，南北书法艺术渐趋融合，以汉字为主体的书法作品多见于隋唐遗存的墓志，如隋代《贾善墓志》《韩暨墓志》，唐代《蔡泽墓志》《张秀墓志》《左才墓志》《韩贞墓志》《蔡须达墓志》等。

考古文化发现，唐代辽西地区的雕塑代表是朝阳市黄河路唐墓出土的两件石俑①。这两件石俑以绿色砂石岩雕制，下部雕出方形台座，上部雕刻男女石俑像。男俑连座高为112厘米，浓眉大眼，高颧骨，头发向后梳拢，至后颈部扎结，然后两股头发梳成长辫，下垂，辫梢不扎结，身着圆领窄袖长袍，束带穿靴，左手微抬，架一鹰，将系鹰之绳缠于手指之上，右手下垂，执一铁挝。女俑连座高为102厘米，浓眉大眼，嘴角微翘，面露微笑，头发向两边梳起，在头顶两侧结成两髻，然后又在颅后结成辫发

① 姜思念．辽宁朝阳市黄河路唐墓出土靺鞨石俑考［J］．考古，2005（10）．

下垂，辫梢部扎结，身着交领（一侧翻开）窄袖长袍，腰束带，袍襟撩起系于战神内，露出长内衣，脚穿靴，双手置于胸前，左手握右手拇指作“叉手”状，在腰带右侧佩香囊和鞶囊，左侧佩一条状物，身后别一把带鞘的刀子。两俑的脸、手部均涂成粉红色，头发涂成黑色。出土时虽然已经剥蚀，但有的部位仍可见施彩的痕迹。

另外出土有骑骆驼男俑，雕塑十分精美，陶胎，外施彩绘。骆驼昂首引颈站立，注目前方，张口，双峰间置驮架，架上有驮贷，后置生丝、织物，前左侧置一水壶，右侧悬挂一兽，驮贷上骑坐一人，头发中分，于两鬓编发盘于后，高鼻深目，身着翻领袖衣，右臂曲肘握于胸前，手中有孔，持物已朽，下着肥裤，足穿尖头靴，左腿向后弯曲，右腿前伸，面、颈及胸前饰粉红彩。

以上雕塑作品，从造型到雕刻工艺，都具有较高水平。特别是骑骆驼男俑，从人物、骆驼及所带行头可以看出，是一副胡人行商者打扮，说明古代营州地区商业文化发展吸引了西域胡人前来经商。

第三节　魏晋至隋唐时期辽东地区的文化形态

以襄平为中心的辽东地区，曾因社会未受到战乱破坏、相对安稳，成为中原流民避难的目的地。中原名士如管宁、邴原、王烈等，避难辽东时，兴教办学，促进辽东教育发展，也促进地区文化发展。现代考古文化发现，古代襄平壁画内容丰富多彩，从多角度反映了魏晋时期辽东地区文化形态和类型。

一　辽东寓贤与教育文化

据《三国志》记载，东汉末年，避乱寓居辽东的文士，自齐鲁渡海而来，“诸贤皆籍于齐鲁，自登州浮海而往”。管宁、邴原、王烈等，皆当世之贤人君子。此外，还有国渊、刘政、太史慈等，亦为一时之杰。王烈、邴原、管宁当时在辽东影响很大，并称“辽东三杰”。这些文人都是当时学识、德行备受称赞的贤士。如管宁，史载“太中大夫管宁，应二仪之中和，总九德之纯懿，含章素质，冰洁渊清，玄虚淡泊，与道逍遥；娱心黄老，游志六艺，升堂入室，究其阃奥，韬古今于胸怀，包道德之机要。”邴原，少时与管宁以习武尚称，成年后，游学四方，邴原之学，与郑玄齐名，“一世异人，士之精藻”。国渊“笃学好古”。王烈“器业过人”“以义行称”。他们避居辽东，充分发挥其学识能力，从事教育活动，传播中原传统文化，宣传中原礼制文化，发展农业生产。如管宁羁旅辽东 30 年，以教书为业，“因山为庐，凿壤之室”，广收门徒，“讲诗书，陈俎豆，饰威仪，明礼让……民化其德”。邴原“在辽东，一年中往归原居者数百家，游学之士，教授之声，不绝”，讲述礼乐，吟咏诗书，门徒数百。国渊“在辽东，常讲学于山岩，士人多推慕之”。王烈“避地辽东，躬耕农器，编于四民，布衣蔬食，不改其乐”，“诲人以道，使之从善远恶”，“使辽东强不凌弱，众不暴寡，商贾之人，市不二价”。

总之，管宁、邴原等诸贤寓居辽东，从事传统文化传播活动，积极兴教办学，对辽东地区经济、文化、社会发展做出了较大贡献。

二　辽东壁画墓文化遗存

现代考古文化发现，辽阳壁画墓群是最具典型意义和代表性的辽东壁画墓。辽阳壁画墓目前已经发表介绍资料的有迎水寺墓、南林子墓、北园 1 号墓、棒台子 1 号墓、三道壕车骑墓、令支令张氏墓、上王家墓、东门里墓、南环衔墓等 20 多座壁画墓。从墓壁画的内容看，主要题材反映的是墓主人生前的生活情形，如家居宴饮、杂技百戏、车马出行、庖厨楼阁、门卒侍女、鸡犬牛马等。壁画布置形式，门卒、守门犬主要绘画在墓门入口处两侧的立柱上；墓主夫妇宴饮图多绘画在闪廊左右耳室壁，也有绘画在棺室旁的小室内壁的；车骑出行一般绘于回廊周壁，有的也绘于耳室或小室中；庖厨主要绘于后廊、后室或耳室和小室中；日月天象、各种灵瑞、流云纹、辟邪神兽，一般绘于室顶、门柱、梁枋、门楣上，也有个别绘于四壁上端的。其中墓主夫妇像、车骑出行、府邸楼阁是壁画墓表现最多的绘画题材。考古文化发现其内容、形式，虽与中原地区保持相承关系，如在门侧画门卒、属吏为中原壁画墓所常见，但在具体的绘画技巧上表现出强烈的地方色彩，如在门柱上绘门犬是辽东地区壁画墓的地方特色。

辽阳壁画墓绘画技法，非常注重壁画内容的整体布局，众多题材绘于一壁，如杂伎、宴飨、车骑等素材，既可反映独立的主题，也可联合成一幅绘画图，反映一个主题，这种可分可合的设计布局，壁画内容更加丰富，主题更加鲜明、完整。人物多侧影单像连续表现，而无群像集中之表现，通过空间位置的左右、高下距离不同，形成人物向背掩映的相互关系，保持各个体均能集中于画中主题的同一点。如北园壁画墓的宴饮图，以主人为中心展开画面，二宾相向而坐，宾主间罗列食器，主人后方左右立持壶侍者一人，面席恭立，宾位右前亦立向席持壶侍者一人，二侍者远近方位虽不同，但皆以主宾为中心进行人物构图。亭左绿树一株，作风景点缀，使画面充满生机，树下一持壶侍者欲趋堂上，较远处又有相同二人络绎而来，作遥望堂上、急趋之状。从画面侍者之形状，足见宴饮之重要。整个画面让人有身临其境的感觉，一场盛宴，侍者忙碌、主宾享乐，人物布置疏密有致，点景生动，画面结构巧妙，证明绘画技法已臻妙境。辽阳壁画墓在表现人物神情态势和个性特征方面，也达到了相当高的艺术水准，如斗鸡图等。辽阳壁画墓绘画所用矿物颜料，主要有黑色、白色、赤色、黄色、青色等。在用色技法上，有水墨写意式的大笔涂刷、先设色然后勾勒轮廓、设色而不加绘轮廓的没骨法和白描法，用墨浓淡结合，线条粗细相间，刚柔相济，色彩变化复杂，形象生动逼真，绘画的用色技巧达到相当高的程度。

三　辽东壁画表现的习俗

考古文化发现，辽阳壁画墓内容丰富，从画中的车舆、仪仗、建筑、服饰、饮食、乐舞、百戏、发型等方面，能够较好地了解当时辽东地区社会风俗文化。如车舆，从辽阳棒台子壁画墓车舆出行图、辽阳北园壁画墓车舆图、辽阳三道壕壁画墓车舆图中，可以看到金钲车、鼓车、黄钺车、帷车、黑盖车、载耷车、牛车、白盖车、主车等不同形制的车，说明当时辽东交通文化之发达；从辽阳三道壕壁画墓骑吏图、辽阳北园壁画墓骑从图中出行仪仗及麾、幢、稍、棨戟等形态，可以看出当时辽东礼制文化发展之多元形态；从辽阳附近发现的魏晋时期的大型石室墓建筑布局、辽阳三道壕1、2号壁画墓墓室图、辽阳东门里壁画墓出土的东汉陶仓、辽阳北园壁画墓的仓廪图、辽阳南雪梅村壁画墓房舍图等图中，可以看出当时辽东地区建筑文化发展之多样化类型。考古文化表明，魏晋南北朝时期，辽东地区服饰文化的多元特征比较突出，人们穿戴的有进贤冠、却非冠、却敌冠，帻包括平帻、介帻、屋帻赤帻，甲胄、袍、襦衣、裈裤、百戏衣等。辽阳壁画墓所见的墓主人饮食文化主要表现在宴饮图及庖厨图中，由此可以推断，死者生前过着宫廷式饮食生活。在庖厨图中可以看出，当时人们的食材已经相当丰富。从辽阳棒台子壁画墓乐伎图、辽阳北园壁画墓乐伎百戏图，可以看出，辽阳壁画墓中乐工使用的乐器，大致有打击乐器包括建鼓和击节，吹奏乐器包括埙、笛、竽、箫等和弹拨乐器包括琴、瑟、筝、琵琶等；百戏有跳丸、跳剑、舞轮、反弓、兽舞、倒立等形式，说明曲艺文化在当时辽东地区已经十分发达。

四　魏晋至隋唐辽东诗歌文化

自东汉末年以来至安史之乱后，唐王朝无力控制而撤出辽东，辽东痛苦地遭受了近500年的战乱。这一时期历史文化的斑斑泪迹，主要是由中原文人们创作的诗歌记载下来。他们或以辽东历史为背景，怀古咏史，或取材现实生活中的征战戍边、风情典故、神话传说，写景抒情。战争铸造了英雄，也成就了诗人。魏晋时期，有毌丘俭作《之辽东诗》；有司马懿灭公孙渊，助其孙夺位建极后，令傅玄作鼓吹曲《征辽东》；有远游化鹤归来的丁令威所吟《辽东鹤》等。从毌丘俭“忧责重山岳，谁能为我檐”的责任担当，傅玄“威灵迈日域……群逆破胆，咸震怖……朔北响应，海表景附，武功赫赫，德云布”的歌功颂德，到丁令威“城郭如旧人民非”的感慨，古代辽东在长期战乱中的悲楚着实如此令人动容。北朝时期，高句丽占据辽东，中原诗人以辽东为题材的诗作，流露出伤时怀古、咏史抒怀的调子。如南朝宋袁淑《效古诗》讲述一位辽东军人从军之苦，“……本家自辽东……十载事西戎……勤役未云已，壮年徒为空……”梦想建功立业，却在饱受战争磨难后发现一切都是徒劳的，而且战乱不止，归家无期，人生只能“悲转蓬”了。北周庾信以辽东戍为题材作《燕歌行》，通过一个长期戍守辽东的军人思念妻子的情感变化，寄托诗人乡关之思，深刻地揭露了战争的残酷。

隋唐时期，是诗人辈出的时代。中国历史上伟大的诗人，几乎都是这个时代诞生的。诗人以广泛的题材记录历史。在这个时期，以辽东各方面情势为题材的诗歌很多。回温这些诗篇，可以帮助人们深入了解隋唐时期的辽东历史。隋唐初期，隋朝二主和唐太宗都亲征辽东，边塞诗人在战争的洗礼中成长起来，诗歌内容多反映辽东战争艰难及兵士思念之苦。如王建的《辽东行》：“辽东万里辽水曲，古戍无城复无屋。黄云盖地雪作山，不惜黄金买衣服。战回各自收弓箭，正西回面家乡远。年年郡县送征人，将与辽东作丘坂。宁为草木乡中生，有身不向辽东行。”辽东戍边兵士在寒冷的雪地里作战，这是何等残酷、艰辛、冷峻的战场环境，朝廷知道吗？“年年郡县送征人，将与辽东作丘坂”，朝廷所谓的“功德”竟是以戍边将士的尸骸垒成的。所以，兵士们“宁为草木乡中生，有身不向辽东行”。战争让人们形成的恐怖情绪和厌倦心理，是何等之深。李白曾以辽东白豕为题材作诗《赠范金卿二首》讽刺官场龌龊；陶翰作《燕歌行》讲述一位辽东将军虽身经百战侥幸而还，结果封侯无望，故旧无闻，揭露官场黑暗，世态炎凉；张籍《别离曲》，以一位少妇的哭诉，控诉了战争的冷酷无情，“行人结束出门去，马蹄几时踏门路。忆昔君初纳彩时，不言身属辽阳戍。早知今日当别离，成君家计良为谁。男儿生身自有役，那得误我少年时。不如逐君征战死，谁能独老空闺里”。战争生成的灾害，令人生不如死、痛不欲生。沈佺期的《古意》：“卢家少妇郁金堂，海燕双栖玳瑁梁。九月寒砧催木叶，十年征戍忆辽阳。白狼河北音书断，丹凤城南秋夜长。谁谓含愁独不见，更教明月照流黄。”长孙佐辅的《答边信》：“征人去年戍辽水，夜得边书字盈纸。挥刀就烛裁红绮，结作同心答千里。君寄边书书莫绝，妾答同心心自结。同心再解心不离，书字频看字愁灭。结成一夜和泪封，贮书只在怀袖中。莫如书字故难久，愿学同心长可同。”这两首诗，都是与戍守辽东有关的题材，通过闺怨的凄楚惆怅反映辽东战事的连绵不绝和给人间带来的忧伤与哀愁。岑参《裴将军宅芦管歌》更是直接揭露战场的黑暗腐化。一边是戍边兵士有家难归，一边是裴将军帐下宴请宾客，美人吹奏，醉生梦死。“辽东九月芦叶断，辽东小儿采芦管。可怜新管清且悲，一曲风飘海头满。海树萧索天雨霜，管声嘹亮月苍苍。白狼河北堪愁恨，玄菟城南皆断肠。辽东将军长安宅，美人芦管会宾客。弄调啾嗖胜洞箫，发声窈窕欺横笛。夜半高堂客未回，只将芦管送君悲。巧能陌上惊杨柳，复向园中误落梅。诸客听之爱未足，高卷珠帘列红烛。将军醉舞不肯休，更使美人吹一曲。”

第四节　辽东地区高句丽部族的文化形态

高句丽族在辽东地区居住大约700年。在长期的生产和生活实践中，高句丽族在保持本民族传统文化的基础上，在与其他部族交流过程中，不断吸收其他部族特别是中原民族文化的先进因素，创造了独具民族特色的文化形态和类型。

一　学校与儒学教育文化

高句丽部族特别善于学习和借鉴其他民族文化中的优秀因素，与其重视教育有关。除本民族的传统技艺外，高句丽十分注重中华文化特别是儒学纲常名教等方面的教育，积极吸纳儒家思想，仁义、孝顺之道不仅在高句丽贵族阶层广泛接受，而且作为日常行为规范，被社会广泛认同和实践。为了宣扬儒学思想，高句丽政权设有国子学、太学等教育场所，为王子及贵族子弟提供良好的学习儒学的机会。据《三国史记》记载，“二年（372）夏六月，立太学，教育子弟”，《通典·高句丽》记载，“又有国子博士、太学博士、舍人、通事、典书客，皆以小兄以上为之。”太学和国子学的建立，为高句丽贵族子弟提供了良好的学习条件和环境，而民间教育如“扃堂”（似中原私塾）等的兴办，则为提高高句丽民众的文化素养开辟了途径。据《旧唐书》记载，高句丽“俗爱书籍，至于衡门厮养之家，各于街衢造大屋，谓之扃堂，子弟未婚之前，昼夜于此诗书习射”①。《新唐书》亦云：高句丽部族“人喜学，至穷里厮家，亦相矜勉，衢侧悉构严屋，号扃堂，子弟未

① 刘昫，等. 旧唐书·列传第一四九上·东夷·高丽：卷一百九十九上［M］. 长春：吉林人民出版社，1995：3393.

婚者曹处，诵经习射"①。高句丽民众喜爱诗书学习，即使是贫苦百姓即"衡门厮养之家"，也要让子弟读书，学习汉文经典。如五经即《易经》《尚书》《诗经》《礼记》《春秋》，三史即《史记》《汉书》《东观汉记》等经史经典著作，都是高句丽民众学习的重要内容。对此，《北史》《南齐书》均有记载，高句丽"知读《五经》"，"书有五经、三史、《三国志》、《晋阳秋》"②。到了唐代，高句丽民众喜读的书籍又有增加。《旧唐书·高丽传》说："其书有《五经》及《史记》、《汉书》、范晔《后汉书》、《三国志》、孙盛《晋阳秋》、《玉篇》、《字统》、《字林》；又有《文选》，尤爱重之。"连识文解义的工具书《玉篇》《字统》《字林》，都受到爱重和普及，反映了中原传统文化对辽东的浸润深厚，也说明高句丽教育文化之发展进步。教育发展进步的另一个表现是，高句丽王公贵族派子弟到中原求学。如唐太宗贞观十四年（640 年），增筑学舍 1200 余间，各族子弟纷纷涌向长安，请入国学就读，最积极的要数高句丽。《三国史记》记载："二十三年（640 年）春二月，遣世子桓权入唐朝贡，太宗劳慰，赐赉之特厚。王遣子弟入唐，请入国学。"《新唐书·选举志》亦记载子弟入学之事："四夷若高丽、百济、新罗、高昌、吐蕃，相继遣子弟入学"。可见，高句丽部族对子弟教育的重视。

二　高句丽部族民俗与宗教文化

高句丽部族自古民风淳朴。其婚嫁文化比较独特，主要体现在婚姻比较自由，只要"男女相悦"即可结合，早期男方需要先

---

① 欧阳修，宋祁. 新唐书·列传第一四五·东夷·高丽：卷二百二十［M］. 长春：吉林人民出版社，1995：4466.

② 李延寿. 北史·列传第八二·高丽：卷九十四［M］. 长春：吉林人民出版社，1995：1707；萧子显. 南齐书·列传第三九·东夷高丽国：卷五十八［M］. 长春：吉林人民出版社，1995：545.

到女方家准备的“婿屋”居住一段时间，至“生子长大”，方能将媳妇领回自己家；娶媳妇“无财聘之礼”，否则，便将遭到世人耻笑。高句丽早期丧葬习俗文化也颇有特色，其墓葬“积石为封”。至4世纪前后，受中原传统文化及宗教佛文化影响，墓葬始现封土墓。高句丽部族饮食服饰文化也尽显特色，“俗好节食”，帽插鸟羽，服色以白为主。

（一）服饰与饮食文化

高句丽部族的服饰文化多有特点。男子头上戴冠，因地位不同而冠的形制也有明显区别，颜色和材质均有差等。据《三国志》《后汉书》记载，高句丽大加和主簿头上戴帻，即形制似中原地区的冠帻、无脑后遮帘、上有一梁，小加戴折风，形制似中原的弁、两旁插鸟羽。高句丽王之冠形制，用白罗制作，上面配有黄金饰品；其贵族、大臣之冠，名“苏骨”，其形制多用紫色或青色的罗制作，冠上装饰金银物件，次一等的人则戴绛色冠。也有用猎物兽皮制作冠的。《新唐书》说，高句丽部族“女子首巾帼”，即女子头上包裹头巾。高句丽部族服饰文化尚粗布衣物和白色。男人身穿筒袖衫，大口裤，腰系白色皮带，脚穿黄色皮靴，衣服颜色以白色为主，“上白衣衫，下白长裤”；女人的衣服亦多为白色，主要的衣着是短袄和裙，袖口、衣襟、裙摆等加边饰，称“边禩”。据《魏书》及《高丽记》记载，高句丽部族民众衣物制作原料除布帛、纺织品外，还有狩猎所得皮革。

魏晋南北朝隋唐时期，辽东高句丽部族处于农业和渔猎经济文化形态。《三国志·高句丽传》说，由于居住的地方“多大山深谷，无原泽”，少有良田，农业发展受到环境的制约，“虽力佃作，不足以实口腹”，因此，“其俗节食”。食材的来源直接影响饮食习惯。据史料记载和考古文化发现，粟（俗称谷子）是主要粮食作物，渔猎的水产品和动物是食材的另一个来源。据《册府元龟》记载，唐太宗收复辽东时，城中父老、僧尼等人向唐太宗献“夷酪、昆布、米饼、芜荑豉等”，这些当是高句丽部族独具特色的饮食上品。高句丽部族酒文化别有特色，善酿制和贮藏美酒，也特别喜欢饮酒。如《三国志·高句丽传》记载，高句丽民众“善藏酿”，即善于酿制贮藏美酒。《后汉书》记载：“东夷率皆土著，喜饮酒歌舞。”酒，对于高句丽而言，不仅是饮品，而且是一种交际手段。如《三国史记》记载，高句丽大武神王十一年（28年）七月，辽东太守八伐高句丽，兵围丸都城，数月不解。左辅乙豆智献计曰：“汉人谓我岩石之地无水泉，是以长围，以待吾人之困。宜取池中鲤鱼，包以水草，兼旨酒若干，至犒汉军。”此计果然奏效，汉军饮旨酒即撤军，能以池中鲤鱼包以水草，兼旨酒（美酒）若干，就能解除敌军围城之困，真是传奇故事。又如《太平御览》记载，“传云：昔高骊国女来，东海神乘舡致酒礼聘之，女不肯，海神拨舡覆，酒流入曲河，故曲阿美酒也”。《隋书·高句丽》亦记载，“有婚嫁者，取男女相悦，然即为之，男家送猪酒而已，无财聘之礼”。这两则记载，说明高句丽部族喜饮酒的民俗文化影响广泛。

（二）婚姻与丧葬习俗

高句丽部族婚嫁习俗文化独具民族特色。据《三国志·高句丽传》记载，高句丽“其俗作婚姻，言语已定，女家作小屋于大屋后，名婿屋，婿暮至女家户外，自名跪拜，乞得就女宿，如是再三，女父母乃听使就小屋中宿，傍顿钱帛，至生子已长大，乃将妇归家。”如此简朴的婚姻形式，真是令人叫绝。男女相悦，口头约定，女方家庭即在房屋后筑婿屋，晚上男子便来跪拜求婚，父母同意后，两即可就宿，父母还准备一些钱和布料，以满足小两口生活之需。婚后生子长大后，男子才将心爱的女人领回家去。高句丽部族后期社会，虽说婚俗有一些变化，但纯朴之风未变。据《北史·高丽传》记载：高句丽部族“有婚嫁，取男女相悦即为之。男家送猪酒而已，无财聘之礼；或有受财者，人共耻之，以为卖婢。”可见，早期高句丽部族的婚姻比较自由，只要“男女相悦”即可以结合在一起，新婚的男子不必去女家婿屋生活，而是新娘子到男家落户。聘娶无须送彩礼，女子家若是收彩礼，会遭人们耻笑，觉得这是卖婢女，不是嫁女儿。高句丽民间虽然以一夫一妻制为主要婚姻形态，但同时存在一种近似“走婚”的原始婚姻形式，《北史·高丽传》记载，高句丽民间“风俗尚淫，不以为愧，俗多游女，夫无常人，夜则男女群聚为戏，无有贵贱之节。”高句丽部族王公贵族，男人一般是多妻制。据《三国史记·高句丽本纪》记载，高句丽第二代王琉璃明王，曾经娶多勿侯松让之女为妃，松妃死后，又娶了两个继妃。此后，大武神王也有元妃和次妃，山上王、东川王、中川王，都有后和小后。

高句丽部族早期丧葬习俗“积石为封”很有特色。考古文化发现，辽东地区高句丽积石冢主要分布在浑河流域。目前，发现规模较大的冢群有桓仁高句丽部族墓群、雅河墓群等。其中高句丽部族墓群计有墓葬 250 座，其分布由岗顶向北部平地延伸，长达 1000 多米。岗顶为串连积石冢，分布规律比较明显，岗上最高处为一座，向下连筑两座大墓，依次向下，接连筑了 30 多座墓葬，大体呈四行纵列顺山坡下延，中间两列长达 80 米，冢冢相连。高句丽部族墓群中的墓葬分为大、中、小不同形制，表明墓主人生前地位差别，说明高句丽部族墓葬习俗等级制度很严格。高句丽积石冢内部结构分为石圹和石室两种类型。石圹是简单构筑有墓穴，石室则为构筑完整的墓穴。基于高句丽部族的原始宗教信仰，早期流行火葬。大约在 4 世纪，高句丽部族墓制葬俗文化受到中原传统文化和佛教文化的影响，封土石室墓开始流行，积石冢逐渐消失。封土冢是在墓葬时封土堆，墓室不尽相同，考古文化发现有铲形、刀形和长方形 3 种形制。铲形墓的墓道建于墓室外的中间，刀形墓墓道建于墓室外一侧，长方形墓墓道几乎和墓室同宽。墓顶形制多样，有平顶、叠涩顶、抹角叠涩顶、四阿顶、穹隆顶等多种形态。高句丽墓葬在地表起筑，墓圹或墓室位于积石堆或封土堆内，不深入地下。关于高句丽部族的葬俗，

《北史》说："死者，殡在屋内，经三年，择吉日而葬。居父母及夫丧，服皆三年，兄弟三月。初终哭泣，葬则鼓舞作乐以送之。埋讫，且取死者生时服玩车马置墓侧，会葬者争取而去。"①

（三）原始宗教与神庙文化

高句丽部族一直保持着太阳崇拜这一原始宗教形式，故有尚东习俗。因此，高句丽部族祭典多在东方举行。《梁书》说，高句丽"于房屋之左立大屋，祭鬼神，又祀灵星、社稷"②。古代筑房屋，朝向南，左即东方。高句丽部族有尚白的习俗，与其崇拜太阳有关。据《三国志》记载，高句丽部族每年10月举行祭天东盟大会，实则祭日。"以十月祭天，国中大会，名曰东盟。其公会，衣服皆锦绣金银以自饰。"③

高句丽部族有祭祀神庙宗教文化传统。据《北史》记载，高句丽"有神庙二所：一曰夫馀神，刻木作妇人像；一曰高登神，云是其始祖，夫馀之子。并置官司，遣人守护。盖河伯女、朱蒙云"④。这是高句丽王朝奉祀的地位最高的神庙，神庙内供奉的是高句丽始祖朱蒙的母亲即河伯之女柳花和始祖朱蒙。

（四）佛教与道教文化

史料记载，佛教传入辽东高句丽至晚大约在十六国后赵。《北史·高丽传》说，高句丽"信佛法，敬鬼神"，说明了高句丽部族中后期宗教文化形态和类型的变化。考古文化发现，高句丽部族

---

① 李延寿. 北史·列传第八十二·高丽：卷九十四［M］. 长春：吉林人民出版社，1995：1708.

② 姚思廉. 梁书·列传第四八·诸夷·高句骊：卷五十四［M］. 长春：吉林人民出版社，1995：475.

③ 陈寿. 三国志·高句丽传：卷三十，魏书三十［M］. 长春：吉林人民出版社，1995：617.

④ 李延寿. 北史·列传第八十二·高丽：卷九十四［M］. 长春：吉林人民出版社，1995：1708.

壁画墓中常见有莲花图案，可确定与佛教有关。佛教认为，欲往西方极乐世界，必由莲花化生，莲花是佛教文化的特质。在墓葬壁画中绘有莲花图案，象征意义重大。高句丽壁画墓墓主人是冬寿，此人曾是前燕慕容皝司马，336 年逃往高句丽，客居高句丽部族 20 余年，于 357 年去世，其墓壁画以人物为主，散见莲花、莲座、舒叶等极具佛教特质的绘画素材，说明佛教装饰与建筑艺术在高句丽已经广为流传，并且影响到上层社会。另外，在桓仁将军墓中，考古文化发现，墓壁绘有莲花等图案，四壁莲花盛开，佛光四溢，置身墓室之中，仿佛进入莲花世界。据《三国史记》记载，公元 392 年，高句丽国王"下诏崇信佛法求福"，次年，广开土王"创九寺于平壤"。可见佛教在高句丽之影响已经相当大了。

高句丽部族亦信奉道教。唐朝初年，高句丽曾两次遣使入唐学道。624 年，唐朝官方正式派员往高句丽讲道。《旧唐书》记载，"武德七年（624 年），遣前刑部尚书沈叔安往册建武为上柱国、辽东郡王、高丽王，仍将天尊像及道士往彼，为之讲《老子》，其王及道俗等观听者数千人"①。《新唐书》亦载此事："命道士以像法往，为讲《老子》，建武大悦，率国人共听之，日数千人。"② 次年，高句丽派遣人员入唐学习道、佛法。643 年，高句丽再次遣使入唐求道。是年，唐太宗遣道士叔达等 8 人，赐老子《道德经》，入高句丽，分占名山大川，广兴道法，大展道术，致道教在高句丽迅速发展。

高句丽部族先信奉佛教，后崇信道教。国家崇道，佛教遇冷，佛教地位受到威胁，不扬即看成抑，其历史背景与中原政体文化

① 刘昫，等．旧唐书・列传第一四九上・东夷・高丽：卷一百九十九上［M］．长春：吉林人民出版社，1995：3393.

② 欧阳修，宋祁．新唐书・列传第一四五・东夷・高丽：卷二百二十［M］．长春：吉林人民出版社，1995：4466.

影响有关。唐高祖初得天下，为了拔高李氏门第，遂与道教始祖李聃（老子）攀上了宗亲关系。620年，唐高祖李渊派人在羊角山筑老子庙并致祭，624年，唐高祖李渊又亲自前往终南山，拜谒老子庙。是年，遣沈叔安前往高句丽宣讲《老子》。高句丽部族上自王公贵族，下至百姓，听众每日高达数千人，盛况空前。因有政治强力推动，所以，道教地位急剧升高。

三　高句丽部族建筑与绘画文化

高句丽部族所处之地“多大山深谷”，且辽东边郡战事不断，考虑地理环境因素和军事防御的需要，故高句丽世代相延，构筑山城。山城是高句丽建筑文化的主要形态。由于北方气候原因，山城内房屋建筑大都为半地下式，少量为地面建筑。房屋内设折尺形火炕，用于采暖。

（一）山城与房屋文化

考古文化发现，辽河以东地区分布着50余座高句丽时代的山城①。出于军事防御的需要，这些山城大多构筑于古代交通要冲之地，充分利用山势，城墙大多沿山脊行走，形制和类型十分独特。山城分布有形制差别，类型有墙体土石不同，时代有早晚之分。形制上分为：山巅式，如辽宁省本溪市桓仁满族自治县五女山山城、辽宁省丹东市宽甸满族自治县小城子山城、辽宁省本溪市平顶山山城等，这类山城主要部分占据山顶；包谷式，如辽宁省本溪市桓仁满族自治县高俭地山城、沈阳市石台子山城、辽宁省鞍山市岫岩满族自治县马圈山山城等，这类山城城墙构筑于山脊上，山脊环绕，城内怀抱一片倾斜的山坡，局部平坦；阻断式，如凤城市凤凰山山城、集安市关马山城等，这类山城多以自然山脊为壁，仅在山脊断缺的地方砌筑城墙；双城式，这类山城由两

---

① 王绵厚. 高句丽古城研究［M］. 北京：文物出版社，2002.

城共同构成山城，有的在分布上并列，如柳河罗通山城，有的则分内外两城如辽宁省抚顺市新宾满族自治县太子城、辽宁省鞍山市岫岩满族自治县娘娘城山城等。类型上，早期山城多为石筑，城墙内外壁面石料采用加工规整的楔形石块，分层叠筑，表面相对规整。中晚期出现了土筑山城，城墙系夯土筑造，坚实耐久。土筑山城的典型代表是抚顺高尔山城、沈阳塔山山城、本溪边牛山城等。

高句丽山城，主门大多设置在山谷最低处山水流出的地方，在主门旁侧或下面修筑有泄水的排水渠或地下暗渠，门址两侧外壁一般设有马面，门内附近构筑瞭望台，以加强主门防御能力，有的在城墙其他地方开设便门，以备不时之需。

高句丽早期山城发现的水源多为山上的自然水池。到了晚期，水源则人工修筑。山城因军事防御的需要，城墙外壁一般修筑得陡峭而高峻，石筑城墙外侧，筑有女墙，沿女墙根基，每隔 2 米左右，筑有一个方形石洞，增强城墙防御能力。山城内设有瞭望台，观察和监视敌情，战时可以作为指挥台使用。

高句丽部族占据辽东后，利用汉晋遗留下来的郡县作为平地城居住。如将汉晋时期的襄平更名为辽东城作为平地城使用、将汉代玄菟郡治所新宾永陵南汉城作为平地城使用，等等。

据《三国志》和《魏书》记载，高句丽王“好治宫室”。考古文化发现，桓仁满族自治县五女山山城发现有大型建筑址，其中 2 号大型建筑址为半地穴式建筑，平面呈长方形，西、南、北三面以楔形石砌筑，东面凿坎为壁。石墙分内外两重，其间有沟相隔。地面较为平坦的大片基石，长为 24.5 米、宽为 16 米，可见建筑宏伟，应与早期“好治宫室”有关。

高句丽部族一般民众居住的房屋形制比较简陋。考古文化发现，五女山山城发掘出来的贫民居屋遗址有 30 多座，多半为半地穴式建筑，平面多呈长方形，屋内一般设有折尺形火炕或火墙，火灶在屋内，烟囱在屋外。挖出的泥土堆放在土坑四周，形成低矮的土垣。考古文化发现，高句丽“辽东城冢”壁画，绘制有辽东城郭图，内外城中，绘有5座房屋建筑形制，城内有2座大型高层建筑，应是官署，为庑殿式瓦顶，直角挑檐，屋脊两端装饰鸱尾。另外3座位于城外，规模较小，也是庑殿式瓦顶，但屋脊上不见鸱尾，从中可以看出高句丽房屋建筑文化的一些风格。

（二）文字与绘画文化

早期高句丽部族没有文字，受汉文化影响，官方与民间都使用汉字。考古文化发现，高句丽人很注重笔墨风韵。常见带有文字遗存的物件有砖瓦等，如卷云纹文字瓦当、砖铭、壁画墓榜题等，还有墓志铭和碑刻，如冬寿墓、德兴里壁画墓、冉牟墓、好太王碑等。据《旧唐书·欧阳询传》记载，欧阳询的书法在高句丽地区特别受欢迎，唐高祖时，高句丽常遣使到长安讨要欧阳询的书法作品，“高丽甚重其书，尝遣使求之”①，致唐高祖李渊感叹不已，“不意询之书名，远播夷狄彼观其迹，固谓其形魁梧耶！”②。可见唐代高句丽的书法主要推崇欧阳询体。

现今保存的绘画作品均为墓葬中的壁画。考古文化证明，目前发现的高句丽壁画墓有100多座，其中吉林省通化市集安地区发现32座，辽宁省地区发现2座；内容丰富，早期多以现实生活为题材，如家居、宴饮、出行、狩猎等题材入画较多，如集安角抵墓、舞俑墓，抚顺施家墓地1号墓等文化艺术是具有浓郁的现实主义风格；稍晚出现的多是装饰纹，最多的是莲花。此外，也有王字云纹、环纹、六方连续纹等，如集安莲花墓、长川2号墓、桓仁米仓沟将军墓等，仿自现实生活中王公贵族使用的织锦上图案，绘画十分精美；晚期壁画则以四神图像为主，渲染的是一种

① 刘昫，等. 旧唐书·列传第一百三十九上·儒学上·欧阳询：卷一百八十九上［M］. 长春：吉林人民出版社，1995：3156.

② 刘昫，等. 旧唐书·列传第一百三十九上·儒学上·欧阳询：卷一百八十九上［M］. 长春：吉林人民出版社，1995：3156.

神秘氛围，如集安四神墓、五盔坟4号墓、5号墓，朝鲜江西大墓等，以青龙、白虎、朱雀、玄武四神兽为题材，增加了绘画的神秘感①。

高句丽壁画墓所遗存的壁画，是高句丽绘画艺术的代表，绘画风格既吸纳中原文化先进因素，又有自创性，将装饰图案作为壁画的主题，反映出高句丽绘画艺术文化的创新，这一文化形态独具民族特色。

四　高句丽部族音乐与诗歌文化

据史料介绍，高句丽部族民众自古就能歌善舞。考古文化发现，高句丽壁画墓遗存有很多关于高句丽舞蹈的内容。高句丽深受中原汉文化的浸润，能够使用汉字创作诗歌；在与其他民族交流中，通过学习与借鉴，创造了属于自己的音乐和舞蹈。

（一）音乐与舞蹈文化

高句丽部族是一个能歌善舞的民族，创造了“高句丽乐”“高丽舞”，被称为“鼓吹伎人”，史料记载十分丰富。如《三国志》记载，高句丽“其民喜歌舞，国中邑落，暮夜男女群聚，相就歌戏”②。《北史》记载，高句丽“好歌舞”，“乐有五弦、琴、筝、筚篥、横吹、箫、鼓之属，吹芦以和曲”③。《隋书》记载，高句丽歌曲有《芝栖》，舞曲有《歌芝栖》，由弹筝、卧箜篌、竖箜篌、琵琶、五弦、笛、笙、箫、小筚篥、桃皮筚篥、腰鼓、担鼓、贝

① 魏存成. 高句丽遗迹［M］. 北京：文物出版社，2002.

② 陈寿. 三国志·高句丽传：卷三十［M］. 长春：吉林人民出版社，1995：617.

③ 李延寿. 北史·列传第八二·高丽：卷九十四［M］. 长春：吉林人民出版社，1995：1707.

等十几种乐器伴奏，组成一部歌舞，共需 28 人表演①。《旧唐书》记载，高句丽乐舞，艺人头戴紫罗帽，帽上插鸟羽，身穿黄色大袖衣服和大品裤，脚穿红色皮靴，腰系五色绳。其中，有 4 位舞者，头后挽着椎髻，前额涂抹大红脂粉，并饰有金珰；另有 2 位舞者身穿黄色短衣和裙子、红色泛黄的裤子，脚穿黑色皮靴，衣袖极长，2 人“并立而舞”。《新唐书》记载，高句丽乐器为弹筝、掐筝、凤首箜篌、卧箜篌、竖箜篌、琵琶、五弦、笙、葫芦笙、箫、小筚篥、桃皮筚篥、腰鼓、齐鼓、担鼓、贝、大筚篥等。②

考古文化证明，目前发现的高句丽墓壁画中，有许多高句丽乐舞及乐器的图像，其中乐器也在不断演进。如壁画中，4 世纪的乐器主要有琴、阮咸、角埙等，5 世纪则出现了竖琴、长笛、排箫、大角、小角、双口角、横笛、腰鼓、担鼓、齐鼓、建鼓、铙、铁板、磬等 20 余种，说明高句丽音乐舞文化在不断发展和进步。高句丽墓壁画中，发现有长袖舞的图像，这是高句丽舞蹈中最具民族特色的舞蹈，舞者双臂舒展，广袖长垂，一般两人一组，三组一队，运作协调，舞姿婀娜，曾赢得诗仙李白诗赞：“金花折风帽，白马小迟回，翩翩舞广袖，似鸟海东来。”长袖舞一直是高句丽民族舞蹈的运作符号。

（二）诗歌文化

史称高句丽是能歌善舞的民族，按理说，诗歌创作及作品应该很丰富。可是，回顾历史，高句丽诗歌仅存 4 首；从公元前 37 年朱蒙占据辽东，到 667 年唐王朝收复辽东，历经 700 余年，一个被称为能歌善舞的民族，竟然只有 4 首诗歌保存下来，不能不说是大的遗憾。兹将 4 首诗歌录下：其一：翩翩黄鸟，雌雄相依。

---

① 魏徵，等. 隋书·列传第四九·东夷·高丽：卷八十一［M］. 长春：吉林人民出版社，1995：1195.

② 欧阳修，宋祁. 新唐书·列传第一百四十五·东夷·高丽：卷二百二十［M］. 长春：吉林人民出版社，1995：4466.

念我之独，谁其与归。作者是高句丽琉璃明王类利。其二：三丫五叶，北阳向阴。欲来求我，椴树相寻。作者不详。其三：迥石直升空，平湖四望通。岩隈恒洒浪，树杪镇摇风。偃流还渍影，侵霞更上红。独拔群峰外，孤秀白云中。作者是高句丽僧人定法。其四：神策究天文，妙算穷地理。战胜功既高，知足愿云止。作者是高句丽大将乙支文德。

高句丽史存诗歌的数量少，但从传世的这 4 首诗歌中不难发现，高句丽诗歌题材很广泛，关涉爱情、植物、灵石、战争等，创作者有君王、诗人、僧人、将军。其时高句丽文化形态的多元性，可见一斑。

“翩翩黄鸟，雌雄相依。念我之独，谁其与归。”这是当时高句丽琉璃明王类利创作的。类利是高句丽部族始祖朱蒙的儿子，朱蒙去世后继承王位，史称琉璃明王。类利登基的第二年，娶多勿侯松让之女为妃。不到半年，松妃不幸因病去世。类利又娶两位美女做继妃，一位是高句丽人，叫禾姬，另一位是汉人，叫雉姬。这新娶的两位王妃年轻貌美，嫉妒心特别强。为了争宠，明里暗里较劲，争吵不休。类利身为一国之主，对这两位妃子无可奈何，遂命人在梁谷建造了两座宫殿，将禾姬、雉姬分别安置在东、西二宫，形式上虽然分开了，但二位王妃的嫉妒之心并没消除，只要见面，定然吵得不可开交。类利喜好打猎，宫内的吵闹让他想去山上讨个清静。于是借巡狩箕山之名，带着文武去了箕山，7 天没有回宫。两位王妃趁国王类利不在宫中，醋性大发，又一次吵闹起来。禾姬仗着族亲，大骂雉姬是汉家婢女，不知礼节。雉姬忍受不了这般辱骂，离宫出走了。类利打猎回来，听闻雉姬出走了，立即策马去追雉姬。自从进宫后，雉姬得到了类利的呵护与宠爱，享受到了幸福与快乐；然而，类利身为国王也无法制止骄横无比的禾姬对雉姬的百般凌辱，使其心灵受到极大伤害、人格受到严重摧残，雉姬对宫廷生活已然心灰意冷了。类利虽然飞马追到了雉姬，百般劝慰，可雉姬就是不回头。哀莫大于心死，类利无奈，只好松开手，让雉姬走了。在回宫的路上，心力交瘁的类利下马坐在一棵大树下面歇息，突然听到黄鹂鸟歌唱，抬头望去，只见黄鹂鸟翩翩飞来飞去，雌雄相伴。多么惬意的画面，多么生动的情境啊！类利看着比翼双飞的黄鹂鸟，不免想到自己的婚姻悲剧，想哭。这时，远处传来急骤的马蹄声，是宫里派人找来了。类利没敢哭，怅望雉姬离去的山路，吟了这首诗。长歌当哭。类利上马回宫去了，留在身后山林里的是这首小诗。这首诗，虽说很短，仅有16个字，但却极具古风之韵，颇有《诗经》之风。雉姬是一位什么样的王妃，具有怎样的德行和美貌，类利没有晒出。类利只是用联想和比兴，道出了一位国王对王妃的深深眷恋。雉姬这么一走，留给类利的是孤独与无奈。雉姬可以离宫出走，可是类利不能，宫廷是类利的权利场，尽管宫廷文化令他作呕，但还必须回到宫里去。

“神策究天文，妙算穷地理。战胜功既高，知足愿云止。”此诗为高句丽大将乙支文德作于612年。这是一首劝告诗。前两句“神策究天文，妙算穷地理”极显夸赞之能，夸赞要劝告的对象于仲文具有出类拔萃的智慧与能力，夸赞其上晓天文，下明地理，“神策”“妙算”。于仲文看到这般溢美之词，是何感想呢？史书没有记录。后两句“战胜功既高，知足愿云止”，劝人要懂得知足，适可而止。你于仲文已经有无数功名在身了，应该知足，看淡功名，停止征伐。对于乙支文德善意的劝告，于仲文自然是不会理会的。

乙支文德作为高句丽的大将军，何不拔刀相向，与于仲文战场一决高下，何必使用秀才手段，说些酸溜溜的迂腐文辞来劝告于仲文呢？

据《三国史记》记载，612年，隋炀帝率大军亲征辽东高句丽国，命右翊卫大将军于仲文领兵进攻高句丽后方乐浪，打开通向高句丽都城的通道。《隋书》说：“于仲文字次武。……仲文少聪敏，髫龀就学，耽阅不倦……其后就博士李祥受《周易》《三礼》，略通大义。及长，倜傥有大志，气调英拔，当时号为名公子。”① 因其明断益州任、杜两家失牛案，果决益州刺史、宇文护之党羽屈突尚案，“蜀中为之语曰：‘明断无双有于公，不避强御有次武’”。数从征伐，累功授勋。隋炀帝即位，迁右翊卫大将军，参掌文武选事。“辽东之役，仲文率军指乐浪道。”乌骨城即今辽宁省丹东凤城市凤凰山山城，是进攻乐浪必经之道。前文介绍辽东山城形制时曾经讲到，山城的首要功能是军事防御，建筑于交通要道，特别坚固，易守难攻。乌骨城挡住了于仲文进攻乐浪的道路。于仲文设计，“调虎离山”“引蛇出洞”，他令兵士将军中羸弱的驴马数千头挑选出来，“置于军后”，以充辎重，自己率军继续东进。乌骨城高句丽守军不知是计，出城掩袭于仲文的“辎重部队”。于仲文乘机麾兵回击，大破高句丽军，一举拿下乌骨城，解决了攻击乐浪的后顾之忧。大军压境，高句丽王派大将军乙支文德前来诈降，延缓于仲文进攻速度，为防御争取时间。此前，隋炀帝密谕于仲文，如遇高句丽国王和乙支文德，“必擒之”。乙支文德进入隋军军营，于仲文欲将其擒拿，遭到随军的尚书右丞、慰抚使刘士龙的极力反对，于仲文只好放走乙支文德。于仲文回头一想，自己身上有皇帝的密谕呀，岂能轻易放乙支文德走呢，于是，派员赶紧去追，很快追到了乙支文德，哄骗说，于将军还有话说，请你再去面谈。乙支文德何许人？“资沉鸷，有智数，兼解属文”，岂能不知是于仲文反悔使出的哄骗之计。乙支文德婉拒而行，渡过鸭绿江，回平壤去了。于仲文懊恼不已，决定选派精骑渡江追杀。隋军攻城拔寨，无坚不摧。乙支文德见于仲文滥杀无休，生灵涂炭，于是写了前面这首小诗派人送给于仲文，劝告于仲文适可而止，“战胜功既高，知足愿云止”。于仲文此时已经杀红了眼，根本听不进乙支文德的善意劝告，复信给乙支文德劝

① 魏徵，等. 隋书·列传第二十五·于文仲：卷六十［M］. 长春：吉林人民出版社，1995：965.

其投降。“文德烧栅而遁”。于仲文没有听从乙支文德的劝告，结果怎样?《隋书》记载，正当于仲文欲乘胜追击乙支文德时，“时宇文述以粮尽欲还，仲文议以精锐追文德，可以有功。述固止之，仲文怒曰：‘将军仗十万之众，不能破小贼，何颜以见帝！且仲文此行也，固无功矣。’述因厉声曰：‘何以无功?’仲文曰：‘昔周亚夫之为将也，见天子，军容不变。此决在一人。所以功成名遂。今者人各其心，何以赴敌！’初，帝以仲文有计画，令诸军咨禀节度，故有此言。由是述等不得已而从之，遂行。东至萨水，宇文述以兵馁退归，师遂败绩。帝以属吏，诸将皆委罪于仲文。帝大怒，释诸将，独系仲文。仲文忧恚发病，困笃方出之，卒于家中，时年六十八。”可惜一代忠良，竟然落得如此下场，令人膺痛不已，不知高句丽大将军乙支文德闻知此事有何感想。

诗歌不在于辞藻华丽，而在于意蕴深厚，不仅要具有当时的现实意义，更应具有永恒的历史价值。一个人不知节制自己的欲望，任性妄作，即使拥有“神策”“妙算”，也无法避免人生的悲剧发生。滔滔历史长河，何止于仲文一人哉。

所录第二首，评论称《人参赞》，作者以白描手法，介绍了人参的植物形态和生长的环境，文风朴实，有民歌之风。所录第三首，题目为《咏孤石》，其作者高句丽僧人定法的生平事迹，史料无多记载。作为高句丽僧人，能够用中文、依照格律要求，写出这样端庄规整的五言律诗，足见其汉文素养已达很高水平。这首诗，无论艺术手法和思想内涵，都可称佳品。定法，身为出家人，行佛弘法，在寂静与孤独中，法眼洞观，深悉人间痛疾苦楚。欲人渡者必自渡。一首《咏孤石》，赞颂孤石挺拔、自立，不畏浪击，不惧风撼，“偃流还渍影，侵霞更上红”，不被名利所牵，不为物事所累，超凡脱俗，超然于世。“独拔群峰外，孤秀白云中”，渡人渡已，一片佛心。

以孤石为题材的作品，《初学记》还记载了两首。一首是梁朝人朱超所作：“侵霞去日近，镇水激流分。对影疑双阙，孤生若断云。遏风静华浪，腾烟起薄曛。虽言近七岭，独高成不群。”另一首是与定法同时的陈朝僧人摽法所作：“中原一孤石，地理不知年。根含彭泽浪，顶入香炉烟。崖成二鸟翼，峰作一池莲。何时发东武，今来镇蠡川。”若将此二人的诗与定法的诗作比较，高下立判。

高句丽部族政权占据辽东长达700年，考古文化发现，高句丽部族墓葬遗存壁画中，那些歌舞场面总让人浮想联翩。

第四篇　辽朝时期辽河文化

辽朝是以契丹部族为主体，联合汉族及其他部族所建立起来的一个多民族政权，907－1125年，统治中国北方地区长达210余年。辽朝统治时期，辖地辽阔，在辽太宗时，势力所及，西至流沙，东至黑龙江流域及原属渤海国的广大地区，北至胪朐河（今克鲁伦河），南控地区包括燕云十六州。在如此广袤的国土上，辽朝因地制宜，诸制并用。根据西、东、南3个不同的地域居住着的不同民族，实行不同的政治制度，政体文化特征十分鲜明。以上京为中心的契丹旧地和西北各游牧部族及部落，沿袭部落社会的政治制度；东部地区在灭渤海国之后，依旧维持渤海国原有的政体文化不变；南部燕云十六州，则完全借鉴中原封建政体文化，实行封建政治制度。3种不同的政治制度，统一于辽朝的政体文化之中。

辽朝的政体文化，经辽太祖、辽太宗，至辽世宗逐步形成。辽圣宗建都中京后，对各种政治制度进行改革，形成了具有显著特点的辽朝政体文化。辽王朝统治时期，辽河两岸广大地区政治、经济、文化等方面取得了较大发展，初步形成多元性民族文化和复合型民族性格，辽河文化逐渐崛起。

这一时期，辽河文化发展取得较大进步。由于辽王朝高度重视农业，农业文化发展较快，农业文化已由汉族、渤海族向契丹族、库莫奚族广泛传播；契丹族传统的畜牧业文化、渔猎业文化继续发展。以冶铸业文化、纺织业文化和制陶业文化等为主要形态和类型手工业文化相当兴旺，在今辽阳、鞍山一带冶铁业文化已相当繁荣；显州（今辽宁省锦州市北镇市）是当时辽西地区的纺织业文化中心；辽阳江官屯窑和抚顺大官屯窑是当时制陶业文化重要基地，蓖纹灰陶器和辽三彩当时颇具地方特色陶器。商业文化日益繁盛，辽朝的东京—辽阳是当时商业繁华之地；保州（今辽宁省丹东市）榷场是当时辽东边境贸易的重要市场。由于民族杂处错居，相互学习与借鉴，民俗宗教文化逐渐融合发展；受中原文化影响，教育科技文化快速发展；濡染唐代文风，文学艺术文化发展呈现新气象；模仿唐代建筑风格，塔寺建筑文化在建筑结构和建筑艺术上彰显了独特性；绘画艺术既有浓郁的契丹民族特色，也反映了当时北方画派的艺术风格。

第十五章　辽王朝兴起及政体文化

契丹族崛起于辽河流域上游、唐末五代之际，在契丹族杰出的政治领袖、英雄人物耶律阿保机的领导下，于辽河上游木伦河畔建立契丹贵族统治政权。辽朝的政体文化表现为一种杂糅多民族政治制度的多元结构形态。

第一节　辽王朝的兴起

契丹部族始见记于史籍大约在四世纪。契丹部族属东胡语族之鲜卑族后裔，初，主要分布在辽河流域，从元魏时起，活动于辽河流域乃至整个东北地区。《新唐书·契丹传》：契丹部族“本东胡种，其先为匈奴所破，保鲜卑山。魏青龙中，部酋比能稍桀骜，为幽州刺史王雄所杀，众遂微，逃潢水之南，黄龙之北。至元魏，自号曰契丹”。《旧五代史·契丹传》《新五代史·四夷附录》亦有类似记载。从文献记载看，鲜卑最初分为三部，即宇文部、段部和慕容部，鼎立辽河流域。鲜卑三部以慕容部最强，西晋初期，段部、宇文部先后被慕容部所灭。338 年，慕容部攻灭段部；344 年，慕容部又北攻宇文部，宇文部单于逸豆逃往漠北而死，其残余部分为契丹和库莫奚两部分。388 年，契丹与库莫奚又先后被北魏所破，从此，契丹与库莫奚分开，各自独立成部，契丹败退至潢河以南、土河以北地区居住，从这个时候开始，契丹的名称才见记于史册。

据《魏书·契丹传》记载，大约在北魏晚期，契丹形成了八个部落，史称契丹古8部，分别是悉万丹部、何大何部、伏弗郁部、羽陵部、日连部、匹絜部、黎部、吐六于部。这一时期，契丹部落尚未形成统一联盟，各部落曾分别与北魏政权发生政治、经济等方面的联系。北朝末年，契丹部族遭到北齐政权的沉重打击，北齐俘获契丹民人10万余口。此后几十年内，契丹部族不断受到突厥、回纥的打击和压制，势力一直未获大的发展。

据《辽史·营卫志》记载，至唐代初年，契丹形成了新八部，分别是达稽部、纥便部、独活部、芬问部、突便部、芮奚部、坠斤部和伏部。这八个部落中，以大贺氏实力最强，其有胜兵4万。因此，正式形成了以大贺氏为核心的部落联盟。相对稳固部落联盟的形成，为契丹部族发展壮大奠定了基础。在契丹部落联盟中，首脑实行公选制，即通过各部落推举，选举出联盟首脑人物——大辱纥主。大辱纥主负责管理联盟内部的军事及日常生活等方面的事务，任期三年，由部落联盟内有能力者担任。这一时期的契丹部落联盟首领虽多出自大贺部，但仍实行公选制，并没有出现专权的贵族阶级和不平等现象，保持着较好的氏族社会时期的部落联盟形态。

隋朝后期，中原陷入战乱，契丹选择依附突厥。至唐贞观初年，契丹首领摩会见唐朝日益强盛，于是率部归附唐朝。648年，为加强对归附唐朝契丹首领窟哥所率诸部的管控，唐王朝在契丹旧地设置松漠都督府，以窟哥为松漠都督，赐姓李。松漠都督府下辖10州，分别是峭落州（达稽部）、弹汗州（纥便部）、无逢州（独活部）、羽陵州（芬问部）、日连州（突便部）、徒河州（芮奚部）、万凡州（坠斤部）、匹黎州和赤山州（伏部）及松漠都督府大贺氏州。各部以酋长为州刺史。唐王朝曾在营州设置东夷都护府，负责管理契丹等部族事务。

720年，大贺氏联盟长李娑固被掌握联盟军事大权的可突于杀害，大贺氏开始衰落下去。730年，可突于又杀害了李邵固，大贺氏联盟宣告结束。大贺氏部落联盟瓦解后，契丹部族内部几经斗争，联盟长转到遥辇氏部落手中。遥辇氏部落联盟第一任联盟长名屈列，契丹史称洼可汗，此后，遥辇氏部落任联盟长共九世，即屈列、阻午可汗、胡剌可汗、苏可汗、鲜质可汗、昭古可汗、耶澜可汗、巴剌可汗、痕德堇可汗，史称“遥辇九帐”。契丹部落联盟不仅部落联盟首领一职进行世选，而且部落联盟的军事首领也是实行世选。在契丹遥辇氏部落联盟中，以迭剌部的势力最大，而迭剌部中，世里氏（耶律氏）是其核心氏族。从涅里起，整个遥辇氏时代，夷离堇（最高军事长官）一职一直为迭剌部上涅里家庭所掌握，在部落联盟中掌握极大的权力。

在遥辇氏执政期间，社会生产力水平有了明显提高，文化形态由单一的游牧经济文化向农业经济文化、畜牧经济文化、狩猎经济文化等多种经济文化形态并行发展，手工业经济文化也有一定发展。多种经济文化形态并存，表明契丹部落社会经济发展已经达到了一定水平，为契丹部落崛起准备了物质文化条件。

随着社会经济的发展，迭剌部落逐渐壮大，亦分为八部，即迭剌部、乙室部、品部、楮特部、乌隗部、突吕不部、涅剌部、突举部。迭剌部落的涅里（又称泥里或雅里）掌握了军事大权，这个人便是耶律阿保机的七世祖。据《辽史》记载，“……传至雅里，始立制度，置官属，刻木为契，穴地为牢，让阻午而不肯自立。雅里生毗牒，毗牒生颏领。颏领生耨里思，大度寡欲，令不严而人化，是为肃祖。肃祖生萨剌德，尝与黄室韦挑战，矢贯数礼，是为懿祖。懿祖生匀德实，始教民稼穑，善畜牧，国以殷富，是为玄祖。玄祖生撒剌的，仁民爱物，始置铁冶，教民鼓铸，是为德祖，即太祖之父也，世为契丹遥辇氏之夷离堇，执掌其政柄。德祖之弟述澜，北征于厥、室韦，南略易、定、奚、霫，始兴板筑，置城邑，教民种桑麻，习织组，已有广土众民之志。而太祖受可汗之禅，遂建国。”①

从以上文献史料记载，自从涅里开始，阿保机的先祖世代掌握契丹部落联盟的军政大权。据《辽史》记载，涅里把原来的部落制改变为部族制，即由过去的“草居野处，无有定所”的游牧生活，改为“始制部族，各有分地”的“分营制部”，即把整个部落改为部族，重新划分出新的部族，各自占有自己的领地。“始兴板筑，置城邑”，即开始建筑房屋，形成相对稳定的城邑居住环境。城邑文化的兴起，表明契丹部族社会内部的血缘关系削弱，而地缘关系进一步加强。

由宗族文化向地缘文化形态的转变以及城邑文化的兴起，为契丹社会向文明社会过渡创造了条件。迭剌氏又“教民稼穑，善畜牧”“仁民爱物，教民鼓铸”“教民种桑麻，习织组”“始置铁冶”，逐步形成了多元经济文化形态，推动了部族经济发展。到了阿保机的叔父述澜时，首任“于越”“总知军国事”，且“已有广土众民之志”。机会总是为有准备之人提供的。901 年，耶律阿保机被推选为“夷离堇，专征讨”，掌握了军事大权。907 年，契丹部族“八部之人以遥辇不任事，选于其众，以阿保机代之。”迭剌部族的耶律氏族，经过几代人的苦心经营，耶律阿保机取代遥辇氏，终于成为契丹部族联盟最高行政长官——联盟长，又称可汗。

据《辽史》记载，从涅里可汗至阿保机以前，契丹部落联盟所见的官名有于越、决狱官、夷离堇、可汗等，可见，契丹部族军政文化已经有了明显的阶级与阶层分化，社会构成也出现了庶人、战俘和奴婢等。随着阶级关系的确立，刑辟、牢狱法制文化形态亦相继出现。这些社会文化形态的变化和发展，为耶律阿保机推行社会改革和建立国家政权铺平了道路。

耶律阿保机执掌契丹部落联盟大权后，为了巩固自己的政治

① 脱脱，等. 辽史·本纪第二·太祖下：卷二［M］. 长春：吉林人民出版社，1995：14—15.

地位，加强个人权力，首先对政体文化进行改革，如设置“惕隐”官职，以此来掌握本族事务；设立“心腹部”，即侍卫亲军，用以调整内部关系；改革部落联盟首长世选制，取消三年一选制度，由耶律阿保机连任。这实际上是实行了部落联盟首长终身制。这些改革措施，引起了契丹部族内部保守势力的反对，迭剌部宗室贵族，特别是耶律阿保机的弟弟和从兄们都激烈反对，他们先后发动3次叛乱。耶律阿保机断然采取措施予以镇压，最终确立了部落联盟首长终身制和世袭制。通过军事到政治的改革，基本形成了契丹部族新的政体文化，为耶律阿保机登上帝位奠定了基础。

第二节　契丹政权的建立

916年，耶律阿保机在潢水之畔的龙化州建立奴隶制的国家政权，自称“大圣大明天皇帝”，建元神策，国号契丹。契丹建国后，一方面迅速占领辽西、辽东，稳固政权；另一方面加强政体文化建设，强化其统治地位。

一　巩固契丹政权

契丹政权建立后，耶律阿保机迅速展开对辽西、辽东的战争，占领全辽地区，果断消灭渤海国，为其政权建立稳固的大后方。

（一）占领辽西地区

契丹部族早在唐代就已经占有大凌河南流段以东之域和朝阳以北50里之北的地区。契丹王朝建立后，积极向东扩张，先后占领辽西、辽东地区，将全辽地区纳入契丹国统治范围。

据《辽史》记载，榆州“本汉临渝县地，后隶右北平骊城县。

唐载初二年（690），析慎州置黎州，处靺鞨部落，后为奚人所据”①。辽榆州治在今朝阳市凌源市十八里堡村古城，唐末为库莫奚部族所占据，辽太祖征服了库莫奚部族后，将其正式纳入契丹国版图。辽利州，即“阜俗县。唐末，契丹渐炽，役使奚人，迁居琵琶川”，治在今朝阳市喀左蒙古族自治县大城子镇，唐末辽初，契丹部族征服库莫奚部族，并将其迁移至琵琶川（今喀左蒙古族自治县北百里之牤牛河）一带。兴中府，为其征服库莫奚部族后设置，“后为奚所据。太祖平奚及俘燕民，将建城，命韩知方择其处，乃完葺柳城，号霸州彰武军，节度”。辽兴中府即唐代辽西之营州，唐末时为库莫奚部族经营，契丹部族灭库莫奚后命韩知方任彰武军节度使，治所在柳城（即古营州，今朝阳市古城区）。锦州，“本汉辽东无虑县。慕容皝置西乐县，太祖以汉俘建州”。建州，“唐武德中，置昌乐县。太祖完葺故垒，置州”，辽锦州治在古西乐县，今锦州市义县西北一带，建州治在古昌乐县，今朝阳市西南木头城子镇一带，都是在辽太祖时并入契丹国版图的。以上可以看出，契丹政权初期已占领了整个辽西地区，包括今朝阳、锦州等地区。

（二）攻取辽东地区

辽东地区，唐朝早期属于幽州管辖，其南部在唐末时被渤海国占领。据《辽史》记载，辽州，“太祖伐渤海，先破东平府，迁民实之”②，旧址在今沈阳市新民西北的辽滨塔镇；同时还记载，919年，“葺辽阳故城，以渤海、汉户建东平郡”③。饶州长乐县，

① 脱脱，等．辽史·志第九·地理三·榆州：卷三十九［M］．长春：吉林人民出版社，1995：275.

② 脱脱，等．辽史·志第九·地理一：卷三十八［M］．长春：吉林人民出版社，1995：267.

③ 脱脱，等．辽史·志第九·地理二：卷三十八［M］．长春：吉林人民出版社，1995：260.

“本辽城县名，太祖伐渤海，迁其民，建县居之”①；辽城即沿用唐代安东都护府所辖辽城州都督府旧称，即今辽阳市。祖州咸宁县，“本长宁县，破辽阳迁其民置，户一千”②。“兴辽县，本汉平郭县地，渤海改为长宁县”。古平郭县在今营口盖州，说明太祖破渤海后，迁其民到辽上京祖州重建咸宁县，并置兴辽县；同时记载，从辰州“辽徙其民于祖州”。开州旧治在今丹东凤城，“太祖平渤海，徙其民于大部落”③，所谓大部落即上京祖州之地，也就是说开州之民是从上京祖州迁徙而来。

总之，辽太祖在破渤海国之前，就将其占据的辽东各州县全部并入契丹国版图了。

（三）消灭渤海国

渤海国始建于 698 年，是以粟末靺鞨部族为主体建立的多民族国家，按唐制建立政治、经济制度文化，全盛时期，辖境有 5 京 15 府、62 州，其文化深受唐朝文化影响，曾享有“渤海东盛国”之美誉。渤海国存续期间，其西京鸭绿府辖有辽东地区。契丹和渤海属邻国，东西相接，两国矛盾由来已久。924 年，渤海国出兵攻占辽州，杀死辽州刺史张茂实，掳掠民户，挑起双方武装冲突。次年 12 月，辽太祖耶律阿保机亲统大军征渤海国，次年正月，拔夫馀，诛其守将，太祖皇弟安瑞和北府宰相阿骨只率精锐骑兵 2 万为先锋，与渤海老相后台遭遇，双方激战，渤海国军队惨败，契丹军队乘势追击，进围渤海国首都忽汗城，渤海国王见大势已去，缟素牵羊，率城中臣僚出降。太祖以礼相待，释

① 脱脱，等. 辽史·志第九·地理二：卷三十七 [M]. 长春：吉林人民出版社，1995：257.

② 脱脱，等. 辽史·志第九·地理一：卷三十七 [M]. 长春：吉林人民出版社，1995：253；脱脱，等. 辽史·志第九·地理二：卷三十七 [M]. 长春：吉林人民出版社，1995：257.

③ 脱脱，等. 辽史·志第九·地理二：卷三十八 [M]. 长春：吉林人民出版社，1995：262.

放了渤海国王大諲譔，但大諲譔反复无常，回城后据城复叛。太祖大怒，命军队剿灭，陷忽汗城，大諲譔再次到太祖面前跪降请罪，太祖命将其拖出城外。前后延续 200 多年的渤海国就此宣告灭亡。

（四）东丹国之兴亡

契丹国灭渤海国，于其旧地建东丹国，改忽汗城为上京龙泉府。太祖命其长子（太子）耶律倍为东丹国王。渤海亡国后，其遗民发动一系列反抗活动，叛乱此起彼伏。契丹与东丹国先后镇压了安边等三府叛乱、长岭府叛乱、南海 2 府叛乱、铁州刺史叛乱等，东丹统治才基本稳定下来。是年，辽太祖耶律阿保机在灭渤海国后从东丹班师回国途中，不幸逝于扶馀府（今吉林省长春市农安县），人皇王（太子）耶律倍在东丹国得知太祖驾崩的消息，立即回上京奔丧。由于应天太后述律氏干预，太祖次子耶律德光继承大位做了皇帝，史称辽太宗。

耶律德光即位后，为防止其兄（废太子）耶律倍反，将耶律倍滞留在上京，不让其回东丹国，东丹国的大权被时任东丹国中台省右次相耶律羽之掌控。耶律羽之是耶律阿保机的堂兄。928 年，耶律羽之奏请辽太宗，将东丹国及其国民南迁。太宗综合考量后，采纳了他的建议，下诏将东丹国南迁。《辽史・太宗纪》说："时人皇王在皇都，诏遣耶律羽之，迁东丹民以实东平……升东平郡为南京。""太宗既立，见疑，以东平为南京，徙倍居之，尽迁其民。"东平郡即古襄平郡（今辽阳市）。由此可以看出，太宗"恐为后患"，才将东丹国治南迁到东平，"徙倍居之"。同时又将东丹国的一些州县侨置到辽南，或废弃，或南迁后改为新地名；而且"尽迁其民"，显然不是将东丹国原居民迁至东平，而是将渤海州县之民悉数南迁，当地不再有所保留。据史料记载，从东丹国迁去的人户实行分散安置，原渤海上京、中京之民多迁至今辽阳附近；东京龙原府之民迁往今凤城一带；南京南海府之民迁往今海城一带。有的迁徙之民到了新居地所建的州县仍可沿用旧名，如开州附近所设的盐、穆、贺等州；有的遗民迁至新的居住地后建州县，改易新的州县名称，如原有的椒、晴两州之民迁至辽东后改称耀州、嫔州了。这样一来，东丹国就被太宗耶律德光借南迁之机给瓦解了，也就是说彻底瓦解了东丹国王耶律倍的政治与社会基础。

耶律倍身为嫡长子，曾被立为太子，却未能继承皇位，其弟耶律德光做了皇帝，对耶律倍加强监视，“置卫士阴伺动静”。对于生命的担忧和恐惧，迫使耶律倍决定外逃后唐王朝，寻求政治避难。930 年，耶律倍成功出逃到后唐，在那里生活了 6 年。936 年，耶律倍被后唐废帝李从珂杀害，时年 38 岁。辽太宗灭后晋，将耶律倍的尸骨归葬辽西医巫闾山之阳，谥曰文武元皇王。大同元年（947），耶律倍长子耶律阮即位后，追谥其父为“让皇帝”，陵号显陵，庙号义宗。在耶律倍出逃后，朝廷并没有马上废除东丹国。辽太宗命耶律倍之妻萧氏主持东丹国之政事。据《南唐书》记载，938 年，辽朝和东丹国各遣使以牛马为贡，并载羊 3 万头、马 200 匹到南唐出售，换取南唐的丝织品、茶叶和药物等。此时，耶律倍已经不在人世，东丹国是萧妃主政。可见，首都南迁至辽阳后的东丹国经济文化发展之活跃情态。萧妃死后，世宗封其叔祖安端为东丹王，东丹国开始走下坡路。

至 982 年，圣宗耶律绪下诏废东丹国，撤销原东丹国的建制和统治机构，正式在东平建东京辽阳府，置东京留守司。至此，存续 57 年之久的东丹国被彻底废除了。

二　强化政体文化

契丹政权初立之时，耶律阿保机十分重视中原文化的传入，吸纳了许多因中原战乱来避难的汉人与知识分子，加强政体文体和社会文化建设。先后吸收的汉族儒士如韩廷徽、韩知古等人进入核心权力集团；倚重他们，参照中原王朝的政体文化形态，建立了一套适合契丹国情又有利于加快封建化进程的制度文化，同时学习中原汉王朝的经验，建立科举制度，大大促进了文化发展。首先加强封建礼制文化建设，即营建皇都。918 年，建上京临潢府都城。同时，通过修建孔庙，并派长子耶律倍专门负责其春秋的祭祀典礼，强化礼制文化；其次大力推进社会文化建设，即创制文字。920 年，令其侄鲁不古和突吕不利用汉字楷书偏旁创制契丹文字，史称契丹大字，后来皇弟迭剌又仿回鹘文字而创契丹小字；第三，加强制度文化建设，即制定法律，921 年，阿保机颁布契丹第一部成文法——决狱法，标志契丹奴隶制国家政权逐步完善。

在辽朝中期以后，儒家思想逐渐成为占据统治地位的思想，辽朝皇帝把传统儒家思想文化作为治国平天下的准绳。据《辽史》记载，辽圣宗时期，把儒家倡导的伦理纲常、道德标准著于政令来推行，诏曰“民间有父母在，别籍异居者”治罪，邻里知情不举者也要定罪；对有孝于父母、三世同居者，“旌其门闾”。兴宗诏说：“古之治天下者，明礼仪，正法度。我朝之兴，世有明德，虽中外向化，然礼书未作，无以示后世”，令萧韩家奴与耶律庶成编纂礼典。道宗曾诏谕学者要“空经明道”。辽朝的一些大臣也把儒家思想作为指导思想，如萧韩家奴在向兴宗所奏对策中说，“轻徭省役，使民务农。衣食既足，安习教化，而重犯法，则民趋礼义”。这些都是传统的儒家治国平天下之道。一些地方官吏也是如此。如道宗时，良乡令大公鼎“省徭役，务农桑，建孔子庙学，部民服化”。萧文知易州，“务农桑，崇礼教，民皆化之。”至于士人，更是动辄引经据典，以儒家纲常伦理标准品评人物，反映儒学在辽代社会生活中已经深入人心，成为辽代社会文化重要形态之一。

第三节 辽代国家政体文化形态

契丹部族政权建立后，经过辽太祖、辽太宗两朝向外扩张，先后征服了周边的突厥、吐谷浑、库莫奚、室韦、乌古、敌烈、阻卜、女真、渤海等部族。趁中原混战之时，挥师南下，从后晋手中夺得燕云十六州广大地区。这样，辽国的疆域包括“东至于海，西至金山，暨于流沙，北至胪朐河，南至白沟，幅员万里”；在中国北方崛起了一个以契丹部族为主体的奴隶制国家政权。

辽朝的政体文化，是一种杂糅多民族政治制度的多元结构形态。政体文化的形态和类型主要体现在以下几个方面：

一是辽朝实行具有浓厚民族特色的斡鲁朵制度、投下军州制度、四时捺钵制度。

二是辽朝皇帝集可汗和皇帝双重身份于一身，对于契丹等游牧部族来说，拥有可汗的权威；对于渤海人和汉人来说，可行使皇权。

三是在迁徙中运作成为决策形式，即中央决策体制以在四时捺钵召开北南臣僚会议为最高决策机构，见表15—1。

表 15—1　　　辽朝最高决策机构及决策内容

<table>
<tr><td>四时捺钵</td><td>主要地点</td><td>活动时间</td><td>有无建筑</td><td>活动内容</td><td rowspan="6">北南臣僚会议主要内容：
据《辽史·营卫志·行营》记载，“五月，纳凉行在所，南、北臣僚会议。十月，坐冬行在所，亦如之。”“皇帝四时巡守，契丹大小内外臣僚并应役次人，及汉人宣徽院所管百官皆从。汉人枢密院、中书省唯摘宰相一员，枢密院都副承旨二员，令史十人，中书令史一人，御史台、大理寺选摘一人扈从。每岁正月上旬车驾启行，宰相以下还于中京居守，行遣汉人一切公事。除拜百僚，止行堂帖权差，俟会议行在所，取旨、出给诰刺。文官县令、录事以下更不奏闻，听中书铨选，武官须奏闻。”可见，中京虽为都城，可决策权在捺钵北南会议，所有重大人事和军一大事都得由北南臣僚会议决定。北南臣僚会议以契丹官员为主，某些契丹显贵终身与会</td></tr>
<tr><td>春捺钵</td><td>长春州之鱼儿泺</td><td>正月上旬</td><td></td><td>捕鹅、钓鱼</td></tr>
<tr><td>夏捺钵</td><td>永安山、炭山</td><td>四月中旬至七月中旬</td><td>有帝后之朝寝</td><td>避暑、障鹰、议政</td></tr>
<tr><td>秋捺钵</td><td>庆州之伏虎林</td><td>七月中旬入山</td><td></td><td>射鹿</td></tr>
<tr><td>冬捺钵</td><td>永州之广平淀</td><td>十月以后</td><td>省方殿、寿宁殿</td><td>避寒、议政、受外国聘使贺、猎虎</td></tr>
</table>

注：此表参阅《辽史·营卫志·行营》整理而成

四是中央行政体制因契丹尚东故皇帝宫帐坐西向东，官员分列两侧，于是形成北、南两大职官系统，分别隶属于北、南枢密院。其具体机构及职能，见表 15—2。

表 15—2　　辽圣宗朝两大职官系统及其职能

	所设机构	主要职能	官员选任	辽圣宗朝 34 部分隶北、南二府情况
北面官	采用传统契丹部族官制，设宣徽北院、大于越府、大惕隐司、夷离毕院、大林牙院、敌烈麻都司	负责官管理契丹事务，掌管契丹军政大权，是辽朝的最高权力机关	按照传统世袭制度，一律由契丹贵族出任	隶属北府 24 部： 遥里部、伯德部、楚里部、奥里部、南剋部、隗衍突厥部、奥衍突厥部、涅剌越兀部、奥衍女直部、迭鲁敌烈部、术哲达鲁虢部、梅古悉部、颉的部、北敌烈部、匿讫唐古部、北唐古部、南唐古部、鹤剌唐古部、河西部、薛特部、伯斯鼻德部、五国部
南面官	采用唐制御史台、殿中司、客省、宣徽院、太常寺	主要管理汉人及其他人事务，即汉人居住的州县、租赋、军马之事	通过科举考试选拔，主要由汉人来充任	隶属南府 10 部： 撒里葛部、窈爪部、耨碗爪部、讹仆括部、特里特勉部、稍瓦部、曷术部、乙典女直部、斡突碗乌古部、达马鼻古德部

注：此表参阅《辽史·营卫志·部族》整理而成

五是地方行政体制实行一国多制，大体分成西、东、南三种类型，即契丹旧地及北方游牧民族地区实行原有的部族制，即“因俗而治”；灭渤海国后，在原渤海国地区实行原有的地方官制；得燕云十六州后，在燕云十六州地区实行后唐旧制。

六是实行蕃汉分治的司法制度，即所谓“以国制治契丹，以汉制待汉人”。

七是实行特殊的军政制度，即实行“南衙不主兵，北司不理民”的制度。

八是有区别的官吏选拔制度，即北面官主要通过契丹部族传统世选加以补充，南面官则主要是采用唐制，通过科举考试来选任。

以上可以看出，辽代国家政体文化形态和类型十分复杂，由此决定其在地方治理方面有许多不同于其他王朝的特点。

第十六章　辽朝时期辽东地区行政建制及民族分布

辽朝与中国历史上绝大多数的封建王朝不同，它最初并非在承袭前朝统治政权的基础上建立起来的，而是由原来的部族联盟发展、演变而形成的。因此，其政体文化最初表现为多元而复杂。尽管耶律阿保机在916年宣布即皇帝位，公开谋求建立专制主义皇权制度，但辽朝专制主义政体文化的形成，经历了一个漫长而复杂的过程，直到阿保机临终，也未完成向专制皇权的过渡。因此，辽朝统治期间，地方行政建制变化较大。长期处于变动中的政体文化，对于民族经济文化的发展会产生一定的影响。

第一节　辽代在辽东地区的行政建制

辽代在其统辖的辽东地区的行政建置较为复杂，既有国家京府直辖的州县，又有皇帝斡鲁朵（宫卫）领辖的州县，还有契丹贵族所设的投下（头下）军州。这是中国历史上罕见的“国家京府、皇帝斡鲁朵与贵族投下军州”相结合的“三位一体”的政体文化形态和类型。在辽朝统治200年间，辽东地区有辽上京道、中京道之建制分布，最多的是东京道之建制分布，其间辽东地方行政设置的变化也比较大。

一　皇帝斡鲁朵在辽东地区所辖州县

皇帝斡鲁朵即皇帝宫卫或宫帐。据《辽史·礼志一》记载，“有辽始在，设置尤密。居有宫卫，谓之斡鲁朵。”辽代每位皇帝都有自己的宫卫，这些宫卫负责保护皇帝安全，同时也享有一定特权，分领一方土地，拥有相对独立的自治权力。“辽理之法，天子践位置宫卫，分州县，析部族，设官府，备兵马，崩则扈从后妃宫帐，以奉陵寝。”斡鲁朵的州县，实际就是皇帝的私人领地。“皇帝即位，凡征伐叛国掳掠人民，或臣下进献人口，或犯罪没宫户，皇帝亲览闲田，建州县以居之，高官治其事。”

辽代每个皇帝都有自己的斡鲁朵（宫卫），当时共有 12 宫 1 府，所领州县多设在上京、中京和东京三道，南京道和西京道各有 1 县。其在辽东地区的设置情况，详见表16－1。

表 16－1　皇帝斡鲁朵在辽东地区所辖州县一览表

宫户名称	领辖州县名称	所辖州县治旧在	所辖州县治今在
太祖弘义宫	东京道祺州	祺州城	沈阳市康平祺家屯古城
	东京道银州	银州城	铁岭市老城区
	中京道锦州	锦州城	锦州市旧城
	中京道严州	严州城	葫芦岛南四城子古城
太宗永兴宫	东京道沈州	沈州城	沈阳市，后改为敦睦宫
	东京道开州	开州城	丹东凤城市
	中京道黔州	黔州城	锦州义县北或北票东南
	中京道建州	建州城	朝阳市城西南木头城子镇
	中京道来州	来州城	葫芦岛绥中县前卫古城

续表

宫户名称	领辖州县名称	所辖州县治旧在	所辖州县治今在
世宗积庆宫	东京道显州	山东县	锦州市北镇市
	东京道康州	康州城	盘锦市盘山县
	中京道兴中府	兴中城	朝阳市旧城
	中京道宜州	宜州城	锦州市义县
应天太后长宁宫	显州奉先县、归义县		锦州市北镇附近
	东京道双州	双州城	沈阳市城西北石佛寺
	东京道岩州	岩州城	辽阳市东燕州城旧址
	东京道辽州	辽州城	沈阳新民市辽滨塔
	中京道辽西州	辽西州城	锦州市义县王民屯古城
穆宗延昌宫	东京道韩州	韩州城	铁岭市昌图县八面城
	东京道双州	双州城	沈阳市城西北石佛寺
景宗彰愍宫	东京道同州	同州城	铁岭开原市中固镇
	中京道利州阜俗县	阜俗县	朝阳市喀左蒙古族自治县大城子镇
承天太后崇德宫	东京道乾州	乾州城	锦州北镇市附近
	中京道川州	川州城	朝阳市城东北四角板
	东京道贵德州	贵德州城	抚顺市高尔山辽城址
圣宗兴盛宫	中京道隰州	隰州城	葫芦岛市绥中县绥中镇
	兴中府霸州	霸州城	朝阳市
皇太弟敦睦宫	东京道沈州	沈州城	沈阳市旧城址
	东京道岩州	岩州城	辽阳市东燕州城旧址
	中京道建州	建州城	朝阳市城西南木头城子镇

注：此表参阅《辽史·礼志·营卫》整理而成

二　投下军州在辽东地区的分布

投下军州，又称头下军州，是辽代特有的政体文化形态。据《辽史·地理志一》记载，投下军州“皆诸王、外戚、大臣及诸部从征俘掠，或置生口，各团集建州县以居之。横帐诸王、国舅、公主许立州城，自余不得建城郭。朝廷赐州县额。其节度使朝廷命之，刺史以下皆以本主部曲充焉。”这是一种有别于朝廷京府管辖的州县，社会构成多系契丹贵族以战争虏获的异族民户、本部部曲和少数犯罪户。州县的属民既要向朝廷交纳一定课税，又要向投下领主上交租赋，受投下领主和封建国家双重剥削，故称“二税户”。实际上，这种州县就是投下领主的私人领地，分为州、军、县、城、堡5级。契丹贵族们占有投下州县数量受到朝廷的限制。

辽代投下军州制度文化是十分独特的封建政体文化形态，当时对于推动封建地主经济发展具有一定积极的作用。

据《辽史·地理志一》记载，辽代设有投下军州共16个。其中，属于遥辇氏贵族者有1个（丰州），属于公主者4个（徽、懿、渭、成4州），属于国舅者4个（壕、原、福、横4州），属于耶律氏诸侯王者7个（风、遂、宁、豫、松山、闾、顺7州）。而《契丹国志》记载为23个，与《辽史》记载略有出入。辽代投下军州主要集中设在辽上京临潢府东南一带，即今辽宁中部地势平坦、土地肥沃的广大地区。辽代投下军州在辽东地区设置的大体情况，详见表16—2。

表 16—2　辽代投下军州在辽东地区设置情况一览表

投下军州名称	投下军州所建者	投下军州地址今在
徽州宣德军节度	景宗女秦晋大长公主	阜新蒙古族自治县八家子洼古城
成州长庆军节度	圣宗女晋国长公主	阜新蒙古族自治县红帽子村古城
懿州广顺军节度	圣宗女燕国长公主	阜新蒙古族自治县塔营子村古城
渭州南阳军节度	驸马萧昌裔	阜新市彰武县东北太平庄
壕州(豪州或濠州)	国舅宰相阿古知	阜新市彰武县城南
原州	国舅萧金德	沈阳市康平县城西北
横州	国舅萧克忠	阜新市彰武县城西北
福州	国舅萧宁	沈阳市康平县与法库县一带
遂州	南王府五帐	阜新市彰武县城西北哈尔套
顺州	横帐南王府贵族	阜新市城东南新立屯附近
闾州	罗古王	阜新市东十家子车站附近
懽州（驩州）	（建者史载不详）	阜新蒙古族自治县半截塔村古城

注：此表参阅《辽史·地理一》整理而成

据《辽史》记载，辽朝贵族所设的投下军州并非一成不变，头下领主若是犯罪或绝嗣，国家就会将投下军州收回。如东京道的宗州，耶律隆运以所俘汉民置，圣宗立为州，隶文忠王府，王薨，属提辖司；贵德州，太宗时察割以所俘汉民置，后以弑逆诛，没入焉；遂放，耶律颇德以部下汉民置，穆宗时，颇德嗣绝，没入焉；双州，沤里僧王从太宗南征，以所俘镇、定 2 州之民建城置州，受察割弑逆案株连，没入焉；中京道川州，太祖弟明王安瑞置，会同三年，诏为白川州，安瑞子察割以大逆诛，株连安瑞，该州没入焉。由此可知，以上所举 5 州，原来俱为投下军州，后来有的被收回，没入斡鲁朵，有的则收归朝廷直接管辖。

三　辽朝有关道府在辽东地区所设州县

辽朝国家京制府政体文化形态，主要是在其统治区内设置5京，分为5道，每京主领一道，设京府，下统州县。其5道5京府分别为上京道临潢府、中京道大定府、东京道辽阳府、西京道大同府、南京道析津府。5京府中与辽东地区有关的是东京道辽阳府和中京道大定府。其在辽东地区所设州县的大体情况，详见表16—3、表16—4。

表16—3　　辽朝东京道在辽东地区曾置州县一览表

道州县名称	道州县治所今在	道州县辖治情况
辽阳府	辽宁省辽阳市旧城区古城址	下领9县
辽阳县	辽宁省辽阳市旧城区	
仙乡县	辽宁省海城市四方台村古城址	
鹤野县	辽宁省辽阳市河拦镇古城址	
析木县	辽宁省海城市析木城乡古城址	
紫蒙县	辽宁省海城市境内，确址待考	
兴辽县	辽宁省辽阳市境内，确址待考	
肃慎县	辽宁省辽阳市附近，确址待考	
归仁县	确址待考	
顺化倒	辽宁省辽阳市附近，确址待考	
开州	辽宁省凤城市古城址	下领1县、3州
开远县	辽宁省凤城市古城址	
盐州	辽宁省东港市土城子村古城址	
穆州	辽宁省东港市境内大洋河下游	
贺州	辽宁省凤城市大堡村辽古城址	
定州	辽宁省盖州市刚屯村辽古城址	下领1县

续表

道州县名称	道州县治所今在	道州县辖治情况
定东县	辽宁省盖州市刚屯村辽古城址	
保州	辽宁省丹东市九连城镇上尖村古城址	下领1县、1州、1军
来远县	辽宁省丹东市九连城镇上尖村古城址	
宣州	辽宁省丹东市九连城夏家堡子村古城址	
怀化军	辽宁省丹东市境内，确址待考	
卢州	辽宁省盖州市熊岳镇古城址	下领1县
熊岳县	辽宁省盖州市熊岳镇古城址	
来远城	辽宁省丹东市九连城上尖村古城址	
湖州	辽宁省本溪市、岫岩满族自治县、凤城市，确址待考	下领1县
长庆县	辽宁省本溪市、岫岩满族自治县、凤城市，确址待考	
渤州	辽宁省本溪市、岫岩满族自治县、凤城市，确址待考	下领1县
贡珍县	辽宁省本溪市、岫岩满族自治县、凤城市，确址待考	
铁州	辽宁省盖州市汤池镇古城址	下领1县
汤池县	辽宁省盖州市汤池镇古城址	
兴州	辽宁省沈阳市城东北懿路村	
汤州	辽宁省沈阳市辽中县附近	
崇州	辽宁省抚顺市附近	
海州	辽宁省海城市旧城区古城址	下领1县、2州
临溟县	辽宁省海城市旧城区古城址	

续表

道州县名称	道州县治所今在	道州县辖治情况
耀州	辽宁省大石桥市岳州城村古城址	下领 1 县
岩渊县	辽宁省大石桥市岳州城村古城址	
嫔州	辽宁省盘山县沙岭乡沙岭村古城址	
吉州	辽宁省东港市境内，确址待考	
涑州	辽宁省岫岩满族自治县境内，确址待考	
显州	辽宁省北镇市广宁镇古城址	下领 3 县、3 州
奉先县	辽宁省北镇市广宁镇古城址	
山东县	辽宁省北镇市大亮甲村城址	
归义县	辽宁省北镇市土堡子城址	
嘉州	辽宁省北镇市二十里铺村城址	
辽西州	辽宁省锦州市义县东王民屯古城址	下领 1 县
长庆县	辽宁省锦州市义县东王民屯古城址	
康州	辽宁省盘山县附近，确址待考	下领 1 县
率宾县	确址待考	
乾州	辽宁省北镇市城西广宁镇小常屯辽城址	下领 4 县、1 州
奉陵县	辽宁省北镇市城西广宁镇小常屯辽城址	
延昌县	辽宁省北镇市城西南三十里壮镇堡城址	
灵山县	辽宁省法库县五城店村古城址	
司农县	辽宁省北镇市赵屯镇营盘村古城址	
海北州	辽宁省义县城南开州屯古城址	下领 1 县
开义县	辽宁省义县城南开州屯古城址	
贵德州	辽宁省抚顺市高尔山辽城址	下领 2 县

续表

道州县名称	道州县治所今在	道州县辖治情况
贵德县	辽宁省抚顺市高尔山辽城址	
奉德县	辽宁省抚顺市城东古城子村古城址	
沈州	辽宁省沈阳市沈河区一带旧城址	下领 2 县、1 州
乐郊县	辽宁省沈阳市沈河区一带旧城址	
灵源县	辽宁省沈阳市于洪区马三家子镇古城址	
岩州	辽宁省灯塔市古燕州城旧址	下领 1 县
白岩县	辽宁省灯塔市古燕州城旧址	
广州	辽宁省沈阳市城东南大高花堡村辽城址	下领 1 县
昌义县	辽宁省沈阳市城东南大高花堡村辽城址	
辽州	辽宁省新民市城西北辽滨塔村辽城址	下领 2 县、1 州
辽滨县	辽宁省新民市城西北辽滨塔村辽城址	
安定县	辽宁省法库县古城子村古城址	
祺州	辽宁省康平县郝官屯镇小塔子村古城	下领 1 县
庆去县	辽宁省康平县郝官屯镇小塔子村古城	
韩州	辽宁省昌图县八面城村古城址	下领 1 县
柳河县	辽宁省昌图县八面城村古城址	
双州	辽宁省沈阳市石佛寺乡石佛寺村古城	下领 1 县
双城县	辽宁省沈阳市石佛寺乡石佛寺村古城	
集州	辽宁省沈阳市苏家屯区奉集堡辽城址	下领 1 县
奉集县	辽宁省沈阳市苏家屯区奉集堡辽城址	
银州	辽宁省铁岭市银州区旧城	下领 3 县
延津县	辽宁省铁岭市银州区旧城	

续表

道州县名称	道州县治所今在	道州县辖治情况
新兴县	辽宁省铁岭市境内，确址待考	
永平县	辽宁省铁岭县乔家沟村辽城址	
同州	辽宁省开原市中固镇古城址	下领2县、1州
东平县	辽宁省开原市中固镇古城址	
永昌县	确址待考	
州	确址待考	
咸州	辽宁省开原市老城镇古城址	下领1县
咸平县	辽宁省开原市老城镇古城址	
郢州	辽宁省昌图县境内，确址待考	下领1县
延庆县	辽宁省昌图县境内，确址待考	
肃州	辽宁省昌图县马仲河村古城址	下领1县
清安县	辽宁省昌图县马仲河村古城址	
安州	辽宁省昌图县四面城村古城址	下领1县
归仁县	辽宁省昌图县四面城村古城址	
铜州	辽宁省海城市析木城镇古城址	下领1县
析木县	辽宁省海城市析木城镇古城址	
镇海府	辽宁省庄河市土城子村古城址	下领1县
平南县	辽宁省庄河市土城子村古城址	
顺化城	辽宁省大连市金州区石城子村古城址	
宁州	辽宁省瓦房店市城西阳台村古城址	下领1县
新安县	辽宁省瓦房店市城西阳台村古城址	
衍州	辽宁省辽阳市城西南唐马镇古城址	下领1县

续表

道州县名称	道州县治所今在	道州县辖治情况
宜丰县	辽宁省辽阳市城西南唐马镇古城址	
归州	辽宁省盖州市城西南归州镇归州村	下领1县
归胜县	辽宁省盖州市城西南归州镇归州村	
连州	辽宁省辽南地区，确址待考	下领1县
安民县	辽宁省辽南地区，确址待考	
苏州	辽宁省大连市金州城区旧城	下领2县
来苏县	辽宁省大连市金州城区旧城	
怀化县	辽宁省大连市金州城区境内，确址待考	
复州	辽宁省瓦房店市复州城镇古城	下领2县
永宁县	辽宁省瓦房店市复州城镇古城	
德胜县	辽宁省瓦房店市境内确址待考	
辰州	辽宁省盖州市盖州镇古城址	下领1县
建安县	辽宁省盖州市盖州镇古城址	
渌州	辽宁省营口市老边区原土城子村辽城址	下领2县、4州
弘闻县	辽宁省营口市老边区原土城子村辽城址	
神乡县	辽宁省营口市老边区二道沟村辽遗址	
桓州	辽宁省辽南地区，确址待考	
丰州	辽宁省辽南地区，确址待考	
正州	辽宁省辽南地区，确址待考	下领1县
东郡县	辽宁省辽南地区，确址待考	
慕州	辽宁省辽南地区，确址待考	
崇州	辽宁省沈阳东陵区下柏官屯古城址	

续表

道州县名称	道州县治所今在	道州县辖治情况
铁利府	辽宁省沈阳市东陵区大夫屯村古城址	
麓州	辽宁省沈阳市东陵区董楼子村古城址	
兴州	辽宁省沈阳市沈北新区懿路村古城址	
定理府	辽宁省沈阳市沈北新区懿路村古城址	
遂州	辽宁省昌图县七家子村古城址	下领1县
山河县	辽宁省昌图县七家子村古城址	
荣州	辽宁省康平县齐家坨古城址	
宗州	辽宁省法库县四家子村古城址	下领1县
熊山县	辽宁省法库县四家子村古城址	
懿州	辽宁省阜新县土城子村辽城址	下领2县
宁昌且	辽宁省阜新县土城子村辽城址	
顺安县	辽宁省阜新县塔营子村辽城址	
安定府	辽宁省境内，确址待考	
冀州	辽宁省境内，确址待考	
东州	辽宁省境内，确址待考	
尚州	辽宁省境内，确址待考	
荆州	辽宁省境内，确址待考	
率州	辽宁省境内，确址待考	
源州	辽宁省境内，确址待考	
渤海州	辽宁省境内，确址待考	

续表

<table>
<tr><th>道州县名称</th><th>道州县治所今在</th><th>道州县辖治情况</th></tr>
<tr><td>桂州</td><td>辽宁省辽阳市附近，确址待考</td><td rowspan="7">考古文化发现，辽代东京道在辽东地区置有桂州、教州、怀北州、朝州、亳州、神虎军城、常安县，现存史料中未记</td></tr>
<tr><td>教州</td><td>辽宁省辽阳市南或东部一带，确址待考</td></tr>
<tr><td>怀北州</td><td>辽宁省辽阳市南或东部一带，确址待考</td></tr>
<tr><td>朝州</td><td>辽宁省辽阳市南或东部一带，确址待考</td></tr>
<tr><td>亳州</td><td>辽宁省境内，确址待考</td></tr>
<tr><td>神虎军城</td><td>辽宁省丹东市或宽甸县境内，确址待考</td></tr>
<tr><td>常安县</td><td>辽宁省沈阳市沈北新区懿路村古城址</td></tr>
</table>

注：此表参阅《辽史·地理志》《东北历史地理》等整理而成

表 16—4　辽朝中京道在今辽宁境内曾置州县一览表

道州县名称	道州县治所今在	道州县辖治情况
大定府	内蒙古自治区宁城市大明乡古城	下领 9 县、10 州，置辽东地区境内 4 县
富庶县	辽宁省喀左蒙古族自治县公营子村古城	
文定县	辽宁省喀左蒙古族自治县城东南，确址待考	
神水县	辽宁省朝阳县南双庙乡一带	
金源县	辽宁省建平县朱碌科乡辽城址	
惠州	辽宁省建平县八家子辽城址	下领 1 县
惠和县	辽宁省建平县邹家湾村辽城址	
利州	辽宁省喀左蒙古族自治县大城子镇古城址	下领 1 县
阜俗县	辽宁省喀左蒙古族自治县大城子镇古城址	
榆州	辽宁省凌源市十八里堡古城址	下领 2 县

续表

道州县名称	道州县治所今在	道州县辖治情况
和众县	辽宁省凌源市十八里堡古城址	
永和县	辽宁省凌源市南，确址待考	
潭州	辽宁省喀左蒙古族自治县白塔子村古城址	下领1县
龙山县	辽宁省喀左蒙古族自治县白塔子村古城址	
成州	辽宁省阜新蒙古族自治县红帽子古城址	下领1县
同昌县	辽宁省阜新蒙古族自治县红帽子古城址	
兴中府(霸州)	辽宁省朝阳市旧城	下领4县、2州
兴中县	辽宁省朝阳市旧城	
营丘县	似在辽宁省朝阳市旧城	
象雷县	在宁城市与朝阳市间，确址待考	
闾山县	朝阳市之西、宁城市之东，确址待考	
安德州	辽宁省朝阳县西营子古城址	下领1县
安德县	辽宁省朝阳县西营子古城址	
黔州	辽宁省义县永宁铺村古城址	下领1县
盛吉县	辽宁省义县永宁铺村古城址	
宜州	辽宁省义县义州镇古城址	下领2县
弘政县	辽宁省义县境内，确址待考	
闻义县	确址待考	
锦州	辽宁省锦州市旧城	下领2县、1州
永乐县	辽宁省锦州市旧城	
安昌县	辽宁省葫芦岛市安昌岘村古城址	
严州	辽宁省兴城市城南四城子古城址	下领1县

续表

道州县名称	道州县治所今在	道州县辖治情况
兴城县	辽宁省兴城市城南四城子古城址	
川州	辽宁省北票市城东北黑城子古城址	下领3县
弘理县	辽宁省北票市黑城子村附近	
成康县	辽宁省北票市四家板村古城址	
宜民县	辽宁省北票市黑城子村古城址	
建州	辽宁省朝阳市城西南木头城子镇	下领2县
永霸县	辽宁省朝阳县黄花滩村古城址	
永康县	辽宁省建昌县安杖子村古城址	
来州	辽宁省绥中县前卫城	下领1县、3州
来宾县	辽宁省绥中县前卫村古城址	
隰州	辽宁省兴城市东关站村古城址	下领1县、2州（2州在河北境内）
海滨县	辽宁省兴城市东关站村古城址	
南和州	辽宁省建昌县二道湾子乡古城址	考古文化发现，辽代中京道在辽东地区置有南和州、和州、义州、招延州、穆州、灵州、彰义军，现存史料中未记
和州	辽宁省建昌县谷杖子乡古城址	
义州	辽宁省义县一带，确址待考	
招延州	辽宁省建昌绥中一带，确址待考	
穆州	辽宁省阜新市细河堡辽城址	
灵州	辽宁省朝阳北票一带，确址待考	
彰义军	辽宁省喀左蒙古族自治县境内，确址待考	

注：此表参阅《辽史·地理志》《东北历史地理》等整理而成

第二节　辽朝时期辽东地区民族分布

民族既是文化的创造者，又是文化的传播者。研究文化形态与类型，首先要研究民族及其特点。辽王朝统治时期，全辽境内社会形态出现多民族错居杂处的局面。汉族、契丹部族、库莫奚部族、渤海部族、女真部族等民族、部族共同生活在全辽广阔的土地上。各民族长期杂糅错居，文化交流，民族交融，互相影响，促进了民族融合，推动了辽河文化的发展。

一　汉族的分布

辽王朝统治时期，全辽境内生活着大批汉族人。据《辽史》等文献资料记载，汉人主要由四种类型构成：

一是唐代或唐代以前，朝廷置州县时的原居汉人。如东京道鹤野县，居户有1200户之多，应是辽朝建立前就在此地居住的原居民；海州，辽初迁渤海南海府遗民置；辽圣宗平大延琳叛乱后徙其民于上京，再迁泽州之民实之，新迁来的泽州之民应是汉民；显州奉先县，本汉无虑县之地，辽世宗析辽东长乐县居民以为守陵（显陵），这些守陵户亦应是汉户；辽西州，本汉辽西郡之地，其居民也应是汉人；贵德州，本唐时所设察割的头下州，其所俘汉户当是本地人；岩州，是唐代所设，辽代因之，其居民无疑是汉人；银州，是太祖平渤海迁其遗民所置，银州所辖的延津县是唐代旧治，其属民大部分亦是汉人；衍州，以汉户置，也应是当地汉人居多；咸州，“乃招营、平等州客户数百，建城居之”，这些客户无疑是辽西地区汉人；中京道的神水县、金源县都是沿用隋唐旧治，多数县民无疑是汉人；兴中府的安德州、锦州、宜州、闻义县等，都是沿用汉代旧治，其属民大多数应是汉人。

二是辽太祖从河北、河东掳掠来的俘民。《辽史》记载：“皇帝即位，凡征伐叛国掳掠人民，或臣下进献人口，或犯罪没宫户，皇帝亲览闲田，建州县以居之，高官治其事。”① 辽代每个皇帝都有自己的斡鲁朵（宫卫），当时共有 12 宫 1 府，其属民绝大多数是掳掠而来的中原汉民；据《辽史》记载，辽朝所设 16 个投下军州中有 11 个在今辽宁境内，而投下军州主要是以战争虏获的异族人民、本部部曲和少数犯罪户构成，如东京沈州所辖乐郊县，是辽太祖以所俘河北蓟州三河县汉民置；灵源县是太祖所俘蓟州吏民置；此外，中京道惠州、榆州、泽州、中兴府辖下兴中县等，都是以掳掠来的汉民而设置的。

三是朝廷有意而为的大规模迁徙而来的汉民。如唐代辽东地区的汉民，在辽初时被迁往上京之地，然后又从河北俘虏来汉人安置于辽沈之地；上京祖州咸宁县“本长宁县，破辽阳，迁其民置”；辽太宗尽迁东丹国民到边地，其中亦应有大批汉人。

四是因中原地区长期战乱为避难而自动来投的汉族流民。据《辽史》记载，因中原战乱，避难辽东的中原士大夫及流民很多，包括战败的中原所降官、兵等。中原文人士大夫如前述，入朝为官的不在少数，如刘承嗣、刘守杰、刘日泳祖孙三代均在辽代做官，一门显赫。刘承嗣是唐卢龙节度使燕王刘仁恭之孙，其父刘守奇是刘仁恭的小儿子，刘守奇于太祖时降辽，又投河东，后奔梁。其子孙则流落辽地，后来都做了官：刘承嗣曾任兴州刺史，其子刘守杰曾任官显州、奉圣州，其孙刘日泳曾任遂州刺史、来州刺史、宿州刺史等。又如辽西的王氏是唐义武军节度使王处置的后裔。921 年，王处置之子“举室来降，太祖以为养子”。其子孙长期在宜州为官，遂占籍辽西。青州马氏，太宗时“徙其族于医巫闾山，因家焉。”河北景城人陈万，辽太祖时归降国舅阿古只，任投下州“豪州军使”，太宗时任豪州刺史，陈氏遂定居辽

① 脱脱，等. 辽史·志第一十九·礼二：卷四十九 [M]. 长春：吉林人民出版社，1995：452.

西。后汉刘崇之孙刘继文，以质子留辽 7 年，归国后又于 979 年（景宗乾亨元年）投降于辽王朝，景宗封其为彭城郡王，居辽西。平州卢龙人张建立，降辽后曾任刺史，占籍榆州。辽西朝阳耿氏，其祖居上谷郡，太祖破上谷，耿氏归降，遂占籍霸州。天祚帝时期的宰相梁援原籍定州（今河北定州市），太宗年间，其先祖归降辽朝，曾任宁昌军节度使之职，遂占籍辽西义县，等等，不胜枚举。有汉族人居住的地方，就一定有汉文化的存在和传播。

二　契丹族的分布

辽代，契丹族无论是贵族还是平民，很多人都居住在今辽宁境内，其中包括契丹皇族耶律氏成员和后族萧氏成员，有几个契丹显贵大族，他们世代居住在今辽西地区，为今辽西乃至全辽的历史文化发展做出了重要贡献。契丹部族建国前就已经长期生活在白狼水以东广大地区，即今阜新、彰武、北票一带。辽太祖建立辽国后，契丹贵族所建的投下军州也多分布在这一地区。《辽史》记载的 16 个投下军州，其中有 11 个在今辽宁境内，且有 9 个集中分布在阜新一带，具体是豪、遂、渭、成、徽、懿、欢、顺、闾州。这些投下军州的建置，都与契丹部族几个显贵的大家族有着密不可分的关系。考古文化证明，今阜新市蒙古族自治县八家子乡系辽太祖之母宣简皇后家族的发祥地。投下军州的豪州，是辽西地区比较早建立的投下军州，系萧阿古只的私人领地，豪州治所在今彰武县小南洼古城。萧阿古只是应天太后之弟，为国舅拔里少父房一支的代表人物，可见萧阿古只家族与辽西阜新、彰武关系十分密切，萧阿古只家族是一支非常显赫的契丹人家族，这个家族在辽代先后出过 6 位皇后，2 位皇妃，封一字王 13 人，封郡王 10 人，任北府宰相 17 人，授北南枢密使 10 人，被招驸马 20 人。此外，成州是圣宗长女岩木堇的私城，懿州是圣宗女槊古公主私城，渭州是驸马萧昌裔的私城，福州是驸马萧宁的私城。辽西的北镇市及义县，则与东丹王耶律倍及其耶律家族有着十分密切的关系。东丹王耶律倍的显陵在北镇医巫闾山，其子世宗、孙显宗，死后均葬于医巫闾山，耶律倍的其他子孙去世后亦多葬于此。

辽代的辽东地区，其居民主要是东丹国南迁的渤海人和汉族人，但东丹国的最高统治者则是契丹人，大臣中也多为契丹人。东丹国废除后，设东京辽阳府，其最高长官东京留守，几乎都是契丹贵族出任。曾任东京留守的有耶律隆先、耶律和里（耶律羽之之子）、耶律抹只（仲父房隋国王之子）、萧恒德（国舅少父房萧排押之弟）、萧排押、萧惠、耶律八哥（五院部人事）、萧孝先（驸马）、萧孝穆（萧孝先之兄）、萧孝忠（驸马）、萧孝友（萧孝穆之弟），直至辽末，东京留守一职始终由契丹贵族成员出任，多由宗室贵族和驸马担任这一职务。总之，辽代的辽东地区居住着为数不少的契丹人。

三　渤海族的分布

渤海国是由靺鞨部族、高句丽部族、汉族共同创建的国家，渤海国的王族是粟末靺鞨人。渤海国经过 200 多年的统治，各民族互相融合，到其政权被契丹部族推翻时，已经成为一个新的民族共同体——渤海族。渤海族在文化形态上更接近于中原文化。辽代在今辽宁境内的渤海族，主要居住在东京道，即今辽宁东部地区和辽东半岛的各州县，以辽沈一带较为集中，尤其是渤海国遗民南迁后建立的东丹国都城辽阳，更是集中居住了很多渤海族家庭，特别是贵族家族，如高氏、王氏、大氏、杨氏、李氏、张氏等。

辽东渤海族与辽朝皇族耶律氏之间有的还存在姻亲关系，主要是其王族大氏。如东丹王耶律倍有一妃姓大氏，生平王隆先；景宗也有一妃系渤海大氏之女，生淑哥公主，下嫁卢俊；圣宗有一妃大氏，生女长寿，下嫁大力秋。

渤海人南迁后，将其生产技术和文化带到了辽东地区。如迁至今辽西北镇附近的渤海人，主要是原中京显州和率宾府遗民，曾闻名于唐的“显州之布”和“率宾之马”自然随之到了辽西地区；渤海人善于制造兵器，南迁的渤海人，将其带到新的居住地医巫闾山地区，使医巫闾山地区成为辽代铠甲武器的制造基地和纺织业发达之地。圣宗时，显州“岁贡绫锦”，朝廷“铠甲缺则取于显州甲坊”。

辽东渤海人，在辽朝担任重要官职或在某些方面较突出者不乏其人。如大素贤，渤海末期任司徒，东丹国建立时出任次相，南迁大素贤随之到辽阳。耶律倍避难后唐，大素贤佐王妃萧氏主理国政，长居宰辅之位，后遭耶律羽之弹劾，被免职。又如王继远，本汉平原王烈之后，是被渤海化的汉人，辽初其任东丹国翰林学士，居辽阳；其孙王咸饬仕辽为中作使；咸饬孙王叔宁官六宅使、恩诈刺史，迁居中京大定府；其子王永寿，又迁韩州（今铁岭昌图八面城），天祚帝时又迁辰州（今盖州市熊岳镇），渤海王氏一门以文学显于辽、金、元三代。

另外，辽初在东丹国担任重要职务的渤海人还有：大昭佐，仕于东丹，曾奉使后唐；高正祠，仕于东丹，曾奉使后唐；文成角，仕于东丹，奉使后唐；高保义，仕于东丹为右录事、试大理评事，与文成角同奉使后唐；列周到，仕于东丹，任东丹国南海府（今海城市）都督，奉使后唐；乌济显，仕于东丹，任东丹国政堂省工部卿，奉使后唐；高徒焕，仕于东丹，任东丹国兵器寺少令，奉使南唐，并以马 200 匹、羊 3 万头与南唐交易，换回纺织品、茶叶和药材；高模翰，渤海国灭亡时逃往高句丽，后因罪回归，仕辽，政绩颇著，辽太宗说，“朕统一天下，斯人之力也”，其累官上将军，加特进检校太师，爵封悊郡开国公，加开府仪同三司，穆宗时，出任东丹国中台省右相，东京渤海遗老迎之于路，后升左相，卒于辽阳。

辽代中后期，东京渤海人之杰出者很多，如大仁靖，出任东京宰相府右平章政事；罗汉，官司渤海帐司宰相，圣宗时权东京统军使。

四　女真族的分布

辽代，在今辽宁境内居住的女真部族主要是曷苏馆女真。此外，在辽西地区居住的有部分女真部族移民。曷苏馆女真与生女真完颜部同宗，族源系黑水靺鞨。曷苏馆女真之名最早见于《辽史》为圣宗开泰元年（1012年）。曷苏馆女真的迁徙应与辽朝圣宗统和年间的用兵有关。据《辽史·圣宗纪二》记载，圣宗统和三年至四年正月，辽朝对女真部落用兵，历时5个多月，“获生口十余万，马二十余万及诸物。”至990年（统和八年），女真已经完全被征服，曷苏馆女真内附辽朝。圣宗初年，辽朝用兵高句丽，有部分曷苏馆女真从高句丽归附辽朝。

辽朝对南迁的曷苏馆女真实行特殊管理，不归州县所辖，设曷苏馆女真大王府，以女真酋豪为大王，设惕隐、宰相等官，以统诸部。曷苏馆女真大王府被列入59个属国之一。考古文化证明，曷苏馆女真部族主要活动在开州（今丹东凤城一带，碧流河流域）。

此外，辽代辽东地区还分布有库莫奚族、霫族、室韦诸部族、高句丽族、兀惹族、铁利族、胡里改族等。篇幅关系，不一一赘述。

总之，不同的民族文化，培养出不同的民族性格。各民族间融合，文化交流与陶融，对共同民族文化和民族性格的形成，具有重要作用。

第十七章　辽朝时期辽东地区经济文化形态

辽代社会经济文化形态的发展经历了几个不同的阶段。前期由于国力主要用于对外扩张，表现了奴隶制的掠夺式经济文化形态，辽初的经济发展较为缓慢，甚至由于野蛮掳掠，对某些地区经济造成破坏。直至辽圣宗时期，辽朝政体文化基本封建化，辽朝经济才有较快发展。

辽朝统治阶级采取适宜社会经济发展的“因俗而治”的方针，推动了辽朝经济发展。从经济文化形态上看，辽代经济文化大体上可以分为三大区域，即渔猎区、牧区、农区。从地域上看，以渔猎业为基本经济文化形态的是居住在潢河、土河之间的契丹部族以及东北部女真等部族；以畜牧业为基本经济文化形态的是北方草原各民族；以农业为主要经济文化形态的是南部地区的汉族、渤海部族。3 个区域的经济文化形态不同，社会组织、生产力、生产关系也处在不同的发展阶段，存在着氏族、奴隶、封建地主的差别。3 种不同经济文化形态纳入一个统一的政体文化之内，各地区、各民族相互学习借鉴，为本地区的开发作出了重要历史贡献，使辽王朝统治时期的全辽经济文化在诸多领域取得显著成就。

第一节　辽朝时期辽东地区农牧渔业文化

辽王朝统治时期的辽东地区，汉族、渤海部族、契丹部族、库莫奚部族分别拥有各自民族的经济文化形态，由此共同构成了辽东地区多元的经济文化形态。

一　农业文化

以农业经济文化为主体的多种经营是辽代经济文化的一个特点。辽王朝对农业经济十分重视，农业经济文化发展很快，辽朝财政收入主要源自农业生产。辽朝初期，农业文化已在契丹部族和北部部族中开始传播，长城以北广大地区，开垦了许多农田。辽王朝取得燕云十六州以后，这一地区发达的农业文化、先进的农耕技术，向辽朝统治的其他地区辐射和传播，促进了其他地区农业经济文化的迅速成长。

汉族和渤海部族是农业民族，辽代全辽地区是他们长期居住的地方；农业经济文化形态的发展，与汉族、渤海部族关系密切。契丹部族、库莫部族入居该地区后，积极向汉族、渤海部族学习农耕文化，逐渐改变了原来逐草迁徙的游牧民族的传统，开始向定居的农耕生活方式过渡。因此，辽代时期，全辽境内农耕文化发展较快，从事农耕的人口明显增加，大大促进了本地区农业生产的发展。

据《辽史》记载，契丹部族在建国之前就已经开始学习、应用农业种植技术。阿保机的祖父匀德实“喜稼穑，善畜牧，相地利以教民耕”①；阿保机伯父述澜“教民种桑麻，习织组”②。阿保机建国后，东征西讨，掳掠大量的汉民和渤海人，建州县置之。据史料记载，在辽太祖、太宗时期，迁往东京道地区各州县的汉人和渤海人总数超过了20万口。“率汉人耕种，为治城郭邑屋廛市如幽州制度，汉人安之，不复思归”③。农业得到了长足的发展。太宗时，东丹国南迁，大量的渤海遗民迁往辽东南广大地区，使农业人口倍增。可以说，辽代所置州县的辽西北与辽东南广袤地区，都是农业经济文化比较发达的地区。“有城壁皆以郡县名，有民人皆以耕桑为本”④。由此可见，当时土地被开垦和利用的情况。

早在隋唐时期，辽东地区就有较好的农业基础，特别是高句丽部族经营辽东时，“种田养桑”⑤，农桑经济文化较为发达。隋唐收复辽东后，置安东都护府治理该地，由于大批中原人进入辽东地区，中原先进的农业文化因素被辽东地区原居民吸收应用，推动了农业生产的恢复与发展。辽初由于大批汉人和渤海遗民的迁入，辽东地区农业进一步发展。另外，迁入辽南的熟女真曷苏馆人，他们虽然在行政归属上保持一定的独立性，但在经济和文化方面，深受当地汉族和渤海族的影响，主要从事农业生产。

辽王朝十分重视农业，在中央机构南面官设有司农寺，专门

---

① 脱脱，等．辽史·志第五十九·食货上：卷五十九［M］．长春：吉林人民出版社，1995：505.

② 脱脱，等．辽史·本纪第二·太祖下：卷二［M］．长春：吉林人民出版社，1995：15.

③ 欧阳修．新五代史·四夷附录第一：卷七十二［M］．长春：吉林人民出版社，1995：517.

④ 尹洙．河南集·备北秋奏议代耿传作//丛书集成续编［M］．上海世界出版股份有限公司，上海书店出版社，2014：333.

⑤ 刘昫．旧唐书·列传第一四九上·东夷·高丽［M］．长春：吉林人民出版社，1995：3392.

管理全国的农业。在东京道置有司农分司，委派专员管理东京道之农业生产。至圣宗与北宋签订“澶渊之盟”以后，辽朝进入全盛时期，全辽地区已经“城郭相望、田野日辟”①。据《辽史》记载，马人望任中京度支使，“视事半载，积粟十五万斛”②；“辽之农谷至是为盛”。当时粮食产量大增，自给有余，各州县都置有粮库，储存粮食以备战荒。当时东京道的咸、信、苏、复、辰、海、同、银、遂等州共50余城，官仓所储粮食“所在无虑二三十万硕，虽累兵兴，未尝用乏”③。东京道的咸州也是粮草丰足。圣宗统治末期，南京析津府岁饥，朝廷曾“移辽东粟饷燕”④。可见当时辽东地区的粮食储备是十分充足的。

辽代的农作物种类很多，主要有稻、麦、粱、黍、穄等。当时，燕云地区的稻米很出名，有“红稻青粳”之誉。麦、粱种植也很普遍。契丹旧地盛产穄米（糜子米）和豆类，西瓜也是特产之一。辽代南部和北部地区农业生产发展情况不尽相同，但在统一体中，增加了相互间的交流，从而促进了各地区农业经济文化的发展，进而也带动了辽朝其他部门经济文化的发展。

考古文化证明，辽代全辽地区的农耕技术和生产工具已经较为先进，铁制农具主要有犁铧、锄、镐、镰、叉、斧等，其形制与中原地区的同类器物完全相同。这些铁制农具在辽之韩州（今铁岭昌图八面城）、成州（今阜新县红帽子村古城）、榆州（今凌

① 脱脱，等. 辽史·志第一十七下·百官四：卷四十八［M］. 长春：吉林人民出版社，1995：439.

② 脱脱，等. 辽史·列传第三十五·能吏·马人望：卷二［M］. 长春：吉林人民出版社，1995：889.

③ 脱脱，等. 辽史·志第八十二·食货上：卷五十九［M］. 长春：吉林人民出版社，1995：506.

④ 脱脱，等. 辽史·志第八十二·食货上：卷五十九［M］. 长春：吉林人民出版社，1995：506.

源市十八里堡古城）旧址和今北镇等地均有出土，表明当时农业文化的先进性。

二 畜牧业文化

畜牧业是契丹部族传统的经济文化形态。辽代居住上京道和中京道的契丹人和库莫奚人，总体上看保留其传统的游牧养畜业文化，同时兼营渔猎业；东京道的汉人和渤海人主要从事农耕，也有少部分人从事畜牧业和渔猎业。这表明辽代全辽地区经济文化形态和类型的多样性。

契丹人饲养的牲畜主要是牛、马、羊和骆驼，还有猪、狗。其中数量最多的是马和羊。辽朝建国前后，契丹部族通过战争方式，掳掠其他民族的牲口和财物，其中包括大量的牲畜。如902年，耶律阿保机略河东代北诸县，“获牛、羊、驼、马十余万”①。916年，征突厥、吐浑、党项、小蕃、沙陀等部，俘生口及财物等，驼、马、牛、羊不可胜算。掠来的牲畜和生口一起分给了契丹贵族，安置在皇帝的斡鲁朵州县和投下军州之中，其多数在今辽宁境内。当时，东京道境内也饲养牛、马、羊等牲畜。如“东丹国岁贡马千匹”②；938年，东丹国以马200匹、羊3万头与南唐进行贸易，说明当时辽东地区养马、羊的数量很多。契丹部族文化传统“其富以马，其强以兵”，“马逐水草，人仰湩酪，挽强射生，以给日用”。马与羊一直是契丹人的主要生产资料。有羊马之富，“其乐不可胜穷也”。

畜牧业是辽代的传统产业，在长期的生活实践中，积累了丰富的牧养经验。当时的放牧已经实行了定期放牧、定期回收的办

① 脱脱，等．辽史・本纪第一・太祖上：卷一［M］．长春：吉林人民出版社，1995：1.

② 脱脱，等．辽史・志第二十九・食货下：卷六十［M］．长春：吉林人民出版社，1995：510.

法，即每年由 4 月到 8 月出放，令其自逐水草，到 8 月末收回饲养保护牧群过冬。这在一定程度上发展了人工饲养，有利于改善粗放放牧的做法。

由于畜牧业生产在辽代经济生活中占有重要地位，不仅是百姓的生活来源和生产资料，也是契丹部族军队马匹的主要来源，所以，契丹统治者十分重视畜牧业的生产。据《辽史》记载，辽朝从中央到地方，专门设立群牧机构和官职，专门管理畜牧业生产。辽朝在北面官设有管理群牧的机构即群牧使司，其官有太保、侍中、敞史、都林牙等职。群牧使司下设有某群牧司，其官有某群牧使、副使等官职。管理群牧的各级机构，都分别设在有群牧的专区。如西路群牧使司、倒塌岭西路群牧使司、浑河北马群司、漠南马群司、漠北滑水马群司，另外还有牛群司等，规模都很大。

在朝廷直接经营管理下，辽代的畜牧业生产非常兴旺。“自太祖及兴宗垂二百年，群牧之盛如一日。”契丹统治者除了自己发展畜牧业以外，以战争手段从其他民族掠夺大量的牲畜，如征伐河东地区时，曾“获牛、羊、驼、马十余万”，后又从女真“获马二十余万”。他们把掠夺来的牲畜分给各群牧地区，“数岁所增，不可用算。”另外，对征服的各族，规定每年要以牲畜为贡物。如“东丹国岁贡千匹，女直万匹，直不古等国万匹，阻卜及吾独婉、惕德各二万匹，西夏、室韦各三百匹，越里笃、剖阿里、奥里米、蒲奴里、铁骊等诸部各三百匹”，“以故群牧滋繁”。到天祚帝初年，“马犹有数万群，每群不下千匹”，可见辽代畜牧业文化之繁盛。

三　渔业文化

渔猎业文化是契丹部族传统生活习俗文化，契丹部族建国之前的渔猎业文化就十分兴盛。建国之后，渔猎业文化一直保持着固有的传统文化习俗，并得到契丹统治者的重视。辽代皇帝为了发扬渔猎文化传统，实行四时捺钵制。凿冰钩鱼是契丹皇帝春捺钵重要活动内容之一。《辽史·营卫志中》记载，每年春天，皇帝率文武百官到春捺钵之地，“天鹅未至，卓帐冰上，凿冰取鱼”①。即先令人于河上下10里间用毛网截鱼，驱至冰帐之前，帐前凿4个眼，其中1眼凿透，其余3眼将冰凿薄而不透用于观察，冰下之鱼见有透眼即游过来换气，猎渔者以绳钩掷之，刺中鱼后纵绳牵之，待鱼倦则拽出之，叫作得头鱼②。这种凿冰及钩鱼的工具考古有发现，在今沈阳法库辽墓中曾出土两组渔具，有鱼叉、冰穿，皆为铁质，还有两只铁钩。鱼叉为三股，叉尖有倒刺。铁钩钩头近于方折，钩尖甚锐，钩身较长，原有木柄。在锦州张杜村、朝阳姑营子辽代耿氏墓中，也出土了铁冰穿，形制与法库辽墓发现的极其相似。

凿冰钩鱼的方法，是契丹部族的一个创造。这种渔猎文化在北方一些地区一直流传至今。

狩猎也是契丹人传统的生产形式之一。契丹部族是一个非常善于狩猎的民族，狩猎在经济生活中占有比较重要的地位。如924年，辽太祖“猎寓乐山，获野兽数千，以充军食”③；“六百余里且行且猎，日有鲜食，军士皆给”④。狩猎不单与国家的军事生活有关，也是一般平民百姓日常的生活资料来源。契丹人的狩猎活动，是根据季节的变换进行的，不同季节从事不同的狩猎活动。狩猎的对象主要有麋鹿、麃子、虎、豹、熊、野猪、貂、狼、野兔、黄羊、鹅、雁、野鸡等。辽代契丹人最多的猎物是鹿，鹿繁

① 脱脱，等．辽史·志第二·营卫中：卷三十二［M］．长春：吉林人民出版社，1995：215.

② 杨复吉．辽史拾遗：卷二十三［M］．北京：中华书局，1985.

③ 脱脱，等．辽史·本纪第二·太祖下：卷二［M］．长春：吉林人民出版社，1995：12.

④ 脱脱，等．辽史·本纪第二·太祖下：卷二［M］．长春：吉林人民出版社，1995：12.

殖比较快，而且比较容易捕获，鹿肉细嫩鲜美，是契丹部族最爱的肉类。契丹人的猎神就叫“麃鹿神”，据《辽史》记载，“辽俗好射麃鹿，每出猎，必祭其神以祈多获”①。

契丹人狩猎以骑射为主，所用的工具主要是弓箭。弓以皮为弦，箭削桦为幹。由于所捕猎的对象不同，除了弓以外，也用其他工具。如捕鹅鸭用刺锥，捕野兔则用罝网石锤，射鹿时还辅以诱鹿的鹿哨等。猎犬和鹰是契丹人常用的辅助工具。契丹人的狩猎形式有游猎和围猎两种。游猎的规模比较小，也较为随便，少则数人，多则十数人。围猎的规模比较大，少则几十人，多则百多人，甚至上千人。

另外，在辽墓的壁画当中，也反映了契丹人渔猎的场面。在耶律倍的绘画《猎雪图》《千鹿图》《射骑》《射猎图》等作品中，反映出契丹部族对渔猎文化的重视和钟情。

第二节　辽朝时期辽东地区手工业文化

辽代的手工业文化，是在原有契丹传统民间家庭手工业基础上发展起来的重要生产文化形态，主要包括金属冶炼和铸造业、纺织业和制陶业等形态。

一　冶铸业文化

辽代的金属冶炼包括金银和铜铁。当时辽东地区比较发达的是冶铁业，主要的地点在今鞍山市附近。据《辽史》记载：“曷

① 脱脱，等．辽史·国语解第四六·帝纪：卷一百一十六［M］．长春：吉林人民出版社，1995：935.

术，铁也。布置三冶：曰柳湿河，曰三黜古斯，曰手山。”① 三冶即三个冶炼铁矿石的工场。柳湿河即今鞍山市附近的柳河，手山即今辽阳市南首山（离鞍山不远）。可见，今鞍山市的冶铁历史可以追溯到辽代。考古文化发现，在今鞍山发现了辽代炼铁的遗迹，当时的炼铁炉为圆形。辽代东京道治所辽阳附近也有炼铁业，如东平“本襄平县故地，产铁矿，置采炼者三百户，随赋供纳”②。另外，辽代南迁渤海国铁州新地址在今营口盖州的汤池堡古城，其城东也有铁矿产铁，并掌握了炼生铁、熟铁及炼钢技术。

辽朝为了管理辽东地区的采冶业，在东京道设有户部都司，负责管理和监督开矿和税收。

冶铁业的发展，为农业和其他经济文化的发展创造了条件。考古文化发现，辽西和辽东出土的文物看，其中铁器数量较多，呈现出农业文化的典型特征，包括农具和餐饮文化中的餐具、炊具和其他如兵器等。农具主要有铧、镰、镐、锄、叉、犁镜、铡刀等，日常生活器具有锅、炉、鼎、壶、铲、斧、钳、锯、刀等，兵器有矛、剑、骨朵、镞等，还有马镫、镳角、车上等车马器③。总之，冶铁业文化的发展和其产品在人们日常生活、生产、军事等各个领域的广泛应用，促进了辽代全辽地区的社会文化形态和类型的发展。

有关金银制品业文化，在考古文化中多有发现。如朝阳市建平县张家营子辽墓中，曾出土一件鎏金的龙凤纹银冠，高为 19 厘米，直径为 20.9 厘米，是用鎏金银片卷成的圆筒形帽子，形制相

① 脱脱，等. 辽史・志第二十九・食货下：卷六十［M］. 长春：吉林人民出版社，1995：509.

② 脱脱，等. 辽史・志第二十九・食货下：卷六十［M］. 长春：吉林人民出版社，1995：509.

③ 项春松. 辽墓形制的演变及其器物的分期辨认［J］. 内蒙古文物考古，1982（1）.

当精美；同一座墓中，还出土凤形金耳饰两件。朝阳二十家子镇前户村辽墓中，出土一件精美的童戏鎏金银带具；朝阳建平朱碌科辽墓中出土了相当精致的金银器，如鱼形金耳饰、錾花金手镯等①；沈阳法库叶茂台7号墓出土有鎏金银镂花捍腰、锤錾5个塔式建筑，其制作工艺明显承袭了唐代工艺传统；朝阳北塔地宫出土的金银器，制作精巧、艺术水平相当高。等等。

辽代对铜管理十分严格，禁止铜器外流。考古文化发现，辽墓中出土的铜镜、铜洗、铜执壶等，表明当时全辽境内的铜器铸造工艺水平已经达到较高程度。辽代铜镜中有仿造汉镜和唐镜的，铜镜背面的花纹和故事内容丰富多彩，如锦州张扛村辽墓中出土的仿制双鸾衔花亚字形镜②。辽代铜镜中比较典型的有双龙纹镜、云鹤纹镜、双凤纹镜、凤雁纹镜、鱼龙鹤雁纹镜等。这些器物的形制及制作工艺都达到很高水平。

总体上说，辽代全辽地区的金属冶炼和铸造业文化是十分发达和先进的。

二　纺织业文化

辽王朝统治时期，辽东地区的纺织业在唐代的基础上又有了发展和进步。纺织业文化形态包括丝织业、麻纺业和棉纺业。辽代东京道的显州即今锦州北镇市是当时辽西地区的纺织中心。该地区的纺织在唐代就形成一定基础，辽代将中原定州之民迁徙到此地之后，带来了中原纺织业文化的先进因素，使显州成为全辽境内的一个纺织业中心，以产绫锦制品而享有盛名。显州每年要向朝廷交纳高级丝织品，这些高级丝织品深受契丹贵族的喜爱。

① 朝阳博物馆．朝阳历史与文物［M］．沈阳：辽宁大学出版社，1986：193－195．

② 刘淑娟．辽代铜镜研究［M］．沈阳：沈阳出版社，1997：16－18．

圣宗皇帝曾“以显州岁贡绫锦分赐左右”①。辽西地区在前燕慕容廆时期从江南引进蚕桑种养以来，丝织业一直发展，至辽代时，辽西地区除了人工养殖桑蚕缫丝织布外，应还有利用野生的柞蚕缫丝织布。辽道宗时期有“百里野蚕成茧，驰驿以进”的记载②。此所谓野蚕即非人工饲养的桑蚕类，而是野生蚕，应该是柞蚕。能够利用野生柞蚕缫丝织布，表明当时辽西地区丝织业文化的发展。辽代东京道所辖之显州、灵州、霸州、锦州等地，“生桑麻贝锦，州民无田租，但贡桑织，名曰太后丝蚕户”③。中京道之近东京道的州县纺织业文化也较为发达。如白川州，“地宜桑柘，民知织衽之利，岁奉中国币帛，多出白州税户所输云”④。说明辽西地区的丝织品不仅贡奉辽王朝，而且输奉到了北宋王朝。又如宜州弘政县（今辽宁省义县），“民工织衽，多技巧”⑤。辽宋签订“澶渊之盟”后，双方和好，每遇节日或有重大事项，互赠礼品，辽朝就以精美丝织品作为朝聘礼物。同时，辽朝还与西夏交好，往来馈赠中，辽产的丝织品也是非常珍贵的礼品。

麻纺业是契丹部族传统的纺织业文化，早在建国之前，契丹部族就有种植麻类作物用以制绳和织布。辽代的辽东地区也有麻纺业文化存在。如 930 年，东丹王耶律倍曾向辽太宗“献白纻（白麻布）”。

棉纺业是高丽部族政权统治辽东时兴起的手工业文化。高丽

① 脱脱，等．辽史・本纪第一〇・圣宗一：卷九百八十三［M］．长春：吉林人民出版社，1995：65．

② 向南．辽代石刻文编，梁援墓志［M］．保定：河北教育出版社，1995：519．

③ 路振．乘轺录（石印本）．1936．

④ 曾公亮．武经总要・前集・北番地理：卷十六［M］．北京：中华书局．

⑤ 脱脱，等．辽史・志第九・地理三：卷三十九［M］．长春：吉林人民出版社，1995：278．

部族政权统治时，辽东已有种植棉花，出产白叠布。到辽代初期，渤海人迁居辽东、辽南地区之后，棉纺业文化还不很发达。东丹国建立初，辽朝规定东丹国要向辽朝廷“岁贡布五十万端”①（端为长度单位，辽代以2丈为1端）。这50万端贡品是什么质料呢？依照古人对纺织品的称谓看，凡丝织品皆称绫、罗、绸、帛、锦、绢、缎等，只有棉、麻织品才称布，故此50万端贡布应该是棉麻纺织品无疑。现代考古文化发现了辽代丝织品的遗物存在。如朱建朱碌料，在辽墓中就发现有很多织成“人”字纹的“绢帛衣衾残片”②；又如沈阳法库叶茂台辽墓中发现一贵妇身穿10余件衣裳③，经鉴定，叶茂台辽墓出土的丝织品都是桑蚕丝织成，有绢、纱、罗、绮、锦等7类90多个品种。

如此大量的贡品及墓葬品，说明当时辽东地区纺织业文化十分发达。

三　制陶业文化

辽代手工业文化形态构成中有陶瓷业文化类型。辽代的陶瓷制造业是重要的手工业生产文化形态。其制造陶瓷技术源自中原制陶文化，并在唐、五代瓷器工艺技术基础上，结合契丹部族习俗文化，创造出独特风格的辽瓷。

现代考古文化发现，辽代当时的上京道、中京道、东京道都有烧制陶瓷的窑址，共有几十处。最有代表性的是辽阳江官屯窑和抚顺大官屯窑。江官屯窑址群位于辽阳市城东约25公里的江官屯一带。整个窑址场面积很大，窑址较多，堆积很厚。这个窑口所烧制的瓷器为仿制磁州窑的黑花白瓷，也烧制黑釉瓷器，器型

① 脱脱，等．辽史·列传第二·义宗倍：卷七十二［M］．长春：吉林人民出版社，1995：741．

② 冯永谦．辽宁省建平新民三座辽墓［J］．考古，1960．

③ 辽宁省博物馆等．法库叶茂台辽墓纪略［J］．文物，1975（12）．

有瓶、罐、碗、盘等；瓷器底部有“官”字款的瓷器，一般为白瓷。当代考古文化发现，在今辽宁境内出土数百件辽代烧制的瓷器①，其形制和工艺设计，既受到中原文化的影响，也具有浓厚的契丹文化特点。

辽代陶器文化中最具特色的是篦纹灰陶器和辽三彩。篦纹灰陶器继承隋唐时期契丹陶器的传统，器型有壶、罐、瓶、瓮等，最具特色的是瓜棱灰陶罐，篦纹一般都饰于器物外表的下部。辽三彩是仿唐三彩而烧制的一种低温釉陶，一般釉色以黄、绿、白三种为主。辽三彩与唐、宋三彩相比，最为明显的特点是沙胎，器型有长颈瓶、海棠盘、圆盘、各种动物造型的水盂等，工艺水平相当高。如喀喇沁左翼蒙古族自治县三台乡西山根辽墓出土的三彩八角砚、辽宁师范大学文物收藏的摩羯纹三彩盘，都是辽三彩当中的精品②。

辽代具有时代特色的瓷器类型有盘口长颈瓶、凤首瓶、鸡冠壶、肩背壶、执壶、扁提壶、鸡腿坛等。特别是鸡冠壶，因为其形制是仿照契丹部族原来用皮革缝制的容器烧制的，故称皮囊壶。考古文化发现，在许多契丹贵族墓中，这种鸡冠壶是常见的随葬品。

总之，文献资料记载和考古文化发现，辽代全辽境内陶瓷业文化在吸收中原陶瓷业文化先进因素的基础上，创制了许多具有地域民族特色的陶瓷业文化类型，说明辽代辽河流域陶瓷文化形态和类型是十分丰富的。

---

① 中国社会科学院考古研究所. 新中国的考古发现与研究［M］. 北京：方志出版社，2007：646.

② 朝阳博物馆. 朝阳历史与文物［M］. 沈阳：辽宁大学出版社，1995：200.

第三节 辽朝时期辽东地区商业文化

辽代社会生产文化的发展，城市文化的兴起，促进了辽代商业文化的繁荣。从地域上看，辽朝国内形成了以5京为中心的商贸格局，对外建立了多渠道的活跃的贸易网络。

一 以五京为中心的商业文化

辽朝设置的上京临潢府、中京大定府、东京辽阳府、南京析津府、西京大同府，既是行政首府，也是军事重镇，又是商业文化交通中心。据《辽史·地理志·食货志》记载，上京城分为南城和北城，南城是汉人集中居住的区街，称为汉城，汉城沿街，各有楼对峙，下列井肆，从事商业交易①。在上京城南门东边有回鹘营，是回鹘商贩集中居住的地方。东京辽阳，商业繁华的地方是外城，也叫汉城，居住着许多从关内北来的汉人。东京外城的商业区有两个，即南市和北市，商业交换十分活跃，每天人们清晨在南市交易，午后到北市交易，可见当时东京辽阳商业之繁华。中京幅员30里，采取“前市后朝”的布局。从东夏门入南城，街道宽阔，两旁有廊舍300余间，居民在廊舍下开设店肆。城中有为往来交易的商贩专门设置的停放车、驼等运输工具的场所。西京广袤20里，是辽朝与西北各地区部族联系的枢纽，同时又是与西夏、北宋物质和文化交流的重要场所。五京中，最繁荣的是南京。南京城方圆36里，人口有30多万，城北有市，百物山偫。每天由海路和陆路运送来的货物都聚集在北市，商旅辐辏，

① 脱脱，等. 辽史·志第九·地理：卷三十七［M］. 长春：吉林人民出版社，1995：250；脱脱，等. 辽史·志第二十九·食货：卷六十［M］. 长春：吉林人民出版社，1995：508.

店铺林立，十分繁荣壮观。

另外，五京所属的州县，由于人口的聚集，也形成了大大小小的市镇。如过去很荒凉的祖州，已是东南横街、四隅有楼对峙、下连市肆的较繁华的城市了；靠近松漠的中京松山县，经过多年的发展，也成为商贾会冲的商业市镇；东京管辖的辰州，也成为井邑骈列，最为冲会的商业市镇；南京析津府所辖州县原本就较为富庶，到辽代有了进一步发展，香河县新仓镇，“鳌海东邻，时辑灵槎之客。而复枕榷酤之剧务，面交易而通衢；云屯四邻之行商，雾集百城之常货”①。

《辽史·地理志》记载，辽东京道治辽阳故城②，规制略同于上京，东京外城为汉城，城内有汉城商业区，分南、北市，晨集南市，夕集北市。

以上，可以看出辽朝城市商业文化已经相当繁盛。

二　与周边地区的商贸文化

辽朝建国后，与周邻地区发生过密切的经济联系。商业文化形态表现为多种类型，体现在贸易形式上，有官方和民间、合法与非法、水路与陆路等不同的途径与方式。影响最大的有 3 种形式。

（一）官方聘使往来馈赠方式

辽朝与周边地区不同的政治实体，以聘使往来相互馈赠的方式交易货物，在当时是一项重要的官方贸易活动。五代时期，辽朝先后与梁、唐、晋、北汉、吴越、南唐等政权一直存在聘使往来，进行贸易联系。据史料介绍，辽与梁聘使往来 13 次，与吴越

① 陈述．全辽文：卷五十［M］//陈述辑校．全辽诗文总集．北京：中华书局，1982.

② 脱脱，等．辽史·志第八·地理二：卷三十八［M］．长春：吉林人民出版社，1995：260.

聘使往来15次，与南唐聘使往来33次。辽与后晋结为父子，关系非同一般，聘使往来更加频繁。聘使互赠的物品范围很广，多为地方特产。辽朝还派遣回图使，在开封设邸店，从事双边贸易。吴越曾遣使送给辽“以猛火油”“珍玩”等。辽朝曾把3万只羊、200匹马给南唐，换回罗、纨、茶、药等物品。

辽朝与北宋虽然形成南北两朝对峙达160余年，但是双方聘使往来的程度甚于五代各朝。特别是“澶渊之盟”后，双方互派使臣，往来频繁。有史料记载，每年宋遣使馈赠辽价值70余万银两的物品。每值新正元旦、皇帝皇后生辰，相互遣使祝贺成为定例。使臣带去大量物品，对方也回馈大批的礼物。赠送贺礼与回赐礼物，都有固定的项目和数额。

辽朝与西夏聘使往来也很频繁。辽朝上京专门设有接待西夏使节的驿馆。辽与夏多次联姻，经济文化联系密切。西夏向辽朝进献物品，通常是“细马二十匹，麄马二百匹，驼一百头；锦绮三百匹，织成锦被褥五合；苁容、甘石、井盐各一千斤；沙狐皮一千张，兔鹘五只，犬子十只。”辽朝回赐的礼物有酒、果、马具、马匹、弓箭、锦、绮、罗、绫、绢以及衣服等。聘使在往返的行程中，沿途还到市集收购货物，到达驿馆后也有交易，还常常到行铺收买货物。

另外，地处辽朝北方、东北的迪烈、鞑靼（阻卜）、婆里、铁骊、女真、于厥、靺鞨、兀惹、奥里米、越里笃等部族，较长时间里，它们是辽国的组成部分，有时也表现为独立或半独立的部落，但一直与辽国保持着朝贡贸易的关系。《辽史·圣宗纪》记载，1018年，辽朝“命越里笃、剖阿里、奥里米、蒲奴里、铁骊等五部岁贡貂皮六万五千，马三百”，次年，“诏阻卜依旧岁贡马千七百、驼四百四十、貂鼠皮万、青鼠皮二万五千”①。女真常以

① 脱脱，等. 辽史·本纪第一十六·圣宗七：卷十六［M］. 长春：吉林人民出版社，1995：106.

金、帛、布、蜜蜡诸药材，铁骊、阻卜、于厥等部常以蛤珠、青鼠、貂鼠、胶鱼之皮，牛、羊、驼、马等与辽国贸易，主要形式是定期朝贡贸易。

（二）官方榷场交易方式

榷场是官方设立和管理的固定的贸易场所，也是辽朝对外贸易的重要商业文化形式。辽朝最早建立榷场是在909年，辽太祖曾在炭山北面设“羊城”，“以通市易”。后来，又在西京大同府的过腰带、上石楞坡、天德、云内、银瓮口等处设立榷场，从事与西夏及西北部族的商业贸易。在东边保州设有与高句丽交易的榷场，在宁州设有与女真交易的榷场。辽朝与后唐、后晋也都设有榷场，从事商品贸易经营。辽朝与宋朝间互置榷场最多，贸易数额也最大。宋朝在镇、易、雄、霸、沧州各设有榷场与辽交易，此外在静戎军、代州雁门塞设过榷场。“澶渊之盟”后，辽宋边防稳定，榷场交易迅速发展。辽朝在涿州新城、朔州南和振武军，设有榷场与宋朝交易。宋朝又在雄州、霸州、安肃军、广信军置榷场。辽宋双方都在榷场设有官员，监督贸易，管理税收。

榷场贸易，辽朝卖给宋朝的货物以羊、马、驼等畜牧品居多。辽朝从宋朝购入的商品主要是丝织品、麻布、漆器、糯米、茶叶、药材、象牙、犀角、香料苏木等。辽宋双方对榷场管理十分严格，并设有官员负责征收商税。

榷场成为商业文化传播的重要载体。

（三）民间自由交易方式

聘使馈赠和榷场交易都是合法的商业文化活动。除此外，辽与周边邻地还存在大量不合法的民间私下交易行为。由于辽、宋并立时间久且交界线长，易于过境交易。因此，两方商贩往来经营不断。这是因为，榷场设立数量限制，无法满足商贩交易需求。同时因为私下交易可以偷逃商税，商贩可以获得更多利益。此外，对于国家明令禁止交易的物品，如宋朝禁止军用物资交易、辽朝禁止毡和银、夏朝私市禁金、铁等，这就给商贩私下交易倒卖的机会，以牟取更多利润。虽然辽朝有明文禁止私下交易，但私下交易带来的丰厚利润驱使商贩们铤而走险，所以，朝廷法令并不能完全禁止和杜绝民间私下交易。

虽然民间私下交易被认定为违法，但是对于南北物质交易、繁荣商业文化是有很大推动作用的。

（四）辽东边境贸易

高丽王国建于936年，先后灭新罗、百济，统一了朝鲜半岛。高丽王国与辽国是一衣带水的近邻。据《高丽史》记载，高丽王国与辽国，“国家结好北朝，边无警急，民乐其生，以此保邦，上策也”①。由此可以看出，高丽王国力求与辽国交好，在贸易方面主要是采取朝贡贸易形式。自辽圣宗以后，高丽王国每年八节向辽国贡献，主要贡品包括“金器二百两，金抱肚一条五十两，金纱罗五十两，金鞍辔马一匹五十两，紫花绵绸一百匹，白绵绸五百匹，细面一千匹，粗布五千匹，铜器一千斤，法清酒醋一百瓶，脑元茶十斤，藤造器物五十事，成形人参不定数，无灰木刀把十个，织成五彩御衣不定数”。辽国回赐犀牛腰带、细衣、金涂鞍辔、素鞍辔、散马、弓箭、细锦绮罗、衣著绢、羊、酒果子等。辽东地区是高丽王国使臣必经之地，因此，获赐赠的使臣便会将其中一些物品在边境榷场贸易，或换钱币、或易换其他物品带回国。1005年，辽国在鸭绿江东的边境保州即今辽宁丹东市，设置榷场，专门供与高丽王国进行互市。据史料记载，辽国东京道地区，从北方混同江到渤海沿岸，东至鸭绿江流域，设置多个榷场，与周边相邻部族或国家进行互市，允许商贩“任便往来买卖”。

以上说明，辽朝时期辽东地区边境贸易文化之活跃。

---

① 孙晓. 高丽史点校：十卷［M］. 成都：西南师范大学出版社，2014.

第四节　辽朝时期交通、货币与商业文化

交通和货币是商业文化发展的基础条件。辽代交通和货币文化均不够发达，因此影响了辽朝商业文化的发展。

一　交通与商业文化

唐代，契丹受营州都督统辖，与关内交通极为不便。契丹建国后，其在上京地区沿袭部落社会的政治制度，在东京地区依旧维持渤海国原有的政体文化不变，南部燕云十六州实行封建政治制度，上述3种不同的政治制度，统一于辽朝的政体文化之中。其中，中央决策体制以在四时捺钵召开北南臣僚会议为最高决策机构，在迁徙中运作成为决策形式，没有形成一个政治、经济中心城市。上京、中京、东京、南京、西京5京，既是辽王朝的政治重心，也是其商业交通文化重心。5京的划分，部分地透露出辽国地域差别，辽王朝实行区域管理，对于繁荣经济、发展商业文化、促进各民族间的经济文化交流起着一定的积极作用。但是，受制于辽王朝的政体文化及四时捺钵决策机制，辽代统治者未能重视发展交通文化，辽代的交通设施和交通工具比较原始，主要是牛、马、驼力车载物。就辽国全境来说，交通条件一般较差，相对落后。

据有关史料记载，契丹人从居住的北方草原通过南京才能进入中原大道。当时连接长城各口的道路，主要有4条，即榆关路、松亭路、古北口路、石门关路。上述道路状况是：榆关路较为平坦，至居庸可以行大车；古北口及松亭路，山路崎岖，止能通马，不可行车，外有18条小路，尽兔径鸟道，止能通人，不可行马；吐蕃来往，穿过西夏，有通过女真地带、渡鸭绿江入高丽的道路。驿路在几条大道上比较固定，但很不健全。“澶渊之盟”使节来

往，一般由沿途供应，即由沿途州县备车马护送至界首。国家每有紧急调发的任务，即遣天使带银牌于汉家须索。显然，这样的交通条件下，官员行走都十分困难，商旅往来则更加艰难。辽穆宗、圣宗、兴宗时，曾有过对这些道路的整修，但并未取得改进，此外，其他地区道路交通未曾着力改善和发展。如此交通文化，必然滋长地域间的独立性，封闭、保守，这在一定程度上限制了社会经济发展，商品流通及商业文化的发展自然受到限制。

二 货币与商业文化

货币作为交换的媒介，作为商品的特殊形态，在辽代虽然逐步有所发展，但发展的程度较低。由此，也可以看出辽代商业文化发展的局限性。

契丹社会的商品交易活动，长期停留在以物易物的阶段，后来产生了货币，但作为一般等价物，在商业活动中人们并没充分使用。契丹在草原上的交易一般用羊作比价，这种现象持续到圣宗时期，即983－1031年间，边官吏也支用俸羊。在京城，用羊不便，则以布帛（麻布）充当交易媒介。用布媒介较之物物互易诚然是一种进步，但这不是一般等价物。1071年4月，辽朝政府命令，禁布帛短狭不中尺度者，即不允许布帛充当特殊商品的比价，但收效不大。在布帛充当交易媒介的同时，称量货币——白银也在肆面流行起来。由于辽朝与北宋订立的“澶渊之盟”中规定，宋朝每年要向辽朝进贡30万两白银（前期凡39年，计780万两，后增至年50万两，凡79年，计2370万两），这些白银的输入，相当一部分通过各种渠道流入商品市场，这便刺激了白银作为货币在市场上的流通。所以，白银充当一般等价物在市场上得到广泛应用。

辽代中晚期，一般的小宗交易，在商业文化比较发达的情况下使用铜币，辽代铜钱主要是在南方地区流通，特别是辽圣宗以后，市场交易主要使用钱币。

辽代早期使用的钱币是石晋献沿边所积钱，圣宗凿大安山取刘守光所藏钱，并让5京财政机构铸太平钱，新旧互用。考古文化发现，辽代最早的钱币是耶律阿保机时期的天赞通宝钱。据《辽史·食货志》记载，辽代的铸币制文化兴起于太宗时期，当时“置五冶太师，以总四方钱”，并铸“天显重宝”钱①。之后，历朝亦有铸币，景宗时“置铸钱院年额五百贯”。

辽代铸钱名目很多，如应历重宝（穆宗）、保宁通宝（景宗）、乾亨元宝（景宗）、统和元宝（圣宗）、开泰元宝（圣宗）、太平元宝（圣宗）、重熙通宝（兴宗）等。辽道宗时铸钱最多，有清宁通宝、咸雍通宝、大康元宝、大康通宝、大安元宝、寿昌元宝、寿隆元宝；天祚帝时，有乾统元宝、天庆元宝、天庆通宝。

由于辽国铜矿少，产铜量不足，以铜铸钱的数量远远不能满足市场流通的需要。因此，从辽代以物易物的交易活动长期存在的情况看，其货币经济文化不发达，主要是辽朝铸造的非年号钱币几乎不流通，绝大部分铸币是作为纪念币使用的，主要用于庆典、赏赐或镇库，用于流通的货币铸造数量不足。为满足市场需要，政府允许历代旧钱和他国钱币同时使用，至辽朝晚期，宋钱便大量流入辽国市场。辽国商业贸易活动中，宋钱广泛流通。

辽朝实行胡汉分治、因俗而治的治国方针，使本来就发展不平衡的地区经济，在某种程度上更加封闭，导致货币经济发展缓慢。

总之，辽朝时期，由于交通文化和货币经济发展滞后，致辽东地区商业文化发展受到一定影响。

---

① 脱脱，等. 辽史·志第二十九·食货下：卷六十［M］. 长春：吉林人民出版社，1995：510.

第十八章　辽朝时期辽东地区社会文化形态

辽王朝统治时期，全辽地区各民族长期杂处错居，相互影响和学习，民族交流，文化融合，社会文化形态表现出多元特征。

契丹部族传统文化形态以渔猎畜牧经济为主。在建国之前，开始学习农耕文化。据史料记载，阿保机的祖父匀德实“喜稼穑，善畜牧，相地利以教民耕”；其伯父述澜“教民种桑麻，习织组”；阿保机建国后，“率汉人耕种”“树艺、桑麻、组织之教”。社会文化形态逐渐由以渔猎畜牧业为主的经济文化形态转变为农业畜牧业为主的经济文化形态，社会生产力得到发展，经济水平显著提高，这就使得辽代社会文化也发生改变。在家族、婚俗、饮食、服饰、宗教、葬俗、教育、科技、文学、艺术等文化形态与类型上，表现出地域民族特征。

第一节　辽朝时期辽东地区民俗文化

辽朝时期，辽东地区的民俗文化与当时民众的生活、生产等基本活动紧密相连。民众的生产活动既是生存的必要手段，也承载着其对于未来愿景的追求。辽王朝统治时代，全辽东地区移民、流民与原住民杂处错居，不同民族、不同文化交汇撞击，促进了地域民俗文化的发展。

一　家庭与婚俗文化

契丹部族从其他民族中分化出来的时候，已经进入父系氏族社会，其家族形态经历了由氏族制家族到文明社会家族的转变过程。进入辽代以后，契丹部族的核心家族已经取代了家族公社的社会经济地位，成为社会上主要的、也是最基本的家族形态。除了这种核心家族以外，直系家族和复合家族在契丹部族的社会家族形态中也占有一定的比例。进入文明社会后，契丹部族的社会婚姻制度，长期遵循耶律与肖两姓互为婚姻的特点，并由于这种习俗，在辽代的契丹社会里，形成了带有民族特征的社会习俗文化。

在契丹部族社会，按照家族成员构成，可以将契丹家族划分为几种类型：由夫妻及其未成年子女组成的核心家庭；由一夫多妻组成的联立家庭；由子女长大成婚以后，长子或幼子承家，余子成婚后则分出的直系或根枝家庭；由诸位兄弟及其后代同居共财的伸展家庭等。

在契丹人的家庭中，占绝大多数的是由一对夫妻与未婚子女组成的核心家庭。早期的核心家庭包括在家庭公社之中，核心家庭独立出家庭公社有一个历史过程。由于契丹部族所从事的游牧经济文化类型的限制，各牧群的规模不宜过大，大规模的家庭公社集体游牧制是其社会经济发展水平不高情况下的一种生产方式。随着社会经济文化形态由渔猎畜牧为主转变为农业畜牧为主，生产方式的转变，带来家庭结构形式逐渐发生转变。大规模家庭公社向核心家庭转变，并成为契丹社会中占主导地位的家庭类型。

契丹人的直系（根枝）家庭和联立家庭在辽代社会的贵族阶层中是比较普遍的家庭形态。受汉文化的影响，辽朝政府一贯提倡并鼓励子民多世同堂，同族共居。圣宗时期，下诏“民间有父母在，别籍异居者，听邻里觉察，坐之。有孝于父母，三世同居者，旌其门闾。”因此，无论契丹人还是汉人，三世以上同居的家庭占有一定比例。在这类家庭中，一般每一辈中只留一个已婚家庭，其余的孩子在年长成婚后，要分支另过。多子家庭的父母按习俗，汉族是跟长子在一起生活，而契丹人则是和最小的儿子一起生活。但受汉习俗文化的影响，后来契丹人也是从长而居了。

契丹人家庭大多实行一夫一妻制，但并不排斥多妻家庭，男主人可以多妻、妾、侍婢，其中妻、妾应是明媒正娶的。这类家庭中，妻、妾、侍婢是有等级区别的，妻、妾是有法律地位的，而伺婢是没有法律地位的，伺婢地位是否提升，能否为主人生儿育女是重要因素，但能生儿育女也不一定改变在家庭中的地位。契丹人有喜收养子和奴婢的习俗，奴婢的数量视家庭经济条件而定，奴婢的来源是战俘和籍没罪犯家属。契丹人无论是哪种家庭形态，都属于父系家长制，男性家长在家庭生产和生活中起着主导或决定性作用，对家庭生产和生活作出安排，对家庭财产的分配和继承有决定权，对子女婚姻和品性有决定和教导权。妻子在契丹人家庭中，不但要从事缝制衣物、制作食物、养育子女、赡养老人等家务，还要直接参加社会生产。一般契丹人家庭中妻子地位高于汉族人家庭中妻子的地位。

契丹部族进入辽代社会以后，依然保留一些原始婚俗，其中主要流行收继婚制，即夫兄弟婚——兄死弟有权利和义务娶其嫂为妻；妻姊妹婚——男子可以娶一个家庭中几个姊妹为妻；妻继母婚——子可以娶后母为妻、侄子可以娶寡婶为妻等。

契丹人进入文明社会以后，仍延续这种婚姻习俗文化，且通过制度文化加以强化。法律允许交错从表婚形式，即姑舅表兄弟姊妹有优先婚配的权利，并进而演变为，丧妻继娶时必须娶已故妻子的未婚姊妹，妻子的未婚姊妹也必须嫁给其姊妹夫。辽代契丹人实行耶律氏与萧氏两姓交互为婚，这种交错从表婚在其与表亲联姻过程中，婚配不论辈分，甥舅、甥姨、表姑侄婚配的现象比较常见，甚至外孙女嫁外祖父的现象在皇族婚姻也有。契丹人的表亲联姻源于氏族社会的外婚制习俗。外婚制习俗是以异姓为前提的，结婚的前提只要不具有世系关系就可以。总之，契丹部族的婚姻习俗文化具有很强的民族特色。

二　节令与饮食文化

节令与饮食文化，既受民族传统文化的影响，又受经济文化的制约。

（一）节令文化

契丹部族的节日往往与其自然崇拜、宗教迷信、神灵崇拜有关，但都没有固定的时间；在与其他民族杂处错居中，吸收其他民族的节日和习俗及相关礼仪，逐步形成了自己的节令，详见表18－1。

表18－1　契丹部族节令及其仪式活动内容一览表

节日名	节日时间	节日期间仪式活动及内容
元旦	农历正月初一	辽代契丹人有元旦惊鬼的习俗。这天，用糯米饭掺和白羊髓做成拳头般大的饼，每一毡帐赐49张。五更天时，各帐将饼从帐内抛出。抛出的饼如果是偶数，就奏乐、举行宴会；若是奇数，就命12位萨满持摇铃绕帐念咒，帐内则往炉内爆盐，烧地拍鼠，叫作惊鬼。此后，在帐中居满7日方可出帐。元旦惊鬼的习俗说明契丹人对鬼神的敬畏
立春	源自中原习俗 农历二十四节气首个节气	承中原有“出土牛”“送寒牛”“进春牛”“鞭春牛”等习俗。辽朝皇帝在这日于出土牛前鞭春牛。契丹族立春日，妇女还要“进春书”。“立春，妇人进春书，刻青缯为帜，象龙御之，或为蟾蜍，书帜曰‘宜春’”，书“宜春”，此与中原汉族同。而“刻青缯为帜，象龙御之，或为蟾蜍”，则别于中原

续表

节日名	节日时间	节日期间仪式活动及内容
人日	农历正月初七	“凡正月之日，一鸡、二狗、三豕、四羊、五马、六牛，七日为人。其占，晴为祥，阴为灾。俗煎饼食于庭中，谓之‘薰天’”。辽代契丹人袭中原之俗过此节。中原汉族在人日，以七种菜为羹，又剪彩为人或镂金箔为人，将其贴在屏风上或戴在头上，还要登高赋诗
放偷日	农历正月十三	契丹让国人做贼3天，如果盗窃达10贯以上，则要依法行遣。这是契丹人原始公有制遗风。这种风俗在金代颇为流行，是青年男女嬉戏的活动
元宵节	农历正月十五	又称上元、元夜、元夕、灯夕等。元宵节是汉族传统节日，辽朝人习承，在这一天要进行赏灯、猜灯谜和煮食元宵等活动
中和节	农历二月初一	也称宴客节，后族萧氏宴请皇族耶律氏。六月十八日，皇族耶律氏宴请萧氏。耶律氏与萧氏是相互通婚的两大姓氏，其互请并形成制度在于更好地维护这一传统
上巳节	农历三月 上旬上巳日	此汉族传统节日。汉代以前，上巳节必须在上巳日，自魏以后，多在三月三日。中原地区这一天，要在河边举行祭祀，饮酒踏青。辽代契丹人在上巳节的活动与中原在不相同，主要是进行骑马射兔比赛，先射中者为胜，输者下马列跪进酒，胜者骑在马上接饮。上巳节的习俗与中原不同，与契丹人的生产习俗有关

续表

节日名	节日时间	节日期间仪式活动及内容
寒食节	农历二十四节气清明节前一两天	此汉族人传统节日。相传因晋文公纵火烧山欲逼介之推出山，介之推不从，抱树被烧死。后人为纪念介子推，在其忌日禁止生火煮食，只吃生冷食物，故称寒食节。辽代契丹人在寒食节的主要活动内容为祭祀祖先，与汉族在寒食节这一天禁止生火煮食具有相同的意义
清明节	农历二十四节气之清明节	汉族人在清明节这一天，要通过扫墓等仪式祭祀先人亡灵。辽代契丹人的清明节则主要是习武及宴饮歌舞
佛诞节	农历二月八日或四月八日	又称悉达太子生辰节。悉达太子即佛教创始人乔达摩·悉达多。佛教传入中国后，崇佛的人在佛祖诞生日举行纪念活动，佛诞节由此形成。辽代契丹人在佛教传入后也崇佛，沿袭汉人过此节
端午节	农历五月初五	此节是中原人为纪念爱国诗人屈原投江的节日，中原人这一日要食粽子、饮雄黄酒、门前悬艾蒿、小孩儿腕系五彩绳、赛龙舟等。契丹人此节日大体与中原同，还用艾和绵做成艾衣，吃艾糕，在臂上系五彩丝索，还要拜天、射柳和南球

续表

节日名	节日时间	节日期间仪式活动及内容
迎福节与送福节	农历七月十五	又称中元节。中原汉族以七月望日为中元节。农历七月十五日，佛道均以这一天为祀祥日。道经正月望日为上元，七月望日为中元，十月望日为下元。七月中元这一天，地官下降，定人间善恶。道士在这一天晚上要诵经，饿鬼囚徒都得解脱。佛教以这一天为目连救母日。常有盂兰盆会，以百味置盆中，供养四方众僧，并于此日设道场祭祀亡灵。后来，中元节又称鬼节。契丹人在中元节前后举办一系列活动。七月十三日夜，契丹皇帝于皇宫西 30 里桌帐住宿，先在这里准备酒食。次日，诸军部落从者皆奏蕃乐，宴饮至暮，方回行宫，此称为“迎节”。中元日奏汉乐、设大宴。十六日早晨再一次去西方，令随行诸军部落大喊三声，称之为“送节”。辽代契丹宫廷的迎福节与送福节实际应是中原过的中元节，只不过是此节礼仪繁杂而已
中秋节	农历八月十五	中原传统节日。八月十五在秋节正中，故名中秋节。中原过此节，以赏月为中心，食月饼、瓜果之类。辽代契丹人过中秋节与中原不同。契丹人在中秋节前的八月八日，先杀一只白犬，在寝帐前 7 步远的地方埋下，把犬嘴露出土外。7 天之后，即中秋节这一天，将寝帐移置所埋犬地方。这是契丹人原始宗教中的一种厌禳活动

续表

节日名	节日时间	节日期间仪式活动及内容
重阳节	农历九月九日	汉族的传统节日。每年在农历九月九日，故称重九，九在《易经》中为阳，故重九又称重阳。汉族过重阳节主要是赏菊、饮酒、登高、插茱萸等，也称登高会或茱萸会。契丹人过重阳节，除登高饮菊花酒外，还有其他活动，如制菊花酒，并将酒洒在门上，以消灾除难，还有拜天和射虎等
烧甲节	农历十月十五日	契丹人独有的节日，每年十月，五京进纸做的小衣甲、枪、刀、器械万余副。十五日，皇帝与大臣遥祭木叶山，用契丹字写下祭文并烧掉。契丹语称之为“戴辣”，戴是烧的意思，辣是甲的意思。此节是契丹人祭祀祖先的发祥地木叶山的山神
冬至节	农历二十四节气之冬至节	契丹人最重要的活动是祭祀黑山神
腊节	农历冬至后的第三个戌日	祭祀之名。汉族腊节的时间在冬至后的第三个戌日，指祭祀祖先或百神。契丹人的腊节则是在农历十二月的辰日，主要是祭祀战神

注：此表参阅《辽史·礼志》及有关史料整理而成

（二）饮食文化

饮食文化总是受一定的经济文化的影响。契丹部族建国时，经济文化形态已经由早期契丹部落靠游猎、畜牧为主的经济文化形态转变为狩猎、畜牧、农业经济并存的经济文化形态。其饮食文化主要体现在主食和蔬菜及水果方面。据《辽史》记载，契丹人的饮食主要仰赖肉和乳。契丹人食用的肉食主要来自渔猎所得的野兽、水禽及牧放的畜牲，包括鹿、熊、貉、马、牛、羊、猪、骆驼、狗、兔、雁、雉、鹅、鸭等。在契丹人的食物中，貔狸被视为珍馐美味。

契丹部族制作和保存肉食的方法，大致有燔、濡、腊和制成肉糜等。燔即烧烤，濡即煮肉，腊即干肉，肉糜即肉粥。契丹部族款待客人时，先上驼糜，用勺吃；次上熊、羊、雉、兔等濡肉；再上牛、鹿、雁等腊肉；放入盘中，用刀子割食。

谷物是汉族、渤海部族的主食。食用谷物的方式通常有面食、粆糒、粥等。面食有馒头、饼食等。粆糒（粆、麨）即炒米、炒面之属，作干粮，制作简单，携带方便。粥则是定居后食品，简单易作。

契丹蔬菜主要有白菜、莙荙、蔓菁、茼蒿、葫芦、萝卜、王瓜、茄、天青葵、赤根、青瓜、稍瓜、冬瓜、蒲苘、葱、韭、蒜、苋、匏塔儿葱、茴茴葱等20余种。

水果主要有樱桃、枣、榛、桃、栗、梨等。西瓜的引进，是辽代园艺史上的一件大事。五代时，西瓜从西域引进传入契丹部族种植；初，是牛粪覆棚而种。

契丹人以肉、乳为主食，饮茶遂成为日常生活中的重要习惯。

契丹人好酒，在礼仪、祭祀、节庆、迎宾、赏赐等场合，都有饮酒的习俗。饮酒文化致酿造业文化发达起来。辽朝酿酒业文化有官酿和私酿两种形式。其中，官酿是官方建造的工场酿酒，官酿专门供应皇室和高级官吏们饮用，辽朝在宫廷设酒人，专门负责管理用酒。私酿是民间的酿酒作坊或酒家，契丹人的酒家既酿酒亦卖酒，近似前店后场。酒家生产的酒，主要满足一般官员和平民百姓饮用。

酿酒文化发达，带来为饮用酒服务的行业——酒肆大量出现，凡有人群居住的地方，几乎都有酒肆，但这也带来一些社会问题，好酒的人喜饮酒，不加节制，甚至酗酒，酗酒者扰乱社会治安，酿成严重后果。如辽世宗荒于酒色，酒后杀人，造成“国人不附，诸部叛乱”，他还将北汉使臣用酒灌醉致死，最终自己也在酒醉的梦中被叛乱者杀死；辽穆宗也是嗜酒如命，“荒耽于酒，畋猎无厌”，每夜饮酒达旦乃寐，荒怠政事，最终被侍者所杀。辽朝一些官员，尤其是贵族和大臣，好狂饮，因此丢掉官职的大有人在。如萧朴就曾“以酒废事”遭到降职处分；耶律和尚出身显贵，因“嗜酒不事事，以故不获柄用”。辽朝一些有社会责任感的大臣，主张对饮酒加以限制，甚至对皇帝酗酒怠政也加以劝谏。皇帝也曾下令对臣民饮酒特别是对酗酒加以限制。这从侧面说明，辽代酒文化之发达。

三 家居与服饰文化

家居与服饰文化是民俗文化的重要体现。

（一）家居文化

辽代，社会经济文化形态由畜牧经济向农耕经济形态的转化，使物质逐渐丰富，一部分契丹人由游牧逐草水而居转向板筑房屋定居，且其居所和汉族人户的居所形制相差不大。但也有部分契丹人保留“车帐为家”的习俗，居住在穹庐式帷帐里，和其同族源的乌桓族人、蒙古族人的居住习俗文化大体一致。

据《辽史》记载，辽朝建立前，大约在唐代晚期，契丹人开始有居室建筑，并置有城邑①。辽朝建国后，随着契丹人势力的不断扩张，城郭也逐渐增多。特别是以农耕为主的汉族和渤海族人不断融入辽朝社会，带来汉族文化特别是生活方式，契丹人特别是契丹贵族的观念发生转变，对居住条件有了改变的需要，逐渐适应了城市和乡村房屋居住环境。定居生活为发展农业文化提供了保证。放弃游猎式生产和生活方式，转向进行农耕生产和生活方式的契丹人，表现出与汉人相同的居住文化特点。而保留契丹人游牧民族特点、依然居住毡房的契丹人，在毡房的建造方面，表现出鲜明的民族特性。其建造毡房习惯门户东向，朝着太阳。毡房（穹庐）形制有所谓燕京形制和草地形制两种。燕京形制是

① 脱脱，等. 辽史·本纪第一·太祖上：卷一［M］. 长春：吉林人民出版社，1995：1.

用柳木为骨，方便卷舒；面前开门，上如伞骨，顶开一窍，谓之天窗；皆以毡为衣，马上可载。草地形制以柳木织成硬圈，径用毡挽定，不可卷舒；车上载行，水草尽则移，初无定日。至于皇帝居住的穹庐，则十分豪华，如其在冬捺钵时的行宫，有营盘即硬寨，还有小毡帐，可住5名宫卫负责保护皇帝，在禁围内有殿亭，南有省方殿，北有寿宁殿，皆木柱竹榱，用毡遮盖，缚以油绢以遮风避雨。省方殿北有八方公用亭，是契丹各部部长或大臣入帐时休息的地方。这些牙帐基本上脱胎于契丹族使用的穹庐式毡帐。契丹皇帝四时游猎之处所建的行宫，虽然较一般平民的穹庐讲究了许多，但其基本形制和平民所居住的毡房十分相近。

（二）服饰文化

辽朝的服饰文化发达于契丹族建立政权之后。《辽史》记载，契丹人建立政权后开始制定衣冠之制①，“太祖帝北方，太宗帝中国，紫银之鼠，罗绮之篚，麇载而至。纤丽耎毳，被土绸木。於是定衣冠之制，北班国制，南班汉制，各从其便焉”。契丹王朝衣冠制文化与其二重制政体文化相适应，也实行胡汉分制的制度文化。

1. 官服

《辽史》记载，契丹人服饰文化的类型包括祭服、朝服、公服、常服、田猎服、吊服6种形式②。

（1）祭服

不同规模的祭祀活动，着不同的服装。大祀时，皇帝戴金文金冠，穿白绫袍；小祀，皇帝戴硬帽、穿红刻丝龟纹袍，皇后戴红帕、穿络缝红袍，百官、命妇则各从本部旗帜之色。

---

① 脱脱，等. 辽史·志第二十五·仪卫二：卷五十六［M］. 长春：吉林人民出版社，1995：495.

② 脱脱，等. 辽史·志第二十五·仪卫二：卷五十六［M］. 长春：吉林人民出版社，1995：494－497.

（2）朝服

皇帝穿络缝红袍或锦袍，络缝靴。百官戴毡帽或纱冠，服紫窄袍。臣僚的朝服是戴毡冠金花为饰，或加珠玉翠毛，额后垂金花，上结紫带，末缀珠；服紫窄袍，系蹀躞带，以黄红色绦裹革为之，用金玉、水晶、靛石缀饰，称作盘紫。

（3）公服

皇帝戴紫皂幅巾，穿紫窄袍或红袄，玉束带；臣僚亦戴幅巾，着紫衣。

（4）常服

称作盘裹，臣僚穿绿花窄袍，中单多红、绿色。贵者披貂裘，以紫黑色为贵，青次之。又有银鼠，非常洁白。次者穿貂毛、羊、鼠、沙狐裘等。

妇女的服饰，一般多穿黑紫色襜裙，上面绣满折枝花，裙上打6个褶子。上衣称作团衫，用黑紫、青或黑红色，直领、左衽，掖缝，两边打2个褶子，前部拂地，后部拖在地上一尺有余，用红黄颜色的带子。上年纪的人用青色的纱笼住髻如巾状，散缀玉钿于上，称作玉逍遥。

（5）田猎服

皇帝戴幅巾，擐甲戎装。臣僚亦戎装，衣皆左衽，黑绿色。

（6）吊服

皇帝白色素服，臣僚多皂服。

2. 民服

男子穿的服装，上衣多为圆领、窄袖、左衽的长袍，衣长过膝。这种服装在一些出土的辽墓壁画中有直观的描绘。如内蒙古翁牛特旗解放营子辽墓壁画《宴饮图》上，有描绘契丹男子穿圆领、窄袖、左衽的黄色长袍，腰系红带，壁画正中的主人着圆领、窄袖、左衽的红色长袍，腰系带，3个马夫打扮的也相近。辽圣宗东陵墓道壁画上的契丹人，也有穿圆领、窄袖、左衽长袍的。契丹男子也有穿直领、左衽长袍的。如辽宁北票扣营子辽墓石棺的浮雕像上，两位契丹男子都着直领、左衽长袍。还有契丹男子穿对襟短上衣的，这大概是男子劳动时穿的服装。

契丹人下衣一般穿长裤或连靴裤。这在考古文化发现上有证明，如内蒙古翁牛特旗解放营子辽墓壁画《仪卫图》上，4位举旗男子，下衣均着紧口长裤，与上衣的圆领窄袖衫相配套。有的男子着连靴裤，靴裤连在一起，如在白塔子辽墓古壁画上，车前侧立1位男子，上身着圆领窄袖袍，红色束腰，腿上穿白色连靴裤。

契丹女子的服饰形制很有特色。多为直领、左衽长袍，俗称团衫，前拂地，后长曳地尺余。辽墓出土的许多壁画中，女子大多穿着这类服装。如库伦辽墓壁画《出行图》中，女主人着左衽绿色袍，系红色腰带，旁边的侍女着左衽绿色长袍，系浅红色腰带。契丹妇女的这种装束，在出土的辽墓实物中均有发现。如辽宁法库叶茂台辽墓中，出土有1件女尸的外衣，为棕黄色微毫时绣花长棉袍，左衽、宽袖，通体绣花，有疙瘩式袢扣，袍带在胸前系结，袍带两端长长地垂在膝下。

契丹女子在上衣团衫内有贴身内衣，也称中单，款式也是左衽交领式。契丹女子下衣多穿裙或裤，裙多穿在袍的里面。如前面所举解放营子辽墓壁画《侍女图》中，有一捧罐的契丹女子，着直领窄袍蓝色长衫，腰系红带，下身穿绛色长裙。另一位女子，身着黄色外衫，内衣为米黄色，下身穿灰色蓝底裙。女子也有穿长裤的，法库叶茂台辽墓中，出土有老年妇女所穿的长裤和套裤。

（三）头脚饰物及发型

契丹人头上、脚上的穿戴及其发型，反映出契丹民俗文化特点。

1. 头饰物

契丹不分男女，都有顶冠戴帽的习俗。冠的形制一般分为金文金冠，这是皇帝专用品；鎏金银冠，是贵族臣僚所用之物①；金花毡冠或加金饰的毡冠，是契丹上流社会所用之物。夏季，契丹贵族与富人一般戴纱冠，平顶、没有帽檐，不压双耳，额前缀有花形饰物，冠两边垂有带饰，带子上有花饰。

契丹平民所戴一般为毡冠，也称毡笠，冠上没有装饰物，形制简朴②。

契丹人除了戴冠外，也喜欢以巾裹头；皇帝戴的幅巾、皇后戴的帕，都是用巾裹头。这也是民族习俗文化。

2. 脚饰物

契丹人脚上穿的鞋形制较简单，一般多穿长筒靴③。考古文化发现，其在辽墓中出土的壁画中有描绘。女靴和男靴样式稍有不同。女靴的两旁开褉，靴面绣有花饰。除了穿靴外，契丹人还有穿草鞋的习俗。

3. 发型

契丹人无论男女都是髡发，即剃掉颅顶的头发，保留四周的头发；髡发的不同式样，主要是头顶剃发多少不同④。

契丹女子未出嫁前，髡发，出嫁后蓄发，高髻盘顶。其俗与乌桓族同。

---

① 徐秉琨. 契丹冠饰和北方民族的金冠传统 [C]. 辽宁省考古博物馆学会成立大会会刊，1981.

② 张国庆，等. 辽宁契丹习俗史 [M]. 沈阳：辽宁民族出版社，1997：62.

③ 张国庆，等. 辽宁契丹习俗史 [M]. 沈阳：辽宁民族出版社，1997：64.

④ 李逸友. 契丹的髡发习俗 [J]. 文物，1983 (9)；黄凤岐. 契丹族文化史 [M]. 哈尔滨：黑龙江人民出版社，1994：74.

第二节　辽朝时期辽东地区宗教与礼仪文化

辽代契丹人的宗教信仰文化形态有萨满教、佛教、道教及自然崇拜等。萨满教是契丹部族的传统宗教文化形态。佛教、道教是从中原地区输入的宗教文化，其中以佛教文化传播最为广泛。契丹人除了祭天地、日月、山神之外，还有带有政治色彩的礼仪制度文化。

一　宗教信仰文化

契丹人的宗教文化是多元的。除了信仰传统的萨满教，还信仰佛教、道教及有自然崇拜等。

萨满教是一种原始多神宗教，契丹人对萨满教的信仰主要是对自然力和自然物的崇拜。这种崇拜在某些方面表现为对自然力和自然物的不理解而成为人格化的神灵崇拜。

契丹人建国后，契丹族的萨满逐渐成为专门从事神事活动的宗教人员，其或被称为巫或巫觋。觋是男巫，分太巫、大巫、巫三个等级。太巫地位最高，通常在皇帝身边从事祭祀服务；大巫主要负责岁除仪赞祝火神①；巫参与一些礼仪活动，在祭日、祈雨、祭祀山川等礼仪活动中都有巫参与。辽代的巫已经成为专业的神职人员。他们穿“法衣”（白衣素巾）、执法器（铃和箭），做法事②。

道教是中原地区的传统宗教文化。契丹人对道教的信仰不如

① 脱脱，等. 辽史・志第一十八・礼一：卷四十九［M］. 长春：吉林人民出版社，1995：449－452.

② 脱脱，等. 辽史・志第一十八・礼一：卷四十九［M］. 长春：吉林人民出版社，1995：449－452.

萨满教和佛教。辽代契丹皇帝和一些契丹上层贵族信仰道教，如辽太祖曾诏建道观。辽圣宗皇帝对道教比较了解①。圣宗之弟、齐国王耶律隆裕对道教十分崇信，他任东京道留守时，兴建道观，别置道院，“备极辉丽”。辽兴宗对道教也很重视，被兴宗宠幸的道士，如“王纲、姚景熙、冯立辈皆道流中人，曾遇帝于微行，后皆任显官”②。

一些平民百姓，也经常向道士打卦问卜，通测吉凶，招贴门神，驱鬼求安等。考古文化发现，在辽墓壁画中，绘有门神和四方神，羽人伎乐、随葬飞升瓷枕等，表达了其对于死后也想成仙成神、步入仙境的愿望。“羽人成仙”“骑鹤升天”，反映的是道教教徒成仙的途径。这在辽墓壁画和器物上也有反映。

佛教传入契丹社会的时间比较早，在契丹人建国之初就已经在社会中流传了。契丹人建国后，辽代统治者将佛教定为国教，佛教在辽代社会迅速流传开来。在辽代，不仅崇拜佛教的人数众多，僧尼的地位也比较高，许多人愿意出家为僧，尤其辽朝中、后期的兴宗、道宗时更甚。如辽兴宗耶律宗真，因崇信佛法而受戒。据《辽史》记载，崇信佛教甚至改变了契丹人的祭祀习俗。以往举行祭山仪式是先拜山，然后顺便拜菩萨。到了兴宗时则是“先有事于菩萨堂及木叶山辽河神，然后行拜山仪，冠服、节文多所改变，后因以为常”③。又如辽道宗，他是最崇信佛教的皇帝。辽道宗对佛教研究比较深，不仅大力提倡佛教，还亲自到寺院讲经；不仅自己崇信佛教，还命皇太子写佛书，以示钻研。由于皇

① 叶隆礼．契丹国志·圣宗天辅皇帝：卷七［M］．上海：上海古籍出版社，1985．

② 叶隆礼．契丹国志·圣宗天辅皇帝：卷十四［M］．上海：上海古籍出版社，1985．

③ 脱脱，等．辽史·志第一十八·礼一：卷四十九［M］．长春：吉林人民出版社，1995：449—452．

帝提倡崇信佛教，许多人削发为僧尼。仅在1072年，辽道宗一次就批准春、泰、宁3州3000余人为僧尼，“一岁而饭僧三十六万，一日而祝发三千”①。可见辽代崇信佛教文化之盛。

辽代崇信佛教的包括各阶层人员，契丹贵族耶律昌允、耶律宗政、耶律仁先等，魏国长公主、秦晋国大长公主、楚国大长公主等，都囊括其中。

辽代妇女崇信佛教的人相当多。她们信教相当虔诚，恪守教规，吃斋念佛。不少人参加佛教邑社组织，积极参加邑社组织的各项活动，其中有妇女担任邑社组织的邑长，组织佛教信徒合资兴建塔幢、寺院。

辽代社会各阶层崇信佛教，佛教徒的社会地位很高。辽代僧人被授予官位的较多，仅在辽兴宗时代，正式拜僧人为三师、三公政事令的多达20人，许多“贵戚望族化之，多舍男女为僧尼”。辽代授予僧侣官职主要有两类：一是高官显爵但没有多少实权的荣誉性官职，如师、傅之类；另一类是有职有权的僧务总管，辽代僧尼众多，以僧管僧，是强化僧务管理的有效办法。

自然崇拜是辽代人古老的传统崇拜，包括对日、月、星、土地、山河、风、雨、雷电、火、动植物等的崇拜。

崇拜天地是辽代契丹人传统的最高信仰。他们认为世上的一切都是天地所生，契丹皇帝、皇妃出生和死亡以及能够登极，都是上天的恩赐。因此，他们崇拜天地。皇帝的尊号、年号多用“天”字开头，如太祖阿保机尊号为天皇帝，年号用天赞、天显；太宗的年号续用天显，生日为天授节；世宗尊号为天授皇帝，年号为天禄；道宗尊号为天祐皇帝。据《辽史·营卫中》记载，契丹统治者都要祭祀天地，以示战争胜负是上天决定的，祈求上天保佑自己。如战前“凡举兵，帝率蕃汉文武臣僚，以青牛白马祭

① 脱脱，等．辽史·本纪第二十六·道宗六：卷二十六［M］．长春：吉林人民出版社，1995：176.

告天地、日神”，战中“次忻州，祀天地”，战后“祀天地以告成功”①。契丹统治者出游登山或外出狩猎，也有祭祀天地的习惯，祈求上天保佑一路平安或多获猎物。如天赞三年（924）太祖“以鹅祭天”；应历二年（952）九月穆宗“猎炭山，祭天”、猎于近郊“祀天地”；保宁九年（977）十二月景宗“猎于近郊，以所获祭天”。在遇到天灾、瘟疫时，也要祭天，以祈求天地神灵化灾解难。契丹人祭祀天地一般没有固定场所。祭祀所用之物，多为青、白二色，这与契丹部族男女始祖乘白马、青牛相遇的神话传说有关，故尚青、白二色是契丹部族的传统民俗文化。祭祀用白马、青牛为最佳，青、白羊次之。

契丹部族传统原始宗教文化认为，日月是主宰天地的神灵，并将日月喻为人间的帝后，所以，有对日月崇拜的习俗。据《辽史·礼志》记载，契丹人膜拜日月有一定的规制，一般在每月初一的清晨进行拜日。契丹历代皇帝都举行拜日仪式，“皇帝升露台，设褥，向日再拜，上香。门使通，客使获副，应拜臣僚殿左右阶陪位，再拜。皇帝升坐。奏牓讫，北班起居毕，时相以下通名再拜，不出班，奏‘圣躬万福’，又再拜，各祗候。宣徽以下横班同。诸司、阁门、北面先奏事，余同。教坊与臣僚同”②。契丹人在举行某些重大礼仪活动时、游猎前、出行前、祭祀先人时、为人祈福时、军队出征前、帝与后生辰日等，都要举行祭日月的活动。契丹人崇拜日月，影响到生活的各方面，如在建筑上，辽代多以日月命名建筑物，如“日月碑”“日月楼”；由于日出东方，所以契丹人尚左，皇城均为“坐西朝东”，设在皇宫的两面办事衙署北面官、南面官，以北面官为尊。

① 脱脱，等．辽史·志第二·营卫中：卷三十二［M］．长春：吉林人民出版社，1995：215．

② 脱脱，等．辽史·志第一十八·礼一：卷四十九［M］．长春：吉林人民出版社，1995：449．

契丹人认为山是其民族发祥地，又是灵魂归宿之地，因此，原始宗教文化中有崇拜山的习俗。辽代契丹人认为木叶山是契丹发祥之地，黑山是天神所在、契丹人死后灵魂归宿地。故所祭祀之山以木叶山和黑山为主，其习俗极具民族特色。据《辽史》记载，祭山仪隆重。祭木叶山仪式主要内容有：

设立天神、地祇位，朝东。中间立君树，前置群树，搭设朝班，又偶植二树，作为门神，即用树圈定祭山仪的场所。

皇帝、皇后主祭，夷离毕（参知政事、掌行政）任司仪；祭祀用牲为赭白马、玄牛、赤白羊，皆牡。

祭祀仪式为：由旗鼓拽剌（掌旗官）杀牲，将其割裂后悬挂在群树上；太巫穿上白衣服，以酒酹牲；皇帝、皇后致奠，阁门使读祝文完毕，复位；北府宰相及惕隐依次致奠于群树，遍及群树；作乐，群臣、命妇退下。

皇帝穿绫袍，绛带；皇后穿红袍，双结帕，皆御鞍马；群臣在南，命妇在北，服各部旗帜之色。

礼毕，皇帝率三父房族众，绕神门 3 周，余绕 7 周。

皇帝、皇后众人等再祭东所。

祭祀黑山仪式为："冬至日，国俗，屠白羊、白马、白雁，各取血和酒，天子望拜黑山。黑山在境北，俗为国人魂魄，其神司之，犹中国之岱宗云。每岁是日，五京进纸造人马万余事，祭山而焚之。俗甚严畏，非祭不敢进山。"

二　礼仪制度文化

辽代契丹部族除了祭祀仪式外，还有一些带有政治色彩的礼仪制度文化，如柴册仪、再生仪、射鬼仪等。

早期契丹部族联盟首领由八部大人共同推举产生，选择"雄勇有谋"的人为联盟大人，领导契丹人的生产、生活，任期三年。耶律阿保机废除定期推举，自立为大人，终身制。但其首领位置的继承还保留一些仪式，柴册仪就是契丹部族首长就职的一种仪式。

据《辽史·礼志》记载，柴册仪形式为：择吉日；之前设柴册殿，筑坛，形制三级，其上积厚薪，设御帐，又置母后搜索之室；行礼前一日，先住在小禁内；第二天在官员中选择9个与皇帝身材相似者，穿上与皇帝一样的衣服，假扮皇帝，不许别人知道，于当夜子时，连同皇帝共10人出小禁围，入大禁围内，各入一帐，到第三天的辰时，每个帐前有契丹大人1人，进入帐内捉认天子，当真皇帝被捉到时，须用契丹语说“我不是皇帝”，捉到皇帝的契丹大人则说“你是皇帝”，如此三番，契丹皇帝才说“是便是”。出帐后，穿上契丹服装，先后望日四拜，次拜七祖殿、木叶山神、金神、太后、赤娘子等，然后上柴坛受册封，再到黑龙殿受贺①。

这种礼制文化之仪式，表明皇位继承的合法性、合理性。

再生仪又称复诞礼，最初是契丹人庆祝始生的一种习俗，因其当时已经用十二生肖纪年，每十二生肖轮回一次，到了属于自己出生生肖的这一年俗称本命年，便举行仪式纪念自己的始生日，以报答母亲的养育之恩。此仪式后来演变成宫廷中带有政治意义的礼仪文化活动。据《辽史·国语解》记载，再生礼每隔十二年举行一次，只有皇帝、皇后、太子及夷离堇才可以举行再生礼。举行这种仪式日期不是诞生日，而是另择吉日。皇帝的再生礼，在本命年的前一个冬季，选择一个吉日举行②。

辽代举行再生礼，大多不合十二年之数，一般是有重大事情时才举行再生仪，这种习俗文化的政治意义多于纪念意义。这一

---

① 脱脱，等．辽史·志第二十一·礼五：卷五十二［M］．长春：吉林人民出版社，1995：465；脱脱，等．辽史·国语解第四十六·帝纪·柴册：卷五十二［M］．长春：吉林人民出版社，1995：935.

② 脱脱，等．辽史·国语解第四十六·帝纪·再生礼：卷五十二［M］．长春：吉林人民出版社，1995：935.

风俗流传至今。到本命年，人们多系红腰带或穿红裤衩、内衣、袜子等，也有在衣服上缝一条红布条的。

第三节 辽朝时期辽东地区教育与科技文化

契丹部族从游牧射猎到定居建国，对各类人才的需要逐渐强烈。因此，辽朝在建国之初便创制文字、建官学、设选举，用汉官招徕汉人、以汉制治理汉地、加强文化教育活动，大大推动了契丹部族及当时北方社会的文明进程。经济、社会的发展，对教育不断提出新要求，民间、学校等以不同形态施教，平民、贵族各类人求学，形成了较好的社会学习文化。

一 教育文化

民间文化学习是应生活、生产需要而兴的。辽朝北方一些民族聚落，知识的传授一般以家庭长辈在生产、生活实践中的言传身教为主要形态，如狩猎技巧、捕鱼技能、制陶工艺等，断文识字尚未在必须学习的范围。辽太祖时期，虽然先后创制了契丹大小字，但能够学习契丹文字的只是贵族等上层人士，对于普通百姓而言，他们处于社会最底层，学会满足生产、生活基本需要的一些技能和本领是必需的，而读书识字对于他们而来说，倒不一定是必需的。辽代，处于社会上层的贵族和地主中的中上层人士，温饱已经不是其担心的问题了，如何满足仕进要求，通过科举考试进入统治阶层，是其学习的目的。

辽代学校的兴建始于辽太祖时期，以后历代君主陆续扩建和增设，学校遍及辖域各地。当时学校启蒙识字所使用的课本和教学方法与中原差不多，也是先读《三字经》《百家姓》《千字文》，然后读《蒙学》《论语》之类的书籍。

辽朝中央的教育机构包括国子学和五京学。据《辽史》记载，辽太祖建国之初，在上京设置国子监，作为管理京城教育的机构①。上京还设有太学，负责对生员传道授业②。燕蓟旧有学校，入辽以后又于南京建太学。995年，辽圣宗因为南京太学的生员增多，特将庄田加以扩建；1055年，辽道宗“诏设学养士，颁五经传疏，置博士、助教各一员”③。中京、东京、西京国学即在这一时期兴建，后又下诏建立中京国子监，并亲监祭祀孔子庙④。这样，辽朝的中央官学机构就齐备了。辽代的国子监为朝官，五京学官为京官。国子监属官系统有祭酒、司业、监丞、主簿，京学属官有博士、助教各一员。

辽代地方学校的设立比国学晚，且是根据地方需要而权宜设置。1012年，归州奏请置州学，辽圣宗皇帝准奏，置归州州学。大规模建设地方学校是在辽道宗时，如应州州学、滦州州学，均建于道宗时期。至此，辽朝重要的府州县普遍设立了学校，委派博士、助教作为专职官员，形成了一套完整的地方教育体系，推动了辽代教育文化的繁荣。当时有许多官吏热衷于文化教育事业，为辽代教育文化的发展发挥了作用。如大公鼎为良乡县令，建孔庙；耶律孟简为高州观察使，修建学校，招纳生徒；辽西京的奉圣、归化、云、德、宏、蔚、妫、儒等州学，“各建孔子庙，颁赐五经诸家传疏，令博士、助教教之”。

辽朝统治者对宫廷教育十分重视，专门为宗室贵族子弟设置

---

① 脱脱，等. 辽史·志第一十七上·百官三：卷四十七［M］. 长春：吉林人民出版社，1995：418.

② 脱脱，等. 辽史·本纪第一十三·圣宗四：卷十三［M］. 长春：吉林人民出版社，1995：80.

③ 脱脱，等. 辽史·本纪第二十一·道宗一：卷二十一［M］. 长春：吉林人民出版社，1995：143.

④ 脱脱，等. 辽史·本纪第二十一·道宗一：卷二十一［M］. 长春：吉林人民出版社，1995：143.

诸王文学馆，并安排老师授课。耶律阿保机的长子耶律倍（突欲）曾接受学问渊博的张谏的训导，“让国皇帝储君，虽非拜师，一若师焉”。1027年，“匡义军节度使中山郡王查葛、保宁军节度使长沙郡王谢家奴、广德军节度使乐安郡王遂哥奏，各将之宫，乞选伴读书史”①，辽圣宗“从之”。诸王不仅有伴读，并得在任内学习，保证皇室贵族成员受到良好的教育。辽代皇室子弟的文化素养高于其他人群，与他们接受专门的贵族教育有很大关系。如秦晋国妃、辽圣宗、兴宗、道宗及耶律倍、耶律隆先、萧孝穆、萧阳轲、萧柳、萧观音、萧瑟瑟等，他们或为皇帝后妃、或为皇亲国戚，都对汉文化有极高的兴趣，受到良好教育，其文化、艺术方面的成就，不仅在契丹人中，在整个辽代也是出类拔萃的。

辽代教育文化以崇儒尊孔为主体。契丹人建国以后，接纳一大批汉族知识分子作为君主的顾问侍从于君主左右，并受到重用，如韩知古、康枚、王郁、韩延徽、张砺等人，他们对契丹君主产生过很大影响，儒家教育文化及儒学思想体系自然而然地影响到辽代的教育乃至政体文化的形成和发展。契丹建国之初，修建孔庙、佛寺、道观，对于中原流行的三教采取兼收并蓄的政策。由于皇族受汉族知识分子的影响较大，渐偏重儒家思想。据史料记载，辽太祖立国之初，曾询问左右：“受命之君，当事天敬神。有大功德者，朕欲祀之，何先?”皆以佛对。太祖说：“佛非中国教。”太子耶律倍回答说：“孔子大圣，万世所尊，宜先。”太祖听到后，非常高兴，马上下诏建孔庙，让太子行释奠祀。辽太祖对三教进行选择时，独对儒学情有独钟，有其政治考量，即为吸收和笼络更多汉族知识分子，汲取汉文化先进因素，促进多民族文化融合。儒学是中国传统文化的基础，是中原纲常伦理文化的核心内容，在中国源远流长，影响深远。这是其他文化流派无法比

① 脱脱，等. 辽史·本纪第一十七·圣宗八：卷十七［M］. 长春：吉林人民出版社，1995：113.

拟的。后来辽代的君主越来越表现出对传统儒学的偏倚，祭祀孔庙，亲临讲筵刊修儒学经典等。辽代君主对儒家文化的偏爱，对辽代教育文化产生了深刻影响。在教学科目上，辽代以儒家经典作为主要研习内容。辽道宗即位初曾颁发《五经》传疏于学校为教材①，后又令有司刊行《史记》《汉书》等史籍让学生学习，并谕"穷经明道"②。1086 年，辽道宗召翰林学士赵孝严、知制诰王师儒讲授《五经》大义；1088 年，召枢密直学士耶律俨讲《尚书·洪范》；命燕国王耶律延禧写《尚书·五子之歌》③，以加强对皇子的儒学教育④。

契丹人建国后，上承唐制，开科取士。在辽太祖、太宗时，科举共录取 23 人。至辽圣宗时，科举成为定制，每二年举行一次，延续不断。1002—1031 年，每科取 50 人，共录取 548 人。从辽兴宗起至辽灭亡，每 4 年兴办 1 次科举考试，录取人数大为增加，最多一次达 138 人，总及第人数多达 1786 人⑤。辽代始设科举凡五科，有词赋、经义、同进士、同三传、学究。词赋于经传、子史内出题，次又令逐年改一经，亦许注内出题，以《诗》《书》《礼》《易》《春秋》为次。辽代试进士无定所，试题就时事选出。

辽代科举分甲科、乙科、丙科取士，按考试成绩区分出等第。对于及第的进士，直接授予不同的官职。第一名授予奉直大夫、

---

① 脱脱，等. 辽史·本纪第二十一·道宗一：卷二十一 [M]. 长春：吉林人民出版社，1995：143.

② 脱脱，等. 辽史·本纪第二十二·道宗二：卷二十二 [M]. 长春：吉林人民出版社，1995：149.

③ 脱脱，等. 辽史·本纪第二十五·道宗五：卷二十五 [M]. 长春：吉林人民出版社，1995：169.

④ 李文泽. 辽代的官方教育与科举制度研究 [J]. 四川大学学报，1999.

⑤ 李文泽. 辽代的官方教育与科举制度研究 [J]. 四川大学学报，1999.

翰林应奉文字，其余的人则授予从事郎。

辽代科举程序有“乡、府、省三试之设。乡中曰乡荐，府中曰府解，省中曰及第”①。辽代的廷试即殿试，初，不定期。辽兴宗兴办过殿试，算是开辽代殿试之先例，自此辽朝君主殿试进士成为定制。

辽代，朝廷极力鼓励士人参加科举考试。有的读书人不愿参加科举考试，州县要“根刷遣之”。辽朝设北官、南官，其实，参加科举考试的只有南官，北官则无须经科举考试而由契丹宗室、贵族直接出任。契丹人违规擅自参加科举考试要受刑责。就汉人而言，医、卜、屠贩、奴隶及悖父母或犯事逃亡者不得举进士。

二　科技文化

辽代的科学技术文化形态主要体现在天文历法、医学、语言文字、史学等方面。

辽朝设有司天监管理有关天文历法各项事宜。司天监下设太史令、灵台郎、絜壶令、五官正、丞、主簿、五官灵台郎、保章正、司历、监候、絜壶正、司辰、刻漏博士、典钟、典鼓等官职。契丹人的历法是在辽朝建立即辽太宗灭石晋以后，掠夺石晋司僚属历象迁往辽中京，“辽始有历”。辽朝的历法与宋朝的历法相差一日。考古文化发现，从在河北省张家口市宣化区下八里村出土的彩绘星图看，辽代的天文星宿彩绘星图早于宋朝。该星图以北极为中心，把星宿投影在一个圆形的平面上。在穹隆顶部正中心悬挂铜镜，镜周画莲花，莲花外以白灰为地，上涂蓝色表示晴空。在该星宿彩绘上，东北绘北斗七星，东为太阳，内画金乌；中间一层绘二十八宿，东方七宿为青龙、西方七宿为白虎、南方七宿为朱雀、北方七宿为玄武，最外层为黄道十二宫图。这比闻名于

---

①　叶隆礼．契丹国志·试士科制：卷二十三［M］．上海：上海古籍出版社，1985．

世的苏州天文图绘制的时间要早很多。

辽代，契丹人引进中原医术以前，治病皆用巫术。自辽太祖掳掠大量汉人进入契丹社会，中原医术随之进入。辽初，太祖太子耶律倍就会使用药物和针灸之术给人治病。辽太宗灭石晋后，掳掠大批医官、方伎、图书、铜人等，对辽朝的医学发展有很大的促进作用。在辽初，最有名的医者是吐谷浑人直鲁古，其在利用针灸给人治病方面作出了很大贡献，著有《脉诀》《针灸书》行于世，后失传。辽朝中叶以后，医者不仅能用针灸疗法治病，中原中医传统的望、闻、问、切诊疗方法也逐步得到推广。《方脉书》被译成契丹文，使辽朝的医者掌握切脉技术，提高了诊断的准确性，对促进辽代医学发展起到了很大作用。辽朝统治地域内盛产名贵中草药材，如鹿茸、人参、麝香、熊胆、茯苓等，为医学发展提供了条件。

契丹部族本无文字，契丹人建立辽国后，辽太祖即诏令创制自己的文字，先后创制大字、小字；但契丹文字与汉字同时使用，通行的文字依然是汉文，辽朝对外交往的正式公文、朝廷的诏令奏议等都用汉文；只有哀册墓志之类的才用契丹文，但也多用契丹、汉两种文字对照刻写。辽灭后，即在 1191 年契丹文字被停用。

辽代，从辽圣宗时起，仿五代和宋的修史体例，开始官修实录、国史。如 991 年，室昉等撰《实录》20 卷；1044 年，辽兴宗诏萧韩家奴、耶律庶成等撰修遥辇以来的事迹；1103 年，天祚帝诏耶律俨修太祖以来《实录》，耶律俨受命后，将历代修撰的《实录》加以综合整理，运用纪、志、传等体例，编订成《皇朝实录》70 卷，成为日后《辽史》的基础；此外，辽朝还编修了《日历》《起居注》等，属于国史的一部分。辽代的私人著述大多已经失传，流传至今的只有汉人王鼎的《焚椒录》1 卷，记录了耶律乙辛诬陷宣懿皇后案的始末等。

第四节　辽朝时期辽东地区丧葬习俗文化

辽代契丹部族民间葬俗文化主要有三种形态，即树葬、火葬和土葬。树葬和火葬基本是契丹人建国以前的葬俗文化形态，契丹人建国后，葬俗文化有所转变，一般实行火葬和土葬。

一　葬俗文化

契丹人建国以前葬俗文化形态之一是树葬。即人死后将尸体放在树上，三年以后收其骨焚之。《北史·契丹传》记载："父母死而悲哭者，以为不壮。但以其尸置于山树上，经三年后，乃收其骨而焚之。因酹酒而祝曰：'冬月时，向阳食，若我射猎时，使我多得猪、鹿'。"① 此外，《旧唐书·契丹传》亦载："其俗死者不得作冢墓，以马驾车送入大山，置树上，亦无服祭。子孙死父母晨夕哭之；父母死，子孙不哭。"② 死者"不得作冢墓"，置尸体于山里树上，说明当时契丹社会实行的是树葬。

火葬是契丹社会葬俗文化的另外一种形态。辽代早期的火葬墓，一般为土坑竖穴墓，也有一些用长方形青砖砌成的简陋砖室墓。墓的规制比较小，形状多为长方形。墓内无仿木结构和壁画装饰。随葬品有陶、瓷器及马、羊等家畜。火葬这种文化形态在契丹并非全社会实行，特别是辽代中后期，契丹人实行火葬的越来越少，实行火葬的大部分是辽朝的汉人和寺院僧尼。

土葬习俗文化显然是受到汉人土葬习俗文化的影响。辽朝建

---

① 刘昫等. 旧唐书·列传第一百四十九下·东夷·契丹：卷一九九下［M］. 长春：吉林人民出版社，1995：3411.

② 李延寿. 北史·列传第八十二·高丽：卷九十四［M］. 长春：吉林人民出版社，1995：1708.

国以后，土葬文化盛行。除大型皇室墓葬外，大部分是中、小型贵族或平民墓葬，尤以小型墓居多。其实，严格意义讲火葬也是土葬，只是将尸体先火化，将骨灰装入器物中再行土葬。辽代中后期，火葬墓的形制发生一定的改变，规模比以前变大了，墓制分为大型、中型、小型，形制和葬式也更加复杂，有砖（石）室、土洞墓和石棺墓等，有墓室进深 4 米以上的大型墓，也有进深 3 米左右的中型墓，更多的是进深不足 2 米的小型墓。墓的形制有圆形、方形、长方形、梯形和多角形；质地有砖室、石室、石棺、木椁等。砖室墓内盛行仿木结构和壁画装饰。随葬品有瓷器、陶明器、铜钱等。葬具除了陶罐、石棺、木棺（匣）以外，还出现了砖砌的骨灰槽（盒）以及所谓的“真容偶像”的木雕拟人形盛骨灰物①。

辽代早期的土葬墓形制大多为方形、长方形型砖砌或石垒单石墓，构造比较简单。葬具多用石棺，以单人葬为主。墓室内无装饰，体现契丹人早期游牧生活习俗文化②。

辽代中期的土葬发生了许多变化，首先是形制上逐渐统一。这一时期，除少数沿袭早期圆形或方形单室墓外，大多数为多角形墓。结构较早期复杂，且开始流行石木、砖木的混合结构。墓室内多有棺床或尸台，合葬居多。如内蒙古翁牛特旗解放营子壁画墓，是这一时期具有代表性的墓葬。其次是多室墓开始出现，如辽宁法库叶茂台辽墓，就是一座多室墓，该墓分前室、主室、左右耳室，且各室券门两侧皆有彩绘人物壁画③。

① 杨晶. 辽代火葬墓［M］//辽金史论集：三. 北京：书目文献出版社，1987.

② 项春松. 克什克腾旗二八地辽石棺画墓［J］. 松辽学刊，1987（4，5）.

③ 项春松. 解放营子辽壁画墓发掘报告［J］. 松辽学刊，1987（4，5）；辽宁省博物馆. 法库叶茂台辽墓记略［J］. 文物，1975（12）.

辽代晚期的土葬墓又有了变化，主要是多室墓较普遍，形制设计与构造复杂：由墓道、墓门、甬道、天井、前室、东西耳室及后室组成，室内有的还开有下水道；墓门普遍采用门楼式建筑，耳室对称严谨，结构讲究，形制别致，多有仿木斗拱建筑；甬道（前室）较为宽阔，全墓呈“吉”字形。墓质地结构复杂，多种材料混合运用，仿木制结构普遍。辽代中期出现的装饰结构如装饰性桌、椅等逐渐淘汰，代之以实物。作为装饰图案的门楼、斗拱等，被砖砌实物所取代。晚期墓葬中，出现了别致的砖雕，镶嵌于墓壁或壁龛之内，内容有文吏、武士、侍吏、四神等，非常精美①。

二　随葬品文化

考古文化发现，古代葬俗文化特征大多体现于其墓葬随葬品与墓室内壁画。契丹人死后一般实行厚葬，随葬品是死者生前生活用品和生产工具等，如各类陶器，包括罐、碗、瓶、瓜棱壶等。早期多用实用器物，如仿皮囊式鸡冠壶等。中、晚期则多用成组的器皿，如锅、灶、箕、鼎、壶等，还有铁器、木器、骨器、丝织品、车马器、钱币、玩具、金器、银器、铜器、装饰品等。契丹人墓葬中多出有墓志。志文既有汉字，也有契丹大、小字，墓志记载墓主人家世及本人的经历。墓内壁画装饰文化是辽墓文化的一大特点。在考古文化发现的辽墓中，除石室结构的以外，其余在白灰壁面或木椁板及石椁上都画有不同题材的壁画，内容丰富。早期多以自然风光为题材，直接描绘契丹人的游牧生活，充满浓郁的草原气息。辽代中期以后，受汉文化的影响，出现了以汉仪为主的仪仗、宫卫、散乐、侍女、神兽、瑞祥等题材，但契丹部族的风格在汉文化内容的衬托下，也显得非常突出。如北部

---

① 张国庆，等．辽代契丹习俗史［M］．沈阳：辽宁民族出版社，1997：152.

墓葬壁画出现的车骑出行，车马相接，在草原上浩浩荡荡，宴饮则草原风光，山树相衬，野鹿追逐奔跑，营卫则驼车启驾，契丹侍吏备马臂鹰，随骑前引。而南部墓葬壁画或汉人的墓葬壁画中则更多的是汉族风格，无论是宴饮、出行、山水花鸟，乃至生活场景、人物，都保留了汉族文化的特征。

第五节　辽朝时期辽东地区文学与艺术文化

辽王朝统治下的辽东地区，各民族长期杂居，互相影响和学习，文化方面表现出以汉族传统文化为主体、各民族文化相互融合的时代特征，文学艺术呈现新气象。

一　文学创作新气象

辽国是一个多民族的政权实体，复杂的历史条件和民族、地域等因素，决定了辽国文化必然受到多方面的影响。由于政治原因或经济、文化的交往，契丹部族中有许多人早就学会了汉族语言，特别是契丹的上层贵族。居住在辽河流域的契丹贵族，他们与汉族、渤海族长期发生经济和文化交往，甚至互相通婚，有着较高的文化修养，在建国前就已是汉文化通了。耶律阿保机及其子耶律倍，不仅精通汉语，而且汉文化的造诣很高。辽代文学受到汉文化影响很大，特别是辽中叶以后，辽国国势日盛，与宋盟好，使命交通，来往频繁，并且设科举取士制度，文化勃兴，汉族文化在辽朝得到广泛传播，汉文化的影响愈加深广，辽国文化也日益繁荣。其时，中原入辽的汉族文士，多为唐末遗民，具有唐代士人的气质和素养，颇喜吟诗作赋。

契丹部族是个热爱诗的民族。契丹人不仅热爱中原文化，而且努力学习中原文化，热爱汉语诗歌，饶有兴趣地学习写作诗歌。契丹部族的许多贵族，濡染于唐代文风，也雅好吟咏，以能吟诗作赋为荣，他们写出了许多成熟的诗歌作品。

据《辽史》记载，辽圣宗“十岁能诗”，并有诗词流传至今，如其《传国玺》诗“一时制美玉，千载助兴王。中原既失鹿，此宝归北方。子孙宜慎守，世业当永昌”；辽道宗也能诗，耶律良曾编辑道宗诗集《清宁集》。在辽朝皇帝的提倡和带领下，圣宗以后，辽国文化日益繁荣，创作者逐渐增多，写作技巧日趋成熟。许多契丹贵族也编诗作集，有名的如耶律隆先的《阆苑集》、耶律良的《庆会集》等。据《全辽诗话》统计，辽代的诗文集约有30余种。现存辽代文学作品以诗文为主，其代表人物有辽国的第一个大艺术家东丹国王、让国皇帝耶律倍；有皇帝诗人，如皇帝圣宗耶律隆绪、兴宗耶律宗真、道宗耶律洪基；有皇后诗人，如道宗皇帝皇后萧观音、天祚帝皇妃萧瑟瑟；有王妃诗人，如晋国王耶律隆庆王妃；有著名女诗人耶律常哥；有入辽汉族文士诗人，如韩延徽、王鼎、杨佶、马尧俊、刘经、虞仲文、王枢、左企弓、马贤亮等；其他知名耶律氏诗人，有耶律隆先、耶律琮、耶律资忠、耶律庶成、耶律孟简及萧氏诗人萧柳、萧铎卢斡，等等。他们既是辽国文化的创造者，又是辽国文化传播者；特别是自觉学习中原文化的先进因素，推动中原文化与辽国文化融合发展，为辽河文化的繁荣发展作出了重要贡献。

（一）耶律倍的文学创作

耶律倍博学多才，通晓音律，擅长书画，精通医术、砭焫之术，工于辽、汉文章，是辽国的第一个大艺术家。据史料介绍，耶律倍幼年聪明好学，受过良好的教育，很早就接受汉文化熏陶，学习儒家文化。耶律倍当太子时，有一位在辽朝的汉族老臣张谏老师教他学问，使其对儒家经典理解日渐深刻。916年，耶律倍被立为太子。918年，应太祖询，耶律倍力排众议，建议供奉孔子被采纳，奉令春秋侍奠。随太祖出征，为先锋都统，但由于耶律倍性好读书，不喜骑射，带兵打仗非其所长。其弟耶律德光确有军事才干，922年，耶律德光任天下兵马大元帅。辽朝天下兵马大元帅通常是由太子兼任。928 年，辽太祖在征服渤海国班师还朝途中病逝于扶馀府。安葬辽太祖耶律阿保机后，耶律倍便率群臣请于母后应天大明地皇后，说天下兵马大元帅功勋威望，中外所属，应继承大统，为社稷之主。母后应允，耶律德光便继承了皇帝位，这便是辽太宗。虽然是主动让位，但身为长子、太子，兼东丹国王的耶律倍肯定多有不甘。凭他对于宫廷文化的了解和他对于耶律德光的认知，深感人生危机的耶律倍决定出走后唐，却被太后和太宗皇帝派人阻截回来。耶律倍的冒险举动，引起太宗皇帝的不满，于是太宗皇帝耶律德光下令，将东丹国都南迁至东平（今辽宁省辽阳市），东丹国民也举国南迁，安置在辽东或辽南广大地区，升东平为辽国的南京，着东丹国王耶律倍居住，且安排卫士，明为保护，暗中刺探他的行动。东丹国名存实亡，耶律倍更加惶惶不可终日。太宗皇帝的做法使耶律倍更加坚定了出走的决心。耶律倍和耶律德光之间的矛盾，很快传入中原，后唐明宗李嗣源听说后，愿意为其提供政治避难，便派人到南京（今辽阳市）迎请。耶律倍经过考虑后，同意赴后唐国避难。他以狩猎为名，躲避了卫士的监视，渡海出走后唐。临行前，耶律倍在海滨立木刻诗："小山压大山，大山全无力。羞见故乡人，从此投外国。"诗虽短小，言无修饰，朴实无华，但直抒胸臆，情词凄惋，用了比兴手法，句式规整，言短意长，不禁让人们想到了曹魏时期的曹丕与曹植。据《世说新语》说，曹丕做了皇帝后，对才华横溢的弟弟曹植心怀嫉恨，凭着自己是皇帝、掌握生杀大权，命其弟曹植在七步之内作出一首诗来，否则行以大法（处死），曹植才富八斗，未等曹丕话音落下，便应声而说出"煮豆持作羹，漉豉以为汁。萁向釜下燃，豆在釜中泣。本是同根生，相煎何太急"。中国古代宫廷文化腐化。在政治斗争中，权力是超越一切的，为了争夺皇位，父子成仇、兄弟反目，不胜枚举。深谙中原文化的耶律倍，让出了皇位反遭猜疑，无奈只好选择出走他国，以求苟全。

据说，耶律倍题诗后，带着高美人及他多年精心搜集珍藏的数千卷书籍浮海而去。后唐枢密使赵延寿经常向他借书，可见，耶律倍的有些藏书是中原没有的。后唐对这位曾经的辽太子、东丹国王以天子的仪仗迎接，耶律倍乘坐船殿到达汴京，朝见唐明宗皇帝；唐明宗赐姓东丹，名赞华，后又赐姓李，先后官拜怀化军节度使、滑州节度使等职。本来是一幅很好的生活图景，却因为耶律倍的幼稚而毁了，甚至连他的性命也搭进去了。耶律倍出走后唐，做了两件不该做的蠢事：一是说自己思念母亲，经常派人回国问安；二是做起间谍来了，派人密报辽太宗耶律德光，说后唐“李从珂弑君，应出兵讨伐”。不料被李从珂知道了，耶律倍被杀，时年 38 岁。辽灭后唐，辽太宗耶律德光将耶律倍的遗骸迎回辽国，重新安葬在今辽宁锦州医巫闾山。辽世宗即位后，谥其父耶律倍为让国皇帝，陵号显陵。

（二）女诗人萧观音与萧瑟瑟的诗文创作

辽代杰出的女诗人是辽道宗宣懿皇后萧观音和天祚皇帝的文妃萧瑟瑟。

1. 萧观音的诗文创作

据《辽史・后妃传》记载，萧观音“净容冠绝、工诗、善谈论。自制歌词，尤善琵琶”。聪慧过人，多才多艺，不仅喜填词赋诗，且善弹琵琶。其诗作风格多样，有雄豪隽爽、颇见北地豪放之气的篇章，亦有委婉深曲的风雅之辞。如七言诗“威风万里压南邦，东去能翻鸭绿江。灵怪大千俱破胆，哪教老虎不投降”（《伏虎林应制诗》）。作为应制诗，能够随口占得，且诗意开阔霸气，可谓女中诗杰了。又如和辽道宗皇帝《君臣同志华夷同风诗》所作五言诗，“虞廷开盛轨，王会合琦琛。到处承天意，皆同捧日心。文章通谷蠡，声教薄鸡林。大宇看交泰，应知无古今”，写得典雅工致，是辽代诗歌中难得一见的优秀作品。身为皇后，虽身居后宫之首，但生活俭朴，“处金屋之富而守约素，同天王之尊而务在谦祇”，“贵不自骄，尊不自满”。素以唐代贤妃徐惠为楷模，经常进谏辽道宗得失。如辽道宗迷恋狩猎，不顾危险，萧观音便上疏进谏，惹道宗不高兴，即使受到冷落，依然有一股文人倔强之气，作《回心院词》10 首以谏道宗。《回心院词》堪称辽代文学史上之绝唱，寓意凄惋，修辞讲究，结构严整，颇为后世称道。《词苑丛谈》称其“怨而不怒，深得词家含蓄之意。……大有唐人遗意也。”这样一位才华横溢的皇后诗人，却因为文人的幼稚与倔强、清纯与执着，遭受皇帝的不公待遇，最后居然因为耶律乙辛诬其与伶官赵惟一有染，被辽道宗皇帝赐死，时年 36 岁。《怀古诗》曰：“宫中只数赵家妆，败雨残云误汉王。惟有知情一片月，曾窥飞燕入昭阳。”史载，奸臣耶律乙辛看出辽道宗皇帝的心思，欲借机整死皇后萧观音，于是，找人串通，弄来《十香词》说是宋朝皇后所作，请萧观音亲笔抄写，萧观音信以为实，抄写完《十香词》后又题了《怀古诗》。耶律乙辛将萧观音抄写的《十香词》和《怀古诗》呈给道宗皇帝。道宗皇帝心里也明白，此时的萧观音已是后宫之主，地位已达到女人之极，况且皇后和自己生的儿子已立为太子，根本不可能与一个伶人作淫奔失行之事。但是，这位刚愎自用而又生性多疑的皇帝居然因为皇后多次进谏纠正自己的过失而动杀机。凭着耶律乙辛和张孝杰从《怀古诗》28 个字中抽取“赵”“惟”“一”3 个字拼凑成伶人的名字“赵惟一”，便不相信自己皇后的清白，最终竟以如此不光彩的理由置皇后于死地。此真是中国文化史上天大的悲哀和最大悲剧。

临死前，皇后萧观音作了一首《绝命词》：“岂祸生兮无朕，蒙秽恶兮宫闱。将剖心兮自陈，冀回照兮白日。宁庶女兮多惭，遏飞霜兮下击。顾子女兮哀顿，对左右兮摧伤。其西曜兮将坠，忽吾去兮椒房。呼天地兮惨悴，恨今古兮安极？知我生兮必死，又焉爱兮旦夕。”读来催人泪下。这位贤淑聪慧的皇后，死于三尺白练。她所担心的事终于发生了。皇后萧观音死后不久，耶律乙辛便诬陷太子耶律濬阴谋结党谋反，耶律洪基听信谗言，废太子耶律濬为庶人，囚于上京。耶律乙辛暗中派人将废太子和太子妃杀死，并谎报病死。耶律洪基晚年后悔自己听信谗言，杀害了自己的皇后和太子。死后，其孙（耶律濬之子）耶律延禧即位，是为天祚皇帝，不久便为祖母萧观音和父亲耶律濬平反昭雪。

2. 萧瑟瑟的诗文创作

辽代另外3位女诗人中，最著名的是天祚帝耶律延禧文妃萧瑟瑟。天祚帝耶律延禧是道宗耶律洪基和宣懿皇后萧观音的孙子，废太子耶律濬的儿子。他的祖母和父亲都在宫廷斗争中无辜被杀，成了腐化宫廷文化的殉葬品。耶律濬被害后，耶律洪基似乎良心发现，悔恨不已，将辽朝的希望寄托在孙子耶律延禧身上，将其作为培养对象，6岁封耶律延禧为梁王，9岁进封燕国王，16岁总南北辽枢密使事，加尚书令，为天下兵马大元帅。1101年，耶律延禧即位。不久，与萧瑟瑟相识，两人一见钟情。耶律延禧便把萧瑟瑟接入宫中藏了起来。数月后，耶律延禧听叔祖父的劝说，正式纳萧瑟瑟为皇妃。萧瑟瑟出身辽国皇后家族萧氏，聪慧娴雅，工于文墨，擅长诗词。被立为皇妃后，备受宠幸，生有一儿一女。

辽道宗后期，国势由盛转衰，女真人兴起于东方，日渐强大，对辽朝构成严重威胁。这时的天祚帝耶律延禧再现了其祖父的状态，沉迷狩猎，宠信奸臣，疏远忠良、贤能之人。萧瑟瑟忧国伤时，便作诗讽谏天祚帝："勿嗟塞上兮暗红尘，勿伤多难兮畏夷人。不如塞奸邪之路兮，选取贤臣。直须卧薪尝胆兮，激壮士之捐身。可以朝清漠壮兮，夕枕燕云。"一位备受宠幸的后宫皇妃，能有如此胸襟，讲出充满忧患与深思的劝告之言，的确非常令人钦佩。此时的辽国已经开始走下坡路了，作为皇帝，耶律延禧最应该做的事情，就是正视强敌环视，不要畏惧，要摒弃奸佞，任用贤良，有卧薪尝胆的精神和决心，勤于政事，激发壮士为保卫国家而献身，使朝野清明、国富民安。然而皇妃善意的劝告耶律延禧根本听不进去，萧瑟瑟不甘心，于是又作了一首《咏史》："丞相来朝兮剑佩鸣，千官侧目兮寂无声。养成外患兮嗟何及，祸尽忠良兮罚不明。亲戚并居兮藩屏位，私门潜蓄兮爪牙兵。可怜往代兮秦天子，犹向宫中兮望太平。”这位皇妃的见识是多么的深邃，一针见血地道出了辽国的严重危机所在。丞相佩剑上朝，千官侧目，万马齐喑；天祚帝姑奸养恶，残害忠良；裙带屏位，私门潜蓄。短短64字，界阔思邃，斥奸书愤，无论从社会意义来看，还是从艺术价值来看，不仅是辽代文学史中最重要的作品，也是中国文学史上少见的佳作。萧瑟瑟放着养尊处优的日子不过，非得心忧天下不可；天下兴亡，匹夫有责，何况她是皇妃。然而，此时的耶律延禧，根本就没有采纳谏议的心怀。萧瑟瑟的忠告，不但没有被采纳，反而招来了天祚帝耶律延禧的嫉恨。天祚皇帝被群小包围，正人君子根本无法接近。奸臣枢密使萧奉先等人乘机诬告萧瑟瑟和她妹夫耶律余睹等密谋，立萧瑟瑟的儿子晋王敖卢斡。结果萧瑟瑟被赐死，悲剧再次在辽国上演。辽代历史文化的天空，又一颗文学之星陨落了。

（三）王鼎的文学创作

在辽代，如前举出的有许多汉族文士活跃在文坛上。从唐代末年开始，一直到五代十国时期，中原地区因政权更迭频繁，战争频仍，社会极不安定，人民生活陷入极度困顿。这时的文人为了谋生，流入相对安定的东北地区，转入辽国。同时，辽军向南扩张时，也掳掠了一些文人到辽国。这些汉族文士，文化水平较高，或者怀有一技之长，深得辽朝统治者信任，受到重用，以他们的学识和政治才能，施展于辽国朝廷，对东北地区的开发与发展多有贡献。这些汉族文士无论从政或是作文，都是辽代历史文化靓丽的风景。

王鼎是辽代晚期的著名汉族文学家。其传世作品《焚椒录》，可以说是给辽代历史那些令人心痛的悲剧作注。王鼎，字虚中，涿州人氏，幼时好学，长年住在太宁山里读书学习，学识渊博，通晓经史，擅长诗文。清宁年间进士，任易州观察判官，后改任涞水县令，官至翰林学士。王鼎明达政体，深受辽道宗皇帝倚重。当时朝廷许多重要文书出自其手。王鼎性格直爽、为人正派，政声可闻、文学可赞处颇多，最为人们熟知的是他写的《焚椒录》。

《焚椒录》详细记述了辽道宗宣懿皇后萧观音受耶律乙辛等人诬陷含冤而死的始末，收录了萧观音大量的诗文作品。王鼎自己在序言中说，这部书的素材来源，是他在道宗皇帝身边任文学侍从，亲眼所睹的萧观音受耶律乙辛等人诬陷身败名裂的全过程。当时“大墨蔽天，白日不照”，朝廷许多官员阿附耶律乙辛，甚至提供伪证，遂致萧皇后蒙受淫丑的恶名，不能昭雪。王鼎妻子乳母的女儿蒙哥，是耶律乙辛的婢女，很受耶律乙辛的宠爱，了解耶律乙辛等人诬陷的阴谋；萧司徒也清楚耶律乙辛等人诬陷萧皇后的始末，曾经对王鼎详细讲述过。王鼎和萧司徒执手嗟叹萧皇后的冤枉；在被流放可郭城（即辽国镇州，今内蒙古鄂尔浑河上游哈达桑北）时，“去乡数千里，视日如岁，触景兴怀，旧感来集，乃直书其事，用俟后之良史”。可见，王鼎创作《焚椒录》，目的就是将萧皇后被害之事昭告后世，让后代忠实、正直、智慧的史官能够秉笔直书这段历史。

《焚椒录》除收录了萧观音的诗文作品外，还载录了当时耶律乙辛等人用以诬陷萧皇后的《十香词》。其全文如下：“青丝七尺长，挽出内家妆。不知眠枕上，倍觉绿云香。红绡一幅强，轻阑白玉光。试开胸探取，尤比颤酥香。芙蓉失新颜，莲花落故妆。两般总堪比，可似粉腮香。蝤蛴那足并，长须学凤凰。昨宵欢臂上，应惹颈边香。和羹好滋味，送语出宫商。定知郎口内，含有暖甘香。非关兼酒气，不是口脂芳。却疑花解语，风送过来香。既摘上林蕊，还亲御苑桑。归来便携手，纤纤春笋香。凤靴抛合缝，罗袜卸轻霜。谁将暖白玉，雕出软钩香。解带色已颤，触手心愈忙。那识罗裙内，销魂别有香。咳唾千花酿，肌肤百合装。无非瞰沉木，生得满身香。”如果单从文学性而论，《十香词》还是有一定的艺术价值的。但耶律乙辛等人用作诬陷害人的证据，却让本来很好的一首诗歌，变得多了几分妖邪之气。文以载道，用以化人，这是基本的文学常识。可耶律乙辛等人偏偏用它来害人，真是对文学乃至历史文化的糟蹋。

契丹民族是一个热爱诗歌的民族，辽代历史文化中留下了许多优秀人物及其优秀作品，辽河文化也因此而光彩照人。

二　建筑雕塑及绘画新风格

辽代建筑文化更多地模仿了唐代建筑的风格。契丹部族最初处于游牧经济文化形态，无城邑。后来，由于掳掠大批汉人，汉人在被安置的地方创城邑而居，史称汉城。当时在汉人迁居的地方相继建惠州、武安、泽州、霸州、榆州等汉城。汉城的出现，是契丹社会城市文化的一大进步。由于以汉城为中心的农业、手工业、工商业文化的兴起和繁荣，契丹部族与其他部族开始了定居生活，城市文化逐渐发展起来，因而建筑文化获得繁荣。

（一）佛寺建筑文化的繁荣

辽朝统治中国北方广大地区 200 多年，由于政体文化的影响，一直实行四时捺钵和五京制，未能形成一个能够控制和影响全国的政治经济中心城市。因此，现存的辽代建筑、雕塑，主要是寺庙、佛塔以及石窟造像，分布在内蒙古、辽宁、山西、河北及北京等地。由于战乱和自然灾害的缘故，遗存的寺庙及佛殿很少，比较著名的有天津市蓟州区独乐寺山门及观音阁，辽宁省义县奉国寺大殿，山西省大同市华严寺薄伽教藏殿，山西省应县佛宫释迦塔，山西省大同市善化寺大殿，河北省高碑店市新城镇开善寺大殿，河北省涞源阁院寺文殊殿等。这些建筑都是现存古代木构建筑之精华。它们建造时间早，结构精妙，艺术成就极高。

辽东地区的佛寺建筑文化特点是塔寺分离（少量仍为塔寺结构），在平面布置和殿层结构上，基本上是仿宫殿式的。有的寺院在中央建塔，大殿后建讲堂，形成塔寺结构。在建筑设计布局上，都是以正中路为轴线两侧对称。正中路前为山门殿，有时尊作天王殿，内门左右为钟鼓楼，过天王殿，即为供奉释迦牟尼的大雄宝殿，殿后为藏经楼。中轴线两侧配殿，多为对列整齐的经堂、僧舍、斋堂、库房等建筑。如辽宁省义县奉国寺大殿，始建于1020年，初名咸熙寺，后易名奉国寺，占地面积约6万平方米，是国内现存的三大寺院之一，大雄殿是标志性古建筑。奉国寺内主体建筑大雄殿及寺院整体，上承唐代遗风，下启辽、金等寺院布局，是辽金寺院中最具典型的例证。其中，大雄殿是辽代佛教建筑艺术的最高成就，代表了11世纪中国建筑的最高水平。大雄宝殿位于南北中轴线的北端，耸立在高阔的月台上，其形制为五脊单檐庑殿式，通长为55米，通宽为33米，建筑面积1800多平方米，支撑整个大殿的梁、柱、枋、斗拱组成一个木结构。为了最大限度地利用空间，在中央7间的内槽和外槽采取减柱法。架梁作缝只用20根内柱，角柱有明显的侧角和升起，檐下组合形式为7铺作双抄双下昂重拱偷心造。西弥陀阁、东西三乘阁、两侧长廊、山门均系辽代建筑。大殿结构的造型和所形成的殿内空间设计及佛像布置与宗教活动方式密切结合，为辽代佛殿建筑文化的重要特质，具有极高的建筑艺术价值。

佛塔是现存的辽代建筑文化的重要形态。据《辽宁古塔志》记载，目前，全国现存体量较大的辽代所建佛塔80多座，分布在辽宁境内的有40余座，占全国辽代佛塔总数的一半左右①。其中，有20余座属于全国重点文物保护单位，主要包括沈阳市无垢净光舍利塔，鞍山市金塔、银塔，锦州市崇兴寺双塔、班吉塔、广胜寺塔，阜新市东塔山塔、塔营子塔，辽阳市辽阳白塔，朝阳市北塔、云接寺塔、八棱观塔、东平房塔、黄花滩塔、青峰塔、双塔寺双塔，葫芦岛市白塔峪塔、磨石沟塔、妙峰寺双塔、沙锅屯石塔。辽代佛塔在今辽宁境内的分布，东起今抚顺高尔山塔，西至葫芦岛绥中妙峰寺双塔，南起大连复州永丰塔，北抵铁岭开原崇寿寺塔。

---

① 辽宁省人民政府地方志办公室．辽宁古塔志［M］．沈阳：辽宁大学出版社，2019：4.

辽代建筑文化，以佛塔为重要载体，其分布规律大体有两种情况，一是多数佛塔与辽代州县古城相伴，或置于城内，或屹于城外山丘，作为古城整体建筑的一部分，是古城的重要地标性建筑。如抚顺高尔山塔，山下有辽代贵德州古城址；大连复州永丰塔，附近有辽代复州古城遗址；辽阳市辽阳白塔，是辽代东京城的京塔；朝阳市北塔是辽代中兴府的府塔。二是作为城市景观塔或风水塔，一般建在岗地上，如朝阳市凤凰山云接寺塔和葫芦岛市绥中妙峰寺双塔等。

辽代建筑文化体现在佛塔的建筑结构与艺术上，具有明显的特征。主要是实心的建筑多，不能攀登。今辽宁境内的佛塔建筑分布主要是辽代当时的中京和东京所辖地区，是契丹部族的传统居住区。这些塔的建造形制具有鲜明的契丹民族特色，即典型的辽式密檐塔。这种密檐式塔是由楼阁式木塔向砖石结构演变时出现的，塔身不设门窗，内部为实心，不能攀登，只能作为膜拜对象。辽代密檐式塔在结构和建造上形成了大体统一的标准形制，平面大多为八角形，为实心塔。这是因为，“北地多风，故塔不能空，无可登者”。辽代佛塔建造成实心，主要体现在外在的装饰上，并不强调登临的功能，宗教文化的核心是宗教的内在感召力量，是造塔者要表达的唯一主题。辽代辽宁境内的佛塔建造艺术与中国其他地方古塔及华北地区的辽代佛塔建筑艺术具有明显区别，即辽宁境内现存辽代佛塔的塔身上遍布佛像，这些佛像多属于高浮雕作品，有的已经接近圆雕。如辽代佛塔的一佛二胁侍的雕像，形体高大，栩栩如生。它们附着于塔身，与整座建筑物浑然一体。尤其是辽代佛塔将塔身券门作为佛龛，用以安放主佛像的做法，更是充分将雕像与建筑元素巧妙地融为一体，凸显宗教文化的庄严性。所以，辽代佛塔的建筑艺术在中国古代建筑文化史上是独一无二的，体现了辽代建筑文化的独特性。

如崇兴寺双塔。崇兴寺双塔坐落于显州（今辽宁省北镇市古城内东北隅），是辽朝末代皇帝耶律延禧为父皇和皇祖母修建的。

一是为被耶律乙辛杀害的父亲大孝顺圣皇帝耶律浚、母亲贞顺皇太后雪污；二是为让父皇及皇祖母遗骨永享人间香火；三是为父皇、皇祖母千古流芳。双塔呈八角形，系 13 级实心密檐式结构，两塔形制基本相同。塔座三层，基础为方形塔台，石造，边长约 7 米，高为 2.25 米。塔台的上部砖造塔基座，高为 2.9 米，分三层：第一层作须弥式，在束腰部分有精美的砖雕，每面有壶形门和五棵间柱作成驼式斗拱。壶形门中有砖雕的小佛像及伎乐人。第二层为勾栏平座，座下以五铺作斗拱为装饰，上托栏杆，栏板上雕成曲水“卍”字花纹。第三层为俯仰花瓣莲座，建立在勾栏平座之上。塔座之上建立 13 层塔身和 13 层塔檐。其中，第一级塔的檐部做成佛教装饰，余为素面 12 层和楼阁凌空。第一级塔身占有全塔 1/3，雕成高耸的楼阁形式。在八面塔身的转角处，各立一支倚柱，柱头上以栏额联系起来，再上，置普柏枋，枋上有雕刻的斗拱。柱、枋之间，形成明间。在明间中，布置了象征性的佛像及菩萨像，坐在莲座之上。佛后雕有背光。在龛外左右为菩萨胁侍立像，头戴宝冠，身披瓔珞，身后也雕有背光。龛上为大型宝盖，宝盖之上为一对“飞天”，身着舞裙与彩带，翱翔于白云之间。塔檐计十三层，第一层塔檐为两色椽木，上覆瓦为面。每角皆有垂脊，脊上有瓦兽。从第二层至第十三层的做法完全一致，即在每一节塔身上，用叠涩法向外做出檐，檐上铺瓦为顶，乃为象征做法，有形无实。塔顶有刹座和刹杆。刹座为仰莲筑于塔顶之上，承托宝瓶，瓶口衔立刹杆。刹杆为锻铁长杆，如避雷针，杆顶饰承露盘，并有 4 个相轮。以 4 条铁索牵于塔顶加以固定。西塔和东塔高度、饰图略有差异，东塔高为 43.85 米，西塔高为 42.63 米。东塔佛像皆着皇冠，而西塔只有面南的一尊佛像着皇冠，余者皆结螺状发髻，披肩袒胸。

（二）胡氏父子及其绘画文化

辽朝的绘画艺术是在隋唐时期北方画派的基础上发展起来的。契丹部族的王公贵族中有许多人对绘画有浓厚的兴趣，东丹王耶律倍及其子辽世宗兀欲俱善丹青，是画鹿的高手，是辽代辽贵族画家的代表。据《辽史》记载，耶律倍的画《骑射》《猎雪骑》《千鹿图》等入藏北宋秘阁。

胡瓌、胡虔父子是当时有名的画家。胡瓌“工画番马，铺叙巧密，近类繁冗而用笔清劲，至于穹庐、什器、射猎、部属，纤番形容备尽。”其子胡虔“学父瑰画番马得誉。世谓虔丹青之学有乃父之风”，今北京故宫博物院藏《卓尔图》是胡虔传世的著名画卷，所表现的是契丹可汗率部下出猎歇息宴饮的情景，有浓厚的契丹民族生活情趣，反映了当时北方画派的特色。

考古文化发现，辽代绘画作品在辽墓壁画中可见。如沈阳法库叶茂台七号辽墓出土了两幅绢画，一幅是《山水楼阁图》，长为145.2厘米、宽为54.5厘米。画面山峰陡起，青松挺立，有五代、宋初的画风。另一幅是花鸟画《竹雀双兔图》，长为155.5厘米、宽为60.2厘米，绘有竹丛、麻雀、兔子、野花等，画面充实、构图对称均衡，色彩浓艳，富有装饰效果。在辽代许多贵族墓中都有壁画，其中许多壁画很有契丹民族特色。

第十九章　辽朝政体文化兴衰

契丹部族作为一个古代民族共同体，是在漫长的历史演进过程中吸纳其他部族之长而逐渐形成和壮大起来的。作为历史上东胡鲜卑、匈奴等古老北方民族延续的契丹部族，主要分布在濡源（今滦河上游）以东，柳城（今辽宁省朝阳市）以西西拉木伦河（西辽河上游）及老哈河流域，古称松漠。曹魏以后，东部鲜卑有慕容部、段部、宇文部和拓跋部。其中，慕容鲜卑趁中原战乱迅速崛起，并建立自己的政权——前燕。4 世纪，宇文部渐强，前燕政权于 344 年对其进行征伐，宇文部首领远遁漠北后奔高句丽，慕容皝将其部迁徙至昌黎，余众仍活动于松漠，统称库莫奚。388 年，北魏政权北征库莫奚后，契丹由库莫奚中分化出来。至唐初，契丹部族附于突厥；唐太宗时，628 年，契丹部族摆脱突厥控制，降唐。之后，逐步崛起。大约历百年，至 8 世纪中叶初期，契丹开始了遥辇氏时代。遥辇氏控制契丹部族近 2 个世纪，直至被耶律阿保机取代。阿保机掌控契丹部族，结束了遥辇氏执政时代，他对中原诸割据势力采取远交近攻的策略，迅速崛起。907 年，阿保机称可汗，成为契丹历史舞台上的核心人物。916 年，耶律阿保机登极，建立契丹国家——辽国。辽代政体文化也正式形成。

第一节　辽代政体文化历史贡献

契丹建国后，阿保机采取措施，强化辽朝政体文化建设，营建皇都、创造文字、制定法律，很快建立起辽国的政体文化体系，并在所辖区域积极推行，促进了辽代经济、社会文化的发展。辽代政体文化发展的历史贡献，主要体现在以下 4 个方面。

一　稳定北方文化生态

辽朝统治者以军事手段统一北方和加强对各部族的控制。据《辽史·地理志》记载，早期契丹部族“有地数百里”，“南控黄龙，北带潢水，冷陉屏右，辽河堑左”；到了唐代，契丹的大贺氏蚕食夫馀、室韦、库莫奚、靺鞨之区，地方二千里；五代时期，耶律阿保机掌控军权，辟地东西三千里。契丹建国后，阿保机在统一契丹各部族的同时，对周边其他部族进行武力征讨，先后征服了室韦、吐谷浑、突厥、库莫奚、党项、敌烈、阻卜、斡朗改等部，铁骊、女真也降服契丹，灭渤海国，建立起“东朝高丽，西臣夏国，南子石晋而兄弟赵宋，吴越、南唐航海输贡”的强大辽国，统治长达 218 年。其推行军政合一的政体文化，不仅设置了不同级别的军事机构，还在边防要地修筑了边防城。如在额尔古纳河上游筑了靖边城，常驻千余骑；在胪朐河下游筑董城，常驻 5 百骑；在今乌兰巴托建镇州，选诸部族兵 2 万余骑屯田驻守。辽朝对北部边疆的统一和管理，为保证边疆稳定作出了重要贡献。辽国的疆域“总五京，府六，州、军、城百五十六，县二百有九，部族五十有二，属国六十。东至于海，西至金山（今阿尔泰山），暨于流沙，北至胪朐河（今克鲁伦河），南至白沟，幅员万里。”“五京列峙，包括燕、代，悉为畿甸。二百余年，城郭相望，田野益辟。冠以节度，承以观察、防御、团练等使，分以刺史、县令，大略采用唐制”。辽朝虽然是契丹部族建立的北方政权，但从开国皇帝耶律阿保机起，始终认定辽国是中国的一部分，契丹部族是“炎帝之后”，即中华民族的一员。即使是辽宋南北对峙，彼此亦都认为是“一国两政”，宋为南朝，辽为北朝。这些在《契丹国志》的《澶渊誓书》上都有明确记载。因此，辽代政体文化的发展，对于开发和稳定中国边疆社会文化生态，保证中国国家南北统一和统一多民族国家的进一步发展，作出了重要贡献。

二　发展独特经济文化

辽朝实行“因俗而治”“各得其宜”的经济政策，形成了具有民族特点的多元经济文化形态：一是畜牧业经济文化形态。其主要在辽国的中部、北部，大体是潢河（今西拉木伦河）流域往北至海勒水（今海拉尔河）一带的广大地区，契丹部族之20部族和乌古、阻卜、敌烈、突厥、室韦等部族的牧民，从事以牧业为主，以渔猎、采集为辅的经济活动；二是半牧半农经济文化形态。即辽河上游的潢河、土河（今老哈河）流域，其原本是牧业区，辽太祖平定诸弟之乱后，弭兵轻赋，专事农业，同时将前后投降和俘虏的汉人安置于此，成为发展农业的主力。因此，在这一地区形成了半牧半农的经济文化形态；三是农业经济文化形态。主要是长城以南的燕云十六州农业地区和原渤海国农业区。这两个地区，原本以农业为主，特别是燕云十六州，自古以来农业就是主要经济文化形态。归辽国后，辽朝实行“因宜为治”，继续其原有的生产方式和生活习惯等文化形态和类型，加之近两个世纪社会安定，以农业为主的经济文化形态获得长足发展。之后，辽朝升幽州为南京，升云中为西京。辽代统治下的燕云十六州，一扫五代时期军阀混战、民不聊生、纷纷北逃的状况，出现了百姓安居乐业、农工商各业繁盛的景象，整个社会文化一派繁荣。

三　丰富中华政体文化

辽代的政体文化经历了一个从简到繁的发展过程。首先，世选制由宗族世选制向家庭世选制的转变。世选制是契丹八部约定的部族联盟首领选举制度，即联盟首领由具有平等地位的八部族部长开会推选，联盟首领任期三年。早在大贺氏时期，这种世选制就名存实亡了，八部族只有大贺氏部族既有选举权又有被选举权，即联盟首领只能从大贺氏部族内选举产生，其余 7 部均没有被选举权了。后来的遥辇氏、世里氏也是如此。此时的世选制已经是宗族世选制了。在辽国建立前，由阿保机改变了这一选举形式，即由宗族世选制变为家族世选制，即联盟首领终身制，首领殁其子继任，但继任仪式依然是世选制那套礼制文化。辽朝建立后，皇帝实行父殁子继制度，宰相实行世选制。其次，辽代社会组织结构实行三位一体的文化形态，即政治行政区划是由以京、府、州、军、城、县民政为主的行政系统，以军政、民政兼理的部族系统，以军事为主的管理系统组成的社会组织文化形态。辽朝置五京，并以五京为中心，把辽国分为五道。由五道分别管辖全国的“州、军、城百五十有六，县二百有九”。辽朝的这种社会组织结构及管理模式是一个创造，对后世各代均有影响。辽朝军政、民政兼理的部族系统，是适应契丹部族和北方其他部族民族特点而实行的制度文化，体现了辽朝统治者灵活施政的原则精神。其军事为主的管理系统是将国家划分不同的军事区，如西京道南部的西南面招讨司、西京道北部的倒塌岭节度使司、上京道西北部的西北路招讨使司、上京道东北部的乌古敌烈统军司、东京道的东北路都统军使司、东京兵马都部署司和黄龙府兵马都部署司。军事决策的执行分别由不同的军事区承担。其实行四时捺钵制度，“有事则以攻为务，闲暇则以畋渔为生。无日不营，无在不卫。”四时捺钵表面上是辽代皇帝在春夏秋冬四季挑选最适宜生存的地方，过着秋山、春水、冬暖、夏凉的游猎生活，实际上是皇帝以此挑选适合扈从办事的蕃汉官员，四季四处巡察，随时办理北部少数民族应办理的事务。对于南部的汉族事务，小事由上书省办理，大事在冬、夏捺钵的“北、南会议”上议定后办理。四时捺钵是行营式办公，即皇帝在行营处理国家政务。这就改变了中原皇帝坐朝论政、由中央统治四方的传统政体文化形态。辽国的五京制是仿汉制，而四时捺钵是契丹国的独创政体文化。第三，辽国实行“一国两制”的政体文化。辽国境内存在两种不同的经济文化形态：一种是“耕稼以食，桑麻以衣，宫室以居，城郭以治”的汉人和渤海人生活在南部的农业经济占主导地位的经济文化形态；一种是“畜牧畋渔以食，皮毛以衣，转徙随时，车马为家”的契丹人和其他游牧民族的人生活在北部的畜牧业经济占主导地位的经济文化形态。据《辽史》记载，为了适应南北这两种不同经济文化形态，辽朝统治者制定因俗而治的蕃、汉分治的方略。“官分南北，以国制治契丹，以汉制待汉人……辽国官制，分北、南院。北面治宫帐、部族、属国之政，南面治汉人州县、租赋、军马之事。因俗而治，得其家矣。”由此可以看出，辽代的政体文化，既吸收了中原政体文化的某些因素，同时又因地制宜地有所创造。

四　推动多民族与多元文化融合

如前所述，辽朝统治通过划设专门地区安置移民、战争掳掠的民众及流民，使不同民族杂居错处，同时辽国把兵派往燕云十六州，和那里的汉人交错杂居，这为契丹人和汉人交流创造了条件，促进了多民族的交流与融合。辽国建立后，提倡学习中原文化特别是儒家传统文化，通过兴办教育，推选科举制度等，中原文化得以在辽国广泛传播。尤其是契丹的文学，受唐宋文学影响发展很快，诗歌、绘画等均有成果载入史册。前文已有介绍，在此不赘述。

总之，建立辽国的契丹民族是一个开放的民族，在保持自己民族固有的传统文化的同时，不仅大力吸收、融汇农耕文化、中原传统文化，而且广泛招徕以汉族为主的各族士人，参与辽国的经济、政治、社会和文化建设；将中原传统文化向周边地区推广和普及，从而加速了辽代文化的繁荣与发展。

第二节　辽朝政体文化衰亡

辽朝统治中国北方长达218年，经历了由兴起到鼎盛再到灭亡，其中有很多东西值得认真总结。辽兴宗后期，辽朝统治已经显露衰败迹象，统治集团日益腐化，争权夺利的斗争愈演愈烈，道宗和天祚帝时期，民族矛盾激化，阶级矛盾尖锐，危机四伏，病入膏肓。

其实，政治文化之宫廷文化的日益腐化与辽王朝如影随形。早在辽太祖耶律阿保机统治初期，就因为汗位的争夺而发生内乱，阿保机的二弟剌葛、三弟迭剌、四弟寅底石、五弟安端，因不满阿保机独霸汗位，在其族叔辖底的支持下发动叛乱，这场叛乱持续了3年多。阿保机去世时，淳钦皇后述律氏宣布由她“称制，权决军国事，”废太子耶律倍，另立次子耶律德光为太宗皇帝。辽太宗耶律德光趁中原危乱之时，南下一举灭后晋，在占领开封后，本想统一中原和北塞，却一时被胜利冲昏头脑，纵容军队杀人越货、无恶不作，导致无法在中原立足，在北撤途中去世。从此，契丹在中原统治开始崩溃。此时，因为皇位继承问题，耶律倍之子耶律兀欲与汉臣赵延寿、述律皇后及其少子李胡展开宫廷斗争，兀欲在北院大王耶律洼和南院大王耶律吼等人支持下，先后击败赵延寿、述律皇后及李胡，即位，是为辽世宗。兀欲虽挫败了述律皇后和李胡，但宫廷内部斗争未结束，政治上始终不安定，然而，辽世宗皇帝却“荒于酒色”，“倾国南伐”，造成“国人不附，诸部数叛”，在“南伐”征途中被察割杀死。兀欲在军中被杀，寿安王述律战胜叛党察割一伙，宣告即位，是为穆宗。穆宗即位之初，“亲密贵近多怀异志”，穆宗先后挫败萧眉古得、娄国、耶律敌猎等人阴谋，但他却将对野心家、阴谋家的全部仇恨都发泄到已被制裁的叛逆者家属——“著帐户”人身上，大肆杀戮身边服役的人，如兽人、鹿人、獐人、彘人、狼人、鹰人、鹘人、雉人、虞人、酒人、豕人和近侍等专门服侍皇帝的行猎人员，造成这些人对穆宗的仇恨，最终被近侍小哥、盥人花哥及庖人辛古等人杀死。辽穆宗无子，其将世宗耶律兀欲之子耶律贤养在身边，穆宗遇弑，耶律贤在女里、高勋、韩匡嗣、萧思温等帮助下夺取帝位，是为景宗。女里等这批人以有功于社稷，恣意妄为，结党营私，“纳赂请谒，门若贾区”，景宗先后处置了女里、高勋，平定了辽宋王喜隐的谋反，调整战略，与北汉修好，却与日益强大的北宋交恶。此时，日益坐大的韩氏家庭（阿保机时期的韩知古及其后人），依靠裙带关系，至景宗时达到登峰造极，在景宗病危时，竟不待朝廷宣召，即“率其亲属赴行帐”以武力协助承天太后辅佐圣宗顺利即位，从此，韩德让与承天太后饮食形影不离，如同夫妻一般。承天太后靠韩德让巩固自己的地位，韩德让则利用承天太后为所欲为，两人相互勾结，掌控辽朝最高权力，圣宗成为傀儡。

“澶渊之盟”后，辽宋关系稍缓，在相对和平的环境下，契丹统治集团汉化日益加深，腐化也更加严重。承天皇后与韩德让先后离世，圣宗皇帝之弟隆庆欲借宋朝之力与其兄争夺权力，圣宗不得已再次利用韩氏家庭势力巩固自己的地位，于是，韩德冲之子韩制心成为圣宗的心腹，承天皇后死后，由于圣宗缺乏政治经验，齐天皇后及时填补了权力真空，参预国政，“置宫闱司，补官属，出教命，加号仁慈翊圣齐天彰德皇后”。圣宗病故后，宗真即位，是为兴宗。其母褥斤立即发动与齐天皇后的夺权政变，囚禁齐天皇后，后又派人将齐天皇后杀死，自称“法天皇太后”临朝听政，军国大事兴宗皆不得过问。齐天侍奉圣宗、抚养兴宗，褥斤的所作所为引起兴宗皇帝的不满，但他既无权力又无自由，只能忍受。法天皇太后更加跋扈，大肆培植私人势力，清除异己，专用自家兄弟，甚至连萧氏家奴也得以重用，朝廷一时成为法天皇太后的私衙。法天皇太后甚至密谋废兴宗，另立次子重元。不得已，兴宗采取断然措施，抢先一步废法天皇太后，并将废后褥斤送到庆州幽禁起来。兴宗清除后党势力后亲政，辽朝政治腐化依然如故。他与重元的矛盾加深，社会阶级矛盾已经达到很尖锐的程度。辽兴宗昏庸腐化是有名的。他好赌成性，有一次，兴宗与耶律重元赌博，竟以城邑为注，一连输给耶律重元好几座城池。其"用人不能自择，令各掷骰子，以采胜者官"。耶律俨就是掷骰子得胜采，兴宗认为是"上相之征"，升他为枢密院事。上行下效，官吏更是贪赃枉法，胡作非为，经商放债，巧取豪夺。前朝强盛的国力，转眼化为贫弱的局面。兴宗晚期，辽朝衰败迹象已经明显暴露，特别是道宗和天祚帝的腐化，加速了辽朝政权走向灭亡。

辽道宗继位，辽朝局势进一步恶化，统治集团的内部矛盾冲突加剧，宫廷政变事件时有发生。道宗继位后不久，发生重元之乱，皇太叔耶律重元与其子沓鲁古趁道宗在滦河射猎之机发动政变，包围滦河行宫。由于南院枢密使耶律仁先、耶律乙辛等人全力相救，政变被粉碎。耶律乙辛因平叛有功，乘势取得道宗信任，获得重用，任南院枢密使，握有重兵，与北府宰相张孝杰沆瀣一气，左右朝政。由于太子耶律濬已经成年，诏参预朝政，兼领北、南枢密使事，对耶律乙辛、张孝杰等人的权势造成掣肘，耶律乙辛等欲除之而后快。耶律乙辛先设计陷害太子耶律濬生母皇后萧观音与伶官私通，道宗迫使宣懿后自尽。耶律乙辛一计除掉宣懿后，一时权力熏天，利用道宗生性多疑，再次设计构陷皇太子耶律濬阴谋废帝自立，使道宗将耶律濬囚于上京，耶律乙辛派心腹将废太子耶律濬谋害。随后，耶律乙辛等人大兴冤狱，处死和流放正直大臣多人，造成朝中官员人人自危。道宗有意立耶律濬之子嫡孙耶律延禧为继承人，耶律乙辛又欲不轨，被道宗觉察。耶律乙辛被逐出朝，后坐罪被削爵为民，死于原籍。

耶律延禧即位时，辽朝社会的民族矛盾和阶级矛盾激化，特别是政治腐化，更是激起各族人民反抗契丹贵族统治的斗争此起彼伏。但天祚帝被群小包围，耶律俨等势利小人以妻之色相讨天祚帝欢心，朝廷更加腐化。耶律延禧与祖父一样，沉迷狩猎，宠信奸臣，疏远忠良、贤能之人，不听皇妃萧瑟瑟劝告，反而嫉恨萧瑟瑟。奸臣枢密使萧奉先等人乘机诬告，萧瑟瑟和她妹夫耶律余睹等密谋立萧瑟瑟的儿子晋王敖卢斡，耶律延祚无情地将萧瑟瑟赐死。辽朝最终走向了灭亡。

辽代政体文化最终走向失败，不是被外面的敌人打垮的，而是因为宫廷文化的腐化造成的。宫廷文化的腐化，亲奸小、远贤良，重裙带、轻制度，由此滋生了一系列腐败，权力相争，父子、兄弟反目为仇，自毁长城。辽朝宫廷祸乱，详见表19－1。

表19－1　　　　辽朝宫廷祸乱年表

姓名	帝号	在位时间	宫廷祸乱
耶律阿保机	太祖	916－926年	其余二、三、四、五弟作乱
耶律德光	太宗	927－947年	因天皇太后干政立次子
耶律倍	义宗		虽为太子但未继位
耶律阮	世宗	947－951年	述律氏、赵延寿等争夺皇位
耶律璟	穆宗	951－969年	察割等作乱宫中
耶律贤	景宗	969－982年	女里、高勋等作乱
耶律隆绪	圣宗	982－1031年	韩德让与承天后、齐天后与韩制心为害宫中
耶律宗真	兴宗	1031－1055年	齐天后与法天皇太后之争
耶律洪基	道宗	1055－1101年	乙辛等为祸，萧观音被害
耶律濬	顺宗		虽为废太子但被乙辛害死
耶律延禧	天祚帝	1101－1125年	萧奉先等为祸，萧瑟瑟被害

注：此表系参阅《辽史》有关章节整理而成

第五篇　金朝时期辽河文化

金朝是女真部族在氏族部落制基础上，联合汉族、契丹部族等其他民族建立起来的多民族政权，1115—1234年，统治中国北方地区长达120年，成为中国历史上与南宋、西夏并立的三大政权之一。起初，除阿骨打拥有皇帝称号之外，氏族部落制习俗与官制基本上没有太大差别。金太宗时，先后灭亡了辽与北宋两个王朝。国内实行两种政治文化制度，即金朝在辽、宋旧地，继续维持原有的汉人政体文化，北宋施行的政治制度没有改变；在女真地区实行氏族部落制文化与官制，两者施政明显不同。金熙宗时，在其叔叔金兀术（宗弼）的协助下，先后剪除也宗盛、挞懒、完颜希尹等人的势力，开始对政体文化之各项政治制度进行改革，主要是参酌唐宋制度文化，强化中央集权，推行中原汉官制度。金初，曾在皇帝周围置勃极烈4人，以辅佐国政，金熙宗废除了勃极烈辅政制度，以太师、太傅、太保为三师，分领三省事。在地方，实行猛安谋克制度，管理女真及契丹等民族。在原宋朝地区，最早利用伪楚、伪齐傀儡政权加以管理。取消伪政权后，则仿辽代两面官制度设立行台尚书省于燕京，管理汉地及汉民。到熙宗改制时，仿辽、宋制度，设立5京和路、府、州、县，划一全国的行政区建制。在女真、契丹居住地区，不置府、州，而设猛安谋克组织，实行双重体制社会管理模式。海陵王南迁后，定都中都，进一步改革政体文化，全面改行宋制。到金世宗时，女真旧制的成分逐渐削弱或消失，各项政治制度文化已基本汉化，形成了独具特色的军政合一的政体文化，即路、府、州等行政制度与猛安谋克制度相结合的政体文化。

从总体上看，金朝的政体文化是北方部族的传统政治制度与中原政治制度相结合的产物。换言之，是女真部族在吸收、综合了唐、辽、宋三朝政体文化合理因素的基础上发展、改造而成的适合女真族特点的政体文化。一方面，金朝作为辽朝的替代者，对国内不同民族地区采取分而治之的统治方式，但金朝又没有完全仿制辽朝的两面官制度，而是在中央实行唐、宋的官制，采取一元结构；在地方上，则采取府州县、猛安谋克与部族并行的行政体制。另一方面，金朝改行汉法，但又不是完全照搬，而是采取扬弃的办法，对汉制加以改造、吸收。如隋唐以来的中央行政体制之三省制，到了金朝正式演变成为尚书省一省制。此后，三省制便在中国封建政体文化中消失了。由于撤销三省制，仅存尚书省，撤销了中书、门下的设置及作用，废掉了三省之间的权力制衡，取消了驳正违失机制，导致皇帝权力更加集中，把专制主义中央集权制度大大向前推进了一步。在政体文化上，金朝首创行省制度，为后代所继承。

总之，与辽朝政体文化比较，金朝政体文化的汉化程度较高，且在某些方面有所创新和发展，对后来的王朝产生了独特的影响。在这一时期，辽河文化的发展深深地打上了时代烙印，地方行政建制文化，经济、社会等文化形态均有发展与改变。

第二十章　金王朝政体文化及辽东地区行政建制

金朝是以女真部族为主体，联合汉族、契丹部族、渤海部族等建立起来的多民族政权。金王朝政权的发展与统治者的治国政策及方法密切相关。女真贵族统治集团能够顺应历史发展的潮流，学习借鉴中原封建王朝政体文化的先进因素，改革女真旧的奴隶制政体文化，确立符合金朝以女真部族为首、以汉族为主体的多民族国情的政治、经济制度文化。在发展中，既能坚持女真部族文化的基本特征，又不断吸收中原封建传统文化的先进成果来提高女真部族的文明程度，使之牢固地占据统治民族的地位。因此，金王朝的政体文化具有比较鲜明的时代性和民族特征，辽东地区行政建制文化深受金朝政体文化的影响。

第一节　金王朝兴起与政体文化形成

女真族是一个非常古老的民族，至 11 世纪初，生女真部落基本完成了原始氏族制向部族制的转变，由迁徙不常转向定居，以部为氏，各部有固定的领地，部落首长由部落氏族公选发展为部族世选。至辽代末年，契丹统治者对生女真各部的骚扰日甚一日，致女真人对辽朝离心离德，女真人的武装力量在反抗辽朝压迫、奴役和剥削的斗争中不断壮大，日益强盛，这便为其建立国家做了军事文化的准备。完颜阿骨打即位后决心摆脱辽朝的控制，1114 年，阿骨打誓师来流水畔，起兵反辽，并取得宁江战役的胜利。此役一结束，阿骨打便对女真部族军队组织进行整顿，在原谋克军事组织基础上进行整编，形成以猛安谋克为组织形态的军事文化。1115 年农历正月初一，阿骨打接受群臣劝进，称帝，国号大金，年号收国，史称金太祖。金王朝建立之初，其政体文化，特别是政治制度、经济制度等制度文化相继建立。中央实行勃极烈（大官人）制度，地方实行路府州与猛安谋克制度。在统治方式上，实行女真内地与原辽朝地区分治，诸勃极烈一部分在中央，一部分在原辽地，驻辽地的勃极烈是朝廷的全权代表，拥有军政、经济的便宜行事权。在经济制度上，原辽地各族人仍承用原封建经济制度；女真部族实行奴隶制的牛头地制度，国家赋税制度尚未建立。

总体上看，金王朝建立之初，国家的中心工作是反辽、灭辽，以巩固国家政权，因而各种制度文化形态尚处于草创阶段，其政体文化表现出鲜明的军事文化特质。

一　金王朝兴起

建立金王朝的女真完颜氏是辽代女真族的一个分支。女真族是一个非常古老的民族，属通古斯语系，居住在我国东北地区的东部。女真族是东夷人的后代，先秦时期称肃慎，秦汉时期称挹娄，三国魏晋时期称勿吉；南北朝隋唐时期称靺鞨，其间，靺鞨以粟末、白山、安车骨、拂涅、号室、墨水、伯咄七部最为著名。粟末部最强盛，黑（墨）水部最劲健。713 年，粟末靺鞨首领大祚荣受唐朝玄宗册封为忽汗州都督、左骁卫大将军、渤海郡王，“去靺鞨号，专称渤海”，此系靺鞨（女真）人建立的第一个地方政权。黑水部朝奉唐王朝，直接受唐朝册封，据《松漠纪闻》记载，唐朝“开元中，其酋来朝，拜为勃利州刺史，遂置黑水府，以部长为都督、刺史，朝廷为置长史监之，赐府都督姓李氏，讫唐世朝献不绝”。五代时期，靺鞨称女真。辽王朝将“居混同江之南者谓之熟女真，以其服属契丹也（属辽王朝南枢密院下属之东京道管辖），江之北为生女真，亦臣于契丹，后有酋豪受其宣命为首领者，号‘太师’”。生女真即黑水部女真。生女真变分为很多部，以“完颜”为号者亦不止一部。其中，以居住在安出虎水（黑龙江哈尔滨以东阿什河一带）的完颜部最为强大。

到11世纪初，生女真部落基本完成了原始氏族制向部族制的转变，由迁徙不常转向定居，以部为氏，各部有固定的领地，部落首长由部落氏族公选发展为部族世选。自献祖绥可以后，定居在安出虎流域的完颜部发展成为生女真各部中实力最强的部落，女真众酋结盟，完颜部酋长被推为首领。昭祖石鲁欲立“条教”约束各部，引发内部和部落内乱，石鲁首先平息了内部的不满情绪，对诸部顺者抚之，不从者讨之，最终使长白山、张广才岭、绥芬河及雅兰河一带的女真各部落接受“条教”，原来疏散的部落联盟得以巩固。景祖乌古乃时，以完颜部为核心的生女真军事联盟形成，控制了长白山以北到黑龙江下游五国部一带大部分女真部落。之后，经世祖劾里钵、肃宗颇剌淑两任联盟长的努力，平定了联盟内部不断发生的叛乱。至穆宗盈歌时，军事部落大联盟才最后巩固下来，并开始部落制邦国形态向国家形态过渡。

女真社会奴隶制度的瓦解，一方面，是女真社会内部奴隶主的剥削；另一方面，则是契丹政权的奴役和压迫。生女真东濒临大海，那里盛产名贵的珍珠，号称“北珠”，当时开封上流社会时尚的奢侈品，皆从契丹输入。契丹输送给北宋开封上流社会的奢侈品“北珠”，全部原产于生女真所居住的地区。契丹统治者为从北宋换得大批有用之物，每年都派出官员前往滨海地区掠夺北珠，经过之处，女真人不堪其扰。据《松漠纪闻》记载，“大辽盛时，银牌天使至女真，每夕必欲荐枕者。其国旧轮中下户作止宿处，以未出适女待之，后求海东青，使者络绎，恃大国使命，唯择美好妇人，不问其有夫及阀阅高者，女真浸忿，遂叛。”契丹统治者将通过生女真直至东海之滨的这条路称为“鹰路”。为获取海东青，从而获取更多的北珠，以便向宋朝换取大批物资供其享用，不惜为保护“鹰路”畅通而经常诉诸武力。女真人的武装力量正是在反抗辽朝压迫、奴役和剥削的斗争中发展壮大的。女真人军事文化的日益强盛，为其建立国家做了军事文化的准备。

女真人在他们居住的地区以武力反辽，契丹统治者计无所出，只好借助生女真各部中最为强大的完颜部为之讨除。这就为完颜部迅速崛起提供了机会。1096年，女真陶温水及徒笼古水纥石烈部阿合版及石鲁阻绝通往海滨的“鹰路”，并且抓捕辽朝派往海滨的“捕鹰使者”。辽道宗诏令生女真节度使完颜部首领盈歌率部前往镇压。经过数天激战，盈歌救出辽朝使者。赢得了辽朝信任的盈歌，借助辽朝的威势，乘机臣服生女真各部。盈歌后被金朝尊为穆宗，完颜部统一女真各部的事业是在他当首领时逐步完成。继盈歌而立为生女真首领的是其侄子乌雅束。

1113年，乌雅束去世。其弟阿骨打自立为生女真节度使。辽朝遣使质问阿骨打为何不经辽朝册封就自行袭位，遭到阿骨打的反责。“有丧不能吊，而乃以为罪乎?”① 辽朝无奈，只好正式命阿骨打袭生女真节度使。生女真部族名义上是辽朝的属部，实则是在辽和高句丽之间叛服无常，辽朝对生女真不过是羁縻而已。辽朝皇帝每年秋猎，生女真首领照例须前往效力，他们是辛苦在前，享乐却没分，根本不被辽朝统治者放在眼里。辽朝对生女真的轻视和傲慢，促使生女真对辽朝统治产生强烈不满，并不时给辽朝制造边患。至辽末，契丹统治者对生女真各部的骚扰更是日甚一日，致使生女真对辽离心离德。阿骨打即位后决心摆脱辽朝的控制。次年，阿骨打以2500人誓师来流水畔（今吉林省松原市石碑隈子），起兵反辽。据《金史》载，阿骨打在誓师会上讲：

① 脱脱，等. 金史·本纪第二·太祖：卷二［M］. 长春：吉林人民出版社，1995：14.

“世事辽国，恪修职贡，定乌春、窝谋罕之乱，破萧海里之众，有功不省，而侵侮是加。罪人阿踈，屡请不遣。今将问罪于辽，天地其鉴佑之”。“汝等同心尽力，有功者奴婢部曲为良，庶人官之，先有官者叙进，轻重视功。苟违誓言，身死梃下，家属无赦”①。然后，一举攻克宁江州。宁江战役一结束，阿骨打便对女真部族军队组织更行整顿，在原谋克军事组织基础上进行整编，形成以猛安谋克为组织形式，每 300 户为 1 谋克、10 谋克为 1 猛安。实行整齐划一的编制，使女真各部得到加强，强化了女真军的战斗力。宁江州战役失败，辽朝震惊，天祚帝即命萧嗣先为都统领兵 7000 人，征讨女真。阿骨打以 3700 女真兵应战，双方在松花江出河店展开较量，结果阿骨打大获全胜②。出河口战役胜利后，阿骨打又乘胜攻克宾州、祥州、咸州，其势力很快发展到今辽宁北部地区。

经过宁江州和出河店两次战役，貌似强大的辽朝政权充分暴露出了腐朽不堪的本质。这给刚刚进入文明社会的女真部族极大鼓舞。阿骨打决心带领女真人打败辽朝，迫切需要树立起一面旗帜，建立自己的民族国家，产生自己的皇帝。1115 年农历正月初一，阿骨打接受群臣劝进，在今黑龙江省阿城区东南称帝，国号大金，年号收国③，一个以女真为主体的民族国家正式诞生了，完颜阿骨打史称金太祖。

---

① 脱脱，等. 金史·本纪第二·太祖：卷二［M］. 长春：吉林人民出版社，1995：15.

② 脱脱，等. 金史·本纪第二·太祖：卷二［M］. 长春：吉林人民出版社，1995：16.

③ 脱脱，等. 金史·本纪第二·太祖：卷二［M］. 长春：吉林人民出版社，1995：17.

二　金王朝统一辽东地区

大金国建立后，阿骨打继续攻辽。1115 年 11 月，攻陷辽东重镇开州（今辽宁省凤城市）；次年，攻占沈州（今辽宁省沈阳市）、东京（今辽宁省辽阳市）等，占据了辽河流域地区的州县。

早在金太祖起兵反辽之初，女真人就与居于辽东地区的渤海人发生关系，渤海人曾出兵增援金太祖攻宁江州，因此，太祖对渤海人采取怀柔政策，攻陷宁江州，将渤海人全部释放，所以在金朝建立之初，有许多辽东渤海人归附金朝。但盘踞辽东的高永昌集团不肯归附。太祖毫不犹豫地诉诸武力，将其政权消灭。据《契丹国志》记载，高永昌被灭后，辽东地区曾一度陷入混乱。“其溃散汉儿军，多相聚为盗。如侯概、吴撞天等所在蟠结，以千百计，自称云队、海队之类，纷然并起”。《金史》记载，当时辽南苏州、利州汉民的叛金活动声势浩大。“东京降，为本路招安副使。败辽兵，破同刮营。苏州汉民叛走，术鲁追复之，以功为谋克”①。“苏、复州叛，众至十万。旁近女真，皆保于太尉胡沙家，筑垒为固。敌围之数重，守者粮刍俱尽，牛马相食其鬃尾，人易子而食。夜缒二人出，先急于阿里。阿里赴之，内外合击之，破其众于辟离密罕水上，剿杀几尽，水为之不流，蒲离古、胡什吉水、马韩岛，凡十余城，破数十万众。契丹、奚人聚舟千艘将人于海，阿里以二十七舟邀之，中流矢，卧舟中，中夜始苏。敌船已入王家岛，即夜取海路追及之。……于是苏、复州、婆速路皆平”②。

另外，先后“破合主（住）、顺化二城，复请济师保州”。合

① 脱脱，等. 金史·列传第四·宗室·术鲁：卷六十六［M］. 长春：吉林人民出版社，1995：912.

② 脱脱，等. 金史·列传第十八·熙宗二子·斜卯阿里：卷八十［M］. 长春：吉林人民出版社，1995：1054.

住城在辽东南，地望确址待考，顺化城在今辽宁省大连市普兰店区附近。后开州反，很快被加谷撒改讨平，整个辽东半岛地区尽归金朝占领。

金军在占领辽阳、沈州后，即开始图辽西。1116 年，辽天祚帝命燕王耶律淳为帅，在辽西组织“怨军”，以 3 万余众驻扎在十三山，企图阻止金兵西进。11 月 24 日，“怨军”内部发生叛乱，武勇军统帅、太常少卿武朝彦率人击杀耶律淳未遂，反被张关羽所杀。平息内部叛乱后，耶律淳于次年 4 月率军进攻沈州，双方激战后，耶律淳退保辽河；被召回朝，前线军队交由北府宰相萧德恭指挥。当年 8 月，耶律淳重回前线，局势又开始紧张。9 月，金太祖命斡鲁古为都统，领兵 1 万镇守东京，又令迪谷乃、娄室领兵万人，增援东京，准备进攻辽西；10 月，驻守显州的“怨军”因给养问题发生兵变，劫掠乾州，耶律淳率军前往显州处理兵变问题，到卫州蒺藜山，留下大军，就粮司农具领轻骑二千欲往显州，行次懿州，听到报告，女真军队已经到达明王坟（明王即耶律倍，死后葬医巫闾山），即召军队在徽州集结；12 月 13 日，金都统斡鲁古和知东京事完颜斡论率 3 千兵从辽阳出发直逼显州。驻显州“怨军”一战即溃，显州告急，耶律淳率大军驰援，金军在蒺藜山阻击，耶律淳惨败，率残部南逃，退保长泊鱼务，金兵拔显州，继之克乾州。显州、乾州丢失后，辽军已失去抵抗能力，其他辽西各州则望风归降，显、乾、懿、豪、徽、成、川、惠等州尽归金兵占领。1118 年正月，辽双州节度使张崇降金；6 月，通、祺、双、辽等州归降金朝。1120 年，攻占上京（今内蒙古自治区宁城西南大明城）、南京析津府（今北京）；至 1123 年正月，金兵占领宜州、锦州，当年 2 月，兴中府及来州降金。至此，辽东、辽西的州县全部被金兵占领，金朝完成了对辽东地区的统一。1125 年 2 月，金兵俘获辽朝天祚皇帝，辽朝灭亡。1126 年 11 月，金兵攻陷宋朝都城汴京，宋钦宗投降；1127 年，立宋朝太宰张邦昌为大楚皇帝，管理原宋朝地区，金太宗掳宋徽宗、钦宗并大批人口、财物，撤军回国，北宋王朝灭亡。是年，原宋朝康王赵构在归德（今河南商丘）即位，改元建炎，是为宋高宗，史称南宋。

三　金王朝政体文化形成

金王朝建立之初，其政体文化特别是政治制度、经济制度等制度文化相继建立。中央实行勃极烈（大官人）制度，地方实行路府州与猛安谋克制度。在统治方式上，出现了女真内地与原辽朝地区分治的雏形，诸勃极烈一部分在中央，一部分在原辽地，驻辽地的勃极烈具有军政、经济的便宜行事权，是朝廷的全权代表。经济制度上，原辽地各族人仍承用原封建经济制度；女真部族实行奴隶制的牛头地制度，但还没建立相应的赋税制度。金太祖时，由于国家的中心任务是反辽、灭辽，以求巩固立国的基础。因而，金朝初立时的各种制度文化尚处于草创阶段，既很原始又不健全，具有临时的特征，国家政体文化表现出强烈的军事文化特质。

金朝政体文化形成与发展，大体经历了三个阶段：第一阶段，从金太祖至金熙宗时期，是金朝制度文化草创时期，政体文化形态不完备；第二阶段，从海陵（完颜亮）迁都燕京起，即全面改行汉制的阶段，金朝全面学习借鉴中原政体先进因素，仿汉制建立金朝的政体文化；第三阶段，金朝晚期政体文化的变化。

（一）金朝制度文化草创阶段

阿骨打即位后，一边与辽朝周旋，一边抓紧调整部族内部关系，着手制度文化建设。首先，改变与国相撒改分治诸部的旧体制，他以弟吴乞买为谙班勃极烈，国相撒改为国论勃极烈，辞不失为阿买勃极烈。金朝大臣称勃极烈，其意为大官人。国论勃极烈与原来氏族首领称勃极烈、孛堇的显著区别在于，勃极烈制度由五六个勃极烈构成，每个勃极烈分别冠以职位和特定的职称，如“都”为最高，此属皇帝；“谙班”为尊贵，此属皇储；“国论”为尊礼优崇，此属国相；“阿买”为治城邑；此属国相第一助理。

后来又增冠"厄木"或"吴"（此为国相第二助理）、"移赉"或"乙室"（此为国相第三助理）等定语。金太祖、太宗两代，前后共设有 11 个勃极烈称号，形成都勃极烈、谙班勃极烈、国论勃极烈、国论忽鲁勃极烈、国论阿买勃极烈、国论昃勃极烈、国论乙室勃极烈、国论移赉勃极烈、国论阿舍勃极烈、国论左勃极烈、国论右勃极烈、迭勃极烈等。这样一来，勃极烈之间就形成了等级差别。至此，阿骨打是都勃极烈，是真正的女真皇帝了。特别是国相撒改，原来都统称勃极烈，与阿骨打比肩而立，此时是排在谙班勃极烈（皇储）吴乞买之后了，是国相，且后面安排有阿买勃极烈（国相第一助理）。可见，阿骨打是依照封建政体文化之专制皇权的基本精神，改造女真部族组织建构，由皇位继承人与原国相、近僚集团构成勃极烈，诸勃极烈以外的其他成员各部勃堇，并由此构成从中央到地方的各级官员，改造取得初步成功。

1123 年，金太宗即位后，继续执行太祖既定方针。太宗初年，全盘继承太祖的治国方针和各种制度文化。随着国情的重大变化，太宗与时俱进地对太祖创制的制度文化作适当调整，逐步吸收中原政体文化的积极因素，改行汉制，不断加快国家政治文化转型发展的速度。

在 1125 年灭辽、1127 年灭北宋以后，金朝统治地域已经扩大到黄河流域广大地区。显然女真奴隶制度在封建制政体文化高度发达的原宋地区行不通，于是金太宗将太祖时的南北面分治的设想付诸实施。为了加强制度文化建设，太宗采取以下改革措施：首先，适应国情变化，利用汉、渤海、契丹等族封建士大夫兼采辽、宋制度，在中央陆续建立、健全各种政治、礼仪制度，中央勃极烈制度的军事性质逐渐减弱，政治性质逐渐加强，诸勃极烈之下仿照汉制设置各种行政机构。天会末年，由勃堇、勃极烈制度向中原汉制之三省制政体文化转变和变革的条件基本成熟。其次，随着辽、北宋被灭，金朝政权基本巩固，太宗在政治上主张变革女真旧制，效法辽、宋制度文化，建立、健全国家官僚、军事、司法、科举、教育等机构与制度文化，逐渐恢复因战争破坏的府州县制文化，勃堇与勃极烈的职能逐渐被封建官职所取代，理顺了中央对地方的统治，为废除汉、渤海人的猛安谋克制度准备了条件。第三，开科取士，任用汉、渤海族知识分子为基层官员。1127 年，实行南北选，表现了对辽人的优遇和对宋人的压抑。这是由于辽人长期受契丹统治，华夷观念淡薄，容易与女真统治者合作，故金初辽人很受重用。最后，进一步完善女真部族社会的奴隶制度，表现女真统治民族的优越地位，这势必影响金朝社会前进的步伐。

金熙宗即位后，对国家政体文化进行了全面变革，金朝国家政体文化建设全面提速。首先，确立礼乐制度。礼乐制度之所以历来受到统治者的高度重视，是因为它通过一整套车辂、法物、羽仪、导从等，将原本也是平常人的皇帝装扮起来，这是封建帝王神化自己的重要手段，同时也是愚弄百姓，宣告自己权力具有合法性的必不可少的手段。自太宗起，金王朝便开始着手礼乐制度文化建设。金太宗举行拜日仪式，以表明其皇帝身份；至熙宗，尽管尚未像后来的金朝皇帝那样完全采用中原封建王朝的礼乐制度文化，但他在金朝历史上却是将皇帝神化、从而确立皇帝制度的关键人物。他接受群臣上尊号“崇天体道钦明文武圣德皇帝”，并且“初御衮冕”，宣告自己是上天在人间实行统治的代表，是替天行道，因此无比圣明。终于他完成了将皇帝神化的过程。其次，构建中央集权政体文化。金朝建立之初，曾出现 3 个“朝廷”并立的现象。阿骨打攻占燕京后在广宁（今辽宁省北镇市）设置枢密院，由斡离不（太祖阿骨打第二子，时为征服燕山地区金军统帅）掌握；在云中地区，金军统帅粘罕也建立了一个枢密院。这两个枢密院是性质完全相同的机构。粘罕和斡离不通过自己掌控的枢密院，在各自的统治区内行使几乎不受任何限制的权力。女真人将这两人控制的枢密院称作“东朝廷”和“西朝廷”，与设立在金上京会宁府的朝廷鼎足而立，严重威胁到皇权。因此，熙宗罢枢密院置行台尚书省，划一全国路制；统一南、北面官制度，废除刘豫政权（1127 年，金灭宋曾立张邦昌为“大楚皇帝”作傀儡政权，张邦昌垮台后，1128 年，立刘豫为“大齐皇帝”作傀儡政权。熙宗时刘豫为蜀王），建立起封建中央集权制度。第三，金朝中央以三省六部制取代勃极烈制度，地方将女真奴隶制万户路置于封建兵马都总管路之下；罢汉、渤海人猛安谋克，恢复原来的封建地方制度。

猛安谋克是金代女真部族重要的政治与军事制度文化形态。它产生于女真原始社会末期，经女真奴隶社会进入封建社会，随着女真社会的进步不断进行变革。猛安谋克最初是作为女真军事民主制时期作战组织而出现的。金太祖阿骨打即位第二年，即将原来的军事组织与女真部族的村寨相结合，把女真行将崩溃的氏族部落组织改革为具有军事、政治、生产三种职能的奴隶制地方军政合一的行政组织——猛安谋克，使松散的氏族公社统治转变为强有力的国家机器统治。这种以猛安谋克为重点的政体文化的形成，对于女真奴隶社会制度的确立和发展产生了重要任用。

金王朝建立后，女真统治者不仅在本族（包括新征服的女真部落）内推行猛安谋克制度文化，而且也在新占领的辽东、辽西地区遍置猛安谋克，一如女真之制。但是，汉、渤海族的猛安谋克与女真人的猛安谋克存在着质的差别，即在猛安谋克之下，仍然保留着原有的封建生产关系，不是靠奴隶进行生产，而是一家一户的个体封建经济，猛安谋克长官与所辖的人民没有血缘关系。由于猛安谋克具有政治、军事、生产三位一体的特点，促使人民对长官的人身依附关系有所加强。以落后的奴隶制性质的猛安谋克组织强行编制汉、渤海等族人民，这是对于封建地区的一种倒退，阻碍社会经济发展，遭到汉、渤海族人民和封建官吏的强烈反抗。熙宗初年，在完成金王朝政权封建化变革后，1140 年，废止汉、渤海猛安谋克组织，封爵同时被免除，恢复辽东、西地区封建建置。

金王朝灭北宋，统治领土扩展到黄河流域，为加强对中原的控制，太宗年间，曾大规模向中原迁徙猛安谋克，棋布星列，散居中原。这些迁徙中原的女真猛安谋克虽杂处州县，但都是圈地筑寨，自为一体，猛安谋克官府也在其内。他们不与汉人杂居，也与当地汉族州县互无统属关系，处于相对封闭的状态，使得女真猛安谋克虽居封建地区，却顽固地保持着家庭奴隶制社会文化形态，延缓了女真社会封建化进程。在金王朝完成政权封建化后，不得不将置身于汉族地区的女真猛安谋克纳入封建统治体系中，在地方路、府、节镇之下，建立州县村社与猛安谋克村寨并存的两种体系的地方组织，经猛安比防御州、谋克比县、村寨比村社，至真宗时，女真奴隶制才彻底解体，完成了封建化变革，猛安谋克在不改变原有军政合一的特征下，发展为封建军事屯田组织。

以上可以看出，自太祖至熙宗，采取一系列改变措施，强化政体文化建设，使金朝社会奴隶制文化向封建制政体文化转变迈进了一大步。熙宗虽然以辽、宋制度为依据创立了金朝的制度文化，但仅仅是开始。

（二）金朝政体文化向汉制转型发展

熙宗少年即位，最初是宗翰、宗盘、宗幹等人相继辅政，形同傀儡。宗翰、宗盘、宗幹等人先后去世后，又受到完颜宗弼（金兀术）的牵制，金兀术死后，皇后裴满氏干预朝政，无所忌惮。长期受制于人，造成熙宗心理严重变态。“熙宗内不能平，因无聊，纵酒酗怒，手刃杀人”，“积怒，遂杀后……又杀德妃乌古论氏，妃夹谷氏、张氏、裴满氏”。一时间，因熙宗“酗酒妄杀”，其左右“人怀危惧”，无不震恐。完颜亮（完颜宗幹之子）不满熙宗腐化堕落与残暴，与大理卿乌带、驸马唐括辩、右丞相秉德等朝廷掌握实权的核心人物密谋废熙宗。皇后裴满氏在世时，这些人尚有所顾忌。熙宗自掘坟墓，杀死了皇后裴满氏，等于为这些人的谋反活动清除了最大障碍，也将自己陷入了死地。

1149 年 12 月 9 日，代国公主为其母裴满氏做佛事，留宿寺中。完颜亮与秉德趁机到唐括辩家中聚议。是夜，正好是参与密谋废熙宗的忽土、阿里出虎当值。他们矫诏打开宫门，由驸马唐括辩领路，无人敢阻，直奔皇帝寝宫。28 岁的海陵王完颜亮亲手杀死年仅 31 岁熙宗，“血溅其满面与衣”。完颜亮用其堂兄的鲜血铺平了通向皇帝宝座的道路。完颜亮即位后，并没有否定熙宗在强加制度文化建设方面的变革，而是将这种变革又继续向前推进了。太祖建国初，女真部族实行奴隶制的牛头地制度，没有赋税制度，太宗在女真部族中完善奴隶制，熙宗进一步完善奴隶制。女真统治民族的优越地位越来越突出。女真建国之初，是奴隶制国家。奴隶制是妨碍女真社会进步、向封建制转变的关键因素。实现奴隶制政体文化向封建制政体文化转变，变革势在必行。

金朝中央集权制政体文化的真正实行是在完颜亮统治时期。金熙宗虽然先后除掉了粘罕、废除了伪齐刘豫政权，然而，并没有实现真正的中央集权专制文化。朝廷远在数千里之外，在当时的物质、技术条件下，要直接统治中原地区，几乎是不可能做到的事情。所以，挞懒、宗盘等人主张将原属伪齐的领土全部交给宋朝。此事遭到金兀术的坚决反对。他向熙宗密报，说挞懒、宗盘等人与宋朝勾结。熙宗采取措施，除掉了挞懒、宗盘等人。但是，金兀术的势力又膨胀起来。所以，熙宗在世时，并没有真正实现中央集权。只是为此打下了一定基础。

1150 年，完颜亮开始变革金朝的政体文化。废行台尚书省，政令一统于朝廷。次年，废元帅府改置枢密院部族，完成了军事机构的封建化；废女真万户府路，罢世袭万户官，改置节度使，统一了全国地方官制。1153 年，作为实现中央集权专制文化建设的一个重要步骤，完颜亮正式迁都燕京（今北京），号中都，使金朝的统治中心由女真内地迁入中原，加强对中原地区实行有效控制。

1156 年，为了进一步加强中央集权和君主集权文化建设，对中央官制进行重大改革，废除中央门下、中书二省，只存尚书省，确立一省制，省下为六部及院、台、府、司、寺、监、局、署、所。尚书令为全国最高行政长官，因其位高权重，往往只是虚设，并且对任职者控制其权力，使之逐渐成为荣职。真正掌握尚书省实权的是左右丞相、左右丞和参知政事。凡国家军政、司法、外交等事务都需经过宰执过问讨论，同时宰执对所属官署还要进行指导监督。国家权力都集中到了尚书省，为防止尚书省滥用职权，建立了严密的监察制度。将原门下、中书二省之左右谏院改隶御史台，置登闻检院和登闻鼓院，以御史台监察弹劾尚书省官员，处理决断不当的刑狱；登闻检院监察御史台，有不当事告尚书省；登闻鼓院监察登闻检院，理断不当事告御史台。如此环环相扣，互相监督。御史和谏官又可直接向皇帝奏事，是皇帝的耳目。

金朝强化政体文化建设，体现在地方行政建置上，实行京、路（府）结合，路（府）、州、县三级管理的行政建置，以完善地方制度文化体系建设。

1125年，金王朝对宋开战，始设元帅府，置都元帅、左右副元帅、左右都监。为了适应战事形势需要，又以元帅府兼任中原地方政务长官，下设燕京、云中两枢密院，协助元帅府处理汉地政务。元帅府既是国家最高军事机关，又是中原地区最高军政机关。这种军政合一、权力高度集中的军政文化形态，极易产生封建割据。熙宗时虽已收回中原地区各级官吏的任免权，元帅府的政治职能明显削弱，改枢密院为行台尚书省（金朝早期建立的一种特殊的地方行政机构，最高长官为领行台尚书省事，一般由元帅兼领行台尚书省事，左右元帅多兼行台左右丞相），隶属中央，但并没彻底消除隐患。完颜亮一上台，便废止行台尚书省，改元帅府为枢密院，变成单纯的军事机构，与中原王朝的枢密院性质、职能、机构完全一致，成为汉式的军事机构。

至此，金王朝以皇帝集权制为核心的政体文化达到了高峰。

金朝之路制文化是在辽、宋地方行政建制的基础上，兼容女真部族奴隶制而形成的。初期是因族、因地、因制而设，如在女真内地，设万户路，职掌一路的政治、军事、司法、赋税、生产各方面事务。女真贵族在进入原辽封建地区后设置的都统、军帅司路，在辽东、西地区，路下人户按猛安谋克组织进行编制，但是仍保留原有的封建生产关系，只是人身依附关系加强了；在燕云地区，路下保留原来的府州县制度，不再强行设置猛安谋克组织。灭北宋后，在北宋地区设置兵马都总管府路，路下所辖府州县各级机构齐备，总管府内机构官职齐备，分工明确，分别处理路内兵、户、礼、工、刑诸种事务，封建化程度较高，具有以女真奴隶制为主的多种制度并存的明显特征。熙宗时，金朝政权完成封建化以后，中央确立了三省六部制度，对地方路制进行了大规模的调整和改革；将全国分为 19 路，即上京，东京，中京，北京，西京，燕京，汴京，河南南、北，河北东、西，山东东、西，陕西六路。随着官制改革的发展，熙宗将金初多元路制划一为封建路制，并确立了京府制度，设上京会宁府、东京辽阳府、中京大定府、北京临潢府、西京大同府、燕京燕山府、汴京开封府。路制由多制并存变革为单一的封建路制制度，统治机制则由简单的军政合一发展为分系统多方位的统治，在发展中不断深化封建变革，逐渐摒弃女真旧制，增强地方统治制度的封建机制。

完颜亮迁都燕京后，尽管金朝全面采用汉制，但重要权力仍然主要掌握在女真贵族手中。如兵马都总管府，掌握着一路的军、政、经济、司法大权，始终为女真统治者所重视，不肯轻易授予他族。据《金史》记载，熙宗以后，诸路长共 317 人，女真路官 234 人，占总数的 73.8％。其中宗室贵族较多，如海陵王曾任中京留守；世宗历任东京、中京、燕京留守；郓王昂、芮王亨、代王充、荆王文、魏王道济、越王永功、豳王永成、胙王元等女真亲王都曾出任路官。

经熙宗、完颜亮不断强化政体文化建设，金王朝以皇帝集权制为核心的政体文化基本形成。

（三）金朝晚期政体文化

金宣宗时期，迫于新兴起的蒙古部族日益严重的侵逼，不得不放弃中都，将都城迁至汴梁，这是金朝走向衰亡的开始。这次迁都，与完颜亮迁都的目的完全相反。完颜亮迁都汴梁，是为了开拓进取，开疆拓土，充满积极进取的精神。而宣宗迁都不是为积极进取，而是为了躲避蒙古军队进攻的锋芒。迁都汴梁后，表面上看，金朝的政治制度文化并无重要变化，但由于女真人进一步成为少数，而且加速与汉族融合，燕京地区的大族也丧失了原来的社会基础。因此，金朝政体制度文化发生了变化。其实，早在世宗即位后曾致力于法制文化建设，但是《律》作为法典的权威，仍未能确立起来，其仍是以"制"代替"律"。如"及世宗即位，以正隆之乱，盗贼公行，兵甲未息，一时制旨多从时宜，遂集为《军前权宜条理》"。大定五年，"命有司复加删定《条理》，与前《制书》兼用"。《军前权宜条理》是世宗即位初期颁布的命令，即所谓"制旨"。当时，一方面要对付完颜亮的拥护者，另一方面还要镇压契丹部族的反抗，在这种动荡情势下颁布的各项制旨，待时局稳定后又作为《条理》与以前的《制书》并行，这就使得本来已经相当混乱的金朝法制陷入更加混乱的局面。1179年，世宗命大理卿移剌慥整理、修定现行法令而成《大定重修制条》颁行。世宗放着经过长期实践、在官民中已经具有实际权威的《律》不用，另起炉灶搞一些临时性的硬性规定为执法的依据，使法制方面的混乱根本无法改变，法制文化不是加强而是削弱。

金章宗即位后，即着手整顿法制，以终止制、律混淆的局面。同时，章宗还准备实行法律公开，废止关于不准民间收藏制书的禁令，但由于反对的意见太多而未能实行。章宗修订法典的原则是以律为准，即"准律文修定"，这样也就为新法典的切实可行提供了保证。这次修订法典，规模浩大，所用时间也较长，故原定名为《明昌律义》法典，在明昌年间未能修订完成，直至1201年，即泰和元年，新法典才修订完成，故定名为《泰和律》，同时完成的还有新定的律令、敕条及六部格式。章宗时期，金朝的法制文化建设的重要成就主要体现在《泰和律》上。《泰和律》12篇的篇名与《唐律疏义》篇名全同，但全部563条中，新增及修改的多达431条，占75％以上。《泰和令》的篇目，依唐令的篇目有24个，其余《封赠令》《赏令》《释道令》《河防令》《服制令》则同宋《庆元令》。这说明章宗时期所进行的法律修订，不仅具有相当规模，而且具有时代针对性。因此，在法制文化建设方面是一次深度的变革和发展。

作为金朝的法律，最主要的组成部分是律和令。令是明确哪些行为为违法，属于禁止之列；而律则是对违法行为惩戒定罪量刑的准则。据《金史·刑志》记载，金朝比较重视抑制特权，“后族有犯罪者，尚书引‘八议’奏，上曰：‘法者，公天下持平之器，若亲者犯而从减，是使之恃此而横恣也’，……‘外家自异于宗室，汉外戚权太重，至移国祚，朕所以不令诸王、公主有权也。夫有功于国，议勋可也。至若议贤，既曰贤矣，肯犯法乎’。”所谓“八议”是《唐律疏议》中规定，不仅宗室，外戚包括太皇太后、皇太后缌麻以上亲及皇后小功以上亲皆入议，如犯死罪，可获减免。金朝《泰和律》并没有将此特权条款写进去，而且章宗明确讲，“法者，公天下持平之器，若亲者犯而从减，是使之恃此而横恣也”，这是一个进步。

金朝还建立了司法机构和审判制度。金朝的最高司法机构是刑部和大理寺。刑部隶尚书省，刑部尚书和侍郎，“掌律令、刑法、徒隶、按覆谳禁之政”；大理寺，“掌审断天下奏案、详谳疑狱”。金朝各级地方官都兼管司法，负责审判。

以上表明，在章宗时期，金朝法制文化建设的主要成是建立了较为完备的法律制度。至此，金朝真正废止了滥施刑罚甚至滥用死刑的做法。这是金朝法制文化的重要进步。

第二节　金朝初期辽东地区行政建制文化

地区行政建置的设置是国家政体文化建设的具体形态和类型。

1115年，金王朝一建立，便开始统一北方的战争，挥师南下，以摧枯拉朽之势，横扫占据全辽地区的辽朝残余势力。1116年，消灭高永昌割据政权，占领包括辽东半岛在内的辽东地区；1123年，占领并控制全辽所有州县，将整个辽东地区完全纳入金王朝的版图。

金朝至章宗时期，其疆域范围较辽代扩大，不仅占有辽国的土地，还取得了大片南方宋朝土地。袭辽制，全国共设5京14路总管府，每京领一路，路以下设州县，全国共置19路。在19路中，与辽东地区有关的是东京路、北京路和咸平路。同时，在辽东地区境内置猛安谋克组织。金王朝设在辽东地区的猛安谋克是一种军政合一的地方行政组织，有的是由原来的熟女真人组编起来的，有的则是从生女真故地上京路一带和其他地区迁徙来的。后者所有的领户既有女真人，也有契丹人和库莫奚人。猛安谋克作为一种特殊的政体文化分布在辽东地区境内，是金朝采取因地制宜强化政体文化建设的重要举措。金朝为了适应其统治需要，在行政建置上，对前代的行政建置作了相应调整，将辽朝建置省废甚多，由于其地域较辽朝广袤阔大，故其建置之规模并不逊于辽代。在辽东地区，对辽代原有的行政建制大部分继承下来了，并对许多省合并，或升降，或迁移和改名，这些行政建制的变化，是金代政体文化建设的重要形态和内容。

一　东京路及所辖州县

东京路又称东京辽阳路，治所在辽阳旧城即今辽宁辽阳市，下领辽阳府、澄州、沈州、贵德州、盖州、复州等地区，地域相当于今辽宁辽南大部分地区。据《金史·地理志上》记载，“东京路，府一，领节镇一、刺郡四、县十七”。金朝初年，东京路下设8州（路）、17县，各州县所辖人户共计142733户，若以每户5口计算，金代东京路约有70多万人，再加上婆速、曷苏馆、来远州所辖的猛安谋克女真户，估计人口总数在百万左右。东京路州县设置的具体情况，详见表 20－1。

表 20－1　　东京路所辖州县设置情况一览表

<table>
<tr><th colspan="2">州县名称</th><th>治所今在地</th><th>领户</th><th>历史变化</th></tr>
<tr><td colspan="2">澄州</td><td>辽宁省鞍山市
海城市旧城</td><td>11935</td><td>辽之海州因避海陵
王官讳改之</td></tr>
<tr><td rowspan="3">所辖
县镇</td><td>临溟县</td><td>辽宁省鞍山市
海城市旧城</td><td></td><td>辽代为海州倚郭，
金代改州名</td></tr>
<tr><td>析木县</td><td>辽宁省海城市析木
城镇古城址</td><td></td><td>辽代铜州金代废州
以县属澄州</td></tr>
<tr><td>新昌镇</td><td>汉代辽东新昌县旧址</td><td></td><td>属临溟县</td></tr>
<tr><td colspan="2">沈州</td><td>辽宁省沈阳市旧城</td><td>36892</td><td>辽置兴辽军后改为
昭德军金改为显德军</td></tr>
<tr><td rowspan="5">所辖
县镇</td><td>乐郊县</td><td>与州同城，辽宁省
沈阳市旧城</td><td></td><td>辽建三河县后改为
乐郊县，金因之</td></tr>
<tr><td>章义县</td><td>辽宁省沈阳市苏家屯区
彰义古城址</td><td></td><td>辽为广州后降为
县金改县名</td></tr>
<tr><td>辽滨县</td><td>辽宁省沈阳市新民市
公主屯古城址</td><td></td><td>辽为辽州东平军
后降为县</td></tr>
<tr><td>挹娄县</td><td>辽宁省沈阳新城区
清水台古城址</td><td></td><td>辽兴州兴中军常安县
金改名</td></tr>
<tr><td>双城县</td><td>辽宁省沈阳新城区
石佛寺古城址</td><td></td><td>辽双州保安军后降为县</td></tr>
<tr><td colspan="2">贵德州</td><td>辽宁省抚顺市顺城区
高尔山古城址</td><td>20896</td><td>辽贵德州宁远军
金降为刺郡</td></tr>
<tr><td rowspan="2">所辖
县镇</td><td>贵德县</td><td>辽宁省抚顺市顺城区
高尔山古城址</td><td></td><td>辽为贵德州金降为县</td></tr>
<tr><td>奉集县</td><td>辽宁省沈阳市苏家区
陈相屯古城址</td><td></td><td>本渤海旧县，
辽集州怀远军</td></tr>
</table>

续表

<table>
<tr><th colspan="2">州县名称</th><th>治所今在地</th><th>领户</th><th>历史变化</th></tr>
<tr><td colspan="2">盖州</td><td>辽宁省营口市盖州市旧城区古城址</td><td>18456</td><td>辽辰州金更名为盖州</td></tr>
<tr><td rowspan="6">所辖县镇</td><td>汤池县</td><td>辽宁省营口市大石桥市汤池古城址</td><td></td><td>辽铁州建武军汤池县金因之</td></tr>
<tr><td>建安县</td><td>辽宁省营口市盖州市旧城区古城址</td><td></td><td>辽辰州金改名</td></tr>
<tr><td>秀岩县</td><td>辽宁省鞍山市岫岩满族自治县岫岩镇古城址</td><td></td><td>旧大宁镇明昌四年升县</td></tr>
<tr><td>熊岳县</td><td>辽宁省营口市盖州市熊岳镇古城址</td><td></td><td>辽代卢州玄德军熊岳县</td></tr>
<tr><td>大宁镇</td><td>辽宁省鞍山市岫岩满族自治县</td><td></td><td>属建安县后升秀岩县</td></tr>
<tr><td>熊岳镇</td><td>辽宁省营口市盖州市熊岳镇</td><td></td><td>辽代卢州玄德军熊岳镇</td></tr>
<tr><td colspan="2">复州</td><td>辽宁省大连市瓦房店复州城古城址</td><td>13950</td><td>辽怀远军节度明昌降为刺史</td></tr>
<tr><td rowspan="2">所辖县镇</td><td>永康县</td><td>辽宁省大连市瓦房店复州城古城址</td><td></td><td>旧名永宁大定七年更名</td></tr>
<tr><td>化成县</td><td>辽宁省大连市金州旧城区城址</td><td></td><td>辽苏州安复军金更名</td></tr>
<tr><td colspan="2">来远州</td><td>辽宁省丹东市振安区九连城尖村古城址</td><td></td><td>辽来远州金因之</td></tr>
<tr><td colspan="2">婆速府路</td><td>辽宁省丹东市振安区九连城村古城址</td><td></td><td>金初置统军司后置总管府</td></tr>
<tr><td colspan="2">曷苏馆路</td><td>辽宁省大连市瓦房店市永宁乡古城</td><td></td><td>金太宗七年置宁州较东京路低</td></tr>
</table>

注：此表系参阅《金史·地理志》《东北历史地理》等整理而成

二　咸平路及所辖州县

咸平路亦称咸平府，治所在今辽宁省铁岭市开原市老城镇。所辖范围，与其北部的韩州（治所在今辽宁省昌图县八面城）与上京路的信州（治所在今吉林省公主岭市秦家屯古城）相接，南以新兴县（今辽宁省铁岭市）与东京路接壤，西逾辽河与北京路毗邻，东部亦与上京路相连，大体相当于今吉林省四平市和辽宁省铁岭市的地域。咸平设总管府，本辽之威州，金初置威州路，置都统司。1150 年，升为咸平府，后为总管府，成为金代全国 19 路之一。置有辽东路转运司，章宗时又置东京咸平路提刑司，为当时全国所置 9 提刑司之一。咸平府辖 8 县，领 56440 户；韩州辖 2 县，领 15412 户。府、州共领 71852 户，人口共计约 35 万口。咸平路州县设置的具有情况，详见表 20－2。

表 20－2　　咸平路所辖州县设置情况一览表

州县名称		治所今在地	领户	历史变化
咸平府		辽宁省铁岭市开原市老城镇古城址	56440	辽咸州金咸州军后升府
所辖县镇	郭县	辽宁省铁岭市开原市老城镇古城址		旧名咸平县咸平府金更名
	铜山县	辽宁省铁岭市开原市中固镇新屯村古城址		辽同州镇安军金更名
	新兴县	辽宁省铁岭市旧城区		辽银州富国军金更名
	庆云县	辽宁省沈阳市康平县郝官屯小塔子村古城址		辽祺州祐圣军金更名
	清安县	辽宁省铁岭市昌图县马仲河镇马仲村古城址		辽肃州信陵军熙宗三年降为县
	归仁县	辽宁省铁岭市昌图县四面城四面村古城址		辽隶通州安远军金降为县

续表

州县名称		治所今在地	领户	历史变化
所辖县镇	荣安县	辽宁省沈阳市康平县东境北四家子乡		
	玉山县	辽宁省开原市八棵树镇古城村古城址		章宗三年建金末废
韩州		辽宁省昌图县八面城后迁吉林梨树县偏脸城	15412	辽东平军金更名
所辖县镇	临津县	吉林省梨树县白山乡岫岩沟偏脸城古城址		
	柳河县	辽宁省昌图县八面城镇八面城村古城址		辽柳河县金因之

注：此表系参阅《金史·地理志》《东北历史地理》整理而成

三　北京路及辖下辽东地区州县

北京路管辖范围较大，北至乌古敌烈部，东起嫩江至辽河入海口，西抵大兴安岭，南到渤海之滨，大体上相当于原辽朝的上京道和中京道之地域范围。北京路治所在原辽的中京府，即今内蒙古宁城县大明乡古城，置有北京留守司。金初沿袭辽制，仍称中京，完颜亮即位不久，改称北京。金代北京路治所不在今辽宁境内，但其统辖地域却包括了辽西地区。

据《金史·地理志》记载，中京大定府领有大定、长兴、富庶、松山、神山、惠和、金源、和众、武平、静封、三韩等11县，其中的惠和县、和众县设在今辽宁境内。“惠和，皇统三年以辽惠州惠和县置。”惠和县，治所在辽宁建平县八家子乡驻地邹家湾村古城址；“众和，辽榆州合众县，皇统三年罢州来属。”辽榆州合众县为榆州倚郭县，治所在今辽宁凌源市十八里堡古城。金代北京路辖下辽东地区州县情况，详见表20－3。

表 20—3　　北京路辖下辽东地区州县情况一览表

<table>
<tr><th colspan="2">州县名称</th><th>治所今在地</th><th>领户</th><th>历史变化</th></tr>
<tr><td colspan="2">利州</td><td>辽宁省喀喇沁左翼蒙古族自治县大城子古城址</td><td>21296</td><td>辽统合四年置金因之</td></tr>
<tr><td rowspan="4">所辖县镇</td><td>阜俗县</td><td>辽宁省喀喇沁左翼蒙古族自治县大城子古城址</td><td></td><td>辽统合四年置金因之</td></tr>
<tr><td>龙山县</td><td>辽宁省喀喇沁左翼蒙古族自治县白塔子古城址</td><td></td><td>辽故潭州广润军县名</td></tr>
<tr><td>漆河镇</td><td>地望确址待考</td><td></td><td></td></tr>
<tr><td>兰州寨</td><td>辽宁省喀喇沁左翼蒙古族自治县大城子镇境内</td><td></td><td></td></tr>
<tr><td colspan="2">义州</td><td>辽宁省义县驻地义州镇古城址</td><td>30233</td><td>辽宜州天德三年更名</td></tr>
<tr><td rowspan="4">所辖县镇</td><td>弘政县</td><td>辽宁省义县义州城城址</td><td></td><td>为宜州倚郭与义州同城</td></tr>
<tr><td>开义县</td><td>辽宁省义县开州屯村古城址</td><td></td><td>辽北海州广化军县后废州改县</td></tr>
<tr><td>同昌县</td><td>辽宁省阜新蒙古族自治县红帽子乡古城址</td><td></td><td>辽成州兴府军县金因之</td></tr>
<tr><td>饶庆镇</td><td>辽宁省义县西 1.5 公里</td><td></td><td></td></tr>
<tr><td colspan="2">锦州</td><td>辽宁省锦州市旧城区古城址</td><td>39123</td><td>辽临海军节度使隶兴中府</td></tr>
<tr><td rowspan="3">所辖县镇</td><td>永乐县</td><td>辽宁省锦州市旧城区古城址</td><td></td><td>本前燕之西乐县同州同城</td></tr>
<tr><td>安昌县</td><td>辽宁省葫芦岛市暖池塘镇古城址</td><td></td><td>辽置安昌县属锦州金因之</td></tr>
<tr><td>神水县</td><td>辽宁省朝阳县南双庙乡一带</td><td></td><td>辽开泰二年置皇统三年废大定二十九年复</td></tr>
</table>

续表

州县名称		治所今在地	领户	历史变化
瑞州		辽宁省绥中县前卫镇古城址	19953	归德军节度使天德三年更为宗州
所辖县镇	瑞安县	辽宁省绥中县前卫村古城址		旧名来宾，唐来远县，明昌六年更为宗安
	海阳县	河北省秦皇岛市海阳镇古城址		辽润州海阳军故县皇统三年废州来属
	海滨县	辽宁省兴城市东辛庄镇古城址		本前燕集宁县辽隰州海平军故县
	迁民镇	辽西山海关		
广宁府		辽宁省北镇市驻地广宁镇古城址	43161	汉望平县辽显州奉先军天德二年隶咸平
所辖县镇	广宁县	辽宁省北镇市驻地广宁镇古城址		旧名山东县有辽世宗显陵金更名
	望平县	辽宁省新民市大红旗镇古城址		大定二十九年升梁渔务置
	闾阳县	辽宁省北镇市闾阳驿村古城址		辽乾州广德军故名奉陵县天会八年更名
	钟秀县	辽宁省北镇市广宁镇南古城址		旧显州奉玄县天会八年更名钟秀县
	双城镇	辽宁省义县东南王民屯一带		
	辽西镇	辽宁省义县东南王民屯一带		
	闾城寨	辽宁省北镇市境内，确址待考		

续表

州县名称		治所今在地	领户	历史变化
所辖县镇	兔儿窝寨	辽宁省北镇市境内，确址待考		
	梁鱼务镇	辽宁省新民市大红旗镇古城址		
	山西店镇	辽宁省新民市境内，确址待考		
	闾阳镇	辽宁省北镇市闾阳驿村古城址		
	衡家镇	辽宁省北镇市境内，确址待考		
	大斧山寨	辽宁省北镇市境内，确址待考		
	北川寨	辽宁省北镇市境内，确址待考		
懿州		辽宁省阜新蒙古族自治县塔营子乡古城址	42351	辽尝更军名庆懿又为广顺复更今名金因之
所辖县镇	顺安县	辽宁省阜新蒙古族自治县塔营子乡古城址		旧为附郭县后并入顺安县
	灵山县	辽宁省法库县卧牛石乡古城址		辽灵山县隶乾州金废州来属
兴中府		辽宁省朝阳市旧城区古城址	40927	辽霸州彰武军后更名金因之
所辖县镇	兴中县	辽宁省朝阳市旧城区古城址		辽兴中县金因之
	永德县	辽宁省朝阳县西营子乡古城址		辽安德州化平军安德县大定七年更今名

续表

州县名称		治所今在地	领户	历史变化
所辖县镇	兴城县	辽宁省兴城市曹庄镇古城址		辽严州保肃军县故名皇统三年废州隶锦州
	宜民县	辽宁省北票市黑城子镇古城址		辽川州长宁军白川州大定降为县
	黔城镇	辽宁省北票市东南，确址待考		
	阜安镇	辽宁省朝阳县西营子乡古城址		
	咸康镇	辽宁省朝阳市东北四角坂村		
建州		辽宁省朝阳县黄花滩村古城址	11439	辽初开宁军后更名金因之
所辖县镇	永霸县	辽宁省朝阳县黄花滩村古城址		唐昌黎县辽建州后改名金因之

注：此表系参阅《金史·地理志》《东北历史地理》整理而成

四　咸平路境内所置猛安谋克

金代，咸平路猛安谋克与辽东地区的女真、库莫奚等部族分布、人口等有关。金初，女真人皆编入猛安谋克组织之中，随着对辽战争的节节胜利，“继而诸部来降，率用猛安、谋克之名以授其首领而部其人”。1116 年，在消灭高永昌集团、占领辽东京之地后，也用猛安谋克制度去管理辽东地区的汉人和渤海人。

经考订，宁打浑河谋克，由女真人阿勒根没都鲁授世袭本路宁打浑河谋克，地望在今辽宁省昌图县北二道河子流域；咸平路忽土猛安，讹里袭其父忽土猛安，地望在今辽宁昌图八面城一带；咸平路伊改河猛安，伊改河即今辽宁省开原市北叶赫河流域附近；

咸平府猛安、咸平府谋克，地望在今辽宁省开原市附近；移改达葛河谋克，移改河即伊改，河名，即今叶赫河（今辽宁开原叶赫河）；达葛河不详，应为伊改河谋克下属谋克；曹家山猛安，即在伊改河河流，在今辽宁省开原市附近；雾凇河猛安，地望在今辽宁省开原市境内马仲河流域；胡底千户寨，地望在辽宁省昌图县八面城东之太平岭；南谋懒千户，地望在辽宁省开原市北东辽河南岸的分水岭；叩畏千户，地望在今辽宁省西丰县、开原市北的寇河流域；合鲁夺徒千户，地望在辽宁省开原市城东北 65 公里一带；鼻里合土千户，地望在今辽宁省铁岭市南之汎河流域；混里海巴哈鞣鞨，地望在今辽宁省昌图县八面城韩州旧治。

据《金史》记载，咸平路境内猛安谋克除了曷苏馆女真、鸭绿江女真人之外，还有从金上京迁徙来的女真人，另外还有从西京路北部迁来的契丹人、库莫奚人的猛安谋克及契丹与女真族混合组织的猛安谋克。如辽北部的咸平路境内，就有从西北契丹、库莫奚原居地迁来的猛安谋克组织。咸平路共有 13 个猛安，还有几个不知统属的谋克。按 1 猛安等于 10 谋克，1 谋克等于 300 户计算，全辽境内女真、契丹和库莫奚人总户约在 30000 户以上，人口不会低于 20 万。

五　东京路境内所置猛安谋克

金代，东京路所设猛安，除去重复的，约有 27 个，领户约 80000 户，人口约在 50 万人以上；契丹、女真、库莫奚族之总人口几乎与汉族、渤海族之部人口数量基本相当。

经考订，东京路在今辽宁境内所设猛安谋克为：东京猛安、东京谋克，地望在今辽宁辽阳附近；东京路斡底必剌猛安，地望在今辽宁省盖州市附近；盖州别里卖猛安奚屈谋克，地望在今辽宁省盖州市附近；盖州本德猛安，地望在今辽宁省盖州市境内；盖州按春猛安，由吉林珲春一带迁来，地望在今辽宁省盖州市境内；盖州猛安，地望在今辽宁省盖州市以东之地；复州千户，地望在今辽宁省瓦房店市复州镇，此猛安应在今辽宁省瓦房店市境内；合厮罕猛安，地望在今辽宁省大连市大连湾北岸；铜州猛安，地望在今辽宁省海城市东南析木镇；榆河州千户，地望似在今辽宁省营口市东南一带；开州千户，地望在今辽宁省凤城市附近；婆速路获火罗打猛安、婆速路温甲世袭猛安、婆速路宋葛鲁山猛安、婆速猛安等，地望在今辽宁省凤城市一带；克剌阿邻猛安，地望在今辽宁省凤城市境内；萌夺果猛安合路本谋克，地望在今辽宁省宽甸满族自治县一带；苾里海水世袭猛安，地望在今辽东半岛碧流河流域；梅里猛安家鏁都钵谋克，地望似在今辽宁省东港市境内；斡邻阿邻谋克，地望在今辽宁省岫岩满族自治县附近；阿设罕谋克，因印出沈阳，地望似在今辽宁省沈阳市附近；卢州渤海军谋克，地望在今辽宁省盖州市熊岳镇附近。

六　北京路辖下辽东地区所置猛安谋克

经考订，金代北京路境内设置的猛安谋克较多，但基本分布在北京路的北部地区，在今辽宁地区所置的猛安谋克相对较少，具体有懿州胡土虎猛安，地望在今辽宁省阜新市北旧庙、满汉营子和八家子一带；合札寿吉斡母谋克，地望在今辽宁省朝阳县一带。

从咸平路、东路路及北京路在全辽境内所设猛安谋克情况看，作为军政合一特殊的政体文化形态，猛安谋克已经在辽东半岛碧流河流域及鸭绿江下游一带及叶赤河流域得到广泛实施。

第二十一节　金朝时期辽东地区民族分布

金朝时期，辽东地区民族关系比较复杂，契丹、汉族、女真、渤海、库莫奚等民族，长期居住在这片广阔土地，都为本地区的经济发展和文化繁荣作出了贡献，同时也促进了全辽地区的民族融合。

女真人在灭辽剿宋的过程中，掳掠所占领地区的大批居民迁往“内地”即女真族族源地。1117年，女真人攻占辽朝长春州，把降附的女古、皮室四部及渤海人“徙之内地”；1122年，把一部分库莫奚族人迁往“内地”；次年，将原宋燕山府管辖下的州县有150贯以上家业的人，约3万户，全部迁往内地；1126年，占领开封，次年，将包括北宋两帝及皇室、外戚、官员等在内的10万余众迁往内地。1177年，金世宗诏令，迁西北路契丹人往上京、济、利等路安置。女真统治者将俘虏人口迁往内地是伴随战争进程而进行的。

金朝建立之初，主要将契丹及降附契丹的渤海、库莫奚等族人口迁往内地；灭辽后，在剿宋期间，开始将大批汉族人口迁徙至女真族内地。

金朝是一个多民族政权，在金朝统治下的广大地区，生活着汉、女真、契丹、渤海、库莫奚、蒙古、室韦等众多民族。在金代，众多民族虽然经历了民族大迁徙、大融合，但是这些民族大多生活在一定的区域内，不同的民族形成大分散、小聚居的局面。

上京地区是女真人传统的聚居地，也是女真部族的发祥地。东北地区的女真人，主要分布在以阿什河流域为中心的松花江、牡丹江流域以及朝鲜半岛的东北部，尽管金朝曾几次将女真人迁往中原地区，但这里仍然是以女真人为主的居住区。金代上京遂以女真猛安谋克户为主，被女真贵族奴役的大多是外族人，主要是辽宋地区掳掠来的人户。上京是金朝早期的政治中心，各族百官及其家庭都生活在上京一带。海陵迁都以后，上京地区外族人口明显减少。

东京是金朝在东北统治的一个中心，主要居住着汉人、渤海人和女真人。汉族人也是这里的传统居民。辽灭渤海以后，整个渤海族人被契丹统治者迁往辽东地区，从此，辽东半岛成为渤海部族主要居住地。到金朝时，渤海人已将辽东地区视为自己的故乡，契丹人在强迁渤海人的同时，也将女真人迁往辽东地区原籍，即辽代的熟女真。金代的渤海人享有较高的地位，他们中很多人与金朝皇室联姻，女真人也视渤海人为同族。

金朝的北京地区是契丹、库莫奚人的发祥地，也是辽金时期契丹、库莫奚两族的聚居地。金代早期在此设有两京——中京大定府和上京临潢府。金代中后期，此地只设北京大定府，这里居住的是契丹人、库莫奚人、女真人以及少量的汉人和渤海人等。金朝对北京路内从事农业生产的人户实行府州统治，用州县制或猛安谋克制进行统治；而对于仍然过着游牧生活的契丹等族人，则保留其原有的部族组织，并以原有的政治制度进行统治，群牧和诸纤制度就是依照这一形式而设立的。

金朝的南京和中京地区是汉人和女真人聚居区，也是汉人传统的生活区域，女真人是后来迁入的，以猛安谋克组织方式，插花式地生活在中原州县中间。在这个区域内，虽然也有其他民族的人们生活在这里，但为数较少。

金朝时期，辽东地区民族关系，总体上看，融合发展是主流，但也有不和谐的事件发生。其中，尤以契丹人的反抗次数最多，声势最大。一是撒八、窝斡起义，爆发于海陵王执政时期，因对金朝征兵政策不满，1160 年，撒八等杀死金朝招讨使，发动反金起义，当时西北路山前、山后各群牧所的契丹人闻风响应，数月之间得众 2 千余人，攻陷韩州、柳河县后，南下攻占咸州，队伍迅速扩大，辽北地区完全掌控在起义军手中，直接威胁东京。海陵王极为震恐，多次派兵征讨。然而，直至金世宗大定初年，起义才被平定。此次契丹族叛金活动，其规模之大，持续时间之长，影响之深远，在金代历史上是不多见的。二是德寿、陁锁起义，此次起义爆发于信州（今吉林省公主岭市），波及并影响辽北和辽西地区。1166 年，金朝将信州一带契丹人迁往上京、济州、利州、乌古里、石垒部等处，令其与女真人杂居并通婚，同时将契丹人迁移后的地区徙女真人充之，因此引发信州契丹人反抗，德寿、陁锁领导的起义规模最大。此次起义不到 1 个月就被镇压。三是金末耶律留哥叛金活动。1211 年 2 月，蒙古铁骑以破竹之势，残破金之州县，金中都危若累卵。在这种情势下，耶律留哥率领辽东地区的契丹人发动叛金起义，攻城略地，数月之内，势力发展到十几万人，声威大震。1213 年 2 月，卫绍王命完颜承裕为元帅领兵 60 万征讨耶律留哥，耶律留哥求救于蒙古成吉思汗，金兵与蒙古军队在迪古脑儿（今辽宁省昌图县附近）交战，金兵溃败；是年 3 月，其部众推耶律留哥为辽王，建元大统。翌年，金廷已南迁汴京，招抚耶律留哥，然派出的招抚使温迪汗青狗投降耶律留哥；次年，耶律留哥趁蒲鲜万奴东出神之机，挥师从咸平南下，一举攻陷东京，耶厮等人劝耶律留哥称帝，其以既称臣于蒙古，就不可食言，并派人朝见成吉思汗，受封辽王。耶律留哥领导的反金起义，持续 8 年之久，起义军足迹几乎遍及辽东地区及朝鲜半岛北部地区，彻底动摇了金王朝的统治，改变了金、蒙在辽东乃至东北地区力量的对比，也为蒲鲜万奴东夏国的存在在客观上起到了重要协助作用。

以上这些起义，特别是耶律留哥领导的长达 8 年的起义，既削弱了金朝的统治、加速了金政权的灭亡，也对辽东地区的经济、文化产生了严重破坏。

第二十一章　金朝时期辽东地区经济文化形态

金朝统治时期，辽河两岸广大地区的经济文化形态较辽代时又有了新的发展，其主要体现在全辽地区人口激增，以东京路、咸平路及北京路在今辽宁境内所设的州县及猛安谋克组织的领户统计，金代辽东地区人口已经有二三百万。人口的增加，对于社会经济的发展提供了大量社会生产力。金代早、中期，辽东地区战争相对较少，社会较为定稳，再加上金朝统治者推行一系列有利于生产发展的政策，为社会经济的发展创造了条件。农业、手工业、商业及货币等经济文化形态更加活跃。

第一节　金朝时期辽东地区农牧业文化

农业与畜牧业文化是构成金代经济文化的重要形态，在金代社会经济发展中起着主要作用。从 10 世纪中叶始，女真部族开始由畜牧业文化形态向农业文化形态转变，但畜牧业文化依然是金代经济文化形态中不可忽视的类型，对促进金代以农业文化为主要形态，多种经营及军事、交通诸文化形态和类型的发展起着重要作用。

一　农业文化

金朝初期，确立以农为本、推行重农政策，加快发展农业文化。辽东地区农业文化受到国家政策的影响，人口增长较快，耕作技术、灌溉水平、土地开发及农作物产量不断提高，农业文化发展取得明显成效。

（一）金初发展农业文化举措

金朝时期，农业文化之所以发展较快，与其确立以农为本、推行重农政策有关。金朝建立初期主要采取了以下举措加快发展农业文化。

1. 金太祖时开始实行移民政策

当时，主要是徙民实“内地”。所谓内地，就是女真部族起源的上京地区。据《金史》记载，1118年，金兵连拔显州、乾州、懿州、豪州、徽州、成州、川州、惠州等地，太祖令“刘宏率懿州民徙内地”。时孔敬宗随刘宏从辽西徙往咸平府，任安州刺史，安州即今辽宁省昌图县四面城；同时，“徙成、川州人于同、银二州居之”。同州即今开原市中固镇，银州即今铁岭市。可见，金初，朝廷十分重视发展女真部族起源地——上京地区，不仅视上京即今辽北地区为内地，而且将大批辽西居民迁往辽北。《金史·食货志》记载，1181年，“奚人六猛安，已徙咸平、临潢、泰州，其地肥沃，且精勤农务，各安其居。”同年，“通、祺、双、辽等州八百来归，命分置诸部，择膏腴之地处之”；“旧徙润、隰等四州之民于沈州之境。”金朝的移民政策，促进了辽北乃至整个辽东地区人口大量增加。

2. 金朝扶持农业文化发展

出台优惠政策，保护农业文化发展。即在年景歉收时，实行减免租税政策。如1123年，辽东半岛的苏州、复州一带收成不好，太宗下诏，免除该二州“应输南京军粮”。次年，又“诏减田租、市租之半”。

3. 金朝开放禁苑猎场令民垦种

据《金史·齐传》记载，金初，原辽南复州哈斯罕关地方7百余里被辟为猎场，禁止民众樵捕。穆宗曾孙完颜齐于世宗大定年间任复州刺史，上言该地土质肥沃，适于耕种。世宗采纳其建议，“为弛禁，即牧民以居，田收甚利”。

4. 金朝设专门机构强化农业文化

据《金史》记载，金朝尚书省下设有劝农使司，专门管理劝课农桑之事，地方州县长官兼管劝农事。章宗时，天下共设9路提刑司，其长官兼宣抚使劝农采访事。当时，辽东地区归咸平、辽东提司管辖，治所设在咸平府。女真、契丹、库莫奚族民户由猛安谋克负责管理本部农桑事。

5. 金朝将发展农业文化纳入地方官考核内容

据《金史》记载，1194年，金朝规定：“能劝农田者，每年谋克赏银绢十两匹，猛安倍之，县官于本等升五人。三年不怠者，猛安谋克迁一官，县官升一等。田荒及十之一者笞三十，分数加至徒一年。三年皆荒者，猛安谋克追一官，县官以升等法降之。”对于虚报者，还严肃处理，如金宗室子弟斡鲁古孛堇，金初为咸州军帅，以“咸州粮草丰足而奏数不以实”之罪，受到处分。

6. 禁止军队扰民以废农业

1123年，辽西的锦州、宜州、乾州等归顺金王朝，太祖诏令，“诸州部族为附日浅，民心未宁。今家事将兴，可遣分谕典兵之官，无纵军士动扰人民，以废农业”。

（二）农业文化发展成效

金代，辽东地区农业文化发展取得明显成效，主要表现在人口增长较快，农业耕作技术、灌溉水平、土地开发及农产品产量不断提高。

1. 人口增长较快

封建地主经济时代，人口是主要生产力。人口越多，生产力越发达，农业生产文化越繁荣。金代，辽东地区的人口增长很快，已达300万左右。劳动力比较多，所以土地得到前所未有的开发和利用。特别是被金朝视作内地的今辽北、中、南一带，成为国内重要的产粮区之一。据《金史》记载，世宗时，“命泰州所管诸猛安、西北路招讨司所管奚猛安，咸平府庆云县、雾淞河等处遇丰年，多和籴”。这表明当时辽北地区有充足的粮食储备。1123年，东京路遭灾歉收，太宗诏“其应输南京军粮免之。”这说明金初东京路地区是南京路军粮供给地。

2. 农业耕作技术进步

农业生产工具的改进是耕作技术进步的重要标志。金代东北地区普遍实行牛耕，是农业文化进步的重要标志。女真人耕种亦普遍使用畜力耕牛。如天辅年间，婆卢火率万余猛安谋克户徙泰州，“赐婆卢火耕牛五十”。金世宗认为，“马者军旅所用，牛者农耕之资”，故颁诏“禁杀耕牛”。畜力和铁制农具的使用推广，使金代辽东地区农业生产力空前发展。现代考古文化发现，在辽宁绥中和新民等地，出土有大量的铁制农具，如绥中城后村遗址出土文物200余件，其中铁质农具25件，其中有镰12件。镰“有直刃细柄、曲刃有銎柄和拔锤式三种”，还有铁铧、铁锄等。新民前当铺村遗址共出土文物1021件，其中铁制农具有犁铧5件、镬4件、镰6件、锹2件、铡刀1件。另外，在辽宁境内的金代遗址里，还发现铸造铁犁铧和犁镜的铜范，以及有发现的曲项铁锄，与中原地区同时期的铁锄形制基本相同，甚至与今天辽宁地区使用的铁锄也没有太大差别。

3. 农业灌溉水平提高

金朝前期，主要是开渠引水灌溉农田。熙宗时期金宋议和，为恢复因战争受到破坏的农业生产文化提供了条件。一方面，修复因战乱或其他原因而废弃的旧渠、堰；一方面，在水利设施少的地方新开水渠，引水灌溉农田，农田灌溉事业得到恢复和发展。开渠灌溉尚不能满足发展农业生产的需要，章宗时还出现了凿井灌溉并收到较好效果。金朝中期以后，不仅汉人种植水田，女真人也掌握了栽培水田作物的技术。据《金史》记载，章宗定制“谋克所管屯田，能创增三十顷以上，赏银绢二十两匹，其租税止从陆田”。在提倡、鼓励种植水田的同时，政府还进行统一规划。“诏诸路按察司规划水平”。于是各地“沿河通作渠”，河流较少地区“掘井种田，俱可灌溉”。

4. 土地开发增加与粮食单产提高

犁耕技术的推广使用，使金代土地开发卓有成效。据《金史》记载，章宗明昌四年，上京猛安谋克 17.6 万余户，岁纳粟 20.5 万余石。若据牛头地制度统计，以每 4 顷 4 亩多为单位纳粟 1 石，其耕地面积为 82.8 万余顷；若以 1183 年统计猛安谋克户均占田约 2.75 顷计算，其耕地面积为 66.3 万余顷。这说明金代当时的粮食产量已经达到了历史最高水平了。

5. 农作物品种增加

东北地区气候条件和水资源条件较差，女真人农业生产起点较低，主要生产粟、黍、豆等抗旱、早熟、易于管理的作物，其亩产量估计为 3～5 斗之间。金朝早期，水稻亩产当在 2—5 石之间；金朝后期，辽东地区南部出现了一些一年两熟作物，若以麦 1 石、稻 3 石，则亩产可达 4 石左右。可见辽南部地区的粮食生产已经与中原宋地大体相当了。

总之，金代农业经济文化不仅继承了唐宋以来中原汉族农业文化先进技术，还有所创新，并将其推广运用到东北部地区，对开发辽北部气候寒冷地区、促进各族人民农业产生共同进步做出了重要贡献。

二 畜牧业文化

金建国前，女真人已有相当繁盛的畜牧业文化，并渗透于社会生活的诸方面。建国后，金朝确立以农业为主导后，畜牧业仍具有较重要地位。畜牧业由过去的多马、猪发展为马牛羊豖鸡犬六畜俱全，此外还有骆驼、骡、驴、兔及各种家禽，畜牧业文化全面繁荣与发展。

金政府十分重视发展大牲畜的养殖业，养马业尤其受到统治者的重视。女真人是在马背上开创的江山，马匹对女真军队至关重要。为增加马匹的数量，金采取了一系列措施，如在对外战争中大量掠夺牲畜以扩大本国畜牧生产；通过包括官、私养马，以补充军队用马之不足；禁止女真人以马殡葬，等等。这保证了女真军队马匹的供应，为夺取对宋战争的胜利作出了贡献。金政权稳固后，养马业日益发展，如在对宋战争中，诏诸路调马 56 万余匹，这在一定程度上反映了金代养马业的规模。金朝对宋朝战争结束后，战马还给养主，马死了给予赔偿。其实这是以民力养官马，进而括取民马供官用，无疑会挫伤民众养马的积极性。

金代养牛业规模宏大。随着犁耕农业技术的普及，养牛业迅速发展起来。据《金史》记载，1183 年，全国养牛总数为 117 万余头牛，若加上以农耕经济为主的汉族及渤海族人户饲养的牛，其数目是相当可观的。

所养大牲畜还有骡、驴、骆驼。家畜饲养业中猪、羊、鸡最为普遍。女真人最擅长养猪。

金代饲养技术在辽代游动放牧的基础上有所进步，并已发展为定居牧养。群牧实行牲畜分群牧养，有马、牛、羊、驼群；以马群最多，主要为军队提供战马。

畜牧业文化作为经济文化的重要形态，畜牧业的发展推动了农业、运输业及军事的发展。

第二节　金朝时期辽东地区手工业文化

女真族的手工业文化具有悠久的发展历史。女真人建国以后，在逐渐恢复原辽、宋地区手工业文化的基础上，金代的手工业文化又有新的发展，在我国古代经济文化发展中占有一定的地位和产生了一定的影响。金代，辽东地区手工业文化形态主要体现在冶铸业、制陶业、产盐业、纺织业四种形态。

一　冶铸业文化

金代的冶金铸造业文化很发达，主要形态和类型有铁、铜、金、银、煤等开采和金属冶铸，其中以铁、煤开采为多，既有大型官办手工业，又有小型民间冶铸手工业。官办铸造机构有铸钱监、军器监、尚方署（掌造金银器）和铜、铁手工业作坊与管理机构。民间铸造业除金银铜（弛铜禁后）外，以铸铁业为主要形态，生产大量的农业、手工业工具，车马具与兵器等，对金代农业生产、军事装备、生活日用及货币流通等文化形态的发展都起过重要任用。金代冶铸文化的形态和类型体现在铁器制造上，主要是农具和日常生活用具制造；铜器铸造业，主要是日常生活品和工艺品制造；采矿业，主要是生产原材料即煤、各种矿石等。

（一）铁器制造业文化

金代，辽东地区全境的铁器制造工艺和水平达到了相当高的程度。铁质的工具有犁铧、犁镜、蹚头、镰、镐、锹、垛叉、锄、铡刀、铲、斧、凿等，日常生活用具有锅、熨斗、灯碗、权、剪刀、锁、器盖、罐等，武器及车马器有矛、刀、镞、盔、甲片及马衔、马镫等。考古文化发现，在辽宁彰武县哈尔套镇新村西太平沟金元遗址窑藏出土一件铁镲，应是很少见的铁器；在丹东凤城古城里铁农具窑藏出土犁铧 5 件、犁镜 1 件、弯月形铁镰 1 把，还有三足长柄铁鐎斗 1 件。金代的铁镞也很有时代特征，有平刃、弧刃、剑式刃、三角形刃、丫形刃等多种形制。

（二）铜器制造文化

金代，铜器铸造工艺水平也很高。考古文化发现，在今辽宁境内各遗址和窖藏中出土大量金代的铜器。金朝时期，人们日常生活用具中，除了铁质的外，还有许多铜质的用具。如作为炊器锅，在辽宁丹东凤城沙里寨乡金代窖藏中出土有双板耳铜锅、三足铜锅、七孔铜甑各1件；在边门镇何家堡金代窑藏出土双板耳铜锅和三足铜锅各1件；东汤镇房木村辽金遗址出土六耳铜锅1件，形制与金代六耳铜锅相同。除了铜质炊器外，还有铜质的日常生活用品如筷子、镜等。另外发现较多的有官印和货币。

（三）铜器官铸文化

金代中期以后，铜禁甚严，不准民间私铸铜器与货币，所有铜器均由官府监造，然后再出售给百姓。金代铜镜，一律由官府监造，具有明显的时代特征。考古文化发现，今辽宁境内出土金代铜镜较多，从其形制来看，其中不乏仿汉镜，如大连地区出土的四乳车马神人画像镜、四乳四螭富贵镜是典型的仿汉镜；彰武县出土有重圈弦纹镜、双龙云纹镜、黄花镜等多錾有边款，是金代制品。辽宁境内还出土有双龙纹镜、人物故事镜、菱花形镜等。考古文化还发现，在今辽宁境内出土许多金代官印。金代官印印文多为九叠篆，是最明显的时代特征。如辽宁北镇市广宁乡出土的“副帅之印”和“弹压所”印，后者印背有“兴定二年造”边款；大连地区出土金代官印有“都统所印”“副统之印”“勾当公事之印”“宣抚司印”“万户之印”“行军总押之印”等；沈阳铁法市（今辽宁省调兵山市）四家子乡出土金代“宣差都提控”印；丹东凤城境内出土有“东京按察司之印”“提控所弹压印”“东京留守司委差羽字勾当印”“克剌阿邻猛安所印”等。

考古文化还发现，金代辽东地区存在金银冶铸业。多数是小件金银饰件，很少有套件的金银器。

（四）采矿业文化

金代采矿业文化发达，其形态主要是开采铁矿、铜矿、煤矿等。采矿业的发展促进了金属冶炼、铸造业的发展。

二　制陶业文化

金代的制陶业文化是在宋代的基础上进一步发展起来的。“绍兴和议”后，金与南宋以淮河为界，淮河以北归属金朝统治，这就使得原来北宋时期的陶瓷制造业文化比较发展的河北、河南、陕西等地成为金朝的领地，为金朝制陶业文化发展提供了条件。如河北的定窑、磁州窑，河南的均窑，陕西的耀州窑等名窑，在金代中后期以后都继续烧制，出产了大批的瓷器精品。

金代前期，包括今辽宁在内的整个东北地区所使用的陶瓷产品，绝大多数都是本地区产出的日用粗瓷，产地源自今辽宁抚顺大官屯窑和辽阳江官屯窑。金代这两处窑都是在辽代陶窑的基础上发展起来的。这两个窑的陶瓷制品的文化形态主要表现为釉色单调，造型朴拙；制瓷原料淘洗较差，胎厚色杂；制作工艺粗糙，器型多不规整；装饰技术简单落后。

抚顺大官屯窑和辽阳江官屯窑烧制的瓷器，从器物外观上看，釉面污浊不纯，器足及周围多不施釉，颜色有黑、白、酱、茶绿等。与中原名窑瓷器相比，两窑产品胎厚而含有杂质，显得颜色不纯，敲击器物发出粗哑之声，可见其烧造的质量不是很高。在花纹装饰方面，显得很单调，除白釉黑花之外，多为单色釉。中原地区陶瓷惯用的刻、画、印、雕、加彩等装饰技法极其少见。产品的主要器型有碗、盘、碟、壶、瓶、罐等生活日用品，特别是壶、瓶、罐三种器型，多附有双系、三系、四系耳，是一种显著的时代和地区特点。这样的瓷器，现代考古文化在辽宁境内的金代遗址和墓葬文化中多有发现，说明辽东地区制陶业文化尚处于以满足人们生活日用的阶段。

金代中期后，大官屯窑和辽阳江官屯窑或受中原制陶文化的影响，直接学习和接受中原制陶文化的先进技术与工艺，所烧造的产品器型和装饰工艺都有了明显的进步，产品中也有出色者。如考古文化发现，辽宁彰武县的一件白釉黑花葫芦瓶，被收藏界视为工艺珍品。从该器物的形制上看，文化特征非常鲜明。在造型设计上，构思巧妙，匠心独具，制作精美；从制造技法上看，这件器物采用塑贴技法，以蛟龙为壶把，壶嘴上雕一老者骑坐于上，器身上有黑色点线组成的菱形图案，是难得的一件陶瓷精品。

此外，在彰武县境内发现的两件酱釉葫芦瓶、白釉铁锈花四系罐、酱釉长颈瓶、白釉铁锈花瓷盘等，都应该是金代大官屯窑或辽阳江官屯窑的产品。

抚顺大官屯窑金代烧造的一种被称为“瓷雷”的瓷器，器身上有三行蒺藜突出，呈乳钉状。胎厚为2.5厘米，顶部有装药和点火用的两个小孔，表明金代大官屯窑的制陶文化形态和类型都有明显进步。另外，在大连旅顺博物馆藏品中，属于金代大官屯窑的瓷器产品也有这种形制的器物，釉为茶绿色，还有黑釉三系罐、黑釉瓜棱形盖罐、酱紫釉双系瓶、黑釉长颈瓶、白釉深腹碗、白釉铁锈花四系瓶、黑釉鸡腿坛、白釉和黑釉玩具等。辽宁省博物馆收藏有一批金代辽阳江官屯窑的产品，计有白釉黑花钵、白釉碗、黑釉四系瓶、白釉罐等。辽宁师范大学文物馆也收藏一批金代瓷器，其中多数是抚顺大官屯窑和辽阳江官屯窑产品。类似的瓷器在辽宁省各市县博物馆和文物部门都有收藏。

现代考古文化在辽宁各地的金代遗址和墓葬中，也曾发现定窑和钧窑产品。如在朝阳金代壁画中发现定窑烧制的白瓷碗、孔雀绿长颈瓶、茶绿釉鸡腿瓶，辽阳金代墓葬出土了钧窑釉瓷碟，在彰武县境内金元遗址中发现定窑白釉龙凤纹罐。另外，在铁法市（今辽宁省调兵山市）境内还发现龙泉窑青瓷碗。在大连市金州城民主广场一金元遗址发现龙泉、钧窑、磁州窑、耀州窑等不同窑系的瓷器和瓷片。在辽宁省博物馆藏品中，有几件三彩陶碟装饰方法是画花，器底有墨书题字或花押，有别于“辽三彩”，故有的学者认为这种三彩碟应属于金元时期的产品；若成立，说明金代辽宁地区曾流行过三彩陶器。

以上制陶业文化形态和类型，表明金代辽宁地区制陶业文化无论是形态和类型，都明显有学习借鉴中原先进制陶业文化技法的体现。

三　制盐业文化

金朝建立以前，女真人已粗通制盐之法，建立后承袭辽、宋制盐技术。女真人制盐业文化主要形态有煮海、煮碱和引池为盐。煮海即煮海水成盐；煮碱则是以盐碱土或水为原料，其法与海盐相同；引池即在盐泽之地，每年二月垦地为畦，四月种盐，即灌池水盈尺，然后经暴晒成盐，八月乃止。制盐之地曰亭场、盐场，盐户谓之灶户。金代各地均产盐，女真内地产盐可自给自足。各地盐价不同，山东、河北最高，解州、西京次之，辽东、北京最低，高与低价差 4.8 倍。女真内地主要居住女真、契丹族人，盐价低，说明女真统治者对其族源地——辽东地区的照顾。

四　纺织业文化

女真部族具有悠久的纺线织布传统，纺织业文化一直很发达。其形态主要体现在麻织、丝织。麻布有粗细之分，细布中又有纻麻织成的白纻布，是细布中的上乘之品。丝织是以柞蚕丝为原料，织成各种紬，其中鱼牙紬、朝霞紬等，是女真人进贡和对外贸易的物品。

金初，女真奴隶主贵族在中原地区掳掠大批汉族纺织工匠，迁往女真内地（辽东族源地）从事纺织业生产，促进了中原先进纺织业文化传入女真内地，使女真族纺织技术得以提高与发展。金熙宗以后，女真内地纺织业文化全面兴盛。

金朝在中央少府监下设有织染署、文绣署等，加强对纺织业生产管理，以生产更多的丝织、刺绣品供应皇室、贵族和官僚所用。

金代，辽东地区民间纺织业文化亦很发达。最普遍的文化形态是封建自给自足经济中的家庭手工业。家庭纺织业制品重点是满足人们日常生活需要的布料。“妇女治蚕麻，以制衣服”。家庭纺织每年还要以户为单位向国家缴纳丝棉绢税。此外，还有在宋、辽基础上发展起来的专门从事手工纺织业的专业织户，由揽户将其生产的丝织品收购转卖给商贾，再贩卖给金国各地，并通销于南宋。在发展中，各地纺织品在原来基础上形成不同的特色，如平州之绫，涿州之罗，河间府之无缝棉，大名府之皱、縠、绢，相州之“相缬”，平阳府之卷子布，辽阳府之师姑布，定州之刻丝，等等。

辽阳府即今辽阳市。辽阳府姑师布是当时特色纺织品，说明早在金代，辽东地区的纺织业文化已很发达。

金代，纺织品的产量大、价格低，在世宗、章宗时进入鼎盛时期。据《金史》记载，1205 年，尚书省奏，每年仅与南宋民间贸易茶一项，就耗费丝绢不下百万匹。若是加上金政权官方交易、自用、库存及民间消耗，金每年纺织品产量是相当可观的。1170 年，相州（今河南省安阳市）绢帛价，好绢每匹 2 贯 500 文，丝每两 150 文。当时，宋绢每匹 4 贯，金朝统治区的绢价远低于宋治下的绢的价格。

第三节　金朝时期辽东地区商业与货币文化

金朝是在女真民族制基础上建立起来的民族国家。虽然商业文化兴起较晚，但由于金朝政府采取了有利于商业文化发展的政策，使得金代商业文化快速发展，商业形态体现出自身特点。同时，为适应商业文化发展的需要，金承袭辽、宋币制，开始铸造本朝货币并制纸币。金代币制文化在中国货币文化发展史上有新的改进和创新。国家货币制度文化的兴起，政府完全掌控了社会市场的主动权。政府的通胀手段，既可刺激社会经济发展，也会带来消极影响。特别是政府一旦滥用货币手段，甚至会导致经济严重破坏。如金朝末年，朝廷为了解决财政困难，滥发货币，导致通货膨胀，币制紊乱，生产衰落，民生凋敝，从而加深了社会矛盾，使金朝的经济、政治危机进一步加剧，直接影响到金朝灭亡。

一　商业文化

金代商业文化的发展大体经历了两个时期：一是金初至金熙宗时期，是金代商业文化的恢复时期；二是海陵王至金章宗时期，是金代商业文化的繁荣时期。

（一）恢复时期

金初战争频繁，关津闭锁，商业萧条。金太祖为了促进商业文化尽快恢复，采取了开放津关的措施，与宋朝设立了榷场贸易，使一度因战争而闭锁萧条的商业开始恢复；太宗采取了有利于生产发展和商业恢复的政策，鼓励农耕，减免租赋和贷款利息，促进了商业复苏；熙宗适应金朝内外商业发展的需要，与宋、西夏等国设置了多处榷场，与之进行贸易。

（二）繁荣时期

金代商业文化繁荣主要体现在大宗商品市场、商业城市、商业行会、商业政策、榷场贸易等多种形态上。

1. 大宗商品市场

商品品种齐全、数量多。农副产品有各种果蔬、桑、柘、麻、麦、羊、豕、雉、兔等，手工业产品有布、丝、绢、绸及各种铁制农具、用具。东北特产人参、鹿茸、蜜蜡及牲畜（马、牛、羊）也进入市场交易。进入市场的商品不仅品种全，交易额也很大。

2. 商业城镇

商业城镇的兴起成为商业文化繁荣的重要载体。随着商业文化的发展和贸易的需要，金代陆续出现了新兴商业城镇。金将领选择要冲之地，建城市，通商贾。金代商业城镇增加，可以从金诸路使司院务的增加间接反映出来。1190 年各地的管理机构为 1616 处，1194 年，又增加 23 处。

当时，辽东地区境内如咸平府、东京辽阳府，俱是“商旅所集”之地。

3. 商业行会

商业行会组织是适应商业文化发展而兴起的，是商业文化发展到一定阶段的必然产物，也是商业文化发展成熟的标志之一。金代商业文化中，出现了布行、银行等商业行会组织形态。一方面是适应金朝政府易于对商业活动实行约束和管理的需要，一方面是适应商贾为维护同行利益，垄断当地商业，排斥外来竞争的需要。

4. 商业政策

随着商业文化的日益繁荣，金朝政府出台了相应政策，加强对商业活动的管理：一是制订和修订商税法。金朝从大定初年至章宗泰和年间，几次修订商税法。大定商税法规定金银百分取 1，诸物百分取 3；章宗将商税法修改为金银百分取 3，诸物百分取 4。可见小商人的商税是相当重的；二是市场管理。金朝强化市场管理，设市令司，掌平物价，查度量权衡之违式，百货之估值，其在诸路均设有专门商业管理机构；三是榷货管理。由国家垄断、控制的商品有 10 种，盐居首位。金朝多次制定法令，严禁私煮盐及盗贩盐，以保证国家专卖制度的贯彻执行。此外，还有酒、茶类商品的管控，金朝严禁私自酿酒、造卖私茶等；四是榷场管理。金朝榷场法规定，“商人货百千以下者，十人为保，留其货之半在场，以其半赴南边榷场交易，俟得南货回，复易其半以往。大商悉拘之，以竢南贾之来”。这种做法是为防范偷、漏税。五是查禁走私。金朝禁运的物品有兵器、铁器、铜、盐、米、麦、马、钱等。因为有人为追逐厚利，冒法违禁，铤而走险，干扰正常商业贸易；金朝对违反商业法的行为依法打击，以保证正常商业贸易活动。

为加强市场管理，金朝政府在东京（今辽阳）设“市令司”，负责“掌平物价，察度量权衡之违式，百货之估值”；设转运司，“掌税赋钱谷、仓库出纳，权衡度量之制”；设盐使司，“掌干盐利以佐国用”；设酒使司，“掌监知人户酿造曲蘖，办课以佐国用”。

5. 榷场贸易

金朝实行开放的贸易政策，与周边民族、各地区间、中原开展商贸活动，从中获取巨额利润，带动金朝社会经济发展。金、宋议和后，在边境设榷场，以满足贸易需要。南宋向金输出的商品主要有茶、米、牛、绢、丝、麻、虔布、生姜、陈皮、兵器、书籍、檀香、象牙等，其中茶、米、兵器、牛、书籍属禁运品；金向南宋输出的商品主要有北珠、貂皮、密腊、人参、甘草、松实、细布、北绢、马、豕、兵器、盐等，其中马、兵器、盐为禁运品。榷场贸易所收税息是国家财政的一项重要收入。

金与西夏、高丽部族政权也都设有榷场进行贸易。金朝与高丽部族政权贸易之榷场，应是设在辽东边境地区的传统榷场。

总之，金代商业文化的繁荣、发展，对于金朝从奴隶制向封建制转化，起到了重要推动作用，也对女真人形成重商务利的价值观念形成了影响。

二　货币文化

金代建国前，实行物物交易，没有货币。占领辽、宋旧地后，开始使用辽、宋旧币。为适应商业文化的发展，金朝创制了自己的货币。金代货币制承袭辽宋并有创新。

（一）金代早期货币文化

金代前期的货币文化有纸币、铜币、银币 3 种形态。金朝改行货币是海陵王迁都燕京以后开始的，政府制交钞，与钱并用。金朝政府在中都设交钞库、印造交钞引库、抄纸坊及交钞物料场等机构，在上京、西京、北京等 14 府及瑞、蔚、平等 7 州设交钞库、抄纸坊。海陵时所造交钞分为大钞、小钞两种，印一贯、二贯、三贯、五贯、十贯五等为大钞；印一百、二百、三百、五百、七百五等为小钞。金代交钞比南宋会子早 6 年。始发时以 7 年为限，期满以旧换新。1187 年，改为无限期流通。1157 年，即正隆二年，始议鼓铸。次年，设宝源、宝丰、利用三钱监，铸铜币，面文为“正隆通宝”，与旧钱并用；1178年，铸“大定通宝”；1204年，即泰和四年，铸大钱“泰和重宝”。此后，金代因铜少，不再铸铜钱。金世宗时，由于商品交换的发展铜钱的发行量增加，交钞发行数量不多。交钞的发行是为了满足商旅远行携带之需求，有利于商业文化的发展。

（二）金代晚期货币文化

金代后期货币文化未能满足社会商业文化发展的需要，特别是因章宗乱发纸币陷入混乱。由于章宗时财政严重亏空，于是章宗一改世宗的做法，大量印造交钞，并停止铸钱，尤其是货币屡屡更改，不断更换新钞，甚至连钞票名称也更改，造成货币文化混乱，市民怨恨。万贯交钞只能买到一个烧饼。交钞之轻，几乎不能市易。及至迁都汴京后，货币更是供亿无度，轻又加甚，其值不如印一贯交钞所用工墨费用。

金代后期，币制紊乱，主要是政府乱发货币所致，且每一次发行都增大所当旧币的额数，不仅不能保证币值，反而更加贬值。交钞的使用受到地域限制（金代交钞是一种区域性货币，仅限于本路流通，后来发展为三合同交钞、五合同交钞，但始终未形成全国流通），因此，纸币大量发行会使货币贬值，势必造成市场恐慌，人们争现钱和银，特别是银的地位愈来愈高，物价上涨，商旅不行，社会经济陷入危机之中。恶性通货膨胀，不仅破坏了商品流通，损坏了商业文化，而且成为导致金王朝灭亡的重要原因之一。

金朝采取滥发纸币的办法以弥补财政开支，以解决入不及所出的问题，结果是受到货币流通规律的惩罚。金代交钞以钱为钞本，即交钞的发行量应相当于商品流通中所需的钱的货币量，只有这样才能保证交钞与钱相等的购买力。而金朝实际情况是铜少，所铸钱不足以用，而交钞的发行又远远超过了商品流通中所需要的钱的数量。因此，交钞为民所轻。由于交钞发行过多而引起的通货膨胀，是国家为补充财政赤字而千方百计地向人民的掠夺。金朝统治者不仅以滥发交钞作恶，而且以此亡国，历史教训不可谓不深刻。

第二十二章　金朝时期辽东地区社会文化

金王朝统治早中期，女真统治集团能够顺应历史发展的大趋势，积极学习和借鉴中原封建文化和政体模式，改革女真旧制，确立符合金朝以女真族为首、以汉族为主体的多民族的国家政体文化，实现了由氏族原始社会向封建社会转变。社会文化形态由以畜牧、采集和渔猎业为主的经济文化转变为以农业与畜牧业为主的经济文化形态。社会生产力得到了发展，经济水平显著提高，使得金代社会文化发生改变。金代，辽东地区各民族长期杂处错居，相互影响和学习，民族交流，文化融合，社会文化形态表现出多元性特征。家族、婚俗、饮食、服饰、宗教、葬俗、教育、科技、文学、艺术等文化形态与类型表现出地域民族特征。

第一节　金朝时期辽东地区民俗文化

女真人的民俗文化形态适应女真部族社会变化而变化。女真部族建国前是氏族原始社会，建国初期，快速实现了向封建社会的转变。因此，女真部族的民俗文化体现在家庭与婚俗、服饰与饮食、节令与游艺等习俗上，其形态和类型都因时代变化而有所变化。

一　家庭与婚俗文化

女真部族在历史上经历了不同的家庭形态，体现出不同的风俗习惯和社会结构。在由氏族原始社会到封建社会的发展历程中，不同的历史阶段各有其不同的婚俗，婚俗因时变化，体现出丰富多彩的文化形态。

（一）家庭文化之形态

据《金史》记载，女真家庭是从始祖函普开始的。在有关始祖的纪事中，出现了部、族、家三个不同层次的概念，部即部落，族即氏族，家即家庭公社。此时的家庭公社虽有较强的独立性，但与氏族组织之间，在社会上、经济上还有许多联系。金始祖时期尚处于父系家庭公社的发展阶段。到献祖时，女真社会才结束迁徙和动荡，“徙居海古水，耕垦树艺，始筑室，有栋宇之制……自此，遂定居于按出虎水之侧”，完成了由渔猎游牧为主的经济文化向农耕畜牧为主的经济文化形态转变。社会生产力的发展，促进了社会家庭结构从早期父权型家庭公社到晚期父权型家庭公社直至家庭公社解体后的家庭形态的形成。

女真家庭公社解体后的家庭形态主要有核心家庭、联立家庭、直系家庭、累世同居共财的伸展家庭文化形态和类型。

1. 核心家庭形态

受多元经济文化的影响，女真人的核心家庭出现比较早。金世宗时，女真出现了真正意义上的父子兄弟既不同居亦不共耕的核心家庭。出于汉族和女真族不同的历史文化，金朝对社会家庭的组成所作的规定也不同。“女真人其祖父母、父母在者，支析及令子孙别籍者听。”又“汉人不得令子孙别籍，其支析财产者听”。汉人不得别籍，是继承唐宋制度文化，而女真人则因其生活方式不同，对于分居析财的习俗文化予以保持。至金朝晚期，猛安谋克组织解体，等同于郡县，家庭也开始大量流动，许多家庭枝分别派，已经等同于封建社会的编户民。

2. 联立家庭形态

女真联立家庭最早出现在昭祖时代。经景祖至晚期父权制家庭公社时，带有明显的父权及阶级压迫的色彩。联立家庭由妻、妾和掠夺为婚三种身份的人组成，既是父权的典型表现，也是奴隶制家庭公社的一般特征，人身毫无保障。这种家庭在金代具有普遍性。金代贵族允许一夫多妻，“臣下亦娶数妻，多少视官品，以先后聘为序”。至海陵时代，“命庶官许求次室二人，百姓亦许置妾”。金代后期，掠夺婚减少，但侧室和非正式婚配与掠夺为婚妇女的地位相差无几，与传统封建社会中的妾的地位基本相同。

3. 直系家庭形态

女真族实行嫡长子继承制。金朝早期至穆宗以前是世选制，穆宗时，开始兄终弟及制，此时，兄弟相让袭封之事不绝于书。自熙宗时起，皇位嫡长继承制正式确立，因而女真族长子继承法的出现也应该与此同时。由于女真族父子兄弟析居的习俗文化，直系家庭在女真社会不占主导地位。

4. 累世同居共财之伸展家庭形态

汉族传统家庭实行累世同居父系家庭制、聚族而居的大宅院或同姓聚落形态。女真部族的伸展家庭大概与此相近，但同居的范围有别于汉族传统家庭形态。金代提倡累世同居父系家庭形态。《大金国志》记载：“三代同居孝义之家，委属申覆朝廷，旌表门闾。”汉唐时，汉族传统家庭形态行大宗之制，以五世为标准，宋代行小宗之制，旌门为四代，而金朝定为三代，既不同于汉唐，同居范围也小于宋代。

总之，家庭文化形态和类型是动态的，伴随着社会文化的发展而不断地改变存在的方式。女真家庭自产生以来，经历了对偶家庭、父系家庭公社、核心家庭等不同形态发展阶段。女真社会阶段不同、阶级地位不同，家庭构成及成员之间相互关系也不同。女真家庭文化形态的变化受女真社会经济文化影响，特别是受女真社会生产力水平制约的。

（二）婚俗文化

女真部族从兴起到建国后近200年的时间里，经历了由氏族公社到封建社会的发展历程，不同的社会历史阶段，有不同的婚俗习惯。但在比较短暂的时期内，社会制度即使发生较大变化，女真人的婚姻习俗文化仍会有历史的传承，其婚俗文化总体上呈现丰富多彩的形态。

1. 原始婚姻习俗

史料记载，女真人始祖函普时期，婚姻文化形态是原始的部落内部婚姻和氏族外部通婚两种类型。氏族外部通婚，如完颜氏与结徒姑丹氏之女结成家庭，并加入了完颜部部落集团。

2. 世婚习俗

女真人的世婚传统是由氏族社会时期的部落内婚制传统转化而来的。在氏族社会时期，实行部落内婚和氏族外婚，每个氏族都有相对固定的通婚对象，与之进行交互通婚。女真人建国前夕，部落内部通婚范围有所扩大，氏族外婚的传统未变，通婚对象仍然保持相对稳定，建国以后，演变为帝后之家的世婚制度。所谓世婚制，是宗室完颜氏与某些异姓贵族交错从表婚，这是从氏族制时期氏族外婚制演变而来的。到个体婚流行时，有些氏族仍然以姑舅从表婚的形式，保留这一习俗。与氏族时期通婚制不同的是，已不限于原来的氏族。依照这一习俗，舅家的男子不仅对姑家的女子有聘娶的优先权，而且舅父对外甥也有一定的监护权，即“娘亲舅大”。女真人流行世婚制习俗，除了保留原始氏族婚姻制的遗风以外，在女真贵族阶层，还有政治上的目的，即作为巩固政治联盟的一种手段。

女真人在建国前，其氏族部落集团虽然经历迁徙、分化直至重新组合的过程，但一直保持着氏族外婚的制度。建国后，女真社会氏族外婚制演化为同姓不婚。同时，由于政治需要，女真人以猛安谋克组织形式迁居中原广大地区，其婚姻形式，因其与汉族同居杂处而发生相应变化，女真人与其他民族通婚现象也日益增多。

3. 接续婚习俗

又称收继婚或转房婚。其基本形式是，一个家庭娶来的女人，若其丈夫死亡，女人不能改嫁他族男人或归宗回娘家，要在丈夫的家族内转房，即由另一位男性族人收继娶之为妻。此婚俗不仅民间存在，而且皇帝宗室、贵族也存在，这在许多史料上都有记载。据《金史》记载，宗干与宗雄从兄弟，宗雄死，宗干娶宗雄妻①。接续婚制的出现和流行，既与原始群婚残余有关，也是出于对私有财产的继承权的关切，防止私产外流。这种婚制与中原儒家传统文化格格不入，金朝政府曾下令禁止，但直至金末，接续婚制习俗文化现象在女真故地也没有完全绝迹。

4. 隶役婚习俗

据《松漠纪闻》记载，男子“既成婚，留妇氏，执仆隶役，虽行酒进食皆躬亲之。三年，然后以妇归。妇氏用奴婢数十户，牛马数十群，每群九牸一牝，以资遣之”。隶役婚的形式在许多民族都出现过，主要是夫婿结婚后三年内要留在妇家执役，即帮助妇家劳作，以补偿妇家育妇之艰和出嫁的损失。同时，女儿出嫁时，娘家要陪送一定数量的财产，作为女儿所应继承的一部分财产。

5. 抢婚习俗

亦称掠夺婚。在女真人建国前和步入文明社会的初期，还保留着抢婚的原始习俗。抢婚是由对偶婚向个体婚制过渡时期出现的一种婚姻形态。在向个体婚过渡完成以后，把女子当作财产，抢掠妇女为妻妾更为风行。据《金史》记载，战争期间抢婚是一

① 脱脱，等. 金史·列传第一十一·宗雄：卷七十三［M］. 长春：吉林人民出版社，1995：981.

种普遍行为，“破其城，尽俘获之，以功差次分赐诸军”①。这种掠夺为婚的习俗，大多存在于某些民族早期的历史中，但在现代许多民族的婚礼中，也保留着一些掠夺婚的残迹。在女真人的后裔满族的婚礼上其“插车”“抱轿”的习俗，就是以仪式的形式保留着掠夺新娘的痕迹。

6. 指腹为婚习俗

女真人有指腹为婚的习俗。“金国旧俗多指腹为婚姻，既长，虽贵贱殊隔，亦不可渝。”②

7. 男下女习俗

女真人婚姻习俗中保留的原始习俗中，有相亲、定亲、成亲之说。定亲时，男方及其亲属携带酒食到女方家里，女方家里无分老少，皆坐于炕上，男方家所来的人全部罗拜其炕下，此谓“男下女”。礼毕，男方牵马百匹，少量者十匹，供女方家长选择，女方只留十之二三，或皆不中选。一般以留马少为耻。女方也给予一定回礼。

8. 自由婚习俗

女真社会早期，男女婚姻无须“父母之命”，有较大的自由。男女自主婚配，胜于纳币而婚者。这种习俗在《松漠纪闻》中有明确记载③。

9. 放偷习俗

女真人原始婚俗中有放偷形式。女真部族平时对犯盗窃罪的人必严惩，但在正月十六则纵偷一日为戏。这一天，行偷者可以将自己喜欢的一切物品和人，作为行窃的对象。青年男女相悦，

① 脱脱，等. 金史·列传第六·欢都：卷六十八［M］. 长春：吉林人民出版社，1995：928.

② 洪皓. 松漠纪闻［M］. 沈阳：辽沈书社，1985.

③ 徐梦莘. 三朝北盟会编·女真记：卷三［M］. 北京：中华书局，1984.

男子可以在这一天将心爱的女子窃走，若被窃的女子愿意留在男子家中，是合法的，家长必须应允①。女真人建国后，青年男女在一定程度上还保留着择婚的自主权。

辽东地区是女真人传统居住地，当时女真贵族统治集团统治国家，因而辽东地区女真人的婚姻习俗文化应该比较发达。

二　服饰与饮食文化

女真人是当时社会统治者，其在服饰与饮食文化上均有体现。

女真人的衣服以布帛、皮革等为制作原料。衣服分常服与礼服，发式与佩式因身份而异。女真人建国前，主要是畜牧业、采集与渔猎业为主的经济文化形态，建国后转变为农业、畜牧业与渔猎业为主的经济文化形态。饮食习俗文化受社会经济文化的影响，体现出较强的民族特征。

（一）服饰习俗文化

女真人的服饰文化分常服和礼服两种形态。其发式与佩饰因身份而异。

1. 常服习俗

女真人的常服有带、巾、盘领衣、乌皮靴。身份贵贱以制衣材质区分。贵者衣裳，春夏多以纻丝绵细或细布来制作，秋冬多以貂鼠、青鼠、狐、貉、羊羔之皮为裘；贱者衣裳，春夏则以粗布来制作，秋冬则以牛、马、猪、羊、獐、鹿、猫、狗、鱼、蛇之皮制作。

女真人衣多白色，左衽，窄袖、盘领。巾以皂罗为之，上部结成方顶折垂于后。腰带（吐鹘）以玉为上品，金次之，犀、象、骨、角又次之，在腰带上佩挂腰牌、刀、弓、剑等。为便于骑乘，衣多短袍。妇女衣服，“曰‘大袄子’，不领，如男子道服；裳曰

① 洪皓. 松漠纪闻［M］. 沈阳：辽沈书社，1985.

‘锦裙’，裙去左右各阙二尺许，以铁条为圈，裹以绣帛，上以单裙笼之”。

2. 礼服习俗

礼服亦称官服，金朝上自皇帝、下及百官的礼服，都是参酌历代王朝制度而制作的，官服的等级界限严格分明。如皇帝的礼服沿袭前代遗制制作，由通天冠、绛纱袍、衮冕、逼舄等组成。冕有天板，用青罗为表、红罗为里，周围用金稜。天板下有四柱，前后有24珠旒。衮衣，用青罗夹制，以五彩间金绘画，画有日、月、星、龙、虎、火等。裳和蔽膝，都用红罗夹制。舄，重底，经罗面。袜，用绯罗加绵。皇后的冠服，主要有花珠冠、袆衣、裳、蔽膝、舄、袜等组成。花珠冠，用盛子一，青罗为表，青绢衬金红罗托里，用九龙、四凤。袆衣，深青罗组成翚翟之形，素质，领、褾、襈并用红罗织成云龙。裳，用青罗织成翟文六等，褾、襈并用红罗织成云龙，明金腰带。蔽膝，深青罗织成翟文三等。舄，以青罗制，白绫里，如意头。袜，青罗表里。皇太子冠服，有冕、青衣、朱裳、蔽膝、朱舄、白袜。百官的衣着有朝服、公服、祭服的区别①。

1173年，金朝政府对三教九流、兵卒、奴婢的衣着作出明确规定：太常寺拟士人及僧道女冠有师号，及贤良官八品以上，允许服花纱绫罗比䌷。庶人只许服絁䌷、绢布、毛褐、花纱、无纹素罗、丝绵，其头巾、系腰、领帕许用芝麻罗，绦用绒织成者，不得以金玉、犀象、诸宝、玛瑙、玻璃之类为器皿及装饰刀把鞘并以银装钉床榻之类。兵卒许服无纹压罗、絁䌷、绢布、毛褐。奴婢只许服絁䌷、绢布、毛褐。倡优遇迎接、公宴承应，许暂服

① 脱脱，等．金史·志第二十四·舆服志下：卷四十三［M］．长春：吉林人民出版社，1995：570.

绘画之服，其私服与庶人同①。

3. 发式习俗

女真人的发式男女有别。男子髡头，剃去前半部头发，只留颅后发，编成辫，垂在背后；女子辫发盘髻②。

4. 佩饰习俗

女真人不论男女，都爱佩戴首饰。妇女佩戴首饰，男子也耳垂金银。金朝规定，妇人首饰，不许用珠翠钿子等物，翠毛除许装饰花冠子外，其余一概禁止。女真人的饰品，既有以陶、石、铜、铁为原料制作的，也有以金银为原料制作的，如银钏、银簪、银钗、银耳环、金指环、金列鞢等③。

女真人建国以后，随着社会的发展，时尚的变化以及贫富和阶级的对立加剧，女真人衣着也随之发生了变化。一方面是由俭入奢。女真人建国之初，"风俗淳俭，居家惟衣布衣"④。而随着金代社会的发展，社会风气大变，一些富家子弟"惟以妆饰体样相夸，膏面镊须，鞍马、衣服鲜整，朝夕侍上，迎合谄媚"。有些显贵之家，婢妾居然衣缕金绣如宫人。同时女真人的服饰受中原服饰文化的影响，亦有汉化趋势，如女真妇女的巾饰，如逍遥巾或裹头巾，已经随其所好了⑤。

① 脱脱，等. 金史·志第二十四·舆服志下：卷四十三［M］. 长春：吉林人民出版社，1995：570.

② 邓荣臻. 女真发辫式样管窥［J］. 北方文物，1987（4）.

③ 徐梦莘. 三朝北盟会编·女真记：卷三［M］. 北京：中华书局，1984；脱脱，等. 金史·舆服志下［M］. 长春：吉林人民出版社，1995：570；黑龙江文物考古工作队. 黑龙江畔绥滨中兴古城和金代墓群［J］. 文物，1977（4）；黑龙江文物考古工作队. 绥滨永生的金代平民墓［J］. 文物，1977（4）.

④ 脱脱，等. 金史·本纪第八·世宗纪下：卷八［M］. 长春：吉林人民出版社，1995：108.

⑤ 大金国志·男女冠服［M］. 北京：中华书局，1986.

金朝政府为延续女真服饰文化，曾于1187年和1207年，两次下令，禁止女真人学汉族装束，但社会文化风尚已成，非皇帝几道诏书所能禁止。

（二）饮食习俗文化

女真人建国以前，社会经济文化主要是畜牧、采集与渔猎并重的经济形态，建国以后，社会经济文化转型发展，主要是农业、畜牧与渔猎并重的经济形态。女真人通过发展畜牧、渔猎业文化，获得动物肉类作为主要食物，如捕获或饲养猪、羊、鸡、鹿、兔、狼、麂、獐、狐狸、牛、驴、犬、马、鹅、雁、鱼、鸭、蛤蟆等的同时，通过种植农业作物获得粟、麦、黍、稷、稻、粱、稗、菽、荞麦、糜子等粮食。肉类加工方法有烤、蒸、煮，还制作肉酱、肉干、肉汁、鱼干等。米面加工有炒米、炒面、粥、馒头、烧饼、煎饼等。蔬菜加工除炒、煮外，还有腌制咸菜或酸菜，以利保存。茶食、肉盘子、心血脏羹等，是富有女真特色的风味饮食。茶食主要是油炸面食，用糯米粉和面，加入盐，用油煎之，类似如今满族风味小吃“沙琪玛”；还有蜜糕，类似如今北京特产果脯、蜜饯之类。肉盘子和心血脏羹，东北地区如今流行的白血肠、血豆腐之类大概与此饮食文化遗传有关①。

食品调料有油、盐、面酱及蒜、葱、姜等，尤以姜、面酱为珍异②。

饮品主要有酒、茶、奶茶等。茶靠与南宋贸易得来。酒以糜酿造。金代酿酒技术很高。

金代女真人嗜酒，饮啖过人。金世宗时，女真人唯酒是务。皇帝饮酒更甚，金熙宗与近臣通宵达旦饮酒，因酗酒影响朝政。鉴于金朝各阶层饮酒风气盛行，朝廷三令五申限制朝官、猛安谋克饮酒，并对酒类实行专卖。风气既盛，收效不大。

① 王可宾．女真国俗［M］．长春：吉林大学出版社，1988：260．

② 洪皓．松漠纪闻［M］．沈阳，辽沈书社，1985．

三　节令与游艺习俗文化

女真人早期没有历法，也没有纪年。后来接受中原汉族文化的影响，有了历法。特别是建国以后，随着汉族历法的推行，汉族传统的岁时风俗影响到女真人。在吸收汉族习俗文化的过程中，女真人依然保留传统的节日与风俗①。女真人的日常游艺活动主要有骑射、射柳、角力、击鞠、玩嘎拉哈等。

（一）节令习俗文化

据《大金集礼》记载，元旦、上元、中和、立春、春分、上巳、寒食、清明、立夏、佛诞日（农历四月八日）、端午、三伏、立秋、七夕、中元、中秋、重阳、下元、立冬、冬至、除夕等，都是金朝的法定假日。每值节日，各级官员都有1～3天的休假。

女真人节令习俗文化中主要以元旦、立春、上元、端午节、重九等节日形态为主。

1. 元旦习俗

女真人非常重视元旦，每逢元旦，皇帝要接受文武百官的参拜，并宴饮群臣。正常情况下，宋、高丽、西夏等国遣使前来祝贺元旦，金朝也派贺使去邻国致元旦贺礼。

在民间，女真人大概与汉族人过元旦一样，有燃放爆竹、饮屠苏酒、饰桃木人的习俗，取驱邪迎吉之意。此有金人诗为证。姚孝锡诗《岁晚怀二弟》云："爆竹又惊新荐岁，屠苏空忆旧传觞。"又如王寂词《踏莎行》云："爆竹庭前，树桃门右。香汤浴罢，五更后。高烧银烛，瑞烟喷金兽，萱堂次第、了相为寿。改岁宜新、应时纳祐。从今诸事愿、胜如旧。人生强健，喜一年入手。休辞最后、饮酴酥酒。"

① 脱脱，等. 金史·本纪第六·世宗纪上：卷六［M］. 长春：吉林人民出版社，1995：73.

2. 立春习俗

早期女真部族没有历法，金代女真人立春时节与汉族传统时节文化影响有关。据《金史·海陵纪》记载，海陵王有“立春，观击土牛”的活动。中原传统时节文化，立春有“出土牛”“送寒牛”“进春牛”“鞭春牛”“作春饼”“馈春盘”“食春菜”等习俗。女真人建国后，行夏历，也承袭了中原时节习俗文化。如岳行甫诗《立春日》云：“银线青丝翠椀堆，争牛击鼓欲惊雷。翻风斗巧春头胜，漉雪浮香臈尾杯。”又如朱弁诗《善长命作岁除日立春》云：“土牛已着劝牛鞭，苇索仍专捕鬼权。且喜春盘兼守岁，莫嗟腊酒易经年。”金代这些诗人的诗作，应该是金代社会现实生活的真实写照。

3. 上元习俗

上元节是中原节令习俗文化中最重要的传统节日。金代行夏历，始有上元节等时令节日。故上元节的习俗应该与汉族过上元节相同。金代开始过上元节，始于大定年间，在上元节这天张灯结彩，有琉璃、珠璎、翠羽、飞仙等不同形制的彩灯，悬挂于檐下、门前，一派喜气洋洋，充满节日气氛。

4. 端午节习俗

在汉族传统时令节日中，端午节大约在战国末就有了，起源于纪念伟大的爱国诗人屈原。端午节这一天，民间有插艾叶、系彩丝、饮雄黄酒、吃粽子、浴兰汤、划龙舟等习俗。女真人步入文明社会后，习中原传统文化，端午节在金朝社会逐渐流行。可以从金代诗人的作品中读到金代民间端午节日的氛围。如滕茂实诗《五日》云：“节物惊心动远思，薰风又见浴兰时。空寻好句书纨扇，无复佳人系彩丝。酒注菖蒲唯欲醉，筒包菰黍不胜悲。明年此日当何处，风里孤蓬自不知。”

5. 重九习俗

重九亦称重阳节。金代重阳的风俗始于女真建国前后，与中原大体一致，有赏菊、饮酒、登高、插茱萸的习俗。朱弁诗《重九》云："九日今何地，寒深紫塞霜。敢嫌芦酒浊，且对菊花尝。"该诗记述的就是金人重阳饮酒、赏菊的节日习俗。

（二）游艺习俗文化

女真人日常游艺活动十分丰富，主要有骑射、射柳、角力、击鞠、玩嘎拉哈等。

1. 骑射习俗

女真是以游牧、渔猎为生的民族。骑射是女真人谋生的手段。女真人建国以后，逐步转向定居和从事农业生产。骑射则转为一种娱乐活动，以保持其民族传统。为防止女真人尚武精神的流失，金世宗时，政府积极提倡保持女真人的生活方式、民族特点。《金史》记载，1163 年，世宗诏曰："女直旧风，凡酒食会聚，以骑射为乐。今则弈棋双陆，宜悉禁止，令习骑射。"对猛安谋克组织也积力督促，令其练习骑射。至金章宗时，敕令女真人在举进士及第以后，"仍试以骑射，中选者升擢之"。由于金朝政府的大力提倡，骑射作为一种游艺形态保留在女真民族的传统习俗文化中。

2. 射柳习俗

女真部族的射柳习俗来源于契丹人的"瑟瑟仪"。射柳习俗的形式和方法，与契丹部族相比也无太大差别。不同的是，契丹部族射柳习俗与祈雨有关，而金朝女真部族的射柳纯粹是一种游艺活动，通常在每年农历五月五日举行。《金史》记载，金朝皇帝也经常在宫中举行射柳游艺活动，并让百官观看。如 1163 年，农历五月五日，太宗"幸广乐园射柳，命皇太子、亲王、百官皆射，胜者赐物有差"；1190 年，农历五月，"拜天于西苑。射柳、击球，纵百姓观"①。

3. 角力习俗

亦作角抵，即相扑，类似今天的摔跤比赛，既是一种娱乐竞

① 脱脱，等. 金史·本纪第一〇·章宗一：卷九［M］. 长春：吉林人民出版社，1995：125.

技活动，也是一项习武活动。角力活动盛行于宋朝，金朝角力活动应该是与宋朝传统习俗有关。金代很多人喜好这项运动，而且有些爱好者角力的技艺十分高超。每逢朝廷有重大节事活动、御宴等，都要举行角抵比赛。《金史》记载，1139 年，熙宗宴饮时命角力表演；海陵王当政时期，曾举办过大规模的角抵竞技比赛。1155 年，海陵登昌保门观看角抵比赛，并让百姓纵观。平民的角抵活动无场所限制，或娱乐场所或街头巷尾，随处皆可表演①。

4. 击鞠习俗

击鞠活动源于波斯，经唐传到属国渤海，契丹灭渤海以后击鞠传到辽国，女真灭辽国，击鞠传到金国。女真人击鞠，形式承袭渤海和契丹人的旧俗。女真人击鞠规则与玩法和契丹人完全一致。击鞠运动深受金朝社会各界人士喜爱，金朝统治者经常在宫廷内设击鞠场进行比赛，并将击鞠活动当作保持女真骑射传统的一种手段加以提倡，甚至将击鞠列为策论进士的考试科目，至真宗时才下令免除。

金朝后期，骑射、击鞠虽然作为一种习武形式继续存在，但在一些人眼里，已经不是健康、尚武的运动了②。金哀宗时予以禁止。

5. 玩嘎拉哈习俗

嘎拉哈是用猪、羊、鹿等动物的距骨作为玩具。金代玩嘎拉哈游艺习俗是承袭辽代民间习俗文化。考古文化发现，金代墓葬中出土有水晶和玉做的嘎拉哈③。有关史料记载，女真社会妇女

① 脱脱，等. 金史·本纪第一〇·章宗二：卷十［M］. 长春：吉林人民出版社，1995：138.

② 脱脱，等. 金史·本纪第一〇·章宗二：卷十［M］. 长春：吉林人民出版社，1995：138.

③ 黑龙江文物考古工作队. 黑龙江畔绥滨中兴古城和金代墓群［J］. 文物，1977（4）.

与孩童均喜欢这种游艺活动。至今，在辽宁乃至东北地区的一些地方，依然保留着玩嘎拉哈的习俗。

第二节　金朝时期辽东地区宗教文化

金朝时期，辽东地区民族众多，各民族人户宗教信仰不同，因而其宗教文化体现为宗教信仰的多元化，既有原始信仰、传统宗教，如萨满教，又有外来宗教文化形态，如佛教、道教等。

一　原始信仰文化

女真人有一些原始信仰，如自然崇拜、信仰灵魂和灵魂不死、对先祖的崇拜等。对自然的崇拜包括对天、日月星辰、山川风雨、动植物等自然物质与现象的崇拜。

据《金史》记载，女真人建国前，最崇拜的是天地神，建国后得到进一步发展，经常在重五、中元、重九等节日举行祭祀天地的仪式。每当国家有重大事情，如皇帝即位、上尊号、纳后以及军队出征、临敌等，都要举行告祭天地的仪式。金朝还继承了中原传统习俗文化中祭祀天地的仪式——南北郊祀。中原的祭祀社稷、风雨雷师、岳镇海渎等礼仪制度也为女真人所承袭，以每年立春后丑日祀风师；立夏日后申日祀雨师和雷师；于立春、立夏、季夏、立秋、立冬之日，分祀东南中西北五方岳镇海渎之神①。长白山是女真族的发源地，故受到特殊尊崇。

女真人尤崇拜龙，认为龙可以兴云致雨。女真人建国后，受中原传统文化的影响，信仰发生一些变化，中原习俗文化中的相术、占卜等形态，开始在金代流行。

① 脱脱，等. 金史·志第一十六·礼八：卷三十五［M］. 长春：吉林人民出版社，1995：472.

二　萨满教文化

女真人崇信萨满教，相信萨满能够化灾解难、治病救人，人可以通过萨满与神沟通，获得神灵庇佑。《女真记》载："兀室奸滑而有才。自制女真法律、文字，成其一国，国人号为珊蛮。珊蛮者，女真语巫妪也，以其通变如神。"从《金史》记载看，女真人对萨满的职能认知包括：萨满是沟通人与神的中介，萨满可以为人消灾、治病、解难，萨满可以为人求子，萨满可以诅咒别人遭灾致祸。因此，萨满深受女真人崇信。萨满参与重大典礼和节日里举行的祭祀仪式。在祭祀祖宗、社稷、风雨雷师及皇帝即位、受尊号、纳后、册命等奏告祖宗天地的活动中，都有萨满参加，或由萨满担任司仪。萨满共有两种：一种是管祭祀，跳家神，每姓中都有一个；另一种是专管治病，称为神巫。

金朝国家宗教典制文化确立后，女真部族信仰萨满教的情况发生了变化，萨满从宗教活动的中心地位退居辅助性司仪地位，更多的是在民间发挥其传统作用，在国家宗教大典中，皇室首领成为主祭者，成为中心人物。萨满教是带有全氏族性质的民间宗教，而金朝国家宗教则是具有阶级性的贵族宗教。

三　佛教文化

女真族建国前，已从邻近的高丽、渤海等地传入了佛教。灭辽后，南进中原，中原高度发达的佛教文化给女真统治者极大的影响。据《金史》记载，金代帝王皆崇信佛教。如金太宗于内庭供奉佛像，又建旃檀像安置于燕京悯忠寺，每年设会斋僧；1124年，太宗命僧善祥于山西应州建净土寺、命佛觉大师海慧在燕京建寺，至熙宗时命名大延圣寺。海陵王执政时，亲到宣华门迎佛，并"赐诸寺僧绢五百匹，彩五百段，银五百两"。至金世宗时，佛教文化趋于极盛。各地纷纷修缮辽代旧寺，并新建寺院，朝廷予以奖掖。由于金代诸帝的支持，金代佛教文化保持了相当隆盛的局面。当时许多贵戚望族多舍男女为僧尼，并向寺院施舍许多财物。

金代对辽代留下的佛教寺院极力保护、维修和续建。1140年，继续修建辽宜州奉国寺，寺院建筑规模，“宝殿穷临，高望双峙，隆楼杰阁，金碧辉煌，潭潭大厦，楹以千计，非独甲于东营，视它郡亦为甲”；1158年，金于五台山北麓创建岩上寺。

千山是东北的名山，隔海与山东崂山相望。其建有的寺庙，如灵岩寺、九圣殿、舍利塔等都在千山中会寺附近。今大安寺附近的正观堂，曾为金世宗母亲贞懿太后所居。西岩浮屠即今大安寺西北香岩寺东山上之塔，为金代拟建，即今仙人台。今天的千山名寺与金时寺院地址略同，可能就是在金时寺院的基础上兴建的。

金人信佛，但不佞佛。《金史》记载，海陵王执政时，慈州有一位僧人法宝有名望，欲离开上京到其他地方云游。金朝廷的许多大臣都去法宝处，想挽留。不料此事被皇帝知道了，召三品以上大臣上殿，责备这些位列宰辅的大臣们到寺中，法宝坐正座，而朝廷大臣皆坐侧座的行为是“有伤大体”，将法宝召至朝堂，打了200棍，将极力挽留法宝的张浩、张晖各打20棍①。金世宗对当时兴建佛寺和许多人纷纷出家的状况，也采取了一些限制措施，禁止民间多建佛寺。至章宗时，甚至对度人出家也作出明确规定，“敕自长老、大师、大德不限年甲，长老、大师许度弟子三人，大德二人，戒僧年四十以上者度一人”②。

佛教文化对金朝社会经济产生很大影响。特别是一些不法僧尼借传教之名，利用修建寺庙等，巧取豪夺，广占土地，设置当

---

① 宋德金．中国历史九・金史［M］．北京：人民出版社，2006：402.

② 脱脱，等．金史・本纪第一〇・章宗二：卷十［M］．长春：吉林人民出版社，1995：138.

铺，放高利贷，聚敛财富，造成严重社会问题。且由于每逢朝廷财政拮据时，政府便出卖度牒、寺观名额等收入来弥补财政之不足，更是给不法僧尼创造了牟利条件。到金朝末年，战事频繁，朝廷更加扩大出卖僧道职务的范围。虽然一时缓解了朝廷的财政困难，也在一定程度上影响了佛教文化的正常发展。

四　道教文化

女真人信奉道教，辽东地区作为女真人传统居住地，道教文化亦有所发展。靖康之后，宋偏安东南，中原与包括辽东地区在内的北方大片领土为金朝管辖。其时，金朝并无统一的官方宗教，儒学亦不繁盛。长期生活在“干戈不息”“十门九绝”兵荒马乱年代的人们，急需新的精神力量作为内心的慰藉和资凭。于是，一批新道教教派应运而生。它们适应当时社会文化上多元融合的趋势，对旧有的道教教义有较大革新，既有深奥的哲理和成仙的境界，又有明白易行的修炼方法和教规，于是产生较大魅力，迅速流行，盛极一时。金代道教主要分三种形态，即全真道、太一教、真大道教。

（一）全真道及其传播

全真教人王喆，号重阳子。重阳立教 15 论，规定了全真道的基本教义教规：凡出家者先须投庵，身依心安，气神和畅；云游访师，参寻性命；学书，不寻文乱目，宜采意心解；精研药物，活人性命；修盖茅庵，以遮日月，但不雕染峻宇而绝地脉；道人必须择高明者合伴，以丛林为立身之本；凡静坐者须心如泰山，不动不摇，毫无思念；剪除念想，以求心定；调和五行业气于一身，以正配五气；紧肃理性于宽慢之中以炼性；修炼性命；入圣之道，须苦志多年，积功累行；超脱欲界、色界、无色界；养身之法在于得道多养；脱落心地，超离凡世。以上概而言之，就是静心以修性，养身以修命，出家以依道，苦行以入圣，积善以成德。

全真道继王喆之后有马钰、谭处端、刘处玄、丘处机、王处一等，以关陕和山东半岛为重点地区进行活动。全真道之所以能够在金代迅速崛起，一个重要的原因在于它不仅有理论，而且有实践，既给当时的人们指出了一条避祸求福的新途径，又给社会带来一股清新的风气，道人士子率先行之，民众妇女翕然从之，很快形成一种社会力量。

由于全真道是不以政治为直接目的的宗教教派，又能够吸引社会民众，有稳定社会的效果。所以，金朝政权采取支持利用的政策，以加强对所领导地区民众的思想统治。金世宗时期，先后召全真道道长王处一和丘处机，问卫生、治国、保安之道。王、丘二人借机宣传道教思想。由于全真道起于民间，与其他民间宗教一样，带有一定的民众性，控制不好，易发生影响社会稳定的事件，金朝常有戒备之心。金章宗认为全真道可用；全真道变成合法宗教，进入稳定发展时期。

（二）太一教及其传播

此乃北方3个新道教派中唯一崇尚祈禳符箓的，其教风近于南方的天师道，以老氏之学修身，以巫祝之术御世。创始人萧抱珍，河南汲郡人，用太一三元法行化于世，始于金天眷年间；金大定二年（1162），出钱得观额，以赵州之第为太清观，真定府之第为迎祥观；每年受箓为门徒者千人。1148年，金熙宗召萧抱珍至京，礼敬赏赐，敕其居为“太一万寿”，标志金朝正式承认太一教。1166年，萧抱珍羽化，萧道熙为二祖，谓仙道只依一“弱”字便是。1169年，金世宗在道熙本观敕立万寿额碑，其后声教大振，门徒增盛，众数万，东渐于海；1182年，世宗召萧道熙至内殿，问养生；1186年，萧道熙隐遁，立萧志冲为三祖。萧志冲长于静坐，强调“静中自有所得，非语言可以形容”，承法嗣后，曾受朝廷任命，补住中都天长观，后还卫州，声望既隆，求教者接踵，每年传教数千人。后经四祖萧辅道、五祖李居寿、六祖李金祐、七祖蔡天祐，太一教不断获得发展。太一教虽热心于符箓斋醮，也同时讲究内炼，以心灵湛寂、冲静玄虚、品德坚洁为修道之要，而以符箓为之辅，与祈禳祷祀并行不悖①。

（三）真大道教及其传播

真大道教由道士刘德仁所立。该教以苦节危行为要，而不妄取于人，不苟侈于己者也。五传而至郦希诚，真大道教转盛，受到宫廷宠信。金朝前中期，真大道教活动于金朝社会。真大道教的教义教规主要包括九个方面内容：一曰视物犹己，勿萌戕害凶嗔之心；二曰忠于君，孝于亲，诚于人，辞无绮语，口无恶声；三曰除邪淫，守清静；四曰远势力，安贱贫，力耕而食，量入为用；五曰毋事博奕，毋习盗窃；六曰毋饮酒茹荤，衣食取足，毋为骄盈；七曰虚心而弱志，和光而同尘；八曰毋恃强梁，谦尊而光；九曰知足不辱，知止不殆，学者宜世守之。此九条之要，在清修寡欲、俭约自奉、安分为人。此都奉老子遗意，既不做抗暴英雄，亦不做帮凶无赖，符合当时社会多数民众的情绪，故具有感召力。大道教的教义适应了恢复和发展农业生产、稳定人心、改善社会气氛的社会期待，其教风质朴实用，颇得民心，因而能够在民间广泛传布②。由于它有安宁社会、稳定民心的作用，所以受到金朝政权的重视和礼遇。

真大道教，传七祖李德和、八祖岳德文、九祖张清志，张清志以后该教所传及活动，史上失考。真大道教之宫观，著名的有大都南城之天宝、玉虚，平谷之延祥，房山之隆阳，缑山之先天，许州之天宝等。

以上金地传布的全真道、太一教、真大道教，辽东地区宗教文化亦受其影响，因而金朝时期辽东地区宗教文化呈多元性发展。

---

① 宋德金. 中国历史·九·金史［M］. 北京：人民出版社，2006：409.

② 宋德金. 中国历史·九·金史［M］. 北京：人民出版社，2006：407.

第三节　金朝时期辽东地区丧葬文化

占统治地位民族的习俗文化是最有代表性的习俗文化，辽东地区丧葬习俗文化以女真人之丧葬习俗文化为代表。

女真人的丧葬习俗文化是随着金代社会的发展而变化的。不同的时期，丧葬习俗不同。女真人早期的丧葬形式是土葬，不用棺椁。随着金代社会发展，葬式由土葬发展到较大型的石室墓或砖室墓，从无棺殓之具发展到有木棺或石函等葬具，从土葬发展到火葬，体现了女真人丧葬习俗文化的发展变化。

一　女真族葬式文化

金代，女真族葬式呈多元形态，主要包括土坑墓和土坑木棺墓、土坑石函和瓮棺墓、土坑有椁木棺墓、砖室（石室）石函或木棺墓等形态和类型。

（一）土坑墓和土坑木棺墓

女真族丧葬形式中土坑墓分为有具葬和无具葬两种。没有任何葬具的土坑墓，是早期原始的金代女真平民的墓葬形式。在金代初期，女真人还保持着“死者埋之，而无棺椁”的习俗。到了金代中叶以后，女真人的墓葬无论是土葬还是火葬，安葬死者都有葬具，在墓室内置有木棺、石函或瓮罐，而且火葬多于土葬。

女真人的土葬木棺墓，土葬或火葬，都有封土，一般是一个墓坑一个封土堆，也有几个墓坑同在一个封土堆内的家庭冢。土坑木棺墓有火葬与土葬之分。

（二）土坑石函和瓮棺墓

金代，随着火葬的流行，所用葬具发生了变化，装骨灰的瓮棺和石函逐渐代替了装尸体的大型木棺。装骨灰的石函由僧侣的舍利函发展而来。考古文化发现，在火葬墓的墓室内或石函上，多发现与佛教有关的文字和经文，石函、棺床、墓室内纹饰多用莲花纹，表明金代火葬的葬具石函与佛教文化有密切的关系。瓮棺是金代女真平民普遍使用的一种葬具，考古文化在许多地方都有发现。金代的瓮棺有陶罐和瓷罐，一般是用日常生活用的陶罐或瓷罐来装骨灰，也有特制的细泥陶器。考古文化还发现，金代的石函较多。有的石函放在墓室内，有的石函直接埋在土坑里。石函的形制有正方体和长方体两种，长方体居多。石函由身、盖组成。石函内放置骨灰，将骨灰包在布袋里，然后放入石函内，也有的将骨灰放在木匣内，然后再放入石函里。

（三）土坑有椁木棺墓

考古文化发现，金代墓葬的土坑有椁木棺墓形制有 4 种，即土坑砖椁木棺墓、土坑石椁木棺墓、土坑木椁木棺墓和石椁石棺墓等。

（四）砖室（石室）石函或木棺墓

女真部族贵族墓葬形式比较豪华。考古文化发现，金代墓葬已由土坑木椁墓发展到修筑比较豪华的墓室，其内放置木棺或石函、瓮棺及随葬品。金代贵族的墓葬形制主要有石条垒砌的正方体单室石函墓、石板立砌长方体石室墓、砖室石椁木棺墓、砖室石函墓、砖室瓮棺墓等。

金代女真贵族的砖室墓或石室墓形式较为简单，平面多为方形、长方形，且多为单室墓。考古文化发现，山西、河北一些地方的贵族墓内有一些壁画，其他地方极少见。金代墓葬的形制简单，随葬品较少①。

二 女真族丧葬习俗

女真人死后有魂归故里之传说，故葬俗有归葬故里习俗。据

① 李健才．金代女真墓葬的演变［M］//辽金史论集：四．北京：书目文献出版社，1989.

《金史》记载，金昭祖出征遇疾而死亡，其部众不畏长途，将其遗体运回故里安葬；徒单克宁原是金源县人，徙居比古土，后又迁徙山东，遂占籍莱州，徒单克宁死后，归葬于莱州。不仅皇室贵族如此，士卒死在外地，一般也要将其运归故里①。金代女真人死后，大多数要葬在氏族或家族冢墓中，下葬时，亲戚都要前去吊唁，俗称奔丧，参加祭祀仪式。

女真人死后有殡葬习俗。殡葬是以器物、牲畜乃至活人从葬。“贵者生焚所宠奴婢、所乘鞍马以殉之”②。考古文化发现，在金代墓葬中，出土有生产工具、鞍具、生活用品及首饰、佩饰、服饰等随葬品，也有铁器、铜器、陶器、瓷器、金银器、玉器等③。

第四节　金朝时期辽东地区教育与科技文化

在金朝统治者崇儒学尚文教风气的影响下，教育事业在女真人建国之初就迅速发展起来。从金太宗时期始，金朝在继承辽代旧制的同时，注意吸收汉族特别是唐宋各朝重视文教的做法。熙宗时，金朝在文化教育方面，重教设学，实行科举，发展造纸与印刷，出版典籍，为文化的普及奠定基础；天德年间，设国子监，为日后太学教育设施的确立作了准备，经史百家之言均成为当时教育的重要内容；世宗时，重视历史经验，总结培养人才和社会

① 脱脱，等．金史·本纪第一·世纪：卷一［M］．长春：吉林人民出版社，1995：1.

② 徐梦莘．三朝北盟会编·女真记：卷三［M］．北京：中华书局，1984.

③ 黑龙江文物考古工作队．黑龙江畔绥滨中兴古城和金代墓群［J］．文物，1977（4）；黑龙江文物考古工作队．绥滨永生的金代平民墓［J］．文物，1977（4）.

教化问题，世宗提出“荐举人才，当前急务也”，“苟有贤能当不次用之”，“教化之行，当自贵近始”等思想；此后，章宗、宣宗、哀宗各朝对教育发展作出一系列努力。因此，整个金朝在教育政策方面较辽朝更为开明。金朝的科技文化主要体现为农业技术、历法、数学、医学、建筑技术等形态方面的发展与迅速提高。

金朝时期，辽东地区受到金朝政府重视文教政策的影响，教育与科举文化获得一定发展。

一　教育文化

金朝在教育政策方面较为开放，大大提高了世人求学重教的积极性。

（一）中央与地方官学的兴起

金代中央设官学始于海陵王执政时期。据《金史》记载，1151 年，金朝始设国子监；1166 年，世宗令设太学；1173 年，再设女真国子学①。国子监负责管理国子学、太学等教育事宜，同时设有祭酒、司业、监丞等专职官员；在国子学中，设博士、助教和教授等职；在太学中，设博士和助教。为适应女真贵族子弟生源增加的情况，在国子监下，增设小学和女真小学，作为中央官学的附属预备机构。

金代的地方官学较辽代更为普遍，主要形态有府学、州学、节镇学和防御州学等，并有与女真国子学、女真小学相对应的诸路女真府学。如《金史》记载：“府学亦大定十六年置，凡十七处共千人，后增州学。……府学二十有四，节镇学三十九，防御州学二十一，凡千八百人。”② 女真府学的设置略早于此，于 1173

① 脱脱，等. 金史·志第三十二·选举志一：卷五十一［M］. 长春：吉林人民出版社，1995：658.

② 脱脱，等. 金史·志第三十二·选举志一：卷五十一［M］. 长春：吉林人民出版社，1995：658.

年始设，诸路女真府学有百余所。在地方官学中，一般置教授一员，负责管理学校的教学和其他事务。1204 年，金章宗诏州郡再增修宣圣庙学①，进一步发展了地方教育，并为后来的庙学发展开辟了道路。

金朝的教育机构隶属于礼部②，与贡举、图书、天文、漏刻、医卜等事同为礼部所管辖，促进了教育事业发展同科举、书籍图册出版以及与各项科学技术事业的有机联系。

在学校教育管理方面，金朝主要取法宋辽之制。如对学生入学标准规定：国子监“以宗室及外戚皇后大功以上亲诸功臣，及三品以上官兄弟子孙年十五以上者入学，不及十五者入小学”。太学“初养士百六十人，后定五品以上官兄弟子孙百五十人，曾得府荐及终场人二百五十人，凡四百人。”凡府学、州学等地方学校，“以五品以上官，曾任随朝六品官之兄弟子孙，余官之兄弟子孙经府荐者，同境内举人试补之。”凡女真国子学及女真府学的学生，在女真族内选择，“每谋克取二人，若宗室，每二十户内无愿学者，则取有物力家子弟年十三以上，二十以下者充”③，学生总数约 3000 人。

金朝学校的教师多由汉族知识分子充任，偶尔也有女真、契丹和其他民族的教师。据《金史》记载，当时任太学博士王彦潜、西京教授曹望之、国子助教张暐，以及国子祭酒冯延登、党怀英、刘玑等人均为汉族知识分子。金朝为了发展诸路女真教育事业，任用本民族知识分子从事教师工作。如 1173 年，授予全部女真进

---

① 脱脱，等. 金史·本纪第一十二·章宗四：卷十二［M］. 长春：吉林人民出版社，1995：161.

② 脱脱，等. 金史·志第三十七·百官二：卷五十六［M］. 长春：吉林人民出版社，1995：739.

③ 脱脱，等. 金史·志第三十二·选举志一：卷五十一［M］. 长春：吉林人民出版社，1995：658.

士教授之职；1185 年，再次授予二甲进士随路教授之职。1189 年，“敕凡京府镇州诸学，各以女真、汉人进士长式官提控其事，具入县衔。”这就从政策上保证了地方学校和各级女真教育的师资来源，对金朝的教育事业及文化科学知识的传播与普及起到了积极的作用。

在具体教学过程中，博士“分掌教授生员，考艺业，”助教和教授“分掌教诲诸生”。一般情况下，助教由 2 人担任，汉族、女真族各 1 人。校勘和书写官分别掌管书籍校勘和书写国子监实录等工作。太学所设博士、助教等职，其工作和职掌与国子博士及助教相同。地方各府州县专设汉人教授和女真教授，以掌地方教学具体事宜。为了鼓励和督促教师努力教学，1204 年，金朝做出了“训导有方，生徒充业，为学官之最”的规定，以此作为考察和评价教师的标准。

对于学生，学校一般有明确的课业安排和管理规定。如学生“三日作策论一道，又三日作赋及诗各一篇。三月一私试，以季月初先试赋，间一日试策论，中选者以上五名申部。遇旬休、节辰皆有假，病则给假，省亲远行则给程。犯学规者罚，不率教者黜。遭丧百日后入学，不得与释奠礼”。“凡国子学生三年不能充贡，欲就诸局承应者，学官试，能粗通大小各一经者听。”凡女真各学学生，“凡会课，三日作策论一道，季月私试如汉生制”①。总之，其教学管理已包括学习程序的安排、考试、休假、守规、任官等等，内容相当健全。

金代，辽东地区之州县分属咸平路、东京路及北京路大定府，各州县按照中央政府之要求，兴教办学，官学文化有一定发展。

（二）家学与私学的发展

家庭教育是社会教育文化的重要形态。金朝的家学较为发达，

① 脱脱，等. 金史·志第三十二·选举志一：卷五十一［M］. 长春：吉林人民出版社，1995：658.

名家弟子多能从家学中获益。如金代耶律家庭，元朝初年著名政治家耶律楚材得益于深厚家学。耶律楚材的父亲耶律履是辽朝让国皇帝耶律倍七世孙，精通历史、诗词、书画、历法和算学等，金章宗时考取进士，后任礼部尚书兼翰林学士，在金朝《辽史》的编修上作出很大贡献。耶律履夫妇督子向学，在他们夫妇勤奋督教和悉心培养下，儿子耶律辨材、耶律善材、耶律楚材成长为博学多才之士。元朝初立，收耶律楚材为臣，耶律楚材辅弼成吉思汗 30 余年，担任尚书令 14 年，提出以儒家思想治理国家，并制定各种施政方略，为元朝的发展作出了重要贡献。金代的著名学者元好问也是从小受到家学熏陶影响，在其父好友郝天挺等人指点和教导下，最终成为一代宗师。

除家学之外，金朝的私学也有一定发展。如东平人高霖当时所设私学，“教授生徒，恒数百人。”私学作为官学的重要补充，在金代末期已经具有相当规模。

（三）学习教材之健全

教材是教育文化健康发展的基础。据《金史》记载，金朝对官学及科举考试所用教材曾作出明确规定：“凡经，《易》用王弼、韩康伯注，《书》用孔安国注，《诗》用毛苌注、郑玄笺，《春秋左传》用杜预注，《礼记》用孔颖达疏，《周礼》用郑玄注、贾公彦疏，《论语》用何晏集注、邢昺疏，《孟子》用赵岐注、孙奭疏，《孝经》用唐玄宗注，《史记》用裴骃注，《前汉书》用颜师古注，《后汉书》用李贤注，《三国志》用裴松之注，及唐太宗《晋书》，沈约《宋书》，萧子显《齐书》，姚思廉《梁书》《陈书》，李百药《北齐书》，令狐德棻《周书》，魏徵《隋书》，新旧《唐书》，新旧《五代史》。《老子》用唐玄宗注，《荀子》用杨倞注，《扬子》用李轨、宋咸、柳宗元、吴秘注。皆自国子监印之，授诸学校。”①

① 脱脱，等．金史·志第三十二·选举志一：卷五十一［M］．长春：吉林人民出版社，1995：658．

金朝在推广文教事业时，很注重教材的作用。

（四）图书出版的繁荣

金政权建立伊始，便开始了其封建化进程。金朝历代君王，为巩固政权，在统治方针上，有意识地从尚武转向文治，并积极汲取中原传统文化中的积极因素。在这一需求下，作为文化重要表征的图书事业，便有了重要发展。

建国初期，金代统治者十分重视图书典籍事业。1125 年，灭辽时，收得辽朝皇室全部图书文籍；1126 年，攻入北宋都城汴京，将皇室大批图书运回金国①，之后，金又将索取北宋三馆、秘阁文籍图书、国子监书版作为议和条件之一，包括古贤图像、宋人文集等尽在索取之列。

金朝政权建立以后，在图书事业方面，仿汉制设立秘书监，掌管朝廷经籍图书，设有专掌校勘的官员，加强对图书的管理。此后，继承了中国历代的王朝征访图书的做法，按《崇文总目》在民间购求缺书。1201 年，金章宗诏，购买民间藏书，“宜尚其价，以广搜访”。若有藏书家珍惜所藏不愿售卖者，则由官府抄写后发还本人，但付其书价一半，以资鼓励和奖赏。金朝的这些举措，推动了金朝国家藏书事业的发展。

金代刊刻事业也十分发达。政府刊书和民间刻书同时发展。国子监围绕养士育才的宗旨，主要刻印经、史、子三大类书籍。坊间刻业十分发达，经学书籍、史学著作、医书、字书、韵书、类书以及文集等坊间都有刻印。

金代的刻板印刷技术，无论是镌刻还是敷墨，都可称精良。如平阳姬家雕印的版画“四美图”，镌刻精致、线条流畅、敷墨匀称，是金代刻板印刷技术水平高超的代表。

国家图书出版业之繁荣，为教育文化之发展提供了支持。

---

①　脱脱，等. 金史・本纪第二・太祖：卷二［M］. 长春：吉林人民出版社，1995：12.

二　科技文化

金代的科学技术获得了相当大的发展。农业技术在比较落后的基础上迅速提高；天文历算达到很高水平；医学理论、建筑技术也有了很大发展。

（一）农业技术的进步

据金代编辑的《农桑辑要》记载，金代的蚕桑技术水平已经达到较高水平。如该书辑 572 条技术资料，蚕桑技术就多达 116 条，表明金代蚕桑技术的水平大大超过了宋代《齐民要术》的记载。

考古文化发现，金代农具的形制和类型较前代都有发展。辽东金代遗址出土的农具有犁铧、蹚头、犁壁、镰、手镰、锄、锄钩、耘锄、镐、馒、叉、锹、铡刀、车輨等，每种工具又有多种不同的形制，分别适用于翻土、播种、中耕除草和收获等各个生产环节。就农业文化而言，从锄耕转变为犁耕，是农业生产和农业技术上的巨大进步。翻土工具、除草工具和收割工具的广泛流行，表明农业文化已经由粗放式锄耕形态发展到了犁铧深耕作垄、中耕除草和加强田间管理的精耕细作的形态，达到了相当发达水平。

（二）金朝历法与数学的发展

金朝认为天象与政事有关，十分重视历法，重视天象观测，设有司天监的建制和专门负责天象观测、编制历法的人员。据《金史》记载："金九主，莫贤于世宗，二十九年之间，犹日食者十有一，日珥虹贯者四五。经终金之世，庆云环日者三，皆见于世宗之世。"①

金代的历算很有成就。1137 年，颁用司天监官杨级编辑的大

① 脱脱，等．金史·志第一·天文：卷二十［M］．长春：吉林人民出版社，1995：250.

明历，由于编辑不准，1180 年，赵知微重修后颁用，即《重修大明历》。赵氏的历法达到了很高的水平，其回归年长为 365.24259 日，朔望月长为 29.53059 日，黄赤交角值与现代理论推算所得十分接近，是一部基本数据十分准确的历法，其准确度超过宋代优秀的历法纪元历。金朝编历活跃，如耶律履、刘道用也都编出过历法，但敌不过赵氏历法，而未行世。

金朝历算取得的进步，得益于金代数学的进步。赵知微创立了等间距三次内插法公式，并第一次用于历法计算。金代数学上最有代表性的成就是发明了天元术。天元术是解算高次方程的方法，流行于金元。金末李冶（字仁卿）学习借鉴金末社会流传的关于推算勾股形容圆，即直角三角形的内接圆的推算、解算方程等著作，如“得洞渊九容之说，日多玩绎”和《益古集》等，先后编撰《测圆海镜》和《益古演段》。这是迄今见到的最早系统论述天元术的著作。两书成书于蒙古汗国时期，《测圆海镜》成书于 1248 年，《益古演段》成书于 1159 年。此时金朝已亡，李冶已是金末遗民。金末天元术的发明和李冶有关天元术的论述，在中国数学发展史上占有重要地位，受到历代数学者的重视。

（三）医学理论的发展

金朝建立后，积极学习借鉴契丹、汉族的医学知识和医事制度。1126 年，灭北宋后，进一步引进中原医学文化，其医药管理制度也仿照中原宋制进行了变革。公开选拔录用医师，提高医官品阶，增加俸禄，使医生的社会地位得到提高。

金代医学理论出现了不同流派。其中，河间学派以刘完素为代表，易水学派以张元素为代表。

1. 河间学派及其代表

刘完素，字守真，号通玄处士，25 岁始研读《素问》，直至花甲精勤不辍，对疾病发生机理的研究相当深入，婉拒皇帝相聘，终身行医民间，颇受民众欢迎。推崇五运六气学说，着重阐发火热病机，善用寒凉药物攻伐火热邪气，开创了影响深远的河间学派，并成为后世温病学派的奠基人。著有《素问玄机原病式》一卷，结合五运六气学说，对《素问·至真要大论》中论述发病机理的经文即“病机十九条”大加发挥，突出反映他的“火热论”思想；《素问病机气宜保全集》三卷，对养生、诊断、运气等问题进行讨论，并论述了一些常见病的机理、临床表现和治疗；《明宣论方》十五卷，首先为《内经》所记61种病症开列主治方药，然后论述其他各种病症的治疗，共载方剂350余首。此外，还著有《伤寒标本心法类萃》《三消论》《保婴秘要》等。刘完素以“火热论”思想为指导，在外感热病的治疗中，反对滥用温燥药物，主张用辛凉或甘寒解表治疗法治疗佛热郁结的表证，以清热通利法治疗表证已解的里证，对表证兼内热者，则用表里双解之法，所创“防风通圣散”“双解散”等著名方剂，一直为后世所用。由于刘完素善于用寒凉药治疗火热证，因而被后世称为“寒凉派”。

张从正，字子各，号戴人，平生好学，知识渊博。私淑河间之学，重视病邪在疾病发生、发展过程中的地位，力主“攻邪已病”的治疗观点，善用“汗、吐、下”三法攻逐邪气。曾为太医，后辞太医职，行医民间，被后世称为“攻邪派”。

2. 易水学派及其代表

张元素，字洁古。近而立之年，始攻医学，刻苦钻研数十年，学验俱丰。有一次，刘完素患伤寒，八天证不见缓解，其门人请张元素诊治。起初，刘氏视张氏为后学，面壁不顾。当听罢张氏对病因机理、用药之误的分析陈述之后，才自知有所不如，遂服张氏所处方药，竟一剂而愈。从此，张氏医名大振。张氏著述颇丰，多已散佚，现仅存《医学启源》《珍珠囊》《脏腑标本虚实用药式》3书。《医学启源》3卷，上卷论脏腑、经脉、病因、主治等，中卷为“内经主旨务要”及“六气方治”，下卷为“用药备旨”。《珍珠囊》1卷，主要根据《内经》理论，阐述药物的性味、阴阳、升降、浮沉、补泻道理，以及六气、十二经随证用药方法。《脏腑标本虚实用药式》1卷，分别叙述各脏腑生理特点、本病

(脏腑之病)、标病（经络之病）的临床表现以及虚实寒热证候的治疗和药物。张元素的学术思想主要体现在脏腑辨证和遣药制方论两个方面。张氏是金代具有创新精神的著名医学家，认为“运气不齐，古今异轨，古方今病不相能也”，因而善师古方之法而化裁新方是其主要学术特点。张氏创制的许多方剂为后世医家所善用。

李杲，字明之，晚号东垣先生。20 多岁时，其母因庸医误治而殁，从而立志研究医学，捐千金拜张元素为师，继承了张氏脏腑辨证思想及崇尚温补的学术特点，成为易水学派的重要医家。李杲对脾胃研究尤深，着重阐发了脾胃的生理功能及脾胃内伤的病因、病机、鉴别诊断、治疗方药等，形成了系统的脾胃学说，李杲著述较多，《脾胃论》《内外伤辨惑论》《兰室秘藏》是其代表作。李杲特别重视脾胃的生理作用，提出“内伤脾胃，百病由生”的观点，善于运用“升阳益气”“甘温除热”等法治疗脾胃虚损证，对后世医家有重要影响。由于脾胃在五行属土，因而其被称为“补土派”。

（四）建筑技术的提高

从游牧到农业，从居无定所到筑屋定居，是女真社会走向文明的开始。金代建筑文化兴起于女真族营建房屋、修建宫殿。女真定居后以会宁为中心很快发展起来，建国之初，金上京无城郭规制，所谓皇都，只是“皇帝寨”“国相寨”“太子庄”等星散分布的一些建筑。至金太宗年间，开始大规模修建城垣，1146 年再次扩建，“规模仿汴京，然十之二三而已”，可见皇都的规模不大。海陵王执政期间，1153 年，正式迁都燕京（今北京），称中都大兴府。都城建筑在辽南京城基础上发展起来，扩大了东、西、南三面，东城墙在今北京宣武门大街以东、琉璃厂以西一带；西城墙在今广安门外约 2000 米处；北城墙在宣武门以北；南城墙在右安门外约 1000 米处，为东西 4500 米、南北 4900 米的方城。

金朝中都城的改建设计和施工是在汉臣和工匠主持下完成的，

在改建施工前，“先遣画工写京师（开封）宫室制度，至于阔狭、短曲画其数，授之左相张浩辈，按图以修之”。可见，金大都的城市改建，几乎完全仿照汴梁城制度，与中原传统规划十分接近。皇都城由外城、皇城和宫城 3 套城墙构筑而成。外城有 13 座城门，城内除皇城和宫城之外，建 62 坊，设全城规划的中轴，即宫城南北中轴线对称布置，城东 20 坊，城西 42 坊，每坊有坊门，管理十分严格。皇城位于城中偏西南，遗址为今南线阁以东，白云观以西，鸭子桥以北，白菜籽村以南，周长约 5000 米。皇城正门是宣华门，西为玉华门，正北是拱宸门。宣华门内，正中是驰道直抵宫城正南的端门，两旁挖沟、植柳。左右两侧对称建造曲尺形千步廊，南北各 200 余间，东西转折处各有 100 余间，廊脊等覆以绿色琉璃瓦。皇城之内为宫城，1215 年，蒙古大军攻占金中都以后，中都的宫殿基本上被破坏。据史料记载，金中都宫殿普遍使用琉璃瓦。范成大《揽辔录》记载，应天门外“两廊屋脊皆覆以青琉璃瓦，宫阙门户即纯用之。”楼钥在《北行日录》中说，在安殿“后有数殿，以黄琉璃瓦结盖，号为金殿。”

金代另一类建筑文化是兼采辽宋制度的佛殿建筑。在建筑规模及结构、柱网布置上采用了大空间、大内额、减柱等手法。主要形制体现在今山西省境内 1137 年所建五台县佛光寺文殊殿、1143 年所建朔州崇福寺弥陀殿以及 1140 年所重修大同华严寺大殿。

在桥梁建筑方面，继承隋唐敞肩石拱的形式，更多地采用多孔厚墩联拱厂桥、多孔石拱桥。在形制设计和建造上，仿隋朝时建造的赵州桥采用的横联拱券的结构形式，使诸拱券在横向交错砌筑，增加了桥拱的整体性。金代是遗留至今，敞肩石拱桥数量较多、技术精湛的一个朝代。如今河北省境内的赵县永通桥，俗称小石桥；还有栾城凌空桥，宁晋古丁桥；今山西省境内的晋城景德桥、原平市普济桥；今北京市境内闻名中外的石拱桥——卢沟桥。

金代建筑雕刻艺术形态和类型，主要体现为雕刻精致的砖墓。雕刻精致的砖墓是金代贵族、富商墓葬的普遍形制。考古文化发现，金代墓遗址出土有四壁布置如同四合院式住宅形态，砖雕和壁画表现为地面一般住宅的木构架、斗拱、门、窗及家具等形态，墓制装修装饰精巧华丽，如山西出土的侯马董氏墓、山西稷山金代4号墓等。

第五节　金朝时期辽东地区文化与艺术

金代文化事业获得很大发展。女真人创制了本民族文字——女真大、小字，促进了民族素质的提高及民族间文化交流，儒学思想文化在金代得到广泛传播，汉文韵书著作如《五音集韵》《平水韵略》《草书韵会》等先后编辑出版，对于金代文学发展具有积极推动作用。

金代文学上承唐宋、下启元明，“华实并茂，风骨遒上”，具有金朝特点，其雄深浑厚之气，胜于江南柔弱之风，史学、散文、诗词及文艺评论都具有相当高的成就。金朝艺术繁荣，音乐、舞蹈、戏曲、绘画、工艺美术存有许多优秀作品。

一　女真文字的创制

女真民族在建国前是没有本民族文字的。建国后，为适应社会政治与经济发展的需要，金太祖命诸弟子学习契丹字和汉字，在学习借鉴契丹、汉字的基础上，创制了本民族的文字。1119年，金太祖正式颁行由完颜希尹创制的女真文字；1138年，金熙宗又颁行在完颜希尹创制的文字基础上进一步创造的女真文字。前者称女真大字，后者称女真小字。两种文字自各颁行的时日起，在金朝社会广为通行。金朝在颁行女真文字后，境内依旧使用汉字。女真文字是参照汉字和契丹字创制的，因此，字形结构既像汉字，也像契丹大、小字的原字。其书写体式亦如汉字，有篆、楷、行、草等不同类型。女真文字的创制，是女真社会文化进步的重要标志，在中华文明史上占有重要位置。

二　汉文韵书的编定

金代编定汉文韵书，可见金代文化受到中原文化影响之深。中原文化最灿烂的文学成就体现在诗词歌赋方面。至隋唐宋时期，诗词发展达到高峰。为促进诗词创作，隋代陆法言编定《切韵》，奠定了《切韵》系韵书的基础。其后的韵书，如唐朝的《唐韵》，宋代的《广韵》《集韵》《礼部韵略》等韵书都以《切韵》为基础加以修订、增补而成，体制上并无什么变化。但实践中，由于《切韵》系韵书已经与口语严重脱节，而且由于分部苛细，使用起来多有不便，客观上要求对原来《切韵》系韵书进行变革。宋朝《切韵》系韵书拥有“官韵”地位，无人能动。金朝音韵学家韩道昭则完成了《切韵》系韵书的改革。

韩道昭，字伯晖，真定松水（今河北省石家庄市正定县）人。其父韩孝彦是金朝著名的音韵学家，曾著有《四声篇海》15卷，把《玉篇》的542个部首按36个字母的顺序排列起来；又根据《类篇》《龙龛手鉴》等字书，增杂部37部，共579部，凡同母的部首，又按平、上、去、入四声排列，故名《四声篇海》。韩道昭深受家学影响，在音韵学上，继承和发展了乃父的音韵学理论。韩道昭编纂的《五音集韵》，在中国音韵学史上占有重要地位。《五音韵集》收集53525个字，收字基本上以《广韵》和《集韵》为蓝本，但在韵部划分和编写体例上有较大的创新。这部书最早合并了《切韵》系韵书的韵部，由原来的206韵合并成160部。韩道昭对韵部的合并不是依照前人韵书中独用同用例，而是以当时北方口语的实际语音为依据。《五音集韵》在编排体例上也很有特色。旧韵书如《切韵》《广韵》《集韵》等，每一部下同音字的排列没有什么规则，使用起来很不方便。这部书则把韵学的研究成果运用到韵书的编排中来，把每一个韵的字都按36字母的顺序排列，其次序是：见、溪、群、疑、端、透、定、泥、知、彻、澄、娘、帮、滂、并、明、非、敷、奉、微、精、清、从、心、邪、照、穿、床、审、禅、晓、匣、影、喻、来、日。这样不仅便于检索，而且还注明了每个字的声类。《五音集韵》对韵书编排的改进，对后代韵书影响很大。后来的《韵略易通》《五方元音》《韵会》《音韵阐微》等，都是按36个字母排列的。

在韩道昭之后，金朝的王文郁又编著了《平水韵略》，把韵部进一步合并为平声30韵，上声29韵，去声30韵，入声17韵，共106韵，这是目前文献上能见到的平水韵的最早来源。在王文郁之后，金朝张天锡著有《草书韵会》5卷，其书分韵与《平水韵略》全同，即平声30韵，上声29韵，去声30韵，入声17韵，共106韵。

如此众多的韵书编纂出版，表明金朝诗词文学理论发达。

三　史学的发展

金代继承唐宋传统，设国史院和记注院。国史院的执掌是监修国史事宜，记注院的执掌是修纂起居注。自1128年始，修纂始祖以下《祖宗实录》，1141年修成。以后陆续修纂了太祖、太宗、熙宗、海陵、世宗、章宗、卫绍王、宣宗实录。元朝修《金史》多采用实录。金朝的起居注，见于记载的只有海陵天德起居注、世宗起居注、章宗起居注3部，其他已经亡佚。

据《金史》记载，金熙宗年间，命广宁尹耶律固修辽史，未成而卒，由其弟子萧永祺继修，“作30卷，志5卷，传40卷，上之”，世称萧永祺《辽史》。章宗即位后，又命参知政事移刺履提控再修辽史，党怀英、郝俣任刊修官，党怀英致仕后，由陈大任继修，1208年《辽史》修成，世称陈大任《辽史》。

此外，金朝史学家还修纂了大量的政书、别史、杂史、传记等，其中《大金集礼》40卷、《大金吊伐录》4卷、张棣撰的《金虏节要》1卷和《正隆事迹》1卷、王鹗撰的《汝南遗事》4卷、宇文懋昭撰的《大金国志》40卷、元好问撰的《续夷坚志》4卷、王寂的《辽东行部志》等，都是十分珍贵的历史文化史料。

金代史学文化发达，出现了许多著名的史学家，其中贡献最大的是刘祁和元好问。刘祁是金末时人，年轻时试进士不中，以后专心著述，《归潜志》是刘祁也是金朝传世著作中很重要的一部，史料价值极高。刘祁其他著述已佚。元好问是金代著名文学家，也是著名史学家，晚年以著作自任。史学著作有《千秋录》《南冠录》《中州集》《壬辰杂编》及大量的碑刻墓表等，对研究金代社会历史文化具有重要的史料价值。

四　中原儒学北传东渐

早在辽代或更早，儒学在北方地区已经浸润很深。女真建国后，积极号召女真人学习儒家经典和文化知识。金初，女真贵族让羁留在金地的中原使臣如朱弁、张邵等教习儒家经典，如耶律希尹还以宋使洪皓为家庭教师，教其八子读书学习，因当地没有纸张，洪皓用桦树叶代纸，书写《论语》《大学》《中庸》《孟子》，让弟子学习，时称“桦叶四书”，传为汉族与女真文化交流史上的一段佳话。

金熙宗以后，各朝皇帝都很重视儒学及儒家思想。熙宗亲祭孔庙，并带头学习《尚书》《论语》等；完颜亮即位前曾师张用直学习经史，即位后命太子向张用直学习经史；世宗、章宗对儒学更为推崇。世宗曾令译经所用女真文翻译五经及《论语》《孟子》等，并以女真文《孝经》赐护卫亲军；章宗时置弘文院，译写经书，令参加科举考试者必须通治《论语》《孟子》，以“涵养气度”，并令亲军学习《孝经》；哀宗“敦崇儒术”，其近侍必参用儒生。

金代，随着科举制度的不断完善，各级军学的恢复与发展，进一步推动了儒家经典的广泛传播。《诗》《书》《易》《礼》《春秋左氏传》《论语》《孟子》《孝经》等，被规定为各级官学必修课程及科举考试范围。

金代，出现了一批通晓经学的人，有汉人也有女真及其他族人。如冯延登、麻九畴、雷思、李纯甫、雷渊、王郁、辛愿、董文甫、张特立、吕豫、王若虚等，他们从事儒学的研究与著述，对于推动儒学在金朝社会的传播发挥了重要作用。

五　文学创作的景象

金王朝建立伊始，政府便实行社会制度改革，大力推行中原汉制文化，积极提倡学习中原汉文化，从哲学思想到文学、艺术、语言、文字，全面汉化。同时，女真人大批南下，与汉人错处杂居，在长期相处中，受到中原汉文化的浸润日益深入，汉语很快得到普及，汉文化迅速而广泛传播，为金代文学创作和文化充分发展提供了机遇。

张晶在其所著《辽金元诗歌史论》中，将金代文学史划分为四个阶段：一是金初诗坛的“借才异代”时期，即主要以由宋、辽入金之文人组成的创作群体，他们在发展金代文学上发挥了奠基性作用；二是金代诗作的成熟期，即在金世宗大定年间至金章宗明昌年间，形成了金代诗文创作特色的国朝文派；三是金代诗文创作的繁荣时期，即在“贞祐南渡”至蒙古军围汴京这段时期，金朝政治上走向衰微，诗文创作却走向繁荣，出现了以赵秉文和李纯甫为代表的两大文学流派，推动了金代文学发展；四是金代诗文品位升华时期，即金末丧乱时期，以诗人元好问为代表的诗文创作者，将个人情怀融入关注国家兴亡，抒发忧国忧民之关切。辽东籍或曾在辽东工作、生活过的文人，在这四个时期均有代表人物。如金初“借才异代”时期，由宋入金的宇文虚中、蔡松年、高士谈、吴激、张斛等；诗文创作成熟期，有王寂、王庭筠；诗文创作繁荣期，有赵秉文、杨云翼、李纯甫等；诗文品位升华期，有王若虚、李俊民、辛愿、完颜寿孙等。

特别是至金代中晚期，辽东地区文学呈蓬勃发展之势。从西至东，从南至北，在开原、沈阳、辽阳、盖州、义州、锦州等地，都有文人诗文传世。其中，辽北之开原名士王浍，辽东之辽阳高氏家族诗人高宪、辽阳张氏家族诗人张汝霖、辽东诗人庞铸、辽东乌惹家族诗人张澄，辽南之盖州诗人刘仲尹，辽西之锦州诗人李经比较著名。此外，《上州集》《中州乐府》《归潜志》《金诗纪事》中收录有多位辽东籍诗人的诗词作品，主要有辽阳李献可、鹤野高德裔、沈州刘泽、刘光谦父子、辽西邢具瞻、义州田锡、辽东冯文叔、辽东高庭玉、义州耶律履等。从总体上看，在辽河文化历史上，金代是辽东籍诗人第一次群体崛起的时期，不但出现了王庭筠、王浍、庞铸、高宪、李经等一批在金代名倾一时、对后世广有影响的诗人，而且，诗人数量较多，遍布辽东地区，反映了金代辽东地区文化的发展与繁荣，也标志辽河文学发展达到了一个高峰。

金朝时期辽东地区文学形态主要体现在散文、诗词及文学批评理论上。

（一）散文创作景观

金代散文创作达到了较高水平。流传至今的金代散文作品，主要收录在《金文最》一书中。从传世的散文作品和历代评论中可以看出，金代散文之成就。

1. 金代早期散文创作及代表

金代早期散文创作，女真族作家有完颜勖、完颜希尹，从原宋、辽入金的作家有韩昉、宇文虚中、蔡松年等。

韩昉，字公美，燕京人。入金以后，很受重用，累迁礼部尚书、翰林学士，兼太常卿、修国史等职，后拜参知政事，以仪同三司致仕。韩“性仁厚，待物甚宽。……虽贵，读书未赏去手，善属文，最长于诏册”①。

宇文虚中，字叔通，宋成都华阳人。宋朝进士。1128年，以资政殿学士充祈请使使金，被留不遗。金重其才艺，加以官爵，授翰林学士际旨，后迁礼部尚书，号国师。后以谋复宋罪被杀。有文集行于世，《中州集》中存其诗50首。其与韩昉共掌词命多年，朝廷许多制诰书牒都出自他们之手。

蔡松年，字伯坚，自号萧闲老人，宋真定（今河北正定）人。“以孝闻，喜周恤亲党，性复豪侈……文词清丽，尤工乐府，与吴激齐名，时号‘吴、蔡体’。”② 从父守燕山，兵败，随父降金。蔡松年累官吏部尚书、右丞相，加仪同三司。蔡松年的散文作品传世较少，仅有为12首词写的小序及词传世。

2. 金代中期散文创作及代表

金代中期，经济鼎盛，社会安定，宇内小康，文化也呈现一派繁荣的景象。这个时期的散文作家有蔡珪、党怀英、王寂、王庭筠等。

蔡珪，字正甫，蔡松年之子③。珪7岁能赋菊诗，即语意惊人。1151年，金朝进士第，珪博闻强识，人称“其辨博为天下第一”，有文集55卷。珪为文条畅有法，在金代乃至元初有很高的声誉。

王寂，字元老，蓟州玉田（今属天津市）人。海陵王执政时进士第，历任太原祁县令、真定少尹兼河北山西路兵马副都总管、中都副留宋户部侍郎等职，其以文章政事显，为当时名士。著有

① 脱脱，等. 金史·列传第六十三·文艺上·韩昉：卷一百二十五[M]. 长春：吉林人民出版社，1995：1604—1605.

② 脱脱，等. 金史·列传第六十三·文艺上·蔡松年：卷一百二十五[M]. 长春：吉林人民出版社，1995：1605—1606.

③ 脱脱，等. 金史·列传第六十三·文艺上·蔡珪：卷一百二十五[M]. 长春：吉林人民出版社，1995：1606—1607.

《拙轩集》《北迁录》《辽东行部志》《鸭江行部志》等。《拙轩集》“文章体格足与《滹南》《滏水》相为抗行。”

党怀英，字世杰，冯翊（今陕西大荔）人①。初与辛弃疾同学，后来辛弃疾南奔，怀英留金朝，1170 年，金朝进士第，累官莒州军事判官、汝阴县令、国史院编修官、国子祭酒、侍讲学士、翰林学士承旨。未及第时，即以文名天下，当时论者即谓其最善制诰之体，“百年以来当为第一”。曾修《辽史》。深受金晚期散文学家赵秉文推崇。

王庭筠，字子端，号华山主，辽东盖州熊岳（今辽宁营口盖州市）人，出身渤海望族、文学世家。王庭筠少年聪颖过人，“七岁学诗，十一岁赋全题”②。早有重名。1176 年进士第，授恩州军判，后调馆陶主簿，馆陶秩满，单车离去，隐居隆滤黄华山下十年之久。后被章宗召为应翰林文字、书画局都监。官至翰林编撰。因坐赵秉文上书事而被解职，1201 年，复为翰林编撰。王庭筠一生坎坷，其为人“仪观秀伟，善谈笑，外若简贵，人初不敢与接，既见，和气溢于颜间，殷勤慰藉如恐不及”。其在金代是一位具有多方面艺术成就的诗文大家、艺术家，诗、文、书、画均负盛名，在明昌、承安年间左右了金朝文坛，深受金末大诗人、礼部尚书赵秉文及元好问等人的推重。著有《丛辨》10 卷、《文集》40 卷。王庭筠“风流蕴藉，冠冕一时”“为文能道所欲言。”

2. 金代晚期散文创作及代表

金代晚期，散文家代表人物有赵秉文、杨云翼、李纯甫、王若虚、李俊民、元好问等。

赵秉文，字周臣，自号闲闲，磁州滏阳（今河北省磁县）人。

---

① 脱脱，等. 金史・列传第六十三・文艺上・党怀英：卷一百二十五［M］. 长春：吉林人民出版社，1995：1612—1613.

② 脱脱，等. 金史・列传第六十四・文艺下・王庭筠：卷一百二十六［M］. 长春：吉林人民出版社，1995：1615.

1185年进士第，官至礼部尚书。哀宗改翰林学士、同修国史。著《滏水集》30卷，与杨云翼迭掌金代文坛20年，时人号“赵、杨”。

杨云翼，字之美，平定乐平（今山西昔阳）人。金晚期进士第，1218年，拜礼部尚书兼知贤院事。哀宗即位，摄太常卿，寻拜翰林学士。其博通经传，并晓天文、律历、医卜之学，著作甚多，有文集及校《大金礼仪》《续通鉴》等。与赵秉文代掌文柄20余年，时人号为“赵、杨”。其“才量充实，道德纯正，政术简裁，言论详尽”，当时评论者以为士大夫身备4科（德行、言语、政事、文学）者惟杨云翼一人而已。

李纯甫，字之纯，号屏山居士，弘州襄阴（河北阳原）人。1197年，经义科进士第，仕至尚书右司都事。其倡导文学奇古，诗学风雅，自已为文，法《庄子》《列子》《左传》《战国策》，一扫辽宋余习，多为后进所宗①。

王若虚，字从之，自号慵夫，真定藁城（今河北真定）人。少拜舅父周日昂为师，作文颇得要领。1197年，经义科进士第，仕至翰林学士。著有《慵夫集》《滹南遗老集》45卷。其有经世之才，潜心学问，在学术上取得多方面成就，对经学、史学、文学都有所建树，尤以文学批评著称。其散文“不事雕篆，唯求当理”②。

李俊民，字用章，号鹤鸣老人，泽州晋城（今山西晋城）人。1200年，中进士第一，为应奉翰林文字。不久，弃官。著有《庄靖集》。其“文格冲淡和平，具有高致，亦复似其为人。”

元好问，字裕之，号遗山，秀容（今山西忻州市）人。其七

① 脱脱，等．金史·列传第六十四·文艺下·李纯甫：卷一百二十六［M］．长春：吉林人民出版社，1995：1617—1618.

② 脱脱，等．金史·列传第六十四·文艺下·王若虚：卷一百二十六［M］．长春：吉林人民出版社，1995：1619—1620.

岁能诗，十四岁始受业于陵川郝天挺门下，肆意经传，贯穿百家。作《箕山》《琴台》等诗，赵秉文以为“近代无此作也”，于是名震京师，人称元才子。1221 年，进士第后，官至行尚书省左司员外郎。金亡不仕。晚年以著作自任，对文学和史学都做出了重大贡献。著有诗文《遗山先生文集》40 卷、小说《续夷坚志》4 卷，编有《中州集》10 卷，附《中州乐府》1 卷，是金源一代的诗词总集。其散文，有法度，备众体，“正大明达，而无奇纤晦涩之语”；对序引、题跋、碑铭、表志、书疏、行记等，各种体裁，都得心应手，无所不精；叙事文章，言简意赅，平易畅达。

（二）诗词创作繁盛

因元好问所著《中州集》的传世，金代诗词硕果有幸遗存。

1. 金初诗词创作及代表

金初的宇文虚中、蔡松年等既善属文，又长于诗词，另外还有吴激、张斛等。

宇文虚中以宋朝使臣被留，虽受金朝重用，内心也充满矛盾和复杂情感，因此，写了许多表明心迹的诗篇。元好问在《中州集》中只收录了宇文虚中诗作 50 首，是宇文虚中诗作的一少部分，有反映其初到金国时孤寂低沉心情的，如《己酉岁书怀》；有表达忠于故国心情的，如《又和九日》；有记述乡愁、思念亲人的，如《中秋觅酒》；有感叹岁月流逝、怀念故乡的，如《和高子文秋兴二首》《春日》；有表达慷慨激烈、嫉恶如仇、壮怀激烈的，如《在金日作》。

高士谈，字子文，一字季默，由宋忻州户曹改仕金，为翰林直学士。著有《蒙城集》，今佚。由宋仕金，高士谈心情忧郁苦闷，这种情绪在其诗作中反映出来。如《题禹庙诗》《棣棠》《不眠》《庚戌元日》《晚秋书怀》等作品，表露了作者对故国眷恋之情，通过在节日里回忆往昔、思念故人的心情的记述寄托了诗人深深感叹。其诗《晚登辽海亭》：“登临酒面洒清风，竟日凭栏兴未穷。残雪楼台山向背，夕阳城郭水西东。客情到处身如寄，别恨他时梦可通。自叹不如华表鹤，故乡常在白云中。”诗人晚登辽海亭，触景生情，睹物伤怀，将寄寓他乡之思乡之情倾诉得淋漓尽致。

吴激，字彦高，建州（今福建建瓯）人。奉命使金，以其是北宋著名书画家米芾之婿而知名被金朝留住，仕为翰林待制①。著有《东山集》10卷及《乐府》。其以诗词名世，尤长词，《人月圆》最为脍炙人口。“南朝千古伤心事，犹唱后庭花。旧时王谢，堂前燕子，飞向谁家？恍然一梦，仙肌胜雪，宫鬓堆鸦。江州司马，青衫泪湿，同是天涯。”此曲回肠荡气，具不胜沧桑之感。还有《春从天上来》，与《人月圆》有异曲同工之妙。此外，《诉衷情》（夜寒茅店不成眠）、《满庭芳》（谁挽银河）、《风流子》（书剑忆游梁）等，都深受当时人称赞。

蔡松年，与吴激齐名，文词清丽，尤工乐府，著有《明秀集》，以《大江东去》最为有名。“离骚痛饮，笑人生佳处，能消何物。江左诸人成底事，空想岩岩青壁。五亩苍烟，一丘寒玉，岁晚忧风雪。西州扶病，至今悲感前杰。我梦卜筑萧闲，觉来岩桂，十里幽香发。隗磊胸中冰与炭，一酌春风都灭。胜日神交，悠然得意，遗恨无毫发。古今同致，永和徒记年月。”元好问称此词是蔡松年“乐府中最得意者”。

张斛，字德容，渔阳（今天津蓟州区）人，由辽入宋，为武陵守。金初北归，官秘书省著作郎。著有《南游》《北归》等集。其诗长于五律，写景状物最见工力。如《赋小孤山》《巫山对月》《松门峡》《赋礼部侍郎张浩然辽海亭》等，警策清新，为时人所传诵。

海陵王完颜亮是金代帝王、有作为的政治家，也是一位很有个性的诗人。其好读书，有文才。登极前，其诗表现大志。即位

---

① 脱脱，等. 金史・列传第六十三・文艺上・吴激：卷一百二十五[M]. 长春：吉林人民出版社，1995：1607.

后，诗性有桀骜之气。如《鹊桥仙·待月》：“停杯不举，停歌不发，等候银蟾出海。不知何处片云来，做许大、通天障碍。虬髯撚断，星眸睁裂，惟恨剑锋不快。一挥截断紫云腰，仔细看、嫦娥体态。”诗风悠然、自适，疏阔、流畅。

2. 金中期诗词创作及代表

金代中期，辽东地区诗词创作以王庭筠、王浍、周昂等为代表，其中辽南王庭筠诗文成就最高。

王庭筠的诗词造诣都很高，其传世作品虽然仅存60余首，但这些作品多被元好问收编于《中州集》，基本代表了王庭筠诗作艺术风格和创作水平。元好问说他“诗文有师法，高出时辈之右”。王庭筠的诗，有抒发幽独心境的，如《孙氏午沟桥亭》：“闲来桥北行，偶过桥南去。寂寞独归时，沙鸥晚无数。”诗人看似闲适，却于短短20字里，投注深沉的人生感慨，孤独的追寻，是那沙鸥一样的恬淡无防的意境。有状物写景的，如《河阴道中》（二首）、《秋郊》，分别将夏秋两季风光描绘得鲜明可爱，给人耳目一新之感。有吟咏田园生活的，如《大江东去》。有描写自然山川的，如《游黄华山》。有抒发羁旅情怀的，如《送子贞兄归辽阳》。有表现幽怨之怀的，如《狱中赋萱》《狱中见燕》。有表现超凡脱俗之意象的，如《越化寺》《栖霞观》《舍利塔》。

王庭筠生在金朝由盛转衰的时期，面对复杂尖锐的社会矛盾，人生道路坎坷，才高命蹇，忧时愤世，借诗文抒发心中的情感，性情真挚，创作艺术达到了金代诗词的高峰。

蔡珪，蔡松年之子，少年时，聪明好学，其7岁之赋菊诗，语意惊人。仕金后，官至礼部员外郎兼太常丞，号称博辨，朝廷制度损益，多所裁定；精于考古，著作有《南北史志》《晋阳志》。《中州集》收其诗46首，诗风清劲雄奇，以豪放著称，许多诗作写于辽东，代表作有《医巫闾山》《登医巫闾山》《十三山下村落》等。《登医巫闾山》：“西风绝境抚孤松，千里平川四望通。但怪林梢观鸟背，不知身到碧云中。”诗人登高临下，医巫闾山四周的景色尽收眼底，身处碧云之中，看鸟儿在脚下飞过，竟不知自己身在何处，忘乎所以的心情跃然纸上。

王浍，字玄佐，咸平（今辽宁开原）人，博学醇行，沉默寡欢，是一位有政治远见有才华的杰出人物，以诗词享誉金末文坛。现存其诗词数量不多，仅有诗 6 首、词 1 首。王浍的诗作含蓄深刻，表达了诗人的人生体验。代表作有《河之坊》《感遇》（四首）《赠段十》。其词《洞仙歌》（赋榛实屏山所录）："圆刚定质，混物非凡类。仁处其中静忘意。任蝶蜂狂绕，燕雀喧争，心君正，惟取清白自治。黄衣从淡泊，此个家风异，偶合阴阳弃神智。怕旁人冷眼，嫌太孤高，樽俎地、聊许松梧同器。待他日、山林不相容，请援手仙苞，要充仙贽"。词人借赞誉榛实来表达自己清白自洁的思想品格，含蓄旨远，格调超拔。

周昂，字德卿，真定人，21 岁中进士，曾为监察御史，隆州都军，死于蒙古南侵。著有《常山集》①。在文学创作上，强调重视思想内容，反对形式主义。主张"文章以意为主，字语为之役。主强而意弱，则无使不从。""雕琢太甚，则伤其全；经营过深，则失其本。"其诗作多为边塞诗，描绘边塞风光及战争破坏边地人民生活的状况，如《晚步》《边俗》《翠屏口七首》等；也有表现诗人身在前线而心想家乡的情感，如《晚望》等。

同时代的诗人，刘迎诗作表达对民生关切之情；赵沨其诗典雅、清丽；刘昂律赋自成一家，轻便巧丽。

3. 金晚期诗词创作及代表

在金代晚期，金朝政权江河日下。关心社会前景的诗人有王寂、赵秉文、杨云翼、赵元、杨纯甫、王若虚、李俊民、元好问及完颜寿孙、辛愿、麻九畴、李汾、段成已、段克已等。

王寂，字元老，蓟州玉田（今河北玉田）人，1151 年进士

① 脱脱，等. 金史・列传第六十四・文艺下・周昂：卷一百二十六[M]. 长春：吉林人民出版社，1995：1614.

第，以文章政事显于世，官至中都路转运史。著有《拙轩集》《光迁录》等，存诗190首、词35首，元好问《中州集》收其诗7首。1189年，王寂出任提点辽东路刑狱，在任期间，著有《辽东行部志》《鸭江行部志》两部纪实性散文杂著，是金代散文重要成果。在《拙轩集》中，存有王寂吟咏辽东的诗作多达67首，成为迄金代为止，直接吟咏辽东诗词作品最多的诗人。其中，以《沈州怀古》《广宁庙》《哭王继昌》《渡辽河舟中小酌》《咏水确》《秋白梨》《马上漫成四首》为代表。

赵秉文的七言长诗笔势纵放，不守一律，律诗壮丽，小诗精绝，多以近体为之。五言诗之沉郁顿挫似阮籍，真淳简淡似陶渊明；晚年诗法唐人，而词学苏东坡，词以《大江东去》最受好评。其在履职辽东期间写下许多反映辽东社会生活的诗作，代表作有《辽东》《庆云道》《东京见梅》《连云岛观海》《连云退潮》《梅花岛回寄王伯宜》等。《辽东》："几家篱落枕江边，树外秋明水底天。日暮沙禽忽惊起，一痕冲破浪花圆。"诗人寥寥数笔，将辽河岸边幽静怡然的田园风光，勾画得清晰明了，雅趣充满画卷。赵秉文在金代文坛上有非常重要的地位，著作颇丰，有《易丛说》《中庸说》《论语（删辑）》《孟子解》各10卷、《太玄笺赞》6卷、《文中子类说》《南华略释》《扬子发微》《列子补注》各1卷、《资暇录》15卷、诗文合为《闲闲老人滏水文集》30卷。现存诗600余首，《中州集》收录其诗63首。

此外，履职辽东的刘著、闫长言、吕子羽等中原诗人，也留下了吟咏辽东的诗文作品。限于篇幅，在此不一一列举。

辽东籍杨云翼、李纯甫，都以文名世，诗也不乏佳作。赵元是这个时期一位很有特点的诗人。其五言诗平淡恬静，为他人所不及。如《村居夏日》《修城去》等，反映金代晚期社会矛盾和民族矛盾，颇有杜甫《三吏》《三别》遗韵。

完颜寿孙是这个时期、也是金代唯一的杰出女诗人，对汉文化造诣极深，博学多才，风流蕴藉。好为诗，工书法。嗜收藏。

常与赵秉文、杨云翼、雷渊、元好问等互相唱酬，并深得诗坛须眉推重。完颜寿孙平生所写诗文甚多，自删其诗，存诗 300 首、词 100 首。诗以律绝为主，颇有唐人远意。其词耐人吟诵、回味。

辛愿博通经史，喜作诗，尤工五言，诗律深严，读其诗，时人以为得少陵句；麻九畴诗工于赋物，奇峭，妙处似唐人；李汾长于七言诗，清壮磊落，有豪侠慷慨之气；段成已、段克已兄弟二人以文章擅名，诗作“骨力坚劲，意致苍凉”，“怅怀今昔，流露于不知”。其词，笔调怡然、活泼、明快。这些诗人之诗作各具特色。

金末，最杰出的诗人要数元好问。他继承了我国古代诗歌的优良传统，其作品深刻反映了金元之际的社会现实，人们以“诗史”目之。其诗真实记录蒙古军队进攻金朝给人民带来的痛苦、给社会造成的灾难，反映国破家亡、人民流离失所的现实，被称作“丧乱诗”。其诗多慷慨悲凉，且兼具各体，历来受到高度的评价。其词也居金代之冠，集豪放与婉约之大成，词风清新秀丽，立意高远。

（三）文学批评理论及代表

金代文学领域中，存在着形式主义和反对形式主义的对立。李纯甫、雷渊等推重北宋黄庭坚，忽视内容而好“险句怪语”，赵秉文、周昂、王若虚、元好问等则宗欧阳修、苏轼。在文学理论、文学批评方面，成就最大的是王若虚和元好问。

王若虚早年就学于其舅父周昂，并深受其影响，在周昂“文章以意为主”、反对过于雕琢的主张基础上，其提出为文注重典实平易，反对浮华、奇险。他说：“凡文章须是典实过于浮华，平易多于奇险，始为知本末。”对于诗歌，王若虚推崇杜甫、白居易和苏轼，反对黄庭坚及其江西诗派对他们的指摘和曲解。

元好问在文学批评方面的见解，集中反映在他的《论诗》绝句 30 首中。《论诗》绝句仿杜甫《戏为六绝句》而作，但在内容上较杜甫更为广泛、系统。元好问主张诗要自然、真实、刚健、创新，反对雕琢、失真、纤弱、因循。他称赞平淡自然的陶渊明，推崇南北朝时期《敕勒歌》的自然和刚健，反对追求奇险；批评江西派只在形式上模拟杜甫，称赞建安时代曹植、刘桢的刚健豪放诗风；主张创新，反对亦步亦趋。元好问《论诗》绝句 30 首，提出了自己的文学主张，在我国文学批评史上占有重要的地位。

六　艺术文化的发展

金代的艺术文化，包括音乐、舞蹈、戏曲与美术等形态和类型都有不同程度的发展，特别是戏曲与说唱艺术相当繁荣，诸宫调与院本的创作，在中国戏曲史上占有重要的地位。绘画艺术也有很高的成就。

（一）金代宫廷音乐文化

金朝的音乐，主要有女真族本民族的音乐和吸收而来的汉族音乐，这两种音乐同时存在于宫廷和民间。

金朝主要靠吸收汉族宫廷音乐文化，建立和发展自己的宫廷音乐文化，始于金太祖，到世宗、章宗时期，粲然可观。乐种包括雅乐、散乐、鼓吹横吹乐。1120 年，金攻克辽上京临潢府时，获大批乐工与乐器。次年，金太祖诏曰："若克中京，所得礼乐仪仗图书文籍，并先次津发赴阙。"可见，金朝建立伊始就十分重视宫廷礼乐文物的搜集工作。金太宗继位初期，于 1125 年欢迎宋国使臣时使用的音乐相对原始，水平不高，虽"曲调与中朝一同"，但"韵多不合""殊不可观"。1127 年，靖康之难，金向宋索取乐人，包括教坊乐人、露台祗候伎女、歌舞及宫女、杂剧、弄影戏、小唱、弹筝、琵琶、吹笙、大晟乐工等，共计 3000 人左右，其中主要是教坊、散乐方面的乐人，而雅乐方面的如大晟乐工则较少。另外还索取乐器、乐书、乐章、仪仗等。可见金朝对汉族音乐文化的重视与艳羡。

金朝宫廷雅乐文化发展较晚，始于 1141 年，熙宗加尊号时始有雅乐。两年后，才有掌管雅乐的太常寺及所属太乐署，设置了太常卿、太常丞、协律郎、太乐令等官员。金代礼乐制度文化的形成，表明金朝宫廷雅乐文化达到较完备的形态。1171年，金世宗令太常寺参照周、汉、魏、晋直至唐、宋各代礼乐制度，拟定《太常因革礼》，确定了宫悬架数；确定了乐曲名称，乐曲以“宁”为名，如《翰宁之曲》《昌宁之曲》，并命学士院撰制词章；确定了乐舞顺序，先文舞后武舞。1174年，太常寺议定乐器名称，采用“太和”。

（二）女真民族音乐文化

女真民族音乐的歌词史失载，但音乐的形式史书有载。1185年，金世宗62岁，他到上京会宁宴请宗室宗妇，仿汉高祖到故乡沛与父老欢饮、击筑而歌，请宗室宗妇们开怀畅饮。席间宗室和宗妇及群臣相继起舞以助酒兴。世宗兴起，提出要唱女真“本曲”，“吾来故乡数月矣，今回期已近，未尝有一人歌本曲者。汝曹来前，吾为汝歌。”于是叙坐于殿下的宗室后辈皆上殿，亲聆世宗歌唱。当他在歌曲中缅怀祖宗创业之艰辛和他本人志向时，非常感慨，以至不能成声，泣下数行眼泪。于是许多老人也相继歌唱本族传统歌曲，欢洽如家人私宴。接着世宗又歌唱一曲，留坐一个时辰，才尽欢而散。由此可见，女真民族音乐文化在女真社会是流传很广泛的。

（三）舞蹈文化

女真族是一个能歌善舞的民族。金代舞蹈分宫廷乐舞、民间乐舞。宫廷乐舞是在祭祀天地、宗庙、鬼神的时候，使用专门的乐舞礼仪。举行大宴朝会时，有传统的乐舞，使用宫悬、文舞、武舞等。金代仿宋制设置太常寺管理教坊，教坊管铙歌、鼓吹及皇帝出行的仪仗乐队。另外还有“散乐”“渤海乐”及“本国旧音”。乐舞表演所用器乐有腰鼓、芦管、琵琶、筝、笙、箜篌、方响、大鼓、拍板等，在曲调伴奏下，六七十人手露于衣袖之外，回旋作舞。

女真民族的传统乐舞即“本国旧音”，见记于史册的有《舞鹏鸪》《臻蓬蓬》等。《舞鷓鸪》是舞蹈，也是歌曲、女真乐，其乐器有鼓、长管。曲有四换头，每一换则休息片刻。此乐舞是主人宴客自己所为，诸伎为伴舞之人，属贵族家乐。这种筵宴中宾客间礼节性自娱舞蹈，其风格十分别致。主客“自为之”而作舞时，还有女舞人一起伴舞助兴，其气氛当十分活跃而热烈。《臻蓬蓬》是一种有鼓声伴奏，铿锵顿挫、节奏鲜明的舞蹈，女真族人非常喜爱，“人无不喜闻其声而效之者”。

（四）戏曲文化

金代的戏曲文化形态主要体现为说唱艺术形式——诸宫调。诸宫调有说有唱，用白与曲相间的说唱方式叙述故事。曲用韵文，白用散文；曲以歌唱，白以讲说，曲白相间而进。篇幅的长短视故事内容的多少而定。曲多白少，以唱为主，而且唱词不是五、七言整齐句格，曲调也不是一支曲调的反复演唱，而变化为长短句的曲牌词格和使用多种曲牌演唱，在曲调运用上丰富多样。唱曲部分，采用不同的宫调组成“套曲”，并且是用各自宫调“套曲”与说白相间，连缀为各种宫调“套曲”组合而成的音乐结构。正因为如此，才被称作诸宫调，成为说唱艺术中的一种新的音乐文化形态。

现存世的金代诸宫调作品有董解元《西厢记》和《刘知远》两种，其是分析、认识金代诸宫调说唱形式、音乐和文学特点及其成就的主要依据。它们比较全面地反映了金朝诸宫调说唱艺术形态的面貌。当时流行的诸宫调有《崔韬逢雌虎》《郑子遇妖狐》《井底引银瓶》《双女夺夫》《离魂倩女》《谒浆崔护》《双渐豫章城》《柳毅传》等。除了“裁剪就雪月风花”这类题材外，还有“朴刀杆棒，长枪大马”一类题材的诸宫调流行，如《三国志》《五代史》《七国志》等史类说唱本。

说唱诸宫调使用的曲牌非常丰富，既采用词调和大曲、唱赚、合生等歌舞、说唱等艺术中已有的曲调，又吸收民间歌曲，而且在曲牌组合上充分运用“宫调”的调性色彩，使之与表达情境、人物的需要相结合。所以，它是历史上说唱艺术及其音乐文化发展的一个高峰。

院本，是宋代杂剧在金朝时期保留在北方并得到发展的舞台艺术，其内容、形式、脚色以及“务在滑稽”“唱念应对通遍”的艺术特点，也与宋代杂剧一脉相承。院本者，行院之本也。行院是散乐伎艺人居住的地方，类似如今戏班的住地。所以，院本其实就是指民间散乐戏班所用的脚本。

金朝院本在《辍耕录》中收录了“院本名目”689 个，分类排列如下：和曲院本 14 个、上皇院本 14 个、题目院本 20 个、霸王院本 6 个、诸杂大小院本 189 个、院么 21 个、诸杂院爨 107 个、冲撞引首 109 个、拴搐艳段 92 个、打略拴搐 88 个、诸杂砌 30 个。在 690 个院本名目中，包容广泛，其中有说唱及伎艺等类的节目，但以有角色行当的戏剧表演节目居多，以滑稽调笑为主。

（五）绘画文化

金代前期，绘画主要受北宋画风影响。自世宗到章宗时，南宋多选派擅长书画的文官出使金朝，沟通了南北绘画文化交流。至章宗时，金代绘画艺术汲取了南宋新意并具有北方特色和女真人的生活气息，包括王庭筠父子、赵秉文等文人墨戏（即米氏云山、苏、文墨竹）；以李山、武元直为代表的北方山水和杨微、张瑀、陈居中等人马画家。哀宗时，金代绘画渐成余绪，但并未随金朝灭亡而消亡。金代绘画以其独特的艺校魅力，几乎控制了元初北方画坛的基本面貌。

金代文人画、山水画和人马画的发展分为三个时期：金太祖至海陵王执政时期为前期，金世宗至章宗时期为盛期，完颜永济至哀宗为后期。

金初，文人画的代表人物有宇文虚中、高士谈、张斛和吴激，都兼文人墨戏（戏作墨竹），海陵王、章宗帝俱重视文人画。金章宗先将绘画机构分散在各个局署里，后设祗应司，将图画署并入，此系宫廷职业画家的最高创作机构，文人画家集中于翰林学士院，推动了文人画的发展。其中，王庭筠、赵秉文的文人画代表了这个时期的最高水平。

金代前期至盛期，山水画的代表人物有杨邦基、李山、武元直。杨邦基，是一位具有文人气质的画家，“文笔字画，有前辈风调”；李山画风苍厚、雄放；武元直“笔如镌铁，意气沉厚”。

人马画是极具民族特色的绘画艺术。“金人画马，极有可观”。人马画代表人物有杨微、张瑀、陈居中。杨微画风张显人物“勇悍、粗犷”个性，激发“摄人心魂”的力量；张瑀“巧于构思”，具“劲利简放，顿笔求稳”风格；陈居中构思“静中求动”“缜密精细”，作品富有感染力。

自卫绍王起，金代社会日渐凋敝，马政萎靡，具有尚武精神的人马画已不为时人所重。人马画画风稍有转变，常隐藏着画家对社会现实的隐忧，充满忧愤与感伤。如宫素然的《昭君出塞图》、佚名的《东郊瘦马图》、杨将军的《马图》等。

雕塑与壁画是金代的绘画艺术文化的重要形态，主要表现在佛教寺院和墓葬遗址上。

金代佛教、道教文化兴盛，佛寺殿院和道教宫观彩塑及装塑彩绘繁缛而华丽，塑绘手法较有地区特点。如山西五台山佛光寺文殊殿、山西大同高城南善化寺、山西晋城东岳庙大齐殿等建筑，其彩塑技法及形象刻画都具有高度的想象力和创造性，是金代绘画文化的重要遗存。

金代贵族崇尚厚葬，砖雕艺术也因此而获得发展。考古文化发现，山西孝义下吐京村金墓是一座仿木结构的砖墓，出土的砖雕作品技法很高；山西晋南稷山地区的金墓群，仿木结构的砖雕墓更为精致华美。金代砖雕墓分布较广，考古文化多有发现。墓葬中的砖雕作品反映了金代民间雕塑艺术的独特面貌。

金代的壁画艺术也达到了很高水平，其成就分别体现在宫殿、寺观和墓室壁画上。如山西省朔州崇福寺，金代壁画见于弥陀、观音二殿，绘有“说法图”、千手观音、三圣佛、地藏王等，以红、绿、蓝三色融汇成了瑰丽端庄的佛国。类似的寺殿还有山西省应县佛宫寺、山西省繁峙县岩山寺等壁画。此外，考古文化发现，金代墓葬还出现了许多墓室壁画，绘画技法也达到很高水平。

（六）工艺美术文化

金代，工艺美术以1153年海陵王迁都燕京为界，分为前、后两期。前期40年，金朝美术工艺具有民族特点，但原始落后，粗糙简陋；后期80年，学习汉族工艺美术技术，虽有较大进步，但民族特色渐淡。

金朝美术工艺主要表现在陶瓷、染织、铸造工艺上。

1. 陶瓷工艺文化

亦分前、后两期。前期主要在东北地区烧制，后期则主要在华北地区烧制。前期陶瓷大多是日用粗瓷，以今辽宁省两处辽代旧窑址，即抚顺大官屯窑和辽阳江官屯窑为主。产品有黑釉、白釉、酱釉、绿釉等，釉面混浊，多用蘸釉法，釉不到底，胎质粗厚，温度不高，多为单色釉，多为白釉黑花，极少装饰，有系纽。器物多碗、盘、碟、瓶、壶、罐。形制朴拙，粗犷厚重，制瓷技术较为原始，工艺粗糙，但具有民族特点。后期陶瓷继承北宋北方传统陶瓷文化，尤其是北方定窑系、耀州窑系、钧窑系和磁州窑系的传统，又向前发展了一步，其中钧窑系和磁州窑系发展较大，但产品与工艺的民族特点不强。

金代发明了砂圈叠烧，从而大大提高了陶瓷成品率，降低了制陶成本，使陶瓷更加普及于百姓日常生活。

金代红绿彩、三彩和单色釉陶（黄釉、绿釉）也有发展。尤其是金三彩，别具一格，与辽三彩迥然异趣，辽三彩仿唐、热烈浓重，而金三彩仿宋、冷静淡雅。

2. 染织工艺文化

金朝的染织工艺在宋、辽基础上进一步发展。据《金史》记载，金朝在真定、平阳、太原、河间、怀州五处设置绫锦院，并派官员“掌织造常课匹缎之事”。此外，还有遍及金朝各地的私营纺织作坊。金朝出产的纺织品主要有相州产的“相缬”、河间府产的“无缝锦”、大名府产的“皱縠”、平阳府产的“卷子面”、东平府产的“绫锦”“丝绵”、洛阳府产的“师姑布”、平州产的绫、涿州产的罗等。考古文化发现，从山西大同郊阎德源墓出土的金朝丝织品文物看，金朝也有丝织品生产。

3. 金属工艺文化

总体上看，由于缺少原料，金代金属工艺呈衰落态势。金朝不仅禁止民间私自铸造铜器，而且还搜刮民间铜器，官府将从民间搜来的铜器集中到官营作坊重新铸造。考古文化发现，在金朝上京（今黑龙江省哈尔滨市阿城区）地区出土了许多金朝铜镜，图案以蟠龙纹、双龙纹、双鱼纹、人物故事纹为主。这些作品大多仿制唐、宋镜，这说明了女真族的汉化。

第二十三章　金朝政体文化兴衰

起源于白山黑水之间，由肃慎、挹娄、勿吉、靺鞨发展而来的女真族，团结其他民族共同推翻辽朝统治，建立大金国，是继拓跋鲜卑之后第二个入主中原并占据中国半壁河山的边地部族。其兴也勃，其亡也速。金朝统治中国北部广阔地域，前后120年，时间相对较短，有很多值得总结的东西。

第一节　金朝政体文化历史作用

女真人不仅进一步开发了中国北疆，而且在吸收、推广和普及中原的经济、政治文化的过程中，女真民族也融入中华民族之中。其在稳固北方文化生态、普及中原经济文化、发展中原政治文化、推广中原文化、促进多民族文化融合等方面的作用和贡献是值得肯定的。

一　稳固北方文化生态

据《金史·地理志》记载，金朝在中国北部辽阔的疆域内大力推行独具特色的行政建制文化，设置路、府、州、县进行统治。“金之壤地封疆，东极吉里迷，兀的改诸野人之境，北自蒲与路之北三千余里火鲁火曈谋克地为边，右旋入泰州婆卢火所浚界壕而西，经临潢、金山，跨庆、桓、抚、昌、净州之北，出天山外，包东胜，接西夏，逾黄河，复西历葭州及米脂寨，出临洮府、会州、积石之外，与生羌地相错。复自积石诸山之南左折而东，逾洮州，越盐州堡，循渭至大散关北，并山入京兆，络商州，南以唐、邓西南皆四十里，取淮之中流为界，而与宋为表里。”金“袭辽制，建五京，置十四总管府，是为十九路。其间散府九，节镇三十六，防御郡二十二，刺史郡七十三，军十有六，县六百三十二。后复尽升军为州，或升城、堡、寨、镇为县，县以金之京、府、州凡百七十九，县加于旧五十一，城、寨、堡、关百二十二，镇四百八十八”。金朝继承和发展了辽朝的行政建制文化，对于加强北部边地的开发与管理，稳固北方广大地区的社会文化生态，是有积极作用的。

二　普及中原经济文化

女真建国前就已经开始实现了定居，且从渔猎和采集为主、农牧为副的自然经济文化形态，发展为以农牧业为主、渔猎和采集为副的混合经济文化形态。农业经济文化形态在女真建国前占有主导地位。据《金史》记载，金代农业经济文化经历了早期以宗族谋克或家庭“聚居聚种”的集体耕种形式，到建国前后“兄弟虽析犹相聚种”的家庭协作形式，再到金世宗时期“以所得之地为家，虽兄弟不同处”的个体家庭经营形式。到金世宗时期，经营土地的形式发生了重大改变，个体家庭经营农业已经成为主要的生产形式了。对于女真部族来说，这是一个历史性进步的标志，表明女真人以宗族——家庭协作经营农业形式的结束，个体家庭成为独立的经济生产、生活单位。至金世宗、章宗时期，实行计口授田，奖励开垦荒地，促使中原农业得到恢复和发展，金朝中原人口和户数有了较大增长。畜牧业文化也有所发展。不仅普通女真人在搞好农业的基础上从事畜牧业，金朝还以国家之力经营牧场，推动了畜牧业的发展。金朝还采取政府迁移人口的办法，从中原迁移大量汉人到“内地”，给女真本土带来了先进的生产工具和生产技术，从而为大面积开发东北地区、推动发展辽河流域农业经济文化做出了重要贡献。

三　发展中原政体文化

女真部族的政体文化是在吸收中原政体文化的基础上形成和发展起来的。前面已经介绍过，女真人政体文化的形成大体经历了从金初至太宗的勃极烈制，到金熙宗时代政体文化的变革，到海陵王执政形成的正隆官制，再到金世宗时期的官僚平衡机制。

勃极烈制，是早期女真部族为统一本民族、建立国家、灭亡辽国和北宋政权而形成的一种民主集中制度，是当时团结、培养女真宗族成员、发挥其文韬武略的最好的组织形式。金太祖仿辽制，设置南、北官制度，仿宋制分两个枢密院。至金熙宗实行“新官制”，认为勃极烈制度已经不适应专制制度的需要，其民主集中制度明显地妨碍了皇帝随心所欲，所以，金太宗在斜也、宗干等人的劝说下，开始向中原三省制度靠拢。金熙宗掌权后，彻底废除了勃极烈制，大力推行“新官制”，无论是中央还是地方的官员设置，“大率皆循辽、宋之旧”：首先，废除勃极烈制，在中央设立中书省、门下省、尚书省和吏、户、礼、兵、刑、工六部，分掌政务，以便君权集中；其次，废除了女真人的旧礼制度，详细制定了关于皇帝和文武百官的朝服、朝仪以及皇帝的仪卫等，以显示皇帝的独尊地位；再次，废除了在皇位继承等方面的兄终弟及与叔侄相传的宗族“世选制”，实行“立子贵嫡”的传子制，变宗族天下为家天下。这些政治体制改革的结果已经和中原王朝的政治制度没有什么区别了。到海陵王执政时期，他觉得三省制仍然妨碍其集权和专制，于是，“罢中书、门下省，止置尚书省”，后又将尚书省变成虚设之位。这是“终金之世守而不敢变”的中央集权模式。金代的官制，除了主管全国政务的尚书省和其所辖的六部外，还有都元帅府（后改为枢密院）、大宗正府、御史台、宣抚司、劝农司、国史院、翰林院、审官院、太常寺等，都与中原官制相当，表明金朝政体文化已经完全中原化。所不同的是，金朝把全国分为 19 路，由 5 京 14 总管府统治各路地方。路、府之下设置与州、县并行的军政与生产结合的猛安谋克组织，这是金代政体文化最突出的特点。

金世宗是在海陵王伐宋造成的社会大动荡中被拥立为帝的，即位后，为稳定政局、巩固统治，竭力争取皇族和臣僚的支持。其着手调整正隆官制、整顿吏治，实现了“群臣守职，上下相安”。

四　推广中原传统文化

金代文化包括华夏文化、渤海文化、契丹文化、女真文化等多种文化形态和类型。女真民族文化汉化，既是自身经济、政治、文化发展的内在需要，又是其内部社会结构发展的必然结果。女真贵族统治者在政体文化上把专制政体作为目标，同时，需要以中原孔孟之道为核心的儒家文化对整个社会民众进行教化，以儒家的纲常伦理思想，主要是孝悌、仁、义、礼、智、信等价值观念，以及“修身、齐家、治国、平天下”的最高政治宗旨，作为处理宗族矛盾和外部关系、管理国家的思想武器。所以，女真贵族统治者极力推崇儒家文化，积极、主动、全面、系统地学习、吸收、运用和推广中原文化。“制度强效华风，往往不遗余力。”例如，在灭辽的过程中，阿骨打就命积极搜罗文人、图书。建国后，女真统治者在全国各地建孔庙、办学校，授课内容主要是体现儒家思想的经典著作等，并将儒家经典作为科举的唯一内容。

据《金史》记载，金代对儒家文化的重视程度，远远超过了唐、宋、辽三朝，不仅统治者如此，也不单是追求功名利禄的上层女真人如此，一般女真人也学习儒家文化，使之成为自己的精神食粮。为了适应国家发展的需要，通过自学、亲旧传授、女真学校、女真策论进士等文化传播体系，培养出大量女真文人，他们在继承女真文化、渤海文化、辽代文化的基础上，以中原华夏文化为最高标准，急起直追，在诗词、歌赋、戏曲、书法、绘画等方面，既开辟了本民族文化新领域，又发展、普及了华夏文化，为中华文化多元一体发展作出了自己的贡献。

五　促进多民族文化融合

女真人建国之前，就已经“浸染华风”，如元旦、元夕、上巳、四月八日、重五、七夕、中元、中秋、重九、下元等时令节日都已传入女真部族社会。为了统治的需要，女真贵族统治者设立屯田军，加速女真人汉化的过程，“创屯田军，凡女真、契丹之人，皆自本部徙居中州，与百姓杂处，计其户口授以官田，促其播种，春秋量给衣、马。若遇出军，始给其钱粮。凡屯田之所，自燕山之南，淮、陇之北，皆有之，多至六万人，皆筑垒于村落间。”之后，海陵王为了迁都和控制皇族，再次大规模南迁猛安谋克女真族。据《金史》记载，“贞元迁都，遂徙上京路太祖、辽王宗干、秦王宗翰之猛安，并为合扎猛安，及右谏议乌里补猛安，太师勖、宗正宗敏之族，处于中都。斡论、和尚、胡剌三国公，太保昂、詹事乌里野、辅国勃鲁骨、定远许烈、故杲国公勃迭八猛安，处之山东。阿鲁之族，处之北京。按达族属处之河间。”金国先后把大量的猛安谋克组织调入中原地区进行屯田，与前面提到的、把大量的汉人北迁上京（今内蒙古自治区巴林左旗）一样，是南北不同民族间的大迁徙、大交流。女真人、契丹人等，在中原各地与汉族等民族形成大杂居、小聚居的格局，汉族则在上京内地与女真人、契丹人等民族形成大杂居、小聚居的格局，这就为各民族的互相了解、熟悉、合作与交流、学习提供了充分条件。进而，促进女真人、契丹人、渤海人、汉人逐渐丧失了单独民族地域，各民族居于共同的地域，形成了共同的经济生活，随之形成共同的语言，民族风俗和民族文化也渐趋一致，特别是民族间的通婚，更加快了民族独特性的消失，加速了多民族的融合，形成了多民族一体的中华民族。

第二节　金朝政体文化衰亡

金朝政体文体的衰亡原因是多方面的。主要方面包括政权及宫廷文化腐化、宗族旧制干扰与决策文化的腐化。金熙宗开始，尤其是海陵王执政晚期，金朝统治已经显露衰败迹象，统治集团日益腐化，争权夺利的斗争愈演愈烈。海陵王执政期间，民族矛盾激化，阶级矛盾尖锐，各民族举行反抗和起义。金世宗即位后，面对动乱后的时局，欲重建社会秩序，调整阶级关系，但主要措施还是着眼于防范与镇压，先后镇压了契丹义军、契丹人的反抗、泰州民合住反抗、契丹外失剌谋叛等。《金史》把金世宗比作汉文帝、“小尧舜”，夸其统治时期“仓库充实，民物殷富，四海宾服”。但另见于《金史》记载的却是，大定九年至十九年，各地汉族人民的反抗斗争此起彼伏，连续不断，10 年间就有 10 多次。金朝不是天下太平，而是危机四伏。

一　金朝政体文化腐化

金朝政治腐化始于金熙宗废勃极烈制度而实行“新官制”。勃极烈制度是一种民主集中制度文化。很明显，勃极烈民主集中制度是妨碍皇帝随心所欲的最大障碍。如前所述，金熙宗掌权后，彻底废除了勃极烈制，大力推行“新官制”，无论是中央还是地方的官员设置，“大率皆循辽、宋之旧”。废除勃极烈制后，在中央设立中书省、门下省、尚书省和吏、户、礼、兵、刑、工六部，分掌政务，以便君权集中；同时废除了女真人的旧礼制度，详细制定了关于皇帝和文武百官的朝服、朝仪以及皇帝的仪卫等，以显示皇帝的独尊地位；废除了在皇位继承等方面的兄终弟及与叔侄相传的宗族“世选制”，实行“立子贵嫡”的传子制，变宗族天下为家天下。到海陵王执政时期，其觉得三省制仍然妨碍他的集权和专制，于是，“罢中书、门下省，止置尚书省”，后又将尚书省变成虚设之位。这是“终金之世守而不敢变”的中央集权模式。这些政治体制改革的结果是，实现了中央专制政体文化，集所有权力于皇帝一人，皇帝的权力至高无上，没有任何约束，无人能够监督。这是金朝政体腐化的根源所在。

《金史》记载，熙宗实行“新官制”后，任意妄为，腐化堕落，“因无聊，纵酒酗怒，手刃杀人”，最终将自己也送上绝路。金朝晚期，政体文化衰败的典型特征是政权腐化。据《归潜志》记述，金宣宗南渡后，君臣上下只求苟安，醉生梦死。“南渡之后，为宰执者往往无恢复之谋，上下同风，止以苟安目前为乐。凡有人言当改革，则必以生事抑之。每北兵压境，则君臣相对泣下，或殿上必叹吁，已而敌退解严，则又张具会饮黄阁中矣。第相与议事，至其危处辄罢散曰：‘俟再议’。已而复然。因循苟且，竟至亡国。……又，宰执用人，必先择无锋芒、软熟易制者，曰：‘恐生事’。故正人君子多不得用，虽用亦未久，遽退闲。宰执张左丞相行信，台谏官如陈司谏规、许司谏古、程、雷御史，皆不能终其任也。”朝廷上上下下腐化到如此程度，一切政体文化和典章制度不过都是具文而已。金宣宗曾经责问丞相仆散七斤：“近来朝廷纪纲安在？”七斤不能回答，私下对郎官们说，“上问纪纲安在，汝等自来何尝使纪纲见我”。一个无纪纲的朝廷，一群不知纪纲为何物的官僚，还有何典章制度可言。

二　皇位继承文化腐化

金朝皇位之争，自立国初期持续不断。

熙宗与海陵王时期激烈的皇位之争。熙宗是金朝历史上创立制度，最先准备皇位传位嫡长子的皇帝。即位后，他首先追尊自己的生父宗峻为景宣皇帝，庙号徽宗，并改葬兴陵。此举是要表明，只有皇帝之子才能继位当皇帝。然而，这与女真传统的大位继承方式相矛盾。因此，与宗室有资格继承皇位的特别是几个叔父产生激烈冲突。于是发生宗磐、宗隽谋反被诛。导致这场骨肉相残的根本原因是皇位。为了巩固自己的皇帝地位，熙宗大开杀戒，先后杀了掌握兵权的挞懒、右丞相萧庆、左丞相完颜希尹及其之子昭武大将军把塔、符宝郎漫滞等，后来以皇后裴满氏干预朝政、且与完颜亮来往，对他的皇位构成威胁，毫不留情地把裴满氏杀了。熙宗为保皇位连续不断地杀人，完颜亮借助熙宗身边心怀不满的人发动政变，杀了熙宗，夺取了皇位。

完颜亮即位后，马上追封自己的父亲为皇帝，他担心这会引起金太宗皇帝子孙不满，于是对太宗诸子大开杀戒，铲除异己。完颜亮不仅杀了太宗子孙，对太祖子孙也不放过，一一铲除。即使是他在“南伐”时，担心宗室诸王乘机在后方作乱，于是“分遣使者翦灭宗室”。结果激起宗室贵族政变，完颜亮被完颜雍取而代之。完颜雍即位是为世宗，一方面，为荒淫无度的熙宗开脱；另一方面，不遗余力地清算海陵王。

金朝晚期，章宗即位，“越王、郑王皆有不平语”，1193 年，郑王永蹈以谋反、越王以语涉不道伏诛。永济系永蹈同母弟。章宗无子，故立卫绍王永济。永济即位后，“驸马都尉徒单没烈与其父南平王干政事，在为奸利”，“终卫王之世不曾改变。”卫绍王为确保皇权传与自己的儿子，即杀章宗元妃李氏，并设计杀怀有章宗遗腹子的贾氏、范氏，立自己的儿子胙王从恪为皇太子。胡沙虎谋反，废卫绍王，立珣，是为宣宗，因胡沙虎援立有功，宣宗便任由胡沙虎胡作非为，自己甘愿做傀儡。覆灭前夕，南渡苟安的金朝，再次上演皇位争夺的闹剧。宣宗即位后，立正妃所生的守忠为太子，不幸早逝；宣宗再立长孙为皇太孙，但不久皇太孙亦死；宣宗之皇后（正妃庞氏）因失宠竟出家为尼，宣宗宠王氏姐妹，立王氏妹为皇后，却无子，姐王氏生守绪，被皇后养为己子，宣宗立守绪为太子。这便引起宣宗与前皇后（正妃庞氏）所生第二子守纯的不满，守纯甚得宣宗宠，先后担任殿前都点检兼侍卫亲军都指挥使、权都元帅、出任枢密使、拜平章政事。官职显赫，大权在握。守纯“惟饮酒耽乐，公事漫不加省”。1223 年，宣宗病故，托孤前朝资明夫人郑氏，让她“速召皇太子主后事”。郑氏为防止正妃庞氏与守纯趁机生事，借故宣宗正“出宫”，未让入宣宗寝宫，将庞氏与守纯等让到偏房后锁门关了起来，并紧急召见大臣，传遗诏，立皇太子守绪，守绪即命护卫将守纯等监控起来，然后宣告即位，是为哀宗。哀宗即位，外戚更是肆无忌惮，“哀宗姨成国夫人不时出入宫闱，干预政事，声迹甚恶”。哀宗听之任之，敷衍了事，不久就变得和其父亲一样消沉和腐化了。

三　金朝决策文化腐化

金朝是在以完颜部为首的部族联盟基础上建立起来的。金朝建立初期，实行勃极烈制度，即各部族首领都有权参与重大问题的决策，特别是在军事方面。熙宗改变政体文化，金朝政权逐渐走向皇帝集权专制独裁，原来各部族首领被排挤出重大决策之外，参与决策的主要是宗室成员即“郎君”，“事无大小，必以郎君总之，”即成常规。但宗室拥有过多的权力，致使皇帝的地位受到威胁，因此，熙宗和海陵王先后采取极端措施解决这一问题，宗室被挤出决策重要角色之外。

由于金朝皇帝历来信不过汉臣的外廷，能够信得过的就只有自己身边的奴仆，即所谓“近侍”了。于是形成了一种以“近侍”参与决策的独具特色政体文化形态。近侍不仅奉命为皇帝处理各种具体事务，而且直接参与重大决策。近侍不仅不再被视同奴仆，而且非贵族、世家、恩幸者，不能居是职，相反，清高自持者想厕身其中亦不可得。尤其是海陵王执政后，对近侍尤为重用，竟连市井无赖张仲轲都引之左右，官秘书郎，进入决策圈，致士大夫只有通过此类人等才能获通显，如胥国持依靠元妃及其左右用事人，最后竟然做了宰相。据《金史》记载，自章宗时期起，近侍的权势越来越膨胀。“内侍梁道儿恃恩骄横，朝士侧目。”金朝廷设有近侍局，名义上隶殿前司，其主管官员为提点。其下还有近侍局使、副使及直长。最受皇帝信任的“奉御”“奉职”都是所谓“小底”，专供皇帝驱使的奴仆，他们因受到皇帝信任，自成一小团体，外廷官员很难在此局中获得职位。以致“近侍权太重，将相大臣不敢与之相抗。”除了近侍外，还有一类人即护卫，他们与近侍一样，也是皇帝身边的人，最得皇帝信任，最容易得势。后来发动政变杀死卫绍王并立宣宗为帝的胡沙虎，原来就是护卫出身。护卫跋扈是因有皇帝支持，皇帝专制独裁是因为有护卫跋扈可以压制外廷大臣。

金朝近侍直接参与决策、护卫跋扈为皇帝压制外廷大臣，是导致金朝决策文化腐化、金朝政权走向衰败的重要原因之一。

第六篇　元朝时期辽河文化

元朝是中国历史上由蒙古贵族建立的多民族统一的封建国家政权，也是中国历史上第一个由北方游牧民族统治者建立的多民族统一的封建王朝。其结束了宋、辽、夏、金，以及吐蕃、大理等众多民族政权长期割据并立的局面，中国历史上实现了自唐安史之乱以后500年来未曾有过的大一统。多民族统一国家的扩大发展、东西方文化广泛交流与交融，以及宋金文化影响，元代文化形成了成分多元、色彩绚烂、成就卓然的时代特点。

在中华文明史上，元代是中华文化大放异彩的阶段。元代的文化形态与类型呈现多元化发展态势，体现出华夏农业文化、蒙古游牧文化、中亚文化、波斯阿拉伯文化和欧洲文化的多元交汇，集中体现为政体文化上蒙、汉二元性，即既行“汉法”，又存“国俗”。这种政体文化的二元特色，虽为北魏、金、清等王朝所共有，但元代表现最为突出，这也影响了其汉化程度，使得蒙古民族在元亡后能够继续保持本民族的文化传统，对中华民族大家庭发展作出自己的贡献。

元朝政府在辽东地区实行行省制政体文化，即设立辽阳行省以管理包括黑龙江下游在内的整个东北地区，推动了辽河文化的发展。元代，辽河文化呈现出多民族文化相互融合的时代特征。

元朝一统辽东地区后，推行行省制，下辖诸路总管府，同时采取措施恢复和发展社会经济。在北方汉族居住地区遍设村社组织—“锄社”、推行屯田制文化、鼓励开垦农田，辽阳行省亦相应采取许多保护和发展农业文化的措施，推动了辽宁农业文化的恢复与发展，畜牧业文化和渔业文化继续发展。由于元朝政府重视并鼓励，官营手工业文化发展较快，民间手工业文化分布比较广泛。辽阳行省手工业文化以矿冶和铸造业文化、瓷器制造业文化、纺织业文化和制盐业文化为主要形态和类型，今朝阳市及喀左县、大连市金州区、阜新市彰武县等地是当时冶铸业文化分布相对集中的地区，铁器铸造技术相当先进；利州（今辽宁省喀左县）、兴中府（今辽宁省朝阳市）等地瓷器制造业文化有明显特色，民间瓷窑烧制的日用瓷器产量相当大；富庶县（今辽宁省建平县）、兴中府、利州、锦州等地丝织业文化十分发达，辽西地区织染技术具有相当高的水平；辽阳行省制盐业文化在元朝具有重要地位，辽东半岛地区是元朝重要产区基地。辽阳行省商业文化比较发达，与江浙、两淮地区的商业贸易比较兴旺；辽东边境的官方贸易与民间贸易文化继续繁荣。同时，民俗宗教文化、教育科技文化、文学艺术文化、杂剧歌舞文化、史志文化等各种社会文化形态和类型日渐繁荣。

第二十四章　元朝时期辽河文化发展之背景

经辽金时期的开拓与发展，至元代，辽河文化形态和类型已经基本形成，表现为多元发展的格局，即中南部以农业文化为主、东北部以渔猎文化为主、西北部以游牧文化为主。金末元初，受战乱影响，辽河文化发展处于十分艰难的境地。先后有契丹人耶律留哥在辽东发动反金战争、蒲鲜万奴割据建国，辽东地区出现四分五裂的局面。蒙古军队占领辽西地区、金朝控制辽东地区、辽朝残余势力控制辽东南部地区、东夏控制辽东北部地区，各种势力分而治之，社会文化生态遭到严重破坏，辽河文化发展几乎停滞不前。蒙古汗国建立后，窝阔台汗时期，先后消灭各种势力，统一辽东地区。蒙古汗国采取措施，恢复经济、改善民生，推动辽河文化得以恢复与发展。但随后又发生乃颜、哈丹叛乱，特别是红巾军起义，元朝建立后，经过几十年恢复与发展所累积的文化成果——物质财富与精神财富，几乎破坏殆尽，辽河流域文化生态再次遭受践踏。

第一节　元王朝建立及其政体文化

元王朝是从蒙古汗国发展演变而来的，两者有着紧密的联系。从明初编纂的《元史》看，元史有狭义和广义之分，广义元史包括蒙古汗国和元朝两个时期的历史，狭义元史是自忽必烈创建元朝时算起。后代所说元朝，一般把蒙古汗国包括在内，是广义的元史。因此，可将元史划分为蒙古汗国时期和元朝时期。蒙古汗国时期，从1206年铁木真称汗、号成吉思始，经窝阔台汗（1227年称汗）、贵由汗（窝阔台之子，1246年称汗）、蒙哥汗（拖雷之长子，1251年称汗）、忽必烈汗（蒙哥之弟，1260年称汗），至1271年忽必烈建国大元，大约65年的时间里，成吉思汗及其继任者，灭金朝、克南宋、降西夏、服东夏、横扫欧亚大陆，建立强大的蒙古汗国；从1271年忽必烈建国大元，至1368年元顺帝出亡，共97年，这是严格意义上元王朝统治的时期，即狭义的元朝历史。蒙古汗国是元朝的前身，元朝是蒙古汗国的延续。虽然称谓上不同，但其实质都是蒙古族贵族统治者创建的多民族国家。

一　蒙古汗国建立及其政体文化

蒙古汗国是蒙古族建立的国家政权。蒙古族源于唐代蒙兀室韦部，属东胡族后裔。蒙兀室韦部最初居住在额尔古纳河南岸的密林中。840年，统治北方的回鹘汗国灭亡，大批回鹘遗民西迁到天山南北一带。大约在9世纪中叶或10世纪初，蒙兀室韦部西迁至蒙古草原。辽、金两代，蒙兀室韦部在蒙古草原上发展成20多个部落。12世纪末至13世纪初，中国处于多个政权并存的时期，包括金朝、南宋、西夏、西辽以及西南的大理政权等。北方的蒙古高原，13世纪初，处于分裂状态的乃蛮、克烈、塔塔尔、蒙古、篾儿乞部、弘吉剌部，多数曾先后与辽、金政权发生联系，接受封号，定期朝贡。辽、金王朝对他们采取羁縻政策，尽量笼络，对不肯臣服者则以武力相加，予以镇压。蒙古高原战火不断，民不聊生。

出身于蒙古部孛儿只斤氏族的铁木真，经过十几年的艰苦奋斗，分别击败了许多强大的对手，将蒙古高原各游牧部族统一于自己的旗帜下。1206年，铁木真在蒙古贵族及将领们参加的忽里台（大聚会）上，被推举为大汗，号成吉思。以成吉思汗为最高统治者的这个新兴政权，称蒙古汗国。

蒙古汗国的统一，结束了自唐末藩镇割据以来的南北对峙、五六个民族政权长期并存的分裂和战乱局面，推动了多民族统一国家的巩固和发展。蒙古汗国统治的疆域之辽阔是前所未有的。为了管理如此广大的疆域，蒙古汗国统治者“稽列圣之洪规，讲前代之定制”，实行蒙、汉二元混合的政权结构和组织形式，这是治理具有广大疆域的多民族统一国家的一次尝试。

蒙古汗国政权组织形态十分简单。成吉思汗参照蒙古社会的传统习俗，根据蒙古汗国建立初的实际情况，创建和完善了自己的国家政体文化形态。一是建立千户制文化。全国臣民按10进制组织起来，分别由千户、百户、牌子头（10户）管辖。这是一种军政合一的政体文化形态；二是建立怯薛制文化。怯薛主要是由万户、千户、百户、牌子头的子弟组成的，负责保卫大汗的安全，也分管汗廷的各项事务。它是大汗直接掌握的一支精锐军队，其本质是具有常备军性质的护卫军，绝对服从大汗号令和具有明确的上下等级关系。怯薛的政治功能亦不容忽视，已成为一条牢固的政治纽带，在政治上起很大的作用，如群臣奏事要通过怯薛通报或转达，参与酝酿重大决策，受大汗指派与贵族共议国是或处理具体事务，怯薛“百执事”所掌；三是实行札鲁忽赤（大断事官）制文化。成吉思汗设置了大断事官，掌握民户分配和司法的权力，实际上是最高的行政长官。大断事官下有若干断事官，处理各种事务；四是建立法制文化。成吉思汗制定了“札撒”（法律），作为管理国家、统治百姓的依据。五是创制蒙古文字。蒙古部族最早没有文字，1204年，成吉思汗征伐乃蛮俘获其掌印官塔塔统阿，后来就由他借用畏兀尔字母拼写蒙古语，创造了蒙古族最初的文字。

成吉思汗建国之后，确立了专制主义汗权制文化。在蒙古汗国中，大汗是全体蒙古贵族的最高代表，其拥有至高无上的权力，大汗的意志就是法律、大汗的旨令必须不折不扣地完成、大汗对蒙古宗王和千户那颜等具有生杀予夺的绝对权力；建立从汗廷到地方的行政管理机构，居民正式按地域而不是按部族血缘来划分统治单位；建立常备军及法律、刑狱等。所有这一切，都表明蒙古原始氏族制社会已为阶级社会所取代，封建国家专制政权正式建立。国家统治集团是由三种人组成的：一是成吉思汗诸子、诸弟所出的“黄金贵族”；二是诸驸马部族；三是怯薛歹与千户、百户那颜，其中不少人是出身于低贱的属民奴隶，因军功而得官位，转化成了统治阶级的一员。可见，组成蒙古统治集团的贵族阶级，与此前草原诸部的氏族贵族在构成上已经有了本质的不同；表明蒙古汗国的政体文体形态具有鲜明的民族特色，既与前代草原上建立的国家政权（匈奴、突厥等）有明显的相同之处，又与中原传统的政体文化形态明显不同。这个结构简单的、军政合一的政权，是与草原居民游牧生活方式相适应的，可称之为游牧专制主义汗权文化形态。

二　元王朝政体文化的形成

元王朝是在蒙古汗国基础上转化而建立起来的多民族国家政权。1259 年，蒙哥汗病逝于合州钓鱼山（今重庆市合川区东）。忽必烈当时正在进攻鄂州（今湖北省武昌），闻讯后立即北返，回到燕京（即金中都）。1260 年，忽必烈在漠南（今内蒙古自治区锡林郭勒盟正蓝旗境内）召开部分蒙古族贵族和将领参加的忽里台（会议），自立为汗。其弟阿里不哥镇守蒙古本土，也举行忽里台，宣布自己为大汗。兄弟二人为了争夺汗位而反目，展开了长达 3 年的残酷战争，直至 1263 年，阿里不哥臣服，忽必烈自立的蒙古大汗地位才得以稳固。

忽必烈是蒙哥汗之弟，在青年时代就注意学习了解汉文化，特别是中原政体文化之治国之术。蒙哥汗在位时，命忽必烈管理“漠南汉地军国庶事”，其积极实施改革，推行汉法，取得成效。

因此招致蒙哥汗的疑忌，不得不交出管理汉地的所有权力。在战胜阿里不哥、平定山东行省李璮叛乱后，1271年，忽必烈改蒙古汗国号，称大元，“盖取《易经》乾元之义”，“元者也，大也，大不足以尽之，而谓之元者，大之至也”。大元就是最大的意思。以儒家经典为据，表明忽必烈决心按照中原传统制度文化来建立大一统的国家，这样，蒙古汗国被大元所代替。先有蒙古汗国，后有元朝，元朝是从蒙古汗国发展演变而来的，两者之间有着密切关联，其由蒙古族贵族统治阶级建立的国家政权的本质并无改变。

关于元朝政体文化，忽必烈在《即位诏》中强调，蒙古部族建国以来，“武功迭兴，文治多缺”，表明了加强“文治”的决心。忽必烈所讲的“文治”，就是“汉法”，即在元朝统治地区推行中原政体文化，奉行中原原有的各项政治制度；“考求前代之典，立朝廷而建官府”，沿袭宋、金制度，建立中央集权的行政管理机构、监察机构和军事体制；取消官员的世袭制而代之以迁转之法；定赋役，颁俸禄，整顿户籍，建学校，等等。

（一）元王朝决策制度文化

蒙古汗国的决策制度文化形态，主要体现为由蒙古贵族参加的“忽里台”。忽里台系蒙古语“quriltai”的汉语译音，意为聚会，也可译为“大朝会议”，是蒙古贵族议事的一种制度文化形态，早期，所有蒙古贵族都有资格参加忽里台。“国朝凡大朝会，后妃、宗王、亲戚、大臣、将帅、百执事及四方朝附者咸在，朝会之信，执礼之恭，诰教之严，词令之美，车马服用之别，牲齐歌乐之辨，宽而有制，和而有容，贵有所尚，贱无不逮，固已极盛大于当时矣”①。蒙古汗国大汗，从形式上讲，是由全体蒙古贵族参加的忽里台推举产生的，如成吉思、窝阔台、贵由、蒙哥、忽必烈汗都是忽里台推举的。在蒙古汗国早期，忽里台是议决国

① 苏天爵．国朝文类·经世大典序录·朝会：卷四十一［M］．北京：国家图书馆出版社，2006．

家大事的最高形式。蒙古大汗去世后，为产生新的大汗，往往由“摄政”的皇后、宗王或者大汗生前指定的汗位继承人召集忽里台。平时，召集忽里台前，遣派使者将召开忽里台时间通知所有蒙古宗王和贵族；有时候年长的大汗子孙也可召集忽里台，聚众讨论汗位的归属问题。接到召开忽里台通知后，宗王、贵族都应该按期赴忽里台，如有违期不到或迟到，即被视为对忽里台召集人的藐视甚至对蒙古汗廷的反叛，当事者要受到严厉的责罚，甚至被处死①。如 1251 年，察合台、窝阔台系部分宗王因参加推选新汗王的忽里台“后期不至”，被视为“谋乱”行为，在蒙哥汗即位后均遭流放。忽里台推选大汗仅仅是一种形式，在召集忽里台前，大汗的候选人已经内定，一般情况下只有一位，也无须过多地讨论，只要求所有参加忽里台的贵族履行一下推举手续。因为按照蒙古汗国的法令，不经过忽里台的正式推选，任何人不得自立为汗。“如果任何人由于骄傲，自行其是，想要当皇帝而不经过诸王的推选，他就要被处死，决不宽恕。”除了选举大汗之外，忽里台还有其他功能。蒙古汗国的大型军事行动，不能由大汗独自做出决定，必须在忽里台上得到全体贵族的认可；大汗发布法令、向诸王和功臣分封领地及臣民等，也得在忽里台上经过认可后方可实施。由此，反映出在蒙古贵族统治阶层成员（尤其是黄金家族成员）中，存在着平等议事的关系。

忽必烈即位后，确立了皇帝专制文化，是蒙古汗国统治机制与中原王朝传统政体文化相结合的产物。1260 年，忽必烈即位伊始，即宣布“稽列圣之洪规，讲前代之定制，建元表岁，示人君万世之传；纪时书王，见天下一家之义”，建元“中统”，以继承

① 宋濂，等. 元史 • 字秃传：卷一百一十八［M］. 长春：吉林人民出版社，1995：1863.

中原王朝的正统自命①。在礼制文化上，命人规划、设计，在上都、大都建太庙，并按中原王朝的传统做法②。1266年10月，忽必烈对祖宗世数、尊谥庙号、祭祀仪式等做出明确规定，表明忽必烈创立皇帝专制文化的开始。同时，规定了印章的使用等级制度、推选了诏旨、制书和公文等文牍制度与“朝仪”及所用仪仗、乐器、服饰等。在政体文化建设中，元朝皇帝承继了蒙古汗国时期的忽里台制文化形式，即新皇帝即位、重大事务决定，按照传统的做法，举行蒙古宗王、贵族和朝廷大臣一同参加的忽里台，忽里台的内容和形式等亦与既往相差不多，但就其作用而言，忽里台制文化在忽必烈登基以后，已经演化为形式上的军国大事议决会议。由于有中书省、枢密院、御史台等常设中央机构总管全国民政、军事、监察诸事务，重要决策（包括皇位继承）往往在皇帝与中央各机构官员中内定后，拿到忽里台会议上宣布，与会者即使有反对意见，亦不能像过去那样进行平等讨论，只能表示服从。尤其到了元朝后期，忽里台制文化更是流于形式，甚至成为权臣篡政的工具。

忽必烈在确立皇帝专制文化的同时，建立了一套与皇帝专制文化相适应的新的中央决策制度文化。中央决策制度文化也是“汉法”和蒙古旧制糅合的产物。皇帝作为中央决策的首脑人物，不但对征伐、分封、册立皇后和太子等国政大事有决断权，更重要的是确定治国方针，可在实施汉法、以儒治国和推行蒙古法、“回回法”之间进行选择。研读《元史》不难发现，忽必烈执政前期创制立法，名义上是“祖述变通”“稽列圣之洪规，讲前代之定

① 苏天爵．国朝文类・至元改元赦・中统建元诏：卷九［M］．北京：国家图书馆出版社，2006．

② 宋濂，等．元史・本纪第六・世祖纪三：卷六［M］．长春：吉林人民出版社，1995；宋濂，等．元史・志第五・祭祀三・宗庙上：卷七十四［M］．长春：吉林人民出版社，1995：56、1126．

制”，实质上都是从巩固和强化皇帝专制统治的需要出发，对汉法加以损益、取舍，并糅合了蒙古汗国原有的政治制度而成的。如其官衔与制度文化上，主要体现为：基本上保存或沿袭蒙古旧有制度文化，具体文化形态有斡耳朵制度、怯薛制度、投下制度等，这些都是沿袭蒙古旧有的政体文化，忽必烈承袭下来，目的是为维护蒙古贵族的特权利益；在某些领域或地区汉法与蒙古旧制并行，因俗而分、因俗而治；在仿效汉法所建立的机构与制度时，为了确保蒙古贵族利益和统治者能有效地控制与监督，在人事、制度等方面又规定一系列利于蒙古民族特权的具体制度与措施，使这种充满民族特权的制度文化充斥元朝社会的各个方面。

综观忽必烈整个执政时期，其执政前期积极改行汉法，后期日渐趋于保守，重用“敛财之臣”。忽必烈以后的皇帝，无论是选择以儒治国，还是信用“财臣”，都能在忽必烈的统治政策中找到依据。从总体上看，元朝的政体文化形态是一种蒙汉制度文化杂糅，贯穿民族文化矛盾的政体文化形态。

中央常设理政、统军、监察机构，是元朝政体文化一大特点。它们为皇帝选择治国方针和决断征伐等大事提供了便利条件。协调各机构官员的关系，听取来自不同机构的意见，既成为皇帝“亲政”的主要内容，也是中央决策系统的重要组成部分。忽必烈实行了合议和廷辩制文化，是元朝政体文化建设的一个创举。这种决策制度文化为后来的皇帝所沿袭承用。合议又称集议，即凡要决断国家之事，中书省、枢密院、御史台先各自召集本部官员，商讨有关事宜，拟出方案和措施，然后 3 大机构主要官员进行商讨，达成一致意见后，呈皇帝裁决。

集议之法是中书省堂议制度的发展。忽必烈即位初，由于没有枢密院和御史台的建置，所以集议既是中书省的议事方式，也是皇帝定策的主要模式。后枢密院、御史台相继设置，忽必烈

“敕中书省、枢密院，凡有事与御史台官同奏”①，集议制度遂为三大机构所共行。决策过程包括定议、奏闻、御准、颁诏实施4个程序，皇帝既听取了朝廷主要大臣的意见，又始终保持最后的决断权。廷议又称面论、廷对等，是就某些重大决策当朝大臣在皇帝面前辩论是非，由皇帝根据双方申诉的理由，判别对错。此种形式的采纳，多数因为各部政见不同导致朝廷大臣不和，互相攻讦，以至于皇帝不得不出面调解。廷议时，辩论双方皆就施政方略陈述己见，所以廷议虽然是皇帝调节大臣关系的手段，亦是中央决策系统中重要的文化形态。

元朝中期，兼职之风渐涨，皇帝亲信大臣，往往既是中书省宰相，又在枢密院或御史台兼任要职，甚至直接领侍卫亲军，甚至利用侍卫亲军发动政变、拥立新皇帝。在这种情况下，集议、廷议等决策文化只能流于形式。至元朝后期，权臣迭出，或者挟震主之威，肆意无忌，宗戚诸王无敢以为言者②，或者省台院官皆出其门下，每罢朝，皆拥之而退，朝廷为之空矣③。此种状态，等于朝廷决策权已由皇帝转到权臣手里，与忽必烈所创定制完全相悖。脱脱就任中书省右丞相之后，企图纠正权臣独擅朝政的弊病④，集议多少恢复了一些往日的作用，但无可避免地打上了大臣专决的烙印。

元朝统治者还采用咨访、经筵、求言等制度文化，为中央决

① 宋濂，等．元史·本纪第六·世祖纪三：卷六［M］．长春：吉林人民出版社，1995：56.

② 宋濂，等．元史·列传第二十五·燕铁木儿：卷一百三十八［M］．长春：吉林人民出版社，1995：2112.

③ 宋濂，等．元史·列传第二十五·燕铁木儿：卷一百三十八［M］．长春：吉林人民出版社，1995：2112.

④ 宋濂，等．元史·列传第二十五·脱脱：卷一百三十八［M］．长春：吉林人民出版社，1995：2122.

策服务。咨访的对象主要是怯薛内侍和老臣名儒。怯薛长和怯薛执事，经常服侍于皇帝身边，皇帝可就朝廷大事征询他们的意见；忽必烈常召见朝廷老臣或当世名儒，听取他们的意见。元朝置翰林国史院，“天子出御经筵则劝讲进读，启沃圣心；退则䌷绎前闻以待访问，任重而亲。上所识擢，必勋阀、近臣、儒林大老与一时名人魁士，实侍从之高选，非他有司比也”。经筵确实能够在一定程度上影响皇帝的决策，起到备顾问的作用；但多数情况下，皇帝更依赖于怯薛和中书省、枢密院和御史台。经筵作为中央决策系统上的一环，功能明显低于集议。求言，是元朝决策过程中一种听取民众意见的形式，允许臣民对朝政发表议论，但就效果而言，臣民上书对朝政所发表的意见对朝廷的影响甚微。

在元朝的中央决策机制中，怯薛参政仍然起着很重要的作用，参政形式也较蒙古汗国时有所发展。中书省、枢密院和御史台等中央机构官员向皇帝奏事，必须通过怯薛才能上达天聪。即使是宰辅有所奏请，没有怯薛的转递也不能直接呈皇帝。怯薛长和怯薛执事，由于久居禁中，“密近天光”常可对朝政大事发表意见，且容易被皇帝采纳。正由于怯薛在决策机制里占有独特而重要的地位，故不少臣僚即想办法利用这条途径，通过怯薛把自己的意见转述给皇帝，而不是通过中书省转递奏章，从而造成“隔越奏事”或“越分奏事”的混乱局面，给中央决策带来极坏的影响。

（二）行政体制文化的汉化

随着蒙古汗国向元朝转型发展，中央行政体制文化也相应发生变化，即由蒙古大断事官（札鲁忽赤）制向中原宰相制度转变。从窝阔台汗时期开始，元朝的整个行政体制文化也开始趋向汉化，但汉化道路并不平坦。耶律楚材最初以星相占卜之术获得成吉思汗的信任，到窝阔台汗时，被任命为怯薛中的必阇赤长，主行文书，手中握有一定的权力。凭着特殊身份，耶律楚材劝说窝阔台汗“天下虽马上得之，不可以马上治之”，进说儒家治国思想理念，劝其在政治、经济、社会、文化各方面推行汉族封建文化改革。然而，耶律楚材的汉化改革措施遭到蒙古贵族中保守势力的反对而中止。

忽必烈即位后，继续推行汉法，改元建号，定都汉地，元朝的政体文化汉化速度明显加快，建立国家机构和职官制度，确立中央集权的封建专制主义政体文化。在“一省、六部”之外，专设中央机构管理诸如宗教、礼仪、农田水利等具体事务，是元朝行政体制文化的具体体现。在蒙古贵族统治者推动行政体制文化走向汉化的过程中，也保留了一些蒙古汗国时期的特色，如忽里台制度、怯薛制度、帝师制度、札鲁忽赤制度、达鲁花赤制度、投下制度等，元朝的政体文化体现出蒙汉杂糅的特征，也反映了元代政体文化汉化的不彻底性。

成吉思汗时期，官制简朴，所设大断事官的职责主要包括两项，即审刑断狱，掌握司法权；掌管民户分配。大断事官是国家最高行政长官，相当于汉人官制中的丞相。窝阔台汗、蒙哥汗时期，中央行政体制并没有实质上的变革。在地方行政制度文化上，蒙古汗国时期，在对金朝的地方行政制度文化认可的前提下，将路、府、州、县的民户分封给了诸王、功臣，但因此造成了地方行政管理体制文化上的混乱。

忽必烈即位后，积极推进元朝政体文化汉化，提出了“援唐宋之故典，参辽金之遗制”，但实际上元初各项制度的制定，并没有做到兼采唐宋辽金诸朝之长，而基本上是照搬金朝中央官制格局，建立了中央和地方的正式行政机构。

元代，中央一级统治机构主要由统政务的中书省、掌军务的枢密院、司监察的御史台构成，以中书省作为全国最高行政机关，并用宰相制度取代了以前的札鲁忽赤制度。“内立都省，以总宏纲；外设总司，以平庶政”。《元史》记载，1260 年 4 月，设置都省即中书省①，置中书省平章政事和中书左丞各1人。1261年5月，调整宰辅，设左右丞相各2人、平章政事4人、左右丞各1人、参知政事2人。1270年，置尚书省，设平章尚书省事2人、参知尚书省事3人，中书省设丞相3人，只设左右丞相，不设平章、参知政事，两省并置，主政权归于尚书省。之后，中书省官员设置，在元朝各代根据需要进行调整，员额各有不同。宰相人选的决定权操在皇帝手中，宰相的内部升迁、改职、罢免等，由皇帝决定。皇帝命相的标准，首先考虑的是民族成分，“宰相内统百官，外均四海，位尊任重，不可轻假非人，”按照“百官皆蒙古人为之长”的原则，中书省最高长官丞相必须是蒙古勋贵出任。皇帝选用宰执时，对“根脚”特别注意，怯薛出身被视为“大根脚”，最为皇帝重视。

元代，中书省主要官员的职掌也有规定。如中书令“典领百官，会决庶务”；右丞相、左丞相“统六官，率百司，居令之次。令缺，则总省事，佐天子，理万机”；平章政事“掌机务，贰宰相，凡军国重事，无不由之”；右丞、左丞“副宰相裁成庶务，号左右辖”；参知政事“副宰相以参大政”。由此可见，执政（宰执）包括丞相、平章，左、右丞，参知政事，其主要职能是议政和施政。议政包括向皇帝奏禀政事，省内讨论各种政务，主持集议和接受咨询、谏诤封驳等。中书省宰相每日都要共同议事，制定各种政策、措施，报请皇帝批准。宰执共同议政，各抒己见，所议方案最后由丞相定夺。

宰相入宫奏事，有严格的制度限制，皇帝的贴身怯薛云都赤必须在场。《元史》记载，“虽宰辅之日见清光，然有所奏请，无云都赤在不敢进。今中书移咨各省，或有须备录奏文事者，内必有云都赤某等，以此之故”。御史台属宫殿中侍御史，要随同奏事

---

① 宋濂，等. 元史·本纪第四·世祖一：卷四［M］. 长春：吉林人民出版社，1995：32.

大臣一同进宫，掌起居注的给事中也在现场，“凡奏闻之事，悉记录之”。中书省宰相奏事的内容，“诸大小机务，必由中书，惟枢密院、御史台、徽政、宣政诸院许自言所职”；“内外大小诸衙门除奉行本管职事外，一应干系军、民、站、金场、银冶、茶、盐、铁户、课程、宝钞、刑名、粮储、造作、差役等事，毋得隔越中书省辄便闻奏，从而搅扰。事有必须奏闻者，亦须计禀中书省，然后奏闻”；“诸中书机务，有泄其议者，量所泄事，闻奏论罪”。宰相奏事后，皇帝下达旨意。宰相认为不当的旨意，可以覆奏，又称封驳。

中书省宰执的施政权主要体现在发布命令、监督命令执行情况和亲自处理政务等方面。元朝规定，朝廷发布的制诏、玺书、符节、驿卷等，都必须通过中书省。在中书省下发的各种诏令、文件中，关于人事任命的文书所占比重较大，体现了中书省辟官用人的重要地位。中书省宰相“总持纲维，不屑细务”，把握朝政大纲并监督各级官府执行朝廷决议。

以上，可以看出，忽必烈即位后，元朝政体文化汉化速度明显加快。

元代，中央行政建制文化汉化的另一个重要标志是，在中书省下，仿汉制设立 6 部。《元史》记载，设吏部，“掌天下官吏选授之政令。凡职官铨综之典，吏员调补之格，勋封爵邑之制，考课殿最之法，悉以任之”；设礼部，“掌天下礼乐、祭祀、朝会、燕享、贡举之政令。凡仪制损益之文，符印简册之信，神人封谥之法，忠孝贞义之褒，送迎聘好之节，文学僧道之事，婚姻继续之辨，音艺膳供之物，悉以任之”；设户部，“凡贡赋出纳之经，金币转通之法，府藏委积之实，物货贵贱之直，敛散准驳之宜，悉以任之”；设兵部，“凡城池废置之故，山川险易之图，兵站屯田之籍，远方归化之人，官私刍牧之地，驼马、牛羊、鹰隼、羽毛、皮革之征，驿乘、邮运、祗应、公廨、皂隶之制，悉以任之”；设刑部，“凡大辟之按覆，系囚之详谳，孥收产没之籍，捕获功赏之式，冤讼疑罪之辨，狱具之制度，律令之拟议，悉以任之”；设工部，“凡城池之修浚，土木之缮葺，材物之给受，工匠之程式，铨注局院司匠之官，悉以任之”①。总之，六部作为中书省的具体办事机构，被视为“朝廷之手足”，各部职掌明确，工作量却明显不同。六部官员各有其责，六部尚书等在其职权范围内发挥了理政作用，并促成朝廷制定了一系列相应的法规。宰相对6部官员的工作可以直接监督，并对不合格者加以处罚。

元代，中央行政建制文化在汉化中也有因事设置的行政机构，这是元代行政建制文化仿中原汉制的又一体现。中书省及其下属的六部掌管国家政务，但是宗教、礼仪、农田水利等事务非常庞杂繁复，不可能尽归中书省及六部管理。故元朝仿中原王朝旧制，也在中央设置了一批分管具体事务的专门机构。如专管宗教事务的机构有宣政院、崇福司和回回哈的司等；专管礼仪、天文历算及文史典籍的机构有太常礼仪院、太史院、秘书监、司天监、回回司天监、奎章阁学士院等；专管农业、水利、牧业的机构有大司农司、都水监、太仆寺；专管皇族事务的机构有大宗正府；专管朝会、宴享、祭祀、礼仪、御膳等事务的机构有宣徽院；专管纂修国史、起草制诰、并备皇帝顾问的机构有翰林国史院，等等。

第二节　元朝统一辽东及其行政建制文化

元朝政权建立后，为加强对地方的管控，大力推行以行省为主体的地方行政制度文化。在统一辽东地区后，按国家行政建制文化发展要求，在辽东地区设置行省，实现了对辽东地区的完全统治。

---

① 宋濂，等. 元史·志第三十五·百官一：卷八十五［M］. 长春：吉林人民出版社，1995：1315—1333.

一　元朝地方行政建制文化

忽必烈即位后，元朝建立了一套以行省为核心的地方行政制度文化，其在地方行政史上占有重要地位。元代地方最高行政机构为行中书省，简称行省。在蒙古汗国时，曾对一些投降的汉族军阀授以行省官号；窝阔台汗时，曾在新征服的中原、中亚地区设置 3 个大行政区进行管辖，汉人附会称行省。忽必烈遵用汉法，在中央设中书省总领全国政务，地方置 10 路宣抚司作为最高行政机构，行使中书省职权，主持地方的政治、经济、军事等方面事务。因事而设，事已则罢，没有固定的治所和辖区。至 1283 年，各处行省的设置已经渐趋稳定。鉴于以中书省宰臣行某处省事系衔偏重，因此改衔为某处行中书省丞相、平章，或右、左丞、参知政事，不再以中书省官入衔。这样，行省基本上已由中央派出机构转变为地方行政机构。1286 年，铨定省、台、部、院官，罢各行省所设丞相，只设平章政事为行省最高长官，以与都省（中书省相对于行省又称都省）相区别。后来，部分地大事繁的行省许设丞相。各行省的职官，通常为丞相 1 人，从一品；平章政事 2 人，从一品；右丞 1 人、左丞 1 人，皆正二品；参知政事 2 人，从二品。行省下面还设有检校所、照磨所、架阁库、理问所、都镇抚司等一系列附属机构。

据《元史·地理志》记载，元代正式设立的行省共有 11 个①。此外，征东行省置于高丽，属半独立机构，事已则罢。通常所说元代的行省主要有 10 个。其中，东京行省，辖境包括今辽宁、吉林、黑龙江三省，以及黑龙江以北、乌苏里江以东今属俄罗斯的地区。10 省之外，邻近首都大都的地区，共 2 路、8 州，包括今河北、山西、山东 3 省全境，以及内蒙古自治区部分地区，

① 宋濂，等．元史·志第十·地理一：卷五十七［M］．长春：吉林人民出版社，1995：845．

称为“腹里”，由中书省直接统辖。

在行省下设路、府、州、县，“大率以路领州、领县；而腹里或有以路领府，府领州、州领县者。其府与州又有不隶路而直隶省者”，体现了地方行政制度文化的复杂性。《元史》记载，1293年，“天下路、府、州、县等二千三十八。路一百六十九，府四十三，州三百九十八，县千一百六十五”①。路设总管府，置达鲁花赤1人，总管、同知各1人；府、州、县在知府或府尹、州尹、县尹之上皆置达鲁花赤，县达鲁花赤、县尹、县丞之外，有主簿，主簿虽是小吏，“然得与令、丞列坐联署，相可否、关决事，其职乃与令等。”达鲁花赤是蒙古统治者所选蒙古世族子弟分派各级政府中担任监察的官员。与前朝代不同的是，路、府、州、县的民户是分封给诸王、功臣的，这也是造成元代地方行政制度文化混乱的原因所在。此外，元代的基层行政设有乡、都、坊、社，以加强对基层社会组织管理。

自中书省建立之后，对地方行政官员的要求日益严格，并形成了一套“公规”，在议事、决事、上报、下达、送往迎来等方面都做出了具体规定。如地方官员实行聚会制度，每日官员应在衙门相聚，讨论有关赋税、刑狱、治安、农桑等方面的问题。按照规定，“诸官府皆须平明治事，凡当日合行商议、发遣之事，了则方散”。中书省还特别规定，“随路军民、人匠、差税、课程、刑名、词讼、军须、造作，一切事务繁剧，上下官僚责任非轻，理当个个公勤，以办庶事。”凡经由官员讨论过的事情，都要有文字记录，并且需要所有在场官员签字，即所谓署押。临时外出或有病的官员，准许令史在议事后带着公文到其家中署押。后又规定，“今后应行公事，先须议定，详看检目，随即填写了毕，赴首领官处书卷完备，对同无差，于净本净检上标过对同，方许署押。经

① 宋濂，等．元史·本纪十七·世祖十四：卷十七［M］．长春：吉林人民出版社，1995：226．

目多者，量给程限。并不许将空纸书押，及于元章检上涂注改抹，如违初犯罚俸一月，再犯二月，三犯的决；情理重者，自从重论”。

元代行省制度文化在中国地方行政史上是一个创造，省的名称一直沿用到当代。元代以前各朝代的地方行政体制文化，无论实行两级制（州、县或郡、县），还是三级制（州、郡、县或路、州、县），都不同程度地存在着中央与一级地方行政区之间空当过大的缺陷，加重了中央行政部门的负担。而元代行省既是一级地方行政机构，本身又具有中央派出机构的特点，管辖范围更大，这就使得全国的行政体制基本上做到了上下结合、浑然一体。

二　蒙古汗国统一辽东地区

蒙古汗国统一辽东地区经历了很长时间的征战。从 1211 年开始，辽东地区先后有耶律留哥的独立、蒲鲜万奴的东夏国，加之蒙古和金朝的几股势力长期角逐，直至 1233 年，蒙古军队最后消灭了东夏国，才统一辽东地区。

蒙古汗国建立后，成吉思汗向外扩张，接连发动战争。1211 年，成吉思汗亲统大军南下，进攻金朝。是年 9 月，蒙古军败金兵于会河堡，金居庸关失守，蒙古军队长驱直入，直下东京城。此后不久，蒙古军队的铁骑就踏上了辽西、辽东地区，曾占领东京辽阳府，在掳掠人口和财物后撤走了。1213 年，金朝完颜承裕率 60 万大军征讨耶律留哥，蒙古军队为驰援耶律留哥的叛金起义，再次进入辽河流域辽西地区，与耶律留哥会师于金山（今西辽河以北）。不久，蒙古军队与耶律留哥联合，在迪古脑儿大败金兵。当时，成吉思汗的蒙古大军分 3 路进攻金朝军队，其中一路由成吉思汗的弟弟拙赤哈撒儿统领，攻打辽西和辽东，以配合耶律留哥作战，先后破辽西诸州，然后率部返回旧营地。次年，金宣宗迫于蒙古军队的强大压力，只好向蒙古求和，并答应了蒙古提出的“献公主及护驾将军十人、细军百人、从公主童男女各五百、彩绣衣三千件、御马三千匹、金银珠玉等物甚众、左丞相完颜兴为质”等条件，暂时与成吉思汗达成了和议，蒙古军队放弃围困中都，撤出了居庸关。当年5月，金宣宗放弃中都，迁往南京（今河南省开封市）。成吉思汗闻知金南迁的消息后，十分震怒，认为此前金宣宗的求和并无诚意，9月，分兵两路南下攻金。一路由三木合、石抹明安等统领再一次围攻中都；一路由木华黎指挥，进攻辽西和辽东。投降蒙古的史天倪向木华黎献计说：“金弃幽燕，迁都于汴，已失策矣。辽水东西诸都，金之腹心也。我若得大宁，以扼其喉襟，则金虽有辽阳，终不能保。”降蒙古的石抹也曾对成吉思汗说：“东京为金开基之地，荡其根本，中原可传檄而定。”可见辽西、辽东地区的重要战略意义。木华黎采取史天倪的建议，决定先把进攻的目标确定为大宁（北京大定府，治所在今内蒙古自治区宁城大明乡古城），同时派大将孛秃率一支军队进攻懿州（治所在今辽宁省阜新蒙古族自治县塔营子古城）。12月，懿州被攻破，守将昌宁军节度使澄洲人高闾山被杀。

为了攻克大宁城，木华黎采取先扫清外围的办法。1215年，木华黎指挥蒙古军队连拔辽西15城，主要有惠州（今辽宁省建平县）、金源（今辽宁省朝阳市大青山西）、和众（今辽宁省凌源市城西小城子南）、龙山（今辽宁省喀喇沁左翼蒙古族自治县南）、利州（今辽宁省朝阳市喀左大城子街道）、建州（今辽宁省朝阳县大平房镇黄花滩古城）、富庶（今辽宁省建平县东）等。然后对大宁城发起总攻。金北京宣抚使兼留守奥屯襄率20万大军迎战，两军大战于花道，金兵惨败，死伤8万余人，奥屯襄率残部退守孤城大宁。城中粮尽，守军中的契丹人首先斩关出降。史天倪父子所率“清乐军”“黑军”（部队士兵皆为汉人）配合蒙古军队猛攻大宁城，因援绝粮尽，守军发生内讧，宣差提控完颜习烈杀奥屯襄，未几，习烈又被部下所杀。余众推寅答虎为帅，寅答虎自知城池难守，遂开城降蒙，金朝失去了北部军事重镇大宁，预示着金朝灭亡已经为期不远了。

蒙古军队占领大宁城之后，遂向南逼近兴中府（今辽宁省朝阳市）。木华黎派金降将高德玉、刘蒲速窝儿为特使，前往兴中府劝降，打算用和平方式占领兴中府。不料金兴中府守将同知兀里卜杀了刘蒲速窝儿，高德玉逃回。木华黎的招降政策失败后不久，兴中府城内发生内乱，吏民杀了兀里卜，推石天应为帅。石天应知无力守住城池，故开城投降蒙古军队。木华黎任命石天应为兴中府尹、兵马都提控，令其镇守兴中府。

木华黎率蒙古军队攻略辽西州郡，得到契丹和汉族地方武装的支持与配合，故军事进展顺利。木华黎采取怀柔和铁血两种手段，即对投靠蒙古的一律给予重用，使得投降过来的土豪头子和一些军事将领都甘愿为蒙古政权卖命。对于不降的坚决镇压，如木华黎至辽西时，王珣率众出降，被任命为元帅，领义、川两州事（义州即今辽宁省义县、川州治所在今辽宁省北票市黑城子）；石抹孛迭儿，木华黎至霸州时，孛迭儿率部迎降，被擢为千户；义州土豪李守贤与兄庭植，弟守正、守忠，从兄伯通、伯温等，同时降于蒙古木华黎，附成吉思汗，李氏兄弟皆得封赏，守贤授锦州临海军节度观察使。对于聚众拥兵自立，既不愿意投降蒙古，又不受金朝管辖，企图独树一帜的，如锦州的张鲸、张致两兄弟，杀金临海节度使，叛金自立，张鲸自称临海郡王，当蒙古军逼近锦州时，张鲸被迫降蒙古，而在领兵随蒙古大军南下、攻略燕南未附州县时，称疾逗留不前，被木华黎所派心腹也先执送成吉思汗，被戮。其弟张致闻知，非常愤怒，杀蒙古所派长史，据锦州叛蒙而自立，称汉兴皇帝。自养敢死军万余众，号称黑军，以锦州为根据地，迅速向四周扩展自己的势力范围，先后派兵占领蒙古掌控的平州、滦州、瑞州、利州、懿州、广宁等州县。木华黎遣大将蒙古不花、吾也而率兵讨张致，在蒙古军强大的压力下，有的地方州县豪强杀张致所署长官以应之。

1216 年，张致联络开义县杨伯丕进攻义州，被蒙古军的义州守将王珣击退。兴中府起兵响应，张致占领兴中府。是年 6 月，张致向金朝上表称臣，金朝宣宗皇帝任张致为行北京路元帅府事。当时自顾不暇的金朝，只能授予张致空衔，实则未予一兵一卒的军事援助，张致只能孤军奋战。同年7月，蒙古大军兵临兴中府，木华黎知张致当时兵力较强，没有强攻，采取智取，命吾也而率部进攻石溜山，诱张致出城。张致闻石溜山被蒙古军围困，不知是计，遣张鲸之子张东平率8000骑兵、3000步兵往救，预先埋伏在永德县（当时兴中府属县）之西的蒙古不花率部切断张东平的归路，木华黎亲自率主力抵神水县（当时锦州属县）东，与张致的军队相遇。张致遭蒙古军夹击，大败，张东平阵亡，兵士死伤惨重。张致退守锦州，木华黎乘胜包围锦州。张致遣部将张太平、高益出战，又被木华黎打败，伤亡3000余人。张致屡战屡败，只好闭城不出。蒙古大军围困锦州月余后发动攻城，张致久困城中，愤部下将校不尽力拼战，诛杀数人，结果激起兵变，高益缚张致，开城投降蒙古军。木华黎斩张致，占领锦州后，又遣将攻打广宁、懿州，张致的广宁守将刘谈、懿州守将田和尚见大势已去，也降蒙古军，木华黎诛刘、田二人，并屠两城。张致被消灭，至此辽西地区完全落入蒙古军队之手。

东夏国是蒲鲜万奴建立的。蒲鲜万奴本系女真人，祖居辽东，曾参加会河堡战役，时任金军监军。1213年，蒲鲜万奴随完颜承裕一起到辽东参加镇压耶律留哥的军事行动。当时完颜承裕率60万大军，与耶律留哥战于迪古脑儿（今辽宁省昌图县北）。耶律留哥求救于蒙古，成吉思汗派按陈那颜等率千余骑兵驰援，官军大败。金朝卫绍王正处时局艰难之际，并没有治承裕的败军之罪，为稳定大局计，反升了完颜承裕、蒲鲜万奴的职，任命其为同判大睦亲府事、辽东宣抚使；蒲鲜万奴由咸平路招讨使擢升为咸平宣抚使。迪古脑儿战役后，金朝遣温迪罕青狗赴广宁劝降耶律留哥，青狗见留哥势大，反附于留哥。金宣宗大怒，命蒲鲜万奴统40万大军再讨耶律留哥，战于归仁县（今辽宁省昌图县四面城）北细河上，由于蒲鲜万奴轻敌，金军惨败。蒲鲜万奴率残部退守东京（今辽宁省辽阳市）。蒲鲜万奴意识到辽东不保，且担心金宣宗治其败军之罪，于是公然叛金自立。1215 年，蒲鲜万奴发动兵变，“取咸平、东京、沈、澄诸州，及猛安谋克人亦多从之者”①。是年 10 月，蒲鲜万奴在东京辽阳称制，国号大真。

1216 年，木华黎统一辽西后，渡辽河，开始进军辽东，先后克苏、复、海等州，向鸭绿江下游的婆速府路逼近。蒲鲜万奴见蒙古军势强，难以抵挡，遂于是年 10 月降蒙古军。蒲鲜万奴降蒙古是迫于形势，“万奴矫谲有野心，向者内附，事出权宜，常思观衅而动”。为了防范蒙古，曾“率众 10 余万，遁入海岛”。乘耶律留哥内部分裂，耶厮不、乞奴、金山、统古与相继被杀，蒲鲜万奴在辽东再次壮大势力。次年，成吉思汗调木华黎率部南征，辽东地区蒙古军主力撤离，只留耶律捏哥儿行省辽东。此时蒲鲜万奴质于蒙古的儿子帖哥已从成吉思汗御营返回，蒲鲜万奴觉得时机成熟，公然杀死蒙古行省耶律捏哥儿全家，复叛蒙古，并改国号称东夏。蒲鲜万奴攻鸭绿江下游，金来远城守将致书高丽，希望双方联合，共同对付蒲鲜万奴。蒲鲜万奴在大夫营（今辽宁省丹东市附近）大败金军后，挥师北上，连克咸平、隆安，兵锋直指上京，上京行省太平暗通蒲鲜万奴，执元帅承统充，焚烧宗庙以迎万奴。承充之女阿鲁真衣男子服，率军代父坚守上京，蒲鲜万奴久攻不下，乃挥师东进，攻占曷懒路，建都于开元，号上京，同时又置有北京和南京。此时蒙古主力正与金朝逐鹿中原，同时又与西夏交战，一时无暇顾及辽东，故东夏国得以割据东北一隅。1226 年，金辽东行省哥不蔼试图联合高丽共讨东夏国，高丽不肯出兵。不久，蒙古大将撒里台又领军进攻辽东，连克金人据守的盖州、宣城（今辽宁省岫岩满族自治县）等 10 余城，至此，金朝在辽东的势力被赶出辽东。1229 年，窝阔台继位后，重新开始对

① 何绍忞. 新元史·列传第三十一·蒲鲜万奴：卷一百三十四［M］. 长春：吉林人民出版社，1995：2351.

辽东用兵。1233年，窝阔台命皇子贵由、诸王按陈那颜等率大军东讨蒲鲜万奴，9月，攻克东夏南京城，灭东夏国①。至此，辽东地区被蒙古政权统一。

三　元朝初期辽东地区社会状况

蒙古汗国建立后，社会迅速向封建社会过渡，在对外发动扩张战争、掳掠土地和人口的基础上，实行上层贵族的分封制。如成吉思汗的4个弟弟和扎剌亦儿等投下的贵族封地都在草原的东部，历史上称其为东方诸王。东方诸王的封地有的在辽东地区之北部，有的分布在辽东地区。忽必烈执政时期，发生了以乃颜、哈丹为首的东方诸王的叛乱，辽东地区深受战乱影响，元世祖忽必烈平定叛乱后，元朝政府在辽宁地区设置辽阳行省。

（一）蒙古诸王封地与乃颜之乱

13世纪时，蒙古族各部大大小小的封建领主，居住与牧猎之区"各有疆界"，说明他们在蒙古草原已各有份地。成吉思汗起兵时曾和兄弟们约定："取天下了呵，各分土地，共享宝贵。"建立蒙古汗国后，成吉思汗兑现了承诺，分封土地②。当时接受分封的东方诸王共有9家，即成吉思汗的4个弟弟拙赤哈撒儿、哈赤温、帖木哥斡赤斤、别勒古台，以及扎剌亦儿、弘吉剌（翁吉剌）、亦乞烈思、忙兀、兀鲁五投下。成吉思汗诸弟份地分布情况是：拙赤哈撒儿是成吉思汗的二弟也速该的次子，其份地在今额尔古纳河、海拉尔河流域和呼伦池一带；哈赤温，也速该第三子，成吉思汗的三弟，早死，其子按赤歹封王，其份地靠近金界壕，

---

① 宋濂，等．元史·志第一十一·地理二：卷五十九［M］．长春：吉林人民出版社，1995：870.

② 宋濂，等．元史·列传第五·特薛禅：卷一百一十八［M］．长春：吉林人民出版社，1995：1859.

东与帖木哥斡赤斤份地相接；帖木哥斡赤斤，也速该第四子，成吉思汗的四弟，其份地最大，西起哈尔哈河，南到大兴安岭南端，东到东流松花江以北，北到外兴安岭，其面积约为东方诸王封地总面积的一半；别勒古台，成吉思汗同父异母季弟，其份地在鄂嫩河和克鲁伦河流域。东方诸王在其份地内享有特权，份地内的百姓要向领主交纳“五户丝”和折钞，“达鲁花赤、总管以下诸官属，皆专任其陪臣，而王人不与焉”。领主们在自己的份地上建有王府，从某种意义上说，诸王的份地几乎等于一个独立王国，其属民相当于诸王的农奴和奴隶。

所谓五投下，即归附成吉思汗比较早的五个蒙古部落扎剌亦儿、弘吉剌（翁吉剌）、亦乞烈思、忙兀、兀鲁。5 投下中人数最多的是扎剌亦儿部①，共有 70 古列延，7 万帐幕，分为 10 支，其中扎惕部的著名代表人物是木华黎。成吉思汗因其功勋卓著，封为太师国王，其“子孙传国，世世不绝”②。木华黎子孙中有一支迁往关内，其封邑在今山东东平，速浑察一支与辽东关系密切。速浑察系木华黎之孙，其子头辇哥袭王爵，曾行省辽阳，出镇高丽。木华黎家族与辽阳关系密切，元末割据辽东的辽阳行省丞相纲哈出也系木华黎的后裔。扎剌亦儿的份地西到桓州（今内蒙古锡林郭勒盟正蓝旗北），东到辽西，朵儿只的王府设在辽西的锦州附近；弘吉剌（翁吉剌）的特薛禅家族与成吉思汗家族世代联姻，成吉思汗曾说，“弘吉剌氏生女世世为后，生男世尚公主。”③ 其分给特薛禅家族的份地有 4 块：特薛禅长子按陈那颜份地约在今

① 宋濂，等．元史·列传第九·木华黎：卷一百一十九［M］．长春：吉林人民出版社，1995：1868.

② 宋濂，等．元史·列传第九·木华黎：卷一百一十九［M］．长春：吉林人民出版社，1995：1868.

③ 余大钧．史集译本：第 1 卷［M］．上海：商务印书馆，1983：263.

辽西七老头山之北，次子火忽份地约在今老哈河与西拉木伦河之间，三子册那颜份地约在今内蒙古乌珠穆沁旗东南及克什克腾旗东北，按陈那颜之子唆鲁火鲁份地约在今翁牛特旗西南一带。这4块份地都靠近辽宁西北部地区。亦乞烈思部族份地亦分布在辽西地区，亦乞烈思上层分子，亦与成吉思汗家族有姻亲关系，其份地大体上在今内蒙古科尔沁右翼前旗、科尔沁右翼中旗、科尔沁左翼后旗、扎鲁特旗和懿州（治所在今辽宁省阜新市塔营子）等地。忙兀和兀鲁部分地，大体在今辽宁省阜新市以西到老哈河之间“大宁与广宁府两路的北部，亦即今大凌河中游以北之地”。元朝政府在咸平府（治所在今辽宁省开原市老城镇）设有开元路五投下总管府，说明五投下都与辽宁有着密切的关系。

忽必烈即位以后，蒙古宗室诸王之乱此起彼伏，斗争十分激烈。首先是阿里不哥与忽必烈争夺汗位，草原蒙古诸王支持阿里不哥与忽必烈分庭抗礼。经过4年的血战，阿里不哥被降服。忽必烈刚坐稳汗位，1267年，窝阔台汗之孙海都又发动叛乱，占据西北草原，元军屡征不下；1270年，贵由汗之子秃鲁据沙州叛乱；翌年，又有蒙哥汗之子昔里吉、忽必烈之侄脱脱木儿叛乱。1287年，乃颜和哈丹发动叛乱。

蒙古宗室对于忽必烈即位本来就有不同意见。忽必烈执政以后，便开始采取措施，加强中央集权专制，在东北设置行省以加强中央对东北地区的控制。1260年，在大宁设北京宣抚使，以控辽东；1264年，设北京行省，旋即撤销；1269年，置东京行省，命赵璧与木华黎之曾孙国王头辇哥同行省事；1274年，又遣廉希宪行省东京，廉希宪独行省事后，对诸王采取了许多限制措施，引起诸王的强烈不满。乃颜等东方诸王与中央的矛盾本来很深，忽必烈企图通过在东北建立行省以削弱诸王的势力，必然会遭到东北诸王的坚决抑制。1285年，北京宣慰使亦力撒合向忽必报告说，乃颜等“有异志，必反，密请备之”①。两年后，即1287年，乃颜果然造反。

乃颜系帖木哥斡赤斤的玄孙，其所占份地最多，为蒙古诸王之长。面对忽必烈对东方诸王利益的损害，乃颜联合哈丹起兵造反。哈丹系哈赤温之孙、按赤台之别子，因未嗣王位，“志常鞅鞅，故同乃颜之叛”。参与此次叛乱的东方诸王还有：帖木哥斡赤斤曾孙孛罗歹，玄孙斡罗思罕、忽里带等；哈赤温曾孙老的、玄孙胜纳哈儿等；拙赤哈撒儿之孙火鲁火孙、曾孙势都儿等；别勒古台曾孙纳牙等。成吉思汗4个弟弟的后裔几乎都参与了此次叛乱，其他还有东道诸王后裔或重要将领，如也铁哥、哈儿鲁、阿秃、纳塔儿等，另外还得到西北叛王海都、宁海王阿海、河间王也不干等的支持，足见叛军势力之强大。

政治斗争的核心是利益，政治斗争的最高表现形式是军事冲突。忽必烈在东北置行省限制诸王，削弱诸王的势力，本质上损害了诸王的利益，为了维护自身利益，以乃颜为首的诸王不惜铤而走险，以武犯禁。忽必烈此时已经73岁高龄，为了维护自己的权威，巩固中央集权和专制文化，不顾年老多病之躯，统王师御驾亲征。

乃颜等人造反，忽必烈意识到了形势的严峻，丝毫不敢怠慢，立即召集文武大臣商讨对策。他采纳阿沙不花的建议，对东方诸王采取分化瓦解、孤立乃颜的办法。遣阿沙不花北上说服别勒古台曾孙纳牙等脱离叛军集团；同时命忠于朝廷的广宁王彻里帖木儿节制东道诸军，使乃颜无法调动东道的军队；又诱西北叛王胜纳哈儿入京，擒而夺其王封，命土土哈率领一支远征军远征土剌河，败叛王也不干，消灭乃颜西北叛军同盟。然后筹集军需，调集各路兵马，认真布防，命范文虎镇守平滦两州，以防叛军窜向

① 宋濂，等. 元史·列传第七·亦力撒合：卷一百二十［M］. 长春：吉林人民出版社，1995：1885.

中原；命伯颜守和林，以遏乃颜西进之路；调黑龙江下游屯田军南下，以抚叛军之背；命高句丽出兵双城；亦力撒合出兵大宁；扎剌亦儿等五投下之军自懿州出征；爱牙赤、塔出率万人守咸平；彻里帖木儿镇广宁；洪茶秋率辽沈之兵北上。作出上述对乃颜分兵合围之势、部署停当后，亲自挂帅，统2万主力，从上都出发，征讨乃颜，主要由博罗欢、玉昔帖木儿的蒙古军和李庭所率领的汉军组成。1287年4月，两军对阵于西拉木伦河。由于官军中蒙古将校多为乃颜部人或亲密，所以这些人往往阵前与叛党“立马相向语，辄释仗不战”。结果官军无斗志，被叛军逼退到豪州、懿州以西。忽必烈听从浙江道儒学提举叶李建议，令汉军列前布战，而联军断其后。命李庭、董士选将汉军，得以汉法战。6月，官军与叛军遇于撒儿都鲁（今内蒙古自治区土默特旗与曼旗交界处），官军在数量上不及叛军一半，处于劣势，忽必烈用疑兵之计，吓退叛军头目塔不带、金家奴。入夜，李庭率汉军突入敌营燃放火炮，叛军大乱，官军乘势进攻，大破叛军。乃颜闻报急派哈丹率万余人马来援，结果再次被官军击溃。官军连战连捷，后续部队又先后开到，乃兵分两路，分别由玉昔帖木儿和李庭统领，向北进击叛军。官军主力与乃颜叛军主力在失列门林相遇，乃颜叛军兵力占优，忽必烈亲临前线督战，激励将士，六军奋勇，士气倍增，一战便破敌，生擒乃颜。忽必烈按蒙古处死宗室成员习俗，“用两毡裹之，使人力振死之”。

处死乃颜后，忽必烈因足疾于是年8月返回上都，遣官军继续追剿乃颜余党。官军先后将叛军残余塔不带、金家奴消灭在黑龙江境内；在辽宁境内大败乃颜余党，先后活捉了叛军头目史秃林台、卢全、王赛哥等，叛王失都儿见大势已去，乃束身归罪，降于朝廷。乃颜死后，哈丹成了叛军的主要头目。他以嫩江和松花江两水为天堑，率叛军残部与官军长期周旋，“败则东归，胜则复出”。元朝政府花了5年时间，才最后平定哈丹叛党。

乃颜、哈丹之乱，前后近6年，战火涉及了辽阳行省的大部分地区。今辽宁省境除辽东半岛外，其他地区几乎全部被卷入了这场战争。辽阳诸路因遭战争破坏，百姓疾苦，沈州也遭乃颜叛军蹂践，咸平、懿州等地因乃颜和哈丹之乱，百业萧条，百姓苦不堪言。叛乱被平定后，元朝政府处死了叛党中的骨干分子，对参与叛乱罪不当死的采取流放，将哈丹死党阿里秃大王等流放到海岛，并剥夺了许多胁从诸王的王爵和军队。同时，对叛王的属民进行重新调整和分配，参加叛乱的军队均调到黄河以南及江浙一带，叛军和叛军家属也一并徙置南方。在辽东地区正式设立辽阳行省，加强了中央对这一地区的统治和管辖。

（二）红巾军与辽东社会状况

元朝末年，朝廷政体文化腐化、官员腐败，剥削加重，社会贫富不均，社会民众对于蒙古统治者长期的压迫与剥削强烈不满，阶级矛盾和民族矛盾空前尖锐。1351 年 5 月，终于在江淮地区爆发了刘福通、韩山童领导的农民大起义。起义军头裹红巾，故称红巾军。江淮红巾军主要分为两支：一支由刘福通、韩山童领导的北方起义军；一支由徐寿辉、彭莹玉（彭和尚）领导的蓟、黄起义军。两支起义军以北方红巾军势力最强，一直是元朝政府的心腹之患。红巾军大起义爆发后，其势力迅速扩展到黄河南北。1351—1354 年，是红巾军发展壮大时期。刘福通、韩山童首义后，遭到元朝地方军队镇压，韩山童被捕牺牲，其子韩林儿逃到武安山中。1355 年，刘福通将韩林儿迎到亳州，并尊为“小明王”，建国号大宋，年号龙凤，史称龙凤政权。元朝统治者企图扼杀新建立的农民政权，先后派重兵围剿。为了反击元朝的围剿，1357 年，红巾军组织三支大军北伐，兵锋直指元朝的统治中心大都。

据《全辽志》记载，江南红巾军大起义爆发不久，淮安红巾军领袖陈佑就率领一支军队从山东半岛的登州渡海北上，占领辽东半岛南端的金州城（今辽宁省大连市金州区）。由于当时元朝在辽东半岛的守军力量较强，陈佑这支红巾军遭到元军袭击而撤退，

“复渡海，还山东”①。

红巾军北伐，中路军对辽东地区影响最大。中路军原是龙凤政权丞相盛文郁的旧部，该部占领曹州后，曾与东路军取得联系。1357年秋，中路军越过太行山，准备进攻河东军事重镇冀宁路（今山西省太原市）。因该镇有重兵守卫，迫使中路军退回太行山。翌年3月，当东路军逼近元大都之际，中路军出太行山，再次进入山西境内，占领晋宁路（今山西省临汾市），然后转攻潞州（今山西省长治市）、绛州（今山西省新绛县）、辽州（今山西省左权县）；10月，中路军占领了塞北名城大同；12月，攻克元朝北方重镇上都，并将上都宫室付之一炬。元朝统治者闻上都失守，立即派大军围剿红巾军。由于东路军失利，影响合围元大都的计划，西路军在东路军撤退后，被迫从陕西退回四川。中路军虽然占领了上都，但得不到友军支援，成为孤军，不得不转向元朝守备力量比较薄弱的辽阳行省，进入辽河流域，转战辽西、辽东和朝鲜半岛，前后达5年之久。

1359年正月，红巾军攻克当时的辽阳行省治所懿州，懿州路总管吕震和行省儒学提举赵洙及妻许氏，皆死于难。红巾军占领懿州不久即渡辽河东进，很快占领辽阳。广宁路总管郭嘉领兵救辽阳，红巾军乘机攻占广宁，至此，辽西诸城基本上都被红巾军占领。红巾军在辽西组建了行省，以关先生、毛居敬、沙刘二等为行省官员。同年4月，红巾军先后占领辽阳路所属的金、复、海、盖4州，占领辽东半岛后，与山东半岛的东路军遥相呼应，形成对龙凤政权十分有利的局面。但此时，红巾军发生内讧。淮南红巾军赵君用部受到张士诚的攻击，乃北走山东，投奔毛贵的东路军，毛贵素与赵君用不合，赵君用乘机杀了毛贵。毛贵之党续继祖闻之，带亲信从辽阳赴山东又杀了赵君用。红巾军内部的

① 李辅，等．全辽志卷二·边防五十四［M］//金毓黻．辽海丛书（一）．沈阳：辽沈书社，1982：566.

互相仇杀大大削弱了起义军的力量。与此同时，元朝政府开始调动各路兵马镇压辽阳行省境内的红巾军。由于续继祖擅自领兵赴山东，造成起义军力量削弱，元军收复大宁，并俘斩守大宁红巾军将领汤通、周成等 35 人。次年正月，红巾军再次占领大宁；4 月，元军又收复大宁；7 月，红巾军又攻击辽阳行省本部重镇永平及附近的滦州、迁安县、昌黎县、抚宁县等。红巾军首领雷帖木儿被俘押往京师，程思忠见元军势力大，难以抵抗，遂放弃永平东走。元军统帅也速追瑞州（今辽宁省绥中县），杀获万人，收复永平及附近州县。1362 年，也速拜辽阳行省左丞相、知行枢密院事，开省于永平。红巾军欲西攻兴中府，在永平受阻，转攻大宁，被元军王聚所败，然后又围攻元朝大都。红巾军于 1361 年、1362 年两次进攻高丽，均遭惨败，从此一蹶不振，逐渐走向覆亡。

1362 年 2 月，正当红巾军进攻高丽时，木华黎之裔孙纳哈出占据辽阳，自称辽阳行省左丞相，割据辽东，开始血腥镇压辽东地区的红巾军余部。红巾军余部遂向辽西撤退，一度准备再反攻上都，最后被元军击败全军覆没。

红巾军与元军在辽宁地区的反复较量，使该地区战乱频仍，百姓深受其害。同时，战争给辽东乃至东北地区的经济文化造成极大破坏。红巾军大起义，表明元朝政体文化已经严重腐化。预示了元朝政权的覆没。

四　元朝时期辽东地区行政建制文化

元朝政府置有中书省 1 个、行省 11 个，共 12 大政区。其中与辽东地区有关的是辽阳行中书省，即辽阳行省。辽阳行省在元初曾几设几废，直至 1287 年，平定乃颜叛乱后才确立起来。这与元代边地开发政体文化有直接关系。

（一）元代边地开发与辽东地区

元代统一的多民族国家的形成和发展，促进了民族间与地区间的经济文化交流。蒙古族统治者出于政治的、军事的以及民族自身利益的考虑，对边疆地区的开发给予了特别的关注。经常的民族迁徙与普遍的民族杂居，为边疆地区的经济文化发展创造了条件。

成吉思汗对边疆区实行分封制文化，不同地区实行不同的政体文化。蒙古汗国时期，东北地区是成吉思汗幼弟斡赤斤的封地。蒙哥汗死后，斡赤斤之孙塔察儿大王率先拥戴忽必烈即位，受到忽必烈倚重。塔察儿之孙乃颜承袭东北封地后，与中央政府的对立日益明显。1286 年，元朝政府在东京等处设立行省，但很快又撤销。次年，乃颜联合哈丹等发动叛乱，元朝政府又设置辽阳行省，治所在今辽阳市。乃颜之乱平定后，东北地区全部属行省管辖。辽阳（东京）行省辖境包括今辽宁、吉林、黑龙江 3 省与内蒙古部分地区，以及黑龙江以北、乌苏里江以东，包括骨嵬（今库页岛）在内的广大地区。

1262 年，元朝政府在东北地区实行屯田制文化。元朝政府命婆娑府屯田军移驻鸭绿江之西。婆娑府在今辽宁丹东境内，这里的军屯是见于记载的元朝在东北地区最早的屯田。元统一后，东北屯田渐多，屯田机构有大宁路海阳等处打捕屯田所，立屯于瑞州（今河北省秦皇岛市境内）之西濒海荒地；浦峪路屯田万户府屯田，立屯于咸平府（今辽宁省开原市）；金复州万户府屯田，立屯于哈思罕关东荒地（今辽宁省大连市境内）等。参加屯田的主要是南宋新附军，参加民屯的，一部分是政府拘刷的漏籍、放良、孛兰奚人户与僧道还俗者；一部分则是当地的女真族、水达达族等，以及部分发配奴儿干的罪犯。

元代在辽阳行省的经营，为后代（明清两代）对东北地区的管辖奠定了基础。明代的奴儿干都司基本上沿袭了辽阳行省东北部的疆域。

（二）辽阳行省与辽东宣慰司设置

元代在今辽宁境内的政体文化复杂多变，辽阳行省的设立一波三折。元朝政府为加强对辽东地区的管理，1260－1263 年，先后置北京宣慰司和开元东京懿州等处宣抚司；1264 年 8 月，首设北京行省，不到半年，次年 2 月，“罢北京行中书省”；又次年，又置“东京等路宣抚司”，形成北京宣慰司管辖辽西、东京等路宣抚司节制辽东的行政格局。据《元史》记载，1269 年，元朝政府第一次在辽东地区设立行省，治在今辽宁省辽阳市。元朝政府中书左丞赵璧“行中书省事于东京”；赵璧“同国王头辇哥行东京等路中书省事，聚兵平壤”。① 翌年 3 月，改称东京等路行尚书省。“国王头辇哥行省镇辽阳，有言其扰民不便者。”1272 年 2 月，命廉希宪以中书右丞行省事于北京，并“独行省事”。由于蒙古东方诸王的极力反对，1278 年 4 月，又撤销了东北的行省，“改称北京行省为宣慰司”。元朝在东北的行政制度文化推行得如此艰难，是因为在蒙古汗国时期，成吉思汗诸弟分封的份地在此，他们在份地内建立有自己的独立王国，不受朝廷节制。设立行省，旨在强化中央集权，加强对东北地区的管控，对于东方诸王而言，这是不可接受的。

1286 年 2 月，“立东京等处行中书省”，这是元朝政府第二次在东京设置行省。此时，乃颜等叛王反形已露，置东京行省的目的十分明确，就是加强对东方诸王的控制。由于东方诸王对朝廷设置东京行省强烈不满，迫使朝廷于当年 7 月，“罢辽阳等处行中书省，复北京、咸平等三道宣慰司”。第二次设置的东京行省，运行不到半年便匆匆撤销，可见东方诸王势力已经到了可以左右朝廷决策的地步。这是成吉思汗时期封建政体文化造成的恶果。次年 9 月，忽必烈率军征剿乃颜、哈丹及诸王联合叛乱，先后于撒儿都鲁、不里古都伯塔哈、失列六林三战三捷，并擒杀了叛党头目乃颜。为了加强中央政府对辽东辽西地区的统治，10 月，第三次在东京设置辽阳行省。此后，辽宁地区行省制政体文化始得

---

① 宋濂，等. 元史·列传第四十六·赵璧：卷一百五十九［M］. 长春：吉林人民出版社，1995：2376.

确立。

辽阳行省的治所，曾因战乱而几次迁徙。1286 年 3 月，“徙东京行中书省于咸平府”（今辽宁省开原市）；1290 年，辽阳行省徙治懿州（今辽宁省阜新市）。

据《元史》记载，辽阳行省废时，均有宣抚司管各路，直属于中书省。元代，东北地区设置有北京宣慰司、辽东宣慰司、肇州宣慰司、咸平宣慰司。其中，北京宣慰司，1260 年设，北京宣抚使辖东北地区各路总管，“控制辽东番夷杂处”；1264 年，罢，次年，复立；1269 年，再罢，1278 年，重设。北京宣慰司辖地，宽时包括整个东北地区。治所在北京路，即今内蒙古自治区宁城。辽东宣慰司，1261 年 8 月，始“设开元、女直、水达达等处宣抚司”，同年 9 月，罢。次年，设开元、东京懿州等处宣慰司；1266 年，设立东京、广宁、懿州、开元、恤品、合懒、婆娑等宣抚司；1275 年，设开元宣抚司，1278 年 7 月，改开元宣抚司为宣慰司。1281 年，开元等路宣慰司改为辽东道宣慰司。1286 年 2 月，罢，3 月，重设；次年，再罢；1293 年 12 月，再设；次年，罢肇州宣慰司，并入辽东道设司管辖。咸平宣慰司，1294 年，始设，因太傅伯颜病卒，罢。治所在咸平，即今辽宁开原市。

（三）辽东地区行政建制文化

辽阳行省确立后，作为东北地区最高行政机构，下设诸路总管府，路下再置府、州、县，以加强对地方进行管辖。据《元史·地理志》记载，辽阳行省下辖辽阳路、懿州路、广宁府路、大宁路、沈阳路、开元路等。路下领府、州、县①。

1. 辽阳路

辽阳路即辽阳府路，治所在今辽宁省辽阳市旧城，其下领 1 县、1 州、1 府。辽阳县治在今辽阳市旧城。盖州元初置盖州路，

① 宋濂，等. 元史·志第十一·地理二：卷五十九［M］. 长春：吉林人民出版社，1995：870—873.

1269 年，降为州，并入东京路（辽阳路）。同时将盖州原属的熊岳、汤池、秀岩 3 县并入建安县，治在今辽宁省盖州市，辽东半岛旅顺口亦在其管辖范围内。蒙古汗国时期设有婆娑府路，治在今辽宁省丹东市九连城，直属中书省。1266 年，降为婆娑府，改属东京等路宣抚司；1275 年，以婆娑府为散府；1280 年，复隶于东京路；1288 年，降婆娑府为婆娑巡检司。

2. 懿州路

蒙古汗国期间，曾“以广宁府、婆娑府、懿州、盖州作四路，直隶省（中书省）”；元初设路，1269 年，并入东京路，治在今辽宁阜新市塔营子古城。1359 年，作为辽阳行省府治的懿州曾陷于红巾军。元末懿州因作为辽阳行省治所而升为直隶州；1342 年，升为路，将大宁路所辖的兴中府和义州划归懿州路管辖。

懿州路下领 3 县、1 府、2 州。同昌县，治在今辽宁阜新县红帽子古城；顺安县，治在今辽宁阜新县塔营子古城；灵山县，治在今辽宁法库县四家子古城；兴中府，治在今辽宁省朝阳市旧城；豪州，治在今辽宁省彰武县小南洼村西南城子城址；义州，治在今辽宁省义县。

3. 大宁路

大宁路又称北京路，治在今内蒙古自治区宁城市大明乡古城。其治所虽不在今辽宁省境内，但其所辖的府、州、县多在辽宁省境内。

惠和县，治在今辽宁省建平县北马圈子古城；金源县，治在今辽宁省朝阳城西北喀喇沁城；和众县，治在今辽宁省凌源市十八里堡古城；富庶县，治在今辽宁省建平县公营子村古城；龙山县，治在今辽宁省建平县左公营子古城。

兴中府，治在今辽宁省朝阳市。《元一统志》记载，兴中府曾再次降为州。1342 年，兴中府划属懿州路。瑞州，治在今辽宁省绥中县前卫城。义州，治在今辽宁省义县，下辖弘政、开义、尧庆 3 县。1342 年，义州划归懿州路管理。锦州，治在今辽宁省锦州市（金代锦州曾领永乐、安昌、神水、兴城4县，元代俱废）。辽金置，元代沿袭。利州，治在今辽宁省喀左蒙古族自治县大城子镇，辽金置，元代沿袭。建州，治在今辽宁省朝阳县大平房乡黄花滩古城（辽代建州治在今辽宁省朝阳城西南木头城子镇，辽圣宗时徙治于大凌河之北，金元沿袭）。川州，治在今辽宁省北票市黑城子，辽代始置，金代降为县，元代复设。

4. 广宁府路

方宁府路，治在今辽宁北镇市。蒙古汗国时期，成吉思汗异母弟别勒古台镇广宁，设广宁府路都元帅府；1263年，建广宁路；1266年，隶属东京等路宣抚司；1269年，降为散府，隶东京路；1278年，从东京路析出，置广宁府路。属2县。闾阳县，治在今辽宁省北镇市西南闾阳驿；望平县，治在辽宁省沈阳市辽中区北的水泊附近。

5. 沈阳路

沈阳路，治在今辽宁省沈阳市旧城。沈阳旧城在金末毁于兵火，成吉思汗时期，平定东夏国，高丽麟州神骑都头洪福源率西京、都护、龟州等40余城来降，后高丽叛，洪福源率众来归，蒙古汗国授洪福源为高丽军民万户，置其降民于今辽阳和沈阳。于是开始在沈州营建城郭，万户府官署机构侨置辽阳。1296年，并王氏沈阳高丽军民总管及高氏安抚高丽军民总管府两司为沈阳等路安抚高丽军民总管府，治所仍辽阳故城。1299年，沈阳路治所从辽阳迁回沈阳旧城。

6. 开元路

开元路，治在今辽宁省开原市。金末，蒲鲜万奴建东夏国，定都开元。1233年，大军平东夏国，“师至开元，东土悉平，于建州故城北石墩寨设官行路事”，是为元代设开元路之始。1342年，开元路迁移至咸平府。咸平原为辽东宣慰司所辖的散府，至此成为开元路治，咸平府改为开元。

开元路在辽东地区设4县：新兴县，治在今辽宁省铁岭市；

庆云县，治在今辽宁省康平县齐家屯古城；清安县，治在今辽宁省昌图县马仲河镇；归仁县，治在今辽宁省昌图县二十家子乡四面城古城。

第三节　元朝时期辽东地区民族分布

总体上看，元代社会文化形态主要体现为大统一、多民族经济、文化共同发展与南北经济、社会、文化发展不平衡加剧。辽河文化也因受元代政体文化的影响，而表现出地域特点。

辽、金时期，曾将大量汉人从中原地区迁移到今辽东地区安置，元初战乱，造成大批汉人或死亡或游离失所，但仍有相当数量的汉人居住在今辽东地区。由于汉人与契丹人、女真人、渤海人长期杂居错处，至元代，辽东地区的契丹人、女真人、渤海人与汉人融合，被称为汉人了。元代，还从朝鲜半岛迁移一些高丽人安置在今辽沈地区，后有部分高丽人回朝鲜半岛，遗留下来的高丽人也融入汉人之中。蒙古汗国时期，东方诸王分封及五投下封地，蒙古族人也渐入今辽宁地区。因此，从民族文化形态来看，元代在辽东地区呈多民族错处杂居、交流融合的发展形态。

一　元代民族分布与族类划等

元朝幅员辽阔，民族众多，是我国历史上空前大统一的多民族国家，其疆域“北逾阴山，西极流沙，东尽辽左，南越海表”。其版图之广“有汉唐之地而加大”，其人民之众“有汉唐之民而加多。”据《元史・地理志》评述，“自封建变为郡县，有天下者，汉、隋、唐、宋为盛，然幅员之广，咸不逮元。汉梗于北狄，隋不能服东夷，唐患在西戎，宋患常在西北。若元，则起朔漠，并西域，平西夏，灭女真，臣高丽，定南诏，遂下江南，而天下为一。”① 在元朝广大的疆域内，居住着众多民族。大漠南北的广大地区，是元朝“祖宗根本之地”，主要居住着蒙古族。岭北行省地段越兴安岭，南濒大戈壁，西至阿尔泰山西麓，为蒙古族的主要分布地区之一。西北部鄂毕河上游至额尔齐斯河，居住着帖良古、客失的迷等“林木中百姓”，而唐麓岭以北地区则为益兰州等五部断事官割地，分布着乞儿吉思、撼合纳、谦谦州、益兰州、乌斯等部，东北则包括贝加尔湖周围的豁里、秃麻、不里牙惕（即布里亚特）、巴尔忽诸部及石勒喀河至额尔古拉河一带合撒儿的领地。

漠南蒙古族地区分属中书省及辽阳、陕西、甘肃等行省管辖，包括阴山以北的汪古都部住地以及原属金、西夏，后又分封给札剌儿、兀鲁兀、忙兀、弘吉剌、亦乞列思等五投下及诸王的领地。元代，由于大批的蒙古族南迁到这些地区，形成了漠南蒙古族居住地区。此外，还有蒙古军队的南下和西征，致不少蒙古族人居住在中国各地。

东北松花江、黑龙江流域居住着女真族、汉族、契丹族、蒙古族、水达达族等；黑龙江入海处奴儿干地区及周围生活着兀者、吉烈迷、骨嵬等族。而辽河流域的契丹族一部分已同化于周围的女真、汉族之中，另一部分尚保持着聚族而居的状态。

西北地区居住着很多民族，人数最多的是畏兀儿人，主要分布在别失八里、哈剌火州、昌吉、玛纳斯、焉耆等地。沙州以西的哈密居住着哈密人。阴山西北的阿力麻里和海押立地区，是哈剌鲁人的分布区域。在河中各地散居着突厥族的康里人和突厥蛮人，此外，还有大量的土著粟特人。阴山以南其他一些地区，分别居住着斡端人（忽炭人）、曲先人等，还有蒙古征服者到这里定

① 宋濂，等．元史·志第十·地理一：卷五十七［M］．长春：吉林人民出版社，1995：845.

居的蒙古人、汉人、契丹人、唐兀人等各族。

西南的西藏主要居住着藏族，分布在乌思（前藏）、藏（后藏）和纳里速古鲁孙（阿里三围）三地区。云南地区范围很广，东至普安路的横山，西接印度的阿萨密，西南至缅甸的江头城，南连八百媳妇（今泰国北部）和老挝，北至罗罗斯的大渡河。在这片广阔的土地上，居住着白人（今白族）、罗罗（今彝族）、末些（今纳西族）、卢蛮（今傈僳族）、斡泥（今哈尼族）、阿昌（今阿昌族）、结些（今景颇族）、怒人（今怒族）、撬人（今独龙族）、金齿百夷（今傣族）、蒲人（今德昂和布朗族）等原土著居民以及后迁入的色目人和蒙古人等各族。

元代在前代统治者实行羁縻政策的基础上，又前进了一步，在一些民族地区，除了“宗王将兵，镇边徼襟喉之地，如和林、云南、回回、畏兀儿、河西、辽东、扬州之类外”，还在民族地区设立行省，从政治上与内地划一。此外，还根据西南地区的实际情况，在民族聚居地区设立土官，以使其互相制约，进而保证元中央政府的有效统治。

元朝统治集团是蒙古贵族为核心，还有色目等各族的上层统治者；而被统治的人民则是以汉族为主体，包括蒙古族下层农牧民在内的各族人民。蒙古贵族统治者借鉴金代所推行的民族分化政策，依据不同的民族和被征服的先后，将全国各族人民分为4个等级，其排序是蒙古人、色目人、汉人、南人。而且，在选任官吏、法律诉讼、科举条例、名额和待遇等方面，均有一系列不平等的规定。

蒙古族为第一等，系元朝的“国姓”。原始意义上的蒙古人，是指源出于额儿古涅昆的捏古思与乞颜的后裔。成吉思汗兴起以后，蒙古之名已成为尊贵的同义词。在元朝时期，官方对于以木华黎家族为代表的札剌亦儿部，与皇室通婚的斡亦剌部、汪古部（限阴山地区之汪古部）都已承认其蒙古族属。塔塔儿、克烈、篾儿乞惕等部，已经被成吉思汗的暴力打烂，而其成员中少数依附成吉思汗者仍以克烈为氏姓，混迹于蒙古族之列，故速哥所出，《元史》称之为“蒙古怯烈氏”。同样，旦只儿所出，作“蒙古答答带”。当时，由于蒙古人、色目人拥有各种特权，故“女真、河西，明有著令，而自混色目；北庭族属邻于近似，而均视蒙古。”汉人中冒名蒙古者亦所在有人。在元代，蒙古族人大大扩充，这在蒙古人成为统治民族之后，是必然发生的社会现象。元末明初的陶宗仪著录蒙古氏族有 72 种之多。

色目人为第二等，主要指西域人，包括钦察、唐兀、畏兀儿、回回等。陶宗仪录元代色目氏族有 31 种，诸如钦察、唐兀、阿速、秃八、畏兀儿、回回、乃蛮、乞失迷儿等。这些人大多属于西北地区各族，还有些是属于中亚等地。成吉思汗西征扩张领土之后，将所占领的广大地区分封其诸子。长子术赤的封地为钦察汗国，据有花剌子模和康里国故地；次子察合台初领有西辽和畏兀儿旧地，东面同畏兀儿相邻，西边起到撒马尔罕和布哈拉等地；三子窝阔台封于乃蛮故地，则以叶密立和霍博两地为中心，包括今新疆准噶尔盆地及以西、以北地区，称窝阔台汗国；幼子拖雷按照蒙古幼子守产的习俗，主要领有蒙古本土。色目人中，不同族种的人在管理、负担上也各有不同，如畏吾儿人属大都护府，吐蕃人属宣政院，钦察人属钦察侍卫亲军都指挥使司，一般的中亚穆斯林则归于达失蛮，各有其特殊的地位和负担。

汉人为第三等。一般指淮河以北原金朝统治地区的汉族、契丹、女真等族，以及较早征服的云南、四川两省人和东北的高丽人。陶宗仪《辍耕录》中录有 8 种，分别是契丹人、高丽人、女真人、竹因歹人、术里阔歹人、竹温人、竹赤歹人、渤海人。

南人为第四等。金时，以灭辽所得地区之民称汉人，而以侵北宋时所得山东、河南之人称南人。元时，“汉人、南人之分，以宋、金疆域为断，江浙、湖广、江西三行省为南人，河南省唯江北、淮南诸路为南人”。

元代民族族类划等，从历史文化角度看，不利于民族交流与融合。上述4等人在政治待遇和社会地位上是不平等的。蒙古贵族属上等人，享有很多特权；色目人中的上层分子，政治地位仅次于蒙古贵族，却高于汉人和南人；南人在四等人中处于最末等，其地位不如汉人，就连充任官吏的南人，在与汉人出身的官吏发生争执时，也要忍气吞声。特别是区别四等人施用不同法律，如汉人和南人刑狱归刑部、蒙古人和色目人刑狱归大宗正府、汉人与蒙古人和色目人之间的刑狱归大宗正府处断等。在朝廷重要官员的选用上，将汉人和南人排斥在外，如枢密院长官知院，皆由蒙古、色目勋贵充任，不用汉人等，其妨碍了民族文化交流与发展。

二 蒙古族与契丹人的分布

元代蒙古族和契丹族主要分布在东北地区北部与内蒙古地区东部。早期蒙古语族的东胡种族、室韦种族、貊种族分布在古代蒙古高原及以东地区。至唐代，室韦种族分为20余种，其中有一部称“蒙兀室韦”即后来的蒙古部族；辽代，室韦诸部西迁重新组合，分布于今内蒙古东部的有乌古、于厥里、蒙兀室韦及室韦等多个部落；金代，蒙古族逐渐强盛，今内蒙古东部及东北地区北部的室韦族各部居住区都成为蒙古族的居住地。成吉思汗分封诸王及将领，将东北地区的蒙古族居住地区分封给其他诸王及五投下和兀良哈（此内容在前面曾经讨论过），由此可以知道元代蒙古族的分布情况。

元代，契丹人除分布在中原地区及内蒙古中部地区外，在东北地区则主要分布在今内蒙古东部及辽宁、吉林西北部地区。元朝兴起，大部分契丹人投奔蒙古后随蒙古东征西讨，分散各地，或融入汉族，或融入蒙古族及其他族；到了元代晚期，契丹族人已经不再以独立民族见于史册。

在今内蒙古东部的契丹人，以石抹也先、石抹阿辛为代表，石抹也先在元代以功累升昭毅大将军，沿海副都帅，其子继祖，袭万户；其孙亦剌马丹仕至辽阳省左丞。石抹阿辛所将军以衣为号，故曰“黑军”，皆猛士，阿辛从击蠡州，战死。子查剌仍以御史大夫领黑军，子库禄满袭职，库禄满从征李璮，飞矢中额而亡。

在今辽东北部的契丹人，金代时主要分布在北京路、东京路、咸平路、上京路所在地区。蒙古兴起，这些地区的契丹人纷纷投附蒙古，如耶律留哥、王珣、移剌涅儿、石抹孛迭儿等。据《元史》记载，“耶律留哥，契丹人，仕金为北边千户，太祖起兵朔方，金人疑辽遗民有他志，下令辽民一户以二女真户夹居防之。留哥不自安，岁壬申，遁至隆安、韩州，纠壮士剽掠其地，州发兵追捕，留哥皆击走之。因与耶的合势募兵，数月众至十余万，推留哥为都元帅，耶的副之。营帐百里，威震辽东。”耶律留哥是契丹人，组织的军队大都为契丹人，所以他自号契丹军。其子薛阇被元朝授为“第三千户”，后“移镇广宁府，行广宁路都元帅府事。”在连征高丽、灭东夏国后，“行广宁府路总管军民万户府事。”①

霸州的契丹人。霸州即今辽宁省朝阳市。据《元史》记载，霸州契丹人附蒙古的有“移剌儿，契丹人也。”“闻太祖起兵”，“率其党百余人诣军门献十策。帝召见，与语奇之，赐名赛因必阇赤”②。因其生于霸州，故号“霸州元帅”。此外，还有石抹孛迭儿，也是契丹人，从父徙霸州。木华黎率师霸州，孛迭儿迎降，擢为千户。

三　汉人与高丽人的分布

元代东北汉人主要分布于辽阳府、广宁府、大宁路、沈阳路4

① 宋濂，等．元史·列传第三十六·耶律留哥：卷一百四十八［M］．长春：吉林人民出版社，1995：2331.

② 宋濂，等．元史·列传第三十六·耶律留哥：卷一百四十九［M］．长春：吉林人民出版社，1995：2233.

个地区。据《元史》记载，元代，政府迁移中原汉人至东北各地屯种；也将东北地区作为中原地区犯罪的汉人流放地。所以，在今辽宁地区分布大量汉人①。据《元史·地理志》记载，辽阳府路，有户3780，口33231；广宁府路，有户4595；大宁路，有户46600，口448193；沈阳路，有户5183。这些户口都是分布在这些地区的汉人。可见，元代汉人在辽东地区分布之众广。从考古文化发现来看，也证明东北地区分布着相当数量的汉人，如《元代沈阳城隍庙碑》，其上出现的人名有近70人，绝大多数都是汉人姓名。此外，在今辽宁境内发现了一些元代汉人墓葬，也表明这些地方元代居住着汉人。如朝阳十二台子乡四家子村发现的《元柳城耆老碑》、朝阳龙城区七道泉水乡杜林子屯发现的元代壁画墓、喀左蒙古族自治县大城子发现的元代石椁墓、喀左国营砖厂发现的土坑墓，都是汉人墓葬，表明在霸州地区居住着大量汉人。

据《元史》记载，明初，置东宁路，后升东宁路总管府，高丽归该总管府管辖②。当时不断迁徙东北的高丽人，主要居住在辽东东宁路。《辽东志》记载，洪武年间，东宁卫所属的高丽人已有3万余人，至永乐年间，漫散军有4万多人。辽东户口，东宁卫居十分之三③。元朝政府在1231—1273年期间，先后9次征讨高丽，所掳男女20余万④，虽有部分赎回，但绝大多数留居辽东

---

① 宋濂，等．元史·志第十一·地理二·辽阳行省：卷五十九［M］．长春：吉林人民出版社，1995：870.

② 宋濂，等．元史·志第十一·地理二·东宁路：卷五十九［M］．长春：吉林人民出版社，1995：872.

③ 金毓黻．辽海丛书·辽东志·地理志：第一册［M］．沈阳：辽沈书社，1985：358.

④ 宋濂，等．元史·列传第九十五·高丽：卷二百零八［M］．长春：吉林人民出版社，1995：2916.

地区，有相当数量高丽降人迁居今辽沈地区。可见，元朝时期，在今辽阳、沈阳地区，居住大批高丽人。这些高丽人，在后来陶宗仪所列的8种汉人之中，即已融入汉人。

元代以前，在今辽宁阜新、法库等地居住着相当多的契丹人，在辽阳等地居住着相当数量的渤海人，在沈阳及丹东地区居住着相当数量的女真人。金灭亡，元代初期，不少契丹人、渤海人、女真人相继迁离辽宁，但也有一些留下。这些契丹人、渤海人、女真人和当地的汉人杂处一处，长期交往、通婚，逐渐汉化，易汉姓，说汉语，穿汉服，逐步融入汉人。元朝政府划分民族也把他们划入汉族之中。

第二十五章　元朝时期辽东地区经济文化

元朝时期，社会经济的各个领域，包括农业、畜牧、手工业、商业文化都有一定发展。元朝在“马上得天下”，武力征服，东征西讨，战争连年，无疑会给一些地区造成严重破坏。跟中原各民族比较，作为征服者的蒙古族尽管武力上处于强盛阶段，但其社会经济文化尚处于较低的发展阶段。随着蒙古汗国的建立，在中原地区已经被历史抛弃的落后的奴隶制度文化，又在一些地区重新抬头，从而给社会经济文化的发展带来一些不利影响。辽东地区也不例外。

元代，土地制度文化明显的特征：一方面，蒙古贵族地主与寺院地主的土地私有制度文化继续发展；另一方面，由封建政府直接控制的各种官田数量也在不断增多。与这种土地占有态势相关联，虽然地主阶级与农民阶级的矛盾依然是社会的基本矛盾，但完全失去生产资料和人身自由的官奴与牲口的数量也明显地增加。

元代，官田文化形成主要来自前代官田、荒田旷土以及籍没田土等。买民田为官田或夺民田为官田的情况虽然存在，但并非官田的主要来源。官田文化形态和类型主要是屯田、赐田、职田、学田、牧地等专用官田，也有一部分普通官田由政府直接管理和经营。

屯田文化发展经历了一个历史过程。蒙古灭金不久便展开对南宋的战争，但战争进展不顺，长时间处于僵持状态，为解决军饷问题，蒙古统治者“布屯田以实边戍”，“置屯田经略司于汴以图宋”，其主要集中在河南、四川、关中等地区。灭南宋后，元世祖忽必烈将屯田作为一种制度文化固定下来，并推广至全国，据《元史》所载，元代屯田至少在30万顷以上。

赐田文化主要行布对象是诸王、公主、百官臣僚。不同时期的赐田文化有所不同，元世祖忽必烈之前较少，仅4例。忽必烈执政期间，赐田渐多；之后，赐田文化发生明显变化，首先是赐田对象多为蒙古、色目出身的朝廷大臣，汉族臣僚被排斥在外，元朝后期，赐田成为宫廷斗争的辅助工具。

学田文化沿袭北宋学田文化而建立，其租入钱粮主要用于师生伙食以及校舍维修等，不同的学校，学田的设置情况不同。学田的来源为政府划拨、私人捐助或学校购置。

官田的经营，对于元朝政府的统治具有重要意义。官田在元政府的财政收入中占有非常重要的地位。它不仅提供了军饷，节省了运输，满足了军事需要，而且在恢复和发展农业生产、促进边疆地区开发等方面，也发挥了有益的作用。学田为学校的发展提供了必要的物质条件。职田成为地方官吏俸禄的重要来源。官田经营过程中残酷的经济剥削与超经济强制，严重激化了阶级矛盾。尤其是元朝统治者把大量官田作赏赐，助长了地主阶级土地所有制文化的进一步发展，减少了国家赋税收入，导致国家财政危机加深，从而加速了元朝政权的覆灭。

第一节　元代辽东地区农牧业文化

农业文化是元代主要的经济文化形态，全国80%以上的人口是农业人口。金末元初，战乱致北方农业文化遭受严重破坏。元朝政权建立后，随着战乱的平息和社会秩序的安定，政府加强对边疆地区开发力度，重视农田水利治理与兴修，农业文化得以恢复和发展。南方受战争影响较少，农业生产文化在较长时期保持了良好的发展势头，北南之间农业文化的差距越来越扩大了。和农业文化相比，北方的畜牧业文化则比较发达。

金末元初，辽东地区长期遭受战争破坏，人口锐减，经济衰落。元世祖忽必烈平定东方诸王叛乱、置辽阳行省，采取一系列措施发展农业生产，使辽宁地区的经济得到恢复并有一定程度的发展。

一　农业生产文化的恢复

自金代末起，由于受到战争影响，辽东地区居民大批死亡和逃离，城镇残破，农田荒芜，农业生产遭受严重破坏。1211—1291年，80年间有近30年的时间里，辽东地区战争频仍，造成民生凋敝。许多州县“多为废坏，野烟荒草，生气之萎，久而未复”。特别是乃颜、哈丹之乱，对辽东地区农业经济文化的破坏是十分严重的，造成“沈州饥，又经乃颜叛兵蹂践，免其今岁丝银、租赋”，“咸平、懿州、北京以乃颜叛，民废耕作，又雪雹为灾，告饥”。至1288年，咸平、盖州、懿州、武平等处均因战乱而告饥。

元代，辽东地区农业生产文化的恢复，大体上是在平定乃颜、哈丹叛乱之后。据《元史》记载，元世祖忽必烈比较重视农业生产，“世祖即位之初，首诏天下：国以民为本，民以食物为本，食物以农桑为本。”① 1260年，在全国设10路宣慰司，择晓农事者充任宣慰司负责劝农的官员；次年，又增设劝农司，管理全国的

① 宋濂，等．元史・志第四十二・食货一：卷九十三［M］．长春：吉林人民出版社，1995：1457.

农业。“颁农桑之制十四条”①。同时还下诏，命地方官员要劝课农桑，鼓励百姓开垦土地，种植桑枣。禁兴不急之役以妨农时。由司农司编纂《农桑辑要》②，与王桢的《农书》一起颁发到全国，推广先进的农业生产与农业技术文化。

为了恢复和发展农业生产文化，元朝政府在北方汉族居住地区广泛设置了村社组织——“锄社”。这种基层组织是在元初民间自发组织“锄社”基础上发展起来的。“锄社”是元代北方农村流行的一种类似生产互助组织的民间组织。在“锄社”内，“先锄一家之田，本家供其饮食，其余次之，旬日之间，各家田皆锄治”。“间有病患之家，共力锄之”。这种类似生产互助行为使“苗无荒秽，岁阶丰熟”③。元朝政府在此基础上发展成村社组织，“该县所属村，凡五十家立为一社”。“令社众推举年高、通晓家事、有兼丁者立为社长。”社长不但要管理本社的农业生产，而且负责对本社成员特别是青年成员的教育工作。

在国家重视农业生产文化发展的大背景下，辽阳行省各地方官员也相应采取许多保护农业的措施。如撒吉思为北京路宣慰使司时，“锄奸抑强，辽东以宁。”④ 1274 年，廉希宪行省辽阳，“讲求民病，抑强扶弱”，曾要上奏辽西鲁王公主及国婿纵猎扰民事，公主惧，以钞 115 万贯赔偿农民损失，“自是贵人过者，皆莫敢

① 宋濂，等．元史・志第四十二・食货一：卷九十三［M］．长春：吉林人民出版社，1995：1457.

② 宋濂，等．元史・志第四十二・食货一：卷九十三［M］．长春：吉林人民出版社，1995：1457.

③ 王桢．农书・农桑通诀・锄治篇第七［M］．北京：中华书局，1956.

④ 宋濂，等．元史・列传第二十一・撒吉思：卷一百三十四［M］．长春：吉林人民出版社，1995：2060.

纵”①。胡秉彝任锦州知府，“州民不业耕织，秉彝乃自写伊尹、武侯区田遗制及苗司农栽桑图，揭于都鄙”。同时，于锦州城东“筑济民国，手植桑百余畦，听民移植。虽蔬食瓜果，植栽有方。小民效法，衣食饶足”②。元朝末年，王伯胜任辽阳行省平章政事，时省治在懿州，王伯胜“度闲田百顷，募民耕种”③，使辽东、辽西的土地得到了广泛的开垦利用，农业生产得到恢复和较高程度的发展。如辽西的利州，1287 年，利州地区“民蕃地偏，以改隘促瘠，堆燥洼濡，牛力农具仅可通者，莫不熘斫卉而熟之”。

辽东地区的农业生产技术与前代金朝水平不相上下，普遍使用牛耕，农具均为铁制。考古文化发现，在今辽宁绥中县、新民市金元代遗址出土有犁铧、锹、镰、犁牵引、镐、蹚头、铡刀、垛叉等农具，表明铁制农具在元代的广泛使用。类似的农具在辽宁其他地区也多有发现。辽东、辽西、辽南是元代辽阳行省境内重要的产粮区，种植的粮食作物有粟、秫、麦、菽等。粮食经常输出。如 1263 年，“遣扎马剌丁和籴东京”；1272 年，高丽饥，转东京辽阳府米 2 万石以赈之；1331 年，“往辽阳懿、锦两州和籴粟、豆十万石”；1352 年，“命和籴豆五十万石于辽阳”。由此可见，元朝时期，辽阳行省地区是重要的粮食产区。

二　屯田制文化的形成

屯田制文化是元代官田经营的重要形态之一。为了鼓励农民

---

① 宋濂，等．元史·列传第一十三·廉希宪：卷一百二十六［M］．长春：吉林人民出版社，1995：1961.

② 刘源溥，等．锦州府志·官师志：卷八//金毓黻．辽海丛书（二）［M］．沈阳：辽沈书社，854.

③ 宋濂，等．元史·列传第五十六·王伯胜：卷一百六十九［M］．长春：吉林人民出版社，1995：2518.

开垦土地、解决军队粮食供给问题，元朝政府曾在辽阳行省境内大力推行屯田制文化，调拨军队或招募农民耕种荒地。辽阳行省屯田制文化形态主要分为军屯和民屯两种类型。军屯是国家组织调拨军队及其家属耕种，土地、种子、牛具、农具等生产要素均由政府提供，收获的粮食多数上交国家，少数归耕种者。从事军屯的农户称军户。民屯是农民租种国有土地，其种子、牛具等或自备，或由国家供给，但所缴纳的租税数量不同。元初规定，“凡开垦荒田屯种者，免六年租税并一切杂役”①。1300 年，改为免租税三年。“种者有牛，官给种，税十四；牛、种皆官给，税其半；皆复其家。”② 当时辽阳行省地区人稀地广，这有利于调动农民从事农业生产的积极性。

从忽必烈执政开始，在辽阳行省境内广泛实行屯田制文化。南起金、复州，北至咸平府路，东至鸭绿江边，西至今山海关，几乎处处都有屯田制文化兴起③。当时辽东半岛的金、复州之地“甚肥沃，有耕稼之利”。为强化屯田管理，元朝政府在金州置“金复州屯田万户府”，1284 年，“发新附军一千二百八十一户，于忻都察立屯田”④。忻都察之地在元代哈斯罕关即今辽宁大连金州区大连湾镇北。所谓新附军，即指南宋新投降的军队。1286 年，又“以新附军千人屯田合思罕（哈斯罕关）东旷地，官给农具、牛、种”。此后，这一地区的屯田军数量陆续增加，屯田规模

① 宋濂，等. 元史·本纪第一十三·世祖纪十：卷十三［M］. 长春：吉林人民出版社，1995：155.

② 许有壬. 至正集·两淮屯田打捕总管府记［M］//四库全书影印本，2003.

③ 札马剌丁，等. 大元大一统志：卷二［M］. 沈阳：辽沈书社，1985.

④ 宋濂，等. 元史·志第四十八·兵三：卷一百［M］. 长春：吉林人民出版社，1995：1590.

越来越大。如 1289 年，“分京师应役新附军一千人，屯田哈斯罕关东荒地”；1293 年，命玉龙帖木儿、塔失海牙两万户所领新附军 1360 户“并入金、复州”。“以只儿合忽所汰乞儿思户七百，屯田合思合（哈斯罕）之地。”据《元史》记载，元代在金、复州屯田户共有 3641 户，屯田面积达 2523 顷①。

早在 1262 年，世祖忽必烈就开始在鸭绿江下游创立屯田制文化，“命婆娑府屯田军移驻鸭绿江之西，以防海道”，说明此前元朝在鸭绿江东岸置有屯田，是年，西移至鸭绿江以西辽阳行省境内。1270 年，忽必烈命从驻扎在辽阳和沈阳的王綧、洪茶丘所领高丽户中拨出 2000 人，发中卫军 2000 人，“合婆娑府、咸平府各一千人，于王京、东宁府、凤州等十一处置立屯田”。当时，鸭绿江以西婆娑府境内的屯田制文化，被元朝政府视为“高丽屯田”制文化的一部分。

辽阳路北部和沈阳路地处辽河平原上，土质肥沃，利于农耕，因而是辽东地区农业文化较发达的地区，也是粮食主产区。元代在这一地区广泛推行屯田制文化，既有官屯，也有民屯。1283 年，元世祖忽必烈“敕大名、真定、北京、卫辉四路屯驻新附军，于东京屯田”；1289 年，又以爱牙合赤所领的军队屯田于懿州；1292 年，命赵德泽、吴荣等领 240 户“逃奴”屯田于广宁和沈州之地；1316 年，征高丽、汉军、女真 1500 人屯田于滨州、辽河及庆云之地。元朝曾在沈阳路置“沈阳等处军民屯田使司”，以加强对这一地区屯田事务的管理。

辽西地域，见于记载的有瑞州附近的屯田制文化。1286 年，“伯颜奏准以唆都、哈觧等拘收户讨，种田立屯于瑞州之西，拨滨

① 宋濂，等. 元史·志第四十八·兵三：卷一百［M］. 长春：吉林人民出版社，1995：1590.

海闲地及时开耕，设打捕屯田总管府”。① 1330 年，置宣忠扈卫亲军都万户府。次年，改为宣忠斡罗斯扈卫亲军指挥使司。

辽北的咸平府境内亦有屯田制文化，1292 年，“以蛮军三百户、女真一百九十记，以咸平府屯种”②。咸平府屯田户当时归蒲峪路屯田万户府管辖。

三　畜牧业与渔猎业文化的发展

据《元史》记载，元代，辽阳行省的蒙古族畜牧业文化比较发达。蒙古族是游牧民族，畜牧业生产文化是其传统的文化形态，历来受到高度重视。元朝政府直接掌管的官营牧场有 14 处，分布在今东起辽东及朝鲜半岛北部，北逾今蒙古人民共和国以北，西至甘肃，南至云南的广大地区。此外，还有大量的贵族私人牧场。由于元代饲养技术与兽医水平的提高、畜牧业产品的广泛利用，元代畜牧业文化非常发达。蒙古人饲养的大型牲畜主要是牛、马、羊和骆驼，特别是马匹。

在辽阳行省境内，不仅蒙古人，汉人和其他民族的人亦饲养马匹，大体上位于辽阳行省北部蒙古五投下忙兀部封建领主所饲养的马匹“群连郊埛”。不但私人养马匹，元朝政府还在各地设置专门的养马场，大量养殖官马。当时辽阳行省境内有两个养殖官马的养马场，一个是哈剌木连等处牧场，即今辽西北部老哈河流域，另一个是位于辽东半岛南端的哈斯罕关附近僧家奴所领牧场。官马场“马之群，或千百，或三五十，左股烙以官印，号大印子

① 宋濂，等．元史·志第十一·地理二：卷五十九［M］．长春：吉林人民出版社，1995：872.

② 宋濂，等．元史·志第四十八·兵三：卷一百［M］．长春：吉林人民出版社，1995：1589.

马。”“牧人曰哈赤、哈剌赤。有千户、百户，父子相承任事”①。

马匹是重要的战备物资和驿站的主要交通工具。一旦发生战争，政府官马不足，就向民间征集马匹，叫作“括马”。据史料记载，仅1298年，元朝政府在全国括马11万余匹，其中从辽阳行省内各路征括的马匹4500余匹，具体数字是：沈阳路383匹，懿州426匹，开元路652匹，广宁路900匹，金复州2142匹。由此可以看出，当时辽阳行省境内民间养马比较普遍，且数量相当大。

辽西的懿州北靠牧区，盛产牛马。所以那里常有大型牲畜交易活动。1283年，高句丽战马不足，“市马于懿州”。

除马之外，当时辽阳行省境内农业地区的居民家里都饲养牛和羊。牛是农民从事耕种和运输的主要畜力，一般的农户家里都饲养牛。考古文化发现，元代遗址出土有数量较多的铁犁铧、铁牵引等铁制农具，说明当时农耕中凭借畜力使用农具，牛耕地是普遍的形式。据史料记载，当时金、复州一带养羊的数量也很多。元朝政府为了发展畜牧业和农业，对大牲畜采取保护措施，法律规定，“私宰牛马者杖一百，征钞二十五两。”这对于维护畜牧业和农业的发展具有积极作用。

渔猎文化是蒙古族的传统文化形态。在进入中原之前，蒙古、契丹、女真族经常从事狩猎和捕鱼等生产活动。元朝蒙古人作为统治民族进入辽东地区，仍然保持其本民族从事渔猎活动的传统，以此获得动物肉类食物，同时借以发扬民族尚武精神。为了狩猎需要，元朝政府规定，皇帝、诸侯王、公主皆有专门养鹰之人、鹰房之执役者。如1235年，规定“籍打捕房户，属御位及诸王、公主、驸马，置打捕鹰房官”②。这些打捕鹰房户专门从事狩猎和

① 宋濂，等. 元史·志第四十八·兵三：卷一百［M］. 长春：吉林人民出版社，1995：1582.

② 苏天爵，等. 国朝文类·鹰房捕猎：卷四十一［M］. 上海：上海古籍出版社，1993.

捕鱼活动，以供给皇帝和贵族们新鲜的猎物和水产品。这些人户的成分较为复杂，“多取析居、放良及漏籍孛兰奚、还俗僧道，与凡旷役无赖者，及招收亡宋旧役等户为之”①。当时元朝政府在辽阳行省境内设置的打捕鹰房机构有：海西辽东哈斯罕等处鹰房诸色人匠怯怜口万户府，设有达鲁花、万户、副万户、经历、知事、提控案牍、译史等官吏，“官领哈斯罕等处，肇州，朵因温都儿诸色人匠四千户”②。

狩猎活动离不开鹰犬，鹰房主要负责为皇帝和贵族们捕猎和渔捞，同时还要训练鹰犬，以供皇帝和贵族们行猎时所用。当时鹰以“海东青”为最贵。这种鹰产于黑龙江下游地区。辽阳行省境内的蒙古贵族们为了获得海东青，经常派打捕鹰房的服役者前往黑龙江下游地区捕捉猎鹰。除海东青外，辽阳行省地方官员也有在境内山里捕捉野鹰经过训练后供贵族们狩猎之用。如1330年，中书省右丞相伯颜命兴中州达鲁花赤也先为之“选收鹰犬”。也先受命，立即派役人“入山谷间搜寻窝雏鹰鹞”，捕获后以“雕笼盛之，元贡京畿”。

当时，虽然辽阳行省境内的山林河流湖泊中，有比较丰富的野生资源。但元朝政府禁止民间普通百姓行猎和捕鱼。据《元史》记载，“地有禁、取有时，违者罪之”③。所谓“地有禁”，就是贵族们各有自己的渔猎场所，界线分明。如“中都四面各五百里地内，除打捕人户依年例合纳皮货、野物打捕外，任何人不得飞放

① 宋濂，等. 元史·志第四十九·兵四：卷一百零一［M］. 长春：吉林人民出版社，1995：1611.

② 宋濂，等. 元史·志第三十八·百官四：卷八十八［M］. 长春：吉林人民出版社，1995：1384.

③ 宋濂，等. 元史·志第五十三·刑法四：卷一百零五［M］. 长春：吉林人民出版社，1995：1667.

打捕鸡兔，违者治罪”①。蒙古贵族们各有“所拨各官围猎山场”，只能在自己的势力范围内打猎，不得越界。为了保护野生资源，法律明文规定“杀胎有禁”，野生动物交配和繁殖期禁猎。因此，普通百姓平时无权猎捕，只有遇到年荒，“年谷不登，百姓饥乏”，政府才解禁，允许百姓捕猎野物以救饥荒②。如 1273 年，“辽东饥，弛猎禁”；1275 年，“弛北京、义、锦等处猎禁”；1287 年，“辽东饥，弛太子河捕鱼禁”“弛辽阳渔猎之禁，惟毋杀孕兽”③；1320 年，“沈阳水旱害稼，弛其山场河泊之禁”④。元代辽阳行省境内人稀地广，山林中的野生资源丰富，野味珍品富饶。辽东出产的野鸡等作为贡品进献京师，有的转销内地市场，为元朝京城的蒙古贵族们所重。

第二节　元朝时期辽东地区手工业文化

元朝时期，手工业文化、交通运输与商业贸易文化都有较大发展。手工文化形态主要体现在棉纺织、丝织、皮毛加工、印刷、制瓷、火器制造、酿酒、制盐等方面，进步比较明显。元代手工业文化的发展与进步是多方面的，存在官营手工业与民间手工业不同文化类型，各有特点。为满足皇室、军队和各级官府生活用品、军需品、工艺品及各种奢侈品方面的需要，以及增加政府财

---

① 宋濂，等．元史·志第五十三·刑法四：卷一百零五［M］．长春：吉林人民出版社，1995：1667.

② 宋濂，等．元史·志第五十三·刑法四：卷一百零五［M］．长春：吉林人民出版社，1995：1667.

③ 宋濂，等．元史·本纪第一十四·世祖纪十一：卷十三［M］．长春：吉林人民出版社，1995：169.

④ 宋濂，等．元史·本纪第一十五·世祖纪十一：卷十五［M］．长春：吉林人民出版社，1995：183.

政收入，历代封建王朝都直接控制一部分手工业生产部门，称为官营手工业。元代的官营手工业文化形态和类型多，管理机构庞杂，工匠数量很大，具有很强的强制性。如《经世大典序录·工典总序》曾记载，元代手工业形态和类型有：宫苑、官府、仓库、城郭、桥梁、河渠、郊庙、僧寺、道宫、庐帐、兵器、卤簿、玉工、金工、木工、抟埴、石工、丝枲、皮工、毡罽、画塑、诸匠等22项。民间手工业生产文化分布范围广泛，生产形态与类型与民众生活密切相关，除了食盐、铜等少数物品的生产受到元朝政府严格控制外，其他绝大部分是民间生产的。丝织、棉纺织、制瓷、畜牧业产品加工、矿冶、造纸、印刷、金银器及玉石工艺品制作等，是民间手工业文化的主要形态和类型。与农业生产文化相结合的家庭手工业生产文化，是元代民间手工业文化的基本方式，主要体现在丝织、麻织、棉织、畜牧业产品加工等文化形态和类型。

元代，辽阳行省境内的手工业文化形态和类型表现以矿冶和铸造业、瓷器制造业、纺织业和制盐业为主要形态，获得较好发展。

一　手工业文化管理

元朝政府官营手工业文化管理形态庞杂是历代罕见的。工部、将作院、武备寺、储政院、大都留守司以及各地方官府等，各有所属，各自为政。如工部，中央工部掌百工政令，负责城池修浚、土木建筑、原材料调拨供应、工匠管理、局院工匠官员选任等。其下属机构有诸色人匠总管府、大都人匠总管府、诸司局人匠总管府、提举右八司、提举左八司、诸路杂造局总管府、茶迭儿局总管府、大都人匠总管府、诸路诸色民匠都总管府、提举都城所、符牌局、撒答剌欺提举司等。其下又设众多司局院所，具体负责各门类生产活动。又如将作院，负责制造金玉、珠翠、犀象、宝贝、冠佩、器皿以及各种工艺品、奢侈品等。其下属机构又有诸路金玉人匠总管府、异样局总管府、大都等路民匠总管府等。再如大都留守司掌管宫廷、官府营建，内苑花木种植，御用车服与宫室物品供应等。其下属机构有修内司，辖大木局、小木局、泥厦局、车局、妆钉局、铜局、竹作局、绳局等。其他不一一列举。

元朝统治阶级的奢侈与官僚机构庞大，管理腐败是官营手工业文化发展的最大障碍。各级官吏利用职权克扣原料，冒领工粮，从中贪污腐化事件屡有发生。

由于政府的控制和压制，民间手工业文化发展艰难。许多生产部门完全由官府垄断，几乎没有民间手工业文化发展的空间。民间手工业的经营范围受到很大限制，在资金、原料、产品销售等方面，都受到很多限制，因此，元代民间手工业文化的发展十分艰难。

辽阳行省手工业文化管理形态多元而复杂。制造武器的官营手工业作坊，一般隶属于武备寺。作坊的工匠由各作坊的管理人员负责选择匠户担任。据《元史》记载，元代，武备寺在辽阳行省境内所设的手工业文化管理机构有：辽河等处诸色人匠提举司①，下辖辽盖弓局和盖州甲局，咸平府军器人匠局。这些机构下属的手工业作坊主要从事武器制造。中政院在辽阳行省境内所设的手工业文化管理机构有：辽东半岛哈期罕等处鹰房诸色人匠怯怜口万户府，及其下属的哈斯罕等处打捕鹰房怯怜口千户所；开元、沈阳、辽阳、盖州等 4 个怯怜口千户所；辽阳等处金银铁冶都提司。元代工部所属的大宁路织染局，其管辖范围包括今辽西地区。1292 年，大宁路设置兴中州等处油户提领所，属元朝大司农司，置提领、大使各 1 人，负责管理相关作坊和工匠②。元

① 宋濂，等. 元史・志第三十八・百官四：卷八十八［M］. 长春：吉林人民出版社，1995：1384.

② 宋濂，等. 元史・志第四十一・百官八：卷九十二［M］. 长春：吉林人民出版社，1995：1447.

朝政府规定，诸路总管府之下设有驯化染局和杂造局，置局使、大使和副使管理本路境内的相关手工业作坊和工匠。此外，地方上的蒙古诸王也在自己的领地内设有管理手工业作坊和工匠的机构。辽阳行省境内的蒙古诸王亦不例外。

官营手工业作坊工匠多为战争中俘获及民间签发的匠户及匠人。蒙古军队在进军中原时，常常实行野蛮屠城手段，但对于工匠和艺人网开一面，予以豁免，并将这些人员迁移到蒙古内地，从事各种手工业生产和文艺活动。蒙古诸王及贵族们通过战争在中原地区掳掠了大批工匠，同时还收留一些投充的部曲和人户、放良人及僧道还俗之人，作为私属人户，称“怯怜口”，其中相当一部分人为各类工匠和艺人，这些“怯怜口”一般不承担国家赋役，专门为皇室和贵族服务，从事各种手工业生产。

由于手工业文化发达，战争中俘获的匠人无法满足生产需要，于是在民间签发，凡是民间有手艺或一技之长者，都被政府征调，到政府或诸王及贵族管辖的手工业部门从事手工业生产劳动，且世代袭其职。据史料记载，辽阳行省境内的兴中州等处油户提领所、大宁路织染局、咸平府军器人匠局、辽河等处诸色人匠提举司等机构所属的手工业作坊，大都是从民间签发的工匠户。此外，元代手工业作坊中，还有一部分工匠是逃奴或因犯罪而没入的人。因元代工匠地位相对较低，所以逃奴和犯罪者没入的被编入“匠户”籍后，非经放免，子孙不能脱籍。一入匠籍，就等于丧失人身自由。在官营和诸王及贵族手工业作坊接受强制性劳动，叫作“匠不离局”。因此，逃奴和罪犯被送到手工业作坊从事强制性劳动，在元朝是顺理成章的事情。如 1292 年，元朝政府曾以逃奴和罪犯及无主人夫，在广宁、沈州等地从事淘金业。开采金矿和淘金都是繁重的体力劳动，让逃奴和罪犯从事这样的繁重的体力劳动，也是一种惩罚。

二　矿冶与铸造业文化

元代，辽阳行省境内金属冶铸业文化是对金代乃至宋朝金属冶铸业文化的继承与发展。据《元一统志》记载，大宁路有4处冶铁场，即兴中府蓼子峪铁冶、利州牛口峪铁冶、惠州黑寺子峪滦阳冶、惠州宝津冶。惠州在今河北省平泉市境内，兴中府在今辽宁省朝阳市、利州在今辽宁省朝阳市喀喇沁左翼蒙古族自治县。

元朝政府在辽阳行省境内发展冶铁业文化，最早始于1236年，时东夏国已经被元朝剿灭。辽东地区均纳入蒙古汗国的统治，“始于北京拨户煽焉。中统二年，立提举司掌之，其后亦废置不常。”1283年，以北京盐课提举司兼管辽阳行省冶铁业；1316年，改设辽阳金银冶都提举司。

从考古文化发现看，元代，辽阳行省境内冶铁业文化发达，铁器铸造技术先进。当时辽阳行省境内铁器使用非常普遍，农具、生活用具、武器、车马器等，均为铁制器具。在辽东半岛南端的大连市金州区东田村，发现一处金元时期的铁器铸造作坊遗址，出土各种铁制农具的铜范，计有犁铧范1件、犁镜范1件、镗头范2件。用铜范铸造铁制农具，其实早在辽代就开始了，这种农具实物在古辽阳行省境内多有发现。元代用铜范来制造铁制农具，是辽金冶铸业文化在辽阳行省地区的传承和发展。这种硬质铜范的广泛使用，说明元代铁器制造技术的发达。

考古文化发现，大连金州区后村金元遗址出土了一批铁制农具和生活用具。其中作为农具的铁铧形制最大的长为37厘米、尾宽为23厘米；大型铁镰的刃、背形制均呈弧形，长达36.5厘米，与现代当地人使用的芟草镰极具相似性。农具的类型还有铁镗头、铁锹等；生活用具类型有铁熨斗、铁锅、铁锤等，以及铁马镫和马衔等车马器具①。辽宁省新民市的前当铺村金元遗址，出土了许多铁器，其形制和类型包括属于铁制农具的有犁铧、镰、铡刀、锹、垛叉等；属于车马器的有车辖、马衔、马镫、马铃等；属于木瓦工铁制工具的有斧、锉、凿、瓦刀、泥刀、抹子、泥板等；属于日常生活铁制用具的有熨斗、锁、开钩、锅、钉、箍等；属于铁制兵器的有锏、矛等。铁器类型总计有 20 余种。② 辽宁省绥中县城后村金元遗址，出土了大量的铁器，类型也很多。如农具有犁铧、镗头、犁索引、锄、锄板、垛叉、镰、铲等，木工工具有凿、斧、钻头等，日常生活用具有锅、熨斗、剪刀、拉手、折页、锁、穿针、器盖、铁饼等，车马器有车辖、缰绳环等。③ 在辽宁省彰武县哈尔套镇太平沟一金元时期窖藏中发现一批铁器，有熨斗、锹、犁铧、镗头、犁镜、锁、器盖和脚镣；在该县平安乡马家村庙碑地金元遗址发现铁灯碗④。另外，在辽宁的其他市县也曾发现过许多金元时期的铁器。

以上这些考古文化的发现，充分说明元代辽阳行省境内具有较发达的冶铁业文化，社会各领域已经普遍使用的各种类型铁器，大都是当地制造的。另外，元朝政府在辽阳行省境内设置辽河等处诸色人匠提举司，下辖辽盖弓局和盖州甲局，还有咸平府军器人匠等机构，证明元代铁器制造业文化在辽阳行省境内还存在铁兵器制造业文化形态。

辽阳行省境内存在较先进的铜冶铸造业文化形态。铜矿的开采场主要在大宁路的南部，即今辽宁辽西地区。1278 年，元朝政府拨采夫 1000 户，在锦州（今辽宁锦州市）、瑞州（今辽宁绥中

---

① 许明纲．旅大市发现金元时期文物［J］．考古，1966（2）．

② 王增新．辽宁新民县前当铺村金元遗址［J］．考古，1983（2）．

③ 王增新．辽宁新民县前当铺村金元遗址［J］．考古，1983（2）．

④ 张春宇，等．彰武县文物志［M］．沈阳：辽宁民族出版社，1996：272—274．

县）的鸡山、巴山开采铜矿①；1309 年，元朝政府在辽阳行省设置货泉监；1350 年，又置宝泉提举司，管辖行省境内的铜货币铸造。

考古文化发现，在今辽宁省境内先后出土了大量元代铜器。如沈阳市郊出土一批元代的铜法器和礼器、喀喇沁左翼蒙古族自治县出土铜钗、绥中县出土铜锅、新民市出土铜梁斗、金州区岛圈子金元遗址出土了四耳缠着纹铜釜。元代的铜质官印在今辽宁地区也多有发现，如凤城市刘家河乡卫国村出土的斜列站印、法库县十间房乡魏家楼高丽房屯元代遗址出土的八思巴文“管军总把印”、法库县和平乡和平村出土的八思巴文“左卫阿速亲军百户印”。元代铜质官印均由国家监制。考古文化发现的这些官印，都是元代辽阳行省境内国家监制官印。此外，沈阳法库和平乡还发现有元代制造的铜质权，其形制为扁六面形柱体，顶部有穿钮，下部束腰，两侧铭文为“至元二年大都路”“三十五斤”。由铭文可见，这件铜质权是由大都路统一铸造的标准衡器。

辽阳行省境内存在较先进的金银冶铸业文化形态。黄金主要产地在大宁路和开元路。在大宁路南部的利州（今辽宁省朝阳市喀喇沁左翼蒙古族自治县）境内有金山，“山有金洞，因以为名”。大宁路的龙山县（今辽宁省朝阳市喀喇沁左翼蒙古族自治县南宫营子）有金矿。据《元史》记载，1273 年，元朝政府批准该县民人李德仁在该县境内“胡碧峪淘采，每岁纳课金三两”②。采银业文化多分布在辽西的广宁和辽东的沈州附近。据《元史》记载，1292 年，元朝政府命赵德泽、吴荣等率领逃奴无主者 240 户，在

① 宋濂，等. 元史・志第四十三・食货二：卷九十四［M］. 长春：吉林人民出版社，1995：1472.

② 宋濂，等. 元史・志第四十三・食货二：卷九十四［M］. 长春：吉林人民出版社，1995：1473.

广宁、沈州等地，采银、耕地以自食①。这说明元代采银业文化较为发达。

三 瓷器制造业文化

中国陶瓷业文化发展到宋代达到高峰，特别是南方名窑瓷器的烧造技术和工艺水平都达到了相当高的程度。元朝一统中国后，继承和发展了宋代瓷器制造业文化中先进的技术及工艺文化，烧造出享有盛誉的元代青花瓷器。时辽阳行省境内，也有一些窑场烧造瓷器，虽然辽阳行省境内窑场烧制的瓷器远不如南方窑场的产品，但都与民众生产和生活密切相关。

据史料记载，大宁路的利州西南棠叶务建有一处瓷窑，专门烧制工艺水准比较高的细瓷器。同时，在利州东南的感化庄还建有一处粗瓷窑，主要生产民间日用瓷器；在兴中府北笠子埚有一处瓷窑，主要烧制民间瓷器等。这些瓷窑的产品，主要是为了满足普通民众日常生活所需。这类烧制粗瓷的窑场遗址，考古文化在今辽宁地区多有发现，所烧造的瓷器除釉色为黑、白外，还有青色。在大连地区的元代窑场遗址中，曾发现有青色粗瓷碗和罐，质地相对显得粗糙。辽阳行省境内瓷窑生产的粗瓷有一个比较明显的特点，就是碗、碟之类器物底部多为露胎，即底、圈足甚至器物下部不挂釉。在朝阳市曾发现一座元代瓷窑藏遗址，其中发现本地烧造的碗为黑釉缸胎，造型粗拙，胎质粗糙，呈黄白色；外壁所挂的黑釉有大块釉滴，碗内底部也施黑釉，胎呈灰色，含杂质；外壁挂釉不到底②。

考古文化发现，在大连金州区金家沟北大壕遗址出土有八件元代白釉褐花的下瓷碟，其中 6 件为露胎式，有 2 件碟内底部用

① 宋濂，等. 元史·本纪第一七·世祖十四：卷十七［M］. 长春：吉林人民出版社，1995：213.

② 朝阳市博物馆. 朝阳市发现元代窑藏瓷器［J］. 考古，1986（1）.

褐色釉绘成3个圆圈，圈内书“风花雪月”4个汉字。大连甘井子区革镇铺也出土有元代白釉褐花的小瓷碟，其造型、花纹、工艺都与金家沟出土器相似①。在今沈阳新民、葫芦岛绥中、阜新彰武、沈阳法库、营口、丹东凤城、锦州北镇等地，都出土了许多元代的瓷器，釉色有黑、白、褐、紫、茶末、黄等，器型有罐、碗、碟、瓶、灯盏、缸等，其质地均较为粗糙，绝大多数是本地产品。在锦州北镇广宁乡周屯村北黄土岗发现一处窑址，占地面积225平方米，从采集的瓷片来看，多为酱釉瓷器，属于元代民间瓷窑烧造的瓷器②。在锦州北镇市境内曾出土过许多元代绿釉瓷罐、瓷碗和瓷碟等，也是本地产品。

考古文化发现，在今辽宁地区出土的元代中原地区名窑瓷器相当多，这充分显示在元朝一统的帝国范围内南北文化交流的情况。中原地区有八大名窑，在辽阳行省境内考古发现的名窑瓷器，最多见的是龙泉窑、磁州窑、钧窑、定窑、景德镇窑的产品。如在元代懿州城址地表散布着许多钧窑、磁州窑、龙泉窑的瓷片。在辽宁省喀喇沁左翼蒙古族自治县古城子镇元代石椁墓中，出土有蓝青釉的钧窑碗和龙泉窑的青瓷碟③。同样的钧窑碗和龙泉青瓷碟在今辽宁省建昌县的元代石椁墓室亦有出土④。在大连金州区金家沟北大壕出土有元代青瓷高足杯，也应是南方龙泉窑的产品。此外，在阜新彰武县境内的金元遗址里，也发现许多钧窑碗

① 许明纲．旅大市发现金元时期文物［J］．考古，1966（2）．

② 周洪山，等．北镇市文物志［M］．沈阳：辽宁民族出版社，1996：80．

③ 徐英章．辽宁喀左县大城子元代石椁墓［J］．考古，1964（5）．

④ 辽宁省建昌县文物考古工作队．辽宁建昌普查中发现的重要文物［J］．文物，1983（9）．

和碟①。在金州区二道河子乡平台子村曾发现1件元代磁州窑产的白釉龙凤纹大瓷罐。在辽宁省盖州市归乡东沟村发现1件产于磁州窑的白釉铁锈色龙凤纹大瓷罐，丰肩、鼓腰、假圈足，通高为28.5厘米，口径为17.5厘米，底径为13厘米②。

考古文化在辽阳行省境内发现中原名窑如龙泉窑、磁州窑、钧窑、定窑、景德镇窑的产品，说明元代辽东瓷器业文化与中原瓷器文化的交流，无论形式或内容都十分广泛。

四　纺织业文化

元代，纺织业文化较发达。女纺织家黄道婆为元代棉纺织业文化的发展做出了重要贡献。辽阳行省境内的纺织业文化形态主要有麻纺织业、丝纺织业和棉纺织业。辽东地区早在渤海时期和辽代就盛产麻布，高句丽统治时期，当地还出产白叠布（棉布），至金代，辽东、辽西的纺织业文化都很发达。元代继承了宋、金纺织业文化传统。据《元史·食货志》记载，13世纪中叶，元朝政府仅在辽东的曷懒、恤品两路境内就征调3千匹白布以充当盐课③。在辽阳行省北境开元路境内亦征调布匹。1269年，开元路遭受自然灾害，元政府对开元路居民每户“减赋布二匹”④。这表明元代辽阳行省境内盛产布匹。

辽西地区广泛种植棉麻，如利州、建州、川州等地都盛产麻类作物，因此麻纺业文化在这一地区均比较发达。据《元一统志》

---

① 张春宇，等. 彰武县文物志［M］. 沈阳：辽宁民族出版社，1996：242.

② 崔艳茹，等. 营口市文物志［M］. 沈阳：辽宁民族出版社，1996：383.

③ 宋濂，等. 元史·志第四十三·食货二：卷九十四［M］. 长春：吉林人民出版社，1995：1472.

④ 宋濂，等. 元史·志第三十五·百官一：卷八十五［M］. 长春：吉林人民出版社，1995：1311.

记载，辽西龙山县、利州、和众县等地“皆产土布”，表明元代辽西地区的纺织业文化是很兴盛的。

辽阳行省境内的丝织业文化主要分布在辽西地区。据《元一统志》记载，大宁路下属的富庶县（今辽宁省建平县东公营子村古城）、金源县（今辽宁省朝阳市建平县东北喀喇沁镇）、龙山县、利州、兴中府、建州等地的农户家家都种植桑树养蚕，丝织业文化发达。据《锦州府志》记载，元代锦州知府胡秉彝曾劝农植桑养蚕。胡氏见锦州百姓不业耕织，乃“自写伊尹、武侯区田遗制及苗司农桑图，揭于都鄙。复于城东筑济民园，手种桑百余畦，听民移植”。经过胡氏的大力倡导，使整个辽西地区丝织业文化得到了发展，民皆土产丝织。

由于纺织业文化发达、印染业文化兴旺，元朝政府在大宁路设有织染局，归中央工部领辖，负责管理辽西地区纺织和织染事宜。辽西织染技术水平相对较高，因此，大宁织染局作为官营作坊，专门为皇宫从事纺织和印染，在当时颇负盛名。

考古文化发现，在今辽宁省喀左蒙古族自治县大城子元代墓葬中，出土各种丝织品实物 60 余片，其形态和类型有花纹黄绫、胡菽眼纹的双丝蓝罗，还有扁丝、圆丝的黄褐色绢，表明元代丝织业文化十分发达，技术达到较高水平。

五　制盐业文化

食盐属于国家专卖商品。元朝政府对食盐实行专卖制度，由国家统一控制食盐的生产和销售。据《元史》记载，元朝在全国设置有九大食盐生产区，设有都运输使司或盐课税举司，“掌场灶，榷办盐货”①。同志记载，元代辽阳之盐税收由北京路负责征收，“每盐一石，价涨七钱半，带纳匠人米五升”。立开元路运司

① 宋濂，等. 元史·志第三十五·百官一：卷八十五［M］. 长春：吉林人民出版社，1995：1321.

后，“东京懿明乞儿硬盐，不许过涂界。”① 可见，辽阳行省境内当时制盐业文化较为发达。据《金史・食货志》记载，早在辽金时期，辽东地区就以产海盐为主，“辽金故地滨海多产盐”。1267年，元政府设置开元等路都转运盐使司，管理辽阳行省东部地区盐业生产文化。当时辽阳路和大宁路南部滨海地区均盛产食盐，元代把用海水制成的食盐称作末盐。同时，辽阳行省境内也出产池盐，如大宁路的大盐泊和懿州的乞石儿均产池盐，时称硬盐。另外，在开元路的北部肇州（今黑龙江省肇东市）库伦泡子也产池盐，“产盐丰富，色白而洁”。

从事治盐的手工业者称为盐户，世业其职。盐户每年要向国家交纳定额的成品食盐，国家根据其交纳数量付给盐户工价银和粮食。元朝中期以后，辽阳行省滨海地区出现了民间私自制海盐的现象。当时海盐的制作方法仍使用传统的煮熬法，沿海地区的居民随地而煮，解决食盐问题。这种随地而煮的海盐称作野盐。1350年，元朝政府为保障国家税收，“罢辽阳滨海民煎熬野盐”，说明辽阳行省的滨海地区野盐制作文化一度十分发达。

第三节　元朝时期辽东地区商业文化

1271年，忽必烈建立元王朝，3年后攻下南宋都城临安。从此，结束了唐末五代以来辽宋夏金及吐蕃、大理长期并立的300余年和蒙古汗国建立以后延续70年的战乱局面，创立了中国历史上多民族的统一国家，北尽漠北、南至海南，尽入版图，幅员之辽阔亘古未有。金末元初由于频繁的战争、野蛮的屠杀，极大地破坏了社会生产力，致正处于兴盛发展的中国封建经济文化形态

① 宋濂，等. 元史・志第四十三・食货二：卷九十四［M］. 长春：吉林人民出版社，1995：1480.

发生了历史上最为严重的逆转。因此，忽必烈执政后，采取适应经济文化发展的措施，社会经济文化和商业文化得到一定恢复和发展。农业生产文化的恢复发展、手工业生产文化的某些进步、水陆交通文化的空前发达，为元代商业文化的发展提供了条件。

一　交通与商业文化

元统一后，在中原内地商业文化发达的基础上，十分重视边地商业文化的发展。商业文化的繁盛超出了农业、手工业文化所达到的实际水平，主要是由于元王朝疆域扩大，有横跨欧亚大陆的四汗国，极大地拓展了商贾往来和各地商品流通，更为重要的是由于经济、军事和政治的需要，元王朝大力加强交通文化建设，发展水陆交通，以通四方、达边地。全国驿道驿站四通八达与海运事业的兴盛，是元代交通运输业文化发达的重要标志。交通运输业文化的长足进步，客观上促进了商业文化的繁荣与发展。

元代，交通文化发展的主要形态和类型是水陆交通建设，具体表现为修通大运河、开发海道和广泛设立水陆驿站。内陆，修通大运河，主要是修筑会通河，将古运河与御河连接起来，开凿济州河、会通河和通惠河等运河新段；整治京杭大运河，使海河、黄河、淮河、长江、钱塘江五大水系相互贯通，畅通南北，四通八达。海上，元代开发海运路线，连通东海、黄海、渤海及海外，为中外商船航行、贸易提供了便利。沿海一带的城镇如江苏的建康（今南京市）、扬州、平江（今苏州市）、仪征，广东的潮州，浙江的明州（今宁波市）、温州，河北的直沽（今天津市），福建的福州、漳州，湖南的潭州（今长沙市）、衡州（今衡阳市），江西的赣州、隆兴（今南昌市），山东的临清、登州都有船场，形成沿海商贸文化形态。

元代，行省与边地广设水陆驿站和与驿站相辅而行的“急递铺”①，是促进商业文化发达的特色和有利条件。以大都作为全国的政治经济文化中心，在全国 10 省、185 路、33 府、359 州、1127 县广泛设置驿站。驿站以陆站为主。陆站以大都为中心，开辟无数大道通往行省，每 25 里或 30 里设一站，站内建有馆舍，并备有交通工具供使臣居住和使用。根据陆站使用的工具，陆站又分为马站、牛站、狗站、轿站、步站等不同类型。马是驿站的主要交通工具。腹里及 8 个行省共设置 913 个马站，备马 30 万匹以上。

辽阳行省境内，由于天气严寒，冰雪遍地，设有狗站，即以狗拉雪橇“载使者行冰上”。当时，辽阳行省设有驿站 120 处②，其中包括狗站 15 处，通过驿站可以直达东北端的奴儿干。元代上都至辽阳有驿路相通，可供运输。从上都出发向东行，过尖山寨、涌泉等驿站至松州（今赤峰市西南）出大都境，经大宁（今内蒙古自治区赤峰市宁城县）、广宁（今辽宁省北镇市）等地至辽阳行省境内。

设置驿站除了“通达边情、布宣号令”的需要以外，还有便利行商的作用。驿站使商品运输距离缩短，节约商品在途时间，为长短途贩运提供了良好的条件。驿站也出售旅途用品以满足过往行人的需要，驿站所在地有定期集市，商品集散，成为方圆数十里的商业文化中心。驿站事实上为商业文化繁荣发挥了积极作用。总之，元朝的驿站制度是中国古代交通史上的一大壮举，改善了商品运输条件，缩短了商品流通时间，促进了中原及民族地区的物资交流，为元代商品经济文化的发展作出了很大贡献。

---

① 宋濂，等．元史・志第四十九・兵四：卷一百零一［M］．长春：吉林人民出版社，1995：1609.

② 王绵厚，等．中国东北与东北亚古代交通史［M］．沈阳：辽宁人民出版社，2016：423.

二　元代国家商业制度文化

元代统治者一方面以宗室、权贵的私人身份假手色目人，经营商业和高利贷，为其聚敛钱财，供其享受挥霍；另一方面又通过所掌握的国家政权，运用财政与商业相结合的手段，最大限度地实行商业专卖制度，由此取得大量的财政收入。其专卖范围之广、制度之严，超过了前代宋、辽、金朝。元朝的专卖政策对民生必需品、从盐茶酒醋到铁器竹木，无不插手经营，即使有时不专卖也课以重税，极尽其垄断之能事，对广大人民进行普遍的榨取。在专卖商品中，尤以食盐、茶叶、酒这几种主要商品制度最为繁琐，弊害也最深。

元代，食盐销售实行国家专卖制度，对于盐商经营食盐国家实行盐引制度，这是最能体现国家专卖权的一种制度文化。盐引由户部印造，颁发全国各路，由运司召商发卖，盐引盖上盐运司印信关防，各照行盐地方。盐商到运司买盐引，依价纳钱，官司填给盐商勘合（合同），写明引目字号、关支某场、运卖某地（批引），每引一号，前后两券，用印钤盖其中，析而为二，以后券给盐商，谓之引纸，以前券作底簿，谓之引根，直接送交支盐的盐场。盐商到盐场，关支引盐，必依勘合底簿，凭验核对，印信号数全相符合。诸场盐袋都由场官监装，斤重均平，检校无误，编号列垛，按次序先后传给盐商。场官在盐引背面签字，出场时将引截凿一角后才给盐商，批凿具备，乃得掣放出场。

元代食盐专卖制文化承袭于金宋，但比之金宋，元代的专卖更为加强。如伪造盐引之罪最重，与伪造钱钞一样，都要处死。法律规定，凡伪造盐引者斩，籍其家产，付告人充赏，犯私盐者徒二年，杖七十，止籍其财产之半，有首告者，于所籍之内以其半赏之①。这种严酷远胜前朝宋之严厉。

元代有“行盐”与“食盐”之分。“行盐”是官收商销的间接专卖；“食盐”是由官府按户口派散的直接专卖，也用盐引。另外还有其他形式的官卖。元代经营盐虽主在商卖，官卖也在一定范围内行之，这就形成官与商争利的局面，而深受其害的是老百姓。元朝政府一方面大增盐价，一方面大发盐引，按户派散，课额越重，办课越难，百姓深受扰害。为了推广食盐制，督勒有司，查验户口，桩配民食。有的地方逃亡绝死之户的盐额，即由现存人口分担。旧债未偿，新引又至，民力有限，官赋无穷。每遇催征，民不堪命。

元代，各盐司有其专属销售区域，盐商向国家交纳盐课税银后，由政府发给盐引，盐商持盐引到指定的盐场购买食盐，然后再到指定地区销售，不得犯界，如果越界销售，将受到严厉处罚。“行盐各有都邑，犯界者减私盐一等，以其盐之半没官，半赏告者。”如1266年，元朝政府规定，“禁东京懿州乞石儿硬盐不许过涂河（今老哈河）”。也就是说，乞石儿出产的池盐只能在老哈河以东地区包括辽东、辽西地区销售。

元代茶叶、酒也实行专卖，其弊一如食盐专卖。此不细举。

三　辽东地区商业文化

元代，辽阳行省境内的商品文化按形态和类型分，首先是以粮食流通为主要形式。当时江浙、两淮、江西、湖广是元代四大粮食主产区，其中以江浙、两淮输出的商品粮最多。而北方诸多省份为缺粮区，要靠南方的粮食来调剂。因此，南粮源源北运，形成元代最大的商品流。粮食不但运往燕北，还有运往辽东的。《元诗选》载吕诚《三江祠戏赠二首》，其一：“樯头五两逐轻风，

① 宋濂，等．元史·志第五十二·刑法三：卷一百零三［M］．长春：吉林人民出版社，1995：1649．

听得吴歌惨别情。一片刘家河上月，照郎直到定辽城”，可以视作当时江南与辽东商业文化的真实写照。刘家河即江苏刘家港，辽城即辽东城，今辽宁省辽阳市，当时行省治所所在地，东北政治经济中心城市。一队满载粮食的商船由刘家港扬帆启程，月朗风清，昼夜兼程，寄望天空的月亮，保佑船只能够顺利地迳至辽东城。这说明元代辽阳行省境内的商业文化较为发达，南方商贾到辽阳行省境内经商不乏其人。他们将南方产的粮食、丝绸、茶叶等商品运往北方，在辽东行省进行销售，同时采购北方的畜牧业产品及其他土特产品，到中原市场销售。可见，元代辽阳行省境内的市场上，不但销售粮食和茶、糖、菜、果等类产品，以及来自畜牧业的肉奶等与饮食有关的重要商品，同时，又提供人们生产和生活所需的各种手工业产品。

四　辽东边境贸易文化

元代对外贸易文化发达，自西北经由丝绸之路出境、自东北与西南出境的陆路对外贸易，中国的丝绸织物、茶叶及其他手工业产品源源不断地运往周边国家或更远国家及地区。在东北，经过辽阳行省境内边境与高丽进行贸易。在蒙古灭金之前，元代每年派使至高丽受贡，后因为战争影响而没有贸易。忽必烈执政时，元朝与高丽在两国陆路交界地区展开正常的互市贸易。自 1224 年始，元政府同意在两国边界“各置榷场，依前买卖”。元朝有专门的官吏负责管理市场，收取税利；1286 年，高丽史载“元遣使算商人税钱”。

元朝与高丽贸易往来频繁，内容丰富，主要商业文化形态为官方贸易和民间贸易两种方式。官方贸易主要以朝贡和回赐的方式互相赠送大量礼物，也就是变相的贸易。民间贸易往来频繁。

（一）辽东边境官方贸易文化

据《高丽史》记载，元朝使节携带物品赴高丽多达 61 次，具体时间是：1260－1294 年（元世祖朝）18 次，1295－1307 年

（元成宗朝）12 次，1312－1320 年（元仁宗朝）2 次，1324－1327 年（元泰定帝朝）1 次，1333－1370 年（元顺帝朝）18 次。高丽使臣携带物品赴元朝共 138 次，具体时间是：1214－1259 年（高宗朝）23 次，1260－1274 年（元宗朝）14 次，1275－1308 年（忠烈王朝）66 次，1309－1312 年（忠宣王朝）6 次，1313－1339 年（忠肃王朝）12 次，1340－1344 年（忠惠王朝）5 次，1345－1348 年（忠穆王朝）13 次，1349－1351 年（忠定王朝）1 次，1352－1370 年（恭愍王朝）8 次①。可见元代辽东边境官方贸易之频繁。

高丽进献的物品有：鹞子、好铜、黄白纸、金钟、金鐥、银鐥、獭皮、真紫罗、细纺布、纸、玳瑁、白苎布、表纸、奏纸、金盂、银盂、阿吉儿合蒙合皮、鹰、铁、珍珠、金、日本粟、虎皮、花文大席、人参、鹄肉、牛、香菜、水果、白银满镂镀金台盏、白银满镂瓶、银锺、虎豹皮、白马、金盏、银镂葵花盏、金瓶、米、木衣、脯、獾皮、野猫皮、黄猫皮、鞍轿、耽罗马、金壶、镂银壶、银汤瓶、银大尊、半镂银胡壶、金画瓮器、野雉、耽罗牛肉、耽罗酥油、海菜、干鱼、干脯、画佛、酒锺、皮货、织纹苎布、熊皮、熊羔皮。

元朝回赠的物品有：西锦、历日、金线走丝、色绢、马、弓矢、重锦、杵子、鹘、海东青、凤瓶、玉笛、彩帛、海青圆牌、铺马扎子、金瓮、玉带、金袍、米、鹦鹉、银、织金段、红绢、葡萄酒、线绫、红绡、金段、绣段、绫素段、木棉绢、剑、羊、鹄、楮币、浮车。

由此可见官方贸易文化内容之丰富。

（二）辽东地区海上贸易文化

元朝与高丽的海上贸易规模也很大。元朝由海上运往高丽的

① 孙晓．域外汉籍珍本文库·高丽史（标点勘校）[M]．北京：人民出版社，2014．

货物有瓷器、铜器、铁器、丝绸及其织品、药材、茶叶、书籍等。据《高丽史》记载，大宗的海路官方贸易中，粮食一项颇为突出。如1293年，元朝遣江南千户陈勇等载米20艘，又献鹦鹉一只，其他土物甚多；1295年，遣将军智团等以船73艘、米1万石输之辽阳；同年4月，元朝辽阳行省奉帝旨从江南运米3千石赈双城；同月，遣将军金永孙以船90艘载米12180石输之辽阳；同月，遣将军徐光纯以船65艘载米8568石输之辽阳。其中有部分转输高丽。在高丽方面，向元朝出口的纺织品，其中有一种用苎麻织成的布叫作毛丝布，很耐用，在元代中国很流行；又据方志记载，高丽输往中国的物品有漆、青器、铜器、参、茯苓、松子、榛子、松花等。

（三）元朝政府边贸关税政策文化

元朝政府发展对外贸易，制定了一系列有关政策措施，并不单纯看重物品之使用价值，而是为经济利益所驱动。元王朝每年通过对外贸易可以获得巨额收入。元代政府对边贸实行实物征税，即采取抽分制度。将货物区分为细货与粗货两种，有差别征税。从全部货物中抽取若干分（以总数为10分），实际就是国家征收实物税形式。“细货”（贵重物资即金、银、珠宝、人参、麝香、香料等，至元末达134种）抽分多，10分抽取2分；“粗货”（一般物资即胡椒、硫黄、速香、吉贝布等，至元末达89种）抽分少，15分抽取2分。其抽分所得物资除少数上交中央，其余由管理机构就地就近销售。

因此，元代，辽东边境官方贸易发达，表明当时辽阳行省境内之商业文化亦应很发达。

第二十六章　元朝时期辽东地区社会文化

元代是中国多民族大融合的时代。中国传统的民俗文化和唐宋以来传承的社会精神风貌，都发生了相当程度的变化，显示出了独特的时代特征。在民俗文化方面，蒙古族和西域各民族的民俗文化传到了中原和江南汉族广阔地域，而汉族地区的民俗文化也影响了其他民族，从而形成一种民俗文化的广泛交流与深度交融。各民族在保持本民族传统民俗文化的同时，也吸收了其他民族的某些民俗文化，相得益彰，共同发展，谱写出中华民族文明史上的新篇章。在社会精神风貌方面，有史以来第一次以游牧民族入主中原、统一全国的政治局面，大大地冲击了在儒道互补的传统精神影响和制约下的中原传统文化，无论是文人风尚还是一般社会精神风貌，都展示了明显的特征。尤其是各民族生活习惯的互为影响，更是元代社会突出的时代特点。民俗、宗教、礼仪、教育与科举、文化与艺术等文化形态和类型都有突出表现。

辽东地区纳入元朝统治后，社会文化即随整个国家社会文化的发展而发展，同时也保持明显的民族特征和地域特色。

第一节　元朝时期辽东地区民俗文化

元代，辽阳行省境内居住的民族或部落有汉族、蒙古、契丹、女真、水达达、兀者诸部、吉里迷、骨嵬等。其中，汉人大部分是辽金时期由中原迁徙来的，主要分布在辽河流域及渤海湾附近，其经济文化形态主要是从事农业生产。他们具有较高水平的农业和手工业生产技术，在辽东地区的开发过程中发挥了重要作用。蒙古族人大部分是诸王贵族和蒙古将领的部属，分布在东北西南的草原地带。原来辽河流域的契丹民族入元后已大部离散，与汉族、女真族杂居在一起，并逐渐融入汉族，女真人在东北分布很广，聚族而居的契丹人已经为数很少。辽代，被迁往辽河流域以南至辽东半岛一带的女真人，受汉文化影响较深，被称为熟女真。分布在长白山北麓至松花江上游和中游及牡丹江、绥芬河流域的女真诸部，称生女真。金元两代，他们在汉族与渤海族影响下，逐渐扩大农耕生产文化形态，和熟女真的区别已日益缩小。水达达部落的文化形态以捕鱼、射猎为主，逐水草而居。兀者诸部，住在东北北部地区的深山密林之中，其文化形态处在较原始状态，经济文化以渔猎、采集为主。

民俗文化总是受民族经济文化的影响和制约。元代，辽阳行省民俗文化同样受居住在该地域民族的经济文化影响和制约。而且，不同民族保持本民族民俗文化的特征。

元朝统治地域辽阔，民族众多。因地域不同，民族不同，其民俗文化形态和类型也不尽相同。因此，整个社会的民俗文化形态和类型丰富多样。在此，仅以北方地区蒙古族民俗文化为主体展开讨论。蒙古族民俗文化主要表现为饮食、服饰、婚丧、岁时风俗等形态和类型。

一 蒙古族饮食文化

元代，蒙古饮食文化表现为主食、副食两种形态和类型。

（一）主食文化

蒙古族早先过着游牧生活。成吉思汗时期，蒙古地区的农业文化逐渐汉化，“能种秫穄”，“食其粳稻”。但牧区的蒙古人仍以其饲养的牲畜如牛、羊、马、驼的肉及乳、血为主食，有时也猎狼、獭、野鼠、鹿、野鸭、蒲鸭等为食，但多以羊肉为主，其他次之。据《饮膳正要》记载，元代羊肴极为丰富，有炙羊心、炙羊腰、带花羊头、攒羊头、熬羊胸子、柳蒸羊、羊蜜膏、羊肝羹、羊骨粥、羊脊骨弱、白羊肾、羊肉羹、羊肚羹、羊头脍、羊肝生（炝拌羊肝）、羊耳舌、锅烧羊肉、琉璃肺等。① 羊肴在当时民间是很普遍的，也很受欢迎。蒙古人非常爱惜马，马肉只有祭祀用牲和大宴时才能用。蒙古统一中原后，在北方面食极为流行，主要有饼、馒头、包子、稍麦（今烧麦）、兜子、面条、蒸面糕，南方北输的稻米亦成为主食。

面食的形式和内容、花样不断翻新。据忽思慧《饮膳正要》记载："蒸饼，其方法是：将醇子、盐、碱加温水调匀后，掺入白面，和成面团；第二天再掺入白面，揉匀后每斤面做两个饼，即可入笼蒸。"元代的馒头，有类似开花馒头之状的"剪花馒头"，馒头承宋代做法，包馅。"剪花馒头：羊肉、羊脂、羊尾、葱、陈皮各切细"，"依法入料物盐酱拌馅包馒头，用剪子剪诸般花样，蒸，用胭脂染花"。包子品种多样，在宫廷聚珍异馔中，有天花包子、蟹黄包子、藤花包子的名目，且蟹黄包子一直流传至今。稍麦也是由蒙古族传入华北地区的。稍麦"以麦面做成薄片，包肉，蒸熟，与汤食之，方言谓之稍麦"，"以面做皮，以肉为馅，当顶作为花蕊"，故称稍麦。这是一种颇受食客喜欢的食品，元大都的饭店中有卖"素酸馅稍麦"者。兜子是一种具有特色的食品，据沈德符《万历野获编》记载，元代用淀粉皮做成兜子，成为宫廷膳食。② 其做法以淀粉皮包馅，做成荷莲状。这种兜子的馅料有

① 忽思慧．饮膳正要・饮食类．刘光华，校注［M］．北京：中国医药科技出版社，2011.

② 沈德符．万历野获编．杨继光，校注［M］．厦门：厦门大学出版社，1998.

20多种，除了蒙古族喜食的羊肉、羊尾子、羊肚、羊肺以外，还有山药、蘑菇、胡桃仁、杏泥等，并用红胭脂和黄栀子染成红黄相间的荷莲。元末出现花样翻新的荷叶兜子，馅儿除了羊肉、羊肚、羊尾子等以外，又增添了新采的莲子、竹笋、决明、桔丝等，吃时要浇麻泥和乳酪，具有浓郁的北方民族风味。

据元代熊梦祥的《饮膳正要》记载，元代的面条有春盘面、山药面、羊皮面、秃秃麻食等20多种。其中秃秃麻食即“回回”风味的手撇面，具体做法是，将白面用水和好，放冷水中浸后，揪为小剂，平掌按为圆饼，下锅煮之。据《马可·波罗游记》记载，元大都街市有蒸面糕者。五更早起，敲击铜锣，边做边卖。有黄米枣糕，二三升米做一块，刀切零卖。

（二）副食文化

《饮膳正要·饮食类》记载有元代当时常用的蔬食谱，其中记载一些象形菜，如素灌肠、炒鳝乳齑、两熟鱼、假鱼脍、水晶脍、炙脯、假水母线、煠骨头、假蚬子、酥煿鹿脯等。元代传入中原内地的特色食汤和菜肴为数甚多。风味饮食醍醐、麆沆、野驼蹄、鹿唇、驼乳糜、天鹅炙、紫玉浆、玄玉浆（马奶子）传入内地后，在元代被称为“八珍”，深受食客喜爱。

据元代熊梦祥的《析津志》记载，元代的果品也很丰富，有葡萄、苹果、桃、栗、瓜、胡桃、香水梨、大梨、榛、枣、山桃、山杏等。① 饮品有葡萄酒、枣酒、椹子酒。元代宫廷中名酒荟萃，党项族的枸杞酒、地黄酒，漠北各族的醍醐酒、鹿角酒、羊羔酒，东北各族的松节酒、松根酒、虎骨酒，华北汉族的小黄米酒、茯苓酒，西南的乌鸡酒、腽肭脐酒，还有波斯、阿拉伯的阿剌吉酒、速儿麻酒等。蒙古族人最喜饮马、牛、羊、骆驼的奶，善用马乳制作饮料，称作“忽迷思”，即马奶子。

---

①　熊梦祥．析津志［M］//徐苹芳．析津志辑佚．北京：北京古籍出版社，1983．

二　蒙古族服饰文化

元代各民族的服饰文化形态和类型不甚相同，一般来说，各民族大体上保持了原先的服饰文化形态和类型。但由于元代各民族间有百余年的文化交流与交融，加上蒙古统治者作出一些强制性规定等制度文化的影响，各民族的服饰也不乏趋同之处。总体上看，元代服饰文化既承袭汉族服饰文化，又兼存其本族服饰传统文化。蒙古族的服饰文化形态与类型，大体上分为冠帽、袍服和靴子之类。

（一）男子服饰文化

蒙古族人在未统一全国时，被发而椎髻，冬帽而夏笠。所着皮袄、皮帽及皮靴，都以貂鼠等毛皮为质料，或用羊皮。其式右衽而方领。除毛皮外，大都用毡毳皮革，即旃裘的衣装。上至国主成吉思汗，下至国人，均把头发剃成“婆焦”，即将头顶四周一弯头发剃去，留当前发而剪短散垂，将两旁头发绾作两髻，垂而悬之于左右肩；或将发合成一辫，直拖垂在衣背后；在额上者则留而下垂，剪短后散垂于额正中间，名曰“不狼儿”。在元初时，曾令汉人剃发，即令在京士庶须剃发为蒙古装束，但未强制执行。

蒙古族服饰文化的典型特质是质孙，也称只孙。元入主中原后，质孙遂定为天子及百官朝服、祭服，尤其在内廷大宴时服着，但主要仍作为蒙古族服饰。质孙，汉人译为一色衣，犹如古代的深衣，形制是上衣连着下裳，衣式较紧窄，且下裳亦较短，在腰间密密打做细折，又用红紫帛拈成线横缠于腰，并在其衣的肩背间贯以大珠。质孙本为戎服，便于骑射等活动，后定为朝宴服装，凡勋戚大臣、近侍乃至乐工、卫士都着质孙。质孙制作质料初用毡毳革，后用纻丝金线，颜色都用红、绀、紫、绿等，衣服上的绣纹有日、月、龙、凤纹等。元代天子的质孙分冬夏两种，冬服有 11 等，夏服有 15 等；大抵穿什么衣料、颜色的质孙，就佩戴什么帽子。其他百官的质孙也有定色，冬服有 9 等，夏服有 14

等，也以其衣料与色泽相区别。后来，除了质孙外，有时也采用汉制服饰，如冕服、朝服、公服等。

与质孙相近的便服是辫线袄子，或称腰线袄子。其式样是窄袖、圆领，宽大下摆，腰作辫线细折，密密打裥，又用红紫帛拈成线，横腰间。辫子袄子与质孙比较，唯腰间多加横折，是腰线的另一种形制。

此外，还有比肩，俗称“襻子答忽”或作“搭护”，是一种皮衣，有表有里，较马褂长些，类似半袖衫。还有一种比甲，前有衣，但没有衣襟，也没有领袖，后面长倍于前面，用两襻绾结，便于骑射。当时人多效此而服之。

元朝王公大臣都戴大帽，如暖帽、钹笠等。帽都有顶，视其花样而分等级。帝王为九龙，一龙最大，其余八龙稍小。帝王的钹笠上缀一大珠。原来帽子没有前檐，元世祖的顺皇后加增前檐，以挡日光射目，而便于骑射，后来遂命如式制之，亦为一般官吏所效仿。元皇帝也常以珠帽、八宝顶帽、七宝顶帽等赐于大臣。元代官民以戴帽为多，帽檐有圆有方。或作前圆后方，或作楼子式，有藤帽、草帽、藤草帽、毡帽、钹笠冠（鞑帽）、棕帽等。

蒙古族还有一种海青衣，于前臂肩间开缝，在缝间又出二衣裳袖，二袖又反后双悬，并纽于背缝间，就像有四条胳膊一样。另外，还有在质孙或长袍的肩背间加披领。身着质孙或长袍时，常腰束革带。平民百姓或下层隶吏，则以布条系腰，称之为“扞股”。

元代的靴有鹅顶靴、鹄嘴靴、云头靴、毡靴、皮靴、（翁）靴、高丽式靴等。自 1297 年以后，男子公服多为汉服，“制以罗，大袖，盘顶，俱右衽”，所用的有交角幞头、凤翅幞头、控鹤、花角等幞头，以及学士帽、唐巾、锦帽、平巾帻、武弁、甲骑冠、抹额等。袍有衬袍、士卒袍、窄袖袍。袄有控鹤、窄袖、辫线、乐工袄等。男子便装更是各从其便。

（二）女子服饰文化

蒙古族妇女固有的服饰，贵者多以貂鼠为衣，戴皮帽；一般妇女则用羊皮衣和毳毡一类衣料。袍服以左衽宽大式为主，大袖在袖口处较窄。贵族妇女的长袍，其长曳地，行走时需两女奴拽之，类似汉族士人所穿的道服、鹤氅之类。袍服质料多用大红织金、吉贝锦、蒙茸、琐里为尚，其他颜色如红、黄、绿、茶色、胭脂红、鸡冠紫、泥金色也常为所尚。据《元氏掖庭记》记载，后妃侍从都穿着翻鸿兽锦袍、青丝缕金袍、琐里绿蒙衫。

袍子是元代妇女的礼服，北方汉人称之为团衫，南方汉人叫作大衣。据元代熊梦祥的《析津志》记载，袍子多用大红织金缠身云龙，有珠翠云龙者、有浑然纳矢者、有金翠描绣者。春夏秋冬，金线轻重，单夹不等。其制极宽阔。袖口绣以紫织金爪，才五寸许窄，两腋折下有紫罗带栓合于背，腰上有紫枞系。大袍里面著套裤，无腰无裆，上钉一条带子，系在腰间。颈下胸、背、肩间围一云肩，沿袭金俗。当时围云肩的以舞女及宫人居多。一般妇女往往不穿袍子，而着袄裙、衣裙或窄袖襦衫。外罩齐腰直领半袖。半袖为元代妇女普遍采用。贵族妇女及宫人所着之靴，以红靴为多。在蒙古贵族妇女的首服中，以姑娘冠最有特色。姑娘冠又名顾姑、固姑、固罟、故故、鹧鸪、罟罟，其名俱由译音而来。姑姑冠的高度说法不一，大抵以高二尺许为准，如加顶上羽毛，可能三尺以上。汉族妇女很少有人戴姑姑冠。蒙古妇女喜用黄粉涂额。蒙古族妇女发髻式样，形式之一是云鬟高梳，与南方妇女梳盘龙髻不同，北方蒙古族妇女多梳双垂髻或双翘式；已婚妇女则梳包髻。

汉族一般妇女仍服襦裳，以淡素为主，而颊也不施朱丹粉彩。

三　蒙古族婚丧习俗

元代婚丧习俗文化，在南方基本上沿袭唐宋旧俗，但也多少受到北方风俗文化的影响。在北方，由于女真、蒙古等民族较长时间影响，婚姻习俗文化有一定变化。

（一）蒙古族婚姻习俗

中原传统伦理纲常以“男女授受不亲”为准则，男女因此而隔离。在元代，由于蒙古族游牧民族风俗的影响，中原传统的封建礼教束缚有所削弱，表现出男女自由交往的社会文化形态。在这种时风的影响下，元代的婚姻家庭习俗文化表现为，一方面承袭了中原传统伦理道德的束缚，另一方面，反叛传统道德，冲决礼教束缚，也为社会上突出的文化现象。

元代蒙古族的家庭基本上一夫一妻，只有那些拥有特权地位的汗、那颜贵族阶层，在婚姻上享有一夫多妻的权利。据《黑鞑事略》记载，“其俗一夫多妻，或百妻”①。《多桑蒙古史》也有记载，“其妻妾之数，任其娶取。能赡养若干人，即娶若干人”②。《史集》记载，成吉思汗的后妃竟有“五百左右”，爪都“有百妻”。在这类贵族家庭里，配偶有嫡庶之分，嫡妻有长妻、正室等名分，而其余则为妾、小娘等，其地位有尊卑高下之别。

元代蒙古族婚姻习俗文化有一套繁杂的程序，诸如相亲、求婚、许婚、下聘礼、许婚筵席、迎亲、送嫁、行见公姑之礼、结婚宴席等等。蒙古族男女双方订婚年龄较早，且多由父母做主包办，一经许婚，男方须送聘礼。一般蒙古人在娶亲前要以家畜若干进于女家作为订婚标志。女子出嫁也有陪嫁之俗，结婚时常带嫁妆到夫家，陪嫁之多寡则依家庭经济条件有别，其中包括牲畜、财物，甚至奴仆。此外，新娘还要以生母的名义，置办赠送阿姑的礼物。元世祖忽必烈提倡节俭，1271 年，定民间婚聘礼币、贵贱有差、婚筵也从简。对婚礼奢侈及多索聘礼者，皆有禁令。《元史·刑法志》云：“诸嫁娶之家，饮食宴好，求足成礼。以华侈相尚，暮夜不休者，禁之。诸男女婚姻，媒氏违例，多索聘财，及

① 彭大雅，等．黑鞑事略［M］．北京：中华书局，1985．

② 多桑．多桑蒙古史［M］．上海：商务印书馆，2013．

多取谋利者，谕众决遣。”①

收继婚即父死子妻庶母、兄死弟妻其嫂，这是古代北方民族所共有的一种婚姻习俗，蒙古族社会早期也存在。元代有少数汉人也效法这种习俗，从元代的法律禁令中可以看到。《元史·刑法志》载，“诸汉人、南人，父殁子收其庶母，兄殁弟收其嫂者，禁之”②。可见当时汉人已有此类收继婚事实存在。

受传统纲常影响，一般而言，妇女是很少有选择婚姻对象的权利和自由的，只能顺从“父母之命，媒妁之言”。元代社会还存在许多畸形的婚姻习俗文化现象，如童养媳、冥婚、指腹为婚等。这类畸形婚姻在《元史》及元代杂剧如《绯衣梦》《倩女离魂》《墙头马上》《㑳梅香》等中都有相关记述。

元代妇女成婚后，在家庭中一般没有任何经济权利，所以，只能既嫁从夫，附属于丈夫，形同奴隶。丈夫之于妻子，不仅打骂是合法的，甚至受财而转嫁他人，典雇给人为妻，都不违法。相反，由于理学思想逐渐盛行，蒙古族对于妇女的贞洁反而特别重视。《元史》记载烈女 187 人，是唐、宋时代烈女之 3 倍多。蒙古人最忌私通，不论在何种情况下，都不许和他人之妻私通。妇女保持贞洁，对其夫驯良忠顺，是理所当然的，否则，凡是犯奸淫的男子或女子，按律要被处死。不过，元代的现实社会并不那么圣洁，妇女因无法忍受丈夫的折磨而离婚的、嫁而奔人的、因夫在外拈花惹草而离婚的、嫌家贫而离婚的、改嫁再婚的等，并不乏见。这些在孛术鲁翀《知许州刘侯民爱碑》、陈基《离伦妇》、元杂剧《秋胡戏妻》《遇上皇》《渔樵记》中均有描写。流风所被，元代中晚期，上层社会也不以再婚为讳。这是元代婚姻习俗文化

① 宋濂，等. 元史·志第五十一·刑法二：卷一百零三［M］. 长春：吉林人民出版社，1995：1646.

② 宋濂，等. 元史·志第五十一·刑法二：卷一百零三［M］. 长春：吉林人民出版社，1995：1647.

的一个进步。

（二）蒙古族丧葬习俗

蒙古葬俗文化有土葬和火葬形态。蒙古族实行土葬，但无冢。富贵人有棺，但形制与汉族不同。凡帝王后妃死，以棺殓之。蒙古贵族死后被秘密地埋在他们生前认为合适的空地上，届时还要用一顶帐幕陪葬，意在死者在另一个世界里有帐幕住，有奶吃，有马骑，至于蒙古王族的葬式则更加讲究。此外，蒙古族人还因袭契丹、女真之烧饭祭祀习俗，蒙古语称“亦捏鲁”。据《草木子》记载，“元朝人死，致祭曰烧饭”①。为父母守三年之丧，以及厚葬、风水、停柩等风俗，普遍流行。但法律上不提倡厚葬，《元史·刑法志》规定，“诸民间丧葬，以纸为屋室，金银为马，杂彩衣服、帷帐者，悉禁之”②。“诸坟墓，以砖为屋其上者，禁之”。入住中原地区的蒙古人及色目人，特别是元代晚期那些汉化了的人士，其丧葬多效法汉人习俗。

四　蒙古族岁时节庆习俗

元代宫廷在元旦之日要举办朝会庆典。《经世大典·礼典总序》记载，“国有朝会庆典，宗王、大臣来朝，岁时行幸，皆有燕飨之礼，亲疏定例，贵贱殊列。”③ 朝廷逢元旦举办盛大宴会，成为定例。北方民族民间亦有庆祝元旦的习俗，蒙古族民间应在其列。

元宵灯节是元朝举国欢庆的节日。人们张灯结彩，载歌载舞，摆台演戏，其欢乐的场面，在文人们的诗词中有很多记述。如赵

① 叶子奇. 草木子［M］. 北京：中华书局，1959.

② 宋濂，等. 元史·志第五十一·刑法二：卷一百零三［M］. 长春：吉林人民出版社，1995：1641.

③ 安作璋. 经世大典（治国方略丛书）［M］. 青岛：山东人民出版社，2002.

孟頫《赠放灯火者》诗记："人间巧艺夺天工，炼药燃灯清昼同。柳絮飞残铺地白，桃花落尽满街红。纷纷灿烂如星陨，燿燿喧豗似火攻。后夜再翻花上锦，不愁零乱向东风。"范梈《上元诗》记："蓬莱宫阙峙青天，后内看灯记往年。谁念东篱山下路，再逢春月向人圆。"郑玉《元宵诗五首》记："对簇鳌山十万人，皇都今夕几分春。六街三市浑如昼，寄语金吾莫夜巡。""神前儿女舞妖娆，社下游人弄管箫。到处人家说元夕，不知元夕是今宵。"圆至《元夕观傀儡戏》说："锦裆丛里斗腰支，记得京城此夕时。一曲太平钱舞罢，六街人唱看灯词。"由于内廷张灯结彩耗资太大，元朝廷官员曾提出罢灯市的谏议。据《元史·张养浩传》记载，元英宗即位时值元夕，英宗欲于内廷张灯为鳌山，参议中书省事张养浩谏曰："世祖临御三十余年，每值元夕，闾阎之间，灯火亦禁。况阙廷之严，宫掖之邃，尤当戒慎。今灯山之构，臣以为所玩者小，所系者大，所乐者浅，所患者深。优念以崇俭虑远为法，以喜奢乐近为戒。"① 英宗遂罢灯市。可见元宵灯会状况之盛、靡费之重，以致朝廷禁之。但民间元宵灯节流行不止。

迎佛节是元代重要节事活动。国家以每年农历四月八日为佛诞生日，举办迎佛仪式，耗资颇巨，场面很大。虞集《赵公（思恭）神道碑》记载："国家岁以四月八日，迎佛于城西高梁河，京府尽出富民珠宝、奇玩、狗马、器服、俳优，杂子女百戏，眩鬻以为乐。禁卒、外卫、中宫贵人、大家，设幕以观，庐帐蔽野。近侍、贵臣，宝饰异服，驰骏盛气，以先相后。国家一日之费巨万，而民间之费称是。"其场面状况在诗人的诗章中有很多描写。如 1322 年，袁桷在上京作《皇城曲》云："岁时相仍作游事，皇城集队喧憧憧。吹螺击鼓杂部伎，千优百戏群追从。宝车瑰奇耀晴日，舞马装辔摇玲珑。红衣飘裾火山耸，白伞撑空云叶丛。王

① 宋濂，等．元史·列传第六十二·张养浩：卷一百七十五［M］．长春：吉林人民出版社，1995：2587．

官跪酒头叩地，朱轮独坐颜酡烘。蚩氓聚观汗挥雨，士女簇坐唇摇风。”

此外，上巳日作为民间特殊的风俗文化，传布也比较广泛。

元代多民族融合，生活习惯互为影响，有关岁时风俗文化，虽然没有具体记录，但从文人笔记、文集、杂剧作品中约略可以看到一些记载或描述。统一的多民族国家的民俗文化形态和类型丰富多彩。蒙古统治者也很重视寒食、浴佛、端午、七夕、中元、中秋、重阳、冬至腊日等节日，在这些节日里，都举行各种形式的纪念和庆贺活动。

射草狗是蒙古族古老传统习俗文化形式。每年 12 月下旬，都要洒扫平地，以杆草束一人形、一狗形，剪杂色彩缎充为肠胃，选达官世家子弟以箭射之，一直到糜烂，遂以羊、酒祭之。祭毕，帝后及太子、嫔妃并射之，各解所着衣服，由蒙古巫觋祝赞，以求得脱灾免祸。

蒙古族有尚白崇九之俗。蒙古人认为白色为吉祥、纯洁之色，故称正月为白月，元旦为白节。元旦为新年伊始的吉日，蒙古人很重视。这一日，蒙古汗和所有民众都按惯例着代表吉祥的白上衣，互赠白色礼物并致祝福，希望一年到头能万事如意。元旦早晨，贵族和官僚们按照等级排队进入大殿向大汗朝拜并进献礼，且按惯例把礼物的数目列成九乘九。大汗则赏赐他们每人 13 套各不相同的衣服。蒙古族人以九为吉。各地进献大汗礼物均以九作基数，进献马匹数则应是九乘九，进献彩缎练绢则应是九匹等；祭祀用牲数亦为九。此外，每逢重九或四月九日，诸王会于汗牙帐，洒白马湩进行祭祀。皇帝赐大臣等人财物亦以九数计之。

蒙古族人的禁忌很多。由于敬重火，因此，禁止用刀触火，更不许用刀到锅里取肉，或者在火旁用斧子砍东西。帐幕是蒙古族人重要居所，进蒙古族人的帐幕禁止用脚踏门槛，或用笠帽撞帐房。男人进帐，绝不允许把箭囊挂在妇女所在的东边。蒙古族人从来不浪费任何食物和饮料，吃到嘴里的食物不能随意吐出，更不能把奶或任何饮料和食物倒在地上。蒙古族是游牧民族，马鞭是放牧的重要工具，禁止依靠在马鞭上，或者用马鞭去触箭、用马笼头去打马。这些禁忌必须恪守，若触犯这些禁忌，则被视为罪恶。假如犯在贵族手里，则要受到惩罚，重者甚至会被处死。

第二节　元朝时期辽东地区宗教与礼制文化

元代是一个诸教并兴、宗教文化形态和类型发达的朝代。元朝是既受中原传统汉文化影响、又保留了本民族若干传统的民族政权，其宗教文化既承袭宋、金朝，具有前朝宗教文化的一般特征，又显示出与前朝不同的特色，其宗教祭祀礼仪依照宋金旧礼而多有疏遗和改措。宗教文化形态和类型，主要包括佛教，尤其是藏传佛教极受尊崇；北方全真道臻于鼎盛，并与南方正一道成对峙局面；基督教再次复兴；伊斯兰教快速发展；犹太教亦有所振作；以白莲教为主的民间宗教转向活跃，并在元末社会变革中发挥了重要作用。

元代礼仪文化形态和类型多元而复杂。由于蒙古统治者极力推行汉制，宫廷礼仪文化承袭宋金旧制并有所改措；元代是一个多民族统一国家，民族结构多元，因此民间礼俗文化呈多样性发展。

一　宗教文化

元朝作为蒙古贵族联合回族、汉族地主阶级共同建立的封建政权，为了维护其统治，充分利用宗教文化为其服务，对各种宗教文化持开放态度，所以蒙古族人的宗教信仰呈现出多元化形态。成吉思汗以前，蒙古族居住地域普遍信仰萨满教，对自然现象、动物图腾乃至鬼神灵魂崇拜。蒙古人崇拜天、地、日、月、山、河、五行，尤其崇拜天神。蒙古人称最高的崇拜对象天为腾格里。

在蒙古人看来，得罪了天，就会遭殃。蒙古人崇拜灵魂，认为灵魂不灭，由此演化为翁衮崇拜。翁衮是蒙古人祭拜他们尊敬或恐怖的死者的化身。有全蒙古族的翁衮，也有各部族自己的翁衮。

蒙古诸部统一后，辽阳行省地区佛教、道教、基督教和伊斯兰教文化均有发展。

（一）佛教文化的发展

蒙古汗国时，成吉思汗最早接触的僧人是临济宗海云和他师父中观。后来，历代蒙古大汗对佛教都大加尊崇。据《多桑蒙古史》记载，海云也很受尊重，他长期在蒙古汗国活动，“历事太祖、太宗、宪宗、世祖，为天下禅首”。忽必烈是一位虔诚的佛教信徒，继承汗位后，大力提倡佛教，佛教势力很快从战乱低谷恢复到了相当规模，并发展成为蒙古民族一种相当普遍的宗教信仰，尤其是藏传佛教备受重视。贵由汗时，蒙古人就开始接受藏传佛教。迫于蒙古军队的压力，1244 年，吐蕃萨迦派首领萨班·贡嘎坚赞带其侄八思巴北上，两年后抵达凉州与蒙古宗王阔端相见，表示归顺蒙古，并使阔端皈依佛教。1251 年，蒙哥继承汗位后，萨班·贡嘎坚赞去世，八思巴继为该教派法主，忽必烈继位后，封八思巴为国师，命他统领天下佛教，授玉印，建立了中国佛教史上独特的帝师制度。八思巴不仅兼领全国宗佛事务，而且为忽必烈及皇后、后妃等全部皇族灌顶受戒。元世祖以降，每位皇帝必先从帝师受戒，然后才能登基，崇佛政策代代相传。元代的帝师制度在融合民族关系方面发挥了重要作用。帝师制度的意义已经完全超出了宗教范围，佛教成为联结中央政府与地方的政治脐带。共同的宗教信仰促进了蒙古、藏、汉民族文化的融合，有利于中华民族共同的文化心理素质的形成和发展。藏传佛教虽受到蒙古历代统治者重视，但其时藏传佛教只在蒙古贵族上层中传播，并未能在社会基层民众中广泛传播。

元朝崇佛，保留了草原游牧民族质朴无华、讲求实利的特色，从而使元代佛教具有明显的非汉族倾向。元朝崇佛主要是求佛保佑，降福免灾。对于佛教虚玄深奥的教义并无多大兴趣，崇佛活动主要是修功德、作佛事。

元代僧官制度沿袭唐宋但又有所损益。唐宋僧官基本上都是由尚书祠部与功德使分掌僧务，其中尚书祠部掌管度牒发放、寺额、遴选大寺主持等，功德使僧官管理各寺具体僧务。至元代，两套机构合一，“僧俗并用”，僧官权力大大加强，不仅掌管僧务，而且“军民通摄”，僧官衙门在某些地区（如西藏）可以发挥全部政权作用。此实为中国政体文化发展史上的一大特例。由于统治者的推崇和国家政策的扶植，元代佛教发展具有相当规模。据1291年的统计数据，全国寺院24318所，僧尼213148人，寺田为3286.1万亩。寺院田产丰富，经济实力雄厚，且除了地产，还有商业与手工业，寺院经济文化形态多元而复杂。

辽阳行省地区的佛教文化，早在辽金时期就很兴盛，至元代，又有了新的发展。元代佛教的发展和元朝统治者及其贵族的扶植分不开。忽必烈平定乃颜、哈丹之乱后，辽东地区佛教文化重新焕发生机。封地在辽阳行省西部的弘吉剌部鲁王，娶世祖之妹大长公主，夫妻二人都崇信佛教，不惜财力资助修筑佛寺。蒙古宁昌郡王“躬诣礼佛，翻阅佛经”，也是一个佛教信徒。在蒙古贵族们的倡导、资助下，辽阳行省境内的佛教信徒越来越多，寺庙香火也越来越旺。据史料记载，当时辽西地区的兴中府（今朝阳市）就有佛寺5座，其他和众县（今建昌县小城子）有2座，利州（今喀左蒙古族自治县大城子）有6座，建州（今朝阳县喀喇古城）和富庶县（今建平县公营子）各1座。

在今辽宁地区的辽金佛寺，有的毁于金末战火，有的则侥幸得以保存。如始建于辽代的义县奉国寺，金末蒙古兵马都元帅王珣领兵到义州，曾专门派兵把守才幸免于难，得以保存。1230年，义州地区地震，奉国寺建筑受损严重；1303年，驸马宁晶郡王与公主“施元宝一千锭，缯帛马牛数称是，续降之物不可胜计”，对奉国寺进行重修翻新。元代义州境内有佛寺15座，如义州城内有宝胜寺、大觉寺、弥陀院、胜福院，城外有音城王景寺、刘司徒寨弘教寺、桑园牙颐云岩寺、国哥寨弘法寺、山前云峰寺、段哥寨寺、康家北寨云岩寺、周孙哥寨寺等，可谓盛况空前，其他地区的州县也同样寺院林立，兰若相望。

（二）道教文化的盛行

丘处机是全真道最负盛名的高道，在他的带领下，全真道成为一支强大的宗教势力，是蒙古汗国、金朝、南宋争取的对象。1219 年，成吉思汗在西征途中诏见全真道首领丘处机。两年后，丘处机率弟子西行，并给燕京道友赠诗："十年兵火万民愁，千万中无一二留。去岁幸逢慈诏下，今春须合冒寒游。不辞岭北三千里，仍念山东二百州。穷急漏诛残喘在，早教身命得消忧。"以此表达他以无为之教化有为之士的心愿，为的是让百姓早日过上太平安生的日子。次年，在大雪山（今阿富汗兴都库什山）晋见成吉思汗，并且以"敬天爱民为本""清心寡欲为要"，向成吉思汗进言，博得成吉思汗赞许。1223 年，丘处机东返，住在燕京太极宫（今北京白云观西侧），借重成吉思汗的威势和器重，在燕京救死济困，做了许多慈善之事，中州人称道之。成吉思汗赐丘处机所住天长观为长春宫，命他掌管天下道教，并下令免除全真道士的差发、赋税，使全真道势力在北方得到迅速发展。后来，由于全真道士与佛教徒发生冲突，蒙古统治者偏袒佛教压抑道教。蒙哥汗时期，曾组织两次佛、道大辩论，都以道教论辩失败而告终。蒙哥汗、忽必烈汗都曾下诏焚毁道藏。

元代，辽阳行省境内的道教文化主要是全真教派，其创始人是金代的王喆。王喆是丘处机的大弟子，因丘处机博得成吉思汗的信任，元代全真教获得发展。全真教早在金末就传入辽阳行省境内。金末，利州人康泰真曾任大宁长春观主持，"声誉甚籍，闻于四方"，后应利州节度使之邀在利州建道院——玉京观。1238 年，蒙古汗国统治者以康泰真为全真教正宗，兼之"道德弥高"，特赐"含真体道至德真人"称号，并由朵儿只国王夫人完颜敬善及凝阳真人马君瑞亲自到利州授予康泰真道号。此外，1286 年，深州人杨志谷到辽西广宁府传道；1310 年，锦州人李玄久到瑞州传道，历时 30 余年，信徒渐众。在大宁路总管崔良支持下，李玄久重修瑞州的云篌观，瑞州之全真教渐达兴盛。

（三）基督教文化的流传

大约在 10—12 世纪，基督教文化在蒙古汪古部世居阴山（今内蒙古自治区大青山）以北地区甚是流行。考古文化发现，在今内蒙古自治区达茂旗北鄂伦苏木一带出土大量刻有十字架花纹的石条和基督教墓石，这些是汪古人信仰基督教的证据。汪古部首领阔里吉思先信仰基督教，后改信西方罗马教派的宗教，其父亲、伯父、妹妹都是基督教信徒。元朝建立后，汪古部专设管理诸路基督教总管府，以处理相关事宜。蒙古汗国的统治者中也有人信仰基督教。从元代开始，基督教文化是随驻军而传入辽阳行省地区的。考古文化发现，今辽宁鞍山市元代遗址出有十字架等遗物，说明基督教文化在元代的辽东地区曾流传过。

（四）伊斯兰教文化的传布

从元代开始，伊斯兰教文化传入辽东地区。据《蒙古秘史》记载，成吉思汗被克烈部王汗战败后退居呼伦贝尔草原时，从汪古部来了一位伊斯兰教教徒，开始传播伊斯兰教①。蒙古汗国时，蒙古地区有很多伊斯兰教信徒，特别是蒙古汗国将人分四等，其中色目人绝大多数是基督教信徒。也有不少蒙古人和汉人皈依伊斯兰教。因此，伊斯兰教便占有一席之地，在哈剌和林有 2 所礼拜寺，不过其时伊斯兰教在蒙古地区的影响不太大。

（五）萨满祭祀文化的发展

据《元史·祭祀志》记载，元朝兴于朔漠，蒙古汗国早期，

① 余大钧．蒙古秘史译注［M］．石家庄：河北人民出版社，2007．

信奉萨满教，有天神崇拜、自然崇拜、祖先崇拜等传统旧俗①。入主中原以后，渐次采用唐宋祭祀制度而有所简化，且将旧俗参入其中，形成了初具规模的官方宗教祭祀典制文化。

成吉思汗利用宗教确立汗权神授的观念。早先在蒙古各部流行萨满教，成吉思汗承认萨满教并加以保护，目的在于利用萨满教制造各种神话，为大蒙古国政权涂上一层天命神授的色彩。“成吉思”的得名是萨满教长老“别乞”的杰作。成吉思汗即位后马上郑重宣布“蒙古体例里，以别乞官为最重”，“做别乞白马，着白衣，坐在众人上面”。萨满教成为服务于汗王的工具。

行郊祭。郊祭是蒙古族贵族传统的拜天之礼，衣冠尚质、祭器尚纯，有古朴之风。蒙哥汗即位第二年，始着冕服拜天地日月山，又合祭昊天后土，以太祖、睿宗配享，祭地并不固定；世祖忽必烈，曾亲自祀于桓州西北，并沿袭蒙古旧俗，洒马湩以为礼，皇族以外不得与祭；上皇帝号，遣使预告天地，如借鉴唐宋金旧仪，建祭台，设昊天上帝、皇地祇、五方帝于南郊，由左丞相摄祀。

建宗庙。世祖忽必烈诏建太庙于燕京，1266 年建成。次年，命国师僧荐佛事于太庙七昼夜，此为太庙荐佛事之始。1280 年，诏建太庙于大都，越三年，祖神迁入太庙，毁旧庙。武宗、英宗曾亲祭太庙。凡大祭祀缘重马湩祭仪，以革囊盛送祭坛，马牲与牛羊豕同时供奉，将奠牲盘酹马湩，巫师升至第一座，呼叫帝后神讳，并念其祝语。祀礼毕，以割奠所剩之物，撒于南棂星门外，名曰抛撒茶饭。

行太社太稷。1294 年，建社稷坛于和义门内，社东稷西，社坛用五色土，稷坛一色黄土，社主用白石，稷不用主，后土氏配社，后稷氏配稷，社树以松，于社稷二坛之南各一株，以春秋二

---

① 宋濂，等. 元史・志第二十三・祭祀一：卷七十二［M］. 长春：吉林人民出版社，1995：1092.

仲月上戊或上戊日祭祀之。

置宣圣庙。元太祖置宣圣庙于燕京，中书省命春秋释祭，执事官穿其品服，陪位诸儒襕带唐巾行礼；1306 年，建宣庙于京师；1308 年，诏加号孔子为“大成至圣文宣王”；1316 年，诏春秋释奠于孔庙，以颜子、曾子、子思、孟子配享。元朝政府推尊孔子，提倡儒学，特别是程朱理学，列为科场程式，开始成为官学。其目的是通过对儒学纲常节孝的提倡，稳定蒙古族的统治，加速蒙古文化汉化的进程，使元朝政权成为中华文化之正宗代表。

祠岳镇海渎。自 1261 年始，实行代祠之礼，选重臣或名儒及道士前往祭祀。其神祠共 19 处，分五道。后以东岳、东海、东镇、北镇为东道，以中岳、淮渎、济渎、北海、南岳、南海、南镇为南道，以北岳、西岳、后土、河渎、中镇、西海、西镇、江渎为西道；又复为五道，加封五岳为帝，江河淮济及诸海为王。

另外，元代民间信仰中，尊崇关羽，称其为关圣帝君，元代辽阳行省各地都建有关帝庙。崇奉五岳和城隍神，所以，辽阳行省各地都建有齐天王东岳庙和城隍庙。在广宁，有专为国家祭祀活动在医巫闾山修建的寺庙——北镇庙，香火很盛。

二　礼制文化

蒙古族起自漠北，马上力征而取天下，原以为武力可以决定一切。元太宗窝阔台既灭西夏与金，在与汉人广泛接触中发现汉族文化底蕴深厚。随着时间的推移，随着蒙古、色目人形成了认同儒学的士人集团，蒙古汗国的文化策略有了相当深刻的转变，蒙古汗国统治者认为，“中国而用夷礼，则夷之，夷进中国，则中国之也”，遂“行汉法”，“以君临中国”，依据中原传统文化之纲常伦理，采用汉之制度，立朝廷而建官府，使蒙古国基渐次巩固。其主要谋臣是耶律楚材、杨惟中等人，“凡治国安民之术无不次第举行”。

蒙古统治者虽然采用汉制，蒙古、色目人实际上与汉人杂居错处，且与汉人通婚，礼仪文化大体汉化，但皇室依然保存蒙古旧俗。礼俗上蒙古传统与汉制多有参差。元代将所统治之民分为四等，即蒙古人为第一等人，色目人次之，汉人为第三等，南人为第四等，四者权利义务绝不相同，故礼仪文化也是差别对待。

北方地区，居住在辽阳行省境内各民族的礼仪文化，地方行政官员的礼仪文化之主要形态和类型与国家其他地区大体上趋同，民间民族礼仪文化在趋于汉化的过程中，仍保留各民族特点。

第三节　元朝时期辽东地区教育与科举文化

金末元初，辽阳行省境内战乱频仍，民生凋敝，人口锐减，经济和文化惨遭破坏。蒙古汗国建立后，元朝统治者学习借鉴其他民族乃至国家的文化、科学和技术，注意笼络知识分子，尊崇孔教，建立学校，实行科举制度，推行汉化教育与民族教育并举，促进本地区、本民族的文明进程，在相当程度上提高了文化教育水平。元代地方学校较辽金时期有了很大发展，主要包括路、府、州、县学，蒙古学、医学、阴阳学和书院等。在辽东地区亦如是，设置辽阳行省加强对辽东事务的管理，辽阳行省经济文化逐渐得到恢复和发展，在文化方面也取得了一些成就，主要是在教育与科举文化方面有了一些进步和发展。

一　教育文化的繁荣

据《新元史·选举志》记载，元世祖忽必烈即位后，开始重视全国教育，首先是发展学校教育。诏曰，“诸路学校久废，无以作成人才，今拟选博学洽闻之士，以教导之，凡诸生进修者，选商业儒生教授，严加训诲，务使成材，人备他日选擢之用”，“事有似缓而实急者，学校是也。盖学校者，风化之本，出治之原也。"① 在蒙古统治者倡导下，公元 1261—1269 年，元代在全国范围内开始建立各级各类学校，设提举学校和教授官。

辽阳行省的官学建立时间略晚于中原地区，大体上是在平定乃颜、哈丹叛乱，设立辽阳行省之后才开始逐渐建立起来的。辽阳行省建立后，其境内各级官办学校比较齐全。据史料记载和考古文化发现，当时，辽阳行省境内的官办学校有辽阳路儒学、辽沈军民总管府儒学、懿州儒学、开元路咸平府儒学、开元路五投下总管府儒学、广宁府总管府儒学、广宁府路闾阳县儒学、大宁路利州儒学、大宁路川州儒学、大宁路义州儒学、大宁路锦州儒学。另外，据史料记载，元代在兴中府、建州、义州都建有孔庙，因此可推知，这些州府都应建有儒学。见于史料记载的，还有大定路海阳等处屯田打捕所儒学、东路钦察军万户府儒学、阿速卫儒学等，说明当时各军事机构和屯田万户府、打捕所等均设有儒学。这都可说明元代辽阳行省各民族都受到中原传统儒学文化的影响。官学当中尤以儒学经典为主要教学内容。至于乡学，据《元史》记载，乡学主要由地方负责创办，"所在乡村镇店，选有德望、学问可为师表者，于农隙之时，依法训导，使长幼皆闻孝悌忠信之言。"②

1. 官学推行汉化教育

1234 年，蒙古汗国灭金不久，即设有蒙古国子学，任命冯志常为总教③，又设提举官，命贵族弟子 18 人入学；1267 年，选诸

① 柯劭忞. 新元史·志第三十一·选举一·学校：卷六十三［M］. 长春：吉林人民出版社，1995：1505.

② 柯劭忞. 新元史·志第三十一·选举一·学校：卷六十三［M］. 长春：吉林人民出版社，1995：1506.

③ 宋濂，等. 元史·志第三十一·选举一：卷八十一［M］. 长春：吉林人民出版社，1995：1247.

职官子孙百余人，专命儒师教习儒学经书；1271 年，又设京师国子学，教习诸生，于随朝蒙古、汉人百官及怯薛官员子弟俊秀者入学；1275 年，忽必烈又另创蒙古翰林院；至 1315 年，国子学百官子弟就学者常不下二三百人；1261 年，以著名学者许衡为国子祭酒、窦默为翰林侍讲学士，为皇太子讲习儒学经文；1273 年，置宫师府；1282 年，立詹事院，作为培养教育皇太子的专门机构，即皇太子学宫。设太师、少师、太傅、少傅、太保、少保等，皇太子在太子学宫接受正统儒学文化教育。学宫讲习的内容以经史为主，辅之以先朝圣训，以及当代大臣的奏议等。其教材以儒家经典为主，诸如《论语》《孟子》《中庸》《孝经》《大学衍义》，史书有《贞观政要》《资治通鉴》《帝范》等。同时，还要学习回鹘式蒙古文和汉人文书，以及各种封建礼仪与管理国家事务的知识。

2. 官学坚持民族特色

元朝政府建立了一套本民族的教育制度，尤其是以本民族的语言文字进行教学。1269 年，颁行八思巴创制的蒙古新字不到半年，忽必烈就下令设立诸路蒙古字学，招收生员学习①。为了鼓励蒙古族子弟学习蒙古字，规定入学者可以免除本人的杂役。次年，设诸路蒙古字学教授；再次年，规定生员免本身差役，学习二三年后，考试合格者，酌量授以官职。上路设生员 30 人，下路设 25 人，各路蒙古官员子弟均可入学，回回、畏兀儿等色目人，愿入学者不受上述数额限制。

3. 官学拓展医学类学科

将医学和阴阳学等纳入官学，是元代官学学科的拓展。蒙古汗国建立以前，蒙古族由于没有文字，所以医学情况没有记载，民族医学以巫医诊病为主。建国后，蒙古族逐渐摆脱野蛮时期进

① 宋濂，等. 元史·志第三十一·选举一：卷八十一［M］. 长春：吉林人民出版社，1995：1246.

入文明时期，创制文字以后，蒙古族才有了适应本民族地理气候和社会生活特点的医病方法，在外科方面有不少创造。《蒙古秘史》中记载了许多例证。如在战场上中矢流血，则多用口吮救治；也有用烙铁烙治伤口的案例，如窝阔台汗曾用烙治的方法治疗过箭伤。蒙古族以饮马奶酒治疗疾病已有悠久历史。《元史》记载，元军中有用大黄治疗军中流行瘟疫的史事。李志常所撰《长春真人西游记》，谈到了蒙古牧民用肉苁蓉治病。在忽思慧的营养学专著《饮膳正要》一书中，收有若干关于蒙医饮食治疗的经验。元朝政府除在中央设立太医院等机构掌管医事外，1263 年，忽必烈于上都设置了惠民司，“市药修剂，以惠贫民”。1284 年，由撒里蛮等执掌，增修草本。随着各民族间联系加强，各族医药先后传入蒙古地区。1269 年，元朝政府设置专门机构管理“诸蕃进献珍贵药品”。1292 年，设立上都回回药物院，掌回回药物事。

元朝统治者十分重视医学，1262 年，开始在全国范围内设立医学学校①。学医的学生通过学校正式考试合格后，方可正式行医。

辽阳行省境内医学学校，史载见于大宁路川州医学。另外，元朝政府还在地方上设有阴阳学校，选拔通晓阴阳之人为学生。1291 年开始，在全国各地发展阴阳学校，“依儒学、医学之例，每路设教授以训诲之”。

辽阳行省境内，按元朝政府要求亦设有阴阳学校②。

---

① 柯劭忞. 新元史・志第三十一・选举一・学校・医学：卷六十三 [M]. 长春：吉林人民出版社，1995：1511—1512.

② 柯劭忞. 新元史・志第三十一・选举一・学校・阴阳学：卷六十三 [M]. 长春：吉林人民出版社，1995：1512.

4. 官学注重蒙古学教育

蒙古学又称蒙古字学，元朝统治者自称为国学。① 国学生主要对象是蒙古贵族子弟，也有部分普通牧民子弟，另外还有色目人子弟入学。元朝政府在京师及地方的路、府、州，蒙古诸王领地及千户所，都置蒙古学，由翰林院译写《通鉴节要》的蒙古语课本作为蒙古学统一教材②。辽阳行省所设蒙古学有广宁路蒙古学、大宁路利州蒙古学、大宁宗仁卫屯田军蒙古学等，另外，蒙古的广宁王及其领地在辽宁的诸王，也分别设有蒙古学。总之，在辽阳行省境内蒙古人相对集中的地方，都设有蒙古学。元朝政府为鼓励蒙古族子弟入蒙古学学习，给予免除一身差役的优待。1295 年，朝廷“命有司割地给诸路蒙古学生员饩廪”③，由此，地方蒙古学学校有了学田。考古文化发现，“懿州城南学田记碑”，记载了 1295—1335 年长达 40 年的时间内，辽阳省治懿州（今辽宁阜新市）地界内地方豪绅捐田助学的情况④。这说明当时响应政府提倡，豪绅们资助学校和教育事业发达。总之，蒙古族科技的进步和发展，是继承了历史科技发展的成果，又是与境外各族人民文化交流的积极成果。上述各类学校培养出很多蒙古族人才，在每次乡试所取的举人中和会试所录取的进士中，都有蒙古族子弟，其中像忽都达儿、护都沓儿、泰普化、八剌、阿察赤、笃列图、普颜不花、拜住、阿鲁辉帖木儿、朵列图、买住、赫德溥化等，都是进士及第者当中的杰出代表。

---

① 柯劭忞. 新元史·志第三十一·选举一·学校·蒙古字学：卷六十三 [M]. 长春：吉林人民出版社，1995：1509—1511.

② 宋濂，等. 元史·志第三十一·选举一：卷八十一 [M]. 长春：吉林人民出版社，1995：1246.

③ 宋濂，等. 元史·志第三十一·选举一：卷八十一 [M]. 长春：吉林人民出版社，1995：1246.

④ 佟宝山. 阜新蒙古史研究 [M]. 沈阳：辽宁人民出版社，1998：97.

5. 儒学的设置

辽阳行省建立后，辽东地区各级官办学校比较齐全。据相关史料记载，当时，辽阳行省境内设置的官学有：辽阳路儒学、辽沈军民总管府儒学、懿州儒学、开元路咸平府儒学、开元路五投下总管府儒学、广宁府路总管府儒学、广宁府路间阳县儒学、大宁路利州儒学、大宁路川州儒学、大宁路义州儒学、大宁路锦州儒学、大定路海阳等处屯田打捕所儒学、东路软察军万户府儒学、阿速卫儒学等。另外，在兴中府、建州、义州都建有孔庙，说明这些州亦有儒学。

此外，还创办有民间私学。1291 年，元朝政府下令，“路学及各县学内设立小学，选请老成之士教之，或自愿招师，或自受家学于父兄者，亦从其使”①。在路学、县学当中设的小学，实际上是一种初级教育学校。其中所说“其自愿招师，或授业于父兄者”②，即是民间私学。至 13 世纪中叶以后，辽阳行省境内教育已得到广泛普及。以辽西广宁府为例，出现了“雄蓝巨刹楼阁相望，家庠户序学校如林”的兴旺景象③。

元代地方有比较完整的教育管理体系，行省、路、府、州、县皆有学官之设。辽阳行省也不例外。但辽阳行省学官的设立要晚于中原地区各行省。1306 年，洪君祥任辽阳行省右丞，申请在辽阳设儒学提举官，1313 年，元朝政府才正式批准，“置辽阳行

① 宋濂，等. 元史·志第三十一·选举一：卷八十一 [M]. 长春：吉林人民出版社，1995：1249.

② 宋濂，等. 元史·志第三十一·选举一：卷八十一 [M]. 长春：吉林人民出版社，1995：1249.

③ 王晶辰，等. 辽宁碑志·大玄真实祖碑 [M]. 沈阳：辽宁人民出版社，2002：53.

省儒学提举司"①，作为管理辽阳行省境内教育管理机构，统辖"诸路、府、州、县学校、祭祀、教养、钱粮之事，及考校呈进著述文字"，主要官员有提举1人（从五品）、副提举1人（从七品），以及吏目1人、司使2人。行省之下，各路置儒学教授、学正、学录各1人；散府、上中州设儒学教授1人；下州设儒学学正1人；县设儒学教谕1人。另外，各路设有蒙古学、医学、阴阳学教授各1人。担任学官者，多为博学多才的文士。辽阳行省境内学官设置有：辽阳路儒学教授叶瑞、虞文登，学正李汉、杨复吉；大宁路儒学学正扎肃；利州儒学学正陈忠遂，蒙古学教授王政；川州儒学学正徐谦，医学学正张质；广宁路儒学教授王达，学正董文国，学录姚彬；闾阳县儒学教谕董理；咸平路儒学学正柏德宗懋；开元路五投下总管府儒学学正王之谦；懿州儒学教授田宗尹，等等②。由此可见，元代，辽阳行省境内教育文化相对比较发达。

元朝政府对学校管理及监督十分严格。据《元史》记载，"诸随路学校，计其钱粮多寡，养育生徒，提调正官时一诣学督视，必使课讲有程，训迪有法，赏勤罚惰，作成人才，其学政不举者究之"。"诸各处学校，为讲习作养之地，有司辄侵借其钱粮者，禁之。教官不称职者，廉访司纠之"③。

元代晚期，辽阳行省境内教育事业受到红巾军起义之战乱影响，社会板荡，学校日渐废弛。辽阳省治懿州，州弊陋，民不知学。省治懿州况且如此，其境内他地，情况大概也类似。

① 宋濂，等．元史·本纪第二十四·仁宗一：卷二十四［M］．长春：吉林人民出版社，1995：337.

② 王树枏，等．奉天通志·金石志三·石刻二·辽金元：卷二百五十五［M］．沈阳：沈阳古旧书店，1983：5552.

③ 宋濂，等．元史·志第五十一·刑法二：卷一百零三［M］．长春：吉林人民出版社，1995：1642.

二　科举文化的兴起

元代的科举文化始于窝阔台汗时期。1237 年，在耶律楚材等人的推动下，窝阔台汗诏令，用考试的办法选才取士。次年，中原诸路开始了元朝首次儒学考试取士。经过经义、词赋、策论 3 科考试之后，选取一批儒士，给予中考的儒生得到豁免差发的待遇。实际上，中选者除了被承认为儒户得到免除赋役的优待之外，入仕者寥寥可数。“制器者必用良工，守成者必用儒臣。”因此，元朝统治者开始重视如何长期培养、选拔及合理任用人才的问题。耶律楚材等人的谏议和元朝首次选取人才的办法，与严格意义上的科举考试文化并不完全相同。

元朝从世祖忽必烈到武宗海山统治末年，朝廷围绕科举考试问题进行过多次讨论俱无果。1312 年，元仁宗即位，才决定开科举；次年，朝廷正式颁布诏令，商定恢复科举考试。1315 年，元朝举行第一次科举考试。元代的科举考试每三年举行一次，具体分为乡试、会试和殿试三种形式。乡试在行省举行，参考者分别为蒙古人、色目人、汉人和南人。蒙古人和色目人享有特权，考试两场。第一场是经问，第二场是策问。汉人和南人属于次等民人，考试三场，第一场是明经，第二场是古赋、章表等，第三场是策问。答题标准是程朱理学对儒家经典的阐释①。根据政府规定，考试按行政区划，全国共设 17 个考试场，最后从中选出 300 名合格者参加于次年 2 月在京师举行的会试②。

辽阳行省作为全国 17 个考场之一，确立参加会试的名额是蒙古人 5 名，色目人 2 名，汉人 2 名，计 9 人；另外，征东行省确

---

① 宋濂，等. 元史·志第三十一·选举一：卷八十一［M］. 长春：吉林人民出版社，1995：1239.

② 白钢. 中国政治制度通史·元代：第八卷［M］. 北京：人民出版社，1993：359.

定蒙古、色目、汉人各取 1 名，计 3 人。会试科目与乡试相同，最后取 100 名参加殿试，其中蒙古人、色目人、汉人、南人各 25 名。与乡试和会试不同的是，参加殿试者不会落榜，只是等第高低有所区别。以蒙古人、色目人为右榜，汉人、南人为左榜。两榜各分三甲，第一甲赐进士，秩品从六品；第二甲赐进士，秩正七品；第三甲同进士，秩正八品①。

元朝虽然恢复了科举考试，但从 1315 年第一次科举考试，直至元末的半个多世纪里，总共只举办 9 次，其间由于伯颜、哈丹叛乱还停考 2 次。元朝科举的规模较小，录取的人数也少，与宋代无法相比。这与元朝的人事制度有关。

一方面元朝科举考试制度文化不发达，总共只举办 9 次；另一方面辽阳行省境内参考人员少，中进士的更是寥寥无几。据《元统元年进士录》记载，当年共录取 100 名进士，辽阳行省及征东行省仅有 1 名，系征东行省高丽杨广道韩州人李穀，时年 36 岁。若大个辽阳行省竟无人榜上有名。在文献记载中，留下姓名的辽阳行省出身的进士只有赵良弼 1 人。李穀，字中父，号稼亭，有《稼亭集》传世，是高丽国著名的文学家。赵良弼，字辅之，女真人，“本姓术要甲，音讹为赵家，因以赵氏”。据《元史・赵良弼传》载，赵良弼明敏，多智略，举进士，教授赵州；被任命为邢州安抚使。“邢久不得善吏，且当要冲，使者旁午，民多逃去。”经赵良弼数年治理之后，“邢大治，户口倍增”。赵良弼迁川陕等，政绩都很突出；世祖忽必烈执政初年，奉命出使日本，深得朝廷信任；元灭南宋后，面对“江南士人多废学”的状况，赵良弼向朝廷建议“设经史科，以育人才，定律令，以戢奸吏”，被忽必烈采纳。晚年，赵良弼以疾辞官，定居怀孟，在温县有地 3 千亩，“乃析为二，六与怀州，四与孟州，皆永康庙学，以赡生

① 白钢. 中国政治制度通史・元代：第八卷 [M]. 北京：人民出版社，1993：359.

徒，自以出身儒素，示不忘本也”①。

第四节　元朝时期辽东地区文学艺术史志文化

元朝在平定乃颜、哈丹之乱后，正式设置辽阳行省，同时出台一系列旨在维护社会治安与经济发展的政策措施，有力地促进了辽阳行省社会经济的恢复与发展。农业文化的繁荣，手工业文化如冶铸、采矿和铁器制作以及制盐、制瓷、纺织、酿造业等传统手工业文化的发达，商业及贸易文化的发展，必然反映到文学艺术上来。元代，辽河流域的文士及文学艺术成就虽不及辽金，但也有可称道之处。

一　文学创作文化的景象

元代，辽河文化主要表现为蒙古族传奇文学、契丹与女真遗民文化的形态。

（一）蒙古族传奇文学的兴起

早期，蒙古族没有文字，且部族分散。但是，在形成统一的蒙古民族以及蒙古汗国建立之前，蒙古族中就已经产生了很多的传奇文学，如传说、神话和诗歌等。这些民间口头文学作品在长期的口耳相传过程中，虽然大多已散佚，但在《蒙古秘史》和《史集》等一些古代典籍中仍保存某些片段（片断）。《蒙古秘史》几乎有1/3的篇幅记述蒙古族口头文学的精华。在这部著作中，记述了蒙古族的起源、形成、氏族的谱系，着力描写了成吉思汗伟大的一生，并记录了蒙古对外战争及窝阔台汗时期的历史。在文学方面，该书有近1/3的篇幅记述了许多引人入胜的传奇、故

① 宋濂，等．元史·列传第六十四·赵良弼：卷一百五十九［M］．长春：吉林人民出版社，1995：2372－2374.

事和优美动听的诗歌，语言简洁明快，浑厚淳朴，饱含浓郁的草原生活气息，可谓蒙古族文学的精华。此外，还有《成吉思汗的箴言》《智慧的钥匙》《箭筒式阿尔戈聪的传说》等史诗性作品。《成吉思汗的箴言》以史诗形式记录成吉思汗对其子弟和臣僚官员教谕之辞，也有臣僚们对成吉思汗的献策和颂词，反映了蒙古各部统一和汗国确立时期蒙古族社会状况，表现出蒙古民族团结互助、勇敢忠诚的美德；《智慧的钥匙》也是一部同样性质的作品，无论形式和内容上，都与《成吉思汗的箴言》有很多相似之处，在蒙古地区流传很广，长期被视作教育官员和一般私塾的教材；《箭筒式阿尔戈聪的传说》是一部短篇叙事诗集，该诗集主要叙述阿尔戈聪如何以巧妙的口才把居于索伦古德部的成吉思汗敦请回来，用感人的诗句解释其因酒醉而把金箭带回家住宿所犯的过失，最后终于被免除死罪的故事。《成吉思汗的两匹骏马》以寓言体形式，塑造人格化的两匹骏马形象和故事，歌颂被压迫者的反抗精神，赞美人们向往幸福自由生活的美好理想；短篇叙事诗《孤儿舌战成吉思汗九卿》，讲述了一位孤儿同那些自命不凡、权势显赫的勋臣们争辩，并且雄辩批驳了对手谬论的故事；抒情民歌《母子歌》，唱出了一个贫苦人家的孩子从军前的惆怅，以及母亲对儿子的劝诫和祝福，表现了蒙古族人民对蒙古贵族发动的掠夺战争的不满情绪，以及对自由生活的向往；《阿莱钦之歌》抒发的是一位远离家乡、久经沙场的战士的思乡情怀，曲词委婉动听，十分感人。

（二）契丹与女真遗民文学的景观

元代，居住辽阳行省境内的各族，除了汉族和蒙古外，还有契丹、女真、水达达、兀者诸部，以及吉里迷、骨嵬等。在这些民族中，契丹、女真遗民中的文人学士，还保留着辽金以来相当高的文化，如耶律楚材、耶律铸、耶律希亮、耶律柳溪、张孔孙、移剌霖等，尤其是耶律楚材、耶律铸父子，他们在文学与艺术方面都取得了一定成就。

1. 耶律父子的文学成就

耶律楚材入元后，不仅是蒙古汗国的开国名相，著名的政治家，元太祖、睿宗、太宗三朝宰辅，“其功甚伟”，堪“与汉萧何媲美”；而且在学问上也颇有造诣，是开创元初文学新局面具有代表性的文学大家。其《湛然居士集》与《西游录》，在元代乃至在中国文学史上都是经典之作。耶律楚材在青年时，博览群书，才气横溢，旁通天文、地理、律历、术数、释、老、医卜之说，是一位兼通文理的学者①。《湛然居士文集》14 卷，收录耶律楚材创作的文约 100 篇、诗 720 余首。诗文都是其戎马倥偬、政事纷纭之际写下的。因而，其诗作多半反映蒙古骑兵的军威武功和记录个人鞍马生涯，题材广泛，内容丰富，情感真切。

如其七律《阴山》：“八月阴山雪满沙，清光凝目眩生花。插天绝壁喷晴月，擎海层峦吸翠霞。松桧丛中疏畎亩，藤罗深处有人家。横空千里雄西域，江左名山不足夸。”西域阴山之绝壁险峻，直插云霄，吞云吐霞，壮丽景致，跃然纸上；歌行体诗《过阴山和人韵》：“阴山千里横东西，秋声浩浩鸣秋溪。猿猱鸿鹄不能过，天兵百万驰霜蹄……”全诗 32 行、224 字，细致勾勒出西域风光绮丽壮观，写得雄奇飘逸，深有唐代诗仙歌行诗之风格。另如“西征军旅未还家，六月攻城汗滴沙。自愧不才还有幸，午风凉处剖西瓜”，反映了耶律楚材当时随军征战的生活经历和思想感情。

耶律楚材的诗作，不事雕琢，淳朴自然，而且功力深厚，尤擅长描写自然景物、山川风光，以及少数民族的生活画面，也赞扬蒙古骑兵强悍英武的风貌。借景抒情，自然流畅，如《思友人》：“落日萧萧万马声，东南回首暮云横。金朋兰友音书绝，玉轸朱弦尘土生。十里春风别野店，五年秋色到边城。云山不碍归

① 宋濂，等. 元史・列传第三十三・耶律楚材：卷一百四十六［M］. 长春：吉林人民出版社，1995：2195.

飞梦，夜夜随风到玉京。”作为政治家，其能够始终关注民情、民生，用诗表达大济苍生的抱负，这是很可贵的思想品质。如《乙丑过鸡鸣山》：“三年四度过鸡鸣，我仆徘徊马倦登。寂寞柴门空有舍，萧条山寺静无僧。残花溅泪千牲别，啼鸟伤心百感生。今古兴亡无可问，穹庐高卧醉腾腾。”村舍因战乱而萧条，泪溅残花。作为征伐者如此控诉战争，情感超拔，感人至深。又如《过天德和王辅之四首》其二：“自愧才术草芥微，偶然千载遇明时。唯希一统王家义，何暇重恩晁氏危。仁义且图扶孔孟，纵横安肯效秦仪。行看尧舜泽天下，万国咸宁庶绩熙。”再如《移剌继先韵二首》其二：“归山盟约已愆期，一梦十年尽觉非。瀚海路难人去少，天山雪重雁飞稀。渐惊白发宁辞志，未济苍生曷敢归。去国迟迟情几许，倚楼登望白云飞。”诗人要以“仁义且图扶孔孟”的倡儒之举，达到“行看尧舜泽天下，万国咸宁庶绩熙”的政治愿景。鞠躬以操劳政事，却因官场险恶而多艰，致诗人有“渐惊白发宁辞志”的想法，但当眼见战争给黎民百姓造成的痛苦，而“大济苍生”愿望未能实现，于是写下了“未济苍生曷敢归”诗句，表明坚定决心。

耶律楚材是诗人，更是政治家，主张“以儒治国，以佛治心”。所以，其很多诗作充分体现了其政治主张，将政治家的政治抱负与诗人的自由浪漫情怀融为一体，将积极入世与淡然忘世的思想纠结发挥到了极致。诗史家评论其作品中不乏激昂慷慨、气象宏大之作，与苏轼诗有异曲同工之妙，表达了他充满乐观进取的精神，对后人有较深影响。

耶律铸为耶律楚材次子，幼聪敏，有文才，精骑射①。子弘父业，从事政治活动，承父才，文学作为不逊乃父。耶律铸少年时便有诗名，12 岁能写诗，如《日将出》：“阴云夜合乾坤失，万

① 宋濂，等. 元史·列传第三十三·耶律铸：卷一百四十六［M］. 长春：吉林人民出版社，1995：2201.

象不能分别得。苍凉海底浴重光，却与行人指南北。”短短 28 个字，有情有景，意境深远。20 多岁即有诗集付梓。一生中诗作甚多，著有《双溪醉隐集》，卷帙浩繁。现存诗歌 770 多首。诗风清丽、平易流畅。

如其《苦旱叹》：“六月亢旱田苦枯，自嗟自叹耕田夫。差官咫尺征秋税，今岁田家一粒无。饥民日日望霖雨，雨意欲成云散去。天公胡不用老龙，年年祇被蛟螭误!”充满了对农民苦辛的同情，对自然灾害带给人民痛苦以及官府催逼租税、徭役等现实生活，给予了揭露和批评，以耶律铸的身份，能够写出这样的诗歌，是难能可贵的。这类诗作还有《过北村》《观田》《秋日田行》等。耶律铸关注农民生活的诗是多视域、多角度的。如在《过北村》中描写的是“县令严令督秋征”下老农满面忧愁的形象；在《观田》中反映“老农愁倚锄竿立，五谷虽成不值钱”的社会现实；在《秋日田行》中记述的是农民在沉重的赋税下苦不堪言的痛苦生活。耶律铸比其父更能直面社会底层，关注黎民百姓，表现了诗人的道德良知；记述黎民百姓的苦难生活，寄望能改变现实，展现出强烈的社会人文情怀，增强了诗作的思想价值。耶律铸诗歌创作的题材比较广泛，除前面举出的关注农民的题材外，还有反映军旅生活、社会现实矛盾、官场升沉无常、思乡怀愁等内容的作品。

耶律铸与其父不同的是善创作辞赋，如有《天香台赋》《天香亭赋》《琼林园赋》《龙和宫赋》等 15 篇，大都是鸿篇巨制，辞藻华丽，规模宏大，气势充沛，结构精美，手法工巧，均是难得的辞赋作品。如《天香台赋》，作者用拟人的笔法，描写各种名贵牡丹的美色、姿态与神韵，目的是借养花育花比喻为政治民，进而劝讽社会当权者。辞赋主题深刻，起到了“文以载道”的作用。

耶律铸有 11 子，其中耶律希亮、耶律柳溪也善作诗。耶律希亮，9 岁从师燕地名师赵衍，后随蒙哥汗南征。蒙哥汗死于蜀川后，耶律希亮滞留西域多年。1271 年，元世祖忽必烈任命其为奉训大夫符宝郎。1275 年，南宋灭亡后，忽必烈欲讨伐日本，使其征询南宋各位降将意见，夏贵、吕文焕、范文虎、陈奕等都说可以讨伐，独耶律希亮以为宋与辽金之间攻战 300 余年，“干戈甫定，人得息肩”为由回奏，认为等数年之后再兴师也不晚，得到世祖认可。1277 年，升礼部尚书，不久升吏部尚书。1280 年，因病离职。1310 年，武宗访先朝旧臣，特授翰林学士，不久改授翰林学士承旨知制诰兼修国史。1327 年卒，终年 81 岁，追封漆水郡公，谥忠嘉。所著诗文及纪行录 30 卷，编为《愫轩集》，汇集平生诗文及从军纪行，今已佚。

耶律柳溪仅有一首诗传世，即《剪子》：“体出并州性自刚，箧中依约冷光芒。双环对曲蜂腰细，叠刃齐开燕尾张。惯爱分花沾雨露，偏憎裁锦破鸳鸯。可怜戍妇寒窗下，一剪边衣一断肠。”作者通过咏剪，描写了戍卒之妻生活的凄凉及思念丈夫深沉的情感。

2. 姚枢和姚燧叔侄的文学影响

姚枢，字公茂，柳城人。自幼一力于学，自期甚高。“昼则经纪其家饷，晦则读书，夜分不辍”。其父姚渊金朝末年调任许州（今河南许昌）灵事判官，其家遂迁许州。① 据明人撰《辽东志》《全辽志》记载，姚枢曾在辽阳行省担任过官职。《辽东志》载，“姚枢，至元二年癸未，为辽东按察史”②；《全辽志》载，“姚枢，柳城人。世祖即位，立十道宣抚使，以枢使东平。既至，置劝农、检察二人以兼之，推物力以构赋役，罢盐铁官。今祀辽阳名宦

① 宋濂，等. 元史·列传第四十五·姚枢：卷一百五十七［M］. 长春：吉林人民出版社，1995：2351.

② 金毓黻. 辽海丛书·辽东志·官师：第一册［M］. 沈阳：辽沈书社，1985：426.

祠。”①《盛京通志》《奉天通志》亦有类似的记载。1260年，姚枢官拜东平宣抚使来辽东，后历官中书左丞、昭文馆大学士、翰林学士承旨等。78岁卒，被元王朝追赠为荣禄大夫、少师、封鲁国公，谥文献。

姚枢的诗作集于《雪斋集》，《元诗选》收其诗25首。姚枢诗作藉古寓今。如组诗《聪仲晦古意廿一首爱而和之仍其韵》之第八首：“夷齐顾名节，不食饿首阳。尚父应天讨，奋时清渭傍。心迹异天壤，日月同辉光。道义有如此，人惟重行藏。”诗意主旨在倡导儒家名节道义观念。第十九首：“拔茅连其茹，激浊扬其清。云山兴大厦，谅非一木成。嶷嶷万斛舟，水积舟乃行。群材惟柱石，国势何用倾。”诗意充满理性思考和善意劝诫：载舟覆舟，教训何深；为官之道在激浊扬清；治国靠柱石，唯群策群力才能成就大事业。

姚燧，字端甫，号牧庵。三岁丧父，由姚枢养大，受学于理学大家、诗人许衡。累官至太子宾客、翰林学士承旨，拜太子少傅②。76岁卒。诗文辑有《牧庵文集》50卷，已散佚。清代《四库全书》重辑为36卷。元代文坛，姚燧以散文著名，是元代初年北方转变文风的著名文士；提出“文章以道轻重，道以文章轻重”，反对道学家“道外无文”“文章害道”的观点，使文章、理论鲜明地摆脱理学束缚。《元史》称姚燧“其文宏肆赅洽，豪而不宕，刚而不厉，舂容盛大，有西汉风，宋末弊习，为之一变。盖自延祐以前，文章大匠，莫能先之”。其终以文章名世。

姚燧诗、词、散曲皆工，尤以散曲在元初列名家之林。《元诗选》录姚燧诗21首。其诗作题材十分丰富，有赠友、记游、题

① 金毓黻．辽海丛书·全辽志：第一册［M］．沈阳：辽沈书社，1985：610．

② 宋濂，等．元史·列传第六十一·姚燧：卷一百七十三［M］．长春：吉林人民出版社，1995：2565．

画、唱和、咏物等多种题材。诗风清新，自然流畅，诗韵清醇。如《舟达黄溪》：“草木随寒暑，殊方荣悴同。苇花兼露白，柽叶未霜红。日月双飞鸟，江湖一病翁。晚来沙屿上，愁坐独书空。”其描写景观油然而出，虽是自然之物的季候变化，也寓人生之无奈。也有写生活境况的诗，如《赏花》：“出门京国事无涯，虚掷东风五物华。却谢病归催不起，故园今见碧桃花。”其看似随兴而发，却也道出仕途之艰辛。全诗仅28个字，把诗人兴学投入之专、之多，成年累月地在外奔波忙碌，以致病倒了才有机会看到故园里的碧桃花。诗人没有半点抱怨，相反，诗行字里透着诗人对职业的热爱，对故园的深情。平淡之中，真情流露。《牧庵文集》辑有姚燧散曲29首，套数1篇，或言情、或抒情，风格清新典雅，韵味浓厚。如《仲吕·满庭芳》：“天风涛涛，昔人曾此，酒圣诗豪。我到此登眺，日远天高。山接水茫茫渺渺，水连天隐隐迢迢。供吟笑，功名事了，不待老僧招。”作者得暇登高，面对旷远景象，抒发情怀，清新自然；好景不待人，应珍惜美好，切莫虚掷时光。

3. 其他遗民文士的文学成果

契丹诗人张孔孙，祖出契丹乌若部，其部后为金人所并，迁居隆安（今吉林农安），以文学知名，深受忽必烈器重。初曾任户部员外郎，历任湖北道提刑按察副使、侍御使、礼部侍郎及尚书、大名路总管兼府尹、集贤大学士、翰林学士承旨等职。颇有政治见解，所提建议多为世祖忽必烈采纳。其诗文颇有文采，代表作有《风雨回舟图》《岳阳楼》。《风雨回舟图》：“风雨来时拨棹回，济川心事有谁知。停舟且做江湖梦，浪静风恬未是迟。”深得世祖忽必烈器重、为官一帆风顺的张孔孙，也有这样的诗思，借景抒情，寓宦海失意、辞官归田之意于诗中。

女真诗人有夹谷之奇、蒲察景道、兀颜师中、完颜东皋、徒单公履、兀颜思政、赤盏希曾等。其中，孛术鲁翀成就最高。

孛术鲁翀幼勤奋好学，从学于江西新喻名人萧克翁，后又从京兆萧𣂏游，其学问益宏以肆。历任襄阳县教谕、汴梁路儒学正、翰林国史编修官、河东道廉访司经略、陕西行台监察御史、右司员外郎。为政清廉，敢于直言，颇有政绩①。孛术鲁翀奉旨修《大元通制》，著有《菊潭集》六十卷，今已佚。现存《菊潭集》系清代学者缪荃辑成4卷。孛术鲁翀的散文创作成就也很高，如《驻跸颂》《大都乡试策问》等。

夹谷之奇，祖出女真加古部，后迁居滕州（今山东滕县），少好学，曾任济宁教授，后升为中书省掾。入元后，累官至翰林学士、吏部尚书。为政虑识精审，明于大体，而不忽视细微，政绩卓著。其为文，简严有法，诗作多传于世。《元诗选》录其诗《题周孝侯庙》。诗人借对周处的赞美来抒发自己的抱负，即虽有澄清天下之志但又不得伸展其志的思想感情，既表达了不畏强暴、立志除恶的斗争精神，又表现了对社会上豺狼当道的愤懑。

（三）元代辽东籍文士的文学创作

刘秉忠，字仲晦，号藏春散人。瑞州（今辽宁省绥中）人。1264年任光禄大夫、位太保，参领中书省事，同知枢密院事。1274年卒，时年59岁，追赠常山王，谥文正。“自幼好学，至老不衰”“每以吟咏自适，其诗萧散闲淡，类其为人。”② 多才多艺，除诗文外，亦精于书法、天文、算术。著有《刘秉忠文集》10卷、《刘秉忠诗集》22卷，《藏春集》6卷、《藏春词》1卷、《玉尺经》4卷。《元诗选》选刘秉忠《藏春集》中诗49首，题材多为旅行见闻，吟咏风景，萧散闲淡，诗风自然潇洒。如《清明后一日过怀来》：“居庸春色限燕台，山杏凝寒花未开。驿马萧萧云日晚，一川风雨过怀来。”看似潇洒自然，随口吟成，但诗韵清新，

---

① 宋濂，等．元史·列传第七十·孛术鲁翀：卷一百五十七［M］．长春：吉林人民出版社，1995：2665．

② 宋濂，等．元史·列传第四十四·刘秉忠：卷一百五十六［M］．长春：吉林人民出版社，1995：2335．

诗味深浓。又如《驼车行》："驼顶叮当响巨铃，万车轧轧一齐鸣。当年不离沙陀地，辗断金源鼓笛声。"一支驼队在沙漠中前行，空旷的画面，叮当的铃声，沙漠的宁静与驼铃清脆的声音，浑然天成，构成奇妙的意境。再如小令《南吕·干荷叶》："干荷叶，色苍苍，老柄风摇荡。减了清香，越添黄。都因昨夜一场霜，寂寞秋江上。"用词朴素，咏物抒怀，感叹兴亡，看似直白，蕴含深刻。

张三丰，辽东懿州（今辽宁省阜新蒙古族自治县）人。元末明初道教大师，集道学、武学和文学于一身。1247 年，出生懿州，幼年受到良好教育，5 岁师从碧落宫主持张云庵，学道经，兼读儒、释两家之书。12 岁始，专攻儒学。1260 年，考取秀才，次年称文学才识，列名上报京城。18 岁的张三丰离开懿州到燕京，结识瑞州诗人刘秉忠，因刘氏推荐出任中山博陵县令，不到 2 年，因志趣不在此，难受官场约束，遂断绝仕途之意，回到懿州老家，侍奉父母。从此，日诵洞经，习读诗书，研读儒释道经籍，此间曾游历医巫闾山等辽东名胜。多年后遇到全真教丘道长，使其人生发生重大转机，丘道长与张三丰畅谈玄理，意气相投，满座清风。丘道长离开后，33 岁的张三丰便将家产托付族人管理，自己开始巡游名山古刹。其为追求道学和武学，足迹遍布全国各地，北起燕赵，东到齐鲁，南经韩魏，西到秦陇，再到巴蜀。1314 年，张三丰离开宝鸡，到终南山，得遇火龙真人真传，时年 67 岁，夙愿如偿。而后，77 岁，又到武当山修炼。1341 年，由湖北武当回辽东懿州省墓，这是他 33 岁离开辽东懿州 40 多年后第一次也是最后一次回故乡。从此别过懿州，再未北归。

张三丰一生著述颇丰，以诗词为主的文学创作是他著述的重要部分。《张三丰先生全集》中《云水前集》《云水后集》《云水三集》，诗作不仅数量多，而且内容丰富，蕴含人生哲理。其诗词较多地表现其淡漠仕途、追慕自己出世的心境。如《三十岁北游》："幽冀重来感慨忘，乌纱改作道人装。明朝佩剑携琴去，却上西山望太行。”诗中将乌纱改道人装，轻描淡写中，心愿大变，由入世到出世，人生大变。又如《上天梯》：“弃官游海岳，辛苦寻丹秘。辞我亡亲墓，多山留不得。别我中年妇，出门天始白。舍我卯角儿，掉头离火宅。”人生的抉择是艰难的，心境并非平淡如止水，别妻、别子的个中况味只有诗人自己能够体味，但为了追求出世的自由，就得割舍。这便是真正的人生。寻道路上对历史与名贤、人生与物欲，无时无刻不在纠结，关键是人怎么对待。如《游辽阳诸山作》：“千里辽阳自往还，眼中山色画中看。人夸地气来长白，我欲云峰炼大丹。风过列屏横淡霭，雨余群嶂各高寒。此间好觅长生路，入世休言出世难。”

张三丰的诗作有雄健豪放的，有追慕先贤的，有感叹沧桑变易的，有看破红尘的，有探讨人生的。总之，内容丰富，题材多样，以朴素的语言道出人生哲理，给人以悠闲、快活、无拘无束、自得其乐的感觉。

二　杂剧歌舞文化的繁荣

元代杂剧是蒙古汗国灭金前后，以宋杂剧和金院本为基础融合宋金以来的音乐、说唱、舞蹈等各种艺术形式而成的戏曲形式，是在唐宋以来词典和讲唱文学基础上创造出的韵文和散文相结合的结构完整的文学剧本。

元杂剧一般是一本四折即一场四段，配以音乐上不同宫调的套曲，使之表演一个完整的故事。元杂剧套曲形式是受宋金时代流行的赚词和诸宫调影响形成的。赚词叙事体用第三人称，但它用套曲形式来叙事，把同一宫调中的若干乐曲连成一套，前有引子，后有尾声，一韵到底，平仄押韵。诸宫调也采用连套形式叙事，唱白相同，只是它把同一宫调的曲子连成短套，再把不同宫调短套连成长篇，歌唱时频换宫调，也常换韵，但它叙述故事较赚词更为细腻。元杂剧正是吸收了两种说唱艺术连套的特点，创造了自己的连套形式，其所用曲调，既采用了诸宫调的一部分，也吸收了北方流行的谣曲。

（一）杂剧文化的兴盛

由于元代杂剧在北方地区广为流行，所以称这种曲调演唱形式为北曲或北杂剧。元代是中国戏曲的黄金时代，在元代各类文学作品中，杂剧创作取得的成就最高。元杂剧先在北方地区流行，直至1279年，元灭南宋后，才开始流行到南方。因此，辽阳行省境内，杂剧艺术应很发达。曾产生著名杂剧作家石君宝，其创作源泉应与当时辽东地区演员技艺、音乐环境等有关系。

北方杂剧是由古代乐舞发展而来的。早在先秦时期，乐舞就流行于辽东。考古文化发现，在今辽宁建昌、建平，都出土有商周时代的乐器石磬；在辽阳市旧城西北北园瓦窑子村东南的汉代北园一号壁画墓，发现《舞乐百戏图》，在辽阳市西北郊八里棒台子屯汉代石棺壁画墓，发现《宴乐百戏图》。《旧唐书·音乐志》记载，三燕地区民族“皆马上乐”①，高丽的舞曲《歌舞曲》《芝栖》等传到了京城长安。古代契丹社会乐舞，在吸收汉之百戏演技后，发展创造了契丹社会杂剧并流传下来。元代继承辽金杂剧传统又有所改变，将金院本的打诨为主的内容改变为剧情的附属部分，彻底摆脱了杂剧滑稽的面目，创造了自己的连套形式，其曲调既采用了诸宫调的部分内容，也吸收了北方流行的谣曲，所以深受北方民众喜爱。这或是杂剧在北方普遍流行的原因之一。

杂剧在北方地区流行，还由于其舞台设置较为简单、演出形式虚实结合以虚为主。在不到8米见方的舞台上，虽然有简单的布景和道具，以显示人物、事件的具体情境，但整个剧情的进程，其时间和空间的发展变化，具体景物和场面的描写是通过虚拟表演及其所创造的气氛来表现的。杂剧以演唱居首位，且以一个角色主唱，其他角色只有科白和科诨，易组织表演。主角表演时，

① 刘昫，等．旧唐书·志第九·音乐二：卷二十九［M］．长春：吉林人民出版社，1995：677．

歌唱与念白相结合、唱工与做工相结合、文戏与武戏相结合。这种程式化的表演，主要是将生活的语言、动作提炼加工为念唱艺术和表演手段，伴以音乐节奏，其形式和技艺，深受社会民众欢迎。

元代，辽东地区蒙古族杂剧及歌舞文化之发展以杨景贤为代表，其作品主要有《天台梦》《西湖怨》《为富不仁》《西游记》《刘行首》《盗红绡》《鸳鸯宴》等杂剧18种。其《西游记》杂剧以敷演江流儿故事为开端，为后来吴承恩写长篇小说《西游记》的蓝本。吴承恩笔下的唐僧师徒形象，在杨景贤的杂剧《西游记》里已经大体定型。蒙古散曲以阿鲁威为代表，其作品有《蟾宫曲》16首、《寿阳曲》2首、《湘妇怨》2首，《太和正音谱》称其"词如唳青霄"。蒙古诗人以慕颜铁木为代表，其贤而能文，家藏书过万卷，有诗500余篇，称作《伊东拙稿》。此外，还有泰不华著有《顾北集》、伯颜著有《过梅岭岗》诗。元代女真人对元代杂剧形成和发展有特殊贡献。由于蒙古族与之地域毗邻或混居，在文化发展上就地取材，从女真文化中吸取重要养料；同时，女真族是一个能歌善舞的民族，为元代杂剧的形成带来艺术上直接的借鉴；此外，女真族的乐曲为元代杂剧直接贡献了重要元素；特别是一些女真文人亲自参加杂剧的创作，成为元代杂剧作家中的重要一员，如女真人李直夫、石君宝等。

李直夫是女真族著名剧作家，见于著录的剧作有12种，如《孝谏郑公王》《念奴教乐》《水渰兰桥》《虎头牌》《伯道弃子》《歹斗娘子劝丈夫》《错立身》《夕阳楼》《风月郎君怕媳妇》《炎烧祆庙》《坏尽风光》《占断风光》。以《虎头牌》为代表作。这出历史剧描写的是女真将领上千户山寿马戍边有功，被晋升为元帅，受赐"便宜行事虎头牌"。其叔父银柱马因贪杯酗酒误事丢失了防地夹山口。山寿马闻讯后，按军法处死叔父。其婶母、兄弟、妻子都来求情，一概未准。后来得知银柱马出事后曾带兵夺回被辽国掠去的人马牛羊并收复了关口，有将功补过的表现，免死罪改杖责。银柱马受杖责后回帐，疼痛难忍，怨恨侄儿无情无义。山寿马知道叔父心中有怨恨，所以带着妻子提酒牵羊过府暖痛，并陈述虽是叔侄，但身为元帅，且有“便宜行事虎头牌”在上，法不避亲，军法难容。银柱马听完元帅的话，释然心服。全剧结构完整，情节曲折，饶有情趣。人物性格突出，具有浓厚的生活气息。

石君宝，辽东盖州人，元杂剧大家。明朱权的《太和正音谱》录石君宝所创作杂剧10种，即《秋胡戏妻》《曲江池》《紫云亭》《哭周瑜》《雪香亭》《风寒三友》《士女秋香怨》《柳眉儿金钱记》《吕太后醢彭越》《穷解子红绡驿》。日本青木正儿著《元人杂剧概说》，把石君宝的杂剧《曲江池》《秋胡戏妻》与元代前期杂剧作家吴昌龄的《张天师断风花雪夜》、戴善甫的《陶学士醉写风光好》并列，俱视为风情剧。石君宝的作品多以下层社会妇女为描写对象，颂扬中华民族勤劳、善良、正直、坚强的品质。其创作大胆出新，语言通俗、自然、本色、泼辣、豪爽，富有人性张力和生活气息，能够很好地刻画人物心理，使人物性格、身份、形象明快、生动、完美。总之，石君宝创作的杂剧在辽河文化史乃至中国戏剧发展史上具有重要影响。

在元代200余位散曲作家的4200余首散曲中，可以见到一些女真族人的作品，其大多为歌唱山林隐逸、描写男女爱情之作，也有反映社会矛盾方面的。女真族散曲家有奥敦周卿、蒲察擅长、王景榆、刘庭信等人。

奥敦周卿曾为怀孟路总管府判官、侍御史。有政绩，善平冤狱；面对黑暗现实，又有逃避、归隐之思。其代表之作〔南吕·一枝花〕《远归》套数正反映了这种思想：“年深马骨高，尘惨貂裘敝。夜长怨梦短，天阔雁书迟。急觅归期，不索寻名利。归心紧，归去疾，恨不得枭断鞭梢，岂避千山万水。……”此外，奥敦周卿还有一些描写自然景物的散曲，如〔双调·蟾宫曲〕《西湖》等。

刘庭信的作品很多，现存小令 39 首、套数 7 套，其中〔双调·新水令〕《春恨》、〔南吕·一枝花〕《秋景怨别》《春日送别》三套曲曾盛传一时。刘庭信的散曲民族特色浓烈，表现出放纵情思、明快自然的特征。如〔中吕·朝天子〕《赴约》："夜深深静悄，明朗朗月高，小书院无人到，书生今夜且休睡着。有句话低低道。半扇儿窗棂，不须轻敲。我来时将花树摇。你可便记着，更休要忘了。影儿动咱来到。"这首曲朴素自然，无任何雕琢之处，近似口语的描写，将一对情人的约会写得真切而生动。在元代后期散曲创作趋于典雅工丽、讲究格律词藻的风气下，刘庭信的散曲能保持通俗化的特色，是难能可贵的。

元朝将"兴学崇儒"作为促进地方政治安定和加强统治的重要策略。兴办儒学推动了辽河文化的繁荣。当时，辽阳行省境内不仅出现了开创元代初期文学新局面的代表性人物耶律楚材及其子耶律铸，还出现了一批不同民族的文人学者。如辽西柳城（今辽宁朝阳地区）的姚枢及其侄子姚燧、瑞州（今辽宁绥中地区）的刘秉忠、大宁路的学者王克敏，盖州（今辽宁盖州）的戏曲杂剧作家石君宝和蒙古族学者、诗人朵儿直班，女真族诗人孙良祯，契丹族诗人石抹宜孙、移剌迪等。

（二）蒙古族歌舞的发展

蒙古族是一个能歌善舞的民族，有以歌舞向客人敬酒的习俗，歌舞是蒙古族十分普遍的娱乐活动。《辍耕录·乐曲》记载，蒙古乐曲分大曲、小曲 2 种，大典有 16 种，小曲有 12 种。元代宫廷乐队在元旦、天寿节、朝会等演奏，所用乐器达十几种，其中有兴隆笙、琵琶、筝、火不思、胡琴等。元代宫廷音乐有许多专门乐章，诸如《来成之曲》《开成之曲》《武成之曲》《文成之曲》等。宫廷舞蹈名目繁多，有《武定文绥之舞》《内平外成之舞》《崇德之舞》《定功之舞》等。武舞的内容，主要包括灭王罕、破西夏、克金、收西藏、定河南、取西蜀、平南诏、臣高丽、服交趾等，如同历史舞剧，充分展现了蒙古汗的丰功伟绩①。

三　史志文化的发展

中华多民族历史的演进，反映在历史文化上，是史学之民族内容的丰富。元王朝是以蒙古族统治者为首建立的多民族统一的国家，在历史观念上，蒙古贵族统治者十分重视本民族的历史。在统一辽金西夏后，蒙古统治者便以正统称之，修前朝辽金宋之史，以示蒙古之赓续。同时重视本朝实录的纂修，成果颇丰。

关于纂修《辽史》《金史》《宋史》，1264 年，“敕选儒士编修国史，译写经书，起馆舍，给俸以赡之”②，并立有“翰林国史院”，但皆“未见成绩”③；1343 年，诏命纂修三史，陆续纂修成三朝正史。1344 年始修，次年，先后完成纂修《辽史》《金史》《宋史》，工程浩繁，三志体例完整，各具特色。其中《辽史》包括本纪三十卷、志三十二卷、表八卷、列传四十五卷、国语解一卷，计一百一十六卷，其志与表很有特色；《金史》包含本纪十九卷、志三十九卷、表四卷、列传七十三卷，计一百三十五卷，另有目录二卷，其志与传较有特色；《宋史》包含本纪四十七卷、志一百六十二卷、表三十二卷、列传二百五十五卷，计四百九十六卷，是《二十四史》中卷帙最为浩繁的一部史书，其志与传内容丰富，颇有特点。

元本朝实录等史著有《蒙古秘史》《文献通考》《元典章》《经世大典》《新注资治通鉴》等。其中《蒙古秘史》是一部比较全面

---

① 宋濂，等．元史・志第十九・礼乐二：卷六十八［M］．长春：吉林人民出版社，1995：1043.

② 宋濂，等．元史・本纪第五・世祖二：卷五［M］．长春：吉林人民出版社，1995：52.

③ 宋濂，等．元史・列传第六十八・虞集：卷一百八十一［M］．长春：吉林人民出版社，1995：2640.

记录蒙古族的起源、发展、社会生活、军事活动，以及一定程度上记录蒙古族的经济、政治、文化等社会文化形态的历史著作，全书十二卷，分为正集十卷、续集二卷，凡二百八十二节。

《文献通考》系马端临历时20余年撰写的史学巨著。清乾隆《重刻文献通考序》说："会通古今，该洽载籍，荟萃源流，综统同异，莫善于《通考》之书。其考核精审，持论平正，上下数千年，贯穿二十五代，于制度张弛之迹，是非得失之林，固已灿然具备矣。"此评价允当。

《元典章》和《元经世大典》是元朝制度史，比较完整地反映了元朝法典、典故的历史，具有突出的政治性质，历来被史家称为政书。其中《元典章》包含正集六十卷，分诏令、圣政、朝纲、台纲、吏部、户部、礼部、兵部、刑部、工部十门，记1260—1320年元代前期、中期约60年的典章制度；新集二册，按国典、朝纲、吏部、户部、礼部、兵部、刑部、工部8门，记录元英宗时期的典制条例。全书没有严格的体例要求，也无元朝典制衍变的阐说，颇类档案、文牍的汇编。《元经世大典》全书八百八十卷，目录十二卷，附公牍一卷，纂修通议一卷。体裁仿唐宋《会要》之体，又仿《唐六典》之体而折中之。全书凡十篇，其中君事四篇，即《帝号》《帝训》《帝制》《帝系》，各篇有叙无目；臣事六篇，即《治典》《赋典》《礼典》《政典》《宪典》《工典》，各篇自立目，典有总叙，目有小叙。

《新注资治通鉴》是胡三省对于《资治通鉴》在记事、地理、制度、音读等方面的疏通，用其自己的话说，"凡纪事之本末，地名之同异，州县之建置离合，制度之沿革损益，悉疏其所以然。"在这部通鉴学著作中，作者由事而发，随文作注，阐发自己的历史见解，又启发读者从理论上去认识历史，从理性上思考历史问题。

元朝中央高度重视历史著述，各地也应如是。地方史志和地方文献丰富与否，对于了解地方历史文化有着重要作用。辽阳行省境内，由于元朝政府重视地方史志文化建设，留下的地方史志和地方文献数量较多。由于长期战乱，环境恶劣，故今天所见的地方史志和地方文献多限于政治和军事领域，而地方掌故、风土人情、民族文学等内容较少。

地方史志是地方全史和地方历史文化的百科全书。元朝统治时期，辽阳行省应和中央政府同步纂修地方史志。1285 年，元朝政府应集贤大学士秘书监事札马剌丁之奏请，纂修《大元大一统志》，1294 年，完成纂修工作。此后，陆续有地方出版图志，如《云南图志》《甘肃图志》《辽阳图志》等。《辽阳图志》虽散佚，但在金毓黻辑《大元一统志残本》中仍保留有《辽阳图志》的一些资料①。1303 年，又重修《元一统志》，前后历时 18 年。由此可以看到，辽阳行省亦修有史志。另外，元代还撰有《辽东志略》，收集于明初陶宗仪编辑的《说郛》一书中，存一卷。

① 金毓黼．辽海丛书・大元大一统志（残本）・辽阳行省（1～37）：第五册［M］．沈阳：辽沈书社，1985：3579－3597．

第二十七章　元朝政体文化兴衰

元代政体文化发展可以分为两个阶段，即蒙古汗国阶段，时间界限为1206—1271年；元朝阶段，时间界限为1271—1368年。

1206年，成吉思汗统一漠北，建立蒙古汗国后，大力推进其政体文化建设，在创建和完善蒙古汗国政体文化方面采取一系列措施，诸如建立千户制度、建立怯薛制度、设置大断事官、制定法律（札撒）、创制文字等，逐步实现了草原本位政策向汉地本位政策的过渡。窝阔台汗时，元代政体文化在曲折的汉化道路上艰难前行。蒙古统治者根据实际统治的需要，创立了蒙汉杂糅的政体文化，即在汉地陆续创设一些行政机构，制定若干政治制度。

从文化角度来看，这些机构与制度具有较强的间接统治色彩，这样的政体文化显然难以持久发展。忽必烈汗时，虽然对这种政体文化进行了改革，在汉地建立了以中央集权封建专制为核心的政体文化，但忽必烈的改革存在不彻底性，在其建立的政体文化体系中，蒙古汗国的一些传统旧制，诸如忽里台制度、怯薛制度、帝师制度、札鲁忽赤（断事官）制度、达鲁花赤（监临官）制度、投下制度，被保留下来。这些传统旧制对元代政治有重大影响。忽必烈即汗位后，采纳幕僚建议，按“援唐宋之故典，参辽金之遗制”的原则，推进蒙古汗国政体文化建设。但实际上，元初的政体文化建设并没有做到兼采唐宋辽金政体文化之长，而基本上是直接袭抄或复制金朝政体文化。蒙古汗国时乃至元朝时，中央一级统治机构，如中书省、枢密院、御史台等，明显地体现出金

代政体文化的特征。其他中央机构，虽系元朝新设，但大部分机构依然可以看出脱胎于金朝政体文化的痕迹，

1271年，忽必烈汗取《易经》“大哉乾元”之意，建国号为大元，开始创建真正意义上元王朝的政体文化。在中央，设置一批重要机构，如三公、宣政院、大宗正府、翰林国史院、蒙古翰林院、通政院、大司农司等。在地方，建立了一整套以行省为核心的地方行政制度文化，实现了地方行政机构由中央派出机构转变成固定的地方行政机构。忽必烈即位后，推行汉制，立中书省总领全国政务，地方上置10路宣抚司作为中央派出最高行政机构，以尚书省宰臣出外便宜行事，主持地方的政治、经济、军事诸事务，大都因事而设，事毕则罢，没有固定的治所和辖区。直至1283年前后，各处行省的设置渐趋稳定。元代行省既是地方最高行政机构，本身又是中央派出机构，管辖范围大，权力很重。忽必烈鉴于中书宰臣行某处省事系衔偏重，改衔为某处中书省丞相、平章，或右丞、左丞、参知政事。元代行省制度文化在中国地方行政史上具有很大的独创性，一直沿用至今。因此，在中国地方行政史上占有极其重要的地位。同时，加快建设地方路府州县及基层行政组织等政体文化形态和类型，特别是强化边地的行政管理，推进边地开发。一时间，元代社会呈现颇有“儒治”的气象。由于元代政体文化具有蒙汉杂糅的特性，尤其是蒙古汗国传统旧制与中原传统以宫廷腐化为特质的落后文化纠结在一起，统治集团腐朽本质逐渐暴露，导致各种社会矛盾严重激化，元朝政体文化最终走向失败。

第一节　元朝政体文化的历史作用

在中华文明史上，元代政体文化发展颇有特色。体现出中原汉文化、蒙古草原文化、中亚文化、波斯阿拉伯文化与欧洲文化

的多元交汇。就其政体文化主体来看，表现为蒙汉文化杂糅二元性特质，既行汉制，又存国俗。这种政体文化的二元色彩，虽为北魏、辽、金，甚至后来的清代所共有，但元代表现得最为突出，蒙古传统国俗、旧制等政体文化，限制了元朝社会的发展。元代政权统治未能长久，与此不无关系。但从发展民族文化来看，蒙古民族却因此能够在元朝灭亡之后继续保持本民族文化传统，对中华民族大家庭历史的发展作出了重要贡献。

一　奠定大一统国家版图

起源于漠北的蒙古族，在铁木真带领下，采取联合与分化的纵横捭阖策略，逐步统一各部，建立蒙古汗国。此后，经过成吉思汗、窝阔台汗、蒙哥汗祖孙三代汗王的努力，团结包括汉族在内的各族人民，经过艰苦卓绝的激烈奋斗，先后扫灭南宋、金、西夏、西辽、高昌回鹘、吐蕃和大理等国政权，建立了统一的多民族国家——元朝，结束了自五代十国以来300多年的南北对峙、诸国并立的分裂割据状态，出现了中国历史上规模空前的多民族统一的局面，减少了内战灾难，扩大了南、北、东、西互相调剂经济的范围，促进了民族间、地区间的政治、经济、文化、社会交流与交融，推进了中华一体多民族国家的形成。

元朝统治的疆域是中国历史上最辽阔的，超过了以往任何朝代，基本奠定了中国版图。据《元史》记载："自封建变为郡县有天下者，汉、隋、唐、宋为盛，然幅员之广，咸不逮元。汉梗于北狄，隋不能服东夷，唐患在西戎，宋患常在西北。若元则起朔漠，并西域，平西夏，灭女真，臣高丽，定南诏，遂下江南，而天下为一。故北地逾阴山，西极流沙，东尽辽左，南越海表。"①又据《元文类》载："若夫北庭、回纥之部，白霫、高丽之族，吐

① 宋濂，等. 元史·志第十·地理一：卷五十八［M］. 长春：吉林人民出版社，1995：845.

蕃、河西之疆，天竺、大理之境，蜂屯蚁聚，俯伏内向，何可胜数。自古有国家者，未若我朝之盛大者矣。"① 最有意义的是，元朝正式将西藏、台湾纳入直接行省管理的中国版图，在云南设行中书省以加强管理。

元朝政府采取一系列措施巩固和加强民族与国家的统一，高度重视岭北、西北、西藏、西南、东北等边疆地区的开发，设置行省加强管理。

吐蕃（西藏）与中原的关系源远流长。1239 年，蒙古汗国军队进驻吐蕃，吐蕃藏传佛教萨迦派领袖萨班归顺。从此，西藏归蒙古管辖，为中国版图的重要组成部分。忽必烈即位后，请萨班之侄、藏传佛教萨迦派法王八思巴为国师，并兼任总制院（后改称宣政院）第一任长官。总制院是元朝专理民族、宗教事务的中央机构，直接负责管理吐蕃地区，包括今西藏全境及青海、四川部分地区的政务和总管全国的佛教事务，在本质上是一种因事而设的特殊的行省，下辖三道宣尉都元帅府，由朝廷任命官吏。从此，西藏地区正式成为中国的地方行政区。元朝规定了西藏地区的政体文化和宗教文化制度，屯戍军队，设置驿站，调查户口，征收赋税等。元朝政体文化广泛分布于藏区。

大理民族政权先于南宋被政权征服。元朝消灭南宋政权后，在大理（今云南）置云南行省，负责管辖包括今云南全境及广西、四川相邻省份部分地区，以及今泰国、缅甸国相邻的北部一些地区。云南行省官员以中央大员充任。从此，云南正式成为元朝十大行省之一。

据《岛夷志略》记载，澎湖"隶泉州晋江县，至元年间立巡检司"②。元朝政府通过澎湖巡检司管辖澎湖及台湾地区。

---

① 苏天爵. 元文类·皇朝经世大典序·帝号［M］. 长春：吉林人民出版社，2005.

② 苏继庼. 岛夷志略校释［M］. 北京：中华书局，1981.

元朝对西藏、大理和台湾地区直接管辖，使大一统的中国局面更加巩固。元朝政府为了对边疆地区的直接管辖，建设了四通八达的道路，设立了星罗棋布的大小不等、交通工具类型不同的水、陆驿站，对于加强中央与边疆地方行政统属关系，增进各民族间相互了解，增强全国各民族政治、经济和文化联系，促进各民族间的交流、杂居与融合，形成中华民族多元一统的格局，都起到了重要作用。

二　发展社会经济文化

蒙古族在战争中崛起，以力征建立元朝。战乱给一些地区造成的破坏，元朝政权建立后，即采取政策措施恢复社会经济。元代社会的经济文化形态和类型，包括农业文化、手工业文化、交通运输业文化、商业贸易文化，以及民族间经济交流、边疆地区开发，都取得了一些新成就。

元朝重视发展农业文化。仿历朝形式，设置大司农司负责农业生产和兴修农田水利事业，奖励发展农业生产；将屯田作为国家长久之计，立屯田法，广兴屯田，募农民垦荒，加速土地开发；大力发展官田，用作屯田、赐田、职田、学田、牧地等，尤其是在大漠南北实行大规模屯田，允许并鼓励漠南地区汉族农业文化向漠北蒙古地区传播；大力兴修农田水利，为农业生产提供保障；推广农业技术和工具，刊印《农桑辑要》《农书》《农桑衣食撮要》等书籍，普及农业耕作技术，推广作物品种交流，促进农业文化发展；颁发政策扶持和鼓励百姓“以农桑为急务”“安心力农”；实施保护封建土地所有制文化，颁布禁令，严禁侵农伤稼，严禁蒙古兵“以农田为牧地”，并把许多牧地还为农田，用租佃方式招募百姓耕种；保护农业生产力，命诸王贵族释放“驱口”（战俘为奴）为民，扩大农业人口。这些政策和措施的实施，极大地促进了元代农业生产文化的恢复和发展。

蒙古族是游牧民族，历来重视发展畜牧业文化。蒙古建元后，畜牧业生产进一步发展，官私牧场迅速扩大，畜牧业产品日益发达。畜牧业文化成为主要经济文化形态。元朝用加强牧场管理和开辟新牧场的办法，解决畜牧业生产文化发展面临的问题。元朝畜牧业文化的发达集中表现在牧地的扩大和牧养设备的改进等方面。草原水源的开发与利用是扩大并改良牧场的首要条件。元朝政府大力开发草原水源，资助和周济牧民抵抗自然灾害，发展畜牧业生产。元朝政府直接掌管的牧场有 14 处，分布在全国广大地区，东起耽罗（今辽东半岛及朝鲜北部），北逾火里秃麻（今蒙古人民共和国以北），西至甘肃，南至云南。在各牧场均有朝廷命官千户、百户负责管理。同时，蒙古诸王、贵族的私人牧场也很广大。各级官吏、地主豪绅与大寺院也饲养大量牲畜，北方大量撂荒土地，客观上为牧场的扩展提供了条件。牲畜饲养技术与兽医知识的传播，为牧民提高畜牧业生产提供了技术支持。畜牧业文化在元代初期很快得到恢复与发展。不仅为牧民们提供了丰富肉类、奶类食物，畜牧业产品利用多样。牲畜的皮、毛加工，更是提高了畜牧业经济综合效益。据《大元毡罽工物记》记载，牲畜皮、毛加工成地毯等产品，有近 70 种之多。各种畜产品除满足官府需要外，还大量进入市场，极大地丰富了人们的生活。

元代手工业文化也较为发达。元朝政府设有匠局等专门机构，如毡局、毛子局、软皮局、斜皮局、鞍子局、铁局、器物局、金银器盒局等，负责管理各门类手工业。棉纺织、丝织、皮毛加工、印刷、制瓷、火器制造、酿酒、制盐等方面制造及工艺都有明显进步与提高，官营手工业与民间手工业文化交相辉映。官营手工业专门负责为军队制造武器装备和贵族阶层享用的奢侈品，发展很快，水平也很高，但社会上流行不广泛，影响不大。而私营手工业，由于与社会民众生活密切相关，虽然只能制作一些日常生活用品、器具，水平不高，但影响广泛。

元朝全国大一统，开凿运河、设置驿站、开辟海上运输线，促进交通文化繁荣发展。驿道驿站四通八达与海运事业的兴盛，是其交通运输业文化发达的重要标志。据《元史》记载，元代全国各类驿站有1500余处，服役站户二三十万以上。当时，辽阳行省有陆站105处，其中狗站15处。水、陆驿站以牛、马甚至狗、车、轿、船为工具。与驿站相辅而行的还有专门为朝廷和官府递送紧急文书的急递铺。驿站和急递铺的设立，虽然主要是为了政治与军事目的，但客观上为元代商品经济和商业贸易文化发展提供了方便。元代海运业文化的兴起，是中国交通运输史上的一件大事，为中国与海外其他国家贸易往来提供了条件。

元代大统一局面为国内市场发展开辟了广阔前景。特别是元朝政府采取一系列措施，统一货币、统一度量、开通驿道、修凿运河、发展海运等，都直接对南北商品交换的发展起到了有力的促进作用。随着经济的恢复，农业和手工业文化的发展，农产品商品化及农业文化与手工业文化的分离，为元代商业文化繁荣创造了条件。商业贸易文化发达超过前代，其标志是城市经济繁荣，全国出现了以大都、杭州、泉州等城市为代表的一大批商品贸易中心，并形成了以这些城市为连接点，遍布全国的商业网。如元大都，不仅是全国的政治中心，而且是北方最大的商品集散地。全国乃至国外的商品通过水路、陆路汇集到这里。意大利旅行家马可波罗称当时的大都是"商业繁盛之城，"世界诸城无能与比。除国内商贾云集大都外，还有来自欧洲、中亚、南亚、非洲沿海，以及日本、朝鲜等地的客商。大都城内的商品以类区分，有缎子市、珠子市、皮帽市、沙剌（珠宝）市、鹅鸭市、铁器市、米市、面市、煤市、文籍市、羊市、马市、骆驼市等，商品十分丰富。杭州作为江南的经济文化中心，是当时全国最大的商业城市，仅1329年，江浙省上缴的税收多达26.9万余锭，占全国税收的35%以上，其商业文化之发达程度可见一斑。泉州是元代最大的对外贸易港口城市，居住着许多外国来中国行商的富商巨贾，集中了大量国内外的珍奇宝玩与名贵商品。到此的外国旅行家都认为泉州是当时世界上最大的海港，其贸易远超过亚历山大港的规模。元代的商业城市很多，如北方的辽阳、涿州、真定（今河北正定）、太原、平阳（今山西临汾）、奉元（今陕西西安）、开封、济南，西南地区的成都，两湖的江陵、潭州（今湖南长沙），江西的九江，江浙的扬州、集庆（今江苏南京）、镇江、平江（今江苏苏州），沿海港口上海、庆元（今浙江宁波）、福州、广州等，商业文化都很兴盛。

三　杂糅蒙汉政体文化

元朝政府是从蒙古汗国政府脱胎而来。1260 年，忽必烈即位，为了加强对全国各地的统治，1264 年，把都城从开平迁至燕京（辽南京，金中都，金亡后称燕京，今北京市）；1271 年，建元，定国号为大元。至此，忽必烈由蒙古汗国汗王转变为大元帝国皇帝。次年，改中都为大都，至此，大都正式成为元朝乃至中华民族的政治、经济、文化中心。成吉思汗不仅开创了大元帝国，而且确立了元朝统治的政体文化的基本形态。元朝国家政体文化开始实现了由草原本位政策转变为汉地本位政策的转变。

元朝政体文化主要形态是力行汉法，建立中央集权统治。元朝政府吸收中原各王朝的统治经验，建立了一套旨在加强中央集权统治的国家机构。其在中央设置中书省总理全国政务、设枢密院管理军政事务、设御史台监察百官。中书省下设吏、户、礼、兵、刑、工六部，管理相关事务。同时，还设置了翰林兼国史院掌管制诰文字兼纂修国史、设置大司农司掌管农桑水利之事、设置集贤院掌管提调学制和道教事务、设置太史院掌管天文历数、设置将作院掌管工艺、设置通下院掌管全国交通驿传事务、设置宣政院掌管天下佛教与吐蕃政务。在地方，先建立十路宣抚司，以后又设置河南、江浙、湖广、陕西、四川、甘肃、辽阳、云南、岭北十行省。山西、山东、河北、内蒙古等地为腹里，直接由中央中书省管辖。行省下设路、府、州、县管理地方事务。元朝政体文化之统治机构、治国政策、典章制度等形态，都明显地体现汉化特征，并有所突破或创新。元朝建立了一整套以行省为核心的地方行政制度文化，实现了地方行政机构由中央派出机构转变成固定的地方行政机构。元代地方行政机构具有一定的独创性。

元朝为了加强全国的掌控，完善和健全军事制度文化。进一步推行千户制；按兵员多少把万户、千户分为上、中、下三等，把百户分为地、下二等；把侍卫分为左、右、中、前、后五卫，由亲军都指挥使指挥；由蒙古军和探马赤军驻守京师和腹里，汉军和新附军驻江淮以南；军中大事归枢密院掌管。

由上述可以看出，从中央到地方，从政治到军事，形成了一个完整的统治体系，从而加强了中央集权。

综观元代政体文化形态，主体表现为蒙汉文化杂糅二元性特质。即在空前广阔的辖域内，既行汉制，又存国俗。行汉制以加强中央集权和实行专制统治，存国俗以防止被汉族同化及保持民族特权。因此，元代在推行政体文化汉化的过程中，在汉地建立了以强化中央集权，巩固封建专制统治为核心的政体文化，同时又采取措施恢复和提倡蒙古族传统的风俗文化和政体文体，蒙古汗国的一些传统旧制，诸如忽里台制度、怯薛制度、帝师制度、札鲁忽赤（断事官）制度、达鲁花赤（监临官）制度、投下制度等，被合法保留下来。这是元朝政体文化二元杂糅的重要特质。在南宋、辽金、西夏的政体文化基础上，既保留了蒙古民族传统政体文化的形态和类型，又扩大和发展了中原政体文化，为扩大和发展中国文化奠定了基础。

四　繁荣中华民族文化

蒙古族建立全国政权后，统治者在统一和管理国家的过程中，注意汲取辽金统治经验，注意笼络知识分子，尊崇孔教，立诸路学，建立国子学，实行汉化教育和传统教育，并在文化教育等方面不断完善。元朝各地官学与私学普遍兴起，用汉文教材的蒙古文译本，灌输以儒学为主的中原传统文化。设博士通掌学士；效法宋代的“升斋积分法”，分三斋教授生员；助教专门负责一斋教学具体事宜；正录专管“申明规矩，督日课业”。并规定，“凡读书必先《孝经》《小学》《论语》《孟子》《大学》《中庸》，次及《诗》《书》《礼记》《周礼》《春秋》《易》。博士助教亲授句读、音训，正、录、伴读，以次传习之。”元朝政府组织人力，大量翻译汉、藏典籍。先后挑选《资治通鉴》《贞观政要》《大学衍义》《帝范》《四书五经》《孝经》和其他汉文书籍，译成蒙古文，除作为蒙古学校教材外，分赐给百官学习、应用。这推动了中原传统儒家文化在蒙古汗国乃至其统治全域内的广泛传播。实行科举制度，为实行中央集权制度提供大批人才。

蒙古统治者高度重视本民族文化发展，创制蒙古文字，主要用于官方文书、印篆、牌符、钱钞、碑刻等方面。蒙古文字对于推动蒙古政治、经济、文化的发展，对于蒙古各部形成具有共同语言的稳定民族，具有重要意义。在蒙古统一语言和文字的过程中，在蒙古民族口头文学的基础上，逐步产生了蒙古人创作的各种文学作品。其中《蒙古秘史》最具有代表性。它不仅具有很高的史学价值，而且是在语言表达、文学形式、写作技巧等方面都有很高造诣的文学作品。元代文化发达的典型特质是散曲、杂剧、南戏、诗、文、词等文化形态和类型的发达，元代堪称中国戏曲的黄金时代。诞生了关汉卿、王实甫、白朴、马致远杂剧四大家。此外，小说、音乐、舞蹈、绘画、造型艺术等，也有较大发展。其他，如医学、数学、地理、建筑、天文、历法等，较之前朝也有新的发展。

总之，由于元朝统治者在文化上采取了有利于各民族发展的政策，各族文化自由传播，各族传统风俗文化可以并存，呈现出千姿百态和独特风采，从而促进了各民族的文化发展，为中华民族的统一创造了充分条件。

五　促进民族多元融合

元朝既有空前广阔的地域，又有空前众多的民族。在广大地域内各民族大杂处错居，各民族之间、地区之间的差异很大。特别是随着国家经济文化重心自北向南转移，实施中央集权，由中央政府直接管理各地区、各民族间的水、陆驿道及交通网络的形成，彼此间经济、政治、文化交流频繁，长期不断地互相影响、交融，发展并形成了统一的多民族的经济文化共同体。元朝时，由于战争造成俘虏、逃亡、军事屯驻、罪徙，以及经商、仕宦及流寓等，民族迁徙频繁。在大批边地民族迁居中原内地以及大批中原汉人迁往边地的过程中，出现大量人户民族身份转变。既有少数民族汉化，如契丹、女真、渤海等族被纳入汉族之中，也有汉族转为少数民族的，如汉人蒙古化，许多以汉人为主的非蒙古族人群被吸收到蒙古族人中，从而壮大了蒙古民族。许多从中亚、阿拉伯、波斯等地来中国的人们，逐渐形成了具有独特的生活习俗、宗教信仰、文化特点的新民族——回族，并且散居在全国的各个地区；吐蕃在元朝宣政院的管理下，既促进了藏族封建农奴制社会的发展，同时又促使内地的一些少数民族渐渐地融入其中，如党项族融入藏族；与中原的女真人汉化的同时，在东北的女真族接纳了当地的许多汉人、高句丽人；在南方边地，有少数民族人汉化，加入了汉族，也有南方边地汉人融入当地少数民族中，如彝、僮、苗、瑶、黎、畲等族都有一定程度的发展。虽然各民族都有自己的聚居区、经济结构、文化习俗和心理特征，但各民族都在不同程度上接受汉制，受到中原传统儒学思想和文化影响。因此，一些人数较多的少数民族也在不同程度上进入封建社会。随着民族交流与交融发展，各民族的共性越来越多。这种各民族“你中有我，我中有你”的共性，构成了中华民族多元一体的基本格局。

总之，在元代各民族多元一体的国家形态中，各民族不断地发展和日益频繁、密切交往，促进了互相熟悉、相互认同、互相渗透和影响，从而在民族共性逐渐形成和发展的过程中，缔造出更为团结、巩固和成熟的中华民族共同体。

第二节　元朝政体文化的衰亡

元朝政权的垮台是由于其政体文化溃烂造成的。元朝在加强政体文化建设时奉行“行汉制、存国俗”的原则，其实质就是，行汉制，只为帮助蒙古贵族统治很快建立了以中央集权为中心的专制统治体系，以便皇帝随心所欲地行使皇权；存国俗，即在建立新的政体文化过程中，蒙古汗国时期的忽里台制度、怯薛制度、帝师制度、札鲁忽赤（断事官）制度、达鲁花赤（监临官）制度、投下制度等，被合法保留下来，使诸王、贵族既得利益得以维护。这就使得元朝的政体文化明显带有蒙汉杂糅的二元性特征。在这样的政体文化下，一方面是皇帝拥有至高无上的绝对权威，朝纲总揽，不受监督，独断专行；另一方面是诸王、贵族等既得利益者，依旧俗，要求参与国是，巩固并发展既得利益。因此，皇位与皇权的争夺，始终是元朝统治集团内部的焦点。由此产生的内耗致元朝统治自忽必烈举步维艰。至元朝末期，蒙古贵族统治阶级已经到了山穷水尽的地步，最终在此起彼伏的起义战争中，统治全中国近百年的元朝政权彻底垮台。

一　皇权争夺的戕害

从蒙古汗国到元王朝，蒙古诸王贵族对于汗王或皇帝宝座的争夺一直没有停止过。经过大半生的拼死搏杀与残酷征服，成吉思汗在完成蒙古草原诸部统一的基础上，1206 年，建立规模空前的蒙古汗国。1229 年，成吉思汗病死在西征途中。根据其遗嘱，汗位由窝阔台继承。但按惯例，新汗必须经过宗亲、贵戚与勋臣参加的忽里台推选，新汗与臣属各宣誓约之后，才能正式即位，行使汗权。是年 8 月，召开忽里台一致同意拥窝阔台为汗。窝阔台循旧俗再三推让，最后才表示同意即位。然后大开宴庆与普赉厚赏。可见汗权与专制国家政权的矛盾。1241 年，窝阔台汗病死，蒙古汗国汗位的争夺便公开化。窝阔台汗共生 7 子，其死后，六皇后乃马真氏以长子之母而权掌监国。她亲信女巫法迪玛，法迪玛因此得干朝政。1245 年，在脱列哥那等人密谋操纵下，忽里台一致选举贵由为汗。贵由即位后马上将有意争取汗位的斡赤斤依札撒（法律）处死。1248 年，贵由死后，朝政暂由皇后斡兀立海迷失主持。一场争夺汗位的斗争开始激烈地展开。在拔都等人的帮助下，蒙哥得以继承汗位。然而失烈门、脑忽及脱脱乃潜不服，企图借庆宴发动叛乱。蒙哥汗毫不手软，将失烈门 3 人以及 77 名从乱官员尽皆处死。次年，蒙哥汗病死，忽必烈与阿里不哥展开争夺汗位的殊死斗争。又次年，阿里不哥以留守监国的身份，要求忽必烈亲赴和林，为蒙哥会丧，同时参加忽里台，选举新汗。忽必烈置阿里不哥要求不从，擅自回到自己的根据地开平，并抢在阿里不哥之前，举行忽里台，经过与会者推荐，忽必烈即汗位。阿里不哥得知忽必烈即汗位后，纠合一批附己的宗亲勋贵，讨伐忽必烈。这场战争持续了 3 年多时间，既造成蒙古诸王贵族间矛盾公开化，随即发生了诸汗国分立，又给社会经济带来严重破坏。1294 年，元世祖忽必烈病死于大都，太子铁穆耳自漠北返回大都，会集左右诸王、勋旧，按惯例举行忽里台，履行皇帝的选举程序。会上与其兄长在帝位继承上发生争执。经过一番斗争，铁穆耳获胜。元代的文士们形容其是“急变之秋”，还说铁穆耳之立，“易天下岌岌为泰山之安。”可见皇位争夺上之激烈。成宗即位首先做的是酬谢在选汗斗争中的支持者，所有诸王、驸马，照依往年大会的成例，赐金一者加四为五，银一者加二为三，以及原来江南地区分土之赐，此外，又以各种名义，滥赐金银、钞币和粮食、丝帛，登位两月，国库存告罄。1307 年，嗜酒如命的成宗死去，皇太子德寿早夭殇，成宗无嗣，皇位继承又成为贵族争斗的中心。阿忽台、伯颜等与丞相哈剌哈孙进行激烈较量，立海山，是为武宗。1311 年，武宗病死，爱育黎拔力八达继位，是为仁宗。1320 年，饮酒过量的仁宗英年遽逝，皇太后答己复任帖木迭儿为中书右丞相，援引私党，分据要津，乘间肆毒，铲除异己。一阵腥风血雨之后，拥皇太子硕德八剌继位，是为英宗。1323 年，也孙铁木儿弑英宗自立，是为泰定帝。1328 年，泰定帝病死，诸王王禅、丞相倒剌沙拥 9 岁的皇太子阿速吉八继位，是为天顺帝。1332 年 8 月，文宗死，皇太子被皇后废，7 岁的次子懿璘质班继位，为宁宗，在位仅 10 个月就病死，卜答失里皇太后力主迎立明宗之长子、13 岁的妥懽帖睦尔于广西。此子实非其血胤，遂移徙于广西。在卜答失里坚持下，1333 年 6 月，被迎还即帝位，是为顺帝。

综上，皇位争夺，从蒙古汗国到元朝灭亡，从来没有停止过。而且每一次皇位的争夺，整个宫廷及朝野都是血雨腥风。频发的皇位继承斗争也使最高统治集团本身连续遭受打击，统治力遭到削弱。权力牵扯着利益，利益勾连着权利，一代一代频繁更替，政体文化一步一步溃烂，整个王朝再也不能正常生活和统治下去了，必然走向毁灭。

二　吏治文化的腐化

元代政体文化虽然实现了由草原本位政策向汉地本位政策过渡，但并不意味汉人与蒙古人地位平等。忽必烈推行汉制，目的是要建立蒙汉地主阶级联合统治的政治体制，其创立中央中书省、地方行省制等，旨在强化蒙古贵族中央集权的专制统治。为了维护蒙古贵族统治集团的既得利益和特权，在所创立新政体文体中保留了许多蒙古族传统政体文化形态，如忽里台制度、怯薛制度、帝师制度、断事官制度、镇守制度、投下制度等。无论是依汉制建立的中央行政机构，还是存国俗保留下来的传统组织机构，其官员的铨选制度文化主要特征表现为，怯薛入官和吏员出职。即高级官僚阶层基本上为从怯薛中选拔的上层蒙古、色目贵族，以及极少数汉族勋贵所垄断，而中、下层官僚的来源则以吏员为主。叶子奇在《草木子·杂俎篇》说："仕途自木华黎王等四怯薛大根脚出身份任省、台外，其余多是吏员。至于科举取士，止是万分之一耳，殆不过粉饰太平之具。"

元代之怯薛不仅能对朝政进行外在干预，而且还可以直接进入省、院、台等中央机构充任要职，在政治舞台上扮演重要角色。吏员出职是元代一项比较特殊的制度，对元代社会产生了很大影响。蒙古统治者为达到笼络汉族地主阶级、稳固其统治基础的目的，维护建立在民族等级制度基础上的总体人事格局，推行选官制度文化。由于吏员出职的盛行，大大提高了吏员的社会地位，导致传统价值观念的巨大改变。很多人在任下级官员之后，千方百计地钻营，谋求入高一级甚至中央各部门担任吏员，再求出职，以加快升迁速度，由此加剧了元代吏治乃至政治腐败的速度。许多吏员为了升官发财，并无巩固统治的长远目标，只知一味贪污腐化、营私舞弊。元代重吏轻儒，官府中吏员权重，也导致吏弊百端、行政效率低下。

元代铨选制度文化还表现为论"根脚"。根脚系指社会出身。怯薛作为皇帝的私人军事卫队，其成员都是蒙古贵族和其他各族勋贵高官子弟。因此，怯薛被称为大根脚，最为显贵，既是元代蒙古、色目人入仕的主要途径，也是元代高级官员的基本来源。怯薛原则上皆为世袭。从民族特权与防范汉人的基本政策出发，族分四等，蒙古居首，其次色目，第三等为汉人，南人为第四等。元朝统治者以蒙古、色目人遍据要津，将汉人、南人排斥在重要职权之外。这些身据要津的蒙古、色目人，他们大多不谙汉语，不通文墨，只会靠用钤画押来处理政务。文化素质低下的特权贵族，掌管元朝各级政权，不懂法，常常做出违法事情。到元末，吏治已是漆黑一团，贪贿横行，问人讨钱各有名目，所属始参曰参拜钱，无事白要曰撒花钱，逢节曰追世钱，生辰曰生日钱，管事而索曰常例钱，送迎曰人情钱，勾追曰赍发钱，论述曰公事钱，等等，不一而足。中央官员到地方公干，更是聚敛无度，地方苦不堪言。

三　军政文化的腐败

13世纪以来，蒙古军队以摧枯拉朽之势，在短短的几十年内，神奇般的征服了亚、欧大陆的许多民族及其所建立的国家，靠的就是强有力的军事力量。可以说，军事镇压机器是元朝统治者及其建立的政权赖以生存的基础。随着元朝政权逐步稳定，军官世袭之家日渐腐化，军户渐变贫困而破产逃亡，元朝的军事力量也变得虚弱衰败。军事文化日渐腐化。从根本上动摇了元朝统治的基础。据《至正集·正始十年》记载："承平日久，恃其无用，卒日以惰，将日以钝。将帅袭其父祖旧部，例皆膏粱乳臭之子，声色是务，朘剥是习，至有不能挽弓者。士卒非老病则幼弱，非影蔽则护代，器仗之颠倒不知，况所谓搏斗击刺之法？其军户消乏，奥鲁官不知存恤，管军官日复侵削，困苦疲弊，无以供军需、应屯戍者，滔滔皆是也。"据《元史》及相关史料记载，元代，习于骄奢淫逸的军官世袭子弟们，"但以飞觞为飞炮，酒令为军令，肉阵为军阵，讴歌为凯歌。"拱卫京师的八卫，兵员空剩纸上的虚名，一旦有警，"无兵可用，乃召集农夫、驱市民为兵，至不能弯弓发一矢，骈首就戮。"会通河是元廷转运财赋的命脉，然"今贼骑不过四十人，动船三百艘而莫能捕。"扬州、镇江、建康之地，跨据大江，人民繁会，元初置七万户府，镇以为王。然"花山贼毕四等三十六人"，"聚集茅山一道宫，纵横出没，肆无忌惮，始终三月余。三省拨兵，不能收捕，杀伤官军无数"。"从此天下之人，视官军为无用。"在河南、两淮地区，城郭设备原已摧毁无存。如陵州"乃南北要冲，无城郭。"加上官军在指挥上失灵无力，行动上颟顸畏缩，当郭火尔赤横行时，"枢府请于邳州之北黄堌城屯阿速军士人九百，扼其行路。盗委屈避之，出入乎徐、宿、滕、峄之境。徐、宿则隶归德；滕、峄则隶益都，远者相去六七百里，近者地二百里。每闻盗发，必请命于大府，大府又请命于朝廷，然后出号令，调士卒，盗已劫卤而去，虽乘急传皆后时无及矣。”这些记载，都明白地显示，元朝所赖以维持的军事镇压机器，已经完全锈蚀。军政文化彻底腐化，完全丧失了维护元朝政权的基本能力。

第七篇　明朝时期辽河文化

明王朝是在元王朝的废墟上建立起来的封建地主阶级统治的国家政权。明太祖朱元璋大力推行封建专制主义政体文化建设，从中央到地方实行一系列政治体制改革，主要包括废除丞相制和中书省制，强化专制主义中央集权，最终形成了权归皇帝一人的皇帝集权统治。

明代初期，由明太祖推行政治改革而衍生的督抚制政体文化形态，是明代政体文化建设的一大成就，也是中国封建政体文化日趋成熟的一个标志，为中国近代政体文化的发展打下了基础。明朝废除了在中国封建社会传播了千余年的丞相制和7百多年的中书省政体文化，建立起皇帝辅政机制内阁制政体文化，使中国封建皇帝集权制政体文化形态日臻完备。就封建集权政体文化而言，明代已然达到了鼎盛时期。1368－1644年，明朝统治中国长达276年，其封建政体文化的发展，使封建社会发展达到了一个高峰，从而孕育出新因素的萌芽，酝酿着新文化的发生。

从明初的复归一统、百废待兴，至明代中期经济文化渐趋繁荣昌盛，到明朝晚期的极度腐化、内忧外患、百弊丛生，无不与明代的皇帝集权专制的政体文化有关。多民族的统一帝国，封建皇帝集权专制之政体文化高度成熟，无上的权力失去了监督，导致政权极度腐化，造成社会、阶级、民族矛盾日渐复杂，最终导致王朝的覆灭。这一时期，辽河文化的发展也深受其影响。

明朝统一辽东地区后，设置辽东都司，下辖卫所，实行地方与军政合一的行政管理制度文化，采取羁縻招抚的民族政策，促进了辽东都司民族和人户增长，民俗宗教文化进一步发展。由于明朝政府实行奖励垦田和大规模屯田的政策，农业文化水平迅速提升，辽东地区土地占有关系的转变，不仅粮食作物产量大幅增加，而且经济作物的产品和种类日益增多；农牧业文化、采集与渔猎业文化的发展为辽河商业文化进一步发展创造了条件。手工业工艺技术不断改进和提高，带动了手工业文化快速发展，手工业规模不断扩大，冶炼业文化、制盐业文化因都司卫所的参与获得空前发展，冶炼技术、冶炼品种达到相当高度，制盐数量成倍增长。此外，烧制业文化、造纸业文化和舟车制造业文化均达到较高程度。镇城和卫城文化以及交通文化的发展，推动了以辽阳、开原和广宁为重点的商业中心城市的形成；边境贸易文化、地区商业文化和马市文化日益繁荣。儒学的传播和书院文化的兴起，促进了辽东都司教育科技文化的进一步发展，以城镇生活和景物风情为题材的文学创伤呈现兴旺景象，史志和档案文化发展取得重要成果。

第二十八章　明王朝建立及政体文化形成

明王朝政体文化是对秦汉以来中国封建政体文化的扬弃。历时 17 年之久的元末反对元王朝统治的大起义，推翻了蒙古贵族统治的腐朽政权，出身草莽的朱元璋在领导反元统治的起义中，南征北战，叱咤风云，雄才大略，统一中国，登上了封建大一统王朝的皇帝宝座，开创了中国历史的新篇章，推进了中华文化的发展。

第一节　明王朝政权的建立

1368 年，朱元璋在元王朝的废墟上建立了朱氏王朝——明王朝，中国历史从此翻开了新的一页，中国封建政体文化发展进入新的历史时期。明太祖朱元璋加强封建皇帝集权专制之政体文化建设，“立纲陈纪，法体汉唐”，亦参酌宋代的典章制度，但更多的是继承元代旧制。这种继承不是简单的照抄，搬来就用，而是随着形势的变化加以发挥。经过改造，明代政体文化之官制形态与汉唐有了较大差别，最突出的特质是“政皆独断”，一切权力“统一于尊”。汉唐时期行政文化之丞相三省制形态为府、部、院、寺等形态所替代，从地方到中央，实行军、政、司法三权分置建制文化，由一卿独尊变为六部、通政司、都察院、大理寺九卿并列；形成了诸府部分理天下事务，彼此抗衡，不敢相压，事皆朝廷总揽、政皆皇帝独断的皇帝极权专制之政体文化的形态和类型。

元世祖忽必烈建立的元王朝，是中国历史上规模空前的、统一的、多民族的国家，它结束了自唐代末年以来长达数百年之久的分裂割据局面，对中华民族的发展起到了积极推动作用。其推行政体文化汉化，基本适应中原地区的社会情况，有利于当时社会生产文化的繁荣与发展。但是，元朝推行的封建专制主义政体文化，由于元朝政权是以蒙古贵族为主体，为保护其既得政治与经济利益，将蒙古贵族政体文化中一些落后的东西带进了元王朝政体文化之中。如蒙古贵族直接抢占土地，将耕地变为牧场；将国人分为 4 等，实行民族压迫政策等。这些政体文化形态的推行，在当时社会的阶级矛盾以外，又增加了民族矛盾，从而在某些方面呈现出错综复杂的现象，而蒙古贵族统治集团内部利益、权力纷争，政治腐朽与吏治腐化，贪污公行，挥霍无度，致使国库空虚，财政困难，经济残破，民不聊生，终于致使日益尖锐的阶级矛盾、民族矛盾演变成为红巾军大起义。

朱元璋，幼名重八，初名兴宗，字国瑞，濠州钟离（今安徽凤阳）人。出身贫苦农民家庭，自幼饱尝辛酸。17 岁那年，濠州一带旱灾蝗灾交加，饥疫并至，千里赤贫，村烟断绝。其父母兄长接连染疫而殁，家中一贫如洗，以至不能为父母兄长治丧。孤贫无依的朱元璋只好投身于觉寺（后改名于皇寺、皇觉寺、龙兴寺）为僧。1352 年，朱元璋投靠郭子兴领导的红巾军，参加反元起义。在起义斗争中，朱元璋奋力崛起。1355 年 3 月，红巾军领袖郭子兴病死，年轻的朱元璋擎起反元起义大旗，很快成为一位杰出的起义军领袖。

史料记载，当时反元势力有方国珍、张士诚、陈友谅、明玉珍等各路英雄豪杰，这些人各自拥兵争夺天下，称王称帝，建都立国，割据一方。但他们都缺乏雄才大略，其志唯在玉帛美色，以酒色自娱，“非有拨乱救民安天下之心”。只有朱元璋，其志与众不同，富有远见卓识，善于审时度势；在领导红巾军时，表现出谋勇兼备，把握时机，知人善任，招贤用能，提出“高筑墙，广积粮，缓称王”的战略，虚心纳谏，倡行仁义，不妄杀戮，逐步壮大自己的势力。1356年，朱元璋率师渡江，一举攻克江南重镇集庆（后改名应天，今江苏南京市）建立了吴政权。随后，以此为根据地，积极扩张，乘胜前进，在激烈的角逐中，力挫群雄，先后吞并了劲敌“汉国”陈友谅和“大周”张士诚。经过长达15年艰苦卓绝的斗争，朱元璋统一了江南。公元1368年正月初四，朱元璋在集庆（应天）新落成的皇宫奉天殿即皇帝位，定国号为“大明”，建元洪武，史称明太祖。

明太祖朱元璋并不以占据江南一隅为满足，而是继续高举统一华宇的旗帜，按照建国前既定的方针，北伐中原。命徐达为大将军、常遇春为副将军，统兵25万，浩浩荡荡，由淮渡黄，先出师山东，再转战河南，然后进攻元王朝大都（今北京）。1368年8月，明军占领元大都，元顺帝逃走漠北，元王朝宣告灭亡。元大都的陷落，标志蒙古贵族统治中国时代的结束，但并不代表明军最后的胜利。此时，北方山西、陕西，东南福建、广东、广西，西南四川、云南以及东北辽东等地，仍有元王朝的残余势力存在，不仅存在着新的割据与分裂的危险，而且元王朝的残余势力随时有可能卷土重来。

为彻底击溃元朝残余势力，建立了南北完全统一的明王朝，明军进行大规模的南北征战。在南方，明军水陆并进，先后平定闽粤滇地区的陈友定、何真、阿思兰、把匝剌瓦乐密及四川的明昇；在北方，相继消灭了晋陕地区的扩廓帖木儿、张思道、李思齐。至此，虽然有退居漠北的元残余势力尚待肃清，但全国的绝大部分地区已在明军牢牢的掌控之中。至1387年，明太祖命大将冯胜率兵征剿盘踞在辽东地区的元将纳哈出，纳哈出所部20余万归降，统一全国的大规模军事战争基本结束。

明太祖朱元璋从最初起兵濠州到最后征服辽东，前后历经了35年时间。先是消灭群雄陈友谅、张士诚等割据势力，继而剿灭元朝残余在各地的军事力量，最终统一中国。据《寰宇通志》记载，明王朝的疆域东起朝鲜、西控吐蕃、南包安南、北距大碛，东西11750里、南北10904里。尔后，经明成祖进一步开拓，大明帝国成为当时世界上幅员最辽阔、势力最强大的国家之一。

第二节　明王朝政体文化的形成

大明帝国的建立，是统一战胜分裂与割据的标志，也是华夏文明重建与发展的开始。明朝建立后，明太祖朱元璋一方面积极恢复社会经济文化，与民休息；另一方面，根据当时形势的发展，认真总结历代封建君主治国的经验教训，全面强化皇权，把秦汉以来的专制主义中央集权统治的封建政体文化推向了新的发展阶段，形成了明朝以“政皆独断”为特质的皇帝集权政体文化形态和类型。

一　明朝行政建制文化的兴起

明代政体文化建设，肇始于朱元璋为吴王期间，确立于明洪武年间，奠定于明永乐年间。其间，进行了官制文化和从地方到中央行政建制文化的改革。

（一）明初官制文化改革

明朝建立前后，由于“军务方殷，官制未备”，政体文化沿袭元代旧制。在中央，设立中书省，以总揽全国行政；设大都督府，以统全国军务；建御史台，以振朝廷法度。在地方，仍以行中书省（行省）为最高权力机构。明太祖从实践中意识到，要巩固自己的权力和地位，并为皇位的稳定性和连续性打下牢固的基础，必须对所袭用的元朝政体文化进行全面改革。

从打天下到坐天下，是一个历史性的重大转折。在这个转折过程中，随着形势与任务的变化，以及统治者自身地位的改变，统治集团的内部矛盾便不可避免地暴露出来。这是历史的必然。经过"政皆独断"的官制改革，大封诸子为王，明朝形成了以礼制文化、决策制度文化、行政制度文化及法制文化为主要形态和类型的政体文化体系。

1370年11月，明太祖朱元璋论功行赏，大封昔日与他一起奋斗打天下的勋臣宿将李善长、徐达、常遇春、刘基等人为公、侯、伯，赐给他们崇高的荣誉和优厚的待遇，一批新兴贵族地主应运而生。封赏功臣，表面上是为了表彰他们为开国大业所作出的贡献，究其实质，则是为了积极调整统治集团内部的利害冲突，以巩固皇权的高度集中而采取的一种权宜之计。这些新贵们随着地位的提高，对权力和财富的追求欲望也随之而膨胀。明太祖为了不使大权旁落，不得不处处设防，千方百计地对这批新贵们进行限制与监视，因而导致君臣之间的矛盾日益尖锐。而解决这一矛盾的最好出路，便是对已有的政体文化即官制文化进行改革。

明代官制文化改革，既有历史继承，又有与时创新，是对秦汉以来官制文化的扬弃。其始终贯彻对上（皇帝）皇权的高度集中，对下（中央和地方各级机构）事权的分散与削弱。形成"权不专于一司"，犬牙相制、互相制衡、相互监督的行政文化体系。

（二）明初地方行政文化改革

中国地方行政建制文化之形成，经历了相当长的历史过程。从秦朝开始，大体上是实行州、县两级制，至宋代演变为路、州（府、军、监）、县三级制。总的趋势是不断地限制和削弱地方权力，扩大中央集权，加强皇权。蒙古贵族建立元王朝，对地方行政机构做了一次重大的改动，即大力推行行省制文化，以行省为地方最高行政机构，使地方的权力得到空前的提高，行省以下依次为路、府、州、县。明初，军务方殷，故政体文化沿袭前朝，体制未变。1356年，明太祖朱元璋攻克集庆时，自领江南行省。后每略定一地，即置行省，设行省平章事、左丞、右丞、参政知事等官，分掌军、政、财、刑事务。经过一段时间的实践，朱元璋发现行省权力过大，不利于中央对地方的控制，有碍于皇权的集中，对于中央政权构成潜在威胁。在总结元朝灭亡的教训时，朱元璋认为“主荒臣专，威福下移”，致使法度不行、人心涣散，是天下大乱的原因所在。

为了防止“臣专”和权力“下移”，1376年，明王朝宣布废除行省，代之以承宣布政司（布政司）；罢行省平章事及左、右丞，改参政知事为布政使，以布政使司提辖一省民政，提刑按察使司理司法，都指挥使司领军务。这样将原来行省的权力一分为三，即由都、布、按三司分掌地方军政事务，三司各有职权，各负其责，互不相统，直接对中央负责，实际上是向皇帝一人负责。在行省罢撤后，布政司以下的行政机构随之相应简化为府（或直隶州）、县（或直属州）两级，分设知府、知州、知县，这些职位的官员均由皇帝任命，实行一长负责制，地方各级政府没有决策和决定权。凡重大事项必须报告上级，待允准后方可执行。

明代，全国地方机构设置2京、13省、府140个、州193个、县1138个；另置羁縻之府19个、州47个、县6个。在设置司、府、州、县建制的地方，因地制宜，命官为治。有的实行军事管制，由都司兼领地方政务；在少数民族聚居地，实行民族区域自治制度。废元代所设基层一级组织“社”，编民为里，以110户为一里。里设里长、总甲、里书，分别负责钱粮征收、差役佥派诸事务。另有老人参议地方政事得失，评判诉讼曲直。城市居民组织叫坊，置坊长；近城称厢，置厢长。所有人户都不得擅自离开居住地，外出时必须持有官府发给的“路引”，否则，将受到严厉惩罚。社会治理手段和控制措施之严格，组织系统之严密，前所未有。

（三）明初中央行政建制文化改革

在完成地方行政建制文化改制后，明太祖朱元璋及时将政体文化建设之重点转移到中央行政建制文化的改革上。

中央行政建制文化，秦汉以来，代有变化。秦至西汉，立三公九卿，以丞相居重权。东汉，相权减弱，由尚书令总理全国之政，后演化为尚书、门下、内史三省并重。隋唐时期，三省六部制政体文化基本形成，并渐趋完善。宋代，相权益为削弱，形成枢密院、中书省二府，盐铁、支度、户部三司。元代，并三省为一省，下辖吏、户、礼、兵、刑、工六部，丞相权力很重。

明代建国之初，一依元制，在中央，设置中书省、都督府、御史台三大机构分理行政、军事和监察事务；在地方，设置行省、行都督府、提刑按察司。在这一政体文化体系中，中央三大机构在所分理工作范围内拥有较独立的职权。其中，中书省直接领导吏、户、礼、兵、刑、工六部，以及其他中央和地方的行政部门，其组织庞大、官秩品级高、职权重，有左、右丞相，均正一品；平章政事，从一品；左、右丞，正二品；参知政事，从二品。“率以勋臣领其事”，总揽政事，权力很大，所有给皇帝的奏报，都要“先白中书省”，一切以皇帝名义发布的诏令、谕旨，也都要经中书省再下达，“国家之事，总之者中书，分理者六部，至为要职”。地方上，行省统一指挥全省军政、监察、司法，权力也很集中。这样的政体组织结构形式，在中央极易形成权臣专擅权力，在地方也易形成地方割据势力，阻碍统一集中。这和封建专制主义集权文化是相悖的。朱元璋在其崛起过程中，学习并领会到“君之所以尊者，权也”，“权力，君之所独创也”，“人君不能独揽庶政，大臣便得以专权自恣”；因此，痛诋设立丞相是“臣张君之威福”，丞相权重，“往往病及于国君”；并说“委任权臣，目下蒙蔽”是元朝灭亡的原因之一。遂在政权相对稳定后，撤销中书省，宣布永远废除丞相制。

明朝政体文化建设始终是围绕加强皇权，加强中央对全国各级各部门的控制而展开的，并一步一步地走向封建皇帝集权专制文化形态。

1368 年 8 月，始置吏、户、礼、兵、刑、工六部，每部设尚书、侍郎等官，名义上隶属中书省，实际上是分各部首的权力。不久，定六部职掌，并令六部官不得随意调动。1377 年，设置通政使司，作为中央重要机构，掌“审命令以正百司”，与六部、都察院、大理寺同为九卿成员。次年 3 月，改奏事程序，严禁奏事“关白”中书省。1380 年初，以“生杀黜陟，或不奏径行”“擅专威福”和“谋反”罪名杀了左丞相胡惟庸，罢中书省，废丞相制①。这是中国封建政体文化建设上空前的大变革。废丞相制、罢中书省后，“析中书之政归六部，以尚书任天下事”。尚书的官秩亦同时晋为正二品。六部中，以吏、户、兵 3 部之权为重。各部门独立，奏请直接对皇帝负责。隋代以来，封建政体文体之六部制形态至此最后定型。为了便于直接控制宫权，明太祖朱元璋又改“节制中外诸军”的大都督府，为中、左、右、前、后五军都督府②，分领在京和在外的都司、卫所。五军都督府与兵部互为牵制。即五军都督府掌军旅之事，但无选任升迁军官和调动军队之权，都司、卫所“首领官听吏部选授”。兵部则有人事、调遣和发布命令之权，但尚书不得过问全国军、马之数。遇有战事，由皇帝命帅出征。

至此，皇权、相权、军权三者之间的尖锐矛盾基本得到解决，全国军政诸大权归皇帝一人掌控。

---

① 张廷玉，等. 明史・列传第一百九十六・奸臣・胡惟庸：卷三百零八［M］. 长春：吉林人民出版社，1995：5187.

② 张廷玉，等. 明史・志第六十五・兵一：卷八十九［M］. 长春：吉林人民出版社，1995：1389.

二 明初监察制文化的形成

明朝政体文化建设的另一个重要内容是监察制度文化建设。明初，沿用元代御史台旧名。1382年，更御史台为都察院，与刑部、大理寺并称三法司。《明史》说，刑部受天下刑名，都察院纠察、大理寺驳正①。《明太祖实录》说，三法司及各部门“彼此颉颃，不敢相压。事皆朝廷总之，所以稳当”②。可见三法司之相互牵制和权力制衡，集刑狱之权于皇帝。都察院掌风纪，设左、右都御史等职，其派出机构道监察御史，全国共派出13个道监察御史。都御史为正二品，道监察御史为正七品。都御史“职专纠劾百司，辨明冤枉，提督各道，为天子耳目风纪之司”。监察御史“主察纠内外百司之官邸”，品秩虽只有正七品，但权力很大。在内，有监视文、武、钱、谷之权；在外，称巡按，代表皇帝巡行各地，“大事奏裁，小事立断”。明代监察制度文化的典型特征是督抚制度与六科给事中。

（一）明代督抚制文化的形成

丞相既罢，部、院权重，督抚之制应运而生。1377年，明太祖朱元璋遣监察御史巡按州县，宣上意、通下情。御史代表皇帝出使地方，称巡按御史，职专监察地方各级官吏。明代三权分立的好处是避免了权专于一司，但由此带来的弊病是主事无中心，部门互相推诿，贻误时机。为解决这个问题，皇帝遣都御史出巡地方，不仅有监察权，有时还受皇帝特命，兼管其他事务，如有的加巡抚，以兼管地方行政、民政；有的加提督，以兼管军事；有的加总管，以兼管行政、民政、军事；还有总督兼巡抚，提督

① 张廷玉，等．明史·志第七十·刑法二：卷九十四［M］．长春：吉林人民出版社，1995：1474.

② 历史语言研究所．明实录·明太祖实录：卷一百二十九［M］．北京：中华书局，2016.

加巡抚，以及经略、总理、赞理、巡视、抚治等职。明代督抚制度文化的产生和发展，是中国古代政体文化发展的重要成果，对促进地方政权建设具有重要作用，并为中国近代省级行政制度文化的形成开辟了道路。

（二）明代给事中制文化的形成

明朝给事中设置依前朝，但又有所不同。元代，给事中不分科。明代在提升吏、户、礼、兵、刑、工六部职权后，1373 年，于六部之外专门设置吏、户、礼、兵、刑、工门六科给事中，自成系统，不属六部，直接对皇帝负责。给事中官秩俱从七品，品卑而权特重①。给事中职责是“掌侍从、规谏、补缺、拾遗、稽察六部百司之事。”即主要协助皇帝监督六部。明朝规定，凡六部奏章必须先由六科给事中审核、登记，皇帝批准的奏疏，亦先由六科分类抄出，然后再交付有关部门执行。

总之，六科给事中科官、言官，掌握舆论；御史称道官、察官，主专纠察，二者职能相似。六科给事中与都御史相结合，构成了明朝科、道政体文化鲜明特色。尽管科、道官员官秩品位低微，但人数众多，且能量很大，活跃于朝廷内外，在明代各个时期和各种重大事件中，在监察百官、维护皇权方面，起着举足轻重的特殊作用。明代的监察制度文化是在总结历代监察经验的基础上建立起来的，其特征是机构健全、制度完备，不但提高了监察机关的地位和职能，而且创造性地让其参与官吏的考核升降，有利于提高官吏的素质，凸显监察制度文化在推进政体文化建设上的作用。

总之，明太祖朱元璋推行以建立“政皆独断”为核心的皇帝极权专制政体文化建设，通过以上各项改革，确立了封建皇帝集权专制统治，在当时的社会经济文化和历史条件下，对于明代的

① 顾炎武. 日知录：卷二［M］. 上海：上海古籍出版社，2006.

物质文明和精神文明的发展具有积极作用。

（三）明朝礼制文化的形成

礼制文化是政体文化的重要组成部分。明太祖非常重视礼制文化建设，朱元璋认为，“礼法，国之纪纲。礼法正则人志定，上下安。建国之初，此为先务”；“苟非礼法，人无所守”；“贵贱无等，僭礼败俗，此元之失政也”，提出“人君者，斯民之宗主，朝廷者，天下之根本；礼义者，御世之大防”。“建国之初，先正纲纪，纲纪先礼”①。所以，严申立纲纪、定名分、守礼法的必要，命儒臣稽古讲礼，编纂礼书，详细制定各种礼、乐、舆服、仪卫制度，以崇天子之威，定贵贱，明上下尊卑之别。天下初定，他务未遑，便“首开礼、乐二局”，广征耆儒前来讨论礼制文化建设问题②。1368 年，命中书省暨翰林院、太常司酌定祭祀郊社宗庙礼仪制度；次年，诏令儒臣修礼书，书成，赐名《大明集礼》。《大明集礼》分吉、嘉、宾、军、凶五礼，对从祭祀天地日月社稷等神，到历代陵庙、先师孔子、宗庙、山陵等，从各种朝仪、册封、阅武、受降，到士庶间相见、婚丧之礼，以及冠服、车辂、仪仗、卤簿、字学、音乐等方面，均作出明确规定，“凡升降仪节，制度名数，纤悉毕具”。此后，明朝政府再修礼书 10 余种，对以往各种祀典、礼仪作进一步修正和完善。洪武以后，历代不仅严格遵循这些礼法制度，而且对礼制均有所损益。洪武时期，所著书可考见的凡 14 种，其中绝大部分是礼书，如《洪武礼制》《礼仪定式》《洪武礼法》等；永乐时期，在全国颁行《文公家礼》，又定巡狩、监国、经筵等礼制；世宗时代，又著《礼仪成典》

① 谷应泰．明史纪事本末·开国规模：卷十四［M］．北京：中华书局，1977.

② 张廷玉，等．明史·志第二十三·礼一：卷四十七［M］．长春：吉林人民出版社，1995：795.

等，丰富了明代礼制文化的内容。

通过礼制文化的传播与实践，竭力将社会与法纳入礼的轨道，以树立和维护皇权的威严。据《明史·礼志》记载，朱元璋登极，其礼仪极其隆重①。左相李善长帅文武百官劝进，三次上表，才被应允。然后祭天，在祝文中宣称“诸臣下皆曰：‘生民无主’，必欲推尊帝号，臣不敢辞”，表明这个皇帝不是自己要当的，并“昭告上帝皇祇，定有天下之号曰‘大明’，建元‘洪武’”。登极之日，朱元璋先在南郊告祀天地，祭祀仪式结束，才由丞相、诸大臣率文武百官跪请他即皇帝位，把他扶拥到金龙椅上坐。丞相等跪进衮冕，并披戴到身上。丞相再捧宝上言：“皇帝进登大位，臣等谨上御宝”。于是，群臣及都民耆老拜贺舞蹈，三呼万岁。然后，由仪仗导从到太庙，奉上宝册，追尊四代考妣均为帝、后，皇伯考以下皆为王，告祀社稷。回来，再穿戴衮冕到奉天殿，升御座，接受文武百官上表称贺，舞蹈，拱手额前三呼万岁。祝贺仪式完成，再派官册拜马氏皇后，册立长子朱标为皇太子。次日，才以即位诏告天下。

明代礼制文化十分严格，见载于《明会典》的，单是朝贺一项，就有14种不同的仪式，朝仪另有13种。举行什么仪式，用什么乐舞、仪仗，如何陈列，各级官员的服饰、站立、进退位置、行礼等，均有严格的详细的规定②。如群臣“从皇帝行丹墀，常北面，不南向，左右周旋不背”③，稍有差池，不论是什么级别、

① 张廷玉，等. 明史·志第二十九·礼七：卷五十三［M］. 长春：吉林人民出版社，1995：871—872.

② 张廷玉，等. 明史·志第二十九·礼七：卷五十三［M］. 长春：吉林人民出版社，1995：873.

③ 张廷玉，等. 明史·志第二十九·礼七：卷五十三［M］. 长春：吉林人民出版社，1995：873.

年龄的官员，纠仪御史立刻便加以弹劾。处庙堂如此，出巡在外地也不含糊。如1372年，洪武帝规定，车驾出入经过的地方，有关部门要开路清道，官员不许开门观望行立，应该迎驾的官员父老，要在仪仗以外的路右面叩头俯伏，等出巡队伍过去了才能起来。如果是出巡队伍停留的地方，应该迎驾的人，要行五拜礼。车驾队伍行走时，有冲入仪仗内的，处以绞刑；在仪仗外50步内观望者杖100。在郊外一时不能回避的，要俯伏，行立观望的杖100。甚至不是近侍或在宿卫护驾的文武百官，在50步内也得依例俯伏，否则，亦要受到惩处①。

明政府还通过修筑规模宏大的礼制建筑，来强化礼治和宗法制度思想，进一步维护皇权至上、巩固王朝专制统治秩序以及皇位世袭承传、江山永恒。按照帝陵制度统一规划，在南京修建了明皇陵（孝陵）。迁都北京后，永乐年间，在北京先后建筑太庙、社稷坛、天坛、孔庙等；另，在北京城北修建了自明成祖朱棣起思宗朱由检止的13座皇帝陵墓。

三　中央行政制度文化的演变

明朝政体文化建设是围绕加强皇权、加强中央对全国各级各部门的控制，实现皇帝“政皆独断”而设置、演变的，中央行政制度文化形态错综复杂。

（一）明初四辅官制文化的兴亡

在撤销中书省和废除丞相制后，皇帝的确实现了“政皆独断”的目的。然而，政务丛脞于一身的朱元璋，即使“昧爽临朝，日晏忘食”，也无法处理完政事，不得不承认，“人主以一身

① 张廷玉，等．明史·志第三十二·礼十：卷五十六［M］．长春：吉林人民出版社，1995：913.

统御天下，不可无辅臣”，“密勿论思，不可无人”①。1380年，始设四辅官。四辅官兼太子宾客，位列公侯都督之下、六部尚书之上，负责覆核司法、人事等项，与皇帝“讲道论治”，个别参与研究皇帝提出的一些问题。《明太祖实录》记载，朱元璋要求四辅官“均调四时，德合人天，辅朕以掌民命”，“心常格神，行常履道，佐理赞比，以安生民”②。但是，朱元璋为了确保四辅官不威胁皇权，在选用四辅官时，只选用“善属文，勤慎好学，”“起田家，淳朴无它长”③ 的老儒，“以四时均职”，将一月内分上中下三旬，以致工作缺乏连续性、一致性，根本起不到任何“佐理”的作用。④ 不久，四辅官“遂废不复置”。据《明史》记载，1381年，朱元璋先后诏令，司法部门改判案件及各部门之奏章，均由翰林院“会议”“考驳”，认为“平允”才奏闻，“署其衔曰：翰林院兼平驳诸司文章事某官某，列名书之”，将“生杀大权主于词臣”。

（二）明朝内阁制文化的形成

1382年11月，设殿阁大学士，当时官秩为正五品。“不过侍左右，备顾问而已”，负责核阅公文，协助文墨事项。至永乐时，明朝内阁制文化才见雏形，阁臣设置虽已成常制，但内阁并非一个稳定的行政建制，既没有法定地位、机构编制不固定，又没有衙署、印信，也没有下属，与政府部门亦无联系，只是在文渊阁值班，起草诰敕，献计献策，没有任何裁决政务或发布指示的权

① 张廷玉，等. 明史·列传第二十五·安然：卷一百三十七［M］. 长春：吉林人民出版社，1995：2694.

② 历史语言研究所. 明实录·明太祖实录·皇帝谕训·谕王本等四辅官：卷一百三十三［M］. 北京：中华书局，2016.

③ 张廷玉，等. 明史·列传第二十五·安然：卷一百三十七［M］. 长春：吉林人民出版社，1995：2694.

④ 张廷玉，等. 明史·志第四十八·职官一：卷七十二［M］. 长春：吉林人民出版社，1995：1106.

力。至洪熙以后，阁臣权势急剧上升，内阁制文化初步形成。宣宗即位，罢弘文阁，命太常卿、翰林学士杨士奇等“同治内阁事”，后又征蹇义、夏原吉与杨士奇、杨溥、杨荣等扈从。宣宗去世时，太子才9岁，太皇太后全赖内阁稳定政局，所有事均令内阁议决，于是内阁成了中枢决策系统最高、最重要的一环。至宣德以后，内阁制文化形成的标志是内阁地位的提升，阁臣品秩提高、地位尊崇、得到信用、掌握票拟大权。据《明史》记载，杨士奇等所掌票拟范围扩大到“凡上之达下”的诏、诰、制、册文、谕、书、符、令、檄，其均由阁臣“起草进画，以下之诸司”；“下之达上”的题、奏、表、讲章、书状、文册、揭帖、制对、露布、译，亦统由阁臣“审署申覆而修画焉，平允乃行之”①。这表明，阁臣直接掌握了处理国家政事的大权。正统时，蹇义、夏原吉相继去世，内阁票拟便由杨士奇、杨溥、杨荣等专掌。自此以后，票拟成为定制，属于内阁专职。“各衙门奏章留送阁下票旨”，事权所在，6部有事均须向内阁关白请示。内阁权重于部权的局面开始形成。

自天顺年间开始，内阁制文化进一步发展。内阁首辅的出现，表明内阁制度文化正式确立。1457年，即天顺元年，先后命徐有贞、李贤“掌文渊阁事”，开了首辅制度的先河。弘治时，礼部尚书丘濬入阁，列吏部尚书王恕之上，开了尚书入阁和阁臣班列6部之上的先例。弘治朝内阁情况变化在于将诰敕与制敕分开，从此直至明朝灭亡，阁臣只管制敕，阁臣票拟文书亦要“自行书封密进”，不许令人代写；同时对阁臣采用廷推制度，即凡入阁须廷推。正德时期，内阁取得衙门地位。直至嘉靖、万历年间，内阁制度文化快速发展并最终确定。内阁建制完备，等同于洪武初期的中书省，阁臣可以兼掌部院，从而拥有行政实权，首辅、次辅

① 张廷玉，等．明史·志第四十八·职官一：卷七十二［M］．长春：吉林人民出版社，1995：1106．

区分明显，首辅代表政府，专权如丞相。

明朝的内阁制文化是一种十分怪异的政体文化形态。内阁的确立，经历了比较长的时期，但始终不是法定中央一级正式的行政机构，内阁首辅也没有法定的权力。处于“止备顾问”地位的内阁，其权力的大小要视皇帝信任的程度来决定。内阁最大的权力是票拟，而票拟是否算数，取决于皇帝的朱批。因此，在内阁与皇权矛盾中，内阁始终屈服于皇权的重压之下。明朝实行内阁制，对宦官干政起到一定制衡作用，但总的来说，内阁还是受制于司礼监。虽说内阁没有法定的地位和权力，但其权重，非中央六部可比。因此，内阁力图控制六部，但六部则设法钻内阁没有法定地位和权力的空子，力图摆脱内阁控制。内阁与六部职权界限不清，彼此失调，严重影响行政效率，使封建官僚政体文化得以强化，而客观上则有利于司礼监擅权乱政。这是明朝政体文化十分奇特的现象。

（三）明朝司礼监制文化的生长

明朝司礼监拥有相当大的权力。其中最关键、与中枢决策系统关系最大的是朱批、传宣谕旨和掌东厂等制度文化。

1. 朱批制文化

朱批是指皇帝拿到朝臣奏本，看过票拟后，用红朱在奏本上所作的批示。经过批示的奏本，便成为正式的谕旨下发。据《明通鉴》记载，宦官拥有朱批权是自宣德年间开始的①。由于每日奏本太多，皇帝批不过来，于是皇帝御笔亲批数本奏本外，其余皆由太监分批。太监遵照阁中票拟字样，用朱笔楷书批之。由于票拟要经过朱批才能下达执行，所以，内阁之权力，在很大程度上取决于司礼监之朱批。至正统时，票拟与朱批成为定制。于是司礼监以其地位、职权的特殊，很快便藉侍奉宫廷生活之轨道，

① 夏燮. 明通鉴第十九 • 酌中志：卷十六［M］. 上海：上海古籍出版社，1994.

厕身于中央决策系统之中。宦官比之内阁大学士，更亲近皇帝，容易得到皇帝的信任，进而参与军国大事，钳制内阁，作为皇帝心腹而掌管东厂，监控一切臣民。后来，由于君主怠政，一切只靠太监两面传达，为了掣肘阁臣，更加强朱批权。这样，在明朝中央，票拟与朱批成为鲜明的内外双轨制，而朱批往往出票拟之上。太监在批红时，遇“间有偏旁偶讹者，亦不妨略为改动”的权力，这实际上是给予太监改动票拟的权力。这就一定程度上夺取了票拟权，太监变成了“内相”。太监因此可以堂而皇之地假传圣旨，这是太监分享皇权乃至代行皇权的表现。

2. 传宣谕旨制文化

传宣谕旨即指皇帝通过太监用书面或口头的方式下达旨意。明代中期以后，皇帝一般很少出朝，即使是号称中兴的弘治时，孝宗皇帝也平均两年召见一次阁臣。所以，朝中大小事务，均“遣左右近习宣谕区处”①。据《明孝宗实录》记载，不论书面谕旨还是口头谕旨，皆由太监向阁臣传达，“学士在阁下者，只闻内臣传说，不得面陈所见”②，旨意落实情况也只有太监知晓。司礼监完全可以左右朝政，虽说“设司礼监掌行，又命内阁大学士共理，内外相维”③，但内阁学士许多事都“不与闻”，又见不到皇帝，所以只能是司礼监说了算。“内外章疏动以屡日，甚者或延至半年，或终留不出”的情况，已经“因循积习，遂以为常”④，即

① 历史语言研究所. 明实录·明孝宗实录：卷十六［M］. 北京：中华书局，2016.

② 历史语言研究所. 明实录·明太祖实录：卷十一［M］. 北京：中华书局，2016.

③ 历史语言研究所. 明实录·明太祖实录：卷七［M］. 北京：中华书局，2016.

④ 历史语言研究所. 明实录·明太祖实录：卷二百零四［M］. 北京：中华书局，2016.

使是内阁首辅对此也是无可奈何，以致后来司礼监操纵人事、参与军国大事。

3．掌东厂制文化

明朝东厂是由皇帝直接控制的特务机关。关于东厂制文化，将在本节第六目中专门讨论。

纵观明代宦官擅权乱政，如刘瑾、魏忠贤擅权乱政，其实是司礼监擅权乱政。司礼监制文化的泛滥，造成明代乃至中国政体文化历史上最黑暗的一页，是朱元璋推行政体文化改革，撤销中书省和丞相，导致皇权横溢的结果。

四　中央决策制度文化的形成

明代中央政府的决策制度文化主要形态是廷议制与铨官制文化。

（一）廷议制文化

廷议制即廷臣会议，又称集议、会议，是指国家遇有军政重大问题，在皇帝作出裁决之前，先由大臣会议讨论，提出意见奏明皇帝，供皇帝决策时参考的制度。作为一种决策形式，廷议一直被保留至明朝末期。

据《明会典》记载，廷议在朝内举行，但具体的地点不定。廷议的主持者最初是中书省，正统以后，凡所议之事属某部，则由某部之尚书或侍郎主持。廷议之参加者包括阁臣、九卿、科道，以及与所议内容有关的文武官员。万历时期又规定，凡有大事，要会同其他部或会同九卿堂上官和掌科、掌道官议的，当事部门奏请得旨后，再请有关部门会合。如果要会同武臣，则五府管事官均参加；如会同文臣，则翰林院、詹事府、春坊、司经局及国子监均参加；如果属于刑名的，则锦衣卫参加。若另外再有旨指定会同某衙门的，则按旨遵行①。此外，皇帝有时派司礼监太监参与或监视廷议。参加廷议的人数，无明确规定，各次廷议参会人员之多少相去甚远，从三四十人至百余人不等。

《明会典》说，廷议的程序比较简单，主要是由主持的部门先将廷议的内容（议题）通知与会者，由与会者作好发言准备，同时要求保密，廷议时要有守卫，"严禁在旁观听者"。

明朝廷议的内容很广泛，凡较大军政问题，均可集议。如位号、建储、建都、典礼、宗庙、徽号、宗藩、封爵、人事、官制、刑狱、财政、漕运、仓储、重要军政措施、民政、地方行政，等等。

廷议得出的结果，要"署议"，即由与会者在上面签字，然后由主持廷议者将情况向皇帝奏报。奏报没有固定体例要求，可以把意见分类并呈，也可把廷议情况撮要上达。廷议结果经皇帝裁决后，根据决策内容，以诏诰等方式向全国公布，或以谕旨形式下达有关部门贯彻落实。皇帝对廷议结果拥有否决权，可以把结果一再"复下廷议"，直至自己满意，甚至可以将廷议否定。可见，廷议只是一种为皇帝决策提供参考的集议形式，并不等于政府对某个问题的决议，没有任何法定的效力，对于皇权没有任何制约作用。这是明朝中央行政决策的一大特点。特别是皇帝派司礼监太监参与廷议，有时候太监甚至可以将廷议结果予以否决。就明代廷议的历史情况看，廷议实际上并无法制约明代皇帝独揽亲裁的专制皇权，相反，廷议往往成为皇权的工具和替罪羊。

廷议以外，明朝中央行政决策制度文化形态还有朝议、部议等形式。朝议与廷议之区别在于，朝议时皇帝亲自参加，并可当场作出决策。部议则是专属某部门的事情，由皇帝交付当事部议。

① 申时行．明会典·会议：卷八十［M］．北京：中华书局，1989．

部议是专业性质的集议，其结果均得报请皇帝批准才能执行。

（二）铨官制文化

明代铨官制文化形态主要是廷推与特简两种方式。

1. 廷推制文化

明宪宗开始，皇帝很少操持国事，君臣否隔，大臣之选用由个人推荐、部分大臣推荐或个别部门会同大臣推荐发展为廷推制。

廷推制是指朝廷大臣出现职位空缺应补，不待官员考满而推升时，由吏部会集九卿等官，推举合格的候选人数名，呈请皇帝简用的制度，由于是会同多官推举，所以又称会推、会举。据《明史》记载，廷推制文化形成于成化、弘治年间。廷推的对象主要包括内阁大学士、尚书、侍郎、都御史、通政使、大理卿、国子监祭酒、总督、巡抚，参与廷推者视被推者之职务而有所不同。职位越高，职任越重，参与廷推的人越多。阁臣关系全局，吏、兵两部尚书，掌握全国文武官员之选授陟黜，关系重大，故均会大九卿、五品以上官及科道廷推。总督陕西三边、宣大、都御史缺，会五府大上官及科道廷推。蓟辽、两广总督缺，由大九卿堂上官及科道廷推，不必会五府。1577 年以后，三边及宣大总督之廷推，亦不再会五府。其他六部尚书、侍郎，左、右、副、佥都御史，通政使、大理卿，则会六部、都察院、通政司、大理寺三品以上官员廷推。巡抚缺员，在内地的，由吏部会同户部；在边地的，由吏部会同兵部推举。

廷推由皇帝下令举行，吏部尚书主持。被廷推者有任职资格限制。如诏令退休的大臣未奉旨，不得直接参加廷推。又如被廷推为兵部左、右侍郎，必须是“曾按历边陲，练达军务，或曾任兵备等官，有将略才望者”；再又如各处巡抚官，要“历任年久，方许推升”。

廷推的程序没有硬性规定，一般是廷推先一日由吏部通知与会者，到时集会于某所。有的由文选司宣布某官职缺待补后，把一个空本子交给吏部尚书，由吏部尚书提出正推、陪推的人，如无异议，与会者在本子上签名，吏部尚书将推出的人名填上；有的是吏部尚书先列出名单，由与会者传阅，当场提出意见。据《明会典》记载，廷推时被推的人数因职位不同而异。三品以上九卿及佥都御史、祭酒，廷推上 2 人；阁臣，吏、兵二部尚书，廷推上 2 人或三四人。

廷推的结果，由吏部奏报皇帝。上奏时，正推在前，陪推在后，按各人适任情形或官职品位依次排列，并附上各人简历，供皇帝简用时参考。廷推无法定效力，皇帝可以改变或否决。可见虽有廷推制文化，但并不一定要遵行。在君主独裁、阁臣权重、宦官专擅时尤其如此。

2. 特简制文化

特简即指由皇帝亲自选用，又称“特旨”“亲擢”。这是皇帝“政皆独断”的具体体现。

（三）封驳制文化

封驳制文化是中央决策制文化的重要环节。封即封还皇帝不恰当的诏命，驳即驳正臣下有违反规章制度或措置失误的奏章。封驳制文化最早形成于唐宋时期，中央有门下省掌管封驳，当皇帝旨意下中书省后，中书省交付门下省审，若门下省认为可行，才送尚书省发布下达；其认为事有不便或未当，则门下省可以将其封还。具体的封驳事宜由给事中负责。明洪武时，封驳成为定制。“门下省已去，特存给事中，官虽七品，而有封驳之权。”明代中后期，封驳制对于严格审核国家政令，抑制宦官擅权，在不同程度上起到积极作用。

总之，廷议、廷推、封驳，是明代中央决策制文化的重要形态，没有法定的作用。政治清明，其能正常运转，对国家政事有所辅助，否则，廷议、廷推、封驳就只有虚名而已。

五　中央行政建制文化的形成

明代政体文化建设是始终围绕加强皇权、建立皇帝极权展开的。中央行政机构设置六部，主要为保证中央集权制度文化的形成和巩固。

明太祖朱元璋撤销中书省和丞相后，重新构建中央行政机构，提升吏、户、礼、兵、刑、工六部地位，职责范围是负责处理国家各种主要政务，其机构设置完备，事务具体，职责较重，地位较高。明初，六部隶属中书省，尚书是宰相的僚属，凡事必听命而行。撤中书省后，六部为皇帝总理庶务，保证中央权力的高度集中，形成皇帝集权统治。尚书是法定九卿成员，在参与廷议一切军政刑狱大事时，可以直接提出自己的意见和建议、可以主持部议、可以直接向皇帝上疏言事。

（一）吏部

吏部是中央行政机构中地位最高的部，“吏部尚书表率百僚，进退庶官，铨衡重地，其礼数殊异，无与并者”①；“掌天下官吏选授、封勋、考课之政令，以甄别人才，赞天子治。”明代初，撤销中书省后，吏部人权在握，所以职任最为重要，被视为“古冢宰之职”，号称“体最尊”。吏部初设总部、司勋、考功3个属部，后增司封，改总部为选部，至1396年，定制为文选、验封、稽勋、考功4个清吏司。其中文选清吏司负责全国官吏班秩升迁、铨选、注缺、署职、试职、改调、保举、推升等事；验封清吏司负责功臣封爵、文官封赠、诰敕、袭荫、吏算及文职土官承袭之事；稽勋清吏司负责勋级、名籍、丧养之事；考功清吏司负责考核、升降之事。

（二）户部

户部“掌天下户口、田赋之政令”，“稽版籍、岁会、赋役实

① 张廷玉，等．明史·志第四十八·职官一：卷七十二［M］．长春：吉林人民出版社，1995：1110、1113．

征之数，以下所司”①。即民政、财政工作，包括水利、漕运、盐政、仓场、矿冶、钱钞、物价、赈灾、俸禄、边储粮饷等事，俱归户部管理，所以户部其“权最重”。户部初设5科，即一科、二科、三科、四科、总科，后改为4个属部，即总部（后改为民部）、度支部、金部、仓部，又曾按地域改为河南等12部。1435年，定制按13布政司辖区，设浙江、江西等13个清吏司，分别掌管各分省之事。各司下属四科：民科主管所属省府州县地理、人物、图志、古今沿革、山川险易、土地、户口、物产之登记；度支科负责统计夏税、秋粮、存留、起运及赏赉、禄秩之经费；金科负责市舶、渔盐、茶钞等专项税收，以及抵折和收纳犯罪官员之赃罚款项；仓科负责漕运、军队草料、粮食的储备出纳。

（三）礼部

礼部掌管礼仪、祭祀、筵宴、贡举之政令②。礼部除了制定礼仪外，就是监督遵循“祖制”，执行宗法礼仪。礼部下分4部，即总部（后改为仪部）、祠部、膳部、主客部。1396年，定制设置仪制、祠祭、主客、精膳4个清吏司。仪制司负责天子即位等大典时条上仪注，经筵等各种典礼时，向各部门颁布仪式，具体掌管传制、诰，开读诏、敕、表、笺及上下百官公文往来的文字程式，各部印章之规制，封宗室，贡举生员及有关学校的事；祠祭司负责掌管各种祭祀仪式、天文、国恤、庙讳之事，以及管理天文、地理、医药、卜筮、师巫、音乐、僧、道人；主客司负责掌管各藩朝贡接待给赐之事，对请嗣封的藩国，遣使前往颁册，授敕印封有保塞功的各藩，培养及考核翻译人员，管理有关皇帝

① 张廷玉，等．明史·志第四十八·职官一：卷七十二［M］．长春：吉林人民出版社，1995：1114．

② 张廷玉，等．明史·志第四十八·职官一：卷七十二［M］．长春：吉林人民出版社，1995：1117．

赏赐及各省进贡之事；精膳司负责宴飨、牲豆、酒膳之事。此外，还有铸印局，负责监制中央和地方各部门以及外国王的各种规制的印信。

（四）兵部

兵部负责全国武卫军选授、简练之政令①，即任免、考核武官，训练、调遣军队及管理军籍、后勤、驿站等事。明初，兵部下设总部（后改为司马部）、驾部、职方 3 部，后增设库部。1396 年，定制设武选、职方、车驾、武库 4 个清吏司。武选清吏司负责卫所官员及武职土官的选授、升调、袭替、功赏等事；职方清吏司负责舆图、军制、城隍、镇戍、简练、征讨之事；武库清吏司负责掌管戎器、符勘、尺籍、武学、薪隶之事。

（五）刑部

刑部“受天下刑名”，“掌天下刑名及徒隶、勾复、关禁之政令”②，即负责司法行政工作，草拟律条，管理狱政，审核案件，组织和参加会审、秋审，解释法律，审决囚徒等。明初，刑部设总部（后改为宪部）、比部、都官部、司门部，后按地区划分，改为河南等 12 道，1435 年，定制为 13 清吏司，分别负责各省及所兼领的京府、直隶部门的司法行政工作。

（六）工部

工部“掌天下百官、山泽之政令”③，即负责各种修建工程包括宫殿、城郭、陵寝、仓库、官衙、营房的建造，以及水利、交通、织造、山林、匠籍等的管理。1373 年，设总部（后改为营

---

① 张廷玉，等．明史・志第四十八・职官一：卷七十二［M］．长春：吉林人民出版社，1995：1121．

② 张廷玉，等．明史・志第四十八・职官一：卷七十二［M］．长春：吉林人民出版社，1995：1124．

③ 张廷玉，等．明史・志第四十八・职官一：卷七十二［M］．长春：吉林人民出版社，1995：1127．

部）、虞衡、都水、屯田四部。1396 年，定制为营缮、虞衡、都水、屯田四清吏司。营缮清吏司负责宫殿、陵寝、城郭、坛场、祠庙、仓库、廨宇、营房、王府邸第等各项工程之营建，卤簿、乐器、仪仗、狱具等制作；虞衡清吏司负责山泽采捕、陶冶之事；都水清吏司负责兴修水利、桥梁、道路，准备御用、漕运、作战等各种不同用途的舟车，织造、券契，校勘度量、权衡，并颁布标准、监督执行；屯田清吏司负责屯种、抽分、薪炭、夫役、坟茔之事。

朱元璋对六部要求很高，认为“六部总领天下之务，非学问博洽，才德兼美之士，不足以居之。”六部主事出缺，均以进士选用。

六部的职权在永乐年间是较为完整的。宣德以后，阁臣品位急剧提升，又独占了票拟权，阁权渐重；到了嘉靖时期，六部的权力已经发生了重大变化，“内阁之权渐重，无异于宰相之设。六部之权渐轻，凡事多禀受内阁风旨而后行”。据《明史》记载，嘉靖初，“吏、兵二部选用紧要官职及会推大臣，必先用首辅所欲，而后敢拟名奏上”；嘉靖中叶，首辅“压制六卿”，“部权尽归内阁，逡巡请事如属吏”。明代晚期，6 部归内阁控制的情况已是积重难返了。

六　明初法制文化的构建

明代的法制文化建设主要围绕司法制度、监察制度、诉讼与审判制度、监督制度等形态展开。

（一）明初司法制度建设

明初，明太祖锐意恢复封建统治秩序，巩固皇权。面对社会混乱，惩元末法制之松弛，“刑用重典”，以新天下。但其深知这种“权宜处置”并非常法，不能行之久远。

1. 法律体系的形成

1367 年，命左丞相李善长为律令总裁官，参知政事杨宪等、御史中丞刘基、翰林学士陶安等20余人为议律官，制定法律。以《唐律》为蓝本，制订明朝律典《大明律》。经过7年努力，至1374年，颁行。朱元璋仍觉有不当之处，再命丞相及有关大臣反复修订。1389年，完成，朱元璋亲自作序，1397年，正式颁布施行。

《大明律》共设七篇三十卷四百六十条，明太祖朱元璋逐一斟酌裁定，被视为维护大明王朝长治久安的法宝。在《祖训》中强调后世子孙承位后，“一字不可改易”。故《大明律》“历代相承，无取轻改”，成为明代的根本大法。

《大明律》虽然以《唐律》为蓝本，但在很多地方有创新。整个法律体系比《唐律》更加完备。特别是其法制思想，充分肯定皇帝至高无上的地位和权力，以法律的形式充分肯定了明朝集权专制政体文化建设与改革，对国家政治机构、政治制度的种种变革予以肯定。《大明律》不仅反映了封建社会后期君主专制文化的强化，而且还把封建专制君权继续推向集权专制皇权。

如《大明律》首篇是《名例律》，其下按六部政务范围，分为吏、户、礼、兵、刑、工六律，首列“五刑之图”“狱具之图”，次列“八礼图”，充分体现明刑弼教、以礼入法的法制思想。明确规定“十恶”之罪与罚，即谋反、谋大逆、谋叛、恶逆、不道、大不敬、不孝、不睦、不义、内乱，对于这些危害封建统治、破坏封建纲常伦理的十罪之恶，任何情况下都不得赦免。同时，还规定“八议”，即议亲、议故、议功、议贤、议能、议勤、议贵、议宾，即一些有特殊身份的人及其家族，若犯了“十恶”以外的罪刑，可以议酌适当从轻减免刑责。

又如《刑律》规定：“凡谋反及大逆，但共谋者，不分首从，皆凌迟处死。祖父、父、子、孙、兄弟及同居之人，不分异姓，及伯叔父兄弟之子，不限籍之同异，年十六岁以上，不论笃疾废疾，皆斩”；“凡奴婢殴家长者，皆斩”；“子孙殴祖父母、父母……皆斩”。比之《唐律》，《大明律》明显加强了对危害封建王朝社会秩序和伦理纲常行为的惩处，以维护、稳定封建统治的社会基础。

再如《吏律》分别规定："凡除授官员，须从朝廷选用。若大臣专擅选用者，斩"；"凡守御去处千户、百户、镇抚有缺，一具阙本，实封御前开拆；一行都指挥使司，转达五军都督府，奏闻选自上裁用"；"若在朝官员交结朋党、紊乱朝政者，皆斩"；"诸衙门官吏交结内官及近侍人员者，皆斩。官民若有上言宰执大臣美政才德者，斩"。其充分体现了以法律形式规定皇帝独揽人事权，严禁结党及内外勾结，树立皇帝的绝对权威，人们只能对皇帝顶礼膜拜。

明朝政府注重以案例解释法律条文，采辑在法律实践中官民过犯案例，编辑成《大诰》，昭示民间，使民"畏而不犯，知所趋避"。其共记录了1万多个案例，内容包括官吏办事之草率拖拉、各级官吏之贪污害民、皂隶之恶习及越礼犯分、游民盛行、粮税弊端、土豪劣绅之恶霸、婚姻和礼俗及学校之弊漏、司法上之黑暗等各个方面。在《御制大诰序》中说："今将害民事理，昭示天下诸司，敢有不务公而务私，在外赃贪，酷虐吾民者，穷其原而搜罪之"。其惩罚的范围广，规定的刑罚也多而酷，如族诛、凌迟、极刑、枭令、斩、死罪、墨而文身、挑筋去指、去膝盖、剁指、断手、肘足、阉割为奴、斩趾、枷令、常枷号令、枷项游历、免死发广西拿象、人口迁化外、充军、全家抄没、戴罪还职、戴罪充书吏等30余种，皆较《大明律》严厉。其突出以法外加刑来严惩过犯，以维护明王朝统治。

2. 法律知识的普及

明太祖朱元璋高度重视法令，在《大明令·序》中说，"律令者，治天下之法也。令以教之于先，法以齐之于后"。其视《大诰》《大明律》为绳顽治国的工具，要求全国上下加以贯彻落实。作为皇帝，朱元璋带头宣讲律令。如在《皇明祖训》和《大明律》《大诰》的序言中，以及在和大臣的谈话中，反复强调要使民畏法知避，任何与百姓有关的律令，都要予以广泛公布，使人周知，并以法律形式规定讲读大诰律令。如《大诰》中规定："一切官民诸色人等，户户有此一本。……所在臣民熟视为戒。"《续诰》规定：大诰、续编"发布天下，务必户户有之，敢有不敬而不收者，非吾治化之民，迁居化外，永不令归。"颁行《三诰》规定："此诰前后三编，凡朕臣民，务要家藏人诵，以为鉴戒。倘有不遵，迁于化外，的不虚示。"1391年，朱元璋"命礼部谕天下，学校生员兼读诰律"。不久，又"令天下府州县民，每里置塾，塾置师，聚生徒教诵御制《大诰》，欲其自幼知所循守"。规定学校"每三岁，为师者率其徒至礼部背诵"。命礼部从《大诰》中出考题，致监生、学士皆"需熟读讲解"大诰律令。

明朝政府及部门出台奖励办法，鼓励官民讲读大诰律令。如户部职掌"读法"中规定："凡民间须要讲读大诰律令，敕谕（里甲）老人手榜及现丁着业牌面，沿门轮递，务要通晓注意，仍仰有司时加提督"；《大明律·吏律二》"讲读律令"条规定："百司官吏，务要熟读（律令），讲明律意，剖决事务。每遇年终，在内从察院，在外从分巡御史、提刑按察司官按治去处考校"，对不能讲解者，给予处分。

又如以《大诰》颁赐国子监生规定：家里有一本《大诰》，"若犯笞杖徒流罪名，每减一等（判罪），无者每加一等"。《大明律·吏律二》规定："其百工技艺诸色人等，有能熟读讲解，通晓律意者，若犯过失，及因人连累致罪，不问轻重，并免一次"。

总之，明代法律知识的普及是依法进行的，明朝制定的大诰律令因而得以广泛传播。朱元璋极力向官民灌输律令的目的，是为了"使人知法意而不犯法"，"奉法守分"，"应役输租"，"上下相安"。即让国民依照明朝制定的法律作为，以保证封建社会有序运行，维护皇帝权威和专制统治的稳固。

在明代的立法活动中，注重对经济关系的法律调整，实施农业立法、工商立法和财政立法，其对于恢复和发展农业生产文化，保护和繁荣工商文化，促进社会经济文化全面发展，起到了重要作用。

（二）明初司法体制文化的构成

明代司法体制文化分为中央和地方两部分，中央和省一级均设有专职司法衙署，省以下则由地方行政管理机构府州县衙门兼管对民事、刑事诉讼的初级审判。各级司法机构的权限均有具体规定。

1. 中央司法机构的设置

中央司法机构实行三法司制，即刑部、都察院、大理寺，三者之间为互相监督制约关系。《明史·刑法志二》载三者具体分工是“刑部受天下刑名，都察院纠察，大理寺驳正”。刑部下属之十三清吏司，分别受理各省及兼领所分京府、直隶上诉之案件，覆审地方之大案，审理中央百官之案件。“京师自笞以上罪，悉由部议”；布政司及直隶州县之“徒流、迁徙、充军、杂犯死罪解部”；即刑部有审判权，并负责全国司法行政事务。大理寺是覆审机构，其左、右寺分别负责覆审京畿十三布政司刑狱；都察院下属十三道监察御史，可以审理通政司送发的或军民人等已告之诉讼；可以出巡自己所分的省，核对地方对刑案办理的情况，接受军民讼词；钦差外出追问刑案；与刑部等官会同按临审决待罪囚犯，即以宪风衙门对刑部、大理寺进行监督。

2. 地方司法机构的设置

地方司法机构，省有提刑按察使司，按察使司负责全省刑名按劾之事，平冤狱、雪冤抑是其职责中重要的部分。州县无专职司法官，知州、知县负责审理案件。

明朝军队系统亦有系列司法机构，五军都督府在洪武时期有五军断事官，“总治五军刑狱”，下有司设，“各理其军之刑狱”。建文时革去，永乐时添设经历、都事各 1 人，负责五军刑狱及所辖都司、卫、所、军官、军人之刑名。地方不得擅自勾问涉及军官及军官不法者。

3. 东厂制文化的形成

东厂制文化在明代司法制度文化中是独具特色的。东厂是由皇帝直接控制的，包括厂、锦衣卫及镇抚司等特务机关，掌管刑狱。明代，厂分东厂、西厂、内行厂，性质相同，权势不相上下。1420 年，始设东厂，是常设机构，明成祖帝位由“靖难”而得，所以“防微杜渐，无所不用其极。初令锦衣卫官校暗行缉访谋逆、妖言、大奸大恶等事，犹恐外官徇情，随设东厂，令内臣提督控制之，彼此并行，内外相制”。东厂提督太监由司礼监秉笔太监第二或第三人兼任，有颁赐“钦差总督东厂官校办事太监”之印，被称为“督主”，“权重总宪兼次辅”，其下无属官。东厂有掌刑千户、百户各 1 人，另有掌班、领班、司房、管事。负责外勤的役长称档头，有百余人，专职侦察，转番役千人，分成十二班。东厂侦察分听记和坐记两种形式，他们凭借手中的权力，“逢人不肯道姓名，片纸探来能坐缚”，弄得“上下惴惴无不畏打事件者”。东厂设有监狱，逮捕人犯，可以关押在厂内监狱或直接送诏狱。东厂有权自行审理人犯，除奉旨外，外臣乃至阁臣均不得过问。东厂转送刑部的案件，刑部不敢另作判决。

1382 年，改仪鸾司为锦衣卫（即由皇帝亲自掌控的监狱），三品，“掌侍卫、缉捕、刑狱之事”，通常由勋戚都督负责，人数不定，下设镇抚司，“掌本卫刑名，兼理军匠”。添设北司后，由南司专理军匠，而北司专理诏狱。锦衣卫受皇帝庇护，其缉捕人犯“法亦如厂”。诏狱突出用酷刑，刑具有 18 种之多，凡下诏狱者，一律拷讯。锦衣卫可以和刑部、按察使共同审问地方案件。在皇帝眼里，刑部尚书等官员的可信不如一个锦衣百户。

作为绝对君主专制、皇帝极权的支柱，厂、卫不仅拥有缉捕、刑狱、审理及审判监督之权，而且独立于政府系列之外。组织上二者互相渗透，锦衣卫官员虽然不是宦官，但其上层多是宦官弟侄或党羽。按《大明律》规定，“提人勘事，必赍精微批文”，厂、卫逮捕或处决人犯亦应以御批原本送刑科，由科签发驾帖。但厂、卫完全无视这些规定，根本不经过刑科便行事。司法部门的权力完全被厂、卫夺去了。

（三）明代诉讼与审判制度文化

明朝的诉讼及审判制度文化体系比较健全。如《大明律》中诉讼部分就有十二条。此外，在其他部分或各朝《问刑条例》、诏令中，有许多直接或间接与诉讼相关的条款，总体上来说，其内容相当完备，包括对诉讼人、诉讼内容、诉讼时间、诉讼地域、诉讼程序、各级司法机构及官员接受诉讼以及诉讼费用等方面的规定十分详细。如审判，明朝有严格的规定，审判分初审、复审、会审等。判刑亦有明确规定，各有职权范围：笞五十由县判决；杖八十由州判决；杖一百由府判决。笞、杖数在权限以内的，各自可以直接执行；笞、杖数在权限之外，以及徒、流以上的，无论当事人有无异议，审判是否得当，一律要报上级复审。府以上司法部门有复审权，杖100以内的罪，府即可以复审判决，但徒、流、死罪定拟后，要呈报上级复审。会审包括朝审、大审、热审、在外恤刑会审等。朝审又称秋审，明初，大案由皇帝亲自审讯，以后改为三法司审录或三法司会府部大臣审录；大审是慎刑恤刑的政策之一，以屡诉冤枉者为对象，以理枉申冤为主要目的；热审与寒审，均系为防止狱囚众多或淹久以致因寒暑而大量死于狱中的司法制度文化；在外恤刑会审即派刑部和监察御史分巡天下清理刑狱。

上述一系列审判制度，从文化形态上看，是十分周密和完备的，也是很公平公正的，在当时事实上也的确驳正了一些错判的案件。但从总的来看，得到驳正的冤案极少。由于皇权对司法的干预，厂、卫恃皇权而肆虐，导致大量冤案，实际上严密的司法程序和制度，往往只是流于形式。

（四）明代监察制度文化

明代，为了加强皇帝集权制文化建设，特别重视监察，极力强化监控机制文化建设。明朝的监察机构有两大系列：一是由皇帝直接控制，集司法、监察于一体的特务机构东、西厂，锦衣卫；二是作为国家行政监察系列的“风宪衙门”，在中央有都察院、六科，在地方有提刑按察使司。

明初，沿袭元制，在中央设置御史台作为监察机构。1380年，因胡惟庸案，“罢御史台”，撤御史大夫，析中丞为左、右中丞，分御史为左、右御史，并从二品降为四品，分巡之监察御史如故。1382年，更置都察院，设监察都御史八人，正七品；十二道监察御史九品。次年，朱元璋升院为正三品衙门，设左、右都御史各一人，三品；左、右副都御史各一人，四品；左、右佥都御史各二人，五品。次年，再升左、右都御史二品；左、右副都御史三品；左、右佥都御史四品，三者均称都察院堂上官；十二道监察御史七品。1435年，定制为十三道监察都御史，此后不变。都察院“职专纠劾百司，辨明冤枉，提督各道，为天子耳目风纪之司”。都御史除负责处理院内及十三道的行政事务外，还要行使弹劾、监察的权力，对“凡大臣奸邪、小人结党、擅作威福，政乱朝者，破坏吏者”，“凡百官猥茸贪冒、坏官纪者”，“凡学术不正、上书陈言变乱成宪、希进用者”，都要加以弹劾。在地方官员朝觐和考察官员时，会同吏部了解官员的品质、才能、任职情况，对五品以下官员开具考语，提出升迁或降黜；对四品以上官员之“自陈”，亦可提出意见；对监察御史之称职与否，亦要作出评语上奏。此外，还要会同吏部选任御史，提名引御前点差巡按等；会刑部、大理寺审理大案，并监督部寺对案件的处理；参与廷推、廷议。

明代，六科是中央独立的监察机构。明初统设给事中，正五品，后来品秩屡有变化。其组织比较大，人数多，兼有谏议、补阙、拾遗之职，是皇帝专用以钳制六部的独立机构。据《明史》记载，六科给事中主要职责包括：抄发章疏驳正贻误；侍从谏诤询谋建言；纠举弹劾稽察官员；编录及注销案卷；六科专科职责对品六部监察。

明代，十三道监察御史各有“某道监察御史印”，职权很广泛，“各理本布政司，及带管内府监局、在京各衙门，直隶府州卫所刑名等事”。据《明史》和《明会典》载，13道监察御史除参与廷推、廷议、会审、为大礼纠仪等外，还有如下具体职责：谏诤建言，对国家大政方针之得失、官吏的任免考核、机构的增减裁并、赋税的厘定、灾荒的赈恤，以及边政等提出议论和建议；主察内外百司之官邸，即考察与纠举弹劾从中央到地方政府所有部门各级官员以及大臣之表现；专差巡视与监临，即遵照差遣，前往某地进行某一专项工作；巡按地方，即代天子巡狩，到各地进行定期巡回考察，对地方行政和地方官员进行监控，包括考察官吏、吊刷案卷、审录罪囚、巡视仓库查算钱粮、查勘农田水利、考察民情礼教以正风俗、振纲纪。

明朝监察制度文化是明代法制文化的重要形态。监察制度文化的发展成熟，明朝监察系统的完备及运行机制的严密，以及监察范围的广泛性，进一步强化了封建专制文化，也表明了皇帝集权统治制度文化不断发展、完善和巩固。

第二十九章　明朝时期辽东地区行政建制文化

1368年，明太祖朱元璋在南京称帝，便开始谋划统一辽东乃至东北。当时明朝统治的社会基础并不巩固。在西南，四川明玉珍之子明升与云南梁王巴匝剌瓦尔密等割据势力仍然存在；在北边，元顺帝仍拥兵行权，经常兵临通州，威胁北平；在西边，扩廓帖木儿盘踞甘肃一带，屡犯兰州等地；在东北，元的残余势力拥兵割据威胁明王朝，如哈剌张“屯兵沈阳古城”、高家奴“固守辽阳山寨”、也先不花“驻兵开原”、洪保保据守“辽阳”、刘益集兵“得利嬴城”（今辽宁省瓦房店市得利寺镇），尤其是元丞相纳哈出拥兵数十万，盘踞在金山（今辽宁省开原市西北）。当时东北的形势对明朝的统治极为不利。因此，朱元璋对辽东地区采取招抚与武力征服相结合的策略，先易后难，最后降服故元纳哈出，统一了辽东及整个东北地区。

辽东地区纳入明朝治理范围后，明朝政府在辽东地区设置都司卫所，实行地方军政合一的管理制度文化，全面加强对辽东地区的管理。因辽东地理位置特殊，所以，明朝中央政府在都司及卫所之上，又置总管辽东地方的最高军事机构，总管辽东及东北地区军务、边务和夷务。因此，明代辽东地区政体文化形态和类型表现十分复杂。

第一节　明王朝统一辽东地区

明王朝建立之后，朱元璋便谋划统一辽东乃至东北。统一辽东乃至东北地区，朱元璋采取招抚与用兵相结合，以军事为后盾的策略，集中力量围攻纳哈出。1370年秋，朱元璋命断事黄俦“赍诏宣谕辽阳等处官民”。次年，故元之辽阳行省平章刘益接受招抚，遣董遵、杨贤持表“航海朝天”，献“辽东州郡地图，并籍其兵马钱粮之册”，率众投明。明朝置辽东卫指挥使司，授刘益为卫指挥同知。元将洪保保不满刘益降明，与马彦翚共谋杀刘益。刘益被杀后，房皓、张良佐率部下擒杀彦翚，又率兵诛讨洪保保。洪保保逃走，投纳哈出。房、张二人立即上书陈奏辽东军情，并“乞留朝廷所遣断事吴立”总管辽东卫事。明王朝遂任命吴、房、张为辽东卫指挥佥事。这表明明王朝开始统治辽东地区①。次年，纳哈出将要南犯，朱元璋遣黄俦持书至金山纳哈出驻地宣谕招降，纳哈出不从，并将黄俦扣押。朱元璋深知事态严重，决心以武力解决。派马云、叶旺率兵由山东“登莱海道”北上，直抵旅顺登岸，屯兵金州。欲招降高家奴不成，于是武力攻占高家奴盘踞之山寨，继而又攻占辽阳等地。至此，除纳哈出外，盘踞辽东的元朝残余势力，基本扫除。

从1372年开始，朱元璋开始集中力量消灭纳哈出势力。是年11月，纳哈出窜犯辽东，“掠劫牛家庄，烧仓粮十万余石”；1374年，寇犯辽阳。朱元璋令明军采取积极防守策略；次年冬，纳哈出再犯辽东。都指挥使马云、叶旺依照朱元璋指令作战，一举将纳哈出部将乃剌吾射伤活捉。乃剌吾被俘后降明，明王朝授“乃

---

① 历史语言研究所. 明实录·明孝宗实录：卷六十六［M］. 北京：中华书局，2016.

剌吾为镇抚，赐以妻妾田宅"①。纳哈出失去大将乃剌吾，军中士气大受影响。明军乘胜出击，纳哈出见势不妙，遂引兵北遁，行至孛兰堡（今辽宁省大连市普兰店区）抱龙山（今辽宁省瓦房店市），遭明军伏击。纳哈出大败而逃，回老巢金山。1387 年初，朱元璋命宋国公冯胜为征虏大将军率 20 万大军，以颍国公傅友德为左副将军、永昌侯蓝玉为右副将军，南雄侯赵庸、定远侯王弼为左参将，东川侯胡海、武定侯郭英为右参将，向纳哈出发起进攻。当年 5 月，直逼金山。冯胜令乃剌吾叙明朝廷招抚之意。初，纳哈出佯装接受劝告，遣人到冯胜军中打探虚实，被冯胜识破，着人将剌探送还纳哈出。此时，纳哈出部将观童投降，冯胜随即派观童前往劝降纳哈出所部，其部 4 万余人亦降明，纳哈出计穷力孤，被迫投降。随后，明朝又进军松花江、捕鱼儿海（今贝尔池），大败元顺帝孙脱古思帖木儿等余部势力。

在清剿元朝残余势力的同时，明朝统治者考虑到东北经济比较落后，辽东地区经济也不发达，"辽东地遐远"，"民以猎为业，农作次之"，生产力不发达，兵寇残破，居民散亡，经济凋敝的实际情况，根据军事政治的需要，废除元朝辽阳行省及所辖路、府、州、县机构，采取了设置地方军政合一的管理制度，即设置都司卫所机构。

第二节　明代辽东地区行政建制文化

明代是继唐宋元之后，专制主义中央集权制文化进一步强化的时期。在地方行政建制文化发展中，始终坚持地方分权、中央集权的原则，以确保中央对地方的掌控。因此，明代地方行政建

① 历史语言研究所．明实录·明孝宗实录：卷一百二十［M］．北京：中华书局，2016.

制文化形态和类型表现出鲜明的时代特征。省级主要表现为南北两京直隶制、三司制、三堂制、巡抚制、巡按制、总督制。县级主要表现为将元代的路、府、州、县四级，简化为府（或直隶州)、县（或属州）二级，形成了省、府（州)、县三级地方行政建制。城乡基层社会组织，实行坊、厢、里、甲等管理制度，即城分坊、置坊长，近城为厢、置厢长，乡村为里、置里长，里下是甲、置甲长。

一　明初地方行政建制文化

明代地方行政建制文化形态多元而复杂。明朝建立后，其行政建置上，在内地，汉族居住地区实行省、府、县三级制，设置了二京和十三个布政司，在边地，普遍设置军政合一的都司卫所和属部，以加强边防。

朱元璋称帝时，以应天为南京，以开封为北京，在定都上举棋不定。直至1378年，才称南京为京师。明成祖“靖难”夺位成功后，迁都北平。1420年，改顺天府（北平）为京师，改原京师(应天府）为南京。1441年，定都顺天府，称北京，以南京为陪都，确立了南北二京制度。为加强对南京的管控，特命南京兵部尚书黄福参赞襄城伯李隆机务，南京文臣参赞机务由此开始。至1487年，成为定制，专以南京兵部尚书参赞机务，同内外守备“操练军马，抚恤人民，禁戢盗贼，振举庶务”，确立了内外守备和参赞机务尚书共理南京防备的制度。陪都南京配备了除内阁及司礼监等内府衙门外的全部中央机构，却又多不配齐官员，使南京设官既能满足实际需要，又不能自成体系。应天、顺天二府既为京府，又为南北二直隶的首府，但是自明朝废除中书省后，直隶各府州县名义上直隶六部，其实，除官员的任免、考察，主要由户、刑部二部带管。除户、刑二部，都察院十三道监察御史也协管两直隶所属府州。这种看似混乱的行政建制文化，其实就是要达到地方分权、中央集权的目的。地方权力永远不能归一人管辖，一切听命于中央。

明朝省级行政制度文化形态的发展演变，由行省到三司，即地方指挥使司、布政使司、按察使司，三司并立，互不相统，以及中央派驻的省级机构，也体现了这一思想和原则。

从理论上说，明朝三司并立，各负其责，表现出省级机构的专门化趋势，也可视为唐宋尤其是两宋以来中央及地方权力机构专门化的继续和发展，使政府机关避免纯官僚化，以适应社会经济文化和社会文化建设发展的需要。但三司实际上只有相互牵制而无相互协调。都司名义上掌管一省之军政，但布政、按察两司，也有清军、监军乃至操练之责；布政司掌一省之政令，但纠劾官员、整饬吏治却在按察司；按察司主管吏治刑名，但大事都要与都司、布政司会议。与此同时，中央也没有对三司统一管理协调的机构。因此，三司制度一确立，便暴露出事权不一、运转不灵、效率低下的弊端。

三司运转不灵、效率低下，直接影响到明朝政权的稳固。为了解决这个问题，1402 年，明成祖中央又陆续往各地派驻镇守总兵、镇守中官和巡抚。这便在地方都司、布司、按司三司之上，又有了武臣、文臣、内臣三镇守，被称为“三堂”。三堂的分工：平时，镇守总兵负责军事，镇守中官负责察吏，巡抚负责治民；战时，镇守总兵负责领军作战，镇守中官负责监军，巡抚提督军务。但从整体上说，省级权力正逐步向巡抚转移。

从以上地方行政建制文化的变化，可以看出，明朝地方行政机构和中央派驻机构重重叠叠，尤其是镇守与巡抚，各持敕书，各行其是，政出多门，纷繁骚扰，使有司无所适从。1486 年，取消巡抚每年 8 月赴京会廷臣议事的规定，加速巡抚的地方化过程；嘉靖初，尽撤天下镇守中官，巡抚成了居三司之上的省级最高行政官，巡抚衙门很快转变成权力部门，而三司则降为部门性业务机构。

据《明史》记载，明代设有巡抚 33 个，其职责主要包括：抚循地方、考察属吏、提督军务，即治民、治吏、治军。侧重为治民。巡抚集民政、财政、地方治安、考察属吏、治军等权力于一身。明中期以后，一方面，三司权力向巡抚转移，巡抚衙门成为实际上的省级权力机构，三司为其下属；另一方面，三司却一直在名义上是法定的省级权力机关，巡抚则没有完全摆脱差遣官的性质。这便使明代地方行政体制文化变得十分复杂。

改行省为布政司，建立三司并立的省级行政体制，充分体现了以明太祖为代表的明王朝最高统治者在政体文化建设中的基本原则：皇权集中、中央各部门分权，中央集权、地方各部门分权。从三司到三堂，又从三堂到巡抚，再从巡抚到巡按，形式上看是中央对地方控制的强化，但实质上，由于中央派驻机构对地方行政权力的掣肘，地方的实际权力逐步下降。巡抚制是对三司制的变革。为了保证中央对地方的绝对控制，明政府在改革和调整省级行政体制时，不断派员及派驻机构对地方行政事务实施干预和监督。巡抚在成为地方最高行政长官后，其所行之政，也得受到查勘纠劾。因此，巡按制便应运而生。1393 年，御史出巡事宜更加条理化和具体化。《明会典·都察院》记载，《出巡事宜》授予了巡按御史四项特权：一是审录罪囚，平理疑狱；二是受理词讼；三是考察地方官吏；四是凡地方合行事体，均可督促地方官办理①。可见，巡按御史实际上成为中央派往各地的督察官员。1403 年，御史巡天下成为定制。机构常设，人员“岁一更代”。巡按御史权力逐步扩大，宣德以后，巡按御史成了“代天子巡狩，所按藩服大臣、府州县官诸考察，举劾尤专。大事奏裁，小事立断。”据《明会典》记载，“地方之事，俱听巡抚处置，都、布、按三司将处置缘由，备呈巡按知会。巡按御史出巡，据其已行之

① 申时行. 明会典·都察院：卷二百一十［M］. 北京：中华书局，1989.

事，考查得失，纠正奸弊。”① 巡按在一定意义上成为省级最高监察官员。因明朝巡抚戴衔都御史，为巡按御史上司，故地方之事不由巡抚，而是由 3 司向巡按备呈。

明代，总督制是较为重要的地方政体文化形态之一。作为中央向地方派出的重要机构，始于 1451 年，至 1471 年，总督制成为定制。明代总督具有行使特殊职权及超省级行政区的特点，这与明代中央集权、地方分权的原则相左，所以，总督没有实现制度化和地方化，一直是中央派出机构，负责管控地方。据《明会典》和《明史·职官志》记载，明代共设总督 16 员。当时辽东都司辖域相关事务属总督蓟、辽、保定等处军务之总督负责。

巡按、总督之外，明朝还常有巡视、总制、经略等名目的朝廷重臣出巡或节制地方，以加强对地方官员的监督，指导或领导一定地区的财政或军政事务。

总之，明代地方行政文化建设始终贯彻中央集权、地方分权的原则，对地方的管控一步步加强，使权力高度集中于中央政府，以实现并确保皇帝集权统治。

二　明初辽东地区行政建制文化

辽东边地其所处的地理位置十分重要，“土旷人稀”“鞠为榛莽”“控制诸夷”，“边陲重地，为九边重镇之首”②。是中央政府必须戍守的地区。“非兵不能守国”，故明朝在辽东地区的行政建制，具有很强的地域特色，只设都司卫所，不设郡县，地方一切事务，一统于都司卫所。据《明史》记载，“天下既定，度要害地，系一郡者设所，连郡者设卫。大率五千六百人为卫，千一百

① 申时行. 明会典·都察院：卷二百一十［M］. 北京：中华书局，1989.

② 陈子龙. 明经世文编·大司徒张公抚辽奏议序［M］. 北京：中华书局，1962.

二十人为千户，百十有二人为百户所。……其取兵，有从征，有归附，有谪发。……其军皆世籍。”可见，卫所之制，实为明初于各要害之地所置军事统辖机构。

辽东都司及卫所虽说是军政合一的地方权力机构，但与内地都司及卫所完全为军事性质不同。因辽东“为京师左臂”，“终明之世，边防甚重”，所以，明朝在都司及卫所之上，又置总管辽东地方的最高军事机构，其官员由钦差镇守辽东地方总兵官（简称镇守总兵官）、钦差镇守辽东太监（简称镇守内臣）、钦差巡抚辽东地方都察院御史（简称巡抚辽东都御史）组成，这三大官员是总管辽东及东北地区的最高官员，总管辽东及东北地区军务、边务和夷务。

（一）辽东都司之设置

明代辽东都司设置是随着明朝对辽东故元势力的招抚与征剿而进行的，是明朝在统一和经略辽东乃至东北的过程中，在元代辽阳等处行中书省的基础上逐步设置的，经历了产生、发展、调整和逐步完善，最终成为定制。

明朝建立后，在内地设布政使司以掌管行政，设按察使司以掌管刑狱，设都指挥使司以掌管军事，合称 3 司。而在辽东地区只设都司，布政使司和按察使司统归山东布政司。与内地都司及卫所只管军事、不理民政的情况不同，辽东都司及卫所集军事和民政于一体。

1371 年，故元辽阳行省平章刘益归降，明王朝即置辽东卫指挥使司于得利嬴城，授刘益为指挥同知。这是明朝在辽东地区设置地方军政权力机构的开始。同年 5 月，“故元平章洪保保等叛杀辽东卫指挥同知刘益”，7 月，明廷遣马云、叶旺率兵进攻辽东，连续占领辽阳、沈阳及其以南的广大地区，在军事占领辽东半岛的基础上，明朝“置定辽都卫指挥使司”于辽阳，并“以马云、叶旺为都指挥使，吴泉、冯祥为同知，王德为佥事，总辖辽东诸卫军马”。《明史》记载，“定辽东都卫指挥使司”为“定辽都卫”①，标志明朝直接委派官员取代元朝对辽东统治之始。1375 年 4 月，改定辽都卫为定辽后卫；随着全国“都卫”改为“都司”，10 月，“定辽都卫指挥使司”改为“辽东都指挥使司”，简称“辽东都司”②。1377 年，辽东的府州县基本被废除，并改置卫所；1395 年，明政府废除辽东州县制而专行卫所之制，至此，辽东都司的辖境全部变成实土卫所，都司卫所成为一种特殊的地方行政建置形式。据《明史》记载，辽东都司之辖境“东至鸭绿江，西至山海关，南至旅顺口，北至开原”，其统辖地域包括辽西地区、辽北地区、辽南地区、辽东地区、沈阳地区、辽阳地区，大体相当于今辽宁省域绝大部分地区。前所述三机构“钦差”官员，即镇守总兵官、镇守内臣、巡抚辽东都御史是辽东都司主要官员，他们共同治理辽东及东北地区军务、边务、夷务和民政等事务。

辽东都司隶左军都督府。职设都指挥 1 人（正二品），都指挥同知 2 人（从二品），都指挥佥事 4 人（正三品）③。其属下内设经历司经历（正六品）、都事（正七品）；断事司断事（正六品）、副断事（正七品）、吏目；司狱司司狱（从九品），仓库草场大使、副使各 1 人。辽东都司官员由朝廷授官印，如辽东都指挥使司经历司之印由礼部负责监制（现藏于辽宁省档案馆），表明辽东都司以法律形式，代表明朝行使地方机构权力，管辖辽东地区。据《全辽志·职官志》记载，明代曾掌管辽东都司经历司之印的“经历”（正六品）有：金鼐、张绩、杜杰、李闱、刘玧、王言稷、告

① 张廷玉，等. 明史·志第十七·地理二：卷四十一［M］. 长春：吉林人民出版社，1995：626.

② 张廷玉，等. 明史·志第十七·地理二：卷四十一［M］. 长春：吉林人民出版社，1995：626.

③ 张廷玉，等. 明史·志第五十二·职官五：卷七十六［M］. 长春：吉林人民出版社，1995：1202.

牿、丁时萃、吴继、张滋、张锐、王纯、李舜民、陈编、李伯卿、曾国柱、萧玘、吴文载等①。据《明实录》和《明信牌档》记载，辽东官员多为内地“流官”，且多为内地委派。

（二）辽东都司所隶卫州的分布

明初，故元残余势力盘踞北方，不断南下骚扰辽东，造成辽东地方不稳，军务繁重；且辽东长期处于战乱之中，军户较多，当地居民多与疆域戍守有关，民政事务较少，故在辽东“但立卫所，以兵戍之”。军事机构管理民政，是辽东都司与内地都司的最大区别。明代辽东都司下设25卫、2州，具体分布是：

1. 辽北地区所置三卫

辽北地区所置三卫即三万卫、辽海卫、铁岭卫。其中，1387年底，置三万卫，卫治始在今松花江与牡丹江一带，后因“粮饷难继”等原因，“徙置三万卫于开元”（今辽宁省开原市老城镇），下辖10千户所，即左千户所、右千户所、中千户所、前千户所、后千户所、中中千户所、前前千户所、后后千户所、盐场百户所、铁场百户所；1388年，置辽海卫，卫治在牛家庄（今辽宁省昌图县昌图镇），下辖11千户所，即左千户所、右千户所、中千户所、前千户所、后千户所、右右千户所、中中千户所、前前千户所、后后千户所、盐场百户所、铁场百户所；同年，置铁岭卫，初卫治在沈阳南奉集堡，1393年，卫治迁于今辽宁省铁岭市，下辖九千户所，即左千户所、右千户所、前千户所、后千户所、左左千户所、中千户所、中左千户所、盐场百户所、铁场百户所。

2. 沈阳地区所置四卫

沈阳地区所置四卫即沈阳中卫、沈阳左卫、沈阳右卫、沈阳中屯卫。其中，1387年，置沈阳中卫，卫治在沈阳城（今沈阳市）。据《全辽志·图考志》记载，沈阳中卫先后领“左、右、

① 金毓黼. 辽海丛书·辽东志·官师·职官：第1册［M］. 沈阳：辽沈书社，1985：415.

中、前、后五所（千户所），俱卫治内”。“沈阳中卫中左千户所百户印”已经出土，藏于辽宁省博物馆。1409年，抚顺千户所并入沈阳中卫；1420年以后，沈阳地区只剩下沈阳中卫一个卫。故沈阳左、右卫与沈阳中屯卫，均不一一叙述。沈阳中卫下辖九千户所，即左千户所、右千户所、中千户所、前千户所、后千户所、抚顺千户所、蒲河千户所、盐场百户所、铁场百户所。其余三卫，史载不详。

3. 辽西地区所置十一卫

辽西地区所置十一卫即义州卫、广宁卫、广宁中卫、广宁左卫、广宁右卫、广宁左屯卫、广宁中屯卫、广宁后屯卫、广宁右屯卫、广宁前屯卫、宁远卫。1388年，置义州卫，卫治在义州城，是明代辽西地区设置的第一个卫，下辖六千户所，即左千户所、右千户所、前千户所、后千户所、盐场百户所、铁场百户所。此外，在义州、朝阳一带，明初还设置营州中屯卫中千户所，其百户印已经出土，藏于辽宁省博物馆。1390年，置广宁卫，卫治在广宁城（今辽宁省北镇），下辖七千户所，即左千户所、右千户所、中千户所、前千户所、后千户所、盐场百户所、铁场百户所。1393年，置广宁中卫、广宁左卫、广宁右卫三卫，卫治在广宁城内，与上述三卫同时设置的还有广宁前卫、广宁后卫，后俱废，所以辽东二十五卫不包括这二卫。广宁中卫领左、中、右、前四千户所，广宁右卫领中、前、后三千户所，广宁右卫后千户所百户之印已经出土，现藏在辽宁省博物馆。1391年，置广宁左屯卫，卫治在锦州城内，原领左、右、中、前、后五千户所；置广宁中屯卫，卫治在锦州城内，先领左、右、中、前、后五千户所，俱在卫治内。1393年，置广宁后屯卫，卫治初在懿州（今辽宁省阜新市塔营子村），1410年，徙治于义州城。1392年，置广宁右屯卫，卫治在临海乡（今辽宁省锦州市东南），1409年，“并入瑞州广宁前屯卫”。1393年，置广宁前屯卫，卫治在宁远城西南，今辽宁省绥中县西南“前卫”，下辖十千户所，即左千户所、右千户所、中千户所、前千户所、后千户所、中中千户所、前前千户所、后后千户所、盐场百户所、铁场百户所；明朝颁赐“广宁前屯卫指挥使印”现藏于辽宁省档案馆。1340 年，置宁远卫，卫治在汤池（今辽宁省兴城市），下辖九千户所，即左千户所、右千户所、中千户所、前千户所、后千户所、中左千户所、中右千户所、盐场百户所、铁场百户所；明朝颁赐“宁远卫指挥使司经历之印”现藏于辽宁省档案馆。

4. 辽阳地区所置六卫

辽阳地区所置六卫即定辽中卫、定辽左卫、定辽右卫、定辽后卫、定辽前卫、东宁卫。1384 年，置定辽中卫，卫治与辽东都司同城即辽阳城（今辽宁省辽阳市老城），辽东都司治之东南，下辖六千户所，即左千户所、右千户所、前千户所、后千户所、盐场百户所、铁场百户所；明朝颁赐“定辽中卫指挥使司印”，现藏于辽宁省档案馆。1373 年，置定辽左卫，卫治在辽阳城，辽东都司治之西南，下辖五千户所，即左千户所、右千户所、后千户所、盐场百户所、铁场百户所。同年，置定辽右卫，卫治初在辽阳城内，位于辽东都司之西，1566 年，“将定辽右卫改于凤凰城堡”（今辽宁省凤城市），下辖 4 千户所，即右千户所、后千户所、盐场百户所、铁场百户所；明朝颁赐“定辽右卫指挥（使）司印”现藏于辽宁省档案馆。1375 年，置定辽后卫，卫治在辽阳城内，辽东都司治之西北，下辖六千户所，即左千户所、右千户所、中千户所、前千户所、盐场百户所、铁场百户所。同年，置定辽前卫，卫治在辽阳城内，辽东都司治之东北，下辖六千户所，即左千户所、右千户所、前千户所、后千户所、盐场百户所、铁场百户所。1340 年，置东宁五千户所，1346 年，以东宁五千户所改置东宁卫，卫治在辽阳城北，下辖八千户所，即左千户所、右千户所、中千户所、前千户所、后千户所、中左千户所、盐场百户所、铁场百户所。

5. 辽南地区所置四卫

辽南地区所置四卫即海州卫、盖州卫、复州卫、金州卫。1376年，置海州卫，卫治“县城即明海州卫”，即今辽宁省海城市，下辖七千户所，即左千户所、右千户所、中千户所、前千户所、后千户所、盐场百户所、铁场百户所，明朝颁赐“海州卫指挥使司之印”现藏于辽宁省档案馆。同年，置盖州卫，治在盖州城，即今辽宁省盖州市，下辖六千户所，即左千户所、右千户所、中千户所、前千户所、盐场百户所、铁场百户所，明朝颁赐“盖州卫指挥使司经历司之印”现藏于辽宁省档案馆。1375年，金州卫置于卫治在金州城（今辽宁省大连市金州镇），下辖七千户所，即左千户所、右千户所、中千户所、前千户所、中左千户所、盐场百户所、铁场百户所。1381年，置复州卫，治在复州城（今辽宁省瓦房店市西北一带），下辖七千户所，即左千户所、右千户所、中千户所、前千户所、盐场百户所、铁场百户所及永宁监。

6. 辽东都司所隶二州

明朝为了推行东北地区羁縻招抚的民族政策，要求奴儿干都司辖境内之女真、蒙古、朝鲜族内迁，与汉人共处杂居，安排在京城（北京、南京）甚至滇、闵以及辽东等地。为了加强管理，永乐年间又在辽东增设自在、安乐2州。1408年，朱棣敕谕兵部：“朕即位以来，东北诸胡来朝者多愿居京师，以南方炎热，特命于开原置快活、自在两城居之，俾部落自相统属，各生安聚”，来去自由。同年5月，明朝中央政府正式将快活、自在2城纳入辽东都司管辖范围之内，并设置自在、安乐2州，每州置知州1人、吏目1人，随后又在6月，增设辽东自在、安乐2州同知、判官，各1人，并颁赐州印。自在州、安乐州官印现藏于辽宁省档案馆。

自在州、安乐州治所最初俱在今辽宁省开原市北老城镇。1409年，将自在州迁于辽阳州城内，即今辽宁省辽阳市老城。安乐州仍留在开原。分别安置、管理来自奴儿干都司辖境的少数民族，是明朝政府专为优待东北边远地区各卫所官员和部落首领而设置的居住场所，也是管理本民族的特殊办事机构。

（三）辽东镇守总兵制度

明王朝是元末农民大起义推翻蒙古贵族统治建立起来的。为巩固政权，明朝统治者对全国各地要津，推行镇守总兵制度。据《明会典·兵部·镇戍》记载，明朝“凡天下要害处所，专设官统兵镇戍。其总镇一方曰镇守，独守一路者曰分守，独守一城一堡者曰守备，有与主将同一城者曰协守。……其官称挂印专制者曰总兵、曰参将、曰游击将军，旧制俱于公侯伯都督都指挥等内推举充任”。

辽东镇守总兵制度形成于永乐初期。1402 年，为了恢复和稳定辽东局势，明成祖朱棣“命左军都督府左都督刘贞镇守辽东，其都司属卫军马听其节制”。之后，保定侯孟善、中军右都督刘江先后镇守辽东。至 1425 年，明朝“颁制谕及将军印于边将……辽东总兵官武进伯朱荣，佩征虏前将军印”，表明明朝用法律的形式把辽东镇守总兵固定下来。至洪宣时期，明代辽东镇守总兵权力增大，无论其掌握的权力，还是承担的责任，都较永乐年间大了很多。从某种意义上说，此时的辽东镇守总兵已经和洪武时期的都指挥使一样，成为辽东地区最高军政长官。洪武时期，由于军事指挥系统与行政管理系统是一体的，所以，辽东地方各城堡屯寨的守御任务由设置在各地区的卫所负责，都司各级官员都是实职。至永乐年间，这种管理体制发生了变化，一些被任命为都指挥、同知、佥事的官员从都司的管理体系中析出，他们分领自己的队伍，有专门的防区和特定的职责，形成了新的军事指挥体系。

辽东地区以辽河分界，河东重镇是辽阳，河西重镇是广宁。永乐初期，辽东防御上总兵驻广宁，都司驻辽阳。正统年间，边疆危机加剧，尤其是来自西北蒙古部落挑起的危机严重，明朝对边疆防御做了调整，总兵驻广宁，在义州和宁远分设左、右副总兵，而在辽阳设右参将，在开原设左参将。成化初年，面对女真各部南迁带来的压力，辽东防御体系进一步调整，总兵驻守广宁，副总兵驻守辽阳，左参将驻守开原，右参将驻守宁远。

从成化初年至嘉靖末年，辽东镇守总兵制度体系不断完善，各级总兵逐渐稳定下来，对维护辽东地区社会稳定、促进经济文化发展起到了重要作用。

（四）辽东地区监察制文化

明代，监察制文化十分发达，监察体系非常完备，监察官员的权力也很大。明朝政治生活各领域都有监察制度文化的传播，监察体制与机制对建设清正廉洁的政体文化发挥了重要作用。明代辽东地区监察制文化形态主要是中央实行的巡抚制，分守道、分巡道及兵备制、巡按御史制和镇守宦官（太监）制。

1. 巡抚制文化

在明朝中央政府向辽东派巡抚前，辽东都司辖区内最高军政长官是镇守总兵。为加强对辽东地区的监督控制，中央向辽东派驻巡抚，其逐渐取代镇守总兵成为事实上的最高军政长官。1345年12月，明朝开始在辽东实行巡抚制，都察院右佥都御史李浚任首任辽东巡抚。这是经过廷臣推举、皇帝任命的辽东巡抚，是都察院派往辽东的高级监察官员，对辽东地方行使监督权。皇帝在给巡抚的敕书中写道："今特命尔巡抚辽东地方，赞理军务，训练军马，整饬边防，提督粮储，禁革一切奸弊，务使军戎振举，粮饷充足，衣甲鲜明，器械锋利，城堡墩台边墙无不完固，以防御贼寇，抚安兵民，有警则公同镇守太监、总兵等官调度官军相机杀贼。禁约管军头目不许科扰，克害及隐占私役，有误战守，违者，轻则量情惩治，重则毋畏势豪，径自参奏拿问。其余一应边务，听尔便宜从事，与镇守等官从长计议而行。"由此可以看出，巡抚不但有监察权，而且有很大的军政权力。这实际上赋予了巡抚辽东最高军政长官的职权。正统年间，辽东地区危机加重，都察院将王翱派往辽东任提督，主要负责军事工作即提督军务。据《明史》记载，王翱提督辽东军务期间，"以军令久弛，寇至，将士不力战，因诸将庭谒，责以失律，命左右曳出斩之。皆惶恐叩头，愿效死赎。翱乃躬行边，起山海关抵开原，缮城垣，浚沟堑。五里为堡，十里为屯，使烽燧相接。练将士，室鳏寡。军民大悦。又以边塞孤远，军饷匮，缘俗立法，令有罪得收赎。十余年间，得谷及牛羊数十万，边用以饶。”由此可见，王翱作为地方最高军政长官，不仅能干，而且作为都察院派出的高级监察官员，手中握有生杀大权，政绩斐然。10多年后，提督一职撤销，其权力合并到巡抚的职权之中。

2. 分守道分巡道与兵备制文化

辽东属于边地，在地方行政建置上只设有军政合一的辽东都司，这与明朝中央在其他地方设置三司分立、相互制约的基本原则不符。因此，明初，朝廷任命官员采用寄职和寄衔于山东布政司和按察司的办法，参与辽东监察和管理。具体来说，就是设置分守道和分巡道。其中分守道的职责，明朝中期皇帝颁给分守道的敕书中规定比较清楚，“带管海州、辽阳、沈阳、抚顺、叆阳各城堡边备，平时则操练兵马，清理军伍，修筑墩墙，稽查钱粮，分理词讼，禁革奸弊。有警则坚壁清野，收敛人畜，率境内卫所官军往来策应，仍听巡抚衙门节制”。分巡道的职责，在明朝皇帝颁给的敕书中规定：“带管广宁、锦义、河西等处兵备，春夏驻扎锦州，秋冬驻扎义州，无事则休整边隘，补练兵备，纠察奸弊。有警则督率兵将，收敛人畜，相机战守。东至广宁镇武堡，西至锦州杏山驿，所辖广宁等九卫，城堡驿所三十一处，其守备、备御、掌印指挥等官悉听统摄。”

1552年正月，为了加强对辽东地区的管理，辽东巡抚题请由辽东苑马寺卿兼管兵备职责。“命辽东苑马寺卿张思移驻本院，兼辖金复盖州三卫军民。”1562年，以辽东行太仆寺少卿移驻西平堡，兼管西兴、西宁、西平、镇武等堡兵备事务。1565年，辽东地区总共设有6位兵备，分别管辖河东辽阳、开原、金州及其附近地区和河西广宁、宁远、西平及其附近地区，即整个辽东的军政管理都在兵备的参与或监督之下进行。

兵备带宪职，巡抚直接领导，属于监察官员。由于巡抚本身一身二任，便形成了辽东地区最高监察官员同时是辽东地区最高军政首长的体制。而兵备直属巡抚，所以设置兵备的初衷就是要承担起监察和管理的双重任务，符合明朝强化皇帝极权的政体文化的总体要求。总兵巡抚、参将兵备，文武相制，相辅相成。兵备的设置，不但使军事指挥系统处于行政监督之下，而且使行政监督系统凌驾于军事指挥系统之上，逐渐取代了总兵的军事指挥权和都司的行政管理权，以确保地方分权、中央集权制度文化建设方针的落实。

3. 巡按御史制文化

御史是明朝皇帝用以监督地方官员政治活动的耳目。明代官员的政治活动均置于御史监督之下。御史有“小事立断，大事奏裁”的特权。巡按御史隶属于都察院。

为维护明朝封建专制统治，集权于中央，确保皇帝政皆独断，都察院不仅对中央部门进行监督，而且根据皇帝旨意，在全国按照行省设置监察区，派员出任巡按御史到各地行使监督。明初，辽东属于山东监察区，故辽东巡按御史均带“山东”二字。巡按御史每一两年到辽东巡视一次，镇城和卫所都建有察院作为巡按御史行台。巡按御史的职责范围很广，辽东所有重大决策，巡按御史都有参与权甚至决策权，充分体现了明朝监察制度文化的特点。

4. 镇守宦官制文化

镇守宦官又称镇守太监。宦官在明代的政治生活中具有十分特殊的地位。宦官属于内臣，到地方镇守，实际上是皇帝对地方监察的强化。辽东镇守宦官制度始于永乐初年。据《朝鲜李朝实录中的中国史料》记载，1407 年 10 月，朝鲜国王世子李禔从北京返回朝鲜途经辽东，按照外事礼仪，当时辽东高级官员都要出来迎接，在迎接的官员中就有内官王彦。至正统年间，开原设置有分守太监。

辽东镇守宦官的权力很大：一是推荐审查官员；二是向皇帝报告边情；三是处理民族事务。宦官是因为与皇帝有特殊的关系而被派往辽东的，镇守的目的在于监视军队，监察辽东边地文武官员的勤惰优劣，从而赏功罚过。同时，他们也是皇帝在辽东的代言人，是辽东的最高监察官员和最终的决策者。

至嘉靖末年，辽东地区存在着 3 种不同的监察、管理体系，即以掌印都指挥为首的行政管理体系、以镇守总兵为首的军事指挥体系、以巡抚为首的行政监察体系。3 者之间，不相统属，相对独立，相互制衡，重大决策由相关人员同议后奏请朝廷直至皇帝裁决。在这个体制中，卫官地位最低，镇守总兵其次。事实上，弘治、正德年间，重要的决策都是由辽东镇守太监和巡抚决定的。皇帝的敕谕也直接发给镇守太监，镇守总兵只是被动执行者。《万历野获编》记载："国初武事，俱寄之都指挥使司。其后设总兵，事权最重。……先朝公侯伯专征者，皆列尚书之上。自总督建后，总兵禀奏约束，即世爵俱不免庭趋，其后渐以流官充总镇，秩位益卑，当督抚到任之初，兜鍪执仗，叩首而出，继易冠带肃谒，乃加礼貌焉。嘉靖中，即周尚文位三公，万历中李成梁跻五等，亦循此规不限逾也。"这说明明朝对辽东地方监督管控十分严格。

第三十章　明代辽东地区民族分布及民俗宗教文化

元末明初，辽东乃至东北地区战乱频仍，民不聊生，人口锐减。明统一辽东及东北后，大力推行羁縻招抚的民族政策，休养生息，民族、人户逐渐恢复。辽东都司辖区内设置自在州、安乐州，以安置从奴儿干都司辖境内迁的女真、蒙古、朝鲜等民族及人户。据《史实录》记载，明永乐、宣德、正统三朝，从黑龙江流域、松花江流域和图们江流域内迁的民族及人户非常多。在东宁卫居住着大量高丽族人。据《辽东志》记载，辽东人口，“华人十七，高丽土著归附女直野人十三”；《李朝实录》亦载，朝鲜李朝同知中枢院事梁诚之说，“辽东人口，东宁卫居之十三”。另外，东宁卫还居住有许多女真族人户。明朝实施的羁縻招抚民族政策，促进了辽东都司辖境内民族及人户的增长，民俗及宗教文化进一步发展。

第一节　明代辽东地区民族分布

明代辽东都司辖境的居民，其民族成分比较复杂，有汉族、女真族、高丽族、蒙古族，还有吉里迷、韃靼、鄂温克、达斡尔、锡伯、水达达等民族。总之，辽东都司辖境内呈现出多民族聚居错处、融合发展的局面。

一 汉族的分布

明代，大量汉族人户主要分布在辽东都司辖境内。汉族人户的来源有五：其一，元代辽东汉族有许多名门大户，入明朝后，仍然世世为官，如辽东都指挥佥事崔源及其父祖辈即是典型。其二，明以前，在辽、金、元时期就有相当数量的汉族人户居住在辽东地区，和渤海、女真、高丽等族杂居。其三，明初，汉将领兵出征辽东，在统一辽东后，定居下来，如明将吴俊一家即是来自长江流域汉族将领的代表。其四，元末辽东战乱连年，民不聊生，不少人户逃离辽东。明王朝建立后，迁移不少汉族及人户到辽东地区居住。《全辽志》记载，明代辽西地区“其地广袤，汉朝杂处。人性犷悍，冠裳异制，习俗尚武，争以射猎为生，诗书礼乐之教，蔑然而不闻也。”而辽东地区，“辽阳实一方都会……建立都司，隶城六卫，东宁则即土人为卫，五卫与所统诸卫则迁天下人填实之，以洗辽、金之陋。”“至我朝始徙江淮、齐鲁之民居之，而高丽、女直等夷之土著者，不易其处。”① 这些史料记载了明代辽东地区从江、淮、齐、鲁地区迁移汉族及人户的情况。其五，部分汉族人因罪流放至辽东，他们中大部分人在辽东安家。如江西省南昌市之叶九皋“以名进士任两浙盐运使。未几，被谗谪辽东定辽后卫”。明代从内地各省发配到辽东的汉族人户，可谓史不绝书。如《明史》记载东北流人之多云：“明初法严，县以千数，数传之后，以万计矣。”流人谪戍辽东一是从军，一是屯田。《明宣宗实录》记载，“辽东军事，多以罪谪戍。”发配的汉族官民分属于各个阶层，来自全国各地。仅铁岭、开原一带，就有京官于谦、王文、王诚、舒良、张良等人及家属，太子太保、尚书张鹏，御史王时中等。

---

① 金毓黼. 辽海丛书·全辽志·图考：第一册［M］. 沈阳：辽沈书社，1985：520.

明代，辽东地区的汉族及人户，主要分布在辽东都司诸卫所，除自在州、安乐州和东宁卫招集永宁监居住的朝鲜和女真族人户外，其余 25 卫居住的人户绝大多数是汉族及其人户。如《全辽志》记载，“辽东都司定辽中等二十五卫，安乐、自在二州，招集永宁监，户九万六千四百四十一，口三十八万一千四百九十六”①。若去其中十之二三女真、高丽族及人户，则明代分布在辽东都司辖境内的汉族及人户应该不少于 7 万户近 30 万口。这与元代辽阳路、广宁路、沈阳路共有户不到一万、口不过四五万比较，明代分布在辽东地区的汉族人户是元代的 6 倍左右。

二　蒙古族的分布

蒙古族建立元王朝统治全中国近百年。元朝灭亡后，其残余势力在辽东地区各据一方。其中主要有屯兵于得利嬴城的故元辽阳行省平章刘益、据守于平顶山的高家奴、占据辽阳的洪保保、驻兵于开元的也先不花以及盘踞金山的纳哈出等。这些故元残余势力中，有相当一部分蒙古族人。朱元璋建立明王朝，对蒙古族人采取怀柔分化的政策，把攻克应昌所获蒙古贵族官员及其家属送至南京，给予优厚待遇，对其余的蒙古军队，采取安抚政策，安置在卫所屯种或畜生，与汉军杂处。

曾经分布在纳哈出领地内的兀良哈（蒙古族主要部族），在纳哈出降明后，置兀良哈三卫，即福余卫（卫治初在今黑龙江省齐齐哈尔市）、朵颜卫（卫治在今洮儿河上游）、泰宁卫（治在今吉林省白城市洮安区附近）。据《明史》记载，成化年间，兀良哈三卫南迁，“自黄泥洼逾沈阳、铁岭至开原”。蒙古贵族察哈尔汗达赉逊库翌率部迁至辽东，从事牧业和农业。

以上说明，明代，蒙古族在辽东地区分布相当多。

① 金毓黼. 辽海丛书・全辽志・图考：第一册［M］. 沈阳：辽沈书社，1985：501.

三　高丽族的分布

明代，辽东地区分布大量的高丽族人户。主要包括两部分：一部分是元代居住在辽沈地区的高丽族遗民。元代从高丽迁来的高丽族人户，当时分布在沈阳及辽阳总管府辖区内，元末，辽东地区战乱不止，有相当一部分高丽人迁回朝鲜，但也有一些高丽族人户留居辽东之辽沈地区；还有一部分是明代新从朝鲜迁移过来的朝鲜族人户，主要分布在今辽阳南至鸭绿江的东八站地区。

明代初年，高丽族人户不断迁徙东北尤其是迁到辽东东宁卫最多。明朝政府于洪武年间招抚鸭绿江等地的元代高丽遗民来归，设置东宁五千户所以安置。元代在东宁府境内原本居住一部分高丽人，1369 年，移保于黑山城割据自保。明定辽卫遣兵讨之，获其人民、头目 1090 余户，又征东宁那丹府，获人民、头目 4550 余户。原居东宁府之高丽人不少回归，明政府均编入东宁卫诸千户中。由于明政府对东宁卫的优待政策，洪武年间，朝鲜军民连续到辽东投充军民。东宁卫最初是安置高丽、女真人的羁縻卫，由于朝鲜人越来越多，就成为主要安置朝鲜人的地区了。其范围不限于辽阳，也包括辽阳东南到鸭绿江东八站广大地区。《全辽志》记载，东宁卫所属的高丽族人，洪武年间已有 3 万余人。永乐年间漫散军有 4 万余人，辽东户口，东宁卫居十分之三。

此外，据《明洪武实录》记载："洪武二十八年辽东三万卫所部高丽、女真、归附者常假出猎为患。"明三万卫在今辽宁省开原市附近，说明当时这一地区也分布有部分高丽人。

四　女真族的分布

女真族早在唐太宗李世民统一东北时就分布在今鸭绿江流域和长白山地区，至唐末已有"七十二部落"，其分布区域曾是汉代挹娄人、南北朝时勿吉人、隋唐时期靺鞨人相继活动的地区。

女真族在辽时改称女直。金代出现汉化，金熙宗完颜亶在女真贵族中被称为“汉家少年”。金时，女真在接受汉族文化影响的同时，改姓汉姓的风气曾一度盛行。如完颜氏、移剌氏、夹谷氏改为姓王；斡勒氏、赤盏氏改为姓石；纥石烈氏、那懒氏改为姓高；斡准氏、术甲氏、汪古氏改为姓赵；石抹氏、遥里氏、伯德氏、奥里氏、梅知氏、揣氏改为姓萧。汉族人加入女真民族也曾风行一时，改姓女真姓氏的也不在少数。因此，元朝政府将女真民族归入“汉人八种”之一。

明代，女真族人户在辽东都司辖境内分布范围极广。《大明会典·礼部·东北夷》载：“女真在混同江东，开原城北，东滨海，西接兀良哈，南邻朝鲜。”《大明一统志·女直》亦载：“女直东濒海，西接兀良哈，南邻朝鲜，北至奴儿干北海。”可见，当时女真分布的范围包括松花江流域、绥芬河流域、乌苏里江流域和图们江流域及黑龙江中下游流域广大地区，还包括黑龙江上游流域直到外兴安岭地区。分布在如此广袤地域的民族，当时俱称为女真族。

明代，广义女真分三大部，即建州女真、海西女真和野人女真。《大明会典·礼部·东北夷》记载：“盖女直有三种：居海西等处者为海西女直，居建州、毛怜等处者为建州女直。各卫所外，又有地面，有站，有寨，建官赐敕，一台三卫之制。其极东为野人女直。野人女直去中国甚远，朝贡不常；海西、建州岁一遣人朝贡。”其中，野人女真部落最多，分布地域最广；海西女真内部又分为哈达、辉发、乌拉、叶赫等四部，或称扈伦四部；建州女真又分苏克苏护河、浑河、完颜、栋鄂、哲陈、鸭绿江、讷殷、珠舍里等部。建州女真的社会生产文化比较发达，文化程度也比较高，在女真民族中居领先地位。

五 锡伯等诸民族的分布

明代，分布在辽东都司辖境的民族还有锡伯族、达斡尔族、鄂伦克族、吉里迷族、苦兀族。明朝法律规定南民北戍，湘、黔、滇等地的苗、瑶、土家等少数民族，曾成群发配到辽东监管。据《明太祖实录》记载，1385 年 5 月，“湖广大庸竿坪朝纳洞蛮寇作乱，安福千户所以兵讨平之，生擒一百三人至京，悉宥死，发戍辽东”；1390 年 3 月，广东少数民族“聚众”反抗明王朝的统治，广东都司派兵镇压，“捕蛮獠一百二十九人械送至京”，赦免死刑，“谪戍辽东”；1396 年 3 月，贵州“清水江中平等寨，群蛮聚众为乱，贵州守御官军捕之，获众乱蛮人五百械至京师，俱宥死，给食，谪戍三万卫”；同年，湖南会同县十八洞“蛮民”反抗明朝统治，“各立栅寨，置标、枪、刀、弩，拒命，不供赋役”，朝廷“命湖广都司发兵讨捕”，平乱后，“以所获顽民械送京师，诏宥之，谪戍三万卫”；1430 年 11 月，云南元江地方少数民族头人刀正、刀龙、刀洽等率众“焚其廨宇及经司印信”，朝廷发兵镇压，“获刀龙、刀洽解京”，后“发辽东安置，以警边夷”。

综上所述，明代，辽东地区民族众多，除了原居民外，有的来自北边黑龙江、松花江、图们江流域及库页岛地区，有的来自长江流域及江南广大地区，甚至更远的琼、滇、粤、黔等地。其民族构成虽以汉人居多数，但女真族、高丽族也不少，其中女真族中有许多是鄂伦春、鄂温克、达斡尔、赫哲等民族的先世。至于蒙古族，既有辽金时期移居辽东的鞑靼人、蒙古族人，也有元代蒙古军人和王公贵族，还有长江流域以南谪戍辽东的少数民族。

由于辽东地区民族吸纳性和包容性比较强，汉族、蒙古族、女真族、朝鲜族、锡伯族等各民族及人户，杂处错居，交流与交融，对民族融合发展，对中华民族大家庭的形成与发展作出了贡献。民俗相互融合，宗教信仰互相影响，辽东地区社会文化形态和类型更加丰富。

第二节　明代辽东地区民俗文化

明代在统治者倡导和严刑峻法制约下，社会各阶层的衣、食、住、行等物质生活和婚嫁、丧葬、时令节日、游艺、娱乐等风俗习惯，在一定程度上实现了“贵贱之别，望而知之”的有序、有制、有度、有数的规范化模式。但是，明代中后期，随着商品经济的发展、物质生活的丰富，饮食、服饰以及社会风尚习俗都较前代有很大变化和发展。传统观念和等级制度及道德规范受到冲击，社会民众文化呈现多彩景象。

明代，辽东地区民俗文化深受内地民俗文化的影响，在民俗文化的形态与类型上，表现为与内地民俗文化趋同，同时也保留许多民族习俗。

一　饮食文化

明代饮食文化形态和类型因历史发展阶段、自然条件和地理环境等因素的作用和影响，大体可以划分为两大类：以农业文化为主、农业生产发达地区民人的饮食文化，以游牧业和狩猎业文化为主、畜牧业生产发达地区民人的饮食文化。前者主要以中原汉民族为代表，其膳食以粮食、菜蔬为主，肉食为辅，后者以北方游牧民族为代表，其膳食以肉食为主、菜蔬为辅。随着明代农业文化的发达、生产技术的进步，各地特产进一步丰富和交流，为明代地方及民间饮食文化的发展与繁荣，提供了前提条件，奠定了坚实的物质基础。

明代社会饮食文化大体划分为两个发展阶段，即以嘉靖朝为界，嘉靖以前，明代社会各阶层成员的饮宴等日常生活消费标准，均遵循封建王朝礼仪制度严格定规和限定，在严刑峻法面前，很少有违礼越制的情况发生；但是，到了嘉靖、隆庆以后，随着社会价值观的变化、各式商品渐趋丰富且具有诱惑力，从而诱发了社会消费冲动，封建王朝礼仪制度定规和限定被冲破，各阶层成员的消费标准遭到破坏，饮食文化自由开放，进而发达。地方民人的饮食文化包括平日的饮食文化活动和民间年节饮食文化活动，日渐繁荣。据高濂所著的《饮馔服食笺》记载，明代饮食文化表现出名特食品、风味小吃，不仅品种多，而且更加丰富多彩。该书包括序古论、茶泉类专论 13 则、汤品类 32 种、熟水类 12 种、粥糜类 38 种、粉面类 18 种、脯鲊类 50 种及治食有方专论 1 则、家蔬菜 55 种、野蔬菜 91 种、酿造类 28 种、甜食类 58 种、法制药品类 24 种、神秘服食类 45 种，等等。

明代北方城市民人的主食以面食为主，品类繁多，令人目迷五色的是各色各式的面点小吃和蜜饯小食品。其中，各色各式的点心小吃有火烧、波波（饽饽）、艾窝窝、黄米面枣糕、玉米面果馅蒸饼、鹅油蒸饼、蒸角儿（蒸饺）、水角儿、包子、桃花烧卖（麦）、荷花饼、乳饼、肉兜子（幅煎馅饼）、烧餶饳（煎馄饨）、元宵圆子、糖薄脆、板搭馓子等，自制与市卖的都有。富家自制的远较市卖的精致和讲究。馈赠朋友的有寿面、寿桃、果馅椒盐金饼、顶皮酥果馅饼儿、玫瑰搽穰卷儿、桧花饼、梅桂菊花饼、白糖三寿糕、果馅团圆饼、玫瑰元宵饼、酥油松饼、芝麻象眼、蜜润绦环、裹馅凉糕、干糕、檀香饼等。可见北方民族饮食文化之丰富多彩。

明代辽东地区饮食文化呈现如下特点：辽南、辽河平原农业文化发达地区民人的饮食文化，其膳食以粮食、蔬菜为主，肉食为辅；辽西、北畜牧业和狩猎业文化发达地区民人的饮食文化，其膳食以肉食为主、蔬菜为辅。饮食文化发展明显受历史、自然环境、民族习惯、经济文化的制约和影响。明代辽东都司辖区辽南是传统的农业文化占主要地位的地区，因此，其饮食文化以米面、菜蔬为主食品，肉类食材为副食品。而辽西、北地区分布着蒙古、女真族，畜牧业和狩猎业是其传统的经济文化形态，这决定其饮食文化以牲畜肉类为主食、蔬菜为副食。

明代，辽东地区的汉民族、女真族、蒙古族、朝鲜族等，除了各自的民俗外，又因为长期杂处错居，相互影响，产生了共同遵循的民俗。特别是饮食文化方面，逐渐趋于同一化。

二　服饰文化

明代初期，对庶民服饰和衣着国家有定制，规定十分严格。明代中后期，伴随着商品经济的繁荣发展、社会的进步，社会民众热爱美、追求美，冲破统治者意在严格区分贵贱和等级的服饰制度，用美充实生活内容，成为社会各阶层共同追求的目标。社会服饰文化繁荣发展，呈现尊卑无等、贵贱不分的社会生活境况。

洪武初年，政府规定庶民男子结婚，准许着九品冠服。常服为：用四方平顶巾，穿杂色盘领衣，不许用黄，戴用六瓣瓜拉帽，不许用顶。庶民即使身为乡中正、副乡约，仍不能服冠，只许服耆老幅巾，禁用金绣、锦绣、纻丝、绫罗，只许用绸、绢、素纱，靴不得裁制花样、金线装饰。农人只许穿用绸、纱、绢、布，农夫可戴斗笠、蒲笠出入市井，老农衣制，袖长过手，庶民衣长离地 5 寸，袖长过手 6 寸，袖桩广 1 尺，袖口 5 寸。

明代，一般妇女的服饰及头饰亦有严格规定，妇女服饰主要有衫、袄、霞帔、背子、比甲及裙子等，式样多仿唐宋，恢复了汉民族古老悠久的服饰传统与习俗文化。妇女的礼服，最初只能穿紫色粗布，不准用金绣，袍衫只能用紫、绿、桃红等浅淡颜色，不许用大红、鸦青和黄色，带用蓝绢布制作。普通服饰，背子为直领、对襟、小袖。明代妇女下裳多着裙，颜色尚浅淡，纹饰不十分明显。至崇祯时，裙子多尚素白。妇女大多缠足，穿“弓鞋”，以香樟木为高底。木在外边的叫外高底，根据形制有杏叶、莲子、荷花等名称；木在里边的叫里高底，又称道士冠。老年妇女习惯穿平底鞋，称底而香。明代妇女的发式，发型梳成扁圆形状，头髻有称桃心髻、桃尖顶髻、鹅胆心髻、堕马髻等，发髻顶部戴装饰物，有以金丝挽结，有宝石制成花朵，以及不同形制的簪。服饰形制既有官民界限，又有良贱区别，如有违制僭越，则严惩不贷。如明代视商贾之人为下贱，在服饰制度中也有体现。农民之家许穿绸纱绢布，而商贾之人却只许穿绢布，不许穿用绸纱。

明代，辽东都司境内居住的各民族杂居共处，民俗相互融合，趋于汉化，已经是“煦濡浃深，礼乐文物彬彬然”。如女真人，在服饰文化上汉化倾向十分明显，改穿汉族服饰，着宽袍大袖的人增多。尽管如此，各民族的民俗还是各有特色，差异还是很大的。如女真族，其服饰文化表现出很强的民族特色，以建州女真为例，建州女真人喜欢着长袍，窄袖盘领，其长中骭，取便于骑射，帽子圆顶无檐，上有璎珞，穿马蹄袖袍褂，两侧开衩，腰中束带。这种形制主要是适应女真民族骑射需要。女真女子穿“旗袍”，满语称“衣介”，意为长袍。旗袍形制为圆领，捻襟（大襟），窄袖，四开禊，带扣襻，束腰带（便于挂刀具、荷包）等。

明代中后期，辽东地区男子服饰文化受内地服饰文化影响，衣冠服饰上追求华丽、时尚之风，服饰形制渐趋汉服式样。富人多穿绸缎，平民则着布衣。女真女子之发型和头饰，因年龄不同而有所差异。童年时期，女真人男女孩儿发式基本相同，剃四周发，只留颅后发编成辫盘于脑后，成年女子待嫁前蓄发为辫，结婚妇女开脸上头，从此开始绾髻。髻式很多式样，其中两把头（将头发束在头顶，分成两绺，在头顶上梳成一个横长式的扁髻）为最普遍，岁数大的妇女只把头发绾至顶心盘髻。

三 婚嫁文化

明代，婚嫁文化形态和类型主要包括皇室婚礼（天子纳后、皇太子纳妃、公主婚礼）、贵族婚礼（王公贵族、勋臣大员婚礼）和平民婚礼（品官婚礼、庶民婚礼）。《明史》对此有明确记载，《明会典》也有详尽的规定和限制。明代帝后的婚娶仪式属于最高层级，礼仪之繁缛、规模与声势之宏大、备办礼物之丰厚、动用人力物力财力之巨大，都是明代社会其他阶层所无法比拟的，凸显华贵、典雅、隆重之特点。其完婚成礼过程，基本依照古代六礼的程序，要行纳采、问名、纳吉、纳徵、告期和发册奉迎之礼，其中纳采、问名是相亲阶段，纳吉、纳徵是定亲阶段，告期、发册、奉迎是迎新阶段。此外，完婚的帝后，还要拜见皇太后，并分别接受百官、亲王、内外命妇的庆贺；最后，帝后行盥馈礼仪，至此婚礼方告结束。由于皇家宗室在国家的政治经济与军事生活中特殊的地位，故其婚礼也有严格的规定和限制。太子、亲王、郡王纳妃，公主、郡主选驸马、仪宾，与功勋大臣联姻，须由皇帝决定。太子、亲王及世子纳妃，公主选驸马应选之家，大体以江北为限，严禁大臣私自进女与宗室结亲，宗室联姻多以武臣之家。后来还规定，凡与王府结亲者，不许除授京职；京官已与王府结亲者，改调外任。王府亲属不得任要职，已任要职者，令其闲住。亲王的婚礼仪式，除了六礼之外，还要行合卺、朝见、盥馈之礼，仪如太子。

明代，品官阶层和庶民主要实行一夫一妻制的聘娶婚制。为了“务从节俭，以厚风俗”，明代统治者依据当时的实际情形，不但对不同品级品官与庶人百姓的聘礼、婚姻对象作出许多规定和限制，而且对品官与庶人百姓的礼仪程序也作了相应的完善与调整。如洪武初年规定，凡品官婚娶或为子聘妇，必须要有媒人，男女订婚之初，各使两家明知通知，各从所愿，写立婚书，女方同意后，才可依礼聘娶，规定婚娶除了具备父母之命、媒妁之言及聘约的条件外，婚姻过程必须严格依照纳采、问名、纳吉、纳徵、请期、迎新的程序而行，六礼齐备，婚姻关系始告成立。婚后次日，还要经拜见宗庙、见舅姑、盥馈、四拜、进馔诸礼仪活动之后，才算成婚。

明代，庶人百姓的婚礼仪式主要依据《朱子家礼》，只行纳采、纳币、请期的仪式。洪武初年规定，禁止庶人百姓“指腹、割衫襟为亲”。凡庶人娶妇，男子年在16岁、女子年在14岁以上者，可听任婚娶。结婚迎娶时，新郎可服常服，或借用九品官服，新娘准穿花钗大袖。迎亲前一天，新娘家可派人到男方家陈设新房，俗称铺房。其余礼仪大体与品官诸礼相同。婚后第三日，新婚夫妇回岳父家，称归宁，俗称回门。这些规定，到了明代末年也发生了变化，品官纳妾、挟妓现象较普遍，庶人百姓也有典婚、童养婚、指腹婚、冥婚等现象。

明代，辽东地区受到内地婚姻文化影响，婚姻文化也呈多种形态和类型。在婚姻观上，一般要门当户对，“贵贱殊隔，亦不可渝”，很多卫所关人之间联姻。如建州卫和建州左卫，世世为婚，猛哥帖木儿是李满住之舅，猛哥不花之妻则是猛哥帖木儿姊妹，猛哥帖木儿之子都赤娶猛哥不花女。而双方又都向上攀结，建婚姻关系，阿哈出结皇门之亲，即猛哥不花姊妹之父，而猛哥帖木儿又称皇亲，则其姊妹亦为永乐妃嫔。婚姻讲贞节情操，夫死不嫁，从子终生。如金州卫军余杜林妻籍氏，杜死时，籍氏年27岁，守寡40余年而终；开原守军高凤死，其妻罗氏20岁，守寡60余年，83岁而终；金州卫前所军余王士举死后，其妻朱氏守节49年而终。

建州女真已经脱离对偶婚制，向一夫一妻制发展。在向一夫一妻过渡中也存在一夫多妻制现象。女真人有掠夺汉民族、朝鲜族人为奴、为妾的现象。女真人杂婚的痕迹一直存在，既不讲究是否同姓，也不讲究辈分关系及尊卑关系。不但同姓可以成婚，行辈不同也可以成婚。如王杲本凡察之后，但王杲子阿台妻是景祖觉昌安之孙女，实乃努尔哈赤的嫡堂妹，而努尔哈赤之母又是王杲之女，则阿台是努尔哈赤的舅父行辈，这种婚姻在当时是允许的。如努尔哈赤娶布占泰侄女，而布占泰又娶努尔哈赤之女，亦娶努尔哈赤弟舒哈赤之女，相差两代，亦是正常婚娶。

明初，辽东女真人基本沿用金代女真人婚姻习俗。如指腹为婚，既长，虽贵贱殊隔，亦不可更改。再如男女完婚，要择吉日；

女子在结婚之前日，要改变发型，“改辫发为盘髻”；迎亲之日凌晨，男女双方都要着装打扮；女子着大红袍、罩盖头红，男子头戴小登科帽，身披大红；新娘子到男方家门槛时，新郎用箭杆（一般以秤杆代替）挑开盖头红布，扔到房檐上，意在除邪；新娘子上炕要面南坐，俗称坐福，入洞房行合卺礼。亲朋好友可以闹洞房。

四　丧葬文化

明代丧葬文化形态和类型主要包括皇室丧葬文化，帝王的埋葬制度、丧礼的举行及丧服制度、皇后的陵寝规制、皇妃等丧葬、皇太子及妃丧葬、诸王及妃公主丧葬制度；士庶丧葬文化，谒祭陵庙、忌辰、品官的丧礼和庶人百姓的丧礼与服纪制度。这些丧葬制度在《明会典》与法律条文中作了明确细致的规定。任何人不得违制犯禁。如明代帝皇死后，在一定时间内，国内禁止婚娶和一切娱乐活动，全体臣民都要服丧戴孝，举国哀悼，称国丧。

对宗室诸王及妃、公主的丧葬诸礼仪，明朝不仅对其埋葬制度有严格规定，且对其居丧之礼、服丧之礼也有明确限定，不得逾制。品官与庶人百姓的丧葬规制也很严格。如埋葬制度、居丧之礼与丧服之制都由明朝政府作出详细规定。

中国传统葬式是土葬，土葬必有坟墓。帝王的坟墓规格甚是宏大，称陵。在埋葬制度方面，明朝对帝王陵址的选择、陵墓的形制及墓室、葬具、随葬品等都有明确之规定。对品官与庶人墓地的大小、坟高及墓碑的形制也有明确规定。《明会典》和《明史·丧礼》记载，一品官墓地为九十方步、二品为八十方步、三品为七十方步、四品为六十方步、五品为五十方步、六品为四十方步、七品以下为三十方步、庶人为三十方步；坟高也有尊卑之别，一品坟高为十八尺、二品为十六尺、三品为十四尺、四品为十二尺、五品为十尺、六品为八尺、七品以下为六尺、庶人为六尺；墓碑形制制作主要体现墓主人身份，一品为螭首龟趺，二品为麒麟龟趺，三品为天禄、辟邪首龟趺，四至七品为圆首方趺，圆首又称碣。碑身、碑首的高度、宽度以及趺坐的高度也都有等级差别，庶人不许立碑碣（嘉靖朝以后有变化）。对棺椁制作的规定，品官棺用油杉朱漆，椁用土杉；庶人棺用坚木、油杉为上，柏次之，土杉又次之。用黑漆、金漆，不得用硃红。随葬所用陶质、木质明器（又称鬼器），规定公侯为九十事、官一二品为八十事、三四品为七十事、五品为六十事、六七品为三十事、八九品为二十事、庶人只准用一事。对品官和庶人百姓刻制志石也有明确规定。丧礼制度方面，程序复杂、名目颇多。

明代，辽东都司境内丧葬文化形态，因地处边地和民族众多，既有农业文化地区民俗与内地民俗趋同的地方，也有边地游牧民族传统民俗的特点。如明初女真人丧葬礼仪比较简略，服丧亦较节敛。女真人丧葬文化形态主要有水葬、树葬、兽葬、火葬、土葬等类型。水葬是将死者遗体“或近水置之，随江涨而没”。树葬是“父母死，编其发，其末系二铃，以为孝服，置其尸于大树，就其下宰马而食其肉，张皮鬣尾脚挂之，兼（垂）置生时所佩弓箭”；死者家属，“不忌肉食，但百日之内，不食禽兽”。兽葬是“以其尸捕貂，貂食其肉，多得之”。火葬，“头目女真多火葬，皮冠顶上缀白粗布，前蔽面目，后垂于肩，仍穿直身衣”，点火焚化。女真人明末时以火葬为主要丧葬形态。“死则翌日举之于野焚之”。火葬有棺材，“棺盖尖，而无底，内垫麻骨、芦柴之类”，柴上铺上被褥，入殓盖棺后，将死者抬至郊野焚化。土葬，多吸收汉民族习俗，但又有女真族自身的特点，如女真人不准死在北炕和西炕上，人死须立即在炕下架块木板，将死者头朝西安置于木板上，然后报丧、报庙。死者入棺后，只能从窗户抬出，院内挂红，黑布做幡，然后抬至郊野埋葬。棺材入土后，在坟前摆供桌及供品、烧纸祭祀。

五　祭祀文化

明代，社会祭祀文化经洪武、永乐发展，至嘉靖时最为发达。嘉靖皇帝热衷于议大礼，以礼制作乐自任。《大明会典》记载，明朝祭祀由太常寺负责，从属礼部。明初以圜丘、方泽、宗庙、社稷、朝日、夕月、先农为大祀；太岁、星辰、风云雷雨、岳镇、海渎、山川、历代帝王、先师、旗纛、司中、司命、司禄、寿星为中祀；诸神为小祀。天子亲祀的有天地、宗庙、社稷、山川。国有大事，命官祭告。中祀小祀，皆遣官致祭。每年国家举行的祭祀，大祀有 13 种：正月上辛祈谷、孟夏大雩、秋季大享、冬至圜丘皆祭昊天上帝，夏至方丘祭皇地祇，春分朝日于东郊，秋分夕月于西郊，四孟季冬享太庙，仲春仲秋上戊祭太社太稷；中祀有 25 种，仲春仲秋上戊之明日祭帝社帝稷，仲秋祭太岁、风云雷雨、四季月将及岳镇、海渎、山川、城隍，霜降日祭旗纛于教场，仲秋祭城南旗纛庙，仲春祭先农，仲秋祭天神地祇于山川坛，仲春仲秋祭历代帝王庙，春秋仲月上丁祭先师孔子；小祀有 8 种，孟春祭司农，孟夏祭司灶，季夏祭中霤，孟秋祭司门，孟冬祭司井，仲春祭司马之神，清明、十月朔祭泰厉，每月朔望祭火雷之神。府州县所祀，有社稷、风云雷雨、山川厉坛、先师庙及所在帝王陵庙。各卫变祭先师。庶人百姓，可祭里社、谷神及祖父母、父母与灶神。

明代，辽东都司境内祭祀文化既受内地汉民族祭祀文化影响，也保留辽东地区少数民族传统祭祀文化。据《辽宁风物志·多民族的风俗》记载：建州女真族祭祀文化，因其信仰萨满教，信奉自然神，包括天、地、山川、星辰，民间神，包括观音菩萨、关帝及宗族祖先。祭祀形式有祭祖、背灯祭等。

祭祖，满语叫作渥辙库。祭祖时，把祖宗神位匣接到西炕（平时藏在棚顶），挂上观音和祖宗画像、雕像或家谱，然后摆上黄米饽饽、酒盅等供品，由族长主持，男人在前，女人在后，按行辈依次排列。

第三节　明代辽东地区宗教文化

明王朝在政治上实行专制主义集权统治，在文化上却形成多源交错的局面。明中晚期，随着朝廷实际控制能力的下降，文化得到空前发展。表现在宗教文化上，多种宗教文化同存并彼此融合，传统宗教在典制文化方面达到了高度完备的程度。儒、释、道三教交流与交融提升到理论层次。佛教靠拢儒学，而理学与心学也积极吸收佛教的思维成果；道教之全真派衰微而正一派兴盛，道教理论皆以三教归一为时代特色；基督教再次传入，因其受到保护而有平稳的发展。多脱胎于佛、道，而又源于儒学的民间宗教进入最活跃的时期。

明代，辽东地区宗教文化深受国家宗教文化之影响，在宗教文化的形态与类型上，既有时代特色，又有地域特点。

一　佛教文化

明代，政治上中央集权专制文化空前发达，文化上儒释道三教融合达到很高的程度。作为社会意识之一的佛教明显地反映了这一时期的时代特征，即佛教僧官制文化高度完善，佛学理论与儒学高度融合。明朝统治者在推崇宋明理学的同时兼崇佛教及其学说。明太祖朱元璋深知佛教对巩固统治的重要作用，为了既不因崇信而让其发展过度，又不因管控过严而造成损害，以双重政策对待佛教。即紧缩度牒，控制僧众；采取护佛措施，免除寺院所有田赋徭役；设置僧官，给予特权。明代大力发展刻藏文化，明朝政府先后共 6 次组织大规模刻藏，极大地推动了佛教及佛学理论的传播与发展，也促进了佛教理论纳入加强中央集权专制文化的范畴，成为专制主义意识形态的组成部分。

明代，辽东都司境内佛教及佛学也较盛行。主要表现是，明代辽东都司境内建造或修缮很多寺院。研究表明，从分布情况来看，辽东寺院主要集中在辽东半岛和辽西走廊。这种格局基本与辽东都司人户分布相一致。与人户数量比较，辽东都司境内寺院分布的密度是比较大的。

据《辽东志》记载，辽阳城西北有白塔寺、西会寺；城东南有龙泉寺、祖越寺、香岩寺、中会寺、疙瘩寺；城东北有弥陀寺①。

辽阳白塔寺最早建于辽朝，1145 年，金世宗完颜雍之母在该寺落发为尼，法号通慧圆明，故朝廷出资扩建寺院。1184 年，完颜雍亲临膜拜。元代改称广佑寺。1372 年，明军夺取辽阳时，只有白塔寺幸存。1383 年，女真僧人觉观从朝鲜归降，明朝于辽阳设置纲司衙门，任命觉观为副都纲。后因僧徒人众，于白塔附近构筑寺庙，称白塔寺。1408 年，觉观去世，道圆继任。

道圆，1375 年生人，出身女真贵族家庭，幼而神爽好学，在其乡广济寺依师学法，后定居朝鲜，1383 年，同觉观一道降明。后任辽东僧纳副都纳兼广佑寺住持，重修广佑寺；修建了大佛殿、天王殿、伽蓝殿、祖师殿、钟楼、大悲阁，乃至方丈、两庑、山门众屋及妆塑佛、菩萨、罗汉诸圣像，以及四围垣墙，百堵皆作，宝塔 13 层，崇修完美，顶摩苍穹，金瓶焕日，基蟠厚地，结砌紧刚，画栋雕梁，金碧照耀，钟鱼鼓板，晨夕铿锵，梵刹兴隆，禅诵盛集。耸一城之壮观，为十方之钦美。明永乐年间重建白塔寺后，1508 年，再次重修；1571 年，进行维修；1588 年，骤雨雷轰致塔顶忽坠，越二年，进行维修；1598 年，天降暴雨檐铃被击坏，再次维修。次年，辽阳僧纲司赴京铸造金佛韦驮等 7 尊，请经 38 箱。白塔寺一直是辽东地区最为重要的佛教寺院。

---

① 金毓黼. 辽海丛书·辽东志·地理志：第一册 [M]. 沈阳：辽沈书社，1985：353.

另据《千山志·庙宇》记载，千山地区有一大禅林，许多碑刻记录了千山地区佛教文化发展变化的情况①。

除辽阳和千山外，辽东都司所辖各卫城也都有寺院，其中比较著名并留下碑刻较多的有海州三学寺、铁岭圆通寺、开原石塔寺、广宁崇兴寺、义州奉国寺等。这些寺院大多为辽金时期所建，元明时期不断维修，得以保存延续下来。如广宁崇兴寺，《辽东志》记载，崇兴寺，位于城东北隅，寺内最为著名的建筑为辽代晚期所建的双塔。明统一辽东时，崇兴寺早已毁弃，仅有两座宝塔耸立。1391 年，重修，“构正殿，后建慈云阁及禅堂僧舍，与夫山门周垣，罔不悉备”。1428 年，镇守总兵巫凯主持进行大修。1445 年，奉旨“以大藏安置辽东双塔崇兴寺，永充供养，听所在僧官看诵赞扬。上为国家祝愿，下与生民祈福”，刻石立碑，以示荣幸。1493 年，崇兴寺破损严重，当时辽东总兵李杲主持大修，并派都指挥薛镛具体负责，千户廖端监工，次年竣工。1539 年，又进行重修，增建钟鼓楼和观音地藏阁；1598 年，李成梁主持再次重修。

佛塔是随着佛教的传入而出现的一种新的建筑物，在人们心目中有着崇高、神圣的地位，充满了神秘感。它也是佛教文化的重要组成部分。另据《辽宁古塔志》记载，辽、金、元、明时期，辽东地区建造许多佛塔，较著名的寺塔有 60 余座②。其中明代建造的有古塔寺砖塔、祖越寺北塔、祖越寺南塔、圆公塔、新台子石塔、秀峰塔、驻跸塔、青塔寺塔、文峰塔。塔是寺院的重要标志，辽代以来，辽东地区佛塔多，说明佛教寺院的建立较为普遍。明代辽东建造的寺院主要有位于辽阳城南 60 里之龙泉寺、位于辽阳城东之广祐寺、位于辽阳城南 50 里之祖越寺、位于定辽左卫治

① 陈国山，等. 千山志·庙宇 [M]. 沈阳：辽宁人民出版社，1989.

② 辽宁省人民政府地方志办公室. 辽宁古塔志 [M]. 沈阳：辽宁大学出版社，2019：4.

西之天王寺等。由此可见明代辽东都司境内佛教文化之兴盛。

此外，明代辽东较为有名的庙宇，还有辽东北镇庙即医巫闾山之山神庙、盖州市玄帝庙即供奉玄天上帝之上帝庙、大连市普兰店区吴姑城庙即供奉修行吴姓女子之庙宇、铁岭圆通寺等。这些庙宇的存在，说明明代辽东民族宗教信仰文化具有多元特征。

二　儒教文化

儒教即孔教，把以孔子学说为代表的儒家学说当成宗教，与佛教、道教并列，称三教，是中国宗教文化的主要形态和类型。儒教是中国专制主义政体文化衍生出来的一种宗教文化类型。儒家学说，最初本不带有宗教性质，但汉唐时代，罢黜百家，独尊儒术，隋唐兴科举以后，至明代，始终以“四书五经”为科举考试的主要内容，明代科举制度文化大力推行八股文，目的是促进儒学在教育中长期占统治地位，进而为封建统治的巩固和专制主义集权统治提供思想和理论基础。在封建专制主义政体文化的推动和促进下，儒学最终成为一种宗教，成为一种带有宗教性质的官方意识形态。

1368 年，朱元璋诏以太牢祀孔子于国学，遣使至曲阜致祭。1370 年，诏革诸神封号，唯孔子封爵仍旧。洪武五年诏天下通祀孔子，并分成释奠仪注。1395 年，罢扬雄祀，代以董仲舒。永乐初年，建孔子庙于国子监之东。1530 年，嘉靖帝尊孔子为至圣先师，去其王号及大成、文宣之称，改大成殿为先师庙。由于明代统治者积极推行和大力兴办儒学，强力推行儒教，儒教得到迅速发展与广泛传播。

明代，辽东地区儒教普遍流行。辽东都司境内，广设儒学、书院。通过这些场所，进行“四书五经”的教育与传播，强化封建宗法制度文化建设。儒教虽然不主张出家修炼，但其主张追求神圣的精神境界，克己复礼，忠孝做人，服从并服务于封建专制主义集权统治。同时，在都司境内城镇、乡村大建孔庙，要求民人祭祀，并配合建立了许多贞节坊、尚美坊，仅贞节坊，在辽阳一处就建了4座，用以配合儒教纲常伦理教育。

明代，儒教在辽东都司境内的传播与推广，产生了极其深刻的社会影响。辽东都司境内，多民族杂处错居，文化传统不同，社会经济文化水平存在差异。儒教的传播和推广，促进了辽东都司境内少数民族学习中原文化，特别是儒教文化和儒教思想，有利于解决民族间发展不平衡的问题，促进辽东都司境内各民族的融合与发展。

三　道教文化

明代，道教文化演化又有新的特点。在金元时期兴盛的全真道教日渐式微，特别是由于它与元朝关系密切，受到明朝的嫌弃，远离社会政治舞台中心，走上学者式的隐遁清修、自甘沉寂的道路，致力于修命养性、全性葆真。而以斋醮符箓为主要特色的正一道则表现活跃，受到明朝王室的青睐，其与政治生活和社会生活相结合，成为支配全国道教的主导势力，从而使道教理论更深入地与儒教、佛教理论相融合，道教教义与活动更广地与社会实际生活相贯通，向民间扩散，使明朝的社会思潮带有明显的道教文化色彩。

明代皇帝好方术，宠信道士。朱元璋亲近道士周颠、张中、张正常等人，亲撰《周颠仙传》纪其事。张中善术数，能测祸福，多奇中，深受太祖器重。张正常为正一道四十二世天师，太祖召入朝，去其天师号，改授正一嗣教真人，赐银印，秩视二品，为之设置赞教、掌书二寮佐，1372年，敕令记掌天下道教事。其子张宇初，1380年，授大真人，领道教事；建文时犯法夺印，成祖朱棣即位后予以恢复。成祖在发动“靖难之变”中，宣扬真武显灵，称帝后加封真武为北极镇天真武玄天上帝，下令大修该神之祀武当山，赐名大岳太和山。前后督夫30万，历时7年，建成拥有8宫2观、36庵堂、72岩庙、39桥、12亭的庞大道教建筑群，在天柱峰顶造起金殿，以铜为质，以金为饰，费以百万计，“天下金几尽”，使武当山成为名闻遐迩的道教圣地。

明代，辽东都司境内受中原道教文化影响，道教广泛流传。炼丹、养神、养气，宣传信奉道教可以长生不老、修炼成仙。如明代辽东懿州人张三丰，信奉道教，在传播道教的同时，对明代辽东地区的文化发展也起了一定的作用。

张三丰是当时最为世人所仰慕的全真高道。张三丰师事火龙真人，所代表一系属于明初新兴之全真支派，其著作有《金丹直指》《金丹秘诀》等。张三丰身后，形成自然派、邋遢派、隐派等。张三丰一生著述颇丰，清代整理了《张三丰先生全书》。张三丰强调以儒学心性修养和力行伦常来讲解内丹，谓内以尽性，外以尽伦常，便可成就内丹，全人道方可全仙道，“只要素行阴德，仁慈悲悯，忠孝信诚，全于人道，仙道自然不远也”；倡导在家出家，在尘出尘，在事不留事，在物不恋物；在具体炼养步骤和方法上，张三丰主张从筑基炼己入手。在《青天歌注》中，张三丰说：“学道初关先须炼己，炼己者克己也，克己者去私，私欲净尽，本体湛然，乃见真性。”见性后，炼化精气。其以“柔弱胜刚强”为依据，着重炼意与气，尚意不尚力，形成独特的风格。

总之，明代道教文化在辽东都司境内的扩散与发展，促进形成了民间多神崇拜的风气。一方面道教不断地从民间信仰中收编新的神灵；另一方面又将自己的神仙信仰推广到民间，使得如关帝等庙宇布建于辽东城乡一些地方。

四　关羽崇拜文化

关羽崇拜兴起于宋，宋哲宗封之为“显烈王”，宋徽宗封之为“义勇武安王”。元代加封为“显灵义勇武安英济王”。元末明初《三国演义》问世并广泛流传以后，关羽更是家喻户晓，被称为“忠义无双”第一人。明代，关羽崇拜达到极盛，关羽由王上升为帝，明神宗封之为“协天护国忠义帝”“三界伏魔大帝”“神威远镇天尊关圣帝君”。从此，关帝庙取代了武成庙而为官方武庙，与孔子文庙相对称，成为社会宗教文化象征和标志之一。

辽东地区关羽崇拜始于元代，在当时义州（今朝鲜民主主义人民共和国新义州）和辽阳建有关庙。至明代，关公祭祀列入祀典，关庙列入祭祖场所。辽东地区对外防御压力很大，是关公崇拜文化兴起和发展的主要原因。《全辽志》记载，辽东当时建有 14 座卫城，其中有 8 座卫城有关庙的标志，如前屯卫、铁岭卫、开原城都建有关庙。从《重修关王庙碑》记载情况看，在千户所城和堡城也建有关庙。据《锦州府志》记载，锦县（今辽宁省凌海市）和宁远州（今辽宁省兴城市）当时各有关庙 19 座，《广宁县志》记载，广宁县（今辽宁省北镇市）当时有关庙 8 座。

以上说明，明代，各地兴建关庙十分普遍，表明辽东地区的关公崇拜文化已经非常盛行。

五　萨满教及其他宗教文化

明代，辽东地区传统宗教萨满教以及藏传佛教文化也有发展。

（一）萨满教文化

萨满教是辽东都司境内土生土长的一种传统宗教文化，在辽东都司境内流传，历史悠久。萨满教作为一种原始宗教文化形态，主张世间有三界，即上界、中界、下界。上界为神居之所，中界为人居之所，下界为魔居之所。人可以通过萨满即巫师，与神沟通，祈得神灵的庇佑，享有福乐。祭祀时，萨满头戴尖帽，缀以五色布条，下垂蔽面，外悬小镜，身穿长布裙，腰系铜铃，跳舞作法，口中念念有词，大意是唱诵辞，颂年景好收成、赞祖先功德，祈佑出兵作战获胜、家人平安福祉，等等。

明代，辽东都司境内居住的女真族、蒙古族等民族都信仰萨满教。尤其是辽东都司治所所在的辽阳地区自在与安乐二州，以及其他女真族人户聚集地区，信仰萨满教的人更多。萨满教将绘画、舞蹈以及其他艺术同宗教祭祀紧密地联系在一起，客观上也促进了辽东都司境内民族艺术文化的发展。

（二）藏传佛教文化

藏传佛教文化是元代开始传入辽东地区的，主要是在蒙古族中广为传播。至明代，藏传佛教文化仍继续传播和发展。如喇嘛塔和寺院，在辽东都司境内蒙古族聚集的地方，均有发展。

总之，明代辽东都司境内宗教文化形态和类型呈现出多元发展的特点。

第三十一章　明朝时期辽东地区经济文化形态

明代的生产力水平已经达到封建社会中可能达到的高峰。明初，中央实行奖励垦田和大规模屯田的政策措施，促进了耕作技术的提高和水利灌溉的发展，以及从单一经营转变为多种经营，粮食增产、人户增加，农业生产水平迅速提高，在此基础上，手工业文化、城市文化、交通与商业文化进一步发展。辽东都司经济文化形态与类型更加多元，发展水平达到新的高度。

第一节　明代辽东地区农牧业与屯田制文化

明代，辽东都司地区农业、畜牧业以及采集与狩猎业文化进一步发展；屯田文化的发展变化、土地关系的改变，使农业生产文化形态和类型呈多元发展态势。

一　农牧业文化

明王朝统一辽东，结束了元末辽东社会混乱局面。明初，中央政府实行奖励垦田和大规模屯田的政策措施，促进了生产文化迅速恢复，尤其是农业生产文化的全面恢复。辽东地区原有的农牧业生产文化亦得到恢复和发展。

（一）农业文化

早在元代，辽东地区已发展成为以农业生产文化为主的社会文化形态。明代初期，面对战乱造成的残破经济局面，明太祖确立了以鼓励农民垦荒复业为主的方针。明统一辽东后，即设置军政合一的辽东都司加强对该地区的管理；大力推行羁縻招抚的民族政策，休养生息，民族及人户逐渐恢复；采取鼓励垦荒和军民屯田的措施；耕作技术的提高和农业灌溉工具的改进等，有力促进了辽东地区农业生产文化得到恢复和发展。经过数十年的休养生息，到了明代中期，社会经济全面恢复。至明末，辽东地区农业文化已经十分发达。据朝鲜《李朝宣祖实录》记载，1596 年，朝鲜使臣申忠一在辽东女真族居住地区看到，“无野不垦，至于山上，亦多开垦。”“田地品膏，则粟一斗落种，可获八九石”，“瘠则收一石”。1619 年，朝鲜人李民寏在《建州闻见录》中说，辽东建州女真族居住的地区，“土地肥饶，禾谷甚茂，旱田诸种，无不有之”，可见当时辽东地区农业文化之繁盛。农耕技术也有很大提高，已经普遍使用牛耕和铁制农具，农业生产工具有铁犁、锄、铧子、斧、镰等。

特别是随着明代辽东土地占有关系的转变，不仅粮食作物产量不断增加，而且经济作物也得到发展，经济作物产品丰富、种类繁多。据《辽东志》记载，明代辽东地区产谷、菜、瓜、果，包括黍、稷、稻、粱、糜、粟、稗、黄豆、绿豆、豌豆、蚕豆、黑豆、豇豆、小豆、大麦、小麦、荞麦、芝麻、扁豆、葱、韭、蒜、茄、苋、芹、蕨、白菜、芥、蔓菁、莴苣、菠菜、茼蒿、胡荽、萝卜、胡萝卜、木耳、龙牙、山葡萄、苦荬、黄花菜、芸苔、海丝、蘑菇、海姜、茴香、薄荷、小蒜、蒌蒿、明叶菜、王瓜、冬瓜、瓠子、葫芦、西瓜、甜瓜、香瓜、菜瓜、苦瓜、榛、松、桃、李、杏、栗、樱桃、山里红、山丁子、白果、枣、梨、山核桃、山梨红、藕、莲子、郁李、软枣、石榴、无花果、棉花、桑麻、人参、烟草等①。

以上说明，明代辽东农业文化较为发达。

（二）畜牧业文化

辽东都司所辖辽西北地区是传统的畜牧业文化区域，蒙古贵族统治时期，这里的畜牧业文化十分发达。元朝政府被推翻后，蒙古族遗民在明朝结束元末战乱后，恢复畜牧业生产文化。明代女真族人户在辽东都司辖境内分布范围极广。女真族原以牧业为主，后来虽然转向农业经济，但并未放弃畜牧业生产文化。李民寏在《建州闻见录》中说，明代女真族居住地区畜牧业文化也很繁盛，“六畜惟马最盛，将胡之家，千百为群，卒胡也不下十数匹。”当时的女真人户，“家家皆畜鸡、猪、鹅、鸭、羔羊、犬、犬猫之属。”

据《辽东志》记载，明代辽东地区养殖禽兽主要有鹅、鸡、鸭、鸽、鹌鹑，马、牛、羊、驴、骡、猪、犬、猫、兔、鹿等②。

可见，明代辽东地区畜牧业文化比较繁荣。

（三）采集与狩猎业文化

采集与狩猎业文化是辽东地区传统经济文化形态之一，其在明代辽东社会经济中也占有一定的比重。人参、貂皮、东珠是辽东地区的特产。明代辽东居民采集和狩猎的部分产品作为生活资料，大部分作为商品用于交换，辽东地区产的明珠、人参、黑狐、貂鼠、玄狐、猞狸、猻、虎、豹、海獭、水獭、青鼠、黄鼠等动物皮革，是当时市场交易紧俏商品。因此，明代采集与狩猎业文化的繁荣也促进了辽东地区商业文化的发展。当时，抚顺、清河、宽奠、叆阳等大宗商品市场十分繁荣。

① 金毓黼. 辽海丛书·辽东志·物产志：第一册［M］. 沈阳：辽沈书社，1985：363.

② 金毓黼. 辽海丛书·辽东志·禽兽志：第一册［M］. 沈阳：辽沈书社，1985：364.

二　屯田制文化

明朝初期的军屯制文化是适应当时经济残破、人民流徙的实际兴起和发展的，为提供军粮等发挥了积极作用。明代辽东地区实行屯田制文化是随着明王朝统一辽东的进程进行的。辽东屯田制文化的发展对辽东农业经济的恢复与发展、巩固边防、缓和地区阶级矛盾、支持明王朝对北方奴儿干地区的招抚等都起到了积极作用。《明太祖实录》说，“命辽王府校尉军士屯田自食，与定辽等卫屯卒俱俟十年后始收其租”。由官方解决军屯所用的耕牛、农具和粮种等生产资料，并规定晚征屯赋，这有力地调动了辽东都司属下各卫屯田军士的积极性，屯田文化迅速发展繁荣起来。《明宪宗实录》记载，辽东屯田自洪武至永乐期间开垦 2.53 万余亩（顷），收粮 71.6 万石有奇。但后来当全国基本统一、社会生活已经趋于安定的情况下，明朝政府仍然盲目依赖军屯，大力扩充军队，大规模实行军屯，就弊多利少、消极作用多于积极作用了。因此，军屯在宣德以后很快遭到破坏。

辽东都司屯田文化分为初期屯田和中期屯田两种形态。

（一）明初辽东地区屯田制文化

明代初期辽东都司屯田始于 1374 年①。所谓屯田，是由屯军对土地进行耕种；所谓屯军，是从各卫所分拨出来的军兵，又称旗军或屯旗军；佐助屯军的余丁叫“军余”，主要是协助屯田正军，保证屯田任务的完成。

1. 辽东都司的军屯

军屯是明代前期辽东农田开发和屯守的主要形式。辽东都司

① 历史语言研究所. 明实录·太祖实录：卷二百五十二［M］. 北京：中华书局，2016.

军屯主要有三种情况①：一是利用邮传驿站士兵进行屯种。据《明太祖实录》记载，自山海关至辽东都司治所所在地辽阳，共设14驿，各给官马30匹，以赎罪囚犯为驿夫，驿夫120人，“令田其旁边地以自给”。二是用战俘降兵进行屯种。如元将纳哈出归降后，“其本管将士，省令各照地方居住，顺水草以便放牧，择膏腴之地以便屯种”；在辽阳地区用少数民族的“士兵”设立卫所，进行屯种。三是用因罪充军谪戍辽东的人员进行屯种。明代，因罪充军谪戍辽东进行屯田的人员很多。这在《明实录》和《明信牌档》及明代辽东残档记录中十分清楚，充军谪戍者姓名、原籍、充军时间、充军罪名、逃故年月等，都明白地记录在清册上。

辽东都司军丁守屯比例，明初一般规定是二分守城，八分屯种。明代后期，守和屯之比例正好相反。从总体上看，卫所军丁屯守比例没有十分严格之规定，因时因地因事有别。如在同一时期，规定也不是固定不变的。守和屯视各卫具体情况，有的卫是八分守城、二分屯种，有的卫则是二分守城，八分屯种，甚至有的卫是“全伍屯田”的②。

2. 早期屯田的管理

1388年，明朝正式命五军都督府更定屯田法，主要原则是：“凡卫所系冲要都卫及王府护卫军士，以十之五屯田，余卫所以五之四。”法令虽然如此，事实则不尽然。如辽东都司为了节省海运民粮开支，1394年，辽东定辽二十一卫军士自1395年起，“俱令屯田自食”③。

---

① 历史语言研究所．明实录·太祖实录：卷二百五十二［M］．北京：中华书局，2016.

② 历史语言研究所．明实录·太祖实录：卷二百五十二［M］．北京：中华书局，2016.

③ 历史语言研究所．明实录·太祖实录：卷二百五十二［M］．北京：中华书局，2016.

军屯的管理，具体而言，卫中屯田的管理和卫组织相同。卫指挥使设指挥一人、指挥同知二人、指挥佥事四人，分理卫所诸事。其中主要的项目是屯田。管理屯田的是佥事，佥事以下管理屯田的是千户、百户等。辽东都司除了上述外，还专门设有“管屯田把总”，以加强对屯田的管理①。

辽东都司军屯的生产组织是以屯为单位的。屯有时就是千户所。一屯有若干人或若干千户。屯的基层组织是屯所，即屯田百户所。为了防御敌人的骚扰，有时几个屯合为一堡，泛称“屯堡”。屯田百户之上有千户白发，再上就是卫。

3. 商屯与民屯

除了军屯，辽东地区还有商屯和民屯，是军屯的补充形式。商屯是商人自行招募无地民人到卫所边地去垦荒，主要在广宁卫、广宁中卫、广宁左卫、广宁右屯卫、宁远卫等地。民屯主要是移民，或招募、或徙罪囚徒到辽东屯田，多集中在铁岭卫。

4. 屯田制文化的景观

明初，辽东都司所辖地区屯田制文化十分发达。据万历年间冯瑗编的《开原图说》记载，辽东都司三万卫所在地开原城就有三堡：威远堡，所隶屯包括雷其屯、塔儿山屯、周城屯、孔指挥屯、王原屯、夏道伏屯、曹城屯；靖安堡，所隶屯包括董贯屯、洪景屯、黄泥岗屯、皮英屯、王贵屯、达达屯、杨木答兀屯、白洪屯、黄官保屯、陈子贵屯、李孜屯、蒋必翁屯、王朵罗只屯、任礼屯；松山堡，所隶屯包括魏头目屯、左所屯、杨仁屯、孟家寨屯、沙河铺屯、白庙儿屯、寇准屯、山冈铺屯、施仲宽屯。

明代初期，辽东地区“但立卫，以兵戍之”。故所有居民都为军户，分隶各卫，除了极少数寄籍户外，军户是辽东地区基本人户，几乎所有耕地都是屯田。明初，特别是洪武、永乐两朝是辽

---

① 历史语言研究所．明实录·太祖实录：卷二百五十二［M］．北京：中华书局，2016．

东地区军屯兴盛时期。据万历《会典》记载，1393年，全国屯牛的总数为15.5万余头，而辽东都司屯牛约占10%，有1.38万余头。永乐时，辽东“常操军十九万，以屯军四万供之”，每年“屯米常溢三分之一”。中央政府对辽东屯田所需生产资料，给予大力支持。如1404年，调“耕牛万头，至辽东”“屯戍”；1432年，辽东都司诸卫屯种耕牛死亡缺用，一次敕谕近地选牛1万头送辽东屯用；5月，敕将广宁、开原马市所买牛只，发给宁远诸卫所屯种用。

总之，明初在辽东推行屯田制文化，辽东农业文化空前发展，促进了辽东地区人口和耕地面积逐渐增加，“数千里内阡陌相连，屯堡相望”，粮食产量空前提高，带动了辽东地区经济的繁荣。据《明太祖实录》记载，至1397年，辽东全体官军实现粮食自给，“颇有盈余，今后不须转运”。

（二）明代中期辽东屯田制文化

明代初期在辽东推行屯田制文化，对辽东社会经济的恢复与发展起到积极作用。但到明代中期，屯田制文化遭受严重破坏，其既有屯田制文化本身的原因，也有社会其他原因。

1. 屯田制文化式微

明朝政府将辽东地区土地分与屯军，屯军将收获的一部分以“屯田籽粒”这种实物地租的形式上交国家。大量军士被严格地束缚在军事编制中，固定在土地上，没有人身自由，其身份近似佃农。屯军是用军事律令强制劳动，用军事律令强征“屯田籽粒”，带有明显的强制剥削的性质。特别是规定屯军要纳无地之租、服无丁之役，即当屯军的屯田因种种原因抛荒或失去土地时，也要照常缴纳田租，所谓“包赔屯田籽粒”。在这样的律令下，无论是原来军屯田地不足额，还是沙碱瘠薄不堪种植，无论是因星散远隔或道路遥远无法耕种而抛荒，还是缺乏耕牛、水利及天灾旱涝，总之，一分屯田、一分屯粮，不论丰歉或无收，屯军都得“包赔屯田籽粒”。

屯军除了向国家缴纳高额的屯粮外，还得缴纳囤草、囤盐、囤铁等。《辽东志·兵食志》记载，辽东25卫，每年要收屯草594万多束（《明史》载，1束草折合谷4升）。屯军律令规定1名屯军每年屯田50亩，缴纳屯草100束，折合谷4石，加上“屯田籽粒”15石，1名屯军1年要缴纳19石租赋。

由此可见，明朝屯田制文化具有明显的强制剥削性质，十分残酷和野蛮。这势必造成屯军的反抗，抵制这种粗暴的军屯生产方式。屯军以“怠耕”方式，“屯种者率怠惰不力”，或因不堪忍受残酷剥削而纷纷逃离，破坏屯田①。《明宣宗实录》载，辽东地区“军士在戍者少（于）亡匿者”②，有时“逃亡者十率八九”③。至1426—1435年间，辽东军丁仅有4.55万余人；1436—1449年间，屯军逃亡更为严重，屯军曾锐减至1.86万余人。如此严重的屯军逃离现象，破坏了辽东屯田制，辽东屯田数由1368—1424年间的3.16万余顷，减至1488—1505年间的1.24万顷，1506—1521年间减至不足1.2万顷。到明代中后期，辽东屯田制文化破坏情况一年比一年严重。大批屯军逃亡，田地抛荒，给辽东地区农业生产带来严重影响，《明史》载，当时屯田“颇议厘复，而视旧所入，不能什一矣”④，屯粮只有20万石。1483年，毛泰奏报，当时辽东都司岁征“不足七八万之数，较仿旧屯田之法十不及一。故辽东三十二仓，通无两月之储”。

---

① 历史语言研究所. 明实录·太宗实录：卷九十五［M］. 北京：中华书局，2016.

② 历史语言研究所. 明实录·宣宗实录：卷一百七十［M］. 北京：中华书局，2016.

③ 历史语言研究所. 明实录·宣宗实录：卷五十八［M］. 北京：中华书局，2016.

④ 张廷玉，等. 明史·志第五三·食货一：卷七十六［M］. 长春：吉林人民出版社，1995：1211.

2. 屯田制文化破坏

明代，辽东屯田制文化被破坏，还因为院落都司各级武官世豪隐夺屯田。《明武宗实录》载，“各近城膏腴田地，多被卫所官员占种”①，辽东都司各级武官利用职务之便侵占屯田现象普遍存在。到了弘治年间，这种情况更为严重。《明孝宗实录》记载，“辽东都司都指挥同知宋溥，役军士耕私田，私乘官马致死，又索贿于军士”②；分守辽阳太监刘恭“占种官田三百余顷”；镇守太监梁玘“倚势为害”，“夺民田至二百八十余顷，以军余佃之”。

辽东地区这些官吏除了侵占屯田外，还侵占直接从事屯田生产的劳动力，使许多屯田无人耕种而长期荒芜。如前所举辽东镇守太监梁玘“占军余二百七十余人”；尤为严重的是太监刘恭“在辽阳私役军余千余”。另外，辽东屯军被“调以修筑边墙，致误农事”的情况相当严重。《明孝宗实录》载：“辽东总兵、副总兵、参将、都指挥、指挥、千户等官……隐占军丁从嫁使令者，见今一家多者有二三丁，俱称舍余（未编入军制的余丁，都得帮贴军役，是一种超经济强制劳役制度）”③。

总之，明代辽东地区军屯的劳动力，被辽东都司各级官员巧立名目大量占夺，军屯生产名存实亡。

辽东屯田制文化遭受破坏的外部因素，是受到蒙古族和女真族的骚扰。自明代中叶起，明朝政体文化越来越腐化，阶级矛盾和民族矛盾与日俱增，尤其是辽东地区矛盾更加突出，农民、商人、屯军反对贪官污吏的事件层出不穷。《明英宗实录》记载：

① 历史语言研究所. 明实录·宪宗实录：卷一百七十二［M］. 北京：中华书局，2016.

② 历史语言研究所. 明实录·孝宗实录：卷七十三［M］. 北京：中华书局，2016.

③ 历史语言研究所. 明实录·孝宗实录：卷一百九十六［M］. 北京：中华书局，2016.

1449 年 9 月，以兀良哈部族为主体的蒙古族和女真各卫联合起来，“达贼三万余人”①，对辽东地区进行侵犯，史称“兀良哈寇辽东”，“攻破驿堡屯庄八十余处，掳去官员、军旗、男妇一万三千二百八十余口，马六千匹，牛羊二万余只，盔甲二千余副”；1455 年 5 月，“开原、沈阳等处，达贼入境，抢掠人畜，及攻围抚顺千户所城池”。至明代中叶始，“边防多事，屯法尽坏”，辽东边墙附近的土地，“屯军不敢耕种”。可见，蒙古、女真族的侵扰给辽东都司辖境内屯田制文化造成的破坏之严重。

（三）土地占有制文化演变

明代，辽东都司下设 25 卫所和安乐与自在 2 州，人户以军户为主，寄籍民户甚少。因此，辽东都司辖区屯田制文化以军屯为主要形态，而不似江南有民屯和商屯。军屯是从卫所中抽出一部分正军，对官方给予的田地进行屯种，正军失额，则由余军顶补进行屯种。故辽东地区的土地占有关系、生产关系、剥削制度等方面，都与中原地区有所不同。

1. 明代中期土地占有关系

明代中期以后，辽东屯田制度文化遭受严重破坏。由于屯军不堪忍受残酷剥削，“怠耕”和逃亡现象严重，生产力锐减，大量耕地严重荒芜，粮食产量锐减。由此导致辽东土地占有关系发生深刻变化。首先，明朝政府为了取得税粮，在那些屯田破坏严重、田地大量荒芜的地区，允许普通人户对所领屯田“永远管理”或“给为已业”。这样，这些田地即使保留屯田之名，但无论是在实际上或是在法律上，都已转化为民田，实现了官田向民田或私田的转变；其次，辽东都司卫所屯军官豪、旗校，自己领取屯田不耕种，而转佃、典押，屯田早就有很大一部分转变为私产，这种现象在明代中期以后较为普遍；第三，辽东都司大小官员豪势侵

① 历史语言研究所．明实录·英宗实录：卷一百八十三［M］．北京：中华书局，2016.

隐、占夺屯田，把官田变为私产，“屯田有名无实”；第四，针对明代中期特别是成化年间，辽东军屯很大一部分是余丁耕种，但无法完全解决因屯军逃亡所造成屯田抛荒问题，明朝政府又在辽东地区实施“科田法”，即余丁、民人佃种或开垦已荒屯田和未曾开垦的荒地，可以作为民田或私田，表明屯田在向民田转化。如1509年，当时正规的屯田约有1.2万顷，而科田性质的“地亩田园”等田2.75万顷①，超过正规屯田1倍多，说明明朝中期军屯在辽东土地占有关系方面，已经不完全占有主导地位；正德年间以后，个人对这些土地有了支配权，具有民田性质②。

以上说明，辽东军屯制文化形态在农业文化中已经退居次要位置，明代中期辽东土地占有形式发生了本质的变化，这无疑是历史的巨大进步。

2. 明代晚期土地占有关系

明代晚期，辽东地区军屯制文化继续遭到破坏。嘉靖年间，辽东额兵号称有12万，而实际屯田军士约有1.86万人。《明神宗实录》记载，1600年，军丁“堪战者止四万”③；1602年，“由辽沈历汛、懿、开、铁等处，所过蓁莽极目，烟火不属，人迹罕少，即有墩堡屯台，十无二三完固，而其中有台无军者，与无台同；有军无器者，与无军同；有器而不利于用，与无器同”④；1609

① 历史语言研究所．明实录·武宗实录：卷三十九［M］．北京：中华书局，2016.

② 丛佩远．明代辽东军屯［J］．中国史研究，1982（3）.

③ 历史语言研究所．明实录·神宗实录：卷三百四十五［M］．北京：中华书局，2016.

④ 历史语言研究所．明实录·神宗实录：卷三百四十五［M］．北京：中华书局，2016.

年，辽东军丁逃亡更多，“除见在老弱，精壮不过二万奇”①。万历末年，山海关、锦州、义州、北镇一带竟“地荒芜而耕种无丁，粮缺欠而项纳无人”。就连一向称为富庶之地的辽南“金、复、永宁等处”，也是“所在萧条，村里为墟”。辽东地区屯田制文化如此状况，土地占有关系势必发生急骤变化。

为了扭转屯田制破坏益甚、囤粮锐减的局面，明朝政府在辽东推行营田制文化。即将各营操军中抽出一定人员，按军队组织，由各级军官统领从事垦种，时战时耕，所耕种的田地叫营田，生产资料如耕牛、农具等，由国家供给，垦种收获全部上交国家。营田制文化并没有大规模在辽东地区推广，是因为营田制比军屯制对于军士的剥削更加野蛮和残酷，士兵难以忍受。

3. 明代晚期民田的发展

由于明代中晚期屯军逃亡、屯田荒芜严重，屯粮短缺，明朝政府只好“召人佃种”，按地起科。这与屯田不同，它已经向民田转变了，是可以由开垦耕种者个人处理的田地。当时，辽东都司大小官员依权势隐占的官田（屯田）已经完全变成私田了，属于民田范畴。另外，由于民田没有军役负担，经营自由，赋额较轻，所以民人开垦十分积极，新开垦的民田日益增多。辽东地区新开垦民田相对集中在辽东都司治所辽阳附近和沿辽源边墙“自三岔河起，至开原沿边”地区，特别是开原附近，以及鸭绿江沿岸的夹江、马耳山等处。

4. 明代晚期帮丁与家丁制文化的兴起

帮丁即余丁帮贴军役者，到了明代后期，其已经成为普遍现象。帮丁制文化之普遍化，客观上帮助了辽东都司武官对屯田的侵占，加速了屯田制文化的解体。明代后期，辽东都司所属卫所

① 历史语言研究所. 明实录·神宗实录：卷四百五十七［M］. 北京：中华书局，2016.

军丁有很多人转化为将官的家丁①。家丁文化的产生、发展，更加速了屯田制文化解体和大小官吏对屯田的占夺。在屯田制文化解体的过程中，辽东地区已经出现了土地自由买卖的现象。武官世豪占夺屯田为科田，成为私有土地，可以自由买卖。

明代后期，明朝政府基于屯田制文化名存实亡的现实，对抛荒的屯田，“无分官旗舍余寄籍客户，听其自行认种”。土地占有关系的急骤变化，迫使明朝政府不得不废止屯田制文化。1629年，明朝屯田制文化完全停止、消亡。至此，民田取得合法地位，从法律上固定下来。

从此，辽东地区新的土地占有关系形成了，农业文化展开了新的篇章。屯田向民田转化，是封建土地制度文化历史上一个巨大进步。民田制文化的产生、发展、形成，促进了辽东地区农业文化的发展。

第二节　明代辽东地区手工业文化

明代手工业文化较元代有较大发展，手工业生产的各个部门规模不断扩大，手工业产品产量不断增加，生产工艺流程和技术得到改良。特别是随着商品经济的发展，官营手工业文化日益衰落，民营手工业文化日益繁荣，到明代中后期，民营手工业成为手工业生产文化的主要形态。在此背景下，明代辽东手工业文化获得较快发展。辽东手工业文化的形态与类型，主要为冶炼业、制盐业、烧制业、造纸业和舟车制造业等。

① 历史语言研究所. 明实录·孝宗实录：卷一百九十六［M］. 北京：中华书局，2016.

一　冶炼业文化

明代辽东冶炼业文化在元代基础上继续发展，辽东都司统辖的地区都有铁矿，辽东各卫都有产铁场，有的卫甚至有2处产铁场。《明史·食货志五》记载，至明代中期，辽东都司辖区内产铁场，除三万卫外，各卫有了更大发展①。据《辽东志·建置志》记载，明代辽东都司所属25卫共有铁场近30处，炒铁军1500多人，年产铁39.5万多斤②。25卫中，定辽中卫产铁最多，为3.1万多斤。《辽东志·建置志·兵食志》记载了1443年辽东地区产铁情况，详见表31－1。

表31－1　1443年辽东都司25卫炒铁军数、额铁数和铁场址表

卫名称	炒铁军（人）	额铁（斤）	铁场地址
定辽左卫	118	25299	甜水站
定辽右卫	132	24915	一在都达里，一在三角山
定辽中卫	39	31412	同定辽右卫铁场址
定辽前卫	97	11012	一在奉集堡，一在安平
定辽后卫	117	22091	一在连州峪，一在平顶
东宁卫	70	17619	一在阴湖屯，一在窑子峪
广宁卫	39	14495	城西大牵马岭60里处
广宁左卫	36	13380	城南小河口70里处
广宁右卫	69	13381	城西小牵马岭40里处

① 张廷玉，等．明史·志第五十七·食货五：卷八十［M］．长春：吉林人民出版社，1995：1255.

② 金毓黼．辽海丛书·辽东志·建置志：第一册［M］．沈阳：辽沈书社，1985：369.

续表

卫名称	炒铁军（人）	额铁（斤）	铁场地址
广宁中卫	60	13752	城南连山岛 240 里处
广宁右屯卫	16	9547	先设中屯卫连山驿，后设盖州卫离城 60 里处
义州卫	31	15000	广宁右卫析桥
广宁后屯卫	27	15283	漏泽园
广宁中屯卫	54	14005	城西 60 里处虹螺山，后移于白花寨
宁远卫	49	9980	城南 25 里处
广宁前屯卫	无考	12600	城西南 70 里塔山口
三万卫	54	10035	咸宁营东
辽海卫	51	11520	甜水站北
铁岭卫	32	12560	奉集堡城南 210 里处
沈阳中卫	55	11696	安平山城东 90 里处
海州卫	138	24910	甜水站北
盖州卫	78	14496	在城北 90 里处
复州卫	69	13512	在城北 130 里处
金州卫	160	12277	在城东

注：此表参阅《辽东志·兵食志》综合整理而成

明代后期，因战争需要，辽东都司辖区内冶炼业文化继续发展。在院坝地区不仅开采铁矿，还大量开采铜矿，麻地沟是当时重要铜矿之一。另外，在辽东半岛沿海岛屿中，已经形成了矿业和铸铁业文化，这些冶炼、铸造业文化以民办为主要形态。

当时，辽东地区冶炼、铸铁业文化发展，主要表现在能够铸造多样兵器上。如铁佛郎机、铁铳、铁炮、铁枪、手铳等枪炮及腰刀，这些兵器，辽东都司二十五卫所都能生产制造。据《辽东志》记载，当时辽东都司年打造腰刀3520把，顿项盔3520项，甲3200副，铁箭头10.56万支，不仅制造兵器式样多，而且生产量大。如铁佛郎机，仅沈阳中卫就生产196台；金州卫铸造碗口铳138支，还铸铁炮335位，快枪250杆；义州卫铸造神器165位，快枪165杆；复州卫铸造铁炮335位、快枪128杆；海州卫铸造拐子枪100把，铸大把铳400座；盖州卫铸造一把连炮2杆，牛角炮1杆，铁炮316位，快枪154杆；等等①。

明代，辽东冶炼业文化发达，表现在为冶炼技术高、冶炼品种多。如1556年，新制火器九龙炮，“声震撼山，力能殒众”；1564年，制造连珠枪，“一容十子于内”，射击威力相当大，“虽铁骑如云，率皆敛避”，专“以制奔冲”；次年，制造的千里枪，“形简势迅”，射程远威力大。当时，冶铸业文化发达不仅表现在铸铁方面，还表现在冶铸铜方面，火器有很多都是用铜铸的，如铜佛郎机、铜碗口铳、铜三将军铳、铜大将军炮、铜神炮、铜马腿炮、铜十眼炮、铜信炮，等等②。这都证明了明代辽东冶炼业文化之繁荣昌盛。

二　制盐业文化

明朝从建立起就非常重视制盐业文化。政府采取了“各坊壮丁，岁领工本，煎办盐课”的办法，以促进制盐业文化的发展。明代辽东地区制盐业文化继承元代制盐文化，采取沿海晒煎盐法，在明初的基础上不断繁荣起来。

据《辽东志·兵食志》记载，1443年，辽东都司所属各卫共有煎盐军1200余人。其中，定辽左卫煎盐军63名，定辽右卫煎

① 金毓黼．辽海丛书·辽东志·兵食志：第一册［M］．沈阳：辽沈书社，1985：387．

② 金毓黼．辽海丛书·辽东志·兵食志：第一册［M］．沈阳：辽沈书社，1985：387．

盐军 53 名，定辽中卫煎盐军 51 名，定辽前卫煎盐军 70 名，定辽后卫煎盐军 71 名，东宁卫煎盐军 48 名①。上述 6 个卫的盐场均设在梁家口。广宁卫煎盐军 31 名，广宁左卫煎盐军 44 名，广宁右卫 33 名，广宁中卫煎盐军 33 名。上述 4 个卫的盐场均设在城南小河口 70 里处。广宁右屯卫煎盐军 31 名，盐场设在城南 20 里处。义州卫煎盐军 54 名，盐场设在广宁右屯卫析桥。广宁后屯卫煎盐军 31 名，盐场设在广宁右屯卫五汊河。广宁中屯卫煎盐军 24 名，盐场设在城南 60 里处。广宁左屯卫煎盐军 41 名，盐场设在城东 80 里燕子湖。宁远卫煎盐军 68 名，盐场设在城西南 25 里处。广宁前屯卫煎盐军 31 名，盐场设在城东南 70 里塔山口。三万卫煎盐军 51 名，盐场设在盖州平山。辽海卫煎盐军 41 名，盐场设在海州西南。铁岭卫煎盐军 52 名，盐场设在盖州卫八角湖。沈阳中卫煎盐军 52 名，盐场设在海州卫梁房口。海州卫煎盐军 44 名，盐场无法考证。盖州卫煎盐军 68 名，盐场设在城西 40 里处。复州卫煎盐军 62 名，盐场设在城西 42 里处。金州卫煎盐军 62 名，盐场设在城东北 130 里处。

以上盐场，每年产盐约 380 多万斤，可见明代辽东制盐业文化之发达。

三　烧制业文化

明代辽东烧制业文化是应建筑墩台、庙宇、镇城的需要而发展起来的。修建庙宇、镇城等需要大量青砖、琉璃瓦和各种飞金琉璃瓷器，为烧制业文化的发展创造了条件。明代辽东烧制文化主要表现在烧砖、烧瓦、烧瓷等方面。

据《朝鲜李朝实录中的中国史料》记载，1470 年，明代修筑辽

① 金毓黼. 辽海丛书・辽东志・兵食志：第一册 [M]. 沈阳：辽沈书社，1985：387.

东边墙，“自东州至硷阳，或以石或以土筑之。自硷阳至叆阳，今年燔甓以筑”①。其中燔甓即烧砖。修边墙所用的砖，均由“辽东输以供之”。据《辽东志》记载，1443 年，仅辽东都司所属 25 卫，从事烧制窑造的就有 1442 人，其中沈阳中卫最多，有 105 人②。

明朝时期，朝鲜使用的“立釜燔造法”是由中国传去的。所谓立釜燔造法，就是以“土作沙器，烧制时要立釜”，“立釜则火气直上，烽烟气皆平”，保证了烧制质量。若是“卧釜”燔造，则火焰在釜内横乱于其中，“故沙器易至苦窳”③，无法保证烧制物品的质量。当时辽东地区普遍使用立釜燔造法，所烧制的砖、瓦质量较好。这说明明代辽东烧制业文化已达到较高程度。

四　造纸业文化

明代造纸业文化达到了手工业造纸文化的最高水平。从《天工开物》记载看，当时造纸业文化广泛流布于南、北方广大地区。

明代，辽东都司辖区造纸业文化发展也很快。当时最大的造纸厂设在辽阳，厂址在辽阳城东门外太子河畔。具体造作方法是：“用生麻及桑皮，真木炭水、石灰交杂熟蒸，晒干，以木椎打去粗皮及石灰，细截，盛竹筐子洗净，细磨，又洗净，和滑条水造之，此则常用册纸也”④。

五　舟车制造业文化

明代造船业文化无论是技术还是规模，都处于世界领先地位，

① 吴晗．朝鲜李朝实录中的中国史料：第二册［M］．北京：中华书局，1980：603.

② 金毓黼．辽海丛书・辽东志・兵食志：第一册［M］．沈阳：辽沈书社，1985：387.

③ 吴晗．朝鲜李朝实录中的中国史料：第二册［M］．北京：中华书局，1980：741.

④ 吴晗．朝鲜李朝实录中的中国史料：第二册［M］．北京：中华书局，1980：618.

特别是永乐时期更为发达。明代造船业文化形态分为官营和民营两种。官营造船业文化分布很广，凡海运交通口岸、对外贸易基地以及海防驻军卫所都设有规模不等的造船厂。当时，辽东地区造船业文化也很兴盛，造船业文化形态主要为官办。到了明代中期以后，辽东都司官营能造巨舟，民造船只也很大；拥有大船的船头靠脚价钱维生已很普遍，民船运输业也很兴盛。

明代，辽东都司官营船场主要分布在金州卫、复州卫、海州卫、盖州卫等沿海地区卫所。造船业文化的发达带来船运业文化的繁荣，同时船只修造业文化随之兴起，明代中期以后，辽东地区沿海一带，修造船业文化一直很兴盛。

明代，辽东都司辖区内交通文化比较发达，以辽阳、广宁、开原为中心，四通八达。辽东都司的政治中心在辽阳，因而以辽阳为中心形成向四周辐射的交通网络，通向北方的奴儿干地区和东边的朝鲜半岛。明朝初期，辽东地区因战乱经济凋敝、物资匮乏，屯田军所需的粮食和日用品，多从内地调运。水路运输船舶大多停靠旅顺口，再从旅顺口沿着驿路，过境金州、复州、盖州、海州四卫，向北运到辽阳。

此外，明代辽东地区的交通线，主要运输缴纳贡赋、赏品，装运建州夷人，装运海西夷人，押送囚徒，运送高丽贡品及回赐等，由此带动了辽东地区车辆制造文化的兴起和发展。据《明代辽东档案汇编》载，辽东都司大部分驿站、递运所，都有车辆作为运输使用。车的种类多种多样，如装运夷人车、装运高丽贡品车、装运甲车、装运货车、装运箭杆车、军车等，是根据运输物品的需要而制造的。如广宁卫，“广宁递运，安插二所车户周奎等，装运海西夷人车七辆”；同档还记载：“广宁递运，安插二所车户周奎等，装运囚犯车三辆，用车户李添福等六名”。仅一个卫所的递运所使用的车辆就如此之多，可见，明代辽东地区车辆制造业文化是比较发达的。

第三十二章　明朝时期辽东地区城市经济文化

兴起于宋元时代的乡村地区定期集市及州县城外草市，到明代中后期已经遍及全国。这些定期集市和草市便利乡村居民获得生活必需品。集市与草市的普遍出现，说明以自然经济为主、以商品经济为不可或缺的补充的经济模式进入成熟阶段，为剩余产品和日用品的调剂交换提供了简便有效的方式。在商业性市镇蓬勃兴起的同时，作为各级行政中心的城市的经济功能也有所加强。

明代辽东地区形成了以辽阳、开原、广宁等为重点的商业性城市，带动了明代辽东城市经济文化的发展。

第一节　明代辽东地区主要城镇文化

明代辽东地区城市文化带有明显地域特色。辽东都司辖区因地理位置特殊且重要，多见坚固的城堡、耸立的墩台、通畅的驿站、绵延的边墙等，城镇文化带有武备特征。辽东都司辖区以辽河为界分辽西和辽东两个区域。辽西地区主要包括辽西走廊和辽西丘陵地带，辽东包括辽东平原和辽南丘陵地带。辽东平原和辽西走廊，聚居了辽东绝大部分人户，明朝在统一辽东后所设置的行政机构就分布在这一线。因此，形成了辽东以辽阳为重点、辽西以广宁为重点的辽东都司城市文化①。

一　辽东辽阳镇城文化

辽阳旧称襄平，位于辽东都司辖区中部，处于辽东丘陵和辽河平原的接合部，南联金复，北控沈铁，战略地位十分重要，自古是兵家必争之地。自战国以来，辽阳就是辽东乃至东北地区的政治、经济和文化中心，辽、金、元时，辽阳被称作东京。明朝统一辽东，置辽东都司治所在辽阳。1372 年，改建辽阳城周十八里有奇，置六门，南二门，左为安定、右为泰和，东二门，左为平夷、右为广顺，西南门为肃靖，北门为镇远。城东南角城墙上建有一座魁星楼，八角形，两层，重檐斗拱，垂脊上有兽类塑像，栩栩如生。作为辽东都司的治所和辽东镇城，辽阳城内外设有众多军政机构，这些机构治所建设，对于推动辽东地区镇城文化发展具有重要作用。

（一）辽东都司治所

辽东都司是辽阳城内最大，也是明代在此设置最早的军政机构。都司衙内，有正堂、抱厦、左右镇胡厅、东西吏房、仪门、廊房、断事司、经历司、榜房等，共计 200 余房间。此外，都司门前立有三个牌坊：南为全辽阃寄，东为振武，西为扬威。都司之东设司狱司，西门外设僧纲司，定辽前卫前设医学，都司东北设阴阳学，都司南设预备总仓②。

（二）辽东都司所隶卫卫治

辽阳城内还驻有辽东都司所隶六个卫所之办事衙门。具体为，定辽中卫：卫治衙门是一座两进的四合院，正堂 5 间，抱厦 3 间，

① 金毓黼．辽海丛书・辽东志・地理志・全辽志・图考：第一册［M］．沈阳：辽沈书社，1985：352、498.

② 金毓黼．辽海丛书・全辽志・图考：第一册［M］．沈阳：辽沈书社，1985：498.

东西吏房各10间，二门12间，大门5间。其他五卫都按照此规模建造。卫治内一般设经历司、镇抚司及各千户所。定辽中卫衙门内设左、中、前、后四个千户所；定辽左卫设左、中、后3个千户所，另外带管城内的税课司和神机库；定辽右卫原设于城内，有右、后二个千户，1565年12月，将“定辽右卫2所官军并入左卫，而改置右卫于凤凰城，添设左、右、中所及以金州卫所辖黄骨岛堡割隶右卫”，此后，辽阳城内只驻有五个卫衙；定辽前卫设左、右、前后四个千户所，带管定辽前卫库；定辽后卫设左、右、中、前、后五个千户所；东宁卫设左、右、中、前、后、中左六个千户所①。

（三）自在州州治

明初用以安置招抚归来的北部各族而设置的行政区，州衙门原置于开原，后南迁，改建于东宁卫西北，州衙随之迁往辽阳城内。

除了辽东都司及其隶卫治所外，在辽阳城之安定门外设有校场，都司北设有养济院，西门外有漏泽园（公共墓园）。各卫均设有自己的社学、军器局、军储库、预备仓、草场、盐场和铁场的办事机构。

（四）副总兵府府治

1467年，明朝设分守辽阳副总兵，命广宁前屯备御都指挥同知裴显充副总兵，分守辽阳，负责管理清河、碱场、马根单、孤山、一堵墙、散羊峪、抚顺、会安、东州、沈阳、静远、平虏、上榆林、蒲河、十方寺、长安、长静、长宁、长定、长勇、长胜、武靖营、奉集、咸宁营25处营堡；平时操练军马，修理城池，抚恤士兵，防御虏寇。如遇报有大警，开原、海盖二参将，沈阳、高平二游击所管兵马悉听调度，分布截杀。辽阳副总

① 历史语言研究所．明实录·世宗实录：卷五百五十三［M］．北京：中华书局，2016.

兵府是辽东防御区的总司令部，其衙在辽阳城内，衙内除有数十间办公和生活用房外，还有马神庙、土地庙、箭厅及中军厅。门前两座牌坊，东为痼外长城，西为河东重镇，指明此处为辽东帅府所在①。

（五）察院治所

为辽东巡按御史之办公场所。察院正厅为肃政堂，前面牌坊有二，东为激扬，西为贞肃。院前榜房 20 间，中建更楼 3 间，扁其南曰“宣达”，北曰“明远”。院之西坊一，曰“纪纲征地”。察院十分庄重，充满肃杀之气。②

（六）都察院行台治所

为辽东巡抚之临时办公场所，在察院之左边。另外，按察分司、布政边备分司、苑马寺、太仆寺、管粮通判公署、岫岩通判行署，也都在辽阳城中。除此之外，还有教育、交通，以及都司儒学和各卫社学、正学书院和武书院，都在辽阳城内。还有西关内的辽阳城驿、城西八里庄的递运所、安定门外的朝鲜馆、泰和门外的夷人馆等③。

古代政府衙门的兴建，是早期镇城文化兴起和繁荣的重要推动力。以上所举辽阳城内外众多军政机构办公场所的建设，对推动辽阳镇城文化发展具有重要作用。

---

① 历史语言研究所．明实录·宪宗实录：卷三十九［M］．北京：中华书局，2016.

② 金毓黼．辽海丛书·全辽志·图考·艺文志上：第一册［M］．沈阳：辽沈书社，1985：498、641.

③ 金毓黼．辽海丛书·全辽志·图考：第一册［M］．沈阳：辽沈书社，1985：498.

二　明代辽东卫城文化

辽东地区还有7座因军事防御之需而建筑的镇城。① 其主要包括：

（一）海州卫城

秦汉时辽东郡地，高句骊为沙卑城，渤海号南京南海府，辽为海州南部郡，金曰澄州，元弃，明初置卫，1376年，海州卫指挥刘成修建有四门，东为镇武、南为广威、西为临清、北为来远，广威、来远是南北交通要道，临清为扼守辽西之咽喉；城内有鼓楼（在卫治东中街）、钟楼（在卫治东山之麓，后移于东门内山北）。海州城内修建有察院行台，作为巡按御史每年巡察时的办公场所。在城内西北隅内设三套机构，即海州卫官署，有经历司、镇抚司，以及左、右、中、前、后五千户所；参将府（主管海州和盖州境内军事的最高统帅部），在卫治院内西北角；备御公署（负责海州卫守备任务），在卫治内东北角。此外，海州城内还有儒学、社学、军器库、军储仓和养济院；西关内有在城驿；北关内有递运所；城外西北有教场、草场以及漏泽园；数十里外有盐场百户所，铁场百户所。

（二）盖州卫城

其地势险要，控扼海岛。秦汉时辽东郡地，唐置盖州，渤海因之，改辰州，辽初为长平郡，金复称盖州，元初为盖州路，明初设卫。1372年，盖州卫指挥吴玉创建土城；1376年，拓展南面，用砖包砌。城内最重要的官署为苑马寺和盖州卫。苑马寺原设于辽阳，1558年迁至盖州，1563年兼兵备后，苑马寺成为金、复、盖三州之最高军政长官。另外，盖州也设察院行台作为巡按御史的公署。盖州卫在城中央，内设经历司、镇抚司，以及左、

① 金毓黼．辽海丛书·辽东志·地理志：第一册［M］．沈阳：辽沈书社，1985：352、500—509、522—527．

右、中、前四千户所；另外城内还有儒学、社学、军器库、军储仓、养济院、在城驿、递运所；城外有草场、教场、漏泽园；数十里外有盐场百户所和铁场百户所。

（三）复州卫城

秦汉时辽东郡地，唐设于渤海，辽置复州怀德军，金仍曰复州，元弃，明初置卫。1382 年，在永康县旧址基础上修建；1406 年，指挥蔡真用砖包砌，建有三门，即东为通明，南为迎恩，北为镇海。城内设有察院行台，治在城正中央，内设经历司、镇抚司，以及左、右、中、前四千户所。城内有儒学、社学、军器库、军储仓、在城驿、递运所；城外有草场、教场、漏泽园等；百里外有盐场百户所和铁场百户所。

（四）金州卫城

秦汉时辽东郡地，高句骊为南苏城，辽曰苏州安复军，金改为金州，元弃，明初置卫。明朝统一辽东后，在老城旧址重新修建，完全用砖包砌，1377 年完工。筑城门四座，东为春和、西为宁海、南为承恩、北为永安。1536 年，巡抚王之诰添筑四个角楼。金州城南北两门有瓮城，称南关和北关。金州城内设有察院行台、金州守备公署和金州卫。金州卫治在城内东北隅，内设经历司、镇抚司，以及左、右、中、前四千户所（另中左千户所在旅顺城）等机构。城内有儒学、社学、军器库、军储仓；南关设在城驿，北关设递运所；城外有草场、教场、漏泽园。

（五）沈阳中卫城

春秋战国时属燕，秦汉时为辽东郡地，晋及后魏因之，渤海时置沈州，辽置兴辽军，后改沈州，金因之，元置沈阳路。明初置卫。1388 年，指挥闵忠在元城旧址上修建砖城。有四门，东为永宁、南为保安、西为永昌、北为安定。万历年间曾重修，将北门改为镇边。沈阳中卫治所在城东南隅，元代总管府旧址，内设经历司、镇抚司，以及左、右、中、前、后五千户所。城内有儒学、社学、军器库、军储仓；城外有草场、教场和漏泽园等。此外，沈阳游击府及沈阳备御公署亦设在城内。

（六）铁岭卫城

秦汉时辽东郡地，渤海时置富州，辽金时为嚚（银）州，元因之。明初，1388 年，置卫于奉集堡（今沈阳城南），1393 年，“徙辽东铁岭卫于沈阳、开元两界古嚚州之地”，古嚚州即今铁岭城旧址。城周围四里六十步，高二丈。有四城门，东为抚夷、西为承恩、南为庆云、北为威远；城上有四个角楼。铁岭卫于 1393 年移入城内北隅，设有经历司、镇抚司，以及左、右、前、后四千户所，其他设置与各卫同。

（七）三万卫城

三万卫城在开原，元朝咸平府旧址。1389 年，三万卫治从松花江下游迁至开原。1393 年，辽海卫从牛庄北迁榆树城，永乐年间，辽海卫迁入开原城。开原城地处辽东都司北部，防御任务十分艰巨，明朝政府也高度重视开原防务。因此，开原驻军仅次于辽阳和广宁。开原城原为土筑，洪武年间改为用砖石包砌；改四门为，东为阳和、西为庆云、南为迎恩、北为安远；城墙上有四个角楼，城内筑有钟楼和鼓楼。开原城中的三万卫治由指挥刘显修建，设有经历司、镇抚司，以及左、右、中、前、后五千户所，另有三个千户所不在卫治内。辽海卫由指挥阮瑢修建，设有镇抚司，以及左、右、中、前、后五个千户所，另有四个千户所不在卫治内。开原城名义上驻有两个卫，但却有十七个千户所，有近四个卫的编制。两卫的附属机构与其他卫相同，只是儒学、社学、草场、教场、漏泽园为两卫共用；在城驿设在南门西，递运所设在南门外。

除两卫外，明朝还在开原设置自在和安乐两州，专门用于安置招抚南归的辽东都司辖境的北方各族人户。永乐年间，自在州南迁辽阳，安乐州仍在开原。

1540 年，明朝政府添设开原边备；次年在开原城内建按察分司，作为开原边备公署；1543 年改为兵备，作为开原地区最高军政长官；明朝政府在开原设有参将府；设有管理马市的提都马市公署。

三　辽西广宁镇城文化

广宁背靠医巫闾山，南揽辽河平原，居于辽东往来辽西的交通要道。自先秦便于此设治，辽金元时期，设广宁府，明初置广宁卫。广宁城有 5 座城门，即东永安、西拱镇、北靖远、南左安泰、南右迎恩，以及 4 个角楼。广宁城虽不是都司治所，但辽东巡抚、总兵和镇守太监都在此驻守①。

（一）都察院署衙

广宁都察院是辽东巡抚的官署，旧址在镇东堂后。前厅为保厘堂，其后有皂隶房、抄案房、仪门、中堂、寝房、穿楼、景范楼、亦春堂、文卷房、书吏房等建筑。都察院前面立两座牌坊，东为抚绥，西为贞肃。

广宁城内同属于监察系统的还有察院行台和按察兵备分司。其中，察院行台在安泰门西，是巡按御史巡察时的办公场所；按察兵备分司位于四牌楼东，有正厅、皂隶房、抄案房、中厅、后厅、寝房、厢房、外职房等建筑。

（二）总镇府府衙

辽东总兵府署。在永安门内大街北，其正厅的前匾书有“辽东保障”，府内有器房、掾房、中厅、厢房、向日亭、一清堂、箭亭、寝房、仪门、外职房、裨将房、坐营厅等。府前有两座牌坊，东为三韩司命，西为五路具瞻。“三韩”指汉时乐浪郡辖下的朝鲜半岛南部三个小部落马韩、辰韩、弁韩，合称三韩。后专指辽东

---

①　金毓黼．辽海丛书·全辽志·图考：第一册［M］．沈阳：辽沈书社，1985：510．

半岛地区，很多明清时代的辽东名流都自称来自“三韩”；“五路”指东路辽阳、南路前屯、西路义州、北路开原、中路广宁。这两座牌坊表明，总镇府乃辽东最高军事统帅部。但事实上，真正掌握军事实权的还是辽东巡抚。在明朝设辽阳副总兵后，采取分区防御的办法，辽东总兵的防御重点在辽西，只有在战争状态下，才转入辽东作战。

广宁的军事指挥机关除了总镇府外，还有中路游击府、广宁备御公署、镇城坐营公署等。

（三）会府府衙

广宁驻有辽东巡抚、辽东总兵、辽东镇守太监，这些机构分别隶属都察院、总镇府、镇守府；来自三个不同系统的派驻机构，承担的职责不同，它们之间没有隶属关系，矛盾在所难免，因此，凡涉及辽东大事，均采取会商协调解决。会府即是三部门会商议事场所。会府原在文庙东，即镇东堂旧址，内设议堂、厢房、厅事房，前有牌坊曰节镇。

（四）户部分司府衙

户部派出机构，常驻辽东广宁，管理辽东的京运、开中、屯田等事务，主要职责是监察，掌控辽东军食的生产和供应。户部分司位于泰安门北，署内有正厅、皂隶房、抄案房、中堂、后堂、厢房、书吏房、书房、榜房、职房等建筑。前有牌坊两座，东为经国，西为筹边。

另外，在广宁城内，管理辽东粮储的官署除户部分司之外，还有河西管粮通判公署。

（五）卫所所治

广宁城内最多的机构是辽东都司所属广宁等卫所。其中：广宁卫在鼓楼北，洪武初年，指挥王健修建；内有大厅、后厅、经历司、镇抚司、吏房，及左、中、右、前、后等五千户所；另外带管税课司、医学、阴阳学、神机库、广宁库等机构。（以下各卫厅堂建筑制度与广宁卫大体相同）广宁左卫在城东北隅，永乐年间指挥吴钺修建；有中、前、后三千户所，带管广宁左库。广宁右卫在城西北隅，永乐年间指挥潘铎修建；有中、前、后三千户所。广宁中卫在拱镇门东，成化年间指挥闵质修建；有左、右、前、中四千户所。每卫均有军器库、军储仓、盐场和铁场之管理机构，四卫共有养济院、草场、教场、漏泽园。另外还有河西书院（文庙后）、社学（拱镇门内）、在城驿（四牌楼南）、安夷馆（迎恩门外）等机构。

四　明代辽西卫城文化

广宁镇城以外，辽西地区还有 5 座卫城①。

（一）锦州城

锦州城西联山海关，北依松岭山脉，东接盘山辽河平原，南临渤海辽东湾，是辽西走廊的东西门户，古称其为山海要冲。锦州辽代称锦州、元代称永乐县。1391 年，指挥曹奉在旧址基础上修筑新城；1476 年，都指挥使王锴拓展城墙；1504 年，参将有胡忠、备御管升将南关并入城中。锦州城有四门，东为宁远、南为永安、西为广顺、北为镇北。城内建有钟楼和鼓楼。锦州城是辽西重镇，历来为兵家必争之地。因此，城池不断增修。城内设有二个卫，即广宁中屯卫和广宁左屯卫。其中广宁中屯卫，原置于宁远城，永乐年间改置于锦州城，内设经历司、镇抚司，以及左、右、中、前、后五个千户所；广宁左屯卫，内设经历司、镇抚司，以及左、右、中、前、后五个千户所。

其他附属机构的设置与开原城同。

① 金毓黼．辽海丛书·辽东志·地理志：第一册［M］．沈阳：辽沈书社，1985：352、510—521．

（二）广宁右屯卫城

广宁右屯卫城本元朝闾阳县的临海乡，永乐年间，指挥徐琦、李通修筑卫城。有三门，东为镇海、西为迎恩、北为永安。卫治设在城内东北隅，有经历司、镇抚司，以及左、右、中、前四个千户所，其他机构设置与各卫同，不同的在于城内没有设医学、阴阳学。

（三）义州城

义州城本辽金谊州，1389 年，指挥何浩在旧址基础上土筑新城；宣德年间，都指挥使楚勇用砖石包砌。正德年间，参将胡忠开凿修复马道，有四门，东为熙春、西为庆丰、南为永清、北为安远。永清门外有南关。义州城在万历末年被弃。义州城内设有二个卫，即义州卫，设有经历司、镇抚司，以及左、右、前、后四个千户所；广宁后屯卫，设有经历司、镇抚司，以及左、右、中、前、后五个千户所，附属机构设置与开原城同。

此外，义州城还设有察院行台、参将府和备御公署。参将府在义州卫治西北隅；备御公署在义州卫治东北隅，负责城防安全。

（四）广宁前屯卫城

秦汉辽西郡地，晋及后魏因之，唐初为营州地，咸亨中、辽、金时瑞州，元代瑞州属大宁路，明初置卫。最初是土城，周围五里三十步，高三丈五尺。1392 年，都指挥使曹毅在旧城基础上修建。有三门，东为崇礼、西为武宁、南为迎恩，城中通衢建鼓楼和钟楼。迎恩门外有南关。明统治时期，广宁前屯卫进行多次整修。设有前屯卫治，在崇礼门街北，有经历司、镇抚司，以及左、右、中、前、后五个千户所，附属机构与其他卫同。

（五）宁远卫城

其地势险要，依山傍海，西连山海关，东接锦州，是通往关内外的重要城关。秦汉时为辽西郡地，唐为营州地，辽为锦州及来州地，金、元时为锦、瑞两州地。明初为广宁前屯、中屯两卫地。1428 年，置宁远卫，始为卫城。次年，辽东巡按御史包怀德奏请修建该城，获准后，由辽东总兵巫凯主持开工修建而成。之后，都督焦礼在中街建筑钟楼和鼓楼。1564年副使陈绛重修宁远城；1623年，袁崇焕主持、祖大寿负责增建宁远城，于次年完工。城门在城墙正中，各门皆有瓮城，城内大街成十字，相交于卫城中心之鼓楼。鼓楼基座平面为正方形，高如城墙，下为通向4条大街的十字券洞，上为两层楼阁，与4门箭楼遥相呼应，整个卫城浑然一体，充分体现军事防御特点。

宁远城内设置的主要机构有宁远卫、察院行台、按察兵备分司和参将府。宁远卫治在西门内，设有经历司、镇抚司，以及左、右、中、前、后五个千户所；附属机构设置与其他卫同。不同的是城内不设驿站和递运所。参将府旧设守备，1547年，改宁远前参将，分守二卫，辖二十五城堡。1563年，添设按察兵备分司，为宁远卫和前屯最高军政机关。明朝末年，宁远作为辽西的重要战略支撑点，长年驻扎重兵，成为辽东督师、辽东巡抚的大本营。城内的机构很多，表现在政体文化方面其形态十分复杂。

除上述城镇外，还有蒲河城、汎河城、中固城、九连城、熊岳城、得利嬴城、永康城、永监城、凤凰城、大凌河所城、塔山所城、沙河所城，等等。

总之，无论是辽东的辽阳城和辽西的广宁城，以及其他卫城，都是衙门汇聚之地，其镇城文化表现出明显的政体文化特征。

第二节　明代辽东地区卫城经济文化

明代辽东地区镇城经济文化主要表现在两个方面：一是大批城镇的重新修建拉动地方经济文化发展；二是城镇文化发展带动辽东商业文化的繁荣。

一 卫城重建文化

辽金时，辽东故城绝大多数是土城。明王朝统一辽东，出于战略防御、有效管控和有序发展的需要，在辽东地区设置军政合一地方行政机构都司及卫所。都司及卫所之治所即卫城，大多分布在辽金时及以前遗留的故城，明朝对上述故城进行了整修和扩建。

辽东都司治所辽阳城历史悠久，已有2000年的发展历史，曾长时间为辽东乃至东北地区的政治、经济、文化中心。至明代，设置辽东都司于此，多次对旧辽阳城进行改扩建。《辽东志》记载，1372年，改建旧辽阳周18里有奇；1379年，又展筑东城1里，东西4里合于南城，城周共24里有奇；1537年，又进行了修葺。

（一）辽南诸卫城重建

海州卫城，为秦汉、高句骊、渤海、辽、金故城，元弃，明初置卫。1376年，海州卫指挥刘成修建，用砖砌成，城周围长有六里五十三步三尺，高为三丈四尺，池深为一丈二尺，阔为三丈五尺①。

盖州卫城，为秦汉、唐、渤海、辽、金、元之故城，明初设卫②。1372年，盖州卫指挥吴玉创建土城；1376年，拓展南面，用砖包砌。周围长约五里八十八步，高为一丈五尺，城池深为一丈五尺，阔为一丈八尺。

① 金毓黼．辽海丛书・辽东志・建置志：第一册［M］．沈阳：辽沈书社，1985：369—376.

② 金毓黼．辽海丛书・辽东志・建置志：第一册［M］．沈阳：辽沈书社，1985：369—376.

复州卫城，为秦汉、唐、渤海、辽、金之故城，元弃，明初置卫①。1382年，在永康县旧址基础上修建；1406年，指挥蔡真用砖包砌，城周围长有三里三百步，高为三丈五尺，城池深为一丈五尺，阔为一丈五尺。

金州卫城，为秦汉、高句骊、辽、金之故城，元弃，明初置卫②。明朝统一辽东后，在老城旧址重新修建，完全用砖包砌，1377年完工，城周围有六里三丈五尺，城池深为一丈七尺，阔为六丈五尺。

（二）辽中与辽北诸卫城重建

沈阳中卫城，春秋战国时属燕，秦汉、晋、渤海、辽、金、元之故城③。明初置卫。1388年，指挥闵忠在元城旧址上修建砖城。城周围有九里三十步，高为二丈五尺，城池二重，内阔为三丈，深为八尺，周围长十里三十步，外阔为三丈，深为八尺，周围长十一里有奇。万历年间曾重修，将北门改为镇边。城内还修有许多寺庙，如万寿寺、望云寺、关帝庙、普济寺、慈恩寺、应福寺、大法寺等。

铁岭卫城，秦汉时辽东郡地，渤海时置富州，辽金时为嚚（银）州，元因之④。明初，1388年，置卫于奉集堡（今沈阳城南），1393年，“徙辽东铁岭卫于沈阳、开元两界古嚚州之地”，古嚚州即今铁岭城旧址。城周围长四里六十步，高为二丈。铁岭卫于1393年移入城内北隅。

① 金毓黼．辽海丛书·辽东志·建置志：第一册［M］．沈阳：辽沈书社，1985：369－376.

② 金毓黼．辽海丛书·辽东志·建置志：第一册［M］．沈阳：辽沈书社，1985：369－376.

③ 金毓黼．辽海丛书·辽东志·建置志：第一册［M］．沈阳：辽沈书社，1985：369－376.

④ 金毓黼．辽海丛书·辽东志·建置志：第一册［M］．沈阳：辽沈书社，1985：369－376.

开原城，亦称三万卫城，元朝咸平府旧址①。1389 年，三万卫治从松花江下游迁至开原。1393 年，辽海卫从牛庄北迁榆树城，永乐年间，辽海卫迁入开原城。开原城原为土筑，洪武年间，将旧土城改为用砖石包砌。城周围长有十二里二十步，高为三丈五尺，城池深为一丈，阔为四丈。

（三）辽西地区诸卫城建设

广宁城，地处辽东往来辽西的交通要道。自先秦便于此设治，辽、金、元时期设广宁府。明初置广宁卫，指挥王雄在旧城址修土城，后都督刘贞又以砖石修之；永乐中，总兵刘江（荣）增展东南关，弘治间，备御胡忠又开筑西隅；正德间，备御李溱展南关庙周围五四六丈，高与城称，城池深一丈五尺，阔二丈，周围十二里四十五步。广宁新城周围共十七里，规模可观。

义州城，秦汉时辽西郡地，唐为营州地，辽为谊州，金改义州，元代属大宁路，明初置卫。1389 年，指挥何浩在原土城旧址基础上土筑新城；宣德年间，都指挥使楚勇用砖石包砌，城周围长有九里十一步，高为三丈，城池深为一丈五尺，阔为三丈八尺。1506—1521 年间，参将胡忠开凿修复马道。

广宁前屯卫城，秦汉辽西郡地，晋及后魏因之，唐初为营州地，咸亨中、辽、金时瑞州，元代瑞州属大宁路，明初置卫②。最初是土城。1392 年，都指挥使曹毅在旧城基础上修建，周围长有五里三十步，高为三丈五尺。

宁远卫城，1429 年，辽东巡按御史包怀德奏请修建该城，获

---

① 金毓黼. 辽海丛书·辽东志·建置志：第一册［M］. 沈阳：辽沈书社，1985：369—376.

② 金毓黼. 辽海丛书·辽东志·建置志：第一册［M］. 沈阳：辽沈书社，1985：369—376.

准后，由辽东总兵巫凯主持开工修建而成①。城高三丈，外用大青砖，内用巨石砌筑而成。底宽为一丈六尺，顶宽为一丈五尺，周长千丈有余。之后，都督焦礼在中街建筑钟楼和鼓楼。1564年，副使陈绛重修宁远城；1623 年，袁崇焕主持、祖大寿负责增建宁远城，次年完工。

二　卫城经济文化

明代，辽东地区镇城经济文化日渐繁盛，最具代表性的是古城辽阳。

辽阳造船业、冶铁业和造纸业等手工业文化之发达，为辽阳镇城经济文化，尤其是商业文化的繁荣提供了条件。据《全辽志》《朝鲜李朝实录中的中国史料》等史料记载，明代辽阳太子河畔修造船业已经具有一定规模，所造船只不仅满足海、河运输需要，也用于修造浮桥；冶铁业主要在辽东都司所属定辽中卫、定辽左卫、定辽右卫、定辽后卫、定辽前卫所隶铁场，年产大量的铁供辽东各地使用；辽阳造纸场是当时辽东乃至东北唯一的造纸场，设在辽阳城东门外太子河畔，能生产大量的“常用册纸”；辽阳当时兵器手工业也很发达，顿项盔约占辽东地区产量的 20%，甲约占 15%，腰刀约占 25%，箭约占 20%，此外还能生产一些当时较为优良的兵器，如铜大将军、铜二将军、铜三将军、铜碗品铳、铜佛郎机、铁佛郎机、神枪、快枪等。辽阳城镇经济的繁荣发展，吸引大批各地商人聚集资本，当时以徽商、晋商为最多。徽商经营两淮盐场的盐，“几遍禹内”，“山陬海涯，无所不至”，甚至有的徽商“以太学生操盐策贾辽阳”。外地商人到辽阳经商，有的经数年方离辽阳归籍，有的甚至终身不归，定居辽阳。如山西客商张柱，行商辽阳，苦心经营，最后成为辽阳一富商。考古出土的

① 金毓黼．辽海丛书·辽东志·建置志：第一册［M］．沈阳：辽沈书社，1985：369—376．

辽阳墓志发现，《汪德轩墓志》《王琏墓志》等均有相关文字记载，说明辽阳当时商业文化很发达。

在辽阳以外，明代辽东地区卫城经济文化可以划分三大区域，即辽南地区，辽中、北地区，辽西地区。

（一）辽南地区卫城经济文化

明代，辽南地区各卫城经济文化总体上比较繁荣。如海州城不仅有冶铁业文化，而且制盐业文化尤为发达；明代盖州城制盐业和炼铁业文化都较发达，尤其是渔业生产文化十分发达，每年缴纳鱼课税折银 171 万两之多；复州城除了能够生产盐和铁之外，畜牧业文化也很发达；金州城渔业文化发达，民“擅鱼盐、勤耕作”，又海运畅通，“商贾骈集，贸易货殖络绎于金复间”，城镇商业文化较为繁盛；特别是旅顺口城，濒临黄海和渤海，海岸线曲折，港阔水深，是天然良港，在明代是重要的港口城镇，是货物集散地，大量粮谷、军需物资由山东运来，再由此转运北上到辽东腹地。因此，商业文化比较兴盛。

（二）辽中与辽北地区卫城经济文化

明代，辽中、辽北地区各卫城经济文化形态主要表现为马市。明代先后在开原城、抚顺城设立马市，招徕山东、山西、苏杭等地客商，商品经济有一定发展，商业贸易不仅推动了地区经济的发展，也促进了手工业和农业的进一步分离，从而刺激了手工业的发展。开原是明代在辽东的冶铁基地之一，抚顺的采煤业开始恢复。

（三）辽西地区卫城经济文化

明代，辽西地区各卫城经济文化也比较发达，主要形态有木市和马市。如义州城，其商业文化主要形态是木市。义州木市设立于 1595 年，每年春三四月、秋七八月，开市交易。木市的发展对带动义州地区经济发展有一定作用。如广宁城，马市是其商业文化之主要形态。明代初设广宁马市主要是为了满足兀良哈三卫之互市要求，随着马市的发展，商品贸易范围扩大，招徕各地客商到此营商，广宁城商业文化日渐发达。还有宁远城商品贸易十分活跃，“商旅辐辏，流移骈集，远近望为乐土”。

第三十三章　明朝时期辽东地区交通文化

交通是联系城乡的纽带，是输送商品的桥梁。交通文化的发展不仅可以促进地区间文化的交流与发展，还可以推动地区商业文化的发展与繁荣。明代在全国建立了严密有效的驿递系统，以便中央和地方各地联络。洪武年间驿递网以首都南京为中心，设有驿站 1936 处；永乐迁都北京后，经过调整，形成以北京为中心的驿递网，至 1587 年，全国设有驿站 1036 处。

明代完成统一辽东后，设置辽东都司，并陆续建立卫所，完善地方行政建置，使辽东地区政局趋于稳定。为了加强对辽东地区的管理，明朝政府在元代辽阳行省站赤的基础上广设驿站，建立以辽阳、开原、广宁为重点的辽东地区交通驿路。

明代辽东交通文化发展达到了新的水平。

第一节　明代辽东地区陆路交通文化

明代辽东都司治所在辽阳，下陆续设立二十五卫、二州，卫、州治所分布在南起旅顺，北至开原，东临鸭绿江，西至山海关的广阔地域，自东南向西部、北部延展，地理位置重要，是明朝经营辽东的基础。辽东都司交通文化继承元代行省站赤文化，交通驿路主要以辽阳、开原、广宁为中心分布①，详见表 33－1。

表 33－1　　　明代辽东都司下设卫州情况表

地区	卫名称	设置时间	地址
辽南	盖州卫	洪武九年（1376 年）十月	盖州城
	金州卫	洪武八年（1375 年）	金州城
	海州卫	洪武九年（1376 年）	海州城
	复州卫	洪武十四年（1381 年）	复州城
辽沈	定辽左卫	洪武六年（1373 年）十一月	辽阳老城西南
	定辽右卫	洪武六年（1373 年）十一月	辽阳老城西，后迁凤凰城
	定辽前卫	洪武八年（1375 年）二月	辽阳老城北
	定辽后卫	洪武八年（1375 年）二月	辽阳老城西北
	东宁卫	洪武十九年（1386 年）七月	辽阳北城中部
	定辽中卫	洪武十七年（1384 年）	辽阳老城东南
	沈阳中卫	洪武十九年（1386 年）	沈阳旧城东南
辽北	三万卫	洪武二十一年（1388 年）	斡朵里迁会宁，后迁开原
	辽海卫	洪武二十三年（1390 年）二月	由牛家庄迁开原
	铁岭卫	洪武二十一年（1388 年）三月	奉集（沈阳）迁银州（铁岭）

① 辽宁省地方志编纂委员会办公室．辽宁省志·地理志·建置志［M］．沈阳：辽宁民族出版社，2002：225.

续表

地区	卫名称	设置时间	地址
辽西	义州卫	洪武二十一后（1388年）八月	义州城
	广宁卫	洪武二十三年（1390年）	广宁城
	广宁中卫	洪武二十六年（1393年）	广宁城中部
	广宁左卫	洪武二十六年（1393年）正月	广宁城东北
	广宁右卫	洪武二十六年（1393年）正月	广宁城西北
	广宁左屯卫	洪武二十四年（1391年）九月	十三山迁显州迁广宁迁锦州
	广宁右屯卫	洪武二十六年（1393年）九月	十三山迁公主寨迁右屯城
	广宁中屯卫	洪武二十四年（1391年）九月	东关驿迁锦州迁广宁迁宁远
	广宁前屯卫	洪武二十六年（1393年）正月	瑞州城
	广宁后屯卫	洪武二十六年（1393年）正月	懿州城
	宁远卫	宣德五年（1430年）正月	汤池城
两州	自在州	永乐六年（1408年）	初开原，后迁辽阳
	安乐州	永乐六年（1408年）	开原老城

注：此表参阅《辽宁省志·地理志·建置志》综合编辑而成

以上辽东都司所属卫、州的设置，不仅加强了对地方的治理，也为辽东地区交通文化的繁荣和发展奠定了基础。这些卫、州治所往往是经济较为发达的地区，多有较好的交通基础。据《辽东志》记载，当时辽东都司辖区的驿路，大都依托卫所形成交通管理体系①。

明代辽东都司的交通文化主要以辽阳、开原、广宁为重点，形成交通驿路网络。

一　以辽阳为中心的交通驿路文化

辽阳自古以来就是辽东的政治、经济、文化中心。明代设辽东都司置于辽阳，因此，以辽阳为中心形成了向四周辐射的交通网络，并通向北方的奴儿干地区和东边的朝鲜半岛。

（一）辽阳南行到旅顺的交通驿路

自辽东都司城西之辽阳大城驿（今辽阳市）始，经鞍山驿（今鞍山市旧堡街道）、海州驿（今海城市）、耀州驿（今大石桥市）、盖州驿（今盖州）、熊岳驿（今营口市鲅鱼圈区熊岳镇）、五十寨驿（今盖州李官土城子）、复州驿（今辽宁省瓦房店市复州卫南城）、岚古驿（今大瓦房店市南岚村）、石河驿（今大连市普兰店区石河镇）、金州驿（今金州区南关岭镇）、木场驿（今大连市甘井子区前牧城驿），最后到达旅顺口驿（今大连市旅顺口区）。在这条驿路上的重要城镇有金州、复州、盖州、海州四卫，俗称“南 4 城”，是从海路到达辽东都司治所辽阳之必经之地。

（二）辽阳北行到开原的交通驿路

自辽阳北虎皮驿（今沈阳南十里河）始，经沈阳驿（今沈阳）、懿路驿（今沈阳北懿路城）、汛河驿（今铁岭市南凡河镇）、中固驿（今开原市南中固镇）、银州驿（今铁岭市银州区），最终到达开原驿（今开原市老城镇）。这条驿路上的重要城镇辽阳、沈

① 金毓黼. 辽海丛书 • 辽东志 • 地理志 • 驿传：第一册［M］. 沈阳：辽沈书社，1985：382.

阳、铁岭、开原四卫，俗称“北四城”，是从辽阳到开原以北各驿站之必经之地。

（三）辽阳西南行到山海关的交通驿路

自鞍山驿（系由辽阳通往辽南、辽西的重要中转驿站）始，经广宁驿（今北镇市）、小黑山驿（今黑山县）、闾阳驿（今北镇市南闾阳镇）、十三山驿（今凌海市东北石山镇）、小凌河驿（今锦州市城南小凌河畔）、杏山驿（今锦州杏山堡）、连山驿（今兴城东北双树堡一带）、宁远卫驿（今兴城市）、曹庄驿（今兴城市西南曹庄）、东关驿（今兴城市西东关站）、沙河驿（今绥中县西南沙河站）、高岭驿（今绥中县西南高岭镇），最后到达终点站山海关驿。这条驿路上的重要城镇广宁、宁远、广宁右屯卫、广宁前屯卫，是从辽阳到山海关乃至北京各驿站之必经之地。

（四）辽阳东南行到凤凰城与镇江城的交通驿路

自辽阳东南行，沿汤河右岸陆行，先经大石关驿（今石门岭），再经甜水驿（今辽阳市东南甜水镇）、连山关驿（今本溪满族自治县南连山关镇）、雪里驿（斜烈站）、凤凰城驿（今丹东凤城市）、汤站（今凤城市南汤山城），终点到达镇江城（今丹东市九连城）。镇江城始建于 1596 年，系金代婆速府路、元代婆娑府旧址，明代初期称九连城。1573－1620 年间，改长奠堡备御为游击，移驻镇江。镇江镇为辽东东南边境上重要军事基地，也是中朝使臣来往必经之路。明代经甜水站去凤凰城和鸭绿江的干道上，今本溪境内的连山关尤为重要。其东行凤凰城、鸭绿江，为去往朝鲜的辽东险关；西行出石门岭可直达辽阳；西北行则可达沈阳中卫，并可转开原、铁岭诸卫。连山关实乃辽东之交通枢要关隘。

据《寰宇通志》记载，以辽阳为中心的交通驿路除了上述线路外，还有从辽阳沿浑河东北行，经沈阳、抚顺，再沿苏子河东行，经木奇镇到新宾县（今抚顺市新宾满族自治县）永陵镇的旧老城和老城，即建州女真努尔哈赤根据地赫图阿拉城；从辽阳沿太子河东行，经本溪、清河城，出鸦鹘关到新宾县（今抚顺市新宾满族自治县）永陵镇旧老城和老城①。

二　以开原为中心的交通驿路文化

开原（今辽宁省开原市）是自在州、安乐州的治所在地，同时也是三万卫与辽海卫的卫治所在地。明代，开原是仅次于辽阳的辽东政治中心。早在元代开原置咸平府，开辟了开原到聂延（今黑龙江省绥化市乃颜古城）以及宋瓦江（今松花江）的驿路。明代在此基础上，发展以开原为中心的交通文化，向东开辟了开原陆路至朝鲜后门，连接开原至朝鲜东北地区的交通线路；向东北开辟了纳丹府（今吉林省桦甸市）东北陆路，连接东北女真族居住地区的交通线路；向西开辟了开原西陆路，一直到懿州（今阜新地区），连接兀良哈（蒙古一部）等扶余卫的游牧民族地区的线路；向北开辟开原北陆路，连接奴儿干都司（今吉林及黑龙江地区）的线路。

（一）开原东陆路至朝鲜后门的交通驿路

从开原出发向东行，经坊州驿（今辽宁省铁岭市西丰县与清原土口子一带）、奚官驿（今吉林省延边朝鲜族自治州珲春市西图们江畔）、纳丹府城驿（今吉林省吉林市桦甸市苏密城）、费儿忽驿（今吉林省延边朝鲜族自治州敦化市大蒲柴河古城）、弗出驿（今吉林省延边朝鲜族自治州安图县境内万宝古城）、南京驿（今吉林省延边朝鲜族自治州延吉市城山子山城），渡图们江进入朝鲜的东北部，经随州（今朝鲜咸镜北道名目城）、海洋（今朝鲜咸镜北道北青）、秃鲁（今朝鲜咸镜南道端川西古城），到达终点站散三（今朝鲜咸镜南道北青）。

（二）开原东北经纳丹府到毛怜的交通驿路

从纳丹府驿出发，东北行，经那木剌站（驿）（今吉林省吉林

---

① 陈循，等. 寰宇通志・辽东都司指挥使司・馆驿［M］. 北京：中华书局，1960.

市桦甸市暖木）、善出和阿速纳合（确址待考）、潭州驿（今吉林省延边朝鲜族自治州敦化市）、古州驿（今牡丹江市西南）、旧开原驿（今辽宁省铁岭市开原市双城子南山城），最后到达毛怜（今图们江北珲春市境内）。

（三）开原西行到懿州的交通驿路

从开原出发，西行，经庆去站（今康平县东南小塔村）、熊山站（今法库县西四家子古城）、洪州站（今彰武县四合城子），到懿州驿（今阜新县城东塔营子古城）。

（四）开原北连接奴儿干都司的交通驿路

从开原出发，北行，经贾道站（今昌图县四合屯古城）、汉州站（今昌图县四合屯以北）、归仁县驿（今昌图县四面城）、韩州驿（今吉林省梨树县偏脸城）、信州驿（今吉林省公主岭市秦家屯古城）、斡木城驿（伊通河上游西支龙王镇一带）、龙安站（今吉林省农安县城）、海西宾州站（今吉林省农安县东北红石垒一带），最后到达弗颜站（今吉林省松原市扶余市境内）。

三　以广宁为中心的交通驿路文化

广宁是辽西重镇，驻有辽东巡抚、辽东太监、辽东总兵官，其是管理辽东乃至整个东北地区的三大官员，其官衙称“镇东堂”或“会府”，均设在广宁城内。广宁也是辽东马市之一，是和兀良哈三卫互市的地方。广宁是军事重镇，也是辽东乃至东北各民族人民进行经济、文化交流的繁华城镇。辽东总兵官的官衙称镇守总兵府，初设在广宁，隆庆以后迁至辽阳。由广宁至辽阳的交通驿路是，过广宁至黑山，东南行可达鞍山驿和首山、辽阳；东北行可到彰义和沈阳。在明代河套边墙修筑前，与南路牛庄——西平堡至鞍山驿，并列为重要交通枢纽。在辽海衔接处，则以牛庄驿为辽南孔道。从广宁出发，经宁远、广宁右屯卫、广宁前屯卫，是到山海关乃至北京之必经之地。

四　递运所与急递铺文化

明代辽东都司辖区交通文化发达，除了上述线路和驿站外，还设置有众多的递运所和急递铺，主要负责递运官方公文与物资及军需物品，是驿站的重要补充。

明代递运所是在一般的递和驿之外，专门运送军需物资和贡品的运输机构，分水、陆两种。陆驿运输由军卒承担，水路则各由船户负责。据《辽东志》记载，明代辽东都司辖区设置递运所34个，主要集中在辽南和辽西地区①，详见表33－2。

表33－2　　明代辽东都司辖区递运所设置表

递运所名称	地址	设置时间	管理机构
辽阳递运所	辽阳城西八里庄	洪武二十年设	右卫带管
鞍山递运所	鞍山站内	洪武二十年设	前卫带管
虎皮营城递运所	本站（十里河站）内	洪武二十年设	后卫左所带管
广宁递运所	拱镇门东街北	—	—
闾阳递运所	闾阳驿东	—	—
盘山递运所	盘山驿站东	—	—
高平驿站递运所	高平驿西	—	—
十三山递运所	十三山驿西北	—	—
义州递运所	义州城南门外东	—	—
牵马岭递运所	牵马岭驿西	—	—
小凌河递运所	小凌河驿西	—	—
杏儿山站递运所	杏儿站南	—	—

①　金毓黼．辽海丛书·辽东志·地理志·驿传：第一册［M］．沈阳：辽沈书社，1985：382.

续表

递运所名称	地址	设置时间	管理机构
连山递运所	连山驿站东	—	—
曹庄递运所	曹庄驿南	—	—
东关递运所	东关驿南	—	—
沙河递运所	沙河驿西	—	—
高岭递运所	高岭驿北	—	—
开原递运所	三万卫城南门外	—	—
抚顺递运所	中固城东	—	—
银州递运所	铁岭卫西关	—	—
沈阳递运所	沈阳城西四里	—	—
海州递运所	海州卫城北门外	—	—
牛庄递运所	牛庄驿南	—	—
沙岭递运所	沙岭驿站南	—	—
盖州递运所	盖州驿站南	—	—
熊岳递运年	熊岳驿西	—	—
耀州递运所	耀州驿南	—	—
五十寨递运所	五十寨驿西南	—	—
复州递运所	复州驿西	—	—
栾古递运所	栾古驿南	—	—
石河递运所	石河驿西	—	—
金州递运所	金州卫城北门外	—	—
木场递运所	木场驿东	—	—
旅顺递运所	旅顺口北城	—	—

注：此表参阅《辽东志·建置志·驿传》整理编辑而成

明代沿用元代急递铺，以卫所城为中心，向四周辐射，连接周边邻近卫所，形成较为完整的快速邮递网络。据《辽东志》记载，明代辽东都司辖区设置急递铺 53 处，以辽阳、海州、盖州、复州最为密集,① 详见表 33－3。

表 33－3　　明代辽东都司辖区急递铺设置表

地区	急递铺名称
铁岭	城西铺、新兴铺、芦野铺、泥沟铺、山头铺
沈阳	塔山铺、平田铺、东山铺、白塔铺、浑河铺
辽阳	接官亭铺、烂泥铺、山坳铺、板桥铺、首山铺、沙河铺、长店铺、清泉铺
海州	广信铺、牛庄铺、乾沟铺、龙台铺、塔山铺、分水铺、孛兰铺、平洋铺、高头铺、河湾铺、平山铺、三叉河铺、兰村铺、土河铺
盖州	石城铺、□儿铺、榆林铺、埚头铺、新安铺、布子铺
复州	城南铺、八家铺、麻河铺、沙河铺、栾古铺、古城铺、南县铺
广宁	在城总铺
义州	塔山铺、双墩铺、山后铺、十三铺、三家城铺、沙窝铺、大凌河铺

注：此表参阅《辽东志·地理志》整理编辑而成

由此可知，明代辽东都司辖区交通驿站的建立，不但加强了明王朝对辽东地区的经营管理，也促进了各族人民之间的经济文化交流和社会经济的发展，推动了辽东商业文化的兴盛，在开发辽东的历史中发挥了重要作用。

① 金毓黼. 辽海丛书·辽东志·艺文·外志：第一册［M］. 沈阳：辽沈书社，1985：641、682.

第二节　明代辽东地区水路交通文化

明王朝建立之初，为巩固新建立的明政权，防止北元势力东山再起，实行海禁。禁止私人出海贸易，也禁止外商来华贸易，并作为基本国策，长期保持不变。永乐年间，郑和下西洋为后来的开放打开了窗口；明朝中期以后，海禁时紧时松；隆庆以后，部分地区开放海禁，私人贸易发展，海禁政策基本瓦解。

明代辽东海上运输文化的发展，主要是由于军事运输的需要。军需物资量大，陆路运输成本高，故多采取水陆联运的方式，海河运输的物资较多。明朝时期，随着军事形势的变化和实行海禁开放，辽东地区海运的情势变化较大。明朝初期，辽东地区因战乱经济萧条，军队所需物资绝大部分是从山东登州和长江中下游码头运往辽东地区的。永乐时期，大力发展屯田文化，辽东军屯发展，基本实现粮食自给，故内地运往辽东地区军粮的数量减少，其他如布匹、棉花、武器等军事物资大多从登州运送辽东海城牛庄码头，再分配给辽东军队。明嘉靖年间，因海倭猖獗，国家实行海禁，辽东海运文化几乎完全消亡，直至1641年，因辽东水灾，辽东海运才正式解禁。

明代辽东都司辖区主要海河港口有3个，即河口港2个，牛庄和凌河，海港1个，旅顺。河口港滩浅易淤塞，故旅顺港使用率较高。据《明宣宗实录》记载，为方便辽东都司属下各卫就近领取和运输内地运往辽东的物资，分3处停放，即“定辽、三万、沈阳、海、盖诸卫于牛庄；广宁、义州诸卫于凌河；金、复二卫于旅顺口”。据《全辽志》记载，当时一部分粮谷“由直隶太仓海运至牛家庄（今辽宁省昌图县昌图镇）储支”①，即逆辽河而上，再进入其支流亮子河，以达牛家庄。后来，该河运终点改从辽河进入清河到开原，即所谓“宣德年间……海运直通辽阳、铁岭，以达开原”。海运辽东的辽河口，明代称“梁坊口”，即今营口高坎南浑河入海口。

明永乐至洪熙年间，辽东海船 3 处停卸一度改为集中停卸于旅顺，又因一些卫转运不便，改为分别停卸于汪凌河、六州河、旅顺、牛庄等处。1452 年以后，因小凌河等处滩浅河淤，无法停泊，海船再度改为集中停卸于旅顺。

明代通往辽东的海上运输线路较多，利用率较高的有两条。一条是登州至辽河口转广宁线。从登州海运的物资至牛庄附近东昌堡的面花堡，再沿路河水运至广宁制胜堡之东卸货。后由于年久失修，河道淤塞，遂将山东所运物资改为停卸于广宁前屯（今辽宁省葫芦岛市绥中县前屯），再由陆路转运至广宁城给军。嘉靖年间曾两次疏浚路河，试图恢复登州至广宁间的海上与内河联运，未获成功。另一条是登州至旅顺线路。从登州至旅顺历经羊埚、黄城、钦岛、鼍矶、井岛、沙门等岛，各岛相接如驿，行约 550 里水程，2 日内风力顺可到，为海运船只提供了极大便利。

此外，还有登州至大凌河口附近的宁远线、登州至盖州水路、莱州至三犋牛线、天津至辽东航线、成山角至院落线、长江口刘家港至辽河流域的牛庄、凌河口和旅顺口线。这些线路或为辅助，或为临时开辟，利用时间较短。

辽东海河运输文化的发展，既对明朝政府运输物资到辽东发挥了重要作用，也为当时商民和行旅船只提供了极大便利。

① 金毓黼．辽海丛书・全辽志・地理志・驿传：第一册［M］．沈阳：辽沈书社，1985：382.

第三节　明代辽东地区边墙边堡文化

明代，辽东地区长城也称辽东边墙，西起自山海关铁场堡（今辽宁绥中西南铁厂堡）吾名台，经广宁（今北镇）白土厂关至开原镇北关，转而南下至鸭绿江的九连城沿台堡（今丹东楼房乡石城子东之老边墙），盘绕于辽东地区的西、北、东三面，行回曲折，以土墙、砖墙、石墙、木墙，或依山险以为墙垣，全长约2千里，筑有90余堡及890多个墩台，是明朝政府辖治辽东及北部、西部和东部等地区军政体制的重要组成部分。

明代，中国封建集权专制政体文化发展到极致，尤其是明代中期以后，皇帝集权专制，政体文化日益腐化，朝臣结党营私，宦官专权弄政，边官贪污腐化、大肆搜刮，对边地民族横征暴敛，社会各种矛盾加剧，边疆危机日益严重，直接威胁明王朝统治。

明初，因为未能彻底消灭元的残余势力，所以，从立国伊始就很注意北边的防务问题，不断修缮和修建长城。洪武初年，先后修建了居庸关一带的关城要塞、嘉峪关城、山海关城，并在古北口、宣化、雁门等战略要地也先后修筑了关城、城堡、烽火台等防御性军事工程。明初修建的长城西起嘉峪关，东至山海关，距沿阴山而筑的秦汉长城向南收缩了四五百里。朱元璋提出“固守封疆”的边防思想，曾在长城以北层层构筑卫所守备的营堡、城塞据点，并以辽东、宣府、大同、延绥4镇为中心，划分4个战略区，将数百个军事据点分区连成一条有很大纵深的北向防御地带。但从明成祖开始，这条纵深防御体系逐步萎缩，宣宗时，塞前300里纵深防御地带尽落鞑靼、瓦剌之手。正统以后，明代北边边防主要以修筑长城为重点，构筑防御体系。到万历年间，终于建筑起历史上最为完善的长城防御体系。明长城利用秦汉、北魏、北齐、隋和金修筑的长城基础，经过先后18次加修，历时

200 多年方告完成。西起祁连山下，东至鸭绿江边，全长 1.29 万余里。与前代相比，明长城建筑布局更为合理，工程设施更为齐全，整个长城由城墙、关隘、敌台、烽堠、障碍物和外围关堡组成，更适合施行防御作战任务。

明朝统一辽东以后，最早修筑的是卫城，卫城是作为防御工事，用以保护人户和物资的据点。随着卫城的设置和修筑，辽东驿路相继开通，驿站、递运所、急递铺也随之建设，通过这些站铺的建设，整个辽东都司辖区以卫所镇城为重点，以驿路为纽带，各个卫所及镇城联结成片，辽东都司辖区人户及物资防御开始形成体系化，重点防御北边蒙古、女真等部族对辽东腹地的侵扰。

《明史》《明英宗实录》和《辽东志》分别记载，宣德年间，兀良哈游骑已经进入辽西地区，“蓟辽多事自此始”；正统年间，西部瓦剌也先东入寇，曾避居辽西的兀良哈“寇略”，形势愈来愈严重；1442 年，“兀良哈勾结女真野人入境剽掠”，而“明辽东边备废弛，胡虏数入为寇”，“纵横出没，如蹈无人之境”①，致使辽东地区人民“不敢耕牧，遂致田野荒废，边储虚耗，仰给京师”②，“朝廷以为忧”。11 月，明英宗“命都察院右佥都御史王翱往辽东提督军务”③。王翱是一位有胆识、敢作为的人，深谙辽东军务防御体制之利弊，力倡修筑辽东边墙；至辽东后，“乃躬行边，起山海关，抵开原，缮城垣，浚沟堑，五里为堡，十里为屯，使烽燧相接”，以防兀良哈侵扰。很快，辽西段边墙初步建立起来。西段边墙南接关内长城，从山海关外的铁场堡起，东北行，

① 历史语言研究所. 明实录·英宗实录：卷九十八［M］. 北京：中华书局，2016.

② 金毓黼. 辽海丛书·辽东志·艺文志：第一册［M］. 沈阳：辽沈书社，1985：641.

③ 历史语言研究所. 明实录·英宗实录：卷九十八［M］. 北京：中华书局，2016.

过宁远、锦州，到义县清河门，然后东行至广宁北黑山附近的白土厂。烽燧相望，千里相接，珠连贯通，合理配备兵力，使邻之地互相策应，增强了防御力量，在防御兀良哈等部族侵掠方面起到了一定的作用。但好景不长，据《明宪宗实录》记载，1466年，“海西、建州等夷人结菁（兀良哈）三卫，屡犯辽东”，“一岁间寇边者九十七次”之多；次年，建州女真“恃强为恶，自开原以及辽阳六百余里，数万余家，率被残破”。明政府派军进讨建州女真，擒斩近千人。

为了防备建州女真再寇，明朝政府便着手修建永久性的防御城堡、墩台、边墙。1469年，辽阳副总兵韩斌所筑边墙，“乃缘边自抚顺关抵鸭绿江，相其地势，创东州、马根单、清河、碱场、叆阳等五堡，后又设凤凰、镇东、镇夷等三堡，广袤千余里，立烽堠，实兵马，辟灌莽，广屯田”①。之后，东段边墙仍有补修、增修。如1486年，增建凤凰城堡；1500年，新建汤站堡；1546年，增修散羊峪、一堵墙、孤山、险山、江沿台堡等。至此，辽东边墙全部完成。

辽东边墙及其墩台的修筑，是中国明朝封建社会后期，日益腐化的明政体文化用以抵御不断强大的蒙古、女真等部族骚扰，而构筑的军事防御性质的边墙边堡文化，在一定时期、一定地段，客观上也起到了保护辽东居民生产和生活的某些作用。辽东边墙修筑后，如三岔河至开原地段边墙修筑后的第二年，辽东“居民垦荒田有抵墙下者，有种出亮子河者，而秋来零窃绝迹，农家乐业，安心收获”。辽东总兵熊廷弼曾对修筑边墙总结出“有十五利”，其中主要有“居民安心耕收，人畜禾稼无钞略之虞”“民鲜畏虏，塞下田不待军屯而开垦者众”。

应该指出，辽东边墙之修筑，只是为了防止塞外民族抄掠，

① 金毓黼．辽海丛书·全辽志·宦业志：第一册［M］．沈阳：辽沈书社，1985：609.

并不是禁止各族之间正常往来。经济上贸易往来，沿边墙所设镇北关、新安关、广顺关等以及其内外，允许辽东军余、土人经常“阴于墙下去处与夷人易换貂鼠、参松等物”。这使边墙成为各族经济往来的纽带，增强了汉、蒙、女真等各族间的沟通和友谊。这在当时的历史条件下，无疑是一种进步的表现。

第三十四章　明朝时期辽东地区商业文化

由于农业和手工业文化的恢复和发展，以及政府恤商、便商政策得到有效的实施，明初以来几十年的商业文化，随着社会经济文化的恢复和发展相应地发展起来。都市商业文化日渐繁荣，在城市以下，市镇经济开始发展。宣德年间统计，全国较大的商业繁荣的城市达30多个，城市商业文化繁荣程度达到或超过了宋朝全盛时期的水平。

明王朝建立之初，社会经济凋敝。明太祖朱元璋为了恢复封建统治赖以生存的经济基础——农业，巩固新王朝的统治，采取一系列调整性措施，如招抚流亡移民垦荒、兴修水利、实行军民屯田、减轻徭役赋税等，恢复和发展农业、手工业、交通运输业，为商业文化的发展提供了有利条件。同时，采取比较宽松的政策和保护商业发展措施，如从轻从简的商税改革、整肃吏治、对苛征扰民的官吏治以重罪等，大力扶持商业文化发展。至明宣德时期，以城市商业文化繁盛为标志，明朝前期经济发展达到最高峰。

随着国家经济文化的恢复和发展，明代辽东地区商业文化也相应发展。明代辽东商业文化主要形态为商品贸易与马市。

第一节 明代辽东地区商品贸易文化

封建商业文化形态多贩运贸易。封建商业文化初兴时，主要服务于封建统治阶级，满足统治阶级对奢侈品、高档商品的需求，量不在多，只求质好；物不在用，只在奇特。因此，“龙游善贾，其所贾多明珠、翠羽、宝石、猫睛等轻软物，千金之货，只一人自赍京师，贩絮、僧鞋、蒙茸、褴褛、假痈、巨疽、膏药，皆宝藏所藏，人无知者”。到了明代，社会对商品需求由小量到逐步集合成大量，形成多层次的市场需求。同时，也形成了许多便利的交通运输线路，亦称商路。据黄汴《水陆路程便览》统计，明代全国有长江航运、运河漕运、海上运输等143条商路。其中，产自江南的商品（细货），到辽东一路的商贸，多由运河沿岸的临清转运；粮食等大宗商品，多是走海运到辽东。据徐光启《农政全书》记载，产自江浙的棉布“则泛舟而鬻诸北”①；万历《嘉定县志》记载，嘉定出产的棉布“商贾贩鬻……远至蓟、辽……”②。

明代辽东地区商品贸易文化主要为边境贸易和一般商业活动。

一 边境贸易文化

明初，朱元璋实行海禁，不许沿海商民交通外番，从事贸易。明代官方贸易实行朝贡贸易制度，海外各国要同中国通商，必须先同明王朝建立“宗藩”关系，接受敕封，发给“勘合”，持有表文勘合经核对无伪后方许贸易。各国朝贡物品大多是番药、珠宝、奇禽、异兽等，明朝回赠的礼品十分丰厚，如丝、瓷、茶等。使

① 石声汉．农政全书校注［M］．上海：上海古籍出版社，1979．

② 韩浚，等．嘉定县志［M］//四库提要（影印本）．长春：吉林人民出版社，1997．

臣往往于所呈贡品外附带番货，以供交易，官收其十之六，给价以偿之，免其征税。其余在官府监督下，允许自由交易。

明代，辽东地区边境贸易文化是随着国家与朝鲜官方贸易的发展而兴起的。明初，明朝与朝鲜建立贡舶贸易关系，朝鲜与明朝官方正式贸易主要通过贡赐活动实现。据《李朝实录・太宗》和《明会典》记载，朝鲜每年派遣3次定期使行，即正月初一的贺正使、祝贺皇帝生日的圣节使、贺皇太子生日的冬至使；也有非定期派遣的别行，如新皇继位、皇后嫔妃册封等大事派遣的进贺使、谢恩使、奏请使、进献使等；双方贸易在明与周边国家中占据第一位，贸易量大，且长期没有间断。如明初期为了扶持和开发辽东地区，从高丽和李朝购买战马和耕牛，为辽东地区的稳定和发展提供了必要的物资。1393年，明朝政府通过辽东都司实际收过高丽节次解到马数9880匹，每匹给苎丝、棉布各1匹；差官共运至辽东各色苎丝9880匹、棉布9880匹，李朝遣官员至定辽中卫领取马价。由此可见，双方边贸文化之发达状况。

明朝对朝鲜的贸易主要由太监进行。太监们在朝鲜京都开设市场，收购朝鲜物产细麻布、马匹、纸张等禁贸商品，这明显属于走私行为。太监们在朝鲜贸易量很大，如太监黄俨在朝鲜京城秘密建有私人仓库，商品“运转之丁至于千余”。朝鲜权贵也参与走私，走私人次之多，货物量之大，致使朝鲜驿站无力承担。中国邮卒也难以承担，“中原驿站，调发车辆，多至三四十，邮卒难于充数，以至倾产鬻子，怨苦日甚。每遇使臣之至，指而言曰：‘朝鲜贾胡来’”。

1384年，辽东与朝鲜之间互市，主要购买马、牛、金银和苎麻布。由于这些物资在朝鲜也供不应求，所以朝鲜政府禁止与辽东互市。由于两国政治交往密切，贡赐活动频繁，辽东与朝鲜的商品贸易文化也较发达。朝鲜主要向明朝朝贡金银器皿、苎麻、马匹、人参、皮毛、花席、香料、螺钿梳函等，明朝回赏的有丝绸、绫缎、瓷器、药材、书籍等。从朝鲜义州，经定辽右卫所在的凤凰城，到达辽东都司的所在地辽阳，这条线路是两国主要边贸线路。

明朝政府“厚往薄来”，对朝贡国使臣所带物品（贡品及附带物品）在作价上、税收上倍加照顾，不征税不抽分。贡使可以在中国境内低价收购商品，用于贸易。朝鲜贡使，亦应有捎带勘合所未载之物品在辽东市场交易的情况。

除了官方贸易外，从朝鲜义州至辽阳之间的交通驿站特别繁忙，辽东商人和朝鲜商人大量涌入鸭绿江沿岸进行商品贸易。辽东与是朝鲜一衣带水的近邻，两国边民互相进入到距离边境较近的义州、镇江城和汤站等地市场进行商品贸易，交易的主要物品有马匹、耕牛、缎布等编织品和人参、貂皮等土特产，十分活跃。据《朝鲜李朝实录》记载，辽东边民“结一周便民往来买卖”，而朝鲜边民“潜入汤站之地，诱引汉人，带引货物，转卖图利络绎不绝”。可见，两国民间贸易文化之活跃。

总之，明代辽东地区边贸文化十分繁荣。

二　地区商业文化

辽东地区商业文化繁荣，当时主要是广宁、开原、抚顺、清河、宽奠（甸）、叆阳等市场的商品交易活跃，特别是辽阳城市商品贸易十分繁华，吸引的内地商人以徽商和晋商为最。据《辽东志》记载，明代辽东产货物主要有盐、铁、丝、白麻、蜜、黄蜡、棉花、红花、靛、弓、箭、葛布、花绢、麻布、白蜡、青鼠皮、貂鼠皮、马、牛、羊等。

当时，辽东地区商品贸易的方式大体分为行商和坐商两种：

1. 行商

行商是以贡商即朝贡贸易的形式出现，这种商贸形式多见于史料记载。另一种是依靠贩运而获利。商人往返于产销两地，贱买贵卖，从中获利。如《明太祖实录》记载，当“时有山东、山西、河东、河西、苏杭等处在抚顺贸易者十六人”；还有登莱海盖间“商民杂贩，由海上籴买”，“自行贸易”。这些商民不仅在辽东地区经商，还去辽东半岛沿海一些岛屿兴贩。贩运，越到明代晚期发展越迅速。

辽东地区水陆交通驿站的建立，极大地方便了辽东行商文化的繁荣与传播。以交通线路为脉络、以城镇驿站为重点，商品贩运迅速发展。中原地区的先进生产工具、生活用品，如铁铧、铁锅、瓷器、绢、布、米、盐等，通过交通驿站大量运往辽东地区，辽东地区的土特产，如马匹、貂鼠皮、金钱豹、阿胶、人参、东珠等，也通过交通驿站源源不断地输入中原地区及江南。

2. 坐商

坐商主要是指集中在城镇经营店铺。这些经营相对固定店铺的经营者，多是客居城镇、守摊经营。明代辽东以辽阳、盖州、海州、复州、金州、沈阳、抚顺、开原、铁岭、广宁、宁远、锦州等城镇为重点的城市文化的繁荣，为坐商文化的发展提供了条件。据《辽阳海神传》记载，如徽商程氏，挟重资经商于辽阳，当时影响很大。又如安徽歙岩人程士章，“父岩注，以太学生操盐策贾辽阳”。还有的商人甚至永不返籍，成为辽东的富商大贾。如“山西客人张柱者，往来临清贩易，颇有微积，”苦心经营，最后成“辽阳一富商耳”。又如1547年所刻《汪德轩墓志》记载，汪德轩本江西望族，落籍辽阳定居，“与弟曰樑，协心创业，贸易江湖，积累千金，起成巨室，未尝有分毫争竞，其友于有如此者。……每遇凶年，出己资以赈贫乏。自始施舍以至今，所以存活者千百人。”① 1518年所刻《王琏墓志》记载，王琏“从兄事贾业，充拓之成，遂成富室”②，其子“铉、锭巨资远服贾，镐游郡庠，事举子业”。王琏临终嘱其子铉、锭：“汝父数年，勤劳刻苦，乃殖而不散，亦守财奴耳。乡党宗族果有贫乏者，汝随力以周之，

① 辽阳市文物管理所. 汪德轩墓志（拓本）[P]. 1997.

② 辽阳市文物管理所. 王琏墓志（拓本）[P]. 1997.

勿徒以益汝之富，亦可以慰汝父之心也!”1553 年所刻《许节母张氏墓志》记其家，“服贾修儒而门风振。”1557 年所刻《王钥墓志》记其主人，“早读书，通大义，乃政生理，服勤江湖，朝夕弗懈”①，其弟锭、金“俱遨游江湖，精于著数，协力承家，号称巨族”，“经商耕读，循循有条”。

从以上墓志可以看出，这些善于经商的人，“处货财之场而修高明之行，是故虽利而不污”，推动了明代辽东地区商业文化之发达。

第二节 明代辽东地区马市文化

明王朝建立后，国内局势趋于稳定，社会经济迅速恢复与发展。周边地区各民族的生产力均有提高。北方边地民族产的马、牛、毛皮及其他土特产品是明政府和内地居民需要的，而内地生产的粮食、棉花、布匹、农用铁器等物资也是边地民族需要的。明朝政府顺应社会经济发展的要求，同时也为了在政治上笼络和控制各族人民，遂在西北建立茶市，在东北开设马市。辽东建立马市，极大地便利了商品交换，促进了辽东采集、游牧文化与关内农耕文化的交流。

一 马市的开设

辽东地区马市的开设始于明永乐年间。明朝廷与周边各族关系十分复杂，因而对北方各族采取招抚羁縻政策，欲通过互市建立友好和睦的民族关系。

明代初期，政府将居住在今内蒙古西拉木伦河以北一带（永

① 辽阳市文物管理所. 王玥墓志（拓本）[P]. 1997.

乐年南迁至河北东北部长城及辽宁西部地区）的蒙古族编为朵颜、泰宁、福余三卫（兀良哈三卫），将女真族划分为建州（渤海之后）、海西（熟女真）、野人（生女真，居今黑龙江）三卫，均分而治之。蒙古族与女真族属游牧民族，善养马，多牲畜。因此，以马来同明朝内地进行贸易，形成经常性的互市关系，这种贸易场所称为马市。

1405 年，福余卫指挥喃不花等提出“其部属欲来（京师）货马”。明成祖因兀良哈三卫参加靖难之役有功，便遣人往辽东谕辽东都司保定侯孟善，“令就广宁、开原择水草便处立市。俟马至，官给其值即遣归”①。次年 3 月，明成祖下令在辽东重镇开原和广宁城各设一个马市。开原马市在城东五里之屈官屯，广宁马市在广宁卫（今北镇）的铁山（1412 年移至城北二十五里之团山堡）。

辽东地区马市的开设，使辽东地区贸易文化形态发生变化，即由朝贡贸易转为互市贸易。这对促进辽东地区商业文化繁荣具有重要作用。

辽东地区马市文化形态主要有两种类型，即官市和民市。官市中用以交换外族马匹的米、绢、布匹称为回赐，另对入市的民族头人，给予酒宴和缎布等抚赏，以吸引他们安于马市交易，减少掠夺行为。官方收购马匹数量很大，在官市的商品交易量中占比较大，如 1414 年，朵颜三卫 1 次就交售马 3000 匹。民市是各民族民人之间的交易市场，它在明代前期是作为官市的补充形式而存在的，如交易量大的马，“官买之余，听诸人为市”。民市虽随意互通有无，但交易额较小，且要受管理马市官员的监督控制。

1439 年，明朝政府承认在开原城南发展起来的民市为开原南关马市，由其接待海西女真，而以原有的开原城东马市专待蒙古兀良哈部。1464 年，明朝政府开设抚顺马市，以接待蒙古朵颜和

---

①　历史语言研究所．明实录·成祖实录：卷一［M］．北京：中华书局，2016．

泰宁二卫，另在开原古城堡南设马市，后迁至庆云堡，接待蒙古福余卫和海西、黑龙江等地女真。

以上这些马市合起来称五关五市。其中开原一处就设有“南关”“北关”“西关”三个马市，即所谓“三关三市”。嘉靖末、隆庆初，因蒙古各部和女真海西各部的分裂与南侵，辽东多地马市受到冲击被迫关闭，但开原南关马市继续存在。

1573—1620年间，政府又相继在清河堡、宽甸、叆阳堡三地开设了马市，开市天数1个月内就有17天之多。

此外，1595年，明朝政府根据右佥都御史、巡抚辽东李化龙之请求，设立辽东义州木市，地点在义州康堡大凌河地区，每年春秋开市2次。后因巡抚张思忠奏请，于1598年停市；1604年，李成梁力请得以恢复，其后为常，未再中止。

二 马市的管理

明代，辽东地区马市始终是关系到政治、经济及民族关系的大事，明朝政府将辽东马市作为处理与周边各民族关系的手段。

据《辽东志》记载，明朝政府对马市高度重视，管理十分严格①。如开原南关马市主要为海西女真族，即主要接待分布在今吉林扶余以北、松花江大曲折后南岸及黑龙江省哈尔滨市以东阿什阿城一带的女真族人户提供交易场所；开原马市和广宁马市主要为朵颜三卫即兀良哈三卫提供交易场所。明朝政府分别设提督马市官员，管理收买蒙古兀良哈和女真各卫的马匹等事务。对马市交易日期、市场管理及互市税额都作出明确规定。如开原马市每月初一至初五日开一次；广宁马市每月开二次，即初一至初五日、十六至廿日开市。据《明成祖实录》记载，永乐时，先后特敕镇守辽东的保定侯孟善，“缘边鞑靼、女真、野人来朝互市，悉

① 金毓黼. 辽海丛书·辽东志·兵食志：第一册［M］. 沈阳：辽沈书社，1985：387.

听其便，但禁戢士卒勿扰之”；谕兵部，严禁缘边官军私自“出境市马以扰夷人”①。《明宣宗实录》载，宣德时，“揭榜禁约”规定，“凡马到市，官买之，余听诸人为市，以便外夷贸易”，官军“无取侵扰之者”②，严禁“或以酒食衣服等物邀于中途，或许张势，巧为诱胁，甚沮夷人向化之心”。在互市场合详细规定了市场管理之规章：“各夷将马匹货物赴官验放入市交易，不许通事交易人等将各夷欺侮愚弄，亏少马价，及偷买货物。亦不许拨置夷人，指以失物为由，同诈骗财物分用。敢有擅放夷人入城，及纵容官军人等无货者任意入市；有货者在内过宿，规取小利，透漏边情，事发问拟明白，俱发两广烟瘴地面充军，遇赦并不原宥”。

明代初期，政府对商人和市场的管理比较严格。《大诰续编》和《明会典》规定，凡外出经商，须经批准，领取官府签发的“商引”（又称“关券”“路引”“物引”），“商本有巨微，货有轻重，所趋远近水路，明于引间”；供商人停宿的客店也要置有官府签发的“店历”，由店主“逐日附写到店客商姓名、人数，起程月日，月终各赴所司查照”。如不申请“商引”私自经商，一经拿获，便要“治以游食，重则杀身，轻则黥窜化外”。因此，辽东马市虽为自由交易市场，但管理也十分严格。至开市日期，各族首领必须持有明朝政府颁发的敕书才能前来交易，没有敕书或不按敕书规定的人数不得入市；货物入市必须按规定进行验货，并征收货物税；市场管理官员行为也有规范，严禁主管互市的官吏有欺压、侵扰之事发生，严禁透露边情。对管理人员违规行为处罚很重，“发两广烟瘴地面充军，遇赦并不原宥”。明代商业政策的完备，合法商人行商有法可依，尤其是对各级官吏勒索骚扰商人

① 历史语言研究所．明实录・成祖实录：卷一［M］．北京：中华书局，2016．

② 历史语言研究所．明实录・宣宗实录：卷一百三十［M］．北京：中华书局，2016．

的行为加以约束，保护了商人的合法权益，有利于商业文化的繁荣和发展。

1449 年，因“透露边事”，再加上蒙古兀良哈部和瓦剌部侵犯辽东，明朝政府一度关闭开原和广宁的马市，作为惩戒。兀良哈蒙古各部屡请开市，不许。直至 1478 年，因巡抚陈钺建议才复立马市 3 处，一设开原城城南门外（镇北关），一设抚宁（广顺关，专对建州女真），一设广宁古城堡（白土丁关，嘉靖间迁庆云堡）。

三　马市的经营

辽东地区马市经营的商品种类较多，大体是来自中原地区的粮食、食盐、布匹、绢，绸缎、鞋靴、农具，以及耕牛、猪、狗、衣物、陶瓷、铁锅等产品，交易蒙古的马匹和女真的马、牛、羊、驴、皮张、人参、东珠，木耳、松子、蘑菇、蜂蜜、药材等土特产。有的马市因马匹交易数额少而以土特产交易为主，特别是女真，以人参为至关重要的输出物品。马市上的不少商品是内地商人长途贩运而来，如大量的铁锅是从遥远的广东佛山运来。马市上日用商品销售很旺。据史料记载，1583 年 7 月至次年 8 月期间，海西女真在广顺关和镇北关的 15 天马市中，出售人参 3467 斤，貂皮 4928 张，蘑菇 3742 斤，蜜糖 1460 斤，马 179 匹；购入耕牛 546 头，铧 4848 件，铁锅 252 口，靴 215 双，袄 656 件，等等。可见马市交易中，马已经处于次要地位，民生日用品和生产资料占据了重要地位。1576 年，在清河、宽甸、叆阳 3 地的马市，几乎完全不出售马匹，只是进行日用品交易。

辽东地区马市易马之物与价时有变动。《明成祖实录》载，1406 年 12 月，兀良哈等处告饥，愿以马易米，遂开绢米并易之例：定价上马每匹米 15 石，绢 3 匹（绢价略上涨，此处绢 1 匹合米 5 石）；次上马米 12 石，绢 2 匹；中马米 10 石，绢 2 匹；下马米 8 石，绢 1 匹；驹米 5 石，布 1 匹。1417 年 11 月，辽东薄收，政府定价：上上马每匹米 5 石（米价上涨），绢布各 5 匹；上马米 4 石，绢布各 4 匹；中马米 3 石，绢布各 3 匹；下马米 2 石，绢布各 2 匹（以上均为米 1 石合绢布 1 匹）；驹米 1 石，布 2 匹。这一年，仅泰宁卫官市，蒙古族售马 1000 匹，换回粮食 300 车。丝织品的互市，给价也很优惠。“中国罗绮，旧制禁出境”，赏赐互市都是经过特许的，私自出境仍属违禁。

为鼓励马市贸易文化发展，明朝政府规定马市交纳货物税一般较轻。以 1478 年为例，骊马 1 匹征银 6 钱，儿马 1 匹银 5 钱，人参 1 斤征银 5 分，锅 1 口征银 3 分，铧 1 把征银 5 厘，等等。至万历时，新开设清河、宽甸、叆阳 3 地马市，马市商税率提高，每匹马由征银 4 钱，上调至征银 7 钱。

辽东地区开设马市，发展马市商业文化，有利于促进农耕民族与狩猎采集民族之间的互通有无，促进农耕民族生产的粮食等与狩猎采集民族生产的马匹及其他物资进行交换，使铁制农具和耕牛等输入到民族地区，促进了边地（如女真）农业经济文化的发展（向农耕文化发展），加强了各民族的经济联系，维护并巩固了边疆地区的社会稳定和政治安定；同时，辽东地区的土特产品也大量流入内地。总之，通过物资交流，实现了民族文化的交流和交融。

第三十五章　明朝时期辽东社会文化繁荣与发展

明代教育在规模与作用方面达到了封建社会最为完善与成熟的程度，文教政策之专制化，官学制度文化之发达，书院教育之兴盛，科举考试之规范化，教育思想与教育流派之活跃，都超过前代。随着明朝中叶封建商品经济文化之繁荣，市民阶层意识之觉醒，传统道德价值观念随之动摇，传统理学教育产生了历史性转折。至明代中后期，对传统教育进行了重大改造，开启了明清之际启蒙教育、实学教育以及考据学与史学教育之发端。

明朝政府提出了“治国以教化为先，教化以学校为本”的教育思想。推行社会文教，讲论道德，修明治术，化解成俗；学校教育“以德为本”，造就经明行修之士以率天下。学校是国家人才培养基地，规定“科举必由学校”。

明代，辽东地方官学与中央官学衔接，文教政策为尊经崇儒，表彰理学，服务专制皇权。辽东都司及其卫所大力兴办儒学、社学。科举文化也随着学校教育的发展而发展。

第一节　明代辽东地区教育与科举文化

明朝统一辽东后，在辽东设置军政合一的地方机构辽东都司及卫所，都司及卫所普遍设立了儒学，同时，社学作为明代社会基础教育的一种组织形式，几乎遍布辽东各地，儒学与社学文化的发展，极大地推动了辽东地区教育文化的繁荣。教育事业文化的发展为科举制文化的繁盛提供了条件，因此，明代科举制度文化相对发达。由于受国家政体文化影响，辽东地区之科举制文化发展较中原地区要缓慢一些。

一　儒学与社学文化

明代，辽东都司及卫所所设立的学校分为儒学与社学。

（一）文庙与儒学

受元末明初战乱影响，辽东地区 30 余年动荡不安，社会秩序遭到严重破坏，教育机构和设施也未能幸免。1371 年，明朝统一辽东时，只是辽东半岛地区有一些人户居住，原来人户众多、文化发达的辽西地区与辽北地区几成无人区，直至 1387 年以后，才逐步得以恢复。

辽东地理位置特殊，自秦汉以来就是中原文化的重要板块，唐、宋、辽、金，以伦理纲常为核心的儒家思想文化在辽东地区广为传播。金朝末年，蒙古军队南下，忽必烈建立元朝，受草原传统游牧文化影响，儒学没有受到应有重视，而儒学文化的核心就是教育。直至 1312－1313 年间，元朝才恢复科举，儒学逐渐恢复。辽东地区儒学恢复虽然缓慢，但从来没有停止。明朝统一辽东地区，政府设置军政合一的辽东都司，辽东都司的建立是中原文化恢复和重构的结果。儒学作为文化结构的重要组成部分，是不可或缺的内容。

明初，朱元璋认为，学校之教，至元其弊极矣。上下之间，波颓风靡，学校之设，名存实亡。针对“北方在丧乱之余，人鲜知学”的实际，朱元璋大力推行文教，谕“致治在于善俗，善俗在于教化。教化行，虽闾阎可使为君子；教化废，即中材或堕于小人”；谓臣曰，“圣人之教无弃人，君子之化无鄙俗。今之为吏，犯法者多。若得贤良长官以表率之，岂有不化而为善者？自今台省六部言，遇有暇时集属吏，或教以经史，或讲以时务，以变其性质。年终考之，视其率教与否，则可以知其贤不肖矣”。可见，朱元璋推行文教的目的在于化俗致治，教化不仅施于民间，也施于官吏阶层。《明太祖实录》记载，1382 年，朱元璋在南京接受元朝大臣名祖投诚时，向名祖询问辽东风俗，名祖回答说，“辽东地遐远，民以猎为业，农作次之，素不知诗书而其俗尚礼教”①。由此说明，处在边地的辽东当时尽管生产方式和经济文化形态与中原有所不同，但文化传统之内核——礼教基本和内地一致，缺的是儒学教育。因此，于 1384 年设置辽东都司儒学。从此以后，辽东都司所属各卫先后设置儒学。由于辽东都司军政合一的体制，整个地方机构设置非常系统，管理体制规范划一。所以，无论儒学设置，还是科举事业，都能与明朝中央政府保持一致。正因为如此，辽东儒学文化才步入了一个相对稳定发展的时期。

（二）儒学之设立

明代，辽东都司辖区首次设立儒学见于文字记载的是 1384 年 10 月。《明太祖实录》记载，洪武十七年闰十月，“置辽东都司指挥使司儒学，设教授一员，训导四员。金、复、海、盖四州儒学学正各一员，训导各四员，教武官子弟。复命皆立孔子庙，给祭器乐器以供祀事”②。可见，辽东半岛之辽阳及辽南“四城”先于其他地区设置州儒学。1395 年，明朝政府“改辽东金、复、海、盖四州儒学为卫儒学”。《辽东志》记载，辽东都司属下各卫，亦先后设“儒学十四”，并均设教授、训导等人员进行教学③。如海

① 历史语言研究所．明实录·太祖实录：卷一百四十四［M］．北京：中华书局，2016．

② 历史语言研究所．明实录·太祖实录：卷一百四十四［M］．北京：中华书局，2016．

③ 金毓黼．辽海丛书·辽东志·建置志·学校：第一册［M］．沈阳：辽沈书社，1985：377．

州卫儒学设儒学教授1员，训导3员；盖州卫设儒学教授1员，训导1员；复州卫设儒学教授1员，训导1员；金州卫设儒学教授1员，训导1员；广宁卫设儒学教授1员，训导2员；义州卫设儒学教授1员，训导1员；广宁左中屯卫设儒学教授1员，训导1员；广宁右屯卫设儒学教授1员，训导1员；广宁前屯卫设儒学教授1员，训导1员；宁远卫设儒学教授1员，训导1员；沈阳中卫设儒学教授1员，训导1员；铁岭卫设儒学教授1员，训导1员；三万卫设儒学教授1员，训导1员；海州卫设儒学教授1员，训导1员。

（三）教育管理

明朝中央政府管理儒学和科举的最高机构是礼部。规定礼部尚书“掌天下礼仪、祭祀、宴飨、贡举之政令”；礼部设仪制司，“分掌诸礼文、宗封、贡举、学校之事”①。明初，辽东都司是明朝政府设置的军政合一的最高军政机关，提督辽东军政事务，故辽东儒学事务归辽东都司负责管理。因此，从都司驻地辽阳到其他各卫城均设有管理儒学的官员，其具体分布为：都司、广宁、海州卫儒学，设教授1员，训导2员；盖州、复州、金州、义州、广宁中屯、广宁右屯、广宁前屯、宁远、沈阳中、铁岭、三万等11卫儒学各设教授1员，训导1员；永宁监设训导1员。明代中期以后，辽东巡抚制度文化形成以后，辽东巡抚成为辽东地方最高军政长官，管理儒学事务的职责便由其承担，但具体提督儒学的是辽东巡按御史。巡按御史每年到各卫儒学考试生员，奖优罚劣，整顿学风。直至明末，辽东儒学由巡按御史负责，未有改变。

明代，辽东都司属下卫儒学生员数在不同时期有所不同。《明史》记载，明朝初年有定数，“未几即命增广，不拘额数”。如宣德年间，定额府为40人，州为30人，县为20人；成化年间定

① 张廷玉，等．明史·志第四十八·职官一：卷七十二［M］．长春：吉林人民出版社，1995：1117．

额，4 个卫以上生员为 80 人，3 个卫以上生员为 60 人，1—2 个卫生员为 40 人，都司儒学生员为 20 人。以成化年间定额标准计算，当时辽东都司 25 卫，15 城儒学生员总数应该不少于 600 人，其中辽东都司儒学所在地辽阳儒学生员应该不少于 80 人。正德年间，根据辽东巡按御史刘成德建议，明朝政府又批准辽东都司置“廪膳生员”和“增广生员”各为 40 人①。

（四）儒学生员待遇

关明代辽东儒学生员待遇，文献中没有明确记载，但从朝中大臣奏折中可见一斑。1470 年，大理寺左少卿宋杲奏赈荒八事，曾提到儒学生员俸廪数字。正统初年，教官支俸粮月支 1 石，廪米 1 石；生员廪米亦 1 石。1449 年，教官俸粮止 1 石，生员廪米止 6 斗。生员除免役外，还享受月米 1 石的待遇，可见辽东地区对儒学的重视。1565 年，为解决贫困生员的生活困难，辽东巡按御史李辅与都司官员及各卫掌印指挥商定，设立学田。“定辽中等六卫掌印指挥王大改等呈议，城西土保等屯荒田一块，丈量二十余顷，堪以开作学田”②。

二　书院与社学文化

书院为私人讲学场所，始于唐代而兴盛于宋代，作为一种文化形态，辽金元时继续发展。辽东地区书院文化的兴起，文献中有明确记载的是明代。明代在辽东地区设置 7 所书院，其中 3 所设置于弘治年间，4 所设置于嘉靖年间。相对于儒学，书院设置没有纳入国家教育管理体系，相对随意。

---

① 历史语言研究所. 明实录·英宗实录：卷一百六十八、明实录·武宗实录：卷一百三十五［M］. 北京：中华书局，2016.

② 金毓黼. 辽海丛书·全辽志·图考志·社学：第一册［M］. 沈阳：辽沈书社，1985：502.

（一）书院之景象

辽东地区书院设置与管理带有明显的辽东地域特色。即书院设置由地方长官主持或操办，书院的经费筹措、书院管理与维护，皆由地方政府负责，地方政府办书院的特点明显。明代，辽东地方共设置 7 所书院，即正学书院、辽右书院、河西书院、崇文书院、蒲阳书院、挹清书院、辽左习武书院。

1. 正学书院

正学书院位于辽阳城内西南隅，其前身是辽左书院，1494 年，由辽东巡按御史樊祉创建。1565 年，辽东巡按御史李辅增建后，改名为正学书院。正学即儒学，源自宋人吕祖谦《正学编》，明人方孝孺书房用“正学”题名。因此，明代称正学书院的书院不止辽东一处。据《全辽志》记载，其规制大体是：“正学书院，都司治西南，中厅三间，后厅三间，讲堂三间，东西号房各二十间，北号房十一间，义门三间，大门三间，西仓房三间，东教官房三间。”正学书院生员，“选取河东都司等学生员，讲习于中，示科条，给薪粟，日稽月试”。《辽东志》记载，1494－1565 年期间，辽左书院经过多次维修，樊祉、杜整、汪赐、刘成德、杨百之、王重贤、常时平、曾铣等人，都曾“相继修葺，作修人材”，为书院建设做出贡献①。尤其是辽左书院的创建者樊祉，河南胙城人，于 1487 年中进士，1492 年任江西道监察御史；1494—1495 年，任辽东巡按御史期间，对辽东书院建设和文化发展贡献很大，不仅创办了辽左书院，而且同时创办了辽右书院，使辽东都司辖区内在弘治年间就有了 2 所学习和研究儒学的高等学府。

正学书院大规模维修发生在嘉靖年间。据《全辽志》记载，1544 年，辽东巡按御史刘廷仪“拓地增建号宇十一间，取弟子员

① 金毓黻. 辽海丛书·辽东志·建置志·学校：第一册［M］. 沈阳：辽沈书社，1985：377.

六十有九人，以南昌苑马寺卿张子鏊提调之”①。刘廷仪，浙江慈溪人，嘉靖年间以进士知陵川县，公廉强毅，不畏权势，莅政恩威并著，捕盗、均赋、兴学、造士，俱有成绩，而自奉节约，饮食澹若寒素。升监察御史，后任辽东巡按。辽东苑马寺卿张子鏊，江西南昌人，嘉靖进士，生平清苦，始终一节，任辽东苑马卿，其离任后，辽东人为立生祠；

1545 年，辽东巡按御史张铎“以翰苑储器秉钺至，大剔吏治，百度维新，复试集弟子员八十人，乃命都阃刘子通董其事，乃广东西地四十六丈，建号宇各二联，后址二联，共八十四间，容弟子员百人有奇”②。张铎，南京留守卫人，嘉靖进士，以翰林庶吉士授监察御史按辽。锐意经略，规度要害，于辽阳东边建设沿台、险山、孤山、一堵墙、散羊峪五堡，开原建彭家堡、李屯堡，又积粟六万斛，贮辽阳预备仓，镕固封键，以备兵荒。后十年，辽阳果遭大水瘟疫，人至相食，虏患频仍，赖此赈济。其思患预防之功大矣。有《闾阳稿》梓于辽左书院，今祀广宁名臣祠。

1565 年，辽东巡按御史李辅，对辽左书院再次进行较大规模的维修。1564 年秋，李辅至辽，“之明日，谒先师庙已，即书院课士，则见垣垝户废，瓦堕级夷，弗可以居士也。乃檄都司加葺焉。易盅植颓绳，踦补敞而又为之增建二斋，堂舍规制视昔加倍。筑基负土取诸军余之丁，良材坚甓取诸公家之羡。诸有不给者，以官赀补之。堂构就绪而民不知，斋舍告成而士相庆。余于是易其扁曰：正学书院。乃拔各卫之俊彦者，合五十余人居之。日有

① 金毓黼．辽海丛书·全辽志·职官志：第一册［M］．沈阳：辽沈书社，1985：578．

② 金毓黼．辽海丛书·全辽志·宦业志：第一册［M］．沈阳：辽沈书社，1985：609．

课，月有试，以较其勤惰而辨其低昂，士颙颙然向风矣”①。李辅，字子卿，进贤人，嘉靖进士，授中书舍人，选监察御史，万历初督学南直，行部不携胥吏，蛊一清，复刷卷京畿，会江陵相遭父丧，欲夺情，言路伺旨保留，辅独不预。历任山东巡抚，工部尚书卒。李辅离开辽东以后，于 1568 年任提督北直隶学校；1574 年，任南直隶学校，与其在辽东维修整理书院和儒学的成绩不无关系。

2. 辽右书院

辽右书院在锦州城内。1495 年，时任辽东巡按御史樊祉创建。《全辽志》记载，“辽右书院，在本城，弘治癸丑（弘治六年），巡按御史樊祉建”。《辽东志》记载，“弘治癸丑秋，南燕绣衣樊公按治东土，以教育人才为首务，乃选考河东西诸生之优等者，庠各有差，建辽右、辽左二书院以分处之，读书其中，以相切磨，期于僻壤之士，咸克造就。延学行老成师儒主之，复命官典其薪米共亿之费”②。樊祉还请当时辽东巡抚张岫为书院题写匾额，恳请当时著名学者贺钦撰写《辽右书院记》，贺钦“辞以迂鄙，不足辱命”，继而委托分守“王公彦箴恳求不已，乃为一言”。可见樊祉对创建辽右书院之重视。

3. 河西书院

河西书院位于广宁城内文庙后面，其前身为仰高书院③。1529 年，由辽东巡抚潘珍、分守道王舜渔创建。潘珍，字玉卿，江西省上饶市婺源县人，1502 年进士，授浙江绍兴府诸暨县知

---

① 金毓黼．辽海丛书·全辽志·艺文志上：第一册［M］．沈阳：辽沈书社，1985：641.

② 金毓黼．辽海丛书·辽东志·建置志：第一册［M］．沈阳：辽沈书社，1985：369.

③ 金毓黼．辽海丛书·辽东志·建置志：第一册［M］．沈阳：辽沈书社，1985：369.

县。政务循良，不事苛矫。创预备仓，匾其门曰：养惠，更拓养济院。名其巷曰：先斯。新孔子庙，程力计工，民不行劳。《明世宗实录》记载，1528年，潘珍由湖广布政使为都察院右副都御史巡抚辽东①。次年10月，由成文所替代。潘珍在辽东任职两年。王舜渔，常熟人，由进士授工部主事，历任山东按察佥事。其明敏公勤，敢于任怨，人无冤抑，兴利革弊，不遗余力。先时正德间，国计告匮，辽东军职俸银不得时给，射利者行贿网利，舜渔廉得之，即发其奸，辽人至今颂之②。寻升临清兵备副使，卒于家。仰高书院建成后，“乃择诸生居之，饩廪有程，课业有章，学者多所成就”。1535年，分巡道陈燦根据生员傅佶等人建议，更名“仰高书院”为河西书院。1562年，巡抚王之诰、巡按御史杨柏、分守道佥事张邦土增建后燕居殿5间，两厢号舍12间。

4. 崇文书院

崇文书院位于广宁城西2里，弘治年间都御史张岫、分守道李贡在废兴教寺故址上建之。《明孝宗实录》记载，张岫曾于1491—1497年，以都察院副都御史巡抚辽东，任职6年③，其间曾为辽右书院题写匾额。据《山西通志》记载，张岫，山西安邑人，成化进士出身，其父张琦为知县，侍父高陵，有佥事业欲辱其父，岫挺入与之辨，佥事愧伏，及通籍，选授御史，好善嫉邪，以正直著称。当抚辽时，辽人为御史者将监山西试，入谒请其子名，盖欲登之贤书也，即令子称疾不与试。邻人有鬻产者，其子售焉，闻之不乐，亟命还，邻人固不肯，为倍增其直。《钦定盛京

① 历史语言研究所．明实录·世守实录：卷八十四［M］．北京：中华书局，2016.

② 金毓黼．辽海丛书·辽东志·官师志：第一册［M］．沈阳：辽沈书社，1985：409.

③ 历史语言研究所．明实录·孝宗实录：卷一百二十八［M］．北京：中华书局，2016.

通志》记载，李贡，南直隶芜湖人，前期曾巡按辽东，后又任辽东巡抚，“贡巡辽东有惠政，及辽人闻其再至，如望岁焉”。

5. 蒲阳书院

《辽东志》记载，“蒲阳书院，在蒲河城”，蒲河城在沈阳城以北。1534年，由御史常时平创建。常时平，字允升，直隶河间府交河县人，进士出身，军籍；其在除锦州外的卫城都没有建立书院的情况下，选择蒲阳建立书院，使蒲河沿岸弟子可以进入学府学习。

6. 挹清书院

挹清书院在懿路城内。1541年，兵备黄云创建。《浙江通志》和《陕西通志》记载，黄云，字叔卿，陕西咸宁（今西安）人，进士出身，曾先后在浙江和山西任职。《全辽志》记载：黄云“以刑部员外郎升山东按察司佥事，整饬金州边备，寻改开原兵备。开原旧无兵备，改设自云始。云持身严谨，一毫不苟取。时开原边务久弛，守将尤多贪纵，云缉其用事者，绳也。乃建议抚按题请筑边墙二百余里。又于开原添设永宁堡，铁岭添设镇西、彭家湾二堡，汎河添设白家冲堡，各募军五百名为战守计。边防完固，虏不敢犯者垂十年，寻升山西右参议，未几，升山西按察司副使。卒，识者咸叹其才用之未尽云”①。

7. 辽左习武书院

辽左习武书院在都司治西北。巡按御史王重贤创建，后曾经进行过较大规模的维修。《全辽志》记载，“武书院，在都司治西北，中堂五间，东西号房各十间，观德厅三间，箭楼一座，大门三间，武弁群英坊一座。嘉靖戊子巡按御史王重贤创建”。王重贤，直隶交河人，进士出身，原为山东即墨知县。1528—1529年，巡按辽东，辽左习武书院即在其任内创建；1541—1542年，

① 金毓黻. 辽海丛书·全辽志·宦业志：第一册［M］. 沈阳：辽沈书社，1985：609.

胡文举巡按辽东时，曾对辽左习武书院进行过维修；1561—1562年，王得春巡按辽东时，对辽左习武书院进行了较大规模维修，当时的辽左习武书院已经残破不堪，王得春“按故迹得武书院遗址于城西北隅，鞠为茂草，瓦砾山积，颓垣圮阶，殆不可辨，公乃喟暹曰：文武二途，粤为国纪而储养造就人才，斯盛兴废起敝，非余与二三大夫之责也乎”①。于是，从赎罪金中拨出一部分款项，命辽阳分守道王可立进行筹划，由副总兵得春组织施工，由武举镇抚王惟屏、都司曹勋具体负责。1561年7月动工，月余竣工。重建后的辽左习武书院，“外为大门三间，门内为坊，一题曰武俊联辉，列嘉靖历科会武名其上。坊北为箭道，长二百步有奇，广十之一。道尽为揖让堂，盖取射礼雍容尚德之义。堂前列碑亭者二：右则备载登国朝会武名次，以纪金辽武俊之盛而示劝于后，左则勒修武书院记，以纪日纪事也。道东偏为讲武堂五间，翼以号舍庖厨，以为诵法游息之所。揖让堂后为磴道若干级，适与城平，乃因台构亭其上，题曰：象兆登坛，言异时有登坛大拜者皆兆于此也”。辽左习武书院的修复，不但解决了士子习武读书的问题，而且也成为辽阳城一处重要景观。登高远眺，“台下百里内外，山川夷落，城郭市里，映带俯伏，宛在阶下，若大将登台而三军慑服，不敢仰视。又若联百万之众，进压敌垒而旌麾翕张，部伍整肃，不可向迩”。1564年，辽东巡按李辅大力维修整理院落儒学，武书院也不例外，这次整修，辽左习武书院“增建号房三间，取本科乡试武举群居其中，定会试程，优以供给，俾各闲习骑射，精通韬略”。在1565年会试中，“中式”者多达20人。

（二）社学之发展

社学是辽东地区各卫所重要的教学机构。《明太祖实录》记

① 历史语言研究所．明实录·世宗实录：卷五百二十三［M］．北京：中华书局，2016．

载，1368—1398年间，朱元璋“命天下立社学……延师儒以教民家子弟”①，规定社学“乡里凡三十五家皆置，愿读书者尽得予焉……”社学是官办的基础教育机构。因此，每个卫都应该设有社学。但相对于儒学和书院来说，文献中对其记载较少。大体而言，辽东都司所辖各卫都有自己的社学机构，如辽阳有六卫，就设有六所社学；广宁有四卫，设置有四所社学。其他各卫社学随卫设置。据《辽东志》记载，辽东都司属下各卫所，都设有社学，即社学随卫建立。明代辽东都司所辖二十五个卫、二个州，当时至少有二十五个卫社学机构。

辽东地区各卫社学的具体位置及其规模，除辽阳和广宁外，其他各卫记载含混不清。如辽阳社学位置，“辽阳社学六，左卫在泰和街西，右卫在肃清街北，中卫在安定街西，前卫在鼓楼西，后卫在镇远街西，东宁卫在卫治东”。社学规模，“社学六，各近卫建，每学门楼一座，书房三间”。

此外，明代，辽东地区民间教育也较普遍，除了私塾之外，一些退职官员，甚至流放辽东的儒者承担起了传承文化的任务。如号称医闾先生的贺钦、流放沈阳中卫的刘琦，他们讲学不辍，培养人才，为当地教育事业和文化发展做出了积极贡献。

总之，无论是辽东各卫的儒学、书院，还是社学，乃至私塾，无论是官学，还是民间私学，这些教育机构以教化为教育之本，主要依靠地方官员、地方绅士及家族族长、乡村里长、流人等，在实施传统纲常伦理教育及劝民农桑外，特别注重普及《御制大诰》及本朝律令，在维护明王朝封建专制主义集权统治方面起到了重要作用。同时，也对于繁荣辽东教育文化，满足辽东地区人民对教育的需求起到了积极作用。

① 历史语言研究所. 明实录·太祖实录：卷九十六［M］. 北京：中华书局，2016.

三　科举文化

中国科举制度文化始兴于隋朝，唐朝科举制度文化趋于完善，宋代科举制度文化改革后更加繁盛，元代科举制度文化停滞不前。明代科举制度文化与封建王朝专制主义极权统治相配合，日益刻板，日趋僵化，尤其是八股文考试推行以后，科举制度文化成为巩固封建专制主义集权统治、禁锢读书人思想的工具，在学校教育及社会学术思想的发展中，流毒甚深。

明代科举考试内容与明王朝文教政策规定的学校教育内容相统一，并在实践中随着政治统治需要而变化。明朝科举制度规定考试分为三场：第一场试经义二道、“四书”一道；第二场论一道；第三场策一道。中式后十日，复以骑、射、书、算、律五事试之。专取四书及《易》《书》《诗》《春秋》《礼记》五经命题试士，即四书五经是科举考试的主要内容。规定：“四书”主朱子《集传》，《易》主程《传》、朱子《本义》，《书》主蔡氏《传》及古注疏，《诗》主朱子。《春秋》主《左传》《公羊》《谷梁》三传及胡国安、张洽《传》，《礼记》主古注疏。永乐年间，颁《四书五经大全》，废注疏不用。其后，《春秋》亦不用张洽《传》，《礼记》只用陈皓《集说》。二场试论一道，判五道，诏、诰、表、内科一道。三场试经史实务策五道。三场中尤重首场7篇制义，事实上已使明初重实才实德取士传统丧失，尤其是《大全》出，注疏废，使传统的经学考试一变为理学考试，造成“理学即经学”的局面，严重影响了明代的学校教育及学风。八股文取士始于宋代，定于明初洪武，完备和盛行于明宪宗成化以后。明代科举制度文化大力推行八股文，目的是促进儒学在教育中长期居于统治地位，为封建统治的巩固和专制主义集权统治提供思想和理论基础。然而，自当八股文推行以后，士子以为理学即是经学，不以经学和“四书”为重，专意于文字格式，由此而使学校教育日益空疏。这种空疏学风完全适应了明代专制主义集权统治的愚民政策需要。

较于元代，明代是科举制度文化相当发达的时期。科举制度文化传播推动了教育事业的发展，反过来，教育事业的发展为科举文化的繁盛提供了条件。辽东地区受国家政治影响，科举制度文化发展缓慢。明初 70 多年间，辽东士子不准参加科举考试。1370 年，朱元璋正式颁诏，“特设科举，以起怀材抱道之士，务在经明行修，博古通今，文质得中，名实相称”。然而，直到 1447 年，辽东巡抚才获准选送 2 名军生到山东参加乡试，晚了近 80 年。自此以后，辽东生员参加山东 3 年 1 试的乡试成为定制。

最初，辽东生员到山东参加乡试走海路交通，即走旅顺口到蓬莱的海上通道，后由于朝廷实施禁海政策，生员参加乡试改行陆路，绕道山海关到山东，往返 6 千余里，跋涉 4 个多月，可谓历经千辛万苦。1531 年，辽东生员因道途天雨连绵、触犯暑湿、大半感疾，致参加乡试生员多不终场，勉强全场而志昏力倦，能成文者只有 1 人。生员徐潮等人据此上疏，请求按照潼关卫本属直隶而就近陕西乡试、宣府本属山西而就近顺天乡试的事例，允许辽东生员就近顺天乡试。奏疏获得朝廷批准。自 1534 年始，辽东生员参加顺天乡试，朝廷增加顺天中额 5 名。《钦定续文献通考》记载，1597 年，李思孝巡按辽东，以“边方中式不易”，奏准“以辽东士子编为边字号”，“特别奖掖，以广登进之路”①，录取辽东考生名额有所增加。

《辽东志》《全辽志》《奉天通志》等志书记载，辽东都司每次乡试中举人数量不等，最多为 11 人，最少为 1 人。1447—1564 年，辽东都司派生员共参加 41 次乡试，中举 157 人，平均每次中举约 4 人。至万历年间，辽东士子中举人数很少，每次只有一两人。1564 年以前，辽东都司境内中举的 157 人中有 58 名进士，占

① 嵇璜．钦定续文献通考·选举考：卷三十五［M］//四库全书：卷二百五十．长春：吉林人民出版社，1997．

举人总数的37%。从举人的地域分布来看，来自辽阳地区的有72人，约占总数的46%；来自广宁地区的有25人，约占16%；来自锦州地区的有15人，约占9%。这与辽东各地人户和经济状况，尤其和儒学、书院、社学的分布有直接关系。《辽东志》记载，1445—1640年期间，共举办65次会试，辽东都司境内共有73名举人中进士，平均每次会试约1人。这些中进士的人多来自辽阳、广宁和锦州，与中举人的情况基本相同。值得注意的是，这些进士中有的人并非辽东籍，而是因为种种原因，属辽东都司卫籍，如山东临朐冯氏就是如此。由此看来，明代，真正属辽东籍的进士并没有史料记载的那么多。

明代规定，各府州县每年或每隔几年挑选一定数量的生员中成绩优异或有资格者，升入京师国子监读书，作为地方贡献给皇帝选用的人才，称贡生。1392年规定，府学每年贡2人，州学每两年贡3人，县学每年贡1人。明代辽东都司于成化年间开始推荐贡生。都司学4年贡3名，广宁学3年贡2名，卫学2年贡1名。1515年，巡按御史刘成德“为人才渐盛，奏请疏通，以都司比府，广宁比州，各卫比县，其贡法遂与有司同”。从此，辽东都司辖区岁贡调整为，都司学8名，广宁学6名，各卫学4名，岁贡人数增加1倍多。嘉靖时期，辽东都司岁贡亦有调整①。但总体上看，嘉靖时期45年，实际上都司学有53名，广宁学有36名，各卫学不同，在20～29名之间。即1515年以后，辽东都司的岁贡并没有比照府、州、县定制执行；岁贡额虽有所增加，但与府、州、县相去甚远。

1464年，明朝开设武举以选拔武将②。1493年，定武举每6

① 金毓黼．辽海丛书·全辽志·选举志：第一册［M］．沈阳：辽沈书社，1985：594.

② 历史语言研究所．明实录·宪宗实录：卷九［M］．北京：中华书局，2016.

年开设1次；1504年，改为每3年开设1次；1522年，颁发《武举条格》，从此，武举成为定制。各省应武举者，巡按御史考试选取，于次年4月举行武举会试。武举先试策略，后试弓马。参加武举考试的生员必须是武生，即选送在武学学习的25岁以下的都指挥、千户、百户、镇抚等在职武官和武职官员的应袭弟子（舍人），以及武职官员其余弟侄年10岁以上者（舍余）。中举者，原署官员，加署职二级；第一名，百户以上照例加升，百户以下，特授千户；第二名以下，总旗授试百户，小旗舍人授所镇抚；普通军民则授各卫知事、经历。《辽东志》记载，1505—1535年，20年间，辽东都司境内共有58人中武举。另外，《全辽志》记载，1505—1565年，60年间，辽东都司共有129人中武举。

辽东地区没有设立武学，武官弟子都在都司儒学和各卫儒学以及武书院内学习，故辽东武举生员来自儒学和武书院。

第二节 明代辽东地区文学创作景象

明代，文学艺术领域的新思想、新派别、新风格不断涌现，形成了百花争放的繁荣景象。宋元时代之以说唱文学、戏曲、小说为代表的俗文学，至明代，逐渐发展为文学创作潮流，出现了古代小说创作潮流。《三国演义》《水浒传》《西游记》《金瓶梅》“四大奇书”相继问世，形成了中国文学史上的第一座高峰。明朝中期以后，以诗、词、歌、赋、散曲、散文等文化形态为主的正统的雅文学和以说唱、戏曲、小说等文化形态为主的非正统的俗文学，既相互抗衡，又互相渗透，形成了一种前所未有的文化格局。文人士大夫纷纷参与戏曲、小说等俗文学创作，携带独特的审美情趣和艺术风格，促使俗文学逐渐文人化，极大地提高了俗文学的文化品位和审美价值，也促进了俗文学逐渐脱离民间文化的非正统地位，走向通俗化道路；作品题材重日常琐事，艺术表现多率真自然，语言风格尚俚俗明白，审美效果讲赏心悦目。

明代文学发展的潮流对辽东都司境内的文学创作也产生了积极影响。辽东都司境内反映城镇生活、景物风情的文学创作，出现兴旺景象，有更多辽东籍文人诗文结集出版；志书与档案等，均有较大发展。

明朝对辽东地区实行军政合一的管理体制，即废除元朝辽阳行省及所辖路、府、州、县，代之以辽东都司及所辖二十五卫、二州，所辖包括辽阳与辽东半岛地区、沈阳与辽北地区、辽南地区、辽西地区。明朝在辽东都司境内推行卫所屯田制文化，取得了明显成效。由于卫所屯田制文化的传播与发展，辽东都司境内出现了“家给人足，都鄙廪庾皆满，货贿羡斥，每岁终，辇至京师，物价为之减半”的局面。外地人至辽东地区，称“辽东为半土”。在经济恢复、国力充足的形势下，辽东都司境内城乡面貌大为改变，出现了辽阳、开原、广宁三大重要城市。马市、木市的开设，辽东都司境内各民族生产的土物产品进入交换市场，商业文化随之繁荣。这种经济交流与民族文化交集与交融，给文学发展提供了肥沃的土壤，因而辽河文化的发展达到新的高峰。

一　贺钦与《医闾先生集》

明代，辽东都司境内涌现出许多辽东籍著名文化人物，最著代表性的作家为贺钦。其《医闾先生集》（九卷本），不仅是辽河文化史上的重要典籍，也是明代文学的重要成果。贺钦，字克恭，人称医闾先生，祖籍浙江定海。永乐年间，父从军戍守辽东，后来定居广宁后屯卫（今辽宁省义县），从事经商活动。贺钦少年时聪颖异常，勤奋好学。18 岁，师事辽阳知名文人丘时雍，学习诗文，很快诗艺大有长进。20 岁，贺钦中举。但并不满足，潜心研习《近思录》，认为“作圣之功，端在于此”，认真把握，为其成为理学大师奠定了基础。而立之年，中进士，除授户部给事中，从此，步入仕途。其为官时间不长，能清廉自持。得知理学大师陈献章到京讲学，便去聆听，为陈的学识折服，于是立即请辞，拜师于陈门，潜心学习理学。陈献章回南方后，贺钦回北方广宁医巫闾山，潜心为学，常与陈献章书信往来，切磋学问，历 40 余年，天下人物、风土、民情、虏患，皆知。随着名声日高，前来向他请教学问的人越来越多，他便接纳门徒，直至终老。他将自己后半生全部心血都倾注在宣扬儒学、教书育人活动中。贺钦在家乡从教数十年，影响亲朋、乡里很深，以至于后来辽东人无论老少贫富都称他为医闾先生，成为明代辽东都司境内有名的理学家和教育家。贺钦著有《医闾言行录》（八卷）、《医闾漫记》（一卷）、《医闾先生集》（九卷）。贺钦一生，淡泊名利，潜心治学。74 岁终，葬于医巫闾山光明谷，乡人在其常钓鱼处立碑刻字，铭文："允矣先生，伟哉男子，力到功深，逢源达委。时行则行，时止则止，谏则忘身，隐则乐己。不愧不怍，尽善尽美。表今风后，宁有穷已。我作斯铭，用补国史"。从碑文看，对他的评价甚高。贺钦存诗一卷，收诗作 65 首，虽数量不多，作品题材广泛，有其特殊价值。

如其《钓凌溪》："晚凉匹骑出，垂钓城西隅。蚯蚓费且尽，鲂鲤秪自如。时或得其稚，轻重不盈铢。浩歌指归路，得意岂在鱼。"贺钦喜好钓鱼，常垂钓于医巫闾山凌溪，闾山凌水自然成为他的创作题材。这首小诗，内容轻快明朗，垂钓闲适之情跃然纸上。他喜好垂钓，但并无功利思想，目的不在获鱼多少，而是寄情山水之间，只为消遣而已。你看他兴致勃勃地骑马到城西的凌溪水边垂钓，鱼饵蚯蚓都快用完了，可是鲂鲤就是不上钩，偶尔钓上来的也只是一些幼稚的小鱼，"时或得其稚，轻重不盈铢"（古时 24 铢为 1 两）。虽说夸张了些，但从中可见钓获的都是些小鱼儿。这有什么关系呢？因为贺钦垂钓的目的不在于所获鱼之大小轻重，旨在寄情于消遣。收杆回家，依然高高兴兴地唱着歌，闲适舒畅，心满意得。

贺钦饱读儒学，深受儒教思想影响，多理性思考。儒家理想与明代现实产生矛盾冲突，其正值壮岁，选择了退出庙堂而处江湖，或许会有很多人无法理解其行为。但他无怨无悔，诗中多有体现。如《述怀》："壮岁辞膏琐，还山坐白云。天时看代谢，世事断知闻。菽水奉慈母，诗书敬后昆。未能忘鄙陋，尝献野人芹"。贺钦人虽离开官场，但心中并没有失去希望，而是"未能忘鄙陋，尝献野人芹"。芹谐音情；野人即普通人、庶民。匹夫未敢忘国忧。没有了功利追求，心态自然摆得平和，远离政治权斗和利益营夺，回归自然，和光同尘；人生中少了许多是非，也少了许多炎凉。所以，才有《溪上茅亭和士咨》："钓台高处小茅堂，退士登临岁月长。假寝不为黄阁梦，无营还笑白云忙。清风明月何须买，绿水青山自可常。三十年来无外事，此心赢得不炎凉"。没有了仕途的压力，远离权力场的尔虞我诈，像白云一般自由奔忙。追风逐月，随性呼吸，何等爽然畅达，怡然自得。不甘寂寞，招生授徒，传承儒学，绝不随俗。又如《读书》："清晨起坐小茅堂，万事无关一炷香。展卷细观前圣奥，驰名敢学世人狂。也知老病年光促，争奈诗书意味长。但愿桑榆粗有得，肯随流俗叹斜阳"。身居小茅堂的贺钦，方寸之间是有牵挂的，不然，何必焚香祈祷呢？万事无关，其实是事事关心的反语。贺钦关心家乡世事，忧国忧民之心从未懈怠，即便"也知老病年光促"，但依旧"展卷细观前人奥"，老夫聊发壮语，"驰名敢学世人狂"，然而"争奈诗书意味长"，贺钦读不懂的不是诗书，而是当时的社会。他的希望并不高，"但愿桑榆粗有得"，只是想老年"粗有得"，哪怕是得到一点点的安宁也好，他每天起来焚香的目的就在于此。不愿"流俗叹斜阳"，教书育人，以为国家培养人才为己任。身处江湖之远，忧国忧民忧君之心未有懈怠。他曾给镇守辽东太监韦朗写信，请他向皇帝建议收回宦官军国重权；他记载边关营堡的建设与防备，提出加强边防建议；他劝守边将官训练兵民以诱射之法；他记录辽东都司境内军民与建州女真的斗争，总结经验教训；他倡导革除陋俗，发展教育，教化乡里；他劝止修筑长城，保护乡民利益，减轻徭役负担等。这些德行，使他不仅以诗文名重辽东，更能名扬长城内外。及至他死后，明王朝于天启元年正月，追谥“恭定”并载入《明史》。贺钦在中国文化史上的历史地位得到明朝政府的承认，成为辽河文化史上耀眼的星芒。

二　冯裕与冯氏文学家族

贺钦的学生冯裕在明正德初年中进士，出任地方官多年，为政清廉，能诗能文，其子孙能诗文者三代中有九人，其子惟健、惟重、惟敏、惟讷都是当时诗文名家，其第三子惟敏，在文学上的成就尤令人瞩目。冯惟敏的戏剧传奇作品《不伏老》，曾名倾一时，其散曲作品更在明代领导风骚，不仅在辽河文化史上占有重要地位，而且是中国文学史上可与元代马致远比肩的人物。

冯裕，字伯顺，号闾山，祖籍山东临朐。以戍籍生于辽东广宁左卫（今辽宁省北镇市）。师承著名学者贺钦。“有学行”。进士出身，授甘肃华亭县令。后迁直隶晋州知州，多有惠政，升调户部郎中，数忤权贵，嘉靖初年，出守贵州为按察司副使。先后 7 年，屡建平蛮功。解官后返乡。与友人石存礼等结诗社于北郭禅林，所作《海岱会集》（12 卷）传世。

其长子冯惟健，字汝强，号陂门。著有《陂门山人文集》，文集中有许多诗是描写辽东都司辖下辽西地区风物的。如《登观音阁》：“天削孤峰峻，医闾最上头。穷岩还曲径，悬石更危楼。雪瀑千林润，松门六月秋，夜来卧禅榻，天汉掌中流”。全诗描写登观音阁的感受，清晰明快，别有情趣。又如《沈阳道中》：“绝塞驰孤骑，空怀壮士忧。风生鸭绿险，铃急虎营秋。草色横沙碛，云山渺戍楼。近闻经国议，开拓旧边州。”作者开门见山，点明绝塞孤骑引发的满腔忧思。秋天的边塞，风生铃急，荒草枯横，遍地沙碛，密云遮隐戍楼，满眼荒芜，烽烟绝塞。怎能不忧心忡忡呢？这样的边关戍楼，是无法阻挡元代之遗蒙古、外来侵略之倭寇、新生崛起之女真的。

其次子冯惟重，字汝威，号芹泉。10岁时能属文，观书数行俱下，刻意为诗。1534年举人，1538年进士，官行人司行人，掌朝中传旨、册封等事。工诗善书，《千顷堂书目》中录其《大行集》1卷。第四子冯惟讷，字汝言，号少州，工诗文，进士出身，初为江苏宜兴县令，后改直隶知县，累迁浙江提学、陕西布政司占司使、江西左布政使。其政见与政绩和其兄惟敏相似，因其居官清慎，特进光禄寺卿致仕。其主要贡献在纪学方面，编著《古诗纪》一百五十六卷，学术价值甚高，后人编著古诗，总以是书为蓝本。

第三子冯惟敏，字汝行，号浮海山人。少时即有才名，为著名文士王慎中所赏识。中举人后曾做过通判等几任小官，颇有政声，后辞官归田。其诗文雅丽，尤擅乐府，是杂剧散曲名家。所创作《梁状元不伏老》即《不伏老》盛行于当时，另有散曲集《浮海山堂词稿》与《击节余音》传世。冯惟敏在冯氏家族中文学成就最高。其创作的《不伏老》在明代中期以后颇受欢迎，产生极深广的社会影响。

杂剧《不伏老》写的是翁梁灏82岁中举人的故事。在宋名儒王应麟所撰《三字经》中，用梁灏坚韧求学的精神劝进后生："若梁灏，八十二，对大廷，魁多士，彼既成，众称异，尔小生，宜立志。"冯惟敏显然受到梁灏经历的启示而创作此杂剧。冯惟敏围绕梁灏在76、79、82岁时最后三次参加会试，展开创作。染灏参加会试的地方相同，作者却匠心独运，三次各选取一个侧面。如第一次应考时，通过对入场前和同来赶考的王从善的对话描写，展现梁灏担心落榜被人奚落的心理；第二次应考时与临门官的矛盾纠葛；第三次应考后的金榜题名。这三个情境，显示三种不同的心态，在矛盾冲突中，展示主人公坚韧不拔的求学精神；既有变化，又能多侧面、多角度展示人物的性格特征，曲词富有张力，让人物形象鲜明、生动。

另外，冯惟敏的诗与散曲创作也有较高成就。其《浮海山堂词稿》中收录散曲五十套、小令400余首，许多作品是思想性、艺术性较高的作品，获得文学史家的高度评价，认为其《浮海山堂词稿》，生龙活虎，犹词中之有辛弃疾，是明代最有生气、最有魄力之作。冯惟敏的散曲题材广泛、表现手法多变、语言多姿，具有十分丰富的现实内容，反映了社会的主要矛盾，同时也呈现有奇丽、朴质、诙谐等多种色彩。诸如《李中麓归田》《徐我亭归田》《邑齐初度自述》《听钟有感》《对驴弹琴》《舍弟乞归》等，都是套曲中深受读者欢迎的好作品。

冯惟敏在散曲创作上取得这样骄人的成就是有其深厚的思想基础的。其在辽东广宁左卫度过青少年时代后，以中举人授官涞水知县，后改镇江儒学教授，迁保定通判。他是一位有理想、有抱负的年轻官员，比较关心人民疾苦，想为百姓做点事情，面对“县民富者为将军，为校尉，为力士，为执金吾，为中贵人，兼并地无算而逋租契”的局面，冯惟敏“摘其最负者惩之，贫民以为德，而豪右谤四起矣”。因此，他接连遭贬斥，直至辞官回家。冯惟敏的内心是痛苦的，他在散曲中写道：“一心待锄奸剔蠹惜民膏，谁承望忘身许国非得调，奉公守法成虚套”。在“鞭陲赤子情难忍，奔竟朱门眼倦开，甘心儿不染炎凉态”的心境下，辞官归田。辞官回家后，冯惟敏有机会深入了解农村生活，发现乡村存在的问题，在散曲中加以揭露和批判。作品充满现实主义生活气息，有昂扬奋发的志向和抱负。其将农村生活和人民疾苦纳入散曲创作之中，使其散曲有血有肉，人物形象生动、性格鲜明。

如其［王江引］《农家苦》：“倒了房宅，堪怜生计蹙；冲了田园，难将双手机。陆地水平铺，秋禾风乱舞。水旱相仍，农家何日足？墙壁通连，穷年何处补。往常时不似今番苦，万事由天做。又无糊口粮，那有遮身布，几桩儿不由人不叫苦。”揭露统治者的横征暴敛，充满了对生活在官府盘剥下走投无路的农民的同情。

又如［朝元歌］：“到处里追欢行乐，山童歌舞着，拍手笑呵呵，帽插岩花，酒斟江糯。慢把风骚酬和，信口开河，新诗小词积渐多，乌兔走如梭，都将古今磨，随缘且过，权当做东山高卧。”将归田后放浪诗酒、优游林泉的名士生活描摹得潇洒闲适，一派祥和。

再又如［南仙侣］［月儿高］《闺情》：“月缺重门静，更残午夜永。手托芙蓉面，背立梧桐影。瘦损伶仃，越端相越孤另！抽身转入，转入房栊冷。又一个画影图形，半明不灭灯。灯，花烛杳无凭。一似灵鹊儿虚嚣，喜珠儿不老诚。”等待是痛楚的，尤其是情侣之间的等待更是焦急而凄惶的。这位多情的女子夜间渴盼情人的到来，站在月下等待，手托着娇美的脸，背靠着梧桐树，直至夜静更残，露冷伶仃，可是心爱的人没有来。只好抽身回屋，此刻女子的内心是冰冷的，就连窗棂也是冷冷的。青灯将身形投射在墙上，更显得孤伶伶一个人，半明不灭的灯光，清冷无比。绝望之中，女子埋怨的不仅有灵鹊，就连这灯花也“不老诚”了，一场等待竟是这个结局。作者通过细腻的描写，将女子内心展现出来，抒情强烈，震撼人心。

三　韩承训与辽东籍文人诗文创作

韩承训，辽东辽阳人，明嘉靖年间监生。出身辽阳韩氏望族。曾祖韩斌为明辽阳副总兵；祖父韩辙曾任建昌府知府；父韩玺为明代武举人，曾任辽东都督。韩氏可谓世代簪缨。韩承训自幼入园读书，工诗善文，虽仕途不显，但在当时辽东颇有文名。辽阳地区已出土的嘉靖年间的碑志多出自其手。《全辽志》收录韩承训诗10首，文2篇。其所描写的“辽阳八景”诗，《望京杰构》《广佑雄图》《太水环带》《千山列屏》《香岩佛梦》《华表仙因》《首峰朱瀑》《陀洞悬珠》，是辽东都司境内最早问世的城市景物诗，也是研究辽阳城市文化重要的历史资料。

自春秋战国始，辽阳便是辽东重要城镇。经过秦汉、隋唐、辽、宋、金、元2000多年的发展，至明代，辽阳是辽东地区规模最大、形制最为雄伟的中心城市，城市规模之发展、经济文化之活跃、城市生活之丰富，首屈一指。郊游、赏景、览胜、吟咏，成为当时辽阳城市文化活动的重要内容。韩承训作为文化名流，展望辽阳城市景物，吟诗以颂，不仅为后世留下了关于辽阳城市的美好记忆，也使诗人因此名留史册。品读其诗作，既可了解辽阳古城的雄伟，也可体会诗人的情怀。

如其《望京杰构》："身在江湖心在朝，登楼见日动长谣。扶藜叹世意长苦，授简题诗兴亦遥。画栋珠帘江渚映，城尖径仄旆旌摇。凭高欲为呼阊阖，辽水东西尽寂寥。"仕途不显的韩承训，虽身在辽阳胜处，登高望远，依然心系朝廷，这是中国文人难以割舍的家国情怀；又如《广佑雄图》："西北禅林出郭偏，当阶宝塔对金仙。顶芦月在光同照，层铎钟虚韵独传。立地却愁鳌负重，凌霄应畏鸟飞还。转轮还是推来易，谁与苍生结善缘。"诗赞辽阳白塔雄伟壮观，结尾处令人深思，"谁与苍生结善缘"，是在问人也是在问己，但愿这座宝塔能够给辽阳百姓带来福祉。

徐景嵩，字伯瞻，辽阳人。进士出身，授咸宁知县，升户部给事中、河间知府，后官至山西按察使。为官刚直不阿，清正廉洁，弹劾不避权贵，罢官后归里居家，淡泊财利。诗文辑有《沙州稿》四卷，归乡后写过许多寄情辽阳景物的短诗。如《千山温泉》："万世温泉水，百年几度游。炎流从地发，暖气蹴天浮。风过亭台爽，山环景致幽。自怜多病容，不是濯缨俦。"诗中描写的是当时辽阳风景胜地千山温泉的悠久历史与幽美景观，借此抒发内心情感，自谦、坦诚，情感真实。

秦桐，辽东广宁人，监生，工诗。《全辽志》收录其诗七首，皆为咏锦州"八景"诗作。锦州正式定名是辽代，经辽、金、元发展，至明代时，锦州城市已具有一定规模，是辽西地区重要城市。其城市景观分别为紫荆清晓、虹螺晚照、乳峰滴翠、松山浅黛、玉泉新霁、石堂松雪、凌河烟雨、瀛波皓月。文士吟诗，以颂家乡名胜，十分自然。咏锦州"八景"的八首诗，前七首是秦桐所作，第八首是福建人李博所作。如《紫荆清晓》："紫荆高耸古城东，曙色平分瑞霭浓。烟锁层峦迷翡翠，岚腾绝顶隐芙蓉。洞门初启仙人宅，焚贝方扬古寺钟。有意凭栏纵吟目，不堪霜旭眩双瞳。”坐落在锦州城东18里的紫荆山，以山势高耸见称，诗人选取清晨紫荆山的自然景色进行勾画，向读者展开的是一幅云蒸霞蔚的美丽画卷。

秦桐是广宁文化名士，《全辽志》记载有他一份直接上奏给朝廷的《条议》，其内容是建议朝廷对辽东地区实行薄赋政策。该条议对辽东所处位置分析清楚，说理透彻，语气恳切，可见诗人关注国计民生和国家大事的心怀。

朱国梓，辽东前卫屯人，选贡生。1640年以兵部主事任山海关分司，升永平首佥事。《临榆县志》收录其诗《澄海楼》：“戍楼尽处接危楼，一槛凌空万象收。云水迷离潮汐古，沧桑变幻见闻悠。平时游览多忘晓，今日相逢怕遇秋。破浪乘风有舟楫，安能歌笑不持瓯。”临榆县即今河北省秦皇岛市海港区、抚宁区、山海关区的位置所在。澄海楼位于山海关老龙头长城，明末以明初所建观海亭改建而成，为万里长城山海关段重要城楼，亦是当时著名景点。朱国梓在山海关任职时，登城楼以观沧海，凌空收万象，看到的是云水迷离、沧桑变幻，优美的景致让人流连忘返，把酒临风，歌欢无穷。

陈鉴，字缉熙，号方庵，辽东盖州卫人。进士出身，仕至礼部侍郎。其父陈润原籍直隶长州（今江苏省苏州市），获罪流放辽东盖州。陈鉴中进士授官翰林院编修。景泰元年，陈鉴代礼北镇医巫闾山，还充经筵讲官；1456年迁修撰。1457年，奉命出使朝鲜。在朝鲜访问期间，与朝鲜大臣诗词唱和，有《皇华集》流传于海外。归国后，参与编修《明一统志》与《明英宗实录》。先后进侍读学士，国子监祭酒。1471年3月去世，终年57岁。有诗文集《方庵集》传世。明人评陈鉴说：“平居无声色之好，好止藏书并古书画器物而已。为文才赡而气完，善笔札，临摹古人真迹，殆不可辨鉴”。

王春，字景旸，号复庵，辽东广宁左屯卫人，著有《复庵诗集》。张升，辽东定辽中卫人，著有《裔庵集》。明代辽东籍文人的著作佚失甚多。

四　陈循与非辽东籍文人诗文创作

明代，辽东都司境内生活着许多外地文人，或因获罪贬谪辽东地区，或是朝廷派往辽东执行公干，或是奉旨出访朝鲜路经辽东。他们在辽东长则几十年、短则几个月，不但传播了中原文化，而且在与辽东文人及各阶层人士的交流中，将对辽东地区经济、社会生活、民俗民风的体察中产生的感悟，化作诗文，为辽河历史文化留下了一笔宝贵的文化遗产。

（一）陈循与流戍辽东文人诗文创作

辽东都司之境，实为苦寒之地，因而明王朝将辽东当做惩罚罪犯的流放之地。在流放辽东的人士（史称“流人”）中，有很多各级政府官员，其中不乏文化素养很高的人。这些人从仕前多为举人、进士，遭贬谪前，或多有政绩，且有诗文创作，有的已名闻一时的文人雅士。获罪以后被流放到辽东，大多数人并没有沉沦，而是利用各种机会参与辽东政治、经济、文化活动，或参与史志编修，或在书院设馆教书，或著书立说，多有文化建树或诗文问世。从官员变为流人，以流戍身份与庶民杂处混居，使他们能够直接接触底层民众，倾听百姓心声，深入了解民情，对民间疾苦感同身受。使他们的文学创作接“地气”，因而能反映民情民意。所以这些人的诗文创作颇具特色，是重要的文化史料。其代表人物主要包括陈循、程启充、徐文华、刘琦、尹耕、叶应骢等。

陈循，字遵德，号芳洲，江西泰和人。进士出身，初授翰林修撰。熟悉朝廷典故，后随永乐帝到北京。于1425进侍讲；英宗朝觐翰林院学士，入文渊阁典机务。土木之变，配合于谦等人主持朝政，对稳定政局做出重要贡献。代宗朝进少保兼文渊阁大学士。英宗复辟后，处死于谦等人，并以陈循集古《勤政要典》为名，杖一百，流放辽东铁岭卫。石亨败亡后，陈循自铁岭上疏自陈无罪，请求放归故里，以度残年。1461 年 12 月，释放为民，次年，病逝于家中。1470 年，朝廷为于谦等人平反，恢复陈循少保户部尚书兼华盖殿大学士原职，并赐谕祭。

陈循自步入仕途，在朝廷中枢任职 30 余年，既是高官、朝廷重臣，同时也是著名学者。据《明实录》记载，“循动止雍容，辞气温雅，为文援笔立就，意气层叠，然概以矩度，则未尽合。为乡试会试考官各一，廷试读卷官四，纂修三朝实录及五经四书，性理大全，循皆与焉”。陈循著有《芳洲集》（十卷）、《东行百咏》（九卷）。其中《东行百咏》（九卷），是陈循流放辽东铁岭卫期间所作。他 73 岁时流放辽东，至 77 岁归江西故里，在铁岭卫流戍近五年，以古稀之年被谪贬辽东，是人生极大的不幸。但陈循并未颓废，始终保持文士的精神，刻苦学习，笔耕不辍。流放期间，他“集古人诗句以成七绝，初得 300 首，复迭和其韵至千余首，集句皆不着姓名”。从内容上看，《东行百咏》有陈循参与铁岭文化建设的诗作，有描述辽东地区风情的诗作，有吟咏辽东地区民族风俗的诗作，还有反映辽东地区底层民众生活文化的诗作。《奉天通志》收录陈循诗作九篇，即《山郭朝烟》《柴河晚渡》《蓬渡风帆》《帽峰云树》《龙首寻秋》《鸳湖泛月》《白塔横云》《红崖积雪》《宁远温泉》。其中，八首是对铁岭城市景观即“铁岭八景”描述的诗作，是铁岭城市历史文化发展的见证。在这些诗文中，可以读到年过七旬被贬谪的文人对于生活乃至生命的热爱。他以文人的敏锐，挖掘辽东铁岭卫地区城市文化并吟咏成诗篇，以其产生对乡民的启迪作用，引导民众更加热爱家乡，具有深远的意义。如《柴河晚渡》：“柴河水清浅，萦带苍烟下。夕阳唤无舟，晚渡看车马。”柴河系辽河主要支流，发源于清原满族自治县南八家乡朱家沟，流经开原、铁岭两县，在铁岭双安桥附近注入辽河。清浅的河流如带般盘绕苍山，夕阳西下，水波茫茫，赶着车马的人，正在涉水渡河。作者抓住这一情境描述，勾勒出大自然的美。

用语简洁，诗格清新淡雅，诗意幽美。又如《龙首寻秋》："霜林变丹红，秋高天气迥。幽人植杖来，踏遍碧峰顶。"在秋高气爽的时节，山林红透，诗人乘兴踏秋，拄着拐杖，逡巡于山顶，自由地领略秋山风光，多么的闲适与潇洒。

在《东行百咏》中，诗文有记述铁岭卫民众安宁生活情景的，如《西郊》《邻家》；有反映作者对民族事务关切、寄盼民族和睦相处的，如《边城》《遇总戎》《边将夜发》；有反映边地戍守艰难的，如《征妇词》《古屯妇怨》《边城老稚用感兴韵》《愁来》。总之，陈循虽然是谪贬流放之人，但他的诗作中，始终保持文士忧国忧民的强烈情怀。

程启充，字以道或初亭，别号南溪，四川嘉定州（今乐山）人。进士出身，初授陕西三原知县，后入朝任监察御史，以敢言闻名于世。曾做江西按察使，数谏政事，斥责嬖幸弟子冒军功及冗官、冗兵、冗费等弊政，上言整顿，武宗皇帝未予采纳；嘉靖初年，在"大议礼"案中，多次上言力争，得罪皇帝；"李福达"案发，上言弹劾郭勋，尚书张璁等借机报复，1527 年，被谪戍辽东抚顺；1537 年，赦免还乡，未再起用，郁郁而终。程启充著有《初亭文集》，记述了在辽东十年的流放生活及所思所想，诗文充分体现了作者的真实情感。《奉天通志》选其诗作八首。如《千山温泉》："温泉虚石窦，蒸沸欲飞汗。世已讥同浴，人今苦索瘢。热衷吾岂敢，洁己意何难。既济时观物，沧浪歌未阑。"作者借温泉浴来抒发自己的情怀。泡在温泉，大汗淋漓之际，忽然想到那些讥笑在一个池子里泡浴的人，有的人如今想方设法揭底、挑毛病。诗风一转，写到"热衷吾岂敢，洁己意何难"，虽说自己并不热衷于求官，但纯洁自己的意念是何等的艰难。因为时弊还存，民生维艰，自己想做淡泊名利之人，置身事外是不可能的。即使身为戍籍，也想给百姓除弊，匡正于时，解救于世，只有实现既济之目标时，再看世间万物，沧浪之歌才会传唱无尽。

徐文华，字用光，号东岩，四川嘉定州人。1508 年，与程启充同榜进士。初授大理评事，后进监察御史。身为谏官，敢于言事，多次犯颜直上，因此招致正德皇帝及身边近幸忌恨。1516年，上言议宗庙仪礼事，帝怒，责其妄言，削官为民。嘉靖继位后，徐文华复出，历任河南按察副使、贵州巡按、大理寺左少卿等职。1527年，因“李福达”案发，上疏弹劾郭勋触怒皇帝，与程启充及给事中安磐、彭汝实等一道被流放辽东，谪戍铁岭卫。公元1537年，赦免还乡，卒于途中。徐文华为人有节操，工诗文，流放期间，与彭汝实、安磐等，“以吟咏为事，日相唱和，无忧戚容”，内心世界充实，生活乐观向上。著有《辽阳集》。《奉天通志》收录其诗作四首。如《游千山祖越寺》：“堂隍回合水潺湲，路转陂陀百折还。上界钟声霄汉杳，前山塔影夕阳间。松涛涨壑千岩响，花雨浮空满地斑。坐久虚堂疑误入，恍然身世出人寰。”祖越寺是千山五大禅林之一，是辽东重要的佛教寺院。作者以超然之笔，描写祖越寺清幽环境，潺湲流水、百折小路、悠扬钟声、斜长塔影、回荡松涛、浮空花雨，这优美的环境令置身寺院的人如入仙境，顿觉脱离了人世间。诗写得平和，但声势、形神，淋漓尽致，意境悠远，美感无限，读来赏心悦目。

刘琦，字廷珍，号北郭，进士出身，曾任兵部给事中。亦因“李福达”案入狱，后被谪戍辽东沈阳中卫。在沈阳10年间，讲学不辍。1537年赦归。死后得以平反，被追赠光禄寺少卿。谪戍辽东沈阳中卫期间，与程启充、徐文华合作完成《辽东志》编纂。曾写辽东风物散文《具瞻亭赋》，亦有诗作传世。如《千山温泉》：“沸水腾波数尺深，兰汤空笑费黄金。日新久负盘铭在，金日临池得洗心。”作者咏物抒情，表达出不同流俗、自持气节的胸襟。

尹耕，字子莘，号朔野，山西蔚州（今河北省张家口市）人。17岁中举，18岁中进士，初授藁城知县。其“为人豪宕不羁，性嗜酒，喜谈兵”，曾作《塞语》十一篇，申明边防虏事之要害。严嵩以其“有才知兵”荐为兵部员外郎、河间知府，并破格提拔为河南按察司兵备佥事。遭言官弹劾，下狱查治，遣戍辽东。几年后赦还。从此绝意仕途，筑九宫山房，读书著述，直至终老。著有《塞语》《乡约》《九宫私记》《朔野山人集》《两镇三关通志》。其工诗，谪戍辽东期间创作有《修边谣》《怀春二首》等。如《怀春二首》："春深关塞尚屯兵，万里防胡拱汉京。不为翠华临远道，岂应金甲废深耕。转输坐见司徒急，经略亲看相国行。莫讶至尊忘北顾，显陵迁附圣人情。""往岁关山亦丧师，犹能不失汉旌旗。可怜虎帐分符日，偏是沙场弃甲时。白草自长骠骑垒，黄云空压李陵碑。书生无计当戎右，一剑真思报主知。"此两首诗工整清新，表达诗人对边防松弛、关塞频险的忧虑，及企盼朝廷能够顾及辽左边地，防患于未然。

叶应骢，字肃卿，鄞县（今浙江省宁波市鄞州区）人。进士出身，授刑部主事，嘉靖初历郎中，因忤桂萼被迁吉安知府，后被戍辽东。其以诗参加明代辽东景物组诗的创作，写有《前屯八景》组诗。前屯在辽宁省绥中县西南50里处。前屯八景即《三山参耸》《六水全流》《南海大观》《西岑清风》《一峰天柱》《双树地龙》《姜女风高》《榆关日近》。作者以诗勾画出当时辽西重镇前屯奇美景观，成为研究辽河历史文化的重要史料。如《双树地龙》："共道前屯美二松，我来惟见卧双龙。严霜烈日炼形古，明月清风舞影重。得雨定教人不识，避尘只恐俗难容。绝奇止在低盘处，高视应观万丈峰。"一地之美多在传奇，前屯以二松为传奇；叶应骢诗寥寥数笔，便勾画出前屯二松的奇美景象，其如双龙卧地，经严寒酷暑炼其形，有明月清风弄其影，二松古奇尽显。作者写到此并没结束，而是更进一层，"得雨定教人不识"，道出二松卧于此地的原因，是它们生不逢时、生不逢地。"避尘只恐俗难容"，批判世俗难容奇伟之材。劲松本应挺拔于万仞山峰，而此二松低盘于尘世间，反而被视作绝奇之物了，世间的审美观念已然颠倒了。又如《姜女风高》："巨石凌嶒矗海滨，相传姜女望夫频。贞心不被波涛转，大节还同日月新。欲拟形容须是玉，定知神魄化为神。古今男子惟南八，多少身名愧妇人。"通过对前屯海滨姜女石的描写，称颂姜女的贞心和大节，进而表明心迹。

总之，叶应骢的《前屯八景》组诗，留下了许多传奇，是研究辽河文化之辽西地区民俗文化的重要文化史料。

（二）马文升与为官辽东的文人诗文创作

明代，辽东都司实行军政合一的行政管理体制，官员受中央政府委派，诸如辽东巡按、巡抚等职官员；他们奉命参与辽东军政、经济、文化各项政务、事务，提督腹地边关；了解民情民俗，政事之余，吟咏诗章，留下了许多记录辽东社会生活、风物景观的作品，是研究明代辽河流域文化宝贵的文化历史资料。其代表人物主要有：辽东巡抚马文升、刘储秀、刘成德、刘讱、许宗鲁、杨行中、朱篪、温景葵、王之诰、周斯盛、李辅、李贡。他们在事辽期间写下了许多反映辽东社会生活、风情风物、边关战事等题材的诗作。略举如下：

马文升，字负图，号三峰居士，钧州（今河南省禹州市）人。进士出身，初授监察御史，天顺年间升福建按察使，1475 年，任兵部左侍郎，适辽东有警，朝廷命往备之。1478 年，建州女真犯边，上命其再往辽东。当时太监汪直亦奉命巡边。建明女真犯边之事，由辽东巡按张钺诱杀进贡使者以掩其罪所致。刘文升赴辽东时，未与汪直、张钺同行，径直到辽东，招抚哈斯岱等 200 余人。独与敌抗礼，直至敌解散。太监汪直还朝，奏建州女真犯边是由于马文升严禁农具出边所致。朝廷议罪将马文升下狱。1484 年，复起用马文升为左副都御史巡抚辽东，弘治皇帝即位后，升任兵部尚书、吏部尚书，1510 年，卒。马文升是成化、弘治两朝重臣，曾 3 次到辽东任职，对辽东都司所辖地区发展做出了贡献。其著述颇丰，有《马端肃奏议》《马端肃公诗集》及“边疆三记”即《兴复哈密王国记》《抚安东夷记》《西征石城记》。其诗作不多，但很有意境。如《过盖州寄兴》：“烟雾新消海国边，荒园寒水与云连。山光杳霭飞凫外，秋色参差落雁前。田野欢呼瞻使节，讼庭空寂长苔钱。从容事毕还朝日，韶舞声中觐九天。”作者以写实笔法，清晰地勾画出盖州秋景图。“烟雾新消海国边”，即战乱刚止，盖州荒芜连着寒水而人烟稀少，野凫飞向寥廓天空，参差的秋色笼罩隰原。战乱结束后的海国边疆，自然而安详。社会生活恢复正常，讼庭无人，显得十分空寂，民间无讼案，讼庭之地上长满了苔钱，这一切都得感谢朝廷派来的使节，从从容容地把朝廷的差事办好，还朝向天子奏报边关的情况。

刘储秀，字士奇，咸宁（今陕西省西安市长安区）人。进士出身，授刑部主事，历任郎中、山西提学副使，晋右副都御史巡抚辽东，后升户部尚书、兵部尚书。1539—1541 年间，刘储秀巡抚辽东，在政事之余，创作了许多描写辽东地区独特风情的诗章。在《刘西陂集》中收录了他在辽东期间创作的诗三十四首，其中有记述初到辽东感受的，如《春日出山海关》《初至广宁作》；也有描写屯军士兵生活景象的，如《烧荒》。辽东地区民情风物，很多成为刘储秀的创作题材。如《秋日雪》：“五月天山雪，只今已较迟。惊沙寒石冻，落木湿相遇。朔气横金甲，霜威折画旗。戍楼当此夜，奈何更添悲。”深秋时节，落木纷纷，沙寒石冻，更有落雪飘飞，“朔气横金甲，霜威折画旗”，形容极为贴切。在这样的环境中，悲壮与苍凉是十分自然的心理体验。

刘成德，山西蒲州（今山西省永济市）人。进士出身，任监察御史，巡按辽东。其为政辽东期间，重视教育，修建学校，奏置儒学岁贡名额等，是一位颇有政绩的诗人。因其善政，后被供祀于广宁名宦祠。《奉天通志》收其诗三首，即《广宁怀古》和《过宁远温泉》（二首）。其《广宁怀古》云：“衰草闲山洞，青云冷誓台。舆图连朔漠，烽火静尘埃。水自胡沙出，山从故国来。戍楼钟罢晓，笳鼓递悲哀。”广宁即今辽宁省北镇市，曾是古战场，战略地位十分重要。诗人事辽期间，睹景生情，抒发怀古之幽情。战乱之后的广宁，衰草遍野，山洞空寂，往日喧嚣的誓台，而今冷冷清清，广袤的土地，战争烽火已经熄灭，显得宁静而苍凉，厮杀扬起的尘土已归平复，辽河水处漠北南下，故国山川耸立，山水相连，一派祥和景象。然而战争的阴云时刻笼罩边关，“戍楼钟罢晓，笳声递悲哀”，隐喻深刻，虽战事已经平息，但戍楼的钟声彻夜鸣响，笳声传递历史的悲哀，时刻警醒人们不能忘却边患。

刘讱，河南鄢陵人，进士出身，累官刑部尚书，嘉靖年间任辽东巡按。《辽东志》收录其诗七律《考试漫成》。此外，《全辽志》收录其诗一首，即七律《按盖州有感》：“海畔三年使节稀，新骢今日此依依。孤城月上狐应遁，老树风高雀不栖。国计未纾征税急，君恩犹有向隅啼。观风无补虚沾禄，满道还多阅绣衣。”诗人情感凝于笔端，在描绘现实情境中，表露心中的沉郁。海滨盖州，朝廷对于民生几年都无人问津，任由地方横征暴敛，搞得民不聊生。那是怎样的凄凉境况？孤城月上，狐狸逃遁，老树风高，鸟雀不栖。今天终于见到朝廷命官，宣喻“君恩”，民众却向隅而啼。作为巡按，面对腐化的吏治，“观风”是于事无补的。“满道还多阅绣衣”，正是这些络绎不绝“绣衣”，增加了底层百姓的负担。百姓是可怜的，他们既怕“绣衣”，又希望朝廷遣使臣来地方，见到新官充满依依之情。诗人是朝廷命官，巡按辽东，看到如此积弊，知道自己“观风无补”于事，自己空拿朝廷俸禄却不能为朝廷出力、解决民生疾苦，因而内心充满自责，表露于文字的是无可奈何。

许宗鲁，字伯城，一字东侯，号少华，咸宁（今陕西省西安市长安区）人。进士出身，选庶吉士，后擢按察御史。嘉靖任湖广学政，“以义倡士，楚风益振”。曾以佥都御史巡抚保定，后巡抚辽东。归里后，构草堂，置酒赋歌。著有《少华集》《已海集》《归田集》等。许宗鲁事辽期间所创作诗收入《全辽志》三首，即《谒北镇庙》《秋晚闾山登眺》《秋兴》；选入《明诗综》二首，即《辽左雪中登楼》《医闾春望同李户部》。其诗格调清婉秀丽，情感真切动人。如《秋晚闾山登眺》：“九月边城风未寒，名山与客共盘桓。经霜锦树真宜画，对酒黄花尚可餐。病体不胜浮大白，壮怀犹自岸危冠。晚来更上崔嵬石，始信人间行路难。”诗人将闾山秋景描绘成美丽图画，锦树秋菊，美丽如画；晚秋风光，明媚迷人。即景抒情，感悟真切。

杨行中，字惟慎，别号潞桥，顺天府通州人。进士出身，曾任浙江山阴知县，为政宽猛相济，士民欢洽。后擢陕西道监察御史。嘉靖年间巡抚辽东。1535 年，辽阳发生兵变，部议削平，杨行中力主令叛乱者自相逮捕以赎罪，被采纳。后升太仆寺少卿，累官至南京工部尚书、吏部尚书等职。后因附权臣严嵩被罢官。归乡后，敝庐萧然，虽老亦不废学。《全辽志》收杨行中诗《华表柱》，其颇有特色："千年华表名虚在，终古神仙事杳茫。独柱已非当日石，断碑空乱后人肠。远山一抹朝天碧，蔓草先铺野甘黄。鹤去不来唯鸟语，故乡城郭尚辽阳。"关于古城辽阳之华表柱的传说已越千年，诗人并未随声附和地跟着议论，而是以审慎的态度出指那些传说是虚名，所谓的神仙故事是查无实据的。面对斑驳的石柱和残破的石碑，令人感叹不已。眺望自然界，远山含黛，山峰耸翠，蔓草遍地，春绿秋黄。传说中的仙鹤一去不复返，只有林鸟在自由鸣叫，故乡的古城辽阳依然保持着当年雄伟的模样。

朱篪，字思齐，浙江山阴（今浙江省绍兴市）人。进士出身，曾做江苏泰兴知县、辽东监察御史。《辽东志》收其诗八首，《全辽志》收其诗一首。其《九日迎千山》，被认为是明代以来咏千山之佳篇："冉冉旌麾郭外行，万山秋色雨余清。疏林落木年光晚，绝塞新寒雁阵惊。异域几人同游览，天风为我拂尘缨。白云深处钟声动，知是山僧道左迎"。朱篪在重阳节之千山游赏风景，目睹新秋雨后的千山清幽、明朗、秀丽的景色，年光向晚，绝壁新寒，疏林落叶，雁阵惊飞，在异地他乡竟然能够独自观赏如此优美的秋色，任天风拂去杂念，空旷清幽使诗人未免有几分孤独，忽然，白云深处传来寺院清脆的钟声，知是山僧们正在道左等候相迎。诗人凝情、意、境于笔端，描绘出千山清、静、幽之美。诗意挥洒，情感跌宕，妙趣横生。

温景葵，字志忠，山西大同人。举人出身，曾任霸州兵备副使，后以监察御史巡抚辽东。1542年，蒙古骑兵寇犯辽东，民众忧惧。温景葵到任后，即组织各乡村力量构筑防卫设施，积极防守。同时，发邪佞，摘私隐，吏畏惧而民怀其德，民称其为“真御史”。《全辽志》收录其诗作《辽衢行》《闻砧》《至日》《金州观海》《开原道中》等八首。另存《新正闲适》《上元前夜》《闻笛》等反映辽东民俗民风的诗作。如描写辽阳春色的《辽衢行》：“日照千门物色新，雪消山郭静风尘。闾阎处处闻萧鼓，辽海城头也是春。”没有战事的辽阳古城，一派安宁祥和景象。又如描写戍边将士家人牵挂的《闻砧》：“冰玉堂前晚啜茶，月华雪影竞纷奢。已是令人清透骨，谁家更调落梅花。”作者闻笛而思考，通过感叹征戍给百姓带来的离别之苦，揭示明代辽东边事存在的隐忧。

王之诰，字告若，湖北石首人。12岁丧父，由母亲抚养成人。于1543年中举，改年中进士，曾任吉水知县、户部主事、兵部员外郎、大同兵部副使等职。1563年，擢石佥都御史，巡抚辽东，任内“大兴屯田，每营垦田百五十顷，役军四百人”。时逢蒙军入侵，指挥若定，斩敌千余，以捣敌巢有功授一品官。次年，升京营戎政尚书。1571年，升任南京兵备尚书，明神宗即位后，又任其为北京刑部尚书兼南京兵部尚书，并亲书“正己率属”赐之，时人称“两尚书”，1575年致仕。《全辽志》收录其诗《罗汉洞》《高岭》《晾甲山》《过代子》《雾雨山行》《过凤凰城》等八首。诗人巡抚辽东期间，以辽东风土民情为题材，创作出很多优秀诗章。如《瞯鸭绿江》：“九连城畔草芊绵，鸭绿津头生暮烟。对岸鸟鸣分异域，隔江人语戴同天。皇仁本自无私覆，海国从来奉朔虔。吩咐边人慎封守，莫教樵牧扰东田。”作者以清新明快的笔调，描写中朝界江鸭绿江风光，“对岸鸟鸣”“隔江人语”，说明中朝是一衣带水、唇齿相依的近邻，两国关系十分友好。“皇仁本自无私覆，海国从来奉朔虔”，是其真实写照。作为巡抚，有责任“吩咐边人慎封守，莫教樵牧扰东田”。

周斯盛，字屺公，陕西宁州人。进士出身，授人行司行人，选四川道御史，1557年，巡抚辽东。是年夏季，淫雨连月，庄稼淹没，城垣倒塌，周边地区部族来犯广宁、辽阳。周斯盛督帅官民拒守，击退来犯者。筹划粮草，赈济灾民，使辽东得以度过灾年。1569年，在山西兵备副使任上，以修整边境长城有功受到朝廷嘉奖。著有《正山堂集》八卷，《全辽志》收其在巡抚辽东时所作诗《次海州》《盖州道中》《义州和韵》《永宁监道中》等八首。其《阅开原城》诗云："锥堞连云峙北陲，层山如戟界华夷。万年控制梯航远，千里孤悬虎豹随。漠漠长风吹戍垒，萧萧落日拥旌旗。茅檐未息边头燧，在顾时劳圣主垂。"诗人以特殊视角描写古城开原的景观，用"锥堞连云""层山如戟""峙边陲""界华夷""梯航远""虎豹随""长风吹戍垒""落日拥旌旗"等词汇，描绘开原的战略地位，由于处于战争边缘，令朝廷牵挂。《闻警》诗，更是直接描写了边陲战事与民生、民情，寄寓一腔忧国情思。

李辅，字近台，江西进贤人，1559年中进士；1564年，任辽东巡按御史。到任后，阅读《辽东志》，发现该志书"舛讹脱落，几不可读"，于是，"礼聘文学之士，开馆编次"。"于旧志纲目，多所更定，大异于前次之续修"，越六月完成，定名《全辽志》。《全辽志》收李辅巡按辽东所作诗《登千山寺》（二首）、《凤凰山次西石公韵》《金州道中》《登玉泉寺》《观音阁》《过牵马岭》等十七首。李辅主持编纂的《全辽志》，是史存几种《全辽志》中最好的版本，对明代辽东文化建设做出了很大贡献。其巡按辽东期间，足迹遍布各地，以辽东风物民情为题材，借景抒情，创作很多诗歌名篇，如《宁远道中》："星轺晓发海云红，欲吊穷檐思万重。人口已无三口在，十家今有九家空。天边草树摇斜日，屋上籐萝弄晚风。惆怅不安频相问，喜传甘雨兆年丰。"该诗记述了战乱后的宁远，战火兵燹使宁远地区民生凋残，大地一片荒凉，惨不忍睹的景象。

李贡，字惟正，号舫斋，明太平府（今安徽省芜湖市）人，进士出身，任右都御史，辽东巡抚，官至兵部侍郎。著有《舫斋集》。《全辽志》收其《开原道中》《见东作次韵》等诗4首。其中《登开原北城》《广宁马市观夷人交易》二首纪事诗，是研究明代边患与辽东马市的重要文史资料。

明代末年，事辽李化龙、张鼐、孙承宗、鹿善继、袁崇焕等人，也有诗文传世。如李化龙之《平播全书》《李于田诗文集》《抚辽疏草》、张鼐之《辽筹》《辽夷略》《陈谣杂咏》、孙承宗之《锦州十二景》、鹿善继之《前督师纪署》《后督师纪署》《车营百八答》《认真草》、袁崇焕之《三官英灵集》等；以及其他诸如辽东经略之熊经略，巡按辽东之刘大谟、郭登庸、王珩、史褒善、胡汝辅、钱鲸、张铎、黄襄、王得春、徐贯、顾养谦、李承勋、周叙、任洛，辽东苑马寺卿张鏊，辽东总兵毛伦等，都在事辽期间，创作了许多反映当时辽东社会生活、风情风物等题材的诗文，均是研究明代辽河文化的宝贵文献资料。

综上所述，驻辽东官员政事之余进行诗歌创作贯穿了明朝兴亡的始终。这些诗文，记载了明代辽东社会的风物民情，是研究明代辽河文化重要的文史资料。

（三）龚用卿与旅辽使臣文人诗文创作

明朝时期，中朝两国保持很好的宗辅关系，双方使臣往来频密。辽东都司境地，是两国使臣必经之地。明代辽东都司境内经济文化发展，城市山川景观风物吸引旅辽使臣们的关注，他们以特殊的视角，审视辽东人文风貌和自然景观，用诗文咏辽，为明代辽东文化发展做出了贡献。嘉靖年间使朝使者龚用卿即为代表。

龚用卿，字明治，号凤岗，怀安县东门（今福州市鼓楼区洪山镇东门村）人，于1526年中状元，授翰林院修撰，参与修撰《明伦大典》《大明会典》。1536年，奉诏出使朝鲜，归国时婉拒朝鲜国馈赠贵重礼品。回国复命，上疏三事，皆被采纳，擢南京国子监祭酒，申饬监规，士习为之一变。不久以病归福州，死后葬于吉祥山，遗著有《凤岗文集》《使朝鲜录》。《使朝鲜录》以日记体形式记录了他作为正使出使朝鲜之见闻，是明代较早记载中朝交往的重要记录文献。其中收录了其与朝鲜官员、文人的唱和诗作，以及经辽途中吟咏的诗文。他游千山写的《游中会寺》（二首）、游辽阳时写的《罗陀洞》等作品，都是咏辽东风物的佳篇。其在辽阳创作的《与史驼村同登望京楼有作》（二首），在当时辽阳文苑引发一片和唱之声，其一诗云："东风吹遍管宁地，迟日同登王粲楼。郭外诸山明野晓，海中三岛接山丘。雕栏百尺晴丝卷，粉蝶孤翚宿雾收。画栋疏帘送歌舞，望京高处更淹留。"望京楼是明代辽阳城西南角楼，因其耸立于城之西南，登其可以遥望京城，故得名。史驼村即史褒善，字驼村，时任辽东巡按，曾募集资金，增修辽阳之望京楼、文庙及乡贤祠等城市文化景观。龚用卿使朝归来，史驼村出面接待，陪同京官使臣参观辽阳城市文化景观，既可宣传辽阳，又能彰显政绩。龚用卿工诗，睹此辽东形胜，诗兴大发，吟咏望京楼之奇伟。管宁即汉代三贤之一，曾避居辽阳；王粲，建安七子之一，曾居古城荆州，登荆州城楼并写有《登楼赋》，使荆州古城楼声名远播。作者用典自然，以辽阳古城是汉代三贤之一管宁的避居地写起，赞美望京楼似建安七子之一王粲居古城荆州时所登之城楼一样负有盛名。登高远望，城外诸山明秀，如蓬莱仙境，"雕栏百尺晴丝卷，粉蝶孤翚宿雾收"，辽阳城处在一派祥和之中；"画栋疏帘送歌舞，望京高处更淹留"，好一派歌舞升平的景象，让人流连忘返。龚用卿登望京楼二首七律既出，当时陪同者竞相和唱，史驼村当即和诗二首，随同龚用卿出访任副使的吴希孟也和诗二首。吴希孟时任户部给事中，归京后曾与龚用卿一起上《会陈边务疏》，力主修建辽东边墙。

吴希孟旅经辽东时，曾创作《游龙泉寺》《宿大安寺有怀》《罗汉洞》等多首诗作。其和龚用卿二首之一云："春光遍布三韩地，好日几登八角楼。远树天低山似郭，嵴丰绮隘果成丘。崚嶒洞宇云烟合，崒嵂危墙风雨收。几度曲栏客笑语，半天灯火月华留。"辽东古时称三韩地。作者在这晴好的日子来浏览辽阳古城八角楼，登高眺望，辽东大地春光照人，远山近郭，村寨川连，辽阳城市建筑雄伟壮丽，云烟会，风雨收，人民安详。“几度曲栏客笑语，半天灯火月华留”照应龚用卿之“画栋疏帘送歌舞，望京高处更淹留”，将辽阳古城文化氛围与繁荣的景象定格在历史文化史册。辽东因为有这些官僚文人们的吟咏，更加声名远播。

此后，有使臣薛廷宠、朱之蕃等，出使朝鲜途经辽东盘桓期间也创作了许多诗文。如薛廷宠之《登望京楼和韵》之一云：“辽阳亦是先王地，落日孤城独倚楼。南望青齐隔沧海，北看豺兽遁沙丘。珠帘绣柱秋堪眺，宿雾残云晚未收。回首蓬莱双阙迥，使槎何事尚淹留。”辽阳曾是辽朝东丹王耶律倍之王都所在，亦是金代完颜雍称帝时之都会，而今衰落成“落日孤城独依楼”，没有了往日的王气；作者南望、北看，心中充满忧虑，即使是“珠帘绣柱”，也是一片萧条景象。“秋堪眺”，看到的是“宿雾残云晚未收”，传说这里堪比蓬莱胜境，而今“回首蓬莱双阙迥”，作为朝廷使臣，有什么可以淹留于此呢？3 年前，龚用卿诗作描写的辽阳繁荣景象，怎么在薛廷宠的眼里荡然无存了呢？因为薛廷宠心中充满忧患，从“南望青齐隔沧海，北看豺兽遁沙丘”两句中，可以读出作者的心思。在这样的心境下，辽阳充满危机，他必须大声疾呼，不能沉醉在歌舞升平中，应有危机意识，赶紧回到京城，奏请加强边墙建设，巩固边防。

朱之蕃，字元介，号兰嵎，山东人。工诗善画。1605 年，奉诏出访朝鲜，他将行经途中吟咏汇集成《奉使朝鲜稿》，所记辽东风光，别具特色。如《渡鸭绿江》云：“历历岩峦分画屏，江联中外江沧溟。鸭头过雨添新绿，螺髻盘云远送青。自是大观垂宇宙，从知有道tk威灵。春风彩鹢成飞渡，海表应占聚德星。”诗人别开生面地描绘了一幅边境和平宁静的美好画卷，很有意蕴。又如《七绝・过分水岭》云：“路穿绝岭千峰匝，水界双流两境分。汲破春冰明旭日，饮来骏马踏层云。”本溪边山关南之分水岭，是去朝鲜必经之路，此岭北边是太子河，南边是鸭绿江，作者行进途中，观赏连山关千峰绝岭，诗兴勃然，吟出这动人诗篇。再如

《薄暮登鞍山游安福寺》云："斜日翻鸦炊烟晚，好山朔风古松深。言寻叶寺舒暇眺，信步归来夜深襟。万壑残阳轩紫玉，一松古殿扰苍龙。平收眼底奇无限，更上高楼看后峰。"记述了当时鞍山古松野寺、万壑峰奇的美丽景象，是研究辽河流域文化的重要史料。

五　散文创作景观

明代，辽东都司境内城市文化之发达不仅在诗歌创作中得到记述，在辽东籍文人与外籍事辽官员或流戍辽东之文人的散文中亦有较多反映。这些散文作品，或记述辽东都司境内社会生活，或记述辽河流域的自然风光、名胜景观，或再现辽河流域风土人情，具有较高的审美价值和史料价值。其代表人物有贺钦、冯惟敏、徐景嵩、刘琦、程启充、徐文华、王慎中、周祚、俞宪、马文升、王英等。

辽东籍作家中，贺钦的《医闾先生文集》及冯氏一族的文集中，都有散文佳作。如贺钦的《辽右书院记》《盖州修建缘边营堡记》，冯惟敏的《重修三义祠碑记》，都是散文中之佳品。又如毕恭（广宁右屯卫人，辽东都指挥佥事）的《辽东志序》，辽阳徐景嵩的《辽阳乡贤祠记》，沈阳中卫军籍范锪的《重迁复州学记》《增建河东土堡记》，辽阳佟卜年的《襄平先生忧愤录》等，都是纪实散文之佳篇。

徐景嵩的《辽阳乡贤祠记》云："郡所在，祠乡贤于学宫，励来学也。辽故为郡，顾独无祠，非缺典欤？正德戊寅秋，监察御史凤阳高公钺，奉命按辽，下车即垂壹此举。值边务方殷，乃不果。越今年已卯，百度就绪，人吏用和，自春徂夏，膏雨以时，公乃按志，汉得三人，流寓二人。北海管氏宁，平原王氏烈，襄平一人，河内太守李氏敏。国朝三人，辽阳二人，万全儒学，训导张氏升，河南道监察都御史胡氏深，义州一人，户部给事中贺氏钦。论功与德，咸应祭法，诸其不与是列者，俟论定而后入，擢泛及也……"作者用 200 余字，将建造乡贤祠原委、巡按的重视、首选乡贤等交代得清清楚楚。文字简洁明快，开门见山，直奔主题。行文简明扼要，有叙有议，确见功力。

刘琦将中原散文重游记的文风带到辽东，最有影响的是他写的《具瞻亭赋》。具瞻亭是莪峰公与客登医巫闾山时提出拟建之亭，实际并无此亭，作者借题发挥，通过具瞻亭这一角度来审视医巫闾山，以西、北、南、东之方位顺序，以“西山之岩岩兮磨云汉之苍苍”“列诸峰之罗立兮如剑戟之森芒”“崔巍万仞，环抱六重，势同插架”，描写医巫闾山之雄奇险峻；以“堆烟岚之叠翠兮薄盘错于淳庞”“秀压居庸”“中孑然之突出兮作西土之梵宫，卧霏霏之烟霄兮若鹤飞之崆峒，聆哀壑之呼号兮响幽涧之石淙”，描绘医巫闾山之形神气概；以“俯三韩兮长城，控九夷兮拱神京，带辽水兮激澄清”、“封垤白云，杯棬虹螺，并泰岳，列嵯峨，基托医闾兮伟地理，星分箕尾兮换天文，邻仙人之洞兮践扩草之香薰，通圣水地兮眄绉波之绣纹”，描写医巫闾山之地理形势；以“俯吕公之岩兮袭圹草之芬芳，瞰东丹之台兮余万卷之典故。若其凫鹥振鹭，颉颃飞翀，佳木异卉，高低葱茏，耸刁阁，倒乔松，悬瀑布，面长空，古风急而暮山紫，北雁尽而霜叶红”，描写医巫闾山风景如画，美不胜收；以特定名词“西风、暮山、北雁、霜叶”和特定颜色“紫、红”等，生动描绘出医巫闾山秋景之清幽意境。其文云：“……瞻斥西山之岩岩兮磨云汉之苍苍，堆烟岚之叠翠兮薄盘错于淳庞，列诸峰之罗立兮如剑戟之森芒。崔巍万仞，环抱六重，势同插架，秀压居庸。中孑然之突出兮作西土之梵宫，卧霏霏之烟霄兮若鹤飞之崆峒，聆哀壑之呼号兮响幽涧之石淙。北瞻沙漠，南望蓬瀛，孤竹西联，鸭绿东潆。俯三韩兮长城，控九夷兮拱神京，带辽水兮激澄清。至夫封垤白云，杯棬虹螺，并泰岳，列嵯峨，基托医闾兮伟地理，星分箕尾兮换天文，邻仙人之洞兮践扩草之香薰，通圣水地兮眄绉波之绣纹。俯吕公之岩兮袭圹草之芬芳，瞰东丹之台兮余万卷之典故。若其凫鹥振鹭，颉颃飞翀，佳木异卉，高低葱茏，耸刁阁，倒乔松，悬瀑布，面长空，古风急而暮山紫，北雁尽而霜叶红。……”读来，医巫闾山险要地理位置和雄奇瑰丽的风光尽收眼底。

程启充之《游千山记》是记述千山风物的著名散文。作者通过回顾辽东历史，交代游览千山的经过，对千山的著名景观分别记述，夹叙夹议，全面介绍了千山险峻瑰丽的风光。如作者记述上仙人台和下香岩寺的过程时，云：“……又数息抵仙人台，台本峭壁，高数仞，西逼断崖，其深莫测，悬北隅以木梯，登，望之股栗。乃购健卒匍匐而上。上有石砰，九仙环弈焉。自仙人台寻香岩寺，下入溪阱，石齿啮足，荆棘塞路，嵯岈不可杖下，乃并趾以布匹束胸臆，仆夫从后挽之，扶藤侧足，盘跚而步，甚危也。……”仙人台山高势险，望而生畏；香岩寺“石齿啮足，荆棘塞路，嵯岈不可杖下”，上山不易，下山更难。读其文字有身临其境之感。

王慎中之《游凤凰山记》云：“自辽东行三日，出连山隘，至凤凰山，去朝鲜尚百有余里，土人称为开州。其地苍莽无人之场。山势周环，连亘不绝。惟南面少缺，如人臂合抱而掌来不及接者。首尾低昂，大麓偃伏，左右若两翅，东西相望宛如一大山，不知其中能宽而空隙也。”寥寥几笔，即将凤凰山的形态勾画出来了。

医巫闾山、千山、凤凰山是辽东都司境内之名山，以上记述是研究这些名山胜景的重要历史文献。

此外，周祚之《游医巫闾山记》，俞宪之《华表观诗序》，李翔之《重修望京楼记》，马文升之《抚安东夷记》，王英之《广宁建学记》，以及马中锡之《中山狼传》，徐贯之《广宁都察院题名记》，李承勋之《医闾先生集序》，李辅之《永利闸碑记》，张鳌之《辽东苑马寺兴修记》，胡文举之《东南疆场》等，都是写得不错的散文。

总之，明代辽东散文创作推动了明代辽河文化之发展。那个时代创作的散文，比较客观真实地记述辽东风俗风物和兴教办学及文物景观建设的历史，是研究明代辽河文化的宝贵文献资料。

第三节　明代辽东地区志书与档案

编纂地方志书是中国文化传统。地方志，是记述一个地方特定历史时期的建置、政治、经济、文化、社会、军事、民族、名胜古迹、风土人情、物产资源、艺术等综合性著述，堪称一地之百科全书。中国地方志文化发展历史悠久，明代已经发展到兴盛时期。明初，洪武帝诏令有司上山川险易图，并于 1384 年编纂成《大明清类天文分野之书》共二十四卷，辽东都司编排为第二十四卷；1418 年，永乐帝诏令天下郡、县、卫、所志书，并颁《纂修志书凡例》，要求纂修各地志书，从体例到内容都要统一规范。因此，明代地方志书编纂已成文化发达之景象。《辽东志》正是在这样的历史背景下编纂而成的。

《辽东志》是现存最早的辽东地方志书之一，是研究辽河文化重要古籍文献。全志共九卷，记述辽东地区历史、地理、政治、经济、文化、社会、民族等方面状况，内容翔实，考订细致，文风朴实，文图并茂。该志书首卷附有辽东都司辖区二十五卫图十七幅，包括辽东河东地方总图、辽东河西地方总图、辽东都司治卫山川地理图、广宁山川地理图、广宁右屯卫山川地理图、义州山川地理图、广宁左中屯卫山川地理图、宁远卫山川地理图、广宁前屯卫山川地理图、开原山川地理图、开原控带外夷山川地理图、铁岭卫山川地理图、沈阳中卫山川地理图、海州卫山川地理图、盖州卫山川地理图、复州卫山川地理图、金州卫山川地理图。卷一，地理志，共设十一目，即沿革、疆域、郡名、形胜、山川、风俗、物产、宫室、陵墓、寺观、古迹；卷二，建置志，共设八目，即城池、公署、监苑、学校、关梁、坊表、驿传、祠祀；卷三，兵食志，共设四目，即武备、边略、财赋、徭役；卷四，典礼志，共设六目，即公式、祀典、宾兴、乡饮、乡射、夷人入贡；卷五，官师志，共设四目，即爵命、使命、职官、名宦；卷六，人物志，共设十七目，即荐辟、科贡、通志、将选、武举、封赠、任子、家世、忠节、孝行、宦迹、学术、隐逸、贞烈、流寓、方伎、仙释；卷七，艺文志，共设十目，即圣制、表、笺经略、奏议、记、叙、诗、行、辞赋；卷八，杂志，共设二目，即三辽长编、祥异；卷九，外志，共设三目，即外郡、外夷卫所、外夷贡赋。

《辽东志》围绕辽东都司辖下二十五卫二州的设置，叙述明朝政府对辽东都司及北方奴尔干都司辖区的管理，突出明时边地政权建设。卷九，外志，记述了奴尔干都司属下设三四一卫、二十三所和驿站建设及贡献等内容。奴尔干都司辖地虽不是辽东都司辖境内，但它与辽东都司相连，且关系密切，因此，在《辽东志》特设外志卷予以记述。其是编纂者匠心独运、远见卓识的表现。

《辽东志》作者毕恭、王祥。毕恭，字以谦，前屯卫籍，祖籍山东济宁。有文武才，著有《辽城吟稿》。王祥，字伯祯，河南汝南人。根据毕恭于 1443 年 5 月写的《辽东志》序："自永乐中，上遣使谕本司纂修国志，乃即钦承上命，以国朝削平叛乱之由，创治之制"，可见《辽东志》着手搜集资料、准备编纂工作始于永乐年间，并将编纂志书之篇目设置"谨集进呈，惟稿是存"。至 1443 年，完成编纂，"用铸诸梓，以永其传"。但不知何故，该志书并没有印行。1448 年，由巡按御史陈宽、辽阳副总兵韩斌主持，由邵奎、陈恺，对毕恭、王祥编纂的《辽东志》进行修改，"繁者删之，缺者补之，伪者证之"，并正式命名《辽东志》，是《辽东志》第一次刊行。

1529 年，由潘珍主持，徐文华、刘琦、程启充"复事修改"，其事未果。1537 年，由任洛主持，薛廷宠等续编《辽东志》。此次纂修《辽东志》是第二次刊行，即现在通行的《辽海丛书》版本。

1566 年，由李辅主持，由马应龙、孔荆玉、孙彦良、余尚贡、李如鲁、张文羽、叶馨、徐文中、瓢继武、汪观、何文绮、杨守中、傅佶等人参加，在《辽东志》基础上纂修《全辽志》，围绕辽东都司所辖二十五卫、二州的设置，叙述明朝对辽东地区及北方地区的管辖，外志主要记述北方奴尔干都司属下设之三百三十二卫、二十二所。其是研究明代辽东地区历史，特别是辽河流域文化史的重要志书。

《全辽志》共六卷、十七目。卷一，设有三目，即图考志、沿革志、山川志；图考志附有二十五卫图十七幅，即全辽总图、辽阳镇境图、辽阳镇城图、盖州卫境图、广宁镇境图、广宁镇城图、义州卫境图、广宁左中屯卫境图、广宁右屯卫境图、广宁前屯卫境图、宁远卫境图、沈阳卫境图、铁岭卫境图、开原卫境图、开原控带外夷图、永宁监境图、星野图；卷二，设有四目，即赋役志、边防志、兵政志、马政志；卷三，设有二目，即职官志、选举志；卷四，设有八目，即宦业志、人物志、典礼志、风俗志、方物志、祥异志、故迹志、杂志；卷五，设有一目，即艺文志上；卷六，设有二目，即艺文志下、外志。

《辽东志》和《全辽志》是现存最早的辽东地方志书，反映了明代辽东地区浓郁的文化底蕴，是研究辽河流域文化的重要文化古籍。

辽东都司官署的文件，现存1080件，藏于辽宁省档案馆。这批文献资料主要包括辽东都司、山东都司及明兵部三部分内容。明兵部档案资料主要是崇祯年间的题稿，反映明代当时用兵等情况。明初，山东布政提督辽东。山东都司档案资料，现存的多是嘉靖年间辽东与山东的关系，山东都司及其所属卫所戍务、操练、军纪、粮饷等方面军政事务文件，包括戚继光抗倭斗争等。这批档案资料，由于努尔哈赤率领八旗兵占领辽东后，曾被用作裱糊沈阳宫殿的屏风，后人习惯称之为“屏风档”。辽东都司档案资料，起于洪武年间，止于崇祯末年。这部分档案，由于努尔哈赤占领辽东时，将其中一部分当成废纸絮入包装信牌的囊袋夹层中，所以人们习惯称之为“明信牌档”。这3部分辽东档案资料有极高的史料价值。尤其是辽东都司档案资料，详细记录了辽东地区卫所、驿站、军政、职官、司法、民政、民族、马市、赋役、文教、外资等方面的基本情况，其史料价值更高。

第八篇　清朝时期辽河文化

清朝是由满族政治家们建立和统治的封建王朝。满族深受中原汉文化的影响，经历了由野蛮渐趋文明，由弱小转为强大，并最终完成统一中国的历史发展过程。清王朝是中国历史最后一个封建朝代，以盛京文化为特质的清代辽河文化，经历了兴起与发展、繁荣与鼎盛、衰落与灭亡三个阶段。

后金前清时期（1616—1644 年），满族贵族联合蒙古贵族和汉族地主建立的政权，入主中原初，面对尖锐的民族矛盾、阶级斗争和统治集团内部的权力斗争，极端地强化了封建专制制度，以文字狱为特征的专制文化盛行，具有民族意识的知识分子受到残酷迫害。这一时期，封建专制文化进一步加强，特别是皇帝集权专制文化达到了空前的程度。这一时期，是辽河文化之盛京文化兴起与发展阶段。

顺治康熙至乾隆时期（1644—1795 年），由分裂走向多民族统一国家，政治比较稳定，疆土扩大，经济繁荣，被称为“康乾盛世”，从而为盛京文化繁荣并达到鼎盛创造了有利环境，也推进了中华文明的进步。康熙帝善于总结历史经验教训，注意兴利除弊，推行积极的经济政策，废除圈地制度、狂征苛敛，实行蠲租免税，推动移民，废除贱籍，鼓励垦荒等，农业、手工业和商业文化发展，社会财富大幅增加。努力修明朝政，整顿吏治，奖励廉能，惩治腐败，革除明代末年阉宦乱政、大臣专权、朋党祸国的种种弊政。学术思想、文化教育、文学艺术等文化形态与类型在复杂的政治环境中曲折进步与发展，或提倡实学，批判空谈心性的理学、心学，宣传经世致用的学风；或潜心汉学、训诂文字、整理古籍，形成乾嘉学派；或参加《四库全书》《古今图书集成》

编纂整理；或开展文学创作，以诗文来揭露封建专制主义文化的腐化、社会污浊、官场与科场的腐败虚伪，创作出《红楼梦》《聊斋志异》《儒林外史》《桃花扇》等著名作品。这一时期，是辽河文化之盛京文化繁荣与鼎盛阶段。

嘉庆道光（1796—1850 年）以后，外来侵略、内部反抗与镇压交织在一起。1840 年，第一次鸦片战争中国失败，特别是 1856 年，第二次鸦片战争失败后，西方资本主义国家通过一系列不平等条约，加深了对中国政治、经济、军事、文化等方面的控制，强行掠夺中国，割据中国领土、掠夺资源和财富，将中国陷入半殖民地的深渊。清朝政府极端专制的腐朽统治，对外卖国求荣，对内残酷剥削，激起了民众反抗，农民起义风起云涌，此起彼伏。清政府内外勾结，镇压农民起义后，开展洋务运动，探讨军政改革，甲午中日海战，击碎了清王朝的梦想，直至辛亥革命，清王朝被推翻。这一时期，辽河文化之盛京文化开始出现衰落，封建政体文化最终走向灭亡。

盛京地区是满族发源地，也是辽河文化之盛京文化生衍地，始终伴随着清王朝政治、经济、文化、社会的变化而兴衰与荣损。

第三十六章　后金前清时期辽东地区文化形态

满族是以明代建州女真为主体、通过兼并战争统一其他女真部族后形成的民族。明代建州女真人在与汉人交流过程中，政治、经济文化得到快速发展，特别是建州女真部族定居赫图阿拉（今辽宁省新宾满族自治县境内）以后，发展步伐日益加快。自1583年开始，建州女真杰出首领努尔哈赤适应建州女真各部日渐形成的统一趋势，采取“恩威并行”“顺者以德服，逆者以兵临”的方针，经过30多年的兼并战争，先后统一建州女真和其他各部女真。1616年，努尔哈赤在赫图阿拉称汗，建立后金。皇太极继位后，1636年，改“大金”为“大清”正式建立清朝。

第一节　满族崛起与后金前清政体文化

满族族源可以追溯到公元前1000多年的肃慎族，至汉代，肃慎改称挹娄，南北朝时改称勿吉，隋代改称靺鞨。王朝更迭，肃慎族虽易名，但与中原王朝的关系越来越密切，遣使入贡，史书不绝。至唐代，满族先世靺鞨族和中原唐王朝的关系揭开崭新一页，以靺鞨七部之一的粟末部为主体在东北建立了地方政权“渤海国”，分置五京、十五府、六十二州，统治辽东乃至东北地区长达229年，传十五王。渤海国是臣属唐王朝的地方性政权，国王世代受唐王朝册封。可见，从唐代开始，满族的祖先已正式成为中华民族的成员，其在学习借鉴汉文化的过程中，创造了灿烂的渤海文化，也是中华文化的重要组成部分。五代时，靺鞨族改称女真族，接受契丹族建立的辽朝政权统治。1115 年，女真族在杰出的领袖完颜阿骨打的领导下，建立了金王朝，以淮河为界，与南宋对峙，这个相对独立的北方政权存续了 120 年。直至蒙古贵族建立元王朝后，女真族接受元朝政权统治。元朝对其采取“设官牧民”“随俗而治”政策，女真族人户过着“无市井城郭，逐水草为居，以射猎为业”的生活，各部族不相统属，势力衰微，陷入女真文化发展的低谷时期。明朝初期，对女真族采取招抚、羁縻政策，在女真人户居住地区设置近 400 个兼管理地方行政事务的军政机构“卫所”。女真族与汉族杂处错居，政治、经济交流日益密切，文化日渐交融。

一　女真族统一与满族之崛起

明代，女真分为三大部族，即建州女真族，分布在牡丹江、绥芬河及长白山一带；海西女真族，分布在松花江流域；野人女真族，分布在黑龙江和库页岛等地。在女真三大部族中，建州女真部族发展最快，也最强大。元朝在建州女真居住地区先后设置五个万户府，其中斡朵怜最后一位万户猛哥帖木耳是努尔哈赤的六世祖。1403 年，明朝政府在建州女真胡里改部居住的凤州设立建州卫；1405 年，猛哥帖木耳被明朝授予建州卫都指挥使。1412 年，增设建州左卫，以猛哥帖木耳为建州左卫指挥。猛哥帖木耳死后，其次子董山袭职，又增设建州右卫，以猛哥帖木耳同母异父弟凡察为都督同知，管理右卫事务。建州三卫人户不断受到北边的野人女真部族的侵扰，几度迁徙南移，最后定居于苏子河流域广大地区。这里便是清朝的发祥地。定居下来的建州女真族获得相对稳定的环境，在汉文化影响下，经济文化迅速发展，建州女真部族日益强大。甚至对明朝统治造成威胁。因此，明朝中期开始对女真部族采取限制、分化和歧视政策。1545 年初，建州女真族首领李满柱、董山国配合蒙古瓦剌大汗也先大举进犯辽东，大肆抄掠辽东。此后，董山国和李满柱“起尔兼管三卫”，纠集建州、毛怜和海西等部，统 15000 人，几乎月月兴兵侵扰辽东，一年之内抢掠辽东 97 次，掳掠边民多达 10 万之众。1466 年，入犯辽东，明朝总兵郑宏战败；次年正月，复犯鸦鹘关，明都指挥使邓佐在双岭中女真人埋伏，兵败战死；3 月，复入连山关，掠开原、抚顺，窥铁岭、宁远、广宁。因此，明朝设计诱杀董山国，并且出兵建州，剿杀李满柱等，建州女真部族受到重创，几乎一蹶不振。

万历初年，建州女真又开始兴起，明朝对其实行分化政策，拉一部、打一部，致使建州女真内部长期陷入分裂混乱状态。1575 年，明朝利用海西女真族哈达部首领王台俘获、杀害了建州右卫都指挥使王杲；1583 年，建州苏克苏浒部图伦城主尼堪外兰引导明军攻打王杲之子阿太所在的古勒城。努尔哈赤的祖父建州左卫都指挥使觉安昌、父亲建州左卫指挥塔克世入城劝降。在明军攻占古勒城时，觉昌安不幸被烧死，塔克世遭误杀。明朝觉得理亏，为了安抚努尔哈赤，授他为建州左都指挥使。年轻的努尔哈赤一跃成为镇守一方的军事将领。

努尔哈赤是一个有志向和雄才大略的杰出人物，崛起于明王朝日益腐败之际。他将明朝对女真的欺侮和杀亲之仇埋进内心，对明朝表示忠顺。一方面，努尔哈赤在袭祖、父职任卫指挥以后，继承祖、父之志，学好、忠顺，时送所掠获汉人，自结于朝廷，得到朝廷信任，先后加升都督职衔，晋封为龙虎将军。据《明神宗实录》记载，努尔哈赤少年时代曾投在辽东守将李成梁麾下，每战必先登，屡立战功，成梁厚待之，与李成梁父子交谊甚深，“与成梁谊同父子”，与成梁子如柏“有香火之情”。一方面，努尔哈赤暗地里对蒙古和朝鲜进行拉拢，将统一女真作为第一目标。1583 年，25 岁的努尔哈赤以祖、父的十三副遗甲起兵，经过近 10

年的征讨，统一了建州女真各部。随后，继续努力，实行恩威并行的策略，至 1616 年，女真各部族基本上统一到努尔哈赤的麾下，结束了女真各部长期分裂割据、动荡不安的局面。

二 后金政权的建立

后金清前政权是以努尔哈赤、皇太极为首的满族贵族建立的政权。

（一）努尔哈赤建立后金政权

随着统一战争的发展，努尔哈赤在政体文化建设在采取了一系列相应的措施，用以巩固和扩大统治，其中最为重要的是创立八旗制度文化。即按照“以旗统人，以旗统兵”，“出则备战，入则务农”的军政合一、民兵一体原则，根据女真人“行师出猎”习用的“牛录”组织习惯加以扩展。牛录是以地缘为主、血缘为辅组织起来的，是八旗制度中的基础单位。当时规定，凡所属人丁均收编入牛录，每 300 人编为一牛录，设牛录厄真（汉译佐领）进行管辖；每五牛录为一甲喇，设甲喇厄真（汉译参领）为其长；五甲喇为 1 固山，设固山厄真（汉译都统），即领旗大臣。再上面就是贝勒。出任贝勒的都是努尔哈赤的兄弟子侄。贝勒分为主旗贝勒和一般贝勒，主旗贝勒满语称和硕贝勒，是分将八旗的首领。八旗各以正黄、镶黄、正红、镶红、正蓝、镶蓝、正白、镶白旗帜为标志，各旗之间互不统属。每旗兵力约 7500 人。努尔哈赤是八旗兵最高统帅，亲自主正黄旗、镶黄旗两旗，具有独自的军政实力，同时对其余六旗拥有指挥权①。

具有行政职能和军事指挥相统一的八旗制度文化，是努尔哈赤进行统一兼并战争的产物，是军事合一政体文化建设的一个创举。他把女真、蒙古、汉各族人户混合编入八旗中，每旗内部都

① 李询，薛虹．清代全史：第一卷［M］．沈阳：辽宁人民出版社，1991.

是几个不同族别、不同地区的聚合，按同一政令统一管辖，共同生活、共同劳动，密切了不同族别间人们的关系。在生产和战斗中都发挥了很大作用；也对女真族的发展产生了很大影响，促进了整个统一事业的发展。

1616年，努尔哈赤在诸贝勒大臣等人的拥戴下，登上汗位①。努尔哈赤立国称汗，标志着女真族内部正式出现了一位可以凌驾于八旗军民和诸贝勒、大臣之上，拥有决定军国大事的君主；也表明与明朝存在的臣属关系终结，成为主宰辽东乃至东北的独立的政权，其政体文化随之蓬勃发展。努尔哈赤称汗2年后，即1618年，终于公开与明朝决裂，举起反明大旗，向明朝政权发动军事进攻，在短短的七八年里，先后占领明朝管辖的抚顺、沈阳、辽阳、广宁等近百座城池，使明朝在辽东地区的大部分领土归其所有。

（二）努尔哈赤巩固汗权

随着军事斗争的节节胜利，后金政权逐步得到巩固，统治集团内部权力之争的矛盾日益尖锐起来。各旗主贝勒之间、努尔哈赤与其兄弟之间、努尔哈赤诸子之间，为了权力开始明争暗斗。

权力这种东西具有非凡的魔力，它让很多人失去心智和理性，不惜以生命为代价去争夺。在争夺权力的过程中，除了冷酷无情便没有其他可言了。为了权力，努尔哈赤不惜谋杀胞弟舒尔哈齐、毒死亲子褚英。褚英是努尔哈赤长子，骁勇善战，屡立战功，赐封“洪巴图鲁”（大英雄）和“阿尔哈图土门”（谋略多端），很受努尔哈赤器重，因而被努尔哈赤授命执掌国政，“专主大国”，褚英也就成为当然的国汗继承人。然而，这却引发了其他四大贝勒，即努尔哈赤爱如心肝的4个子侄代善、阿敏、莽古尔泰、皇太极之间的猜忌和矛盾，同时也引起了努尔哈赤一直“信用恩养，同

① 广禄，李学智．清太祖朝老满文原档：荒字档第1册［M］．北京：中华书局，1970：62．

甘共苦”的五大勋臣费英东、额亦都、扈尔汉、何和礼、费扬古的不满。加之褚英心地狭窄，无宽宏恤众之心，又操之过急，一心图谋汗位，从而激化了其与四大贝勒、五大勋臣以及汗王努尔哈赤之间的殊死斗争。

褚英“离间”父亲恩养的五大勋臣，“折磨”努尔哈赤的四大贝勒，于是，他们联合起来状告褚英。努尔哈赤听后严厉斥责褚英，并逐渐疏远、处处戒备褚英。褚英不知悔改，反而焚天诅咒出征的汗父，继而与亲信密谋陷害汗父，被努尔哈赤发觉，监禁于高墙，2 年之后，其毫无悔改之意，竟然被父亲毒死。努尔哈赤在选择权力与亲情时，明显地只顾权力而没有一丝的亲情存在。谁敢和他争夺权力，就会毫不留情地将其消灭。

努尔哈赤为保证其创立的政权稳固，在政体文化建设上进行了一系列调整和变革。据《清太祖实录》记载，1622 年，宣布实施八和硕贝勒“共治国政”的政体文化，即八大旗主贝勒地位平行，都有权被推举为新汗，继嗣汗位者不能是残暴之人，如果共推的国汗不能听取众人意见，不实行善政，也可以废斥国汗；共议国政，一切军政大事，国汗必须与诸贝勒共同商议决断，任何人不得专权；凡遇朝会，国汗得先向诸贝勒中的“众叔兄”叩首，然后共同升座，接受大臣国人叩拜，从礼仪上体现了八和硕贝勒的共权地位；在财产关系上，依据“八分”原则，实行经济上八家平权，即从战场上掳掠的财物，或人户、土地，都由八家分配共享①。

以诸贝勒共治国政为主要形态的后金政体文化，在维护八旗团结和保证国汗身后不致因争夺权力而分崩离析及稳固国家政局上，起到了积极作用。

---

①　清实录·清太祖实录（天命七年三月己亥）[M]. 北京：中华书局，2008.

三　清前政权的建立

1626年8月，努尔哈赤去世，新国汗遵循共治国政的原则，须由诸贝勒商议推举产生。当时，在诸贝勒中，大贝勒代善与其子岳托将二红旗，二贝勒阿敏将镶蓝旗，三贝勒莽古尔泰将正蓝旗，皇太极主镶蓝旗，都是势力相当的实力派，均有资格被推举。比较而言，代善更稍占优势，但其却因其被告发与大福晋乌喇纳喇氏阿巴亥存在暧昧关系而曾遭努尔哈赤斥责；又因遭诬告前妻所生之子与其二妾通奸，代善听信诬告而欲杀亲子，再引起努尔哈赤不满，代善因而名声大受影响。莽古尔泰因有人告发其母亲与代善关系暧昧而受人冷落。二贝勒阿敏系努尔哈赤之弟舒尔哈齐系统，身份无法与嫡裔相比。这样，只有皇太极在各方面占有优势，他是努尔哈赤第八子，智勇双全，随父出征，骁勇善战，功勋卓著，被努尔哈赤寄予厚望。因此，在代善带头、二贝勒阿敏和三贝勒莽古尔泰共同支持下，皇太极被推举为新国汗。同年九月初一，登上大位，改年号为崇德，史称清太宗。

努尔哈赤推行以共治国政为主的政体文化，实际隐藏许多危机，因为国汗与诸贝勒间牵涉诸多旗利时矛盾便凸显出来了。特别是在商议推举新国汗时，二贝勒阿敏闹着要带领所将旗出走、三贝勒莽古尔泰斥责皇太极办事不公争吵时曾抽刃出鞘、多尔衮三兄弟握有近三旗的实力，虎视眈眈。如此种种现象，让皇太极认识到，共治国政政体文化导致了国汗地位和权力被虚化。即位之初，对三大贝勒优礼有加，尽管他是新国汗，但每逢朝会、庆典等大型典礼活动，均与三大贝勒一起居南面并列而坐①。此与其说是对三大贝勒拥立汗位的回报，不如说是对于手握兵权的三大贝勒的畏惧。当时代善掌正红旗、镶红旗，阿敏掌镶蓝旗，莽

① 清实录·清太祖实录（天命七年三月己亥）[M]. 北京：中华书局，2008.

古尔泰掌正蓝旗，三大贝勒掌八旗中 4 旗，如果三大贝勒翻脸，自己国汗的位置不保。皇太极“虽有一汗之虚名，实无异整黄旗一贝勒”，处处受到三大贝勒的钳制。显然这种政体文化不适应后金社会的发展，也不可能长久存在下去，必须采取措施削弱各旗主的势力，强化国汗权力。因此，开始加强以封建专制主义集权为主体的政体文化建设。

据《清太宗实录》记载，皇太极通过削弱和打击三大贝勒的权势，最终取消八和硕贝勒共治国政的制度文化。首先从制度上，用扩大八旗总管旗务大臣的议国政权力来分割三大贝勒专主旗务之权，用诸贝勒轮流代理值日制取代三大贝勒每月轮流执政制，设六部主政事削夺三大贝勒的政务权。1626 年 9 月，皇太极登上国汗位不久，经与诸贝勒商议决定，于各旗设固同厄真 1 人，“总理一切事务，凡议政处与诸贝勒偕坐共议之，出猎行师，各领本旗兵行，凡事悉听稽察”。又设 32 大臣，每旗 1 人，一半“佐理国政，审断狱讼”；另一半“出兵驻防，以时调遣”①。用上述以打破旗主贝勒垄断本旗事务，制约其分离独立倾向。1629 年，皇太极借口“一切机务辄烦诸兄经理，多有未便”，废止三大贝勒“按月份值国中一切机务”的权力。② 其次，对三大贝勒逐个削弱和打击其权力。次年 7 月，以二贝勒进攻明朝时擅自弃守永平等城之过，数 16 条罪状，将其幽禁；8 月，以莽古尔泰向皇太极“抽刃出鞘”，犯了大不敬之罪，夺削其和硕贝勒位置，降为一般的多罗贝勒，且夺其 5 个牛录并罚银 1 万两。在此基础上，1632 年，皇太极正式废止在朝会仪式上的“上与三大贝勒俱南面坐受”

① 清实录·清太宗实录（天聪十年九月丁丑）[M]. 北京：中华书局，2008.

② 清实录·清太宗实录（天聪十年九月丁丑）[M]. 北京：中华书局，2008.

的规制，改由皇太极一人“南面独坐”①。又议定仪制，凡近地往来，“御前旗三对，伞二柄，校卫六人”，比大贝勒高出一等，比一般贝勒高出二等②。1634 年，又罗织大贝勒代善四大罪状，打击和动摇代善权势，借故将代善所领之正红旗没归己有。这样在实力上，皇太极拥有正黄、镶黄和正白三旗，绝对占优。1636 年 4 月，皇太极废除大金国汗的名号，自称宽温仁圣皇帝，国号大清，改元崇德。随着皇太极由大金国汗转变为大清皇帝以后，严重制约皇权发挥集权统治作用的八和硕贝勒共治国政的政体文化，终于遭到彻底摒弃。皇太极在后金政权基础上确立的皇帝集权制度，标志着专制主义集权统治进一步确立。从此，更加着力树立皇帝权威，极力模仿明朝的政体文化制度，加强政府机构的建设和改造，使清朝政体文化朝着建立集权统治的方向加快发展。

第二节　清前时期盛京文化初兴

自 1621 年，努尔哈赤率领后金军队入据辽沈开始，至 1643 年，清军完全占领并掌控山海关以外东北广大地区，前后统治辽东 22 年。其间，努尔哈赤、皇太极推行一系列举措，极力强化政体文化建设，巩固其统治地位。

一　清前政体文化兴起

后金前清时期，努尔哈赤和皇太极加强政体文化建设，主要是通过推行八旗制文化，变革社会生产和生活方式，建立满汉共

① 清实录·清太宗实录（天聪三年正月丁丑）［M］. 北京：中华书局，2008.

② 清实录·清太宗实录（天聪六年正月己亥）［M］. 北京：中华书局，2008.

同体文化，发展民族文化，强化汗权、皇权建设，巩固统治政权。

（一）后金政体文化

努尔哈赤在辽东推行政体文化建设，表现为强制推行满汉民人迁居杂处、同耕共食的政策，客观上促进了各民族文化融合。

1. 巩固八旗制文化

首先，对编入八旗的满、汉人等实行计丁授田，规定一男种粮田 5 垧种棉田 1 垧，一起编组成屯庄，在牛录厄真统一管理下进行以户为单位的独立生产，并且纳粮当差。每 3 男种 1 垧贡赋田，20 男当中 1 人当兵、1 人应公差，以解决军饷、兵源等方面的问题。同时，又源源不断地迁徙大批女真人进入辽东地区，以其部分屯开原、铁岭、辽阳、沈阳。为了解决这些内迁人员吃住问题，努尔哈赤下令，辽东汉人的房屋与女真人合住，粮食同吃，分田耕种。这种强制满汉人同住、同食、同耕的办法，虽有利于民族融合，但也加重了汉族人户的经济负担，势必激起汉人反抗。为了控制、镇压汉人的反抗，努尔哈赤将大部分新征服地区的汉人迁离故土，安置到随军入居辽东的女真所留下的地区，或安置到女真人居住较为集中或统治势力容易控制的地方。对于出逃或反抗的汉人，实行屠杀政策，如 1622 年在复州的屠杀；1625 年，杀掉大批汉人。其次，强推八旗制文化。努尔哈赤统治辽东时，将俘获的人口，强制编入八旗之中。对于强行编入八旗的汉族人户，其户籍隶于八旗，由各旗派出官员管理，无论何时，都要听任官员管理。

2. 变革社会生产文化

生产方式上推行一体化政策。1621 年，努尔哈赤进入辽东地区后对女真社会生产方式进行重大变革，颁行“计丁授田”，实行“按丁编庄”，使八旗各级统治者占有土地，而作为劳动者的满汉人户，只占有一部分份地，须向各级统治者缴纳租税，负担徭役，满汉人户与八旗各级统治者形成人身依附关系。总之，无论是从土地占有形式，还是从人与人之间的关系以及产品的分配形式上，都发生了变化，基本上采取了原来辽东地区的封建制生产文化。

3. 变革社会生活习俗

一是语言习俗方面的一体化，将满语作为主要语言（普通话），强制汉人学习；二是强制汉人剃发留辫，允许满汉通婚。

总之，努尔哈赤强制推行一体化政体文化，客观上缩小了满汉民族之间的差别，在生活文化、生产习俗等方面，都产生了深远影响。

（二）清前政体文化

皇太极继承汗位后，初步奠定了后金政权的政治基础，满汉共同体文化也进一步得到巩固。

1. 满汉共同体文化

皇太极登极之初，危机四伏，内外矛盾错综复杂，他意识到“治国之要，莫先安民”，而安民之策，重在恩养。因此，强调“满汉人民，均属一体”，采取措施消弭和缓和民族间的矛盾。据《清太宗实录》记载，皇太极即位当年，下谕旨强调，宽待汉人，规定“凡中国汉官、汉民，从前有私欲潜逃，及今奸细往来者，事属以往，虽举首概置不论”；强调满汉一体，“凡审拟罪犯、差徭公务，毋致异同”；下令禁扰汉人，“有擅取民庄（汉人）牛、羊、鸡、豚者，罪之”；明确规定，除了每备御只给 8 个壮丁、2 牛，供其使令外，其余汉人分屯别居，编为民户①。大力提倡对汉人实行恩养，对于“凡新旧归附之人，皆宜恩养”②，“管辖汉民各官”，以抚养之善否作为“分别优劣”的考核标准③。这在一

① 清实录·清太宗实录：卷一［M］. 北京：中华书局，2008.

② 王先谦，朱寿朋. 东华录（天聪十年）［M］. 上海：上海古籍出版社，2008.

③ 清实录·清太宗实录：卷二十一［M］. 北京：中华书局，2008.

定程度起到了争取辽东汉人民心的作用。对于归降后金政权的汉族官吏和知识分子，采取笼络政策，甚至不惜高官重金。在攻下大凌河以后，对于降清明将“仍旧原衔，分别授职，赐之世袭敕书”①；松山之役掳明将洪承畴，亲至洪馆，“解貂裘与之服”；对于主动来降的孔有德、耿仲明，以女真最高礼仪郊迎，并给以丰厚的赏赉，当日授“都招讨印”。对于有大才干的汉人，如范文程等人，一律擢升，引为心腹，其为清军入关出谋划策，起了很大作用。1641—1645 年，任大学士者，有刚林、范文程、希福、鲍承先、洪承畴、祁充格、宁完我 7 人。其中范文程、鲍承先、洪承畴、宁完我等均系当时名儒。1629 年，皇太极下令开科，录取了 200 多名本来为奴的汉人生员。

2. 汉军八旗制文化

为了扩大兵力和进一步笼络和利用汉族地主阶级，皇太极分编汉军八旗作为八旗组成部分。汉军八旗与满八旗编制相同，以旧汉人厄真统领。1642 年，编成汉军八旗，每旗设固山厄真一人、梅勒章京二人、甲喇章京四人、牛录厄真十八人。皇太极任汉军八旗最高统帅，可以随时对之调遣指挥。这就既可加强对汉人的控制，扩大了兵力，又发挥了汉族地主阶级的作用。1634 年，编成蒙古八旗。1636 年，皇太极宣告改国号为大清，废金国之称，改女真为满洲（族）。皇太极认为，“凡事都照大明会典行，极为得策”②，“乐观古来典籍”，“以历代帝王得失为鉴”③，故以汉族政体文化为蓝本，对努尔哈赤时的行政机构进行改置。设置了三院，即内国史院、内秘书院、内弘文院，各院设大学士一人、学士若干人；设置六部（吏、户、礼、工、兵、刑），各部内除以

① 清实录·清太宗实录：卷三十［M］. 北京：中华书局，2008.

② 潘喆，孙方明，李鸿彬. 天聪朝臣工奏议［M］. 北京：中国人民大学出版社，1989.

③ 清实录·清太宗实录：卷四十二［M］. 北京：中华书局，2008.

一名贝勒总理部务外，设满汉蒙古承政、参政、启心郎及办军笔帖式等；设置掌监察的都察院、专管蒙古等少数民族事务的理藩院。

3. 皇权专制文化

皇太极通过幽禁二贝勒阿敏、处罚三贝勒莽古尔泰，明确其他亲王、郡王、贝勒、公主、格格、额附等等级名号，确定大臣功臣袭职及免功臣徭役等条例，逐步巩固了皇帝独尊地位，将后金的政体文化推向了以皇帝集权专制统治为核心的政体文化形态。

4. 满族之传统文化

随着辽西地区被纳入其统治区域，非满族人户大量增加，加上汉文化冲击，出现了整个满族社会的民俗文化日渐衰落的现象。皇太极采取措施，保护和发展满族传统习俗文化。在语言方面，针对满汉共处、同食、同耕，满族人皆学习汉语的情况，强调汉官、汉民都必须学习满族语言，当时不会满族语言的会受到歧视。同时，将官名、城邑名都改为满语，如总兵、副将、参将、游击、备御等汉语官名，一律改为固山厄真、牛录厄真等满语官名，以及沈阳改称天眷盛京等。此外，在服饰文化方面，规定汉人官民男女穿戴，俱照满族式样。在民俗文化方面，提倡满族子弟开展骑射等。语言、服饰、骑射，是满族区别于汉族的主要特征。总之，皇太极通过一系列措施强化满族民族意识，承继满族传统文化。

二　满族文化的发展

民族文字是民族文化的核心要素。满文的创制始于努尔哈赤时期，改造、完善于皇太极时期，并成为清代的官方文字。以满文为纽带，极大地增强了其民族的凝聚力，对满族民族共同体的形成，起到了无可替代的作用。满文的创制，使满族文化从俗文化走向了雅文化，并得以快速发展。

（一）创制满文

满族之先族女真族建立金朝时，曾经有过自己的文字，当时称女真大字、女真小字。金朝被元朝灭亡，女真族沦为被统治民族，女真大字、女真小字也随之被蒙古文字所取代。到 15 世纪中叶以后，女真文字已经基本失传，女真人讲女真语，而书写则完全借用蒙古文字。

努尔哈赤在统一女真过程中，发现女真各部族语言不统一，特别是说的是女真话，书写用蒙古文字，不利于女真族独立自主，更妨碍女真各部族的统一。1599 年，命额尔德尼和噶盖创制本族文字①。这种文字因为由女真族之变化为满族所使用，故称为满文。满文的出现是满族形成的开始，也是满族文化形成的重要标志。满文初创时虽不是十分完善，但在女真社会推行使用，使女真族从古老的原始状态中脱离出来，也让女真人从蒙古族统治的强大影响下解放出来。正是因为有了满文，才迅速发展了女真族的文化，彰显了其强大的民族凝聚力，并以迅猛之势向前发展，使满族民族共同体的形成变为现实，为努尔哈赤的统一战争提供了强大文化力量。

（二）满文发展

满文创制后，在统一的女真地区推行使用过程中，出现了诸多不足。如多种读音、多种写法，给满文的学习和使用带来较大麻烦。至皇太极时期，满文已经不能适应形势发展的需要了。皇太极决定改造初创的满文。1632 年正月，皇太极令巴克什达海着手满文改造。

达海，满族正蓝旗人，世居觉尔察（今辽宁省新宾满族自治县永陵乡），“九岁读汉书，通晓满汉文义。自太祖以来，凡与明国及朝鲜往来书翰，皆出其手”。其与太祖侍女通奸，事发，拟罪

① 清实录·清太祖实录：卷二［M］. 北京：中华书局，2008.

当死，因其通晓汉文汉语而免于一死。皇太极即位后，达海受到重用。受命后，达海在满文写法雷同、不易区分的字旁酌加圈、点，以示区别；针对其与汉文对音不全的问题，新创制 10 个特定字母，以拼写人名、地名，用两个字切音标注汉字。历时半年多，完成满文改造。同年 7 月，达海因病去世，终年 38 岁。达海一生勤敏于学，去世前，已经译完的汉文书籍有《刑部会典》《素书》《三略》《万宝全书》，已译未译完者有《通鉴》《六韬》《孟子》《三国志》及《大乘经》。共为官清廉自持，死殓时“求靴无完者”。达海一生为满汉文化交流做出了重大贡献，尤其“以增完国书，满洲群推为圣人”。经达海改进后，满文臻于完善，在满族社会迅速推广，得到广泛应用。太宗皇太极赐达海谥号曰“文成”①。

（三）满文文献

满文创制后，迅速推广应用，以满文为书写工具，译书、缮定公文、记注国事、纂修实录等文化事业蓬勃兴起，为后人留下了许多珍贵的满文文献。其主要文化形态有档案和实录。

满文首先用以记录当时重大事件，形成“档子”。这些满文档子在清政府入关前，已经辑录成册，即《满文老档》，以及天聪年间，文馆和内三院形成的满文档案，包括《逃人档》、满文木牌档和盛京五部满文档案等。这些满文档案比较详细地记录了女真各部从分散到统一，最终形成满族民族共同体的历史过程；记录了努尔哈赤建立后金政权，夺取明朝所辖辽东地区，以及皇太极改称大清，继续用武力统一辽西，并数次进入关内，屡次挫败明军等军政大事；记录了当时满族的社会组织、八旗制度、对外交涉，族内纷争、生产与生活状况乃至风俗、礼仪、天文、地理、气象等诸方面内容。记事广泛翔实，具有原始史料性，是研究清开国

① 清实录·清太宗实录：卷十一［M］. 北京：中华书局，2008.

史、满族史及辽河文化史的重要史料。官修《清太祖实录》采用编年体，记录以努尔哈赤为中心，辅以贝勒王公大臣，涉及政治、经济、军事、文化、外交、民族、礼仪、形狱等诸方面的制度与事件，是研究清太祖执政时期历史的重要资料。在满文创制之前，满族没有以文字为载体的文学创作，也没有用文字记载的历史，一些关于满族的神话及萨满祭祀的祝文等，全靠口述相传，满族文化停留在原始俗文化阶段。满文创制之后，用满文翻译汉文书籍，记述历史，创作文学艺术，标志着满文化完成了由俗文化向雅文化的迅速转变，对于促进满族社会习俗变革具有重要作用。

三　满族社会宗教文化

从肃慎到女真乃至满族，其民族宗教信仰文化之主流一脉相承，认为万物皆有灵，信仰萨满教。后金政权建立，满、蒙、汉各族共处、同食、同耕，各民族之间宗教文化相互交流、渗透乃至交融，满族所祭祀之神，增加了释迦牟尼、观世音菩萨、关圣帝君等诸神，说明满族从原始宗教文化走向宗教信仰多元化。

（一）萨满教文化

萨满教是一种原始宗教形式，古代匈奴、乌桓、鲜卑、柔然、高车、突厥、肃慎、挹娄、靺鞨、契丹、女真、蒙古等民族的巫觋信仰，俱属萨满宗教文化的范畴①。此在《周礼·春官》《史记·封禅书》《汉书·匈奴传》《北史·高车传》《隋书·突厥传》《旧唐书·回纥传》《辽史·岁时杂仪》《金史》等文化典籍中均有记载。由于萨满认为万物有灵、无物不神，因而表现为多神崇拜。

（二）藏传佛教文化

藏传佛教最初在蒙古民族中流行，女真人在和蒙古人交往中，

① 庄吉发．萨满信仰的历史考察［M］．台北：文史哲出版社，1996：7．

逐渐受到藏传佛教文化的影响。1615 年，努尔哈赤在赫图阿拉城东建佛寺①，后金政府采取崇奉藏传佛教、联姻等手段笼络蒙古各部，努尔哈赤、皇太极对僧人归附给予优待政策，为之兴建寺院。据《奉天通志》记载，1630 年，皇太极命在辽阳城南门外修建宝塔；1636 年，命在盛京城西 3 里外修建寺庙——莲花净土实胜寺②，3 年竣工，主要建筑包括供奉迈达里佛的大殿和供奉玛哈噶拉佛金像的玛哈噶拉楼，实胜寺的兴建，把崇信藏传佛教的活动推向了一个新的高潮；1639 年，皇太极派人到西藏，请僧到盛京传授佛法；1643 年，五世达赖喇嘛、四世班禅与固始汗遣众僧人至盛京传授佛法③。

清政府在入关前，为弘扬藏传佛教，在盛京城郊修建了四塔四寺，分别是东塔，永光寺；西塔，延寿寺；南塔，广慈寺；北塔，法轮寺④。其目的在借此招徕蒙古各部，利用宗教为政治统治服务。

（三）供奉关公文化

关羽是三国时期蜀国大将，以忠义著称。明人罗贯中创作的《三国演义》，使关羽的形象深入人心。关羽这个人物，集忠义勇为于一身，在清之前，中原王朝的历代统治者为政治所需，早已将其神化，不断敕封谥号，建庙塑身。宋朝封关羽为“忠惠公”，再封“忠义武安王”；明朝封为“三界伏魔大帝”。努尔哈赤和皇太极喜读《三国演义》，从中汲取历史的经验教训。关羽在民间也有无数人崇拜，说明满族人封建忠义道德观念已经形成，并逐渐深入人心，以致根深蒂固。努尔哈赤在创业之时，需要有关羽这

① 清实录·清太祖实录：卷四［M］. 北京：中华书局，2008.

② 金毓黼，等. 奉天通志：卷九十二［M］. 沈阳：辽海出版社，2003：30.

③ 清实录·清太宗实录：卷六十四［M］. 北京：中华书局，2008.

④ 清实录·清世祖实录：卷五［M］. 北京：中华书局，2008.

种“敬上而爱下”的人物来辅佐①。因此，大力提倡学习关羽的忠义品质，继承和发扬关圣帝的忠义精神。早在赫图阿拉城居住时，后金已经建立关圣帝庙，奉关羽为祟祀之神。进入辽沈以后，在盛京城北门建有关圣帝庙，皇太极钦赐“义高千古”匾额②。在清统治者的推崇下，关羽在满族人心目中成了万能之神，既可保佑将士出征取胜，又可以为民众禳灾降福，保佑生灵，保护民众安居乐业。

综上所述，后金前清时，满族的宗教信仰已经由单一性过渡到多元性，即由信仰萨满教转变到兼信藏传佛教、关圣帝等。满族宗教信仰形式的变化，说明满汉蒙各族之间宗教文化的相互交流和互相渗透，乃至宗教观念的趋同。应该看到，无论在宫廷还是在民间，佛祖释迦牟尼在满族神坛中始终没有确立为独尊的地位，在复杂的祭祀活动中，萨满教祭祀诸神仍是满族的主要宗教形式。

四　盛京地区经济文化

后金前清时，采取了一系列新的经济政策，发展社会经济。当时的社会经济文化形态和类型主要表现在农业生产文化、畜牧业文化和手工业文化的繁荣。

（一）农业生产文化

努尔哈赤统一女真各部之后，积极发展农业生产文化。当时建州女真农业生产文化已相对发达，如广泛地使用铁制农具和耕牛。进入辽沈地区后，满汉民族大范围地错处杂居，满族学习汉族地区先进的农业文化，耕作技术被广泛推广使用。

在鼓励发展农业文化之制度文化方面，提出了一系列政策措

① 清实录·清太宗实录：卷十四［M］. 北京：中华书局，2008.

② 金毓黼，等. 奉天通志：卷九十二［M］. 沈阳：辽海出版社，2003：16.

施。1613 年，沿袭明朝辽东屯田制度，在女真社会中推行牛录屯田制，以每牛录出丁男 10 人、牛 4 头，专门在空旷地方垦荒种地，收获的粮食储于公用粮库，以备食用。1618 年，努尔哈赤攻掠抚顺，得归附汉民千余户，依明朝制度，设置官属，并给予田庐、牛马，令其从事农业生产；1621 年，攻占辽沈地区，下令除小贩、工匠及乐人外，其他一切人等，均须耕种，推行“计丁授田”政策，将所占领田地，授予满汉人户，并把田地分为官田和份田，官田所获归国家，份田则为满汉人户衣食来源；1625 年，又实行“按丁编庄”，即将丁男 13 人、牛 7 头编成一庄，一庄种地百日（1 日＝6 亩），其中 20 日交纳官粮，80 日为丁壮衣食来源。由于后金政权推行“计丁授田”、“按丁编庄”，满汉人户相对稳定地发展农业生产，曾一度出现“谷物丰收，粮库充裕”的局面，为后金王朝进行统一战争提供了物资。

至皇太极执政时，强调“勤治农桑”，以重本务，制止滥用民力的徭役，大凡“工筑之兴，有妨农务”的一律停止，对滥役民夫，致妨农务的牛录章京小拨什库管理官员俱要治罪，以此安定农心，保障农民从事农业生产。皇太极保护农民利益，下令禁止践踏禾苗，对践踏田禾的人“重则射之，轻则鞭之”，牲畜践踏庄稼则由主人赔偿。不准屠杀马牛等大型牲畜，违者问罪，并处罚金。

总之，清前政府积极的政策，促进了女真社会农业生产文化的繁荣与发展，为其对明朝的战争准备了条件。

（二）畜牧业文化

女真社会有饲养家畜、家禽的传统。进入辽沈地区，后金社会中，家畜、家禽饲养业文化十分发达。普遍饲养马、牛、猪、鸡、鸭、鹅、羊等。特别是马、牛，是后金社会中主要的生产和交通工具，也是战争的主要装备。后金前清政府极力鼓励满汉人户畜养马匹和耕牛，畜牧业文化很繁盛。马匹用作奖励品，如 1633 年，孔有德、耿仲明来降，皇太极奖孔、耿部马 2000 多匹；

1639 年，以 1000 匹马奖励有功将士。用马匹等大型牲畜作为赏赐和奖励，说明清前时期，畜牧业文化十分发达。

（三）手工业文化

清前时期，满族社会的矿冶、煮盐、纺织、制瓷等手工业文化有所发展。《满文老档》记载，努尔哈赤执政时，后金社会既能采矿、冶铁，也能淘金、炼银，并掌握了初步的焊接和炼制黑色火药技术①。皇太极执政时，矿冶技术提高，规模更大了，能够开办大型冶炼场。如 1631 年，在吸收明朝造炮技术基础上，独立地制造出大炮，及炮子和火药等，说明冶炼技术水平提高了②。

纺织业文化继续发展，纺织技术在汉族先进纺织技术的影响下，有较大进步。努尔哈赤时期，满汉人户能够织造蟒缎，至皇太极时，常以大量蟒缎、素缎、布匹赏赐归附的索伦等各部以及明朝降将，说明当时纺织业文化有了很大发展。

清前时制瓷业发展较慢，在占领辽阳后，在汉人制瓷技术影响和汉人工匠的帮助下，能够烧制出碗、盆等生活器具。煮盐业文化是在进入辽沈地区后发展起来的。之前，女真人长期缺盐，特别是明朝关闭关市贸易时，女真人食盐成为一大难题③。占领辽沈地区后，才开始在海州、复州一带煮盐，令沿海灶户不充公差，专事煮盐，以供食用。

总之，手工业文化发达，为清前政权统治提供了物资资源，为其与明朝的战争准备了充足的物资条件。

---

① 广禄，李学智. 清太祖朝老满文原档：卷六十六［M］. 北京：中华书局，1970.

② 清实录·清太宗实录：卷一［M］. 北京：中华书局，2008.

③ 王先谦，朱寿朋. 东华录（天聪七年六月）［M］. 上海：上海古籍出版社，2008.

（四）商业文化

随着农业、畜牧业、手工业文化的发展，商业化也繁荣起来。女真社会以前商业文化形式主要是以物易物。占领辽沈地区后，对商人采取宽待政策，允许原有商人继续开店经商。占领抚顺后，令佟养性查清抚顺、清河原有商人，“家住在旧城的，可以开店，志黄酒、馒头、肉等食物，也可以在新建的城里盖房、开店做生意”①。对关内河北、山东、山西各地及江南、苏杭一带在辽沈行商的人予以赦免。设置专门管理商品交易的官员，商品价格和税收基本仿前朝之惯例执行。

皇太极时期商品交换有了更大的发展。国家把控制商品交换作为稳定人心、繁荣经济的一个重要手段，对商品交换采取扶持政策。满汉军民除家口足用外，可将剩余粮食及其他农副产品拿到市场进行交易，派出官员进行市场管理，控制物价。政府还降低税收，将税率10%下调到3%。为保持市场价格稳定，皇太极令八旗主出粮100石，交市场粜卖，以充民食，规定八旗官员不许压买。

后金社会土特产品如黑狐、玄狐、红狐、貂鼠、猞狸狲、虎、豹、海獭、水獭、青鼠、黄鼠等皮毛，以及人参、明珠、蜂蜜、蘑菇、木耳、松子、榛子等物，是辽沈地区市场对蒙古、明朝及朝鲜进行贸易的主要特产，通过市场交换，调剂满汉军民之间的有无，通过关市贸易，从明朝、蒙古以及朝鲜购进所需金、银、绫、缎和布匹等物资，以满足满族贵族生活需求。同时，也给满族社会土特产品生产者找到出路，促进商品流通，有利于社会经济繁荣。

总之，后金与前清统治时期，辽沈地区经济文化繁荣与发展，为最后完成奴隶制度向封建制度的转变提供了充足的物质基础。

---

① 广禄，李学智．清太祖朝老满文原档：卷五十［M］．北京：中华书局，1970．

五 盛京地区教育与科举文化

清前时期，辽东地区政治风云急剧变化，战火燃烧不止。在夺取和建设政权的过程中，满族统治者逐渐认识到文士即知识分子的重要作用。努尔哈赤起兵时曾用汉人文士龚正陆，被称为师傅，教努尔哈赤子弟读书，建州往来文书，皆出自其手。《清太宗实录》记载，至皇太极时，对文士在建设政权中的作用有了更加深刻的认识。他说："自古国家文武并用，以武功勘祸乱，以文教佐太平"①，其提出"振兴文治"。极力网罗人才，广泛吸收、使用文士。尤其致力于培养选拔文士。设文馆、办教育、开科举，致后金前清时教育与艺术文化呈现繁荣局面。

（一）文馆建设

努尔哈赤时期，在赫图阿拉就设有"书房"，即文馆，负责处理文书事务。《清太宗实录》记载，1629 年 4 月，皇太极命儒臣分为两值：巴克什达海同笔帖式刚林、苏开、顾尔马浑、托布戚等 4 人翻译汉字书籍；巴克什库尔缠同笔帖式吴巴什、查素喀、胡珠、詹霸等 4 人记注本朝政事，以昭信史。这个组织形式就是文馆，当时也称书房。1632 年，正式改称书房为文馆。后来进一步充实，至 1636 年 3 月，更名为内三院，即内秘书院、内国史院、内弘文院。文馆成立之初，儒臣 10 人，全是满族人。为振兴文治，皇太极充实文馆人员，决定吸收有学识的汉人文士。采取考试儒生以选拔人才。皇太极令诸贝勒府以下及满汉蒙家所有生员俱参加考试，文艺通明者优奖之，以昭做人之典。这次考选了 200 人，是后金前清时期最大规模的搜罗人才之举，解决了文士短缺问题，文馆充实进了一批文士。如范文程、王文奎、李栖凤、杨方兴，马鸣佩、马国柱、雷兴、蒋赫德等，一大批智囊人物，就是这样

① 清实录·清太宗实录：卷五 [M]. 北京：中华书局，2008.

遴选的。

此外，皇太极还通过荐举的方式搜罗人才。采取自荐和他荐的方式，选拔人才。其中著名的有宁完我的自荐，他不仅自荐，还推荐他人，共推荐 5 人，如鲍承先，原为明朝广宁副将，战败被俘，由于有宁完我的推荐，受到重用。

（二）教育发展

努尔哈赤早期着手办教育，在八旗内各选“师傅”，以教育八旗子弟。从事教育的师傅有满汉人，但没有坚持下来。努尔哈赤怀疑汉人，特别是怀疑读书人，造成后金社会教育萎缩，导致人才匮乏。《清太宗实录》记载，皇太极即位后，大力搜罗人才，1629 年，从民间考选隐匿的儒生，近 300 人。1631 年，皇太极下令，要求诸贝勒大臣子弟读书。“凡子弟十五岁以下，八岁以上者，俱令读书”①。从而，后金国的官办学校出现了。1634 年 3 月，后金国一次就考取生员 220 余人，用以充实学校。可见，后金学校教育文化之发展状况②。

（三）科举开办

开科取士，是清前时期选拔人才的重要形式。1634 年 4 月，皇太极“命礼部考取通满汉蒙古书文者为举人。取中满族习满书者刚林，敦多惠，满族习汉书者查布海、恩格德，汉人习满文者宜成格，汉人习汉书者齐国儒、朱灿然、罗绣锦、梁正大、雷兴、马国柱、金柱、王来用；蒙古习蒙古书者俄博特、石岱、苏鲁木，共十六人，俱赐为举人。各赐衣一袭，免四丁，宴于礼部”③。

科举的举办，客观上刺激了后金学校教育发展。1638 年，考取举人 10 名，1641 年，考取举人 7 名，这再次考取的举人，都充实到各级学校。后金政府给予知识分子的礼遇较高，如 1638 年所

① 清实录·清太宗实录：卷七十［M］．北京：中华书局，2008.

② 清实录·清太宗实录：卷十八［M］．北京：中华书局，2008.

③ 清实录·清太宗实录：卷十八［M］．北京：中华书局，2008.

考取的10名举人，各赐朝衣一领，授半个牛录章京，各免人丁4名。所录取的一、二、三等生员共61名，各赐细布，授护军样品级。① 因为考试成绩优异获得品级，是前所未有的。

上述，说明后金前清之科举文化有了很大发展。

六　盛京地区满汉文化的交融

满族是以建州女真为主体，通过兼并战争统一女真其他部族形成的新民族。其崛起于辽东建州一隅，从祖居地赫图阿拉出发，走进汉民族生活地区，先辽东后辽西。在努尔哈赤强力执行满汉同住、同食、同耕的政策下，满汉民族高度混居杂处，促进了满汉民族之文化交锋、交流以至交融。

民族文化是一个民族在漫长的衍化过程中逐渐形成的，它是民族的灵魂，是维系与凝聚一个民族的精神力量。不同民族，不仅其文化形成过程不同，而且文化形态与类型也会存在差别。不同民族错处杂居，不同文化发生交锋，经过交流达到交融，这是历史之必然现象。

满族及其先祖，世代繁衍生息在白山黑水之间，自然形成了独特的文化形态和类型。其生活于山林原野之中，他们跋山涉水，渔猎鱼兽，捕珠摘果，因而尚勇习武，重财惜物，世代相传，生生不息，渐渐形成了与渔猎业生产生活方式相适应的渔猎文化。这种文化形态表现在日常生产生活中，如善骑射，以勇武抢夺财物；喜穿箭衣、猎装，以方便骑射；剃发蓄辫、无所修饰；喜食肉类，爱吃火锅；流行火葬；好玩嘎拉哈等。这些文化习俗体现出鲜明的民族性，具有较强的凝聚力，对为满族对外扩张的欲望形成产生了重要影响。

当满族进入辽东地区之后，满族文化与汉族文化形成了剧烈

① 清实录·清太宗实录：卷三十八［M］. 北京：中华书局，2008.

冲突。如努尔哈赤占领辽东后，以征服者的身份，强制汉族民人部分改习满族（女真族）文化习俗，由此引发了满汉民族间的矛盾和冲突。1618 年，努尔哈赤占领抚顺城后，要求抚顺被掳军丁800 余人，“尽髡为夷”。自此以后，努尔哈赤每占领一个汉人聚居之地，即下令“剃发”，以剃发作为汉人降服的标志。然而，蓄发是汉民族的传统习俗，是千百年来形成的民族文化传统，强制剃发，并作为降人的标志，有损汉族民人尊严。这激起了汉人强烈不满与抵制。次年，金州、复州、海州、盖州 4 卫民人拒绝剃发而降顺，对于剃发者群起而攻之；同年，镇江（今辽宁省丹东市附近）汉民拒绝（剃）发，努尔哈赤派女婿武尔古岱和李永芳率兵前往镇压，尽杀拒不剃发归降者，俘获其妻子儿女千余人，分赏官兵为奴。这种野蛮残暴行为更加激化了满汉民族矛盾。汉人逃亡、投毒、暴动事件接连发生，造成后金社会动荡不安。努尔哈赤因此迁怒于汉绅衿。1625 年，下令查出汉绅衿，尽行处死。当时，幸存者约 300 人，多隐藏于满族贵族家中为奴。

不同文化在交锋中互相交流，最终相互交融，形成一种能够相互包容的文化形态。努尔哈赤虽然拒绝汉文化、仇视汉族诸生，却又无法抗拒汉文化的影响力，在其推行政体文化时，又把汉文化之核心文化形态儒家思想，应用到他的政治、军事实践以及对满族子弟与诸贝勒、大臣的教化之中。1625 年 4 月，公开提倡儒家倡导的孝悌忠义思想，要求诸贝勒、大臣在实践中效仿。

至皇太极统治时，满族文化已经无法适应新建立的政权发展需要，特别是随着汉官、汉将等加入后金前清政权者日益增多，汉文化的影响越来越强，皇太极在文化建设方面采取了中和之策。一方面力图维护满族传统文化，要求传承满语、骑射、服饰等民族民俗文化，反复告诫诸王、贝勒、大臣，不废骑射、不弃服饰，并以行政手段推广满语、满文的使用，以防止满族被全盘汉化；一方面又自觉地向汉文化靠拢，主动学习借鉴先进的汉文化，提出“以武功勘祸乱，以文教佐太平”的治国方略，阐发

“无亲，惟德是辅”的深刻内含，大力宣扬儒家思想，强调按照中原政体文化要求，对后金前清政府机构进行调整，照《大明会典》行事。在皇太极的倡导下，后金前清时期，翻译和编辑了大量汉文典籍。以汉文化为指导，对满族民族思想文化领域进行变革。如崇文重道，建设文庙；开科举，选拔任用人才；设官学，办教育，培养八旗子弟；革除满族旧有陋俗，移风易俗，构建封建伦理道德观。《清太宗实录》记载，1636 年，改国汗为大清皇帝，登极颁诏大赦天下时，将犯上，烧毁宗庙、山陵、宫阙，杀伤祖父母与父母、兄卖弟、妻告夫列入十恶不赦之罪，将中原社会封建伦理纲常以法律的形式确立为满族人的道德规范，人人遵守，不得逾越。可见，满汉民族间文化观念已经契合了。如明代创作的《三国演义》在满族社会广为流传，书中塑造的忠义人物关羽承载的威猛、侠肝义胆、有勇有谋的英雄品质，更是家喻户晓，人人钦佩。所以，皇太极的移风易俗之举，得到社会广泛认同和支持。

汉族对满族文化的认同，主要表现在说满语、习满文、随满俗中。皇太极时期，由于满族文人有限，其学校教育主要由懂满语、满文的汉人担任，尤其是课本，完全是汉文献的满文译本，汉族文士更占优势，所以，如黄昌、于跃龙等人在发展满族教育中起到了积极作用。六部之启心郎皆由汉人充任，其职责即掌满汉语翻译。

总之，后金前清时期，满汉两个民族对彼此文化皆有认同，两个民族在文化心理上的差距有所缩短，有利于调和民族矛盾。满族文化对汉文化的大量吸收，对于推动满族文化的发展进步具有积极意义。为清朝政府迁都北京作了思想文化上的准备。

第三节　清前统一盛京地区的战役

1618年，努尔哈赤以“七大恨”告天，公开打出了反明的旗帜。攻打抚顺，迅速攻下东州、马根单和抚顺3城，并毁抚顺城，俘虏人畜约30万。首战告捷，极大鼓舞了士气。同年5月19日，攻占抚安、花豹冲、三岔儿等大小11堡；7月22日，攻陷清河城。抚顺、清河战役，后金军队获得胜利，正式揭开了后金政权与明朝进行军事较量的序幕。先后发动了萨尔浒战役，开原铁岭争夺战，辽沈战役，广宁战役及宁远战役，展开了与明朝争夺辽东、辽西的战争。在统一明朝辽东都司所辖地区后，将军事目标由沈辽地区直接指向中原王朝所在地北京。

一　争夺辽东的战役

努尔哈赤先后占领抚顺、清河等城，明朝朝野震动，决定对努尔哈赤的军事挑衅予以打击，其时大规模的军事对抗已不可避免。努尔哈赤从起兵到攻陷抚顺、清河城的36年间，完成了许多大事，包括统一建州女真各部，兼并哈达，征服辉发，灭亡乌拉，创建八旗，建立后金政权等。同时，其领导的军事力量不断壮大。

（一）萨尔浒战役

萨尔浒战役，是努尔哈赤与明朝争夺辽东地区关键性战役。《明神宗实录》记载，在得知抚顺城失陷的当天，明神宗皇帝即召开会议进行部署。认为“辽左失陷城堡，陨将丧师，损威殊甚”。究其原因，在于“该地方官平时失于备御，临期不能拒堵，疏防玩寇”。要求“亟图战守长策”，“各处城堡都要用心防守，遇有虏警，并力截杀，务挫狂锋”。决定“旦夕经略出关，援兵四集，即合谋大彰挞伐，以振国威。事平一体升赏，如仍因循怠玩，致误军机，国法俱在，决不轻贷”①。

随后，明廷开始积极筹备对后金的大规模军事行动。大量征兵筹饷。征调蓟镇、保定、天津等兵丁6500人，同时在辽河东西招募新兵，征集福建、浙江、四川、山东、山西、陕西、甘肃等地军兵星驰援辽。1618年，明廷骤增军饷300万两。户部援引征倭、征播州之例，按每亩增加3厘5毫加派税赋，全国一年增加250万两，次年夏，3厘5毫，后年再加2厘，前后三次增加，亩赋高达9厘，共增赋520万两，成为岁额②。同时，新设辽东饷司于广宁，管理东征粮饷。增加海道，运输粮料。积极遣官设防，设立山海关镇，起用“谙熟辽事”的杨镐，加兵部左侍郎兼右佥都御史经略辽东，特赐镐尚方剑，“总兵以下不用命者，得以军法从事”。任命御史陈玉庭巡按辽东兼监察军事；起用李如柏为镇守辽东总兵官；征调旧将杜松屯山海关，刘綎、柴国柱赴京候用，俟后，又命杜松、刘綎等“星驰出关，以备调遣”。为确保京师安全，顺天巡抚和保定总兵移驻山海关，保定巡抚移驻易州，互为接应。6月，杨镐兼程赴山海关，就近征调本兵，并发20万饷银解往各镇；催调宣、大、山西、延、宁、甘、固征兵16000及蓟镇台兵。同时咨文朝鲜，胁迫出兵，成合力征讨之势③。朝鲜应明廷要求，派元帅姜弘立、副元帅金景瑞率三营兵马13000人，过鸭绿江前来援助。

为了对努尔哈赤建立的后金政权予以毁灭性打击，1618年4月15日至次年3月1日，明廷进行了长达10个半月的精心准备，

① 历史语言研究所. 明实录·神宗实录：卷五百六十八、卷五百六十九［M］. 北京：中华书局，2016.

② 张廷玉，等. 明史·志第五十四·食货二：卷七十八［M］. 长春：吉林人民出版社，1995：1215.

③ 历史语言研究所. 明实录·神宗实录：卷五百七十八［M］. 北京：中华书局，2016.

确定了攻剿努尔哈赤的详细方案。即集中兵力捣毁努尔哈赤的都城赫图阿拉；进剿大军兵分四路，采取分进合击的作战方法；以叶赫部和朝鲜为侧翼配合明军的军事行动。

明廷四路大军配置：沈阳一路，亦称左侧中路或西路。以山海关总兵杜松为主将；以保定总兵王宣、原任总兵赵梦麟为左右协助；以职标下右翼营管游击事都司刘遇节、原任参将龚念遂、柴国柱，原任游击王浩、张大纪、杨钦、汪海龙，管抚顺游击事备御杨汝达等为隶属；又以分巡兵备副使张铨监军，以按察司经历左之似为赞理。按分工，此路大军由沈阳出抚顺关，沿浑河右岸（北岸）进入苏克苏浒河谷，从西面进攻赫图阿拉。

开原、铁岭一路，亦称左侧北路或北路。以原任总兵马林为主将；以开原管副总兵事游击麻岩，管铁岭游击事都司郑国良，管理海州参将事游击丁碧，管新兵中营原任参将李应选，原任游击葛世凤、管新兵右营原任游击赵启桢，原任守备江万春等为隶属；以原开原兵备道合佥事潘宗颜部监督，以岫岩通判董尔砺为赞理；并有北关女真叶赫部2000人，与此路军分道并进，以庆云管游击事都司窦永澄监叶赫军。按分工，此路军从靖安堡出击，从北面的开原、铁岭出发，进攻赫图阿拉。

清河一路，亦称右侧中路或南路。以辽东总兵李如柏为主将；以管辽阳副总兵事参将贺世贤，职标下左一营管游击事都司张应昌，管义州参将事副总兵李怀中，总镇坐营游击戴光裕、总镇右翼营管游击事都司冯应魁、武清营游击尤世功，平西备御徐成名，加衔都司李克泰，原任游击吴贡卿、于守志、张昌胤等为隶属；以分守兵备参议阎鸣泰为监督，以推官郑之范为赞理。按分工，此路军由清河出鸦鹘关，从南面进攻赫图阿拉。

宽甸一路，亦称右侧南路或东路。以总兵刘綎为主将；以管宽甸游击事都司祖天定、南京陆营都司姚国辅、山东管都司事周文、原副总兵江万化，叆阳守备徐九思，浙兵营备御周翼明等为隶属；以海盖兵备副使康应乾为监督，以同知黄宗周为赞理。同时朝鲜派出的援军也参加此路，受总兵官刘綎的节制，并以管镇江游击事都司乔一琦为监军。按分工，此路军由凉马店出边，汇合朝鲜援军，从东面进攻赫图阿拉。

此外，在清河东、叆阳西，还有一路兵马，适合疑兵设伏，用机动后备力量。经略杨镐为诸路军总指挥，坐镇沈阳。各路兵总计 10 万余人，号称 47 万，以壮声威。

努尔哈赤攻占抚顺、清河后，士气大振，胆壮气粗，公然与明廷叫板。在给明廷的信中说："若以我为非理，可约定战期出边，或十日，或半月，攻城决战；若以我为合理，可纳金帛，以图事息"。"战"与"和"，由明廷选择，努尔哈赤根本不惧怕明廷了。但讲和是有条件的，明廷必须向后金政权交纳金银和布帛，这才能平息战争事态。

明廷当然不会接受这样的屈辱，坚决大彰挞伐，振明国威。1619 年 2 月 11 日，明廷派往辽东的经略杨镐与蓟辽总督汪可受、辽东巡抚周永春、辽东巡按陈王庭，在辽阳演武场，举行征讨努尔哈赤誓师大会，并公布军令 14 款，提振军威。这次战役，明廷几乎倾全国之力，以图一战而定辽东。

努尔哈赤十分清楚此战役的重要性，其胜负直接关系到后金政权的安危与存亡。于是，努尔哈赤动员所有精锐兵员，共计 7 万人，一起参加战斗。努尔哈赤对明军的战略策略进行认真分析研判，认为明军主力必然会从沈阳一路来，战略重心是对付明军的西路。他向诸大贝勒下达作战命令，集中兵力，各个击破，即"凭你几路来，我只一路去"。要求"调度安排，机构周密"①，做出包括操练兵马、搜集情报、勘察地形、坚壁清野等诸方面战争准备。

果然，明军由杜松率领的西路大军 2 万余人，于 1619 年 2 月

---

① 王在晋．三朝辽事实录：卷一［M］．北京：全国图书馆缩微文献复制中心，2002．

自沈阳出发从西向东而来。30 日，出抚顺关，越五岭，抵达浑河，时天色已晚，军士谏之未允，杜松执意渡河，强行东进。结果落入努尔哈赤设下的陷阱。当杜松的部队渡河将半时，努尔哈赤令士兵将浑河上的拦水坝决开，放水冲击明军，河水势高速猛，“水深没肩”，许多明军淹死河中，辎重渡河异常困难。杜松率前锋渡河后，俘获女真 14 人，焚克 2 栅。贪功冒进的杜松，一面命疾书报捷，一面策马追杀，直奔二道关。时后金早已派 400 军士在界藩设伏，在萨尔浒谷口等待杜松军过半而击之。这支伏兵追杀杜松军前锋军至界藩渡口，与筑城夫役会合，占据界藩山上之吉林崖。当杜松率大部队赶到时，天已经完全黑了，只好安营扎寨。此时，明军由龚念遂所率车兵，由于辎重过河困难，驻营在斡珲鄂漠，如此一来，明军被分割成两部分，彼此照应困难。次日，努尔哈赤亲自指挥 6 旗 4 万余人，以绝对优势兵力向萨尔浒的明军发动攻击，而另外 2 旗兵力牵制吉林崖上的杜松大营。萨尔浒战斗打响后，吉林崖上的后金兵也向杜松发起攻击，对垒鏖战，天时昏暗，彼此混杀。努尔哈赤在消灭龚念遂所领辎重部队后，及时回援吉林崖。杜松左右冲杀，矢尽力竭，落马而死，王宣、赵梦麟等被歼灭。西路军 2 万余人，全军覆没。

北路开原、铁岭一路由马林率领的明军，听说杜松率部已于 30 日出抚顺关东进，急忙率军出三岔口、营稗子峪。很快又听说，杜松所率部队，竟在一日内全军覆没，马林军上下一片哗然。3 月 2 日早晨，大贝勒代善以 300 骑兵迎击明军，马林分军为三营列阵，即尚间崖、飞芬山和挖疙泊，形成“品”字形布阵，互为犄角。努尔哈赤则采取集中兵力各个击破的战术，用 3 倍于马军的一处营垒的兵力，分别消灭马林摆在“品”字阵尚间崖的马军。战斗异常惨烈。马林吓得弃军逃命，主帅一逃，营兵大乱。后金军趁势攻击，杀得明军“死者遍山谷间，血流尚间崖下，河水为之尽赤”。副将麻岩战死，马林的两个儿子也战死于尚间崖。攻下尚间崖后，努尔哈赤又转攻飞芬山潘宗颜部，以一半步兵一半骑兵冒死仰攻明军，潘宗颜奋呼冲击，胆气弥厉，战死“骨糜肢解，惨不忍闻”，时年36岁①。窦永澄、江万春、董尔砺等皆战死，整个北路军，除主将马林带数骑逃回开原外，全军覆没。

攻击马林军的战斗刚结束，当晚收兵至古尔本安营，探子来报，来自南方和西南的两路明军即宽甸一路的刘綎军和清河一路的李如柏军，正在向赫图阿拉进军。努尔哈赤将主要兵力用于对付刘军，以少量兵力阻击李军。其实宽甸一路的刘军早在杜松发起进攻后金军前两天就开始向赫图阿拉进发了，从宽甸出发，次日自宽甸过亮马佃到榛子头与朝鲜军会合。刘军途中，不仅峻岭险隘、大川萦纡，山径崎岖，丛林密布，而且沿途遇有后金军设置的路障，特别是努尔哈赤坚壁清野，致刘军与朝鲜军补给困难，加之后金军以小股部队不断地骚扰、阻击，严重影响行军速度。努尔哈赤在消灭杜松军、马林军后，快速回防赫图阿拉，设下埋伏。刘綎率军进至赫图阿拉附近之阿布里冈（今老道沟岭），陷入了努尔哈赤及其子代善早已设下的埋伏之中。刘綎闻炮声，以为西路军已到，恐杜松军夺得头功，亲率精锐攻击前进。至阿布里冈，早已埋伏在山麓、溪谷、丛林、险隘各处的后金军四面出击。阿敏、达尔汉侍卫等率兵从娃儿喀什（今辽宁省本溪市桓仁满族自治县铧尖子镇洼子沟一带）沟谷密林突然袭击，将刘军分割成两部分，猛攻其尾部。刘綎被逼至阿布里冈之瓦尔喀什旷野，与后金军主力遭遇。皇太极等率兵从山上往下攻击，似山洪暴泻，漫山冲杀，山下后金军伏兵尽出，弥山漫谷，四围厮杀。刘綎奋力拼杀，中流矢伤左臂，继战，又伤右臂，犹奋战不止，致使面中一刀，截去其半颊，还左冲右突，亲手杀数十后金兵，直至战

① 历史语言研究所. 明实录·神宗实录：卷五百八十［M］. 北京：中华书局，2016.

死①。其养子刘招孙为救他亦战死。

阿布达里冈战斗结束后，代善等马上挥师进击监军康应乾统领的刘綎军传余部及助明作战的朝鲜军。朝鲜军元帅姜弘立及副元帅金景瑞投降后金。

明廷大军分四路攻击后金军，结果 3 路惨败。经略杨镐急令李如柏回师，李军回师途中，遭到后金军伏击，死伤千余人。李如柏逃回清河。

至此，明廷与后金的第一次正面对决，萨尔浒大战，前后历经 5 天，以明军的惨败而宣告结束。明廷精心谋划 10 个半月确立的攻剿后金的作战方略，竟然如此不堪一击。其实，这场战役一开始就败局已定。明廷号称 47 万之众，劳师远征，后金虽 7 万兵力，以逸待劳；明廷军队长期受到明廷封建政体文化恶习之染，军队内部明争暗斗，面和心不合，而后金军正值发展初期，团结一心，奋力向前；明廷军队长期涣散、不习操练，而后金军管理严格、善骑射。这样的对垒，明廷军队必败无疑。萨尔浒战役，明廷几乎倾全国之力，以图一举成功，10 月腹议，一朝流产。后金政权此役以 7 万军兵，击败来势汹汹的号称 47 万之众的明廷大军，成为后金政权的历史新起点。《清高宗实录》记载云，"由是一战，而明之国势益削，我之武烈益扬，遂乃克辽东，取沈阳，王基开，帝业定"。萨尔浒战役成为后金与明朝兴衰史上的转折点。此役胜利后，努尔哈赤已经不再满足偏居辽东一隅，而是将目标锁定在沈辽地区。

（二）开原铁岭争夺战

萨尔浒战役的胜利，努尔哈赤在军事上取得了主动权，他迅速派兵攻击开原，取铁岭，征叶赫。开原古城处于辽河中游左岸，不仅是明朝辽东都司北边重镇，更主要的是它的东部和北部毗邻

① 高士奇．扈从东巡日录［M］//金毓黼．辽海丛书：一．沈阳：辽沈书社，1985：215.

女真住地，西北与蒙古三卫相接，是明朝通使和控制外夷的门户，在辽东地区具有重要战略地位，开原的得失关系辽东乃至东北全局的安危，成为后金与明廷必争之地。

1619年6月10日，努尔哈赤率八旗军4万人往征开原。行军3日，天降大雨，河水暴涨，道路泥泞。努尔哈赤探知开原并未下雨，于是，兵分两路，以一小股部队直奔沈阳，造成进攻沈阳的假象迷惑明廷驻开原军队，主力部队继续前进，直指开原，16日，后金兵已临开原城下，明朝防守开原的主将韩原善尚未到任，以推官郑之范署兼军道事。原总兵马林、副将于化龙、参将高贞、游击于守志、守备何懋官等率后戍守。郑之范贪财之能胜于军事，因其贪暴腐败而素失军心，对于努尔哈赤欲攻开原、铁岭的野心疏于警惕和防范，毫无战争准备。当努尔哈赤大兵压境时，明廷军马尚在百里之外的地方草牧。马林从萨尔浒战场逃回开原，惊魂未定，根本无暇思虑防范努尔哈赤，郑之范则慌忙登城防御，在四门增兵。努尔哈赤令一部分兵设楯梯进攻开原城，一部分精骑驰袭开原城外的马林防兵。八旗军围攻开原，先破东门，后金军夺门而入，云梯兵鱼贯而上，沿城冲杀，明军四散，纷纷奔逃。马林的防兵被城壕所阻，进退无路，全军被歼。马林、于化龙、高贞等战死。郑之范临阵仓皇，身受重伤，下城乘马带领家丁逃跑，后被捕，死于狱中。开原失守。

后金军占领开原，杀掠3日，城内二卫一州的10余万男女幸存者千余人。城中财物、金银、牛马牲畜被洗劫一空，后金车载牲驮，3日不毕。后金军行前，将开原老城毁坏、房屋尽数烧毁。

开原与铁岭犄角相峙，开原既失，铁岭危在旦夕。铁岭是明代铁岭卫指挥使司所在地，与开原同属明季极边，是辽东边防重镇，特置重兵把守。明万历初年，铁岭达到全盛，铁岭一卫世职数百人。如辽东名将李成梁祖居此地，父子5人相继掌一方兵权，“劲卒数万，雄视绝塞”；1619年，明廷派李如桢为辽东总兵，此人乃李成梁第三子；杨镐亦为铁岭人，派其守铁岭，因此地是李氏的宗族和坟墓所在地。

明廷失掉开原以后，辽北一片惊慌。一些地方官员开始投向后金，如居住开原的守备阿布图巴图鲁投后金，王一屏、戴集宾、金玉和等6千总带20余人投降后金。努尔哈赤对这些人按照职位高低赏赐人夫、金银、绸缎、布匹和牛马羊驼等物，收买汉族乡绅。地方百姓则纷纷逃难，从开原到沈阳，“风沿途逃兵及居民避贼者相率而走”，特别是一些明军竟然冒充百姓，“驮载行李，躲避民房”，连游击李维翰也将150两银锭等物运走，城中百姓，空国而逃。铁岭只剩守军，沦为孤城。杨镐认为铁岭孤城难守，与李如桢俱屯驻沈阳，只剩下参将丁碧等领兵防守。

努尔哈赤得知铁岭空虚，遂发兵攻打铁岭。7月25日，努尔哈赤率领贝勒大臣统领五六万人，出三岔儿堡，围攻铁岭。城外守卫各小堡的明军还未来得及入城，就被后金军打败了。后金兵从北面向铁岭发起进攻，城上游击喻成名、史凤鸣、李克泰等人率军坚守，放火炮、发流石，致使后金兵死伤很多。由于参将丁碧被后金收买，遂开城门引后金八旗军入城，全城抵御者皆被后金八旗军杀害，铁岭失陷。

开原、铁岭相继失陷，明廷不仅丢失了两座重要城池，而且影响到整个辽东的局势。依靠明廷的喀尔喀蒙古和叶赫女真，很快归附了后金。努尔哈赤用联姻的方式与喀尔喀蒙古结盟后，率军攻打叶赫女真，后金大军直逼东西二城，金石台自焚未死，被捉后勒死，布扬古见大势已去，以所居东城投降。至此，女真族的统一大业正式宣告完成。

（三）沈辽大战

努尔哈赤取得萨尔浒战役全胜、智取开原与铁岭，明廷震惊之余，派兵部右侍郎、辽东经略熊廷弼昼夜兼程赶往辽阳，以图整顿边防，抵御努尔哈赤武装西进、威胁京师。

熊廷弼在赴辽阳途中，看在眼里的是一派凋敝景象。官将幸存者终日兀兀，畏敌如鼠；士兵身无片甲，手无寸械，随营糜饷，装死扮活，不肯出战；民则以草皮度日，甚至父子相食；百年所藏军械一空如洗；粮饷三月不发；原有的万匹战马，一朝而空。他上书皇帝，强调收复开原的重要性，“欲保京师，则辽镇不可弃。”①

熊廷弼一到任，便进行大刀阔斧的整顿。整肃军纪，诛贪斩懦；整饬军伍，筹集粮饷；打造军械，缮治城池；联结蒙古，安抚朝鲜；疏陈方略，布兵固守。经过一番整顿，初步稳定了辽东的局势，打破了努尔哈赤西进计划。正当明朝辽东局势好转之际，明廷中央党争又起，屈于反对派的压力，熊廷弼挂冠而去。明廷以“用兵非所长，规划颇疏”的袁应泰代熊廷弼为辽东经略，薛国用为巡抚。此二人到任后，改变熊廷弼的防御措施，盲目动兵。努尔哈赤紧紧抓住明廷党争、更换将领、辽东饥荒、防备紊乱的时机，发起向沈阳、辽阳攻击。

1621 年 2 月 11 日，努尔哈赤率诸贝勒大臣，统左右翼步骑劲旅，兵分 8 路，进攻辽阳与沈阳之间的战略重镇奉集堡。明监军副使高出死守，总兵李秉诚、副将朱万良引兵驰援，兵败溃逃。开原道崔儒秀领数百骑驰赴虎皮驿（今沈阳西南十里堡），兵马飞驰扬起的尘土，使后金军以为明军大军已到，于是第二天回兵。努尔哈赤此次虽说没有攻占奉集堡，但对沈阳是一次火力侦察。之后，于 2 月 14 日，再次进攻虎皮驿；18 日进击奉集所属的王大人屯。声东击西，试探明军守备虚实，麻痹明军的警觉，为发起进攻沈阳做准备。3 月 10 日，努尔哈赤率八旗大军，从萨尔浒出发，水陆并进，向沈阳发起攻击。12 日，攻抵沈阳，在城东 7 里处扎营。沈阳城守卫镇守辽东总兵官贺世贤及尤世功，率 1 万兵丁守城。努尔哈赤采取骚扰、佯攻、诱敌策略，14 日，明军守将贺世贤被诱出沈阳城，遭后金骑兵迎击，虽经力战，身中四箭，

① 熊经略疏稿：卷一［M］//谷应泰．明史纪事本末补遗·熊王功罪：卷二．上海：上海古籍出版社，1996.

退至永昌门。在围攻贺世贤时，后金兵开始攻沈阳城，明军连连发炮阻击后金兵，因火炮过热，无法填药，后金兵乘势过壕沟急攻东门。此时贺世贤以前招降的蒙古降人放吊桥引后金兵入城，恰遇贺世贤退至西门，救援未至，贺孤身奋战致死。后金兵占领沈阳城。

沈阳城被后金兵占领时，一路由川、浙兵组成的援辽大军在总兵官童仲揆、陈策率领下，行至浑河。知沈阳已失，陈策下令回师，而游击周敦吉等坚决请战。于是，明军分为两大营，周敦吉与副总兵四川石柱都佥书秦邦屏先渡浑河，在桥北立营；童仲揆、陈策及副将戚金、参将张名世统浙兵3000在桥南立营。在秦邦屏结营未完时，后金军发动攻击，努尔哈赤率八旗右四旗，以楯车冲击，几个回合较量，明军惨败，全军覆灭。周敦吉、秦邦屏等力战而死。后金军迅速包围南大营，奉集堡总兵李秉诚、守武靖营总兵朱万良、姜弼率3000援兵，行至白塔河堡，但观望不战。在万分危急情况下，明军出战，战斗异常惨烈，陈策、童仲揆、张名世等皆战死。明军惨败，沈阳城被后金军占领。

努尔哈赤占领沈阳后，整顿兵马器械，休整5日，即向辽阳进军。辽阳是辽东经略驻扎重地，一直是明廷防御重点。1621年3月19日，后金军攻抵辽阳城东南角。明辽东经略袁应泰等率5万兵出城，与后金军对垒。19～21日，后金军与明军展开辽阳城争夺战。19日，皇太极破明军营，明军大败而南逃，皇太极所部追至鞍山而回；20日努尔哈赤率军两面攻辽阳城；21日，辽阳城被后金军攻破，辽东经略袁应泰自杀身亡。

占领辽阳城后，后金军迅速展开对辽河以东的海州、耀州、盖州、复州、金州、镇江等大小70余座城镇进攻。努尔哈赤适应当时政治、军事形势发展的需要，将都城由赫图阿拉迁至辽阳城。辽沈战役的胜利，后金政权统治中心的转移，对后金政体文化发展产生了重大影响。

二　争夺辽西的战役

后金政权占领辽河以东广大地区后，便将矛头直接指向辽西重镇——广宁和宁远。明廷围绕是否战守辽西展开激烈争论，以原监军道高出等悲观派主张弃广宁，退守山海关，而多数廷臣则主张以战坚守辽西广宁。

（一）广宁之战

从战略位置看，辽阳、广宁、开原乃辽东形胜之区，是军事重镇。辽阳居辽河之东，是为腹心之地，位置最重要；开原辽北关隘，“三面临虏”，为“河东根本”；广宁位于辽河以西，与辽阳隔水相望，“西望榆关（山海关），东翼辽镇（辽阳），凭依山海，隔绝戎奚，地大物博，屹然要会”，有“北镇静，则寇不能北来；驻三岔，则寇不能东渡”之说。开原与铁岭、沈阳与辽阳先后为后金夺取后，广宁就成为明廷与后金争夺的战略焦点。

几经失败，明廷终于明白，边塞之重，要在得人。于是，再次起用熊廷弼经略辽东。熊廷弼是明末少有能担当的大臣，受命昼夜兼程赶赴辽东，制订了固守辽西、渐图恢复的战略防御计划，即“三方布置策”，其要点是：陆上以广宁为中心，集中兵力，坚城固守；海上各置舟师于天津、登州、莱州，袭扰后金辽东半岛地区；东翼联合朝鲜，形成东西夹击之势。

熊廷弼以兵部尚书兼右副都御史的身份经略辽东军务，驻山海关①。王化贞为都察院右佥都御史、广宁巡抚，驻广宁，受经略节制。熊廷弼提出的“三方布置策”强调以守为战，而王化贞则主战而不言守。很显然王的意见与经略主张相左。但王化贞刚愎自用，加上一个都察院右佥都御史，“素不习兵，轻视大敌，好

① 张廷玉，等. 明史·列传一百四十七·熊廷弼：卷二百五十九［M］. 长春：吉林人民出版社，1995：4425、4428.

漫语。文武将吏谏悉不入，与廷弼尤抵牾”①，根本不受经略节制。结果经略与巡抚之间失和，势同水火，致辽东战守无定。明廷再次做出错误决定，拟留王化贞专任辽事，熊廷弼“斟酌推用”。明廷尚在廷议中，后金已经开始大举进攻辽西了。明廷担心“临敌易将，必误军情”，才停止争议，要两人协心共事，责以功罪一体。

后金在夺取沈阳、辽阳后，修整大约一年的时间，为进攻辽西做好了充分准备。1622 年正月 18 日，后金军 5 万人马，兵分三路，一自柳河、一自三岔儿、一自黄泥洼，展开争夺辽西的战争。20 日，清晨于三岔开始渡河，王化贞部署的防河部队闻风而逃，后金军乘胜追击，直扑平西堡（今盘山县古城子），5 万大军将其团团围住，待守城明军火药、弓箭用尽，用战车、云梯攻城，很快攻陷平西堡。平西堡陷落，广宁完全裸露在后金军队面前。王化贞之心腹孙得功早已降后金做内应，致王化贞弃广宁而走，努尔哈赤率军不战而取广宁。

（二）宁远大战

广宁失陷，熊廷弼、王化贞问罪下狱最终被处死。明廷派王在晋经略蓟辽军务。王在晋是一位志大才疏，只会纸上谈兵、夸夸其谈的人物，出任经略一职非其所愿，迫于国法而不得不为之而已。上任后，王在晋提出“拒奴抚虏、堵隘守关”的兵略，也就是笼络、羁縻蒙古，以守关隘。结果一败涂地。王在晋接受好友蓟辽总督王象乾的建议，“得广宁，不能守也，获罪滋大。不如重关高险，卫山海，以卫京师”。在山海关外再修一道 20 里长的关隘，放弃关外之地。这种做法遭到孙承宗、袁崇焕等人的反对。

① 张廷玉，等. 明史·列传一百四十七·熊廷弼：卷二百五十九[M]. 长春：吉林人民出版社，1995：4425、4428.

不久，明廷改派兵部尚书孙承宗为辽东经略①。孙承宗一改王在晋的后退策略，整饬军备，修建宁远城，加强要塞防御力量，以锦州、宁远作为防御后金进攻的战略据点。后金军一时难以西进。

在孙承宗经略辽东军务的4年中，由于有袁崇焕等人的协助，收复辽西失地400余里，修筑城堡54座，练军11万，淘汰老弱兵1.7万人，广开屯田5000顷。省费用、增财源、造军械，辽东军备得到显著加强。但由于明廷党争，宦官魏忠贤把持朝政，极力排斥孙承宗，1625年，孙承宗去职，明廷继用高第，尽费孙承宗时防御设施。后金政权占领广宁后的4年中，由于孙承宗、袁崇焕的积极防御，努尔哈赤未曾大举西进、攻击明朝地方，而是忙于整顿辽沈地区内部事务。在得知孙承宗被免职，高第撤军向关内而弃关外，宁远孤悬的情报后，立即决定向宁远发动攻击。次年正月14日，努尔哈赤亲率诸王大臣，统13万大军，号称20万，进军宁远。于旷野布兵，南至海岸，北越广宁大路，前后如流，首尾不见，旌旗、剑戟如林②。宁远危在旦夕。16日，后金军至东昌堡，17日，渡辽河。明廷经略高第、总兵杨麒，闻警丧胆，龟缩山海关，拥兵自保，不救宁远。此时，袁崇焕前临大敌，后无援兵，独力支撑。后金军先后占领右屯卫、锦州、松山、大小凌河、杏山、连山、塔山等7城，似入无人之境，一往无前，直取宁远而来。23日，后金军兵临宁远城下，袁崇焕驻守孤城宁远，守军仅有万余人，守将袁崇焕与全体将士齐心协力，誓死守城，努尔哈赤一时无法攻占宁远。努尔哈赤采取诱降策略，通过被俘汉人给袁崇焕传信，许以高官厚禄，遭袁崇焕断然拒绝。诱降不成，努尔哈赤于24日攻城，一时间，宁远城箭镞如雨注，悬牌似猬皮。袁崇焕有胆有识，忠勇谨慎。他身先士卒，激励将士，

---

① 张廷玉，等．明史·列传一百三十八·孙承宗：卷二百五十［M］．长春：吉林人民出版社，1995：4283.

② 清实录·清太祖实录：卷四［M］．北京：中华书局，2008.

刺血为书，众志成城，多次打退后金军的倾力攻城①。后金军攻城 2 日，共折游击 2 人、备御 2 人，兵 500；26 日，后金军再次发动攻击，置宁远不顾，而转攻明军粮食基地觉华岛。虽取得觉华岛小胜，但总体而言，努尔哈赤自举兵反明以来战无不胜的神话被打破。后金进攻宁远受挫，缓解了后金进攻京师的危险。努尔哈赤不得不退回沈阳，因身患痈疽，病死于返沈途中。宁远之战，袁崇焕所率明军以少胜多，是后金与明朝战争进入相持阶段的转折点，从而形成双方在辽西地区相互对峙的局面。

努尔哈赤怀恨而死，由其第八子皇太极继承后金国汗。1627 年，皇太极亲率大军再次进攻宁远。袁崇焕紧城固守，凭堞大呼，激励将士分路杀敌，并以西洋大炮给后金军以有力打击②。袁崇焕坐镇指挥，满桂、尤世威、祖大寿等将率军奋力搏杀，迫使后金军无法靠近宁远城。战斗异常激烈，双方损失惨重。满桂是明军中勇冠三军的将领，战斗中身中数箭，后金骁将济尔哈朗与代善之子萨哈璘与娃科大均受重伤，游击觉罗拜山、备御巴希等被明军射杀。双方死伤相当惨重，尸体横塞壕堑。经此一役，皇太极深知宁远难攻，决定撤军。袁崇焕因军功升任蓟辽总督，不断给后金军以沉重打击。

皇太极认识到山海关、锦州防御坚固，久攻无益。于是采取迂回战术，避实击虚，绕道入关，千里奇袭明廷后方，袭扰京师。曾经占领遵化、蓟州、三河、顺义、通州，大有直取北京之势。明帝崇祯宣布京师戒严，调集全国人马来京勤王，并传谕袁崇焕，“多方筹画，计出万全，速建奇功，以膺懋赏”。袁崇焕率兵进京晋见，崇祯拒绝其所带军队入城休整。皇太极部署反间计，崇祯

① 历史语言研究所. 明实录·熹宗实录：卷六十五［M］. 北京：中华书局，2016.

② 王在晋. 三朝辽事实录：卷十七［M］. 北京：全国图书馆缩微文献复制中心，2002.

听信被俘太监一面之词，竟然将袁崇焕、满桂、祖大寿以议饷之名诓到北京，将袁崇焕逮捕下狱，于1630年，以“通虏谋叛”“擅主和议”“专戮大帅（毛文龙）”“失误封疆”等莫须有的罪名，在北京将袁崇焕处磔刑，制造了明末最大冤案，也注定了明朝必然灭亡。

明廷处死袁崇焕，等于为后金扫除了西进的最大障碍。自此以后，皇太极不断袭扰关内，明廷不断有将领投降后金，如耿仲明、孔有德、尚可喜等，辽东半岛南端的旅顺被后金占领后，整个辽东沿海地区均为后金占领，至此，基本上解除了后金对西进的后顾之忧。

1639年，明廷派洪承畴出任辽东总督。是年正月，皇太极率兵攻打松山锦州一带。锦州是明朝设在辽西地区的军事重镇之一，锦州的战略位置十分重要。因此，袁崇焕经略辽西时，首筑广宁，次修锦州。在锦州正南面分布着松山城、杏山城、塔山城，三城拱卫锦州，宁远在锦州西南120里。显然，如果不能占领锦州，则清军就无法西进入关内，而锦州若破，则松山、杏山、塔山三城必破，宁远便成了一座孤城。为了打锦州，皇太极选择距离锦州东北90里的义州作为进兵的屯驻基地，在义州筑城、屯田、扰明，积极筹划备战。皇太极改变以往进攻方式，改强攻为围攻。

清军围困锦州在客观上是有困难的。一方面明廷在锦州、广宁一线部署强大军事力量，一方面明军坚持固守、不主动出击，同时明廷不断向锦州派兵，向松山靠拢。6—12月，双方战斗处于胶着状态。战斗激烈，互有胜负，杀伤相当。1642年春节，明军利用过节的机会，出其不意地将16000石粮食运到锦州。皇太极根据张存仁的建议，在锦州实行绕城筑台，用大军将锦州兵围数匝，困而不打，腾出手来先解决锦州外围之明军，向松山、杏山、塔山三城发动进攻。当时驻守锦州的是辽东名将祖大寿，外城靠蒙古兵防守，蒙古兵未战先害怕，开始恐慌，并密谋投降清军，事情败露，祖大寿整兵以待。战斗一开始，明军之蒙古兵受到清军两面夹击而兵败，清军很快夺取锦州城。

为解锦州之围，洪承畴、东协总兵曹变蛟、援剿总兵白广恩等到宁远驻军，洪承畴亲自至松山巡视，认为兵力不足以防御清军。于是急调宣府总兵杨国柱、大同总兵王朴、山海关总兵马科、密云总兵唐通各率所部驰援辽西。明廷征调的军队在松山一带集结，形成以宁远为据点，从杏山进松山，由松山进锦州的防护带。1641 年 4 月 25 日，明军与围城的清军在松山附近的石门遭遇，双方展开激战，俱有巨大损失。5～8 月，明援军屡进，清军也不断分离阻击。双方在松山、杏山之间不断发生战斗，明军锐气正盛，颇有战斗力，小有胜利。

洪承畴亲率 8 总兵、步兵 13 万驰援锦州。这 13 万人马可以说是明朝的精锐之师，明廷尽遣精锐之师出兵辽东，目的就是要保卫锦州以及山海关防线。明廷将这条防线视作生命线。同样，皇太极也深知这条线路是决定清朝前途命运的重要交通线。因此，双方都倾注全力来争夺锦州，首以松山作为决战地。7 月 26 日，洪承畴正式誓师出兵。洪承畴将粮饷留在宁远、杏山及距离锦州 70 里外的海中笔架山，亲率 6 万兵马先行，余军后继，到笔架山集结。松山作为宁锦咽喉，得松山，则锦州可得。得锦州则辽西可定。洪承畴到达松山时，皇太极已屯驻乳峰山东侧。于是，洪承畴令军兵抢占乳峰山西侧，又令明军驻营口于东西石门，以使清军腹背受敌，再立车营，环以木栅成城。总体上，明军围绕松山城结营，步兵大营 7 座，驻扎于乳峰山与松山之间；骑兵则驻扎在松山的东、西、北三面。8 月 2 日，明军出战，祖大寿也率军从锦州城冲杀出来，欲冲出清军包围，但由于清军包围重重，被清军堵了回城。清军也两次向乳峰山发起攻击，均被明军击退。

皇太极在沈阳不断接到多尔衮、豪格等人传来的求援战报，急得吐血。最后，抱病于 8 月 14 日，从沈阳启程前往松山前线，昼夜驰行 6 日，于 19 日到达松山附近的戚家堡，结阵于距松山七八里、杏山东边的山坡上。皇太极登山瞭望明军兵营，发现了明军布阵的漏洞，当机立断，实施断粮道，掘壕筑城，将清军部属于松山与杏山之间，从王宝山、壮镇台、寨儿山、肠灵山、刘喜屯、向阳衾、烩瑶山至南海口等处下营，横截大路，切断松山与杏山的通路。20 日拂晓，明军各镇总兵率所部向清军发起攻击，经过激战胜负未分。皇太极命阿济格、博洛、图尔格等率部进攻塔山，夺取明军在笔架山的储粮 12 堆；当天，清军又挖壕沟，仅用一天时间，从锦州西南往南，穿越松杏之间大道，直达海口，连掘 3 道大壕，各深 8 尺、宽丈余，人马不得过。将明军的援军置于包围之中，从而切断了明援军与后方的一切联系和粮饷供应。22 日，洪承畴指挥步骑大军向清军展开全面进攻，遭到清军顽强阻击，明军终不能闯壕，撤回本营，只有数千骑兵突围，逃向杏山。

清军挖壕筑城断粮道的作战策略，取得效果。明将陷入恐慌。洪承畴传令兵分三路，大同总兵王朴、蓟州总兵白广恩、密云总兵唐通等三镇兵马为左路；宁远总兵吴三桂、山海关总兵马科、原任总兵属怀来总练李辅明等三镇步兵为右路，合二路兵马决战突围。但诸将并未执行命令，当晚初更时分，各率兵马突围，王朴率先逃跑，其他诸将帅争相驰逃，步骑大乱，自相践踏，死伤无数。洪承畴留 1/3 的兵力守松山城，余部突围。清军早已严阵以待，明军遭到迎面掩杀，死伤无可状数。吴三桂欲沿海岸逃走，遭到清军前后堵截，恰值海水涨潮，军士葬身海底者无数，幸存者约 200 人，逃往杏山或塔山。26 日，吴三桂、王朴率残部出杏山，向宁远撤退，至高桥，清军伏兵四起，明军四处奔逃，被清军追杀，吴三桂、王朴二人逃入宁远城。

明军与清军的决战，21—26 日，短短 5 天时间，明军 10 万之众，几乎被清军消灭殆尽。不久，杏山明军遭到清军打击，惨败，洪承畴所部万余军士被围于松山，援军又遭清军阻击。松山被困半年多，至 1642 年 2 月 28 日，粮尽援绝。明军松山副将夏承德降清，开城门接应清军，次日，夏承德率部将洪承畴及诸将领活捉。巡抚丘民仰、总兵曹变蛟、王廷臣等就地处决，其余将领及兵士 3063 人，全部被杀。夏承德所属将吏及家属获免。洪承畴被送往沈阳后降清。不久，锦州守将祖大寿降清，塔山、杏山亦相继被清军占领。

次年 10 月，清军攻占明中后所、前屯卫、中前所，并进攻宁远。12 月，宁远守将孙友白亦降清。至此，山海关以外广大地区尽为清军攻占。

清军攻占山海关以外辽东乃至整个东北地区，加强该地区的经营与管理，推行政体文化建设，大力发展地区经济文化，为其向关内展开军事斗争奠定了基础。

第四节 清前时期盛京地区主要民族分布

清前时期，盛京地区满族经历了兴起、巩固和发展的漫长历程，已然形成满族共同体。在这个过程中，始终贯穿着满族与汉族、蒙古族及其他民族的共同劳动，共同生活，互相交往，杂居甚至通婚，相互渗透，相互融合，形成了盛京地区多民族多元文化形态。

一 汉族的分布

清王朝入关前，满族共同体的形成以女真人为主体，吸收了以汉族为主的其他兄弟民族，融合而成为一个新的民族共同体。辽东汉人越边移居女真族领地，始于明初，而随着女真族南迁甚至进入辽东地区，汉人迁居女真人地区的现象日益增多。一方面，由于明朝政体文化的腐化、吏治腐败、屯田制损毁，是造成汉人迁居女真人居住地区的主要原因之一。一方面，由于努尔哈赤兴兵，当时女真人地区十分注重招徕汉人，特筑城安置辽东汉人，此举具有强烈的吸引力。还有，就是女真族在发展壮大过程中，对外战争，女真各部掳掠了大量的辽东军民，将其作为社会劳动力的有益补充。《明实录》和朝鲜《李朝实录》记载，建州女真在1422—1452年，由朝鲜政府转解而回的辽东人累计达1936人，绝大多数为汉人。至明代中后期，女真掳夺汉人的规模越来越大，人数越来越多。或逃亡，或被掳，汉人到了女真人居住地方以后，他们或"为奴使唤，或做媳妇"，或自成村落，发展经济文化，其结果势必引起女真社会文化形态发生改变。如被掳或逃亡的汉人给女真地区带去了先进农业文化，先进农业生产工具和耕作技术的推广使用，促进了女真族农业文化的繁荣与发展，也促使女真经济文化由游牧文化形态向农耕文化形态转变。大量汉人到女真地，渗透到女真社会，杂居共处，互相接近，互通婚媾，相互影响，特别是汉人到女真人家庭，共居一室，进一步促进了满汉语言、风俗习惯等民俗文化的相互渗透和融合发展。长期生活在女真地区的汉人，逐渐在生活、语言、风俗习惯，以至心理特征等方面，与女真人的共同性越来越多，差异渐渐缩小趋于一致。最终民族的畛域被打破，形成新的民族文化体。

1644年，清军入关，将沦为奴婢及编入八旗的汉人大都迁入关内，造成盛京地区汉人数量骤减。1653年，清政府颁布《辽东招垦条例》，但迁来者不多。《盛京通志》记载，辽阳、海城新增人口13723人。1662年，辽、海、金3处，新增人口420人。至1669年，废止《辽东招垦条例》，乾隆嘉庆年间，又一度封禁，禁止汉人出关到辽东各地居住。尽管如此，汉人还是冒险闯关东，迁居辽东之汉人络绎不绝。据吴希庸《近代东北移民史略》统计，清代汉族迁居辽东的人口，1771年为750896人，1776年增至764440人，1780年增至781093人，1907年增至8728974人。

清代，汉人除了迁居辽东女真地区外，也有迁居辽西蒙古族地区的。汉人迁居辽西蒙古族居住地，始于清初。《清高宗实录》记载，1747年，当时朝阳地区的八沟、塔子沟等处，垦地居住，至二三十万之多，其中绝大多数为汉人。《朝阳县志·种族》载，迁居蒙古族居住地的汉人，“至则依蒙古族，习蒙语、行蒙俗、垦蒙荒、为蒙奴、入蒙籍、娶蒙妇、为蒙僧等等不齐”。

二　女真族的分布

至努尔哈赤统一建州女真种部时，不仅有大批的汉人入住女真人地区，也有大量女真人通过各种途径，迁徙到辽东等地。辽东北至开原，南至鸭绿江几百里地带，边墙内外的女真人和汉人错居接壤，交往甚密，形成了辽东汉人与女真人的错处杂居的局面，为后来努尔哈赤统一辽东奠定了基础。

辽阳、开原是居住女真人最多的地方。当时，辽阳是辽东政治、经济中心城市，大量女真人到辽阳行商，有大量女真人迁入。明朝在开原设自在、安乐二州，专门安置南下的女真人。至于其他卫所，如广宁卫、沈阳中卫及辽南金、复、海、盖四卫，也都安插了不少女真人居住，其数量仅次于辽阳、开原卫。

女真人或以其地缺食，或其先因达贼（指鞑靼）杀溃，或愿居边卫自效，要求到辽东汉人地区居住，从卫指挥、千百户、所镇抚到舍人、家丁各种身份的人都有。当时，明朝政府对女真人的安置很重视，依例“给衣服、彩巾、钞布、房屋、牛羊、食米、床榻、器皿等物”，并“皆量授以官，任其耕猎，岁给俸为其官”。据《明实录》记载，女真人几乎遍布辽东各地及京师等地。他们有的和汉人杂居共处定住在那里，有的因朝贡、贸易临时寄居和驻留，有的临边居住，互相往来，朝夕相处。总之，女真人和汉人的相互渗透，在频繁的交往中潜移默化地进行着。女真人对内地，特别是对辽东地区山水环境、风土人情，了如指掌。长期形成的情谊及在语言、风俗习惯等方面互相沟通交流，为努尔哈赤入驻辽东准备了条件，也为以女真人为主体，吸收汉族及其他民族，形成新的民族——满族，奠定了广泛的社会基础。

清初，满族人悉数从龙入关。辽东地区剩满族人户不足千。清顺治、康熙、雍正、乾隆年间，满族人逐渐返回一部分驻防辽东各地。驻防辽东的官兵，一般都带家属。因此，从辽东各城驻防满族兵力布置，即可知各地满人的分布情况。《盛京通志》记载，辽东地区各城兵力分布为：盛京有步兵 1188 名，马兵 6424 名；兴京有兵 494 名；抚顺设满族防御 1 人，汉军防御 3 人，兵 140 名；巨流河有满族兵 29 名；辽阳有满族兵 532 名；海城有兵 84 名；盖平有兵 50 名；开原有兵 850 名；铁岭有兵 40 名；复县有兵 568 名；宁海有兵 545 名；岫岩有兵 507 名；凤凰城有兵 529 名；锦州有步兵 100 名，马兵 1000 名；熊岳有兵 857 名；小凌河有兵 20 名；宁远有兵 20 名；中前所有兵 20 名；中后所有兵 20 名；白旗堡、小黑山各有兵 31 名；义州有兵 604 名；兴京、碱厂、英莪、威远堡、叆河边门各有兵 6 名；松岭子边门有兵 3 名；新台、梨树沟、白石沟、白土厂边门各有兵 1 名。若以 7～10 倍计其人口，大体上可以推算出当时辽东地区满人约在 7 万～10 万人之间。

第三十七章　清王朝全国政权建立初经营辽东

1643年，皇太极去世，其子福临时六岁，继皇帝位，年号顺治；由济尔哈朗和多尔衮担任辅政王，辅佐顺治管理国家。

多尔衮是努尔哈赤晚年最宠爱的大福晋乌拉纳喇氏所生。多尔衮兄弟3人，兄阿济格、弟多铎。八旗中，多尔衮兄弟握有近3旗的兵力，加上其母的显赫地位，其势力是皇太极执政的最大威胁。努尔哈赤去世时，新国汗皇太极立即以先父努尔哈赤遗言逼迫37岁的乌拉纳喇氏死殉，极大削弱了多尔衮的威胁。在皇太极执政期间，阿济格、多尔衮、多铎三兄弟逐渐兴起，特别是年轻的多尔衮，智勇双全，才干出众，南征北战，功勋卓著。皇太极去世，多尔衮与豪格（皇太极之长子）为争夺皇位，剑拔弩张，气氛十分紧张。经过权衡后，多尔衮提出一个折中方案，即由皇太极之第九子六岁的福临继位，由济尔哈朗和他辅政。这个方案得到代善等人支持。论才干和能力，多尔衮远在济尔哈朗之上，但为钳制多尔衮，诸王贝勒会议正式议定辅政王时，多尔衮位居济尔哈朗之下。尽管如此，福临即位之初，一切军国大政要事均听由多尔衮处置①。

顺治即位初，面对混乱朝局，多尔衮和济尔哈朗及代善等，

① 清实录·清世祖实录：卷二［M］. 北京：中华书局，2008.

采取断然措施，剪除反对派势力，平定风波。豪格被夺所属 7 牛录，罚银 5000 两，废为庶人，其亲信党羽俄莫克图等全部被处死；代善之子孙硕托和阿达礼以叛逆罪论斩。1643 年 12 月，改辅政王为摄政王。同时停止诸王管理六部事，规定六部事务均由尚书管理，进一步限制诸王干预朝政的权力，推进了前清政体文化朝着封建专制集权方向发展。

在稳定朝廷政局后，多尔衮派辅政王济尔哈朗和其弟阿济格率兵出征伐明，很快攻占明军关外据点中后所、前卫所、中前所，宁远和山海关之间明军 3 个重要据点尽为清军所占。除宁远城孤悬关外，其他关外之地尽为清军所占。

1644 年 5 月，清军乘明朝被李自成领导的农民起义军推翻、局势动荡之机，在降清明将吴三桂的引领下，由山海关顺利进入北京，宣布定都北京。

第一节　清王朝迁都北京与盛京军民从龙入关

1645 年 10 月，福临在满族军民的拥护下进入北京，在南郊祭告天地，登上皇帝宝座，宣告清王朝统治中国的时代就此开始。为巩固统治地位，清王朝极力推行封建专制主义文化，通过加强中央决策与行政制度、地方行政建制、司法监察制度等政体文化建设，强化皇帝集权专制统治。

一　满族八旗兵占领北京

1644 年，六岁的福临登极，是谓顺治皇帝。是年 4 月，多尔衮倾全满之兵力，向明朝首都北京进发，欲夺取天下。清军此次南下，是按照皇太极生前屡次进关的路线，即避开了明军把守的宁远、山海关，绕道走内蒙古长城各口入关。大军正在前行，突然接到明朝山海关守将吴三桂的请兵信。这对于新兴的清政权而言，可谓天赐良机。

明末，由于灾荒连年、豪绅地主盘剥、官府腐化，诱发了陕北地区农民大起义。1628年7月，起义大军揭竿而起，经过近20年浴血奋战，从陕北打到北京，至1644年3月，李自成率领起义大军攻陷北京，崇祯皇帝吊死在煤山，明朝宣告灭亡。为了迅速稳定自己的统治，李自成一方面严明军纪、稳定社会秩序，一方面对明朝旧臣采取招抚政策。但“约束未能启遍”，离将领“耳目稍远”者，纪律涣散，往往“纵恣自若”，士兵“掠金银、淫妇女”的现象很多，最终导致起义军走向失败。

辽东总兵吴三桂，当时领重兵镇守山海关，是一支不可小视的军事力量。李自成原本打算通过吴三桂之父吴襄劝说吴三桂归顺，承诺给予“通侯之赏”，并随吴襄劝子投降的信送去了4万两犒军银。吴三桂接受了李自成的招降，将山海关防备交给了大顺将领，自带精锐队伍向北京进发，准备去受封领赏。不料，途中见到从北京逃出的家仆，得知自己的父亲吴襄被李自成的起义军拷打、爱妾陈圆圆被李自成属下刘宗敏霸占。吴三桂怒发冲冠，领兵杀回山海关，杀掉了李自成派来招降的人。发誓与李自成及其领导的农民起义军势不两立。吴三桂降而复反，令李自成十分被动，盛怒之下，兴兵讨伐，遂亲率10余万大军直扑山海关而来。

此时的吴三桂腹背受敌，前有李自成10余万大军压境，后面有清军虎视眈眈。两股力量，无论是谁，都可以陷他于死地。在权衡之后，吴三桂决定与清军结盟，以期借重清军力量抵抗或打击李自成的军队。因为在关外，尚有舅舅祖大寿、好友张存仁、洪承畴等人，在辽西可寄身一时。况且，清朝已曾多次向他示好，传递安抚的信息。就当时形势而言，吴三桂只有投靠二者中的一方，才有可能存活下来，他选择了向清朝乞师，并开出以酬以财帛、割让土地为条件，请求清朝出兵援助他与李自成较量。

接到吴三桂的请兵信，多尔衮才知道北京城内发生巨大变故。

于是，清军调转方向，向山海关进发。多尔衮领兵去山海关，并不是答应吴三桂借兵的请求，而是为了收服吴三桂。多尔衮开列非常优厚的条件，劝降吴三桂。《清世祖实录》记载，多尔衮在给吴三桂的回信中承诺，“今伯若率众来归，必封以故土，晋为藩王。一则国仇得报，一则身家可保，世世子孙，长享富贵，如河山之永也”。

吴三桂在李自成大顺军队三面围攻的情形下，接受了多尔衮开出的条件，归降清朝。于是，清军全力帮助吴三桂打击李自成军队，在山海关石河爆发了一场血战。战斗十分惨烈，死者无算，“僵尸遍野，沟水尽赤”。李自成大顺军队以失败告终，很快撤出北京。吴三桂将北京拱手送给了多尔衮。吴三桂被清朝封为平西王，率领部队出北京，向西追赶李自成去了。多尔衮所率领的清军，顺利占领北京，为其一统华夏奠定了基础。

1644 年 5 月 2 日，即李自成撤出北京城的第三天，摄政王多尔衮统帅清军，浩浩荡荡开进北京。此时，北京城内一片狼藉，李自成在撤离北京前，将紫禁城洗劫一空并付之一炬，大火烧了近 2 天，清军入城的前一天夜里，天降大雨，城里的大火才渐渐熄灭。“灰烬之中，只有武英殿存焉”。故明的臣民们聚集在朝阳门外，望见前方尘土飞扬，旌旗隐现，由远及近，人们不约而同地跪伏在道路两旁，以为是吴三桂奉明太子回京将至。及人马至眼前，才发现来者语言、服饰俱异，人们相顾失色，惊讶不已。多尔衮在卫队的簇拥下，乘辇进城，直奔武英殿。

皇太极生前的梦想就是夺取北京，建立对全中国的统治。1629 年，皇太极曾亲统军队从长城口进入河北境内，先后攻取遵化、永平、滦州、迁安 4 城，直逼北京城下，与满桂率领的明军战于永定门外。谋士建议乘势攻下北京，皇太极以为攻城易、守城难，遂简兵练旅，以待天命。以后又数次派兵袭扰关内。1642 年，明清松锦大战，清军获得全胜，受到巨大胜利的鼓舞，诸王将帅要求直取北京，皇太极认为时机尚不成熟。

在皇太极去世第二年，多尔衮在尚未尽取关外四城、尽克山海关的情况下，就顺利地占领了北京。占据北京的目的不是为了财富，而在于得天下，以北京为根据地，居北制南，进而控制全中国，建立对天下的长久统治。

为了稳定北京社会秩序，安定民心，多尔衮大力推进新的政体文化：实施新的政策，严禁军队骚扰百姓，不得抢劫、掠夺财物；取消剃发令，允许汉人照旧束发。按照中原文化习俗，为崇祯皇帝发丧。此举博得故明臣民的好评。

二　清王朝迁都北京

多尔衮早就有问鼎中原的设想。《清世祖实录》记载，摄政王多尔衮进入北京城的第二天，谕兵部："今本朝定鼎燕京，天下罹难军民皆吾赤子，出之水火而安全之"。但迁都北京事关大清根本，须征得诸王大臣们同意。

1644 年 6 月 11 日，摄政王多尔衮召集诸王贝勒大臣们商讨迁都事宜。此时，全中国的局势是：清朝仅据有京畿和周围地区以及辽东，其他地区分别被南明、大顺、大西政权所掌控。能否在北京站稳脚跟，统一全中国，形势十分严峻。因此，在清统治集团内部对迁都问题认识不一。一部分人眷恋故土，习惯狩猎生活，加之面对的时局，对立足关内信心不足，反对迁都北京。英王阿济格就主张，"大肆屠戮，留置诸王以镇燕都（北京），而大兵则或还守沈阳，或退保山海"。英王阿济格代表了满族贵族中一部分人的思想，仍以杀掠为目的，胸无大志，只想据守东北。此种主张传出，北京城内谣言四起，说清军要在七八月间屠城，然后返回沈阳，搞得人心惶惶。以汉族官员为主，积极建议迁都北京，认为"京师为天下根本"，只要"京师理，则天下不烦挞伐，而近悦远来，率从恐后矣"，即清朝要一统华夏。摄政王多尔衮深知，迁都关系到稳人心、安社会，只有尽快迁都，方能稳定人心。于是，搬出皇太极生前说过的话，"若得北京，当即徙都，以图进取”，劝说诸王贝勒大臣，坚决主张定鼎北京。经过一番争论，最后诸王贝勒大臣同意迁都北京。多尔衮即刻派人回盛京奏请顺治皇帝批准，并正式对外宣布，清朝要迁都北京，以稳定民心。

七岁的顺治皇帝对于迁都这样的大事，他是没有能力做出决断的。在他身边有两位重要人物，即摄政王济尔哈朗和福临生母孝庄皇后。在他们的主导下，7 月 8 日，顺治皇帝前往福陵和盛京太庙以抵定中原、迁都于燕京祭告列祖列宗。8 月 20 日，顺治皇帝从盛京启程，向北京去了。从龙入关的队伍浩浩荡荡、络绎不绝，延绵十数里。9 月 18 日，到达通州，多尔衮率领诸王贝勒、文武大臣赶到通州接驾，隆重举行朝见礼仪。次日，顺治皇帝车驾从正阳门（今北京前门）进入紫禁城。10 月 1 日，顺治皇帝往天坛祭天，其祝文曰：“告天即位，仍用大清国号，顺治纪元，率由初制。伏惟天地佑助，早靖祸乱，载戢干戈，九州悉平，登进仁寿，俾我大清皇图永固。”顺治皇帝第二次登极，完成了从偏居一隅到君临天下的角色转变，中国历史也由此进入了一个新纪元——清朝。

三　满汉军民从龙入关

八旗拱卫都城，是后金前清的传统。努尔哈赤统治时期，都城从赫图阿拉迁移到辽阳，后又从辽阳迁至沈阳，八旗人等，皆跟随搬迁。这次从盛京迁至北京，八旗人等亦如此，不仅仅是顺治皇帝及其皇室成员迁移至北京，而是整个民族的大迁移。史称从龙入关。

《清世祖实录》记载，顺治皇帝“携带将士家口，不下亿万”。这个数字着实夸张一些，因为当时全中国人约 15250 万口。从龙入关的人数到底是多少？清代官方文献对满族入关人数、八旗兵丁数皆讳而不载。但据估算，初从龙入关者在百万以上。龙兴之地所余人户不足 3 万，以致盛京地区出现有土无人的现象。

第二节　清王朝封建专制政体文化之形成

如果说明朝初年废除宰相制而设置内阁把封建专制主义皇帝集权推向新台阶的话，那么，在清朝统治前、中期近200年时间里，封建皇帝集权专制政体文化发展到了新高度。清朝通过建立密折奏报制度和设置军机处，下令并六科入都察院，取消皇帝接受臣下监督的义务，清代官员办事“用例不用律”或“以例治天下”。例即事例、则例，多系皇帝诏旨或经部议及九卿科道讨论请旨允准而形成的。通过上述，确保事权高度集中，确保皇权独尊、乾纲独断、专断独行。清代前期，特别是康熙以后，皇帝成功地控制了国家的最高权力，使中国封建皇帝集权专制政体文化得到了空前的发展。为了适应日益复杂的地方事务，清朝正式设置了以督抚为省的最高行政长官的地方行政建制，一方面授予督抚兵部和都察院堂官兼衔，使其集行政、司法、监察和一定的军事指挥权，事权统一；一方面通过密折奏报制度等形式，建立起比较完整的制衡地方的权力体制。督抚的生杀予夺惟皇帝之命是从。至晚清时期，皇帝一直牢牢把持着对地方督抚的控制权。

一　清王朝中央决策制度文化

清代皇帝集权专制政体文化，经过顺治、康熙两代，到雍正、乾隆时，已经发展到历史最高水平，国家一切军、政大权完全掌握在皇帝手中。清王朝中央决策制度文化，始终体现为维护皇帝乾纲独揽这个重点。

（一）中央决策制度文化形态

在清代，以皇帝为代表的中央决策文化形态，主要包括呈递题奏本章、密折陈奏、御门听政、陛辞请训、钦差奏闻、外出巡视等。皇帝通过以上形式，直接或间接地得到信息，然后经与有关大臣讨论后定夺，形成各种政令，以诏旨等形式颁布实施。中央决策制度文化表现为服务于皇帝权力的不断加强，封建专制主义集权统治进一步强化。

1. 呈递题奏本章制文化①

清廷中央各部院以及地方督抚、将军、提镇等官，凡涉及钱粮、刑名、兵丁、马匹、地方民务大小公务，以及其他有关奏闻请旨等事，都通过题奏本章的形式呈递皇帝。大体公事用题本，私事用奏本。有的为补充或简洁地说明题本中所涉及的内容，还带有附件，如图册、单、签之类。

2. 密折陈奏制文化②

始于康熙年间的密折陈奏制文化是清朝独创的政体文化形态。由于题本、奏本多以上报或请示某项具体事务为主，不但内容单一，对于皇帝想了解的吏治民生之事反映较少，而且因往来批发都得通过内阁衙门，不利于灵活机密行事。而密折陈奏，可让皇帝得知题奏中无法得知的内容，有助于扩展皇帝的政治视野，便于有效地对所出现的问题作出决断。同时，让皇帝及时了解和掌控大臣及官吏的动向，便于加强和巩固皇帝集权专制统治。故康熙朝以后，密折陈奏制文化发展较快，密折陈奏人员范围不断扩大。康熙时，谕“各该将军、总督、巡抚、提督、总兵官，因请安折内附陈密奏，故各省之事不能欺隐”；雍正时，范围扩大到“地方的布政使、按察使、学政等官，以至一部分道员、知府、同知、副将等中级官员”。清代密折陈奏的内容相当广泛，皇帝可以随时朱批向某一官员打听地方情况，“凡地方大小事，关于民情者，必须奏闻才是”，“此无非公听并观，欲周知外间之情形耳”。

① 大清会典事例·内阁·职掌：卷十三［M］. 北京：中华书局，2012.

② 清实录·清圣祖实录：卷二百四十九：卷四［M］. 北京：中华书局，2008.

3. 御门听政制文化①

御门听政是朝会的一种形式，也是皇帝接触和了解政事的重要途径。清朝皇帝，无日不听政临轩，中外臣工内殿觐见。皇帝听政活动一般分为前后两段：前段主要接受各部院的本章，吏部引见官员及听取有关陈奏，此时皇帝会就有些官员的奏请发表意见，或与所引见的官员进行交谈，但主要属于听政。后一段是各部院堂官奏请完毕、引见官员退出乾清门后，皇帝与大学士、学士共同讨论折本（各部院所上题本中经内阁草签进呈皇帝未认可退回内阁以备再议的题本）中的题奏之事。大学士和学士可以无拘束地发表意见。清代御门听政始于顺治时，康熙时御门听政已规范化和制度化。雍正以后，随着军机处的建立和奏折制度文化的进一步推广，京城以外发生的事件，大臣们常常以密折的方式及时报告给皇帝，由皇帝密加批示，或交由军机处办理，如此一来，御门听政的次数大为减少。御门听政作为内廷通向外朝的渠道，利于皇帝与臣工的联系、周知民隐，有利决策，因而一直受到清王朝的重视。

4. 陛辞请训制文化②

陛辞请训始于顺治年间，康熙年间有所发展。清朝政府规定，凡外任的省级官员，如总督、巡抚、布政使、按察使，以及武职的将军、都统、提督、总兵等，每当升转迁调或任职至一定期限，均须奏请陛见，目的是向皇帝述职请训。皇帝借此考察官员们在任治绩，了解各地民情。同时，也加强了皇帝权威，使封疆大吏始终受制于皇权，服务于皇帝集权专制。

---

① 康熙起居注［M］. 北京：中华书局，1984：1026.

② 康熙起居注［M］. 北京：中华书局，1984：980；大清会典事例·吏部：卷六十九［M］. 北京：中华书局，2012.

5. 钦差奏闻制文化①

钦差奏闻制即奉旨遣往办事的钦差大臣，除要随时奏报皇帝交办差事的进展和处理意见外，行前和回朝交差时，都要面见皇上接受垂询，内容包括所办差事完成情况、办差过程中见闻及其他民情民俗等，成为朝廷定制。钦差大臣代表朝廷巡视地方，体现了皇帝对某地的重视，同时也是为了加强对地方官员的监督与管控。

6. 外出巡视制文化②

外出巡视制文化是皇帝离开京师，到地方视察的一种制度文化。这是皇帝直接了解社会民情和考察地方官员的重要举措。皇帝走出紫禁城深宫大院，考察民情吏治，进行兴利除弊，确实可以提高决策的准确性。《大清会典事例》记载，皇帝巡视有专门规定。“巡省之方，翼日望秩于方岳，及祭古昔帝王功德隆者，先师皆亲行礼，境内山川先贤名臣忠烈祠墓并遣官致祭；驻跸行营，日觐封疆大吏、监司郡县，咨询风土人情；监视河防，指授方略；召试陈诗献赋之士，拔其尤者，量授其官；亲阅方镇重兵，以辨将备军士材武；经过州县，赐复蠲租，存问高年，赏赉各有差”。可见皇帝巡幸所要举办的事务中，咨询风俗人情、考察文武，是清朝皇帝所注意的十分重要的内容。

综上，清代决策制度文化形态主要服从和服务于皇帝集权专制统治，从题奏本章、密折陈奏、御门听政到陛辞请训、钦差奏闻到外出巡视等，无不体现专制主义皇权意识。

（二）清廷政令发布与施行文化

清朝政府政令的发布和施行，因各个时期的情势而不尽相同，作为最高权力象征皇权的集中程度的有高有低，反映在政令的形

---

① 康熙起居注［M］. 北京：中华书局，1984：1120.

② 康熙起居注［M］. 北京：中华书局，1984：1251；清实录·清圣祖实录：卷二百四十九［M］. 北京：中华书局，2008.

成与发布上，也常有差别。

1. 顺治至康熙初期

顺治时期，清王朝处于入关初期，当时正处于战争环境，凡重大军国政令，均通过由满族亲贵大臣组成的议政王大臣会议讨论，经顺治皇帝或摄政王批准后，对外发布施行。至于一般日常政务，则仿效明朝，实行内阁（内院）票拟制度，即由内阁（内院）根据题奏本章，依成宪初步拟出办理意见（拟办意见），进呈皇帝（或摄政王）定夺后，批红发交遵行。

题本根据不同的投递机关分两种，即在京各部院府寺监衙门进呈的称部本，可直达内阁；外省督抚等官送交的称通本，须经过通政司衙门汇齐后再转内阁。顺治初，各部院奏事经皇帝面谕后退回署抄录后，送内阁照谕批红发布施行，手续完备。为防止票拟舞弊，1653 年，清政府规定，各部院奏事奉谕后形成文字须再呈皇帝审定无误方可退回内阁批红发交遵行。1660 年，进一步改进，由通政司收到题本后直接呈皇帝审阅后再交由内阁发布，改变为先交内阁、再呈皇帝的做法，将批红发布的最后审定权收归皇帝。至康熙初年，皇帝年幼，实行四大臣辅政制度文化。四大臣更内阁为内三院，将内阁大学士由正二品降为正五品，将内阁批红权收归辅政大臣掌握。

2. 康熙中期至雍正初期

康熙皇帝亲政、清除鳌拜势力后，内阁重新得以恢复。一般情况下，内阁的票拟很少受到干预。属于正常工作范围内的奏闻，批复皆有成规可依，内阁大学士无须顾虑。关涉人事安排和少数建议性质的题本，在衙门听政后，与大学士、学士们讨论折本。折本涉及最多的是除授官员。清政府规定，凡四品以上文武官员出缺，先由吏部和兵部衙门提出候补官员名单，呈送皇帝钦定。皇帝御门听政、议政，尽管不就重大的军政问题作出决策，但一些重大行动中的具体事务，仍需进行讨论。至于重要军政大事，皇帝在作出决定、颁布实施前，一般也得征求有关部门意见，或提交议政王大臣会议讨论，达成共识后，由皇帝颁布实施。

3. 雍正以后各时期

雍正以后，由于军机处的设立和奏折制政体文化的广泛推行，议政王大臣会议和内阁在中枢咨询决策中的作用大为降低。乾隆时，干脆撤销了议政王大臣会议，将封建专制主义集权政体文化进一步向前发展。臣工们的奏折直接通过皇帝朱批传达贯彻，如人事问题，改由军机大臣拟单请旨了。雍正以后，皇帝在朱批密折时，凡事关重大者，皇帝也有与有关部院和大臣们讨论后定夺的。一般情况下，大臣们所上的奏折一部分由皇帝朱批后径交本人阅办，另外一部分由皇帝与军机大臣商讨后决定。因此，军机大臣一般要安排内廷值班，后又将 6 部堂官也纳入内廷值班之列，以备皇帝咨询。

朝廷决策的实施除皇帝朱批径交者外，还有两种途径，即明发上谕和寄信上谕。明发上谕由军机处撰拟，经皇帝审定后交内阁发布，再由有关部院承办，明发上谕的范围多属于例行性政务；寄信上谕简称寄信，多属于不宜公开的机要之事。寄信于直省等地方的，称廷寄。廷寄又因受文者职位不同而称谓不一。如发往行经略、大将军、钦差大臣、将军、参赞大臣、都统、副都统、办事大臣、领队大臣、总督、巡抚、学政者，叫作“军机大臣字寄”；发往盐政、关差、布政使、按察使者，叫作“军机大臣会传谕”。皇帝谕旨均由军机处递往各处，递交速度由事务之缓急而定，或日行 300 里、或 400 里、或 500 里，紧急或有 800 里加急。

总之，清朝政令发布与施行，始终围绕服务于加强皇权和巩固皇帝集权专制统治。

二　清王朝中央行政制度文化

清代，封建皇帝集权专制统治达到了中国历史上的高峰。清王朝的缔造者努尔哈赤，在创建后金国时，极力推行八旗制文化，将行政和军事大权统一于自己手中。当时尚处于发展时期的后金国汗，通过设立议政5大臣，与八旗旗主共同议政，参决机务；后来又确立八王共治的制度文化。皇太极继位后，发现八王共治降低了汗权地位和权威。于是，他采取在各旗设置总管旗务大臣等一系列措施来提高汗权，即削弱诸贝勒的权力及废除四大贝勒按月轮值旧制等，汗权（皇权）朝着集中于皇帝一人的方向迈进一大步。多尔衮摄政时，降低合议制的作用，再次宣布诸王兼理6部事，以各尚书掌管，直接听命于摄政王，不断削弱诸王权力，把中央集权又向前推进了一步。康熙时期，八旗旗主和四大贝勒共议国政的制度文化衰落，成为历史陈迹。雍正时期，设立军机处，作为辅佐皇帝处理军政大事的常设机构，彻底改变议政王大臣会议的地位。至此，清代前期几代皇帝追求的皇权独尊的政体文化终于形成，专制主义集权统治超过了历史上任何一个朝代。

（一）中央行政制度文化

清代中央行政制度文化主要包括中枢行政机构和中央行政机构两种形态。其中，中枢行政机构由议政王大臣会议、内阁、南书房、军机处以及督办政务处、资政院和责任内阁等组成，中央行政机构由六部与各院寺监组成。

1. 中枢机构行政文化

中枢行政机构是清朝政府议政决策的主要职能部门。从议政王大臣会议、内阁到南书房、军机处，皇帝集权专制政体文化逐步形成。

（1）议政王大臣会议文化①。其是适应后金前清时期军事斗争形势兴起的，是满族贵族大臣商讨军国大事的重要形式；由努尔哈赤创成，皇太极继承并加以发展。清入关后，随着政权的建立并得到稳固，康熙时，改用议政大臣会议，至雍正时，设立军机处，前后经历百年兴衰变化的议政王大臣会议，最终退出历史舞台。

① 广禄，李学智．清太祖朝老满文原档［M］//荒字档，第一册．北京：中华书局，1970：50.

（2）内阁制文化①。内阁是协助皇帝处理政务的办事机构，入值者皆称大学士。清王朝入关后始设内阁，由在皇太极文馆三院（内国史、内秘书和内弘文）基础上转变而来，公元 1658 年，顺治皇帝废三院名称，改称内阁，官秩低于六部堂官。后因参与批答本章、撰拟诏旨，阁职渐崇，官秩正二品。康熙初年，鳌拜等四大臣辅政，降内阁为正五品。康熙除鳌拜集团后，内阁官秩恢复正二品，内阁制度正式确立。清廷规定，内阁掌议天下之政，内阁大学士为百官僚之长。凡皇帝颁定的制诏诰敕，例由内阁草拟发出，下属臣僚向皇帝所进题奏本章，亦经内阁票签，奉旨后转发六部或各部院传钞遵行。尽管内阁每行一事都严格秉承皇帝旨意，但内阁的确具有很大特权，如索额图、明珠以及徐乾学等人的结党营私，上下其手，影响甚至威胁到了皇帝集权专制统治。康熙设南书房以削内阁之权，至雍正时，又设立军机处，内阁最终是“秉成例而行，如邮传耳”，实际已无机要大事可言了。

（3）南书房文化②。康熙皇帝始设南书房是在清除鳌拜势力、亲掌政柄以后，特别是索额图、明珠结党营私案发以后。南书房既不是政府衙门，也谈不上是决策政令的中枢机构，却因其密迩内廷，皇帝与一些亲贵大臣在此讨论政事并委以机密，渐成众所瞩目的场所。南书房既缩小议政的范围，削弱、限制议政王大臣会议的权力，又通过御门听政、议政等形式，规范内阁行为，达到树立皇帝权威的目的。清廷规定，凡入值南书房者均不得干预外事。自康熙中期以后，南书房与内阁、议政大臣会议参与中枢决策，实际是将中枢权力一分为三，3 个机构各有分工，相互钳制，最后均集中于皇帝，达到皇帝乾纲独揽的目的。至雍正朝设立军机处以后，南书房政治地位有所降低。乾隆、嘉庆、道光时，许多朝廷重臣入值南书房。光绪亲政后撤销南书房。

---

① 大清会典事例·内阁：卷二［M］. 北京：中华书局，2012.

② 方苞. 方苞集［M］. 上海：上海古籍出版社，1983：515.

(4) 办理军机处文化[①]。简称军机处。始建于雍正初年，以应对西北用兵。由于办事缜密大受雍正赞赏，1730 年，正式设立军机处。它是清朝最具特色的中枢办事机构。军机处设军机大臣和军机章京二职。军机大臣称军机处行走或军机大臣上行走，尊称枢臣。军机处大臣员额无定，从 2 人到 11 人不等。皇帝多点大学士兼任，亦有出自各部院尚书、侍郎者。按规制，亲郡王原则上不得任军机大臣。军机大臣中，一般以资历深者为领班，称首揆。开始时，皇帝每天召见承旨只有领班担当，乾隆时，令军机诸大臣同见，共同承旨成为通例。军机章京是大臣的僚属，始称军机处司员或军机处司员上行走。嘉庆后称军机章京，并规定员额 32 人，分满汉两班，每班 8 人，日值两班，设领班以便统率。军机章京初始由军机大臣挑补各衙门合适者充任。嘉庆后，正式确定在内阁、中书科、六部、理藩院中担任郎中、员外郎、主事、笔帖式，以及进士、举人出身七品小京官的人员里，选择人品端庄，年富力强，字划端楷者，经军机大臣考核，引见补用。

军机处职责是承受谕旨后，回堂拟写文稿，由军机大臣或章京审定，呈皇帝认可后按照谕旨性质，或明发下谕，或寄信上谕，分别交送发出。在其职责中，还包括奉旨交议大政、谳大狱、稽核兵马钱粮、拟定外藩及亲贵大臣赏赐事宜、考定典章制度等。其中以人事咨询最为引人注目。凡自大学士以下各部尚书、侍郎，以至总督、巡抚、将军、提督、总兵、学政、道府等官出缺递补，取代吏部，由军机大臣开具名单，呈送皇帝点定。由于其工作范围涉及朝廷所有大事，处处离不开军机处，故军机处员几乎天天都得入值办事。凡被任命为军机大臣者，必须时刻跟随皇帝左右。军机处虽无决策权，但所有政事大都经过军机大臣之手，故责任重大。军机处是当时办事效率最高的中枢机构，是皇帝完全掌控的秘书班子。

---

① 清实录·清世宗实录：卷一百一十六［M］. 北京：中华书局，2008.

军机处值庐地处宫禁，外官不得擅入值班房舍，外界很少干预，一切工作都置于皇帝的监督之下。皇权的威严得到充分体现。

总之，军机处的设立，标志雍正时期封建专制主义集权政体文化达到了顶峰。

此外，清朝政府还根据需要设置督办政务处、资政院和责任内阁，作为中枢机构之发展形态，清朝末年的中枢机构主要是服务于皇帝，强化皇帝集权。但鸦片战争以后，由于西方文化思潮的渐浸，封建专制主义集权统治下的政体文化，已经不适应时代发展的潮流，最终也无力挽回清政府的垮台。

2. 中央机构行政建制文化

清代中央行政机构以吏、户、礼、兵、刑、工六部为最重要。六部名称与执掌基本沿袭前朝旧制，在官员权限上略有变通。

清代六部的设置始于后金前清时期，皇太极出于强化汗权削弱王权的需要，在设置文馆的基础上，爰定官制，设立六部①。清统治者入关后，因情况发生变化，对在关外设置的中央机构做出相应调整。1644 年，在停罢诸王、贝勒主持部院事务的同时，改承政为尚书、参政为侍郎、理事官为郎中、副理事官为员外郎、额哲库为主事。1723 年，又推行以大学士管理部院事务的政体文化，将原由诸王、贝勒管理部院事务的权力收归大学士，直接听命于皇帝，确保政体文化向专制主义皇权方向发展。

清代的六部组织情况自康熙以后渐趋定型。设尚书，满汉各 1 人，左右侍郎满汉各 1 人。尚书和侍郎列为堂官。以下视职司之繁简，设置多少不等的司、处、房、厅、所、馆。各部有堂主事 2～6 人，郎中 10～30 人，员外郎 10～70 人，主事 7～8 人，或至 30 人。还有司务、笔帖式、额外郎中、七品小京官等职。各个官缺，宗室、满、蒙、汉军和汉人，都有一定比例。各部院机构的

① 清实录·清太宗实录：卷九［M］. 北京：中华书局，2008.

职能和分工，详见表 37－1。

表 37－1　　清朝 6 部各部院机构的职能和分工

部称	职责	所辖司及其职责	
吏部	管理全国文官品秩、铨叙、考课、黜陟和封授等	文选清吏司	掌管文官的品秩及开列、考授、拣选、升调等事和有关月选的政令，下置题稿房、印房、册库和都吏、都书、求贤、开设、升调、缺凭等科，又有派办、投供、大捐、双单月议选、缙绅、缮折、收发等处
		考功清吏司	负责文官的处分和议叙，定期对文官和地方官进行考核的京察、大计，下置印房、火房、山房、江南、北直、广东四甲和都吏科
		稽勋清吏司	负责文官守制、终养以及官员因出继、入籍而牵涉更名、复姓等事，下置印房、贴房、都吏、八旗、山东、山西、陕西等科
		验封清吏司	负责官员世爵、土官世职、文官加恤、武官恩荫以及稽察在京和地方官员，下置印房、都吏、京官、外房、土官、内考、外考等科，外有清档房、汉本房、司务厅、当月处
户部	掌管全国的地政、版籍、赋税课征、俸饷发放、仓库出入等	按照各省名字分置 14 个清吏司	各司负责有关省份或部院的奏销册审计，若发现收支不合规定，则驳回，定限再报；负责年终将各省各部院奏销册汇总后，送呈皇帝审阅。本房置司务厅、南北档案房、监印处、当月处、催督所、八旗俸饷处、现审处、饭银处、捐纳处、内仓、钱法堂、银库、缎匹库、颜料库仓场衙门等机构

续表

部称	职责	所辖司及其职责	
礼部	主管朝廷礼仪，包括天地神祇、祖宗陵寝、历代帝王、先圣先贤、忠烈名将的祭祀，负责吉庆凶丧的典礼，科举、学校、外国贡使交聘等	仪制清吏司	负责朝会、经筵、登极、受大典、垂帘听政、亲政、上尊号徽号、巡幸、出征、凯旋、劳师、册立册封、大婚、皇子皇孙婚配、冠服、舆卫、官员师生相见、文书往来，以及地方上司各衙门的有关礼仪；此外，京师至各省学校、书院，乡试、会试和各种制科中有关事务
		祠祭清吏司	管理各种祠庙祭祀典制，分大祀，即祭天地、皇帝列祖列宗的太庙和社稷祭典；中祀，即祭日月、先农、先圣、先贤、前代帝王、关帝、文昌、太岁；群祀，即祭医药、火神、河神、龙王、城隍、东岳等群神和先贤忠烈名祠；婚丧礼仪及僧道医巫的选取升补
		主客清吏司	负责四邻属国的朝贡期限、贡使人数、规定经由道路及人员安顿、贡品检查、翻译表书、安排朝会、经办例赏，以及颁赏敕诏、印信，玉牒告成之赏和每年安徽贡茶稽查等事
		精缮清吏司	承办各种典礼时的筵宴，附带经管本衙门开支审核奏销之事等
		其他内设机构	包括清档房、汉本房、司务厅、催督所、当月处、养廉处（发放养廉银）、地租处、（掌本部所领土地地租），以及书籍库、板片库（藏有关书籍板片）、南库（藏各省解部试卷、缴回旧印信、封王金册、恩赏寿民寿妇缎匹银两）

续表

部称	职责	所辖司及其职责	
兵部	初设时，掌管全国军事及武职官员任免之事，入关后，管理全国绿营兵籍及其武职官员的任免等	武选清吏司	掌管武职官员的品秩与补选、升调之事，考察各地之险要，管理少数民族聚居的土司武职官员之袭爵等事
		职方清吏司	掌管武职官员的叙功、核过、赏罚、抚恤，军队之检阅、考验及关禁与海禁等事
		车驾清吏司	掌管全国的马政及传递文书等事务，以及与此有关的马匹牧养，驿、站、塘、台、所、铺的设立与管理，人马车船的经费与管理，递送文书用的堪合、火牌的查验等事
		武库清吏司	掌管全国的兵籍和军器及武举之事，每个季度将兵员缺补之数造报兵部，绿营缺补由各省都抚每年报部一次；旗营、绿营所用军器，每年修造和更换情况，造册报兵部
		其他内设机构	包括会同馆、捷报处；各司官职有郎中、员外郎、主事、笔帖式、经际等职，人数多少不一，由满汉人充当
刑部	掌管天下刑罚之政令，以赞上正万民；凡律例轻重这适，听断出入之孚，决宥缓速之宜，脏罚追贷之数，各司以达于部。具体负责审核地方上重案，审理发生在京师的笞杖以上的现审案件和朝廷官吏违法案件，管理地方上诉案件与秋审事宜，主持司法行政与律例修订。与大理寺、都察院组成三法司，大理寺掌管天下之刑名，凡重辟则率其属面会堪，即复核死刑案件，冤案；都察院掌管风宪，遇有重大案件，会同刑部、大理寺以定谳		

续表

部称	职责	所辖司及其职责	
工部	掌管土木兴建、器物制作、修渠筑堰等水利工程的勘估、报批、奏销等	黄档清吏司	掌管帑藏岁支和材料物件领取，账册审定
		营缮清吏司	掌管工程营建，征收木税、苇税，管理所设皇木厂、木仓和琉璃窑
		虞衡清吏司	颁发标准的度量衡以供各地准绳，负责军队军需装备的制作、领用和奏销，打牲乌拉解京东珠验收，管理军需库、硝磺库、铅子库、炮子库、官车处、惜薪厂等
		都水清吏司	掌管河道、海塘等水利工程的修治，水军战船并水驿船、渡船、桥船、救生船翻建、添置，收取工关的木税、船税、货税，以及保持京师街衢、河濠、沟渠、桥梁畅通
		屯田清吏司	负责皇帝后妃陵寝的修缮，备办祭器祭物；供应在京各衙门薪炭，太和殿炉炭；给营缮、虞衡、都水并本司定额官匠、官夫并民匠民夫发给工食银两；征收直隶天津海苇、北京西山官窑煤课和通州船税、木税；管理下设有关机构
		其他内设机构	包括清档房、汉档房、司务厅、督催所、当月处，与其他各总院相同

注：此表参阅《清太宗实录》《清史稿》编辑而成

为确保政令畅通，清廷除设置六部和都察院、理藩院外，还设有通政司、大理寺、翰林院、詹事府、太常寺、太仆寺、光禄寺、鸿胪寺以及稽察钦奉上谕事件处和奏事处等。

综上，清代中央机构的设置，随着时事变化屡有变化，但万变不离其宗，都是为确保皇帝集权统治的顺利实施。

（二）直省行政制度文化

清代是中国历史上最后一个封建王朝，清代社会已经进入中国封建社会晚期，也是中国封建专制主义政体文化发展的鼎盛时期。清朝直省行政体制文化形态，无论是直省机构设置，还是地方基层组织建设，无不体现专制集权统治特色。

1. 地方行政区划文化

行政区的设置是国家政体文化形态，主要包括政治、经济、文化、社会、人口、民族、军事、历史、地理等方面情况的综合体现。光绪《大清会典》记载，清代直省行政区分为省、道、府（直隶厅、州）、县（厅、州）4 级。① 当时全国共有 19 个省、92 个道、185 个府、32 个直隶厅、72 个直隶州、78 个厅、145 个州、1303 个县。综合《清史稿·地理志》记载，宣统时期，全国共有 22 个省、97 个道、216 个府、61 个直隶厅、75 个直隶州、78 个厅、129 个州、1342 个县。另有土府 1 个、土州 27 个、土县 4 个、土司 113 个；特别行政区 2 个，即首都顺天府、陪都奉天府。

奉天府即明代沈阳中卫②。后金时，清太祖于 1625 年自辽阳迁都于此。1634 年，皇太极改沈阳为盛京；1644 年，顺治以为留都（陪都）；1653 年，清廷设置辽阳府，治在辽阳城；1657 年，清廷撤辽阳府，于盛京置奉天府。奉天府尹除治理所属厅、州、县外，兼辖附近的若干府、厅、州、县。1905 年，改奉天府为奉天知府。1907 年，奉天设省，奉天府治即为省治。清末，奉天府共辖厅 1 个，即金州厅，州 2 个，即辽阳州、复州，县 8 个，即承德（今沈阳）、抚顺、开原、铁岭、海城、盖平、辽中、本溪。

① 大清会典事例·六部：卷四［M］. 北京：中华书局，2012.

② 大清会典事例·奉天府：卷七十四［M］. 北京：中华书局，2012.

2. 地方行政建制文化

清代地方行政建制文化是政体文化的重要体现。清代地方行政机构是在明代地方行政机构建置基础上发展而来的。地方行政机构分为省、道、府（直隶厅、州）、县（厅、州）4级。省一级政府由总督、巡抚、学政、布政使、按察使组成。总督与巡抚统领地方军民诸政。总督总管一省或数省，巡抚总管一省。总督与巡抚都省一级最高长官，但总督侧重于军政，巡抚侧重于民政①。

总督又称制台、制军、制宪、督堂或部堂，官秩正二品（加尚书衔者从一品），掌综治军民，统辖文武，考核官吏，修饬封疆。概括而言，主要包括：凡文职道、府以下，武职副将以下的官员，都由总督奏请补署、升调及免黜；统领、监督、考核全省文武员弁；每三年大比，与巡抚共同充任监临官，武科任主试官；节制绿营军队；监督藩司所掌全省财政收支，并上奏会计；掌第四审之裁判权［凡治流罪以上案件，如果以县级为第一审，督抚审级则居第四，详见本节第三目（二）］；有权办理对外交涉事务；可以单独上折奏事或咨请有关各部院，必要时也可以与巡抚会衔上奏。作为省一级最高行政长官，总督领有直属军队，名为督标，各督标辖营分别以副将、参将、游击、都司、守备、千总、把总等武官统领②。

巡抚又称抚台、抚院、抚军或中丞，官秩从二品（加兵部侍郎衔正二品），掌宣布德意，抚安齐民，修明政刑，兴革利弊。概括而言，主要包括：监理税务，总管盐政，管理漕政；用兵时督理粮饷。巡抚主管民政，其权力和地位低于总督。

1907年，清廷设奉天省，设巡抚1人；置东北三省总督1人，全衔为“总督东三省等处地方，兼管三省将军、奉天巡抚事”，驻

① 刘锦藻．清朝续文献通考·职官一八：卷一百三十二［M］．杭州：浙江古籍出版社，2000.

② 萧一山．清代通史：上卷［M］．台北：商务印书馆，1993：533.

奉天；1910 年，又以东北 3 省总督兼管奉天巡抚事。

3. 地方基层组织文化

清代封建专制主义集权统治达到高峰，地方基层组织也随之大为强化。在制度文化上，体现为大力推行里甲制和保甲制文化。

里甲制文化兴于明初，继而得到发展和完善。清初，予以继承，对于稳定统治政权之社会基础发挥了作用。《清朝文献通考・职官》云，里甲长“董一里一甲之事”①，首要任务是田赋、丁徭之征；其次率民遵法守规，不得离乡他住，确保农民固定于故土。《清世祖实录》记载，自 1654 年始，要求各地查明人丁土地，编入册，次年依此征收赋税。次年，又对赋役不均进行了整顿，对户丁、田亩一次查清，在里长直接经手下，每一里甲的人丁、田亩才能落实，并造册报部②。其巩固了里甲制文化，特别是《赋役全书》在全国的颁行，进一步繁荣和发展了里甲制文化。康熙时期，随着社会经济的恢复和发展，统治者和地主阶级日渐腐朽，他们开始大肆掠夺、兼并土地，倚仗特权或勾结官府，逃避赋役而转嫁给农民，加上州县胥吏巧取豪夺，致农民丧失土地、被迫流亡。另外，商业文化的发展，商品经济的繁荣，土地买卖更加频繁，人口流动性增加，造成土地关系复杂、混乱，户丁编审极为困难，致使里甲制文化衰落；代之而起的是保甲制文化③，其使地方基层的事权得以统一。

保甲制文化取代里甲制文化是历史之必然。其是清代地方基层组织的重大变化与改革，它既适应了清王朝鼎盛时期的需要，也是雍正、乾隆时期中央集权统治政体文化在地方基层组织的及

---

① 刘锦藻. 清朝续文献通考・职官一八：卷一百三十二［M］. 杭州：浙江古籍出版社，2000.

② 清实录・清世宗实录：卷八十八［M］. 北京：中华书局，2008.

③ 清实录・清世祖实录：卷五、卷七［M］. 北京：中华书局，2008.

时而鲜明的反映。

清王朝迁都北京伊始，就在直隶、山西、山东推行保甲制文化。当时，保甲制文化只在乡村推行，即将全体村民编入保甲，“各府州县卫所属乡村，十家设一甲长，百家置一总甲，凡遇盗贼逃入、奸宄窃发事故，邻佑即报知甲长，甲长报之总甲，总甲报之府州县卫，府州县卫核实，申解兵部。若一家隐匿，其邻佑九家、甲长、总甲不行首告，俱治以重罪，不贷”①。即保甲的职能除编查户口、田亩、征收赋税，维持地方基层治安，还包括调解户婚田亩纠纷、申报命案斗殴事件、参加赈灾、宣讲圣谕及法令、对民进行教化等诸多责任。清朝保甲之设，所以弭盗安民，故积极拟定和大力推行保甲制文化。1708 年，进一步扩大保甲组织，由原来的二级变为三级，每一保甲管辖人户达千户；稽查人户、维护治安的方法更加周密②。1757 年，乾隆决定对保甲制文化进行整顿与提高，“更定保甲之法”，使保甲加强管理的范围更加广泛，规定甲长三年更代，保长一年更代，保甲长的职责是专司查报甲内各类刑事案件③。这是对保甲制文化的总结和完善，是封建专制主义政体文化发展的体现。在“更定保甲之法”中，对保长选任提出明确要求，即保长应由“士民公举诚实识字及有身家之人报官点充”。④ 保甲身后有官府为后盾，其本人也须听命于地方州县及胥吏。

① 清实录·清世祖实录：卷五、卷七［M］. 北京：中华书局，2008.

② 刘锦藻. 清朝续文献通考·职官二二：卷一百三十二［M］. 杭州：浙江古籍出版社，2000.

③ 刘锦藻. 清朝续文献通考·职官十九：卷一百三十二［M］. 杭州：浙江古籍出版社，2000.

④ 清实录·清高宗实录：卷五百四十八［M］. 北京：中华书局，2008.

总之，清代地方基层组织保甲长，既受地方州县严密控制，又由地方乡绅所推荐、受他们的操纵。通过保甲组织统治社会民众，极度强化了清王朝封建专制主义中央集权统治。

三　清王朝法律与司法制度文化

清代是中国封建社会末代王朝，其法制文化形态和类型达到了相当的完备程度。满族贵族统治者入关以后，面对尖锐复杂的阶级矛盾、民族矛盾，原有的简法旧律已经无法适应统治全国的形势需要，因而，清政府全力推进法制文化建设。在立法与法律形式、刑法与司法实践等方面，都取得较大进步和成就。主要表现在，法律体系健全，如《大清律例》《清会典》是清朝行政立法的总汇，被称为清帝国之根本；清朝制订的各部院则例，数量众多，职掌详明；国家颁布的刑法、行政法律、经济法律、民事法律、诉讼法等类型具备；法律内容涉及广泛，规范详密，适用统一多民族国家的需要，特别是因地制宜、因俗制宜地制订了符合边地民族的相关法律；司法制度严密，审级严格、程序完备。总之，清政府入关后的法制文化建设成就很大。

（一）法律制度文化的形成

清政府迁都北京，即着手法制文化建设。

1. 制定《大清律例》①

《清世祖实录》记载，1644 年 6 月，清廷下令，“自后问刑，准依明律”，随之又令，“法司官会同廷臣详绎明律，参酌时宜，集议允当，以便裁定成书，颁行天下”；次年，上谕：“修律官参酌满汉条例，分别轻重差等，汇成一编进览”。次年 5 月，经过广集廷议，增损裁量，制定《大清律集解附例》，次年颁行天下。这是清代第一部完整的成文法典。

① 清实录·清世祖实录：卷六［M］．北京：中华书局，2008.

《清史稿·刑法志》记载，康熙朝初时，对《大清律集解附例》与清初社会现实脱节之处进行校正，本着因时制宜的原则，对现行律例详加酌订，1680年，编成《刑部现行则例》呈康熙皇帝御审。1689年，台臣盛升以10年实践中暴露出的律例并行的矛盾，奏请重加考订。1695年，康熙皇帝命尚书图纳、张玉书等为修律总裁，进行修订。1707年，经过反复审阅修改，最终完成，将《刑部现行则例》分门并入大清律，但康熙皇帝浏览未发。至雍正朝，鉴于现行则例或有“从重改轻，从轻拟重”，或有“先行而今停，事同而法异”等弊病，命大学士朱轼为总裁，以“析异同归，删繁就简，轻重有权”为原则，重新修订现行则例，1727年，正式颁行《大清律集解》。

至乾隆朝，命三泰等为总裁，重修大清律例，对原有律例逐条考证，同时详校定例，折中损益。1740年，完成编修，并定名为“大清律例”，刊布中外，永远遵行。《大清律例》集历代封建法律之大成。其结构体式仿《明律》，共分为例律、吏律、户律、礼律、兵律、刑律、工律等30篇、47卷、30门，律文436条，附例1049条。作为定型化的《大清律例》，自颁布施行以后未再修改，而以增加附例弥补律文之不足，1761年，附例已经增至1456条，至1870年，《大清律例》之附例增至1892条。附例不仅数量大，而且起着特殊的作用，它的效力往往大于律，甚至可以代替律。

2. 制定《大清会典》

清廷加强政体文化建设的突出特色，是加强行政法规制度文化建设。围绕提高官吏的统治效能，加强行政管理，使国家机关行政行为活动有典有则。自康熙朝始，制定《大清会典》。1690年，完成《康熙会典》，其体例以官统事，以事隶官，按宗人府，内阁，吏、户、礼、兵、刑、工六部，理藩院，都察院，通政使司，内务府以及其他寺、院、府、监等机构分目，首尾相衔，内容详备。其后，相继编成《雍正会典》《乾隆会典》《嘉庆会典》

《光绪会典》。这5部会典统称《大清会典》，详细记述了清代自开国至光绪时，各级行政机关的职掌、事例、活动原则与相关制度。典例互补，并辅以图说，涉猎广泛，是中国封建政府行立法之总汇，称为大清帝国之宪法。5部会典的完成，① 是清王朝法制文化建设的重要成就。

3. 制定各部院则例

以则例规范部院行政行为，是清朝法制文化建设的特色之一。部院则例即部门法，是针对具体行政事务制订的法律规则。清代则例分一般则例与特殊则例。一般则例是指六部会针对一般事务而制定的，特别则例是指各部就所管辖的特定事务制订的。制订各部院则例的目的在于强化政府机关行政管理，规范行政行为，提高行政效能。清代，自康熙朝始，制定部院则例。1672年，制定《钦定中枢政考》，主要内容是武职品秩、升迁和军政；1680年，制定《刑部现行则例》，分原例、增例，是刑事审判的重要依据；1687年，制定《理藩院则例》，确立了蒙、回部的行政系统，加强了对相应地区的司法管辖；雍正朝，1734年，制定《钦定吏部则例》，主要内容是规定了各部的职掌、官员的铨选和品秩，以及对各部违法行为的处分，具有行政法规的性质；乾隆朝，1749年，制定《钦定工部则例》，主要内容包括有关乘舆、仪仗和军器制作等；1776年，制定《钦定户部则例》，主要内容是规定户部职掌，分立户口、田赋、库藏、仓庾、漕运、盐法、参课、钱法、关税、廪禄、兵饷、蠲恤、杂支等门类；嘉庆朝，1804年，制订《钦定礼部则例》，主要内容是国家礼仪方面的行政法规，分仪制、祠祭、主客、精膳4个门类。

清政府编纂则例始于康熙，到乾隆以后，成为定例。朝廷6部几乎没有不编纂则例的。不仅如此，在各部院下，还有一些专

① 5部会典：康熙《大清会典》、雍正《大清会典》、乾隆《大清会典》、嘉庆《大清会典》、光绪《大清会典》。

门性或分则例，其中以内务府下的分司则例为最多，达30余种。则例作为法律文化的重要形式，具有很强约束力，其对于强化国家行政机关行政行为管理，提高行政效率特别是提高统治效能，实行“大小相制、中外相维”的专制主义集权统治具有重要作用。

4. 制定民事法律

清代民事法律主要包括：对农民及其他劳动者身份地位的明确，规定土地所有权、债权与债务关系、婚姻与继承等。如清律明确规定佃户与地主“并无名分”，不得将佃户“欺压为奴”“随意买卖”，或者动用私刑。“凡不法绅衿，私置板棍，擅责佃户者，乡绅照违制律议处，衿监吏员革去衣顶职衔，杖八十”，“如将佃户妇女占为婢妾者，绞监候”。又如制定《雇工人法》，明确了雇工与雇工人的法律地位，雇工对雇主没有人身依附关系，对于从事农业劳动、商业服务的雇工，均不属于雇工人。通过《八旗家人赎身律》，明确清代处于社会底层的奴婢可以开户为民，规定：凡八旗户下家人（奴婢），不分年代，只要本主同意放出为民，即可报本旗，经过官府，而后收入民籍，取得一般民人的法律地位。再如，取消了匠籍制度，工商业者可以自谋职业、自由转移，摆脱了人身束缚。同时，严禁官府任意科派，凡有役度，按日计入，给予佣值。

明确土地所有权。康熙亲政后，永远停止《圈地法》①，发布“更名田”法，承认现耕人的土地所有权，不准旧主认业。颁布《垦荒令》，发给新垦土地所有者印信执照，从法律上确认和保护其所有权。在“垦田科则”中列明，以向国家纳税，为国家承认垦田私有权的前提。为保护私有土地的所有权，规定：凡盗卖、盗耕种换易，冒认及侵占他人田宅的行为，按律治罪。如对土地产权有争议，以印契为凭或进行实地勘查。《侵占屯田惩罚条例》，

① 清实录·清圣祖实录：卷三十［M］. 北京：中华书局，2008.

规定，清代官田、官庄与屯田属于清政府所有，受法律保护，禁止隐匿、盗卖屯田。不准典卖旗人旗地、旗房，严格限制旗民交产。

清代商业文化获得发展，商品生产与交换达到新高峰，与此相联系的债权、债务关系、契约形式等商业文化形态得到进一步发展。买卖契约、借贷契约、租佃契约、典权等商业法制文化形态与类型日益发展与完善。如买卖土地、房产、奴婢均须订立契约，经官用印为红契，未经官用印者为白契。缔结契约时，须将卖方的土地与应纳的赋税过户于买方名下，即所谓“过割”。又如借贷契约、高利贷行为，规定：“凡私放钱债，每月取利不得过三分，年月虽多不过一本一利，违者，笞四十，以余利计赃，重者坐赃论，罪上杖一百。”禁止债权人私自强夺债务人的产业，违者，杖八十。禁止债权人强迫债务人“役身折酬，若准折人妻妾子女者，杖一百；强压者加二等；奸占妇女者，绞；人口给亲，私债免追”。同时也保护债权人利益，负债违约不偿者，根据数额和拖欠日期处以不同刑罚。

清代法律规定婚姻年龄男为16岁、女为14岁，由尊长主婚；严禁同姓为婚，至于姑表、姨表兄弟姐妹间的婚姻，听从民便。规定有婚书者不得反悔，有意拖延婚期者依律笞罚，若有逃亡三年不归者，经官府之后，可另行改嫁或婚娶。婚姻关系解除，沿用七出之条，但允许夫妻俩愿谐离。清代继承分为身份继承和财产继承两种。身份继承包括宗祧继承和封爵继承。宗祧继承通常以嫡长子为法定第一顺序继承人，无嫡长子者立嫡长孙，以后按嫡次子、嫡次孙、庶长子、庶长孙、庶次子、庶次孙，依次序继承。封爵继承与财产继承，清代法律也有明确规定，不得违背律令。

5. 制定经济法律

清朝的经济立法虽沿用前明律例，但法律调整的范围和调整的内容都有所扩大和增加。在法制文化形态和类型上，表现为赋役立法、手工业立法和商业立法。清朝顺治年间，编制《赋役全书》，为国家赋役征派和地方政府的财政收支提供法律依据。后经康熙、雍正朝修订，使其更加符合清朝社会实际。其主要内容是：根据登载土地人丁的等则及数量，计算和确定田赋、丁银的数量，同时确定地方所征收赋税的分配与使用原则，各省留存的部分须经中央政府认可后，地方官才可支配；其记载有各地承办内廷、中央所需的实物的种类和数量，使政府征收赋税走上法治化轨道。中国封建时代均按土地和人丁征收赋税。康熙朝宣布“圣世滋丁，永不加赋”，至雍正、乾隆时，在全国范围内实行“摊丁入亩”，使“地丁合一”，取消了延续 2000 余年的人头税，解放了农业生产力，为工商业发展提供了自由劳动力，也为商业文化繁荣创造了条件。

清朝政府在废除匠籍的同时，放宽了国家对手工业的专断，除武器、铸币、供应内廷织品与瓷器以及矿冶外，允许民间手工业者在较大范围内自由经营。对商业经济采取“利商”“恤商”等政策，保护商人合法经营，禁止贵族官僚掠夺商贾，与民争利。如康熙朝规定，“嗣后王公以下文武大小各官家人，强占关津要地不容商民贸易者，在原犯之地，枷号三个月。系民，责四十板；旗人，鞭一百。其纵容家人之藩王，罚银一万两，公罚银一千两，俱将管理家务官革职。将军督抚以下，文武各官俱革职”。① 此外，对牙行埠头（贸易经纪人）严格实行牙行领帖（营业执照）的制度，牙帖由布政使钤印颁发，并规定牙行埠头从殷实良民中遴选，并须有邻佑、同行具结担保，每 5 年一编审拘照。私充者杖六十，所得牙钱入官，容隐私充考笞五十。牙行埠头主要负责客商船户货物登记，评估物价，因此规定“凡诸物行人评估物价，或贵或贱，合价不平者，计所增减之价坐赃论，一两以下笞二十，

① 王先谦，朱寿朋．东华录：卷二十八［M］．上海：上海古籍出版社，2008.

罪止杖一百，徒三年，入己者准盗窃论”，“各处客商辐辏玄处，若牙行及无籍之徒用强邀截货者，不论有无谎赊货物，问罪，俱枷号一个月，如有谎赊货物仍追比完足发落，若追比年久无从赔偿还累死客商者，发附近充军”。严防牙行埠头盘剥客商。

6. 制定民族法律

清朝统治的是一个多民族国家，依法处理民族关系是维护国家统一的要求。清政府高度重视制订民族法律。1658 年 9 月，顺治皇帝命议政王贝勒大臣等议定理藩院大辟条例；1696 年，康熙皇帝将理藩院发布的 125 条处理关于蒙古的法令汇编成《则例》，作为处断蒙古事务的法律依据；至乾隆时期，定型和完备《蒙古例律》；1733 年，颁行《西宁青海番夷成例》；1811 年，以《蒙古例》为基础，制定《理藩院则例》；随后，依据《理藩院则例》，先后制定了《回疆则例》《晓谕苗人告示》《戒苗条约》《苗疆禁约》和各种章程。

《蒙古律例》共十二卷、二百零九条。主要内容包括：官衔门，关于蒙古王公的职衔、承袭、品秩、仪制、恩赏等；户口差役门，关于户口管理、基层组织、差役赋役、婚姻继承等；朝贡门，关于蒙古王公的年礼庆贺、朝贺进贡等；会盟行军门，关于会盟时间与纪律、行军纪律和军器管理等；边境卡哨门，关于侵界、偷猎、贸易往来、买卖军器等；盗贼门，关于强盗、抢夺、偷窃和对贼罪的处理等；人命门，关于杀人、伤人等；首告门，关于诉讼的限制和程序等；捕亡门，关于捕获、隐匿逃人，拿获隐匿贼人等；杂犯门，关于违用禁物、失火放火、发冢犯奸、诱卖人口等；僧侣例门，关于僧侣服饰、僧侣班第、僧侣寺庙管理及僧侣犯罪的处理等；断狱门，关于罚罪牲畜的数目、王公犯罪的议处、死罪的审决与收赎等。《蒙古律例》是一部适用于蒙古族地区的涉及行政、军事、民政、刑事、司法程序各方面的民族法规。

《理藩院则例》是在《蒙古律例》基础上形成的，规定了理藩院及其所属与下属机构的编制与执掌，确立了蒙古地区的行政区划和职官制度；建立和健全了户口管理，地亩、仓储、征赋、俸禄、朝觐、贡输、宴赉、扈从、仪利、印信、婚礼、赐祭、旌表、优恤，会盟、军政、邮政、僧侣事宜等各项制度。尤其在刑法和司法制度方面，较《蒙古律例》有明显发展。

《理藩院则例》，充分考虑传统蒙古律例与内地律例之间的关系，在法制文化上体现了因族制宜、援俗为治的特色。

7. 制定刑法

制定刑法是清代法制文化建设中最为重要的成就，它虽以“禁暴止奸”“明刑弼教”为任务，但从其划分犯罪种类可以看出，刑法的真正目的是维护清王朝封建专制主义集权统治。

清代刑法划分的犯罪种类主要包括：第一，反逆罪。第二，异端思想罪。第三，奸党罪。第四，贪污罪。第五；强盗罪。第六，盗窃罪。第七，侵占田宅罪。第八，杀人罪。第九，伤害罪。第十，强奸罪。第十一，兴贩与吸食鸦片罪。

如清朝将谋毁皇室宗庙、陵寝及宫殿的行为，定为谋逆。谋反列为十恶不赦之首。《大清律例·刑律》规定，“凡谋反、谋大逆，但共谋者，不分首从，皆凌迟处死。并株连其父子、祖孙、兄弟及同居之人，不分异姓及伯叔父、兄弟之子，不限籍之同异，年十六以上，不论笃疾废疾皆斩。其男十五岁以下及母、女、妻、妾、嫩妹，若子之妻妾，给付功臣之家为奴，财产入官”。即使子孙确不知情，年十一岁以上，也要阉割发往新疆给官为奴。不仅如此，清朝统治者还任意扩大反、逆罪的范围，凡“上书奏事犯讳者”、奏疏不当者，常加以“殊属丧心病狂”“妄议朝政”等罪名，按大逆律例治罪。谋叛是指背叛本朝、私通和投降外国。清刑律规定，“凡谋叛，但共谋者，不分首从皆斩。妻妾、子女，给付功臣之家为奴；财产并入官”；对于反逆、叛罪犯，知情故纵隐藏者，斩。又如清代，特别是乾隆时期，大兴文字狱，钳制思想。仅康熙、雍正、乾隆三朝，见记载的文字狱案就有 100 多起，纯粹是捕风捉影，妄意引申。每兴一狱，引用大逆的条例定罪，一案构成，不仅当事人或凌迟或枭首或戮尸，而且殃及妻、子，族人。即意味着全家被杀或被灭族，即使案发时未出生的子孙，也要世袭为奴。但凡有其他民族意识或有民族意识嫌疑的著作，只要发现，一律烧毁。1774—1775 年，两年间，乾隆皇帝就烧书 24 次，共 13800 余册。即使是主动上缴“违碍”书籍，仍然获取不赦之罪。再如，为防止串谋，清廷规定“凡内外官员，除系至亲好友世谊乡情彼此往来，无庸禁绝外”，其他属禁绝之列。如“外官赴任时，谒见在京各官，或至任所差人来往交结者，革职；其在京各官与之接见及差人至外官任所往来者，亦革职”。即使是各旗王公所属人员，现居外官因事到京者也不许见本管王公。

清朝刑罚制度沿用笞、杖、徒、流、死五等。笞刑 10～50，分为五等；杖刑 60～100，分为五等；徒刑自 1 年起，以半年为一等，至 3 年止；流刑 2000～3000 里，分为 3 等，每 500 里加 1 等，减死入流；死刑分绞、斩，其中一类是决不待时，一类是斩监候。清朝在绞、斩之外，又设凌迟、枭首、戮尸等酷刑。此外，还沿用了刺字和枷号之刑。

清朝刑罚的职能，首先是维护并加强专制特别是强化皇权，推行皇帝集权统治。其次是推行政治的与文化的高压政策，维护封建社会基础，调整以等级为特征的社会关系。

（二）司法制度文化的形成

清朝司法制度文化主要包括诉讼和审判两个方面。清朝最高审级是由刑部、大理寺和都察院组成的三法司。三法司各掌其职责。刑部掌天下刑罚之政令，以赞上正万民；大理寺掌平天下之刑名，凡重辟则率其属而会堪；都察院掌风宪，重大案件，会同刑部、大理寺以定谳。

地方司法机关，以县（厅、州）为第一审级，有权断笞、杖、徒刑案件，流刑以上案件须转详上级决定；府为第二审级，负责审理州县上报案件，提出拟办意见，再上报省；省按察司为第三审级，负责复审府上报的徒刑案件和审讯军流、死刑案的人犯，如审供无异，上报督抚，发现疏漏可以驳回重审，或改发其他州县更审；总督、巡抚为第四审级。有权批复徒刑案件、复核军流案件，如无异议，咨报刑部，对死刑案件人犯要进行复审，然后向皇帝具题，并将副本抄送三法司。

清代诉讼在区别刑事诉讼和民事诉讼方面更加明确。刑事诉讼凡徒的案件，由州县受理，而后依次经府、按察司、督抚逐级审转复核，最后由督抚批结，按季报部查核；涉及流、军、遣案与死刑的诉讼也由州县受理，并逐级审转复核，最终由督抚向皇帝具题；民事诉讼由州县受理并作出判决。

清代诉讼的审级制度严密，禁止军民擅自越诉。

清朝司法审判，进一步完善了审判回避制度。凡主审官吏与诉讼当事人有亲属、朋友、师生、仇嫌或其他关系须移文回避。在司法审判过程中，严格维护封建等级特权，除沿用“八议”的特权者及其家属所享有的特权须事先奏闻取旨，不得擅自逮捕审问外，现任大小官吏如有争论婚姻钱债、田地等事，无论原告被告，一律不亲自出庭与平民对质、答辩。

皇帝对司法有绝对控制权。规定：无论京师或地方大小官员犯公、私罪，都必须先奏请皇帝，不许上司或有关机关擅自审问。奉旨审讯的案件，依律拟议后，也必须奏请皇帝复准，方可判决。

《大清律例·刑律》对司法审判中之证据要求有明确规定。以命案为例，“凡人命重案，必须检验尸伤”，填写部颁尸格；如系盗案，必须赃物明确，事主呈报盗案失单。除此类物证外，证人证言、被害人陈述，特别是被告口供，都是审案的重要依据。体现了司法审判重证据的原则。但清代取证手段采取刑讯，刑讯有笞、杖、枷号、夹棍、拶指等，刑讯手段可以混用。这就容易出现刑讯逼供的情况。

总之，清代法制文化之司法制度文化形态和类型趋于完备。

第三节　清朝前期盛京地区行政建制文化

清朝时期，统治者针对所辖疆域广大，民族众多，各地文化习俗差异的特点，在地方行政建置上，采取了内地与边地有别、一般与特殊相结合的社会管理方式。即在内地，沿袭历代常用的管理方式，设置省、府（州、厅）、县3级建置；对边地，则采取因地制宜的方法，设置各类管理机构。盛京是清王朝的发祥地，在政治上享有陪都地位，作为满族根本之地，以八旗组织为基本社会结构与多民族聚居形成的多种社会结构并存。清朝政府将其作为特别行政区，推行一地两制的汉、旗民分治制度文化，即旗人地区实行八旗制度文化，并凌驾于其他管理体制之上；汉族地区实行州县制度文化，即设置府州县地方行政机构管理不入旗籍的汉民。不设行省，设盛京将军，以“镇抚留都，安辑旗民”。这样，盛京地区就形成了八旗驻防点和府州县分别设置旗署衙门与民署衙门的旗民分治的制度文化。1840年鸦片战争以后，中国逐渐沦为半殖民地、半封建社会，清朝政府被迫对传统行政制度文化进行调整与改革，1907年，取消旗民分治制度文化，裁撤盛京将军，推行中原行省制度文化，设行省，并实行省、道、府、州县4级制。

一　盛京将军及相关机构建制文化

对盛京地区的管辖，充分体现了清朝统治者以满族为根本，旗民有别，旗民分治的政体文化特征。盛京是清王朝入关前建立的都城。1644年，清兵入关，清政府定鼎北京。盛京作为陪都，设留守盛京内大臣1员为总管，置“盛京五部”，以“盛京特别行政区”取代明朝辽东都司卫所制度。留守盛京内大臣的辖区即盛京陪都的辖区，较后来的盛京将军（奉天将军）的辖区大得多，统以整个东北地区。

（一）盛京将军及内设机构

清朝迁都北京，以盛京为陪都，清政府以正黄旗内大臣何洛会为盛京总管，镇守盛京等处，左翼以镶黄旗梅勒章京阿哈尼堪统之，右翼以正红旗梅勒章京硕詹统之。1646 年，改称奉天昂邦章京，佩镇守总管之印；1662 年，更名为镇守辽东等处将军；1665 年，又称镇守奉天等处将军；1747 年，称镇守盛京等处将军，简称盛京将军。盛京将军辖领地区即简称盛京地区。

盛京将军为盛京地区最高军政行政长官，其职责是，“镇抚留都，安辑旗民，董率文武。凡军师卒戍，田庄粮糈之籍，以时简稽而修饰之”。盛京将军所辖疆域：东至兴京边 280 余里吉林乌拉界，西至山海关 800 余里山海卫界，南至金州南镇 730 余里海界，北至开原边 260 余里，东南至镇江城（今辽宁省丹东市附近）540 余里朝鲜界，西南至海 800 余里，东北至威远堡 230 余里永吉州界，西北至九宫如门 50 余里蒙古界。其辖境相当于今辽宁省域大部分地区①。

清朝在盛京地区实行的政体文化与关内其他地区有很大差别。明末清初，盛京地区民族及人户结构比较复杂，既有满族、蒙古、汉军八旗，旗下之人均称为旗人；又有未被编入八旗的汉人，称之为民人。清政府推行旗民分治制度文化，对旗人和民人分别管理。即由盛京将军主理旗务，奉天府尹主理民政。专治旗务的官称为旗官，治事之署为旗署。在盛京将军及副都统下设城守尉等旗官，将其所统八旗兵丁分驻各地城池之冲要，以统旗人。对于广大民人，初置奉天府尹，专理民政，后来，由于关内流民数量剧增，乃仿关内置州县官以统之。治事之署称民署，理民之官称民官，以示与专治旗人的旗署、旗官相区别。旗人与民人之间，

① 阿桂，等．盛京通志·地理志［M］．沈阳：辽海出版社，1997．

田土区划明确，并各向旗、民两署交纳赋税，互不相涉。旗人事务，概由旗署受理，但关涉旗人与民人争讼例，则由民署受理，审理时，须由旗署派员参与会审，两方意见一致即可裁定。若意见不一，则由民署和旗署备申意见于上。凡因刑事争讼，皆上决于盛京刑部，凡田产争讼，皆上决于盛京户部。其不属于两部之细事，由直系长官裁定。

盛京将军内置6个办事机构，即印信处、户司、礼司、兵司、刑司、工司；设置1个专门机构即盛京总管内务府；下设副都统，初设2员，后增至3员，即盛京副都统、锦州副都统、熊岳副都统，分别统领盛京各地。1876年，清王朝为加强对龙兴之地的管理，又增置兴京副都统。在每员副统下，分别设置城守尉、防守尉、协领、骁骑校、佐领等各级官员，分别统领八旗兵丁，驻防各重要城邑及边堡边门，形成了“以城为纲，而路及边门属之”的八旗驻防统治体系。

（二）盛京副都统及盛京五部侍郎建制文化

1. 盛京副都统建制文化

盛京副都统始置于1644年，当时仅留守盛京内大臣的左、右翼，其下分设若干个协领、佐领及城守官。1662年，改盛京昂邦章京（总管）为镇守辽东等处将军。盛京副都统分辖6城，具体是：辽阳城、兴京城、开原城、铁岭城、抚顺城、牛庄城。锦州副都统分辖10城，具体是：宁远城、小凌河城、中前所城、中后所城、广宁城、白旗堡城、巨流河城、小黑山城、闾阳城、义州城。熊岳副都统分辖7城，具体是：盖平城、复州城、宁海城、旅顺城、岫岩城、凤凰城、熊岳城。兴京副都统分辖3城，即从盛京副都统析出2城，从熊岳副都统析出1城，具体是：兴京城、开原城、凤凰城。

上述驻防城之外，清政府还沿盛京与吉林、蒙古边界设柳条边门16处，具体是：法库、威远堡、英额、旺清、碱厂、叆河、凤凰城、松岭、新台、梨树沟、白石嘴、明水塘、彰武台、白土厂、清河、九关台等边门，皆派官率兵防守，分辖于各有关地方驻防官，统辖于盛京将军。

2. 驻防八旗建制文化

驻防八旗的基层组织单位是佐领（满语称牛录），佐领下的旗丁有披甲、余丁之分，披甲主要从事征战和承担各种差役，余丁专侍农事。披甲和余丁的比例视征兵而采取抽丁的方法，入关前一般三抽一。披甲充缺，年老始退。披甲出征，耕种之事令在家之人经理收获。

八旗各旗衙门的职责，首先是管理所属旗人户籍、田土。八旗各旗署旗人皆有旗籍，定期编审，每三年由佐领开造清册，一咨部、一存本旗，该佐领及骁骑校、领催并于册内列名，联名画押，如有隐瞒，查实题参。旗人不许随意转移佐领，改录别旗。通过旗籍编审制度将旗人控制在所属旗分佐领内。清政府在派遣驻防八旗的同时，也划拨土地给旗人耕种。这些旗人耕种的土地，均由各旗署旗官负责管理。

3. 盛京五部建制文化①

盛京是清王朝的发祥地，清朝迁都北京后，盛京作为陪都，先后置户、礼、兵、刑、工五部作为清政府在盛京之留守机构，直隶清政府中央，不受辖于盛京将军，但与盛京将军衙门5司职能有密切关系，工作既有明确分工，又有相互联系。除负责皇室在地方事务外，作为文职衙门，同时兼管盛京地区的部分民人事务。早期主要负责地方八旗的钱粮、器物、刑讼、教育、宗教等事宜，后期则为地方州县的最高管理机构。盛京5部侍郎是以盛京作为陪都而设置的留守官员。每部设侍郎1人，司官多寡不等，堂司皆满族缺，司官或偶有汉军。盛京五部的职能主要包括：

（1）盛京户部。其设侍郎1人为长官，下设经会、粮储、农

① 八旗通志［M］. 长春：东北师范大学出版社，1986.

田3司。各司置郎中、员外、主事诸官。直接管理的有盛京地区的官庄、粮仓、金银库等部门；掌管官庄、旗地租赋及其他杂税征收；负责官兵俸饷发放以及火药制造、行围资装、驿站车马草豆等经费的支给；裁判旗人户婚田土诸事。

（2）盛京礼部。其设侍郎1人，郎中2人、员外郎4人、主事1人、读祝官8人、赞礼郎16人、笔帖式12人。直接管理的有盛京官学、礼部官庄，朝鲜馆及僧录司、道录司等部门。职掌包括，掌管三陵祭祀，每年清明、孟秋望日、冬至及岁暮为盛京3陵祭祀，每朔望3陵之常祭、元旦及万寿节之贺仪、盛京城隍庙之祭祀，均系礼部举行；监理祭田；陵祭祀之物品、官地之田庄以及瓜菜鱼等供给之，皆同礼部监理；保管銮驾库，包括銮驾库内一切器用；供给修葺寺庙用品；接待贡使。

（3）盛京兵部。其设侍郎1人，郎中2人、员外郎6人、主事2人、笔帖式12人。直接管理的有盛京驿站及东边六边门的八旗驻防，负责将军奏折、军机文件、八旗公文的由驿站转发。具体包括：检阅军器；监射，即负责稽查盛京旗员每年春秋两季会射；驿传；稽查边门；铨试，即负责仓官、驿官、守边官缺员时拣选候补者，报朝廷吏部奏准任用。

（4）盛京刑部。其设侍郎1人，郎中4人、员外郎10人、主事1人、笔帖式30人。负责盛京地区旗人、旗民之间、逃人及柳条边外蒙古部落的诉讼案件，以及私采木植、私挖人参案件的审理，并会同奉天府尹秋审重犯。具体包括，裁判旗人犯罪事件，裁判旗人对汉民的犯罪，裁判边外蒙古人的犯罪及蒙古人对旗民之诉讼，裁判关于人参之犯罪。

（5）盛京工部。其设侍郎1人，郎中2人、员外郎6人、主事2人、司库2人、司匠2人、笔帖式16人。直接管理的有火药房、黄瓦厂、颜料麻铁库等部门，负责营造修缮坛庙陵寝宫殿祠宇，以及火药、砖瓦、办公用品、行围旗纛、贡品包装等各种物资的保管、供应或生产，采木山场的管理，修缮官船及供给围场车马。

二　清代盛京地区行政建制文化

清朝对盛京地区推行一地两制的旗民分治制度文化。旗人事务归盛京将军管理，未入旗籍的汉族人户，则采取中原地区的行政制度文化，即置府州县治理。

（一）清代早期行政建制文化

清代早期，盛京地区盛京将军和奉天府均辖有州县，行政建制文化较为复杂。

1. 奉天府及州县建制文化

盛京地区府州县的设置始于1653年的辽阳府。当年清政府于盛京地区设置辽阳府，辖辽阳、海城两县①，管理该地汉人户籍与田赋；1657年，清政府废辽阳府，设奉天府，置府尹1员。《大清会典》记载，府尹与盛京将军的职责划分是，将军掌军政，管辖14城旗人，而府尹掌盛京地方民政，对一般民人有治理之责。奉天府治于盛京（今沈阳老城）城内德盛门内西侧。其辖域为：东至抚顺城与兴京交界，西至山海关，南至海，北至开原县边界，东南至鸭绿江朝鲜界，东北至吉林界，西北至义州边界，几乎辖有今辽宁省的大部分地区。

奉天府初置二州、六县、三厅，即辽阳州、复州，承德（今沈阳）县、海城县、盖平县、宁海县、开原县、铁岭县，新民厅、岫岩厅、昌图厅。1665年，置锦州府，以统辖辽西地区汉族人户事务，下辖二州、二县，即宁远州、义州，锦县、广宁县。1773年，增置兴京厅。

至清朝中期，奉天府尹所辖州县为一府、四州、四厅、八县。即锦州府，辽阳州、复州、宁远州、义州，新民厅、岫岩厅、昌

① 清实录·清世祖实录：卷七十九［M］．北京：中华书局，2008．

图厅、兴京厅，承德县、海城县、盖平县、宁海县、开原县、铁岭县、锦县、广宁县。

州县之下的基层组织基本是在明代原里甲制度文化的基础上，设置“社”或“里社”。《盛京通志》统计，乾隆朝在承德（今沈阳）县、辽阳州、海城县、盖平县、开原县、铁岭县、复州、锦县、宁远州、广宁县境内设置了220个社（里社）。州县制辖下的汉族人户，按聚落村屯编社入籍。

州县官员主要负责掌管民人田赋丁银征收，各州县实行田赋与丁银并征。征收标准国家有定制。至光绪年间，始实行摊丁入亩。

奉天府尹所辖州县，分布在盛京将军辖区的各主要城镇，与盛京将军八旗驻防机构共同配合，有效地辖治了清代盛京（奉天）地区的旗人和民人，对清代盛京地区政治、经济、文化、社会的发展走到了十分重要的作用，也促进了辽河流域文化进一步繁荣。

2. 盛京将军与奉天府尹之关系

盛京将军和奉天府尹，一主理军政，辖管旗人；一理民事，主管州县。分别自成系统，互无统辖与被统辖关系。这种双轨管理，给地方治理带来很多不便。《清高宗实录》记载，1762年，为使旗民事务归一，一切办理不致参差，清廷决定，盛京地区地方管理实行军政一元化领导，以盛京将军节制奉天府尹；1765年，又以将军、府尹“所属旗、民事件各有专司”，以将军节制府尹，“于公务未免牵制”。于是，改“照京城侍郎兼管顺天府尹之例”，在盛京五部侍郎内派一人兼管奉天府尹。这样，原来由盛京将军与奉天府尹构成的旗、民分治体系，最终转换为由武职盛京将军衙门与文职盛京五部侍郎衙门分治旗、民的管理体系；盛京五部由留守陪都近似闲散、只起辅助作用的部门，变成领导州县各级机构的实际部门。

（二）清代晚期行政建制文化

清朝末年，在内忧外患的严峻形势下，清廷对盛京地区的行政建置进行调整与改革，废除旗民分治之政体文化，实行一元化民政统治之政体文化。

1. 行政建制文化之演变

清末，随着清政府对盛京地区封禁政策逐步解除，关内各地民人源源不断地涌向关外，大量的汉族农民移居辽东地区，辽东地区南部的沿海地区及沈阳西北沿交通线一带逐渐成为移民分布密集地区。随着盛京驻防八旗的不断调整与发展，许多被编入八旗的满族、锡伯、蒙古、赫哲族族籍的壮丁连同家人纷纷迁入盛京各地，使盛京地区成为典型的多民族杂居地区。人户剧增，民族纷杂，原来推行的旗民分治政体文化越来越不能适应社会发展的需要。另外，鸦片战争后，随着外国侵略势力的不断扩张，中国沦为半殖民地半封建的国家。1860 年，开牛庄（今营口市）为商埠，从而打开了列强侵略辽东的门户。以英国为首的殖民统治者开始在牛庄设立领事馆，开设洋行，并以此作为向盛京内地侵略的据点。20 世纪初，日俄加紧对盛京地区的掠夺与侵略。在内忧外患的严峻形势下，清政府不得不对盛京地区的行政建置加以调整与改革，废除旗民分治的政体文化，代之以一元化的民政统治的政体文化。

1907 年，清廷颁布了东北三省建置法令与新的官制。采取裁将军、设行省，废除旗民分治制，成立省咨议局和府州议会等改革措施，对东北三省的行政建置进行改革。清政府任命徐世昌为东北三省第一任总督，任命唐绍仪为奉天行省巡抚。盛京地区原盛京将军所辖八旗副都统衙门均被撤销，所有旗民均归奉天省统辖。

2. 奉天省所辖州县建制文化

盛京地区行政建制文化和关内省建制文化趋于一致，原盛京将军所辖各地区均隶属于奉天省统辖版图。奉天行省治盛京城内。

至1911年，奉天行省下设四道、八府、四直隶厅及六州、三十三县、四厅。具体是：驿巡道、海关道、东边道、洮昌道，奉天府、锦州府、新民府、兴京府、长白府、海龙府、昌图府、洮南府，兴京厅、金州厅、锦西厅、盘山厅，辽阳州、辽源州、复州、岫岩州、宁远州、义州，怀德县、奉化县、承德县、开原县、铁岭县、海城县、盖平县、抚顺县、辽中县、本溪县、绥中县、镇安县、彰武县、通化县、怀仁县、辑安县、临江县、安图县、抚松县、东平县、西丰县、西安县、柳河县、康平县、靖安县、开通县、安广县、醴泉县、镇东县、安东县、宽甸县、锦县、广宁县，法库门厅、营口直隶厅、庄河直隶厅、凤城直隶厅①。

三　清代盛京总管内务府建制文化

清朝政府在盛京设置专门机构，以加强对盛京地区皇室事务的经营与管理。盛京总管内务府，是清朝政体文化在盛京文化上的具体体现。

清代，盛京总管内务府为管理宫廷事务的机构，由包衣制度演变而来。包衣是满语，汉意为“家内的”或“家奴”。在满族八旗组织中，除有作战的旗分佐领外，还专设包衣佐领。旗分佐领服务于国，包衣佐领服务于家。盛京内务府初称盛京上三旗。它是京师总管内务府的分支，负责管理皇室在盛京的财产并供应各种差役，是专为皇室服务的宫廷机构。

上三旗的包衣佐领，专门服务于皇室，始于入关前。清朝迁都北京，内务府也随之迁往北京。盛京地区仍然留有相当数量的包衣，在皇家粮庄、果园、采捕山场等为皇室服务。为了加强对这些包衣的管理，清政府于1646年设正黄旗、镶黄旗佐领各1名；1651年，增设正白旗佐领1名；以上总称盛京上三旗佐领。

① 辽宁省地方志编纂委员会办公室. 辽宁省志・地理志・建置志[M]. 沈阳：辽宁民族出版社，2002：248.

1656 年，清政府铸发关防，称“盛京上三旗掌关防佐领”，由 3 佐领下选 1 人掌印理事，实际是内务府之前身。随着盛京地区经济文化繁荣发展，盛京上三旗规模也不断扩大。1752 年，清政府设盛京内务府总管大臣 1 人，由盛京将军兼任，协同管理大臣 1 人，由盛京 5 部侍郎中兼任，佐领 3 人，堂主事 1 人，委署主事 1 人。其内部机构 11 个，主要包括：广储司，设司库 2 人、库使 16 人、催长 3 人（由三旗织造库催长兼任）、笔帖式 3 人、领催 15 人，职掌 6 库所藏的列圣御用弓矢、军器、鞍辔、御书、冠服、朝珠及金玉铜瓷并墨刻、书籍、绸缎、银两等事务；会计司，设催长 2 人、笔帖式 2 人、领催 9 人，职掌有关粮庄的一切事务；掌礼司，设催长 3 人（内盛京 2 人，广宁 1 人）、笔帖式 3 人、领催 12 人（内盛京 9 人，广宁 3 人），职掌有关果园一切事务；营造司，设催长 2 人、笔帖式 1 人、领催 6 人、匠役 44 人、扫院丁 27 人，职掌有关宫殿的陈设、修缮及太庙祭器的尊藏，列圣圣容、册宝、圣训、实录、玉牒等的守护；都虞司，设催长 2 人、笔帖式 2 人、牧长 3 人、领催 9 人、采蜜领催 3 人，职掌有关牲丁及官马牧养事务；文渊阁，设催长 2 人、职掌有关四库全书事务；三旗织造库，设催长 3 人（广储司催长兼任）、笔帖式 3 人、领催 15 人，职掌有关绵、靛庄一切事务；黑牛馆，设厩长（顶戴馆达）6 人；乳牛馆，设厩长（无顶戴馆达）2 人、领催 1 人，与黑牛馆同掌三陵祭祀之用；内管领处，设内管领 1 人、仓领长 1 人、仓长 3 人、笔帖式 2 人，职掌所属丁口，即辛者库的粮饷及果品之蜜饯、槽盆、枪杆、箭杆的斫伐制造等；三旗（镶黄、正黄、正白），设骁骑校 3 人、顶戴领催 3 人、领催 15 人，甲兵 678 人，每旗各 226 人，每日分班作内务府之巡逻宿值外，每年派甲兵 200 人，随往盛京将军行围。

总之，盛京地区是清王朝龙兴之地，也是满族发祥之地，清政府特别注重经营与管理。随着盛京地区经济社会文化的发展，其政体文化也不断发展。既是为了保持龙兴之地经济繁荣，同时也是为了强化封建封建主义政体文化，更好地为皇帝集权统治服务。

四　清代盛京旗地官庄设置与管理文化

旗地官庄的设置与管理是盛京文化的一个特色。盛京乃龙兴之地，是清朝政府重点经营的地区。派八旗加强驻防力量，命正黄旗内大臣何洛会为盛京总管，留守盛京地区。同时，在辽东、辽西各城邑要冲，分派八旗驻防。清政府对旗兵按旗分拨土地，由此形成一般旗地。朝廷还通过赏赐给八旗诸王公贝勒开国功臣役使壮丁经营土地，形成各类庄地。其构成盛京地区特殊的社会经济文化现象。

（一）一般旗地的设置与管理文化

盛京旗地是随着八旗驻防之派置而发展的。1644 年，八旗军民从龙入关。清廷派正黄旗内大臣何洛会统兵留守盛京地区，始称盛京总管。1646 年，改称昂邦章京；1665 年，再改称镇守奉天等处将军。将军所属包括兴京、辽阳、牛庄、开原、广宁、熊岳、锦州、义州诸城及各边门。各地建置旗署，设城守尉、佐领、骁骑校、防御诸员，统领八旗驻防兵。《盛京通志》记载，顺治年间，驻防盛京八旗军兵仅有 1600 余人。康熙朝初比顺治朝末，增加近 2 倍，以后逐年增加，最多达 2 万余人。随着八旗驻防的派置，清廷对旗兵分拨土地作为旗地的数量越来越多，形成了大量旗地。康熙中叶以前，盛京驻防旗地分布较广，诸如兴京、奉天、开原、凤凰城、盖平、南金州、牛庄、广宁、义州、锦州、辽阳、熊岳、复州、岫岩、宁远等，都分布有旗地，数量比入关前增加 3 倍多，详见表 37－2。

表 37—2　康熙朝盛京（奉天）各地八旗驻防旗地增加情况表

旗地名	旗地数量
兴京旗地	62784 日 3 亩
奉天旗地	217448 日 4 亩
开原旗地	80418 日
凤凰城旗地	18285 日
盖平旗地	28667 日
南金州旗地	16026 日 3 亩
牛庄旗地	58804 日 2 亩
广宁旗地	163567 日 1 亩
义州旗地	86740 日 1 亩
锦州旗地	113154 日 3 亩
辽阳旗地	146801 日
熊岳旗地	21971 日 3 亩
复州旗地	14026 日 3 亩
岫岩旗地	12223 日
宁远旗地	126451 日 1 亩
合　计	1167469 日 5 亩

注：此表参阅《盛京通志·田赋·八旗田亩》《八旗通志·初集·土田志》整理而成。表中“日”为清代盛京地区田亩单位，1 日＝6 亩

清廷对分驻各旗界的八旗兵丁，一般按八旗左右翼的顺序进行管理。由八旗防御、佐领分辖。如锦州城内由北门至南门，以东为左翼四旗，以西为右翼四旗，城外村屯也由左右翼分辖。《清圣祖实录》记载，盛京地区“全境俱以八旗名之。河东为左翼镶黄、正白、镶白、正蓝四旗；河西为右翼正黄、正红、镶红、镶蓝四旗”。各旗界按八旗左右翼的顺序分辖是为了给予旗人分拨旗

地。清廷规定旗地于各旗界内授拨；在旗界内，按八旗左右翼的顺序授拨。

清廷对旗界内旗丁实行编审制度，将旗人控制在旗界内，旗丁以16岁为准，官员、披甲以至户下人，皆一一列入册内，按正户、开户、户下顺序分别造册，各备3代履历，且每3年由佐领开造清册两本，一本咨部、一本存旗。通过旗丁编审制度，将旗兵限制在旗界内的旗地上。清廷规定，旗界内旗地禁止买卖，官员、甲兵地亩不许越旗交易。八旗地亩系旗人产业，不准典卖与民，即对授拨的土地只能世守，不能典卖。即使旗丁贫穷，缺乏种子、牛具，无力耕种，坐使土地荒芜，也不得卖掉旗地。同时，对旗界内的旗地采取免征赋税的优惠政策。旗地的负担只是民地负担的1/36。

康熙中叶以后，盛京（奉天）地区八旗驻防兵丁有所增加。《户部则例》记载，盛京八旗兵丁22816名。伴随八旗兵丁的增加，旗地数量也日益增多。据统计，雍正朝盛京旗地是康熙朝的2.03倍，是顺治朝的5.36倍，以后逐年增加。1780年，盛京地区有旗地及旗余地（旗人私开地）2509274日，1812年，达到2746240日，其中旗余地有223557日3亩。据《盛京通志》记载，乾隆朝，盛京各地八旗驻防旗地有明显增加，详见表37－3。

表37－3　　乾隆朝盛京（奉天）各地八旗驻防旗地情况表

旗地名	旗地数量
兴京旗地	116240日
奉天旗地	362715日
开原旗地	207638日4亩
凤凰城旗地	35668日1亩
盖平旗地	74514日
南金州旗地	55164日2亩

续表

旗地名	旗地数量
牛庄旗地	140897 日 5 亩
广宁旗地	376064 日 1 亩
义州旗地	146739 日 5 亩
锦州旗地	183332 日 5 亩
辽阳旗地	353228 日
熊岳旗地	56721 日
复州旗地	27986 日
岫岩旗地	35774 日
宁远旗地	195098 日 2 亩
合　计	1367804 日 4 亩

注：此表参阅《盛京通志·田赋·八旗田亩》整理而成。表中“日”为清代盛京地区田亩单位，1 日＝6 亩

康熙中叶以后，旗地变化主要表现为，旗地所有权的性质由国有制向私有制转化。由于旗丁自垦旗地增多，旗地私有性质日益明显。《八旗通志·初集》记载，1680 年，户部踏勘盛京旗地，红册以外的旗余地多达 233557 垧（日）3 亩。这些旗地与原来国家按旗界授拨的旗地性质明显不同，属于旗人私有地。这种私有地的不断增加，反映了旗地所有权由国有向旗人私有转化的历史趋势。旗地私有，旗人越界买卖旗地的现象随之而出。《盛京内务府地亩稿档》记载，1764 年，坐落于正白旗的孟家寨石图佐领下兵丁彭牙尔夸，“有身名下红册地三十日内拨五日，按价银三十二两卖给正黄旗旗丁傅君弼”，又“拨出地二日，按价银十一两”，

卖给正白旗丁薛祥，“剩地二十三日，仍在身上纳粮”①。可见，清廷不许越旗界买卖旗地的规定已经打破。遂清廷只好承认“旗人田地遇有缓急……情愿出卖者，准其不计旗分，通融买卖”；进而带来旗民交产规定的打破，旗民间可以典卖旗地，旗丁对旗地的依附关系随之削弱。

清政府对旗地管理随着旗地性质的转变而有所改变。如旗地所有者向国家承担赋税，1693 年，行丈盛京地区旗地，以亩为准征豆草。“盛京旗人所种地亩，每年地一垧征豆一关东升，草一束。今将地亩丈量，不论何属之人，俱照八旗十三城所管地界，交与协领、城守尉等催追”②。这标志以亩征收赋税的开始。1726 年，复丈盛京地区旗地，将“查丈过地亩若干，输纳草豆若干”，注册送部。规定：纳赋旗地“编号插牌，牌头串红绳，均拿片赴仓注册”。故有红册之称。无论原份额地，还是自开旗地，“实系私产，并非官地”，一律按亩升科，“照章纳税”。红册地的纳赋数量，《大清会典》有明确规定，即内城每亩交豆 2 合 9 勺 5 撮，6 亩为 1 升 7 合 7 勺，6 亩交草 1 束；外城每亩改征 4 合 4 勺 5 撮③。各由城协领、城守尉催征。旗地所有者，向租户征收地租，可以是实物或货币地租两种形式。一般实物地租用于租种荒地，地租不是很重。旗地征收货币地租也普遍实行。乾隆朝以后，盛京旗地入官地也采取货币地租形态支付，主要为旗余地、旗升科地。旗余地分三则征收，上则地每亩征收租银 8 分，中则地每亩征收 6 分，下则地每亩征收 4 分。旗升科地，每亩征收 3 分。

---

① 辽宁省档案馆.《盛京内务府档·地亩稿档》（乾隆二十九年五月二十日档案）。

② 八旗通志·初集·土田志一：卷十八［M］. 长春：东北师范大学出版社，1986.

③ 钦定大清会典·光绪会典事例：卷二十五［M］. 成都：成都存古书局，2004.

总之，康熙朝中叶以后，旗地所有制关系的变化与关内高度发展的地主所有制经济文化形态趋于一致。

（二）皇庄王庄与官庄设置及管理文化

内务府皇庄、八旗贵族王庄和盛京五部官庄，是清代盛京地区庄地文化三种不同形态，是地主所有制经济文化的特殊形态。

1. 内务府皇庄设置

清代盛京地区内务府皇庄最早设立于努尔哈赤时代。当时，努尔哈赤迁都沈阳，有土著庄户报效粮石，努尔哈赤嘉奖了报粮多的庄户头目，封为皇粮庄头，编入旗籍，其地为庄田（拖克索）。至皇太极时，1632 年，命设置内务府，将盛京皇庄交内务府管辖。1644 年，清王朝迁都北京后，盛京内务府皇庄进一步发展。

盛京内务府皇庄由盛京粮庄、锦州粮庄、打牲乌拉粮庄和盛京等地棉花庄、盐庄、蓝（靛）庄、果园庄等组成。顺治初年，盛京地区仅有 10 处粮庄，康熙初年，粮庄达 27 处、果园 120 处、盐庄 3 处。顺治、康熙初年的皇庄与入关前之庄田略有不同，每庄一般拨丁 10 人，牛 6 头，田 120 垧，纳粮额 120 石。①

顺治、康熙初年，清政府为充实龙兴之地，迅速改变盛京地区沃野千里而无人耕种的状况，大规模编置庄田。除盛京内务府粮庄外，顺治年间，又置锦州内务府粮庄。至 1691 年，内务府在盛京地区的粮庄有 84 处，锦州内务府粮庄达 159 处。

清初，盛京内务府皇庄土地来源，主要途径有 4 种：一是后金前清时期，汉人带地投充的土地；二是明末清初，战乱造成土地荒芜，清廷利用无主荒地，圈拨官荒；三是清朝定鼎北京，盛京地区旗民从龙入关后，关外有地无人垦种，清廷鼓励关内民众

① 清实录·清圣祖实录：卷二［M］. 北京：中华书局，2008.

到关外垦种，并将移民垦熟之田编为皇庄；四是缘罪籍没官宦的土地。

盛京地区内务府皇庄包括盛京内务府、锦州庄粮衙门、打牲乌拉粮庄衙门3部分。其中，盛京内务府主要分布在兴京、辽阳、铁岭、金州、盖州等地；锦州庄粮衙门所辖皇庄主要分布在锦州、义州、宁远、广宁诸地；打牲乌拉粮庄主要分布在5官庄，即凉水泉、三道、喀萨里诸地，详见表37－4。

表37－4　清初盛京内务府各皇庄具体分布及面积表

所属	皇庄类型	所在地区	面积（亩）	备注
盛京内务府	粮庄	兴京府	7843	
	粮庄	奉天府	24644	
	粮庄	辽阳州	120718	含辽中县
	粮庄	盖平县	8866	
	粮庄	铁　岭	129266	含法库县
	粮庄	金州厅	648	
	粮庄	熊　岳	10995	
	粮庄	牛　庄	84132	
	粮庄	岫岩州	3035	含庄河厅
	粮庄	凤凰厅	84	
	果园	开原　辽阳 海城　义州	29740	按每园平均140亩计算
	盐庄	营口附近	584副	副为盐田计算单位

续表

所属	皇庄类型	所在地区	面积（亩）	备注
锦州庄粮衙门	粮庄	广　宁	330338	
	粮庄	锦　州	243545	
	粮庄	宁　远	353447	
	粮庄	义　州	249232	
打牲乌拉粮庄衙门	粮庄	凉水泉 三　道 喀萨里	32420	

注：此表系参阅《盛京通志》有关章节整理而成

2. 八旗贵族王庄设置

八旗贵族王庄是清廷赐给八旗诸王、开国功臣役使壮丁建庄经营的土地。其土地主要来源有4种。一是，清初八旗贵族王公之庄田，系朝廷按世爵分领园地。《大清会典》记载，1645年，清廷规定“给诸王、贝勒、贝子、公等大庄每所地一百三十垧（或六十垧至四十垧不等）。园每所地三十垧（或二十五垧至十垧不等）”①。1648年，规定“袭封王、贝勒、贝子、公等，伊祖父所遗园地，除拨给应得之外，其余地亩，不必撤出，仍留本家”。1650年，规定“给公主园地各六十垧，郡主园地各三十垧”；还规定“拨给亲王园八所，公园二所，每所地三十垧，嗣后凡封王、贝勒、贝子公等，俱照此例拨给”。同时，对世爵也有规定，“公、侯、伯、精奇尼哈番（子）各三十垧，阿思哈尼哈哈番（男）各二十垧，阿达哈哈番（轻车都尉）各十五垧，拜他喇布勒哈番（骑都尉）各十垧”。以后又有增加。二是，八旗贵族王庄土地来源是按丁给地。按丁给地是八旗王公庄园扩展的重要途径。清初八旗王公们通过战争俘获、赏赐，占有大量人丁。当时清廷规定，

① 大清会典事例·康熙会典：卷二十一［M］. 北京：中华书局，2012.

“每人六赏（垧），一赏（垧）六亩，共地三十六亩。如家有壮丁二名，该地七十亩，人多者，照数加增。”① 在八旗王公中占有千丁或八百丁者，大有人在。《光绪大清会典事例》记载，清朝入关前后，代善领有的正红旗有包衣佐领 18 个，济尔哈朗领有的镶蓝旗 10 个佐领；下五旗共有 56 个佐领，按每佐领编制 200 人计算，约有 1 万人以上，占有土地约 30 万亩②。三是，八旗王公利用逼民投充的方式获得。1645 年，顺治帝谕户部，出征所获民人，有祖父、父母及伯叔兄弟、亲子、伯叔之子，并元配妻未经改适在籍者，可以禀明户部，入满族家与兄弟同处；如因不能资生，欲投入满族家为奴者，禀明户部即准投充。由此获得大量土地，发展王庄。四是，按爵秩从皇庄内拨出赐给。清初规定，“凡皇子分封，各按爵秩给以庄地人丁，公主、郡主增加亦如之。”“王公分封时，给予庄田牧厂珠轩，各应得分例隶内务府”，“皇子皇孙分封亲王、郡王、贝勒、贝子、公”，“应得盛京等处粮庄，奏派府属官员前往，会同该处佐领等照例拨给”。1650 年，定例，钦赐亲王园 8 所，郡王园 5 所，公主园 360 亩，郡主园 180 亩”③。《光绪大清会典》记载，“凡初封贝勒、贝子、公等，俱照此例拨给”。具体标准，详见表 37－5。

表 37－5　　康熙雍正朝不同爵秩赐给庄田数额标准

封爵	分赐年别	分赐庄田数额					
		大粮庄	银庄	米庄	瓜园	菜园	果园
亲王	康熙六年	30	3	2	2	2	2
郡王	康熙三十七年	13	2	1	1	2	1

① 刘献廷．广阳杂记：卷一［M］．北京：中华书局，1997．

② 大清会典事例・光绪会典：卷一千一百一十一［M］．北京：中华书局，2012．

③ 刘锦藻．清朝续文献通考・田赋：卷五［M］．杭州：浙江古籍出版社，2000．

续表

封爵	分赐年别	分赐庄田数额					
		大粮庄	银庄	米庄	瓜园	菜园	果园
贝勒	康熙三十八年	9	2	1	1	2	
贝子	康熙四十九年	8	1	1	1	2	1
公	雍正六年	3	1	1		2	

注：此表系参阅《大清会典·光绪会典事例》有关章节整理而成。

《满族旧惯例调查报告·内务府官庄》记载，雍正时期，八旗王公从内务府取得的庄园情况，详见表37－6。

表37－6　雍正朝八旗王公从内务府取得庄田数量表

分封王公	分赐庄田所在地区	分赐庄田数量
圣祖次子理密亲王	锦州府五大旗	4200亩
世祖次子裕宪亲王	绥中朱家岭和西庄	共21143亩
圣祖五子恭亲王	锦州小方正堡	5100亩
世祖五子恒温亲王	海城孔家屯	960亩
圣祖七子淳度亲王	锦西团山子	3600亩
圣祖十四子恂勤郡王	法库喇嘛沟	39196亩
圣祖十七子果毅亲王	宁远城西关	7563亩
圣祖二十三子奉思镇国公	法库上屯	3600亩
世宗五子和恭亲王	宁远刘斗屯	5994亩
	宁远大杨树	4290亩
	宁远烧锅屯	4950亩
	宁远龙王庙	1200亩

注：此表系参阅《满族旧惯例调查报告·内务府官庄》整理而成

以上仅是康熙、雍正时期，八旗王公初封时，从内务府得到庄田的法定数目。尔后，八旗贵族王公利用权势，在初封基础上不断有所扩大。

3. 盛京五部官庄设置

盛京五部中的户部、礼部、工部也都有各自所属的官庄，生产品大部分供应清廷在盛京皇室的宫殿、坛庙、陵寝之用，实际也属于皇庄性质。

盛京户部官庄，在盛京地区所设官庄中，仅次于内务府皇庄。具体又分为粮庄、盐庄、棉花庄 3 种庄田形态，约有 126 处，归盛京户部管辖，其收益主要供应永陵、福陵、昭陵三陵祭祀。户部官庄的专属壮丁即所谓户部镶黄旗丁，分庄头、壮丁，承担官庄庄地管理。盛京户部官庄土地来源于顺治元年前后投充庄和康熙年间的屯垦庄。

盛京礼部官庄，由盛京礼部管辖，征收租差，为陵寝、寺庙等提供祭品。《盛京通志》记载，盛京礼部官庄，粮庄较少，主要由果园、瓜园、菜园、山场、渔泡、模樽林组成。盛京礼部官庄主要分布在辽阳、沈阳地区。果园分布在奉天三块石樱桃果园、辽阳邢镇抚屯杏子果园、辽阳城外梨果园、辽阳城内葡萄果园、辽阳繁盛堡花红果园、辽阳城石桥花红果园、辽阳城千山花红果园、辽阳城安平粟子果园、辽阳火连寨酸梨果园。松子山场在兴京、柳河、金厂岭、新开岭等地区。瓜菜园在盛京城南关外。渔泡 14 处，主要分布在沈阳马松屯等地。模樽林在辽阳黄泥洼子、辽阳烟台等地。田庄在辽阳施官屯、抚顺鲍家屯①。

盛京工部官庄，由盛京工部管辖，是以手工业及某些工业原料的生产为主的庄屯组织，主要形态有黄瓦厂、煤窑、石灰窑、采木场等。

---

① 阿桂，等. 盛京通志·地理志：卷九［M]. 沈阳：辽海出版社，1997.

第三十八章　清朝时期盛京地区经济文化

清代，从战争走向和平，康熙、雍正、乾隆三朝共历130多年，由天下大乱走向大治，国家实现完全统一，达到鼎盛，史称康乾盛世。政局稳定，社会安定，在相当长的时期内，很少发生动乱，为国家经济繁荣和文化发展创造了条件，也为盛京地区经济文化的繁荣与发展提供了保障。清代盛京地区经济文化形态与类型主要体现在农业、工业、交通、商业等方面。

第一节　清初盛京地区农业文化

清代初期，盛京地区农业文化的繁荣主要表现为农业耕地面积扩大、新的农作物的推广、农业生产力的提高、粮食储备充足。除了“地广人稀，其壤肥美”，这个时期内大多数年份风调雨顺，气候较少异常等自然条件外，更为重要的是内地大批流民和流人的到来，提供了丰富的劳动力，成为农业生产文化繁荣的主力军；其也带来了内地较先进的农业文化，包括农业生产技术、经验与工具。清政府视盛京地区为龙兴之地及发展的根据地，特别重视提高该地区的农业生产水平，采取了一些措施推动农业生产文化的发展。因此，清初盛京地区较前代，农业生产文化发展取得重大进步。

一　土地招垦与开发文化

明末清初，盛京地区由于战乱破坏，生灵涂炭，军民尽窜，人户骤减。曾经繁荣的盛京地区，变得人烟稀少，一片萧条。1644年，清帝迁都北京，八旗兵及眷属结车骑从龙入关，尽族西迁，造成盛京地区一时野无农夫、路无商贾，向以富庶著称的盛京地区呈“土旷人稀，生计凋敝”。《清圣祖实录》记载：“自兴京至山海关，东西千余里，开原至金州，南北亦千余里，又有河东河西之分……以内而言，河东城堡虽多，皆成荒土，独奉天、辽阳、海城三处，稍有府县之规，而辽海县，仍无城池。如盖州、凤凰城、金州不过数百人；铁岭、抚顺惟有流徙诸人，不能耕种，又无生聚。只身者逃去大半，略有家口者，仅老死此地，实无益于地方，此河东腹里之大略也。河西城堡更多，人民稀少，独宁远、锦州、广宁人民辏集，仅有佐领一员，不知于地方如何料理，此河西腹里之大略也。合河东、河西之腹里观之，荒城废堡，败瓦颓垣，沃野千里，有土无人，全无可恃”①。

针对上述情形，清廷一方面加强盛京驻防八旗，一方面积极鼓励关内民人出关开垦土地。

（一）清初招民开垦政策文化

为了鼓励招徕新民开垦，清政府出台了一系列政策。1644年，谕令：“州县卫所荒地，无主者分给流民及官兵屯种，有主者令原主开垦，无力者官给牛具籽种”②；1649年，又谕令：“以山海关外荒地甚多，至民人愿出关垦地者，令山海关道造册报部，分地居住”；1653年，清政府颁布《辽东招民开垦令》，更是以政

---

① 清实录·清圣祖实录：卷二［M］. 北京：中华书局，2008.

② 大清会典事例·光绪会典：卷一百六十六［M］. 北京：中华书局，2012.

令形式明确了奖励开垦的系列政策①。《盛京通志》记载："是年定例，辽东招民开垦至百名者，文授知县，武授守备。六十名以上，文授州同、州判，武授千总。五十名以上，文授县丞、主簿，武授百总。招民数多者，每百名加一级。所招民每名口给月粮一斗。每地一垧给种六升。每百名给牛二十支"②。尔后，又陆续颁布叠加优典，以补充《辽东招民开垦令》之效力。如1655年，又规定："辽东招民百名者，考试身言书判，分为三等，除授知县，如不能通晓文义，咨送兵部，除授武职"；1658年，又规定："文武乡绅垦地五十顷以上，现仕者记录，致仕者给匾旌奖"；次年，又规定："民人开垦荒地两千亩以上者，以千卫总用，武举开垦两千亩以上者，于应授职衔加一等，以署守备用"；1663年，又规定："辽东招民百名者不必考试，俱以知县录用"；1667年，又规定："辽东招民百家者，嗣后咨部停其先选，仍论年份次序选授"③。

流民和流人的到来，有力地推动了农业生产文化的发展。作物种植品种增加，种植业文化更加发达。《辽阳州志》记载，盛京地区的粮食作物，如黍、稷、稻、粱、粟、稗、糜、高粱、黄豆、绿豆、黑豆、小豆、豌豆、扁豆、蚕豆、大麦、小麦、荞麦、铃铛麦等，皆有种植。特别是水稻，在盛京地区种植较多，见记于锦县、广宁县、盖平县、开原县及辽阳州等地方志书。棉花、烟草等经济作物也有种植。

清廷对新民给予优厚安置。《开原县志》记载说："凡招徕新民，户部遣同县官于城中，每丁给地基二绳，约三丈，使民得为

① 刘锦藻．清朝续文献通考・田赋：卷一［M］．杭州：浙江古籍出版社，2000．

② 阿桂，等．盛京通志・地理志：卷二十三［M］．沈阳：辽海出版社，1997．

③ 钦定古今图书集成・食货典：雍正［M］．青岛：齐鲁书社，1990．

园圃，沿街者可为间架，以便经商。于野每丁给地二十五亩，永为民业。招至六名者，招兵给釜一、缸一、牛一、农器全，按口每月给粟米一斗，至秋成止”。由此可见，当时大力鼓励招徕新民，开垦土地。

《盛京通志》记载，清廷招徕政策使辽东地区人丁、耕地数量增加。1660 年，辽阳、海城地区增加人 3723 丁、田 8165 亩；次年，金州增加人 299 丁、田 7169 亩。公元 1668 年，承德等 6 州县，增加人 2643 丁、田 6737 亩①。

（二）顺康时土地开发政策文化

1668 年，辽东招民开垦令停止，当时关内战事尚未结束，民人也没有摆脱战乱的恐慌，出关垦种虽不是很踊跃，但也呈现出关内民人流向盛京地区垦种的趋势。1671 年，战事平息，社会趋于稳定，人心安定，但关内一些地区出现灾荒，直隶、山东、河南等地民人纷纷涌向关外盛京地区。这些涌向盛京地区的民人，汉人居多。康熙朝中叶以后，出现了几十年的太平盛世，伴随社会生产力的发展，人户骤增，关内人多地少的问题暴露出来。对农业尚处于靠地吃饭的农民而言，盛京地区沃野千里，有地无人，正成为内地民人向往的地方。1684 年 9 月，康熙帝谕山东巡抚张鹏说，今见山东人逃亡至关外，各处为生者甚多。

《盛京通志》记载，流入盛京地区各州县人丁数量情况，详见表 38－1。

① 阿桂，等．盛京通志・地理志：卷二十四［M］．沈阳：辽海出版社，1997．

表 38－1　　1683 年盛京地区各州县人丁增长表

州县	增长人丁数量（丁）	州县	增长人丁数量（丁）
承德县	2943	开原县	2162
辽阳州	3393	铁岭县	2122
海城县	2258	锦　县	6801
盖平县	1018	宁远县	5271
复州县	—	广宁县	2456
宁海县	—	合计	28724

注：此表参阅《盛京通志》整理而成

从表 38－1 可以看出，1683 年，盛京地区各州县编入民籍的为 28724 丁，按每丁 5 口计算，折算为 143620 口。据史料记载，1683－1734 年，近 50 年间，流入盛京地区的人口增加了 1 倍。

伴随着内地民人流入盛京地区，土地开发面积不断增加。《盛京通志》记载，1661 年，民人开垦土地 629 顷 33 亩；1674 年，民人开垦土地 1829 顷 73 亩；1683 年，民人开垦土地 3128 顷 59 亩。《中国历代户口、田地、田赋统计》（梁方仲），1661 年，盛京地区人丁为 5557 口，田地为 60933 亩；1685 年，人丁为 26227 口，田地为 311750 亩；1766 年，人丁为 713485 口，田地为 2752527 亩；1812 年，人丁为 942003 口，田地为 21300690 亩。即 1812 年与 1661 年比较，人丁增长了 16852 倍，田地增长了 34857 倍。这说明清代招民开垦，对于盛京地区土地开发和农业发展，具有重要推动作用。

清廷通过招民开垦令将到关外的民人与离散归来的辽东民人安辑入籍，编成民地，承认其土地所有权，由州县征收赋税，摊派徭役，组成与内地生产关系一样的民地系统。民地生产关系的特点：一是土地所有权归民人所有。民地与旗地、官地相比，民人具有土地所有权。二是民地所有者向州县缴纳赋税。具体纳税标准为，盛京各属民田，自 1658 年始定征赋之例，每亩岁征银 3

分。规定凡新垦荒地，1671 年以前，3 年后起科；1672 年以后，定为 6 年起科；1676 年以后，仍旧 3 年起科；1679 年以后，定为 6 年起科。不分等则，每岁 1 亩征银 3 分。后改为征收粟米，每亩征米 3 升余；又改征银两。三是民地上的民人与国家的关系是一种经济关系，民人须向地方政府缴纳赋税。

总之，顺康时期盛京地区土地开发，对于恢复和发展该地区农业生产文化，发挥了积极作用。但清朝政府招民开垦政策施行大约 25 年，出于政治等考量，1668 年，停止了《辽东招民开垦令》。

二　清代盛京地区封禁政体文化

清代推行招民垦荒和土地开发政体文化，促进了盛京地区人户增长，促进了农业生产的发展。在传统农业社会中，人口过多，也会给社会造成压力。尤其是盛京地区，作为清王朝的发祥地，过度招徕内地民人垦辟，威胁到皇庄、王庄、官庄安全。保护满族贵族统治集团的利益不受侵害，是清政府的必然选择。因此，清廷及时调整招徕垦荒政策，甚至在盛京地区推行封禁政体文化。

（一）封禁文化的兴起

《盛京通志》记载，1661 年，盛京地区汉族人丁为 5557 丁；1685 年，为 26227 丁；1734 年，为 45089 丁。可以看出，雍正朝汉族人丁是康熙朝的 1.7 倍，是顺治朝的 8 倍多。

内地民人大量涌入盛京地区，造成旗地的减少。《盛京通志》记载，顺治朝旗地为 2652582 亩，民地为 60933 亩，旗地是民地的 43 倍多；康熙朝旗地为 7005269 亩，民地为 311750 亩，旗地是民地的 22 倍多；雍正朝旗地为 14206940 亩，民地为 1823047 亩，旗地是民地的 7.7 倍。可见，民地面积在不断扩大，旗地虽也在扩大，但与民地的占比在缩小。满汉所占有土地格局变化，使得旗人感觉到了威胁，引起了满族贵族统治者的重视。

《清高宗实录》记载，1740 年，清政府颁布封禁盛京地区开垦的法令："盛京为满洲根本之地，所关甚重，今彼处聚集民人甚多，悉将地亩占种。盛京地方粮米充足，并非专恃民人耕种而食，与其徒令伊等占种，孰若令旗人耕种乎！即旗人不行耕种，将地亩空闲，以备操兵围猎，亦无不可。尔至彼处，与额尔图详议具奏。寻奏：奉天地方为满洲根本，所关实属紧要，理合肃清，不容群黎杂处，使地方利益，悉归旗人。但此等聚集之民，居此年久，已立有产业，未便悉行驱逐，须缓为办理，宜严者严之，宜禁者禁之，数年之后，集聚之人渐少，族各得本业，始能复归旧习"①。据此法令，舒赫德等大臣列出了 8 条封禁措施。主要内容包括：严禁汉族民人出入山海关、严禁商人船只携带多人、严格保甲稽查；盛京地区闲田，由旗人耕种，汉族流民禁止开垦，重治私挖人参及凿山矿取利者；清理未入籍的民人，勒令回籍，即遣返寄住盛京流民②。1741 年，出台清理盛京地区流民方案。主要内容包括：民人愿入籍者，准取保结，给照编入民籍；不愿入籍者，一时又未能回籍者，暂作另户编甲，陆续给照回原籍；游手好闲、生事不法者，照例治罪外，递解回原籍；老弱、孤苦、疾病、贫乏，原籍无亲戚可投者，酌发经费，不愿回籍者，添设孤贫口粮安插；海船到盛京辖地，由船长将路票呈验，开船时查点人数，不许遗漏 1 名，如有暂留，经报明存案，附入另户；关外佃种民人，照原编牌式，另给一牌，无牌不得擅放进边贸易③。至 1746 年，盛京地区清理流民已经满 5 年，但由于出关人数太

---

① 清实录·清高宗实录：卷一百一十五［M］. 北京：中华书局，2008.

② 清实录·清高宗实录：卷一百一十五［M］. 北京：中华书局，2008.

③ 清实录·清高宗实录：卷一百一十五［M］. 北京：中华书局，2008.

多，达 47000 余口，工作实际成效不大①。《清高宗实录》记载，1750 年，是盛京地区未入籍民人归还原籍的期限，在未入籍民人中，竟有置有产业不欲回籍，而又不愿编入奉籍的民人，以至乾隆皇帝也只好作出让步，将归还原籍的时间再延长 10 年②。

（二）封禁文化式微

清廷在盛京地区推行封禁文化，集中体现了清朝政府首崇满洲的基本国策。盛京乃满族文化发祥地，也是满族从辽东边地走向中原政治中心的根据地，在这里保留有大批皇庄、八旗王庄及五部官庄，是满族贵族地主阶级核心利益之所在。清廷在盛京地区推行封禁文化，从文化角度看，是为了保持满族传统文化文脉延续。如，清廷担心关内流民大量涌入盛京地区，旗人受到中原汉文化影响，渐失满族之习，将“国语骑射”等至宝丢失。故 1826 年，道光皇帝谕曰：“流民始而为庸工远出，投身服役，继则渐向旗人佃种田亩，迨佃种既多，旗人咸图安逸，不知力作，以致生计日蹙。且耳濡目染，习成汉俗，不复知有骑射本艺，积重难返，其害岂可胜言”③。从经济角度看，是为了长期占有辽东地区土地资源及物产。如皇庄、王庄、官庄是满族贵族地主阶级的核心利益，不容侵犯。当大量流民涌入盛京地区，土地占有矛盾就会尖锐起来；另外，盛京地区特产散处各地，特别是人参，早在明代女真人靠贩卖人参获利颇丰。清初遂置官采掘，设有官参局，严格监管。人参具有很高的药物疗效和滋补作用，属于中草药中的上上品，由于产地限制，产量少，采挖困难，是盛京地

① 清实录·清高宗实录：卷二百五十七［M］. 北京：中华书局，2008.

② 清实录·清高宗实录：卷三百七十四［M］. 北京：中华书局，2008.

③ 清实录·清高宗实录：卷一百零二［M］. 北京：中华书局，2008.

区经济价值最高、久负盛名的地方特产。清制，官采人参，不准民间采挖。流民以人参利厚，每年三四月间，相率入山偷采，九十月尽归，不下万余人。流民偷采人参，直接侵害了满族贵族地主阶级的利益。所以，清廷规定，“有偷采人参者，将带至之头目斩决，余众治罪”，以此封禁来阻止流民入山采掘。从政治角度看，是为了维护满族贵族统集团及地主阶级根本利益免受侵害。但只是严禁私采，并不能挽回官采人参的日益衰落。雍正以后，逐步放开民采限制。如，清廷在盛京地区广置围场，既有经济考量，更是政治谋划。清初在盛京地区所设围场多达 100 个，主要分为四类：御围，是专供皇室东巡时狩猎之用，有 11 处；王围，供内务府采捕之用，有 12 处；鲜围，供盛京将军及八旗兵丁射猎演武和捕晒干肉之用，有 14 处；专供地方官兵每年狩猎、习武之用的围场 63 处。不难看出，围场的设置体现了满足满族贵族统治的需要。

（三）土地占有文化的变化

清代盛京地区地广人稀，关内许多流民冲破清政府封禁，大量涌入盛京地区。《盛京通志》记载，1741 年，盛京地区流民丁为 49412、户为 60057、口为 359622；1761 年，丁为 81771、户为 92829、口为 668876；1781 年，丁 82803、户为 115194、口为 792093。即乾隆中后期人丁是乾隆初年的 1.6 倍、户数近 2 倍、口数是 2.2 倍。

农民与土地的问题是中国封建社会的根本问题。大量流民涌入盛京地区，为了谋生，他们必然要流入旗界寻找土地，势必破坏清初以来的旗界规制。《清高宗实录》记载，当时“各州县及旗庄地，旗民错处，并无旗界、民界之分”。《开原县志》记载了该地区乾隆时期旗屯、旗民屯具体情况，详见表 38－2。

表 38—2　康乾年间开原旗屯和旗民屯及民屯情况统计简表

地方	旗屯	旗民屯	民屯	合计
城东村屯	4	6	3	13
城西村屯	2	8	25	35
城南村屯	3	3	15	21
城北村屯	4	5	2	11
城东北村屯	1	2	6	9
城东南村屯	16	16	37	69
城西南村屯	18	15	12	45
城西北村屯	8	14	1	23
合计	56	69	101	226

注：此表参阅《开原县志》《八旗通志》整理而成

从表 38—2 中可以看出，民屯将近旗屯的 2 倍，说明盛京地区土地占有文化形态正在发生变化。《清宣宗实录》记载，关内流民为了生存，冲破禁令流入旗界寻找土地，他们一般采取“始而为庸工”，“继则渐向旗人佃种田亩”，最后“迨佃种既多，旗人或图安逸，不知力作”之时①，将旗人土地占为己有。清政府担心，旗地有限，若任民人买卖，“将来旗产必尽归民人”，因此，严格禁止流民进入旗界、私售旗地，倘有私售，则查撤入官。尽管如此，也无法阻止流民流入旗界，进行旗地交易。清《军机处满文月折档》记载，盛京将军富俊在一份奏折中，曾提到盛京地区地方官员失去土地的情况，“官兵所有自身之田，及原办给官田内，除查无凭证者不计外，无地官三百六十员，无地兵丁一万五千三百三十一名；今有地官一百四十三员，原办给官地二千垧，有地兵丁

① 清实录·清高宗实录：卷一百零二 [M]. 北京：中华书局，2008.

二千一百四十名，原办给官地一万垧”①。可见当时失去土地的官员占官员总数的2/3以上，失去土地的兵丁占兵丁总数的80%多。内地流民侵占旗地之盛，可见一斑。

土地占有文化形态的变化，促进了盛京地区农业生产文化的发展和商业文化的繁荣。

第二节　清代盛京地区经济文化

清代盛京地区的矿业、盐业、渔业及手工业文化得到一定的发展。

一　矿业文化

盛京地区，地下矿藏十分丰富，主要有铁、煤、金、银、硝黄等。清政府以盛京为龙兴之地，矿藏迫近祖陵，故禁止开采金银矿，对煤、铁、硝黄等矿产的开采则时禁时弛。1727年正月，清政府下令，“奉天金、银、铜、铅等矿，虽久禁开采，而窃掘者尚多，科之所在，聚集多人，恐其中潜藏匪类致生事端，除杯犀湖（本溪湖）等处所产铁为居民犁具所必需，勿须禁止”②。其余各矿一律禁止开采。1774年3月，辽阳虎山煤矿因开采年久，供给不足，而开原、广宁、牛庄等城，运输络绎，且其地距清祖陵寝甚远，无关风水，不得已方允行开采辽阳附近的鹞子峪、复州的五虎嘴煤窑。此后，阜新、抚顺、庙儿沟等地陆续开始土法采煤炼铁，盛京地区矿业文化获得了较快发展。为了解决旗人生计

① 军机处满文月折档（乾隆十二年十二月二十八日）[M]. 上海：上海古籍出版社，2010.

② 八旗通志·初集：卷一百七十三 [M]. 长春：东北师范大学出版社，1986.

问题，清政府允许旗人自己出资开采，国家采收税银，既可以增加国家的收入，又为旗人提供生产和生活所需。

二　盐业文化

清入关前，曾准许沿海民人架锅煮盐，自行销售。康熙初年，曾招募私商如吕进寅等领盐引销盐，国家征收课银；结果私商利用销盐之机，哄抬盐价，导致盐价腾贵，而国家所得课银并不多。盐铺远离地堡，使得百姓难以承担路费，直接影响人民的生活。1681 年，停止由盐商领盐引销盐的办法，允许民人自行晒煮销售盐，不征课银。直至 1862 年，始定榷盐法。此间 200 余年，辽东地区无盐课，民间煮盐业文化在这一时期得到较大发展。清代，盛京盐场西起山海关，东到丹东，沿海 2000 余里，分布有绥中、兴城、锦西、锦县、盘山、大洼、营口、盖州、瓦房店、金州、旅顺口所属的大小盐庄，以及从大连、普兰店、庄河、东港至丹东的环黄海北岸盐区。主要盐场有兴绥盐场、凌海盐场、盘山盐场、营盖盐场、复州盐场、庄河盐场。除了沿海地区制海盐外，盛京内陆地区也有煮制井盐的情况。盛京内务府所属盐庄集中分布在海城县各地，因该地具有丰富的地热及镁矿资源，所筑井内可提取含盐量较高的卤水，架锅煮制成井盐。

三　渔业文化

清代中叶以前，辽东半岛沿海是盛京地区渔业文化较为发达的地区。沿海岛屿上的民人和沿海居住的民人从事渔业生产的很多，有许多民户是农、渔兼营。盛京户部征收的杂税中就有渔网税、海鲜税项，主要从沿海及岛屿渔民中征收。盛京内务府网户旗人充渔丁差，每岁例贡白鱼等。此外，盛京地区河流分布很多，亦为网户渔区，渔区由千总分段管辖并征收杂税。

清代，辽东沿海渔场主要分布在黄海海岸的安东（今丹东市）、岫岩、庄河、青泥洼（今大连市）、旅顺，以及渤海海岸的金州、盖平（今盖州市）、复州、营口、盘锦、大洼、锦县、宁远等地区，这些沿海渔场中以盖平、复州地区海产品资源最为丰富，每年春夏之交为鱼汛期，有黄花鱼汛、鲅鱼汛之分。鱼汛期，不仅辽东沿海渔民出海捕鱼，山东半岛的渔民也出海捕鱼。捕获最多的有黄花鱼、带鱼、鲅鱼、青虾、花虾、毛虾以及平籽鱼、镜鱼、鲈鱼、鳘籽鱼、榻板鱼等，其他海产品有海参、牡蛎、蛤蜊、蚶子、海螺、海蜇、海带、海飞蟹等。这些海产品，除了当地渔民食用外，销往关内各地，一些干海产品，如海米、干海参等，还远销闽粤等地。

另外，鸭绿江、辽河、大凌河、浑河、太子河等淡水河流水域盛产鲤鱼、鲂鱼、银鱼等，也是理想的渔场，这些河流流域的民人网户，也从事捕鱼业，因而淡水流域的渔业文化也比较发达。

总之，清代盛京地区沿海地区渔业资源比较丰富，具备发展渔业文化的有利条件。然而，清代前期，盛京地区渔民捕鱼技术较为原始和粗放，因而渔业文化的形态和类型处于粗放形态，如当时捕鱼用的工具较为原始，主要是近海捕捞，工具都是木帆船，且大多都是小型木帆船，包括划子、大舢板、马槽等，渔网主要是风网、流网等，使用滚钩、钓钩等钓鱼工具。由此可以看出，盛京地区渔业文化进展较为缓慢。

四　手工业文化

明末清初，由于明清战争的破坏，盛京地区经济遭受严重创损，生活在盛京地区的手工业者，或因战乱逃亡各地，或于顺治初年从龙入关，故清初盛京地区手工业者较少，手工业文化大多荒废，一片凋敝景象。由于盛京包衣三佐领的存在，以及服务于一宫三陵的需要，清廷不断从关内招募匠役落户盛京。至康熙中叶以后，城镇经济逐步得以恢复与发展。《盛京通志》记载，1717年，雍亲王胤禛代父康熙帝到盛京祭祖，“见盛京城内，酒肆几及千家，平素但以演戏饮酒为事”，说明康熙末年，盛京城内酒店餐饮业文化是很繁荣的。酒店餐饮业文化与酿酒业文化有高度的关联性。另外，雍正时期，关内流民不断涌入，流民内包括一些手工业者，这些手工业者的迁入，推动了盛京地区酿酒等手工业文化的不断发展。如盛京城内享有盛誉的老龙口酒厂，就是康熙初年由山西商人张乐山兴办的。张乐山原在老家经营烧锅，因家乡天旱缺粮而歇业，携资出关到盛京，投奔开酱园的表兄，得到汉军八旗王都统的帮助，集资兴建了一座规模较大的烧锅。因该厂所用井水清洌甘爽，素称龙潭水，盛京俗称龙城，故酒厂取名老龙口，并一直流传下来①。

第三节　清代盛京地区交通与边墙文化

随着大清帝国版图的拓展及中央和地方间联系的加强，清代交通网络、驿站制度文化更加发达和完善。《大清会典》记载，“凡驿程，自师达于四方：一曰东北路达盛京；一曰东路达山东；一曰中路达河南；一曰西路达山西。由盛京以达吉林、黑龙江，余省皆由山东、河南、山西以达”。以北京为枢纽的交通四通八达，这些交通干线由所在州县官及驿丞管理，每隔数十里置驿站一处。清代驿路交通是国家在政治和军事上进行通讯联络和交通运转的主要手段，是传达统治者的意志和政令，加强对地方统治的重要工具。驿路的开辟与建设，有力推动着整个交通文化的发展，增强了地区间的经济文化联系，促进各民族友好往来。

清代盛京地区驿路开辟与建设所遵循的原则，首先是保证盛京将军与北京之间的联络畅通；其次是建立起盛京将军与各副都统驻地及军事重镇之间的联络体系；第三是沟通与邻区之间的政

① 杨余栋. 清代东北史［M］. 沈阳：辽宁教育出版社，1991：387.

治与军事往来。因此，盛京地区的驿路，大体是盛京为中心而开辟的线路，通向四面八方。

一　海陆交通文化

盛京地区是清代龙兴之地，也是关内通往辽东乃至整个东北地区的枢纽，比较而言，其驿路开辟时间最早，驿务也最为繁重。

（一）陆路交通文化

盛京地区陆路交通文化形态主要表现在山海关至开原驿路、盛京东路驿路干线、辽南地区的急递铺、北部的盛京至法库等线路比较发达。

1. 山海关至开原驿路

这是贯通盛京地区最为重要的交通干线，也是联结关内关外和南北地区的重要交通线，主要由山海关—盛京、盛京—开原两条线路组成。

山海关—盛京线，是一条对传统的交通线改造而成的。当时，从沈阳至辽河，百余里间皆葑泥、洼下不受车马，难以通行，沈阳至山海关须绕行辽阳、牛庄、广宁，曲道而行甚为不便。1621年，努尔哈赤命旗丁修除叠道，广可3丈。从此，由辽河120里直达沈阳，平坦如砥，师旅出入便利。另外，努尔哈赤还命废除明代义州附近须牵马而行的牵马岭驿及其前后驿路，改从广宁直奔十三山。这两处线路的改造与调整，大大缩短了行程，方便了山海关盛京间的往来。《盛京通志》记载，山海关——盛京线，沿途所设驿站自东而西依次为盛京站、老边站、巨流河站、白旗堡站、二道井站、小黑山站、广宁站、十三山站、小凌河站、高桥站、宁远站、东关站、凉水站。

盛京—开原线，是盛京通往北方地区的重要交通线，修建于1670年，设开原站、高丽堡站、懿路站、汎河站（后改为汎河铺）。开原站又称威远堡站，始设在开原城东门里，1678年，移于八社屯东北新关门南相家台，距城15里。

2. 盛京东路驿路干线

盛京地区东部驿路由两条干线组成。一是盛京—凤凰城，亦为与朝鲜相通之要道；一是盛京—兴京线，亦为与吉林地区相通之东线。

盛京—凤凰城线，为与朝鲜往来必经之路，清初，朝鲜使臣往来于北京，路经辽东时，过鸭绿江至迎水寺（辽阳）后，取道鞍山、海州、牛庄，然后经沙岭、高平、盘山、广宁、十三山，以达山海关。1679 年，清廷将朝鲜使臣进京路线调整为，自辽阳北上盛京，再由盛京西行入关。盛京—凤凰城线正式设驿站较晚。《辽阳州志》记载，沿线计设十里河站、迎水寺站、浪子山站、甜水寺站、连山关站、通远堡站、雪里站、凤凰城站等 8 站。这条驿路至凤凰城以后，又分别向南、向北延伸。南线沿辽东半岛东侧，经呼济寨、台鄂佛罗屯、大孤山、沙河屯、大庄河等地，直至大沙河南侧之磴沙河；北线经石城、叆阳堡，至孤山。

盛京—兴京线，经噶布花林、萨尔浒、穆奇，以达兴京。到达兴京后，驿路沿柳条边继续向前延伸，以加牟蝉（碱厂）为终点，后来加牟蝉站被废。从萨尔浒站东北行，出英额门，至宁古塔之间有一条交通线，是盛京与宁古塔间最早开辟的军事驿路。

3. 辽南地区急递铺

清代，辽南地区没有正式设立驿站，而以区域性急递铺代之。《清圣祖实录》记载，清制，盛京地区“各部门遇有紧要事件，差官给予火牌，照旧从驿站供应”。至于“平常移文”，“无铺兵地方交与驿站传送，有铺兵地方交与铺兵传递”。所以说，辽南地区的急递铺实际是一条盛京－金州的准驿路，沿线设有急递铺，除承德、辽阳、海城、盖平、复州、金州各在城铺外，其余联系城间的有十里河、烂泥铺、沙河、鞍山驿、甘泉、塔山、耀州、铁岭、博罗、簸箕寨、头台子、李官坟、永宁监、核桃、麻河、栾古、长店、三十里铺等 18 铺。1840 年，应盛京将军请求，在辽南的辽阳、牛庄、熊岳、复州、金州、岫岩等地正式设立 10 个腰站，在盖州设立 1 个腰台。

4. 辽北盛京至法库交通路线

此条线路仅设法库、严千户屯两个驿站，再向北，与通往黑龙江的八虎道相接，当时是两地区民间往来最便捷的一条交通路线。

（二）水路交通文化

清代，随着商品经济的发展，特别是港口贸易的发展，国内商业运输业也不断发展起来，形成了内河、陆路、海路商业交通干线相互交叉、相互连通，纵横全国的 12 条链式交通干线。其中，广州—上海—天津—营口，将盛京地区与关内沿海各省连接起来，盛京地区海上交通运输业也因此有较大的发展。

胶东半岛与辽东隔海相望，两地之间海上运输最为频繁。从山东渡海来盛京地区垦种的民人数量比关内其他地区的人数要多。《清圣祖实录》记载，1707 年，康熙皇帝东巡时，亲眼所见，盛京地区“各处皆有山东人，或行商，或力田，至数十万人之多”。特别是辽东半岛距胶东半岛最为近便，“故各所皆为山东人所据”；辽东半岛南端的金州、旅顺与胶东半岛的登莱对岸，“由是山东丁户，航海凫趋”。由于胶东半岛与辽东半岛海上交通之发达，所以，才会有数 10 万山东丁户来盛京地区垦种和经商。

东部沿海的浙江、福建也与辽东有海上交通往来，浙江、福建民人亦有许多渡海来盛京地区，如仅在牛庄、盖州及辽东沿海各海口即查出流寓闽人 1450 名。1781 年，清朝政府将在盛京地区沿海的福建渔民、流民一律编立甲社。这说明东南沿海地区民人渡海来盛京地区垦种的人户相当多。

除了一般来盛京地区垦荒种地民人渡海乘船而来外，从事贸易的商船也络绎不绝。清代盛京沿海一带口岸建设较为发达，如锦州的红崖口、海城的没沟营（今营口）、金州的貔子窝（今皮口）、岫岩的大孤山等海口，是山东、直隶、江苏、浙江、福建各地来盛京的主要停泊之所。所来商船，一部分是官府雇用的，用以运送国家调运的大宗粮食。《清圣祖实录》记载，1693 年，盛京地区粮食歉收，清政府从山东、天津两地海运向盛京地区运送谷米；1696 年，盛京缺粮，清政府令福建将军、督抚，“劝谕走洋商船使来贸易”，从天津海口用商船运米，在税费上给予优惠。1723 年，清政府从盛京地区购买 10 万石粮食，雇用民船装运到京师粜卖；1725 年，直隶地区遭灾，天津粮价昂贵，清政府调盛京地方粮食 10 万石，由海运至天津；次年春天，又自盛京地区调运 10 万石粮食海运至天津，分往直隶河间、保定两府，赈济灾民；1785 年，仅天津航海领取赴盛京地区运送粮食的船只有 800 余只，其运回的粮食不下 10 万石，俱运往直隶之大名、广平，河南之临漳，山东之德州、东昌、临清、济宁一带粜卖。在盛京地区与天津的运输航线上有 800 余只运输船调运粮食，其规模是相当可观的。

此外，从事民间贸易的运输船只更多。一些大型商船主要从事粮食、棉花、大豆等大宗物品的贩运，一些小型商船主要贩运诸如布匹、线带、鞋帽、牲畜皮毛等百姓生活用品。从事海上运输的商船，来往于天津、山东、上海、江苏、浙江、福建甚至广东一带，说明当时盛京辖区各海口通往这些地区的海上运输线路发达而畅通。

在盛京地区，内河交通干线以辽河干流为主，自营口港起航，通过辽河航道，可以延伸到昌图附近的三江口，三江口又吸纳陆路而来的货源沿江出海。沿海航线，从鸭绿江口至北部湾的北海港，各港之间商船往来频繁。往天津的航线在渤海湾，相对安全，而往山东沿海，特别是往东南沿海地区海口，海运故事颇多。有关资料记载，1741－1785 年，来盛京地区有关海口从事海上运输，因天气、海潮等原因造成失事，漂流到邻国日本沿海的商船有 14 艘，详见表 38－3。

表 38－3　　1741－1785 年间出入盛京地区海口失事商船简表

序号	时间	船籍	船主	随船人数	航运线路及所载货物
1	乾隆六年	福建	陈得丰	不详	上海运货至锦州，锦州运货至盖州
2	乾隆十四年	福建	林仕兴	35	厦门（载糖）至天津，再至锦州（载黄豆、瓜子）回厦门
3	乾隆十四年	福建	陈得昌	20	江苏至盛京，再至山东
4	乾隆十四年	江苏	陶　寿	17	江苏（载生姜）至天津，再至庄河（载黄豆）至山东登州
5	乾隆十四年	福建	蒋长兴	27	厦门（载糖）至上海（载茶）至锦州（载瓜子、黄豆）至江苏
6	乾隆十四年	江苏	邓福临	17	江苏至锦州（载瓜子、黄豆）至山东
7	乾隆十四年	江苏	沈　惠	12	江苏（载青鱼）至锦州（载黄豆）至山东
8	乾隆十四年	天津	田圣思	20	锦州（载瓜子、黄豆）至山东胶州
9	乾隆十四年	福建	林攀荣	33	福州（载纸）至锦州（载货）至南方贸易
10	乾隆十四年	广东	陈万金	33	澄海（载槟榔）至天津至盛京（载黄豆）至山东回广东

续表

序号	时间	船籍	船主	随船人数	航运线路及所载货物
11	乾隆十四年	福建	金干泰	26	福建（载纸）至天津至盛京（载黄豆）至山东回福建
12	乾隆十四年	福建	林长泰	26	漳州（载糖）至上海发卖转至锦州（载瓜子、黄豆、芝麻）至山东回福建
13	乾隆四十四年	福建	黄金宝	不详	锦州（载黄豆）至厦门
14	乾隆五十年	江苏	蒋隆顺	2	镇江（载糖）至天津至牛庄（载米粮）至天津至黄县，三次往返盛京地区（载米粮）至山东（载枣子）欲至宁波停泊小平岛（今大连市海口）

注：此表参阅《历代宝案》有关章节整理而成

从这些失事商船所载货物看出，乾隆年间，盛京辖区各海口与江苏、福建、广东等地海口商船的交通运输十分频繁。

从表38－3中可以看出，乾隆年间，盛京辖区各海口，是江苏、福建、广东等地商船的目的地，往返频繁，说明当时盛京地区海上交通十分发达。

此外，盛京辖域辽东半岛海口，是通往朝鲜、日本等国的传统海上运输线。如从辽东半岛之旅顺海口，沿黄海北岸东航，转入西朝鲜湾，沿朝鲜半岛西海岸南下，绕过翁津半岛、江华湾、群山湾、双子群岛，到达半岛南端，或越过济州海峡直驶日本筑紫的大津浦（今福冈县的博多）；或先东航至巨济岛与釜山一带，再过对马海峡而至大津浦，进入濑户内海，到达奈良。又如，由天津延伸至营口的航线，形成与运河联运。

辽河干流是盛京地区重要交通水道，辽河船运可达昌图、康平、法库、开原4县交界的通江口，下达辽河入海口营口。营口的贸易以产于辽河流域物资运出为主，而其输出物资之数量又以通江口、铁岭、新民府为最多。辽河上下民船总数约六七百只。铁岭至营口的航运始于咸丰年间，开原船运始于光绪初年。

总之，盛京沿海海上交通运输的不断发展，对于清代初期盛京地区社会经济恢复和发展起到很大的推动作用。从文化视角看，盛京沿海海上交通文化的繁荣，对盛京地区的开放，吸收关内先进文化，促进南北不同民族交流、交融，形成盛京文化具有重要作用。

二 柳条边墙文化

清朝政府以八旗兵驻守各大城镇据点，同时，折柳樊之，插篱为边墙（界），以保护满族贵族统治集团及贵族地主阶级对土地和山林资源的独占权益不受侵害。

在盛京地区修建的柳条边墙称老边（相对吉林境内新边而言），全长约1950里。西接长城东属海，走向大体与明代辽东边墙相同。《凤城琐录》记载，“凤凰城边墙，北自石人子与叆阳接界，南至海滨亘百六十有奇”，直至今辽宁东港西南之海滨。

作为圈定满族龙兴之地的区域界线，盛京边墙始建于顺治初年，见记于旧锦县、广宁、宁远州等地方志书，白石咀边门于1651年建；明水塘边门以及辽西西部的新台、白土厂、清河、九官台、松岭门、长岭山门、彰武台等边门，1654年均设有笔帖式、马法等官员，说明当时广宁、锦县、宁远州境内已有部分段边墙修建完成。《铁岭县志》记载，铁岭、开原地区柳条边兴建于1658年，至1659年底，盛京地区边墙已经粗具规模。

为了推行民族隔离政体文化，划定盛京与东部蒙古间的区域界线，清廷决定将锦州至山海关之间的柳条边向西扩展，于康熙十、十四、十九、二十五、三十六年，先后5次对柳条边做了较大调整，主要是向西和向北延展①。

柳条边墙于道路要冲之处，开有通行门，称边门，各边门建筑不尽一致，早期边门比较简陋。盛京辖区设边门20座，详见表38－4。

表38－4 清代盛京辖区所设柳条边边门情况表

边门名称	隶属关系	所在今地
明水塘边门	隶于锦州副都统	辽宁省绥中县明水乡
白石咀边门	隶于锦州副都统	辽宁省绥中县城西北白石咀门
梨树沟边门	隶于锦州副都统	辽宁省兴城市西梨树沟
新台边门	隶于锦州副都统	辽宁省葫芦岛市西部女儿河畔新台门
松岭子边门	隶于锦州副都统	辽宁省朝阳市东南部松门岭
九关台边门	隶于义州城守尉	辽宁省义县西北30里大凌河畔
清河边门	隶于义州城守尉	辽宁省阜新市西南清河门镇
白土厂边门	隶于义州城守尉	辽宁省黑山县西部羊肠河以南白厂门
彰武台边门	隶于广宁城防守尉	辽宁省新民市北部养息牧河畔彰武台门
法库边门	隶于开原城守尉	辽宁省法库市东北法库门
威远堡边门	隶于盛京兵部	辽宁省开原市城东北寇河河畔威远堡

① 蒋廷锡，王安国．大清一统志：卷四十四［M］．沈阳：辽海出版社，1997．

续表

边门名称	隶属关系	所在今地
英额边门	隶于盛京兵部	辽宁省清原满族自治县城东北部浑河上游英额门
旺清边门	隶于盛京兵部	辽宁省新宾满族自治县东部旺清河畔之旺清门
碱厂边门	隶于盛京兵部	辽宁省本溪市太子河上游碱厂
叆阳边门	隶于盛京兵部	辽宁省凤城东北旧帽山河畔之叆阳
凤凰城边门	隶于盛京兵部	辽宁省凤城市东南叆河支流之边门镇
布尔图库边门	隶于吉林将军	吉林省四平市山门镇半拉山西侧山脚下
赫尔苏边门	隶于吉林将军	吉林省梨树县孟家岭乡大沟村
伊通边门	隶于吉林将军	吉林省长春市新立城水库之东、大南屯之东北
巴颜鄂佛罗边门	隶于吉林将军	吉林省舒兰市法特会镇北

注：此表参阅相关地方志书整理而成

各边门派兵驻守，初，守兵较少，也不统一，一般每门设苏喇章京 1 人、笔帖式 1 人、披甲 10 人。康熙中叶以后，渐趋统一，一般每门设防御 1 人、笔帖式 1 人、士兵 27 人至 45 人不等。

每两座边门之间，沿边设有墩台，一般“安台二、三、四、五不等”，每“一里余派台丁一名”，“沿边二十里间可耕之处，分置台丁二三十名不等”，整个盛京老边共设台丁 2100 多名。如锦县境内有 4 个墩台，共设千总 4 名、台丁 200 名；广宁县境有 4 个墩台，设千总 4 名、台丁 150 名；宁远境内 3 个台墩，设千总 3

名、台丁150名，等等。

柳条边圈定的地域，是一个自然资源专属区，在圈定区域内，土地与山林资源划为满族八旗，特别是满族上层统治者及贵族地主阶级专属区，是民人不得随意进入的禁区。

康熙初叶，柳条边门出入之禁尚不甚严格，各边门“内外人出入，必登籍以记，他无厉禁，台丁但供补篱浚壑及司晨昏启闭而已”。康熙中叶以后，边禁渐严。沿边有“戍兵巡逻，非将军令，不得出入。有乘夜拔荆私行者，谓之扒边。次日按人马踪迹，尾而得之。解刑部治罪”。乾隆年间，随着封禁政体文化的推行，“各边俱编木为栅，以限内外，栅外浚濠，以禁越度”，边门守兵“勤于巡防，随时修浚，边防实称严密”。

第四节　清代盛京地区商业文化

清代初期，城镇人户的迅速增长，一些较大城镇的兴起，为手工业和商业文化的发展提供了新的需求和广阔空间。盛京地区农牧业生产文化的发展，特别是农牧产品商品率大幅提高，为扩大与内地的商品交流提供了物质基础。内地匠人与商人的大批到来，部分流民与流人积极从事商业活动和手工业生产，为盛京地区商业文化的发展提供了丰富的商业经验和各种手工业生产技术资源。

一　商业文化的景象

盛京地区是东北地区人口最稠密，经济最发达，商业贸易最活跃的地区，也是对外地商人最具吸引力的地方。相对于吉林、黑龙江两地的商业发展，盛京地区不仅是其许多物资的供应货源、商品的销售市场，而且是其与关内沟通联结的枢纽。与盛京相邻的北方各地，均与盛京地区保持着密切的商业文化联系。吉林与盛京保持货物流通，“三姓”（旧依兰哈喇，今依兰市）收购的貂皮大部分携至盛京出售，宁古塔等地的人参也到盛京地区售卖。黑龙江地区民众所需生产和生活用品多源自盛京地区，如食盐来自盛京沿海地区，稻米来自沈阳，南酒与布匹均来自盛京地区，即使是布缎中的京货或南货以及茶叶等，也需要从盛京转贩至黑龙江地区。

盛京地区交通便利，位置优越，经济较为发达，因而在东北地区的商业文化中最为发达，商业经济占比最重。

如前所述，盛京地区水陆交通十分便利，辽东半岛与内地沿海各港均有航线相通；辽河纵贯盛京地区中部，夏季水旺，载重七八十石的牛船可直达开原以西的通江口；驿路贯通四方，主要城市间递给快捷。这些都为商人往来、物资运输提供了较好的条件。

“辽物产之丰繇来尚矣”，向以“田人富谷，泽人富鲜，山人富材，海人富货”著称。盛京地区物产资源丰富，各种农副产品、手工业产品及采集业产品、狩猎业产品、畜牧业产品在不同民族间、不同地区间，通过官市、民市等各种贸易形式，广泛交流，互通有无。早在明代，盛京地区就有互市贸易，自永乐迄万历年间，明廷沿辽东边墙开设了 14 处民族贸易集市，开原、抚顺、宽甸、清河等地都是互市知名场所。广宁以东 9 市通称马市义州以西 4 市则称木市，辽阳先称马市，后称木市。马市、木市，其实并不以市马、市木为限，每届市期，布、绢、绸、缎、盐、米、铁器、农具、耕牛、马匹、貂皮、麻布、人参等各种商品汇集，百货皆有聚散流通。明末清初，战乱一度致盛京地区商业文化受到严重破坏，尤其是后金前清对明战争，使盛京地区一些工商业发达的城市遭到洗劫，对商业文化是空前摧残。

盛京作为龙兴之地，在满族贵族统治集团建立全国统一的政权之后，清政府在政策上给予盛京地区很多优于吉林、黑龙江的照顾，内地流民流入较多，人口密度较大，土地开垦广泛，手工业文化也比较发达，为商业文化的恢复与发展以及商品经济发展和繁荣，创造了许多便利条件。在地理位置上，盛京地区是吉林、黑龙江两地出入关的必经之地，是关内、关外货物转输站。《清高宗实录》说，盛京地区“各省商民辐辏”；《清宣宗实录》说，本地商贾则“多系流寓民人”，“贵公子亦贸易于市以逐锥刀，了不为异”。

盛京地区农业生产文化十分发达，盛产粮食。盛京商业贸易以粮谷贸易规模最大，在全国处于十分重要的地位，是当时仅有的几个粮食自给有余、可以对外输出粮食的地区之一。盛京地区的粮谷经营形成了一定层次与网络，即由小商贩购自农民，复由各城镇之粮栈予以收购，然后转运辽南各港口专营粮谷输出的粮栈，最后转售给外省。向南，销往福建、广东等沿海各省；向西，销往直隶、山西、河南以及陕西等地。市场广，销量大，从康熙后期直至光绪年间，几乎是长盛不衰。

粮谷之外，盛京地区的主要土特产品，诸如人参、貂皮、药材等也销往内地，很多特产素为京师所重。《辽左见闻录》（王一元）记载，“辽左鱼多而味美，冬月水沃之成冰，运入京师，获厚利”；“辽左山味最美，每严冬时凿冰于河，锯截之方尺余，用毡包裹，车运入京”；盛京松子，“肉大味美”，“甲于天下”，运至北京，“每一斗可为京师三斗，价止四五钱”①，十分畅销。

二　城镇商业文化的繁荣

盛京地区城镇是在军事斗争的推动下发展起来的。《辽东志》记载，明末清初，盛京地区的主要城市有辽阳城、广宁城、义州城、锦州城、大凌河城、松山所城、塔山所城、沙河所城、宁远城、右屯卫城、前屯卫城、中前所城、中后所城、开原城、中固

① 王一元．辽左见闻录：卷一［P］．铁岭市政协点校本，2007．

城、铁岭城、汛河城、懿路城、蒲河城、抚顺城、沈阳城、海州城、盖州城、永宁监城、复州城、金州城、旅顺口城等27座。这些城市，或在明代旧有城址基础上改建与扩建，或在被废弃的城镇废墟上重新筑城，或系根据军事防御需要选择新址所建。可见，清代城镇分布较明代更为密集，这为商业文化的繁荣与发展奠定了物质基础。

随着商业文化的繁荣，城市商品经济发展，城市的性质逐渐转变，逐步形成了以沈阳为中心的地域性商业中心，辽阳、锦州、铁岭、牛庄、通江口等城镇手工业和商业文化繁盛。

清政府迁都北京前，盛京是东北地区政治、经济、文化中心，迁都之后，盛京作为陪都，其地位十分显要，是当时商业文化最为繁盛之地。如盛京是当时粮谷经营中心城市，道光年间，城内已有信盛栈、聚升栈、同义栈、丰源栈、德昌栈、利祥栈等许多具有一定规模的粮栈，专营粮谷购销。一些大粮栈甚至联手操纵粮谷市场，或垄断贸易、或买空卖空，以牟暴利。《清宣宗实录》记载，盛京之太和、天和、恒盛等几家粮栈大户，“邀群结伙，买空卖空，悬拟价值，转相招引，空有钱期米期，循环互易，行中藉以抽分”。盛京以外，其他产粮地区及粮谷输出港口城市，也有专营粮谷的贸易商栈，如铁岭的各粮栈、新民的永隆栈、盖州的万增号、没沟营的万增号等，这些粮栈资本较为雄厚，经营规模较大。《清仁宗实录》记载，1812年，盛京地区各海口商栈仅囤积的高粱就有30多万石；1833年，牛庄、盖州、复州、岫岩等几个港口的粮栈囤粮多达数十万石。清政府当时“谕令粮栈铺户遇有邻省商船到口，概准买运”。盛京地区豆麦海运上海是一项大宗贸易，乾隆以后，每年有商船（沙船）二三千只至上海，皆载豆麦杂粟，三岁三运以为常。至嘉庆、道光年间，每年海上运往上海的豆麦千万石左右。

盛京除粮谷外，其他商品经营也很兴旺，城内形成了一定规模的商业区。《柳边纪略》记载，盛京“城中有钟鼓二楼，百货集其下”。这里不仅有南货等各种坐商店铺，其多为一些山东、山西等地商人开设；而且，有专营绸缎的兴顺利、记德源、天合利、赵兴隆等丝房，有经营衣料服饰之绸缎铺、轻裘庄、靴鞋铺、耳包市、棉花店、估衣铺等，经营日用器具类之瓷器铺、铁器铺、锡器铺、琉璃房、漆铺、镜灯铺、织机铺、柜箱铺、桦树作等，经营首饰文玩类之书铺、镀金作、裱画铺、装潢铺、刻字铺、湖笔庄、扇子店等，经营食杂类之糕点铺、饽饽铺、果馅铺、京药铺、生药铺、熟药铺、刀枪铺、弓箭铺、鞍铺等。盛京以外的其他城镇，也都有规模不等的店铺坐贾，以及屯堡定期举行的集市贸易。康熙年间，锦州有 12 种商铺，即杂货、曲部、铁市、棉花、木市、猪市、盐市、鱼市、茶市、靛市、斗市、马市。至乾隆年间，南方沿海省份的商人，由海路到盛京、锦州等地贩卖农产品和土特产品的日益增多，《清高宗实录》记载，“竟有闽人在彼搭寮居住，渐成村落，多至万余户”。《铁岭县志》记载，铁岭除了一些专营粮谷收购的粮栈外，还开设定期集市，“逢三北街，逢六西街，逢九东街”，售卖民众生产与生活所需品；《岫岩县志》记载，岫岩城东南的大孤山、城西南的大庄河、城南的青堆子沟，都是当时大型集镇，设有税局，开设定期集市；《岫岩县志·乡土志》记载，作为港口城镇，岫岩港对外输出的主要商品是粮谷与木材，此外，山蚕茧也是颇具特色的大宗商品，岫岩地区各村屯所产山蚕茧，“西北则就盖平售，东南皆就孤山销，或有由孤山出口而输烟台者”。

为了便于交易及商业的发展，清廷陆续出台一些扶持发展的政策措施。《清圣祖实录》记载，针对盛京地区斗斛之制比较复杂的状况，既有满族的金石、金斗，又有地方通用的关东斗，极不利于交易。遂于 1704 年决定“盛京金石、金斗、关东斗，皆停其使用”，一律以清廷部颁铁斛大小为准。《清高宗实录》记载，盛京地区的商业税额一直较轻，1726 年，清政府派盛京五部员司监管征税。1740 年，决定由盛京“拣选五部司员于西锦州、宁远州、中后所、中前所四处，义州、广宁二处，辽阳、牛庄、盖州、熊岳四处，复州、南金州、岫岩、凤凰城四处，每区派官一员会同城守尉征税”，并以该年所征税确定尔后征税定额。此外，积极推广和规范牙人与牙行制。牙人与牙行是商业文化繁荣的产物和象征。其是由于商业贸易量大，专为交易双方掌握斗秤、提供场所、协助成交，从中获取佣金的商号或个人。清制，每个镇场集市，一般均有牙人与牙行，由官方给帖（执照），例禁甚严。《铁岭县志》记载，康熙年间，铁岭集市的斗秤牙行均由本县粮厅给帖，季一易之，每帖季纳银3钱。铁岭当时共有18家牙行。《清宣宗实录》记载，道光中叶以后，盛京地区均“酌设牙行，以杜弊端”。牙人与牙行的普遍设立，反映了商业文化的普遍兴旺，也体现了清政府为发展盛京地区商业文化所做出的努力。

盛京地区之辽东半岛，东临黄海，西临渤海，地理位置优越。当时海运商业交通线最北起于辽东半岛。因此，辽东半岛东岸的庄河县大孤山镇（今辽宁省东港市大孤山镇）、牛庄关（营口）、锦州等都是重要商港，清中期以后，其商业文化达到高度繁荣。如营口港，嘉庆、道光年间，营口有大宗粮食贸易。据1838年9月统计，这一年停泊在没沟营的商船达895艘。营口港“日繁月盛，遂成大埠，为东三省海运之咽喉”，成为盛京乃至东北最大的粮食贸易以及南北货的集散地。海运的繁兴，促进了大批商户入驻营口西大街。据史料记载，乾隆年间，山西和直隶的商人即有来营口经商者。当时的营口有丰盛、恒益、宝兴、广信、洪昌5家税店，还有一户上海信商，说明其货栈、店铺之数量相当可观。至1840年底，营口已有西义顺、兴茂福、天增福、永远兴、仁裕号、通顺泰以及天增栈等7户大商号，标志着民族商业资本在营口逐渐兴旺。由于商户剧增，1840年，营口成立了商界议事会；1851—1861年间，营口成立公议会，由市内一流巨商组成，管理商业事务；1900年，又成立了由绅商组成的第二公议会和由回族商人组成的第三公议会，原有的公议会改成第一公议会。3个公议会职能基本相同，分区域、行业管理全市的商业事务。1860 年 10 月，老爷阁建成，其为西大街的东段地标。后来，西大庙至老爷阁段正式成为西大街。其是当时最繁荣的地段，商户林立，经贸繁荣。在西大街，中外客商蜂拥而至，国内知名商号云集，如义泰德、同兴宏（油房）、义顺华、享泰栈、成顺号（大屋子）、东永茂、兴记栈、宏利和、玉昌栈（大屋子）、东永茂油坊开业、永茂号银炉设、西义顺金记、永同庆（河北）、元茂盛（山东）、太古盛、庆隆和、长隆泰（奉天）五油坊、上海瑞昌成（分号）。商业联号大量出现，如西义顺联号之“义”字号，包括义顺金、义顺华、义顺栈、义顺复、义顺元、义顺厚（以上为大屋子），义顺盛、义顺来、西义顺、义顺东（以上为油坊），义顺魁、恒义利（以上为银炉）；还有义顺长、恒义福（以上为银炉）及义顺当（当铺），总计 15 家。又如仁裕号联号之“裕”字联号为广东商帮，“以仁裕号为总号，系装船营业。余有裕盛长、裕盛源、裕盛增银炉三号。裕盛福油坊（裕发油坊）、裕盛东装船，裕盛当等四处，统计十号”。还有东盛和联号之“东”字号包括东盛和（大屋子）、东生怡、昌平德（以上为油房）、东和泰、东生长（以上为银炉）。公顺东联号之“顺”字号包括公顺东、宏顺东、合顺东、合兴东、东记银号及源兴成、仁记号（货栈）等 7 家。光绪四年，吕家在山东的远亲投奔营口，后来到辽阳开设了“顺”字 7 家联号，大顺成、东顺成、永顺成、合顺成、裕顺成、德顺成、顺记西栈。从此，营口和辽阳的“顺”字号遥相呼应，携手同行，共创商业宏图。

《庄河县志》记载，该镇数十年前输入之货由江南杉船，每年入口者不下数百余条，输出之品大豆一项可至 40 万石有奇，商业繁兴为东边冠，清咸同间，几与营口齐名。

盛京地区最重要的海港是辖于牛庄关的营口。该地是辽河入海处，可沟通沿海和内河航运。营口在不同历史时期分属海城县、盖平县。在营口开港前，主要是海城县的萧姬庙河口和盖平县的两河口，后此两港废，合于营口。其税务归牛庄关管辖，所以，南省则总称为牛庄。

营口港为东北三省海运咽喉，如前所述，其商港地位日重。以营口港为主，包括盘山厅的双台子、锦县的小凌河口之东海口与西海口，以及冀东滦州、昌黎、乐亭一带的大庄河口岸，形成了区域性商港。牛庄是盛京地区粮船出海之起航点，航运通直隶、山东、上海、福建、天津等处。停泊各种商船六七百只；又通辽河，辽河上下民船六七百只，故营口港停泊海河船只逾千艘以上。营口商港贸易，以辽河流域物资输出为主；而其输出物资之数额，又以通江口、铁岭、新民府为最多。

清代盛京地区是最吸引外地商贾的地区之一。最早到盛京地区行商的是山西商人，《重修曲沃县志》记载，当时知名的山西曲沃商人长年贸易于“东西北口”，东口即通往盛京乃至东北地区。《慈溪县志》记载，浙江宁波商人贸易、行商足迹远达盛京地区之牛庄；《厦门志》记载，厦门商人贸易范围达到盛京地区之锦州；《临榆县志》记载，滦州商人“赴关东者十之六七，沈阳、吉林、黑龙江三省之地皆至焉”；《迁安县志》记载，迁安商人“经商贸易恒往来关外”。

这些外地商人，将盛京地区土特产品贩运到外地出售，如人参、貂皮、鹿茸、虎骨、松子、榛子、毛皮、东珠、药材、粮谷、豆麦、木材等；又将外地的商品运回盛京地区销售，如棉花、布匹、鞋帽、丝绸、糖、水果、铁锅、陶瓷、盐、茶、烟、酒、香料、豆饼等，促进了盛京商贸文化的繁荣和发展。

三　边境贸易文化的发展

中朝两国边境贸易由来已久。朝鲜义州附近的中江互市，又称湾上互市，据《朝鲜李朝实录中的中国史料》记载，始设于1593年，清入关后，复开市于1647年。此市为官市，严禁民间贸易以及用牝马、人参进行交易，以每年的2月、8月间最为繁盛。

开市时，清政府由凤凰城派出官员参加监管，朝鲜由开城府及两西官员参加监管。双方官员共同商定每次交易品种及价格。清从朝鲜换取的主要有棉布、麻布、盐、牛马、纸张、烟草等货物。盛京地区是与朝鲜一衣带水的近邻，也是中朝边境贸易重要边地之一。民间贸易难以禁止，康熙后期，私商也参加互市。因为私商是在每次官市之后进行交易，所以，又被称作“中江后市”。中江互市经常超出规定的范围。每年春秋两季，朝鲜使臣出凤凰城边门，经盛京前往北京。朝鲜商人往往“潜持银、参，混在马夫之中”，与凤凰城附近的清朝边民交易，“贩物牟利”。这种贸易，朝鲜称之为“栅门后市”。与此同时，使臣或随行官员自朝鲜出发时，便携带着烟草、纸张、布匹等货物，也时或有沿途进行贸易活动，或到盛京城卖掉，换成银子，以便到北京为朝鲜官方换取某些物品。1704 年以后，清政府允许朝鲜使臣直接携带银子赴北京，其随员也可携带银 50 两，以备沿途购物。后来，负责押送朝鲜贡物的团练使，反为商贾之将领，他们与朝鲜商人互相利用，在沿途“落留累日，尽情买卖，顺载于回马以归”。因为这种贸易是在团练使帮助下进行的，朝鲜称之为“团练使后市”。因此，朝鲜商人越来越多混入押送贡物的团练使队伍。

鸦片战争前，清政府始终同朝鲜保持良好贸易关系。顺治时期，外国使节赴京，应在限定的日期于会同馆进行贸易，而朝鲜却不受此限。《钦定大清会典事例》记载，“顺治初年定：凡外国贡使来京，颁赏后，在会同馆开市，或三日，或五日。惟朝鲜、琉球不拘期限，由部移文户部，先拨库使收买，咨覆到部，方出示差官监视，令公平交易”。《清朝文献通考》记载，康熙年间禁海，仍对朝鲜使节予以优惠，“康熙二年，凡外藩货物，有该国王印文开送者，准其贸易。朝鲜陪臣下人应山等，带貂皮一百张，印文内虽未开载，经礼部奏闻，得旨：免其议罪，交易货物，听其随便携带，至日报部，于会同馆交易。该王印文著停止。应禁之物，回时令边关官员详细严察”。即使是 1684 年开海贸易后，米粮也属禁止输出的。清廷虽严禁米粮输出，但对朝鲜却是例外，允许粮谷贸易。中江之市，有时应朝鲜政府之请，鉴于朝鲜遭灾，粮食短缺，放宽了限制，允许粮谷交易。《清圣祖实录》记载，1697 年，清廷允许朝鲜在中江地区贸易米粮。次年，又输出 3 万石，其中有 1 万石作为赠送，2 万石作为官方贸易输出；另外，允许商人贸易 2 万石米粮。

清廷在中朝边境开市，允许内地商人前往中江与朝鲜贸易。为了确保贸易能够“均平交易”，清朝政府下令，不准边境清兵入市。《通文馆志》记载，乾隆年间以后，与中江隔江相望的凤凰城，“生理益胜，人民日繁，为一巨镇”，朝鲜的贸易是促进其繁荣的重要原因之一。“自栅门至凤凰城，皆成陇亩，鸡犬相闻”，“栅门后市”空前兴旺，参加交易人员范围也空前扩大，“每当市朝，金、复、海、盖之载棉花者，沈阳、山东之载大布三升者，中后所、辽东之贩运帽子者，车马辐辏”，甚至有北京商人，“以丝货载到于栅门”。凤凰城内所开店铺，几如关内大处，闾阎栉比，商人等衣服车骑之盛，堪比公侯，吸引了朝鲜义州至北京间大批商人的到来。

由此可以看出，中江互市、中江后市、栅门后市之繁盛，清代盛京地区边境贸易文化之发达。

第三十九章　清朝时期流人与盛京文化繁荣

明清鼎革之际，随清政府移都北京，盛京地区人户从龙入关，造成土著居民和驻军数量很少。所以，盛京文化经历了短暂停顿。直至顺治中期以后，移民以及流民、流人大批涌入盛京地区，盛京文化才逐步繁荣起来。盛京文化的迅速恢复生机，与文化流人的关系至为密切。在被流徙盛京地区数以万计的流人中，因种种罪名被流放的文人学士占一定比例，不下数百人。这些流人没有屈服悲惨的命运，而是为自身和家人的生存而奋斗，积极开展了各种文化活动，吟诗、著述、讲学、办书院，参与盛京地区文化建设，使清初盛京这个“有土无人”地区的文化生活开始活跃起来，为荒凉的盛京文化注入了新的生机与活力，进而推动了辽河文化的繁荣。

这一时期，盛京文化发展的突出特点，是它的渐进性及大量吸收、融合中原文化的兼容并蓄性。

第一节　清政府向盛京地区发遣流人

所谓流人，即是因罪被政府流放之人。清政府入关以后，为了维护其统治，把凡是对抗清朝，触犯清廷政令、忌讳，以及所有危及其统治的“不良”之民，一律冠以罪名，实行流放。根据罪刑轻重，清代流放大致可以分为三种情形：第一种流放安置，又作流徙，即将个人或举家或举族流放边远地区安置，并予监督、管制或监禁；第二种即流放充军，又作遣戍，指按一定里程发到边远地区，列入军籍，编入营伍，戍边防守；第三种即流放为奴，多为入军伍充当兵奴，即所谓给披甲人（兵丁）为奴。

清初，流犯大都发至盛京乃至东北地区。最初流放之地主要是盛京地区之沈阳、尚阳堡（开原城东，今清河水库地）、威远堡、铁岭、抚顺、辽阳等地，后至东北吉林、黑龙江等地。尚阳堡是流人比较集中的地方，早在清入关前的皇太极时期，就开始接纳流人。顺治康熙年间，流放到盛京地区的文化流人不下数百名。

第二节　清代盛京地区流人文化兴盛

文化流人，是清代盛京地区流人的重要组成部分。文化流人，是指在中原为官吏或士子，具有较高文化或某些专长的人。由于这些人原有的地位与特长，在流放地的待遇往往优于一般流人，对他们在政治上管束较松，甚至被免除差役，在地方上受到一定的礼遇与尊重，或受聘从事某些文化活动，或自由从事文化教育活动。由此，形成了流人文化。流人文化作为一种特殊的文化现象，是以文化流人为主体，在盛京地区传播和发展中原传统文化而形成的特殊文化现象。清前期，中原大批文化流人的到来，促进了盛京地区与中原文化的广泛交流，中原先进文化的广泛传播，促进了盛京地区文化形态和类型的繁荣与发展。从这个意义上讲，清代盛京文化是以文化流人为骨干发展起来的，因而其具有鲜明的流人文化色彩与特点。文化流人不仅推动了盛京地区儒学（教育）的发展，而且在书院文化、地方志文化、诗社文化、诗歌创作文化等方面也作出了重要贡献。文化流人播撒的文化种子，对清代后期盛京文化的发展有着深远的影响。

一　清代流人与盛京书院文化

书院是古代地方教育机构的一种形式。书院之名始于唐代，初为官方藏书、校书机构，后发展成为藏书、读书和讲学的场所。宋代以后，各地均创办书院。清代，盛京地区书院的兴起和发展，与文化流人有直接关系。盛京地区的书院最早出现在文化流人汇聚较多的铁岭地区。以郝浴为代表的文化流人，为盛京地区书院的发展作出了很大贡献。

盛京地区书院的发达状况，见记于《盛京通志》《奉天通志》等文献资料，详见表 39－1。

从性质而言，书院属于儒学系统中层次较高的学校；与州县儒学和八旗官学不同的是，满汉等族学子皆可入同一书院学习。

表 39－1　　清朝前期盛京地区府州县书院建设情况一览表

书院名称	始建年代	所在地	备　　考
致知格物之堂	1658 年	铁岭	流人郝浴始创，1675 年，改称银冈书院
襄平书院	1835 年	辽阳	州牧章朝敕集资修葺，创建八九年后废
海州书院	1738 年	海城	知县戴惟耘建立，咸丰初，改名他山书院
他山书院	1851 年	海城	知县张鼎镛建立
龙冈书院	1672 年	开原	知县姚承恩、马绍伯筹建，康熙朝许嗣修建，不久废，乾隆朝复建，因经费不足停办，光绪朝以后复兴

续表

书院名称	始建年代	所在地	备　　考
萃升书院	1719 年	沈阳	府尹任奕（弥）主持修建，后改称沈阳书院
沈阳书院	1742 年	沈阳	府尹霍备劝捐修
秀塔书院	1771 年	建昌	道光以前废
瑞云书院	1830 年	建昌	秀塔书院废，始建瑞云书院
南金书院	1773 年	金州	知县雅尔善率众绅建
集宁书院	1793 年	宁远	嘉庆年间改称西柳城书院
柳城书院	不详	宁远	乾隆年间创办，后废，道光年间复设，咸丰、同治间课务废，光绪后又复办
锦州书院	1794 年	锦州	1841 年，改称凌川书院
聚星书院	1804 年	义州	
辰州书院	1822 年	盖平	贺埙创建

注：此表参阅《盛京通志》有关记载整理而成

清代，盛京地区最早出现的书院，是流放铁岭的郝浴所创办的“格物致知之堂”。郝浴，字冰涤，又字雪海，后自号复阳，直隶定州（今河北省定州）人。1649 年，中进士，1651 年，任湖广御史，巡按四川。在四川任职时，与平西王吴三桂发生矛盾冲突，吴三桂参劾郝浴“饰词冒功”。1654 年，议政王等会议郝浴“冒功妄奏”，论罪当死，世祖“命免死，流徙盛京”①。1658 年，抵达铁岭，开始他的戍辽生活。《重修银岗书院记》载曰：郝浴“于居室之旁结茅三间”，额曰“格物致知之堂”。“比邻诸生十余人，

① 清实录·清世祖实录：卷八十三［M］. 北京：中华书局，2008.

愿从公游，公欣然接之，口讲指画听夕靡倦”。另据《铁岭县志》记载，郝浴在戍18年，“读书讲学，开启后进，注《周易解》《孟子解》，士人宗之”。“格物致知之堂”是清代盛京乃至东北地区第一所由个人创办的书院性质的教育机构。1675年，郝浴被赦回京复职时，将格“物致知之堂”改名为“银冈书院”，并捐地2块①，以为将来生徒膏炎之资。但此后，银岗书院长期湮废，为旗丁所占据。

清代，盛京地区规模最大、影响最大的是沈阳萃升书院。1719年，奉天府丞任奕壐于沈阳天祐门内创建，“初仅三楹”，不久废去。乾隆初年，盛京工部侍郎李永绍于奉天府学宫之右建立义学一座，“旋改为沈阳书院”；1742年，扩建讲堂5楹、斋舍21楹；1762年，又将沈阳书院改名为萃升书院。至1765年之前，书院“缘经费无项”，似一直没有招收学生。《清高宗实录》记载，1766年，清政府始批准盛京将军拨学田2000亩，作为束脩、膏火之费，命其“延师慎选生徒，勤加训诲”，规定书院每年招收生员24人左右，每人月给膏火银1两5钱，每年奖赏银13两多。萃升书院曾集中了盛京地区一批较有名气的文人执教，如王尔烈于1799—1801年间曾掌教该书院；著名学者马瑞辰曾“因公获罪，委书院山长”，“卓有成效”。萃升书院生员来自盛京各地，有满族、汉族，既有旗人、皇室子弟，也有一般民人子弟，从八旗官学、州县儒学择优拔取。萃升书院在当时影响较大，朝鲜使臣曾3次访问萃升书院。1838年，朝鲜使臣柳得恭路经沈阳，往访书院，与教授、监生17人相聚唱和，建立了友谊。此后，于1840年和1861年两次路过辽东，往访书院，与生员聚谈。

---

①　金毓黼，等．奉天通志：卷二百四十一、卷二百四十二［M］．沈阳：辽海出版社，2003．

二　清代流人与盛京地方志文化

盛京地区地方志书的编纂，始于金代。《辽宁方志志》记载，金代王寂于 1190－1191 年编纂《辽东行部志》《鸭江行部志》；1299 年，编纂有《辽阳图志》《开元志》2 种，此后陆续编修《沈阳路图志》《辽阳路图志》《开元新志》《广宁旧志》等五六种。金元时期的志书均已亡佚。明代，盛京地区编修的志书大部分已佚，现存最早的是明代编纂的《辽东志》《全辽志》二部地方总志，《开元新志》仅存片段。清代，盛京地区编纂府州县地方志书有二十余种，其中，清前期近 200 年间，不仅编纂了包括整个东北的地方总志，而且编修了十几部府州县志。文化流人在编修志书中，发挥了很大作用。

1672 年，清政府通令全国普修志书。但“苦文献两阙，戛戛其难之”，加之缺少撰志人手，一些州县久久拖延，令下数年，迟迟不能开局。为此，奉天府“府檄频催”，督令各地组织人力编纂。经过十余年的努力，先后编修成 10 余部地方志书。在编纂过程中，文化流人发挥了重要作用。

1677 年，铁岭知县贾弘文组织人员编纂《铁岭县志》，很快成志。《铁岭县志》共两卷，包括建置等九志、二十八细目①。之所以能快速成志，因为有董国祥、孙镳、罗继谟、邢为枢、左晧生、左昕生等徙居铁岭的文化流人的积极参与。《铁岭县志》是清代盛京乃至东北地区第一部地方志书，它能率先编修完成，充分说明了文化流人在盛京地方文化建设中的重要作用。

董国祥，字掌邦，直隶平安人，进士出身，清初官至刑部、吏部右侍郎，因受贪官牵连，流徙到盛京辖区铁岭尚阳堡；孙镳，字晋人，号麓樵，赵州府宁晋县人，清初举人，擅长诗文，官至

① 张玉新．清代东北流人诗选注［M］．沈阳：辽沈书社，1998．

翰林院撰文中书舍人。因科场案流徙铁岭；罗继谟，字允嘉，一字昌裔，忠岩旭，河南杞县人，进士出身，授翰林院庶吉士，旋即任刑部员外，因科场案（郏子误郏人）被革职，流徙铁岭；邢为枢，号环生，河南开封人，身世不详；左昕生，号观野，左昕生，号肃公，山东莱阳人，二人为兄弟，因其父左懋泰为明末进士，累官至吏部郎中，李自成陷北京时曾归顺大顺政权，清入关后，拒不降清，举家百口流放铁岭。左氏兄弟性情豪放，擅诗文，广交文人学士，曾捐资郝浴修建银冈书院①。由此可以看出，知县贾弘文聘请的修志人员全都是文化流人，他们饱读典籍，学识渊博，所以能够较好地完成《铁岭县志》的编纂工作。《铁岭县志》修成后，为盛京其他地区编纂志书提供了借鉴。

1678 年，开原知县刘超凡仿效铁岭做法，组织文化流人，仿《铁岭县志》体例，编纂《开原县志》共两卷。次年，康熙朝廷提出编修《大清一统志》，东北地区拟修《盛京通志》。奉天府尹对各府州县编纂志书“牒催愈急”。锦州知府刘源溥邀请范阳范勋主持编修辽西各志。范勋全力以赴，先修《锦县志》，共八卷；次修《宁远州志》，共八卷；又修《广宁县志》，共八卷；最后合而为《锦州府志》，共十卷。这部志书，范勋“草出一手，校以二目，左右无将伯之助”，仅用一年时间，完成全部草稿。1682 年，奉天府尹就修志一事“再檄督催”，新任锦州知府孙成就锦州等 4 志之草稿，“手为裁定，删繁就简，订讹补缺，阅三月而卒事”，完成了辽西 4 志的初稿。1680 年，辽阳知州杨镳组织采录有关资料，次年，聘告休奉天府经历施鸿纂辑《辽阳州志》，端赖杨君“甫月而纂修成帙”，共二十八卷。1682 年，盖州知县骆云屡“奉宪檄，催成是役”，于是匆匆纂成《盖州县志》初稿。《盖州县志》编纂难度相对较大，因当地“从龙之家皆入京师，老成既远，又无图

① 贾弘文. 铁岭县志［M］//辽海丛书：第二册. 沈阳：辽沈书社，1985.

籍，虽欲详之亦乌从而详之”，“所可按形而记者只有山川，其余皆阙而不详”。

以上八部地方志书，由于文献资料缺乏，各部志书又匆促成帙，内容大多十分简略，有的志书记述的内容和文字重复，如辽西4志；有的则摘录《辽东志》《全辽志》相关内容以充其篇，如《辽阳州志》。

1682年，清朝政府为编修《大清一统志》，再次“敕奉天府尹先修《盛京通志》”。奉天府尹为编修《盛京通志》，又催各属速成方志。于是，盛京地区开展了第二次修志。这次修志主要是针对前次所草成的《铁岭县志》《开原县志》《锦州府志》《盖平县志》等地方志书，按照统一体例，进行了补充、订正和定稿。此次修订过程中，文化流人陈梦雷发挥了重要作用。

陈梦雷，字省斋，号则震，福建侯官人，清代著名学者。陈氏命运之途坎坷，经历2次流放，起落悲喜无常。进士出身，授翰林院编修。1673年，回闽省亲，遇“三藩之乱”，耿精忠据福建叛清，逼授陈梦雷官职，陈梦雷托病不受。当时，福建另有陈姓学者接受耿精授官，而京师将此陈姓学者传成陈梦雷接受耿精忠授官了。1682年，“三藩之乱”平息后，陈梦雷因此受到牵连，被流放至盛京，时年33岁。1688年，陈梦雷冤情得以昭雪，诏回京师，侍诚郡王胤祉读书于北园，奉旨主持编定《古今图书集成》，达万卷。当时，圣祖康熙曾至其书房，并赠联“松高枝叶茂，鹤老羽毛新”。陈梦雷遂以松鹤命名书斋。世宗时，清除政敌，诚郡王胤祉被定罪，陈梦雷作为党人，以其“累年以来招摇无忌，不法甚多，京师断不可留”为由，被发配到黑龙江卜魁（今齐齐哈尔地区），时年73岁，后卒于此地。

奉天府尹高尔位素来景仰陈梦雷才学，1682年，邀请其主持《盛京通志》编纂工作，同时负责审定各州县与稿。陈梦雷只用两年时间，就完成《盛京通志》的总纂，1684年，《盛京通志》修成问世，全书共32卷，前有序文、凡例、目录及图，每卷为一独立门类，称为志。该志书，严守志体，严谨审慎，记述史实，不妄加臆断，传信存疑；志书结构、行文颇具特色，是清代盛京地区所修志书中集大成者。《盛京通志》的问世，标志盛京地区历时10年之久的官方修志工作圆满告竣。陈梦雷还负责审定了《海城县志》《承德县志》《盖平县志》等地方志书①。

总之，以董国祥、陈梦雷为代表的文化流人，为盛京地区方志文化的繁荣与发展作出了重要贡献。《铁岭县志》乃至《盛京通志》等，这些凝结着文化流人心血和才华的志书，至今仍然是弥足珍贵的地方志书；《辽阳州志》《铁岭县志》（董国祥），《铁岭县志》（李延荣），《锦州府志》《广宁县志》《锦县志》《宁志明志》《盖平县志》《开原县志》等，成为研究盛京乃至东北地区历史文化的重要文献。

三　清代流人与盛京诗社文化

最早的流人函可、左懋泰等是富有才华的学者、志士。他们先后流居盛京以后，惺惺相惜，交往甚密，常有诗文酬唱，活跃了盛京地区的文化氛围。

函可，广东博罗人，是一位僧人。俗名韩宗騋，是明朝礼部尚书韩日缵的长子。生活在明清交际，由于战乱，社会动荡不安，遂萌生了遁入空门的思想，1639年，出家为僧。1644年5月，南明弘光政权在南京建立后，他因请藏经来到南京，正逢清军攻下此城，因道路阻隔，他将道途见闻记录下来，写成私史《再变记》。1647年，顺治帝认为其中有讪谤朝廷之语，疑其有同党，严刑拷问，几次死而复生，后被解往北京刑部大狱问罪，又经几番审讯，终未发现新的情况，1648年4月，被流放盛京，“奉旨重修慈恩寺”。落籍沈阳城东南慈恩寺后，函可先后在辽沈地区7座

① 金毓黼. 辽海丛书［M］. 沈阳：辽沈书社，1985.

大寺刹宣讲佛法，很受信众欢迎，声名远播①。慕名与之交往的人越来越多，尤其是与流戍盛京地区的文化流人交往，包括流放铁岭的左懋泰、郝浴、季开生等，结下了深厚的情谊。

1650年冬，函可借左懋泰生日之机，召集友人，共同创立了盛京地区第一个文人诗社——冰天社，参加者共计33人，几乎囊括了当时盛京地区所有不同出身与政治面貌的文化人士。函可生日时，复聚。这些文士们聚集一堂，互相唱和，抒发感慨，两次聚会，得诗86首②。诗社影响很大，产生了积极效果。它冲破了清初盛京地区文化生活沉寂的状态，沟通了流放至盛京或寓居盛京地区原来互不相识的文人、志士的思想，密切了文士之间的联系，写下了许多精辟的议论和感人的诗篇，活跃了清初盛京地区的文化氛围。

流人文士们积极向社会普及知识、传播文化、推动了盛京地区文化之繁荣。

函可在世时广泛交流，成为当时盛京地区的文坛领袖。1658年，郝浴流居铁岭后，在流人聚居的南门一带，建书屋3间，经常以文会友，每当风月之夕，便邀集诸文士聚会。1675年，郝浴被赦回京复原职，临行前，将书屋留给当地，后改为银冈书院，作为传播文化，研习学问之所。这是清代盛京乃至东北地区第一座书院。

1687年，陈梦雷流放盛京，居城西，建“云思草堂”，“花石娟秀，日以著述为乐，从游者甚众”，他吸引、团结了一大批文人学者，其中主要是流人文士，同时也有流寓文人。从而，盛京地区第二次出现文化发展的热潮。陈梦雷流居盛京十多年，几乎所有流放至盛京地区的流人文士都曾与陈梦雷有交往。他们研究学

① 郝浴．奉天辽阳千山剩人可禅师塔碑铭［M］//杨辉．千山诗集校注：上册．沈阳：辽海出版社，2007．

② 杨辉．千山诗集校注：下册［M］．沈阳：辽海出版社，2007．

问，诗文酬唱，写出了大量作品，丰富了盛京地区文化。其作品是研究辽河文化的重要史料。

四　清代流人与盛京诗词创作文化

清代，流放盛京地区的文化流人主要包括左懋泰、戴遵先、焦冥道人、函可、陈之遴夫妇、陈梦雷、戴梓、郝浴、李呈祥、季开生、丁澎、孙旸等。他们以著述为乐，诗文创作成果颇丰。

左懋泰，字韦诸，号大来，被流人称为北里先生，山东莱阳人，明朝兵部右侍郎左懋第之兄，进士出身，累官吏部郎中，降大顺，不降清。1649 年，举家流放到铁岭，函可称他为“塞外高松”、东海“大老”，著有《徂东集》已佚，因而传世作品不多。

戴遵先，字考信，浙江新昌人。清兵南下时曾劝乃父降清，不纳，乃遁入空门，父后仕清，在任上被革职并流放，便随父流放至铁岭，服侍左右，备尝艰辛。在流放期间，广与文化流人交往，得诗颇多。《铁岭县志》收其诗。

焦冥道人，又称苗炼师，本名苗君稷，昌平人，清军掠其入辽东，皇太极欲官之，不就，请为道士，居盛京三官庙，逆境中喜读儒书，年逾花甲而不释卷。平时以经史之学教育弟子，诗作颇丰，存有《焦冥集》。

函可与千山僧人交往甚密，曾 10 次登千山，最后隐居千山，直到圆寂。其弟子与友人搜集其遗诗，汇编成《千山诗集》，共 20 卷、1500 余首，包括函可生前自己编辑的《金铃塔》中的全部诗作，同时收录了冰天诗社的 86 首诗作。

陈之遴与徐灿夫妇，陈之遴，字彦升，号泰庵，浙江海宁人，其父陈祖苞明朝顺天巡抚。陈之遴年轻时便与东林、复社名人钱谦益、吴伟业等志趣相投，积极参与文人结党活动。1637 年，中进士，被授翰林院编修，后迁中元。降清后，官至礼部尚书，1656 年 3 月，以结党之罪被流放盛京，10 月，被召回。两年后，又以贿结内监吴良辅被夺官，籍没家产，全家被流放盛京，1667

年，病死于盛京。其在流放盛京期间，与文化流人交往频繁，常相唱和，诗文结集《浮云集》共12卷与《旋吉堂集》两种。其妻徐灿，字湘苹，一字明深（霞），号紫訾，江苏吴县人。明朝光禄寺丞徐子懋之女。从幼习通书史，善诗词，随夫两度流放，陪伴始终。夫故后，不久其子相继亡故，从此布衣茹斋，不再为诗而倾心佛法，1671年，帝玄烨东巡盛京，徐灿跪道而迎，手疏面陈，帝玄烨允其扶夫榇以还。生能福祸与共，死能扶榇归籍，人称奇女子。其诗词编成《拙政园诗集》《拙政园诗余》存世。

陈梦雷，精通文史，学问渊博，才气奔放，其诗作不假雕琢，每多新意。诗作编辑为《松鹤山房诗集》，其中描写盛京的诗最多，特别是对盛京的山川胜景、人物风情，进行了细致入微的描写，留下盛京十六景诗，包括天柱衡云、开城霁雪、东园泛菊、龙石观莲、实胜斜晖、永安秋水、浑河晚渡、御园春望、黄山秋猎、沈水春游、天坛松月、南塔柳荫、重云列障等。这《留都十六景》诗，篇篇精妙，是研究盛京历史文化的重要史料。

戴梓，字文轩，流放后自号耕烟老人，浙江仁和人。自幼才思敏捷，擅长诗文，工草书，尤喜读兵书，潜心研究火器制造而闻名乡里。三藩之乱时，效力军中，制造冲天炮，建有奇功。曾受康熙帝召见，被授翰林院侍讲，奉命与高士奇在南书房值班，成为康熙帝近臣。被南怀仁等以编纂律吕议不合、勾结廷臣等攻击，康熙帝不明就里，下令流放关东，落籍盛京。1691年，历尽艰辛，以卖书画诗文自给，常冬夜拥破絮卧冷炕，凌晨踏坚冰入山拾榛子以充饥，而终未得赦免，流放35年后病故，留存《耕烟草堂诗钞》共4卷，收诗350余首。

此外，郝浴、李呈祥、季开生、丁澎、孙旸等亦有诗作存世。

总之，文化流人的诗词创作，推进繁荣了盛京地区文化教育，对盛京地区文化发展与建设做出了积极贡献。

五　清代盛京地区诗文人物的崛起

盛京地区文化在经历了明清之际战乱后，从衰败走向复兴。清初，文化流人的诗文创作，重新开发了盛京这片“文化荒漠”，迎来了新的繁荣，主要体现在盛京地区诗文人物的崛起。清入关后，在顺治、康熙、雍正三朝，满族文化在吸取中原传统文化中成长，著名满族诗人、作家主要都活跃在这一阶段，其代表人物包括鄂貌图、高塞、卞三元、范承谟、阿什坦。在盛京地区，文坛上涌现出以李锴、戴亨、陈景元、王尔烈、常纪、缪公恩、金朝觐、常安、德龄、全魁、恭泰、宝琳为代表的新生代。

鄂貌图，字麟阁，又字遇尧，满族章佳氏。1641年，中式举人，乡试第一名，顺治初年，授秘书侍读，后在军中效力，有战功，任秘书学士兼礼部侍郎等职，参加过纂修清太祖、太宗实录，兼通满汉文意，曾参加翻译过通鉴、会典、诗经、礼记等汉文典籍，1661年，卒于任上。著有《北海集》1卷、续集1卷，铁保纂辑《熙朝雅颂集》收录其五言、七言诗13首①。

高塞，号敬一道人、敬一主人，清太宗皇太极之第六子。性淡泊，好读书，善弹琴，工诗画，精曲理。未受宗室重视，政治生涯不尽如人意，长期生活在医巫闾山，远离尘世纷争，喜禅慕道，写诗绘画，悟道弹琴，钟情于汉文化，与一些有学识的僧人、道士过从甚密。有诗文集《恭寿堂集》存世，《熙朝雅颂集》收其诗14首。

卞三元，字月华，一字桂林，盛京盖平人。1641年，中式举人，授内秘书院理事，1646年，外补山东登州府知府，次年，调任扬州知府；历任山东东昌道副使、淮海道、湖广上荆南道、驿盐道、陕西苑马寺卿、山西按察使、贵州巡抚兼理湖北及川东等

① 铁保. 熙朝雅颂集［M］. 沈阳：辽宁大学出版社，1992：328—333.

处军务，1661年7月，加兵部侍郎，1665年，升云贵总督。1668年，回旗养母，1687年2月，卒，谥恪敏。著有《公余诗草》，《熙朝雅颂集》收其诗8首①。

范承谟，字觐公，号螺山，范文程之次子。官至浙闽总督，有《范忠贞集》10卷。其长兄承斌，袭爵，《熙朝雅颂集》收录其诗24首②；三弟承勋，著有《鸡足山志》《世美堂集》；四弟承烈，著有《雏凤堂集》。范氏一门，诗文人才济济。

李锴，字铁君，号眉山，又号廌青山人，别号幽求子，又号焦明子，祖籍盛京铁岭县。不以荣华富贵为意，自甘淡泊，品格高尚，学识渊博，为时人所敬。不仅擅吟诗作文，且有良史之才。著有《尚史》107卷、80余万字，《春秋通义》18卷、《原易》3卷，其文集名《李铁君文钞》或作《睫巢文集》，诗文合集名《豸青山人集》。诗集《含中集》后改名《睫巢集》，存诗约450首。

戴亨，字通乾，又字遂堂，号会嘉，文化流人戴梓之第四子。自幼生活在艰苦环境，刻苦学习，1690年，中进士，任山东齐河县知县，以“伉直不苟合，投劾归乡”，从此，再未出仕。以授徒为生，过着清贫的生活，专注于诗文，创作颇丰，现存有《庆芝堂诗集》18卷，收录诗文1312首。

陈景元，字石闾，祖籍山东，后迁盛京地区。家境贫寒，不以仕进为意，以布衣终其生。工诗，善书画，尤工古隶书。传世诗集名《石闾集》30卷。其与李锴、戴亨，是康乾盛世时著名诗人，被称“辽东三老”。

王尔烈，字君武，号瑶峰，盛京辽阳州人。少时，承家训，性行纯净，笃于孝友。1771年，中进士，殿试二甲头名，授编

① 铁保．熙朝雅颂集［M］．沈阳：辽宁大学出版社，1992：328—333．

② 铁保．熙朝雅颂集［M］．沈阳：辽宁大学出版社，1992：334—342．

修，历官御史、内阁侍读、四库全书及三通馆纂修、大理寺少卿等。以文章、书法鸣于乾嘉之盛，被称为“关东才子”。于1799年休致，回盛京，掌教沈阳书院。1801年，病逝。其诗作多已散佚。现存金毓黼搜集整理的《同游千山诗录》，共60余首，另有其遗传，金毓黼将其编辑为1集（上下卷），命名为《瑶峰集》，收入《辽海丛书》第3册①。

常纪，字铭勋，号虀廷，别号理斋，盛京城人。王尔烈称其“为人貌奇伟，性尚忼爽，文思清拔，尤嗜吟咏”。1756年，中式举人，次年，中进士，官任四川西充知县时，兴利除弊，兴办教育，士民既悦，颂声大作。1771年，金川叛乱，奉命从征，因功，升崇庆知州，不幸遇叛军袭击，被敌围攻，身中10余刀，不屈而死。常纪死后10余年，王尔烈从其子处得《爱吟草》一卷稿本，后又有武功人张洲所撰《恩恤道崇庆牧常君殉节录》1卷，遂合为《爱吟草》，收入《辽海丛书》第2册②。

缪公恩，字立庄，号梅澥，因喜欢画兰花，别号兰皋，盛京人。幼时，随父宦居江南10余年，遍游各处名胜及人文荟萃之地。回盛京后，屡试不中，遂放弃仕途，专力于诗文绘画。50岁时，考补盛京右翼官学助教。与盛京及朝鲜名士皆有交往，时相赠答，以诗作享誉盛京文坛，时人有“沈阳有不识缪兰皋先生者，至引为阙憾”之说。1841年，卒，享年86岁。著有《梦鹤轩诗钞》24卷，因家境贫寒，未能刻印，多散佚，今存4卷，收入《辽海丛书》第5册③，名为《梦鹤轩梅澥诗钞》，收录诗文600余首。

金朝觐，字午亭，又字西侯，号銮坡，早年肄业于沈阳书院，天资颖迈，雄视文坛，1805年，仁宗帝东巡盛京，其献赋，与朝

---

① 金毓黼. 辽海丛书［M］. 沈阳：辽沈书社，1985.

② 金毓黼. 辽海丛书［M］. 沈阳：辽沈书社，1985.

③ 金毓黼. 辽海丛书［M］. 沈阳：辽沈书社，1985.

鲜奉使诸臣往复最久，酬和亦多。1808 年，恩科举人，3 年后，中进士，任四川崇庆州知州，在盛京期间，与缪公恩交好，吟诗作赋，相互唱和，缪公恩称其诗“清新刻露，绝无饾饤陈因之气”，“温厚和平之意，盎然流露于楮墨间”。著有《三槐书屋诗钞》4 卷，约计诗 500 余首。

常安，字履坦，满族镶黄旗人。1693 年，中式举人，以诸生授笔帖式，自刑部改隶山西巡抚，1723 年，任山西太原理事通判。后转任冀宁道，迁任广西按察使、贵州布政使、江西巡抚。1735 年，因母丧去官。其任贵州布政使时，刻诗文词初稿，为《醉红亭集》。次年，还京师途经仲家滩时，其仆强迫闸官在非开闸时间开闸越渡，乾隆下谕：“皇考临御时所未尝有！徒以初政崇尚宽大，常安封疆大吏，乃为此市井跋扈之举，目无功令”。被夺官，下刑部议罪，帝命宽免。由江西入都督，理北路粮饷，驻鄂尔昆时，著有《瀚海前后集》。1739 年，任盛京兵部侍郎，其诗作辑为《沈水三春集》。次年，召改刑部侍郎，其诗文集为《班余翦烛集》，1741 年，任浙江巡抚，官漕运总督，其时诗文集为《驻淮集》。在任浙江巡抚时，其将各个时期的诗文集合在一起，总名为《受宜堂集》，存世。

德龄，字秋如，号护村，康熙朝进士，乾隆朝官至盛京礼部侍郎，善诗文，著有《倚松阁集》7 卷；全魁，字穆斋，乾隆朝进士，官至盛京户部侍郎，著有《乘槎集》；恭泰，字履安，号兰若，乾隆朝进士，累官至盛京兵部侍郎，擅长诗文，且精通绘画，著有《兰岩诗稿》；升寅，字宾旭，嘉庆时，曾任盛京将军，著有《晋斋诗存》2 卷；宝琳，字梦莲，号梦迹山人，10 岁随父任职盛京，居 10 载后返回京师，著有《知足不知足斋诗存》6 集。

以上可以看出，清代中叶以后，盛京地区诗文人物的崛起，是推动盛京文化乃至辽河文化出现鼎盛繁荣之局面的重要因素。

第四十章　清朝时期盛京地区社会文化

明末清初之际，战乱造成盛京地区社会动荡，民不聊生，人户外流，特别是清政府迁都北京，从龙入关者甚众。一时间，盛京地区出现了“人荒”，“荒城废堡，沃野千里，有土无人”，即便是都城沈阳，也有一半已是人去屋空了。盛京地区是满族肇兴、王迹肇基之地，清朝统治者视盛京为保持满族文化传统的根据地，以其文化为国家之本，极力维护，加固根本。1653 年 9 月，清政府颁布《辽东招民开垦授官条例》，用奖励的办法，鼓励关内民人前往盛京地区垦荒种地，重新启动盛京地区经济文化发展。自康熙朝开始，山东、河南、河北等地的民人，或因生计困难，或遭受重灾，遂举家出关，到盛京地区谋生，史称“流民”。乾隆朝以后，出关前往盛京地区的人户越来越多，出现了人户回流盛京的盛况。同时，当年从龙入关的满族八旗子弟们，有的在北京已陷入生活艰难的困境，为解决八旗子弟生计问题，朝廷动员京旗人口回盛京等地垦荒，史称“京旗回垦”。上述决定了盛京地区人口构成的多元性，既有原辽东人，又有河南、河北、山东及江南等地人；既有满族，又有汉、蒙古、朝鲜、回等民族。各地域、各民族风俗文化不同，相互影响、互相渗透，历百年之后，呈现出具有盛京地域特色的民俗风情，民俗文化中既有各民族固有的特性，又有融合后的民族共性。这使得盛京地区社会文化形态和类型呈现多元性、复杂性特征。

第一节　清代盛京地区民俗文化

流民垦荒和京旗回垦，促使不同地区、不同民族汇聚盛京地区，人户及民族的迁徙变化，五方错居，各族杂处，不同的习俗文化，经过交锋、交流和交融，最终形成了盛京地区独特的民俗文化。

一　饮食与服饰文化

清代，盛京地区饮食服饰文化因各族人户杂居，既保留有各民族传统习俗，又融合发展成共同的地域文化。

（一）饮食文化

盛京地区盛产高粱、谷子、黄豆、大黄米、小黄米、大麦、小麦、稻米等。其饮食主要以这些农产品为食材加工制作。主食有米饭、面品。米饭以高粱米为主，俗称“秫米饭”，因制作方法不同，有粥饭、干饭、水饭等。面品制作方式更是多样，如豆面卷子，是将浸泡后的黄米磨成面，和匀，擀成薄片，入锅蒸熟；将黄豆炒熟，磨成粉，均匀地撒在面片上。卷起面片，切成小块，即可食用。吃时，可蘸豆粉。由于卷面片的过程，如同在面板上滚面片，吃时还要在盛豆粉的盘子里滚一滚，蘸上豆粉，所以，民间又戏称这种食品为“驴打滚儿”。

又如黏米饽饽，又称黏豆包或黏饽饽，是将大黄米或小黄米浸泡后磨成面，稍稍发酵，包入小豆馅，团成上尖下圆、平底的包子，上锅蒸熟即可食用。吃时，蘸白糖。盛京地区一般人家，在腊月里皆做黏饽饽，蒸出几锅，将其放在室外的缸里冷冻，年前，置办年货，走亲访友，接待客人，拿出黏饽饽随热随吃，简单方便，非常受欢迎。蒸黏饽饽时，饽饽外面可以包上不同植物的叶子，既不粘屉布，吃起来又别有滋味。其用苏子叶包的，称为苏叶饽饽；用槲树叶包的，称槲叶饽饽；用菠萝叶包的，称为菠萝叶饽饽。使用不同的叶片包的饽饽，吃时会有不同原叶的新鲜清香的味道。也有的将黏饽饽擀成饼状，入锅烙熟后食用，称为“黏火勺”。

再如萨其玛，又称糖缠饽饽或搓条饽饽，是将白面用鸡蛋、奶油和水调和，搋好之后，搓成长条，入锅炸熟，再用蜂蜜或糖稀使它们黏结在一起，放入扁平槽内压平，待其完全凝固后，即可切块食用。这是满族的传统食品，至今仍为大众所喜爱。

此外，盛京地区特色食品还有汤子、饸饹。汤子即酸汤子，其做法和口味都很独特。先将玉米浸泡发酵变酸，而后磨成水面，使之沉淀，过滤掉粗渣子；做汤子时，先将锅里的水烧开，然后，左手大拇指戴一汤子套（圆锥形铁皮套），将面从汤子套中挤出，呈条形，甩入沸水中；煮熟后，可清汤，可混汤；可热食，亦可凉食。尤其是盛夏，吃一碗酸汤子，酸软爽口，很是惬意。

饸饹，又称河漏或河洛。《奉天通志》记载，夏日或食河洛，将小米浸盘盅中，使之发酵，然后，以清水淘净，磨成面，和以沸水纳入河洛床，漏成长条，以沸汤煮熟，和以卤汁，圆滑适口。这是种田人最喜欢的食品。

盛京地区的蔬菜，因季节而不同。夏秋时节，各种应季蔬菜比较丰富，冬季漫长，以猪肉、大白菜、土豆、酸菜、咸菜为大宗食材。不同的烹饪方法，制作出不同的美味佳肴。酸菜是盛京地区人们冬季最主要的食材。因此，盛京地区人户几乎家家腌制酸菜。酸菜可炒、可炖、可凉拌，亦可作馅包饺子、做馅饼等。猪肉炖酸菜、粉条，香而不腻，适口开胃，民人特别喜爱。其中“白肉血肠”是满族的传统菜肴，老少皆喜食。所谓“白肉”，就是将肥瘦相间、五花三层的猪肉煮熟切片；所谓“血肠”即是将猪血加入适量的凉水、调料搅拌均匀后，灌入洗净的猪肠，煮熟切片。酸菜洗切后，放入煮肉的老汤中炖开锅，再将白肉、血肠放入酸菜汤中炖开锅即可食用。食用时，蘸蒜酱、韭菜花酱等佐料。白肉血肠的特点是：白肉肥而不腻，血肠柔软香嫩，红色的血肠与白肉相搭煮，色香味俱全，吃酸菜白肉血肠、喝汤，满口留香，百吃不厌。

吃火锅，也是盛京地区食俗文化。火锅原本是满族早期狩猎时常用的野炊方式，后来被广泛袭用。《奉天通志》记载，火锅以锡为之，分上下层，高不及尺，中以红铜为火筒，着炭，汤沸时煮一切肉脯鸡鱼，其味无不鲜美。吃火锅时，将新鲜蔬菜、鲜嫩肉脯，洗切备好，待火锅中底料（底汤）煮沸，用筷子夹菜蔬、肉脯放入沸汤中涮熟，蘸调料吃。调料主要由蒜酱、韭菜花酱、芝麻酱、花生酱、盐、糖、腐乳汁、酱油等混拌而成，口味轻重由自己确定。鲜嫩的肉脯、新鲜的时蔬，即涮即蘸佐料而食，味鲜美无比。因此，无论贫穷、宝贵，家家户户，都喜欢吃火锅。火锅有贵有贱，形制以铜质火锅为最贵，为富贵家庭所选用。买不起火锅的人家，或用铁锅、或用铜盆，架在火炉上煮沸汤，即可吃火锅了。器用虽然简陋，但并不妨碍人们吃火锅的兴致。火锅最大的特点是，几乎所有食材，均适用于吃火锅，或涮或煮，火锅汤料（称底料），添加的是事先煮熟的老汤，保持味道始终不变。其是老少皆宜的美味佳肴。

饮酒文化。盛京地区，冬天寒冷，故饮酒的人很多。《奉天通志》记载说，酒以高粱酿造，性较烈，所以称为烧酒，亦称白干，能够御寒。黄米也可酿酒，称黄酒或元酒，味稍薄。盛京地区所产高粱、黄米，是酿酒的主要原料。因为饮酒的人多，对酒的需求量很大，故盛京地区酿酒业文化比较发达，见记于史料的是许多村庄的名称，如胡家烧锅、廉家烧锅、贝家烧锅等，可以说明这一点。因为手工作坊酿酒，技术简单，所以，一般农家皆可架锅酿酒。

吸烟文化。盛京地区人们日常生活有吸烟的习惯，尤其是满族，几乎家家都有烟笸箩，人人有烟袋。年长者，起床后吸烟、晚睡前吸烟、饭前吸烟、饭后吸烟。女子十七八岁叼着大烟袋见惯不怪，姑娘变成了人家的儿媳妇，做媳妇的，每天起床后，先给公婆装上一袋烟，然后才能去做饭。家里来了客人，不是敬茶，而是先装好烟袋敬客人。冬天，姑、婆、媳几个，盘坐于炕，炕边置火盆，夹炭火点燃烟袋，整个屋内，烟雾缭绕，大家聊天侃地，其乐融融。烟草，一般是自己种植，春天种，秋天收割烟叶、晒干，以备一年之用。烟袋，由烟锅、烟杆、烟嘴组成，烟锅多为铜质，烟嘴多饰有翡翠、玉、玛瑙，烟杆以长者为美，最长者达三四尺。长烟杆不仅表明吸烟者吸烟能力强，而且对于家庭来说，还是家中长者权威的象征。

（二）服饰文化

清代，盛京地区由于人户的迁移，聚居来自关内的流民、京旗回垦的旗人、被流放的流人等，五方共处，各族杂居，服饰文化既保留有各民族传统服饰，又融合发展成共同的服饰形制。

《奉天通志》记载，清朝推行“剃发易服”政体文化，故“全国冠裳皆同”。即男子穿长袍马褂，女子着旗袍。蒙古、朝鲜等族，节庆时，亦可穿戴民族服饰。盛京地区风俗尚朴素，男子平时穿戴主要为棉袍、马褂、白袜、青鞋，袍色多为灰色、黑色。农家种棉织布，皆以家织布缝制衣裳，结实耐用。冬天，男女老少，皆喜穿靰鞡鞋，用草、毡制作靰鞡鞋，既轻便又保暖。女子所穿旗袍，自乾隆朝以后，形制有所变化，腰身渐瘦，肥袖变窄，紧身合体，表明女子服饰文化的进步，既要满足实用，又要讲究美观，旗袍紧身合体，可以展示女性身体线条之曲美。满汉女子在穿戴上不同的是，满族女子天足，汉族女子缠足，故所穿鞋子不同。

二　骑射与婚嫁习俗

（一）骑射习俗

满族及其他民族的骑射之习俗文化，清代一直延续下来。围猎是练习骑射的最好办法。因此，皇室有自己的围场，专供皇室成员围猎，练习骑射。文化流人陈之遴在其诗集《浮云集·出猎歌（三首之一）》写道："旌麾八部蔽霜空，万马奔腾喜逆风。高雁数行惊不定，半天霹雳起雕弓。"丁澎在《扶荔堂诗集·塞上曲（六首之二）》写道："紫塞黄沙扑面飞，红妆小队窄裘衣。月明毳帐弹筝坐，共待戎王夜打围。"这两首诗作，描述了盛京地区八旗围猎的雄壮场面。当时，八旗打围射猎已成风气，《柳边纪略》（杨宾著）记载："十月，人皆臂鹰走狗逐捕禽兽，名曰打围"。这种习俗影响了整个社会。盛京地区除了八旗围场外，民间也有通过打围射猎、骑马叼羊比赛等练习骑射的，以致出现了"辽左小儿五六岁即乘马"，"辽左女子善乘马，较男子更胜。加鞭疾驰，了无畏怯，而姿态更飘逸，偶有一二不能乘者，必共笑之"的现象。妇女的骑射水平一点也不输于男人。方登峄《葆素斋·妇猎词》："背负儿，手挽弓，骑马上山打飞虫。飞虫落手揕其胸，掬血饮儿儿口红。儿翁割草牛车卸，归来同饱毡庐中。"方观承《东闾剩稿·卜魁魏竹枝词》："夫役官围儿苦饥，连朝大雪雉初肥。风驰一矢山腰去，猎马长衫带血归。"文人笔下，当时妇女骑射娴熟的场面，清晰如睹。

（二）婚嫁习俗

盛京地区婚嫁习俗文化呈现多样性特征。尽管盛京地区各民族杂居、错处，但男婚女嫁的风俗各族有不同的特点。共同之处是，青年男女婚姻均由父母主持议婚，并由媒氏介绍。汉族表现为严重的包办性质，特别重视父母之命与媒妁之言，正式结婚之前，男女双方不能见面，婚姻没有主动权。一般婚姻，重视门当户对。各民族间一般不通婚，回族尤其严格。满族、汉族在长期交往中，虽然彼此风俗、语言逐渐接近和相同，但清政府出于政治、经济、文化等方面的考虑，下令满、汉不得通婚；只允许满族与八旗汉军通婚。允许满族、汉军与蒙古、达斡尔、巴尔虎等通婚，不过，自乾隆朝以后，满汉通婚的现象在民间越来越多见。另外，盛京地区在官员或富户家庭中，存在一夫多妻现象。方拱乾在《绝域纪略》中记载："一男子率数妇，多则以十计，生子或立或不立惟其意也。""官员有力者，妻不生子，或笨愚不任家政，则更娶一妻，号二房，此旧俗也。近则二房不已，复娶三房，皆良家女，媒妁所成。"

其他民族，相对来说限制不太严格，如蒙古族。蒙古族婚嫁亦由媒人介绍，求婚男子可以亲自到女子家中求婚。男子至女子家，向佛跪献哈达，女家若接受，婚约乃定。随后，男方将聘礼主要包括牛马、衣物等，送到女子家。结婚前一日，新郎佩刀与宾朋前往新娘家迎娶，向佛献哈达，餐后偕新娘子同归。到新郎家后，男女分别梳头，女挽发髻，男梳辫子，共用一盆洗漱后，到神案前交拜成礼。

关于结婚仪式，盛京地区满汉之间相互影响，已无大的差别。以满族结婚仪程为例，整个婚姻礼仪大体如下：

问礼：即男子通过媒人到女子家说媒，向女子家介绍男方家境，同时，问明女方生辰八字，认为合适则可。小定：男女双方生辰八字相合，男方主妇到女家看女子相貌，女子给男方主妇装烟袋，俗称"装烟礼"，若相中，便赠如意或钗钏等物品以为定礼，俗称下定。请期：即男女双方家长共同商定下聘日期。杨宾著《柳边纪略》介绍说，这天，"女家无他辞，男之父乃率子至女之姻戚家叩头。姻戚家亦无他辞，乃率其子侄群至女家叩头。"纳采：由男方择吉日下聘礼，赠送女家，聘礼主要包括衣服、绸缎、羊、鹅、猪、酒诸物，这叫过礼，女方家设宴款待。开剪：男方选好结婚日期，通知女方家，俗称"送日子"。之后，女方家举行开剪仪式，即将男方和本家亲戚送来的布料，按尺寸和所需裁开，为新娘子准备嫁衣。新娘子的父母和兄长，都要准备陪嫁。送嫁妆：结婚前一日，新娘子离开家，由送亲婆陪同，亲兄长护送，到已经选好的距离新郎家不远的某家住下，俗称"打下处"。当天，新娘子家将嫁妆送到新郎家。迎亲：吉日，新郎及迎亲队伍将新娘子迎娶至家中，花轿抬至大门口时，新娘子由新郎家女子扶下轿，入洞房，门口放马鞍及火盆，新娘子从上面迈过。之后，新郎、新娘并肩坐在南炕的帐帏内，称为“坐帐”。天至正午，新郎、新娘开始拜天地，拜毕，酒宴开始，新娘子复回洞房“坐福”。装烟：婚后第二天，新娘子在妯娌的带领下，给本族亲人装烟、倒茶，借机会认识大家，明确辈分。回门：婚后第三天，新郎与新娘回到娘家，新郎要给新娘子家的祖宗板行磕头礼。二人在娘家住一两天。

盛京地区汉族婚姻仪程大体相同。

以上，满族、汉族、蒙古族的婚姻仪程，说明盛京地区民间婚嫁文化既有民族特色，又有共同之处。

三　节庆与娱乐文化

清代，在盛京地区，由于各民族长期杂居错处，特别是满汉民族的长期共处，节庆习俗文化渐趋同化，但因各自的旧俗不同，故相同的节日，仍然各具特色。

（一）节庆习俗

1. 过年

农历大年三十，满族称过年，不同于汉族称除夕。过年，满族各家都要贴春联、窗花、挂签和“福”字。满族旧俗尚白贱红，丧事用红色，后受汉族影响，亦用红纸写春联。挂签是具有满族特色的剪纸，纸宽为20～30厘米、长为40～50厘米，上端镂刻传统图案和福、寿、瑞等满文，下端剪成犬齿穗头，贴在门窗和房梁等处，以增添节日喜庆气氛。早期，挂签是祭祀场所的饰物，贴在神龛、祖宗板等处，颜色与所隶旗分相同；后逐渐演变成年节的饰物，每逢年节，家家贴挂签，烘托节日气氛。吃过年饭后，天渐黑，晚辈开始给长辈拜年。新媳妇拜年是族中一件大事，长辈们准备好礼品，新媳妇身着旗袍，脚穿寸子鞋，到族中的长者家拜年，按辈分给诸位长者施礼、装烟。长辈们赏以戒指、耳钳、银元等。若是大家族，拜完年，新媳妇虽然疲惫不堪，但能够收获长辈们丰厚的回赏，也是十分乐意的。

2. 元宵节

正月十五为上元节，俗称元宵节，又称灯节。街市张灯 3 日。各商家制作的彩灯，形制别样，有人物、瓜果、动物，或用纱绢，或用彩纸，穷工极巧，角胜争奇。还有高跷、旱船、秧歌，人们以童子扮三四妇女，又三四人扮参军，各持尺许两圆木，戛击相对舞，一扮持伞灯卖膏药者前导，傍以锣鼓和之。舞毕，乃歌，歌毕，更舞。扭秧歌往往通宵达旦。

正月初一至十五日，闺中停止针线活，闺密们结伴玩抓嘎拉哈。

正月十六日，日暮时分，妇女们结伴至空地，步行一周，或至邻家而回，名曰走百病。有些地方，妇女走百病的形式是结伴在冰上打滚，称轱辘冰，形式多样，目的就是让妇女能够放松身心，释放压力。

3. 中和节

二月二日，中和节，俗称龙抬头，这一天有引龙的习俗。家家晨起后，用草木灰从水缸旁一直撒到井边，灰道弯曲，其形如龙，然后，在院中举行祭祀，求龙王爷保佑一年四季风调雨顺。妇女忌针线活，以防伤龙目。多吃猪头肉、春饼。过了二月二日，这个年节才算彻底过完了。

4. 寒食节与清明节

寒食节，即清明节前一日，是日，家家户户忌烟火。清明节，是祭奠先人的日子，各家都去祖坟祭扫。盛京地区，每年大约在清明节前后，天气才开始转暖，清明时分，春回大地，万物萌新，人们纷纷走出去，结伴到野外散步，称踏青。

5. 端午节

五月初五是端午节。《奉天通志》记载，这一天，百姓人家在檐端皆插上蒲艾，门上悬挂纸葫芦，吃角黍，饮雄黄酒，小孩子的颈、腕缠五彩线、以黄布制作小猴子，又以青麻制作小笤帚，佩戴胸际，中午举办盛宴，名曰过节。满族的端午节与汉族的端午节纪念的人物不同。汉族端午节纪念的是伟大的爱国主义诗人屈原，满族的端午节是为了祈福禳灾。相传，很久以前，天帝派使者到人间体察民情，使者扮演的是一位卖油翁，人们争相购买，只有一位老汉没有争购，而是告诉卖油翁算错了账，卖油翁尾随老汉，悄悄地告诉他说，夜间会有瘟神下界散布瘟疫，要老汉赶紧回家，在自家房檐上插上些艾蒿、门上插根柳枝，上拴一个小猴子和小笤帚，家里人在脚脖和手腕缠上五彩线，并叮嘱老汉不要告诉那些买油的人。善良的老汉，跑遍全村，告诉所有的乡亲。结果，家家插艾蒿、柳枝条，人人绑五彩线，最终，全村人得救了。故满族人过端午节敬奉的是这位善良的老汉。另外，盛京地区，人们过端午节时，还到村子外面去踏露水，传说，用这天的露水洗脸、洗眼、洗脚，可以驱灾避邪，免生疾病。可以说，满族、汉族都过端午节，但其节日的纪念内含却不同。

（二）游艺文化

盛京地区游艺文化形态和类型，主要包括玩嘎拉哈、老鹞子抓小鸡、跑马城、踢行头、跳笊篱姑娘舞、八角鼓、子弟书等。

1. 抓嘎拉哈

嘎拉哈游戏是盛京地区妇女儿童日常最爱的娱乐活动形式。嘎拉哈又称膝盖骨，有猪、羊、鹿、獐、狍的，其中以羊嘎拉哈因小巧、质地坚硬光滑而最受玩者喜爱。玩嘎拉哈原是满族一种古老的游戏。满族及其先世以射猎为业，动物肉可以充饥，皮毛可以御寒，骨头则用作游戏的玩具。如猪的下颌骨系上绳子，小孩在地上拉着玩，称为卡巴车；猪的肩胛骨似扇形，系上大钱，摇晃时哗哗作响，称为哈拉巴板；膝盖骨称为嘎拉哈。清入关前，嘎拉哈游戏由一种普通游戏演变为博戏，以此进行赌博，玩者多为男子，随手抛掷，以倒、仰、横、侧分胜负，以猪、羊赌输赢。赌博败坏社会风俗。1641 年，清太宗皇太极下令禁止。以后，玩嘎拉哈逐渐演变成妇女儿童的游戏活动，尤其是女孩子的喜爱。

女孩子玩嘎拉哈，少则二人，多可四五人，玩四枚嘎拉哈的称抓子，玩十枚或数十枚嘎拉哈的称抓大堆儿。抓子儿的玩法花样较多，妙趣横生，主要是锻炼玩者的动作灵活性，考验手疾眼快。平时是小孩子们玩嘎拉哈，逢年过节或农闲时，妇女们也加入进来，玩者与观者围坐一起，十分热闹。男孩子玩嘎拉哈喜欢打，在室外空阔地上打嘎拉哈。除了抓、打嘎拉哈玩法外，还有泼、弹等多种玩法，玩者在玩的过程中相商出一定规则，就可以玩了，故嘎拉哈的玩法没有一成不变的，总是变换花样。清代，盛京地区居住的各族民众，俱喜欢玩嘎拉哈，至清末，原本具有民族特色的游戏，已然演变成具有地方特色的游戏。

2. 老鹞子抓小鸡

老鹞子抓小鸡，鹞子又称雀鹰，猛禽，捕食小鸟。游戏时，选一人扮老鹞子，一人扮老母鸡，余者扮小鸡。小鸡在老母鸡背后排成一队，后者拉着前者的衣服，游戏开始时，老鹞子做出磨刀状，与老母鸡一问一答，大意是老鹞子要捉住小鸡杀了吃，说完直扑小鸡，老母鸡全力保护小鸡，小鸡在老母鸡身后则拼命躲闪，不让老鹞子捉到。老鹞子每抓到一个小鸡，做出吃鸡的样子，然后再抓下一只小鸡，直至抓完为止。这个游戏在于锻炼小孩子们逃生的机敏性。

3. 跑马城

这是儿童闯关守城的游戏，并附有问答歌谣。参加游戏的人数不限，分成甲乙两方，两方队员排成相距 10 多米的对峙横列，同队成员手拉手。做好准备后，开始相互问题。如问甲方来者何干，回答点名找×××人，乙方被点名者鼓足力气，向甲方方阵冲过去，甲方队员拉紧手，抵挡来势汹汹的撞击。若冲过封锁，带走一名甲方的队员归乙方；若是冲不过去，则成为甲方的队员。此游戏主要锻炼孩子们的聪明、机敏，灵活、勇敢。

4. 踢行头

这是满族传统的竞技项目，即以兽皮做成球状的行头，相互追逐踢蹴玩要。两个部落到一起，竞演技艺，将行头从山下踢至山坡上，从坡上踢到坡下到河滩，相互追逐，直至把行头踢到对方部落的栅栏内，获得胜利。有点儿类似今天的足球游戏。玩时可以用脚踢，并可用手传，也可以头顶。踢时，以高远为佳，一般在冬季旷野或河水结冰的冰面上踢玩，每年春节，满族青年必玩。节日玩踢行头，青年男子身着箭衣，脚穿靰鞡，在冰面空旷之处，画3道横线为界，设3名裁判，各手执一木杆，立于线上，比赛双方，任何一方将行头踢入线内，裁判手中的木杆即落下，表明对方胜。开赛时，两方队员列队于线上，一方开球，另一方横立于线上阻挡，开球后，队员即向对方球阵激冲过去，勇猛异常。对方竭力阻挡。双方来往冲撞，勇猛激烈，表现出彪悍、机智、灵巧的风格。比赛结束后，在场地边篝火上烤肉，以烤肉下酒，甚是有趣。

盛京地区居住着满族、蒙古、朝鲜等族，他们都是能歌善舞的民族。以满族为例，其民间歌舞包括笊篱姑娘舞、八角鼓、子弟书等。

5. 笊篱姑娘舞

这是流行于满族民间尤其是农家青少年中的一种歌舞形式。相传，有一位美丽的满族姑娘，聪明伶俐，勤劳善良，被邻村的恶霸地主看中，欲纳其为妾，少女坚决不从。元宵节这天，姑娘正在用笊篱捞元宵，恶霸地主逼亲队伍来了，姑娘宁死不从，自杀身亡。后来这位姑娘变成了仙姑。为了表达对这位姑娘的敬意，每到正月十五日，青年男女包“笊篱姑娘”，即将笊篱洗净，裱糊上一层白纸，画上俏丽姑娘的脸蛋，推举一位女孩，将其打扮得花枝招展，其在众人的簇拥下跳舞。笊篱姑娘已然成仙，但歌舞中的仙姑形象，仍是一位勤劳质朴的满族少女，是一位可亲可爱的满族人民自己的神祇，人们通过这种方式向笊篱姑娘致祭。

满族民间歌舞因家族、地区的不同，在表演形式上存有差异，但其思想内容上却有着一致性，即真实、形象地表现满族各个历史时期的社会生产、生活方式和习俗，反映满族的民族性格和民族精神。不忘祖先创业之艰、不忘民族奋斗之本，惩恶扬善，劝进社会，是满族民间歌舞的一条主线。

6. 八角鼓

八角鼓原为满族传统的说唱艺术，因说唱者手持八角鼓为伴奏乐器而得名。八角鼓鼓身呈八角形，以八块硬木镶成，每块硬木长为6厘米、宽为4厘米，7边各开一梅花孔，孔中嵌有铜钹，无孔的一边，垂着流苏穗儿。鼓的一侧面蒙蟒皮。表演时，以左手持鼓抖动，右手或弹或敲打鼓面，发出有节奏的鼓声和铜铃声。盛京地区，人们行围射猎时，休憩，以八角鼓自歌自娱。后来，八角鼓传入宫中，乾隆帝命太监演唱，使八角鼓在京城传开，盛极一时。八角鼓在表演过程中，演唱形式不断变化，由单人坐唱，变为二人表演，以三弦伴奏，后来又出现了三四人表演分角色演唱的拆唱、多人齐唱中夹一人独唱的群唱。它是一种深受盛京地区民众喜爱的民间说唱艺术。

7. 子弟书

子弟书因八旗子弟创作和演唱而得名。其原唱的是清代军队中流行的俗曲，乾隆初年，传入北京，八旗子弟以此为基础，参照鼓词等形式发展而成。子弟书没有说白，唱词为七言体，讲究对仗排比，语言通俗，曲调简单，用三弦伴奏。乾隆时期，随着京旗闲散被遣送盛京，子弟书也同时被传入盛京，经过改造，已经不用乐器伴奏，成为盛京乃至东北地区特有的艺术形式，称为“清音子弟书”。盛京地区子弟书的内容主要包括两大类，一是取材于历史、小说、戏曲、神话故事等；二是取材于当时的社会生活。子弟书的作者多为破落的八旗子弟以及失意文人，其身世已无可多考。最为著名的作者有罗松窗、韩小窗、鹤侣、喜晓峰等。子弟书由八旗子弟在茶肆中表演。由于子弟书作者生活潦倒，写出作品也无力刊行，仅有些唱段为当时沈阳文山书房印刷出版，其他作品多是台上人唱，台下听者记录凭手抄流传下来。子弟书代表作家韩小窗，是现今可知的子弟书创作者中作品最多的一位作家，有作品 30 余篇，在北京、盛京地区广为流传。代表作有《长坂坡》《宁武关》《千钟禄》《樊金定骂贼》等，慷慨悲壮，动人心弦。此外还有节奏舒缓、感情缠绵、描写细腻的作品，诸如《露泪缘》《黛玉悲秋》等。

第二节　清代盛京地区宗教文化

在盛京地区文化出现繁荣的同时，宗教文化也迅速发展，呈现出宗教信仰多元化的局面。

一　佛教文化

明清之际的战争，造成盛京地区社会动荡，民不聊生，许多人遁入空门。特别是清朝政府对佛教采取利用和保护政策，佛教遂得到快速发展。清初，世祖在《盛京景祐宫碑文》中说，“自古帝王之兴，莫不首隆祀典。凡有功德于民者皆为建坛宇而通肹蚃，盖神既佑民以福国，则国必崇祀以报神”①。所以，入关之初，在国家财力十分困难、关内战争频仍、关外一片荒凉的情况下，清政府仍然在盛京敕建和重修寺庙，并派兵护卫实胜寺、长宁寺。至康乾盛世，康熙、乾隆两位皇帝对宗教表现出极高的热情，在东巡盛京时，多次驾临寺庙，赏赐银两，敕令修建庙观。正是由于清统治者的尊崇与提倡，盛京地区宗教文化得以迅速发展，官修、私人捐修寺庙盛行，信徒甚众，宗教活动成为许多人日常生活的重要组成部分。《盛京通志》记载，仅承德（沈阳）县，就有

① 阿桂，等. 盛京通志：卷三 [M]. 沈阳：辽海出版社，1997.

庙观 95 座①，主要包括：

慈恩寺，位于今沈阳市沈河区大南街三段慈恩寺里 1 号，左为万泉河，右为万柳塘。始建于 1628 年，1644 年、1823 年、1900 年，3 次修缮和扩建，坐西朝东，占地 12700 平方米，共有殿宇 135 间，是沈阳最大的寺院。

般若寺，位于今沈阳市沈河区大南街三段永德里 6 号，始建于 1684 年，占地 2280 多平方米，共有殿宇 43 间，寺院坐北朝南，主院为两进院落。

长宁寺，坐落于外攘门外西北 5 里，旧称御花园，1656 年，顺治皇帝赐为寺，1754 年，乾隆皇帝有御书“一心为宗”匾额悬于正殿。

清泉寺，坐落于今大连市普兰店区星台乡葡萄沟村的吴姑城东南山腰峡谷中，相传，初建于东汉光武帝时。1761 年，大规模重修。面朝山城之东门，背依天然石窟，顺陡崖峭壁而建，东西长为 79 米，南北宽为 29 米，全部用方块花岗岩砌成，四周砌青砖围墙。全寺殿宇分 3 层：前殿正中为大雄宝殿，北侧为伽蓝殿，南侧为药王殿；中殿北侧为玉皇殿，南侧为太上老君殿；后殿为王母娘娘殿。前殿和后殿为硬山式建筑，中殿是重檐歇山式建筑，房顶系鸳鸯叠瓦、脊兽龙麟。

千山五大禅林，分布于今鞍山地区之千山群山之中，分别是龙泉寺、祖越寺、中会寺、大安寺、香岩寺。五大寺始建于唐代，乾隆时期几次大规模扩建，成为盛京地区佛教圣地。

千金山大悲寺，全名千金山大慈悲寺，位于今抚顺城西南 4 公里处的千金山（又称千台山），始建于乾隆时期。当年的大悲寺分东、西两院，东院为大悲寺，西院为大觉寺，整个寺院依山而建，气势雄伟，巍峨壮观。

---

① 辽宁省地方志办公室．盛京通志：乾隆四十九年版，卷九十七、卷九十九［M］．沈阳：辽宁民族出版社，2013.

在辽西地区有奉国寺，位于今锦州义县城东街路北，始建于辽代，1710 年，全面整修，1722—1753 年，寺僧性全聚资修建了配殿、山门、边门、围墙和西宫。

广济寺，位于今锦州市古塔区，相传，始建于唐代，清嘉庆年间毁于火灾，1826 年，重新修建，越年完工，1888 年，重新修缮，规模如前。

广佑寺，坐落于今辽阳市白塔公园内，因东有白塔，俗称白塔寺，始建于汉代，以后历代不断修缮，康熙、道光年间，多次奉敕重修。1682 年，清圣祖玄烨东巡祭祖，驾幸寺中。

另外，藏传佛教自元代传入辽东地区，至清代，达到极盛。清初，即在辽阳、沈阳等地修建佛塔，作为笼络蒙古诸部的手段之一。由于清统治者的大力提倡，藏传佛教在盛京地区广泛传播，至清末，盛京地区有藏传佛教寺庙 280 余座。其中，主要寺庙有：

实胜寺，全称莲花净土实胜寺，坐落于盛京城外攘门关外 2 里（今沈阳市和平区皇寺路二段 12 号），始建于 1636 年 7 月，历时 2 年零 1 个月竣工，占地 7000 多平方米。因此寺为清太宗帝赐建，所以也叫“皇寺”，又因实胜寺系黄教寺院，故又有“黄寺”之称。自 1678 年始，清廷派 8 名军卒看护皇寺，成为定制。

瑞应寺，位于今阜新市阜新蒙古族自治县阜新镇西南 30 公里的佛寺乡佛寺村，始建于 1669 年。寺院中心是大雄宝殿，初建仅有庙堂 3 间，到乾隆年间，几经扩建，成为二层楼形的全寺最大的殿宇，一层为藏式建筑，二层为宫殿式建筑，建筑宏伟壮观，有“东藏”之称。

佑安寺，坐落于今阜新市区西北 50 公里处的于寺村，始建于 1667 年。山门殿为歇山式单檐建筑，对面为歇山式高脊大经殿，从大经殿庭院出东门，系二层楼大地庙，两侧为藏式建筑，大地庙北，建有亭阁式建筑钟鼓楼，钟鼓楼北为佑安寺最古老建筑——私访庙，因 1682 年清圣祖东巡曾驻跸于此而得名。

普安寺，坐落于今阜新市阜新蒙古族自治县海棠山，1683 年修建，共有建筑 1500 余间，规模宏大，尤以海棠山摩崖造像为人所瞩目，现存造像 266 尊，最高达 5 米，最低约 0.3 米，具有很高的佛教文化价值和艺术价值。

佑顺寺，坐落于今朝阳市原大街西南侧，占地 1 万多平方米，始建于 1698 年。修建佑顺寺，历时 8 年之久，有山门殿、天王殿、大雄宝殿、戏楼、关帝殿、钟鼓楼、藏经阁、宝座殿、武佛殿及白塔、斋房等 150 余间建筑。于 1707 年竣工，向康熙皇帝奏请寺名，圣祖赐名“佑顺寺”。

惠宁寺，坐落于今朝阳市北票市郊东南 15 公里处的下府谷地，修建于 1757 年，坐北朝南，三面临水，一面靠山，南北长 193 米、东西宽 63 米，占地约 1.2 万平方米，有殿堂 169 间，四进院落，五层大殿，分布在从南至北的建筑中轴线两边，四面环绕 2 公里原围墙。远望寺院建筑群，俨然一座长方形壮丽的城池。

万祥寺，位于今朝阳市凌源市宋杖子乡康官营子村北山上，始建于 1740 年，原占地 3.3 万平方米，殿阁 500 余间，南北呈现长方形，依山势建成，北高南低，面南坐北，呈阶梯式五进院落。1743 年，清高宗东巡时，驻跸于此，赐名“万祥寺”。

此外，在今辽宁省朝阳市喀喇沁左翼蒙古族自治县，还有普佑寺（楼子庙）、元隆寺（金顶庙）、普云寺（奶奶庙）、普善寺（平房子大庙）。这些寺院均为康熙乾隆时期修建。

寺庙宫观的数量，是佛教发展的重要标志。以上，说明了清代盛京地区佛教文化之兴盛。

二　伊斯兰教文化

伊斯兰教又称清真教。明代，随着河南、河北、山东等地回族民户迁入辽东，其宗教也随之传入辽东地区。清代中前期，盛京地区主要的清真寺有 30 余座。

《奉天通志》记载，盛京当时有 4 座清真寺，其中有 3 座建在外攘门外回回营。南寺，清初，由教民铁氏建；北寺，乾隆年间，杨氏、冯氏、脱氏建；东寺，嘉庆时期，季赵氏、马氏建；另一座，民国时期建，在沈阳城怀远门外马路湾。

海城清真寺，1664 年，由祖籍河北河间府金氏后裔金定国舍地始建，雍正年间，重建。随着回族民户落户海城日众，该寺明显狭窄，遂择址另建，位于海城市内民生街西段。

义州清真寺，始建于 1726 年，其建筑造型为古典宫殿式，院内有礼拜殿、遥殿、南北讲堂、沐浴室等建筑，礼拜殿、遥殿均为翘角飞檐，砖木结构。

广宁清真寺，坐落于广宁城小南门，建筑风格为中国传统殿宇式。《辽宁省志》记载，广宁城历史悠久，是辽东至山海关的交通要冲之地，回族民户在此地区落户较早。清真寺始建于明代，1782 年，对古寺重修①。

此外，乾隆年间，铁岭、凌源，咸丰、光绪年间，营口、大石桥、盘山田庄台、阜新等地，清真寺相继兴建。

三　道教文化

早在唐代，道教已经传入了辽东地区。清代，道教全真派郭守真及其徒在盛京地区广为传播道教教义，由最初的铁刹山寺，先后转移到沈阳、鞍山千山、锦州医巫闾山等地，逐渐使盛京地区道教文化进入全盛时期。

《辽宁省志》记载，1665 年，在沈阳城外攘门（小西城门）西北角，建三教堂（即太清宫）。康熙年间，郭守真诸徒赴各地传播道教，道教宫观亦在各地相继修建。至 1840 年，道教宫观主要分布在盛京城、鞍山千山及锦州医巫闾山等地②。

① 辽宁省地方志编纂委员会办公室．辽宁省志・宗教志・伊斯兰教［M］．沈阳：辽宁人民出版社，2002：155.

② 辽宁省地方志编纂委员会办公室．辽宁省志・宗教志・道教［M］．沈阳：辽宁人民出版社，2002：27.

盛京地区最著名的道教宫观是景佑宫与太清宫。

景佑宫，原名三官庙，位于盛京宫阙前。《盛京通志》记载，1641年，敕选道士在庙主持，1652年，重新修缮，有正殿3间，配庑东西各3间，大门3间，左右仪门2间，后殿3间。1682年，清圣祖东巡盛京，赐名景佑宫。清高宗东巡时，曾赋诗景佑宫①。

太清宫，原名三教堂，位于今沈阳市沈河区西顺城街，面积约1600平方米，有殿宇近百间，是盛京乃至东北地区道教第一丛林。《辽宁省志》记载，康熙二年，盛京将军在小西门外建庙，名曰“三教堂”（儒、释、道三教），作为郭守真修炼之所。1669年，康熙帝御赐藏经一藏，凡724函。1765－1671年，大规模扩建，共建殿堂88间，并易名为太清宫。1808年，再次扩建，至此，共计殿宇寮房142间，规模完备②。

千山宫观群，《奉天通志》记载，辽阳千山地区是道教宫观较为集中之处。清康熙朝始，陆续修建了数处宫观群。如1667年，刘道人大琳创建无量观，是千山道教最大的宫观，尔后，经雍正、嘉庆、道光朝续修，形成了包括西阁观音殿、罗汉洞、老君殿、大仙堂、三官庙、钟楼在内的宫观群。1738年，创建真琥殿及玉皇阁，历嘉庆、道光、咸丰等朝的重修和扩建，形成五龙宫宫观群。1809年，始建慈祥观。此外，嘉庆、道光及清末创建或重修的有普安观、南泉庵、太和宫、青云观、葛公观、八仙塔、祖师塔等③。

铁刹山宫观群，铁刹山位于今本溪市本溪县南甸子镇。山中

---

① 辽宁省地方志办公室．盛京通志（乾隆四十九年版，卷九十七）[M]．沈阳：辽宁民族出版社，2013.

② 辽宁省地方志编纂委员会办公室．辽宁省志·宗教志·道教[M]．沈阳：辽宁人民出版社，2002：9、16、21、22.

③ 辽宁省地方志编纂委员会办公室．辽宁省志·宗教志·道教[M]．沈阳：辽宁人民出版社，2002：9、16、21、22.

的八宝云光洞有石龙、石虎、石蟾、石寿星、石仙床、石木鱼、石莲盆、石定凤珠，皆形象逼真，称为八宝，故名八宝云光洞，洞内可容百人。《辽宁省志》记载，自崇祯时，道士郭守真在八宝云光洞内修道授徒，洞内陆续修建正殿及东、西配殿等。此后，以八宝云光洞为中心，向四周扩展，建有乾坤洞、正教洞、三清观、紫云宫、太平观、圣水岭、关帝庙等，形成宫观群，成为盛京地区道教活动中心之一①。

此外，还有凤凰山宫观群、医巫闾山宫观群，以及分布在铁岭、开原、锦州等各州县的道教宫观。

四　萨满教文化

萨满教是满族信奉的传统宗教形式。清初，皇太极曾一度限制萨满教活动。

《奉天通志》记载，满族大祭为3天，第一天，类似坤宁宫常祭；第二天，祭神杆；第三天，换索。

清代，盛京地区除了以上各教派及萨满教之外，还信奉其他神灵，修建了众多供奉诸神的寺庙，如关帝庙、龙王庙、城隍庙、牛王庙、马王庙、财神庙、山神庙、河神庙、土地庙等。

第三节　清代盛京地区教育与科举文化

后金前清时期，努尔哈赤、皇太极等十分重视满族子弟的教育，特别是迁都沈阳后，努尔哈赤将教育的发展视为政权兴亡之大计，选聘名师，开办学校。《满文老档》记载，1621年，努尔哈赤命令：“钟堆、博布黑、萨哈连、吴巴泰、雅兴噶、阔贝、扎

① 金毓黼，等．奉天通志·建置十·名胜·辽阳县［M］．沈阳：辽海出版社，2003.

海、洪岱，选为这八旗的师傅。要对你们的徒弟们，认真教书，使之通文理，这便是功。入学的徒弟们如不勤勉学习，师傅要向诸贝勒报告，八位师傅不参与各种事。”① 《清太宗实录》记载，皇太极谕：“自古国家，文武并用，以武功戡乱，以文教佐太平，朕今欲振兴文制。”遂设置礼部负责文教事②，制定“振兴文治”的国策，命“凡子弟十五岁以下，八岁以上，俱令读书”③。同时，仿制明制行科举制度文化。但作为龙兴之地，盛京地区长期奉行的是封禁政策，清初，盛京地区儒学学校未兴，科制未行，满、蒙、汉军子弟归顺天府考试。直至1689年，定奉天府提督学政，管理盛京、吉林、黑龙江地区的教育等事务，盛京地区儒学教育才正式兴起，传统汉文化教育与满族民族文化教育双轨并行，儒学、旗学、义学、官学、社学等学校及教育机构不断涌现，呈现教育繁荣的景象。

一　儒学教育文化

元明时期，府州县儒学属于为汉族子弟设置的学校教育系统。清政府迁都北京之初，盛京地区八旗子弟尚无专设学校教育机构，因此，八旗子弟一度亦附入儒学，与汉族子弟一同学习。《清世祖实录》记载，1644年，清统治者入关时，“将辽东等处十五学改附永平府，设教官三员分司教导，择辽地经明修之士充其任”。1653年，设辽阳府，翌年，在永平府设辽阳学府，简称辽学，“令辽生寄籍永平者，拨归辽学肄业”；1656年，辽阳学府才正式设立，由于辽东“诸生大半随入秦中”，将原廪生额120名减为80名，将其中40名，留永平寄学学习，40名划归辽阳府学学习，且因辽阳府仅辖辽阳、海城二

① 满文老档［M］. 北京：中华书局，1990：214.

② 清实录·清太宗实录：卷五［M］. 北京：中华书局，2008.

③ 清实录·清太宗实录：卷三十九［M］. 北京：中华书局，2008.

县，“学宫初设，诸生数少，每学先设廪生五名”；次年，罢辽阳府，设奉天府，辽阳府学随之改为奉天府学。1662 年以后，盛京地区陆续设置了一批州县，儒学也随之兴起。《清世祖实录》记载，1665 年，清政府规划了盛京地区儒学体制：照京府学例设置奉天府学，考取生员 7 名；锦县为大学，考取生员 7 名；辽阳、宁远、海城为中学，考取生员 5 名；盖平、铁岭、广宁为小学，考取生员 2 名；锦州府为府学，考取生员 4 名。次年，清政府裁永平府寄学，奉天府学亦移至沈阳，建立奉天府学学官。

1673 年，由辽阳知州吴承先在明代儒学废址重建启圣祠，建立辽阳儒学，“至于文庙仅建一殿，而余尚有待焉”；1760 年、1763 年、1773 年，陆续增建了东西斋房、明伦堂、学宅等建筑，辽阳儒学始成规模。1666 年始建锦州儒学，至 1670 年，锦州儒学之建筑始告完备；1697 年，由宁远州知州李文熙主持重修文庙，历时 8 个月，建成宁远儒学；次年，由铁岭知县许念中带头捐俸于城东购地，建成儒学。

有关清代盛京地区府州县儒学建设情况①，详见表 40－1。

表 40－1　清朝前期盛京地区府州县儒学建设情况一览表

学校名称	始建年代	备　　考
寄学	1644 年	辽东 15 卫学附寄永平府而设，1666 年，裁
辽学	1656 年	始为辽阳府学，1657 年，改奉天府学，1666 年，移沈阳
承德县儒学		由奉天府学兼管

① 阿桂，等．盛京通志·学校：卷四十三［M］．沈阳：辽海出版社，1997.

续表

学校名称	始建年代	备　　考
辽阳州儒学	1670 年	城东门内，1673 年，知州吴承基，始建启圣寺、圣殿
海城县儒学	1678 年	城南厝石山阳，1654 年，知县王全忠，始建文庙之圣殿
盖平县儒学	1662 年	城内东南隅，1672 年，知县刘羽绳，建圣殿于城北隅，1722 年，移东南隅
开原县儒学	1710 年	城内东南隅，1665 年，知县何金序，始建圣殿
铁岭县儒学	1698 年	城内东南隅，1698 年，知县许志进，创建
复州会堂	1734 年	城内东南隅
锦州府儒学	1670 年	在府治西，1666 年，知府宋之铉，始建圣殿
锦县儒学	1705 年	在府治西北，1705 年，知县裘奏，创建
宁远州儒学	1697 年	在州治东，1683 年，府尹高尔位，始建
广宁县儒学	1688 年	城内西北隅，1666 年，知县佟湘年，始建圣殿
义州儒学	1744 年	城内东南隅
宁海县儒学	1753 年	在城内

注：此表参阅《盛京通志》有关记载整理而成

二　社学与书院文化

从总体看，盛京地区的社学和书院并不发达，社学见记于文献仅 1 所。清代，在府州县儒学之外，又令“州县于大乡钜堡各置社学一区，由管官选择生员学优行端者补充教习，免其差徭，量给饩廪”①。《盛京通志》仅记载宁远州所设社学1所，即1725年，宁远州设立社学1所；1766年，置学田1000亩，年征银70两②。其他地区所设社学情况，文献资料记载阙略，不得其详。书院共有10多座，分布在辽东、辽西、辽北、辽南各地，规模不大，教读乏人，时建时废。有关书院的相关内容在流人与书院文化中已有记述，此不赘述。

三　官学（旗学）义学及私塾文化

官学（旗学）与义学是专门为八旗子弟设立的学校。清代的私塾，教授的对象相对广泛。

（一）官学（旗学）文化

八旗官学是指专门为八旗子弟设立的学校，简称为旗学、官学、满学、满官学。清入关之初，八旗子弟与汉族子弟同在府州县儒学学习，但科举考试时，分两榜录取，即以满族、蒙古族为一榜，汉军、汉人通为一榜。《盛京通志》记载，当时，盛京将军先后建立寄籍永平府的辽学及奉天府学，盛京驻防八旗官兵子弟应试者，因赴京遥远。《清圣祖实录》记载，1691年，礼科给事中博尔济奏请：“盛京府州县俱设立学校，考取士子，盛京左右翼亦应各设官学，酌选俊秀幼童，设立满汉官，教习满汉书、马步箭”③。清政府以“盛京系发祥重地，教育人才宜与京师一体”。因此，同意博尔济的题请，决定在盛京驻防八旗左右两翼各设官学两处，每旗选送俊秀幼童10名，入校学习。每翼两处官学，一

① 金毓黼，等．奉天通志·教育·儒学：卷一百五十［M］．沈阳：辽海出版社，2003.

② 阿桂，等．盛京通志·学校：卷四十三［M］．沈阳：辽海出版社，1997.

③ 清实录·清圣祖实录：卷一百三十四［M］．北京：中华书局，2008.

为满官学，学生 20 人，“教读满书，习步马箭”；一为汉官学，学生 20 人，“教读满、汉书，习步马箭”，交与盛京礼部堂官不时稽查操演①。如盛京有各衙门笔帖式乌林人缺出，照例补用。满学设满文助教 1 名，汉学设满汉助教各 1 名，俱由吏部考授。清代盛京地区官学集中在沈阳，详见表 40－2。

表 40－2　　清代盛京地区八旗官学设置情况一览表

学校名称	始建年代	学生名额	备　　考
盛京左右翼官学	1691 年	总计 80～120 人	左右翼各 2 所，共 4 所学校
盛京宗室学	1737 年	总计 10～20 人	
盛京觉罗学	1737 年	总计 10～40 人	
盛京宗室学	1820 年	总计 20 人	

注：此表参阅《盛京通志》有关记载整理而成

康熙朝以后，盛京地区官学有所发展。《盛京典制备考》记载，1732 年，八旗两翼每翼增设盛京内务府学生 30 人；道光年间，改为满族每旗选生员 8 人，蒙古族每旗选 1 人，汉军每旗选 1 人，盛京内务府选 60 人，生员总额 120 人。

另外，还有专门为皇家子弟设立的学习机构即宗室学与觉罗学，这也是八旗官学的一部分，进入这类机构学习的生员享受有较高的学习与生活待遇。所谓宗室，清代又称“黄带子”，系努尔哈赤之父塔克世的后代子孙，即皇室近支子弟；觉罗又称“红带子”，指塔失之父其他 5 个兄弟的后裔，即皇室远支子弟。1652 年，清政府在北京设立皇室学，供皇室近支子弟学习；1729 年，又在北京设立觉罗学，供皇室远支子弟学习。凡宗室、觉罗 8～18 岁的子弟，均可分别入宗室学或觉罗学，学习满、汉书，兼学骑

① 李洵，等. 钦定八旗通志·学校志：卷九十八［M］. 长春：吉林人民出版社，2002：1582.

射，但“首重清语（满语）翻译”①。

盛京地区乃清龙兴之地，也是皇室后裔较多的地方。《清世宗实录》记载，雍正年间，有宗室、觉罗子弟 300 多人，其中，“资质可成就者颇多，惟离京较远，不知勤学，而族长等复不能悉心训导”②。1736 年，清政府决定在沈阳设立宗室学和觉罗学各一所，令 10—20 岁子弟入学，设翻译、骑射及汉文 3 种教习，学生“讲读满汉文，练习骑步射。后有文学成就、弓马娴熟者，准赴京考试，艺射精者可备选侍卫”③。《盛京通志》记载，1737 年，乾隆朝在沈阳天佑门外正式开设了盛京宗室学和盛京觉罗学各一所。宗室学生员 20 人，每人每月支膏火银 3 两、粟米 3 斗；觉罗学生员 40 人，每人每月支膏火银 2 两、粟米 3 斗④。其教习待遇也高于一般八旗官学与州县儒学教习。

盛京宗室学和盛京觉罗学原由盛京将军、盛京礼部、奉天府尹会同查管，1743 年，“恐府尹事繁少暇”，改由专司学政的奉天府丞“稽查宗学”，次年，又在盛京 5 部侍郎内钦派管学大臣一员专司其事。皇室子弟大多养尊处优，耽于嬉戏，不愿学习，有关官员也不敢严加管理。学业荒废，不可名状。如原定盛京宗室学、觉罗学每 5 年考试一次，但从 1737 年成立起，直至 1766 年，30 年间从未考试。奉天丞负责管理后，经过近一年的整顿，“重新严立课程，每月逢五、逢十翻译、作文、作诗，逢三六九日射箭”，

---

① 李洵，等. 钦定八旗通志·学校志：卷九十八 [M]. 长春：吉林人民出版社，2002.

② 清实录·清高宗实录：卷一千一百八十九 [M]. 北京：中华书局，2008.

③ 李洵，等. 钦定八旗通志·学校志：卷九十八 [M]. 长春：吉林人民出版社，2002.

④ 阿桂，等. 盛京通志·学校：卷四十三 [M]. 沈阳：辽海出版社，1997.

并将“所习清、汉各功课按日登簿”，以备考查①。《清高宗实录》记载，奉天府丞每月要亲自前去“面课一次”，盛京将军与奉天府尹每月查看一次②。在规章制度上，对于八旗官学满、蒙、汉教习的考核，远比儒学教官考核要严格。盛京宗室学与觉罗学合为一处，以宗室学兼理觉罗学，在管理上，设宗室学总管 2 名、副总管 4 名，从盛京宗室、觉罗族长、教长、将军及闲散宗室、觉罗内选择份尊年长、行止端方者充任。此后，“诸生学业稍有进境”。但学生人数常不足额，如宗室学定额生员 20 名，有时只有不足一半学生。

（二）义学文化

义学包括汉族义学和满族义学。《盛京通志》记载，汉族义学分官方组织和民间自发组织两种。官方组织的义学，凡“民间自立者，即概称义学，凡子弟年十二以上，有志学文者，俱令入学肄业”；而由民间自发组织的义学一般比较简单。

清代盛京地区义学设置情况，详见表 40－3。

表 40－3　　清代盛京地区义学设置情况一览表

学校名称	始建年代	备　考
广宁义学	1680 年	广宁知县项蕙设立
辽阳城义学	1723 年	辽阳知州王翰组织设立
开原县义学	1725 年	
宁远州义学	1725 年	
盖平义学	1729 年	盖平知县组织设立

① 李洵，等. 钦定八旗通志·学校志：卷九十八［M］. 长春：吉林人民出版社，2002.

② 清实录·清高宗实录：卷一千一百八十九［M］. 北京：中华书局，2008.

续表

学校名称	始建年代	备　考
盛京汉军八旗义学	1729 年	专为汉军八旗贫寒子弟而设
沈阳义学	1736 年	1742 年改为沈阳书院
锦州府义学	不详	

注：此表参阅《盛京通志》有关记载整理而成

另外，八旗义学是八旗官学的一种，是专为汉军八旗贫寒子弟读书而设置的学校。《清世宗实录》记载，盛京汉军八旗义学，始设于 1729 年，初，每旗设置一所，总共 8 所，主要学习满文，教学效果较差；这是因义学附设于旗内，没有合适的老师，教授方法不当，汉军八旗子弟不尽通晓书义。故于 1732 年，将每旗合为 1 学，减为 4 所。“每学设清文教习一员，以司训课”。当时，盛京地区汉军八旗共有 24 佐领，4 所义学每年有学生 120 名，学生无公费，自备膏火。

（三）私塾文化

八旗官学也好，州县儒学也好，学校数量有限，学生名额亦有限。各类私塾不仅比较普遍地存在于大小城镇，而且也存在于农村一些较大的村屯中，收录生员比旗学、儒学要广泛。学生中有五六岁的儿童，亦有 20 多岁的青年。专教儿童的叫蒙馆，所教学生年龄较大的则称经馆。清代前期，私塾教育教学态度比较认真，对学生的要求也比较严格，大多好于同时期的八旗官学与州县儒学。因此，私塾教育不仅是八旗官学、州县儒学的补充，而且是盛京地区学校教育的重要组成部分。

清代盛京地区私塾文化与文化流人有密切关系。清代顺治康熙年间，许多知名的文化流人，都在盛京地区从事过私塾教育。较早的有原四川巡抚郝浴。《铁岭县志》记载，1658 年，郝浴谪至铁岭，筑“格物致知之堂”，经常与当地士子聚会其中，纵谈名理，读书讲学，无间寒暑。1675 年，郝浴遇赦回京复职时，“格物致知之堂”改名为银冈书院，当地塾师继续授徒于其中。1732年，铁岭知县卢铨“以罪被劾”后，于银冈书院旧址“招生徒数人，讲举子业”。

沈阳是当时盛京地区文化流人比较集中的地方，流人蒙师亦比较多。《辽左见闻录》（王一元）记述，江阴人徐某，因科场案谪至沈阳，“食贫，授徒终其身”。流人蒙师常常借寺庙作为教学场所，如沈阳之玉皇阁等，是流人藉以授业的场所。沈阳城中影响较大的塾师，是当时最著名的学者、原翰林院编修陈梦雷，1682年，谪居沈阳，为谋生而设馆授徒，10余年间，公卿子弟受业者众。

据《奉天通志》及盛京地区辽西与辽南部分地方志等文献资料记载，自乾隆年间起，盛京地区士人逐渐成长起来，一部分人即以授徒为业。详见表40—4。

表40—4　清乾隆朝以后盛京地区当地人士私塾设置情况一览表

姓　名	所在地	备　考
李延年	宁远	乾隆五十四年进士
吴景春	宁远	贡生
朱自新	锦县	嘉庆二年进士
高步瀛	锦县	道光十七年举人
张建中	义州	
李锡文	义州	
刘青藜	辽阳	贡生
孙昭	海城	乾隆三十六年进士
王际清	岫岩	道光年间贡生
张煦	岫岩	道光年间贡生

注：此表参阅《奉天通志》及有关地方志记载整理而成

四　科举文化

科举是隋唐以后抡才之典制文化，是封建国家选拔官吏的重要途径。科举考试之内容与形式，因朝代不同而有所差别。清代之科举文化因袭前朝，内容与形式略有变化。

（一）清代科举文化形态和类型

清代之科举考试形式主要包括童试、乡试、会试、殿试四种。

1. 童试

童试分为县试、府试、院试三个阶段，每三年考二次，应试者称童生或儒童，凡参加童试的考生。县试的考期通常在 2 月，县官提前 1 个月公示考试具体日期。童生报名，即向县衙下属的礼房提交考生个人相关资料，包括姓名、籍贯等个人情况，出具保结（担保），以确保个人身家清白，无隐匿丧事、冒名顶替等情弊。县试由知县主考，通常要考 4～7 场。第一场被录取的童生可参加府试，至于是否参加县试的其他各场，听取自愿。府试的程度与县试基本相同，考试时间多在 4 月，由知府、知州或者同知主考。第一场被录取者，可参加院试。院试，又称道试，由学政主考，试四书文二篇、五言六韵试帖诗一首。院试被录取者称为生员、庠生，即俗称秀才。对于读书人来说，只有获得生员资质即通过院试考试合格，才可以进入府学、州学、县学学习以及参加此后的乡试、会试、殿试。

2. 乡试

乡试每三年考试一次，逢子、卯、午、酉年为正科，即正常考试年份应考，若遇皇帝万寿（皇帝生日）或皇帝登极等庆典而加考的，则称恩科。万寿恩科始于 1713 年，登极恩科始于 1723 年。参加乡试的除了生员外，还有增生、廪生、监生、恩贡、岁贡、拔贡、优贡、副贡。乡试一般在 8 月举行，故称为“秋闱”。乡试考试方法包括场期、试题、弥封、誊录、对读、朱墨卷六项。场期，乡试共分三场，若无特殊情况，考期通常定于 8 月举行，以 8 月初九为第一场正场，十二日为第二场正场，十五日为第三场正场。每场考试前两日，即初七、初十、十三日，由负责受卷、弥封、誊录、对读的官员在贡院的至公堂编排号舍座次。考试前一日，即初八、十一、十四日寅正时分，点名入场。参加考试的生员自备食物，所携带的衣物、用具要经过严格检查，以防挟带舞弊。生员入闱后，巡绰官（负责号舍事宜）须封锁号棚、贡院大门及龙门，限制出入。每场考试均于子时发放试题。考试题目则沿用明制，用八股文，称为制艺或四书文经文。考试时长为 1 天。生员考试完出号舍，向列坐在至公堂东西两栅栏前的受卷官交卷，由受卷官发给一签，验签后方能出龙门。受卷官在试卷卷面加盖本人的衔名后，每十份试卷为一封，汇送弥封处折叠弥封糊名。糊名后送誊录所重新誊录，以防考官认识生员笔迹徇私舞弊，誊录书手用朱笔书写，故称朱卷，朱卷送至对读所，由对读生检查是否有草率错误之处，以防影响考生的考试成绩。朱卷和墨卷（即考生原试卷）在签盖誊录书手和对读生姓名、籍贯之后，先送往外收掌所，检查无误后，墨卷仍存外帘，朱卷送往提调堂，由监临挨包盖印后，装箱送往内帘交内收掌，最后，分送给各考官评阅。放榜之日，按照中式朱卷的编号调取墨卷，拆封填写榜名。发榜以后，将中式的朱卷与墨卷一体送往礼部，以备磨勘（对试着复核），其余落榜之文则发回各府学。考中者称为举人，可以参加次年在京师的会试。

3. 会试

会试取举人集中于京师会考之意。届期，各地举人持官府发给的文书赴京参加考试，路费由官府赏给。会试每三年一次，丑、辰、未、戌年为会试正科，乡试恩科次年的会试为会试恩科。考试时间，顺康年间为当年的 2 月，乾隆朝改为当年的三月，后成定制。因试期正值春季，又因会试相关程序及试卷系由礼部（又称春官）主办，故会试又称为“春闱”。会试考试三场，每场考三天，三月初九日，为第一场，十二日，为第二场，十五日，为第三场。考试先一日，即三月初八、十一日、十四日，领卷入场；后一日，即十一日、十三日、十六日，交卷出场。主考官称总裁，从内阁及部院大臣中选任，另有监试、提调、巡察、搜查王、大臣、稽查大臣、弹压官等，共同负责考场内的相关事宜。至于会试的相关程序，如受卷、弥封、誊录、对读、收掌、势能检、印卷、督牌、巡墙、巡绰、借给等，与乡试大体相同。会试结束后的四月十五日放榜，俗称杏榜、甲科甲榜，张挂于礼部。中会试者，称为贡士。中式有正榜与副榜之分，中正榜者可以继续参加殿试，而中副榜者则不参加，直接咨送吏部授予官职。

4. 殿试

在殿试之前，新中榜的贡士的墨卷还要经由磨勘大臣核对，主要查看笔迹，一般在发榜后五日内结束。所有贡士还要接受复试，防止冒名顶替、名不副实，以期选拔真才。复试始于1712年，康熙皇帝在畅春园考核贡士。雍正、乾隆朝常有举行，但无成例，至嘉庆朝始成定制，令于保和殿复试贡士。复试当日，贡士们穿常朝服由东华门入中左门，在点名处领取试卷，再至保和殿考试。考试题目为四书文和五言八韵诗各一篇，当日交卷，由王、大臣监场收卷，由御史稽察弥封。次日，派阅卷大臣评定等级，分列一、二、三等，列入等级者方可参加殿试。

殿试又称廷试，时间为复试结束后的4月21日，4月25日，传胪即揭晓殿试结果，公布名次，高呼传名。殿试考场初设在天安门外，后移到太和殿，乾隆朝定制于保和殿，其考试内容为时务策，先由读卷大臣拟定，再由皇帝御笔圈出四道题目。考试时由礼部发给题纸，贡士在中和殿跪受，再入保和殿就座。考试过程中，贡士可随意出入就食或饮水。其监考人员，有王、大臣及御史监试，有护军统领稽查中左、中右两门，有侍卫、护军巡逻。考试结束后，由读卷大臣评阅，并要向皇帝进呈排列前十名的试卷，由皇帝钦定名次。读卷大臣需在皇帝面前用朱笔填写一甲三名，包括状元、榜眼、探花，二甲七名，随后，将此十名引见皇帝。其余试卷，由读卷官在内阁拆封、排名次，填于金榜之上。金榜有大小之分，小金榜由内阁学士交到奏事处，进呈大内存档。大金榜则在盖上皇帝之宝后，在传胪当天张挂。传胪大典在太和殿举行。礼成之后，一甲前三名由午门正中道路出宫。传胪后，授状元为翰林院修撰，授榜眼为翰林院编修。传胪次日，赐新进士宴筵，在礼部举行，称为恩荣宴。传胪后 3 日，在保和殿举行进士朝考，意在选拔庶吉士，未能考中庶吉士者，分别授为主事、中书、知县三职。考中庶吉士的进士，可在翰林院中供职。4 月 28 日，在午门前赐状元六品朝冠、金质簪花一枝、朝衣、补服、带靴等物。5 月 1 日，状元率诸进士至孔庙行释褐礼。以上事毕，全榜进士共同宴请本次考试的考官，称为团拜。此后，每年春季均有团拜之宴。

科举考试以考生员、举人、进士三项为主要考试，经此途入仕者，往往被视为正途出身。从县试到乡试，从乡试到殿试，科举考试的形式和内容大抵如此。层层科举考试，至繁且难，秀才、举人，皓首穷经，苦苦求索，无不企盼金榜题名，大殿传胪。从童生到秀才，从秀才到举人，从举人到贡生，从贡生到进士，每一次都是人格的升华，每一次都人生的进步。

武科举始于唐代，千余年来，与文科举并进，亦是清代科举之重。清代武科举考试程式与文科举相同，也有童试、乡试、会试和殿试四种形式。考试内容各有不同。

武科举之童试分三场，头场马射，骑马发三箭，全不中者不许再试；第二场步射，连发五箭，全不中者与仅中一箭者，不许再试。成绩合格者还要再试，先考硬弓，次考刀石。第三场考查默写武经（《武经七书》包括《孙子》《吴子》《司马法》《尉缭子》《李靖问对》《黄石公三略》《姜太公六韬》）。考中童试后，送学政备案，准备乡试和会试。

乡试和会试考试程式相同，皆分为三场。初场试骑马射箭，箭靶为圆形，外用红布包裹，内用芦苇裹芦席，高约五尺，一人可合抱。在路旁设三个箭靶，每个箭靶间距三十五步，纵马三次发六箭，中二箭为合格。第二场试步箭，树高五尺、宽二尺五寸的布侯（即布制箭靶），距其三十步之遥，发六箭中布侯二箭即为合格。马、步箭考核之后，再考马射地球一箭、开硬弓、舞刀、掇石，弓需开满三次，舞刀要于前后胸舞花，掇石需要离地一尺后，上膝或上胸。第三场试默写武经，当天交卷。武会试后有复试，以防止选取不公。

殿试，由皇帝亲自考验技勇，先令默写武经，后在紫光阁亲阅马步箭，在景运门外箭亭考试弓刀石。考试结果公布后，被录取者引见皇帝，后在太和殿传胪。传胪次日，在兵部赐会武宴，赏状元盔甲、腰刀、撒袋、靴袜等物及银两。

时至清末，传统的弓石之技已不能适应时代变化，朝臣建议以枪炮试士。1901 年，废武科举。

清代科举因袭明朝，但也有不同。除有文举、武举之外，还设有翻译科考试。它是清代统治者为八旗旗人专设的入仕之径，只准八旗旗人参加考试，是科举制度文化的补充和发展。翻译科有童试、乡试和会试之分，规制大体相同。

清代之科举考试被赋予新的政治用意，不仅是清政府选拔人才、仕子的重要途径，也是清朝统治者笼络知识分子，尤其是汉族知识分子的重要手段。与此同时，清代的科场规定也十分严格，定有科场条例，严防科举舞弊，有敢犯禁者，治以重典，绝不姑息。1905 年，张之洞、袁世凯倡导实学，奏请停止科举考试，推广学堂教育，颁发教科书。次年，停止各省乡试及京师会试，在中国历史上延续千余年的科举取士之法，至此结束。

（二）科举文化

清代盛京地区科举制文化的兴起和发展，以清政府入关为节点，分入关前盛京科举和入关后盛京科举两个时期。

1. 清入关前之盛京科举文化

《清太宗实录》记载，1629 年 8 月，皇太极首次下令考选生员，“命诸臣公同考校，各家主毋得阻挠。有考中者，仍以别丁偿之”，约有300人参加此次考试。经过考核，有200余人被录取为生员，“若在皇上包衣下，八贝勒等包衣下，及满洲、蒙古家为奴者，尽皆拔出”，根据优劣给予相应奖励，“一等者，赏缎二；二等三等者，赏布二。俱免二丁差徭”。此次考选的生员中，以宁完我最为后世熟知。

1634年3月，皇太极再次下令考选汉人生员，分别第等，其中一等16人、二等31人、三等181人，分别赏银两。4月，“命礼部考取通满洲（族）、蒙古、汉书文义者为举人，取中满洲习满书者刚林、敦多惠；满洲习汉文者查布海、恩格德；汉人习满书者宜成格；汉人习汉书者齐国儒、朱灿然、罗绣锦、梁正大、雷兴、马国柱、王来用；蒙古习蒙古书者俄博特、石岱、苏鲁木。共16人”。这是后金历史上首次开科考取举人，也是八旗科举史上第一次，是清代科举制文化之兴起。

1638年，再次考取举人、生员，其中考取举人10名、生员61名，包括一等生员15名、二等生员28名、三等生员18名。皇太极厚赏考中的举人和生员，赐中举人朝衣各1领，授半个牛录章京品级，各免人丁4名，赐生员紬布，授护军校品级，已入部者免2丁，未入部者免1丁。

1641年6月，于满汉蒙古内考取生员、举人。皇太极十分重视此次考试，要求“从公考校”人才。本次考取举人7名、生员45名，包括一等生员20名、二等生员15名、三等生员18名。皇太极赐新中式举人缎匹及朝衣1领，赐一等生员缎1匹、布2匹，二等生员缎1匹、布1匹，三等生员布2匹。

后金前清，通过科举取材，壮大了国家急需的官僚队伍。科举考取的人才，不仅成为充任入关前中央设置的中枢机构内三院（内国史院、内弘文院、内秘书院）、六部（吏部、户部、礼部、兵部、刑部、工部）、理藩院的重要人选，也成入关后清代统治者所倚重的重要谋臣。如刘汉祚、钱缙、李日芃、李栖凤、佟凤彩等，在顺康两朝，职膺封疆大吏，出任各省的总督、巡抚、布政使、按察使，成为清政权“以汉治汉”政策的重要执行者。

1634 年、1638 年、1641 年，先后举行 3 次科举考试，表明清初科举文化源流之日渐丰沛。

2. 清入关后之盛京科举文化

清入关标志清王朝进入崭新时期，开科取士成为展现清王朝进取精神的一面旗帜。入关之初，清政府就颁布恩诏，令各省开科。盛京科举制文化也随之进一步发展。

自科举制文化兴起，学校教育便与科举取士相关联，特别是明清时期，推行“科举必由学校”的政策，学校学习的内容主要是为科举应试服务，使学校成为培养政府官吏的唯一途径。故科举取士之状况，客观反映了一个地区、一个阶段教育的发展水平。

就盛京汉族士子而言，不论是童试、乡试还是会试，录取比例均有定制。如童试的录取员额，1656 年，规定辽阳府学录取童生 40 名，辽阳及海城县学各录取 12 名；1665 年，规定奉天府学的录取员额，其中承德县、锦县各录取童生 7 名，辽阳、宁远、海城各录取 5 名，盖平、铁岭、广宁各录取 2 名，锦州府学录取 4 名。

乡试的录取员额，与盛京士子的参加考试地点有关。清制，盛京地区诸生需到顺天府参考，故录取比例是顺天乡试中试员份额的一部分。1645 年，规定顺天乡试中式的 168 名内，录取辽东、奉天府生员 2 名，后虽在 1648 年、1669 年、1683 年、1696 年、1698 年、1702 年等年份，时有增加，除恩科外，通常也只有 4 名。据有关史料统计，1646－1903 年，奉天乡试 110 多次，共录取举人约 1100 余人。

会试的录取比例，《清会典事例·礼部·贡举·会试中额》记载，1713－1721 年，共举行四次会试，每次会试皆取中奉天进士一名，共计四名；1713－1886 年，在 170 余年的时间里，录取奉天进士仅有 135 名；从顺治朝到光绪朝，盛京地区约有 180 多人考取进士。与其他地区比较，盛京地区中式率显然偏低，不及江苏地区的1/15。根据清代阿桂等编修的《盛京通志·选举二》及金毓黼主编的《奉天通志·选举·进士·清》等文献记载，康熙、雍正、乾隆三朝，盛京地区进士仅有49人，详见表40－5。

表40－5　康熙雍正乾隆三朝盛京地区考取进士一览表

朝代	姓名	所在州县	科考时间	科考名次	备考
康熙朝	学一揆	宁远州	康熙十五年（1676年）	三甲九十一名	康熙朝科举考试，录取盛京地区进士共计16人，这些考生分布在5个州县，其中承德（沈阳）县5人，铁岭县4人，辽阳州3人，宁远州2人，锦县2人
	钱肇修	铁岭县	康熙三十年（1691年）	二甲二十八名	
	宋微烈	辽阳州	康熙三十年（1691年）	三甲五十六名	
	铁范金	承德县	康熙三十六年（1697年）	三甲五十四名	
	施云翔	铁岭县	康熙三十六年（1697年）	三甲八十五名	
	王允猷	承德县	康熙三十九年（1700年）	三甲三十一名	
	李延垲	承德县	康熙三十九年（1700年）	三甲五十七名	
	张廷标	铁岭县	康熙四十二年（1703年）	三甲一名	
	王一元	铁岭县	康熙四十二年（1703年）	三甲七名	
	聂师尧	辽阳州	康熙四十五年（1706年）	三甲一百九十二名	
	赵世勋	锦县	康熙四十五年（1706年）	三甲二百名	
	迟之金	辽阳州	康熙五十一年（1712年）	三甲八十五名	
	王国栋	承德县	康熙五十二年（1713年）	三甲一百零七名	
	赵好义	锦县	康熙五十四年（1715年）	三甲一百四十三名	
	沈嘉麟	宁远州	康熙五十七年（1718年）	三甲四名	
	戴亨	承德县	康熙六十年（1721年）	三甲一百零六名	

续表

朝代	姓名	所在州县	科考时间	科考名次	备考
雍正朝	王建中	锦县	雍正元年（1723 年）	未殿试（恩科）	雍正朝科举考试，录取盛京地区进士共计 8 人，分布 4 个州县，其中锦县 4 人，辽阳州 2 人，承德（沈阳）县 1 人，盖平县 1 人
	刘德成	锦县	雍正二年（1724 年）	三甲五十一名	
	李抡元	锦县	雍正五年（1727 年）	三甲二名	
	曹廷简	锦县	雍正五年（1727 年）	三甲一百十七名	
	魏枢	承德县	雍正八年（1730 年）	三甲四十九名	
	韩文卿	盖平县	雍正八年（1730 年）	三甲一百七十二名	
	董禧	辽阳州	雍正八年（1730 年）	三甲二百八十名	
	王组	辽阳州	雍正十一年（1733 年）	三甲八十六名	

续表

<table>
<tr><th>朝代</th><th>姓名</th><th>所在州县</th><th>科考时间</th><th>科考名次</th><th>备考</th></tr>
<tr><td rowspan="13">乾隆朝</td><td>陆仪</td><td>锦县</td><td>乾隆元年（1736 年）</td><td>三甲二百零五名</td><td rowspan="13">乾隆朝科举考试，录取盛京地区进士共计 25 人，分布在 10 个州县，其中承德（沈阳）县 9 人，海城县 4 人，锦县 3 人，开原县 2 人，铁岭县 2 人，宁远州、义州、辽阳州、宁海县、盖平县各 1 人</td></tr>
<tr><td>蒋廷芳</td><td>承德县</td><td>乾隆四年（1739 年）</td><td>三甲九十一名</td></tr>
<tr><td>郝璞</td><td>开原县</td><td>乾隆四年（1739 年）</td><td>三甲二百零七名</td></tr>
<tr><td>王致清</td><td>宁远州</td><td>乾隆四年（1739 年）</td><td>三甲二百二十一名</td></tr>
<tr><td>郝琏</td><td>开原县</td><td>乾隆七年（1742 年）</td><td>三甲七十四名</td></tr>
<tr><td>王锡命</td><td>海城县</td><td>乾隆七年（1742 年）</td><td>三甲一百八十四名</td></tr>
<tr><td>戴秉瑛</td><td>承德县</td><td>乾隆十年（1745 年）</td><td>三甲一百零九名</td></tr>
<tr><td>刘震</td><td>海城县</td><td>乾隆十年（1745 年）</td><td>三甲一百五十五名</td></tr>
<tr><td>朱嵩</td><td>宁海县</td><td>乾隆十三年（1748 年）</td><td>三甲三十名</td></tr>
<tr><td>孙昭</td><td>海城县</td><td>乾隆十六年（1751 年）</td><td>三甲一百六十四名</td></tr>
<tr><td>王猷</td><td>义州</td><td>乾隆十七年（1752 年）</td><td>三甲二十五名</td></tr>
<tr><td>王临</td><td>锦县</td><td>乾隆十九年（1754 年）</td><td>三甲一百六十三名</td></tr>
<tr><td>常纪</td><td>承德县</td><td>乾隆二十二年（1757 年）</td><td>三甲九十九名</td></tr>
</table>

续表

朝代	姓名	所在州县	科考时间	科考名次	备考
	魏廷煓	承德县	乾隆二十五年（1760 年）	三甲六十一名	
	孙日秉	承德县	乾隆二十六年（1761 年）	三甲一百一十三名	
	宁有诚	锦县	乾隆二十八年（1763 年）	三甲九十九名	
	史易	承德县	乾隆三十一年（1766 年）	三甲一百二十六名	
	戴文生	铁岭县	乾隆三十四年（1769 年）	三甲四十名	
	王尔烈	辽阳州	乾隆三十六年（1771 年）	二甲一名	
	王福清	海城县	乾隆三十七年（1772 年）	三甲六十一名	
	宣聪	承德县	乾隆四十年（1775 年）	三甲六十八名	
	慈国璋	承德县	乾隆四十三年（1778 年）	三甲六十四名	
	何广生	承德县	乾隆四十五年（1780 年）	三甲八十三名恩科	
	温时懋	铁岭县	乾隆四十六年（1781 年）	三甲九十九名	
	焦和生	盖平县	乾隆四十九年（1784 年）	三甲三十六名	

注：此表根据清代阿桂等编修《盛京通志·选举二》及金毓黼主编《奉天通志·选举·进士》等文献记载整理而成

从表 8—16 可以看出，从康熙朝到乾隆朝，盛京地区进士人数呈增加态势，表明盛京地区教育文化呈发展势头，考生分布从康熙朝的五个州县到乾隆朝的十个州县，说明清代盛京地区教育文化正在从低水平向高层次进步与繁荣。

清代，盛京地区考中进士者虽数量明显低于江南地区，但也不乏熟识的历史人物，诸如范承谟、丁思孔、姚启圣、徐元梦、高其倬、年羹尧、尹继善、王尔烈、文祥、赵尔巽等历史名人。

3. 科举文化之景象

盛京乃清王朝龙兴之地，也是根本重地，清政府担心八旗子弟专心习文后，以致武备松懈，故八旗科举时开时停。汉族士子，无论童试、乡试和会试，录取比例皆有定制。尽管盛京地区科举中进士、举人的人数远逊于江南地区，但也有众多士人通过科举选拔进入仕途，位列高官，在清代政坛、政治生活中发挥过重要作用。详见表40—6。

表40—6　　　清代盛京地区科举文化成果一览表

姓名	籍贯	备　考
宁完我	辽阳	初在贝勒萨哈廉家为奴，天聪三年中式，被招入文馆，活跃于后金军政活动中，是重要谋臣，曾因赌博被夺职闲居，清入关后被起用为学士，历任弘文院大学士、国史院大学士、议政大臣。顺治十五年致仕。康熙四年，卒
刚林	满洲（族）正蓝旗	初，郡王阿达礼属下，任笔帖式，天聪八年，中举人，被选入文馆，崇德年间，任国史院大学士，与范文程、希福参议政事，疏请改定六部官制，并奉使军前。后因阿达礼有罪，改隶正黄旗，清入关初，主要负责文化事务，任会试主考、《太宗实录》总裁、疏请购求明崇祯朝史料以备修《明史》。多尔衮死后，顺治亲政，以“参与移永平密谋，又与大学士祁充格擅改《太祖实录》，为睿亲王削匿罪愆，增载功绩”，被斩首籍没

续表

姓名	籍贯	备　考
恩国泰	满洲（族）正蓝旗	天聪八年，中举人，崇德元年，入值内秘书院，顺治元年，授礼部理事官，顺治八年后，先后任礼部侍郎、尚书，康熙八年，复任工部，不久调回礼部。康熙十年致仕，后卒
罗绣锦	辽阳，后隶汉军镶蓝旗	皇太极设置六部后，任工部纂修，后金首次科举中中式，升任内国史院学士，参加纂修《太祖高皇帝实录》，清入关后，出任河南巡抚，与总兵官祖可法等合力，防剿李自成。以九万亩荒地令守兵屯种。顺治二年，擢湖广四川总督，“防剿”李自成余部，顺治四年，收复郧阳。五年，江西总兵叛清，湖南骚动，奏请分兵防守要地，依计，屡挫叛军。顺治九年，卒
王来用	汉军镶蓝旗	天聪八年，后金首次科举考试，以汉书中式。崇德元年，任工部启心郎。清代入关后，外任保定兵备道、山西布政使。顺治三年，清军屯四川，合攻农民军张献忠等，后奉命驻守西安总督山西川陕粮饷，顺治八年，裁督饷总督，后入京候补，次年，授顺天巡抚，后因定南王孔有德灵柩归京，身为顺天巡抚，王来用迟迟来到迎接，被降为湖广按察使，顺治十四，改补河南大梁道，不久去世
杨方兴	广宁，后隶汉军镶白旗	自归附后金，即参修《太祖实录》，崇德初年考选举人，名列其中，擢升为内秘书院学士，又与户部启心郎前往朝鲜宣布禁令。入关后，杨方兴奉命总督河道事务，由于当时天下未定，其既要整修河道，又要兼顾（镇抚）地方。历年疏通河道，堵塞决口，屡有工成。顺治十四年，因年老乞休。康熙四年，卒

续表

姓名	籍贯	备　考
苏弘祖	辽阳，隶汉军正红旗	崇德三年，中式举人，任户部启心郎，清入关后，历任河南河北道、山东布政使、陕西布政使、福建布政司左参政分守福宁道、左佥都御史、南赣巡抚。其重武功，亦重文教。首行捐修学宫。康熙元年，甄别督抚大臣，以原官致仕。康熙三年，卒
卞为凤	盖平，隶汉军正白旗	崇德六年，中式举人，入值内弘文院副理事。卞三元，卞为凤之子，与其父同年举人。初，入值内秘书院副理事，清入关后，历任荆州道副使、云南总督、兵部尚书
刘汉祚	隶汉军正红旗	崇德六年，中式举人。清入关后，历任直隶间知府、宁武兵备道、江南左布政使、福建巡抚。任巡抚期间，颇有政绩。因周亮工贪婪之案，遭御史弹劾。后以年老休致，卒于家中
马国柱	辽阳，隶汉军正白旗	天聪八年，中式举人，先后入值内院、都察院。清入关后，出任山西巡抚，顺治二年，擢升为宣大总督，顺治四年，调任江南江西河南总督，外任期间，屡败反清武装力量，颇有战功。顺治十一年，因年老致仕，康熙三年，卒
李日芃	辽东，隶汉军正蓝旗	崇德六年，中式举人，曾入内院理事。清入关后，先后任直隶永平府知府、霸州兵备道、都察院左都御史、操州巡抚。外任期间，屡次平定叛乱，力保漕运。顺治十二年，卒

续表

姓名	籍贯	备　考
李栖凤	广宁，隶汉军镶红旗	崇德六年，中式举人，清入关后，历任山东东昌道、湖广上荆南道、湖广布政使、安徽巡抚；外任期间，屡败反清力量，曾因未参与弹劾滥征租税的属员被降级调用；顺治五年，任浙江嘉湖道；次年，升为广东巡抚，顺治七年至十年，多次击败反清武装力量，顺治十五年，擢升为两广总督，顺治十八年，因分设广西、广东，改任广东总督。同年，因年老致仕。康熙三年，卒
卞三元	盖平，隶汉军镶红旗	崇德六年，中式举人，曾任内秘书院副理事，清入关后，出任山东登州府知府、江南扬州府知府、东昌道兵备。外任期间，屡败反清力量，因功先后被授予湖广上京南道、驿盐道；顺治十四年，任山西按察使；两年后，升为贵州巡抚；康熙朝，任云贵总督，依附吴三桂；康熙七年，以继母在京为由，力辞总督之任，康熙帝改任其为直隶巡抚；平定吴三桂后，其乞养归旗，后，卒于家中
章于天	辽东	崇德六年，中式举人，任礼部启心郎。清入关后，任山东兖东道，与反清力量屡战屡胜，顺治三年，升任江西巡抚。倚功骄纵，需索无度，与江西总兵不睦，被叛军擒获，数月后，被叛军首领所杀
佟凤彩	隶汉军正蓝旗	崇德六年，中式举人，曾任内国史院副理事，清入关后，先后出任香河知县、都察院山西道监察御史、巡按湖南、湖广武昌道、河南督粮道。顺治八年，出任广西右布政使。清军征广西，筹军需得力，后调任江西左布政使，顺治十七年，擢升四川巡抚，祖母去世丁忧回旗，康熙六年，起用为贵州巡抚，母亲去世丁忧，康熙十一年，起用河南巡抚。颇有政绩。康熙十三年，因病奏请解任，因其颇为称职仍留原任。康熙十六年，卒于官

续表

姓名	籍贯	备　考
雷兴	辽阳，后隶汉军正黄旗	天聪年间，中式举人，授内秘书院副理事，迪德元年，特试内三院学士、举人、生员，名列二等，得赐人五户及牲畜等物，改任都罕院理事，清入关后，任天津巡抚，顺治二年，调任陕西巡抚，有政绩得赐冠服裘马。顺治四年，因疾解任，顺治十年，再授河南巡抚，未至任而卒
史记功	辽东，隶汉军正红旗	由贡生出任凤翔府，后任分守直隶翼南天津道，顺治十一年后，历任江南按察使、广东布政使、山东布政使，顺治十七年，任浙江巡抚
刘清泰	辽阳，隶汉军正红旗	原名朝卿，清泰由皇太极赐。崇德六年，中式举人，名列一等，入内院办事。顺治二年，擢弘文院学士，顺治九年，充会试副考官，授浙江福建总督，顺治十年，建议朝廷招降郑成功，以抚“剿”得当受到顺治帝嘉奖，同年五月，被封为海澄公。顺治十一年，因病乞假，还驻杭州，当年郑成功进攻漳州等地，因此，遭左都御史龚鼎孳弹劾，被夺官，顺治十八年，重新起用为内秘书院学士，授河南总督，康熙三年，因政绩，加兵部尚书衔。康熙四年，以疾致仕，后卒
马之先	金州卫，隶汉军镶蓝旗	顺治初，以诸生授昌平知州，累迁至湖广布政使。顺治七年，授江西巡抚，在任期间，剿反清势力有功，迁宣大山西总督，顺治十三年，调任川陕总督，加兵部尚书衔，入京觐见顺治帝，受到勉励。顺治十四年，卒

续表

姓名	籍贯	备　考
于时跃	广宁，隶汉军正白旗	顺治二年，以诸生授安徽合肥知县，不久迁升河南怀庆知府，顺治四年，擢河南道。在任期间，平叛有功，顺治七年，升山西按察使，善理词讼，审案迅速，绝不拖延，百姓称之为“于不落”，顺治九年，迁山西布政使，因举荐属吏失当，被降职，经洪承范举荐赴军前效用，不久，又荐补湖广驿盐道，顺治十二年，超擢广西巡抚，因剿灭南明残余势力有功，叙加都察院副都御史，顺治十八年，擢广西总督，又招抚南明王朱至浚有功，叙功，加右都御史。康熙二年，卒
郎廷佐	广宁，隶汉军镶黄旗	由官学生授内院笔帖式，顺治二年，擢升内国史院侍读，次年，随肃亲王豪格征四川张献忠。顺治六年，随英亲王阿济格征大同姜瓖，同年，迁内秘书院学士，顺治十一年，授江西巡抚，次年，擢江南江西总督，顺治十六年，巡阅江海，密请朝廷加强江南防御，后战败郑成功，顺治十八年，专督江南总督，康熙四年，仍兼管江西，康熙七年，以疾解任，被匿名举报投降李自成，康熙帝恐株连无辜，仅降其级。康熙十三年，耿精忠反，出任福建总督，其孙为耿氏婿，能力疾前驱，康熙帝特赐鞍马、甲胄，以宠其行。康熙十五年，于军中卒
郎廷相	广宁，隶汉军镶黄旗	由官学生授钦天监笔帖式，先后任宗人府副理事、刑部理事、河南左布政使、四川左布政使，康熙八年，授河南巡抚，康熙十四年，授江西巡抚，其兄郎廷佐病逝后，康熙帝命其继任福建总督，耿精忠降后，剿抚兼用，平定其残余势力，又屡挫郑锦及朱寅之兵锋，康熙十七年，郑锦攻漳州，因未能败敌，康熙命其解任，康熙二十七年，卒

续表

姓名	籍贯	备　考
郎永清	广宁，隶汉军镶黄旗	由拔贡生初授礼部笔帖式，后出任山西浑源州知州，搜姜瓖余党有功，被擢为江南赣州知府，因其侄子郎廷佐出任江西巡抚，依照回避制，其被调任山西汾州，后任山东东昌道副使，又转任湖广下荆南道，累迁至湖南布政使，康熙十二年，调河南，康熙二十五年，擢山东巡抚，不久，卒于任所
赵廷臣	铁岭，隶汉军镶黄旗	辽学贡生，顺治二年，由贡生授江南山阳县知县，后升任江宁府江防同知，因催征赋税逾期，被罢职，顺治十年，经洪承畴举荐，随军营委用，次年，授湖广分巡下湖南道，顺治十三年，调本省督粮道，顺治十五年，随军平定贵州，授贵州巡抚，次年，擢升云贵总督，任内，肃清反清势力、平定叛乱有功，康熙帝即位后，调任浙江总督，任内，肃清郑成功余部有功，康熙五年，招降台湾郑锦部将李顺等，次年，以病请解任，康熙帝未允，康熙八年，卒于任所
秦世祯	广宁，隶汉军正蓝旗	顺治二年，以贡生授直隶文安知县，顺治三年，授御史，次年，巡按浙江，顺治八年，甄别台员，列一等，命巡按江南，严惩蠹役，弹劾巡抚，颇有政绩，顺治十年，迁大理寺丞，次年，任浙江巡抚，任内疏请加强海防，顺治十二年，与总督佟岱互劾，调操江巡抚，因佟岱被解任，暂管总督事，因李率泰参劾其在郑成功陷舟山时不能辞咎，被夺官，后卒
戴圣聪	盖平	顺治三年，由拔贡生初仕安徽太平府通判，历任陕西乾州知州、济南府同知、济东兴屯道佥事、昌密兵备道、登莱道参议、淮徐道副使，因归仕堤决口被革职，待靳辅任河道总督时，强留其于河道任事，其以母年事已高为由，坚决拒绝，后虽官复原级，但再未出仕，卒于家

续表

姓名	籍贯	备　考
朱国治	抚顺，隶汉军正黄旗	顺治四年，由合字号拔贡生授固安知县，历任顺德知府、霸昌道，顺治十五年，升大理寺少卿，不久擢升江宁巡抚，任内，对防台郑氏屡有建言，曾因父亲去世擅离职守，被革职，康熙帝亲政后，重新起用，康熙十年，任云南巡抚，吴三桂叛，将其诱捕，胁迫其顺附，不屈而死，平定吴三桂后，康熙帝命以驿站运送其灵柩及其家属回京，加赠户部右侍郎，赐祭葬，荫子一人入国子监读书，雍正朝，命入祀昭忠祠
高尔位	辽东，隶汉军正黄旗	顺治四年，中式举人，初任直隶南和县知县，后历任都察院监察御史，先后巡视陕西、中城（京师）、山西、两淮盐政，顺治十六年，郑成功进攻瓜州时，未能协同督抚共守城池，以护解盐课为由，两次出城，遣运判郭显功押解盐银进京，因此，遭总督及漕运总督弹劾，康熙三年，迁顺天府府丞，次年，兼理崇文门税务，康熙十七年至三十年，历任通政使司通政使、都察院左佥都御史、奉天府尹、刑部侍郎、工部尚书，康熙三十年十月，因浮报疏浚京城河道所需之费，降补为通政使司参议，命以所降之级休致，康熙四十年，卒
丁思孔	广宁，隶汉军镶黄旗	顺治七年，中式举人，次年，中进士，由庶吉士授检讨，顺治十八年，升任内国史院侍读，随即又转外任陕西按察司副使、分巡兴汉道，因母去世丁忧解任，服满后，先后任直隶通蓟副使道、守道，江南按察使，湖北布政使，偏沅巡抚，河南巡抚，湖广巡抚，湖广总督，任湖广总督曾平叛，请于武昌、荆州、常德、岳州水陆并重，增设水师，皆获朝廷采纳。康熙三十三年，调任云贵总督，同年八月，卒于官

续表

姓名	籍贯	备　考
范承谟	隶汉军镶黄旗	清初名臣范文程次子，顺治九年，壬辰科邹忠倚榜二甲二十三名，选庶吉士，授弘文院编修，累迁至内秘书院学士，康熙七年，授浙江巡抚，在任期内，清廉自持，劾罢贪墨官吏，剔除征收赋税过程中的加耗、陋规、私派等弊，颇受浙民爱戴，见耿精忠有异志，奏请朝廷加强防范，耿精忠叛，其被设计诱捕，囚于地牢两年之久，忠坚不渝，誓死不降，后被逼死焚尸弃于荒野，康熙十六年，平定三藩之乱，丧还京师，康熙帝遣内大臣及侍卫迎葬致奠，赐其谥号忠贞，并为其亲书碑文。康熙十九年，耿精忠伏诛，此后，康熙帝又亲赐其家忠贞炳日匾额，并为其在囚室墙壁上所作诗文集《画壁集》作序
姚启圣	浙江会稽	顺治十六年，入奉天汉军镶红旗旗籍。康熙十年，中式举人，授广东香山县知县，任期因擅开海禁，被罢知县，平三藩时，捐资募兵，赴军前效力，因功授浙江温处道道员，继续随军肃清反清势力，康熙十五年八月，荡平石塘等处叛乱有功，康熙命其为福建布政使，在收复台湾的行动中发挥了重要作用，康熙帝擢其为福建总督，郑氏攻陷澄海等地后，上疏十条，被朝廷采纳，康熙十七年，收复平和及澄海二县，同年九月，郑氏部将来犯，大败来兵，收复长泰县，次年，两败郑氏武装，康熙十九年，因功升兵部尚书、太子太保，次年四月，左都御史徐元文弹劾其罪八条，康熙命其逐条回奏，收复台湾，其极力举荐施琅，功成后，施琅受到首封，其在此，因上疏有“庙谟天定，微臣无力”之语，康熙帝疑其有怨怼之心，未加任何封赏，回福建后，疽发于背，康熙二十二年十一月，卒，终年 61 岁，归葬故里，无谥号，无祭文，不仅礼文未具，而且死后还追究浮冒之责，康熙二十三年，康熙帝因其“素有劳绩”，从宽免除追究

续表

姓名	籍贯	备　考
阎兴邦	文州（义县）	康熙十年，中式举人，历任广西马平县知县、直隶新城县知县、通州知州、工部员外郎、都察院监察御史、鸿胪寺卿、光禄寺卿，康熙二十七年，升任顺天府尹，一月后，擢升为河南巡抚，康熙三十一年，调任贵州巡抚，康熙三十七年，卒于任
徐元梦	隶满洲正白旗	康熙十二年，中进士，庶吉士散馆后，先后去户部主事、詹事府中允、翰林院侍读兼日讲起居注官，因德格勒私自篡改起居注事爰牵连，被籍入内务府包衣，康熙三十二年，入上书房，教诸皇子读书，康熙四十一年，任顺天府乡试副考官，康熙五十年，因擅长翻译，特别授额外侍读学士，次年，任会试考官，康熙五十二年，擢升内阁学士兼礼部侍郎，康熙帝特令其出内务府包衣籍，仍归原籍，次年，充经筵讲官，同年，出任浙江巡抚，雍正元年，仍入上书房，教授皇子读书，同时，署理内阁大学士事务，兼署都察院左都御史，充《明史》总裁官，后调任户部尚书，雍正四年，因翻译本章出现错误，被革职，但仍在内阁学士之列，办理票签本章等一切翻译事务，效力赎罪，雍正八年，又因失察吕留良案被革职，改同翻译中书一起行走效力，乾隆帝登极后，命其在南书房行走，并恢复其内阁学士之职，寻升侍郎，先后参与编修《太宗宪皇帝实录》《八旗满洲氏族通谱》《三礼义疏》，翻译乾隆帝亲撰《世宗宪皇帝圣德神功碑文》，乾隆朝，多次请求致仕未允，令其“量力行走”，乾隆六年，卒。病时，乾隆帝特遣太医前往视诊，亲赐参药，并令皇长子永璜前往探视，卒，又令皇长子前往奠茶酒，并准其入京师贤良祠

续表

姓名	籍贯	备　考
李基和	隶汉军镶红旗	康熙二十二年，中进士，庶吉士散馆后，任主事，后外任山东按察使、江南巡抚，康熙帝南巡时，赐其御书“独持风裁”四字，因事罢官后，寓居寺庙，自甘清苦，不久，卒
佟国正	辽阳，隶汉军正蓝旗	由合字号拔贡生授江南无为知州，累迁至安徽按察使，康熙十三年，迁江西布政使，次年，因原任巡抚白色纯卒，经大将军安亲王岳乐举荐，升任江南巡抚，康熙十五年，出驻赣州，先后击败几股反清武装力量，屡立战功，累进兵部尚书衔，康熙十八年，被左副都御史杨建雍弹劾，称其工莅任数载，治绩无闻，京察时，依例自陈，降二级调用，康熙四十七年，卒于家
佟国器	辽东，隶汉军正蓝旗	由奉天合字号拔贡生授浙江嘉湖兵备道，与副将张国兴擒马士英、米大定，并招降陆汧等，后历任浙江按察使、福建巡抚，在福建任内查获郑芝龙、郑成功次子书信，调任南赣巡抚，在此任内，屡次平定反叛势力，卒后，被浙人追祀
高其倬	铁岭，隶汉军镶黄旗	康熙三十三年，中进士，庶吉士散馆后，授翰林院检讨，历任詹事府中允、庶子，翰林院侍讲、侍讲学士，内阁学士，广西巡抚，云贵总督，督理云贵期间，对苗疆事宜多有建言，并先后平定土司叛乱，策应定西将军平乱，雍正三年，调任福建浙江总督，后专管福建总督事，雍正七年，进京觐见，雍正帝特赐特制诗，赞其匡时良臣，次年，调任两江总督，雍正十二年，因回护知县赵理承修海塘工程赔项，被降为江苏巡抚，乾隆元年，因病回京，后授湖北巡抚，不久调任湖南，任湖南巡抚期间，平定城步、绥宁二县之乱，乾隆三年，先后任工部尚书、户部尚书。同年，卒于宝应途中，乾隆帝特命沿途官兵护送其灵柩回旗

续表

姓名	籍贯	备　考
法海	辽东，隶满洲（族）镶黄旗	康熙三十三年，中进士，庶吉士散馆后，先在南书房行走，后授翰林院检讨，侍读学士，康熙五十五年，外任广东巡抚，后因其请安折内语气不敬，被革职，发往西宁军营效力，雍正帝即位后，将其召回，命其提督江南学政，雍正二年，授江南巡抚，后因其与允祀、允禵及年羹尧多有牵涉，被雍正帝发往察汗托浑，在水利处效力，四年后被召回，乾隆帝即位后，给其副都统衔，协理咸安宫事务，乾隆二年，卒
蔡铤	隶汉军正白旗	康熙三十六年，中进士，庶吉士散馆后，授翰林院检讨，詹事府中允、谕德、庶子，翰林院侍读学士，康熙六十一年，外任四川巡抚，因阻川陕总督年羹尧铸铅，被革职，又因杀属员并隐瞒实情被拟斩，雍正三年，押解至京，雍正帝为防止滋长年羹尧威风，特旨免其罪，亲自召见并授其为都察院左都御史，使其成为对付年羹尧的工具，因此，官运亨通，兼汉军正白旗都统、晋兵部尚书兼左都御史、署理直隶总督、调补吏部尚书仍兼兵部及左都御史、都统事，但此后迅速失意，先被解除左都御史、都统、吏部尚书兼衔，随后，各种违法瞻徇之事被揭发，廷臣列其罪状十八条，并拟判斩立决，妻、子入辛者库为奴，籍没财产，雍正帝从宽，改为斩候，乾隆登极后，赦免其罪，乾隆十八年，卒

续表

姓名	籍贯	备　考
年羹尧	本安徽，后入奉天籍，隶汉军镶黄旗	康熙三十九年，中进士，庶吉士散馆后，历任翰林院检讨、侍讲学士，内阁学士，康熙四十八年，外任四川巡抚，时值准噶尔进扰西藏，其有力保障官军后勤补给，为褒其功，康熙帝亲赐弓矢，并擢升其为川陕总督，康熙朝晚期，其在西陲边疆，平定叛乱，皇十四子被召回京后，其实际掌边陲军事，雍正之初，其堪称新君臂膂之臣，西陲军事全由其掌理。平乱有功，雍正帝加其官，晋其爵，荣宠备至，因此，恃宠而骄，贪污受贿、结党营私，进京谒见时，不仅令王公大臣下马、地方官吏跪道迎送，而且，在雍正帝面前也毫无为臣之礼，雍正三年，君臣失和，不断有大臣弹劾其不法之举，雍正也常对其批评，后借其贺表中出现错误，而将其调离川陕，调任杭州将军，即尽削其职，并命朝臣议其罪，其92条之多，雍正帝令其自裁，其子年富立斩，其族人，十五岁以上发边充军，其父年遐龄，兄广东巡抚年希尧革职免罪，雍正五年，念在其已伏法，以及当年平定青海有功，特赦年氏子弟，交与年遐龄管束
王国栋	奉天，隶汉军镶红旗	康熙五十二年，中进士，庶吉士散馆后，历任翰林院检讨，国子监司业，翰林院侍讲、侍读、侍读学士，通政使司右通政，光禄寺卿，宗人府府丞，其间，曾被雍正帝特旨浙江观风整俗使，雍正五年，任湖南巡抚，后因审理曾静案未能查出八爷党羽，且未能查出八爷党门下太监传流言蜚语，被革职，雍正八年以后，先是在京办理刑部侍郎事务，后出任山东巡抚、江苏巡抚、浙江巡抚，雍正十年，仍回刑部任侍郎，因查案失当，被革职，发充苦差，雍正十三年，重回刑部，署理刑部右侍郎事务，同年，卒

续表

姓名	籍贯	备　考
尹继善	隶满洲镶黄旗	雍正元年，中进士，庶吉士散馆后，历任翰林院编修、侍讲，户部郎中，内阁侍读学士，其是雍正朝名臣、名噪一时的封疆大员，颇受雍正帝器重，堪称心腹重臣。雍正七年，任江苏巡抚，不久，署理江南河道总督，颇有政声，雍正九年，署理两江总督，次年，协办江宁将军，兼理两淮盐政，雍正十一年，调任云贵广西总督，任上，平定、思茅等地反叛势力，颇称帝意。乾隆元年，任其为云南总督，次年，进京谒见，以父年老，陈情留京，任刑部尚书，兼管兵部事，并在议政处行走，参与国家机务，乾隆五年，再次出任川陕总督，乾隆八年，署理两江总督，协理河务，恰逢长江水灾，舆情堪忧，乾隆帝极为重视，特命其驿站赴任，特赐诗，勉其“经划策”“活黎元”，乾隆十三年，因徇庇河南总督周学建被议处，乾隆命其仍留原任，同年，调任两广总督，不久，调回京师，任户部尚书、协办大学士、军机处行走，同年，再次任陕甘总督，为征剿准噶尔做准备，乾隆十九年，调任两江总督，兼理江苏巡抚事，乾隆再次南巡皆赐诗文，第四次南巡，称其“皆是望”“独老成”，谕其“待宣入阁赞枢衡”，乾隆三十年，被召回京，入阁办事，乾隆三十六年，卒。乾隆四十四年，乾隆帝制诗，称其“自开国至今，任事奏绩茂”“为巨擘，赖训迪诱”“政事既明练，性情复温厚”“所至皆妥帖，自是福量臻”，足见其品质

续表

姓名	籍贯	备　考
英廉	隶内务府汉军镶黄旗	雍正十年，中式举人，自笔帖式授内务府主事，乾隆初，先往江南河工学习，后补淮安府外河同知，累迁至直隶永定河道，上任未及两月，因河道决口，被直隶总督弹劾，夺职逮治，发往高梁桥迤西效力，后累迁内务府正黄旗护军统领，外授江宁布政使，兼织造，以父年老乞留京，乾隆帝赐其二品衔，授内务府大臣、户部侍郎，乾隆三十四年，清军征缅甸，乾隆帝命其与尚书托庸等掌理事务，迁刑部尚书，仍兼户部侍郎、正黄旗满洲都统，乾隆三十九年，因太监高云从泄露道府官员选任事宜受牵连，被夺职从宽留任，又因未能及时审知京师商人向皇帝六子私投递呈文事宜，被乾隆帝饬责，乾隆四十二年，任协办大学士，次年，暂署直隶总督，乾隆四十五年，于敏中卒，乾隆因其协办内阁有年，特授汉大学士，不久又授东阁大学士，仍领户部，乾隆四十六年，复署直隶总督，任内遇直隶灾荒，筹划赈灾，后以病请求罢职，乾隆帝命以大学士身份还京养病，卒，赐白金五千两治丧，入祀贤良祠
孙日秉	沈阳	乾隆二十六年，中进士，外任湖北嘉鱼腆知县、广西柳州府知府、镇安府知府、四川永宁道、贵州粮储道，乾隆五十五年，擢升湖北按察使，乾隆五十九年，授山东布政使，嘉庆元年，调任江宁布政使，任内，勘验河工、稽查属员、赈灾济民，与云贵总督会同审查伊桑阿贪纵不法及捏造军功之事，颇有政声，喜庆七年，因年老奉旨回京，同年，病卒

续表

姓名	籍贯	备　考
王尔烈	辽阳	少承家训，饱读诗书，乾隆三十六年，中进士，是清代唯一的二甲头名进士，历任翰林院编修、都察院御史、内阁侍读，充任《四库全书》及三通馆纂修，被誉为“关东才子”，喜庆元年，参加千叟宴，乾隆赏赐诗及集古三星图，如意九鸠杖等，嘉庆四年，以大理寺少卿致仕，回奉天执教于沈阳书院，嘉庆六年，卒
蒋攸铦	祖籍浙江，后入辽东	辽阳汉军旗人，清入关，从龙入关，定居宝坻，18 岁，中举人，刘墉见其试律，称其“当为太平宰相”，乾隆四十九年，中进士，选庶吉士，先后充任会试考官，历任监察御史，江西赣南道、惠潮嘉道道员、按察使，云南布政使，江苏、浙江巡抚，河道总督，两广、四川总督，刑部尚书，直隶总督，内阁协办大学士、文渊阁大学士，两江总督，刑部侍郎，自中进士初选庶吉士，直至入阁，历任外官，亨衢特进，颇有政绩，六十岁时，道光帝特赐御书宣勤笃示字旁加古额及福寿字等，道光十年，因盐枭案被降职，为刑部侍郎，奉旨入京，不幸卒于途中。《国朝先正事略》评说：“为政明而不苛，清而不刻，饬武备，清吏源。尤一意以培植贤才，扶持善类为念，所荐达者，多任封圻，跻显秩”，如唐仲冕、严如熤、刘清、赵慎畛、陶澍、林则徐等

续表

姓名	籍贯	备　考
李鹤年	义州	道光二十五年，中进士，庶吉士散馆后，历任翰林院编修、都察院监察御史、兵科给事中、刑科掌印给事中，曾奉旨赴河南军营襄办军务，同治元年始，历任江苏常镇通海道、河南按察使、直隶按察使、直隶布政使、湖北巡抚、河南巡抚，因打击反清势力有功，同治十年擢升为闽浙总督，同治帝为褒奖其功绩，特允许其在紫金城内骑马，后调任福州将军兼署福建巡抚事，任职期间，建议朝廷练兵、筹饷、制器、用人等事，光绪朝主要担任河东河道总督一职，光绪十四年，因郑州工程决口，被发往军台效力赎罪，次年，被放回，光绪十六，卒。宣统元年，清廷允东北三省总督徐世昌之请，恢复其原有官职，并将其生平、战功、政绩，宣付史馆立传
文祥	隶盛京满洲（族）正红旗	道光二十五年，中进士，初用为工部主事，历任员外郎、内阁学士、署理镶黄旗汉军副都统，军机大臣上学习行走、礼部右侍郎、户部右侍郎兼管钱法堂事、吏部右侍郎、镶红旗蒙古副都统、工部右侍郎仍兼管钱法堂事、镶蓝旗满洲（族）副都统、户部左侍郎兼管三库事、左翼总兵。英法联军进攻北京，咸丰帝离京西行，其留京署理步军统领事务，条约签订后，与恭亲王奕䜣统筹洋务事宜，密陈选练八旗兵丁，编建神机营，及至咸丰帝去世，又协助奕䜣、慈禧太后发动辛酉政变，同治朝，先后担任左都御史、都统、内务府大臣、工部尚书、兵部尚书、理藩院尚书、吏部尚书、崇文门税关监督、翰林院掌院学士、内阁协办大学士、武英殿大学士等要职，因值乱世，其先后率兵保护皇陵、打击东北叛乱势力，筹办海防，支持左宗棠的边防战略，主张兴办洋务等，光绪二年，卒。慈禧太后赏陀罗经被，派郡王衔贝勒载澂带领侍卫 10 人，前往奠醊，任内一切处分，全部开复，其灵柩回旗时，命沿途地方官妥为照料，到旗后，令崇实前往赐祭，光绪十五年，光绪帝亲政，念及其曾任军机大臣，有襄成郅治之功，特命赐祭一坛

续表

姓名	籍贯	备　考
恩铭	隶盛京锦州驻防满洲（族）镶白旗	同治十二年，中进士，捐知县，后经山东巡抚陈士杰奏请，调办河工，光绪十二年，遵成例捐山东试用，办理安徽宿州督销事务，光绪十六年至十八年，叙绩，署理山东兖州府知府，因办理河工得力，经山东巡抚张曜题奏，用为道员，并加二品顶戴，光绪二十一年，因在山东患疾，改任山西按察使，次年，义和团起义爆发，其劝山西巡抚护送教士，解散教民，遏制乱萌。八国联军进攻北京，光绪帝与慈禧太后避承德，山西巡抚毓贤率师防守固关，其兼摄布政使与按察使，筹边饷、备供具，朝夕不停，光绪二十七年，至山西归绥道任，次年，调口北道，在任，安抚百姓，辑绥地方，后擢升为浙江盐运使、两淮盐运使，光绪二十九年，升任江苏按察使，次年，升任安徽巡抚，任内，平定红莲会叛乱，光绪三十三年，遭革命党人枪击，不治身亡。光绪帝和慈禧太后令照总督阵亡例从优议恤，其灵柩回旗时，令沿途地方官予以照料
尚贤	隶奉天蒙古正白旗	同治九年，中式举人，同治十三年，中进士，历任翰林院、詹事府、光禄寺、内阁等衙门，光绪帝即位后，曾派其出使青海，历陈西陲形势，疏请变通兵制等项，光绪二年，外任驻藏帮办大臣，后因丁忧回奉天，授教于萃升书院，义和团运动后，举办省城南路守望局，不久，卒

续表

姓名	籍贯	备　考
赵尔巽	铁岭，隶汉军正蓝旗	同治十三年，中进士，由翰林院编修历任安徽按察使、陕西按察使、甘肃布政使、新疆布政使、山西布政使、湖南巡抚、户部尚书、盛京将军、湖广总督、四川总督等要职，堪称封疆要员，其重视教育，创办学校，整顿地方财政，善于处理民族关系，宣统三年，任东三省总督，在奉天成立保安会，以抵御革命党，民国成立后，出任清史馆总裁，主编《清史稿》，袁世凯尊称其为“嵩山四友”，段祺瑞执政期间，曾任临时参议院议长等职，“民国”十六年，卒于北京
魁福	辽阳，汉军旗人	光绪十四年，中式举人，拣选知县，甲午战争期间，出任镇东十三营鹰字右领管带，后分统前营和左营，防御辽南八盘岭。《马关条约》签订后，镇东十三营解散，其奉命办理鼻塞中招垦事宜，兼管金矿事务，义和团运动爆发后，其回奉办理乡团，抗衡俄军，约束乡里，保一方平安，光绪三十三年，赴延边帮办界务，历充任吉林矿政，总办密山垦务及东北划界事宜，宣统元年，擢升密山府知府，后调任吉林兼行旗务总务，升授东北路观察使，未到任，病卒
庆春	宁远	光绪十一年，中拔贡，光绪十四年，中式举人，光绪十六年，中进士，由户部主事升詹事府中允，后改任湖北荆门直隶州知州，光绪末年，奉命赴东洋考察政治，著有《游东日记》，刊有《东政禀稿》一册，详述日本兴国之事

注：此表根据《奉天通志·选举志》所列进士、举人摘要整理而成

从表40—6可以看出，盛京地区科举文化日趋成熟，为国家选送了大批人才。

第四十一章　清代皇帝东巡盛京文化

盛京地区乃龙兴之基。清代，先后举行过 10 次皇帝东巡盛京。清帝东巡的主要内容包括：缅怀大清开国君臣的伟绩功德、祈求大清帝国国祚永续、重温八旗骑射文化、强化八旗尚武精神。皇帝东巡包含着丰富的文化内容，既是政治宣示，也是文化传播。每次东巡，皇帝都带有大批随扈人员，一起祭拜祖先和开国功臣，一起追思先辈的伟业丰功，旨在教育臣僚奋发有为、一体用心国是；通过考察民情、整饬吏治，彰显建设清明政治的决心；办理外交，展示大清帝国形象；君臣大量表章题字诗词歌赋，传播传统文化。可以说，东巡文化是政治与文化高度交融的结晶。所有记录皇帝东巡过程的名篇，以及在东巡过程中产生的传世之作，都是盛京文化的重要组成元素。最著名的是乾隆皇帝东巡时的创作《盛京赋》。《奉天通志》所记载的乾隆《盛京土风杂咏》12 首、《盛京土产杂咏》12 首，以及嘉庆皇帝东巡时，君臣《盛京风土联句诗》，都是特色鲜明、内容充实的作品，随扈如高士奇、梁诗正、金德瑛等大学者，皆以文学侍从的身份，陪驾东巡，亦留有讴歌盛京的诗篇。这些都是研究清代辽河文化的宝贵文献史料。

第一节　清代皇帝东巡盛京缘起与简况

盛京地区是清王朝的发祥地，清统治者祖宗的陵寝所在之地。清入关以后，康熙、乾隆、嘉庆、道光诸帝凡10次东巡盛京，展谒祖宗陵寝，慎终追远，尊崇有加。这是清代涉及皇帝最多、延续时间最长的特殊的文化活动。东巡盛京，亲临祭祀，一直备受清朝皇帝重视并践行。

一　清代皇帝东巡盛京缘起

清帝东巡盛京祭祖，始于康熙帝，而首倡者却是顺治帝。《清太祖实录》记载，1653年5月，顺治帝谕内三院，“朕仰承天眷，统一区宇，深惟我太祖武皇帝肇造艰难，太宗文皇帝大勋克集，诞祐朕躬，以有今日。自登极以来，眷怀陵寝，辄思展谒。但彼时朕年冲幼，未获举行。每届祀期，瞻仰在天之灵，徘徊几筵，不禁陨涕，以致寝食俱废，日夜靡宁。今将躬诣山陵，稍展孝思，议政诸王、大臣、满汉九卿等官，其详议以闻，即传谕礼部知之”①。此乃清帝东巡之首倡，且东巡之理由和目的十分明确。几日后，和硕郑亲王济尔哈朗等以“见今南方用兵，吏治尚未全饬，民心尚未全宁，一日万机，靡不出自亲裁。若圣驾远行，奏报未免稽迟”② 为由加以劝阻。顺治帝览诸王所奏后，明确表示“朕追念深恩，昊天罔极，顾瞻山陵以日为年，即今日未可必行，拟于来年躬诣。尔诸王大臣

① 清实录·清世祖实录：卷七十五［M］. 北京：中华书局，2008.

② 清实录·清世祖实录：卷七十五［M］. 北京：中华书局，2008.

勿阻朕谕，届期预行择日具奏”。同年7月，发生水患，宫廷内又发生顺治帝废后一事，顺治帝东巡之事，暂时搁浅。次年3月，顺治帝重提东巡之事，这一次是以和硕承泽亲王硕塞为首的臣工们的劝阻。面对朝中重臣们的劝阻，顺治帝仍坚持初衷，表示“朕瞻仰山陵，久思恭谒慕恋之诚，无忘寤寐。四月内朕必亲往”①。顺治帝东巡祭陵的态度十分肯定。和硕郑亲王等又寻出理由加以劝阻，顺治帝见此，只好让步，表示“朕本欲早谒山陵，以抒恋慕。今览王等奏，暂停此举，俟于七月间行”②。转眼到了6月，都察院左都御史奏言，“频年水灾未消，小丑未靖，大兵屡勤征讨，粮饷方急转输。国计民生，各处奏报，事事仰烦宸谕。臣等愚见，望皇上以太祖、太宗安定天下之心为心，暂辍启行。俟年丰时平，修恭谒山陵之礼，似为未晚”。顺治帝的答复，态度依然很肯定，“卿等言是，但恭谒山陵，久切朕怀，有如以日为岁。展期至今，难容再缓，还著遵前旨行”③。虽然东巡条件并不完备，顺治帝坚持按期东巡盛京，故东巡之议持续了1年多。眼看就到7月了，六月底，六科给事中朱徽等又奏言加以劝阻，同时，御史潘朝选等亦合疏谏止。面对群臣如此不厌其烦地劝阻，顺治帝怒不可遏，下旨道：“恭谒山陵，屡旨已定。朱徽等明各渎奏，借此沽名，甚属可恶。本当议罪，念系言官，姑从宽宥”④。看似

① 清实录·清世祖实录：卷八十二［M］. 北京：中华书局，2008.

② 清实录·清世祖实录：卷八十二［M］. 北京：中华书局，2008.

③ 清实录·清世祖实录：卷八十四［M］. 北京：中华书局，2008.

④ 清实录·清世祖实录：卷八十四［M］. 北京：中华书局，2008.

坚定不移的顺治帝，到了7月末，却突然改变了态度，谕礼部曰："朕方在冲龄，即值先帝晏驾，终天抱痛，时刻磨谖，梦想音容，涕泗横集。自元年定鼎以来，绥辑多方，焦心劳思，不遑宁晷。顾瞻陵寝，邈在天涯，虽岁时祭祀，斋沐遣官，而朕躬未行恭谒。追慕之殷，以日为岁。每临餐废箸，中夜以兴，所以择吉东行，必不获已。兹复思太祖、太宗创造丕基，付托朕躬，缵承匪易。目今方隅示靖，师旅繁兴，兼之旱涝频仍，不民失所，一应养兵恤民，措置规划，朕与诸司夙夜图维，犹虞不给。东行往返，未免延旷时日，有稽政务。欲专心化理，则难展至情；若亟遂孝思，又虑乖民望。再四踌躇，我太祖、太宗原以天下生民为念，如天下未安，无以上慰太祖、太宗在天之灵，朕心亦何能安？为此，今岁停止东行，俟他年有暇，再行展谒，尔部即行传知"①。是年9月，顺治帝特遣辅国公班布尔善等亲至盛京，恭代祭山陵。1661年，顺治皇帝因患天花而不治早逝，其东巡之愿遂成其终生遗憾。

二　清代皇帝东巡盛京简况

清帝东巡首行是康熙帝。《清圣祖实录》记载，1671年，康熙帝继承父皇遗愿而实现东巡。早在1670年，康熙帝就打算东巡祭祖，议政大臣会议以天灾、物资筹办困难为由，建议暂停。康熙觉得议政大臣会议的劝阻意见有道理，同意暂停。次年正月，康熙再次提出欲东巡祭祀，降旨礼部："朕仰体世祖章皇帝遗志，欲躬诣太祖太宗山陵展祭，以告成功。前命议政王贝勒大臣等会议，议政王等以去年各处多有水旱灾荒，且为时甚迫，应用之物预备有及，具题暂行停止。今思太祖太宗创业垂统，功德隆盛，山陵在望，刻不能忘。去年恭谒孝陵礼成，今已数月。若再久延，

① 清实录·清世祖实录：卷八十五［M］. 北京：中华书局，2008.

孝思莫殚，朕怀靡宁。兹当海内无事，欲乘此躬谒福陵昭陵以告成功，用展孝思”①。同年 9 月庚戌，康熙帝决定“以寰宇一统，躬诣太祖太宗山陵展祭，行告成礼”②，翌日，辞别太皇太后和皇太后，踏上了东巡盛京谒陵祭祖之程，开启了清帝东巡祭祖的历史。自康熙帝至道光帝，前后 4 位皇帝凡 10 次东巡盛京展祭山陵。其中康熙帝东巡盛京 3 次、乾隆帝东巡盛京 4 次、嘉庆帝 2 次、道光帝 1 次。其简况见表 41—1。

表 41—1　　清代皇帝东巡盛京展祭山陵简况表

皇帝东巡		起止时间与驻跸地	备　考
康熙皇帝	第一次	康熙十年(1671)九月三日至十一月三日，历时60天，驻跸地有46处	经直隶三河、蓟州、玉田、丰润、卢龙、抚宁、榆关，出山海关，越兴城、北镇、辽河，赴盛京，亲祭太祖、太宗山陵，在盛京驻跸 4 日，诣福陵、昭陵行告祭礼，返京时诣福陵、昭陵行辞别礼后，回京
	第二次	康熙二十一年(1682)二月十五日至五月四日，历时79天，驻跸地有54处	抵盛京城，诣福陵、昭陵祭奠如例，北上祭永陵后，从兴京出发，经铁岭、开原、西丰、伊通各县，由吉林大孤山而奔抵吉林乌拉，登舟泛松花江上，视察山川地形，检验水师、询访官吏民情等
	第三次	康熙三十七年(1698)七月二十九日至十一月十三日，历时 103 天，驻跸地有 84 处	经河北密云、古北口、越长城而奔蒙古，经喀尔沁、翁牛特、敖汉、奈曼、科尔沁诸旗，入吉林并南下，抵永陵致祭，后至盛京，祭福陵、昭陵如例

① 清实录·清世祖实录：卷三十五［M］. 北京：中华书局，2008.

② 清实录·清世祖实录：卷三十六［M］. 北京：中华书局，2008.

续表

皇帝东巡		起止时间与驻跸地	备　考
乾隆皇帝	第一次	乾隆八年(1743)七月八日至十月二十五日，历时107天，驻跸地有87处	经怀柔、密云、喀喇河屯至避暑山庄，后经波办河屯接受蒙石八旗诸王迎驾，在木兰围场行猎后至蒙古如昭乌达盟及科尔沁地方，入盛京，先至永陵致祭，后至福陵、昭陵祭陵
	第二次	乾隆十九年(1754)五月六日至十一月十一日，历时153天，驻跸地有84处	北上至避暑山庄，入喀尔沁境，经敖汉、土默特、科尔沁诸部，至吉林城，于温德亨山望祭长白山神，奉太皇太后御舟渡松花江，幸龙潭，南下至辉发城后抵永陵、福陵、昭陵致祭
	第三次	乾隆四十三年(1778)七月二十日至九月二十六日，历时66天，驻跸地有30处	经山海关前行，因遇皇太后丧期未过，途次不行猎，至盛京不升殿、不筵宴，途经山海关、广宁、北镇，渡辽河，抵永陵、福陵、昭陵，例行拜谒，入盛京驻跸7日，返京
	第四次	乾隆四十八年(1783)五月二十四日至十月十七日，历时143天，驻跸地有50处	至避暑山庄，一路驻跸行宫、大营，依次拜谒永陵、福陵、昭陵，入盛京皇宫

续表

皇帝东巡		起止时间与驻跸地	备　考
嘉庆皇帝	第一次	嘉庆十年(1805)七月十八日至九月二十三日，历时 65 天，驻跸地有 33 处	嘉庆两次东巡，一不举行围猎，二不携带后妃，出京师直奔山海关而后直达盛京，与乾隆第三次东巡相仿
	第二次	嘉庆二十三年(1818)七月二十八日至十月十一日，历时 73 天，驻跸地有 32 处	
道光皇帝	一次	道光九年(1829)八月十九日至十月二十四日，历时 66 天，驻跸地有 32 处	从京师直抵盛京，走的是嘉庆帝东巡的路线，例行祭拜永陵、福陵、昭陵，在盛京后宫驻跸 7 日

注：此表参阅《清圣祖实录》《清高宗实录》《清仁宗实录》《清宣宗实录》及有关地方志书记载整理而成

从表 40—1 可以看出，清帝东巡凡十次，因客观条件和主观认知的影响，四位皇帝先后的东巡是不同的。康熙皇帝东巡出师有名，三次东巡的路线皆不同，为清帝东巡盛典的开创形成期，目的地由盛京而吉林、蒙古及所祭陵寝的顺序，说明皇帝东巡的内涵较为丰富。乾隆帝东巡，属于清帝东巡的兴盛定型期，除第三次因遇皇太后丧期一切从简外，其他各次，路线大同小异，从谒陵顺序到例行礼仪，既循康熙帝所行，又有所增加，逐渐形成定制。嘉庆、道光二帝，东巡祭陵，循康乾定制，且一切从简。

（一）清代皇帝东巡谒陵之祭祀活动①

清帝东巡恭谒祖陵是其东巡过程的头等大事，其具体议程从无到有，从无序到有序，逐步形成定制。

1. 康熙皇帝东巡盛京谒陵祭祀

康熙帝在位期间，三次东巡盛京谒陵祭祖。《清圣祖实录》记载，1671 年，康熙帝率王公贝勒、文武大臣，第一次东巡盛京，9 月 19 日，谒福陵，行礼，三献爵，举哀。众皆举哀。毕，随谒昭陵，如福陵礼。次日，诣福陵，陈牲帛于隆恩殿，读祝行告成礼；21 日，复诣福陵致祭，如前仪。22 日，诣昭陵，行告成礼；次日，复诣昭陵致祭，皆如福陵礼。遣王贝子内大臣等，诣永陵致祭。1682 年，康熙帝第二次东巡盛京，3 月初五，率诸王、贝子、公、内大臣、侍卫、文武三品以上官及蒙古王台吉等，诣福陵，大祭宝城。初六，诣福陵，大祭隆恩殿，行大飨礼。初七，诣昭陵，大祭宝城。分别遣内大臣祭功臣萨哈廉、郡王岳托、武勋王扬古利、直义公费英东、弘毅公额尔都、忠义公图尔格等。初八，诣昭陵，大祭隆恩殿，行大飨礼。遣官祭国初有功之臣墓。3 月 11 日，率诸王、贝子、公、内大臣、侍卫、随行文武官员及蒙古王台吉等，亲赴永陵祭祀。1698 年，康熙帝第三次东巡盛京，此次是先祭奠永陵。《清圣祖实录》记载，10 月 13 日，康熙帝率诸王大臣等谒永陵行礼，奠酒举哀。遣官至武功郡王礼敦巴图鲁墓、恪恭贝勒塔察墓，奠酒。15 日，抵福陵东，次日，率诸王大臣等谒福陵、昭陵，行礼，奠酒兴哀。17 日，率诸王大臣等，诣福陵隆恩殿致祭；次日，率诸王大臣等，诣昭陵隆恩殿致祭。亲临勋臣扬古利、费英东、额亦都墓奠酒三卮。

以上，是康熙帝三次东巡盛京所行祭陵礼的概况。每次祭陵礼及顺序都不同，表明清东巡祭陵仪制尚未完全形成。

---

① 杨丰陌，佟悦. 盛京皇宫和关外三陵档案［M］. 沈阳：辽宁民族出版社，2003.

2. 乾隆皇帝东巡盛京谒陵祭祀

乾隆帝在位期间，共行4次东巡盛京谒陵祭祖大典，先祭祀永陵，再福陵，再昭陵的秩序基本确定，成为定制。

1743年，乾隆帝第一次东巡盛京谒陵祭祖，9月16日，奉皇太后，率皇后谒永陵，行礼、祭酒、举哀如仪；诣显佑宫行礼等；次日，诣永陵，行大飨礼；遣官奠附葬之武功郡王礼敦、恪恭贝勒塔察篇古墓及附近之觉罗祖茔。9月22日，谒福陵，如谒永陵仪。次日，诣福陵，行大飨礼，如祭永陵仪。礼成，即往谒昭陵，如谒福陵仪。24日，诣昭陵，行大飨礼，如祭福陵仪。王贝勒等不随往。遣官祭福陵、昭陵之寿康太妃、宸妃、懿靖大贵妃、康惠淑妃并公主园寝。其亲王、贝勒大臣等墓，以次遣官往祭。1754年，乾隆帝第二次东巡谒陵祭祖，9月5日至兴京，奉皇太后，率皇后谒永陵行礼、祭酒、举哀如仪；诣显佑宫行礼。次日，诣永陵，行大飨礼；遣官致祭附葬之武功郡王礼敦、恪恭贝勒塔察篇古墓及附近之觉罗等祖茔。10日，抵盛京，谒福陵、昭陵，如谒永陵仪。次日，诣福陵、昭陵，行大飨礼；遣官祭福陵、昭陵之寿康太妃、宸妃、懿靖大贵妃、康惠淑妃并公主园寝；遣官祭克勤郡王岳托、武勋王扬古利、弘毅公额亦都、直义公费英东墓。1778年，乾隆帝第三次东巡盛京展祭皇陵，8月17日，抵兴京，谒永陵，未至碑亭，即降舆恸哭，步入宝城门，诣宝城前行礼，躬奠哀恸。王以下文武大臣官员随行礼。次日，诣永陵行大飨礼；诣显佑宫行礼；遣官致祭附葬之武功郡王礼敦、恪恭贝勒塔察篇古墓及附近之觉罗等祖茔。22日，谒福陵，未至碑亭，即降舆恸哭，步入隆恩门，诣宝城前行礼，躬奠哀恸。王以下文武大臣官员随行礼。23日，诣福陵，行大飨礼。礼成，即往诣昭陵，未至碑亭，即降舆恸哭，步入隆恩门，诣宝城前行礼，躬奠哀恸。王以下文武大臣官员随行礼。24日，诣昭陵，行大飨礼，遣官致祭福陵、昭陵之寿康太妃、宸妃、懿靖大贵妃、康惠淑妃并公主园寝；遣官致祭克勤郡王岳托、武勋郡王扬古利、弘毅公额尔都、直义公费英东墓，以及贤王祠、辽太祖陵；遣官祭长白山、辽河、浑河、松花江诸神。决定其后每3年，即派皇子二三人恭谒祖陵。1783年，73岁的乾隆帝，第四次东巡盛京，展祭祖陵。9月初十，抵兴京，谒永陵，未至碑亭，即降舆恸哭，步入启运门，诣宝城前行礼，躬奠哀恸。王以下文武大臣官员随行礼。次日，诣永陵，行大飨礼；诣显佑宫行礼；遣官致祭附葬之武功郡王礼敦、恪恭贝勒塔察篇古墓及附近之觉罗等祖茔。9月15日，抵盛京，谒福陵，礼同永陵。16日，诣福陵，行大飨礼。礼成即往谒昭陵，礼同永陵。17日，诣昭陵，行大飨礼，礼如永陵。

3. 嘉庆皇帝东巡盛京谒陵祭祀

1805年，嘉庆帝第一次东巡盛京谒陵祭祖，8月15日，抵达兴京，恭谒永陵，未至碑亭，即降舆恸哭，步入启运门，诣宝城前行礼，躬奠哀恸。王以下文武大臣官员随行礼。次日，诣永陵，行大飨礼；诣显佑宫、关帝庙拈香；遣官致祭附葬之武功郡、恪恭贝勒墓及附近之觉罗等祖茔。20日，抵盛京，谒福陵，礼同永陵；临弘毅公额亦都墓赐祭。次日，诣福陵，行大飨礼。礼成，即往谒昭陵；临武勋王扬古利、直义公费英东墓赐祭。22日，诣昭陵，行大飨礼，礼仪与永陵相同。1818年，嘉庆帝第二次东巡盛京谒陵祭祖，8月25日，至兴京，恭谒永陵，未至碑亭，即降舆恸哭，步入启运门，诣宝城前行礼，躬奠哀恸。王以下文武大臣官员随行礼。次日，诣永陵，行大飨礼；诣显佑宫、关帝庙拈香；9月1日，抵盛京，谒福陵，礼同永陵；临弘毅公额亦都墓赐祭。次日，诣福陵，行大飨礼。礼成，即往谒昭陵；临武勋王扬古利墓赐祭。3日，诣昭陵，行大飨礼。嘉庆帝两次东巡盛京，一切从简，随扈、接驾人员，远少于康熙帝。

4. 道光皇帝东巡盛京谒陵祭祀

1829年，道光帝东巡盛京致祭祖陵。9月16日，至兴京，谒永陵，未至碑亭，即降舆恸哭，步入启运门，诣宝城前行礼，躬奠哀恸。王以下文武大臣官员随行礼。次日，诣永陵，行大飨礼；

诣显佑宫、关帝庙拈香。22日，抵盛京，谒福陵，行大飨礼。礼成，往谒昭陵；临武勋王扬古利墓赐祭。次日，诣昭陵，行大飨礼。

综上所述，共有4清帝凡10次东巡盛京拜谒祖陵祭祀，盛京三陵，亲诣永陵9次，福陵、昭陵各10次；谒陵顺序成定制，即行诣永陵，后诣福陵、昭陵。清帝东巡期间，其所行祭陵之礼仪，属于国家大祭，因皇帝亲临，在祭祀仪程准备、实施、规模等各个方面，都超越了例行的清陵大祭。这是盛京三陵历史上无以复加的盛事。祭祖之规模，以康乾最盛，嘉庆次之，道光最简。祭陵礼仪中，因乾隆帝奉皇太后并率皇后祭陵，因而形成了后世尊崇并沿用的后妃祭陵礼仪。特别是乾隆帝第三次东巡祭陵时，未至碑亭，即降舆恸哭，此举成为后世历朝皇帝及大臣们必遵行的祭陵礼仪。由此，足见封建政体文化之皇权至上的特征。

（二）清代皇帝东巡盛京途中其他祭祀文化

清帝东巡盛京的主要目的，是祭祀祖宗三陵，拜谒先朝宫殿。此外，还进行了大量其他祭祀活动，如祭祀开国功臣和蒙古王公陵墓、清朝其他皇室陵寝，祭祀各类寺庙、名胜及山川诸神。

1. 祭祀开国功臣及蒙古王公

盛京地区是大清帝国诞生的摇篮，也是满族的故乡。其不仅修建有清朝盛京3陵（永陵、福陵、昭陵），安葬着清前“四祖”及清太祖、清太宗，也埋葬着众多清初开国功臣。这些开国功臣在创立清王朝的过程中建有功业，与清朝的社稷息息相关，受到皇帝的特别重视。每次清帝东巡途中，都要对他们进行祭奠。至清朝中期以后，清帝东巡祭祖之际，祭祀开国功臣及蒙古王公形成明确的议程。

按照清帝东巡的行程，在盛京期间，皇帝通常会在盛京城郊外墓地，祭奠几位开国功臣，即所谓“亲诣赐祭”，主要包括武勋王扬古利、直义公费英东、弘毅公额亦都、忠义公图尔格等。《清圣祖实录》记载，除皇帝亲祭功臣墓外，亦派皇子、侍卫、王公大臣等代祭，以此表达对开国功臣的悼念和感怀，并向世人昭告皇帝的天恩。康熙帝第二东巡至盛京时，派众多侍卫、近臣前往开国功臣墓地，代己行祭奠之礼。如 1682 年 3 月 7 日，派内大臣费扬古祭武勋王扬古利墓、派内大臣索额图祭直义公费英东墓、派内大臣坤巴图鲁侍卫祭弘毅公额亦都墓、派内大臣觉罗邬默纳祭忠义公图尔格墓。次日，侍卫、大臣 18 人往祭 32 位功臣墓。4 月 20 日，内大臣公坡尔盆祭达尔汉巴图鲁亲王墓、和硕额驸马讷尔杜祭卓尔图贝勒墓。22 日，驾过海城县时，派内大臣公坡尔盆祭平南王尚可喜墓。

除在盛京地区祭祀功臣外，清帝途经蒙古地方时，也对沿途的蒙古王公进行祭奠，以追思他们对清朝做出的贡献。如康熙帝第三次东巡经蒙古时，9 月 1 日，率近臣至科尔沁和硕达尔汉巴图尔亲王朱习礼墓致祭。

2. 祭祀其他皇家陵寝

清帝在东巡途中，对盛京三陵以外的皇家陵寝，也大多按例前往致祭，以告慰祖先在天之灵。如康熙帝第二次东巡时，于启程之初和回銮快到京城时，都前往沿途的遵化，在其父福临之孝陵祭奠，并至孝仁皇后、孝昭皇后两陵祭祀；康熙帝第三次东巡途经蒙古时，至科尔沁端贞长公主墓祭奠。除了自己亲祭皇室陵寝，清帝还命皇子、王公、大臣等人，代己祭其他皇家陵寝。《清圣祖实录》记载，康熙帝第二次东巡至盛京时，派领侍卫内大臣佟国维祭颖亲王萨哈廉墓，派内大臣都统巴泰祭克勤郡王岳托墓，派尚书郭四海祭多罗靖定贝勒飞扬武墓、多罗安平贝勒都督墓、镇国公马占墓，派内大臣觉罗塔达祭武功郡王祀敦巴图鲁墓，派内大臣公福善祭恪恭贝勒塔察篇古墓，派内大臣觉罗塔达祭陵寝附近地方觉罗祖墓等。乾隆首次东巡盛京，在昭陵行大飨礼后，遣官祭福陵、昭陵之寿康太妃、宸妃、懿靖大贵妃、康惠淑妃并公主园寝。

3. 祭祀寺庙名迹及山川诸神

清帝东巡期间，除了主要祭祀盛京 3 陵外，对沿途的各类寺庙、名迹，以及山川诸神等，亦进行祭祀。这类祭祀有的是皇帝亲自前往祭拜，有的则是派遣皇子、王公大臣、侍卫等代祭。其所祭寺庙、名迹，多为旧有，少数为清朝本朝设立并祭祀的诸神。《清圣祖实录》记载，康熙帝第二次东巡途中，曾派领侍卫内大臣佟国维、大学士明珠等，前往伯夷叔齐庙、北镇庙等处致祭。据有关史料记载，清帝东巡途中常祭祀的寺庙、名迹主要有：桃花寺、兴隆寺、夷齐庙、望海楼、文殊庵、北海神庙、龙王庙、天后宫、北镇庙、河神庙、显佑宫、关帝庙、东岳庙、城隍庙、贤王祠、文庙、景佑宫、天坛、地坛、堂子等。

清帝东巡期间，在其往返途中所进行的其他祭祀中，有一少部分是祭祀由清帝发起创立的新神，以符合本朝的福祉。《清圣祖实录》记载，1682 年 3 月 25 日，康熙帝在吉林乌拉地方，率皇子、诸王贝勒、贝子、公及蒙古王公、侍卫、文武官员等至松花江畔，向着东方望祀满族发源之神长白山神。1698 年 9 月 18 日，康熙帝派大学士伊桑阿祭松花江之神。1754 年，清廷正式于温德亨山建有祭殿，以专供长白山山神。1778 年 8 月 24 日，乾隆帝派大臣致祭长白山、辽河、浑河、松花江诸神。1818 年 9 月 3 日，嘉庆派大臣致祭长白山、辽阳太子河、巨流河、浑河、北海、松花江诸神。

清帝东巡途中直接或间接祭祀山川诸神，反映了满族人的文化心理，即他们敬畏天地自然的心理状态。清朝中期以后，许多传统的神祇、名迹，被满族接受，绝大多数满族人已经认同。

第二节　清代皇帝东巡盛京祭祖礼仪文化

自康熙帝开创清帝东巡祭祖之制，至其后近 160 年间，康熙、乾隆、嘉庆、道光4位皇帝共10次东巡谒陵祭祖，于盛京旧宫举办相关庆典活动，形成了一套自成体系的皇帝出巡盛京的礼制文化，包括谒陵制度、旧宫庆典礼仪，以及各种筹备、扈从、途中行围、东巡颁赏、巡游题咏等规制和惯例等。其中，祭陵礼仪与旧宫庆典是清帝东巡礼制文化中最为重要的内容。

从文化角度看，清帝东巡旨在通过展谒盛京三陵，昭示清王朝以孝治天下而为天下垂范，同时，在清朝迁都之前的旧宫举行隆重庆典仪式，以示追思祖宗创业维艰，目的在于教育皇帝本人及其子孙后代，要惕厉守成、勤谨敬慎，以保大清基业永续。从史料记载可知，清帝东巡祭陵礼仪与旧宫庆典之礼制文化的形成经历了一个发展过程。康熙帝3次东巡，祭陵顺序不同，第一次祭祀福陵、昭陵；第二次祭祀盛京三陵，顺序是福陵、昭陵、永陵；到第三次，祭祀盛京三陵的顺序是永陵、福陵、昭陵。乾隆帝东巡盛京祭祖陵，以其祖父第三次东巡祭陵顺序为依循，按照盛京三陵的辈分决定祭祀的先后顺序，且4次祭陵顺序一以贯之，未曾改变。可见，清帝东巡盛京谒陵祭祖的规制是至康熙帝第三次东巡盛京时趋于完备的，总体来看，只有细节上的增加，而无原则上的改变。

清帝东巡祭盛京三陵的议程，一般包括举行展谒礼和大飨礼。展谒礼，皇帝直接到陵寝宝顶前的石祭台前，面向山陵，行奠酒和哀哭之礼。展谒礼议程十分繁复。从到陵寝前开始，每一步骤，都有明确规制。开始时，皇帝在祭台前行三跪九叩大礼，礼毕，立一旁，祭祀官将祭案抬至近旁，皇帝再次跪下，行三叩之礼，每行一叩首礼，双手接过盛满祭酒的金爵向宝城高举过头顶敬祭，然后将酒撒掉，连献3爵后，回原位站立。在皇帝三献祭酒时，随驾的王公大臣站在隆恩殿两侧，须同时向宝城方向行三跪九叩礼。最后皇帝及随驾王公大臣举哀，礼毕出隆恩门，回驻跸处。若有皇太后、皇后随驾行展谒礼，将由掌关防官妻子等命妇做临时导引官，行走路线及乘舆、降舆规制及献酒、举哀等与皇帝相似，只是在石祭台处所站位置有所区别。

大飨礼，是在祭陵之展谒礼的次日举行，地点设在隆恩殿（永陵设在启运殿）。大飨礼与展谒礼不同，具体议程于乾隆年间形成定制。行大飨礼时，皇帝不穿素服，而须着朝服、朝冠，随驾王公大臣则穿蟒袍补服，盛京当地官员着朝服。大飨礼的祭品与四时大祭相似，主要祭品是一牛两羊羹饭脯醢一筵 18 盘，糕饼果品一筵 65 盘。仪式开始前，皇帝与随驾王公大臣于隆恩殿月台上立，随驾百官及盛京地方官则在月台下各按八旗左右翼排班。行大飨礼开始，皇帝至隆恩殿前向殿内祖先之神位上香，行三跪九叩之礼，后，行三献礼，“奠帛爵”行初献礼。奠酒献帛后，宣读祝文，皇帝跪听祝文后，起立，再行三献礼，皇帝行礼之际，凡皇帝跪拜，月台上下全体人员需随赞礼官口令同样行礼。后，行望燎礼。皇帝站在望燎台位上，面向焚帛亭行注目礼。主祭官把祝板、制帛以及大量彩纸、金锭、银锭等祭物，全部投入火中焚烧掉。最后，行举哀礼，举哀礼毕，标志皇帝东巡展谒皇陵仪式结束。

清帝东巡展谒山陵的祭陵大典完成时举行庆贺礼，是文武百官上表称贺皇帝谒陵礼成并颁诏天下的典仪，一般在皇帝驻跸盛京宫殿的次日或第三日的清晨举行。整个仪程均由礼部事先拟好，呈皇帝批准后举行。其仪注包括陈设、序班、宣表、颁诏、赐茶或赐宴等。1671 年 11 月，康熙帝东巡返京师，在太和殿举行庆贺礼。在盛京陪都宫殿举行庆贺礼成为定制，是乾隆朝确立的。《清高宗实录》记载，1743 年，乾隆商奉皇太后东巡盛京，在至福陵、昭陵行大飨礼后的第二日，率王大臣等诣皇太后宫行庆贺礼，御崇政殿受贺，赐诸王文武大臣官员及朝鲜国使臣宴。御大政殿，赐盛京地方文武官员宴及父老酺。御制盛京筵宴世德舞辞。同时，颁诏天下。诏曰：“溯源报本，弥深追远之情；陈瑞荐馨，式重谒陵之典。我朝定鼎中原，统一方夏，重熙累洽，海宇升平，声教覃敷，民物康阜，百年於兹矣。缅维圣圣相承，肇基东土，太祖高皇帝、太宗文皇帝诞膺景命，式扩鸿图，辽海沈阳实为龙兴之地。朕继承大统，夙夜孜孜，念祖宗缔构之艰难，思列贤燕贻之绵永。盛京旧地，瞻望桥山，敬考典章，肃申思慕，于乾隆八年秋恭奉皇太后祇谒永陵、福陵、昭陵，大礼既成，留都是莅，瞻神丘之葱郁，仰祖德之灵长，爰沛德音，用颁湛惠。所有事宜，开列于后：一随从王等纪录一次，大臣官员及奉天文武大臣官员俱加一级；一随从兵丁及内务府执事人等俱赏一月钱粮；一奉天山海关文武大臣官员兵丁、三陵守陵官兵俱著加恩赍，总理行营王大臣速议旨；一奉天居住之宗室、觉罗及国戚子孙俱著加恩，总理行营王大臣速议旨；一奉天府属应征乾隆九年分地丁银两著宽免；一奉天旗民男妇年七十以上者给予布一匹、米五斗，八十以上者给予绢一匹、米一石，九十以上者倍之；一凡试职官俱准实授；一奉天府、宁古塔、黑龙江等处十恶不赦外，凡已结正未结正死罪俱著减等，其军流徙杖等罪俱著宽释；一奉天内务府庄头所有积欠，在乾隆七年以前者俱宽免。於戏！谟列显承，隆亿年之泰运；恩膏沾被，协万国之欢心。布告天下，咸使闻知。”由此可知，清帝东巡祭陵礼成之庆典声势浩大，颁赏示恩者甚众。此后，嘉庆帝 2 次东巡盛京，祭陵礼成，亦在崇政殿举行庆贺礼；道光帝同样是“御崇政殿”，举行东巡祭陵礼成之庆贺礼。

清帝东巡，除了形成上述谒陵祭祖及旧宫庆典等重要礼制文化外，随着时间的延续，还形成了一些相关惯例，如途中行围与盛京阅射、致祭妃园寝与功臣墓、其他附属性祭典、行赏、太庙行礼、御制东巡诗文、皇子随驾东巡等。

清帝东巡之礼制文化，兴起于康熙帝，成熟于乾隆帝，嘉庆、道光承绪之。礼制文化是政体文化与民俗文化结合的产物，上述各种，均属清帝东巡礼制文化的范畴，其经历了创始、形成、定制、遵行等阶段，为清代盛京地区特有的文化现象，包涵丰富的内容。

第三节　清代皇帝东巡盛京文化景观

清代，自康熙帝开始，先后有康熙、乾隆、嘉庆、道光 4 帝 10 次东巡谒陵祭祖，亲临祖宗创业之基、龙兴之地盛京，在往返盛京的沿途和驻跸期间，对所行、所见、所思留下了大量的记事、纪实诗文，为所经历的宫殿、寺观、名胜以及属国题写了大量的匾额、对联，由此构成了内容广泛，信息量和数量巨大的文字宝库，具有较高的文献价值和文化价值。

一　清代皇帝东巡盛京诗文创作

清代，各位皇帝在诗书领域无不作品甚丰，均著有诗文集。诗文不仅成为其治国治民思想、政治体现的一部分和管理手段，也是其表达、抒发各种情绪的常用方式。清代 4 帝东巡盛京，谒陵祭祖，是为了宣扬其坚持敬天法祖、以孝治国的政治主张。因此，东巡诗文数量之多，题材之广，形式之多样，堪称巨制。《清帝东巡》记载，四帝东巡盛京期间，共创作 580 首诗，其中康熙帝创作 47 首，乾隆帝写下 308 首，嘉庆帝写下 167 首，道光帝写下 58 首；共制文 18 篇，其中康熙帝 2 篇，乾隆帝 14 篇，嘉庆帝 2 篇。这些诗文以盛京地区的风物、名胜、人物为题材，所至之处，凡驻跸停留、赏赐宴饮、俯览名胜诸事，无不触景生情，歌以咏怀，不仅体现了清代皇帝深厚的文学造诣，也凸显了其治国理政思想和政治主张。

清帝东巡御制匾联也是重要文化形态，御制匾联主要分布在沿途宫殿、行宫，如盛京宫殿、盛京三陵主要建筑门户，广宁、夏园行宫；部分名胜，如沿途山海关、北镇、医巫闾山等处。此外，还有一些重要衙门机构，如盛京将军衙门、奉天府和五部衙门等；以及题赠友邦使节，如御赐朝鲜使节匾。

清帝东巡匾联，或吉言瑞语，或尊祖从源，或明志戒勉，或闲适怡情，或旌表教化，均体现了敬天法祖、孝行天下、勤勉守度、忠贞不贰的思想主张。如沈阳故宫的匾额、对联中，吉祥用语非常多，特别是匾额，除了大清门、左右翊门等通道门和太庙等庄重严肃的建筑外，大多宫室采用了有典可据的吉语，比如西所之“颐和”“介祉”、大政殿之“泰交景运”、清宁宫之“合撰延祺”、凤凰楼之“紫气东来”、清宁宫之“万福之源”、崇政殿之“正大光明”、迪光殿室内之“继序其皇”、保极宫室内之“高临万象”以及“保佑命申，丰邑亿年垂裕；会归建极，箕畴五福用敷”“帝命式於九围，本支百世；天心佑夫一德，承叙万年”“皇极会归敷锡验，太和保合惕乾承”。沿途于医巫闾山、姜女庙、盛京文庙等处，御书“乾始坤枢”“流芳辽水”“先觉斯民”“福应朝宗”“灵昭静海”等匾额。赠友邦使节之“式表东藩”“东藩济美”等匾额。以上这些御制匾额，包含诸皇帝多重政治愿景。

二　清代皇帝东巡盛京文化意义

清代，4 位皇帝共 10 次东巡盛京，谒陵祭祖，创制了近 600 篇诗文。就内容来看，或缅怀祖先创业功德，激励子孙勿忘兴国之艰辛；或记述恭瞻祖辈遗物，现睹物思人之深情；或赐奠有功大臣，追思贤良之德行；或怀古追思，抒发胸次之宏愿；或咏叹盛京及沿途风物之繁盛，赞宫殿建筑之巍峨，寄托江山永固之意念。题材广泛，包括了山水、田园、边塞、咏怀、咏物、咏史、记事、悼亡、羁旅思乡、哲理等诗文中常见的题材。从诗文体裁上看，包括了五言、七言古风，律诗和绝句，间以四言和六言诗，以及君臣联句，可谓体裁多样，为盛京地区累积了丰富的文化成果。

清帝东巡期间的盛京诗文，包括皇帝御制诗，也包括随行王公大臣所作诗文，还有地方官员及文人唱和进呈的作品及外国使节进贺的记述等，其中不乏像乾隆帝御制《盛京赋》、康熙帝大臣高士奇《扈从东巡日录》、比利时传教士南怀仁《鞑鞑旅行记》等较有影响的作品，成为研究辽河文化珍贵的历史文献资料。

1671 年，康熙帝首创东巡谒陵祭祖之制，1829 年，道光帝最后一次东巡盛京。在长达 150 多年的时间里，4 代清当朝皇帝共 10 次驾临盛京地区，祭祖之余，谋划治理之道，体察吏治民情，成为盛京地区经济文化发展的巨大推动力。从康熙朝中后期开始，得益于经济复苏，社会安定、人户增加，盛京地区进入社会经济文化平稳发展时期。清入关后，近 200 年的时间里盛京地区几无战祸，其间，特别是经历了百年升平的“康乾盛世”，盛京地区在和平的新环境下，重新整合各种新兴社会元素，形成具有地域特色的辽河文化风貌。

清帝东巡礼制文化从兴起、发展，持续了 150 多年，涵括了整个“康乾盛世”时期，极大地彰显了盛京地区开国故里、肇基宏业的历史地位。清王朝是由新兴民族满族建立并从盛京地区走向北京、入主中原的，盛京地区是清朝肇兴、发祥之地。清入关后，盛京地区留下了诸多重要的历史遗迹，从佛阿拉、赫图阿拉两座早期都城，界藩、萨尔浒两座临时都城，到附近的“建州三关”、萨尔浒战场，抚顺城、清河城、辽阳城、东京城、东京陵等，无不承载着清政权草创初期的荣耀。尤其是沈阳城，1625 年，清太祖由辽阳迁都沈阳，从此开启了沈阳城蓬勃发展繁荣的历程；皇太极继位后，按都城的使用需要，进行了较大规模的改修扩建，在不到 10 年的时间里，把这座明代以军事防御为主的中心卫城，建设成为后金政权的新型都城，取代具有悠久文化历史的辽阳而成为盛京乃至东北地区的政治、经济和文化中心。

清政府入关后，盛京在政治上成为京师的陪都，由于地位特殊，盛京城市建筑、经济及文化均取得较大发展。特别是借助当朝天子驾临，经济文化相对落后的盛京地区得以更多兴办建设事业，为本地区留下一些超越其经济发展水平的文化建设成就。借助皇帝东巡盛京，使得盛京地区文化名胜得到保护和建设。许多旧有庙宇、墓园等历史建筑，因皇帝东巡其间祭拜之需要，得到保护和定期维修。除盛京故宫、永陵、福陵、昭陵外，诸如北镇庙及医巫闾山寺观及相关古迹，沈阳之实胜寺、长宁寺、四塔四寺、万寿寺、文庙和岳托、费英东、额亦都、杨古利墓园及堂子、天坛、地坛，新宾赫图阿拉城、地藏寺、显佑宫、鸦鹘民关等清初遗迹。还有许多特旨修建的，如广宁（北镇庙）行宫、夏园（永陵）行宫、辽河神庙（在新民巨流河边）、浑河神庙（在沈阳城东浑河边）、景祐宫（在沈阳大南门内路东）、贤王祠（在沈阳小西边门外）及萨尔浒之战书事碑及碑亭（在抚顺大伙房水库岸边）等。这些物质文化成就，大多成为日后盛京地区有影响的历史文化景观。

清帝东巡盛京谒陵祭祖，还创造了许多制度，形成了丰富的礼制文化形态。清帝东巡期间，举行礼仪活动，形成相对固定的典章制度文化，其中大部分入载《大清会典》《大清通礼》等官修典制，存有关于其礼仪程序的详细档案记录；除3陵告谒礼仪外，诸如盛京皇宫大政殿、崇政殿朝贺，筵宴之仪注；清宁宫之祭祀，盛京太庙、北镇庙等处的降香礼拜之仪注等，都严格依照清朝宫廷典制准则制订。除了仪注外，还配有相应乐章及舞蹈，构成了完备的盛京专用的皇家典制，是盛京地区礼制文化的重要内容，也成为日后盛京地区非物质文化遗产类财富。

清帝东巡，为盛京积累了大量蕴含中华文化精华的宫廷文物。乾隆帝出于盛京行宫驻跸需要并为提高沈阳故宫地位，令从京师调拨大批宫廷文物至沈阳故宫贮存，其中有飞龙阁内800件历代铜器、翔凤阁内数千件宋元以来名家书画和清宫珍玩、敬典阁内《玉牒》、崇谟阁内《清实录》《满文老档》《满洲实录图》、西七间楼内清宫殿版书籍等，影响最大的是文溯阁内《四库全书》；加之宫殿、衙署、庙宇内留下的大量皇帝特制匾联，使盛京地区在百多年的时间里，积累了数以十万计的高品位文化精品，使辽河流域文化层次得到了较快提升，并对日后辽河流域文化发展产生了意义深远的影响。

参 考 文 献

1. 白寿彝. 中国通史［M］. 上海：上海人民出版社，1996.

2. 白钢. 中国政治制度通史［M］. 北京：人民出版社，1993.

3. 二十六史（简体字本）［M］. 长春：吉林人民出版社，1995.

4. 脱脱等. 辽史［M］. 北京：中华书局，1974.

5. 脱脱等. 金史［M］. 北京：中华书局，1975.

6. 金毓黼. 东北通史［M］. 重庆：五十年代出版社，1944.

7. 司马迁. 史记［M］. 北京：中华书局，2013.

8. 苏秉琦. 中国文明起源新探［M］. 北京：商务印书馆，1997.

9. 张碧波. 中国古代北方民族文化史［M］. 哈尔滨：黑龙江人民出版社，1995.

10. 辽宁省志・水利志［M］. 沈阳：辽宁民族出版社，2001.

11. 辽宁省志・文物志［M］. 沈阳：辽宁人民出版社，2001.

12. 辽宁省志・地理志・建置志［M］. 沈阳：辽宁民族出版社，2002.

13. 辽宁省志・公路水运志［M］. 沈阳：辽宁人民出版社，1999.

14. 辽宁古塔志［M］. 沈阳：辽宁大学出版社，2019.

15. 中国文物地理图集・辽宁分册［M］. 西安：西安地图出

版社，2009.

16. 辽宁省志·宗教志［M］. 沈阳：辽宁人民出版社，2002.

17. 辽宁省志·少数民族志［M］. 沈阳：辽宁民族出版社，2000.

18. 朱诚如. 辽宁通史［M］. 沈阳：辽宁民族出版社，2009.

19. 赵志辉. 满族文学史［M］. 沈阳：辽宁大学出版社，2012.

20. 徐光荣. 辽宁文学史［M］. 沈阳：辽宁人民出版社，2013.

21. 佟冬. 中国东北史［M］. 长春：吉林文史出版社，2006.

22. 中华文明史［M］. 石家庄：河北教育出版社，1994.

23. 辽宁省志·文化志［M］. 沈阳：辽宁科学技术出版社，1999.

24. 史为乐. 中国历史地名大辞典［M］. 北京：中国社会科学出版社，2017.

25. 辽海记忆——辽宁考古六十年重要发现［M］. 沈阳：辽宁人民出版社，2014.

26. 王绵厚，朴文英. 中国东北与东北亚古代交通史［M］. 沈阳：辽宁人民出版社，2016.

27. 辽宁省志·农业志［M］. 沈阳：辽宁民族出版社，2003.

28. 辽宁省志·商业志［M］. 沈阳：辽宁民族出版社，2001.

29. 辽宁省志·建设志［M］. 沈阳：辽宁人民出版社，2003.

30. 沈阳故宫志［M］. 沈阳：辽宁民族出版社，2006.

31. 沈阳福陵志［M］. 沈阳：辽宁民族出版社，2006.

32. 沈阳昭陵志［M］. 沈阳：辽宁民族出版社，2006.

33. 金毓黼. 奉天通志［M］. 沈阳：辽海出版社，2003.

34. 阿桂. 盛京通志［M］. 沈阳：辽海出版社，1997.

35. 乔幼梅. 宋辽夏金经济史研究［M］. 上海：上海古籍出版社，2015.

36. 林剑鸣. 秦汉史［M］. 上海：上海人民出版社，2003.

37. 王仲荦. 魏晋南北朝史［M］. 上海：上海人民出版社，2003.

38. 王仲荦. 隋唐五代史［M］. 上海：上海人民出版社，2003.

39. 李锡厚，白滨. 辽金西夏史［M］. 上海：上海人民出征社，2003.

40. 周良霄，顾菊英. 元史［M］. 上海：上海人民出版社，2003.

41. 汤纲，南炳文. 明史［M］. 上海：上海人民出版社，2003.

42. 富育光. 萨满教与神话［M］. 沈阳：辽宁大学出版社，1990.

43. 吴慧. 中国商业史［M］. 北京：中国财政经济出版社，2004.

44. 辽海丛书（影印本）［M］. 沈阳：辽沈书社，1985.

45. 中国地域文化通览・辽宁卷［M］. 北京：中华书局，2013.

46. 辽宁地域文化通览・铁岭卷［M］. 沈阳：辽海出版社，2015.

47. 辽宁地域文化通览・葫芦岛卷［M］. 北京：中国文史出版社，2014.

48. 沈阳地域文化通览［M］. 沈阳：沈阳出版社，2013.

49. 辽宁地域文化通览・盘锦卷［M］. 沈阳：辽宁人民出版社，2014.

50. 辽宁地域文化通览・辽阳卷［M］. 沈阳：辽宁民族出版社，2015.

51. 辽宁地域文化通览・朝阳卷［M］. 沈阳：辽宁民族出版社，2013.

52. 白文煜. 沈阳故宫大辞典 [M]. 沈阳：辽宁大学出版社，2016.

53. 孙进已，冯永谦. 东北历史地理 [M]. 哈尔滨：黑龙江人民出版社，2013.

54. 大清历朝实录（影印本）[M]. 北京：中华书局，2008.

55. 八旗通志 [M]. 长春：东北师范大学出版社，1986.

56. 杨余栋. 清代东北史 [M]. 沈阳：辽宁教育出版社，1991.

57. 司马光. 资治通鉴 [M]. 长沙：岳麓书社，1990.

58. 李昉. 太平御览 [M]. 北京：中华书局，1960.

59. 金富轼. 三国史记 [M]. 长春：吉林大学出版社，2003.

60. 房玄龄等. 晋书 [M]. 长春：吉林人民出版社，1995.

61. 全唐文 [M]. 北京：中华书局，1983.

62. 宇文懋昭，等. 大金国志 [M]. 北京：中华书局，1987.

63. 陈寿. 三国志 [M]. 长春：吉林人民出版社，1995.

64. 班固. 汉书 [M]. 长春：吉林人民出版社，1995.

65. 李梦生. 左传注释 [M]. 上海：上海古籍出版社，2016.

66. 郭大顺. 辽宁文化通史·先秦卷 [M]. 大连：大连理工大学出版社，2009.

67. 庄吉发. 萨满信仰的历史考察 [M]. 台北：文史哲出版社，1996.

68. 孔祥星，刘一曼. 中国古代铜镜 [M]. 北京：文物出版社，1984.

69. 孔国安. 尚书正义 [M]. 上海：上海古籍出版社，2007.

70. 王天海. 荀子校释 [M]. 上海：上海古籍出版社，2011.

71. 刘安. 淮南子 [M]. 上海：上海古籍出版社，2016.

72. 唐莫尧. 诗经新注全译 [M]. 成都：巴蜀书社，1998.

73. 崔鸿. 十六国春秋 [M]. 北京：中华书局，1960.

74. 许嘉璐，梅季. 十三经（文白对照）[M]. 广州：广东教育出版社，2005.

75. 欧阳询. 艺文类聚［M］. 杭州：浙江古籍出版社，2005.

76. 傅亚庶. 三曹诗文全集译注［M］. 长春：吉林文史出版社，1997.

77. 欧阳修，宋祁. 新唐书［M］. 长春：吉林人民出版社，1995.

78. 范晔. 后汉书［M］. 长春：吉林人民出版社，1995.

79. 郭郛. 山海经注证［M］. 北京：中国社会科学出版社，2004.

80. 欧阳修等. 新唐书［M］. 长春：吉林人民出版社，1995.

81. 黄怀信. 逸周书汇校集注［M］. 上海：上海古籍出版社，2006.

82. 费振刚等. 全汉赋校注［M］. 广州：广东教育出版社，2005.

83. 黎翔凤. 管子校注［M］. 北京：中华书局，2004.

84. 张元济等. 尚书大传［M］. 上海：上海古籍出版社，1929.

85. 王利器. 风俗通义校注［M］. 北京：中华书局，2005.

86. 张宗祥. 论衡校注［M］. 上海：上海古籍出版社，2010.

87. 杜佑. 通典［M］. 北京：中华书局，1984.

88. 纪昀等. 四库全局［M］. 上海：上海古籍出版社，1987.

89. 王绵厚. 中国东北与东北亚古代交通史［M］. 沈阳：辽宁人民出版社，2016.

90. 魏收. 魏书［M］. 长春：吉林人民出版社，1995.

91. 萧子显. 南齐书［M］. 长春：吉林人民出版社，1995.

92. 沈约. 宋书［M］. 长春：吉林人民出版社，1995.

93. 魏徵. 隋书［M］. 长春：吉林人民出版社，1995.

94. 刘昫等. 旧唐书［M］. 长春：吉林人民出版社，1995.

95. 刘昫等. 旧唐书［M］. 长春：吉林人民出版社，1995.

96. 李百药. 北齐书［M］. 长春：吉林人民出版社，1995.

97. 王绵厚. 燕亳、北戎与东胡［M］. 北京：文物出版社，2006.

98. 李延寿. 北史［M］. 长春：吉林人民出版社，1995.

99. 姚思廉. 梁书［M］. 长春：吉林人民出版社，1995.

100. 王绵厚. 高句丽研究［M］. 北京：文物出版社，2002.

101. 魏存成. 高句丽遗迹［M］. 北京：文物出版社，2002.

102. 欧阳修. 新五代史［M］. 长春：吉林人民出版社，1995.

103. 杨复吉. 辽史拾遗［M］. 北京：中华书局，1985.

104. 刘淑涓. 辽代铜镜研究［M］. 沈阳：沈阳出版社，1997.

105. 陈述. 全辽诗文总集［M］. 北京：中华书局，2009年版

106. 孙晓. 高丽史点校［M］. 重庆：西南师范大学出版社，2014.

107. 张国庆，等. 辽宁契丹习俗史［M］. 沈阳：辽宁民族出版社，1997.

108. 黄凤歧. 契丹族文化［M］. 哈尔滨：黑龙江人民出版社，1994.

109. 叶隆礼. 契丹国志［M］. 上海：上海古籍出版社，1985.

110. 辽宁古塔志［M］. 沈阳：辽宁大学出版社，2019.

111. 洪浩. 松漠纪闻［M］. 沈阳：辽沈书社，1985.

112. 徐梦莘. 三朝北盟会编［M］. 北京：中华书局，1984.

113. 王可宾. 女真国俗［M］. 长春：吉林大学出版社，1988.

114. 宋德金. 中国历史九·金史［M］. 北京：人民出版社，2006.

115. 苏天爵. 国进文类［M］. 北京：国家图书馆出版社，2006.

116. 宋濂，等. 元史［M］. 长春：吉林人民出版社，1995.

117. 何绍忞. 新元史［M］. 长春：吉林人民出版社，1995.

118. 元典章（影印本）［M］. 台北：台北故宫博物院，1972.

119. 余大钧. 史集［M］. 北京：商务印书馆，1983.

120. 李辅，等. 全辽志［M］. 沈阳：辽沈书社，1985.

121. 金毓黼. 辽沈丛书［M］. 沈阳：辽海出版社，1985.

122. 王桢. 农书［M］. 北京：中华书局，2007.

123. 刘源溥，等. 锦州府志［M］. 沈阳：辽沈书社，1985.

124. 札马剌丁，等. 大元大一统志［M］. 沈阳：辽沈书社，1985.

125. 张春宇，等. 彰武县文物志［M］. 沈阳：辽宁民族出版社，1996.

126. 周洪山，等. 北镇市文物志［M］. 沈阳：辽宁民族出版社，1996.

127. 崔艳茹，等. 营口市文物志［M］. 沈阳：辽宁民族出版社，1996.

128. 孙晓. 域外汉籍珍本文库［M］. 北京：人民出版社，2014.

129. 忽思慧. 饮膳正要［M］. 刘光华校注. 北京：中国医药科技出版社，2011.

130. 彭大雅，等. 黑鞑事略［M］. 北京：中华书局，1985.

131. 多桑. 多桑蒙古史［M］. 北京：商务印书馆，2013.

132. 叶子奇. 草木子［M］. 北京：中华书局，1959.

133. 安作璋. 经世大曲［M］. 济南：山东人民出版社，2002.

134. 余大钧. 蒙古秘史译注［M］. 石家庄：河北人民出版社，2007.

135. 佟宝山. 阜新蒙古史研究［M］. 沈阳：辽宁人民出版社，1998.

136. 王晶辰，等. 辽宁碑志［M］. 沈阳：辽宁人民出版社，2002.

137. 王树楠，等. 奉天通志［M］. 沈阳：沈阳古旧书店，1983.

138. 苏继庼. 岛夷志略校注［M］. 北京：中华书局，1981.

139. 张廷玉. 明史［M］. 长春：吉林人民出版社，1995.

140. 明实录［M］. 北京：中华书局，2016.

141. 谷应泰. 明史纪事本末［M］. 北京：中华书局，1977.

142. 夏燮. 明通鉴［M］. 上海：上海古籍出版社，1994.

143. 申时行. 明会典［M］. 北京：中华书局，1989.

144. 陈子龙. 明经世文编［M］. 北京：中华书局，1962.

145. 陈国山，等. 千山志［M］. 北京：辽宁人民出版社，1989.

146. 盛京通志［M］. 沈阳：辽宁民族出版社，2013.

147. 吴晗. 朝鲜李朝实录中的中国史料［M］. 北京：中华书局，1980.

148. 陈循，等. 寰宇通志［M］. 北京：中华书局，1960.

149. 石汉声. 农政全书校注［M］. 上海：上海古籍出版社，1979.

150. 韩浚，等. 万历嘉定县志［M］. 长春：吉林人民出版社，1997.

151. 嵇璜. 钦定续文献通考［M］. 长春：吉林人民出版社，1997.

152. 李询，薛虹. 清代全史［M］. 沈阳：辽宁人民出版社，1991.

153. 广禄，李学智. 清太祖朝老浪花满文原档［M］. 北京：中华书局，1970.

154. 清太祖实录［M］. 北京：中华书局，2008.

155. 王先谦，朱寿明. 东华录［M］. 上海：上海古籍出版社，2008.

156. 潘喆，等. 天聪朝臣工奏议［M］. 北京：中国人民大学出版社，1989.

157. 高士奇. 扈从东巡日录［M］. 沈阳：辽沈书社，1985.

158. 谷应泰. 明史纪事本末补遗［M］. 上海：上海古籍出版社，1996.

159. 大清会典事例［M］. 北京：中华书局，2012.

160. 王在晋. 三朝辽事实录［P］. 全国图书馆缩微文献复印中心，2002.

161. 康熙起居注［M］. 北京：中华书局。1984.

162. 方苞集［M］. 上海：上海古籍出版社，1983.

163. 刘锦藻. 清朝续文献通考［M］. 上海：上海古籍出版社，2000.

164. 老满文老档［M］. 北京：中华书局，1990.

165. 铁保. 熙朝雅颂集［M］. 沈阳：辽宁大学出版社，1992.

166. 王一元. 辽左见闻录［M］. 沈阳：铁岭市政协点校本，2007.

167. 杨辉. 千山诗集校注［M］. 沈阳：辽海出版社，2007.

168. 杨丰陌，佟悦. 盛京皇宫和关外三陵档案［M］. 沈阳：辽宁民族出版社，2003.

169. 李洵，等. 钦定八旗通志［M］. 长春：吉林人民出版社，2002.

170. 刘献廷. 广阳杂记［M］. 北京：中华书局，1997.

171. 钦定古今图书集成［M］. 济南：齐鲁书社，1990.

172. 军机处满文月折档［M］. 上海：上海古籍出版社，2010.

173. 杨余栋. 清代东北史［M］. 沈阳：辽宁教育出版社，1991.

174. 蒋廷锡，王安国. 大清一统志［M］. 沈阳：辽海出版社，1997.

175. 张玉新. 清代东北流人诗选注［M］. 沈阳：辽沈书社，1998.

176. 贾弘文. 铁岭县志［M］. 沈阳：辽沈书社，1985.

177. 郝裕. 奉天辽阳千山剩人可禅师塔碑铭［M］. 沈阳：辽海出版社，2007.

178. 李恭笃. 辽宁敖汉旗小河沿三种原始文化的发现［J］. 文物，1977（12）.

179. 徐秉琨. 契丹冠饰和北方民族的金冠传统［J］. 辽宁省考古博物馆学会成立大会会刊，1981.

180. 许玉林等. 辽宁东沟县后洼遗址发掘概要［J］. 文物，1989（12）.

181. 丛佩远. 明代辽东军屯［J］. 中国史研究，1982（3）.

182. 徐英章. 辽宁喀左县大城子元代石椁墓［J］. 考古，1964（5）.

183. 王新增. 辽宁新民县前当铺村金元遗址［J］. 考古，1983（2）.

184. 许明纲. 旅大市发现金元时期文物［J］. 考古，1966（2）.

185. 李逸文. 契丹的髡发习俗［J］. 文物，1983（9）.

186. 李文泽. 辽代的官方教育与科举制度研究［J］. 四川大学学报，1999（4）.

187. 栾丰实. 牙璧研究［J］. 文物，2005（7）.

188. 周晓晶. 辽东半岛地区新石器时代玉器的初步研究［J］. 北方文物，1999（1）.

189. 邓淑萍. 谈谈红山系玉器［J］. 故宫文物月刊（中国台

湾地区），1998（12）.

190. 陆思贤. 勾云形玉佩的形状结构及寓意的思想内容［M］//内蒙古东部地区考古学文化研究文集. 北京：海洋出版社，1991.

191. 刘国祥. 红山文化勾云形玉器研究［J］. 考古，1998（5）.

192. 项春松. 辽墓形制的演变及其器物的分项辨认［J］. 内蒙古文物考古，1982（1）.

193. 方殿春，刘葆华. 辽宁阜新县胡头沟红山文化玉器墓的发现［J］. 文物，1984（5）.

194. 张克举. 辽宁喀左县东山嘴红山文化建筑群址发掘简报［J］. 文物，1984（11）.

195. 郭大顺. 红山文化的“唯玉为葬”与辽河文明起源特征再认识［J］. 文物，1997（8）.

196. 孙守道，郭大顺. 牛河梁红山文化女神头像的发现与研究［J］. 文物，1986（8）.

197. 华玉冰. 牛河梁女神庙平台东坡筒形器群遗存发掘简报［J］. 文物，1994（5）.

198. 鸟居龙藏. 中国石棚之研究［J］. 燕京学报，1946，31.

199. 许明纲，许玉林. 辽宁新宾县双房石盖石棺墓［J］. 考古，1983（4）.

200. 金关文夫，三宅宗悦. 羊头洼［J］. 东方考古学丛刊（乙种第3册），1942.

201. 梁志龙，王俊辉. 辽宁桓仁出土青铜时代墓葬及相关问题［J］. 博物馆研究，1994（2）.

202. 文物出版社. 中国长城遗址调查报告［M］. 北京：文物出版社，1981.

203. 郑绍忠. 河北省战国·燕秦时期古长城和城障遗址［M］. 北京：文物出版社，1981.

204. 李庆发，张克举. 辽西地区燕秦汉长城调查报告［J］. 辽海文物学刊，1991（2）.

205. 冯永谦，何蒲莹. 辽宁古长城［M］. 沈阳：辽宁人民出版社，1984.

206. 萧景全. 辽东地区燕秦汉长城障塞的考古学考察研究［J］. 北方文物，2000（3）.

207. 黎瑶渤. 辽宁北票县西官营子北燕冯素弗墓［J］. 文物，1973（3）.

208. 阎文儒. 义县万佛堂石窟调查及石窟［J］. 文物参考资料，1991（9）.

209. 姜思念. 辽宁朝阳市黄河路唐墓出土鞍鞨石俑考［J］. 考古，2005（10）.

210. 邓荣臻. 女真发辫式样管窥［J］. 北方文物，1987（4）.

211. 巴林右旗博物馆. 内蒙古巴林右旗那斯台遗址调查［J］. 考古，1987（6）.

212. 朝阳博物馆. 辽宁朝阳唐韩贞墓［J］. 考古，1973（6）.

213. 朝阳博物馆. 朝阳的历史与文化［M］. 沈阳：辽宁大学出版社，1996.

214. 朝阳博物馆. 辽宁朝阳发现北燕、北魏墓［J］. 考古，1995（10）.

215. 辽宁省建昌县文物考古工作队. 辽宁建昌普查中发现的重要文物［J］. 文物，1983（9）.

216. 金牛山联合发掘队. 辽宁营口金牛山旧石器文化的研究［J］. 古脊椎动物与古人类，1978（2）.

217. 鸽子洞发掘队. 辽宁鸽子洞旧石器遗址发掘报告［J］. 古脊椎动物与古人类，1975（2）.

218. 辽宁省文物考古研究所. 辽宁查海遗址发掘简报［M］//辽宁考古文集. 沈阳：辽宁人民出版社，2003.

219. 黑龙江文物考古工作队. 黑龙江畔绥滨中兴古城和金代

墓群［J］. 文物，1977（4）.

220. 辽宁省文物考古研究所. 阜新查海新石器时代遗址试掘简报［J］. 辽海文物学刊，1988（1）.

221. 辽宁省文物考古研究所. 辽宁牛河梁红山文化“女神庙”与积石冢群发掘简报［J］. 文物，1986（8）.

222. 辽宁省博物馆等. 法库叶茂台辽墓纪略［J］. 考古，1975（12）.

223. 辽宁省文物考古研究所. 辽海记忆——辽宁考古六十年重要发现［M］. 沈阳：辽宁人民出版社，2014.

224. 辽宁省文物考古研究所. 牛河梁遗址第十六地点红山文化积石冢中心大墓发掘简报［J］. 文物，2008（10）.

225. 辽宁省文物考古研究所，〔日〕中国考古学研究会. 东北来考古学研究——中日合作研究报告书［M］. 北京：文物出版社，1997.

226. 辽宁省文物考古研究所. 辽东半岛石棚［M］. 沈阳：辽宁科学技术出版社，1994.

227. 辽宁省文物考古研究所. 辽宁阜新县查海遗址 1987—1990 年三次发掘［J］. 考古，1994（11）.

228. 辽宁省博物馆，昭乌达盟文物工作站，敖汉旗文化馆. 辽宁敖汉旗小河沿三种原始文化的发现［J］. 文物，1997（12）.

229. 辽海博物馆文物队等. 朝阳袁台子东晋壁画墓［J］. 文物，1984（6）.

230. 中国社会科学院考古研究所. 双砣子与岗上——辽东史前文化的发展和研究［M］. 北京：科学出版社，1996.

231. 中国社会科学院考古研究所. 敖汉赵宝沟——新石器时代聚落［M］. 北京：大百科全书出版社，1997.

232. 中国社会科学院考古研究所. 内蒙古巴林左旗富河沟门遗址发掘简报［J］. 考古，1964（1）.

233. 中国社会科学院考古研究所. 新中国的考古发现与研究

[M]. 北京：方志出版社，2007.

234. 徐光翼. 内蒙古敖汉旗兴隆洼遗址发掘简报 [J]. 考古，1985 (10).

235. 中国社会科学院考古研究所内蒙古工作队. 内蒙古敖汉旗兴隆洼聚落遗址 1992 年发掘简报 [J]. 考古，1997 (1).

236. 中国社会科学院考古研究所. 大甸子——夏家店下层文化墓地发掘报告 [M]. 北京：科学出版社，1998.

237. 沈阳故宫博物馆，沈阳市文物管理办公室. 沈阳郑家洼子的两座青铜时代墓葬 [J]. 考古，1975 (1).

238. 濮阳文物管理委员会，濮阳市博物馆. 河南濮阳西水坡遗址发掘简报 [J]. 文物，1988 (3).

239. 沈阳市文物管理办公室. 沈阳新乐遗址试掘报告 [J]. 考古学报，1978 (4).

240. 沈阳市文物管理办公室，沈阳故宫博物院. 沈阳新乐遗址第二次发掘报告 [J]. 考古学报，1985 (2).

241. 中国社会科学辽考古研究所内蒙古工作队. 内蒙古敖汉旗小山遗址 [J]. 考古，1987 (6).

242. 庙后山联合发掘队. 本溪山城子庙后山旧石器早期文化遗址 1978—1980 年发掘的综合研究 [P]. 1981

243. 杜金鹏. 红山文化“勾云形”类玉器探讨 [J]. 考古，1998 (5).

244. 冯永谦. 辽宁省建平新民三座辽墓 [J]. 考古，1960 (2).

245. 敖汉旗博物馆. 敖汉旗南台地赵宝沟文化遗址调查 [J]. 内蒙古文物考古，1991 (1).